2025

法律法规全书系列

中华人民共和国

民 政

法律法规全书

（含相关政策）

中国法治出版社

CHINA LEGAL PUBLISHING HOUSE

出 版 说 明

随着中国特色社会主义法律体系的建成，中国的立法进入了"修法时代"。在这一时期，为了使法律体系进一步保持内部的科学、和谐、统一，会频繁出现对法律各层级文件的适时清理。目前，清理工作已经全面展开且取得了阶段性的成果，但这一清理过程在未来几年仍将持续。这对于读者如何了解最新法律修改信息、如何准确适用法律带来了使用上的不便。基于这一考虑，我们精心编辑出版了本丛书，一方面重在向读者展示我国立法的成果与现状，另一方面旨在帮助读者在法律文件修改频率较高的时代准确适用法律。

本书独具以下四重价值：

1. **文本权威，内容全面。**本书涵盖民政领域相关的常用法律、行政法规、国务院文件、部门规章、规范性文件、司法解释，及最高人民法院公布的典型案例、示范文本，独家梳理和收录人大代表建议、政协委员提案的重要答复；书中收录文件均为经过清理修改的现行有效文本，方便读者及时掌握最新法律文件。

2. **查找方便，附录实用。**全书法律文件按照紧密程度排列，方便读者对某一类问题的集中查找；重点法律附加条旨，指引读者快速找到目标条文；附录相关典型案例、文书范本，其中案例具有指引"同案同判"的作用。同时，本书采用可平摊使用的独特开本，避免因书籍太厚难以摊开使用的弊端。

3. **免费增补，动态更新。**为保持本书与新法的同步更新，避免读者因部分法律的修改而反复购买同类图书，我们为读者专门设置了以下服务：（1）扫码添加书后"法规编辑部"公众号→点击菜单栏→进入资料下载栏→选择法律法规全书资料项→点击网址或扫码下载，即可获取本书下次改版修订内容的电子版文件；（2）通过"法规编辑部"公众号，及时了解最新立法信息，并可线上留言，编辑团队会就图书相关疑问动态解答。

4. **目录赠送，配套使用。**赠送本书目录的电子版，与纸书配套，立体化、电子化使用，便于检索、快速定位；同时实现将本书装进电脑，随时随地查。

修 订 说 明

《中华人民共和国民政法律法规全书》自出版以来，深受广大读者欢迎和好评。本书在上一版本的基础之上，根据国家法律、行政法规、部门规章及司法解释等相关文件的制定和修改情况，进行了相应的增删和修订。修订情况如下：

新增如下法律文件：《个人求助网络服务平台管理办法》、《儿童福利机构重大事故隐患判定标准》、《民政部彩票公益金使用管理办法》、《刚性支出困难家庭认定办法》、《地名管理条例实施办法》、《关于进一步做好最低生活保障标准确定调整工作的指导意见》、《民政部关于通过法定途径分类处理信访投诉请求的实施意见》、《民政部、中央社会工作部、农业农村部、市场监管总局、全国工商联关于加强社会组织规范化建设推动社会组织高质量发展的意见》、《民政部关于明确基金会名称不使用字号有关情形的通知》、《民政部办公厅关于扩大内地居民婚姻登记"跨省通办"试点的通知》、《民政部、国家发展改革委、公安部、财政部、中国人民银行、市场监管总局、金融监管总局关于加强养老机构预收费监管的指导意见》、《民政部办公厅关于进一步加强遗体和骨灰规范处置工作的通知》、《关于推进老年阅读工作的指导意见》。

修改如下法律文件：《中华人民共和国未成年人保护法》、《军人抚恤优待条例》、《烈士褒扬条例》、《慈善组织公开募捐管理办法》、《慈善组织认定办法》、《民政部办公厅关于印发〈全国性行业协会商会章程示范文本〉的通知》、《中央集中彩票公益金支持社会福利事业资金管理办法》。

删除部分法律文件：《民政部行政复议与行政应诉办法》、《国务院关于同意在部分地区开展内地居民婚姻登记"跨省通办"试点的批复》、《民政部办公厅关于印发〈民政部彩票公益金使用管理办法〉等六个办法的通知》、《民政部、国家发展改革委员会、财政部、国家统计局关于进一步规范城乡居民最低生活保障标准制定和调整工作的指导意见》、《地名管理条例实施细则》。

总 目 录

目　录 [*]

一、综　合

二、社会组织管理

---

* 编者按：本目录中的时间为法律文件的公布时间或最后一次修正、修订公布时间。

三、婚姻、收养登记管理

四、社会福利和慈善事业

五、社 会 救 助

1. 综合

六、殡葬管理

七、区划地名管理

八、社会工作与志愿服务

九、人大代表建议、政协委员提案答复

一、综　合

中华人民共和国行政许可法

· 2003 年 8 月 27 日第十届全国人民代表大会常务委员会第四次会议通过
· 根据 2019 年 4 月 23 日第十三届全国人民代表大会常务委员会第十次会议《关于修改〈中华人民共和国建筑法〉等八部法律的决定》修正

第一章　总　则

第一条　为了规范行政许可的设定和实施,保护公民、法人和其他组织的合法权益,维护公共利益和社会秩序,保障和监督行政机关有效实施行政管理,根据宪法,制定本法。

第二条　本法所称行政许可,是指行政机关根据公民、法人或者其他组织的申请,经依法审查,准予其从事特定活动的行为。

第三条　行政许可的设定和实施,适用本法。

有关行政机关对其他机关或者对其直接管理的事业单位的人事、财务、外事等事项的审批,不适用本法。

第四条　设定和实施行政许可,应当依照法定的权限、范围、条件和程序。

第五条　设定和实施行政许可,应当遵循公开、公平、公正、非歧视的原则。

有关行政许可的规定应当公布;未经公布的,不得作为实施行政许可的依据。行政许可的实施和结果,除涉及国家秘密、商业秘密或者个人隐私的外,应当公开。未经申请人同意,行政机关及其工作人员、参与专家评审等的人员不得披露申请人提交的商业秘密、未披露信息或者保密商务信息,法律另有规定或者涉及国家安全、重大社会公共利益的除外;行政机关依法公开申请人前述信息的,允许申请人在合理期限内提出异议。

符合法定条件、标准的,申请人有依法取得行政许可的平等权利,行政机关不得歧视任何人。

第六条　实施行政许可,应当遵循便民的原则,提高办事效率,提供优质服务。

第七条　公民、法人或者其他组织对行政机关实施行政许可,享有陈述权、申辩权;有权依法申请行政复议或者提起行政诉讼;其合法权益因行政机关违法实施行政许可受到损害的,有权依法要求赔偿。

第八条　公民、法人或者其他组织依法取得的行政许可受法律保护,行政机关不得擅自改变已经生效的行政许可。

行政许可所依据的法律、法规、规章修改或者废止,或者准予行政许可所依据的客观情况发生重大变化的,为了公共利益的需要,行政机关可以依法变更或者撤回已经生效的行政许可。由此给公民、法人或者其他组织造成财产损失的,行政机关应当依法给予补偿。

第九条　依法取得的行政许可,除法律、法规规定依照法定条件和程序可以转让的外,不得转让。

第十条　县级以上人民政府应当建立健全对行政机关实施行政许可的监督制度,加强对行政机关实施行政许可的监督检查。

行政机关应当对公民、法人或者其他组织从事行政许可事项的活动实施有效监督。

第二章　行政许可的设定

第十一条　设定行政许可,应当遵循经济和社会发展规律,有利于发挥公民、法人或者其他组织的积极性、主动性,维护公共利益和社会秩序,促进经济、社会和生态环境协调发展。

第十二条　下列事项可以设定行政许可:

(一)直接涉及国家安全、公共安全、经济宏观调控、生态环境保护以及直接关系人身健康、生命财产安全等特定活动,需要按照法定条件予以批准的事项;

(二)有限自然资源开发利用、公共资源配置以及直接关系公共利益的特定行业的市场准入等,需要赋予特定权利的事项;

(三)提供公众服务并且直接关系公共利益的职业、行业,需要确定具备特殊信誉、特殊条件或者特殊技能等资格、资质的事项;

(四)直接关系公共安全、人身健康、生命财产安全的重要设备、设施、产品、物品,需要按照技术标准、技术规范,通过检验、检测、检疫等方式进行审定的事项;

（五）企业或者其他组织的设立等，需要确定主体资格的事项；

（六）法律、行政法规规定可以设定行政许可的其他事项。

第十三条　本法第十二条所列事项，通过下列方式能够予以规范的，可以不设行政许可：

（一）公民、法人或者其他组织能够自主决定的；

（二）市场竞争机制能够有效调节的；

（三）行业组织或者中介机构能够自律管理的；

（四）行政机关采用事后监督等其他行政管理方式能够解决的。

第十四条　本法第十二条所列事项，法律可以设定行政许可。尚未制定法律的，行政法规可以设定行政许可。

必要时，国务院可以采用发布决定的方式设定行政许可。实施后，除临时性行政许可事项外，国务院应当及时提请全国人民代表大会及其常务委员会制定法律，或者自行制定行政法规。

第十五条　本法第十二条所列事项，尚未制定法律、行政法规的，地方性法规可以设定行政许可；尚未制定法律、行政法规和地方性法规的，因行政管理的需要，确需立即实施行政许可的，省、自治区、直辖市人民政府规章可以设定临时性的行政许可。临时性的行政许可实施满一年需要继续实施的，应当提请本级人民代表大会及其常务委员会制定地方性法规。

地方性法规和省、自治区、直辖市人民政府规章，不得设定应当由国家统一确定的公民、法人或者其他组织的资格、资质的行政许可；不得设定企业或者其他组织的设立登记及其前置性行政许可。其设定的行政许可，不得限制其他地区的个人或者企业到本地区从事生产经营和提供服务，不得限制其他地区的商品进入本地区市场。

第十六条　行政法规可以在法律设定的行政许可事项范围内，对实施该行政许可作出具体规定。

地方性法规可以在法律、行政法规设定的行政许可事项范围内，对实施该行政许可作出具体规定。

规章可以在上位法设定的行政许可事项范围内，对实施该行政许可作出具体规定。

法规、规章对实施上位法设定的行政许可作出的具体规定，不得增设行政许可；对行政许可条件作出的具体规定，不得增设违反上位法的其他条件。

第十七条　除本法第十四条、第十五条规定的外，其他规范性文件一律不得设定行政许可。

第十八条　设定行政许可，应当规定行政许可的实施机关、条件、程序、期限。

第十九条　起草法律草案、法规草案和省、自治区、直辖市人民政府规章草案，拟设定行政许可的，起草单位应当采取听证会、论证会等形式听取意见，并向制定机关说明设定该行政许可的必要性、对经济和社会可能产生的影响以及听取和采纳意见的情况。

第二十条　行政许可的设定机关应当定期对其设定的行政许可进行评价；对已设定的行政许可，认为通过本法第十三条所列方式能够解决的，应当对设定该行政许可的规定及时予以修改或者废止。

行政许可的实施机关可以对已设定的行政许可的实施情况及存在的必要性适时进行评价，并将意见报告该行政许可的设定机关。

公民、法人或者其他组织可以向行政许可的设定机关和实施机关就行政许可的设定和实施提出意见和建议。

第二十一条　省、自治区、直辖市人民政府对行政法规设定的有关经济事务的行政许可，根据本行政区域经济和社会发展情况，认为通过本法第十三条所列方式能够解决的，报国务院批准后，可以在本行政区域内停止实施该行政许可。

第三章　行政许可的实施机关

第二十二条　行政许可由具有行政许可权的行政机关在其法定职权范围内实施。

第二十三条　法律、法规授权的具有管理公共事务职能的组织，在法定授权范围内，以自己的名义实施行政许可。被授权的组织适用本法有关行政机关的规定。

第二十四条　行政机关在其法定职权范围内，依照法律、法规、规章的规定，可以委托其他行政机关实施行政许可。委托行政机关应当将受委托行政机关和受委托实施行政许可的内容予以公告。

委托行政机关对受委托行政机关实施行政许可的行为应当负责监督，并对该行为的后果承担法律责任。

受委托行政机关在委托范围内，以委托行政机关名义实施行政许可；不得再委托其他组织或者个人实施行政许可。

第二十五条　经国务院批准，省、自治区、直辖市人民政府根据精简、统一、效能的原则，可以决定一个行政机关行使有关行政机关的行政许可权。

第二十六条　行政许可需要行政机关内设的多个机构办理的，该行政机关应当确定一个机构统一受理行政许可申请,统一送达行政许可决定。

行政许可依法由地方人民政府两个以上部门分别实施的,本级人民政府可以确定一个部门受理行政许可申请并转告有关部门分别提出意见后统一办理,或者组织有关部门联合办理、集中办理。

第二十七条　行政机关实施行政许可,不得向申请人提出购买指定商品、接受有偿服务等不正当要求。

行政机关工作人员办理行政许可,不得索取或者收受申请人的财物,不得谋取其他利益。

第二十八条　对直接关系公共安全、人身健康、生命财产安全的设备、设施、产品、物品的检验、检测、检疫,除法律、行政法规规定由行政机关实施的外,应当逐步由符合法定条件的专业技术组织实施。专业技术组织及其有关人员对所实施的检验、检测、检疫结论承担法律责任。

第四章　行政许可的实施程序
第一节　申请与受理

第二十九条　公民、法人或者其他组织从事特定活动,依法需要取得行政许可的,应当向行政机关提出申请。申请书需要采用格式文本的,行政机关应当向申请人提供行政许可申请书格式文本。申请书格式文本中不得包含与申请行政许可事项没有直接关系的内容。

申请人可以委托代理人提出行政许可申请。但是,依法应当由申请人到行政机关办公场所提出行政许可申请的除外。

行政许可申请可以通过信函、电报、电传、传真、电子数据交换和电子邮件等方式提出。

第三十条　行政机关应当将法律、法规、规章规定的有关行政许可的事项、依据、条件、数量、程序、期限以及需要提交的全部材料的目录和申请书示范文本等在办公场所公示。

申请人要求行政机关对公示内容予以说明、解释的,行政机关应当说明、解释,提供准确、可靠的信息。

第三十一条　申请人申请行政许可,应当如实向行政机关提交有关材料和反映真实情况,并对其申请材料实质内容的真实性负责。行政机关不得要求申请人提交与其申请的行政许可事项无关的技术资料和其他材料。

行政机关及其工作人员不得以转让技术作为取得行政许可的条件;不得在实施行政许可的过程中,直接或者间接地要求转让技术。

第三十二条　行政机关对申请人提出的行政许可申请,应当根据下列情况分别作出处理:

(一)申请事项依法不需要取得行政许可的,应当即时告知申请人不受理;

(二)申请事项依法不属于本行政机关职权范围的,应当即时作出不予受理的决定,并告知申请人向有关行政机关申请;

(三)申请材料存在可以当场更正的错误的,应当允许申请人当场更正;

(四)申请材料不齐全或者不符合法定形式的,应当当场或者在五日内一次告知申请人需要补正的全部内容,逾期不告知的,自收到申请材料之日起即为受理;

(五)申请事项属于本行政机关职权范围,申请材料齐全、符合法定形式,或者申请人按照本行政机关的要求提交全部补正申请材料的,应当受理行政许可申请。

行政机关受理或者不予受理行政许可申请,应当出具加盖本行政机关专用印章和注明日期的书面凭证。

第三十三条　行政机关应当建立和完善有关制度,推行电子政务,在行政机关的网站上公布行政许可事项,方便申请人采取数据电文等方式提出行政许可申请;应当与其他行政机关共享有关行政许可信息,提高办事效率。

第二节　审查与决定

第三十四条　行政机关应当对申请人提交的申请材料进行审查。

申请人提交的申请材料齐全、符合法定形式,行政机关能够当场作出决定的,应当当场作出书面的行政许可决定。

根据法定条件和程序,需要对申请材料的实质内容进行核实的,行政机关应当指派两名以上工作人员进行核查。

第三十五条　依法应当先经下级行政机关审查后报上级行政机关决定的行政许可,下级行政机关应当在法定期限内将初步审查意见和全部申请材料直接报送上级行政机关。上级行政机关不得要求申请人重复提供申请材料。

第三十六条　行政机关对行政许可申请进行审查时,发现行政许可事项直接关系他人重大利益的,应当告知该利害关系人。申请人、利害关系人有权进行陈述和申辩。行政机关应当听取申请人、利害关系人的意见。

第三十七条　行政机关对行政许可申请进行审查后,除当场作出行政许可决定的外,应当在法定期限内按照规定程序作出行政许可决定。

第三十八条　申请人的申请符合法定条件、标准的,行政机关应当依法作出准予行政许可的书面决定。

行政机关依法作出不予行政许可的书面决定的,应当说明理由,并告知申请人享有依法申请行政复议或者提起行政诉讼的权利。

第三十九条 行政机关作出准予行政许可的决定,需要颁发行政许可证件的,应当向申请人颁发加盖本行政机关印章的下列行政许可证件:

(一)许可证、执照或者其他许可证书;

(二)资格证、资质证或者其他合格证书;

(三)行政机关的批准文件或者证明文件;

(四)法律、法规规定的其他行政许可证件。

行政机关实施检验、检测、检疫的,可以在检验、检测、检疫合格的设备、设施、产品、物品上加贴标签或者加盖检验、检测、检疫印章。

第四十条 行政机关作出的准予行政许可决定,应当予以公开,公众有权查阅。

第四十一条 法律、行政法规设定的行政许可,其适用范围没有地域限制的,申请人取得的行政许可在全国范围内有效。

第三节　期　限

第四十二条 除可以当场作出行政许可决定的外,行政机关应当自受理行政许可申请之日起二十日内作出行政许可决定。二十日内不能作出决定的,经本行政机关负责人批准,可以延长十日,并应当将延长期限的理由告知申请人。但是,法律、法规另有规定的,依照其规定。

依照本法第二十六条的规定,行政许可采取统一办理或者联合办理、集中办理的,办理的时间不得超过四十五日;四十五日内不能办结的,经本级人民政府负责人批准,可以延长十五日,并应当将延长期限的理由告知申请人。

第四十三条 依法应当先经下级行政机关审查后报上级行政机关决定的行政许可,下级行政机关应当自其受理行政许可申请之日起二十日内审查完毕。但是,法律、法规另有规定的,依照其规定。

第四十四条 行政机关作出准予行政许可的决定,应当自作出决定之日起十日内向申请人颁发、送达行政许可证件,或者加贴标签、加盖检验、检测、检疫印章。

第四十五条 行政机关作出行政许可决定,依法需要听证、招标、拍卖、检验、检测、检疫、鉴定和专家评审的,所需时间不计算在本节规定的期限内。行政机关应当将所需时间书面告知申请人。

第四节　听　证

第四十六条 法律、法规、规章规定实施行政许可应当听证的事项,或者行政机关认为需要听证的其他涉及公共利益的重大行政许可事项,行政机关应当向社会公告,并举行听证。

第四十七条 行政许可直接涉及申请人与他人之间重大利益关系的,行政机关在作出行政许可决定前,应当告知申请人、利害关系人享有要求听证的权利;申请人、利害关系人在被告知听证权利之日起五日内提出听证申请的,行政机关应当在二十日内组织听证。

申请人、利害关系人不承担行政机关组织听证的费用。

第四十八条 听证按照下列程序进行:

(一)行政机关应当于举行听证的七日前将举行听证的时间、地点通知申请人、利害关系人,必要时予以公告;

(二)听证应当公开举行;

(三)行政机关应当指定审查该行政许可申请的工作人员以外的人员为听证主持人,申请人、利害关系人认为主持人与该行政许可事项有直接利害关系的,有权申请回避;

(四)举行听证时,审查该行政许可申请的工作人员应当提供审查意见的证据、理由,申请人、利害关系人可以提出证据,并进行申辩和质证;

(五)听证应当制作笔录,听证笔录应当交听证参加人确认无误后签字或者盖章。

行政机关应当根据听证笔录,作出行政许可决定。

第五节　变更与延续

第四十九条 被许可人要求变更行政许可事项的,应当向作出行政许可决定的行政机关提出申请;符合法定条件、标准的,行政机关应当依法办理变更手续。

第五十条 被许可人需要延续依法取得的行政许可的有效期的,应当在该行政许可有效期届满三十日前向作出行政许可决定的行政机关提出申请。但是,法律、法规、规章另有规定的,依照其规定。

行政机关应当根据被许可人的申请,在该行政许可有效期届满前作出是否准予延续的决定;逾期未作决定的,视为准予延续。

第六节　特别规定

第五十一条 实施行政许可的程序,本节有规定的,适用本节规定;本节没有规定的,适用本章其他有关规定。

第五十二条　国务院实施行政许可的程序,适用有关法律、行政法规的规定。

第五十三条　实施本法第十二条第二项所列事项的行政许可的,行政机关应当通过招标、拍卖等公平竞争的方式作出决定。但是,法律、行政法规另有规定的,依照其规定。

行政机关通过招标、拍卖等方式作出行政许可决定的具体程序,依照有关法律、行政法规的规定。

行政机关按照招标、拍卖程序确定中标人、买受人后,应当作出准予行政许可的决定,并依法向中标人、买受人颁发行政许可证件。

行政机关违反本条规定,不采用招标、拍卖方式,或者违反招标、拍卖程序,损害申请人合法权益的,申请人可以依法申请行政复议或者提起行政诉讼。

第五十四条　实施本法第十二条第三项所列事项的行政许可,赋予公民特定资格,依法应当举行国家考试的,行政机关根据考试成绩和其他法定条件作出行政许可决定;赋予法人或者其他组织特定的资格、资质的,行政机关根据申请人的专业人员构成、技术条件、经营业绩和管理水平等的考核结果作出行政许可决定。但是,法律、行政法规另有规定的,依照其规定。

公民特定资格的考试依法由行政机关或者行业组织实施,公开举行。行政机关或者行业组织应当事先公布资格考试的报名条件、报考办法、考试科目以及考试大纲。但是,不得组织强制性的资格考试的考前培训,不得指定教材或者其他助考材料。

第五十五条　实施本法第十二条第四项所列事项的行政许可的,应当按照技术标准、技术规范依法进行检验、检测、检疫,行政机关根据检验、检测、检疫的结果作出行政许可决定。

行政机关实施检验、检测、检疫,应当自受理申请之日起五日内指派两名以上工作人员按照技术标准、技术规范进行检验、检测、检疫。不需要对检验、检测、检疫结果作进一步技术分析即可认定设备、设施、产品、物品是否符合技术标准、技术规范的,行政机关应当当场作出行政许可决定。

行政机关根据检验、检测、检疫结果,作出不予行政许可决定的,应当书面说明不予行政许可所依据的技术标准、技术规范。

第五十六条　实施本法第十二条第五项所列事项的行政许可,申请人提交的申请材料齐全、符合法定形式的,行政机关应当当场予以登记。需要对申请材料的实质内容进行核实的,行政机关依照本法第三十四条第三款的规定办理。

第五十七条　有数量限制的行政许可,两个或者两个以上申请人的申请均符合法定条件、标准的,行政机关应当根据受理行政许可申请的先后顺序作出准予行政许可的决定。但是,法律、行政法规另有规定的,依照其规定。

第五章　行政许可的费用

第五十八条　行政机关实施行政许可和对行政许可事项进行监督检查,不得收取任何费用。但是,法律、行政法规另有规定的,依照其规定。

行政机关提供行政许可申请书格式文本,不得收费。

行政机关实施行政许可所需经费应当列入本行政机关的预算,由本级财政予以保障,按照批准的预算予以核拨。

第五十九条　行政机关实施行政许可,依照法律、行政法规收取费用的,应当按照公布的法定项目和标准收费;所收取的费用必须全部上缴国库,任何机关或者个人不得以任何形式截留、挪用、私分或者变相私分。财政部门不得以任何形式向行政机关返还或者变相返还实施行政许可所收取的费用。

第六章　监督检查

第六十条　上级行政机关应当加强对下级行政机关实施行政许可的监督检查,及时纠正行政许可实施中的违法行为。

第六十一条　行政机关应当建立健全监督制度,通过核查反映被许可人从事行政许可事项活动情况的有关材料,履行监督责任。

行政机关依法对被许可人从事行政许可事项的活动进行监督检查时,应当将监督检查的情况和处理结果予以记录,由监督检查人员签字后归档。公众有权查阅行政机关监督检查记录。

行政机关应当创造条件,实现与被许可人、其他有关行政机关的计算机档案系统互联,核查被许可人从事行政许可事项活动情况。

第六十二条　行政机关可以对被许可人生产经营的产品依法进行抽样检查、检验、检测,对其生产经营场所依法进行实地检查。检查时,行政机关可以依法查阅或者要求被许可人报送有关材料;被许可人应当如实提供有关情况和材料。

行政机关根据法律、行政法规的规定,对直接关系公共安全、人身健康、生命财产安全的重要设备、设施进行定期检验。对检验合格的,行政机关应当发给相应的证明文件。

第六十三条　行政机关实施监督检查,不得妨碍被许可人正常的生产经营活动,不得索取或者收受被许可人的财物,不得谋取其他利益。

第六十四条　被许可人在作出行政许可决定的行政机关管辖区域外违法从事行政许可事项活动的,违法行为发生地的行政机关应当依法将被许可人的违法事实、处理结果抄告作出行政许可决定的行政机关。

第六十五条　个人和组织发现违法从事行政许可事项的活动,有权向行政机关举报,行政机关应当及时核实、处理。

第六十六条　被许可人未依法履行开发利用自然资源义务或者未依法履行利用公共资源义务的,行政机关应当责令限期改正;被许可人在规定期限内不改正的,行政机关应当依照有关法律、行政法规的规定予以处理。

第六十七条　取得直接关系公共利益的特定行业的市场准入行政许可的被许可人,应当按照国家规定的服务标准、资费标准和行政机关依法规定的条件,向用户提供安全、方便、稳定和价格合理的服务,并履行普遍服务的义务;未经作出行政许可决定的行政机关批准,不得擅自停业、歇业。

被许可人不履行前款规定的义务的,行政机关应当责令限期改正,或者依法采取有效措施督促其履行义务。

第六十八条　对直接关系公共安全、人身健康、生命财产安全的重要设备、设施,行政机关应当督促设计、建造、安装和使用单位建立相应的自检制度。

行政机关在监督检查时,发现直接关系公共安全、人身健康、生命财产安全的重要设备、设施存在安全隐患的,应当责令停止建造、安装和使用,并责令设计、建造、安装和使用单位立即改正。

第六十九条　有下列情形之一的,作出行政许可决定的行政机关或者其上级行政机关,根据利害关系人的请求或者依据职权,可以撤销行政许可:

(一)行政机关工作人员滥用职权、玩忽职守作出准予行政许可决定的;

(二)超越法定职权作出准予行政许可决定的;

(三)违反法定程序作出准予行政许可决定的;

(四)对不具备申请资格或者不符合法定条件的申请人准予行政许可的;

(五)依法可以撤销行政许可的其他情形。

被许可人以欺骗、贿赂等不正当手段取得行政许可的,应当予以撤销。

依照前两款的规定撤销行政许可,可能对公共利益造成重大损害的,不予撤销。

依照本条第一款的规定撤销行政许可,被许可人的合法权益受到损害的,行政机关应当依法给予赔偿。依照本条第二款的规定撤销行政许可,被许可人基于行政许可取得的利益不受保护。

第七十条　有下列情形之一的,行政机关应当依法办理有关行政许可的注销手续:

(一)行政许可有效期届满未延续的;

(二)赋予公民特定资格的行政许可,该公民死亡或者丧失行为能力的;

(三)法人或者其他组织依法终止的;

(四)行政许可依法被撤销、撤回,或者行政许可证件依法被吊销的;

(五)因不可抗力导致行政许可事项无法实施的;

(六)法律、法规规定的应当注销行政许可的其他情形。

第七章　法律责任

第七十一条　违反本法第十七条规定设定的行政许可,有关机关应当责令设定该行政许可的机关改正,或者依法予以撤销。

第七十二条　行政机关及其工作人员违反本法的规定,有下列情形之一的,由其上级行政机关或者监察机关责令改正;情节严重的,对直接负责的主管人员和其他直接责任人员依法给予行政处分:

(一)对符合法定条件的行政许可申请不予受理的;

(二)不在办公场所公示依法应当公示的材料的;

(三)在受理、审查、决定行政许可过程中,未向申请人、利害关系人履行法定告知义务的;

(四)申请人提交的申请材料不齐全、不符合法定形式,不一次告知申请人必须补正的全部内容的;

(五)违法披露申请人提交的商业秘密、未披露信息或者保密商务信息的;

(六)以转让技术作为取得行政许可的条件,或者在实施行政许可的过程中直接或者间接地要求转让技术的;

(七)未依法说明不受理行政许可申请或者不予行政许可的理由的;

(八)依法应当举行听证而不举行听证的。

第七十三条　行政机关工作人员办理行政许可、实施监督检查，索取或者收受他人财物或者谋取其他利益，构成犯罪的，依法追究刑事责任；尚不构成犯罪的，依法给予行政处分。

第七十四条　行政机关实施行政许可，有下列情形之一的，由其上级行政机关或者监察机关责令改正，对直接负责的主管人员和其他直接责任人员依法给予行政处分；构成犯罪的，依法追究刑事责任：

（一）对不符合法定条件的申请人准予行政许可或者超越法定职权作出准予行政许可决定的；

（二）对符合法定条件的申请人不予行政许可或者不在法定期限内作出准予行政许可决定的；

（三）依法应当根据招标、拍卖结果或者考试成绩择优作出准予行政许可决定，未经招标、拍卖或者考试，或者不根据招标、拍卖结果或者考试成绩择优作出准予行政许可决定的。

第七十五条　行政机关实施行政许可，擅自收费或者不按照法定项目和标准收费的，由其上级行政机关或者监察机关责令退还非法收取的费用；对直接负责的主管人员和其他直接责任人员依法给予行政处分。

截留、挪用、私分或者变相私分实施行政许可依法收取的费用的，予以追缴；对直接负责的主管人员和其他直接责任人员依法给予行政处分；构成犯罪的，依法追究刑事责任。

第七十六条　行政机关违法实施行政许可，给当事人的合法权益造成损害的，应当依照国家赔偿法的规定给予赔偿。

第七十七条　行政机关不依法履行监督职责或者监督不力，造成严重后果的，由其上级行政机关或者监察机关责令改正，对直接负责的主管人员和其他直接责任人员依法给予行政处分；构成犯罪的，依法追究刑事责任。

第七十八条　行政许可申请人隐瞒有关情况或者提供虚假材料申请行政许可的，行政机关不予受理或者不予行政许可，并给予警告；行政许可申请属于直接关系公共安全、人身健康、生命财产安全事项的，申请人在一年内不得再次申请该行政许可。

第七十九条　被许可人以欺骗、贿赂等不正当手段取得行政许可的，行政机关应当依法给予行政处罚；取得的行政许可属于直接关系公共安全、人身健康、生命财产安全事项的，申请人在三年内不得再次申请该行政许可；构成犯罪的，依法追究刑事责任。

第八十条　被许可人有下列行为之一的，行政机关应当依法给予行政处罚；构成犯罪的，依法追究刑事责任：

（一）涂改、倒卖、出租、出借行政许可证件，或者以其他形式非法转让行政许可的；

（二）超越行政许可范围进行活动的；

（三）向负责监督检查的行政机关隐瞒有关情况、提供虚假材料或者拒绝提供反映其活动情况的真实材料的；

（四）法律、法规、规章规定的其他违法行为。

第八十一条　公民、法人或者其他组织未经行政许可，擅自从事依法应当取得行政许可的活动的，行政机关应当依法采取措施予以制止，并依法给予行政处罚；构成犯罪的，依法追究刑事责任。

第八章　附　则

第八十二条　本法规定的行政机关实施行政许可的期限以工作日计算，不含法定节假日。

第八十三条　本法自2004年7月1日起施行。

本法施行前有关行政许可的规定，制定机关应当依照本法规定予以清理；不符合本法规定的，自本法施行之日起停止执行。

中华人民共和国行政复议法

· 1999年4月29日第九届全国人民代表大会常务委员会第九次会议通过

· 根据2009年8月27日第十一届全国人民代表大会常务委员会第十次会议《关于修改部分法律的决定》第一次修正

· 根据2017年9月1日第十二届全国人民代表大会常务委员会第二十九次会议《关于修改〈中华人民共和国法官法〉等八部法律的决定》第二次修正

· 2023年9月1日第十四届全国人民代表大会常务委员会第五次会议修订

· 2023年9月1日中华人民共和国主席令第9号公布

· 自2024年1月1日起施行

第一章　总　则

第一条　为了防止和纠正违法的或者不当的行政行为，保护公民、法人和其他组织的合法权益，监督和保障行政机关依法行使职权，发挥行政复议化解行政争议的主渠道作用，推进法治政府建设，根据宪法，制定本法。

第二条　公民、法人或者其他组织认为行政机关的行政行为侵犯其合法权益，向行政复议机关提出行政复议申请，行政复议机关办理行政复议案件，适用本法。

前款所称行政行为,包括法律、法规、规章授权的组织的行政行为。

第三条　行政复议工作坚持中国共产党的领导。

行政复议机关履行行政复议职责,应当遵循合法、公正、公开、高效、便民、为民的原则,坚持有错必纠,保障法律、法规的正确实施。

第四条　县级以上各级人民政府以及其他依照本法履行行政复议职责的行政机关是行政复议机关。

行政复议机关办理行政复议事项的机构是行政复议机构。行政复议机构同时组织办理行政复议机关的行政应诉事项。

行政复议机关应当加强行政复议工作,支持和保障行政复议机构依法履行职责。上级行政复议机构对下级行政复议机构的行政复议工作进行指导、监督。

国务院行政复议机构可以发布行政复议指导性案例。

第五条　行政复议机关办理行政复议案件,可以进行调解。

调解应当遵循合法、自愿的原则,不得损害国家利益、社会公共利益和他人合法权益,不得违反法律、法规的强制性规定。

第六条　国家建立专业化、职业化行政复议人员队伍。

行政复议机构中初次从事行政复议工作的人员,应当通过国家统一法律职业资格考试取得法律职业资格,并参加统一职前培训。

国务院行政复议机构应当会同有关部门制定行政复议人员工作规范,加强对行政复议人员的业务考核和管理。

第七条　行政复议机关应当确保行政复议机构的人员配备与所承担的工作任务相适应,提高行政复议人员专业素质,根据工作需要保障办案场所、装备等设施。县级以上各级人民政府应当将行政复议工作经费列入本级预算。

第八条　行政复议机关应当加强信息化建设,运用现代信息技术,方便公民、法人或者其他组织申请、参加行政复议,提高工作质量和效率。

第九条　对在行政复议工作中做出显著成绩的单位和个人,按照国家有关规定给予表彰和奖励。

第十条　公民、法人或者其他组织对行政复议决定不服的,可以依照《中华人民共和国行政诉讼法》的规定向人民法院提起行政诉讼,但是法律规定行政复议决定为最终裁决的除外。

第二章　行政复议申请

第一节　行政复议范围

第十一条　有下列情形之一的,公民、法人或者其他组织可以依照本法申请行政复议:

(一)对行政机关作出的行政处罚决定不服;

(二)对行政机关作出的行政强制措施、行政强制执行决定不服;

(三)申请行政许可,行政机关拒绝或者在法定期限内不予答复,或者对行政机关作出的有关行政许可的其他决定不服;

(四)对行政机关作出的确认自然资源的所有权或者使用权的决定不服;

(五)对行政机关作出的征收征用决定及其补偿决定不服;

(六)对行政机关作出的赔偿决定或者不予赔偿决定不服;

(七)对行政机关作出的不予受理工伤认定申请的决定或者工伤认定结论不服;

(八)认为行政机关侵犯其经营自主权或者农村土地承包经营权、农村土地经营权;

(九)认为行政机关滥用行政权力排除或者限制竞争;

(十)认为行政机关违法集资、摊派费用或者违法要求履行其他义务;

(十一)申请行政机关履行保护人身权利、财产权利、受教育权利等合法权益的法定职责,行政机关拒绝履行、未依法履行或者不予答复;

(十二)申请行政机关依法给付抚恤金、社会保险待遇或者最低生活保障等社会保障,行政机关没有依法给付;

(十三)认为行政机关不依法订立、不依法履行、未按照约定履行或者违法变更、解除政府特许经营协议、土地房屋征收补偿协议等行政协议;

(十四)认为行政机关在政府信息公开工作中侵犯其合法权益;

(十五)认为行政机关的其他行政行为侵犯其合法权益。

第十二条　下列事项不属于行政复议范围:

(一)国防、外交等国家行为;

(二)行政法规、规章或者行政机关制定、发布的具有普遍约束力的决定、命令等规范性文件;

（三）行政机关对行政机关工作人员的奖惩、任免等决定；

（四）行政机关对民事纠纷作出的调解。

第十三条　公民、法人或者其他组织认为行政机关的行政行为所依据的下列规范性文件不合法，在对行政行为申请行政复议时，可以一并向行政复议机关提出对该规范性文件的附带审查申请：

（一）国务院部门的规范性文件；

（二）县级以上地方各级人民政府及其工作部门的规范性文件；

（三）乡、镇人民政府的规范性文件；

（四）法律、法规、规章授权的组织的规范性文件。

前款所列规范性文件不含规章。规章的审查依照法律、行政法规办理。

第二节　行政复议参加人

第十四条　依照本法申请行政复议的公民、法人或者其他组织是申请人。

有权申请行政复议的公民死亡的，其近亲属可以申请行政复议。有权申请行政复议的法人或者其他组织终止的，其权利义务承受人可以申请行政复议。

有权申请行政复议的公民为无民事行为能力人或者限制民事行为能力人的，其法定代理人可以代为申请行政复议。

第十五条　同一行政复议案件申请人人数众多的，可以由申请人推选代表人参加行政复议。

代表人参加行政复议的行为对其所代表的申请人发生效力，但是代表人变更行政复议请求、撤回行政复议申请、承认第三人请求的，应当经被代表的申请人同意。

第十六条　申请人以外的同被申请行政复议的行政行为或者行政复议案件处理结果有利害关系的公民、法人或者其他组织，可以作为第三人申请参加行政复议，或者由行政复议机构通知其作为第三人参加行政复议。

第三人不参加行政复议，不影响行政复议案件的审理。

第十七条　申请人、第三人可以委托一至二名律师、基层法律服务工作者或者其他代理人代为参加行政复议。

申请人、第三人委托代理人的，应当向行政复议机构提交授权委托书、委托人及被委托人的身份证明文件。授权委托书应当载明委托事项、权限和期限。申请人、第三人变更或者解除代理人权限的，应当书面告知行政复议机构。

第十八条　符合法律援助条件的行政复议申请人申请法律援助的，法律援助机构应当依法为其提供法律援助。

第十九条　公民、法人或者其他组织对行政行为不服申请行政复议的，作出行政行为的行政机关或者法律、法规、规章授权的组织是被申请人。

两个以上行政机关以共同的名义作出同一行政行为的，共同作出行政行为的行政机关是被申请人。

行政机关委托的组织作出行政行为的，委托的行政机关是被申请人。

作出行政行为的行政机关被撤销或者职权变更的，继续行使其职权的行政机关是被申请人。

第三节　申请的提出

第二十条　公民、法人或者其他组织认为行政行为侵犯其合法权益的，可以自知道或者应当知道该行政行为之日起六十日内提出行政复议申请；但是法律规定的申请期限超过六十日的除外。

因不可抗力或者其他正当理由耽误法定申请期限的，申请期限自障碍消除之日起继续计算。

行政机关作出行政行为时，未告知公民、法人或者其他组织申请行政复议的权利、行政复议机关和申请期限的，申请期限自公民、法人或者其他组织知道或者应当知道申请行政复议的权利、行政复议机关和申请期限之日起计算，但是自知道或者应当知道行政行为内容之日起最长不得超过一年。

第二十一条　因不动产提出的行政复议申请自行政行为作出之日起超过二十年，其他行政复议申请自行政行为作出之日起超过五年的，行政复议机关不予受理。

第二十二条　申请人申请行政复议，可以书面申请；书面申请有困难的，也可以口头申请。

书面申请的，可以通过邮寄或者行政复议机关指定的互联网渠道等方式提交行政复议申请书，也可以当面提交行政复议申请书。行政机关通过互联网渠道送达行政行为决定书的，应当同时提供提交行政复议申请书的互联网渠道。

口头申请的，行政复议机关应当当场记录申请人的基本情况、行政复议请求、申请行政复议的主要事实、理由和时间。

申请人对两个以上行政行为不服的，应当分别申请行政复议。

第二十三条　有下列情形之一的，申请人应当先向行政复议机关申请行政复议，对行政复议决定不服的，可以再依法向人民法院提起行政诉讼：

（一）对当场作出的行政处罚决定不服的；

（二）对行政机关作出的侵犯其已经依法取得的自然资源的所有权或者使用权的决定不服的；

（三）认为行政机关存在本法第十一条规定的未履行法定职责情形的；

（四）申请政府信息公开，行政机关不予公开的；

（五）法律、行政法规规定应当先向行政复议机关申请行政复议的其他情形。

对前款规定的情形，行政机关在作出行政行为时应当告知公民、法人或者其他组织先向行政复议机关申请行政复议。

第四节　行政复议管辖

第二十四条　县级以上地方各级人民政府管辖下列行政复议案件：

（一）对本级人民政府工作部门作出的行政行为不服的；

（二）对下一级人民政府作出的行政行为不服的；

（三）对本级人民政府依法设立的派出机关作出的行政行为不服的；

（四）对本级人民政府或者其工作部门管理的法律、法规、规章授权的组织作出的行政行为不服的。

除前款规定外，省、自治区、直辖市人民政府同时管辖对本机关作出的行政行为不服的行政复议案件。

省、自治区人民政府依法设立的派出机关参照设区的市级人民政府的职责权限，管辖相关行政复议案件。

对县级以上地方各级人民政府工作部门依法设立的派出机构依照法律、法规、规章规定，以派出机构的名义作出的行政行为不服的行政复议案件，由本级人民政府管辖；其中，对直辖市、设区的市人民政府工作部门按照行政区划设立的派出机构作出的行政行为不服的，也可以由其所在地的人民政府管辖。

第二十五条　国务院部门管辖下列行政复议案件：

（一）对本部门作出的行政行为不服的；

（二）对本部门依法设立的派出机构依照法律、行政法规、部门规章规定，以派出机构的名义作出的行政行为不服的；

（三）对本部门管理的法律、行政法规、部门规章授权的组织作出的行政行为不服的。

第二十六条　对省、自治区、直辖市人民政府依照本法第二十四条第二款的规定、国务院部门依照本法第二十五条第一项的规定作出的行政复议决定不服的，可以

向人民法院提起行政诉讼；也可以向国务院申请裁决，国务院依照本法的规定作出最终裁决。

第二十七条　对海关、金融、外汇管理等实行垂直领导的行政机关、税务和国家安全机关的行政行为不服的，向上一级主管部门申请行政复议。

第二十八条　对履行行政复议机构职责的地方人民政府司法行政部门的行政行为不服的，可以向本级人民政府申请行政复议，也可以向上一级司法行政部门申请行政复议。

第二十九条　公民、法人或者其他组织申请行政复议，行政复议机关已经依法受理的，在行政复议期间不得向人民法院提起行政诉讼。

公民、法人或者其他组织向人民法院提起行政诉讼，人民法院已经依法受理的，不得申请行政复议。

第三章　行政复议受理

第三十条　行政复议机关收到行政复议申请后，应当在五日内进行审查。对符合下列规定的，行政复议机关应当予以受理：

（一）有明确的申请人和符合本法规定的被申请人；

（二）申请人与被申请行政复议的行政行为有利害关系；

（三）有具体的行政复议请求和理由；

（四）在法定申请期限内提出；

（五）属于本法规定的行政复议范围；

（六）属于本机关的管辖范围；

（七）行政复议机关未受理过该申请人就同一行政行为提出的行政复议申请，并且人民法院未受理过该申请人就同一行政行为提起的行政诉讼。

对不符合前款规定的行政复议申请，行政复议机关应当在审查期限内决定不予受理并说明理由；不属于本机关管辖的，还应当在不予受理决定中告知申请人有管辖权的行政复议机关。

行政复议申请的审查期限届满，行政复议机关未作出不予受理决定的，审查期限届满之日起视为受理。

第三十一条　行政复议申请材料不齐全或者表述不清楚，无法判断行政复议申请是否符合本法第三十条第一款规定的，行政复议机关应当自收到申请之日起五日内书面通知申请人补正。补正通知应当一次性载明需要补正的事项。

申请人应当自收到补正通知之日起十日内提交补正材料。有正当理由不能按期补正的，行政复议机关可以延长合理的补正期限。无正当理由逾期不补正的，视为

申请人放弃行政复议申请,并记录在案。

行政复议机关收到补正材料后,依照本法第三十条的规定处理。

第三十二条 对当场作出或者依据电子技术监控设备记录的违法事实作出的行政处罚决定不服申请行政复议的,可以通过作出行政处罚决定的行政机关提交行政复议申请。

行政机关收到行政复议申请后,应当及时处理;认为需要维持行政处罚决定的,应当自收到行政复议申请之日起五日内转送行政复议机关。

第三十三条 行政复议机关受理行政复议申请后,发现该行政复议申请不符合本法第三十条第一款规定的,应当决定驳回申请并说明理由。

第三十四条 法律、行政法规规定应当先向行政复议机关申请行政复议、对行政复议决定不服再向人民法院提起行政诉讼的,行政复议机关决定不予受理、驳回申请或者受理后超过行政复议期限不作答复的,公民、法人或者其他组织可以自收到决定书之日起或者行政复议期限届满之日起十五日内,依法向人民法院提起行政诉讼。

第三十五条 公民、法人或者其他组织依法提出行政复议申请,行政复议机关无正当理由不予受理、驳回申请或者受理后超过行政复议期限不作答复的,申请人有权向上级行政机关反映,上级行政机关应当责令其纠正;必要时,上级行政复议机关可以直接受理。

第四章　行政复议审理
第一节　一般规定

第三十六条 行政复议机关受理行政复议申请后,依照本法适用普通程序或者简易程序进行审理。行政复议机构应当指定行政复议人员负责办理行政复议案件。

行政复议人员对办理行政复议案件过程中知悉的国家秘密、商业秘密和个人隐私,应当予以保密。

第三十七条 行政复议机关依照法律、法规、规章审理行政复议案件。

行政复议机关审理民族自治地方的行政复议案件,同时依照该民族自治地方的自治条例和单行条例。

第三十八条 上级行政复议机关根据需要,可以审理下级行政复议机关管辖的行政复议案件。

下级行政复议机关对其管辖的行政复议案件,认为需要由上级行政复议机关审理的,可以报请上级行政复议机关决定。

第三十九条 行政复议期间有下列情形之一的,行政复议中止:

(一)作为申请人的公民死亡,其近亲属尚未确定是否参加行政复议;

(二)作为申请人的公民丧失参加行政复议的行为能力,尚未确定法定代理人参加行政复议;

(三)作为申请人的公民下落不明;

(四)作为申请人的法人或者其他组织终止,尚未确定权利义务承受人;

(五)申请人、被申请人因不可抗力或者其他正当理由,不能参加行政复议;

(六)依照本法规定进行调解、和解,申请人和被申请人同意中止;

(七)行政复议案件涉及的法律适用问题需要有权机关作出解释或者确认;

(八)行政复议案件审理需要以其他案件的审理结果为依据,而其他案件尚未审结;

(九)有本法第五十六条或者第五十七条规定的情形;

(十)需要中止行政复议的其他情形。

行政复议中止的原因消除后,应当及时恢复行政复议案件的审理。

行政复议机关中止、恢复行政复议案件的审理,应当书面告知当事人。

第四十条 行政复议期间,行政复议机关无正当理由中止行政复议的,上级行政机关应当责令其恢复审理。

第四十一条 行政复议期间有下列情形之一的,行政复议机关决定终止行政复议:

(一)申请人撤回行政复议申请,行政复议机构准予撤回;

(二)作为申请人的公民死亡,没有近亲属或者其近亲属放弃行政复议权利;

(三)作为申请人的法人或者其他组织终止,没有权利义务承受人或者其权利义务承受人放弃行政复议权利;

(四)申请人对行政拘留或者限制人身自由的行政强制措施不服申请行政复议后,因同一违法行为涉嫌犯罪,被采取刑事强制措施;

(五)依照本法第三十九条第一款第一项、第二项、第四项的规定中止行政复议满六十日,行政复议中止的原因仍未消除。

第四十二条 行政复议期间行政行为不停止执行;但是有下列情形之一的,应当停止执行:

（一）被申请人认为需要停止执行；

（二）行政复议机关认为需要停止执行；

（三）申请人、第三人申请停止执行，行政复议机关认为其要求合理，决定停止执行；

（四）法律、法规、规章规定停止执行的其他情形。

第二节　行政复议证据

第四十三条　行政复议证据包括：

（一）书证；

（二）物证；

（三）视听资料；

（四）电子数据；

（五）证人证言；

（六）当事人的陈述；

（七）鉴定意见；

（八）勘验笔录、现场笔录。

以上证据经行政复议机构审查属实，才能作为认定行政复议案件事实的根据。

第四十四条　被申请人对其作出的行政行为的合法性、适当性负有举证责任。

有下列情形之一的，申请人应当提供证据：

（一）认为被申请人不履行法定职责的，提供曾经要求被申请人履行法定职责的证据，但是被申请人应当依职权主动履行法定职责或者申请人因正当理由不能提供的除外；

（二）提出行政赔偿请求的，提供受行政行为侵害而造成损害的证据，但是因被申请人原因导致申请人无法举证的，由被申请人承担举证责任；

（三）法律、法规规定需要申请人提供证据的其他情形。

第四十五条　行政复议机关有权向有关单位和个人调查取证，查阅、复制、调取有关文件和资料，向有关人员进行询问。

调查取证时，行政复议人员不得少于两人，并应当出示行政复议工作证件。

被调查取证的单位和个人应当积极配合行政复议人员的工作，不得拒绝或者阻挠。

第四十六条　行政复议期间，被申请人不得自行向申请人和其他有关单位或者个人收集证据；自行收集的证据不作为认定行政行为合法性、适当性的依据。

行政复议期间，申请人或者第三人提出被申请行政复议的行政行为作出时没有提出的理由或者证据的，经行政复议机构同意，被申请人可以补充证据。

第四十七条　行政复议期间，申请人、第三人及其委托代理人可以按照规定查阅、复制被申请人提出的书面答复、作出行政行为的证据、依据和其他有关材料，除涉及国家秘密、商业秘密、个人隐私或者可能危及国家安全、公共安全、社会稳定的情形外，行政复议机构应当同意。

第三节　普通程序

第四十八条　行政复议机构应当自行政复议申请受理之日起七日内，将行政复议申请书副本或者行政复议申请笔录复印件发送被申请人。被申请人应当自收到行政复议申请书副本或者行政复议申请笔录复印件之日起十日内，提出书面答复，并提交作出行政行为的证据、依据和其他有关材料。

第四十九条　适用普通程序审理的行政复议案件，行政复议机构应当当面或者通过互联网、电话等方式听取当事人的意见，并将听取的意见记录在案。因当事人原因不能听取意见的，可以书面审理。

第五十条　审理重大、疑难、复杂的行政复议案件，行政复议机构应当组织听证。

行政复议机构认为有必要听证，或者申请人请求听证的，行政复议机构可以组织听证。

听证由一名行政复议人员任主持人，两名以上行政复议人员任听证员，一名记录员制作听证笔录。

第五十一条　行政复议机构组织听证的，应当于举行听证的五日前将听证的时间、地点和拟听证事项书面通知当事人。

申请人无正当理由拒不参加听证的，视为放弃听证权利。

被申请人的负责人应当参加听证。不能参加的，应当说明理由并委托相应的工作人员参加听证。

第五十二条　县级以上各级人民政府应当建立相关政府部门、专家、学者等参与的行政复议委员会，为办理行政复议案件提供咨询意见，并就行政复议工作中的重大事项和共性问题研究提出意见。行政复议委员会的组成和开展工作的具体办法，由国务院行政复议机构制定。

审理行政复议案件涉及下列情形之一的，行政复议机构应当提请行政复议委员会提出咨询意见：

（一）案情重大、疑难、复杂；

（二）专业性、技术性较强；

（三）本法第二十四条第二款规定的行政复议案件；

（四）行政复议机构认为有必要。

行政复议机构应当记录行政复议委员会的咨询意见。

第四节　简易程序

第五十三条　行政复议机关审理下列行政复议案件，认为事实清楚、权利义务关系明确、争议不大的，可以适用简易程序：

（一）被申请行政复议的行政行为是当场作出；

（二）被申请行政复议的行政行为是警告或者通报批评；

（三）案件涉及款额三千元以下；

（四）属于政府信息公开案件。

除前款规定以外的行政复议案件，当事人各方同意适用简易程序的，可以适用简易程序。

第五十四条　适用简易程序审理的行政复议案件，行政复议机构应当自受理行政复议申请之日起三日内，将行政复议申请书副本或者行政复议申请笔录复印件发送被申请人。被申请人应当自收到行政复议申请书副本或者行政复议申请笔录复印件之日起五日内，提出书面答复，并提交作出行政行为的证据、依据和其他有关材料。

适用简易程序审理的行政复议案件，可以书面审。

第五十五条　适用简易程序审理的行政复议案件，行政复议机构认为不宜适用简易程序的，经行政复议机构的负责人批准，可以转为普通程序审理。

第五节　行政复议附带审查

第五十六条　申请人依照本法第十三条的规定提出对有关规范性文件的附带审查申请，行政复议机关有权处理的，应当在三十日内依法处理；无权处理的，应当在七日内转送有权处理的行政机关依法处理。

第五十七条　行政复议机关在对被申请人作出的行政行为进行审查时，认为其依据不合法，本机关有权处理的，应当在三十日内依法处理；无权处理的，应当在七日内转送有权处理的国家机关依法处理。

第五十八条　行政复议机关依照本法第五十六条、第五十七条的规定有权处理有关规范性文件或者依据的，行政复议机构应当自行政复议中止之日起三日内，书面通知规范性文件或者依据的制定机关就相关条款的合法性提出书面答复。制定机关应当自收到书面通知之日起十日内提交书面答复及相关材料。

行政复议机构认为必要时，可以要求规范性文件或者依据的制定机关当面说明理由，制定机关应当配合。

第五十九条　行政复议机关依照本法第五十六条、第五十七条的规定有权处理有关规范性文件或者依据，认为相关条款合法的，在行政复议决定书中一并告知；认为相关条款超越权限或者违反上位法的，决定停止该条款的执行，并责令制定机关予以纠正。

第六十条　依照本法第五十六条、第五十七条的规定接受转送的行政机关、国家机关应当自收到转送之日起六十日内，将处理意见回复转送的行政复议机关。

第五章　行政复议决定

第六十一条　行政复议机关依照本法审理行政复议案件，由行政复议机构对行政行为进行审查，提出意见，经行政复议机关的负责人同意或者集体讨论通过后，以行政复议机关的名义作出行政复议决定。

经过听证的行政复议案件，行政复议机关应当根据听证笔录、审查认定的事实和证据，依照本法作出行政复议决定。

提请行政复议委员会提出咨询意见的行政复议案件，行政复议机关应当将咨询意见作为作出行政复议决定的重要参考依据。

第六十二条　适用普通程序审理的行政复议案件，行政复议机关应当自受理申请之日起六十日内作出行政复议决定；但是法律规定的行政复议期限少于六十日的除外。情况复杂，不能在规定期限内作出行政复议决定的，经行政复议机构的负责人批准，可以适当延长，并书面告知当事人；但是延长期限最多不得超过三十日。

适用简易程序审理的行政复议案件，行政复议机关应当自受理申请之日起三十日内作出行政复议决定。

第六十三条　行政行为有下列情形之一的，行政复议机关决定变更该行政行为：

（一）事实清楚，证据确凿，适用依据正确，程序合法，但是内容不适当；

（二）事实清楚，证据确凿，程序合法，但是未正确适用依据；

（三）事实不清、证据不足，经行政复议机关查清事实和证据。

行政复议机关不得作出对申请人更为不利的变更决定，但是第三人提出相反请求的除外。

第六十四条　行政行为有下列情形之一的，行政复议机关决定撤销或者部分撤销该行政行为，并可以责令被申请人在一定期限内重新作出行政行为：

（一）主要事实不清、证据不足；

（二）违反法定程序；

（三）适用的依据不合法；

（四）超越职权或者滥用职权。

行政复议机关责令被申请人重新作出行政行为的，被申请人不得以同一事实和理由作出与申请行政复议的行政行为相同或者基本相同的行政行为，但是行政复议机关以违反法定程序为由决定撤销或者部分撤销的除外。

第六十五条　行政行为有下列情形之一的，行政复议机关不撤销该行政行为，但是确认该行政行为违法：

（一）依法应予撤销，但是撤销会给国家利益、社会公共利益造成重大损害；

（二）程序轻微违法，但是对申请人权利不产生实际影响。

行政行为有下列情形之一，不需要撤销或者责令履行的，行政复议机关确认该行政行为违法：

（一）行政行为违法，但是不具有可撤销内容；

（二）被申请人改变原违法行政行为，申请人仍要求撤销或者确认该行政行为违法；

（三）被申请人不履行或者拖延履行法定职责，责令履行没有意义。

第六十六条　被申请人不履行法定职责的，行政复议机关决定被申请人在一定期限内履行。

第六十七条　行政行为有实施主体不具有行政主体资格或者没有依据等重大且明显违法情形，申请人申请确认行政行为无效的，行政复议机关确认该行政行为无效。

第六十八条　行政行为认定事实清楚，证据确凿，适用依据正确，程序合法，内容适当的，行政复议机关决定维持该行政行为。

第六十九条　行政复议机关受理申请人认为被申请人不履行法定职责的行政复议申请后，发现被申请人没有相应法定职责或者在受理前已经履行法定职责的，决定驳回申请人的行政复议请求。

第七十条　被申请人不按照本法第四十八条、第五十四条的规定提出书面答复、提交作出行政行为的证据、依据和其他有关材料的，视为该行政行为没有证据、依据，行政复议机关决定撤销、部分撤销该行政行为，确认该行政行为违法、无效或者决定被申请人在一定期限内履行，但是行政行为涉及第三人合法权益，第三人提供证据的除外。

第七十一条　被申请人不依法订立、不依法履行、未按照约定履行或者违法变更、解除行政协议的，行政复议机关决定被申请人承担依法订立、继续履行、采取补救措施或者赔偿损失等责任。

被申请人变更、解除行政协议合法，但是未依法给予补偿或者补偿不合理的，行政复议机关决定被申请人依法给予合理补偿。

第七十二条　申请人在申请行政复议时一并提出行政赔偿请求，行政复议机关对依照《中华人民共和国国家赔偿法》的有关规定应当不予赔偿的，在作出行政复议决定时，应当同时决定驳回行政赔偿请求；对符合《中华人民共和国国家赔偿法》的有关规定应当给予赔偿的，在决定撤销或者部分撤销、变更行政行为或者确认行政行为违法、无效时，应当同时决定被申请人依法给予赔偿；确认行政行为违法的，还可以同时责令被申请人采取补救措施。

申请人在申请行政复议时没有提出行政赔偿请求的，行政复议机关在依法决定撤销或者部分撤销、变更罚款，撤销或者部分撤销违法集资、没收财物、征收征用、摊派费用以及对财产的查封、扣押、冻结等行政行为时，应当同时责令被申请人返还财产，解除对财产的查封、扣押、冻结措施，或者赔偿相应的价款。

第七十三条　当事人经调解达成协议的，行政复议机关应当制作行政复议调解书，经各方当事人签字或者签章，并加盖行政复议机关印章，即具有法律效力。

调解未达成协议或者调解书生效前一方反悔的，行政复议机关应当依法审查或者及时作出行政复议决定。

第七十四条　当事人在行政复议决定作出前可以自愿达成和解，和解内容不得损害国家利益、社会公共利益和他人合法权益，不得违反法律、法规的强制性规定。

当事人达成和解后，由申请人向行政复议机构撤回行政复议申请。行政复议机构准予撤回行政复议申请、行政复议机关决定终止行政复议的，申请人不得再以同一事实和理由提出行政复议申请。但是，申请人能够证明撤回行政复议申请违背其真实意愿的除外。

第七十五条　行政复议机关作出行政复议决定，应当制作行政复议决定书，并加盖行政复议机关印章。

行政复议决定书一经送达，即发生法律效力。

第七十六条　行政复议机关在办理行政复议案件过程中，发现被申请人或者其他下级行政机关的有关行政行为违法或者不当的，可以向其制发行政复议意见书。有关机关应当自收到行政复议意见书之日起六十日内，将纠正相关违法或者不当行政行为的情况报送行政复议机关。

第七十七条　被申请人应当履行行政复议决定书、调解书、意见书。

被申请人不履行或者无正当理由拖延履行行政复议决定书、调解书、意见书的，行政复议机关或者有关上级行政机关应当责令其限期履行，并可以约谈被申请人的有关负责人或者予以通报批评。

第七十八条 申请人、第三人逾期不起诉又不履行行政复议决定书、调解书的，或者不履行最终裁决的行政复议决定的，按照下列规定分别处理：

（一）维持行政行为的行政复议决定书，由作出行政行为的行政机关依法强制执行，或者申请人民法院强制执行；

（二）变更行政行为的行政复议决定书，由行政复议机关依法强制执行，或者申请人民法院强制执行；

（三）行政复议调解书，由行政复议机关依法强制执行，或者申请人民法院强制执行。

第七十九条 行政复议机关根据被申请行政复议的行政行为的公开情况，按照国家有关规定将行政复议决定书向社会公开。

县级以上地方各级人民政府办理以本级人民政府工作部门为被申请人的行政复议案件，应当将发生法律效力的行政复议决定书、意见书同时抄告被申请人的上一级主管部门。

第六章　法律责任

第八十条 行政复议机关不依照本法规定履行行政复议职责，对负有责任的领导人员和直接责任人员依法给予警告、记过、记大过的处分；经有权监督的机关督促仍不改正或者造成严重后果的，依法给予降级、撤职、开除的处分。

第八十一条 行政复议机关工作人员在行政复议活动中，徇私舞弊或者有其他渎职、失职行为的，依法给予警告、记过、记大过的处分；情节严重的，依法给予降级、撤职、开除的处分；构成犯罪的，依法追究刑事责任。

第八十二条 被申请人违反本法规定，不提出书面答复或者不提交作出行政行为的证据、依据和其他有关材料，或者阻挠、变相阻挠公民、法人或者其他组织依法申请行政复议的，对负有责任的领导人员和直接责任人员依法给予警告、记过、记大过的处分；进行报复陷害的，依法给予降级、撤职、开除的处分；构成犯罪的，依法追究刑事责任。

第八十三条 被申请人不履行或者无正当理由拖延履行行政复议决定书、调解书、意见书的，对负有责任的领导人员和直接责任人员依法给予警告、记过、记大过的处分；经责令履行仍拒不履行的，依法给予降级、撤职、开

除的处分。

第八十四条 拒绝、阻挠行政复议人员调查取证，故意扰乱行政复议工作秩序的，依法给予处分、治安管理处罚；构成犯罪的，依法追究刑事责任。

第八十五条 行政机关及其工作人员违反本法规定的，行政复议机关可以向监察机关或者公职人员任免机关、单位移送有关人员违法的事实材料，接受移送的监察机关或者公职人员任免机关、单位应当依法处理。

第八十六条 行政复议机关在办理行政复议案件过程中，发现公职人员涉嫌贪污贿赂、失职渎职等职务违法或者职务犯罪的问题线索，应当依照有关规定移送监察机关，由监察机关依法调查处置。

第七章　附　则

第八十七条 行政复议机关受理行政复议申请，不得向申请人收取任何费用。

第八十八条 行政复议期间的计算和行政复议文书的送达，本法没有规定的，依照《中华人民共和国民事诉讼法》关于期间、送达的规定执行。

本法关于行政复议期间有关"三日"、"五日"、"七日"、"十日"的规定是指工作日，不含法定休假日。

第八十九条 外国人、无国籍人、外国组织在中华人民共和国境内申请行政复议，适用本法。

第九十条 本法自2024年1月1日起施行。

民政部门实施行政许可办法

·2004年6月8日民政部令第25号公布
·自2004年7月1日起施行

第一章　总　则

第一条 为了规范民政部门行政许可实施行为，根据《中华人民共和国行政许可法》及有关法律、法规，结合民政部门实际，制定本办法。

第二条 民政部门实施行政许可，应当遵守《中华人民共和国行政许可法》及有关法律、法规和本办法的规定。

第三条 民政部门实施行政许可，应当按照法定的权限、范围、条件和程序，遵循公开、公平、公正、便民、高效和监督检查的原则。

第四条 民政部门应当在法定职权范围内实施行政许可，也可以依照法律、法规、规章的规定委托其他行政机关实施行政许可；除此之外，不得委托其他组织、法人或公民实施行政许可。

第五条　民政部门实施行政许可,不得在法定条件之外附加任何不正当要求。

第六条　涉及公共利益的重大许可事项,行政许可申请人及利害关系人认为办理行政许可的审查人员或者听证主持人员与行政许可事项有直接利害关系的,有权申请其回避。

办理行政许可的审查人员或者听证主持人员是否回避,由相应民政部门负责人决定。

第二章　申请与受理

第七条　民政部门应当将法律、法规、规章规定的有关本部门办理的行政许可事项、依据、条件、数量、程序、期限、收取费用的法定项目和标准,以及需要提交的全部材料的目录和申请书格式文本、示范文本等在办公场所公示。

有条件的民政部门应当通过机关网站或者其他适当方式将前款内容向社会公开,便于申请人查询和办理。

申请人要求对公示或者公开内容予以说明、解释的,办理行政许可事项的工作人员应当说明、解释,提供准确、可靠的信息。

民政部门应当为申请人通过信函、电报、电传、电子数据交换和电子邮件等方式提出行政许可申请提供便利。

第八条　建立服务窗口的民政部门,由该服务窗口负责统一受理行政许可申请、统一送达行政许可决定;没有服务窗口的,具体办理某项行政许可的有关业务机构应当设立专门岗位,负责统一受理行政许可申请、统一送达行政许可决定。

第九条　行政许可申请人依法向民政部门提出行政许可申请,申请书需要采用格式文本的,民政部门应当免费提供申请书格式文本。申请书格式文本中不得包含与申请行政许可事项没有直接关系的内容。

民政部门不得要求申请人提交与其申请的行政许可事项无关的材料。

申请人依法委托代理人提出行政许可申请的,应当提交授权委托书。授权委托书应当载明授权委托事项和授权范围。

第十条　办理行政许可工作人员在收到申请人递交的申请材料后,除依法可以当场作出不予受理决定外,应当即时填写《行政许可申请材料登记表》,将收到行政许可申请时间、申请人、申请事项、提交材料情况等记录在案。

《行政许可申请材料登记表》一式两份,在申请人和承办人签字后,一份交申请人,一份留民政部门存档备查。

第十一条　民政部门对申请人提出的行政许可申请,应当根据下列情况分别作出处理:

(一)申请事项依法不需要取得行政许可的,应当即时告知申请人不受理,并向其出具《行政许可申请不予受理决定书》;

(二)申请事项依法不属于本部门职权范围的,应当即时作出不予受理的决定,向申请人出具《行政许可申请不予受理决定书》,并告知其向有关行政机关申请;

(三)申请材料存在文字、计算等可以当场更正的错误的,应当告知申请人当场更正,并让其在修改处确认;

(四)申请材料不齐全或者不符合法定形式的,应当场或者在五日内作出《行政许可申请材料补正通知书》,一次告知申请人需要补正的全部内容。逾期不告知,自收到申请材料之日起即为受理;

(五)申请事项属于本部门职权范围,申请材料齐全、符合法定形式或者申请人依照本部门要求提交补正材料的,应当受理行政许可申请,并向申请人出具《行政许可申请受理决定书》。

民政部门出具的上述书面凭证,应当加盖本部门专用印章,并注明日期。

第十二条　对民政部门收到的行政许可申请,承办人员应当在《行政许可申请处理审批表》中写明处理情况,并归档备查。

第三章　审　查

第十三条　申请人对提交申请材料的真实性负责。民政部门一般采取书面审查的办法对申请人提交的申请材料进行审查。

依法需要对申请材料的实质内容进行核实的,民政部门应当派两名以上工作人员进行核查,并制作现场检查笔录或者询问笔录。

现场检查笔录应当如实记载核查情况,并由核查人员签字。

核查中需要询问当事人或者有关人员时,核查人员应当出示执法证件,表明身份,询问笔录应当经被询问人核对无误后签名或者盖章。

第十四条　民政部门实施行政许可应当注意听取公民、法人或者其他组织的陈述和申辩。对行政许可申请进行审查时,发现该行政许可事项直接关系他人重大利益的,应当在决定前告知利害关系人。申请人、利害关系人有权进行陈述和申辩。行政许可办理工作人员对申请人、利害关系人的口头陈述和申辩,应当制作陈述、申辩笔录。民政部门应当对申请人、利害关系人提出的事实、理由进行复核。事实、理由成立的,应当采纳。

第十五条 依法应当先经下级民政部门审查后报上级民政部门决定的行政许可,下级民政部门应当依法接受申请人的申请,并进行初步审查。申请人提交材料齐全,符合法定形式的,应在法定期限内审查完毕并将初步审查意见和全部申请材料直接报送上级民政部门。上级民政部门不得要求申请人重复提供申请材料。

申请人直接向上级民政部门提出申请前款规定的行政许可事项,上级民政部门不得受理,并告知申请人通过下级民政部门提出申请。

第四章 听 证

第十六条 法律、法规、规章规定实施行政许可应当听证的事项,或者民政部门认为需要听证的涉及公共利益的重大行政许可事项,民政部门应当在行政许可事项涉及的区域内发布听证公告,并举行听证。听证公告应当明确听证事项、听证举行的时间、地点、参加人员要求及提出申请的时间和方式等。

第十七条 行政许可直接涉及申请人与他人之间重大利益关系,民政部门应当发出《行政许可听证告知书》,告知申请人、利害关系人有要求听证的权利。

第十八条 申请人、利害关系人要求听证的,应当在收到民政部门《行政许可听证告知书》后五日内提交申请听证的书面材料;逾期不提交的,视为放弃听证的权利。

第十九条 民政部门应当在接到申请人、利害关系人申请听证的书面材料二十日内组织听证,并且在举行听证的七日前,发出《行政许可听证通知书》,将听证的事项、时间、地点通知申请人、利害关系人。

第二十条 申请人、利害关系人在举行听证之前,撤回听证申请的,应当准许,并记录在案。

第二十一条 申请人、利害关系人可以亲自参加听证,也可以委托一至二名代理人参加听证。委托代理人参加听证的,应当提交书面授权委托书。

第二十二条 听证主持人由民政部门负责人从本机关行政许可审查工作人员以外的国家公务员中指定。

第二十三条 行政许可审查工作人员应当在举行听证五日前,向听证主持人提交行政许可审查意见的证据、理由等全部材料。

第二十四条 听证会按照以下程序公开进行:

(一)主持人宣布会场纪律;

(二)核对听证参加人姓名、年龄、身份,告知听证参加人权利、义务;

(三)行政许可审查人提出许可审查意见的证据、理由;

(四)申请人、利害关系人进行申辩和质证;

(五)许可审查人与申请人、利害关系人就有争议的事实进行辩论;

(六)许可审查人与申请人、利害关系人作最后陈述;

(七)主持人宣布听证会中止、延期或者结束。

第二十五条 对于申请人、利害关系人或者其委托的代理人无正当理由不出席听证或者放弃申辩和质证权利退出听证会的,主持人可以宣布听证取消或者听证终止。

第二十六条 听证记录员应当将听证的全部活动制作笔录,由听证主持人和记录员签名。听证笔录应当经听证参加人确认无误或者补正后,由听证参加人当场签名或者盖章。听证参加人拒绝签名或者盖章的,由听证主持人记明情况,在听证笔录中予以载明。

第二十七条 民政部门应当根据听证笔录,作出行政许可决定。对听证笔录中没有认证、记载的事实依据,或者申请人听证后提交的证据,民政部门可以不予采信。

第二十八条 依法应当举行听证而不举行听证的,根据利害关系人的请求或者依据职权,可以撤销行政许可,由此给当事人的合法权益造成损害的,应当给予赔偿;撤销行政许可可能对公共利益造成重大损害的,不予撤销。

第五章 决 定

第二十九条 民政部门对行政许可申请进行审查后,对申请人提交的申请材料齐全,符合法定形式,能够当场作出决定的,应当场作出书面的行政许可决定;对不能当场作出决定的,应当在法定期限内按照规定程序作出行政许可决定。

第三十条 申请人的申请符合法定条件、标准的,民政部门应当依法作出准予行政许可的书面决定;申请人的申请不符合法定条件、标准的,民政部门应当依法作出不予行政许可的书面决定。

民政部门依法作出不予行政许可书面决定的,应当说明理由,并告知申请人享有依法申请行政复议或者提起行政诉讼的权利。

行政许可书面决定应当载明作出决定的时间,并加盖作出决定的民政部门的印章。

第三十一条 民政部门作出准予行政许可的决定,依法需要颁发行政许可证件的,应当向申请人颁发加盖本部门印章的下列行政许可证件:

（一）许可证、执照或者其他许可证书；

（二）资格证、资质证或者其他合格证书；

（三）批准文件或者证明文件；

（四）法律、法规规定的其他行政许可证件。

民政部门依法实施检验、检测的，可以在检验、检测合格的设备、设施、产品上加贴标签或者加盖检验、检测印章。

第三十二条　行政许可证件一般应当载明证件名称、发证机关名称、持证人名称、行政许可事项、证件编号、发证日期、证件有效期等事项。

第三十三条　行政许可决定依法作出即具有法律效力，民政部门不得擅自改变已经生效的行政许可。

行政许可所依据的法律、法规、规章修改或者废止，或者准予行政许可所依据的客观情况发生重大变化的，为了公共利益的需要，民政部门可以依法变更或者撤销已经生效的行政许可。由此给公民、法人或者其他组织造成财产损失的，应当依法给予补偿。

第三十四条　民政部门作出的准予行政许可决定，应当根据行政许可事项的不同情况，以不同形式予以公开，并允许公众查阅。

第六章　期限与送达

第三十五条　除当场作出行政许可决定的外，民政部门应当自受理行政许可申请之日起二十日内作出行政许可决定。二十日内不能作出决定的，经本部门负责人批准，可以延长十日，并向申请人出具《行政许可决定延期通知书》，告知延长期限的理由。法律、法规对作出行政许可决定的期限另有规定的，依照其规定。

第三十六条　民政部门作出行政许可决定，依法需要听证、检验、检测、鉴定和专家评审的，所需时间不计算在本章规定的期限内，但应当将所需时间书面告知申请人。

第三十七条　民政部门作出准予行政许可的决定，应当自作出决定之日起十日内向申请人颁发、送达行政许可证件，或者加贴标签。

第三十八条　民政部门送达行政许可决定以及其他行政许可文书，一般应当由受送达人到民政部门办公场所直接领取。

受送达人直接领取行政许可决定以及其他行政许可文书时，一般应当在送达回证上注明收到日期，并签名或者盖章。

第三十九条　受送达人不直接领取行政许可决定以及其他行政许可文书时，民政部门可以采取以下方式送达：

（一）受送达人是法人或者其他组织的，应当由法人的法定代表人、该组织的主要负责人或者办公室、收发室、值班室等负责收件人在送达回证上签收或者盖章。

（二）受送达人拒绝接收行政许可文书的，送达人应当在送达回证上记明拒收的事由和日期，由送达人、有关基层组织或者所在单位的代表及其他见证人签名或者盖章，把行政许可文书留在受送达人的收发部门或者住所，视为送达；见证人不愿在送达回证上签字或者盖章的，送达人在送达回证上记明情况，把送达文书留在受送达人住所，视为送达。

（三）直接送达有困难的，可以委托当地民政部门送达，也可以邮寄送达。

邮寄送达的，以邮局回执上注明的收件日期为送达日期。

（四）无法采取上述方式送达，或者同一送达事项的受送达人众多的，可以在公告栏、受送达人住所地张贴公告，也可以在报刊上刊登公告。自公告发布之日起经过60日，即视为送达。

第七章　变更与延续

第四十条　被许可人要求变更行政许可事项，符合法定条件、标准的，作出行政许可决定的民政部门应当在受理申请之日起二十日内依法办理变更手续，并作出《准予变更行政许可决定书》；不符合法定条件、标准的，作出行政许可决定的民政部门应当作出《不予变更行政许可决定书》。法律、法规、规章另有规定的，依照其规定。

第四十一条　被许可人需要延续行政许可有效期的，应当在该行政许可有效期届满三十日前向作出行政许可决定的民政部门提出。民政部门应当根据被许可人的申请，在该行政许可有效期届满前作出是否准予延续的决定，并作出《准予延续行政许可决定书》或者《不予延续行政许可决定书》；逾期未作出决定的，视为准予延续。法律、法规、规章另有规定的，依照其规定。

第八章　监督检查

第四十二条　实施行政许可的民政部门应当依法对被许可人从事行政许可事项的活动进行监督检查。

上级民政部门应当加强对下级民政部门实施行政许可的监督检查。

各级民政部门内设机构承担具体业务范围内行政许可的监督检查工作，并以本民政部门名义开展监督检查。

第四十三条　县级以上民政部门应当建立健全法制工作机构，加强监督检查的协调工作、开展行政复议工作,实施国家赔偿制度和补偿制度,依法保障当事人获得行政许可的合法权益。

第四十四条　监督检查不得妨碍被许可人正常的生产经营活动。

第四十五条　民政部门应当将监督检查的情况和处理结果予以记录,由监督检查人员签字后归档。公众有权查阅监督检查记录。

第四十六条　被许可人在作出行政许可决定的民政部门管辖区域内违法从事行政许可事项活动的,由作出该行政许可决定的民政部门依法进行处理。

被许可人在作出行政许可决定的民政部门管辖区域外违法从事行政许可事项活动的,由违法行为发生地的民政部门依法进行处理。

违法行为发生地的民政部门对违法的被许可人作出处理后,应当于十日内将违法事实、相关证据材料和处理结果等抄告作出行政许可决定的民政部门。

第四十七条　民政部门应当建立对被许可人监督检查制度,依法对被许可人实施定期检查、实地检查。

第四十八条　民政部门应当指导被许可人建立自查制度,并监督被许可人依照制度进行自查,督促被许可人将重要工作自查情况报民政部门备案。

第四十九条　有行政许可法第六十九条第一款所列情形之一的,作出行政许可决定的民政部门或者其上级民政部门,根据利害关系人的请求或者依据职权,可以撤销行政许可。

被许可人以欺骗、贿赂等不正当手段取得行政许可的,应当予以撤销。

依照前两款的规定撤销行政许可,可能对公共利益造成重大损害的,不予撤销。

依照本条第一款的规定撤销行政许可,被许可人的合法权益受到损害的,民政部门应当依法给予赔偿。依照本条第二款的规定撤销行政许可的,被许可人基于行政许可取得的利益不受保护。

第五十条　有行政许可法第七十条所列情形之一的,作出行政许可决定的民政部门应当依法办理行政许可的注销手续。

第九章　法律责任

第五十一条　各级民政部门必须建立行政执法责任制,定岗、定责、定人,及时纠正承办人员的违法、违纪行为。

第五十二条　民政部门及其工作人员有以下违反行政许可法规定,应当承担法律责任情形的,依法由上级行政机关或者监察机关责令改正;情节严重的,对直接负责的主管人员和其他直接责任人员给予行政处分:

(一)对符合法定条件的行政许可申请不予受理的;

(二)不在办公场所公示依法应当公示的材料的;

(三)在受理、审查、决定行政许可过程中,未向申请人、利害关系人履行法定告知义务的;

(四)申请人提交的申请材料不齐全、不符合法定形式,不一次告知申请人必须补正的全部内容的;

(五)未依法说明不受理行政许可申请或者不予行政许可的理由的;

(六)依法应当举行听证而不举行听证的。

第五十三条　民政部门工作人员在办理行政许可、实施监督检查中,索取或者收受他人财物及谋取其他利益,尚不构成犯罪的,依法给予行政处分;构成犯罪的,移送司法机关追究刑事责任。

第五十四条　民政部门实施行政许可,对不符合法定条件的申请人准予行政许可,对符合法定条件的申请人不予行政许可、超越法定职权或者不在法定期限内作出准予行政许可决定的,依法由上级行政机关或者监察机关责令改正,对直接负责的主管人员和其他直接责任人员给予行政处分;构成犯罪的,移送司法机关追究刑事责任。

第五十五条　民政部门违法实施行政许可,给当事人的合法权益造成损害的,在机关对外承担赔偿责任后,责令有故意或者重大过失的承办人员承担部分或者全部赔偿费用,并作出相应的处理决定。

第五十六条　被许可人有违反行政许可法规定情形的,由作出行政许可的民政部门依法给予行政处罚;构成犯罪的,移送司法机关追究刑事责任。

第十章　附　则

第五十七条　民政部门实施非行政许可的行政审批,可参照本办法。

第五十八条　本办法自2004年7月1日起施行。

附件: 民政部门实施行政许可通用文书(略)

民政信访工作办法

·2024年1月20日

·民发〔2024〕3号

第一章　总　则

第一条　为了坚持和加强党对民政信访工作的全面领导,做好新时代民政信访工作,保持党和政府同人民群众的密切联系,根据《信访工作条例》和国家有关规定,结合民政信访工作实际,制定本办法。

第二条　民政信访工作坚持以马克思列宁主义、毛泽东思想、邓小平理论、"三个代表"重要思想、科学发展观、习近平新时代中国特色社会主义思想为指导，贯彻落实习近平总书记关于加强和改进人民信访工作的重要思想，深刻领悟"两个确立"的决定性意义，增强"四个意识"、坚定"四个自信"、做到"两个维护"，牢记为民解难、为党分忧的政治责任，坚守人民情怀，坚持底线思维、法治思维，践行"民政为民、民政爱民"工作理念，服务民政工作大局，维护群众合法权益，化解民政信访突出问题，促进社会和谐稳定。

第三条　民政信访工作应当遵循下列原则：

（一）坚持党的全面领导。把党的领导贯彻到民政信访工作各方面和全过程，确保正确政治方向。

（二）坚持以人民为中心。践行党的群众路线，倾听群众呼声，关心群众疾苦，千方百计为群众排忧解难。

（三）坚持落实信访工作责任。党政同责、一岗双责，属地管理、分级负责，谁主管、谁负责。将信访纳入法治化轨道，依法维护群众权益，规范信访秩序。

（四）坚持依法按政策解决问题。将信访纳入法治化轨道，依法维护群众权益，规范信访秩序。

（五）坚持源头治理化解矛盾。多措并举、综合施策，着力点放在源头预防和前端化解，把可能引发信访问题的矛盾纠纷化解在基层、化解在萌芽状态。

第四条　各级民政部门应当畅通信访渠道，做好民政信访工作，认真处理信访事项，倾听人民群众建议、意见和要求，接受人民群众监督，为人民群众服务。

第二章　信访工作体制

第五条　各级民政部门要坚持和加强党对民政信访工作的全面领导，应当成立民政信访工作领导小组，构建党组（委）统一领导、信访工作领导小组协调、信访工作机构推动、各方齐抓共管的民政信访工作格局。

各级民政部门的信访工作机构负责落实本级信访工作领导小组布置的各项任务，承办日常信访工作。

地方各级民政部门在本级党委和政府领导及上级民政部门指导下开展信访工作。

第六条　各级民政部门应当落实本级信访工作联席会议确定的工作任务和议定事项，及时报送落实情况；及时将民政领域疑难和敏感信访问题提请本级信访工作联席会议研究。

第七条　各级民政部门应当建立健全科学民主决策、信访矛盾排查化解、信访督办等工作机制，提升民政信访工作的科学化、制度化、规范化水平。

县级民政部门应当保持与乡镇党委和政府、街道党工委和办事处联合处理民政领域信访问题的渠道畅通，及时将矛盾纠纷化解在基层。

第八条　各级民政部门应当根据信访工作形势任务，明确负责信访工作的机构或者人员履行下列职责：

（一）受理、转送、交办民政信访事项；

（二）向信访人宣传有关法律、法规、规章和政策，提供有关信访事项的咨询服务；

（三）协调解决重要民政信访问题以及本单位出现的信访突发事件；

（四）督促检查重要信访事项的处理和落实；

（五）分析研判民政信访形势，征集人民建议，提出工作建议；

（六）总结交流信访工作经验，指导下级民政部门的信访工作；

（七）承办上级机关交办的信访事项，以及本级党组（委）交办的其他事项。

第九条　各级民政部门应当加强信访工作机构建设，选优配强信访工作干部，配备与形势任务相适应的工作力量，引入社会工作师、律师、心理咨询师等专业社会力量参与信访工作，加强信访工作人员教育培训，打造高素质专业化信访干部队伍；建立健全年轻干部和新录用干部到信访工作岗位锻炼，以及信访干部轮岗交流制度，进一步增强信访干部队伍活力。加强信访接待场所建设，并设置无障碍设施，方便残疾人、老年人进行信访活动。为信访工作提供必要的支持和保障，所需经费列入本级预算。

从事民政信访工作的人员按照国家有关规定享受信访岗位津贴。

第三章　信访事项的提出和受理

第十条　公民、法人或者其他组织可以采用信息网络、书信、电话、传真、走访等形式，向各级民政部门反映情况，提出建议、意见或者投诉请求，有关民政部门应当依规依法处理。

采用前款规定的形式，反映情况，提出建议、意见或者投诉请求的公民、法人或者其他组织，称信访人。

第十一条　各级民政部门应当向社会公布网络信访渠道、通信地址、咨询投诉电话、信访接待的时间和地点、查询信访事项处理进展以及结果的方式等相关事项，在其信访接待场所或者网站公布与民政工作有关的法律、法规、规章和信访事项的处理程序，以及其他为信访人提供便利的相关事项。

各级民政部门领导干部应当阅办群众来信和网上信

访、定期接待群众来访、定期下访、包案化解群众反映强烈的民政领域突出问题，听取群众的意见和建议。

第十二条　信访人一般应当采用书面形式提出信访事项，并载明其姓名（名称）、住址和请求、事实、理由。对采用口头形式提出的信访事项，有关民政部门应当在全国民政信访信息系统（以下简称信访信息系统）中如实记录。

信访人提出信访事项，应当客观真实，对其所提供材料内容的真实性负责，不得捏造、歪曲事实，不得诬告、陷害他人。

信访事项已经受理或者正在办理的，信访人在规定期限内向受理、办理民政部门的上级民政部门又提出同一信访事项的，上级民政部门不予受理。

第十三条　信访人采用走访形式提出信访事项的，应当到有权处理的本级民政部门或者上一级机关、单位设立或者指定的接待场所提出。

多人采用走访形式提出共同的信访事项的，应当推选代表，代表人数不得超过 5 人。

地方各级民政部门应当落实属地责任，认真接待处理群众来访，把问题解决在当地，引导信访人就地反映问题。

第十四条　各级民政部门应当加强信访工作信息化、智能化建设，加强信访信息系统应用，及时将收到的信访人直接提出的信访事项录入信访信息系统，使网上信访、来信、来访、来电在网上流转，方便信访人查询、评价信访事项办理情况。

第十五条　各级民政部门收到信访事项，应当予以登记，并区分情况，在 15 日内分别按照下列方式处理：

（一）对属于本级民政部门职权范围的，应当告知信访人接收情况以及处理途径和程序。

（二）对属于下级民政部门职权范围的，按照"属地管理、分级负责，谁主管、谁负责"的原则，转送、交办有权处理的下级民政部门，并告知信访人转送、交办去向。

（三）对不属于本级民政部门或者民政系统职权范围的，应当告知信访人向有权处理的机关、单位提出。

（四）对转送信访事项中的重要情况需要反馈办理结果的，要求相关民政部门在指定办理期限内反馈结果，提交办结报告。

对信访人直接提出的信访事项，民政部门能够当场告知的，应当当场告知；不能当场告知的，应当自收到信访事项之日起 15 日内书面告知信访人，但信访人的姓名（名称）、住址不清的除外。

对党委和政府信访部门或者上级民政部门转送、交办的信访事项，不属于本级民政部门职权范围的，应当自收到之日起 5 个工作日内提出异议，并详细说明理由，经转送、交办的信访部门或者民政部门核实同意后退回，并交还相关材料。

第十六条　各级民政部门对可能造成社会影响的重大、紧急信访事项和信访信息，应当及时报告本级党委和政府，通报相关主管部门和本级信访工作联席会议办公室，在职责范围内依法及时采取措施，防止不良影响的产生、扩大。

第十七条　信访人在信访过程中应当遵守法律、法规，不得损害国家、社会、集体的利益和其他公民的合法权利，自觉维护社会公共秩序和信访秩序，不得有下列行为：

（一）在民政部门办公场所周围非法聚集，围堵、冲击民政部门，拦截公务车辆，或者堵塞、阻断交通；

（二）携带危险物品、管制器具；

（三）侮辱、殴打、威胁民政部门工作人员，非法限制他人人身自由，或者毁坏财物；

（四）在民政部门信访接待场所滞留、滋事，或者将生活不能自理的人弃留在民政部门信访接待场所；

（五）煽动、串联、胁迫、以财物诱使、幕后操纵他人信访，或者以信访为名借机敛财；

（六）其他扰乱公共秩序、妨害国家和公共安全的行为。

第四章　信访事项的办理

第十八条　各级民政部门及其工作人员应当根据各自职责和有关规定，按照诉求合理的解决问题到位、诉求无理的思想教育到位、生活困难的帮扶救助到位、行为违法的依法处理的要求，依法按政策及时就地解决群众合法合理诉求，维护正常信访秩序。

第十九条　各级民政部门及其工作人员办理信访事项，应当恪尽职守、秉公办事，查明事实、分清责任，加强教育疏导，及时妥善处理，不得推诿、敷衍、拖延。

各级民政部门应当按照诉讼与信访分离制度要求，将涉及民事、行政、刑事等诉讼权利救济的信访事项从普通信访体制中分离出来，并引导信访人向有关政法部门提出。

各级民政部门工作人员与信访事项或者信访人有直接利害关系的，应当回避。

第二十条　各级民政部门对信访人反映的情况、提出的建议意见类事项，应当认真研究论证。对科学合理、具有现实可行性的，应当采纳或者部分采纳，并予以回复。

信访人反映的情况、提出的建议意见,对国民经济和社会发展或者对改进工作以及保护社会公共利益有贡献的,应当按照有关规定给予奖励。

第二十一条　对信访人提出的检举控告类事项,各级民政部门纪检监察机构或者有权处理的民政部门应当依法依纪依规接收、受理、办理和反馈。

不得将信访人的检举、揭发材料以及有关情况透露或者转给被检举、揭发的人员或者单位。

第二十二条　对信访人提出的申诉求决类事项,有权处理的民政部门应当区分情况,分别按照下列方式处理:

(一)可以通过行政复议、行政确认、行政许可、行政处罚等行政程序解决的,导入相应程序处理。

(二)可以通过党员申诉、申请复审等解决的,导入相应程序处理。

(三)属于申请查处违法行为、履行保护人身权或者财产权等合法权益职责的,依法履行或者答复。

(四)不属于以上情形的,应当听取信访人陈述事实和理由,并调查核实,出具信访处理意见书。对重大、复杂、疑难的信访事项,可以举行听证。

第二十三条　信访处理意见书应当载明信访人投诉请求、事实和理由、处理意见及其法律法规依据:

(一)请求事实清楚,符合法律、法规、规章或者其他规定的,予以支持;

(二)请求事由合理但缺乏法律依据的,应当作出解释说明;

(三)请求缺乏事实根据或者不符合法律、法规、规章或者其他有关规定的,不予支持。

有权处理的民政部门作出支持信访请求意见的,应当督促有关内设机构、单位执行;不予支持的,应当做好信访人疏导教育工作。

地方各级民政部门对于疑难复杂信访事项在作出处理意见前,应当报上级民政部门审核同意后送达信访人。

第二十四条　对本办法第二十二条第四项规定的信访事项,应当自受理之日起60日内办结;情况复杂的,经本级民政部门负责同志批准,可以适当延长办理期限,但延长期限不得超过30日,并告知信访人延期理由。

第二十五条　信访人对信访处理意见不服的,可以自收到书面答复之日起30日内请求原办理民政部门的上一级机关、单位复查。收到复查请求的民政部门应当自收到复查请求之日起30日内提出复查意见,并予以书面答复。

第二十六条　信访人对民政部门作出的复查意见不服的,可以自收到书面答复之日起30日内向复查民政部门的上一级机关、单位请求复核。收到复核请求的民政部门应当自收到复核请求之日起30日内提出复核意见,并予以书面答复。

复核民政部门可以按本办法第二十二条第四项的规定举行听证,经过听证的复核意见可以依法向社会公示。听证所需时间不计算在前款规定的期限内。

信访人对复核意见不服,仍然以同一事实和理由提出投诉请求的,各级民政部门不再受理。

第二十七条　各级民政部门应当坚持社会矛盾纠纷多元预防调处化解,人民调解、行政调解、司法调解联动,综合运用法律、政策、经济、行政等手段和教育、协商、疏导等办法,多措并举化解矛盾纠纷。

各级民政部门在办理信访事项时,对生活确有困难的信访人,可以告知或者帮助其向有关机关或者机构依法申请社会救助。

第五章　监督和追责

第二十八条　各级民政部门应当强化对信访工作的考核,实行信访工作责任制,对信访工作中失职、渎职行为,依法追究有关责任人员的责任;对在信访工作中作出突出成绩的单位或者个人,可以按照有关规定给予表彰和奖励。

第二十九条　各级民政部门信访工作机构发现本级民政部门内设机构、单位,下级民政部门存在违反信访工作规定受理、办理信访事项,办理信访事项推诿、敷衍、拖延、弄虚作假或者拒不执行信访处理意见等情形的,应当及时督办,并提出改进工作的建议。

对工作中发现的有关政策性问题,应当及时向本级民政部门党组(委)报告,并提出完善政策的建议。

对在信访工作中推诿、敷衍、拖延、弄虚作假造成严重后果的本级民政部门内设机构、单位,下级民政部门及其工作人员,应当向有管理权限的机关、单位提出追究责任的建议。

对民政部门信访工作机构提出的改进工作、完善政策、追究责任的建议,有关民政部门应当书面反馈采纳情况。

第三十条　因下列情形之一导致信访事项发生,造成严重后果的,对有关民政部门直接负责的主管人员和其他直接责任人员,依规依纪依法严肃处理;构成犯罪的,依法追究刑事责任:

(一)超越或者滥用职权,侵害公民、法人或者其他组织合法权益；

（二）应当作为而不作为，侵害公民、法人或者其他组织合法权益；

（三）适用法律、法规错误或者违反法定程序，侵害公民、法人或者其他组织合法权益；

（四）拒不执行有权处理民政部门作出的支持信访请求意见。

第三十一条　对负有受理信访事项职责的民政部门有下列情形之一的，应当予以改正；造成严重后果的，对直接负责的主管人员和其他直接责任人员依规依纪依法严肃处理：

（一）对收到的信访事项不按照规定登记；

（二）对属于其职权范围的信访事项不予受理；

（三）未在规定期限内告知信访人是否受理信访事项。

第三十二条　对信访事项有权处理的民政部门有下列情形之一的，应当予以改正；造成严重后果的，对直接负责的主管人员和其他直接责任人员依规依纪依法严肃处理：

（一）推诿、敷衍、拖延信访事项办理或者未在规定期限内办结信访事项；

（二）对事实清楚，符合法律、法规、规章或者其他有关规定的投诉请求未予支持；

（三）对党委和政府信访部门以及上级民政部门提出的改进工作、完善政策等建议重视不够、落实不力，导致问题长期得不到解决；

（四）其他不履行或者不正确履行信访事项处理职责的情形。

第三十三条　有关民政部门及其领导干部、工作人员有下列情形之一的，应当予以改正；造成严重后果的，对直接负责的主管人员和其他直接责任人员依规依纪依法严肃处理；构成犯罪的，依法追究刑事责任：

（一）对待信访人态度恶劣、作风粗暴，损害党群干群关系；

（二）在处理信访事项过程中吃拿卡要、谋取私利；

（三）对规模性集体访、负面舆情等处置不力，导致事态扩大；

（四）对可能造成社会影响的重大、紧急信访事项和信访信息隐瞒、谎报、缓报，或者未依法及时采取必要措施；

（五）将信访人的检举、揭发材料或者有关情况透露、转给被检举、揭发的人员或者单位；

（六）打击报复信访人；

（七）其他违规违纪违法的情形。

第三十四条　信访人违反本办法第十三条、第十七条规定的，工作人员应当对其进行劝阻、批评或者教育。

信访人滋事扰序、缠访闹访情节严重的，捏造歪曲事实、诬告陷害他人的，有关民政部门应当及时报请公安机关依法进行处置。

第六章　附　则

第三十五条　在信访事项办理过程中形成的文件、材料按照档案管理的有关规定统一归入本单位文书档案。

第三十六条　本办法由民政部办公厅负责解释。

第三十七条　本办法自 2024 年 2 月 1 日起施行。

民政部关于通过法定途径分类处理信访投诉请求的实施意见

·民发〔2024〕40 号
·2024 年 9 月 12 日

各省、自治区、直辖市民政厅（局），各计划单列市民政局，新疆生产建设兵团民政局；各司（局），中国老龄协会，各直属单位：

为贯彻落实《信访工作条例》和《民政信访工作办法》，推进民政信访工作法治化，进一步厘清信访与其他法定途径之间的受理范围，对信访人反映的问题，通过相关法律法规规定的"法定途径"进行合理分流、依法处理，强化法律在化解矛盾中的权威地位，保障合理合法诉求依照法律规定和程序得到合理合法的结果，现就推进通过法定途径分类处理信访投诉请求工作，提出如下意见。

一、做好信访投诉请求和法定途径的分类梳理

（一）明确信访投诉请求分类。按照信访目的，信访人通过信访渠道反映的问题（包括反映的情况，提出的建议、意见或投诉请求）主要分为申诉求决类、揭发控告类、意见建议类、信息公开类。重点对申诉求决类、揭发控告类、信息公开类投诉请求进行分类梳理（意见建议类因无其他明确的法定途径，可不列入分类梳理范围），要根据信访人诉求主体、具体目的，做好正常民政业务办理与信访、涉法涉诉信访与普通信访、能够通过其他法定途径处理的信访与一般信访的区分，厘清信访受理范围，为依法导入不同法定途径提供依据。

（二）明确法定途径分类。各级民政部门要结合实际,对民政领域处理信访投诉请求涉及的法定途径进行梳理。对申请申报办理民政业务的投诉请求,按权力法定要求梳理清单,明晰相关权责要求及办理程序;对不服民政部门及工作人员职务行为的信访投诉请求,以法律法规为依据,逐一对应列出可能的司法及其他法定救济途径清单。各地可根据本部门具体职能和信访投诉请求类型,细化明确处理问题可能的法定途径。对信访人提出的投诉请求,能够通过信访途径以外的法定途径处理的,导入法定途径依法按程序处理。

二、分类导入相应的法定途径办理

(三)引导到民政法定业务及纪检监察受理途径。对应当通过行政许可、行政给付、行政确认等法定途径申请申报办理民政业务的,按照法定职责或权力清单,引导其通过相应途径办理;对检举控告违法行为,要求民政部门依法查处的,引导其通过行政执法途径处理;对举报党员干部违规违纪违法的,引导其通过纪检监察途径处理;对要求政府信息公开的,引导其通过政府信息公开途径办理。

(四)引导到司法及其他法定救济途径。对不服民政部门作出的具体行政行为的,引导其通过行政复议、行政诉讼等法定途径处理。民政系统内干部职工对机关、事业单位作出的人事处理决定不服的,引导其通过申诉、申请复审等途径处理;民政系统内单位与工作人员之间的劳动人事争议,引导其通过调解仲裁途径处理。其他属于政法机关管辖的,引导通过司法程序或相应法定救济途径处理。引导通过上述法定途径处理信访投诉请求,应当提示信访人必须在符合法律法规规定的申请(起诉、申诉等)主体、受理范围、程序和时限等条件下提出。

(五)依法做好信访投诉请求办理工作。对属于民政部门职权范围,无法导入其他法定途径处理的信访投诉请求,依照《信访工作条例》、《民政信访工作办法》及相关规定办理。

三、加强民政系统内外的衔接配合

(六)加强部门内分工协作。各级民政部门信访工作领导小组要指导、协调各内设机构严格按照权限和程序履行职责,畅通依法办事的路径,加强各环节之间的衔接配合,防止信访投诉请求在部门内部空转。信访工作机构要负责做好分流、引导工作,提高窗口服务质量,推动信访投诉请求通过法定途径分类处理。其它内设机构要负责做好与业务职能相关信访投诉请求法定途径的判定及处理工作,从源头上推动信访投诉请求通过法定途径处理。

(七)加强系统协调联动工作。各级民政部门要统一认识,系统联动规范信访受理范围,推进通过法定途径分类处理信访投诉请求工作。特别是基层民政部门要强化责任,落实首问负责制,从初信初访入手,做好信访投诉请求分类引导工作,让群众的合法诉求能够及时通过法定程序得到处理。

(八)加强民政部门与相关部门的协调配合。各级民政部门要加强与本级党委、政府信访部门及其他部门的联系沟通,协调配合做好通过法定途径分类处理信访投诉请求工作。对涉及多个部门、疑难复杂的信访投诉请求,可报请同级信访工作联席会议协调处理,与相关部门共同做好判定、引导和相关处理工作。

四、加强宣传引导和督促检查

(九)加强宣传引导。各级民政部门要采取多种方式加强宣传,参照《民政领域通过法定途径处理的信访投诉请求清单》(见附件),结合本地实际制定本级民政部门通过法定途径处理的信访投诉请求清单。民政系统干部要认识到通过法定途径分类处理信访投诉请求,是贯彻落实《信访工作条例》和《民政信访工作办法》,推进民政信访工作法治化的一项重要举措。引导群众学法、用法,养成办事依法、遇事找法、处理问题靠法的自觉,依法维护自身权益。

(十)加强督促指导。各级民政部门要制定符合本单位实际、操作性强的实施办法,有计划地组织落实。民政部和省级民政部门要加强指导,推动工作有序开展。推动信访工作依法依规范运行,信访问题依法依政策得到解决,确保人民群众的每一项诉求都依法推进、有人办理,更好维护人民群众合法权益。

《民政部关于推进通过法定途径分类处理信访投诉请求工作的实施意见(试行)》(民发〔2015〕41 号)和《民政领域通过法定途径处理的信访投诉请求清单》(民办发〔2019〕30 号)同时废止。

附件:民政领域通过法定途径处理的信访投诉请求清单(略)

关于加强人民调解员队伍建设的意见

· 2018 年 4 月 27 日
· 司发〔2018〕2 号

为认真落实党的十九大精神,深入贯彻党的十八届四中全会关于发展人民调解员队伍的决策部署,全面贯彻实施人民调解法,现就加强人民调解员队伍建设提出如下意见。

一、充分认识加强人民调解员队伍建设的重要意义

人民调解是在继承和发扬我国民间调解优良传统基础上发展起来的一项具有中国特色的法律制度,是公共法律服务体系的重要组成部分,在矛盾纠纷多元化解机制中发挥着基础性作用。人民调解员是人民调解工作的具体承担者,肩负着化解矛盾、宣传法治、维护稳定、促进和谐的职责使命。加强人民调解员队伍建设,对于提高人民调解工作质量,充分发挥人民调解维护社会和谐稳定"第一道防线"作用,推进平安中国、法治中国建设,实现国家治理体系与治理能力现代化具有重要意义。党中央、国务院历来高度重视人民调解工作。党的十八大以来,习近平总书记多次对人民调解工作作出重要指示批示,为做好人民调解工作和加强人民调解员队伍建设指明了方向。广大人民调解员牢记使命、扎根基层、无私奉献,积极开展矛盾纠纷排查调解工作,切实把矛盾纠纷化解在基层,消除在萌芽状态,为维护社会和谐稳定、服务保障和改善民生作出了积极贡献。当前,中国特色社会主义进入新时代。社会主要矛盾已经转化为人民日益增长的美好生活需要和不平衡不充分的发展之间的矛盾。人民不仅对物质文化生活提出了更高要求,而且在民主、法治、公平、正义、安全、环境等方面的要求日益增长。党的十九大强调,要加强预防和化解社会矛盾机制建设,正确处理人民内部矛盾。这些都对人民调解、行业专业调解和调解员队伍建设提出了新的更高要求。各地各有关部门一定要充分认识加强人民调解员队伍建设的重要性、紧迫性,切实增强责任感和使命感,采取有效措施,大力推进人民调解员队伍建设,不断提高人民调解工作水平,全力维护社会和谐稳定。

二、加强人民调解员队伍建设的指导思想和基本原则

(一)指导思想

深入贯彻落实党的十九大精神,坚持以习近平新时代中国特色社会主义思想为指导,按照"五位一体"总体布局和"四个全面"战略布局,全面贯彻实施人民调解法,优化队伍结构,着力提高素质,完善管理制度,强化工作保障,努力建设一支政治合格、熟悉业务、热心公益、公道正派、秉持中立的人民调解员队伍,为平安中国、法治中国建设作出积极贡献。

(二)基本原则

——坚持党的领导。认真贯彻落实中央关于人民调解工作的决策部署,确保人民调解员队伍建设的正确方向。

——坚持依法推动。贯彻落实人民调解法、民事诉讼法等法律规定,不断提高人民调解员队伍建设的规范化、法治化水平。

——坚持择优选聘。按照法定条件和公开公平公正的原则,吸收更多符合条件的社会人士和专业人员参与人民调解工作。

——坚持专兼结合。在积极发展兼职人民调解员队伍的同时,大力加强专职人民调解员队伍建设,不断优化人民调解员队伍结构。

——坚持分类指导。根据各地实际情况和专兼职人民调解员队伍的不同特点,完善管理制度,创新管理方式,不断提高人民调解工作质量。

三、加强人民调解员队伍建设的主要任务

(一)认真做好人民调解员选任工作

1.严格人民调解员选任条件。人民调解员由人民调解委员会委员和人民调解委员会聘任的人员担任,既可以兼职,也可以专职。人民调解员应由公道正派、廉洁自律、热心人民调解工作,并具有一定文化水平、政策水平和法律知识的成年公民担任。乡镇(街道)人民调解委员会的调解员一般应具有高中以上学历,行业性、专业性人民调解委员会的调解员一般应具有大专以上学历,并具有相关行业、专业知识或工作经验。

2.依法推选人民调解委员会委员。人民调解委员会委员通过推选产生。村民委员会、社区居民委员会的人民调解委员会委员由村民会议或者村民代表会议、居民会议或者居民代表会议推选产生。企业事业单位设立的人民调解委员会委员由职工大会、职工代表大会或者工会组织推选产生。乡镇(街道)人民调解委员会委员由行政区域内村(居)民委员会、有关单位、社会团体、其他组织推选产生。行业性、专业性人民调解委员会委员由有关单位、社会团体或者其他组织推选产生。人民调解委员会委员任期届满,应及时改选,可连选连任。任期届满的原人民调解委员会主任应向推选单位报告工作,听取意见。新当选的人民调解委员会委员应及时向社会公布。

3.切实做好人民调解员聘任工作。人民调解委员会根据需要可以聘任一定数量的专兼职人民调解员,并颁发聘书。要注重从德高望重的人士中选聘基层人民调解员。要注重选聘律师、公证员、仲裁员、基层法律服务工作者、医生、教师、专家学者等社会专业人士和退休法官、检察官、民警、司法行政干警以及相关行业主管部门退休人员担任人民调解员,不断提高人民调解员的专业化水平。要积极发展专职人民调解员队伍,行业性、专业性人

民调解委员会应有 3 名以上专职人民调解员,乡镇(街道)人民调解委员会应有 2 名以上专职人民调解员,有条件的村(居)和企事业单位人民调解委员会应有 1 名以上专职人民调解员,派驻有关单位和部门的人民调解工作室应有 2 名以上专职人民调解员。

(二)明确人民调解员职责任务

4. 人民调解员的职责任务。积极参与矛盾纠纷排查,对排查发现的矛盾纠纷线索,采取有针对性的措施,预防和减少矛盾纠纷的发生;认真开展矛盾纠纷调解,在充分听取当事人陈述和调查了解有关情况的基础上,通过说服、教育、规劝、疏导等方式方法,促进当事人平等协商、自愿达成调解协议,督促当事人及时履行协议约定的义务,人民调解员对当事人主动申请调解的,无正当理由不得推诿不受理;做好法治宣传教育工作,注重通过调解工作宣传法律、法规、规章和政策,教育公民遵纪守法、弘扬社会公德、职业道德和家庭美德;发现违法犯罪以及影响社会稳定和治安秩序的苗头隐患,及时报告辖区公安机关;主动向所在的人民调解委员会报告矛盾纠纷排查调解情况,认真做好纠纷登记、调解统计、案例选报和文书档案管理等工作;自觉接受司法行政部门指导和基层人民法院业务指导,严格遵守人民调解委员会制度规定,积极参加各项政治学习和业务培训;认真完成司法行政部门和人民调解委员会交办的其他工作任务。

(三)加强人民调解员思想作风建设

5. 加强思想政治建设。组织广大人民调解员认真学习宣传贯彻党的十九大精神,坚持以习近平新时代中国特色社会主义思想武装头脑、指导工作。教育引导人民调解员牢固树立政治意识、大局意识、核心意识、看齐意识,自觉在思想上政治上行动上同以习近平同志为核心的党中央保持高度一致。加强人民调解员职业道德教育,深入开展社会主义核心价值观和社会主义法治理念教育,弘扬调解文化,增强人民调解员的社会责任感和职业荣誉感。

6. 加强纪律作风建设。完善人民调解员行为规范,教育人民调解员严格遵守和执行职业道德和工作纪律,树立廉洁自律良好形象,培养优良作风。建立投诉处理机制,及时查处人民调解员违法违纪行为,不断提高群众满意度。

7. 加强党建工作。党员人民调解员应积极参加所属党支部的组织生活,加强党性修养,严守党员标准,自觉接受党内外群众的监督,发挥党员在人民调解工作中的先锋模范作用。支持具备条件的人民调解委员会单独建立党组织,落实基层党建基本制度,严格党内政治生活,突出政治功能,发挥战斗堡垒作用。

(四)加强人民调解员业务培训

8. 落实培训责任。开展人民调解员培训是司法行政部门的重要职责。要坚持分级负责、以县(市、区)为主,加大对人民调解员的培训力度。县(市、区)司法行政部门主要负责辖区内人民调解委员会主任、骨干调解员的岗前培训和年度培训,指导和组织司法所培训辖区内人民调解员;市(地、州)司法行政部门主要负责辖区内大中型企业、乡镇(街道)和行业性、专业性人民调解委员会主任、骨干调解员的岗前培训和年度培训;省(区、市)司法行政部门负责制定本地区人民调解员培训规划,组织人民调解员骨干示范培训,建立培训师资库;司法部负责组织编写培训教材,规范培训内容,开展人民调解员师资培训。司法行政部门要积极吸纳律师、公证员、司法鉴定人、专职人民调解员等作为培训师资力量,提高培训质量和水平。基层人民法院要结合审判工作实际和人民调解员队伍状况,积极吸纳人民调解委员会进入人民法院特邀调解组织名册,通过委派调解、委托调解,选任符合条件的人民调解员担任人民陪审员,加强司法确认工作等灵活多样的形式,加大对人民调解员进行业务培训的力度。

9. 丰富培训内容和形式。司法行政部门和人民调解员协会要根据本地和行业、专业领域矛盾纠纷特点设置培训课程,重点开展社会形势、法律政策、职业道德、专业知识和调解技能等方面的培训。创新培训方式和载体,采取集中授课、研讨交流、案例评析、实地考察、现场观摩、旁听庭审、实训演练等形式,提高培训的针对性、有效性。顺应"互联网+"发展趋势,建立完善人民调解员网络培训平台,推动信息技术与人民调解员培训深度融合。依托有条件的高校、培训机构开展培训工作,开发人民调解员培训课程和教材,建立完善人民调解员培训质量评估体系。

(五)加强对人民调解员的管理

10. 健全管理制度。人民调解委员会应当建立健全人民调解员聘用、学习、培训、考评、奖惩等各项管理制度,加强对人民调解员的日常管理。建立人民调解员名册制度,县(市、区)司法行政部门定期汇总人民调解员基本信息,及时向社会公开并通报人民法院,方便当事人选择和监督。建立岗位责任和绩效评价制度,完善评价指标体系。

11. 完善退出机制。人民调解员调解民间纠纷,应当坚持原则、明法析理、主持公道。对偏袒一方当事人、侮辱当事人、索取、收受财物或者牟取其他不正当利益,或泄露当事人的个人隐私、商业秘密的人民调解员,由其所在的人民调解委员会给予批评教育、责令改正;情节严重的,由推选或者聘任单位予以罢免或者解聘。对因违法违纪不适合继续从事调解工作;严重违反管理制度、怠于履行职责造成恶劣社会影响;不能胜任调解工作;因身体原因无法正常履职;自愿申请辞职的人民调解员,司法行政部门应及时督促推选或者聘任单位予以罢免或者解聘。

（六）积极动员社会力量参与人民调解工作

12. 发动社会力量广泛参与。切实发挥村（居）民小组长、楼栋长、网格员的积极作用,推动在村（居）民小组、楼栋(院落)等建立纠纷信息员队伍,帮助了解社情民意,排查发现矛盾纠纷线索隐患。发展调解志愿者队伍,积极邀请"两代表一委员"（党代表、人大代表、政协委员）、"五老人员"（老党员、老干部、老教师、老知识分子、老政法干警）、专家学者、专业技术人员、城乡社区工作者、大学生村官等参与矛盾纠纷化解。充分发挥律师、公证员、司法鉴定人、基层法律服务工作者、法律援助工作者等司法行政系统资源优势,形成化解矛盾纠纷工作合力。

13. 建立人民调解咨询专家库。县级以上司法行政部门可以根据调解纠纷需要,会同相关行业主管部门设立人民调解咨询专家库,由法学、心理学、社会工作和相关行业、专业领域的专业人员组成,相关专家负责向人民调解委员会提供专家咨询意见和调解建议。人民调解咨询专家库可以是包含多领域专业人才的区域性综合型专家库,也可以是某一特定行业、专业领域的专家库。

（七）强化对人民调解员的工作保障

14. 落实人民调解员待遇。地方财政根据当地经济社会发展水平和财力状况,适当安排人民调解员补贴经费。人民调解员补贴经费的安排和发放应考虑调解员调解纠纷的数量、质量、难易程度、社会影响大小以及调解的规范化程度。补贴标准由县级以上司法行政部门商同级财政部门确定,明令禁止兼职取酬的人员,不得领取人民调解员补贴。对财政困难地区,省级要统筹现有资金渠道,加强人民调解工作经费保障。人民调解委员会设立单位和相关行业主管部门应依法为人民调解员开展工作提供场所、设施等办公条件和必要的工作经费。省（区、市）司法行政部门或人民调解员协会应通过报纸、网络等形式,每半年或一年向社会公开人民调解经费使用情况和工作开展情况,接受社会监督。

15. 通过政府购买服务推进人民调解工作。司法行政部门应当会同有关部门做好政府购买人民调解服务工作,完善购买方式和程序,积极培育人民调解员协会、相关行业协会等社会组织,鼓励其聘请专职人民调解员,积极参与承接政府购买人民调解服务。

16. 落实人民调解员抚恤政策。司法行政部门应及时了解掌握人民调解员需要救助的情况,协调落实相关政策待遇。符合条件的人民调解员因从事调解工作致伤致残,生活发生困难的,当地人民政府应当按照有关规定提供必要的医疗、生活救助;在人民调解工作岗位上因工作原因死亡的,其配偶、子女按照国家规定享受相应的抚恤等相关待遇。探索多种资金渠道为在调解工作中因工作原因死亡、伤残的人民调解员或其亲属提供帮扶。

17. 加强对人民调解员的人身保护。人民调解员依法调解民间纠纷,受到非法干涉、打击报复或者本人及其亲属人身财产安全受到威胁的,当地司法行政部门和人民调解员协会应当会同有关部门采取措施予以保护,维护其合法权益。探索建立人民调解员人身保障机制,鼓励人民调解委员会设立单位和人民调解员协会等为人民调解员购买人身意外伤害保险等。

四、加强对人民调解员队伍建设的组织领导

（一）加强组织领导

司法行政机关负责指导人民调解工作,要把人民调解员队伍建设摆上重要位置,列入重要议事日程,切实加强指导。要主动向党委和政府汇报人民调解工作,积极争取有关部门重视和支持,着力解决人民调解员开展工作遇到的困难和问题。要完善相关制度,提高人民调解员队伍管理水平。人民调解员协会要发挥行业指导作用,积极做好对人民调解员的教育培训、典型宣传、权益维护等工作,加强对人民调解员队伍的服务和管理。

（二）落实部门职责

各有关部门要明确自身职责,加强协调配合,共同做好人民调解工作。各级政法要将人民调解员队伍建设纳入综治工作（平安建设）考核评价体系。人民法院要通过各种形式,加强对人民调解员调解纠纷的业务指导,提高人民调解工作水平。财政部门要落实财政保障责任,会同司法行政部门确定经费保障标准,建立动态调整机制。民政部门要对符合条件的人民调解员落实相关社会救助和抚恤政策,会同人力资源社会保障部门把符合条件的人民调解员纳入社会工作专业人才培养和职业水平评价体系。各相关行业主管部门要从各方面对人民调解员开展工作提供支持和保障。

（三）加强表彰宣传

认真贯彻落实人民调解法，加大对人民调解员的表彰力度，对有突出贡献的人民调解员按照国家有关规定给予表彰奖励。要充分运用传统媒体和网络、微信、微博等新媒体，积极宣传人民调解工作典型人物和先进事迹，扩大人民调解工作社会影响力，增强广大人民调解员的职业荣誉感和自豪感，为人民调解员开展工作创造良好社会氛围。

各地要结合实际，按照本意见精神制定具体实施意见。

民政部职能配置、内设机构和人员编制规定

·2023 年发布
·2023 年 10 月 29 日起施行

第一条　为了规范民政部的职能配置、内设机构和人员编制，推进机构、职能、权限、程序、责任法定化，根据党的二十届二中全会审议通过的《党和国家机构改革方案》、第十四届全国人民代表大会第一次会议审议批准的《国务院机构改革方案》和《中国共产党机构编制工作条例》以及党中央对民政工作的有关要求，制定本规定。

第二条　民政部是国务院组成部门，为正部级。

第三条　将国家卫生健康委员会的组织拟订并协调落实应对人口老龄化政策措施、承担全国老龄工作委员会的具体工作等职责划入民政部。全国老龄工作委员会办公室设在民政部。

将民政部的拟订城乡基层群众自治和社区治理政策，指导城乡社区治理体系和治理能力建设，推动基层民主政治建设，拟订社会工作政策和标准，会同有关部门推进社会工作人才队伍建设和志愿者队伍建设等职责划入中央社会工作部。

第四条　本规定确定的主要职责、机构设置、人员编制等，是民政部机构职责权限、人员配备和工作运行的基本依据。

第五条　民政部负责贯彻落实党中央关于民政工作的方针政策和决策部署，把坚持和加强党中央对民政工作的集中统一领导落实到履行职责过程中。主要职责是：

（一）拟订民政事业发展法律法规草案、政策、规划，制定部门规章和标准并组织实施。

（二）拟订社会团体、基金会、社会服务机构等社会组织登记和监督管理办法并组织实施，依法对社会组织进行登记管理和执法监督。

（三）拟订社会救助政策、标准，统筹社会救助体系建设，负责城乡居民最低生活保障、特困人员救助供养、临时救助、生活无着流浪乞讨人员救助工作。

（四）拟订行政区划、行政区域界线管理和地名管理政策、标准，组织研究行政区划总体规划思路建议，按照管理权限牵头负责行政区划设立、命名、变更和政府驻地迁移等审核工作。确定、公布行政区划代码，组织指导省县级行政区域界线的勘定和管理工作，负责全国地名工作的统一监督管理，负责重要自然地理实体以及各国管辖范围外区域的地理实体、天体地理实体的命名和更名审核工作。

（五）拟订婚姻管理政策并组织实施，推进婚俗改革。

（六）拟订殡葬管理政策、服务规范并组织实施，推进殡葬改革。

（七）拟订残疾人权益保护政策，统筹推进残疾人福利制度建设和康复辅助器具产业发展。

（八）承担全国老龄工作委员会的具体工作。组织拟订并协调落实积极应对人口老龄化的政策措施。指导协调老年人权益保障工作。组织拟订老年人社会参与政策并组织实施。

（九）组织拟订并协调落实促进养老事业发展的政策措施。统筹推进、督促指导、监督管理养老服务工作，拟订养老服务体系建设规划、政策、标准并组织实施，承担老年人福利和特殊困难老年人救助工作。

（十）拟订儿童福利、孤弃儿童保障、儿童收养、儿童救助保护政策和标准，健全农村留守儿童关爱服务体系和困境儿童保障制度。

（十一）组织拟订促进慈善事业发展政策，指导社会捐助工作，负责福利彩票管理工作。

（十二）代管中国老龄协会。

（十三）完成党中央、国务院交办的其他任务。

第六条　职能转变。民政部要推动老龄工作向主动应对和统筹协调转变，健全工作体制机制，强化综合协调、督促指导、组织推进老龄事业发展职能，协调有关部门和地方不断完善老年人社会救助、社会福利、社会优待、宜居环境、社会参与等政策，增强政策制度的针对性、协调性、系统性。推动养老服务向全面提升老年人生活质量转变，加快建设居家社区机构相协调、医养康养相结合的养老服务体系，大力发展普惠型养老服务，促进资源均衡配置，推动实现全体老年人享有基本养老服务，走出一条老有所养、老有所医、老有所为、老有所学、老有所乐

的中国特色积极应对人口老龄化道路。强化基本民生保障，健全分层分类、城乡统筹的社会救助体系，聚焦困难群众、孤老孤残孤儿等特殊群体，促进资源向薄弱地区、领域和环节倾斜，兜牢民生底线。

第七条　与其他部门的职责分工：

（一）与国家卫生健康委员会的有关职责分工。民政部负责组织拟订并协调落实积极应对人口老龄化、促进养老事业发展的政策措施，拟订养老服务体系建设规划、法规、政策、标准并组织实施，承担老年人福利和特殊困难老年人救助等工作。国家卫生健康委员会负责拟订医养结合政策措施，承担老年疾病防治、老年人医疗照护、老年人心理健康与关怀服务等老年健康工作。

（二）与自然资源部的有关职责分工。民政部会同自然资源部组织编制公布行政区划信息的中华人民共和国行政区划图。

第八条　民政部根据本规定第五条所明确的主要职责，编制权责清单，逐项明确权责名称、权责类型、设定依据、履责方式、追责情形等。在此基础上，制定办事指南、运行流程图等，进一步优化行政程序，规范权力运行。

第九条　民政部设下列正司局级内设机构：

（一）办公厅（国际合作司）。负责机关日常运转，承担信息、安全、保密、信访、政务公开、新闻宣传、国际交流合作、与港澳台地区交流合作等工作。

（二）政策法规司。负责起草有关法律法规草案和规章，承担民政行业标准化工作，承担规范性文件的合法性审查和行政复议、行政应诉等工作。

（三）规划财务司。拟订民政事业发展规划和民政基础设施建设标准，指导和监督中央财政拨付的民政事业资金管理工作。拟订民政部门彩票公益金使用管理办法，管理本级彩票公益金。承担民政统计管理和机关及直属单位预决算、财务、资产管理与内部审计工作。

（四）社会组织管理局（社会组织执法监督局）。拟订社会团体、基金会、社会服务机构等社会组织登记和监督管理办法，按照管理权限对社会组织进行登记管理和执法监督，指导地方对社会组织的登记管理和执法监督工作。

（五）社会救助司。拟订城乡居民最低生活保障、特困人员救助供养、临时救助等社会救助政策和标准，健全城乡社会救助体系，承办中央财政困难群众救助补助资金分配和监管工作。参与拟订医疗、住房、教育、就业、司法等救助有关办法。

（六）区划地名司。研究拟订行政区划总体规划思路建议，按照管理权限承担行政区划设立、命名、变更和政府驻地迁移等审核工作。承担行政区划代码管理工作，组织、指导省县级行政区域界线的勘定和管理，监督管理地名工作，承担重要自然地理实体以及各国管辖范围外区域的地理实体、天体地理实体的命名和更名审核工作，参与联合国地名标准化建设工作。

（七）社会事务司。推进婚俗和殡葬改革，拟订婚姻、殡葬、残疾人权益保护、生活无着流浪乞讨人员救助管理政策，参与拟订残疾人集中就业扶持政策，指导婚姻登记机关和残疾人社会福利、殡葬服务、生活无着流浪乞讨人员救助管理机构有关工作，负责协调省际生活无着流浪乞讨人员救助事务，指导开展家庭暴力受害人临时庇护救助工作。

（八）老龄工作司。承担全国老龄工作委员会办公室的具体工作。拟订并协调落实积极应对人口老龄化的政策措施，指导协调老年人权益保障工作，组织开展人口老龄化国情宣传教育，拟订老年人社会参与政策并组织实施，承担老年人口状况、老龄事业发展的统计调查工作。

（九）养老服务司。拟订并协调落实促进养老事业发展的政策措施，承担老年人福利工作，拟订老年人福利补贴制度和养老服务体系建设规划、政策、标准，协调推进农村留守老年人关爱服务工作，指导养老服务机构、老年人福利机构、特困人员救助供养机构管理工作。

（十）儿童福利司。拟订儿童福利、孤弃儿童保障、儿童收养、儿童救助保护政策和标准。健全农村留守儿童关爱服务体系，完善困境儿童保障制度，指导儿童福利机构、儿童收养登记机构、儿童救助保护机构管理工作。

（十一）慈善事业促进司。拟订促进慈善事业发展政策和慈善信托、慈善组织及其活动管理办法。指导社会捐助工作。拟订福利彩票管理制度，监督福利彩票的开奖和销毁，管理监督福利彩票代销行为。

机关党委（人事司）。负责机关及在京直属单位党的建设和纪检工作，领导机关群团组织的工作，承担内部巡视工作。承担机关及直属单位的人事管理、机构编制、教育培训、科技管理及队伍建设等工作。机关党委设立机关纪委，承担机关及在京直属单位纪检、党风廉政建设有关工作。

离退休干部局。负责机关离退休干部工作，指导直属单位离退休干部工作。

第十条　民政部机关行政编制324名。设部长1名，副部长4名；司局级领导职数47名（含机关党委专职副书记1名、机关纪委书记1名、离退休干部局领导职数3名）。

第十一条　民政部所属事业单位的设置、职责和编制事项另行规定。

第十二条　本规定由中央机构编制委员会办公室负责解释，其调整由中央机构编制委员会办公室按规定程序办理。

根据机构编制管理权限，由民政部党组决定、报中央机构编制委员会办公室备案的机构编制事项，按照有关规定执行。

第十三条　本规定自2023年10月29日起施行。

民政部贯彻落实《国务院关于加强数字政府建设的指导意见》的实施方案

·2022年9月26日
·民办便函〔2022〕856号

加强数字政府建设是创新政府治理理念和方式、形成数字治理新格局、推进国家治理体系和治理能力现代化的重要举措，对加快转变政府职能，建设法治政府、廉洁政府和服务型政府意义重大。为贯彻落实党中央、国务院关于加强数字政府建设的重大决策部署，根据《国务院关于加强数字政府建设的指导意见》（国发〔2022〕14号）精神，结合我部工作实际，制定本方案。

一、总体要求

（一）指导思想。高举中国特色社会主义伟大旗帜，坚持以习近平新时代中国特色社会主义思想为指导，深入贯彻习近平总书记关于网络强国的重要思想，认真落实党中央、国务院决策部署，立足新发展阶段，完整、准确、全面贯彻新发展理念，服务加快构建新发展格局，统筹发展和安全，将数字技术广泛应用于民政管理服务，强化数字转型、智能提升、融合创新，推进治理流程优化、模式创新和履职能力提升，不断增强人民群众获得感、幸福感、安全感，推动民政事业实现高质量发展。

（二）基本原则。一是坚持党的领导。将坚持和加强党的全面领导贯穿数字政府建设各领域各环节，确保数字政府建设正确方向。二是坚持人民至上。始终把满足人民对美好生活的向往作为数字政府建设的出发点和落脚点，让数字政府建设成果更多更公平惠及全体人民。三是坚持改革引领。注重顶层设计和基层探索有机结合，以数字化改革助力政府职能转变，以"精准民政"建设为目标，促进民政领域改革创新。四是坚持数据赋能。

建立健全数据治理制度和标准体系，加强数据汇聚融合、共享开放和数据要素的开发利用，提高政府决策科学化水平和管理服务效率。五是坚持整体协同。强化系统观念，坚持"一盘棋"布局、"一张网"建设、一体化发展，全面提升数字政府集约化建设、协同管理和服务水平。六是坚持安全可控。全面落实总体国家安全观，全面构建制度、管理和技术衔接配套的安全防护体系，切实守住网络安全底线。

（三）总体目标。到2025年，形成与政府治理能力现代化相适应的民政数字政府建设发展新局面，体系规划设计更加完善，统筹协调机制更加有效，履职能力、制度规则、数据资源、平台支撑、安全保障等数字政府体系框架基本形成，政府履职数字化、智能化水平显著提升，基本民生保障精准化、基层社会治理精细化、基本社会服务便捷化取得实质性成果，数字政府建设在促进民政事业高质量发展、构建人民满意的服务型政府等方面发挥重要作用。

二、主要任务

（一）构建协同高效的民政数字化履职能力体系。

1. 加快推进数字机关建设。提升民政政务运行效能，加快民政一体化协同办公体系建设，有效支撑机关办文、办会、办事"网上办、掌上办"，实现机关工作人员网上办公应用全覆盖，移动办公应用全面普及，机关内部财务、资产、档案、后勤、文印等事项高效协同办理。提升民政行政监督水平，推动行政审批全流程数字化运行、管理和监督。优化完善"互联网+督查"机制，加强与国务院"互联网+督查"平台对接，提升督查效能。

2. 大力推行智慧监管。依托民政政务监管平台和民政政务信息系统，加快推进民政各领域"互联网+监管"，推进线上线下监管有效衔接，推动跨地区、跨部门、跨层级协同监管，逐步实现监管对象全覆盖、监管过程全记录。利用大数据、物联网等技术开展智能化监管示范应用，强化民政业务风险研判与预测预警，加强信用分级分类监管，推动建立全方位、多层次、立体化监管体系。

3. 推进公开平台智能集约发展。提升民政政策信息数字化发布水平，完善政务公开信息发布平台，建设分类分级、集中统一、共享共用、动态更新的政策文件库。加快构建以网上发布为主、其他发布渠道为辅的政策发布新格局，灵活开展政民互动，及时回应群众关切，优化政策智能推送服务。严格执行政府信息公开保密审查制度，消除安全隐患。发挥政务新媒体优势做好政策发布解读，积极构建民政政务新媒体矩阵，形成整体联动、同频共振的传播格局。依托民政政务新媒体做好突发公共事件信息发布和政务舆情回应工作。

4. 提升基本民生保障精准化水平。加强线下主动发现、线上信息共享，实现对全国低收入人口的信息汇聚、常态监测、快速预警，做到即时干预、精准救助、综合帮扶，强化社会救助家庭经济状况核对机制建设，不断推进全国联网的一体化核对工作。深化残疾人两项补贴资格认定"跨省通办"、"全程网办"，强化残疾人两项补贴等残疾人福利领域数据与社会救助、社会福利、社会保险等领域数据共享和比对。强化儿童福利供给，加强未成年人权益保护，实现信息一体采集、资源共享、部门联动和综合监管。加强流浪乞讨人员救助源头治理，做到提前预警、动态监管、及时整改。

5. 提升基层社会治理精细化水平。实施"互联网+基层治理"行动，构建新型基层管理服务平台，推进智慧社区建设，提升基层智慧治理能力。加强对社会组织的监督管理，优化社会组织网上办事服务，提升信息查询和智能分析能力。持续推进中国·国家地名信息库建设，实现地名命名更名备案公告网上办理，提升地名管理信息化水平。推进平安边界建设，提升行政区域界线信息化、智慧化、精细化管理水平。推动社会组织法人库与慈善组织（基金会）年检年报系统基础信息共享，推进全国慈善信息公开平台与慈善组织（基金会）年检年报系统数据共享，推动慈善组织（基金会）有序、合规开放慈善信息，更好发挥慈善事业在第三次分配中作用。

6. 提升基本社会服务便捷化水平。加快汇聚形成全口径、全量的老年人和养老服务机构信息资源，为智慧养老和医养结合、养老服务机构监管提供有力支撑。积极推动婚姻登记智慧化服务集成，积极推进婚姻电子证照的社会化场景应用和推广，加快推进全国范围内婚姻登记"跨省通办"。推动互联网与殡葬服务融合发展，依托现有资源构建网上祭扫、远程告别服务平台，为群众提供更加便捷的殡葬服务。加强"互联网+区划地名"标准规范建设，持续提升中国·国家地名信息库服务能力和水平，深化区划地名信息共享应用，满足群众生活、社会治理、科学研究、国防建设等需要。

7. 提升民政数字化公共服务体系。推进"互联网+民政服务"向纵深发展，把满足人民对美好生活的向往作为数字政府建设的出发点和落脚点，打造泛在可及、智慧便捷、公平普惠的数字化公共服务体系，持续推动互联网与各项民政政策、业务、数据深度融合。优化完善民政一体化政务服务平台，推动更多民政政务服务"跨省通办"、

"一网通办"、"全程网办"，强化"民政通"移动端服务供给，全面提升民政公共服务数字化、智能化、便捷化水平。

（二）构建科学规范的民政数字政府建设制度规则体系。

8. 以数字化改革助力政府职能转变。充分运用数字技术创新行政管理和服务方式，推动流程再造、制度重构、系统重塑，让各类政策、制度、机制、流程、清单、标准等更加成熟定型，更加适应政府数字化转型需要，助推民政工作的质量变革、效率变革、动力变革。助力优化营商环境，推进营商环境创新试点互联互通和数据共享事项落地实施。依托全国行政许可管理信息系统和各类民政政务信息系统，实现行政许可事项规范管理和高效办理，推动各类行政权力事项网上运行、动态管理。

9. 创新民政数字政府建设管理机制。严格贯彻落实《国务院办公厅关于印发〈运用互联网、大数据、人工智能、区块链等新信息技术手段进行行政管理的若干规则〉的通知》，规范有序运用新技术手段赋能管理服务。做好数字政府建设经费保障，统筹利用现有资金渠道，建立多渠道投入的资金保障机制。依法加强审计监督，强化项目绩效评估，避免分散建设、重复建设，切实提高民政数字政府建设成效。

10. 健全法律法规和标准规范。完善与数字政府建设相适应的政策法规体系，及时修订现行政策法规中与数字政府建设不相适应的内容。加快推进共性办公应用、关键政务应用、系统整合共享、数据开发利用等标准制定，持续完善已有标准，推动构建标准规范体系。加大标准推广执行力度，以统一标准约束和规范民政数字政府建设，确保业务流程统一、应用接口规范、数据标准一致，以标准化促进数字政府建设规范化。

（三）构建开放共享的民政数据资源体系。

11. 创新数据管理机制。强化数据管理职责，明确数据归集、共享、开放、应用、安全、存储、归档等责任，推动形成民政政务数据开放共享的高效运行机制。健全民政大数据资源体系，优化完善各类基础库、业务库、主题库和专题库，构建民政政务数据资源"一张图"。强化数据治理和全生命周期管理，形成数据标准、算法、模型、安全等一体管理。

12. 深化数据高效共享。依托国家政务数据共享协调机制，加大跨部门数据共享协调力度，推进民政所需政务数据有序共享。建立标准统一、动态更新的民政政务数据目录。充分发挥国家政务服务平台的数据共享枢纽作用，实现与公安、教育、人力资源社会保障、卫生健康、

乡村振兴、金融、税务等部门数据按需共享。有序推进垂管系统与地方数据平台、业务系统数据双向共享。建立健全民政数据供需对接机制，明确共享数据应用场景，推动数据精准高效安全共享。

13. 促进数据有序开发利用。编制全量覆盖、动态更新的民政政务数据共享开放目录，对接国家公共数据开放平台，分类分级开放公共数据。整合跨部门、跨业务数据资源，构建低收入人口、基层治理、养老服务、未成年人保护等重点领域信息资源库，为科学决策提供定量分析支撑。推动民政政务数据与社会数据良性互动和融合应用。依托中国·国家地名信息库，为社会提供高效、优质、便捷的区划地名和界线信息服务。

（四）构建智能集约的民政平台支撑体系。

14. 强化政务云平台支撑能力。统筹整合现有民政政务云资源，实现政务云资源统筹建设、互联互通、集约共享。加强民政一体化政务云平台资源统一管理和调度，建设"多云多芯"统一纳管的云管平台，根据不同类型应用需求动态调度"两地三中心"计算资源，优化云平台计算资源，提供更加绿色、高效的算力服务，保障民政政务系统稳定运转。

15. 提升网络平台支撑能力。强化电子政务网络统筹建设管理，促进网络高效共享，降低建设运维成本，有序推进非涉密业务专网向电子政务外网整合迁移。推动IPv6 在民政政务系统的部署应用，增强网络流量控制和统一网络资源管理能力，提供更加优异的性能和用户体验、更加智能可靠的运维与安全保障。

16. 加强重点共性应用支撑能力。优化升级民政全业务应用支撑平台，提供统一身份认证、电子印章、电子档案、电子证照、语音识别、人脸识别等通用服务。运用电子地图、北斗导航、视频、遥感等技术，整合地理信息、区划地名与界线等数据，构建时空一体大数据平台，为民政全业务提供地理信息时空服务。推进大数据智能化应用，提升数据分析、知识图谱、算法训练等共性服务能力。稳妥审慎推进民政领域数据上链，实现多方对接互认。

（五）构建民政数字政府全方位安全保障体系。

17. 强化安全管理责任。统筹做好民政数字政府建设安全和保密工作，落实主体责任和监督责任，加强督促指导和信息通报，形成跨地区、跨部门、跨层级的协同联动机制。建立数字政府安全责任落实和重大事件处置机制，加强对参与信息化建设、运营企业和人员的规范管理，确保政务系统和数据安全管理边界清晰、职责明确、责任落实。

18. 落实安全制度要求。落实数据分类分级保护、风险评估等制度，加强数据全生命周期安全管理和技术防护，加大对涉及国家秘密、工作秘密、商业秘密、个人隐私和个人信息等数据的保护力度。加强关键信息基础设施安全保护和网络安全等级保护，定期开展网络安全、保密和密码应用检查。

19. 提升安全保障能力。构筑新型可信网络安全综合防控体系，建设民政系统网络安全综合防控平台，强化网络安全基础防护、综合防控、协同处置，提高动态防御、主动防御、纵深防御、精准防护、整体防控、联防联控等防御能力，加强日常监测、态势感知、通报预警和应急处置。

三、保障措施

（一）加强组织领导。加强党对数字政府建设工作的集中统一领导，将数字政府建设工作纳入部党组重要议事日程，及时研究解决数字政府建设重大问题。部网信工作领导小组做好统筹协调和工作督促落实，并有效衔接《"十四五"民政信息化发展规划》。各司（局）、单位要高度重视，主动作为，强化责任，细化任务，确保方案提出的各项要求落地落实。有关进展情况每年向部党组作一次汇报。

（二）提升数字素养。把提高领导干部数字治理能力作为干部培训重要内容，持续提升民政干部队伍的数字思维、数字技能和数字素养，提高干部对数字化的适应力、胜任力、创造力，创新数字政府建设人才培养使用机制，建设一支讲政治、懂业务、精技术的复合型干部队伍。

（三）强化分析评估。运用国家数字政府建设评估指标体系，重点分析和评估统筹管理、项目建设、数据共享开放、安全保障、应用成效等方面情况。将数字政府建设工作纳入相关司（局）、单位领导班子和有关领导干部述职内容。

关于规范村级组织工作事务、机制牌子和证明事项的意见

·2022 年 8 月

村级组织包括村党组织、村民自治组织、村集体经济组织、村务监督组织和其他村级经济社会组织，是党和政府联系村民群众的桥梁纽带，也是全面实施乡村振兴战略的重要力量。为深入贯彻落实党中央关于减轻基层负担的决策部署和习近平总书记关于基层治理重要指示批示精神，推动健全基层减负常态化机制，规范村级组织承

担的工作事务、设立的工作机制、加挂的牌子、出具的证明事项，现提出如下意见。

一、总体要求

以习近平新时代中国特色社会主义思想为指导，深入贯彻落实党的十九大和十九届历次全会精神，以增强村党组织领导的村级组织体系整体效能为主线，以为村级组织和村干部松绑减负为目标，以推动党政机构、群团组织（以下简称党政群机构）工作思路和作风务实转变为保障，深化拓展基层减负工作成果，加强源头治理和制度建设，力争用两年左右时间，基本实现村级组织承担的工作事务权责明晰、设立的工作机制精简高效、加挂的牌子简约明了、出具的证明依规便民，进一步把村级组织和村干部从形式主义的束缚中解脱出来，不断提高农村基层治理水平，为全面推进乡村振兴提供更加坚实的组织保证。

二、主要任务

（一）减轻村级组织工作事务负担

1. 明确村级组织工作事务。根据《中国共产党农村基层组织工作条例》、《中华人民共和国村民委员会组织法》、《中华人民共和国乡村振兴促进法》等党内法规、国家法律法规以及有关章程的规定，村级组织工作事务包括宣传贯彻执行党的理论和路线方针政策，党中央、国务院以及地方党委和政府决策部署；加强村党组织及其领导的村级组织自身建设，组织群众、宣传群众、凝聚群众、服务群众；实行村民自治，发展壮大农村集体经济，维护村民群众合法权益，开展村级社会治理，提供村级综合服务等。县级党委和政府依法依规明确党政群机构在全面推进乡村振兴方面的职责范围和履职方式，依法依规明确党政群机构要求村级组织协助或者委托村级组织开展工作事务的制度依据、职责范围、运行流程。未经县级党委和政府统一部署，党政群机构不得将自身权责事项派交村级组织承担。不得将村级组织作为行政执法、拆迁拆违、招商引资、安全生产等事务的责任主体。

2. 创新村级组织工作方式。建立健全村级组织工作事务分流机制，分类办理政府基本公共服务事项、村级公共事务和公益服务事项，以及村民群众个人事项。探索以清单等方式规范公共服务事项，强化村级组织兜底服务、综合服务能力。对交由村级组织代办的公共服务事项，由乡镇党委和政府提供必要工作条件。对村民群众确有需要，但村级组织难以承担的公共事务和公益服务事项，由乡镇党委和政府协调解决。将属于政府职责范围且适合通过市场化方式提供的村级公共服务事项纳入政府购买服务指导性目录，在征求村级组织意见基础上，由县乡级政府依法购买服务。深化全国基层政权建设和社区治理信息系统分级应用，探索以县（市、区、旗）为单位推进村级数据资源建设，逐步实现村级组织工作数据综合采集、多方利用。

3. 完善村级组织考核评价机制。建立以解决实际问题、让村民群众满意为导向的村级组织考核评价机制，坚决杜绝简单以设机制挂牌子安排村级组织任务、以填报表格或者提供材料调度村级组织工作、以"是否留痕"印证村级组织实绩等问题。县级党委和政府应整合各党政群机构要求村级组织填报的各类表格，每年年初统一交由乡镇安排村级组织按规定频次填报。未经县级党委和政府统一部署，党政群机构不得要求村级组织填报表格、提供材料。以县（市、区、旗）为单位，清理整合面向村级组织的微信工作群、政务APP，不得简单以上传工作场景截图或者录制视频等作为评价村级组织是否落实工作的依据。

（二）精简村级工作机制和牌子

4. 从严控制党政群机构设立村级工作机制（含各类分支机构和中心、站、所等）。除党中央、国务院明确要求或者法律法规明确规定外，未经省级党委和政府同意，党政群机构不得新设村级工作机制，不得要求专人专岗。按照精简、统一、效能原则，规范并整合党政群机构设立的各类村级工作机制，统筹开展村党的建设、治理服务和群众工作。可由村党组织、村民委员会及其下属委员会、村集体经济组织、村务监督委员会、农村基层群团组织承担相应职责的，原则上不得在村级设立专门工作机制或者要求专人专岗，承担相应职责的必要工作条件由县级党委和政府统筹予以保障。党中央、国务院明确要求或者法律法规明确规定设立村级工作机制、专人专岗的，相应的党政群机构应协调提供人员、经费等必要工作条件，不得将保障责任转嫁给村级组织。

5. 整合村级组织和工作机制办公场所。优化以村党群服务中心为基本阵地的村级综合服务设施布局。村级组织和工作机制原则上全部在综合服务设施中办公。以村民群众为对象、村级组织能够承接的公共服务事项，原则上全部在综合服务设施中提供，实行"一站式"服务、"一门式"办理。以省（自治区、直辖市）为单位制定村级综合服务设施建设标准，合理划分综合服务设施功能区域，统筹整合其他党政群活动阵地；依托综合服务设施推进新时代文明实践站建设，综合利用服务凝聚群众、教育引导群众的阵地资源。以县（市、区、旗）为单位推进村级综合服务设施建设,建立综合性服务团队或者设置综合性服务岗位,统一纳入村党群服务中心管理,做到一站多能、一岗多责。

6. 规范村级组织和工作机制挂牌。省级党委和政府统一规定村级组织和工作机制挂牌数量、名称和式样,党政群机构不得要求村级组织对口挂牌。一般应在村级综合服务设施外部显著位置悬挂村党组织、村民委员会、村集体经济组织、村务监督委员会等牌子和村党群服务中心、村新时代文明实践站标识。村级组织根据实际情况确定村级综合服务设施内部悬挂的标牌,一般在内部显著位置悬挂村级综合服务机构标牌,在综合服务大厅设置集成式服务功能指引标牌,在各功能区域入口悬挂简明标牌。依托村务公开栏张贴并定期更新有关信息,采取集中展陈形式展示村级组织获得的各类表彰奖励和创建成果。

(三)改进村级组织出具证明工作

7. 压减村级组织出具证明事项。持续开展"减证便民"行动,依法依规确定村级组织出具证明事项。凡缺乏法律法规或国务院决定等依据的证明事项,党政群机构一律不得要求村级组织出具。省级党委和政府在第一批《不应由基层群众性自治组织出具证明事项清单》基础上,梳理本行政区域内要求村级组织出具的、虽有地方性法规或者政策文件依据但已经不符合农村经济社会发展实际、村级组织没有能力核实的证明事项,适时分批按规定程序予以取消。完善部门政务信息系统基层治理领域数据资源共享交换机制,鼓励党政群机构采取网上核验、主动调查、告知承诺等方式,最大限度减少村级组织出具证明事项。

8. 规范村级组织出具证明工作。属于职责范围内的事项,村级组织原则上应依法及时据实出具证明。以省(自治区、直辖市)为单位分类制定需由村级组织出具证明的具体式样、办理程序和操作规范。做好规范村级组织出具证明工作与各地区各部门证明事项清理工作的衔接。省级层面未统一规范,但涉及村民群众工作、学习、生活等仍需出具证明的,村级组织可本着便利村民群众办事创业的原则,对能够核实的事项据实出具相关证明。出具证明涉及重大问题或者存在法律风险的,村级组织要认真调查核实情况,广泛组织村民群众议事协商,必要时召开村民会议、村民代表会议讨论决定。列入《不应由基层群众性自治组织出具证明事项清单》和省级不应出具证明事项清单的,村级组织要做好解释说明工作;虽列入清单、但有关党政群机构确因形势变化需要仍要

求出具证明的,应及时向乡镇党委和政府反映情况,乡镇党委和政府应联系有关党政群机构协调处理。

三、组织实施

(一)加强组织领导。坚持党的全面领导,把党的领导贯彻到规范村级组织工作事务、机制牌子和证明事项全过程各方面。各级党委和政府要重视规范村级组织工作事务、机制牌子和证明事项,建立健全上下贯通、精准施策、一抓到底的工作体系,分级建立工作台账,明确时间进度和责任主体。省市级党委和政府要加强工作指导,县乡级党委和政府及相关职能部门要落实主体责任,逐一规范针对村级组织的工作事项。强化民政、组织、党委农村工作部门牵头协调职能,抓好统筹指导、资源整合和督促检查,协调解决有关问题。将规范村级组织工作事务、机制牌子和证明事项情况纳入市县乡党委书记抓基层党建工作述职评议考核和相关党政群机构考核评价内容。

(二)健全监管机制。各级党委和政府要分级制定村级组织工作事务、机制牌子和证明事项指导目录,建立健全准入制和动态调整制度,坚决取消没有法律法规或政策依据、没有经费保障、没有实际效用、村民群众不认可的工作事务、机制牌子和证明事项。建立健全村级组织负担常态化监管机制,加大督促检查和跟踪落实力度,及时纠正随意增加村级组织负担的行为,对典型问题通报曝光。有条件的地方要探索依托全国基层政权建设和社区治理信息系统等信息化手段,开展线上即时监测。

(三)增强村级组织能动性。村级组织要认真落实规范工作事务、机制牌子和证明事项有关要求,配合做好相关工作;对保留的工作事务、机制牌子和证明事项,要加强与相关党政群机构的工作衔接,进一步明确职责任务,健全规范高效的工作运行机制。要把减轻工作负担成效转化为干事创业、担当作为的动力,集中精力做好带领发展、推进治理、为民服务等工作,以更加奋发的精神状态、更加务实的工作作风组织村民群众全面推进乡村振兴,扎实推动共同富裕。

民政部、中央组织部、中央农办要协调推进规范村级组织工作事务、机制牌子和证明事项工作,适时组织监督检查和跟踪评估,重要情况及时向党中央、国务院请示报告。各省(自治区、直辖市)有关工作进展情况,及时送民政部、中央组织部、中央农办。规范城市社区组织工作事务、机制牌子和证明事项相关工作,参照本意见精神执行。

"十四五"民政信息化发展规划

· 2021 年 12 月 23 日
· 民发〔2021〕104 号

信息化对支撑和引领民政事业高质量发展具有重要作用。为统筹推进"十四五"民政信息化工作，依据《中华人民共和国国民经济和社会发展第十四个五年规划和2035 年远景目标纲要》《"十四五"国家信息化规划》及《"十四五"民政事业发展规划》等文件精神，制定本规划。

一、发展回顾与形势

（一）"十三五"时期民政信息化工作成效显著。

"十三五"期间，民政系统以习近平新时代中国特色社会主义思想为指导，认真贯彻落实党中央、国务院关于信息化建设决策部署，立足民政事业发展，坚持"一盘棋"布局、"一张网"建设、一体化发展，加强顶层设计和统筹协调，信息化工作取得新成绩。

——信息化统筹发展能力显著增强。健全完善网络安全和信息化工作领导机制，成立民政部网络安全和信息化领导小组，优化完善顶层设计，印发《关于统筹推进民政信息化建设的指导意见》《"互联网+民政服务"行动计划》等文件，为全国民政信息化工作创新发展奠定了坚实基础。

——"互联网+民政服务"全面深化。各级民政部门围绕群众关心的"急难愁盼"问题和高频服务事项，优化服务流程，创新服务模式，积极推进"互联网+"在社会组织、社会救助、婚姻登记、养老服务等领域的应用和试点示范，"互联网+民政服务"水平持续提升，政务服务"一网办"、"掌上办"成效逐步显现。民政一体化政务服务平台和移动端"民政通"投入运行，有力推动了政务服务跨地区、跨部门、跨层级协同办理、数据共享和便捷服务。

——数据要素应用价值显著提升。系统梳理民政政务信息资源目录清单，形成民政信息资源体系框架，集中汇聚 25 类 7 亿多条民政数据资源，初步形成全口径、全覆盖的民政信息资源库。围绕脱贫攻坚、孤儿助学、疫情防控、养老机构监管等领域开展大数据应用，充分发挥数据要素价值。依托国家数据共享平台，发布 6 类民政数据，提供数据查询和核验服务，有力支撑政务服务跨部门应用。构建民政大数据分析平台，提供灵活、便捷、高效、精准的数据服务。

——重大工程建设取得突出成效。完成"金民工程"一期、社会组织法人库等项目建设，形成对自然人、法人和服务机构等对象的全覆盖管理。建立健全信息化工程建设标准规范体系。信息化项目管理制度不断完善，规范化水平不断提高，形成覆盖民政基本职能的政务信息化"大系统、大平台、大数据"架构体系和支撑能力，有效推动和保障了部省间平台互联、系统对接、数据共享、业务协同。

——信息基础设施实现跨越式发展。建成由民政务云中心、大数据中心、异地灾备中心构成的民政统一信息基础设施，实现各类资源统一管理和动态调配，网力、算力、承载力不断提升。网络安全保障体系不断完善，关键信息基础设施保护统筹推进，数据安全和个人信息保护不断增强，统一防护、统一监管、统一运维、统一指挥、动态防御、攻守兼备的网络安全防护体系正在形成，防御能力显著提升。

同时，必须清醒看到，距离党中央数字化、网络化、智能化发展要求和民政事业高质量发展需求，民政信息化工作仍存在不少差距：各地区信息化发展不平衡；信息化统筹协调效果有待加强，全国"一盘棋"的思想尚未牢固树立；一些民政干部的数字素养不能很好适应数字化时代浪潮；新一代信息技术与民政业务融合有待深化；各级民政网络安全风险防范意识和综合实力亟待增强。

（二）面临形势。

习近平总书记多次强调，建设网络强国的战略部署要与实现"两个一百年"奋斗目标同步推进。从信息化发展趋势看，当今世界，科技创新正推动经济和社会格局加速重构，数字与实体深入交融，信息化技术发展进入全面渗透、跨界融合、加速创新的新阶段，物联网、云计算、大数据、人工智能、区块链、5G 通信等新技术正广泛深入地渗透到经济社会各领域。数字化、网络化、智能化持续深化，成为重塑国家竞争优势的重要力量。特别是国家全面加强网络安全和信息化工作的顶层设计，国家"十四五"规划和 2035 年远景目标纲要提出"加快建设数字经济、数字社会、数字政府，以数字化转型整体驱动生产方式、生活方式和治理方式变革"，我国网络空间治理将更加高效，网络安全保障将更加有力，信息化驱动引领经济社会发展将更加强劲。

从民政事业发展形势看，全国民政系统坚持以习近平新时代中国特色社会主义思想为指导，认真贯彻落实党中央、国务院决策部署，全面践行以人民为中心的发展思想，革弊鼎新、攻坚克难，凝神聚力兜底线、保稳定、促发展，有力服务了改革发展稳定大局。"十三五"规划确定的主要目标任务全面完成，民政法规制度体系不断健全，基本民生保障兜底工作提质增效，基层社会治理新格局加快形成,基本社会服务和专项行政管理水平持续提升,信息化对民政工作的支撑和驱动作用更加凸显和不可或缺。进入新发展阶段,信息化将全面赋能基本民生保障、基层社会治理、基本社会服务,成为推动民政事业高质量发展的"新引擎"和"加速器"。

二、总体要求

（一）指导思想。

以习近平新时代中国特色社会主义思想为指导,全面贯彻党的十九大和十九届历次全会精神,认真落实党中央、国务院关于网络强国、数字中国、智慧社会的战略部署,科学把握新发展阶段,完整、准确、全面贯彻新发展理念,自觉服务和融入加快构建新发展格局,统筹发展和安全,实施"精准民政",强化数字转型、智能提升、融合创新,提升大数据治理能力,在更高起点、更深连通、更优体验上支持基本民生保障、基层社会治理、基本社会服务等职责履行,推进决策科学化、治理精准化、服务高效化,引领驱动民政事业高质量发展。

（二）基本原则。

——坚持党的领导。坚持和加强党对民政信息化工作的全面领导,始终把习近平总书记重要指示精神作为根本遵循,贯彻党管网络、党管媒体、党管数据的要求,确保民政信息化工作始终保持正确政治方向。

——坚持人民至上。坚持把增进人民福祉作为民政信息化发展的出发点和落脚点,聚焦人民对美好生活的向往和全体人民共同富裕的目标,打造人民满意的政务服务数字化体验,有效提升民政领域数字服务供给水平,利用信息化手段将党和政府的惠民利民政策精准送到群众身边,让人民群众在共享互联网发展成果上有更多获得感、幸福感、安全感。

——坚持一盘棋布局。坚持系统观念,从民政事业高质量发展全局出发,加强前瞻性思考、战略性布局、整体性推进,优化完善顶层规划设计,持续深化政务系统集成、整合、融合,统筹利用数据、系统、网络、平台等各类资源,全面形成纵向全贯通、横向全覆盖的信息化发展格局。

——坚持一张网建设。实现电子政务外网、互联网、民政广域网和卫星网等多网融合,形成动态感知、贯通各级的"一张网";统筹衔接部统建政务系统和地方自建政务系统,形成业务协同、数据共享的"一张网";以民政一体化政务服务平台为"总枢纽",与各地区平台互联互通,形成纵横联动、政民互动的"一张网"。

——坚持一体化发展。坚持系统集成、协同高效,积极顺应信息化发展规律和趋势,科学把握一体化与多样化关系,推进技术融合、业务融合、数据融合。坚持政务服务一体化,规范民政服务事项,优化政务服务流程,推进线上线下服务协同。加强数据"聚、通、融、用",充分释放数据资源的要素价值。强化统一技术框架、统一标准规范、统一支撑平台、统一数据交换,推进政务服务公共支撑一体化。

——坚持安全可控。全面落实总体国家安全观,严格落实网络和数据安全各项法律法规制度,统筹民政信息化发展与网络安全保障,全面提升网络安全防护和应急处置能力,筑牢网络安全防线,化解网络安全风险,加强数据安全保障,确保民政政务系统安全和数据安全,依法保护个人信息。

（三）发展目标。

到2025年,全面形成与网络强国、数字中国、智慧社会建设相适应的民政信息化发展新局面,体系规划设计更加完善,统筹协调机制更加有效,数字技术与民政工作融合更加深入,民政领域网络化、数字化、智能化水平显著提升,基本民生保障精准化、基层社会治理精细化、基本社会服务便捷化取得明显进展,信息化在促进民政事业高质量发展、提升人民群众满意度等方面发挥更大作用。

——民政政务服务水平显著提升。全国民政政务信息系统建设、管理、运行机制顺畅高效,全面建成涵盖民政事业各领域、纵横联动的民政一体化政务服务体系,省级民政政务服务事项网上可办率达到90%以上,实现网上政务服务省、市、县、乡镇（街道）、村（社区）全覆盖,更多服务事项"跨省通办"。民政一体化政务服务平台覆盖范围更加广泛,使用更加便捷,服务更加高效,民政服务对象的获得感和幸福感显著提升。

——数据要素价值充分发挥。全面构建以自然人、法人、服务机构为核心,全口径、全量、全要素、全生命周期动态管理的大数据资源体系,加强数据汇聚、使用和开放,提升民政大数据应用水平。数据质量不断提升、数据标准不断完善、数据服务不断拓展,以数据为核心要素的基础支撑更加强化,对民政事业支撑保障作用更加凸显,数据治理效能充分发挥。

——信息化支撑能力持续增强。统筹规划建设"金民工程"二期等信息化项目,全面形成互联互通、信息共享、业务协同的"大系统、大平台、大数据"格局。进一步优化完善民政政务信息系统,提升各级民政全业务综合应用平台支撑能力,构建具有数据获取、数据治理、数据分析、数据服务等能力为一体的时空大数据平台,以及具有语义识别、人脸识别、画像分析等功能的人工智能平台，提升业务拓展、大数据分析和决策支持能力。

——信息基础设施体系更加完备。基本建成技术先进、稳定运行、协同高效、安全可信的民政信息基础设施大平台，网力、算力和承载力协同发展，智能化治理水平显著提升。网络和信息安全管理制度规范体系基本成型。自主可控装备普及率达到70%以上。安全应用水平不断提升，以安全可信为核心的民政关键信息基础设施主动防御体系和数据安全保护体系基本形成。

三、重点任务

（一）提升政务服务水平。

深化"互联网+民政服务"，将数字技术广泛应用于民政领域治理和服务，全面推进政务服务数字化改革，统筹整合全国政务服务资源，优化业务流程，强化业务协同，提高标准化、规范化、便利化服务水平，推动更多政务服务事项"一网通办"、"跨省通办"、"就近可办"。

——信息化助力基本民生保障精准化。建设完善覆盖全国、统筹城乡、分层分级、上下联动、部门协同、定期更新的低收入人口动态监测信息平台，加强线下主动发现、线上信息共享，实现对低收入人口的信息汇聚、常态监测、快速预警，做到即时干预、精准救助、综合帮扶，强化社会救助家庭经济状况核对机制建设，不断推进全国联网的一体化核对工作。全面深化残疾人两项补贴资格认定"跨省通办"，简化受理环节，变"群众跑腿"为"数据跑路"、"算法跑路"。推进全国儿童福利管理信息系统升级完善，迭代完善未成年人保护功能，形成全生命周期管理机制。建立健全未成年人统计调查制度，开展未成年人健康、受教育等状况的统计、调查，深化儿童福利和未成年人保护领域大数据分析，强化展示功能，为科学决策提供数据支持。推进建设儿童福利领域慈善行为导向信息化平台，搭建慈善力量和儿童需求对接桥梁，支撑企业、公益慈善等社会力量参与未成年人保护、困境儿童保障和农村留守儿童关爱。持续完善救助管理信息系统和全国救助寻亲网，建立易流浪走失人员信息库，提升流浪乞讨人员救助管理数字化水平。

——信息化助力基层社会治理精细化。依托一体化政务服务平台等已有资源，集约建设智慧社区综合信息平台，依法向社区下放政务服务事项，拓展社区养老、家政、卫生、医疗等网上服务项目应用。健全网上民情反馈、风险研判、应急响应、舆情应对机制，提升社区全周期管理水平。探索推进网上选民登记、社区协商、村（居）务公开等，拓展村（居）自治功能。深化全国基层政权建设和社区治理信息系统应用，共建全国基层治理数据库，推动基层治理数据资源共享，根据服务群众需要向村（社区）开放数据资源，支撑社会组织、社会工作者、志愿者等提供专业化、特色化、个性化服务，扩展数字化支撑下的线下服务功能，扩大服务半径。实现地名命名更名备案公告网上办理，提升地名管理信息化水平。推进平安边界系统建设，提升行政区域界线信息化、智慧化、精细化管理水平。加强社会组织信息化支撑和服务能力建设，支持社会组织自觉承担社会责任、强化服务功能、提升服务质量。加强"慈善中国"信息平台建设，加大互联网慈善支持引导力度，激励互联网慈善模式创新、业态创新、管理创新、技术创新。

——信息化助力基本社会服务便捷化。坚持以人民为中心，紧跟数字政府和数字社会建设步伐，不断提升基本社会服务的均等化、便捷化水平。积极推动婚姻登记智慧化服务集成，加快实现婚姻登记在全国范围"跨省通办"，积极推进婚姻电子证照的社会化场景应用和推广。积极应用"互联网+"促进婚姻家庭辅导服务，通过线下服务和线上服务相结合、婚姻登记机关驻点服务和进社区服务相结合，不断扩大婚姻家庭辅导服务的覆盖面。构建全国一体的殡葬管理服务信息平台，建设国家基础殡葬信息数据库，提升殡葬管理服务信息化水平。推动互联网与殡葬服务融合发展，探索开展远程告别、网上祭扫等新模式，为群众提供更加便捷的殡葬服务。加强"互联网+区划地名"标准规范建设和应用，升级完善中国·国家地名信息库，构建"上下贯通、横向联通、资源共享、优势互补、线上线下整体联动"的国家地名信息服务平台，创新区划地名信息服务方式，服务群众生活、社会治理、科学研究、国防建设等方面需要。发挥全国养老服务信息系统作用，加强养老机构风险监测和防控。建设全国养老服务数据库，提升养老服务工作智能化水平。提升政务服务适老化水平，保留对老年人等特殊群体的线下窗口和服务渠道。免费开展低收入群体、老年人、残疾人、孤儿、留守儿童、困境儿童等信息弱势群体的常态化数字技能帮扶，有效提升数字设备使用、在线服务获取等方面的素养水平。加快普及智慧服务，消除数字鸿沟。

专栏 1　政务服务能力提升工程

1. 民政一体化政务服务提质增效工程

完善民政一体化政务服务体系、平台和网络，构建泛在、便捷的民政政务服务渠道，拓展空间位置服务和便民惠民地图服务，实现更多服务事项"一网通办"、"跨省通办"、"就近可办"。采用人工智能技术实现民政咨询等服务智能问答，充分利用各地区 12345 政务服务热线资源，畅通民政系统与群众、企业之间联系渠道。

2. 智慧养老综合服务平台建设工程

以全国养老服务数据资源为依托，综合运用大数据、区块链、人工智能、物联网、云视频等新技术，构建线上线下相结合、多方参与、集信息收集、资源共享、供需互动、综合监管为一体的智慧养老综合服务平台。分地域整合各类养老服务资源，并与民政大数据平台互联互通，推进各类养老服务和产品对接，实现行业良性发展。

3. 基层智慧治理能力建设工程

深化全国基层政权建设和社区治理信息系统应用，完善乡镇（街道）、村（社区）地理信息等基础数据，根据服务群众需要向村（社区）开放数据资源。加强基层治理数据库建设，深化基层治理大数据挖掘，拓展社区养老、家政、卫生、医疗等网上服务项目应用。

（二）增强业务应用能力。

围绕民政事业高质量发展需要，围绕"大平台、大系统、大数据"发展路径，加强信息技术与民政业务深度融合，体系化推进民政政务系统迭代升级，在更高水平上实现系统集成和协同高效。

——推进民政业务应用一体化建设。加强民政全流程一体化在线政务服务平台建设，强化与国家一体化政务服务平台互联互通互动。建立健全全国统一、规范高效的民政业务协同机制，统一数据标准、业务服务接口和业务流程等，迭代升级各类政务系统，实现部级统建政务系统与省级自建政务系统间有效集成、无缝衔接，形成统筹集约、互联互通、共享共用、业务协同、上下联动的民政业务"大系统"。加强民政领域信用平台建设，对失信对象进行联合惩戒。建立健全一体化在线监管体系，提升"互联网+监管"精准化、智能化水平。

——推动新技术与民政业务深度融合。积极推进大数据智能化应用，探索建设提供数据分析、知识图谱、算法训练等共性服务的人工智能学习平台，为各级民政部门提供数据赋能、算法赋能、知识赋能。全面运用电子地图、北斗导航、视频图像、遥感影像以及智能感知等技术，搭建时空大数据平台，为民政全业务提供地理信息时空服务。开发建设民政统一的区块链支撑服务平台，有序部署、开放接口，实现多方对接互认，稳妥审慎推进民政领域电子证照、慈善捐赠信息等数据上链，开展社会救助、养老服务、儿童福利、公益慈善、婚姻管理、殡葬管理等典型应用。加强"民政通"统一服务平台建设，构建

"民政码"，实现民政服务对象"一码管理"、应用服务"一码贯通"，更多服务事项"移动办"、"掌上办"。

——完善民政全业务应用支撑平台。围绕民政政务信息系统的开发、测试、部署、运行等环节，建设一体化应用集成质量管理体系，推动民政政务信息系统规范开发、高效集成、稳定运行。基于"大平台＋微应用"架构，以业务敏捷性为目标，深度融合信息化新理念、新技术、新模式、新应用，优化升级集功能中心、业务中心、智能中心于一体的全业务应用支撑平台，规范各级民政全业务应用支撑平台建设，提供身份认证、电子印章、电子档案、电子证照、语音识别、语义识别、人脸识别等通用服务，有效支撑业务重构、流程再造、数据融合、应用整合，提升补贴发放、身份核验、登记注册、备案审批等业务的智能化、便捷化水平，不断提高用户体验。

——推动信息化标准体系建设。按照"急用先行，循序渐进"原则，在"金民工程"标准体系基础上，编制一批支撑数据共享、业务协同、应用支撑、数据安全所需的基础性、通用性民政信息化行业标准规范。全面梳理民政政务服务事项，形成全国统一规范的目录清单，加快实现同一事项名称、编码、依据、类型等基本要素在国家、省、市、县四级统一。加强民政业务流程梳理，建立与信息化管理相适应的业务模型，形成统一的民政业务流程规范。强化标准的应用、实施和监督，以统一标准约束和规范民政信息化建设，确保数据标准一致、应用接口规范、业务流程统一，为一体化民政政务服务提供技术支撑和服务保障。

专栏2　民政应用能力提升工程

1. 人工智能服务平台建设工程

构建人工智能基础服务平台,提供自然语言理解、文字识别、人脸识别、图像视频理解、机器学习等能力建设和输出,通过知识抽取、知识融合等技术,形成民政知识库。构建民政知识图谱,依托语音识别引擎、自然语言理解引擎、声纹识别引擎和图文识别引擎,为民政业务应用提供人工智能支撑。

2. 民政区块链服务平台建设工程

建设民政区块链服务平台,统一支撑民政领域区块链创新应用,推进数据跨部门、跨区域共同维护和可信共享,支持基于区块链的民政业务协同应用,为民政政务服务"一网通办、全程网办"提供更新、更快、更好的支撑。开展"区块链+"在社会救助、养老服务、儿童福利、公益慈善、婚姻管理、殡葬服务等领域的试点示范和应用,构建典型应用场景,强化隐私保护,促进民政业务全流程穿透式监管。

(三)释放数据要素价值。

以数据赋能民政事业高质量发展为目标,健全数据资源的全口径、全量、全要素、全生命周期管理运行机制,构建民政信息资源"一张图"。有效拓展数据采集广度和深度、完善数据标准、提升数据质量、挖掘数据价值、创新数据应用,推进数据资源普遍共享、综合应用。

——深化民政数据资源汇聚共享。有效汇聚管理各级民政数据资源,构建以行政区划代码、社会组织和村(居)委会统一社会信用代码、地名信息等为基础,涵盖"自然人"、"法人"、"机构"、"资金"等要素的民政数据资源"一张图"。完善数据汇集渠道,巩固并拓展与公安、教育、人力资源社会保障、卫生健康、金融、税务、乡村振兴等部门间的数据共享,完善数据共享交换平台,做好部省统建政务系统的数据回流工作,健全数据向上汇聚和向下服务相互促进的工作机制,实现民政信息资源跨地区、跨层级、跨部门信息共享、高效利用。建设低收入人口动态监测数据库和信息平台,全面形成"一网、一库、一平台"的监测预警体系,有力支撑救助帮扶工作。

——强化民政数据资源治理。健全数据治理体系和技术防护体系,加强数据标准规范建设,逐步形成一套覆盖数据采集、存储、加工、共享、利用等全生命周期的标准规范体系。聚焦数据管理、共享开放、数据应用、安全和隐私保护、风险管控等,探索协同治理机制。开展数据血源关系梳理工作,明确数据源头,为数据溯源、数据确权、质量评估、价值评估奠定基础。加强档案信息化工作,提升各类档案电子化收集、标准化管理、智能化利用水平。加强民政数据资源的集中统一管控,构建一套涵盖数据标准管理、模型管理、质量管理、安全管理、生命周期管理等功能的数据治理平台,打通数据治理各个环节,从源头保证数据质量,持续提升数据的一致性、可用性、可得性、安全性。

——推动民政数据社会化服务。进一步完善民政信息资源开放目录,推动民政政务数据与社会数据良性互动和融合应用,应用大数据和人工智能等技术手段,精准定位服务对象,促进民政数据资源的二次开发利用。依托国家地名信息库,整合民政公共服务资源,应用电子地图、北斗导航等技术手段,为社会提供高效、优质、便捷的信息服务。鼓励社会力量参与开发面向民政行业的数据服务和智能服务产品,创新地名、婚姻、养老、儿童福利、慈善等信息服务方式,丰富服务内容。积极推动社会组织及相关数据资源开放,拓展社会监督渠道。

专栏3　大数据分析和应用提升工程

1. 民政时空大数据平台建设工程

以数据聚合、治理、融合、服务为核心,以"空间化"为手段,整合基础地理信息、区划地名、遥感影像、三维仿真数据,构建时点一致的民政时空数据库,形成时空一体的民政大数据平台。建设民政电子档案管理信息系统,推进政务信息系统和服务平台形成的业务资料、电子文件、电子证照、电子凭证等数据归档,构建真实、完整、可用、安全的电子档案库。强化大数据时空分析及应用拓展,打造民政服务对象和服务机构"一张图"可视化管理和服务能力,支撑民政业务数字化创新。

2. 低收入人口动态监测信息平台建设工程

建设低收入人口动态监测数据库,实现低收入人口相关数据资源集成整合、动态更新。深化"金民工程"应用,建设低收入人口动态监测信息平台,有效支撑自主申报、主动发现、监测分析、评估预警等工作。充分发挥平台的"总枢纽"作用,实现政府部门、慈善组织、救助对象等多方面信息资源互联互通、整合共享,促进政府救助与慈善帮扶有效衔接,不断提升社会救助资源配置效率和使用效益。加强技术融合、业务融合、数据融合,推进跨层级、跨地域、跨系统、跨部门、跨业务协同共享,逐步形成"一网、一库、一平台"基本民生保障动态监测体系和发展格局。

3. 区划地名和界线信息服务平台建设工程

建设全国区划地名和界线信息服务平台,提升时空统一、图文一体、二三维协同的信息服务能力。充实完善中国·国家地名信息库,统筹完善地名、行政区划、界线界桩等数据要素,提升数据资源质量和更新时效,充分发挥区划地名和界线等空间信息的基础性作用,服务经济社会高质量发展。建立完善公告备案等机制,推进跨层级跨部门数据联动,形成"纵向贯通、横向协同"的共建共享格局,提升区划地名与界线管理效能。深化区划地名与界线信息公共服务,创新服务方式、丰富服务内容,为社会提供高效、优质、便捷的信息服务。

（四）夯实信息化发展底座。

依托国家电子政务内网、外网和互联网,构建多网融合、稳定运行、安全可信的民政信息基础设施大平台,提供统一云服务和安全保障。

——优化完善信息基础设施。提高电子政务网络接入能力和安全保障能力,推进IPv6部署应用。构建系统完备、高效实用、智能绿色、安全可靠的民政信息基础设施和算力、算法、数据、应用资源协同的民政一体化大数据中心,充分集成优化网络、计算、存储等资源,加快高可靠、高性能、高安全、智能化升级。全面提升民政政务云中心、大数据中心、异地灾备中心的网力、算力和承载力,完善灾备体系和能力建设。

——加大安全可靠技术产品应用。稳步推进关键软硬件系统国产化替代进程,适配改造现有民政政务信息系统,基于安全可靠技术产品和国产技术平台开展新一代

民政信息系统建设,增强系统集成能力,提升稳定可靠运行水平。全面开展国产商用密码应用,构建民政统一的密码应用基础服务平台,提供统一的数据传输、存储加密和身份认证管理等相关服务,提升密码使用和管理水平。

——强化网络安全保障能力。健全网络安全管理机制,加强运维保障能力建设,落实安全保障责任制度,优化和动态调整应急预案,提升网络安全态势感知、智能防御、监测预警、应急处置等能力。健全新型可信网络安全综合防控体系,构建民政网络安全综合防控一体化运维管控和监测预警平台,提高动态、主动、纵深、精准防御能力,提升规范化、自动化、智能化水平。完善数据安全保障机制,提高敏感数据防窃密、防篡改、防泄露、加密认证、攻击溯源等科技能力。积极探索运维服务外包新模式,培育本地化的运维技术队伍,加强绩效评估,建立服务外包退出机制。

专栏4　信息基础设施和安全能力提升工程

1. 一体化运维管控平台建设工程

完善专业知识标准化、运维经验知识化、工作标准流程化、经费申报规范化的运维管理体系框架,以运维服务对象满意度为目标,以可评价、可度量、可量化、可视化的信息技术为支撑,加强一体化运维管控平台建设,规范运维工作管理流程,分步实现自适应运维、自动化运维,从被动运维向主动运维转变,形成集约、高效、安全的一体化运维体系。

2. 网络安全综合防控平台建设工程

依托流量采集、大数据、情报分析等技术,收集、汇总、分析网络安全信息,实现实时监测、威胁感知、通报预警和处置,及时接收、处置来自国家、其他行业和地方网络安全预警通报信息,实现跨层级、跨地域、跨系统、跨部门、跨业务的网络安全情报共享,提升网络安全态势感知能力;绘制民政网络安全空间地理信息图谱(网络地图),采用云技术、大数据、人工智能、可信计算、商用密码等安全技术,实现对民政关键信息基础设施和重要政务数据的保护。

四、组织实施

（一）加强组织领导。在部党组的领导下，民政部网络安全和信息化领导小组统筹协调规划信息化重大问题，实现人员、经费、资源统筹管理。民政部各司（局）和相关直属单位要积极推进本领域信息化建设任务落实，强化成果运用，加强条线指导。各地民政部门要推动将民政信息化建设纳入本地区党委和政府工作部署，制定符合本地区本部门实际的信息化发展规划计划，建立健全信息化工作联络协调机制，形成各司其职、分工协作、整体推进的工作格局，确保本规划确定的重点任务落地见效。

（二）完善保障措施。各级民政部门要以本规划为指导，会同相关部门积极出台配套政策，深入推进简政放权、放管结合、优化服务改革。始终坚持"一盘棋"、"一张网"、一体化发展，按照民政信息化统一标准规范和技术架构体系，统筹开展信息化工作。加强国家政务信息系统推广应用，加强国家统建系统和地方自建系统相互融通、业务协同和综合运维。鼓励各地区深入开展应用创新、服务创新和模式创新，紧密围绕重点领域、关键环节、共性需求等开展试点并及时总结推广。各级民政部门要加大信息化建设资金投入，积极向发展改革、财政等部门申请建设资金和运维经费，不断拓宽资金来源渠道。

（三）强化队伍建设。努力打造一支高素质专业化民政网络安全和信息化人才队伍，将信息化人才队伍建设纳入民政人才队伍培养计划。完善信息化专业人才选拔、培养、交流和激励机制，大力开展技术和业务培训，不断提高信息化人才专业能力和数字化素养，持续提高基层干部队伍运用民政政务信息系统和信息化手段开展工作的能力。加强民政领域信息化专家队伍建设，完善专家决策咨询机制，发挥专家在前瞻性研究、信息化规划、重大项目论证、复杂技术处置等领域的智力支持。

（四）健全评估机制。建立常态化考核机制，强化规划目标和任务的分解落实，建立规划实施的监测评估机制，加强对规划实施情况的年度跟踪评估，重点跟踪统筹协调、对地方工作指导、项目建设、数据应用、数据共享、安全保障等方面情况，及时协调解决存在问题。建立信息化项目第三方绩效评价机制，强化对信息化项目资金使用、建设成效的绩效考评，以规范有效的考核评估促进民政信息化工作高质量发展。

二、社会组织管理

1. 综合

社会组织名称管理办法

· 2024 年 1 月 8 日民政部令第 69 号公布
· 自 2024 年 5 月 1 日起施行

第一条 为加强和完善社会组织名称管理,保护社会组织合法权益,根据社会组织登记管理相关法律、行政法规和国家有关规定,制定本办法。

第二条 本办法适用于依法办理登记的社会组织。

本办法所称的社会组织,包括社会团体、基金会和民办非企业单位。

第三条 国务院民政部门主管全国社会组织名称管理工作,县级以上人民政府民政部门(以下称登记管理机关)负责本机关登记的社会组织名称管理工作。

第四条 国务院民政部门建立全国社会组织信用信息公示平台,为社会组织名称信息查询提供支持。

第五条 社会组织只能登记一个名称,社会组织名称受法律保护。

第六条 社会组织名称应当符合法律、行政法规、规章和国家有关规定,准确反映其特征,具有显著识别性。

社会团体的名称应当与其业务范围、会员分布、活动地域相一致。基金会、民办非企业单位的名称应当与其业务范围、公益目的相一致。

第七条 社会组织命名应当遵循含义明确健康、文字规范简洁的原则。

民族自治地方的社会组织名称可以同时使用本民族自治地方通用的民族文字。

社会组织名称需要翻译成外文使用的,应当按照文字翻译的原则翻译使用。

第八条 社会团体名称由行政区划名称、行(事)业领域或者会员组成、组织形式依次构成。异地商会名称由行政区划名称、原籍地行政区划专名和"商会"字样依次构成。

基金会、民办非企业单位名称由行政区划名称、字号、行(事)业领域、组织形式依次构成。

国务院民政部门登记的社会组织名称一般不冠以行政区划名称;按照国家有关规定经过批准的,可以冠以"中国"、"全国"、"中华"等字词。

第九条 社会组织名称中的行政区划名称应当是社会组织住所地的县级以上地方行政区划名称。市辖区名称在社会组织名称中使用时,应当同时冠以其所属的设区的市的行政区划名称。开发区等区域名称在社会组织名称中使用时,应当与行政区划名称连用,不得单独使用。

城乡社区社会组织名称可以在县级行政区划名称后,缀以其住所地的乡镇(街道)或者村(社区)名称。

第十条 基金会和民办非企业单位的字号应当由两个以上汉字组成,不得使用语句和句群,且应当与行(事)业领域显著区分。

县级以上地方行政区划名称(专名或者简称)、行(事)业领域不得作为字号,但具有其他含义且可以明确识别的除外。

基金会不得使用姓氏作为字号。冠以"中国"、"全国"、"中华"等字词以及符合国务院民政部门规定的其他情形的基金会,可以不使用字号。

第十一条 社会组织名称中的行(事)业领域表述应当明确、清晰,与社会组织主要业务范围相一致。

社会组织名称中的行(事)业领域应当根据国民经济行业分类标准、学科分类标准和社会组织的主要业务等标明。社会团体名称中的会员组成应当根据国家职业分类标准、会员共同特点等标明。没有相关规定的,社会组织可以参照国家有关政策进行表述。行(事)业领域不得使用"第一"、"最高"、"国家级"等具有误导性的文字,但具有其他含义的除外。

县级以上地方人民政府的登记管理机关登记的社会组织名称中间含有"中国"、"全国"、"中华"、"国际"、"世界"等字词的,该字词应当是行(事)业领域限定语,并且符合国家有关规定。

第十二条 社会组织名称应当规范标明其组织形式。

社会团体名称应当以"协会"、"商会"、"学会"、"研究会"、"促进会"、"联合会"等字样结束。

基金会名称应当以"基金会"字样结束。

民办非企业单位名称应当以"学校"、"大学"、"学院"、"医院"、"中心"、"院"、"园"、"所"、"馆"、"站"、"社"等字样结束。结束字样中不得含有"总"、"连锁"、"集团"等。

第十三条　社会组织名称不得有下列情形：

（一）损害国家尊严或者利益；

（二）损害社会公共利益或者妨碍社会公共秩序；

（三）含有淫秽、色情、赌博、迷信、恐怖、暴力的内容；

（四）含有民族、种族、宗教、性别歧视的内容；

（五）违背公序良俗或者可能有其他不良影响；

（六）含有外国文字、汉语拼音字母、阿拉伯数字；

（七）可能使公众受骗或者产生误解；

（八）法律、行政法规、规章和国家有关规定禁止的其他情形。

第十四条　社会团体名称中确有必要含有法人、非法人组织名称的，仅限于作为行（事）业领域限定语且符合国家有关规定。

基金会名称不得使用政党名称、国家机关名称、部队番号以及其他基金会名称，使用其他法人或者非法人组织名称的，仅限于作为字号使用，并应当符合下列要求：

（一）不得含有营利法人或者其他营利组织的组织形式；

（二）经该法人或者非法人组织依法授权；

（三）该法人或者非法人组织应当为基金会的捐赠人。

民办非企业单位名称中不得含有法人、非法人组织名称。

第十五条　社会组织一般不得以党和国家领导人、老一辈革命家、政治活动家的姓名命名。

社会团体名称一般不以自然人姓名命名，确有需要的，仅限于在科技、文化、卫生、教育、艺术领域内有重大贡献、在国内国际享有盛誉的杰出人物。

基金会、民办非企业单位名称以自然人姓名作为字号的，需经该自然人同意。使用已故名人的姓名作为字号的，该名人应当是在相关公益领域内有重大贡献、在国内国际享有盛誉的杰出人物。

社会组织名称使用自然人姓名的，该自然人不得具有正在或者曾经受到剥夺政治权利的情形。

法律、行政法规和国家有关规定关于使用自然人姓名另有规定的，从其规定。

第十六条　在同一登记管理机关，申请人拟使用的社会组织名称或者名称中的字号，不得与下列同行（事）业领域且同组织形式的社会组织名称或者名称中的字号相同：

（一）已经登记的社会组织；

（二）已经名称变更登记或者注销登记未满1年的原社会组织；

（三）被撤销成立登记或者被撤销名称变更登记未满3年的社会组织。

第十七条　社会团体、基金会依法设立的分支机构、代表机构名称，应当冠以其所从属社会组织名称的规范全称。社会团体分支机构名称应当以"分会"、"专业委员会"、"工作委员会"、"专家委员会"、"技术委员会"等准确体现其性质和业务领域的字样结束；基金会分支机构名称一般以"专项基金管理委员会"等字样结束。社会团体、基金会代表机构名称应当以"代表处"、"办事处"、"联络处"字样结束。

社会团体、基金会的分支机构、代表机构名称，除冠以其所从属社会组织名称外，不得以法人组织名称命名；在名称中使用"中国"、"全国"、"中华"等词语的，仅限于作为行（事）业领域限定语。

第十八条　社会组织内部设立的办事机构名称，应当以"部"、"处"、"室"等字样结束，除冠以其所从属社会组织名称外，不得以法人组织名称命名，且区别于分支机构、代表机构名称。

第十九条　社会组织名称由申请人自主拟定，并向登记管理机关提交有关申请材料。申请人提交的申请材料应当真实、准确、完整。

实行双重管理的社会组织的名称，应当先经其业务主管单位审查同意。

第二十条　登记管理机关在办理社会组织登记时，认为社会组织名称符合本办法的，按照登记程序办理；发现社会组织名称不符合本办法的，不予登记并说明理由。

登记管理机关审查名称时，可以听取相关管理部门、利益相关方的意见。

第二十一条　社会组织应当在其住所或者主要活动场所标明社会组织名称。社会组织的印章、银行账户、法律文书、门户网站、新媒体平台等使用的社会组织名称，应当与其登记证书上的社会组织名称相一致。

使用社会组织名称应当遵守法律法规，诚实守信，不得损害国家利益、社会利益或者他人合法权益。

第二十二条　登记管理机关依法对本机关登记的社

会组织使用名称的行为进行监督,为社会组织提供名称管理政策指导和咨询服务。

第二十三条　登记管理机关应当及时纠正本机关登记的不符合规定的社会组织名称。

第二十四条　社会组织申请登记或者使用名称违反本办法的,依照社会组织登记管理相关法律、行政法规的规定予以处罚。

登记管理机关工作人员在社会组织名称管理工作中利用职务之便弄虚作假、玩忽职守的,依法追究责任。

第二十五条　本办法自 2024 年 5 月 1 日起施行。《基金会名称管理规定》(民政部令第 26 号)、《民政部关于印发〈民办非企业单位名称管理暂行规定〉的通知》(民发〔1999〕129 号)同时废止。

社会组织信用信息管理办法

· 2018 年 1 月 24 日民政部令第 60 号公布
· 自公布之日起施行

第一条　为加强社会组织信用信息管理,推进社会组织信用体系建设,促进社会组织健康有序发展,依据有关法律法规和国家有关规定,制定本办法。

第二条　本办法适用于社会组织登记管理机关(以下简称登记管理机关)在依法履行职责过程中形成或者获取的与社会组织信用状况有关信息的管理。

政府其他有关部门以及司法机关在履行职责过程中形成的与社会组织信用状况有关的信息,依法依规纳入社会组织信用信息进行管理。

第三条　国务院民政部门指导全国社会组织信用信息管理工作。

国务院民政部门和县级以上地方各级人民政府民政部门负责在本机关登记的社会组织信用信息管理工作。

第四条　社会组织信用信息的管理应当遵循依法公开、统一管理、分级负责、信息共享、动态更新的原则。

第五条　登记管理机关开展社会组织信用信息管理工作,应当依法保守国家秘密、商业秘密和个人隐私。

第六条　社会组织信用信息包括基础信息、年报信息、行政检查信息、行政处罚信息和其他信息。

第七条　基础信息是指反映社会组织登记、核准和备案等事项的信息。

年报信息是指社会组织依法履行年度工作报告义务并向社会公开的信息。

行政检查信息是指登记管理机关及政府有关部门对社会组织开展监督检查形成的结论性信息。

行政处罚信息是指社会组织受到的行政处罚种类、处罚结果、违法事实、处罚依据、处罚时间、作出行政处罚的部门等信息。

其他信息是指社会组织评估等级及有效期限、获得的政府有关部门的表彰奖励、承接政府购买服务或者委托事项、公开募捐资格、公益性捐赠税前扣除资格等与社会组织信用有关的信息。

第八条　登记管理机关应当在信息形成或者获取后 5 个工作日内将应予记录的社会组织信用信息采集录入到社会组织信息管理系统。尚未建立社会组织信息管理系统的登记管理机关,应当采取适当方式及时采集、记录相关信息。

登记管理机关应当加强对信用信息的管理和维护,保证信息安全。

第九条　登记管理机关依据社会组织未依法履行义务或者存在违法违规行为的有关信用信息,建立社会组织活动异常名录和严重违法失信名单制度。

第十条　因非行政处罚事项被列入活动异常名录或者严重违法失信名单的社会组织,登记管理机关在作出决定前,应当向社会组织书面告知列入的事实、理由、依据及其依法享有的权利。通过登记的住所无法取得联系的,可以通过互联网公告告知。

社会组织对被列入活动异常名录或者严重违法失信名单有异议的,可以在收到告知书之日起 10 个工作日内向登记管理机关提出书面陈述申辩意见并提交相关证明材料。通过公告方式告知的,社会组织自公告之日起 30 日内未提交陈述申辩意见的,视为无异议。

登记管理机关应当自收到陈述申辩意见之日起 10 个工作日内进行核实,作出是否列入活动异常名录或者严重违法失信名单的决定,并书面告知申请人。

第十一条　登记管理机关应当将有下列情形之一的社会组织列入活动异常名录:

(一)未按照规定时限和要求向登记管理机关报送年度工作报告的;

(二)未按照有关规定设立党组织的;

(三)登记管理机关在抽查和其他监督检查中发现问题,发放整改文书要求限期整改,社会组织未按期完成整改的;

(四)具有公开募捐资格的慈善组织,存在《慈善组织公开募捐管理办法》第二十一条规定情形的;

(五)受到警告或者不满 5 万元罚款处罚的;

（六）通过登记的住所无法与社会组织取得联系的；

（七）法律、行政法规规定应当列入的其他情形。

登记管理机关在依法履职过程中通过邮寄专用信函向社会组织登记的住所两次邮寄无人签收的，视作通过登记的住所无法与社会组织取得联系。两次邮寄间隔时间不得少于 15 日，不得超过 30 日。

第十二条　社会组织存在第十一条所列情形，但由业务主管单位或者其他有关部门书面证明该社会组织对此不负直接责任的，可以不列入活动异常名录。

第十三条　社会组织在被列入活动异常名录期间，再次出现应当列入活动异常名录情形的，列入时限重新计算。

第十四条　被列入活动异常名录的社会组织按照规定履行相关义务或者完成整改要求的，可以向登记管理机关申请移出活动异常名录，登记管理机关应当自查实之日起 5 个工作日内将其移出活动异常名录；如不存在应当整改或者履行相关义务情形的，自列入活动异常名录之日起满 6 个月后，由登记管理机关将其移出活动异常名录。

第十五条　登记管理机关应当将有下列情形之一的社会组织列入严重违法失信名单：

（一）被列入活动异常名录满 2 年的；

（二）弄虚作假办理变更登记，被撤销变更登记的；

（三）受到限期停止活动行政处罚的；

（四）受到 5 万元以上罚款处罚的；

（五）三年内两次以上受到警告或者不满 5 万元罚款处罚的；

（六）被司法机关纳入"失信被执行人"名单的；

（七）被登记管理机关作出吊销登记证书、撤销成（设）立登记决定的；

（八）法律、行政法规规定应当列入的其他情形。

第十六条　社会组织在被列入严重违法失信名单期间，出现应当列入活动异常名录或者严重违法失信名单情形的，列入时限重新计算。

第十七条　依照本办法第十五条第（一）项被列入严重违法失信名单的社会组织，登记管理机关应当自列入之日起，将其移出活动异常名录；自被列入严重违法失信名单之日起满 2 年，且按照规定履行相关义务或者完成整改要求的，可以向登记管理机关提出移出申请，登记管理机关应当自查实之日起 5 个工作日内将其移出严重违法失信名单。

依照本办法第十五条第（二）项至第（六）项规定被列入严重违法失信名单的社会组织，自被列入严重违法失信名单之日起满 2 年，可以向登记管理机关提出移出申请，登记管理机关应当自查实之日起 5 个工作日内将其移出严重违法失信名单。

依照本办法第十五条第（七）项规定被列入严重违法失信名单的，登记管理机关应当自该组织完成注销登记之日起 5 个工作日内将其移出严重违法失信名单。

第十八条　列入严重违法失信名单所依据的行政处罚决定、撤销登记决定或者"失信被执行人"名单被依法撤销或者删除的，社会组织可以向登记管理机关提出移出申请，登记管理机关应当自查实之日起 5 个工作日内将其移出严重违法失信名单。

第十九条　社会组织的信用信息、活动异常名录和严重违法失信名单应当向社会公开。登记管理机关通过互联网向社会提供查询渠道。

第二十条　社会组织对自身信用信息、活动异常名录和严重违法失信名单有异议的，可以向负责的登记管理机关提出书面申请并提交相关证明材料。登记管理机关应当在 30 个工作日内进行核实，发现存在错误的，应当自核实之日起 5 个工作日内予以更正；经核实后作出不予更改决定的，应当书面告知申请人并说明理由。

第二十一条　各级登记管理机关根据国家和本行政区域内信用体系建设的相关规定，通过全国信用信息共享平台向有关部门提供社会组织信用信息，实现部门信息共享。

第二十二条　各级登记管理机关协调配合相关部门，在各自职权范围内，依据社会组织信用信息采取相应的激励和惩戒措施，重点推进对失信社会组织的联合惩戒。

第二十三条　对信用良好的社会组织，登记管理机关可以采取或者建议有关部门依法采取下列激励措施：

（一）优先承接政府授权和委托事项；

（二）优先获得政府购买社会组织服务项目；

（三）优先获得资金资助和政策扶持；

（四）优先推荐获得相关表彰和奖励等；

（五）实施已签署联合激励备忘录中各项激励措施。

第二十四条　对被列入严重违法失信名单的社会组织，登记管理机关可以采取或者建议有关部门依法采取下列惩戒措施：

（一）列入重点监督管理对象；

（二）不给予资金资助；

（三）不向该社会组织购买服务；

（四）不授予相关荣誉称号；

（五）作为取消或者降低社会组织评估等级的重要参考；

（六）实施已签署联合惩戒备忘录中各项惩戒措施。

第二十五条　登记管理机关工作人员在开展社会组织信用信息管理工作中滥用职权、徇私舞弊、玩忽职守的，视其情节轻重给予批评教育或者行政处分；构成犯罪的，依法追究其刑事责任。

第二十六条　本办法自发布之日起施行。

社会组织登记管理机关行政处罚程序规定

· 2021 年 9 月 14 日民政部令第 68 号公布
· 自 2021 年 10 月 15 日起施行

第一章　总　则

第一条　为规范社会组织登记管理机关（以下简称登记管理机关）行政处罚程序，保护公民、法人或者其他组织的合法权益，促进社会组织健康发展，根据《中华人民共和国行政处罚法》《中华人民共和国行政强制法》以及社会组织登记管理等法律、行政法规，制定本规定。

第二条　登记管理机关实施行政处罚应当遵循公正、公开的原则，坚持处罚与教育相结合，做到事实清楚、证据确凿、适用依据正确、程序合法、处罚适当。

第三条　各级登记管理机关负责管辖在本机关登记的社会组织的行政处罚案件。

第四条　登记管理机关发现不属于本机关管辖的社会组织在本行政区域内有违法行为的，应当及时通报有管辖权的登记管理机关。

有管辖权的登记管理机关可以书面委托违法行为发生地的登记管理机关对社会组织违法案件进行调查。

有管辖权的登记管理机关跨行政区域调查社会组织违法案件的，有关登记管理机关应当积极配合并协助调查。

第五条　登记管理机关发现所调查的案件不属于本机关管辖的，应当将案件移送有管辖权的机关处理。

第六条　登记管理机关应当依法以文字、音像等形式，对行政处罚的启动、调查取证、审核、决定、送达、执行等进行全过程记录，归档保存。

第二章　立案、调查取证

第七条　登记管理机关对同时符合以下条件的违法行为，应当及时立案：

（一）有违反社会组织登记管理规定的违法事实；

（二）属于登记管理机关行政处罚的范围；

（三）属于本机关管辖。

立案应当填写立案审批表，由登记管理机关负责人审批。

第八条　行政处罚应当由具有行政执法资格的执法人员实施，执法人员不得少于两人。

执法人员应当文明执法，尊重和保护当事人合法权益。

第九条　执法人员在调查或者进行检查时，应当主动向当事人或者有关人员出示执法证件。当事人或者有关人员有权要求执法人员出示执法证件。执法人员不出示执法证件的，当事人或者有关人员有权拒绝接受调查或者检查。

当事人或者有关人员应当如实回答询问，并协助调查或者检查，不得拒绝或者阻挠。询问或者检查应当制作笔录。

第十条　执法人员与案件有直接利害关系或者有其他关系可能影响公正执法的，应当回避。

当事人认为执法人员与案件有直接利害关系或者有其他关系可能影响公正执法的，有权申请回避。

当事人提出回避申请的，登记管理机关应当依法审查，由登记管理机关负责人决定。决定作出之前，不停止调查。

第十一条　执法人员调查和收集证据应当遵循全面、客观、公正原则。

证据包括：

（一）书证；

（二）物证；

（三）视听资料；

（四）电子数据；

（五）证人证言；

（六）当事人的陈述；

（七）鉴定意见；

（八）勘验笔录、现场笔录。

证据必须经查证属实，方可作为认定案件事实的根据。以非法手段取得的证据，不得作为认定案件事实的根据。

第十二条　执法人员应当收集与案件有关的原件、原物作为书证、物证。收集原件、原物确有困难的，可以提取复制品、照片、录像、副本、节录本，由证据提供人核对无误后注明与原件、原物一致，并注明出证日期、证据出处，同时签名或者盖章。

第十三条　执法人员收集视听资料、电子数据，应当收集有关资料、数据的原始载体，收集原始载体有困难的，可以提取复制件，注明制作方法、制作时间、制作人和证明对象等。声音资料应当附有该声音内容的文字记录。

第十四条　执法人员向当事人、证人或者其他有关人员调查了解情况时，应当单独询问，并制作询问笔录。

询问笔录应当交被询问人核对；对阅读有困难的，应当向其宣读。询问笔录如有错误、遗漏，应当允许被询问人更正或者补充，涂改部分应当由被询问人签名、盖章或者以其他方式确认。经核对无误后，由被询问人在询问笔录上逐页签名、盖章或者以其他方式确认。

执法人员应当在询问笔录上签名。

第十五条　执法人员可以要求当事人、证人或者其他有关人员提供证明材料，并要求其在提供的材料上签名或者盖章。

第十六条　对有违法嫌疑的物品或者场所进行检查时，应当通知当事人到场。当事人不到场的，邀请见证人到场。执法人员应当制作现场笔录，载明时间、地点、事件等内容，由执法人员、当事人或者见证人签名或者盖章。当事人拒绝签名、盖章或者不能签名、盖章的，应当注明原因。

第十七条　登记管理机关在收集证据时，在证据可能灭失或者以后难以取得的情况下，经登记管理机关负责人批准，可以采取先行登记保存措施。

第十八条　先行登记保存有关证据，执法人员应当通知当事人到场，送达先行登记保存通知书，当场告知当事人采取先行登记保存措施的理由、依据以及当事人依法享有的权利、救济途径，听取当事人的陈述和申辩，并按照本规定第十六条制作现场笔录。

执法人员应当当场清点证据，加封登记管理机关先行登记保存封条，并开具证据清单，由当事人和执法人员签名或者盖章，交当事人留存一份，归档一份。

登记保存证据期间，当事人或者有关人员不得损坏、销毁或者转移证据。

第十九条　先行登记保存证据后，登记管理机关应当在七个工作日内作出以下处理决定：

（一）对依法应予没收的物品，依照法定程序处理；

（二）对依法应当由有关部门处理的，移交有关部门；

（三）不需要继续登记保存的，解除登记保存，并根据情况及时对解除登记保存的证据采取记录、复制、拍照、录像等措施。

第二十条　执法人员应当围绕证据的真实性、关联性和合法性，针对有无证明效力对证据材料进行核实。

第二十一条　对收集到的证据材料，执法人员应当制作证据目录，并对证据材料的来源、证明对象和内容作简要说明。

第三章　行政处罚的决定

第二十二条　案件调查终结，执法人员应当制作案件调查终结报告。

案件调查终结报告的内容包括：社会组织的基本情况、案件来源、调查过程、案件事实、证据材料、法律依据、处理建议等。

第二十三条　登记管理机关在作出行政处罚决定之前，应当制作行政处罚事先告知书，告知当事人拟作出的行政处罚内容及事实、理由、依据，并告知当事人依法享有的陈述、申辩等权利。

当事人可以自收到行政处罚事先告知书之日起五个工作日内提出陈述和申辩。陈述和申辩可以书面或者口头形式提出。当事人口头提出的，执法人员应当制作陈述笔录，交由当事人核对无误后签字或者盖章。

第二十四条　登记管理机关应当充分听取当事人的意见，对当事人提出的事实、理由和证据，应当进行复核；当事人提出的事实、理由或者证据成立的，登记管理机关应当采纳。

登记管理机关不得因当事人陈述、申辩而给予更重的处罚。

第二十五条　登记管理机关作出较大数额罚款、没收较大数额违法所得、没收较大价值非法财物、限期停止活动、撤销登记、吊销登记证书的处罚决定前，应当在行政处罚事先告知书或者听证告知书中告知当事人有要求听证的权利。

当事人要求听证的，应当在登记管理机关告知后五个工作日内提出。登记管理机关应当在举行听证的七个工作日前，通知当事人以及有关人员听证的时间、地点。

听证应当制作笔录。笔录应当交当事人或者其代理人核对无误后签字或者盖章。当事人或者其代理人拒绝签字或者盖章的，由听证主持人在笔录中注明。听证结束后，登记管理机关应当根据听证笔录，依照本规定第二十七条作出决定。

第二十六条　当事人逾期未提出陈述、申辩或者要求听证的，视为放弃上述权利。

第二十七条　登记管理机关负责人应当对案件调查

结果进行审查,根据不同情况分别作出如下决定:

(一)确有应受行政处罚的违法行为的,根据情节轻重及具体情况,作出行政处罚决定;

(二)违法行为轻微,依法可以不予行政处罚的,不予行政处罚;

(三)违法事实不能成立的,不予行政处罚;

(四)违法行为涉嫌犯罪的,移送司法机关。

第二十八条 对下列案件,登记管理机关负责人应当集体讨论决定:

(一)拟给予较大数额罚款、没收较大数额违法所得、没收较大价值非法财物的;

(二)拟限期停止活动的;

(三)拟撤销登记或吊销登记证书的;

(四)其他情节复杂或者有重大违法行为的。

第二十九条 有下列情形之一,在登记管理机关负责人作出行政处罚的决定之前,应当由从事行政处罚决定法制审核的人员进行法制审核;未经法制审核或者审核未通过的,不得作出决定:

(一)涉及重大公共利益的;

(二)直接关系当事人或者第三人重大权益,经过听证程序的;

(三)案件情况疑难复杂、涉及多个法律关系的;

(四)法律、法规规定应当进行法制审核的其他情形。

登记管理机关中初次从事行政处罚决定法制审核的人员,应当通过国家统一法律职业资格考试取得法律职业资格。

第三十条 登记管理机关决定对社会组织给予行政处罚的,应当制作行政处罚决定书。行政处罚决定书应当载明下列事项:

(一)当事人的姓名或者名称、地址;

(二)违反法律、法规、规章的事实和证据;

(三)行政处罚的种类和依据;

(四)行政处罚的履行方式和期限;

(五)申请行政复议、提起行政诉讼的途径和期限;

(六)作出行政处罚决定的登记管理机关名称和作出决定的日期。

行政处罚决定书应当加盖作出行政处罚决定的登记管理机关的印章。

第三十一条 登记管理机关应当自行政处罚案件立案之日起九十日内作出行政处罚决定。因案情复杂或者其他原因,不能在规定期限内作出处理决定的,经登记管理机关负责人批准,可以延长三十日。案情特别复杂或者有其他特殊情况,经延期仍不能作出处理决定的,应当由登记管理机关负责人集体讨论决定是否继续延期,决定继续延期的,应当同时确定延长的合理期限。

案件处理过程中,听证、公告、审计和检测、鉴定等时间不计入前款所指的案件办理期限。

第三十二条 具有一定社会影响的行政处罚决定应当依法公开。公开的行政处罚决定被依法变更、撤销、确认违法或者确认无效的,登记管理机关应当在三日内撤回行政处罚决定信息并公开说明理由。

第三十三条 登记管理机关及其工作人员对实施行政处罚过程中知悉的国家秘密、商业秘密或者个人隐私,应当依法予以保密。

第四章　行政处罚的执行

第三十四条 当事人对登记管理机关的行政处罚决定不服,申请行政复议或者提起行政诉讼,行政处罚不停止执行,法律另有规定的除外。

第三十五条 登记管理机关对当事人作出罚没款处罚的,应当严格执行罚没款收缴分离制度。登记管理机关及其执法人员不得自行收缴罚没款。当事人应当自收到行政处罚决定书之日起十五日内到指定银行或者通过电子支付系统缴纳罚没款。

当事人确有经济困难,需要延期或者分期缴纳罚没款的,应当提出书面申请。经登记管理机关负责人批准,同意当事人延期或者分期缴纳的,登记管理机关应当书面告知当事人延期或者分期的期限、数额。

第三十六条 依法没收的非法财物,按照国家有关规定处理。

第三十七条 社会组织被限期停止活动的,由登记管理机关封存登记证书(含正本、副本)、印章和财务凭证。停止活动的期间届满,社会组织应当根据登记管理机关要求提交整改报告。

第三十八条 登记管理机关依法责令社会组织撤换直接负责的主管人员的,社会组织应当在登记管理机关规定的期限内执行。

第三十九条 登记管理机关对社会组织作出撤销或者吊销登记证书的处罚决定的,应当收缴登记证书(含正本、副本)和印章。

第四十条 当事人逾期不履行行政处罚决定的,登记管理机关可以采取下列措施:

(一)到期不缴纳罚款的,每日按罚款数额的百分之三加处罚款,加处罚款的标准应当告知当事人,加处罚款的数额不得超出原罚款数额;

（二）依照《中华人民共和国行政强制法》的规定申请人民法院强制执行；

（三）法律规定的其他措施。

登记管理机关批准延期、分期缴纳罚款的，申请人民法院强制执行的期限，自暂缓或者分期缴纳罚款期限结束之日起计算。

第五章　送　达

第四十一条　行政处罚决定书应当在宣告后当场交付当事人。当事人不在场的，应当在七个工作日内依照本规定将行政处罚决定书送达当事人。

第四十二条　执法人员送达法律文书应当有送达回证，由受送达人在送达回证上注明收到日期，签名或者盖章。

受送达人在送达回证上的签收日期为送达日期。

第四十三条　送达法律文书，应当直接送交受送达人。受送达人是自然人的，本人不在时交其同住成年家属签收；受送达人是法人或者其他组织的，应当由法人的法定代表人、其他组织的主要负责人或者该法人、其他组织负责收件的人签收；受送达人有委托代理人的，可以送交其代理人签收；受送达人已向登记管理机关指定代收人的，送交代收人签收。

第四十四条　受送达人拒绝签收法律文书的，送达人可以邀请有关基层组织或者所在单位的代表到场，说明情况，在送达回证上记明拒收事由和日期，由送达人、见证人签名或者盖章，把法律文书留在受送达人的住所；也可以把法律文书留在受送达人的住所，并采用拍照、录像等方式记录送达过程，即视为送达。

第四十五条　直接送达法律文书有困难的，有管辖权的登记管理机关可以委托其他登记管理机关代为送达，或者邮寄送达。邮寄送达的，以回执上注明的收件日期为送达日期。

第四十六条　当事人同意并签订确认书的，可以采用手机短信、传真、电子邮件、即时通讯账号等能够确认其收悉的电子方式向其送达法律文书，登记管理机关应当通过拍照、截屏、录音、录像等方式予以记录，手机短信、传真、电子邮件、即时通讯信息等到达受送达人特定系统的日期为送达日期。

第四十七条　本章规定的其他方式无法送达的，公告送达。可以在报纸或者登记管理机关门户网站等媒体刊登公告，自公告发布之日起，经过六十日，即视为送达，发出公告日期以刊登日期为准。公告送达，应当在案件材料中载明原因和经过。

第六章　结案、归档

第四十八条　有下列情形之一的，应予结案：

（一）行政处罚案件执行完毕的；

（二）作出不予行政处罚决定的；

（三）作出移送司法机关决定的。

第四十九条　结案后，登记管理机关应当按照下列要求及时将案件材料整理归档：

（一）案卷应当一案一卷，案卷可以分正卷、副卷；

（二）各类文书和证据材料齐全完整，不得损毁伪造；

（三）案卷材料书写时应当使用钢笔、毛笔或者签字笔。

第五十条　卷内材料应当按照处罚决定书和送达回证在前、其余材料按照办案时间顺序排列的原则排列。

内部审批件可以放入副卷。

卷内材料应当编制目录，并逐页标注页码。

第五十一条　案卷归档后，任何人不得私自增加或者抽取案卷材料。有关单位或者个人申请查阅案卷的，按照社会组织登记档案管理有关规定执行。

第七章　附　则

第五十二条　本规定有关期间的规定，除注明工作日外，按自然日计算。

期间开始之日不计算在内。期间不包括在途时间，期间届满的最后一日为法定节假日的，以节假日后的第一日为期间届满的日期。

第五十三条　本规定自 2021 年 10 月 15 日起施行。2012 年 8 月 3 日民政部发布的《社会组织登记管理机关行政处罚程序规定》同时废止。

社会组织登记管理机关行政执法约谈工作规定（试行）

·2016 年 3 月 16 日

·民发〔2016〕39 号

第一条　为加强对社会组织的事中事后监管，提高行政监管效能，促进社会组织健康有序发展，根据《社会团体登记管理条例》、《基金会管理条例》和《民办非企业单位登记管理暂行条例》，制定本规定。

第二条　社会组织登记管理机关对发生违法违规情形的社会组织，可以约谈其负责人，指出问题，提出改正意见，督促社会组织及时纠正违法违规行为。

第三条　约谈应当遵循依法、合理、及时、有效的原则。

第四条　本规定所称负责人为社会组织的理事长（会长）、副理事长（副会长）、秘书长（院长、校长等）。

前款规定的人员因故不能如期参加约谈的，社会组织应当向登记管理机关书面说明情况，经登记管理机关同意，可以更改约谈时间。

第五条　对同一案件涉及多家社会组织的，可以个别约谈，也可以集中约谈。

第六条　登记管理机关应当制作《约谈通知书》，告知社会组织约谈时间、地点、事项和参加人员等。情况紧急的，可以电话通知社会组织。

第七条　登记管理机关进行约谈时，应当有两名以上执法人员参加，并出示执法证件。必要时可以邀请业务主管单位、行业主管部门、相关职能部门参加。

第八条　约谈按以下程序进行：

（一）执法人员出示证件，表明身份，并核对约谈对象身份；

（二）执法人员告知约谈目的和注意事项；

（三）执法人员指出社会组织的违法违规情形，告知相关法律法规及政策规定；

（四）约谈对象针对本条第（三）项内容进行陈述；

（五）执法人员提出整改意见，对违法违规行为尚未终止的，要求立即停止。

第九条　约谈对象接受整改意见的，应当作出整改承诺；如不接受，则约谈程序终止。

第十条　登记管理机关可以根据需要对约谈过程进行录音、录像。

第十一条　登记管理机关应当制作约谈笔录，约谈结束后由执法人员和约谈对象签字或盖章。约谈对象拒绝签字或盖章的，由执法人员在约谈笔录上注明。

第十二条　对作出整改承诺的社会组织，登记管理机关应当跟踪检查其整改情况。

第十三条　登记管理机关可以将约谈对象、约谈事项、整改承诺等约谈情况及不接受约谈的社会组织名单向社会公布。

第十四条　社会组织的违法违规行为构成行政处罚情形的，登记管理机关不得以约谈代替行政处罚。

第十五条　约谈对象无正当理由不接受约谈，不接受整改意见或不落实整改承诺的，登记管理机关应当及时启动其他执法程序，并将上述情况作为年度检查、等级评估、信用评价、购买服务及税收优惠等工作的参考。

社会组织评估管理办法

·2010 年 12 月 27 日民政部令第 39 号公布
·自 2011 年 3 月 1 日起施行

第一章　总　则

第一条　为了规范社会组织评估工作，制定本办法。

第二条　本办法所称社会组织是指经各级人民政府民政部门登记注册的社会团体、基金会、民办非企业单位。

第三条　本办法所称社会组织评估，是指各级人民政府民政部门为依法实施社会组织监督管理职责，促进社会组织健康发展，依照规范的方法和程序，由评估机构根据评估标准，对社会组织进行客观、全面的评估，并作出评估等级结论。

第四条　社会组织评估工作应当坚持分级管理、分类评定、客观公正的原则，实行政府指导、社会参与、独立运作的工作机制。

第五条　各级人民政府民政部门按照登记管理权限，负责本级社会组织评估工作的领导，并对下一级人民政府民政部门社会组织评估工作进行指导。

第二章　评估对象和内容

第六条　申请参加评估的社会组织应当符合下列条件之一：

（一）取得社会团体、基金会或者民办非企业单位登记证书满两个年度，未参加过社会组织评估的；

（二）获得的评估等级满 5 年有效期的。

第七条　社会组织有下列情形之一的，评估机构不予评估：

（一）未参加上年度年度检查；

（二）上年度年度检查不合格或者连续 2 年基本合格；

（三）上年度受到有关政府部门行政处罚或者行政处罚尚未执行完毕；

（四）正在被有关政府部门或者司法机关立案调查；

（五）其他不符合评估条件的。

第八条　对社会组织评估，按照组织类型的不同，实行分类评估。

社会团体、基金会实行综合评估，评估内容包括基础条件、内部治理、工作绩效和社会评价。民办非企业单位实行规范化建设评估，评估内容包括基础条件、内部治理、业务活动和诚信建设、社会评价。

第三章　评估机构和职责

第九条　各级人民政府民政部门设立相应的社会组织评估委员会(以下简称评估委员会)和社会组织评估复核委员会(以下简称复核委员会),并负责对本级评估委员会和复核委员会的组织协调和监督管理。

第十条　评估委员会负责社会组织评估工作,负责制定评估实施方案、组建评估专家组、组织实施评估工作、作出评估等级结论并公示结果。

复核委员会负责社会组织评估的复核和对举报的裁定工作。

第十一条　评估委员会由 7 至 25 名委员组成,设主任 1 名、副主任若干名。复核委员会由 5 至 9 名委员组成,设主任 1 名、副主任 1 名。

评估委员会和复核委员会委员由有关政府部门、研究机构、社会组织、会计师事务所、律师事务所等单位推荐,民政部门聘任。

评估委员会和复核委员会委员聘任期 5 年。

第十二条　评估委员会和复核委员会委员应当具备下列条件:

(一)熟悉社会组织管理工作的法律法规和方针政策;

(二)在所从事的领域具有突出业绩和较高声誉;

(三)坚持原则,公正廉洁,忠于职守。

第十三条　评估委员会召开最终评估会议须有 2/3 以上委员出席。最终评估采取记名投票方式表决,评估结论须经全体委员半数以上通过。

第十四条　评估委员会可以下设办公室或者委托社会机构(以下简称评估办公室),负责评估委员会的日常工作。

第十五条　评估专家组负责对社会组织进行实地考察,并提出初步评估意见。

评估专家组由有关政府部门、研究机构、社会组织、会计师事务所、律师事务所等有关专业人员组成。

第四章　评估程序和方法

第十六条　社会组织评估工作依照下列程序进行:

(一)发布评估通知或者公告;

(二)审核社会组织参加评估资格;

(三)组织实地考察和提出初步评估意见;

(四)审核初步评估意见并确定评估等级;

(五)公示评估结果并向社会组织送达通知书;

(六)受理复核申请和举报;

(七)民政部门确认社会组织评估等级、发布公告,并向获得 3A 以上评估等级的社会组织颁发证书和牌匾。

第十七条　地方各级人民政府民政部门应当将获得 4A 以上评估等级的社会组织报上一级民政部门审核备案。省级人民政府民政部门应当在每年 12 月 31 日前,将本行政区域社会组织等级评估情况以及获得 5A 评估等级的社会组织名单上报民政部。

第十八条　评估期间,评估机构和评估专家有权要求参加评估的社会组织提供必要的文件和证明材料。参加评估的社会组织应当予以配合,如实提供有关情况和资料。

第五章　回避与复核

第十九条　评估委员会委员、复核委员会委员和评估专家有下列情形之一的,应当回避:

(一)与参加评估的社会组织有利害关系的;

(二)曾在参加评估的社会组织任职,离职不满 2 年的;

(三)与参加评估的社会组织有其他可能影响评估结果公正关系的。

参加评估的社会组织向评估办公室提出回避申请,评估办公室应当及时作出是否回避的决定。

第二十条　参加评估的社会组织对评估结果有异议的,可以在公示期内向评估办公室提出书面复核申请。

第二十一条　评估办公室对社会组织的复核申请和原始证明材料审核认定后,报复核委员会进行复核。

第二十二条　复核委员会应当充分听取评估专家代表的初步评估情况介绍和申请复核社会组织的陈述,确认复核材料,并以记名投票方式表决,复核结果须经全体委员半数以上通过。

第二十三条　复核委员会的复核决定,应当于作出决定之日起 15 日内,以书面形式通知申请复核的社会组织。

第二十四条　评估办公室受理举报后,应当认真核实,对情况属实的作出处理意见,报复核委员会裁定。裁定结果应当及时告知举报人,并通知有关社会组织。

第二十五条　评估委员会委员、复核委员会委员和评估专家应当实事求是、客观公正,遵守评估工作纪律。

第六章　评估等级管理

第二十六条　社会组织评估结果分为 5 个等级,由高至低依次为 5A 级(AAAAA)、4A 级(AAAA)、3A 级(AAA)、2A 级(AA)、1A 级(A)。

第二十七条 获得评估等级的社会组织在开展对外活动和宣传时,可以将评估等级证书作为信誉证明出示。评估等级牌匾应当悬挂在服务场所或者办公场所的明显位置,自觉接受社会监督。

第二十八条 社会组织评估等级有效期为5年。

获得3A以上评估等级的社会组织,可以优先接受政府职能转移,可以优先获得政府购买服务,可以优先获得政府奖励。

获得3A以上评估等级的基金会、慈善组织等公益性社会团体可以按照规定申请公益性捐赠税前扣除资格。

获得4A以上评估等级的社会组织在年度检查时,可以简化年度检查程序。

第二十九条 评估等级有效期满前2年,社会组织可以申请重新评估。

符合参加评估条件未申请参加评估或者评估等级有效期满后未再申请参加评估的社会组织,视为无评估等级。

第三十条 获得评估等级的社会组织有下列情形之一的,由民政部门作出降低评估等级的处理,情节严重的,作出取消评估等级的处理:

(一)评估中提供虚假情况和资料,或者与评估人员串通作弊,致使评估情况失实的;

(二)涂改、伪造、出租、出借评估等级证书,或者伪造、出租、出借评估等级牌匾的;

(三)连续2年年度检查基本合格的;

(四)上年度年度检查不合格或者上年度未参加年度检查的;

(五)受相关政府部门警告、罚款、没收非法所得、限期停止活动等行政处罚的;

(六)其他违反法律法规规定情形的。

第三十一条 被降低评估等级的社会组织在2年内不得提出评估申请,被取消评估等级的社会组织在3年内不得提出评估申请。

第三十二条 民政部门应当以书面形式将降低或者取消评估等级的决定,通知被处理的社会组织及其业务主管单位和政府相关部门,并向社会公告。

第三十三条 被取消评估等级的社会组织须在收到通知书之日起15日内将原评估等级证书、牌匾退回民政部门;被降低评估等级的社会组织须在收到通知书之日起15日内将评估等级证书、牌匾退回民政部门,换发相应的评估等级证书、牌匾。拒不退回(换)的,由民政部门公告作废。

第三十四条 评估委员会委员、复核委员会委员和评估专家在评估工作中未履行职责或者弄虚作假、徇私舞弊的,取消其委员或者专家资格。

第七章 附 则

第三十五条 社会组织评估经费从民政部门社会组织管理工作经费中列支。不得向评估对象收取评估费用。

第三十六条 社会组织评估标准和内容、评估等级证书牌匾式样由民政部统一制定。

第三十七条 本办法自2011年3月1日起施行。

全国性社会组织评估管理规定

·2021年12月2日
·民发〔2021〕96号

第一章 总 则

第一条 为规范全国性社会组织评估工作,推动社会组织高质量发展,根据《中华人民共和国慈善法》、《中共中央办公厅 国务院办公厅关于改革社会组织管理制度 促进社会组织健康有序发展的意见》和《社会组织评估管理办法》,结合社会组织评估实践,制定本规定。

第二条 本规定所称全国性社会组织是指经民政部登记成立的社会团体、基金会、社会服务机构。

第三条 全国性社会组织评估工作遵循自愿申请、公开透明、客观公正的原则,实行分类评估、动态管理。

第四条 民政部负责全国性社会组织评估工作,设立全国性社会组织评估委员会(以下简称评估委员会)承担全国性社会组织评估工作。

评估委员会下设办公室(以下简称评估办公室)具体负责评估实施方案制定、评估专家管理、组织实施实地评估、评估等级管理等日常工作。

第五条 全国性社会组织评估经费列入财政预算。不得向评估对象收取评估费用。

第六条 全国性社会组织评估结果分为5个等级,由高至低依次为5A级(AAAAA)、4A级(AAAA)、3A级(AAA)、2A级(AA)、1A级(A)。

社会组织评估等级有效期为5年。

第七条 全国性社会组织评估等级纳入社会组织信用体系。获得3A以上等级的全国性社会组织,在评估等级有效期内,可以按照有关规定,享受相关政策。

第二章 评估对象和内容

第八条 申请参加评估的全国性社会组织应当符合

下列条件之一：

（一）取得社会组织法人登记证书满2年，未参加过社会组织评估的；

（二）获得评估等级满5年有效期的；

（三）评估等级在有效期内，获得评估等级满2年的。

第九条 全国性社会组织有下列情形之一的，不予评估：

（一）未参加上年度年度检查或者未按规定履行上年度年度工作报告义务的；

（二）上年度年度检查不合格或者连续2年基本合格的；

（三）上年度受到登记管理机关或者其他政府部门有关行政处罚或者行政处罚尚未执行完毕的；

（四）被列入社会组织活动异常名录或者严重违法失信名单的；

（五）正在被有关政府部门或者司法机关立案调查的；

（六）其他不符合评估条件的。

第十条 全国性社会组织评估应当反映社会组织坚持和加强党的全面领导，参与经济建设、社会事业、基层治理，服务国家、服务社会、服务群众、服务行业等方面的情况。评估内容主要包括基础条件、内部治理、工作绩效、社会评价等。

第三章 评估工作程序

第十一条 开展社会组织评估工作之前，民政部应当发布评估通知或者公告。

申请参加评估的全国性社会组织应当按照评估工作有关规定和要求，向评估办公室提交评估申请。

第十二条 评估办公室自收到申请之日起10个工作日内审核社会组织参评资格，符合条件的，予以受理；不符合条件不予受理的，应当告知并说明理由。

第十三条 评估委员会组建评估专家组，对获得评估资格的全国性社会组织进行实地评估。

第十四条 实地评估方式主要包括：

（一）座谈问询。了解参评社会组织工作开展情况。

（二）查阅文件。对参评社会组织有关会议纪要、文件资料、财务凭证、业务活动资料等进行查阅核实。

（三）个别访谈。通过与参评社会组织专职和兼职工作人员，党组织负责人、普通党员和群众，社会组织负责人、财务人员等谈话，了解有关工作开展情况。

参评社会组织应当按照评估专家组要求如实提供相关资料，反映有关情况。

第十五条 评估办公室应当通过线上线下等渠道向业务主管单位、行业管理部门、党建工作机构等相关部门以及参评社会组织的会员、理事、监事、捐赠人、受益人等相关方了解其社会评价情况。

第十六条 实地评估完成后，评估专家组应当在7个工作日内向评估办公室提交实地评估意见。

评估办公室审核汇总后，向参评社会组织反馈实地评估情况及相关意见建议。

第十七条 社会组织实地评估和社会评价等工作完成后，在30日内形成评估报告、提出评估等级建议，提交评估委员会审议。

第十八条 评估委员会召开会议，审议评估等级，并向社会公示。

会议出席委员人数应当占全体委员人数的三分之二以上。会议采取记名投票表决方式，评估等级须经全体委员半数以上通过。

第十九条 参评社会组织对评估等级有异议的，可以在公示期内向评估办公室提出书面复核申请。

评估办公室对社会组织的复核申请和原始证明材料进行审核。必要时，可以进行实地核实。

第二十条 评估办公室根据核实情况拟定复核意见，提交评估委员会审定后，在15个工作日内，以书面形式通知申请复核的社会组织。

第二十一条 评估办公室应当设立评估工作投诉举报热线，向社会公开，接受社会监督。对评估期间收到的与评估工作有关的投诉举报，应当及时核实，并在评估报告中客观反映有关核实情况。

第二十二条 公示结束后，评估委员会应当向民政部报送社会组织评估等级及相关公示情况。民政部确认评估等级后，发布公告，并向获得3A以上评估等级的全国性社会组织颁发证书和牌匾。

第四章 评估专家管理

第二十三条 评估委员会建立全国性社会组织评估专家库。对入库评估专家实行聘任制，聘任期为3年；聘任期满，视情决定是否续聘。

第二十四条 评估专家应当具备以下资格条件：

（一）拥护中国共产党领导，拥护党的路线方针政策，遵纪守法，具备良好的思想政治素质和职业道德；

（二）具备从事社会组织评估工作的政策理论水平和相关专业知识；

（三）具备社会组织工作相关从业经验；

（四）身体健康状况能够胜任社会组织评估工作。

第二十五条　评估专家应当严格遵守有关法律法规和评估工作纪律,勤勉尽责、诚实守信、客观公正、廉洁自律。

第二十六条　评估专家应当对评估中涉及的国家秘密、商业机密、个人隐私,以及参评社会组织其他信息严格保密。

第二十七条　评估专家有下列情形之一的,应当回避:

(一)与参评社会组织有利害关系的;

(二)曾在参评社会组织任职,离职不满2年的;

(三)与参评社会组织有其他可能影响评估结果公正关系的。

参评社会组织向评估办公室提出回避申请,评估办公室应当及时作出是否回避的决定。

第二十八条　评估专家在评估工作中有下列行为之一的,取消其专家资格:

(一)接受参评社会组织或者有关人员宴请、馈赠的;

(二)私下与参评社会组织或者有关人员有不当接触的;

(三)评估结果未公布前,泄露评估结果及相关信息的;

(四)评估专家在聘任期内未参与评估工作、连续2次专家评价不合格或者接受任务后无故缺席2次的;

(五)以评估专家名义开展有偿活动,私自开展与评估相关的培训、辅导、合作活动或者从事有损社会组织评估工作形象的其他活动的;

(六)存在应当回避情形未主动提出的;

(七)有其他可能影响公正评估行为的。

第二十九条　评估办公室应当加强评估专家管理,建立健全评估专家评价机制,完善评估专家培训制度。根据评估专家使用情况、承担评估工作绩效、职业操守状况、接受培训情况等对评估专家进行考核评价。评价结果作为评估专家续聘和出库的重要参考。

第五章　监督管理

第三十条　评估办公室每年抽取一定比例评估等级在有效期内的全国性社会组织,按照本规定第三章有关规定进行跟踪评估。民政部根据跟踪评估情况对相关社会组织作出相应的等级调整或确认,并向社会公告。

第三十一条　评估等级在有效期内的全国性社会组织有下列情形之一的,评估办公室应当进行核查评估。

(一)评估中提供虚假情况和资料,或者与评估工作相关人员串通作弊,致使评估结果失实的;

(二)涂改、伪造、出租、出借评估等级证书,或者伪造、出租、出借评估等级牌匾的;

(三)未参加上年度年度检查或者未按规定履行上年度年度工作报告义务的;

(四)上年度年度检查不合格或者连续2年基本合格的;

(五)被列入社会组织异常活动名录或者严重违法失信名单的;

(六)上年度受到登记管理机关或者其他政府部门有关行政处罚的;

(七)有与评估相关的投诉举报的;

(八)发生其他可能影响评估等级情形的。

民政部根据核查评估情况,对相关社会组织作出相应的等级调整或确认,并向社会公告。

第三十二条　获得评估等级的全国性社会组织在开展对外活动和宣传时,可以将评估等级证书作为信誉证明出示。评估等级牌匾应当悬挂在服务场所或者办公场所的明显位置,自觉接受社会监督。

第三十三条　在评估等级有效期内的全国性社会组织因提前参加评估或者因跟踪评估、核查评估调整评估等级的,须在收到通知书之日起15日内将原评估等级证书、牌匾退回评估办公室,换发相应的评估等级证书、牌匾。拒不退回(换)的,由民政部按规定公告作废。

第六章　附　则

第三十四条　全国性社会组织评估标准以及评估等级证书牌匾式样由民政部制定。

第三十五条　本规定自2022年1月1日起施行。

关于进一步明确公益性社会组织申领公益事业捐赠票据有关问题的通知

·2016年2月14日
·财综〔2016〕7号

各省、自治区、直辖市、计划单列市财政厅(局)、民政厅(局),新疆生产建设兵团财务局、民政局:

随着我国公益事业的发展和社会公众公益慈善意识的增强,公益性社会组织逐渐成为接受公益事业捐赠的重要主体。为进一步明确公益性社会组织申领公益事业捐赠票据有关问题,现通知如下:

一、在民政部门依法登记,并从事公益事业的社会团体、基金会和民办非企业单位(以下简称公益性社会组织),按照《公益事业捐赠票据使用管理暂行办法》规定,可以到同级财政部门申领公益事业捐赠票据。

二、公益事业捐赠票据实行凭证领用(购)、分次限量、核旧领(购)新的申领制度。

公益性社会组织首次申领公益事业捐赠票据时,应按规定程序先行申请办理《财政票据领用(购)证》,并提交申请函、民政部门颁发的登记证书、组织机构代码证书副本原件及复印件、单位章程(章程中应当载明本组织开展公益事业的具体内容),以及财政部门规定的其他材料。财政部门依据《财政票据管理办法》和《公益事业捐赠票据使用管理暂行办法》,对公益性社会组织提供的申请材料进行严格审核,对符合公益事业捐赠票据管理规定的申请,予以核准,办理《财政票据领用(购)证》,并发放公益事业捐赠票据。

公益性社会组织再次申领公益事业捐赠票据时,应当出示《财政票据领用(购)证》,并提交前次公益事业捐赠票据使用情况,包括册(份)数、起止号码、使用份数、作废份数、收取金额及票据存根等内容。财政部门对上述内容审核合格后,核销其票据存根,并继续发放公益事业捐赠票据。

三、公益性社会组织接受捐赠应当遵守相关法律、行政法规规定,遵循自愿、无偿原则,并严格按照《财政票据管理办法》和《公益事业捐赠票据使用管理暂行办法》使用公益事业捐赠票据,自觉接受财政部门的监督检查。

四、各级财政部门应当加强对公益性社会组织领用(购)、使用、保管公益事业捐赠票据的监督检查,发现违规使用公益事业捐赠票据问题,应予以严肃查处,并及时向有关部门通报,确保票据管理规范有序。

五、各级民政部门要督促公益性社会组织做好公益事业捐赠票据使用管理工作,并将公益性社会组织使用公益事业捐赠票据情况纳入年度检查、评估、执法监察以及公益性社会组织信用信息记录等工作体系中,加强对公益性社会组织监管。

社会组织统一社会信用代码实施方案(试行)

· 2015 年 12 月 30 日
· 民办函[2015]468 号

按照《国务院关于批转发展改革委等部门法人和其他组织统一社会信用代码制度建设总体方案的通知》(国发[2015]33号)要求,为做好社会组织统一社会信用代码工作,制定本方案。

一、任务目标

实施统一社会信用代码(以下简称"统一代码")制度,统筹码段资源管理,稳步实施源头赋码,准确制发统一代码,建立存量映射关系,规范基础业务报表,加强社会组织信息发布,推动统一代码的应用。

二、实现路径

(一)分配主体标识码码段,制成统一代码。

省级民政部门取得主体标识码码段后,根据本省各级登记管理机关五年内各类社会组织发展所需数量,利用统一下发的全国社会组织统一社会信用代码制发系统,分配省本级和地级、县级码段,并生成各类《社会组织统一代码使用一览表》。

有全省统一业务管理系统的,通过系统进行统一代码的分发和使用;没有全省统一业务管理系统的,将已生成的《社会组织统一代码一览表》逐级发放。

建议省级民政部门将本省主体标识码总量的四分之一作为预留码。

(二)使用统一的基础业务报表。

各地将业务报表分为基础部分和扩展部分,基础部分全国统一使用,扩展部分各地根据工作需要自行制定。全省的业务报表尽量统一,以便汇总全省社会组织的信息。

(三)印制并换发新的社会组织登记证书。

各地按照《民政部关于改变社会组织登记证书印制及征订方式的通知》中的标准执行。

对于新成立的社会组织赋予统一代码,颁发新证书,只打印统一代码。

对于已登记的社会组织,利用变更、备案、年检、证书到期、会议培训、评估表彰等机会,进行逐步有序换发新证书。

(四)建立统一代码与登记证号的映射关系。

映射关系的建立是后期业务办理和及时换发证书的基础。各地取得统一代码后,对于已登记管理的社会组织,要建立起统一代码与登记证号的映射关系,完成统一代码的预赋工作。有业务系统的地方要在数据库中增加"统一代码"数据项,将统一代码与登记证号关联使用,逐步建立起以统一代码为主键的新数据库;没有业务系统的地方要建立统一代码与登记证号映射表。

(五)改造业务管理系统,加强统一代码应用。

对于有业务管理系统的地方,要改造业务系统中所有涉及的功能,如网上填报、审批、数据中心、证书打印、查询统计、信息汇总和交换共享等。改造后的业务管理系统要实现以统一代码为索引的各项应用功能。在法人库、社会信用信息化工程，以及其它信息系统建设和改造中，要将统一代码设为数据库主键，并作为部门间信息交换共享的唯一标识。

（六）建立健全信息发布和共享机制。

统一代码赋予社会组织后，省级以下民政部门要将其组织名称、统一代码、原登记证号（指存量社会组织）、登记管理机关、登记时间、组织类型、法定代表人、住所、状态等基本信息逐级汇总至省级民政部门。省级汇总全省信息后发布至全国统一信用信息共享交换平台，以便部里掌握全国情况，同时实现《方案》中关于信息回传、社会公开、互联共享等方面的要求。

各地要根据不同的工作条件，注意把握相应的信息发布时限。

省级民政部门没有信息汇集和发布平台的，可利用法人库项目或其它信息化项目的名义申请经费，抓紧建设。

三、进度安排

鉴于各地信息化工作条件不同，具体工作进度安排，由各省（自治区、直辖市）根据实际情况在实施方案中进行明确。

全国总体进度安排如下：

（一）2015 年底前完成统一代码实施准备工作。

（二）2016 年 1 月 1 日起，对新批准成立、办理变更业务的社会组织赋予统一代码，发放新登记证书并发布公告。

（三）2016 年—2017 年，通过各种登记管理业务办理，对存量社会组织进行换发新证书并发布公告。

（四）2017 年底前，完成全部社会组织的证书换发和公告发布。

四、保障措施

（一）成立全省统一代码实施工作领导小组。

省级民政部门主要业务负责人牵头，成立全省统一代码实施工作领导小组，制订本省具体实施方案，统筹安排，明确任务分工，责任到人。各地成立工作领导小组后，将负责人和联系人名单报部民间组织管理局。

（二）建立各级工作组。

在领导小组的指导下，各级民政部门建立专门的工作组，指派专人负责统一代码实施工作中的综合协调、工作落实、信息汇总和传送、检查指导、宣传引导等事项。

（三）申请工作经费。

按照国发〔2015〕33 号文件要求，统一代码制度建设所需经费纳入同级政府预算。各级民政部门积极向财政部门申请统一代码制度建设过程中所需各种经费，纳入财政预算。

（四）加强沟通汇报。

在统一代码实施工作中遇到困难和问题时，及时与地方发展改革委沟通，并向上级民政部门汇报。

附件：全国社会组织主体标识码码段分配表

附件：

全国社会组织主体标识码码段分配表

序号	单位名称	存量约数	号码数量	数量大写	码段分配
1	民政部	2400	10000	壹万	MJ000000-MJ009999
2	北京市	9600	40000	肆万	MJ010000-MJ049999
3	天津市	4900	20000	贰万	MJ050000-MJ069999
4	河北省	21700	90000	玖万	MJ070000-MJ159999
5	山西省	13200	60000	陆万	MJ160000-MJ219999
6	内蒙古自治区	13700	60000	陆万	MJ220000-MJ279999
7	辽宁省	21900	90000	玖万	MJ280000-MJ369999
8	吉林省	12400	50000	伍万	MJ370000-MJ419999
9	黑龙江省	15500	70000	柒万	MJ420000-MJ489999
10	上海市	12900	60000	陆万	MJ490000-MJ549999

11	江苏省	79500	320000	叁拾贰万	MJ550000-MJ869999
12	浙江省	43600	180000	壹拾捌万	MJ870000-MJA49999
13	安徽省	25700	110000	壹拾壹万	MJA50000-MJB59999
14	福建省	24800	110000	壹拾壹万	MJB60000-MJC69999
15	江西省	21900	90000	玖万	MJC70000-MJD59999
16	山东省	47400	200000	贰拾万	MJD60000-MJF59999
17	河南省	37900	160000	壹拾陆万	MJF60000-MJH19999
18	湖北省	30000	130000	壹拾叁万	MJH20000-MJJ49999
19	湖南省	30800	130000	壹拾叁万	MJJ50000-MJK79999
20	广东省	55700	230000	贰拾叁万	MJK80000-MJN09999
21	广西壮族自治区	22700	100000	壹拾万	MJN10000-MJP09999
22	海南省	6600	30000	叁万	MJP10000-MJP39999
23	重庆市	15000	60000	陆万	MJP40000-MJP99999
24	四川省	42600	180000	壹拾捌万	MJQ00000-MJR79999
25	贵州省	11800	50000	伍万	MJR80000-MJT29999
26	云南省	21100	90000	玖万	MJT30000-MJU19999
27	西藏自治区	800	5000	伍仟	MJU20000-MJU24999
28	陕西省	23300	100000	壹拾万	MJU25000-MJW24999
29	甘肃省	17700	70000	柒万	MJW25000-MJW94999
30	青海省	3400	20000	贰万	MJW95000-MJX14999
31	宁夏回族自治区	5400	30000	叁万	MJX15000-MJX44999
32	新疆维吾尔自治区	10300	50000	伍万	MJX45000-MJX94999
33	新疆生产建设兵团	900	5000	伍仟	MJX95000-MJX99999

民政部办公厅关于印发
《全国性行业协会商会章程示范文本》的通知

·2024 年 7 月 2 日
·民办发〔2024〕11 号

各全国性行业协会商会：

　　根据《社会团体登记管理条例》等行政法规以及党和国家机构改革有关精神，结合工作实际，我部对《全国性行业协会商会章程示范文本》进行了修订，现印发给你们，请结合实际贯彻执行。各全国性行业协会商会要依据本示范文本修改章程，强化章程意识，严格按章程完善内部治理、规范外部行为，实现健康有序发展。《民政部办公厅关于印发〈全国性行业协会商会章程示范文本〉的通知》（民办发〔2021〕22 号）同时废止。

全国性行业协会商会章程示范文本
（适用于完成脱钩的全国性行业协会商会）

【备注:本章程中可以统一使用"本团体"或"本会"作为指代词，前后表述应当一致】

第一章　总　则

　　第一条　＿＿＿＿＿＿＿＿【名称应当符合《社会团体登记管理条例》、《社会组织名称管理办法》等有关规定】是由＿＿＿＿＿＿自愿结成的全国性、行业性社会团体。

本会简称＿＿＿＿＿＿，英文名称为＿＿＿＿＿＿，缩写为＿＿＿＿＿＿。【本款为可选项】

本会会员分布和活动地域为＿＿＿＿＿＿。【全国性行业协会商会应当填写"全国"，跨省级行政区域的行业协会商会应当填写规范的行政区划名称】

第二条　本会的宗旨是：＿＿＿＿＿＿＿＿。

本会遵守宪法、法律、法规和国家政策，践行社会主义核心价值观，弘扬爱国主义精神，遵守社会道德风尚，自觉加强诚信自律建设。

第三条　本会坚持中国共产党的全面领导，根据《中国共产党章程》的规定，设立中国共产党的组织，开展党的活动，为党组织的活动提供必要条件。

本会的登记管理机关是＿＿＿＿＿＿，行业管理部门是＿＿＿＿＿＿。【行业管理部门为可选项。填写行业管理部门，只填写一个主要的行业管理部门，且需在申请章程修改核准时提供有关部门出具的同意作为行业管理部门的文件；如暂不能明确行业管理部门，可不写】

本会党的工作接受中央社会工作部的统一领导。本会接受民政部、行业管理部门的业务指导和监督管理。

第四条　本会负责人包括＿＿＿＿＿＿。【负责人包括理事长（会长）、副理事长（副会长）、秘书长。本章程示范文本中统一使用理事长、副理事长。请根据实际情况填写负责人职务，并保持章程全文表述一致】

第五条　本会的住所设在＿＿＿＿＿＿。【填写省级行政区划名称】

本会的网址：＿＿＿＿＿＿。【本款为可选项】

第二章　业务范围

第六条　本会的业务范围【业务范围的内容应当具体、明确】：

（一）＿＿＿＿＿＿＿＿＿＿＿＿＿＿；

（二）＿＿＿＿＿＿＿＿＿＿＿＿＿＿；

（三）＿＿＿＿＿＿＿＿＿＿＿＿＿＿；

业务范围中属于法律、法规等规定须经批准的事项，依法经批准后开展。

第三章　会　员

第七条　本会的会员为＿＿＿＿＿＿。【可填写：单位会员，个人会员，单位会员和个人会员】

第八条　拥护本会章程，符合下列条件的，可以自愿申请加入本会：

（一）＿＿＿＿＿＿＿＿＿＿＿＿＿＿；

（二）＿＿＿＿＿＿＿＿＿＿＿＿＿＿；

（三）＿＿＿＿＿＿＿＿＿＿＿＿＿＿；

……

本会不强制或者变相强制公民、法人或者其他组织加入本会。

第九条　会员入会的程序是：

（一）提交入会申请书；

（二）经＿＿＿＿＿＿名以上会员介绍；【本项为可选项】

（三）提交有关证明材料，包括：

1. ＿＿＿＿＿＿＿＿＿＿＿＿＿＿；

2. ＿＿＿＿＿＿＿＿＿＿＿＿＿＿；

3. ＿＿＿＿＿＿＿＿＿＿＿＿＿＿；

……

（四）由＿＿＿＿＿＿【可填写：理事会，常务理事会，理事会或常务理事会授权的机构】讨论通过；

（　）由本会理事会或其授权的机构颁发会员证，并予以公告。

第十条　会员享有下列权利：

（一）选举权、被选举权和表决权；

（二）对本会工作的知情权、建议权和监督权；

（三）参加本会活动并获得本会服务的优先权；

……

（　）退会自由。

第十一条　会员履行下列义务：

（一）遵守本会的章程和各项规定；

（二）执行本会的决议；

（三）按规定交纳会费；

（四）维护本会的合法权益；

（五）向本会反映情况，提供有关资料；

……

第十二条　会员如有违反法律、法规和本章程的行为，经理事会或者常务理事会表决通过，给予下列处分：【以下为可选项】

（一）警告；

（二）通报批评；

（三）暂停行使会员权利；

（四）除名；

……

第十三条　会员退会须书面通知本会。

第十四条　会员有下列情形之一的，由

_____【可填写:理事会,常务理事会,理事会或者常务理事会授权的机构,应与第九条第四项保持一致】确认后丧失会员资格:【以下为可选项】

(一)_____年【最长不超过 2 年】不按规定交纳会费;

(二)_____年【最长不超过 2 年】不按要求参加本会活动;

(三)不再符合会员条件;

(四)丧失民事行为能力;

……

第十五条　会员因退会、被除名或者第十四条有关情形被确认丧失会员资格的,其在本会相应的职务、权利、义务自行终止。

第十六条　本会置备会员、理事、监事名册,对会员、理事、监事情况进行记载。会员、理事、监事情况发生变动的,应当及时修改会员、理事、监事名册,并向会员公告。本会负责妥善保存会员、理事、监事相关档案,以及会员(代表)大会、理事会、常务理事会、监事会决议等原始记录。

第四章　组织机构
第一节　会员(代表)大会

【备注:社会团体根据自身实际,选择实行会员大会或者会员代表大会制度,并保持章程全文表述一致。实行会员代表大会的社会团体,会员代表一般不得超过会员数量的1/3】

第十七条　会员(代表)大会是本会的权力机构,其职权是:

(一)制定和修改章程;

(二)决定本会的工作目标和发展规划等重大事项;

(三)制定和修改理事、常务理事、负责人、监事产生办法,其中负责人产生办法报中央社会工作部备案;【实行会员代表大会制度的还应当制定会员代表产生办法】

(四)选举和罢免理事、监事、负责人【会员(代表)大会直接选举负责人的应当使用该表述】;

(五)制定和修改会费标准;

(六)审议理事会的工作报告和财务报告;

(七)决定名誉职务的设立;【本项为可选项】

(八)审议监事会的工作报告;【设立监事会的应当使用本项表述】

审议监事的工作报告;【设立监事的应当使用本项表述】

(九)决定名称变更事宜;

(十)决定终止事宜;

……

(　　)决定其他重大事宜。

【备注:社会团体根据自身实际,也可在章程中赋予会员(代表)大会直接选举负责人、确定名誉职务的人选、制定负责人和工作人员的考核及薪酬管理办法等职权。会员(代表)大会的职权不得授权理事会或其他机构、个人代为行使,但法律、法规、本章程另有规定的除外】

第十八条　会员大会每_____年【最长不超过 5 年】召开 1 次。【实行会员大会制度的应当使用本款表述】

会员代表大会每届_____年【最长不超过 5 年】,每_____年召开 1 次。因特殊情况需提前或者延期换届的,须由理事会全体理事 2/3 以上表决通过。提前或者延期换届最长不超过 1 年。【实行会员代表大会制度的应当使用本款表述】

本会召开会员(代表)大会,须提前_____日【不少于 15 日】将会议的议题通知会员(代表)。

换届的会员(代表)大会应当采用现场会议方式;其他会员(代表)大会可采用现场会议、视频会议、现场和视频会议相结合等方式。

第十九条　经理事会或者本会_____%以上的会员(代表)提议,应当召开临时会员(代表)大会。

临时会员(代表)大会由理事长主持。理事长不主持或不能主持的,由提议的理事会或 1/5 以上会员(代表)推举本会一名负责人主持。

第二十条　会员(代表)大会须有 2/3 以上的会员(代表)出席方能召开,决议事项符合下列条件方能生效:

(一)制定和修改章程,决定本会名称变更、终止,须经到会会员(代表)2/3 以上投票表决通过;

(二)选举理事,按得票数确定,但当选的得票数不得低于到会会员(代表)的_____%;【实行差额选举的应当使用本项表述】

选举理事,当选理事得票数不得低于到会会员(代表)的 1/2;【实行等额选举的应当使用本项表述】

罢免理事,须经到会会员(代表)1/2 以上投票通过;

(三)制定或修改会费标准,须经到会会员(代表)1/2 以上无记名投票方式表决;

……

（ ）其他决议,须经到会会员(代表)1/2 以上表决通过。

第二节　理事会

第二十一条　理事会是会员(代表)大会的执行机构,在会员(代表)大会闭会期间领导本会开展工作,对会员(代表)大会负责。

理事人数最多不得超过_____人【此处应填数字】,且一般不得超过会员的1/3。【实行会员大会制度的应当使用本款表述】

理事人数最多不得超过_____人【此处应填数字】,且一般不得超过会员代表的1/3。【实行会员代表大会制度的应当使用本款表述】

理事不能来自同一会员单位,不在本会领取薪酬。

本会理事应当符合以下条件:

（一）_____;

（二）_____;

……

第二十二条　理事的选举和罢免:

（一）第一届理事由发起人与申请成立时的会员共同会商提名,报中央社会工作部同意后,会员(代表)大会选举产生;

（二）理事会换届,应当在会员(代表)大会召开前_____个月,由理事会提名,成立由理事代表、监事代表、党组织代表和会员代表组成的换届工作领导小组(或专门选举委员会),负责换届选举工作;

换届工作领导小组(或专门选举委员会)拟订换届方案,应在会员(代表)大会召开前_____个月【不少于2个月】报中央社会工作部审核;换届或届中调整工作中酝酿提名负责人人选,应当充分听取行业管理部门等方面意见,主动与中央社会工作部沟通;负责人人选经中央社会工作部审核同意后,方可召开会议选举;

按照本章程规定,召开会员(代表)大会,选举和罢免理事;

（三）理事会在届中可以增补、罢免部分理事,最高不超过原理事总数的_____【最高不超过1/5】。

第二十三条　每个理事单位只能选派一名代表履行理事职责。单位调整理事代表,由其书面通知本会,报理事会或者常务理事会备案。该单位同时为常务理事的,其代表一并调整。

第二十四条　理事的权利:

（一）理事会的选举权、被选举权和表决权;

（二）对本会工作情况、财务情况、重大事项的知情权、建议权和监督权;

（三）参与制定内部管理制度,提出意见建议;

（四）向理事长或理事会提出召开临时会议的建议权。

第二十五条　理事应当遵守法律、法规和本章程的规定,忠实履行职责、维护本会利益,并履行以下义务:

（一）出席理事会会议,执行理事会决议;

（二）在职责范围内行使权利,不越权;

（三）谨慎、认真、勤勉,独立行使被合法赋予的职权;

（四）接受监事(会)对其履行职责的合法监督和合理建议;

（五）不利用理事职权谋取不正当利益;

（六）不从事损害本会合法利益的活动;

（七）不得泄露在任职期间所获得的涉及本会的保密信息,但法律、法规另有规定的除外;

……

第二十六条　理事会的职权是:

（一）执行会员(代表)大会的决议;

（二）选举和罢免常务理事、负责人,审议法定代表人变更事项;【秘书长由选举产生的应当使用本项表述】

选举和罢免理事长、副理事长、常务理事,决定聘任和解聘秘书长,审议法定代表人变更事项;【秘书长为聘任制的应当使用本项表述】

（三）决定名誉职务人选;

（四）筹备召开会员(代表)大会,负责换届选举工作;

（五）向会员(代表)大会报告工作和财务状况;

（六）决定会员的吸收和除名;

（七）决定设立、变更和终止分支机构、代表机构、办事机构和其他所属机构;

（八）决定副秘书长、各所属机构主要负责人;

（九）领导本会各所属机构开展工作;

（十）审议年度工作报告和工作计划;

（十一）审议年度财务预算、决算;

（十二）制定_____【可选填:信息公开办法、财务管理制度、分支机构、代表机构管理办法、内部矛盾解决办法、……】等重要的管理制度;

（十三）决定本会负责人和工作人员的考核及薪酬管理办法;

（十四）审议活动资金变更事项;

（十五）审议住所变更事项;

……

（　　）决定其他重大事项。

第二十七条　理事会每届_____年【最长不超过 5 年】。因特殊情况需提前或者延期换届的，须由理事会全体理事 2/3 以上表决通过。提前或者延期换届最长不超过 1 年。【实行会员大会制度的应当使用本款表述】

理事会与会员代表大会任期相同，与会员代表大会同时换届。【实行会员代表大会制度的应当使用本款表述】

第二十八条　理事会会议须有 2/3 以上理事出席方能召开，其决议须经到会理事 2/3 以上表决通过方能生效。

理事_____【每届最多不超过 3 次】次不出席理事会会议，自动丧失理事资格。

第二十九条　常务理事由理事会采取无记名投票方式从理事中选举产生。【设立常务理事会的应当保留本款表述，未设立常务理事会的可不写本款】

负责人（秘书长采取聘任制，则不含秘书长）由会员（代表）大会或理事会采取无记名投票方式从理事中选举产生。【未设立常务理事会，且负责人由会员（代表）大会或理事会选举产生的，应当使用本款表述】

负责人（秘书长采取聘任制，则不含秘书长）由会员（代表）大会或理事会采取无记名投票方式从常务理事中选举产生。【设立常务理事会，且负责人由会员（代表）大会或理事会选举产生的，应当使用本款表述】

聘任、解聘秘书长，须经到会理事 2/3 以上投票通过。【秘书长为聘任制的应当保留本款表述，秘书长为选举产生的不写本款】

罢免常务理事、负责人，须经到会理事 2/3 以上投票通过。

第三十条　选举常务理事、负责人，按得票数确定当选人员，但当选的得票数不得低于总票数的_____。【等额选举比例不低于 2/3，差额选举比例由社会团体根据差额的具体情况确定】

第三十一条　理事会每年至少召开 1 次会议，情况特殊的，可采用通讯形式召开。除视频会议外，其他通讯形式会议不得决定以下事项：

（一）负责人的调整；

（二）_____；

……

【除（一）必选外，其他事项可由社会团体根据实际

需要在第二十六条中选择】

第三十二条　经理事长或者 1/5 以上的理事提议，应当召开临时理事会会议。

理事长不能主持临时理事会会议的，由提议召集人推举本会 1 名负责人主持会议。

第三节　常务理事会

【备注：设有常务理事会的社会团体，本节内容为必选】

第三十三条　本会设立常务理事会。常务理事从理事中选举产生，人数不超过理事人数的 1/3。在理事会闭会期间，常务理事会行使理事会第一、四、六、七、八、九、十、十一、十二、十三、十四项的职权，对理事会负责。

常务理事会与理事会任期相同，与理事会同时换届。

常务理事会会议须有 2/3 以上常务理事出席方能召开，其决议须经到会常务理事 2/3 以上表决通过方能生效。

常务理事_____【每届最多不超过 4 次】次不出席常务理事会会议，自动丧失常务理事资格。

第三十四条　常务理事会至少每_____个月【最长不超过 6 个月】召开 1 次会议，情况特殊的，可采用通讯形式召开。

第三十五条　经理事长或 1/3 以上的常务理事提议，应当召开临时常务理事会会议。

理事长不能主持临时常务理事会会议的，由提议召集人推举本会 1 名负责人主持会议。

第四节　负责人

【备注：设立常务理事会的，负责人总数不得超过常务理事人数的 1/2，且最多不得超过 40 人；未设立常务理事会的，负责人总数不得超过理事人数的 1/3，且最多不得超过 40 人】

第三十六条　本会负责人包括理事长 1 名，副理事长_____名【社会团体可根据自身实际选择固定人数或者人数区间，至少 1 名】，秘书长 1 名。

本会负责人应当具备下列条件：

（一）坚持中国共产党领导，拥护中国特色社会主义，坚决执行党的路线、方针、政策，具备良好的政治素质；

（二）遵纪守法，勤勉尽职，个人社会信用记录良好；

（三）具备相应的专业知识、经验和能力，熟悉行业情况，在本会业务领域有较大影响；

（四）身体健康，能正常履责，最高任职年龄不超过

70周岁,秘书长为专职;【秘书长为选举产生的应当使用本项表述】

理事长、副理事长最高任职年龄不超过70周岁,秘书长最高任职年龄不超过_____周岁【最高不超过65周岁】且为专职;【秘书长为聘任制的应当使用本项表述】

(五)具有完全民事行为能力;

(六)能够忠实、勤勉履行职责,维护本会和会员的合法权益;

(七)未被确认为失信被执行人;

......

(　)无法律、法规、国家有关规定不得担任的其他情形。

理事长、秘书长不得兼任其他社会团体的理事长、秘书长,理事长和秘书长不得由同一人兼任。理事长和秘书长不得为来自同一单位的在职人员,但与本会签订劳动合同的除外。负责人之间不得存在近亲属关系,且不得为来自同一会员单位的在职人员。

第三十七条　本会负责人任期与理事会相同,连任不超过2届。因特殊情况需要延长任期的,须经会员(代表)大会2/3以上会员(代表)表决通过【会员(代表)大会直接选举负责人的应当使用该表述】或经理事会表决通过,报中央社会工作部审核同意并报登记管理机关备案。

聘任的秘书长连任届次不受限制。

第三十八条　理事长为本会法定代表人。

因特殊情况,经理事长推荐、理事会同意,报中央社会工作部审核同意并经登记管理机关批准后,可以由副理事长或秘书长担任法定代表人。聘任的秘书长不得担任本会法定代表人。

法定代表人代表本会签署有关重要文件。

本会法定代表人不兼任其他社会团体的法定代表人。

第三十九条　担任法定代表人的负责人被罢免或卸任的,本会应当在按程序决定新的法定代表人后20日内,向中央社会工作部报告,并向登记管理机关申请办理变更登记。

原任法定代表人不予配合办理法定代表人变更登记的,本会可根据有效的理事会同意变更的决议,由新的法定代表人签字,向登记管理机关申请变更登记。

第四十条　理事长履行下列职责:

(一)召集和主持会员(代表)大会、理事会、常务理事会;

(二)检查会员(代表)大会、理事会、常务理事会决议的落实情况;

(三)向会员(代表)大会、理事会、常务理事会报告工作;

......

理事长、法定代表人应每年向理事会述职。

理事长不能履行职责时,由其委托或理事会(或常务理事会)推选1名副理事长代为履行职责。

第四十一条　副理事长、秘书长协助理事长开展工作。

秘书长行使下列职责:

(一)协调各机构开展工作;

(二)主持办事机构开展日常工作;

(三)列席理事会、常务理事会和会员(代表)大会;【秘书长为聘任制的应当使用本项表述;秘书长为选举产生的,可不写本项】

......

(　)处理其他日常事务。

【备注:理事长或秘书长的职责还可以在下列选项中选择:

(一)提名副秘书长及所属机构主要负责人,交理事会或者常务理事会决定;

(二)决定专职工作人员的聘用;

(三)拟订年度工作报告和工作计划,报理事会或常务理事会审议;

(四)拟订年度财务预算、决算报告,报理事会或常务理事会审议。】

第四十二条　会员(代表)大会、理事会、常务理事会、监事会会议应当制作会议纪要。形成决议的,应当制作书面决议,理事会、常务理事会、监事会议同时由出席会议成员确认。会议纪要、会议决议应当以适当方式向会员通报,备会员查阅,并至少保存_____年。【最低不少于30年】

拟免职负责人的,应当在免职决议作出前20日向中央社会工作部报告;新选任负责人的,应当在选任决议作出后20日内向中央社会工作部报告。负责人发生变动的,应当在变动决议作出后30日内报登记管理机关备案。

理事、常务理事、负责人的变动情况应当及时向会员通报、备会员查阅,并向社会公开。

第五节　监事(或监事会)

【备注:社会团体可根据自身实际选择实行监事或监事会制度。设立常务理事会的,应设立监事会,监事人数须在 3 人以上】

第四十三条　本会设监事＿＿＿＿＿＿名【社会团体可根据自身实际选择固定人数或者人数区间】。监事任期与理事任期相同,期满可以连任。【不设监事会的应当使用本款表述】

本会设立监事会,监事任期与理事任期相同,期满可以连任。监事会由＿＿＿＿＿＿名【社会团体可根据自身实际选择固定人数或者人数区间】监事组成。监事会设监事长 1 名,副监事长＿＿＿＿＿名,由监事会推举产生。监事长和副监事长最高任职年龄不超过 70 周岁,连任不超过 2 届。【设立监事会的应当使用本款表述】

本会接受并支持委派监事的监督指导。

第四十四条　监事的选举和罢免:

(一)由会员(代表)大会选举产生;

(二)监事的罢免依照其产生程序。

第四十五条　本会的负责人、理事、常务理事和财务管理人员不得兼任监事。

第四十六条　监事(会)行使下列职权:

(一)列席理事会、常务理事会会议,并对决议事项提出质询或建议;

(二)对理事、常务理事、负责人执行本会职务的行为进行监督,对严重违反本会章程或者会员(代表)大会决议的人员提出罢免建议;

(三)检查本会的财务报告,向会员(代表)大会报告监事会的工作和提出提案;

(四)对负责人、理事、常务理事、财务管理人员损害本会利益的行为,要求其及时予以纠正;

(五)向中央社会工作部、行业管理部门、登记管理机关以及税务、会计主管部门反映本会工作中存在的问题;

……

(　　)决定其他应由监事会审议的事项。

监事会每＿＿＿＿＿＿个月【最多不超过 6 个月】至少召开 1 次会议。监事会会议须有 2/3 以上监事出席方能召开,其决议须经到会监事 1/2 以上通过方为有效。【设立监事会的应使用本款表述,未设监事会的不写本款】

第四十七条　监事应当遵守有关法律、法规和本章程,忠实、勤勉履行职责。

第四十八条　监事(会)可以对本会开展活动情况进行调查;必要时,可以聘请会计师事务所等协助其工作。监事(会)行使职权所必需的费用,由本会承担。

第六节　分支机构、代表机构

【备注:设有分支机构、代表机构的社会团体,本节内容为必选;未设立分支机构、代表机构的社会团体,本节内容为可选项】

第四十九条　本会可以按照国家有关规定在本会的宗旨和业务范围内,按照确有工作需要且与本会管理能力相适应的原则设立分支机构、代表机构。本会的分支机构依据会员组成特点、业务范围的划分等设立,代表机构依据本会授权在规定地域内代表本会开展联络、交流、调研活动。本会的分支机构、代表机构是本会的组成部分,不具有法人资格,不得另行制订章程,不得发放任何形式的登记证书,按照本章程规定的宗旨和业务范围,在本会授权的范围内开展活动,法律责任由本会承担。

本会将分支机构、代表机构设立、变更、终止等信息及时向社会公开。

第五十条　本会不设立地域性分支机构,不在分支机构、代表机构下再设立分支机构、代表机构。

第五十一条　本会依法设立的分支机构名称应当以"分会"、"专业委员会"、"工作委员会"、"专家委员会"、"技术委员会"等准确体现其性质和业务领域的字样结束;代表机构名称应当以"代表处"、"办事处"、"联络处"字样结束。分支机构、代表机构名称,除冠以本会名称外,不得以法人组织名称命名;在名称中使用"中国"、"全国"、"中华"等字词的,仅限于行(事)业领域限定语。

本会内部设立的办事机构名称,应当以"部"、"处"、"室"等字样结束,除冠以本会名称外,不得以法人组织名称命名,且区别于分支机构、代表机构名称。

第五十二条　分支机构、代表机构负责人的最高任职年龄不得超过 70 周岁,连任不超过 2 届。

第五十三条　分支机构、代表机构的财务应当纳入本会法定账户统一管理,全部收支应当纳入本会财务统一核算。

第五十四条　本会在年度工作报告中将分支机构、代表机构的有关情况报送登记管理机关。同时,将有关信息及时向社会公开,自觉接受社会监督。

第七节　内部管理制度和矛盾解决机制

第五十五条　本会建立各项内部管理制度,完善相关管理规程。建立《会员管理办法》、《会员代表选举办法》、《会费管理办法》、《理事会选举规程》、《会员(代表)大会选举规程》、《信息公开办法》、《财务管理制度》、《资产管理制度》、《内部控制制度》、《分支机构、代表机构管理办法》、《内部矛盾解决办法》等相关制度和文件。【以上办法或规程等为可选项】

第五十六条　本会建立健全证书、印章、档案、文件等内部管理制度,并将以上物品和资料妥善保管于本会住所,任何单位、个人不得非法侵占。管理人员调动工作或者离职时,应当与接管人员办清交接手续。

第五十七条　本会证书、印章遗失时,经理事会 2/3以上理事表决通过,在公开发行的报刊上刊登遗失声明,按规定申请重新制发或刻制。如被个人非法侵占,应通过法律途径要求返还。

第五十八条　本会建立民主协商和内部矛盾解决机制。如发生内部矛盾不能经过协商解决的,可以通过调解、诉讼等途径依法解决。

第五章　资产管理、使用原则

第五十九条　本会收入来源:

(一)会费;

(二)捐赠;

(三)政府资助;

(四)在核准的业务范围内开展活动、提供服务的收入;

(五)利息;

……

(　)其他合法收入。

第六十条　本会按照国家有关规定收取会员会费。

本会经批准开展评比达标表彰等活动,不收取任何费用。【业务范围中含有经批准后可以开展评比达标表彰活动等内容的,应当使用本款表述;业务范围中不含开展评比达标表彰活动等内容的,可不写本款】

第六十一条　本会的收入除用于与本会有关的、合理的支出外,全部用于本章程规定的业务范围。

第六十二条　本会执行《民间非营利组织会计制度》,建立严格的财务管理制度,保证会计资料合法、真实、准确、完整。

第六十三条　本会配备具有专业能力的会计人员。会计不得兼任出纳。会计人员应当进行会计核算,实行会计监督。会计人员调动工作或者离职时,应当与接管人员办清交接手续。

第六十四条　本会的资产管理执行国家规定的资产、财务管理制度,接受会员(代表)大会和有关部门的

监督。资产来源属于国家拨款或者社会捐赠、资助的,应当接受审计机关的监督,并将有关情况以适当方式向社会公布。

第六十五条　本会重大资产配置、处置须经过会员(代表)大会或者理事会(常务理事会)审议。

第六十六条　理事会(常务理事会)决议违反法律、法规或本章程规定,致使本会遭受损失的,参与审议的理事(常务理事)应当承担责任。但经证明在表决时反对并记载于会议记录的,该理事(常务理事)可免除责任。

第六十七条　本会换届或者更换法定代表人之前应当进行财务审计。

法定代表人在任期间,本会发生违反《社会团体登记管理条例》和本章程的行为,法定代表人应当承担相关责任。因法定代表人失职,导致本会发生违法行为或造成财产损失的,法定代表人应当承担个人责任。

第六十八条　本会的全部资产及其增值为本会所有,任何单位、个人不得侵占、私分和挪用,也不得在会员中分配。

第六章　信息公开与信用承诺

第六十九条　本会依据有关法规政策,履行信息公开义务,建立信息公开制度,及时向会员公开负责人名单、年度工作报告、第三方机构出具的报告、会费收支情况以及经理事会研究认为有必要公开的其他信息,及时向社会公开登记事项、章程、组织机构、接受捐赠、信用承诺、承接政府转移或委托事项、可提供服务事项及运行情况等信息。

第七十条　本会建立新闻发言人制度,经理事会或常务理事会通过,任命或指定＿＿＿＿＿＿＿名【不超过2人】负责人作为新闻发言人,就本组织的重要活动、重大事件或热点问题,通过定期或不定期举行新闻发布会、吹风会、接受采访等形式主动回应社会关切。新闻发布内容应由本会法定代表人或主要负责人审定,确保正确的舆论导向。

第七十一条　本会建立年度报告制度,年度报告内容及时向社会公开,接受公众监督。

第七十二条　本会重点围绕服务内容、服务方式、服务对象和收费标准等建立信用承诺制度,并向社会公开信用承诺内容。

第七章　章程的修改程序

第七十三条　对本会章程的修改,由理事会表决通过,提交会员(代表)大会审议。

第七十四条 本会修改的章程,经会员(代表)大会到会会员(代表)2/3以上表决通过后,在30日内报登记管理机关核准,并自登记管理机关核准后30日内向社会公开。

第八章　终止程序及终止后的财产处理

第七十五条 本会终止动议由理事会或者常务理事会提出,报会员(代表)大会表决通过。

第七十六条 本会终止前,应当依法成立清算组织,清理债权债务,处理善后事宜。清算期间,不开展清算以外的活动。

第七十七条 本会清算后的剩余财产,在登记管理机关和相关部门的监督下,按照国家有关规定,用于发展与本会宗旨相关的事业,或者捐赠给宗旨相近的社会组织。

第七十八条 本会经登记管理机关办理注销登记手续后即为终止。

第九章　附　则

第七十九条 本章程经＿＿＿＿年＿＿月＿＿日第＿＿＿＿届第＿＿＿次会员代表大会表决通过。【实行会员代表大会制度的应当使用本款表述】

本章程经＿＿＿＿年＿＿月＿＿日第＿＿＿次会员大会表决通过。【实行会员大会制度的应当使用本款表述】

第八十条 本章程的解释权属于本会的理事会。

第八十一条 本章程自登记管理机关核准之日起生效。

"十四五"社会组织发展规划

·2021年9月30日
·民发〔2021〕78号

为深入学习贯彻习近平新时代中国特色社会主义思想,全面贯彻党的十九大和十九届二中、三中、四中、五中全会精神,进一步规范社会组织登记管理,推动我国社会组织高质量发展,根据《中共中央办公厅 国务院办公厅关于改革社会组织管理制度 促进社会组织健康有序发展的意见》《中华人民共和国国民经济和社会发展第十四个五年规划和2035年远景目标纲要》《"十四五"民政事业发展规划》及相关法规政策,结合民政职责,制定本规划。

一、发展背景

党的十八大以来,以习近平同志为核心的党中央在治国理政的新实践中,形成了一系列新理念、新思想、新战略,为新时代社会组织健康有序发展提供了根本遵循和行动指南。"十三五"时期,各级民政部门会同相关部门深入贯彻落实习近平总书记重要指示精神和党中央、国务院决策部署,推动社会组织发展取得新成绩。

——党的领导不断加强。习近平总书记就加强社会组织党的领导和党的建设作出重要指示。党的代表大会和党中央全会多次对社会组织工作作出明确部署。《中共中央办公厅 国务院办公厅关于改革社会组织管理制度 促进社会组织健康有序发展的意见》明确提出"努力走出一条具有中国特色的社会组织发展之路"。党的建设写入各类社会组织章程。各级民政部门在登记、年检、评估等工作中同步推进社会组织党建工作。社会组织领域党组织的战斗堡垒作用和广大党员的先锋模范作用有效发挥。

——制度改革不断深化。全国人大及其常委会制定《中华人民共和国民法典》《中华人民共和国慈善法》《中华人民共和国境外非政府组织境内活动管理法》;国务院制定《志愿服务条例》,将《社会组织登记管理条例》列入立法工作计划。各级民政部门稳妥推进社会组织直接登记试点等工作;行业协会商会与行政机关脱钩改革基本完成,7.11万家行业协会商会实现脱钩。

——监管执法不断强化。建立民政部门牵头的社会组织资金监管机制和联合执法机制,重点加强对社会组织违规设立分支机构、开展评比达标表彰、涉企收费等行为的监管。出台信用管理、抽查检查、投诉举报等规章制度,建立全国数据联通的社会组织信息系统,开通网上投诉举报系统,畅通社会监督渠道。联合公安机关开展打击整治非法社会组织专项行动,全国依法查处非法社会组织1.4万个。

——扶持政策不断完善。民政部印发《关于大力培育发展社区社会组织的意见》,社区社会组织发展成为各地加强和创新社会治理的生动实践。财政部、民政部印发《关于通过政府购买服务支持社会组织培育发展的指导意见》;中央财政设立支持社会组织参与社会服务项目,累计投入资金15.8亿元,直接受益对象1300多万人次。财政、税务等部门出台非营利组织免税资格认定、公益性捐赠税前扣除、公益股权捐赠不视同销售征收所得税、社会团体会费免征增值税等政策。

——发展成效不断显现。截至2020年底,全国社会组织固定资产4785.5亿元,吸纳就业1061.8万人。全国性社会组织参与制定3.3万项国家标准、2100多项国际标准。各类社会组织广泛参与脱贫攻坚,实施扶贫项目超过9.2万个,投入各类资金1245亿元;积极参与疫情防控和复工复产,累计接受社会各界捐赠资金约396.27亿元、物资约10.9亿件。广大社区社会组织在促进居民参与、提供社区服务、丰富社区文化、化解基层矛盾等方面发挥积极作用。相关社会组织积极参与国际经济交流、推广中华传统文化,增进了中外民间交流沟通。

"十三五"期间,社会组织登记管理工作取得长足进步,但也存在一些问题和不足,如"重登记、轻监管"、"重规模、轻质量"的现象在基层一些地区依然存在;适应社会组织特点的党建工作模式有待进一步探索,党组织作用发挥机制有待进一步完善;社会组织执法力量薄弱,综合监管合力有待增强,信息化、大数据治理有待落地;各级社会组织登记管理机关规范化、标准化、制度化建设有待进一步加强;社会组织行为失范、违法违规现象时有发生,非法社会组织活动隐蔽性增强,维护国家安全、清朗发展空间任重道远。

进入"十四五",国内外环境变化既为社会组织健康有序发展提供有利条件,也带来一系列新挑战。各级社会组织登记管理机关必须坚持党的基本理论、基本路线、基本方略,立足新发展阶段,完整、准确、全面贯彻新发展理念,服务构建新发展格局,进一步担当作为、不懈努力,进一步增强忧患意识、始终居安思危,统筹发展和安全,把提质增效、防范风险放到更加突出位置,做严做实做细做好社会组织登记管理、执法监督等各项工作,推动社会组织高质量发展。

二、总体要求

(一)指导思想。

以习近平新时代中国特色社会主义思想为指导,坚持党的全面领导,增强"四个意识"、坚定"四个自信"、做到"两个维护",坚持稳中求进工作总基调,以推进社会组织高质量发展为主题,以优化社会组织结构布局为主线,以满足人民日益增长的美好生活需要为根本目的,统筹积极引导发展和严格依法管理,进一步加强社会组织登记管理机关能力建设,进一步健全社会组织综合监管服务体系,推动社会组织发展从"多不多"、"快不快"向"稳不稳"、"好不好"转变,从注重数量增长、规模扩张向能力提升、作用发挥转型,推动社会组织在全面建设社会主义现代化国家新征程中发挥积极作用。

(二)基本原则。

——坚持党建引领,保证发展方向。加强党对社会组织的全面领导,持续深入学习贯彻习近平新时代中国特色社会主义思想。健全完善党建工作机制,有效实现党的组织和党的工作全覆盖,将党建工作融入社会组织运行和发展全过程,确保社会组织正确发展方向。

——坚持政治属性,履行法定职责。强化社会组织登记管理机关的政治机关属性,既履行好法定职责,更突出政治功能。健全完善内部治理和活动管理,坚定不移引领社会组织走好中国特色发展之路,引导社会组织感党恩、听党话、跟党走。

——坚持人民至上,加强能力建设。落实以人民为中心的发展思想,严格社会组织登记审查和执法监督,切实维护最广大人民群众的利益。引导社会组织践行初心使命,积极回应人民群众对美好生活新期待,不断提升服务能力与水平,充分发挥社会组织在服务国家、服务社会、服务群众、服务行业中的积极作用。

——坚持居安思危,统筹发展安全。增强风险意识,强化底线思维,健全社会组织法规制度体系,以制度稳定性应对外部环境不确定性,有效防范化解社会组织领域风险挑战。坚持守正创新,稳妥推进社会组织领域改革,实现发展与安全有机统一。

(三)主要目标。

到2025年,协同推动社会组织党建工作管理体制和工作机制更加完善,社会组织党的组织和党的工作有效覆盖;党建引领、统一登记、各司其职、协调配合、分级负责、依法监管的中国特色社会组织管理体制更加健全;政社分开、权责明确、依法自治的社会组织制度更加完善;结构合理、功能完善、竞争有序、诚信自律、充满活力的社会组织发展格局更加定型。

(四)相关发展预期指标。

到2025年,在社会组织登记数量严格保持合理规模基础上,社会组织专职工作人员数量达到1250万人,社会组织固定资产达到5900亿元,获得3A(含)以上评估等级的全国性、省本级登记的社会组织占其登记社会组织比例达到25%,法人治理结构健全、无不良信用信息记录的社会组织占全部社会组织比例超过80%,社会组织发展质量得到明显改善与提升。

三、主要任务

(一)加强社会组织党的建设。

以党的政治建设为统领,持续落实《中共中央办公厅关于加强社会组织党的建设工作的意见(试行)》、《中共中央办公厅 国务院办公厅关于改革社会组织管理制度促进社会组织健康有序发展的意见》,推动社会组织党建工作水平全面提升。

推进社会组织党的组织和党的工作全覆盖。在社会组织登记管理立法中进一步明确党建工作要求，在社会组织章程中载明党的建设和社会主义核心价值观，健全完善党建工作、业务工作融合发展机制。严格落实登记时同步采集党员信息、年检年报时同步检查报告党建工作、评估时同步将党建工作纳入重要指标的"三同步"要求。加大社会组织党组织组建力度，做好发展党员工作，健全党组织有效参与决策管理的工作机制。

（二）完善社会组织法律制度。

加强顶层制度设计。深入推进科学立法、民主立法、依法立法，按照条件成熟、突出重点、先易后难、统筹兼顾的原则，分步骤推进社会组织领域相关立法。推动出台《社会组织登记管理条例》，同步健全配套政策制度。落实党中央、国务院关于行业协会商会改革重大决策部署，会同有关部门研究论证行业协会商会立法。推动修订《中华人民共和国慈善法》，推动相关领域立法增加社会组织条款，进一步明确社会组织法律地位和激励保障措施。

发挥地方立法先行先试作用。鼓励各地在立法权限内，因地制宜制定与社会组织相关的地方性法规、规章及其他规范性文件。探索建立社会组织立法工作交流平台，及时总结推广各地经验做法。

（三）规范社会组织登记。

强化社会组织登记审查。推动健全登记管理机关、业务主管单位、行业管理部门联合审核制度，完善业务主管单位前置审查，强化社会组织发起人责任。严格执行党政机关领导干部、离退休领导干部在社会组织兼职的规定。依法推进社会组织直接登记改革。严格全国性社会组织登记审查。从严控制社会组织名称冠以"中国"、"中华"、"世界"、"国际"等字样。结合国家区域发展战略，推动建立公开、透明、科学、衔接的全国性和跨省（自治区、直辖市）社会组织登记审核机制。

优化社会组织结构布局。会同党建工作机构、业务主管单位、行业管理部门，提高进入门槛，完善退出机制，优化社会组织层级分布、区域分布、行业分布、类型分布。提高慈善组织在社会组织中的占比。持续整治"僵尸型"社会组织，加快低效、无效社会组织出清，形成社会组织登记"有进有出"工作局面。依据《中华人民共和国民法典》，推动完善社会组织清算注销制度，健全主管机关申请人民法院强制清算制度，畅通社会组织注销登记渠道。

提升社会组织登记服务效能。依托全国一体化政务服务平台、全国社会组织法人库建设，完善权责清单，加强政务信息公开，强化登记审批权力运行监督。完善社会组织登记窗口功能，细化办事指南，优化操作程序，简化证明事项，推行登记服务"好差评"，提升社会组织登记规范化水平和便民利民程度。

（四）健全社会组织监管体系。

推进制度化监管。建立健全社会组织监管制度，强化社会组织非营利性、非行政性监管。持续深化行业协会商会改革，完善行业治理、行业自律、行业服务功能，重点治理依托公权力强制入会、乱收会费、违规开展评比达标表彰、党政领导干部违规兼职等问题。严格执行国家有关社会组织财务会计制度和票据管理使用制度。落实社会组织按期换届法定要求。规范社会组织投资设立企业行为，严禁违法开展关联交易、涉企收费、对外投资、募捐和捐赠等行为。

推进精细化监管。落实《中华人民共和国民法典》关于非营利法人的规定，针对社会团体法人、捐助法人不同特点进行差异化管理。进一步加强与行业管理部门沟通协调，针对不同行业、领域、层级、类型的社会组织，推进分类指导、分类监管。

推进多元化监管。健全完善登记管理机关、业务主管单位、党建工作机构、行业管理部门、相关职能部门各司其职、协调配合、依法监管的综合监管体制。规范和强化对社会组织的政治监督、行政监督、纪检监督、执法监督、财会监督、税务监督、审计监督、金融监管、行业监管以及社会监督。加大社会组织抽查审计力度，实现社会组织法定代表人离任审计全覆盖。

推进专业化监管。探索建立专业化、社会化第三方监督机制。健全社会组织年检年报制度，规范社会组织年度报告内容和信息公开方式。提升慈善组织透明度。加强社会组织信用信息管理、共享与公开，健全社会组织"异常活动名录"、"严重违法失信名单"制度，推动信用联合奖惩。采用互联网、大数据等手段，加强社会组织网上活动管理，提升数字化治理社会组织能力。进一步健全社会组织等级评估机制，引导社会组织"以评促建"，不断完善法人治理结构，提升内部治理水平和业务活动能力。

（五）提升社会组织执法水平。

加大执法力度。畅通社会组织违法违规行为投诉举报渠道。全面核查非法社会组织线索，依法取缔、劝散非法社会组织，持续曝光涉嫌非法社会组织名单。严肃查处社会组织重大违法违规行为，推动建立社会组织负责人违法惩戒制度，提高社会组织及其负责人违法成本。

完善执法机制。发挥业务主管单位、行业管理部门监管优势，在线索发现、证据移交、联合执法、通报整改等方面加强联动，形成各负其责、协调配合、响应迅速、执法有力的工作格局。健全社会组织资金监管机制，配合相关部门做好反洗钱工作。

规范执法程序。施行《社会组织登记管理机关行政处罚程序规定》，制定社会组织登记管理机关行政处罚裁量基准，探索建立行政处罚简易程序。执行行政执法公示制度、执法全过程记录制度、重大执法决定法制审核制度，做到执法全程可回溯、重大执法决定法制审核全覆盖。

提升执法能力。加强执法人员培训培养，打造政治坚定、作风过硬、业务精湛、执法严明、群众信赖的行政执法队伍。推进"互联网+行政执法"。及时以案释法，加强普法宣传，建立健全社会组织行政执法典型案例定期通报制度。

（六）加强社会组织自身建设。

加强内部治理。完善社会组织章程示范文本，进一步规范社会组织议事规则、选举程序、监督机制。推动社会组织建立健全财务、人事、资产、档案印章证书、活动、分支机构和代表机构管理等制度，规范开展民主选举、民主决策和民主管理，健全内部监督机制。推动社会组织依法依章程建立健全内部纠纷解决机制。推行社会组织人民调解员制度，引导当事人通过司法途径依法解决纠纷。

加强品牌建设。加强品牌研究，引导社会组织依据章程、业务范围和自身专长优势，开展专业化、差异化、个性化特色服务，形成更多有竞争力的服务品牌。推动社会组织加强诚信自律建设，贯彻落实诚信承诺制度。支持社会组织建立社会责任标准体系，加强团体标准建设。

加强数字赋能。加快社会组织数字化能力建设，推广社会组织智能化办公系统。落实社会组织线上线下信息公开机制，加强社会组织新闻发言人制度建设，提高社会组织舆情应对能力，提升社会组织的"互联网+"服务水平。

（七）引导支持社会组织发展。

按照国家有关规定对政治过硬、作用明显、贡献突出的社会组织进行表彰奖励。积极协调配合行业管理部门将政府部门不宜行使、适合市场和社会提供的事务性管理工作及公共服务，通过适当方式交由符合要求的社会组织承担。

深化落实财政部、民政部《关于通过政府购买服务支持社会组织培育发展的指导意见》，提高政府购买服务项目资金使用效益，增强受众获得感、幸福感、安全感。指引社会组织依法申报纳税，落实非营利组织免税资格、公益性捐赠税前扣除资格等税收优惠政策。

深化社会组织人才资源开发，建立健全社会组织负责人能力提升制度，重点提升社会组织负责人政治能力和专业素养。加强与教育部门沟通协调，鼓励支持有条件的院校举办社会组织管理与服务专业，开设社会组织课程，编写社会组织教材，加强社会组织管理与服务学科和专业体系建设。完善社会组织人才继续教育制度，加大社会组织培训微课开发推送力度，不断提升培训质量，扩大培训覆盖面和影响力。推动社会组织开发社会工作专业岗位，加大社会工作专业人才培养使用力度，鼓励有条件的社会组织优先聘用持有社会工作者职业资格证书人员。

（八）发挥社会组织积极作用。

推动社会组织服务大局。引导和支持各级各类社会组织发挥自身优势，量力而行、尽力而为，助力解决经济社会发展现实问题和人民群众急难愁盼问题。支持全国性社会组织重点围绕科教兴国、人才强国、创新驱动发展、乡村振兴、区域协调发展、可持续发展、积极应对人口老龄化等国家战略提供专业服务。支持区域性和省级社会组织重点围绕西部大开发、振兴东北等老工业基地、推动中部地区高质量发展、东部地区率先发展、京津冀协同发展、粤港澳大湾区建设、长三角一体化发展、雄安新区建设、海南自由贸易港建设、长江经济带发展、黄河流域生态保护和高质量发展等区域发展战略提供针对性服务。稳妥实施社会组织"走出去"，有序开展境外合作，增强我国社会组织参与全球治理能力，提高中华文化影响力和中国"软实力"。

推动社会组织服务基层。聚焦实现巩固拓展脱贫攻坚成果同乡村振兴有效衔接，发挥社会组织在动员社会力量、链接各方资源、提供专业服务等方面的积极作用。聚焦特殊群体，动员社会组织参与养老、育幼、助残等公益事业。聚焦群众关切，发挥社会组织在扩大公众参与、推动民主协商、化解社会矛盾、传播法治文化等方面的积极作用，更好参与基层社会治理。

实施"培育发展社区社会组织专项行动"。加快发展社区社会组织，引导各地将政策、资金、人才等资源更多用于社区社会组织建设。发挥社区社会组织联合会、社区社会组织服务中心等枢纽型社会组织作用，深入开展"邻里守望"关爱行动，引导社区社会组织联动社会工作者、志愿者参与社区治理、提供社区服务、培育社区文化、开展社区协商、化解社区矛盾、促进社区和谐。

实施"社会组织治理体系和治理能力建设工程"。加强社会组织孵化基地建设，加大专业技能培训、管理经验交流、经费场地提供、人才队伍建设等支持力度，重点培育行业性、公益性、枢纽型社会组织和提供养老、助残、儿童福利和未成年人保护等方面服务的社会组织，支持社会组织更好发挥在服务基本民生保障、基层社会治理、基本社会服务中的积极作用。

发挥民政部部管社会组织示范作用。实施部管社会组织质量提升工程，完善党组织参与部管社会组织重大决策及监督机制。规范和加强社会组织负责人人选审核。完善部管社会组织法人治理结构和活动管理。加大部管社会组织负责人及关键岗位人员培训力度，不断强化政治意识、法治意识和规则意识。推进部管社会组织党组织巡察制度化、规范化和经常化，实现部管社会组织巡察和内部审计全覆盖。

四、保障措施

（一）加强组织领导。积极争取党委和政府重视与支持，进一步加强党对社会组织的领导，推动建立健全社会组织工作协调机制，把加强和改进社会组织管理工作列入重要议事日程。充实和加强社会组织监管力量，加强社会组织登记管理和日常监督，提高监管的制度化、规范化和专业化水平。

（二）完善投入机制。围绕基层社会治理与服务急需，鼓励地方政府支持社会组织参与社会服务。引导社会资金参与社会组织发展项目，形成多元化投入机制。

（三）强化研究宣传。发挥高等院校、研究机构和社会智库作用，深入开展社会组织政策理论研究，探索中国特色社会组织高质量发展规律与模式。加强舆情监测和信息采集，及时回应社会关切，增强社会组织公信力。强化移动新媒体建设，拓宽宣传渠道，创新宣传形式，提升宣传效果。

（四）抓好考核评估。建立动态监测和定期调度相结合的工作机制，对本规划实施情况进行监测评估。上级民政部门对下级民政部门进行检查评估时，将本规划落实情况作为重要内容纳入检查评估指标，加大规划执行力度，使规划真正落到实处。

民政部、中央社会工作部、农业农村部、市场监管总局、全国工商联关于加强社会组织规范化建设推动社会组织高质量发展的意见

· 2024 年 9 月 25 日
· 民发〔2024〕43 号

各省、自治区、直辖市民政厅（局）、党委社会工作部、农业农村（农牧）厅（局、委）、市场监管局（厅、委）、工商联，新疆生产建设兵团民政部、党委社会工作部、农业农村局、市场监管局、工商联：

为深入贯彻落实党中央、国务院关于加强社会组织建设和管理的决策部署，针对当前社会团体、基金会和社会服务机构突出问题，以规范化建设推动社会组织高质量发展，现提出如下意见。

一、总体要求

以习近平新时代中国特色社会主义思想为指导，认真贯彻落实党的二十大和二十届二中、三中全会精神，进一步全面深化社会组织领域改革，走稳走好具有中国特色的社会组织发展之路。坚持和加强党对社会组织工作的全面领导，把党的领导和党的建设贯穿社会组织运行全过程。坚持守正创新、破立并举、先立后破，一手抓积极引导发展、一手抓严格依法管理，做到稳中求进、统筹兼顾、分类指导。通过规范登记审查、加强管理服务、依法开展监督、积极鼓励引导，着力解决当前社会组织中存在的突出问题，促进社会组织规模更加适当、结构更加合理、治理更有效，推动社会组织助力国家治理体系和治理能力现代化，为推进中国式现代化作出更大贡献。

二、依法严格登记审查

（一）实行事先告知提示。各级民政部门在社会组织申请成立登记阶段应首先向发起人、捐资人书面告知登记管理法规政策要求，重点提示捐资人对投入的财产不保留或者享有任何财产权利、工作人员工资福利等管理费用开支应当合理并控制在规定的比例内、社会组织的财产必须用于符合章程规定的宗旨和业务活动、法人终止时剩余财产不得向发起人或捐资人分配等规定。发起人在告知后继续提出申请的，签收事先告知书。捐资人清楚知晓社会组织财产属性和捐赠行为法律效果后继续履行捐赠的，签署捐资承诺书。

（二）严格审查负责人人选。承担社会组织负责人审核职能的相关部门要细化任职条件、程序等要求，把政治标准摆在首位，按照讲政治、守信念、讲奉献、有本领、重品行的原则严格审查。对于负责人人选中的兼职领导

干部,要认真审核相关人选履行兼职报批情况,未按规定程序报批的不得作为负责人人选。社会组织要建立健全负责人选任、公示、履职、管理、监督、退出等制度,完善激励约束机制,推选政治合格、在本领域有代表性、具备相应经验和业务能力、适合岗位职责要求的人员担任负责人,落实任职回避相关规定。社会组织按规定履行相关程序后开展民主选举,在选任负责人前应向会员(代表)大会或理事会充分说明人选的相关情况,选任后按要求到民政部门履行备案手续。

(三)引导社会组织聚焦主责主业。民政部门会同业务主管单位、行业管理部门,在社会组织申请成立登记、名称变更、章程核准时,按照明确、清晰、聚焦主业的原则加强名称审核、业务范围审定。在日常监管、年检年报、抽查审计、执法监督、等级评估、舆情监测等工作中发现社会组织超出宗旨和业务范围开展活动的,民政部门会同相关部门依法处理。

三、加强社会组织自身建设

(四)强化内部机构功能作用。社会组织要依照法规政策和章程细化会员(代表)大会、理事会、监事(会)等内部机构的职权、议事规则和履职要求,建立并落实主要负责人、法定代表人述职制度。会员(代表)大会、理事会应当进行民主选举、民主决策、民主管理,实行一人一票平等表决、理事长(会长)末位表态,对不同意见应予以记录。社会组织人、财、物、活动中按规定由会员(代表)大会、理事会决策的事项,不得由个人专断或由理事长(会长)办公会等代为决策。监事应忠实、勤勉履行职责,加强对负责人、理事、财务管理人员职务行为的监督。业务主管单位推动社会组织建立健全内部机构运行各项制度,指导解决内部治理问题。

(五)加强分支(代表)机构管理。社会团体、基金会要审慎决策设立分支(代表)机构,对设立的必要性、可行性进行充分论证,做到与自身宗旨和业务范围相符合,与管理服务能力、工作需要相适应。要建立健全分支(代表)机构管理制度,加强对分支(代表)机构名称、负责人、工作人员、项目、活动、财务等事项的审核和监督,不得将分支(代表)机构委托其他组织或个人运营,不得借设立分支(代表)机构收取或变相收取管理费用。分支(代表)机构开展活动产生的法律责任,由设立该机构的社会团体、基金会承担;与其他民事主体开展合作活动的,必须经设立该机构的社会团体、基金会授权或批准。

(六)加强财务管理。社会组织要严格执行《中华人民共和国会计法》、《民间非营利组织会计制度》等规定,

按照非营利法人要求有效利用、规范管理资产。要结合自身实际,建立权责清晰、约束有力的内部财会监督机制和内部控制体系,明确内部监督的主体、范围、程序、权责等,落实内部财会监督主体责任。定期向会员(代表)大会、理事会、监事(会)等报告财务收支情况。社会组织的负责人、理事、监事、主要捐赠人等与社会组织交易对象存在控制关系或者能够施加重大影响的,应当主动报告并按规定回避表决,相关交易情况应依法如实披露。

(七)健全内部纠纷解决机制。社会组织应建立内部纠纷解决机制,依法依规妥善解决内部矛盾纠纷。社会组织应做好档案资料保管,建立健全证书、印章、档案、文件等内部管理制度,通过查阅原始档案并开展协商的方式解决矛盾争议。理事长(会长)要充分协调各方,及时组织召开会议,推动达成一致意见;理事长(会长)不能正常履职的,可按章程规定的程序推举一位负责人召集会议。无法通过协商解决内部矛盾争议的,可通过调解、司法程序等方式依法解决。

四、强化管理和监督

(八)建立健全重大事项报告制度。业务主管单位建立健全双重管理社会组织重大事项报告制度,明确社会组织进行报告的程序、事项明细、管理要求等,将社会组织的重要人事变动、重要会议及活动、设立分支(代表)机构、大额资金收支、对外交往、接收或开展境外捐赠资助等事项纳入报告范围。行业管理部门通过制定指导监管事项清单等方式,加大对本行业本领域已脱钩行业协会商会和直接登记社会组织的业务指导和行业监管。民政部门指导社会组织建立活动影响评估机制,对可能引发社会风险的重要事项事先向政府有关部门报告。

(九)提升年检年报工作质量。民政部门督促社会组织如实填报年度工作报告、财务会计报告,经集体研究后按要求报送。民政部门进一步完善年检工作制度,细化年检审查标准,强化对社会组织负责人超龄超届任职情况管理监督,加强年检结果、年报发现问题的分析运用,视情向业务主管单位、行业管理部门、社会工作部门等反馈社会组织的突出问题;对于年检年报发现的问题,采用提醒敦促、约谈负责人、发放整改文书、行政处罚等梯次监管工具督促整改;依托年检年报等工作,汇总社会组织基础信息,建立健全社会组织工作档案,强化信息共享和成果运用。

(十)规范社会组织收费。市场监管、民政等部门持续引导行业协会商会等社会组织规范收费行为,按照依法合规、公开透明、平等自愿的原则,综合考虑服务成本、

会员经营状况、承受能力、行业发展水平等因素合理制定收费标准,及时公示收费项目、收费性质、服务内容、收费标准及依据等信息。对于强制入会和强制收费、利用法定职责和行政机关委托或授权事项违规收费、通过评比达标表彰活动收费、通过职业资格认定违规收费、通过培训或评价发证违规收费、只收费不服务等行为,依法依规严肃处理。

(十一)加强综合监督管理。民政部门依法对社会组织加强登记审查、监督管理和执法检查。业务主管单位按照相关规定,对所主管社会组织切实负起相应监督管理责任。行业管理部门将社会组织纳入行业管理,加强业务指导和行业监管。审计机关依法对社会组织取得的财政资金、国有资产以及受政府委托管理的其他公共资金进行审计监督。相关职能部门依据相关法律法规,按照各自职能落实对社会组织服务行为及业务活动的监管责任,实施有效监管。

(十二)创新监督管理手段。民政部门建好用好社会组织法人库、社会组织信用信息管理平台、慈善中国等基础平台,推进社会组织细化分类,建立健全大数据辅助决策和预警机制,充分运用数字技术加强线上线下一体化监管和智慧监管。推进部门间信息共享共用,完善社会组织行政执法与纪检监察、刑事司法衔接贯通机制,强化对相关人员责任追究和查处。加强社会组织信用体系建设,民政部门配合相关部门按照各自职能,依据社会组织信用信息采取相应的激励和惩戒措施,重点推进对失信社会组织的联合惩戒。鼓励各界开展社会监督,加大社会组织典型案件曝光力度,通过以案释法等方式开展警示教育。

五、积极引导发展

(十三)加强政策保障。健全社会组织管理制度,加快推进重点领域社会组织法律法规制定,鼓励各地民政部门先行先试、因地制宜开展制度创新。充分发挥主流媒体作用,拓展网络宣传渠道,定期组织法规政策培训,推动法规政策宣传普及。落实社会组织承接政府购买服务、税收优惠、人才工作等制度安排,支持社会组织按规定享受相关优惠待遇。

(十四)推动以评促建。民政部门积极完善社会组织等级评估指标,加强评估队伍建设,动员社会组织积极参加评估,推动在社会组织承接政府转移职能和购买服务、参加评先评优等工作中运用好评估结果,不断提高社会组织参评比例。组织实施社会组织领域行业标准,加强社会组织能力建设。引导社会组织持续完善管理制

度、规范内部治理、提高服务能力。

(十五)推进品牌建设。民政部门引导社会组织树立品牌意识,依据章程、业务范围和自身专长开展专业化、差异化、个性化特色服务,建设具有竞争力的服务品牌。加强社会组织教育培训,积极开展先进社会组织案例库建设和典型宣传等活动,按照国家有关规定开展表彰奖励工作,做好品牌社会组织宣传推广,发挥示范带动作用。

(十六)突出特色优势。民政部门积极推动社会组织持续提升专业水平和服务能力,发挥自身特色优势,找准服务大局、服务基层的结合点、着力点,积极服务科技创新、推动新质生产力加快发展,引进全球高水平人才,更好服务基本民生保障、基层社会治理、基本社会服务。农业农村、民政等部门引导社会组织发挥产业、科技、人才等方面优势服务乡村振兴,积极参与乡村产业发展、乡村建设、乡村治理;依托东西部协作、定点帮扶等工作机制,鼓励各类社会组织通过派出人员、资金支持、资源整合等方式服务脱贫地区乡村发展。

六、加强组织领导

(十七)坚持党建引领。加大在社会组织组建党组织力度,扩大党的组织和党的工作有效覆盖。建立健全党组织参与社会组织重大问题决策制度机制,结合实际制定党组织参与决策事项清单。增强党组织政治功能和组织功能,充分发挥政治引领作用,教育管理党员,引领服务群众,推动事业发展。

(十八)强化部门协同。各级民政、社会工作、农业农村、市场监管、工商联等部门和单位要积极会同相关职能部门,按照职责分工落实各项任务,加强协同配合,增强工作合力。民政部门要结合实施社会组织规范化建设专项行动,发挥综合协调作用,抓好督促落实,确保取得实效。

社会组织评比达标表彰活动管理办法

·2022 年 4 月 16 日
·国评组发〔2022〕3 号

第一条　为规范社会组织开展评比达标表彰活动,加强社会组织评比达标表彰活动管理,根据《国家功勋荣誉表彰条例》和《评比达标表彰活动管理办法》等,制定本办法。

第二条　本办法适用于在社会组织登记管理机关依法登记的社会团体、基金会、民办非企业单位(社会服务

机构)主办的评比达标表彰活动。

第三条 社会组织开展的下列活动不适用本办法:

(一)年度考核、绩效考核、目标考核、责任制考核;

(二)属于业务性质的展示交流、人才评价、技能评定、水平评价、信用评价、技术成果评定、学术评议、论文汇编、认证认可、质量分级等资质评定、等级评定、技术考核,以及根据国家标准、行业标准、团体标准等进行的认定评定;

(三)行业、领域统计数据信息发布;

(四)体育比赛、技能竞赛等比赛竞赛;

(五)以本单位内设机构及人员为评选对象的评比达标表彰。

社会组织开展前款第一至三项活动不得以授予称号、颁授奖章、发布排行榜等方式变相开展评比达标表彰;开展前款第四项活动不得在比赛、竞赛项目设置外再颁授任何其他名义的奖项。

第四条 社会组织开展评比达标表彰活动,必须遵守法律法规和国家政策,弘扬社会主义核心价值观,坚持非营利性和公开公平公正原则,严格按照规定的权限、条件和程序开展,坚持以精神激励为主、物质奖励为辅,体现先进性、代表性和时代性。

社会组织评比达标表彰活动坚持严格审批、总量控制、合理设置、注重实效的原则,实行目录管理。

第五条 社会组织评比达标表彰工作实行中央和省(自治区、直辖市)两级审批制度。审批权限不得擅自下放或者变相下放。

党中央、国务院负责审批全国性社会组织的评比达标表彰项目,全国评比达标表彰工作协调小组负责具体工作;各省(自治区、直辖市)党委和政府负责审批地方性社会组织的评比达标表彰项目,各省(自治区、直辖市)评比达标表彰工作协调机构负责具体工作。

各省(自治区、直辖市)评比达标表彰工作协调机构应当及时将地方性社会组织评比达标表彰项目设立、调整或者变更情况报全国评比达标表彰工作协调小组备案。

第六条 申请设立、组织开展评比达标表彰项目的社会组织,应当同时具备以下条件:

(一)遵纪守法、运作规范,组织机构健全、内部制度完善;

(二)最近2次年度检查均为合格(实施年度工作报告制度的社会组织除外),且有效期内的社会组织评估结果为4A及以上;

(三)执行《民间非营利组织会计制度》,实行独立会计核算,有开展评比达标表彰活动所必需的经费;

(四)最近3年未受到行政处罚;

(五)最近3年未被列入社会组织活动异常名录或严重违法失信名单;

(六)最近5年未受到不得开展评比达标表彰活动或者取消评优评先资格的处理。

第七条 社会组织设立、调整或者变更的评比达标表彰项目,应当符合以下要求:

(一)项目对推进社会主义经济建设、政治建设、文化建设、社会建设、生态文明建设和党的建设具有积极作用和重要意义;

(二)项目名称与评选内容相符合,评选范围与社会组织章程规定的宗旨、业务范围、活动地域相一致;

(三)项目奖项、规模和周期设置科学合理,常设项目一般每5年开展1次,原则上不设置子项目;

(四)项目评选条件严格、程序规范、方法科学,体现公开公平公正;

(五)项目经费来源符合国家有关规定。

第八条 社会组织申请设立评比达标表彰项目,申报内容应当包括:项目名称、主办单位、理由依据、活动周期、评选范围、参评总数、评选名额、奖项设置、评选条件、评选程序、奖励办法、经费来源和表彰形式等。同时附主办单位组织章程及本办法第六条所规定的相关材料。

第九条 实行登记管理机关和业务主管单位双重负责管理体制(以下简称双重管理)的全国性社会组织申请设立、调整或变更评比达标表彰项目,应当按章程规定履行内部工作程序,报业务主管单位同意后,由业务主管单位按归口分别向党中央、国务院提出申请。

直接登记和脱钩后的全国性社会组织申请设立、调整或变更评比达标表彰项目,应当按章程规定履行内部工作程序,报行业管理部门同意后,由行业管理部门报全国评比达标表彰工作协调小组,由全国评比达标表彰工作协调小组研究提出审核意见报党中央、国务院审批。

第十条 全国性社会组织设立、调整或者变更评比达标表彰项目,应于每年3月底前提出申请。

全国评比达标表彰工作协调小组和各省(自治区、直辖市)评比达标表彰工作协调机构(以下简称评比达标表彰工作协调机构)每年原则上对社会组织申报的评比达标表彰项目进行一次集中审核。

第十一条 全国性社会组织评比达标表彰项目审批一般按照以下程序进行:

（一）双重管理的全国性社会组织开展评比达标表彰活动的申请，由中央办公厅、国务院办公厅转全国评比达标表彰工作协调小组办公室办理；直接登记和脱钩后全国性社会组织开展评比达标表彰活动的申请，由全国评比达标表彰工作协调小组办公室受理；

（二）全国评比达标表彰工作协调小组办公室研究提出初审意见；

（三）全国评比达标表彰工作协调小组集中审核提出拟批复意见，并公示5个工作日；

（四）全国评比达标表彰工作协调小组将审核意见报党中央、国务院审批后，由全国评比达标表彰工作协调小组批复申报单位；

（五）全国评比达标表彰工作协调小组办公室向社会公布审批结果。

各省（自治区、直辖市）社会组织评比达标表彰项目审批，可以参照以上程序。

第十二条　调整或者变更已经批准开展的评比达标表彰项目名称、主办单位、活动周期、评选范围、评选名额、奖项设置的，应当重新提出申请，按照原审批程序进行审批。

第十三条　社会组织开展评比达标表彰活动应当遵守以下规定：

（一）未经批准不得开展评比达标表彰活动；

（二）不得超出章程规定的宗旨、业务范围和活动地域；

（三）不得面向各级党委、政府或党政机关开展，一般不以党政机关领导干部或事业单位领导人员为评选对象；

（四）严格按照所批准的申报内容开展，不得擅自改变或设置子项目；

（五）全国性社会组织不得要求地方性社会组织配套开展评比达标表彰活动，地方性社会组织不得借助全国性社会组织评比达标表彰项目新增或变相新增项目；

（六）不得收取或变相收取任何费用；

（七）不得与营利性组织合作开展或者委托营利性组织开展，未经批准不得与境外组织合作开展；

（八）评比达标表彰项目和奖项的名称前应当冠以社会组织名称或符合有关规定；

（九）应当将评选办法和评选结果等向社会进行公开，按照有关规定不公开的除外；

（十）开展评比达标表彰活动情况应当纳入年度工作报告，并向社会公开发布。

第十四条　社会组织开展评比达标表彰活动一般按照以下程序进行：

（一）制定方案。经批准设有评比达标表彰项目的社会组织，在开展活动前应制定工作方案，并将工作方案及本办法第六条所规定的相关材料报评比达标表彰工作协调机构办公室备案；

（二）印发通知。向有关方面印发开展评比达标表彰活动的通知，并向社会公开，同时成立评审工作委员会负责具体工作；

（三）推荐评审。有关方面提出符合条件的评选对象，并在适当范围内公示，公示无异议后上报，评审工作委员会组织进行评审；

（四）征求意见。评选对象涉及企业及其负责人的，征求生态环境、人力资源社会保障、税务、市场监管、应急管理等有关主管部门意见；评选对象涉及党政机关事业单位及其工作人员的，按管理权限征求组织人事、纪检监察等部门意见；

（五）公示。评审工作委员会将评选对象面向社会进行公示；

（六）决定。社会组织发布评比达标表彰决定，对评选对象颁发奖章、奖牌、证书等；

（七）备案。评比达标表彰活动结束后，及时将评选结果报业务主管单位或行业管理部门，同时报评比达标表彰工作协调机构办公室备案。

第十五条　评比达标表彰工作协调机构办公室负责编制社会组织评比达标表彰项目目录，实行动态管理，搭建查询和公示平台，畅通投诉举报渠道，鼓励社会监督。社会组织开展评比达标表彰活动，应当主动接受社会公众和媒体的监督。

第十六条　社会组织开展评比达标表彰活动，应当接受表彰奖励主管部门、登记管理机关、业务主管单位、行业管理部门及纪检监察、宣传、网信、公安、市场监管、审计等部门的监督管理。

第十七条　社会组织登记管理机关负责对社会组织遵守本办法第十三条第一、二、五、六、十项的有关情况进行监督审查。

社会组织违反上述规定的，由登记管理机关责令停止开展活动、消除影响，并将相关情形作为年检结论和等级评估的重要参考；情节严重的，依法给予行政处罚，并纳入社会组织信用记录；必要时，可以向评比达标表彰工作协调机构建议撤销已批准的评比达标表彰项目。

第十八条　业务主管单位、行业管理部门负责审查社会组织设立评比达标表彰项目的必要性和可行性,对所审查的社会组织评比达标表彰活动的开展进行指导和监督;配合有关部门及时认定、制止、查处违法违规行为。

社会组织违反本办法第十三条第三、四、七、八、九项的,由业务主管单位、行业管理部门责令停止开展活动、消除影响、公开曝光,并将处理情况通报登记管理机关。必要时,可以向评比达标表彰工作协调机构建议撤销已批准的评比达标表彰项目。

第十九条　社会组织违规开展评比达标表彰活动的,由相关管理部门对社会组织主要负责人和直接责任人给予批评教育、责令检查、诫勉或者组织处理;有违纪违规情形的,按照有关规定给予党纪、政务处分或依法给予行政处罚;构成犯罪的,依法追究刑事责任。

第二十条　宣传和网信部门负责对社会组织评比达标表彰活动新闻宣传工作的监督管理。

任何单位和个人对未经审核批准的评比达标表彰活动,一律不得进行任何形式的宣传报道。对违规评比达标表彰活动进行宣传报道的,由宣传和网信部门依法予以查处。

第二十一条　评比达标表彰工作协调机构统筹对社会组织违法违规评比达标表彰活动的监督,依法依规严肃查处。社会组织评比达标表彰活动项目有下列情形之一的,由评比达标表彰工作协调机构予以撤销:

(一)申报时弄虚作假的;

(二)造成较大社会负面影响,社会公众反映比较强烈的;

(三)对推动工作失去实际意义的;

(四)连续两个周期未开展的;

(五)社会组织登记管理机关、业务主管单位或行业管理部门认为应当撤销的。

社会组织存在前款第一、二项情形之一的,由评比达标表彰工作协调机构取消其5年内申请开展评比达标表彰活动和评优评先资格。

第二十二条　经批准设有评比达标表彰项目的社会组织,本办法实施时不符合第六条第二项所规定条件的,应于5年内达到相应要求;本办法实施5年后仍不符合规定条件的,或者出现不符合规定条件满5年的,由评比达标表彰工作协调机构予以撤销项目。

第二十三条　表彰奖励获得者有严重违纪违法行为、影响恶劣的,或者隐瞒情况、弄虚作假骗取表彰的,应当撤销其所获表彰奖励。由表彰奖励的授予主体负责作出撤销决定,收回其证书、奖章、奖牌等,撤销因获得表彰而享有的相应待遇,追缴其所获奖金等物质奖励,并在一定范围内进行公告。

第二十四条　社会组织按照《国家科学技术奖励条例》开展的科学技术奖励,经科学技术行政部门备案后,报全国评比达标表彰工作协调小组备案。

第二十五条　各省(自治区、直辖市)社会组织开展评比达标表彰活动,纳入省级工作部门评比达标表彰项目限额内管理。

各省(自治区、直辖市)可以结合工作实际制订具体措施。

第二十六条　本办法由全国评比达标表彰工作协调小组办公室负责解释。

第二十七条　本办法自2022年4月16日施行。2012年全国评比达标表彰工作协调小组印发的《社会组织评比达标表彰活动管理暂行规定》(国评组发〔2012〕2号)同时废止。

民政部、国家乡村振兴局关于动员引导社会组织参与乡村振兴工作的通知

·2022年2月15日
·民发〔2022〕11号

各省、自治区、直辖市民政厅(局)、乡村振兴局,各计划单列市民政局、乡村振兴局,新疆生产建设兵团民政局、乡村振兴局:

实施乡村振兴战略是以习近平同志为核心的党中央作出的重大决策部署,是全面建设社会主义现代化国家的全局性、历史性任务,是新时代"三农"工作总抓手。党的十九届六中全会通过的《中共中央关于党的百年奋斗重大成就和历史经验的决议》指出,党始终把解决好"三农"问题作为全党工作重中之重,实施乡村振兴战略,加快推进农业农村现代化。参与乡村振兴,既是社会组织的重要责任,又是社会组织服务国家、服务社会、服务群众、服务行业的重要体现,更是社会组织实干成长、实现高质量发展的重要途径和广阔舞台。为贯彻落实党的十九大和十九届历次全会精神,根据党中央实施乡村振兴战略的决策部署,现就"十四五"期间动员引导社会组织参与乡村振兴工作通知如下:

一、推动实现巩固拓展脱贫攻坚成果同乡村振兴有效衔接

民政部门、乡村振兴部门要按照"四个不摘"要求,

实现巩固拓展脱贫攻坚成果同乡村振兴有效衔接。在中央设立的5年过渡期内，民政部门要从工作机制、发展规划、政策举措、服务对象、考核机制等方面，保持支持、激励、规范社会组织参与帮扶政策总体稳定，聚焦全面加强巩固拓展社会组织领域脱贫攻坚成果同乡村振兴的有效衔接，引导社会组织在促进脱贫人口稳定就业，加大技能培训力度，发展壮大脱贫产业，加强农村低收入人口常态化帮扶方面发挥积极作用，努力增强脱贫地区的自我发展能力。乡村振兴部门一方面，要坚持有序调整、平稳过渡原则，将社会组织参与帮扶纳入乡村振兴工作统筹谋划、一体部署；另一方面，也要注重从实际出发，根据形势任务变化和社会组织参与特点，出台、优化服务保障举措，进一步鼓励、支持社会组织参与防止返贫监测和帮扶，加大易地扶贫搬迁后续帮扶工作力度。

民政部门、乡村振兴部门要精准对接脱贫地区人民群众帮扶需求，推动社会组织工作重心从解决"两不愁三保障"逐步向助力乡村产业兴旺、生态宜居、乡风文明、治理有效、生活富裕转变，接续引导社会组织从集中资源支持脱贫攻坚转向巩固拓展脱贫攻坚成果和全面推进乡村振兴。

二、深入开展社会组织助力乡村振兴专项行动

地方各级乡村振兴部门要会同同级民政部门，围绕产业发展、人才培育、特殊群体关爱、乡村治理等领域重点任务落实，深入开展国家乡村振兴重点帮扶县结对帮扶行动、打造社会组织助力乡村振兴公益品牌行动和社会组织乡村行活动。以开展专项行动为载体，进一步整合社会资源、挖掘社会组织潜力，形成社会组织参与乡村振兴的共同意愿与行动。通过开展专项行动，启动一批社会组织帮扶合作重点项目，打造一批社会组织助力乡村振兴服务的特色品牌，推广一批社会组织参与乡村振兴和对口帮扶的典型案例，在全国范围内形成示范带动作用。

三、加快建设社会组织参与乡村振兴对接平台

省级民政部门要会同同级乡村振兴部门利用政务服务网，建设集中统一、开放共享的社会组织参与乡村振兴互联网服务平台。要通过统一平台，及时发布本省和帮扶地区乡村振兴规划、政策、项目等信息，提高社会组织参与乡村振兴供需对接成功率。省级民政部门会同同级乡村振兴部门，通过政府购买服务等方式，在强化网络安全保障的基础上，鼓励社会力量参与平台建设、加强共享合作，充分利用信息技术提高平台服务的可及性和便利性。要通过定期组织项目对接会、公益博览会、现场考察、调研、慈善展览会等多种形式，促成社会组织乡村振兴资源供给与帮扶地区需求精准、有效对接。

四、认真做好社会组织参与乡村振兴项目库建设

民政部门、乡村振兴部门要加大投入力度，建设社会组织参与乡村振兴的项目库，推动帮扶工作靶向化、精准化、智能化发展。县级乡村振兴部门要坚持需求导向，组织本地社会组织重点面向现行政策保障不到位的困难群众和地方，加强摸底、走访、调研、筛选，通过"问需于民"、"问计于社会组织"等方式，建成便于社会组织参与、聚焦困难群众关切、"输血"与"造血"相结合的需求项目库。民政部门要不断优化社会组织项目资源供给，通过加大宣传动员、举办展览展示、组织公益创投大赛、开展实地考察等方式，组织本地社会组织提出项目方案，建立健全易于困难群众"点单"、便于本地社会组织"接单"，多层次、多领域、有重点的社会组织参与乡村振兴供给项目库。省级民政部门、乡村振兴部门要统筹好本省社会组织参与乡村振兴项目库建设和共享推送工作，推动资源、项目、人才向基层倾斜、向欠发达地区倾斜、向困难群众倾斜。有条件的地方可探索将区块链技术与精准帮扶数据相结合，通过"区块链＋帮扶"方式助推精准帮扶优化升级。

五、大力培育发展服务乡村振兴的社会组织

民政部门支持以服务乡村振兴为宗旨的社会组织依法登记，发挥社会组织在产业振兴、科技助农、文化体育、环保生态、卫生健康、社会治理、民生保障方面的积极作用。大力培育服务性、公益性、互助性农村社会组织。推动有关部门和地区将政策、资金、人才等各项资源更多用于农村社会组织发展。支持高校毕业生、退役军人和返乡创业农民工等依法领办创办农村社区社会组织，参与乡村治理体系建设。

六、着力完善社会组织参与帮扶合作机制

乡村振兴部门要会同民政部门完善帮扶合作机制。引导全国性社会组织、省级社会组织集中支持乡村振兴重点帮扶县。积极支持各中央单位，引导相关领域全国性社会组织开展定点帮扶和援疆援藏。搭建东西部协作交流平台，支持具有较大辐射力和影响力的东部地区社会组织参与定点帮扶、对口支援。鼓励、支持社会组织重点参与所在地的乡村振兴。

七、持续优化社会组织参与乡村振兴支持体系

民政部门要会同乡村振兴部门推动"五社联动"，创新社会组织与社区、社会工作者、社区志愿者、社会慈善资源联动机制。要注重帮扶地区社会组织能力建设，动员枢纽型社会组织通过强化业务培训、引导参加相关职业资格考试等措施,着力培养一批项目意识强、专业水平高、热心乡村振兴事业的基层社会组织领军人才,确保帮扶项目用得上、留得住、出成效。要坚持系统谋划,推动不同层级、不同类型、不同领域的社会组织精准发力、协调配合,在帮扶行动中实现信息共享、资源互动、功能互补。要鼓励引导社会资金支持服务乡村振兴的社会组织发展,支持有意愿、有能力的企业、个人和其他组织在社会组织中设立乡村振兴专项基金。要大力表彰在乡村振兴中作出突出贡献的社会组织,通过表扬通报、典型选树、案例宣传等方式,提高社会组织参与乡村振兴的积极性。要在社会组织评估、评优等工作中增设社会组织参与乡村振兴指标,加大有关分值比重,通过政策引导和激励,激发社会组织参与乡村振兴活力。

各级民政部门和乡村振兴部门要按照本通知要求,将社会组织参与乡村振兴纳入重要议事日程。通过强化党建引领,加强组织领导,推进部门协同,优化政策保障等方式,推动社会组织积极参与乡村振兴。省级民政部门、乡村振兴部门要定期向民政部、国家乡村振兴局报告工作进展情况、遇到的困难问题和好的经验做法。

国家乡村振兴局、民政部关于印发《社会组织助力乡村振兴专项行动方案》的通知

·2022 年 5 月 7 日
·国乡振发〔2022〕5 号

各省、自治区、直辖市和新疆生产建设兵团乡村振兴局、民政厅(局):

为深入贯彻落实《民政部 国家乡村振兴局关于动员引导社会组织参与乡村振兴工作的通知》要求,进一步动员社会组织积极参与巩固拓展脱贫攻坚成果和全面推进乡村振兴,加大对国家乡村振兴重点帮扶县支持力度,更好发挥示范带动作用,国家乡村振兴局、民政部制定了《社会组织助力乡村振兴专项行动方案》,现印发给你们,请认真组织实施。

社会组织助力乡村振兴专项行动方案

为进一步动员社会组织积极参与巩固脱贫攻坚成果和全面推进乡村振兴,加大对国家乡村振兴重点帮扶县的支持力度,搭建社会组织助力乡村振兴工作平台,更好发挥示范带动作用,按照《民政部 国家乡村振兴局关于

动员引导社会组织参与乡村振兴工作的通知》要求,结合工作实际,制定本方案。

一、总体要求

(一)指导思想。以习近平新时代中国特色社会主义思想为指导,全面贯彻落实党的十九大和十九届历次全会精神,坚定共同富裕方向,将巩固拓展脱贫攻坚成果放在突出位置,充分发挥社会组织作用,加大帮扶力度,助力守牢不发生规模性返贫底线。积极探索创新,加快推进社会组织参与乡村产业、人才、文化、生态、组织全面振兴。

(二)目标任务。组织动员部分重点社会组织对 160 个国家乡村振兴重点帮扶县进行对接帮扶,做好巩固拓展脱贫攻坚成果同乡村振兴有效衔接工作。动员社会组织积极参与乡村振兴,围绕乡村发展、乡村建设、乡村治理等重点工作,打造社会组织助力乡村振兴公益品牌。针对乡村振兴重点区域和重点领域,开展社会组织乡村行活动,搭建项目对接平台,促进帮扶项目落地实施。选树一批社会组织参与乡村振兴的先进典型,强化示范带动,推动形成社会组织助力乡村全面振兴良好局面。

二、基本原则

(一)坚持党的领导。坚持党对乡村振兴工作的全面领导,把加强和改进社会组织参与乡村振兴列入重要议事日程。加强社会组织党的建设,充分发挥社会组织党组织领导作用和政治核心作用,确保社会组织扎实有序参与乡村振兴。

(二)坚持政府主导。发挥政府主导作用,加大社会组织参与乡村振兴的政策引导、统筹协调和规范监管,为社会组织参与乡村振兴创造良好环境,提供必要支持。

(三)坚持依法推进。坚持依法合规管理,确保社会组织在参与乡村振兴的过程中遵守法律法规要求,建立合理有效的工作评估机制和应急处理机制,有效防范风险隐患。

(四)坚持社会协同。充分发挥社会组织优势作用,以社会组织参与乡村振兴为载体,引导和组织企业、公民个人等广泛参与。充分维护农民利益,尊重农民意愿,切实发挥农民主体作用。

三、重点任务

(一)结对帮扶国家乡村振兴重点县,持续巩固拓展脱贫攻坚成果。组织有一定实力和能力的全国性社会组织、东部省(市)社会组织,力争对 160 个国家乡村振兴重点帮扶县实现结对帮扶全覆盖,通过一个社会组织帮扶一个或多个重点帮扶县,或多个社会组织组团帮扶一个

或多个重点帮扶县的方式参与帮扶。参与专项行动的社会组织要立足国家乡村振兴重点帮扶县实际，有针对性地开展产业、就业、教育、健康、养老、消费帮扶或多样化帮扶。鼓励东部省（市）社会组织依托东西部协作机制参与国家乡村振兴重点帮扶县工作。鼓励有国家乡村振兴重点帮扶县的西部省（区、市）的社会组织对本地的国家乡村振兴重点帮扶县开展帮扶活动。动员引导社会组织对西藏、新疆开展帮扶活动。参与结对帮扶的社会组织要注重对当地社会组织、志愿者和社会工作者的培育、培训，要挖掘当地潜力，激发当地发展活力，促进帮扶项目留得住、可持续、出成效。

（二）积极参与乡村振兴重点工作，打造社会组织助力乡村振兴公益品牌。引导不同类型的社会组织依据章程、业务范围和自身专长优势，开展专业化、差异化、个性化特色活动。动员引导行业协会商会等社会组织聚焦产业、就业和消费帮扶，打造社会组织参与乡村发展品牌。动员引导各类社会组织聚焦改善农村人居环境、完善基本公共服务设施、推进数字乡村建设，打造社会组织参与乡村建设品牌。动员引导公益慈善类社会组织、社区社会组织聚焦"三留守"人员等特殊群体巡访关爱、促进矛盾调解、发展农村养老服务、培育文明乡风等，打造社会组织参与乡村治理品牌。通过打造具有可持续性和影响力的公益品牌，动员引导各类社会组织充分发挥优势，积极开展示范创建，探索有效参与机制，抓点带面发挥好引领作用。

（三）聚焦重点区域和重点领域，开展社会组织乡村行活动。组织有条件、有实力的社会组织针对国家乡村振兴重点帮扶县和乡村振兴重点领域开展项目对接活动，集中优势资源助力巩固拓展脱贫攻坚成果和全面推进乡村振兴。每年根据工作推进情况确定当年社会组织乡村行的地域和主题，组织全国性社会组织和东部省（市）社会组织到相关地区，开展富有特色和成效的项目对接活动。对社会组织项目对接及项目落地情况进行持续跟踪，对社会组织乡村行活动进行研究总结，加强宣传推广，逐步推进形成活动品牌。

四、保障措施

（一）强化组织领导。国家乡村振兴局、民政部加强组织推动和统筹协调，推荐各自领域有一定实力和能力的社会组织，与国家乡村振兴重点帮扶县进行结对帮扶，并组织开展打造乡村振兴公益品牌和社会组织乡村行活动。强化年度工作部署，及时调度进展情况，研究解决存在的问题。国家乡村振兴局社会帮扶司和民政部社会组织管理局作为联络单位，具体负责沟通协调、跟踪调度、典型宣传等工作。

（二）强化政策支持。国家乡村振兴局、民政部推动社会组织资源供给和农村需求实现有效对接，为社会组织参与乡村振兴搭建参与平台、提供信息服务。鼓励通过政府购买服务推动社会组织参与乡村振兴，鼓励各地民政、乡村振兴部门出台配套扶持政策，为社会组织开展活动提供政策支持。

（三）强化工作落实。各省级乡村振兴部门、民政部门协调好本省（区、市）社会组织助力乡村振兴工作，可按照本方案，制定本省（区、市）社会组织助力乡村振兴行动方案，每年底向国家乡村振兴局、民政部报送本地区社会组织参与乡村振兴工作情况。县级乡村振兴部门会同民政部门协调做好社会组织与国家乡村振兴重点帮扶县结对工作，提出工作需求，加强工作对接，衔接做好社会组织助力乡村振兴相关工作。

（四）强化组织培训。民政部、国家乡村振兴局围绕提升社会组织参与乡村振兴工作组织开展培训。各地民政和乡村振兴部门要加大对社会组织的政策引导和能力培训，推动社会组织有效参与乡村振兴。

（五）强化激励引导。国家乡村振兴局会同民政部搭建社会组织参与乡村振兴专项行动统计平台，建立反映社会组织参与乡村振兴专项行动的评估评价体系。开展社会组织参与乡村振兴案例征集研究，围绕专项行动选树优秀社会组织和知名公益品牌，总结经验做法，加大宣传推介，发挥示范引领作用，营造支持社会组织参与乡村振兴的良好氛围。

2. 社会团体管理

社会团体登记管理条例

· 1998 年 10 月 25 日中华人民共和国国务院令第 250 号发布
· 根据 2016 年 2 月 6 日《国务院关于修改部分行政法规的决定》修订

第一章 总 则

第一条 为了保障公民的结社自由，维护社会团体的合法权益，加强对社会团体的登记管理，促进社会主义物质文明、精神文明建设，制定本条例。

第二条 本条例所称社会团体，是指中国公民自愿组成，为实现会员共同意愿，按照其章程开展活动的非营利性社会组织。

国家机关以外的组织可以作为单位会员加入社会团

体。

第三条　成立社会团体,应当经其业务主管单位审查同意,并依照本条例的规定进行登记。

社会团体应当具备法人条件。

下列团体不属于本条例规定登记的范围:

(一)参加中国人民政治协商会议的人民团体;

(二)由国务院机构编制管理机关核定,并经国务院批准免于登记的团体;

(三)机关、团体、企业事业单位内部经本单位批准成立、在本单位内部活动的团体。

第四条　社会团体必须遵守宪法、法律、法规和国家政策,不得反对宪法确定的基本原则,不得危害国家的统一、安全和民族的团结,不得损害国家利益、社会公共利益以及其他组织和公民的合法权益,不得违背社会道德风尚。

社会团体不得从事营利性经营活动。

第五条　国家保护社会团体依照法律、法规及其章程开展活动,任何组织和个人不得非法干涉。

第六条　国务院民政部门和县级以上地方各级人民政府民政部门是本级人民政府的社会团体登记管理机关(以下简称登记管理机关)。

国务院有关部门和县级以上地方各级人民政府有关部门、国务院或者县级以上地方各级人民政府授权的组织,是有关行业、学科或者业务范围内社会团体的业务主管单位(以下简称业务主管单位)。

法律、行政法规对社会团体的监督管理另有规定的,依照有关法律、行政法规的规定执行。

第二章　管　辖

第七条　全国性的社会团体,由国务院的登记管理机关负责登记管理;地方性的社会团体,由所在地人民政府的登记管理机关负责登记管理;跨行政区域的社会团体,由所跨行政区域的共同上一级人民政府的登记管理机关负责登记管理。

第八条　登记管理机关、业务主管单位与其管辖的社会团体的住所不在一地的,可以委托社会团体住所地的登记管理机关、业务主管单位负责委托范围内的监督管理工作。

第三章　成立登记

第九条　申请成立社会团体,应当经其业务主管单位审查同意,由发起人向登记管理机关申请登记。

筹备期间不得开展筹备以外的活动。

第十条　成立社会团体,应当具备下列条件:

(一)有50个以上的个人会员或者30个以上的单位会员;个人会员、单位会员混合组成的,会员总数不得少于50个;

(二)有规范的名称和相应的组织机构;

(三)有固定的住所;

(四)有与其业务活动相适应的专职工作人员;

(五)有合法的资产和经费来源,全国性的社会团体有10万元以上活动资金,地方性的社会团体和跨行政区域的社会团体有3万元以上活动资金;

(六)有独立承担民事责任的能力。

社会团体的名称应当符合法律、法规的规定,不得违背社会道德风尚。社会团体的名称应当与其业务范围、成员分布、活动地域相一致,准确反映其特征。全国性的社会团体的名称冠以"中国"、"全国"、"中华"等字样的,应当按照国家有关规定经过批准,地方性的社会团体的名称不得冠以"中国"、"全国"、"中华"等字样。

第十一条　申请登记社会团体,发起人应当向登记管理机关提交下列文件:

(一)登记申请书;

(二)业务主管单位的批准文件;

(三)验资报告、场所使用权证明;

(四)发起人和拟任负责人的基本情况、身份证明;

(五)章程草案。

第十二条　登记管理机关应当自收到本条例第十一条所列全部有效文件之日起60日内,作出准予或者不予登记的决定。准予登记的,发给《社会团体法人登记证书》;不予登记的,应当向发起人说明理由。

社会团体登记事项包括:名称、住所、宗旨、业务范围、活动地域、法定代表人、活动资金和业务主管单位。

社会团体的法定代表人,不得同时担任其他社会团体的法定代表人。

第十三条　有下列情形之一的,登记管理机关不予登记:

(一)有根据证明申请登记的社会团体的宗旨、业务范围不符合本条例第四条的规定的;

(二)在同一行政区域内已有业务范围相同或者相似的社会团体,没有必要成立的;

(三)发起人、拟任负责人正在或者曾经受到剥夺政治权利的刑事处罚,或者不具有完全民事行为能力的;

(四)在申请登记时弄虚作假的;

(五)有法律、行政法规禁止的其他情形的。

第十四条　社会团体的章程应当包括下列事项:

（一）名称、住所；

（二）宗旨、业务范围和活动地域；

（三）会员资格及其权利、义务；

（四）民主的组织管理制度，执行机构的产生程序；

（五）负责人的条件和产生、罢免的程序；

（六）资产管理和使用的原则；

（七）章程的修改程序；

（八）终止程序和终止后资产的处理；

（九）应当由章程规定的其他事项。

第十五条　依照法律规定，自批准成立之日起即具有法人资格的社会团体，应当自批准成立之日起60日内向登记管理机关提交批准文件，申领《社会团体法人登记证书》。登记管理机关自收到文件之日起30日内发给《社会团体法人登记证书》。

第十六条　社会团体凭《社会团体法人登记证书》申请刻制印章，开立银行账户。社会团体应当将印章式样和银行账号报登记管理机关备案。

第十七条　社会团体的分支机构、代表机构是社会团体的组成部分，不具有法人资格，应当按照其所属的社会团体的章程所规定的宗旨和业务范围，在该社会团体授权的范围内开展活动、发展会员。社会团体的分支机构不得再设立分支机构。

社会团体不得设立地域性的分支机构。

第四章　变更登记、注销登记

第十八条　社会团体的登记事项需要变更的，应当自业务主管单位审查同意之日起30日内，向登记管理机关申请变更登记。

社会团体修改章程，应当自业务主管单位审查同意之日起30日内，报登记管理机关核准。

第十九条　社会团体有下列情形之一的，应当在业务主管单位审查同意后，向登记管理机关申请注销登记：

（一）完成社会团体章程规定的宗旨的；

（二）自行解散的；

（三）分立、合并的；

（四）由于其他原因终止的。

第二十条　社会团体在办理注销登记前，应当在业务主管单位及其他有关机关的指导下，成立清算组织，完成清算工作。清算期间，社会团体不得开展清算以外的活动。

第二十一条　社会团体应当自清算结束之日起15日内向登记管理机关办理注销登记。办理注销登记，应当提交法定代表人签署的注销登记申请书、业务主管单位的审查文件和清算报告书。

登记管理机关准予注销登记的，发给注销证明文件，收缴该社会团体的登记证书、印章和财务凭证。

第二十二条　社会团体处分注销后的剩余财产，按照国家有关规定办理。

第二十三条　社会团体成立、注销或者变更名称、住所、法定代表人，由登记管理机关予以公告。

第五章　监督管理

第二十四条　登记管理机关履行下列监督管理职责：

（一）负责社会团体的成立、变更、注销的登记；

（二）对社会团体实施年度检查；

（三）对社会团体违反本条例的问题进行监督检查，对社会团体违反本条例的行为给予行政处罚。

第二十五条　业务主管单位履行下列监督管理职责：

（一）负责社会团体成立登记、变更登记、注销登记前的审查；

（二）监督、指导社会团体遵守宪法、法律、法规和国家政策，依据其章程开展活动；

（三）负责社会团体年度检查的初审；

（四）协助登记管理机关和其他有关部门查处社会团体的违法行为；

（五）会同有关机关指导社会团体的清算事宜。

业务主管单位履行前款规定的职责，不得向社会团体收取费用。

第二十六条　社会团体的资产来源必须合法，任何单位和个人不得侵占、私分或者挪用社会团体的资产。

社会团体的经费，以及开展章程规定的活动按照国家有关规定所取得的合法收入，必须用于章程规定的业务活动，不得在会员中分配。

社会团体接受捐赠、资助，必须符合章程规定的宗旨和业务范围，必须根据与捐赠人、资助人约定的期限、方式和合法用途使用。社会团体应当向业务主管单位报告接受、使用捐赠、资助的有关情况，并应当将有关情况以适当方式向社会公布。

社会团体专职工作人员的工资和保险福利待遇，参照国家对事业单位的有关规定执行。

第二十七条　社会团体必须执行国家规定的财务管理制度，接受财政部门的监督；资产来源属于国家拨款或者社会捐赠、资助的，还应当接受审计机关的监督。

社会团体在换届或者更换法定代表人之前，登记管理机关、业务主管单位应当组织对其进行财务审计。

第二十八条　社会团体应当于每年3月31日前向

业务主管单位报送上一年度的工作报告,经业务主管单位初审同意后,于 5 月 31 日前报送登记管理机关,接受年度检查。工作报告的内容包括:本社会团体遵守法律法规和国家政策的情况、依照本条例履行登记手续的情况、按照章程开展活动的情况、人员和机构变动的情况以及财务管理的情况。

对于依照本条例第十五条的规定发给《社会团体法人登记证书》的社会团体,登记管理机关对其应当简化年度检查的内容。

第六章　罚　则

第二十九条　社会团体在申请登记时弄虚作假,骗取登记的,或者自取得《社会团体法人登记证书》之日起 1 年未开展活动的,由登记管理机关予以撤销登记。

第三十条　社会团体有下列情形之一的,由登记管理机关给予警告,责令改正,可以限期停止活动,并可以责令撤换直接负责的主管人员;情节严重的,予以撤销登记;构成犯罪的,依法追究刑事责任:

(一)涂改、出租、出借《社会团体法人登记证书》,或者出租、出借社会团体印章的;

(二)超出章程规定的宗旨和业务范围进行活动的;

(三)拒不接受或者不按照规定接受监督检查的;

(四)不按照规定办理变更登记的;

(五)违反规定设立分支机构、代表机构,或者对分支机构、代表机构疏于管理,造成严重后果的;

(六)从事营利性的经营活动的;

(七)侵占、私分、挪用社会团体资产或者所接受的捐赠、资助的;

(八)违反国家有关规定收取费用、筹集资金或者接受、使用捐赠、资助的。

前款规定的行为有违法经营额或者违法所得的,予以没收,可以并处违法经营额 1 倍以上 3 倍以下或者违法所得 3 倍以上 5 倍以下的罚款。

第三十一条　社会团体的活动违反其他法律、法规的,由有关国家机关依法处理;有关国家机关认为应当撤销登记的,由登记管理机关撤销登记。

第三十二条　筹备期间开展筹备以外的活动,或者未经登记,擅自以社会团体名义进行活动,以及被撤销登记的社会团体继续以社会团体名义进行活动的,由登记管理机关予以取缔,没收非法财产;构成犯罪的,依法追究刑事责任;尚不构成犯罪的,依法给予治安管理处罚。

第三十三条　社会团体被责令限期停止活动的,由登记管理机关封存《社会团体法人登记证书》、印章和财务凭证。

社会团体被撤销登记的,由登记管理机关收缴《社会团体法人登记证书》和印章。

第三十四条　登记管理机关、业务主管单位的工作人员滥用职权、徇私舞弊、玩忽职守构成犯罪的,依法追究刑事责任;尚不构成犯罪的,依法给予行政处分。

第七章　附　则

第三十五条　《社会团体法人登记证书》的式样由国务院民政部门制定。

对社会团体进行年度检查不得收取费用。

第三十六条　本条例施行前已经成立的社会团体,应当自本条例施行之日起 1 年内依照本条例有关规定申请重新登记。

第三十七条　本条例自发布之日起施行。1989 年 10 月 25 日国务院发布的《社会团体登记管理条例》同时废止。

外国商会管理暂行规定

·1989 年 6 月 14 日中华人民共和国国务院令第 36 号发布
·根据 2013 年 12 月 7 日《国务院关于修改部分行政法规的决定》修订

第一条　为了促进国际贸易和经济技术交往,加强对外国商会的管理,保障其合法权益,制定本规定。

第二条　外国商会是指外国在中国境内的商业机构及人员依照本规定在中国境内成立,不从事任何商业活动的非营利性团体。

外国商会的活动应当以促进其会员同中国发展贸易和经济技术交往为宗旨,为其会员在研究和讨论促进国际贸易和经济技术交往方面提供便利。

第三条　外国商会必须遵守中华人民共和国法律、法规的规定,不得损害中国的国家安全和社会公共利益。

第四条　成立外国商会,应当具备下列条件:

(一)有反映其会员共同意志的章程;

(二)有一定数量的发起会员和负责人;

(三)有固定的办公地点;

(四)有合法的经费来源。

第五条　外国商会应当按照国别成立,可以有团体会员和个人会员。

团体会员是以商业机构名义加入的会员。商业机构是指外国公司、企业以及其他经济组织依法在中国境内设立的代表机构和分支机构。

个人会员是商业机构和外商投资企业的非中国籍任职人员以本人名义加入的会员。

第六条 外国商会的名称应当冠其本国国名加上"中国"二字。

第七条 成立外国商会,应当向中华人民共和国民政部(以下称登记管理机关)提出书面申请,依法办理登记。登记管理机关应当自收到本规定第八条规定的全部文件之日起60日内作出是否准予登记的决定,准予登记的,签发登记证书;不予登记的,书面说明理由。外国商会经核准登记并签发登记证书,即为成立。

第八条 成立外国商会的书面申请,应当由外国商会主要筹办人签署,并附具下列文件:

(一)外国商会章程一式五份。章程应当包括下列内容:

1. 名称和地址;
2. 组织机构;
3. 会长、副会长以及常务干事的姓名、身份;
4. 会员的入会手续及会员的权利和义务;
5. 活动内容;
6. 财务情况。

(二)发起会员名册一式五份。团体会员和个人会员,应当分别列册。团体会员名册应当分别载明商业机构的名称、地址、业务范围和负责人姓名;个人会员名册应当分别载明本人所属商业机构或者外商投资企业、职务、本人简历或者在中国境内从事商业活动的简历。

(三)外国商会会长、副会长以及常务干事的姓名及其简历一式五份。

第九条 外国商会应当在其办公地点设置会计账簿。会员缴纳的会费及按照外国商会章程规定取得的其他经费,应当用于该外国商会章程规定的各项开支,不得以任何名义付给会员或者汇出中国境外。

第十条 外国商会应当于每年1月向登记管理机关提交上一年度的活动情况报告。

中国国际贸易促进委员会应当为外国商会设立、开展活动和联系中国有关主管机关提供咨询和服务。

第十一条 外国商会需要修改其章程,更换会长、副会长以及常务干事或者改变办公地址时,应当依照本规定第七条、第八条规定的程序办理变更登记。

第十二条 外国商会应当接受中国有关主管机关的监督。

外国商会违反本规定的,登记管理机关有权予以警告、罚款、限期停止活动、撤销登记、明令取缔的处罚。

第十三条 外国商会解散,应当持该外国商会会长签署的申请注销登记报告和清理债务完结的证明,向登记管理机关办理注销登记。

外国商会自缴回登记证书之日起,即应停止活动。

第十四条 本规定自1989年7月1日起施行。

关于进一步规范行业协会商会收费管理的意见

· 2017年11月21日
· 发改经体〔2017〕1999号

各省、自治区、直辖市人民政府,中央和国家机关各部委,各人民团体:

行业协会商会是我国经济建设和社会发展的重要力量,多年来,在加强行业自律、提供决策咨询、服务企业发展、创新社会治理等方面发挥了积极作用。但在发展过程中,一些行业协会商会违规收费,重复、偏高和过度收费等问题仍不同程度存在。为改善营商环境,切实减轻企业负担,促进行业协会商会健康发展,经国务院同意,现就进一步规范行业协会商会收费管理提出以下意见。

一、加强收费管理,治理违规收费

(一)加强行业协会商会会费管理。行业协会商会收取的会费,应当主要用于为会员提供服务及开展业务活动等支出。行业协会商会收取会费应同时明确所提供的基本服务项目,并向会员公开,严禁只收费不服务。会费应设立专账管理,向会员公布年度收支情况并自觉接受监督。制定、修改会费标准,须按程序经会员大会或会员代表大会表决通过。要综合考虑经济形势、市场环境、企业经营状况和承受能力等因素,调整规范以产销量、企业规模等为基数收取会费的方式,合理设置会费上限。会费不得重复收取,行业协会商会总部及分支(代表)机构不得向同一家会员企业分别收取会费。行业协会商会分支(代表)机构不得单独制定会费标准,已单独制定会费标准的,要召开会员大会或会员代表大会抓紧整改。

(二)严格行业协会商会行政事业性收费管理。行业协会商会依据法律、行政法规等规定代行政府职能并收取的费用,应当纳入行政事业性收费管理。收费项目和标准应当严格履行审批手续后确定,不得擅自增加收费项目、提高收费标准。

(三)规范行业协会商会经营服务性收费。行业协会商会应按照法律法规关于经营者义务的相关规定和自愿有偿服务的原则,在宗旨和业务范围内开展经营服务性活动,规范相关收费行为。对政府定价管理的,严格执行价格主管部门制定的收费标准;对实行市场调节价的,按照公平、合法、诚实守信的原则,公允确定并公开收费标准,提供质价相符的服务。行业协会商会不得强制服务并收费。

(四)规范行业协会商会评比达标表彰活动。行业协会商会开展评比达标表彰活动,必须严格依照《中共中央办公厅 国务院办公厅关于印发〈评比达标表彰活动管理办法(试行)〉的通知》(中办发〔2010〕33号)有关规定,履行申请报批手续。经批准开展的评比达标表彰活动,必须符合章程规定的宗旨和业务范围,严格落实批准的奖项、条件等要求。评比达标表彰应坚持公平、公正、公开和非营利原则,做到奖项设置合理,评选范围和规模适当,评选条件和程序严格。不得向参与评比达标表彰活动的对象收取费用,不得在评选前后直接或变相收取各种相关费用。

(五)降低行业协会商会偏高收费。行业协会商会要适当降低偏高会费和其他收费标准,减轻企业负担。要合理设置会费档次,一般不超过4级,对同一会费档次不得再细分不同收费标准。行业协会商会要全面梳理服务项目收费情况并向社会公开。列入行业协会商会基本服务项目的,不得再另行向会员收取费用。取消不合理收费项目,降低盈余较多的服务项目收费标准,不得以强制捐赠、强制赞助等方式变相收费,对保留的收费项目,切实提高服务质量。

二、强化自律意识,推进信用体系建设

(六)建立行业协会商会诚信承诺和自律公约制度。行业协会商会要向社会公开诚信承诺书,重点就服务内容、服务方式、服务对象和收费标准等作出承诺。行业协会商会要适应行业发展趋势和要求,按照诚实守信、公平竞争的原则,制定自律公约,广泛征求会员企业、行业管理部门等多方意见,经会员大会或会员代表大会表决通过后实施。行业协会商会要按照《行业协会价格行为指南》,自觉规范收费行为,提升行业自律水平。

(七)建立行业协会商会收费信息集中公示制度。各级行业协会商会要按照国家发展改革委关于组织开展收费信息集中公示的要求,依托国家发展改革委、中国人民银行指导,国家信息中心主办的"信用中国"网站的"行业协会商会收费信息公示系统",集中公示并定期更新收费项目、收费性质、服务内容、收费标准及依据等信息,建立收费信息主动公开长效机制。公示信息接受社会监督,并作为价格监督检查机构开展行业协会商会违规收费检查的重要参考依据。

(八)建立行业协会商会失信黑名单管理制度。将行业协会商会违规收费行为记入其诚信档案,并记入其主要负责人和直接责任人个人信用记录。建立行业协会商会违规收费行为黑名单,相关信息纳入国家发展改革委牵头建设的全国信用信息共享平台。推动跨地区、跨部门、跨行业协同监管,开展失信联合惩戒,在政府购买服务、年检、评先评优等方面进行限制,进一步提高行业协会商会守信收益,增加失信成本,形成不愿失信、不能失信、不敢失信、自觉守信的正确导向。

(九)发挥第三方评估的引导监督作用。修订行业协会商会评估标准,将收费标准制定程序、会费层级设定、分支机构收费、收费信息公示等情况纳入评估指标体系,发挥好第三方评估对行业协会商会收费行为的引导和监督作用。加强信息公开,及时发布行业协会商会评估等级结果,接受社会监督。

(十)规范行业协会商会发展会员行为。行业协会商会要坚持入会自愿、退会自由的原则,不得依托政府部门、利用垄断优势和行业影响力强制或变相强制入会、阻碍退会。对行业协会商会强制或变相强制入会、阻碍退会等行为,企业和个人均可向同级社会组织登记管理机关举报,登记管理机关依法予以查处。行业协会商会要加强对会员构成的分类统计和动态管理,优化会员结构,进一步提高服务的针对性、有效性。全国性行业协会商会一般吸收在全国有代表性的企业会员,省级行业协会商会一般吸收在本省有代表性的企业会员。

三、深化行业协会商会脱钩改革,加强综合监管服务

(十一)着力消除行业协会商会利用行政影响力收费现象。深入推进行业协会商会与行政机关脱钩改革,实现行业协会商会与业务主管单位在机构、职能、资产财务、人员管理、党建外事等方面脱钩,厘清行政机关与行业协会商会的职能边界,切断利益链条,建立新型管理体制和运行机制,促进行业协会商会成为依法设立、自主办会、服务为本、治理规范、行为自律的社会组织,解决行业协会商会依附政府部门或利用行政影响力收费等问题。

(十二)加大对行业协会商会违规收费行为查处力度。健全对行业协会商会等社会组织收费行为的综合监管体系,加强事中事后监管。民政部门要依照相关登记管理法规严格监督管理和执法检查。审计机关依法对行业协会商会进行审计监督。价格、财政部门按照职责分工对行业协会商会收费及价格行为加强监管。人力资源社会保障部门对行业协会商会开展职业资格资质许可和认定行为强化监管。各行业管理部门要按职能对行业协会商会收费服务行为进行必要的政策指导，并履行相关监管责任。从严从实查处行业协会商会违规收费行为，做到发现一起、查处一起、曝光一起，并由业务主管单位或有关部门依纪依规追究其主要负责人和直接责任人的责任，情节严重的要责令撤换。

（十三）完善行业协会商会登记准入管理。批准设立行业协会商会，要加强对成立的必要性、发起人的代表性、会员的广泛性、运作的可行性等方面审核，严把登记入口关。对业务范围相似的，要充分论证，多方听取利益相关方和管理部门意见。从会员区分、行业布局、登记层级等方面加强引导，从严审批，防止相似行业协会商会数量过多。抓紧研究制定行业协会商会直接登记的标准和办法，进一步完善行业协会商会准入制度，加强源头规范管理。

（十四）倡导企业务实理性入会和参加活动。企业应加强入会自我约束，按照自身生产经营实际需要，控制加入各级行业协会商会数量，做到务实、理性入会。企业要加强内部管理，对各级法人单位加入行业协会商会情况进行规范化管理，确保各级法人单位根据实际需要合理参加行业协会商会活动。国有企业要结合落实突出主业、瘦身健体、提质增效等改革要求，进一步梳理加入各类行业协会商会情况，规范管理。

（十五）完善向行业协会商会等社会组织购买服务的政策措施。政府购买服务事项，应按市场机制成本合理核算对价，确保承接主体收支平衡且有适当盈余；应及时按合同约定和国库集中支付制度有关规定支付费用，不得拖欠服务费或以其他非货币方式支付。鼓励行业协会商会承接政府转移职能中的行业性、专业性、技术性和辅助性职能，充分发挥行业代表、行业自律、行业服务、行业协调等方面的优势，切实提高服务能力、质量和水平。

社会团体分支机构、代表机构登记办法

· 2001 年 7 月 30 日民政部令第 23 号发布
· 根据 2010 年 12 月 27 日《民政部关于废止、修改部分规章的决定》修订

第一条　为了加强对社会团体分支机构、代表机构的管理，根据《社会团体登记管理条例》有关规定，制定本办法。

第二条　社会团体的分支机构，是社会团体根据开展活动的需要，依据业务范围的划分或者会员组成的特点，设立的专门从事该社会团体某项业务活动的机构。

分支机构可以称分会、专业委员会、工作委员会、专项基金管理委员会等。

社会团体的代表机构，是社会团体在住所地以外属于其活动区域内设置的代表该社会团体开展活动、承办该社会团体交办事项的机构。

代表机构可以称代表处、办事处、联络处等。

第三条　社会团体设立分支机构、代表机构应当按照章程的规定，履行民主程序，经业务主管单位审查同意后，向负责该社会团体登记的登记管理机关提出申请。经登记管理机关登记后，方可开展活动。

第四条　社会团体申请设立分支机构、代表机构应当具备下列条件：

（一）有规范的名称；

（二）有固定的住所；

（三）有符合章程所规定的业务范围。

第五条　社会团体申请设立分支机构、代表机构应当向登记管理机关提交下列文件：

（一）设立申请书；

（二）业务主管单位审查同意的意见；

（三）拟任主要负责人基本情况以及本人所在单位人事部门的意见；

（四）住所产权或使用权证明；

（五）社会团体理事会或常务理事会决议；

（六）登记管理机关要求提交的其他材料。

申请书应当包括设立的理由，分支机构、代表机构的业务范围和工作任务。

社会团体设立专项基金管理委员会，应当遵照《社会团体设立专项基金管理机构暂行规定》办理。

社会团体代表机构以及分支机构住所与社会团体住所不在一地的，还需提交拟设在地登记管理机关的意见。

第六条　有下列情形之一的，登记管理机关不予登记：

（一）在社会团体内拟设立的分支机构与已设立的分支机构业务范围相同或者相似的；

（二）拟设立的分支机构冠以行政区划名称，带有地域性特征的；

（三）在分支机构、代表机构下又设立分支机构、代表机构的；

（四）拟设立的分支机构业务与该社会团体宗旨、业务范围无关的；

（五）拟设立代表机构的活动内容、承办事项与该社会团体的业务范围无关的；

（六）拟设立的分支机构、代表机构设定的活动范围超越该社会团体设定的活动地域的；

（七）有法律、行政法规禁止的其他情形的。

第七条　登记管理机关自收到本办法第五条所列全部有效文件后，在法定期限内作出准予或者不予登记的决定。准予登记的，由登记管理机关发给《社会团体分支机构登记证书》或《社会团体代表机构登记证书》；对不予登记的，应当将不予登记的决定书面通知社会团体，并说明理由。

社会团体分支机构、代表机构登记事项包括：名称、住所、业务范围、活动地域、负责人。

第八条　符合《社会团体登记管理条例》第十七条规定的社会团体设立分支机构、代表机构，应当向登记管理机关备案。登记管理机关自收到备案文件之日起30日内，发给《社会团体分支机构登记证书》或《社会团体代表机构登记证书》。

第九条　社会团体可以凭登记管理机关颁发的《社会团体分支机构登记证书》或《社会团体代表机构登记证书》向有关部门申请刻制印章。

分支机构因特殊需要建立银行基本存款账户的，由社会团体向登记管理机关申请，经登记管理机关同意后，按有关规定办理。（2010年12月27日删除）

印章式样向登记管理机关备案。

第十条　社会团体办理分支机构、代表机构变更，应当向登记管理机关提交下列文件：

（一）社会团体法定代表人签署的变更申请书；

（二）社会团体理事会或常务理事会关于变更事项的会议决议；

负责人变更的还需提交本人的基本情况及身份证明。

住所变更的还需提交新住所产权或使用权证明。

第十一条　社会团体决定注销其分支机构、代表机构，应当经业务主管单位审查同意后，向登记管理机关提交下列文件，申请注销登记：

（一）注销登记申请书；

（二）业务主管单位审查同意的意见；

（三）社会团体理事会或常务理事会决议。

登记管理机关准予注销的，发给注销证明文件，收缴该分支机构、代表机构的《社会团体分支机构登记证书》或《社会团体代表机构登记证书》、印章。

第十二条　社会团体的分支机构、代表机构是社会团体的组成部分，不具有法人资格，其法律责任由设立该分支机构、代表机构的社会团体承担。

社会团体的分支机构应当在该社会团体的授权范围内发展会员、收取会费，其发展的会员属于该社会团体的会员，其收取的会费属于该社会团体所有。

社会团体分支机构、代表机构的名称前应当冠以社会团体名称；开展活动，应当使用全称。分支机构、代表机构的英文译名应当与中文名称一致。

第十三条　社会团体在申请设立分支机构、代表机构时弄虚作假的，或者自取得《社会团体分支机构登记证书》或《社会团体代表机构登记证书》之日起1年未开展活动的，由登记管理机关对所设立的分支机构、代表机构予以撤销。

第十四条　社会团体有下列情形之一的，由登记管理机关依据《社会团体登记管理条例》第三十三条规定予以处理：

（一）未经登记，擅自以分支机构、代表机构名义进行活动的；

（二）以分支机构下设的分支机构名义进行活动的；

（三）以地域性分支机构名义进行活动的；

（四）未经批准，擅自开立分支机构银行基本存款账户的；（2010年12月27日删除）

（五）未尽到管理职责，致使分支机构、代表机构进行违法活动造成严重后果的。

第十五条　社会团体注销的，其所属的分支机构、代表机构同时注销。

第十六条　《社会团体分支机构登记证书》、《社会团体代表机构登记证书》的式样由国务院民政部门制定。

第十七条　本办法实施前已经备案的社会团体分支机构、代表机构，应当自本办法施行之日起1年内依照本办法有关规定申请登记。

第十八条　香港特别行政区、澳门特别行政区、台湾地区和外国社会团体在中国大陆设立分支机构、代表机构的，另行规定。

第十九条　本办法自发布之日起施行。

社会团体印章管理规定

· 1993年10月18日民政部、公安部令〔1993〕1号发布
· 根据2010年12月27日《民政部关于废止、修改部分规章的决定》修订

为了保障社会团体的合法权益，加强对社会团体印

章的管理,根据《社会团体登记管理条例》和《国务院关于国家行政机关和企业、事业单位印章的规定》(国发〔1993〕21号),现对社会团体印章的规格、制发和管理办法规定如下:

一、印章的规格、式样和制发

(一)社会团体的印章为圆形。

(二)全国性社会团体的印章,直径四点五厘米,中央刊五角星,五角星外刊社会团体的名称,自左而右环行,由社团登记管理机关出具证明,经该社团总部所在地的公安机关办理备案手续后,由社团登记管理机关制发。

(三)地方性社会团体的印章,直径四点二厘米,中央刊五角星,五角星外刊社会团体名称,自左而右环行。由地方社团登记管理机关出具证明,经该社团总部所在地的公安机关办理备案手续后,由地方社团登记管理机关制发。

(四)社会团体的办事机构和分支机构印章的尺寸式样及制发与其总部印章相同。社会团体的办事机构和分支机构印章名称前应冠其总部名称,前段自左而右环行,后段可以自左而右横行。

(五)社会团体主办的具有法人资格的实体单位按其登记注册或批准的名称刻制印章。

二、印章的名称、文字、字体和质料

(一)印章所刊名称,应为社会团体的法定名称。印章所刊名称字数过多,不易刻印清晰时,可以适当采用通用的简称。

(二)民族自治地方社会团体的印章,应当并列刊汉文和当地通用的民族文字。

(三)有国际交往的社会团体印章,需标有英文名称的,应当并列刊汉文和英文。

(四)印章印文中的汉字,使用宋体字并应用国务院公布实行的简化字。

(五)印章质料,由制发机关自定。

三、专用印章的制发

(一)钢印直径最大不得超过四点二厘米,最小不得小于三点五厘米,中央刊五角星,五角星外刊社会团体名称,自左而右环行,经社团登记管理机关和公安机关备案后刻制。

(二)其他专用章,在名称、式样上应与正式印章有所区别,经社团登记管理机关和公安机关备案后刻制。

四、印章的管理和缴销

(一)社会团体的印章经社团登记管理机关和有关业务主管部门备案后,方可启用。

(二)对社会团体非法刻制印章的,由公安机关视其情

节轻重,对其直接责任者予以500元以下罚款或警告;造成严重后果的,对其主管负责人或直接责任人追究法律责任。

(三)社会团体应建立健全印章管理制度,印章应有专人保管,对于违反规定使用印章造成严重后果的追究保管人和责任人的行政或法律责任。

(四)社会团体变更需要更换印章时,应到社会团体登记管理机关交回原印章,并按本规定重新刻制。

(五)社会团体办理注销登记,应将全部印章交回社团登记管理机关封存。

(六)社会团体被撤销,由社团登记管理机关收缴其印章。

(七)社会团体印章丢失,经声明作废后,可按本规定程序申请重新刻制。

(八)对于收缴和社会团体交回的印章,由社团登记管理机关登记造册,定期销毁,并将销毁印章的名册送公安机关备案。

五、本规定自发布之日起施行。一九九一年一月十二日发布的《社会团体印章管理的暂行规定》同时废止。

关于规范社会团体开展合作活动若干问题的规定

· 2012年9月27日
· 民发〔2012〕166号

第一条 为了进一步加强社会团体行为规范,维护社会团体正常活动秩序,规范社会团体开展合作活动,保护社会团体合法权益,制定本规定。

第二条 社会团体开展合作活动,是指社会团体作为独立法人与其他民事主体联合开展业务活动的行为。

第三条 社会团体开展合作活动,应当遵守相关法律法规和政策规定,符合章程规定的宗旨和业务范围,自觉接受登记管理机关、行业主管部门、有关职能部门的监督检查和社会监督。

第四条 社会团体开展合作活动,应当履行内部民主议事程序,根据章程规定和合作事项重要程度,分别提交会员大会(会员代表大会)、理事会(常务理事会)、会长办公会等讨论决定。

第五条 社会团体开展合作活动,应当签订书面合作协议,明确各方权利、义务,并切实履行职责。

第六条 社会团体开展合作活动,应当对合作方的资质、能力、信用等进行甄别考察,对合作协议内容认真审核,对合作项目全程监督。

第七条 社会团体开展合作活动,涉及使用本组织

名称、标志的，应当在合作前对合作方进行必要的调查了解，并对合作内容做好风险评估。

社会团体同意合作方使用本组织名称、标志的，应当与对方签订授权使用协议，明确各方权利、义务和法律责任。

社会团体以"主办单位""协办单位""支持单位""参与单位""指导单位"等方式开展合作活动的，应当切实履行相关职责，加强对活动全程监管，不得以挂名方式参与合作。

社会团体将自身业务活动委托其他组织承办或者协办的，应当加强对所开展活动的主导和监督，不得向承办方或者协办方以任何形式收取费用。

第八条　社会团体不得将自身开展的经营服务性活动转包或者委托与社会团体负责人、分支机构负责人有直接利益关系的个人或者组织实施。

第九条　社会团体合作举办经济实体，应当经理事会研究讨论后提请会员大会（会员代表大会）表决通过，其经营范围应当与社会团体章程规定的宗旨和业务范围相适应。

社会团体应当在资产、机构、人员等方面与所举办经济实体分开，不得利用所举办经济实体向会员或者服务对象强制服务、强制收费。

社会团体和所举办经济实体之间发生经济往来，应当按照等价交换的原则收取价款、支付费用。

社会团体应当加强对所举办经济实体财务情况的监督，并定期向会员大会（会员代表大会）、理事会报告相关情况。

第十条　未经社会团体授权或者批准，社会团体分支机构（代表机构）、专项基金管理机构不得与其他民事主体开展合作活动。经授权或者批准开展合作活动的，应当使用冠有所属社会团体名称的规范全称。

社会团体不得将其分支机构（代表机构）、专项基金管理机构委托其他组织运营。

社会团体不得向其分支机构（代表机构）、专项基金管理机构收取或者变相收取管理费用。

第十一条　社会团体与境外组织或者个人进行合作，应当遵守有关法律法规和外事管理规定。

第十二条　社会团体应当加强合作活动的财务管理，严格按照《中华人民共和国会计法》等法律法规以及《民间非营利组织会计制度》等规定，如实进行会计核算，将全部收支纳入单位法定账册。

第十三条　社会团体开展合作活动，还应当遵守以下规定：

（一）不得超出章程规定的宗旨和业务范围开展活动；

（二）不得以任何形式或者名义强制其他组织或者个人参加，不得强制收取相关费用；

（三）未经批准，不得举办评比达标表彰活动；

（四）与党政机关或者其他组织举办合作项目，应当事先征得合作方同意；

（五）利用党政机关领导干部个人名义进行宣传，应当征得本人同意。

第十四条　社会团体在接受年度检查时，应当向登记管理机关报告上一年度开展合作活动的情况。

民政部、海关总署关于社会团体和基金会办理进口慈善捐赠物资减免税手续有关问题的通知

·2016 年 4 月 14 日
·民发〔2016〕64 号

各省、自治区、直辖市民政厅（局），海关总署广东分署、各直属海关：

2015 年 12 月，财政部、海关总署、国家税务总局联合印发 2015 年第 102 号公告，公布了《慈善捐赠物资免征进口税收暂行办法》（以下简称《暂行办法》）。为确保《暂行办法》顺利实施，现将有关社会团体和基金会办理进口慈善捐赠物资减免税手续的有关事宜通知如下：

一、对于《暂行办法》第五条第（三）款规定的社会团体或基金会作为受赠人接受捐赠物资，有关社会团体或基金会向其登记管理的民政部门申请开具《慈善捐赠物资受赠人资格证明》（以下简称《证明》，格式见附件）的，民政部门对符合《暂行办法》第五条第（三）款有关规定的社会团体和基金会应及时出具《证明》。出具《证明》后，有关社会团体和基金会的评估等级或宗旨不再符合《暂行办法》规定的，民政部门应及时通知海关。

二、海关凭民政部门出具的《证明》（正本）和其他规定材料，按照海关总署 2016 年第 17 号公告的规定，对有关社会团体或基金会进口的捐赠物资进行审核确认，办理减免税手续。

三、省级民政部门和海关要加强联系、通力配合，严格执行和贯彻落实《暂行办法》有关规定。

附件：慈善捐赠物资受赠人资格证明（略）

关于通过公益性群众团体的公益性捐赠税前扣除有关事项的公告

· 2021 年 6 月 2 日
· 财政部、税务总局公告 2021 年第 20 号

为贯彻落实《中华人民共和国企业所得税法》及其实施条例、《中华人民共和国个人所得税法》及其实施条例，现就通过公益性群众团体的公益性捐赠税前扣除有关事项公告如下：

一、企业或个人通过公益性群众团体用于符合法律规定的公益慈善事业捐赠支出，准予按税法规定在计算应纳税所得额时扣除。

二、本公告第一条所称公益慈善事业，应当符合《中华人民共和国公益事业捐赠法》第三条对公益事业范围的规定或者《中华人民共和国慈善法》第三条对慈善活动范围的规定。

三、本公告第一条所称公益性群众团体，包括依照《社会团体登记管理条例》规定不需进行社团登记的人民团体以及经国务院批准免予登记的社会团体（以下统称群众团体），且按规定条件和程序已经取得公益性捐赠税前扣除资格。

四、群众团体取得公益性捐赠税前扣除资格应当同时符合以下条件：

（一）符合企业所得税法实施条例第五十二条第一项至第八项规定的条件；

（二）县级以上各级机构编制部门直接管理其机构编制；

（三）对接受捐赠的收入以及用捐赠收入进行的支出单独进行核算，且申报前连续 3 年接受捐赠的总收入中用于公益慈善事业的支出比例不低于 70%。

五、公益性捐赠税前扣除资格的确认按以下规定执行：

（一）由中央机构编制部门直接管理其机构编制的群众团体，向财政部、税务总局报送材料；

（二）由县级以上地方各级机构编制部门直接管理其机构编制的群众团体，向省、自治区、直辖市和计划单列市财政、税务部门报送材料；

（三）对符合条件的公益性群众团体，按照上述管理权限，由财政部、税务总局和省、自治区、直辖市、计划单列市财政、税务部门分别联合公布名单。企业和个人在名单所属年度内向名单内的群众团体进行的公益性捐赠支出，可以按规定进行税前扣除；

（四）公益性捐赠税前扣除资格的确认对象包括：

1. 公益性捐赠税前扣除资格将于当年末到期的公益性群众团体；

2. 已被取消公益性捐赠税前扣除资格但又重新符合条件的群众团体；

3. 尚未取得或资格终止后未取得公益性捐赠税前扣除资格的群众团体。

（五）每年年底前，省级以上财政、税务部门按权限完成公益性捐赠税前扣除资格的确认和名单发布工作，并按本条第（四）项规定的不同审核对象，分别列示名单及其公益性捐赠税前扣除资格起始时间。

六、本公告第五条规定需报送的材料，应在申报年度 6 月 30 日前报送，包括：

（一）申报报告；

（二）县级以上各级党委、政府或机构编制部门印发的"三定"规定；

（三）组织章程；

（四）申报前 3 个年度的受赠资金来源、使用情况，财务报告，公益活动的明细，注册会计师的审计报告或注册会计师、（注册）税务师、律师的纳税审核报告（或鉴证报告）。

七、公益性捐赠税前扣除资格在全国范围内有效，有效期为三年。

本公告第五条第（四）项规定的第一种情形，其公益性捐赠税前扣除资格自发布名单公告的次年 1 月 1 日起算。本公告第五条第（四）项规定的第二种和第三种情形，其公益性捐赠税前扣除资格自发公告的当年 1 月 1 日起算。

八、公益性群众团体前 3 年接受捐赠的总收入中用于公益慈善事业的支出比例低于 70% 的，应当取消其公益性捐赠税前扣除资格。

九、公益性群众团体存在以下情形之一的，应当取消其公益性捐赠税前扣除资格，且被取消资格的当年及之后三个年度内不得重新确认资格：

（一）违反规定接受捐赠的，包括附加对捐赠人构成利益回报的条件、以捐赠为名从事营利性活动、利用慈善捐赠宣传烟草制品或法律禁止宣传的产品和事项、接受不符合公益目的或违背社会公德的捐赠等情形；

（二）开展违反组织章程的活动，或者接受的捐赠款项用于组织章程规定用途之外的；

（三）在确定捐赠财产的用途和受益人时，指定特定受益人，且该受益人与捐赠人或公益性群众团体管理人员存在明显利益关系的；

（四）受到行政处罚（警告或单次 1 万元以下罚款除外）的。

对存在本条第（一）、（二）、（三）项情形的公益性群众团体，应对其接受捐赠收入和其他各项收入依法补征企业所得税。

十、公益性群众团体存在以下情形之一的，应当取消其公益性捐赠税前扣除资格且不得重新确认资格：

（一）从事非法政治活动的；

（二）从事、资助危害国家安全或者社会公共利益活动的。

十一、获得公益性捐赠税前扣除资格的公益性群众团体，应自不符合本通知第四条规定条件之一或存在本通知第八、九、十条规定情形之一之日起15日内向主管税务机关报告。对应当取消公益性捐赠税前扣除资格的公益性群众团体，由省级以上财政、税务部门核实相关信息后，按权限及时向社会发布取消资格名单公告。自发布公告的次月起，相关公益性群众团体不再具有公益性捐赠税前扣除资格。

十二、公益性群众团体在接受捐赠时，应按照行政管理级次分别使用由财政部或省、自治区、直辖市财政部门监（印）制的公益事业捐赠票据，并加盖本单位的印章；对个人索取捐赠票据的，应予以开具。

企业或个人将符合条件的公益性捐赠支出进行税前扣除，应当留存相关票据备查。

十三、除另有规定外，公益性群众团体在接受企业或个人捐赠时，按以下原则确认捐赠额：

（一）接受的货币性资产捐赠，以实际收到的金额确认捐赠额；

（二）接受的非货币性资产捐赠，以其公允价值确认捐赠额。捐赠方在向公益性群众团体捐赠时，应当提供注明捐赠非货币性资产公允价值的证明；不能提供证明的，接受捐赠方不得向其开具捐赠票据。

十四、为方便纳税主体查询，省级以上财政、税务部门应当及时在官方网站上发布具备公益性捐赠税前扣除资格的公益性群众团体名单公告。

企业或个人可通过上述渠道查询群众团体公益性捐赠税前扣除资格及有效期。

十五、本公告自2021年1月1日起执行。《财政部 国家税务总局关于通过公益性群众团体的公益性捐赠税前扣除有关问题的通知》（财税〔2009〕124号）同时废止。

为做好政策衔接工作，尚未完成2020年度及以前年度群众团体的公益性捐赠税前扣除资格确认工作的，各级财政、税务部门按原政策规定执行；群众团体公益性捐赠税前扣除资格2020年末到期的，其2021年度——2023年度公益性捐赠税前扣除资格自2021年1月1日起算。

特此公告。

财政部关于同意统一发放全国性社会团体会费统一票据的函

· 2015年11月6日
· 财综〔2015〕98号

民政部：

你部《关于商请移交全国性社会团体会费统一票据发放工作的函》（民函〔2015〕308号）收悉。经研究，现就有关问题函复如下：

一、为落实国务院机构改革和职能转变方案，进一步理顺权责关系，按照权力清单制度的相关要求，根据《财政票据管理办法》（财政部令第70号）有关规定，同意由我部统一发放《全国性社会团体会费统一票据》。

二、为保障《全国性社会团体会费统一票据》发放管理工作正常开展，请你部及时将相关事宜通知有关社会团体，并做好现有票据库存的清理、造册、移交等工作。

三、地方性社会团体会费票据的发放管理工作，由各省、自治区、直辖市财政部门与民政部门商定。

四、本文自2016年1月1日起施行。《财政部关于制发全国性社会团体会费收据的复函》（财综字〔1993〕87号）同时废止。

此复。

关于进一步规范社会团体会费票据使用管理的通知

· 2016年8月26日
· 财办综〔2016〕99号

为切实加强社会团体会费票据（以下简称社团会费票据）监督管理，规范社团会费票据使用行为，强化社会团体会费收入会计核算和财务监督，根据《财政票据管理办法》（财政部第70号令）有关规定，现将有关事项通知如下：

一、严格限定社团会费票据的适用范围

社团会费票据是依法成立的社会团体向会员收取会费时开具的法定凭证，是财政票据的重要组成部分，是财政、民政、审计等部门进行监督的重要依据。社会团体的其他收入不得使用社团会费票据。

二、统一制定社团会费票据的式样

社团会费票据实行全国统一式样、规格。社团会费票据设置三联,包括存根联、收据联和记账联,各联次采用不同颜色予以区分。基本内容包括票据名称、票据监制章、票据号码、会费名称、标准、数量、金额、交款单位或个人、开票日期、联次、收款单位、收款人、支票号等(具体式样和规格见附件1、附件2)。

三、严格执行社团会费票据的领用程序

会费票据实行凭证申领、分次限量、核旧领新制度。

社会团体首次申领社团会费票据,应向与其注册登记部门同级的财政部门提出申请,提交申请函,说明收取会员费的依据及标准;提供加载统一社会信用代码的社团登记证书及复印件、经民政部门依法核准的单位章程复印件,同级财政部门要求的其他材料,填写《财政票据领用证申请表》。社会团体提供的所有材料均需加盖社会团体公章。受理申请的财政部门审核材料,对符合条件的,办理《财政票据领用证》,并发放社团会费票据。

社会团体再次申领社团会费票据,应当出示《财政票据领用证》,并提交前次申领的社团会费票据存根和使用情况说明,经财政部门审验无误并进行核销后,方可继续申领社团会费票据。

四、进一步规范社团会费票据的使用管理

各社会团体要按本通知规定的使用范围开具社团会费票据,不得擅自扩大社团会费票据使用范围,不得将社团会费票据与其他财政票据、税务发票互相串用。社团会费票据的使用、管理、核销、销毁等按照《财政票据管理办法》有关规定执行。

五、切实加强社团会费票据的监督检查

财政部门要建立健全财政票据监督检查制度,对社团会费票据的印制、使用、管理等情况进行检查。社会团体应自觉接受财政部门对社团会费票据的监督检查。对违反规定申领、使用、管理社团会费票据的社会团体,财政部门应责令其限期整改,并依照《财政票据管理办法》等相关规定进行处理、处罚。整改期间,暂停向其发放社团会费票据。

六、积极推进社团会费票据的电子化改革

各级财政部门要积极推进社团会费票据电子化改革,依托计算机和网络技术手段,对社团会费票据实行电子开票、自动核销、全程跟踪、源头控制,全面提高社团会费票据监管效率和水平。同时,各级财政部门要加强财政票据电子化管理系统安全管理,严格按照规定进行安全定级,实施安全认证,实行数据备份,保障网络安全、系统安全、数据安全。

附件:1. 全国性(XX省、自治区、直辖市)社会团体会费统一票据(机打票)式样(略)

2. 全国性(XX省、自治区、直辖市)社会团体会费统一票据(手工票)式样(略)

民政部、财政部关于取消社会团体会费标准备案规范会费管理的通知

· 2014年7月25日
· 民发〔2014〕166号

各省、自治区、直辖市民政厅(局)、财政厅(局),各计划单列市民政局、财政局,新疆生产建设兵团民政局、财务局:

为切实转变政府职能,简政放权,推进社会团体依法自治,激发社会团体活力,现就社会团体会费有关事项通知如下:

一、自《通知》发布之日起,社会团体通过的会费标准,不再报送业务主管单位、社会团体登记管理机关和财政部门备案。

二、经社会团体登记管理机关批准成立的社会团体,可以向个人会员和单位会员收取会费。

三、社会团体可以依据章程规定的业务范围、工作成本等因素,合理制定会费标准。

会费标准的额度应当明确,不得具有浮动性。

四、社会团体制定或者修改会费标准,应当召开会员大会或者会员代表大会,应当有2/3以上会员或者会员代表出席,并经出席会员或者会员代表1/2以上表决通过,表决采取无记名投票方式进行。

除会员大会或者会员代表大会以外,不得采取任何其他形式制定或者修改会费标准。

五、社会团体应当自通过会费标准决议之日起30日内,将决议向全体会员公开。

六、社会团体会费应当主要用于为会员提供服务以及按照该社会团体宗旨开展的各项业务活动等支出。

社会团体应当每年向会员公布会费收支情况,定期接受会员大会或者会员代表大会的审查,并在社会团体年检时填报会费收支情况。

七、社会团体收取会费,应当按照规定使用财政部和省(自治区、直辖市)财政部门印(监)制的社会团体会费收据。除会费以外,其他收入不得使用社会团体会费收据。

八、社会团体会费标准的制定、修改,以及会费收取、

使用和管理不符合本通知规定的,社会团体登记管理机关可以依据《社会团体登记管理条例》的有关规定,给予相应处罚。

社会团体登记管理机关和财政部门应当对社会团体会费的收支情况进行监督检查,发现问题,及时处理。

九、社会团体收取会费不符合本通知第三条、第四条、第六条规定的,社会团体会员有权拒绝缴纳,并可以向有关部门举报。

《民政部 财政部关于调整社会团体会费政策等有关问题的通知》(民发〔2003〕95号)、《民政部 财政部关于进一步明确社会团体会费政策的通知》(民发〔2006〕123号)自本通知印发之日起同时废止。

民政部关于重新确认社会团体业务主管单位的通知

·2001年2月23日
·民发〔2000〕41号

各省、自治区、直辖市人民政府,中央和国家机关各部委,军委总政治部,各人民团体:

为了贯彻执行《中共中央办公厅、国务院办公厅关于进一步加强民间组织管理工作的通知》(中办发〔1999〕34号)精神,进一步明确社会团体登记管理机关与业务主管单位的管理职责,建立和完善社会团体双重管理体制,使社会团体更好地发挥积极作用,经中共中央、国务院领导同志同意,现就重新确认社会团体业务主管单位的有关问题通知如下:

一、社会团体业务主管单位的管理职责

社会团体业务主管单位的职能应能涵盖所属社会团体的业务范围,并能够对主管的社会团体进行业务指导。各业务主管单位必须对其所主管社会团体负责,按照中共中央、国务院文件和有关法规的规定切实履行管理职责。各业务主管单位应建立相应的管理机构,选派政治强、作风正、素质好的同志具体从事社团管理工作。业务主管单位对其所主管社会团体在其业务主管单位未做新的调整之前,必须负责到底,决不能撒手不管。

社会团体业务主管单位的管理职责:

(一)负责社会团体筹备申请、成立登记、变更登记、注销登记前的审查;

(二)负责社会团体的思想政治工作、党的建设、财务和人事管理、研讨活动、对外交往、接受境外捐赠资助;

(三)监督、指导社会团体遵守宪法、法律、法规和国家政策,依据章程开展活动;

(四)负责社会团体年度检查的初审;

(五)负责协助登记管理机关和其他有关部门查处社会团体的违法行为;

(六)会同有关机关指导社会团体的清算事宜。

二、社会团体的业务主管单位是指:

(一)国务院组成部委、国务院直属机构、国务院办事机构及地方县级以上人民政府的相应部门和机构;

(二)中共中央各工作部门、代管单位及地方县级以上党委的相应部门和单位;

(三)全国人大常委会办公厅、全国政协办公厅、最高人民法院、最高人民检察院及地方县级以上上述机关的相应部门;

(四)经中共中央、国务院或地方县级以上党委、人民政府授权作为社会团体业务主管单位的组织;

(五)军队系统的社会团体的业务主管单位的问题由总政治部明确。

三、经中共中央、国务院或地方县级以上党委、人民政府授权作为社会团体业务主管单位的组织,应具备以下条件:

(一)能够全面履行社会团体业务主管单位职责的组织;

(二)中央或地方机构编制管理机关"定职能、定机构、定编制"的组织;

(三)有具体机构和人员从事社会团体管理工作的组织;

(四)经中共中央、国务院或地方县级以上党委、人民政府履行过授权程序的组织。

同时具备以上条件的组织,方可作为社会团体的业务主管单位。

四、授权下列组织为全国性社会团体的业务主管单位:

中国社会科学院、国务院发展研究中心、中国地震局、中国气象局、中国证券监督管理委员会、中国保险监督管理委员会、中央党校、中央文献研究室、中央党史研究室、中央编译局、外文局、中华全国总工会、中国共产主义青年团、中华全国妇女联合会、中国文学艺术界联合会、中国作家协会、中国科学技术协会、中华全国归国华侨联合会、中华全国新闻工作者协会、中国人民对外友好协会、中国残疾人联合会、中国职工思想政治工作研究会。

地方县级以上党委、各级人民政府可参照以上意见,根据当地实际情况,对符合第三项前三款条件的组织予以授权。

民政部关于成立以人名命名的社会团体问题的通知

· 2000 年 7 月 21 日
· 民发〔2000〕168 号

各省、自治区、直辖市民政厅（局），各计划单列市民政局，新疆生产建设兵团民政局：

最近，我部接到地方民政厅关于成立以人名命名社团问题的请示。经研究，并报经中共中央办公厅同意，现通知如下：

一、社会团体名称通常具有表明其活动地域、宗旨和性质的作用，如无特殊需要，一般不以人名命名；

二、以人名命名社会团体，目前只限于确实需要的科技、教育、卫生、文化艺术领域内，对我国和世界做出了巨大贡献、享有盛誉的杰出人物；

三、社会团体一般不以已故或健在的党和国家领导人以及政治活动家的名字命名。

四、地方民政部门在审批以人名命名的社会团体时应多方征求意见，从严把关。凡涉及以党和国家领导人或政治活动家命名的社会团体，应报民政部，经民政部审核同意后，地方民政部门按程序办理登记手续。

民政部关于对部分团体免予社团登记有关问题的通知

· 2000 年 12 月 5 日
· 民发〔2000〕256 号

为了认真贯彻《社会团体登记管理条例》（以下简称《条例》），经党中央、国务院领导同志同意，现就部分社团不登记和可以免予登记的有关问题通知如下：

一、参加中国人民政治协商会议的人民团体不进行社团登记。参加中国人民政治协商会议的人民团体有：中华全国总工会、中国共产主义青年团、中华全国妇女联合会、中国科学技术协会、中华全国归国华侨联合会、中华全国台湾同胞联谊会、中华全国青年联合会、中华全国工商业联合会。

二、经国务院批准可以免予登记的社会团体有：中国文学艺术界联合会、中国作家协会、中华全国新闻工作者协会、中国人民对外友好协会、中国人民外交学会、中国国际贸易促进会、中国残疾人联合会、宋庆龄基金会、中国法学会、中国红十字总会、中国职工思想政治工作研究会、欧美同学会、黄埔军校同学会、中华职业教育社。

三、上述可以免予登记的团体，如果愿意按《条例》规定到社会团体登记管理机关进行登记和参加年检的，可按照《条例》和有关规定办理登记手续。如果不愿到社会团体登记管理机关进行登记，社会团体登记管理机关在这次社团清理整顿中不再更换新的社会团体法人证书。已经领取社会团体法人证书和已刻制的印章等应退回社会团体登记管理机关。

四、除了国务院批准可以免予登记的社团之外，其他全国性社团和省级及其以下地方性社团都应该按照《条例》的规定履行登记手续。

民政部主管的社会团体管理暂行办法

· 1998 年 6 月 12 日
· 民社发〔1998〕6 号

第一条　为了适应政府转变职能和民政工作的需要，更好地发挥民政部主管的社团的积极作用，依据《社会团体登记管理条例》，制定本办法。

第二条　社团具有独立的法人资格，独立承担民事责任，依据登记的章程独立自主地开展各项活动和管理内部事务。

第三条　社团接受部委托职能以项目协议的形式实施，明确职责、经费与合作关系。

社团的业务活动、党组织建设、有关的人事和外事工作分别由相关业务司局、部直属机关党委、人事教育司和外事司主管。

社团的登记年检和违法、违纪行为的查处，由民间组织管理局主管。

受部委托，中华慈善总会由民间组织管理局主管；中国社会福利协会、中国假肢协会、中国殡葬协会由社会福利与社会事务司主管；中国救灾协会由救灾司主管；中国社会工作协会由办公厅主管；中国行政区划地名研究会由区划地名司主管；中国老年大学学会、中国老年学学会、中国老年基金会由中国老龄协会主管。

部主管司、局（厅）不得从社团中牟取任何经济利益。

第四条　社团必须认真执行党的政策、遵守国家的法律、法规，自觉接受民政部及授权司、局（厅）管理。

第五条　社团变更法定代表人，由业务主管司、局（厅）推荐，人事教育司审核，部党组研究同意，经理事会（常务理事会）讨论通过后，向民间组织管理局申请变更登记。

第六条　社团秘书长以上负责人更换，应由人事教育司会同业务主管司、局（厅）对拟任负责人进行审查，社团依据章程履行民主程序后,向民间组织管理局办理有关备案手续。

第七条　部机关在职公务员,均不得在社团中兼任领导职务。因特殊情况确需在社团中兼任领导职务的,必须按干部管理权限进行审批,依章程规定履行民主程序后,由民间组织管理局办理有关手续。

第八条　社团常设办事机构中要按中共中央组织部和民政部《关于在社会团体中建立党组织有关问题的通知》(组通字〔1998〕6号)规定建立健全党的组织。

第九条　社团变更名称(住所、业务主管部门、注册资金),依据章程履行民主程序,应经业务主管司、局(厅)审查后,向民间组织管理局申请变更登记。

社团修改章程,应经业务主管司、局(厅)审查同意后,向民间组织管理局申请核准。

第十条　社团设立(变更或注销)分支机构、派出机构,由理事会(常务理事会)讨论通过,经业务主管司、局(厅)审查后,向民间组织管理局申请办理有关登记手续。

第十一条　社团开展对外交活动和申请公务出国,由业务主管司、局(厅)审查,外事司审核报批。

第十二条　社团开展重大业务活动,如召开大型研讨会、举办展览会等,应由业务主管司、局(厅)审查核准。

第十三条　社团的主要经费来源:

(一)会费;

(二)社团发展基金利息;

(三)开展咨询、培训、课题研究等有偿服务活动的收入;

(四)兴办或管理与宗旨业务相关的实体,按协议取得的收入;

(五)政府部门资助;

(六)社会捐赠。

第十四条　社团接受和使用捐赠、资助,必须符合章程规定的宗旨和业务范围,遵守国家有关规定,并接受民间组织管理局指定的会计师事务所的审计。经部批准建立的社团发展基金,社团不得以任何理由使用本金。

第十五条　社团应依据国家财政部门有关规定,建立健全财务管理制度,聘用有执业资格的财会人员从事财务工作,定期公布财务收支情况,并接受部和有关部门的财务审计监督。

第十六条　社团兴办与宗旨、业务相关的实体,应经业务主管司、局(厅)审查同意,报部领导批准,依据有关规定到工商行政管理机关办理登记手续后,向民间组织管理局备案。社团对自身兴办和部委托代管的实体,要

加强管理,切实负起责任。所有社团不得接受社会有关实体的挂靠。

第十七条　社团每年3月前对上一年度工作、财务情况进行自检,按规定填写年检报告书和接受会计师事务所对其财务的审计。以上材料经业务主管司、局(厅)签署有关意见后,报送民间组织管理局审定。

第十八条　社团申请注销登记,应在业务主管司、局(厅)指导下,成立清算组织,完成清算工作,提交法定代表人签署的注销登记申请书、业务主管司、局(厅)的审查意见、部长办公会议同意注销登记的纪要以及清算报告书。经民间组织管理局注销登记后,发给注销登记文件,收缴社团登记证书、印章及财务凭证。

本办法未尽事宜,依照《社会团体登记管理条例》和国家有关规定执行。

全国性行业协会商会负责人任职管理办法(试行)

· 2015年9月7日
· 民发〔2015〕166号

第一条　为规范全国性行业协会商会负责人任职管理,促进全国性行业协会商会健康有序发展,根据《社会团体登记管理条例》和《行业协会商会与行政机关脱钩总体方案》有关规定,制定本办法。

第二条　本办法适用于按照《行业协会商会与行政机关脱钩总体方案》参加脱钩的全国性行业协会商会。

第三条　全国性行业协会商会负责人是指担任理事长(会长)、副理事长(副会长)、秘书长等职务的人员。

第四条　全国性行业协会商会负责人应当具备以下基本任职条件:

(一)坚持中国共产党领导,拥护中国特色社会主义,坚决执行党的路线方针政策;

(二)遵纪守法,勤勉尽职,个人社会信用记录良好;

(三)具备相应的专业知识、经验和能力,熟悉行业情况;

(四)身体健康,能正常履责,年龄界限为70周岁;

(五)具有完全民事行为能力;

(六)没有法律法规禁止任职的其他情形。

理事长(会长)、秘书长不得兼任其他社会团体理事长(会长)、秘书长。

理事长(会长)和秘书长不得由同一人兼任,并不得来自于同一会员单位。

第五条　全国性行业协会商会换届选举工作由理事

会负责,可成立由理事代表、监事代表、党组织代表和会员代表组成的专门选举委员会或领导小组,负责提名新一届负责人候选人,并组织换届选举工作。

第六条　全国性行业协会商会负责人候选人的审核把关按《关于全国性行业协会商会与行政机关脱钩后党建工作管理体制调整的办法(试行)》执行,由中央直属机关工委、中央国家机关工委、国资委党委负责,党内职务按党的有关规定执行。

第七条　全国性行业协会商会新一届负责人候选人应当于换届前15日向全体会员公示,公示期为7天。

第八条　全国性行业协会商会负责人应当履行民主选举程序,通过会员(会员代表)大会或者理事会以无记名投票方式选举产生。

第九条　全国性行业协会商会负责人选举会议须有2/3以上会员(会员代表)或者理事出席方能召开。召开会员(会员代表)大会的,其选举结果须经到会会员(会员代表)1/2以上赞同方为有效;召开理事会的,须经到会理事2/3以上赞同方为有效。

第十条　全国性行业协会商会负责人不设置行政级别,不得由现职和不担任现职但未办理退(离)休手续的公务员兼任。

领导干部退(离)休后三年内,一般不得到行业协会商会兼职,个别确属工作特殊需要兼职的,应当按照干部管理权限审批;退(离)休三年后到行业协会商会兼职,须按干部管理权限审批或备案后方可兼职。

第十一条　全国性行业协会商会负责人每届任期最长不得超过5年,连任不超过2届。

第十二条　全国性行业协会商会法定代表人一般由理事长(会长)担任,不得兼任其他社会团体法定代表人。

实行理事长(会长)轮值制的全国性行业协会商会法定代表人,可由副理事长(副会长)或者选举产生的秘书长担任。

第十三条　全国性行业协会商会秘书长为专职,可以通过选举、聘任或者向社会公开招聘产生。聘任或者向社会公开招聘的具体方式由理事会研究确定。

聘任或者向社会公开招聘的秘书长任期不受限制,可不经过民主选举程序。聘任或者向社会公开招聘的秘书长不得担任全国性行业协会商会法定代表人。

第十四条　全国性行业协会商会负责人应当自觉接受党组织和有关方面的监督,理事长(会长)应每年向理事会进行述职。

第十五条　全国性行业协会商会产生新一届负责人后,应当自产生之日起30日内到登记管理机关履行备案手续。

第十六条　登记管理机关应当定期组织面向新任全国性行业协会商会秘书长的任职培训。

第十七条　全国性行业协会商会存在负责人违反本办法任职的,登记管理机关责令改正,拒不改正的,依法予以行政处罚。

第十八条　本办法自发布之日起执行。

最高人民法院、民政部、环境保护部
关于贯彻实施环境民事公益诉讼制度的通知

· 2014年12月26日
· 法〔2014〕352号

各省、自治区、直辖市高级人民法院、民政厅(局)、环境保护厅(局)、新疆维吾尔自治区高级人民法院生产建设兵团分院、民政局、环境保护局:

为正确实施《中华人民共和国民事诉讼法》《中华人民共和国环境保护法》《最高人民法院关于审理环境民事公益诉讼案件适用法律若干问题的解释》,现就贯彻实施环境民事公益诉讼制度有关事项通知如下:

一、人民法院受理和审理社会组织提起的环境民事公益诉讼,可根据案件需要向社会组织的登记管理机关查询或者核实社会组织的基本信息,包括名称、住所、成立时间、宗旨、业务范围、法定代表人或者负责人、存续状态、年检信息、从事业务活动的情况以及登记管理机关掌握的违法记录等,有关登记管理机关应及时将相关信息向人民法院反馈。

二、社会组织存在通过诉讼牟取经济利益情形的,人民法院应向其登记管理机关发送司法建议,由登记管理机关依法对其进行查处,查处结果应向社会公布并通报人民法院。

三、人民法院受理环境民事公益诉讼后,应当在十日内通报对被告行为负有监督管理职责的环境保护主管部门。环境保护主管部门收到人民法院受理环境民事公益诉讼案件线索后,可以根据案件线索开展核查;发现被告行为构成环境行政违法的,应当依法予以处理,并将处理结果通报人民法院。

四、人民法院因审理案件需要,向负有监督管理职责的环境保护主管部门调取涉及被告的环境影响评价文件及其批复、环境许可和监管、污染物排放情况、行政处罚及处罚依据等证据材料的,相关部门应及时向人民法院提交,法律法规规定不得对外提供的材料除外。

五、环境民事公益诉讼当事人达成调解协议或者自行达成和解协议的,人民法院应当将协议内容告知负有监督管理职责的环境保护主管部门。相关部门对协议约定的修复费用、修复方式等内容有意见和建议的,应及时向人民法院提出。

六、人民法院可以判决被告自行组织修复生态环境,可以委托第三方修复生态环境,必要时也可以商请负有监督管理职责的环境保护主管部门共同组织修复生态环境。对生态环境损害修复结果,人民法院可以委托具有环境损害评估等相关资质的鉴定机构进行鉴定,必要时可以商请负有监督管理职责的环境保护主管部门协助审查。

七、人民法院判决被告承担的生态环境修复费用、生态环境受到损害至恢复原状期间服务功能损失等款项,应当用于修复被损害的生态环境。提起环境民事公益诉讼的原告在诉讼中所需的调查取证、专家咨询、检验、鉴定等必要费用,可以酌情从上述款项中支付。

八、人民法院应将判决执行情况及时告知提起环境民事公益诉讼的社会组织。

各级人民法院、民政部门、环境保护部门应认真遵照执行。对于实施工作中存在的问题和建议,请分别及时报告最高人民法院、民政部、环境保护部。

· 请示答复

民政部关于基层工会登记问题的复函

· 1994 年 9 月 29 日

· 民社函〔1994〕229 号

陕西省民政厅:

你厅《关于基层工会要求取得社团法人资格的请示》(陕民社发〔1994〕160 号)收悉。经研究并向全国人大法律委员会请示,现答复如下:

一、全国人大法律委员会办公室就天津市人大起草的《工会法实施办法》中的有关问题给天津市人大常委会秘书局作了答复:"工会法第十四条规定,'基层工会组织具备民法通则规定的法人条件的,依法取得社会团体法人资格'。《工会法实施办法》第九条第二款规定:'基层工会组织具备《中华人民共和国民法通则》规定的法人条件的,自批准成立之日起具有社会团体法人资

格。'这一规定,与工会法关于基层工会组织的社会团体法人资格应依法取得的规定不一致。"

二、全国人大法律委员会、民政部、全国总工会正在协商基层工会组织依法取得法人资格登记的有关事宜。

三、为了有利于基层工会法人资格的确定,有利于社会团体的健康发展,望接到此文后,转告有关方面,暂停对基层工会的登记和颁证工作。

附件: 一、全国人大法律委员会法律办复字(94)2 号(略)

二、《天津市实施〈中华人民共和国工会法〉办法》第九条第二款(略)

民政部关于非法人社会团体改为法人社会团体登记问题的复函

· 1992 年 7 月 17 日

· 民社函〔1992〕220 号

上海市民政局:

你局《关于非法人社会团体改为法人社会团体登记事宜的请示》〔沪民社发(1992)第 10 号〕收悉,现答复如下:

一、由非法人社会团体改为法人社会团体,应先办理非法人社会团体注销登记,后履行法人社会团体成立登记手续。经注销登记的非法人社会团体,其代码同时废置。

二、社会团体登记管理机关对其核准登记的法人社会团体,可根据《全国企业、事业单位和社会团体代码的编制和管理办法》的规定,在其编码区段内,赋予其法人社会团体代码。

民政部关于社团登记管理工作若干问题的复函

· 1990 年 10 月 17 日

· 民社函〔1990〕230 号

黑龙江省民政厅:

你厅 9 月 25 日《关于社团登记管理工作几个政策问题的请示》电文收悉,现答复如下:

一、关于科协、社联等社团能否作业务主管部门问题

根据民政部《关于〈社会团体登记管理条例〉有关问题的通知》(民社发〔1989〕59 号文件)第三条关于"有些社会团体的业务主管部门不便由政府工作部门或党的工

作部门承当时，经民政部门与有关业务部门协商同意后，也可以委托有能力进行资格审查和业务指导的其他单位承担这一职责"的规定，考虑到科协的历史作用，经与科委协商一致后，可以委托科协负责自然科学学术性团体的资格审查和业务指导。经科协论证并确认的学科性团体，由其进行日常管理。

由于政府部门没有管理社会科学方面的职能机构，民政部门可与省委宣传部协商，委托社科联负责社会科学学科性团体的资格审查和业务指导。

二、关于学术性、专业性、联合性社团的设立标准问题

关于学术性团体的设立标准，目前国家技术监督局正在组织制定，请你们与省标准局、科协、社科联联系，他们可能有这方面划分的初步意见。在协商一致的基础上，主要是由资格审查部门认定。

专业性的社团主要是由专业人员组成或以专业技术、专门资金为从事某项事业而成立的团体。其中行业协会可参照国民经济行业分类的中类标准掌握。各部门、各系统的其他专业性团体的设立，可由其资格审查部门进行规划，提出标准，必要时报省政府批准。

联合性社团主要指学术性、行业性、专业性团体的联合体。这种联合应是具有共同利益，并在业务上有内在联系的团体间的联合。如文艺方面的文联，科技方面的科协，社会科学方面的社科联等。对于人群的联合体，原则上应从严掌握。

三、关于社团章程的规范问题

社团章程是社团成员共同遵守的法规性文件。社团章程应载明：

1. 社团名称，中文名称的全称或英文译名全称和英文缩写名(少数民族自治地区可与汉字对应使用民族文字)；

2. 社团宗旨，即用简洁的语言反映社团的业务方向和根本目标；

3. 经费来源，即用于社团业务活动和工作人员开支的经费筹集方式；

4. 组织机构，主要是指社团内部工作机构的设立及其职责；

5. 负责人的产生程序和职权范围；

6. 章程的批准、修改和解释权的确定；

7. 社团的终止程序，即社团自行终止活动时应经过哪一级组织批准及批准程序的规定；

8. 其他应载明的事项。

在审查社团章程时，如有违背《条例》规定的重大原则方面的内容，社团登记管理机关应予纠正。但有些社

团章程的内容表述是长时期形成的，并经党和政府批准确认的，可维持其现状。

四、关于成立同业公会的问题

目前，部里正组织力量调查这类问题，待调查研究后，再作具体规定。

民政部关于办理社会团体登记问题的复函

· 1990 年 10 月 27 日
· 民社函〔1990〕236 号

海南省民政厅：

你厅 9 月 10 日《关于办理社会团体登记问题的请示》(琼民登字〔1990〕36 号)收悉。经研究，现答复如下：

一、关于全国性和跨省(自治区)性社会团体要求在海南省设立办事处(联络处)的问题

全国性和跨省(自治区、直辖市)性社会团体一般不得在其会址以外的地区设立办事处(联络处)。因有特殊需要申请设立的，需经民政部批准。驻在省民政厅可根据其持有的批准证件，予以备案。

办事处(联络处)是社会团体的派出机构，不具有法人资格，只能以所属社团的名义开展业务活动，并要接受驻在省民政厅的日常监督和管理。

二、关于成立联谊性社会团体的问题

对申请成立联谊性的社会团体，总的原则应持慎重态度。

1. 成立联谊性社会团体必须坚持有利于祖国统一、民族团结，有利于政治、经济的稳定和科学、文化、教育事业的繁荣。

2. 除少数历史悠久、有一定国际声誉的校友会及有利于开展海外工作的同乡会外，一般不宜成立校友会、同乡会等联谊性社会团体。

凡确因社会需要而成立校友会、同乡会等联谊性社会团体，应按照不同性质，分别由教育、外事、统战等业务主管部门审查同意后，当地民政部门才可办理核准登记手续。

3. 鉴于以某一姓氏或以某一姓氏为主体组成的宗族性社会团体和以某一地区为基础组成的联谊会等社团组织副作用较大，不宜批准成立。

3. 民办非企业单位管理

民办非企业单位登记管理暂行条例

· 1998 年 10 月 25 日中华人民共和国国务院令第 251 号发布
· 自发布之日起施行

第一章　总　则

第一条　为了规范民办非企业单位的登记管理，保障民办非企业单位的合法权益，促进社会主义物质文明、精神文明建设，制定本条例。

第二条　本条例所称民办非企业单位，是指企业事业单位、社会团体和其他社会力量以及公民个人利用非国有资产举办的，从事非营利性社会服务活动的社会组织。

第三条　成立民办非企业单位，应当经其业务主管单位审查同意，并依照本条例的规定登记。

第四条　民办非企业单位应当遵守宪法、法律、法规和国家政策，不得反对宪法确定的基本原则，不得危害国家的统一、安全和民族的团结，不得损害国家利益、社会公共利益以及其他社会组织和公民的合法权益，不得违背社会道德风尚。

民办非企业单位不得从事营利性经营活动。

第五条　国务院民政部门和县级以上地方各级人民政府民政部门是本级人民政府的民办非企业单位登记管理机关（以下简称登记管理机关）。

国务院有关部门和县级以上地方各级人民政府的有关部门、国务院或者县级以上地方各级人民政府授权的组织，是有关行业、业务范围内民办非企业单位的业务主管单位（以下简称业务主管单位）。

法律、行政法规对民办非企业单位的监督管理另有规定的，依照有关法律、行政法规的规定执行。

第二章　管　辖

第六条　登记管理机关负责同级业务主管单位审查同意的民办非企业单位的登记管理。

第七条　登记管理机关、业务主管单位与其管辖的民办非企业单位的住所不在一地的，可以委托民办非企业单位住所地的登记管理机关、业务主管单位负责委托范围内的监督管理工作。

第三章　登　记

第八条　申请登记民办非企业单位，应当具备下列条件：

（一）经业务主管单位审查同意；

（二）有规范的名称、必要的组织机构；

（三）有与其业务活动相适应的从业人员；

（四）有与其业务活动相适应的合法财产；

（五）有必要的场所。

民办非企业单位的名称应当符合国务院民政部门的规定，不得冠以"中国"、"全国"、"中华"等字样。

第九条　申请民办非企业单位登记，举办者应当向登记管理机关提交下列文件：

（一）登记申请书；

（二）业务主管单位的批准文件；

（三）场所使用权证明；

（四）验资报告；

（五）拟任负责人的基本情况、身份证明；

（六）章程草案。

第十条　民办非企业单位的章程应当包括下列事项：

（一）名称、住所；

（二）宗旨和业务范围；

（三）组织管理制度；

（四）法定代表人或者负责人的产生、罢免的程序；

（五）资产管理和使用的原则；

（六）章程的修改程序；

（七）终止程序和终止后资产的处理；

（八）需要由章程规定的其他事项。

第十一条　登记管理机关应当自收到成立登记申请的全部有效文件之日起 60 日内作出准予登记或者不予登记的决定。

有下列情形之一的，登记管理机关不予登记，并向申请人说明理由：

（一）有根据证明申请登记的民办非企业单位的宗旨、业务范围不符合本条例第四条规定的；

（二）在申请成立时弄虚作假的；

（三）在同一行政区域内已有业务范围相同或者相似的民办非企业单位，没有必要成立的；

（四）拟任负责人正在或者曾经受到剥夺政治权利的刑事处罚，或者不具有完全民事行为能力的；

（五）有法律、行政法规禁止的其他情形的。

第十二条　准予登记的民办非企业单位，由登记管理机关登记民办非企业单位的名称、住所、宗旨和业务范围、法定代表人或者负责人、开办资金、业务主管单位，并根据其依法承担民事责任的不同方式，分别发给《民办非企业单位（法人）登记证书》、《民办非企业单位（合伙）登记证书》、《民办非企业单位(个体)登记证书》。

依照法律、其他行政法规规定，经有关主管部门依法审核或者登记，已经取得相应的执业许可证书的民办非企业单位，登记管理机关应当简化登记手续，凭有关主管部门出具的执业许可证明文件，发给相应的民办非企业单位登记证书。

第十三条　民办非企业单位不得设立分支机构。

第十四条　民办非企业单位凭登记证书申请刻制印章，开立银行账户。民办非企业单位应当将印章式样、银行账号报登记管理机关备案。

第十五条　民办非企业单位的登记事项需要变更的，应当自业务主管单位审查同意之日起30日内，向登记管理机关申请变更登记。

民办非企业单位修改章程，应当自业务主管单位审查同意之日起30日内，报登记管理机关核准。

第十六条　民办非企业单位自行解散的，分立、合并的，或者由于其他原因需要注销登记的，应当向登记管理机关办理注销登记。

民办非企业单位在办理注销登记前，应当在业务主管单位和其他有关机关的指导下，成立清算组织，完成清算工作。清算期间，民办非企业单位不得开展清算以外的活动。

第十七条　民办非企业单位法定代表人或者负责人应当自完成清算之日起15日内，向登记管理机关办理注销登记。办理注销登记，须提交注销登记申请书、业务主管单位的审查文件和清算报告。

登记管理机关准予注销登记的，发给注销证明文件，收缴登记证书、印章和财务凭证。

第十八条　民办非企业单位成立、注销以及变更名称、住所、法定代表人或者负责人，由登记管理机关予以公告。

第四章　监督管理

第十九条　登记管理机关履行下列监督管理职责：

(一)负责民办非企业单位的成立、变更、注销登记；

(二)对民办非企业单位实施年度检查；

(三)对民办非企业单位违反本条例的问题进行监督检查，对民办非企业单位违反本条例的行为给予行政处罚。

第二十条　业务主管单位履行下列监督管理职责：

(一)负责民办非企业单位成立、变更、注销登记前的审查；

(二)监督、指导民办非企业单位遵守宪法、法律、法规和国家政策，按照章程开展活动；

(三)负责民办非企业单位年度检查的初审；

(四)协助登记管理机关和其他有关部门查处民办非企业单位的违法行为；

(五)会同有关机关指导民办非企业单位的清算事宜。

业务主管单位履行前款规定的职责，不得向民办非企业单位收取费用。

第二十一条　民办非企业单位的资产来源必须合法，任何单位和个人不得侵占、私分或者挪用民办非企业单位的资产。

民办非企业单位开展章程规定的活动，按照国家有关规定取得的合法收入，必须用于章程规定的业务活动。

民办非企业单位接受捐赠、资助，必须符合章程规定的宗旨和业务范围，必须根据与捐赠人、资助人约定的期限、方式和合法用途使用。民办非企业单位应当向业务主管单位报告接受、使用捐赠、资助的有关情况，并应当将有关情况以适当方式向社会公布。

第二十二条　民办非企业单位必须执行国家规定的财务管理制度，接受财政部门的监督；资产来源属于国家资助或者社会捐赠、资助的，还应当接受审计机关的监督。

民办非企业单位变更法定代表人或者负责人，登记管理机关、业务主管单位应当组织对其进行财务审计。

第二十三条　民办非企业单位应当于每年3月31日前向业务主管单位报送上一年度的工作报告，经业务主管单位初审同意后，于5月31日前报送登记管理机关，接受年度检查。工作报告内容包括：本民办非企业单位遵守法律法规和国家政策的情况、依照本条例履行登记手续的情况、按照章程开展活动的情况、人员和机构变动的情况以及财务管理的情况。

对于依照本条例第十二条第二款的规定发给登记证书的民办非企业单位，登记管理机关对其应当简化年度检查的内容。

第五章　罚则

第二十四条　民办非企业单位在申请登记时弄虚作假，骗取登记的，或者业务主管单位撤销批准的，由登记管理机关予以撤销登记。

第二十五条　民办非企业单位有下列情形之一的，由登记管理机关予以警告，责令改正，可以限期停止活动；情节严重的，予以撤销登记；构成犯罪的，依法追究刑事责任：

(一)涂改、出租、出借民办非企业单位登记证书，或

者出租、出借民办非企业单位印章的;

（二）超出其章程规定的宗旨和业务范围进行活动的;

（三）拒不接受或者不按照规定接受监督检查的;

（四）不按照规定办理变更登记的;

（五）设立分支机构的;

（六）从事营利性的经营活动的;

（七）侵占、私分、挪用民办非企业单位的资产或者所接受的捐赠、资助的;

（八）违反国家有关规定收取费用、筹集资金或者接受使用捐赠、资助的。

前款规定的行为有违法经营额或者违法所得的,予以没收,可以并处违法经营额 1 倍以上 3 倍以下或者违法所得 3 倍以上 5 倍以下的罚款。

第二十六条　民办非企业单位的活动违反其他法律、法规的,由有关国家机关依法处理;有关国家机关认为应当撤销登记的,由登记管理机关撤销登记。

第二十七条　未经登记,擅自以民办非企业单位名义进行活动的,或者被撤销登记的民办非企业单位继续以民办非企业单位名义进行活动的,由登记管理机关予以取缔,没收非法财产;构成犯罪的,依法追究刑事责任;尚不构成犯罪的,依法给予治安管理处罚。

第二十八条　民办非企业单位被限期停止活动的,由登记管理机关封存其登记证书、印章和财务凭证。

民办非企业单位被撤销登记的,由登记管理机关收缴登记证书和印章。

第二十九条　登记管理机关、业务主管单位的工作人员滥用职权、徇私舞弊、玩忽职守构成犯罪的,依法追究刑事责任;尚不构成犯罪的,依法给予行政处分。

第六章　附　则

第三十条　民办非企业单位登记证书的式样由国务院民政部门制定。

对民办非企业单位进行年度检查不得收取费用。

第三十一条　本条例施行前已经成立的民办非企业单位,应当自本条例实施之日起 1 年内依照本条例有关规定申请登记。

第三十二条　本条例自发布之日起施行。

中华人民共和国民办教育促进法

· 2002 年 12 月 28 日第九届全国人民代表大会常务委员会第三十一次会议通过

· 根据 2013 年 6 月 29 日第十二届全国人民代表大会常务委员会第三次会议《关于修改〈中华人民共和国文物保护法〉等十二部法律的决定》第一次修正

· 根据 2016 年 11 月 7 日第十二届全国人民代表大会常务委员会第二十四次会议《关于修改〈中华人民共和国民办教育促进法〉的决定》第二次修正

· 根据 2018 年 12 月 29 日第十三届全国人民代表大会常务委员会第七次会议《关于修改〈中华人民共和国劳动法〉等七部法律的决定》第三次修正

第一章　总　则

第一条　为实施科教兴国战略,促进民办教育事业的健康发展,维护民办学校和受教育者的合法权益,根据宪法和教育法制定本法。

第二条　国家机构以外的社会组织或者个人,利用非国家财政性经费,面向社会举办学校及其他教育机构的活动,适用本法。本法未作规定的,依照教育法和其他有关教育法律执行。

第三条　民办教育事业属于公益性事业,是社会主义教育事业的组成部分。

国家对民办教育实行积极鼓励、大力支持、正确引导、依法管理的方针。

各级人民政府应当将民办教育事业纳入国民经济和社会发展规划。

第四条　民办学校应当遵守法律、法规,贯彻国家的教育方针,保证教育质量,致力于培养社会主义建设事业的各类人才。

民办学校应当贯彻教育与宗教相分离的原则。任何组织和个人不得利用宗教进行妨碍国家教育制度的活动。

第五条　民办学校与公办学校具有同等的法律地位,国家保障民办学校的办学自主权。

国家保障民办学校举办者、校长、教职工和受教育者的合法权益。

第六条　国家鼓励捐资办学。

国家对为发展民办教育事业做出突出贡献的组织和个人,给予奖励和表彰。

第七条　国务院教育行政部门负责全国民办教育工作的统筹规划、综合协调和宏观管理。

国务院人力资源社会保障行政部门及其他有关部门

在国务院规定的职责范围内分别负责有关的民办教育工作。

第八条　县级以上地方各级人民政府教育行政部门主管本行政区域内的民办教育工作。

县级以上地方各级人民政府人力资源社会保障行政部门及其他有关部门在各自的职责范围内，分别负责有关的民办教育工作。

第九条　民办学校中的中国共产党基层组织，按照中国共产党章程的规定开展党的活动，加强党的建设。

第二章　设　立

第十条　举办民办学校的社会组织，应当具有法人资格。

举办民办学校的个人，应当具有政治权利和完全民事行为能力。

民办学校应当具备法人条件。

第十一条　设立民办学校应当符合当地教育发展的需求，具备教育法和其他有关法律、法规规定的条件。

民办学校的设置标准参照同级同类公办学校的设置标准执行。

第十二条　举办实施学历教育、学前教育、自学考试助学及其他文化教育的民办学校，由县级以上人民政府教育行政部门按照国家规定的权限审批；举办实施以职业技能为主的职业资格培训、职业技能培训的民办学校，由县级以上人民政府人力资源社会保障行政部门按照国家规定的权限审批，并抄送同级教育行政部门备案。

第十三条　申请筹设民办学校，举办者应当向审批机关提交下列材料：

（一）申办报告，内容应当主要包括：举办者、培养目标、办学规模、办学层次、办学形式、办学条件、内部管理体制、经费筹措与管理使用等；

（二）举办者的姓名、住址或者名称、地址；

（三）资产来源、资金数额及有效证明文件，并载明产权；

（四）属捐赠性质的校产须提交捐赠协议，载明捐赠人的姓名、所捐资产的数额、用途和管理方法及相关有效证明文件。

第十四条　审批机关应当自受理筹设民办学校的申请之日起三十日内以书面形式作出是否同意的决定。

同意筹设的，发给筹设批准书。不同意筹设的，应当说明理由。

筹设期不得超过三年。超过三年的，举办者应当重新申报。

第十五条　申请正式设立民办学校的，举办者应当向审批机关提交下列材料：

（一）筹设批准书；

（二）筹设情况报告；

（三）学校章程、首届学校理事会、董事会或者其他决策机构组成人员名单；

（四）学校资产的有效证明文件；

（五）校长、教师、财会人员的资格证明文件。

第十六条　具备办学条件，达到设置标准的，可以直接申请正式设立，并应当提交本法第十三条和第十五条（三）、（四）、（五）项规定的材料。

第十七条　申请正式设立民办学校的，审批机关应当自受理之日起三个月内以书面形式作出是否批准的决定，并送达申请人；其中申请正式设立民办高等学校的，审批机关也可以自受理之日起六个月内以书面形式作出是否批准的决定，并送达申请人。

第十八条　审批机关对批准正式设立的民办学校发给办学许可证。

审批机关对不批准正式设立的，应当说明理由。

第十九条　民办学校的举办者可以自主选择设立非营利性或者营利性民办学校。但是，不得设立实施义务教育的营利性民办学校。

非营利性民办学校的举办者不得取得办学收益，学校的办学结余全部用于办学。

营利性民办学校的举办者可以取得办学收益，学校的办学结余依照公司法等有关法律、行政法规的规定处理。

民办学校取得办学许可证后，进行法人登记，登记机关应当依法予以办理。

第三章　学校的组织与活动

第二十条　民办学校应当设立学校理事会、董事会或者其他形式的决策机构并建立相应的监督机制。

民办学校的举办者根据学校章程规定的权限和程序参与学校的办学和管理。

第二十一条　学校理事会或者董事会由举办者或者其代表、校长、教职工代表等人员组成。其中三分之一以上的理事或者董事应当具有五年以上教育教学经验。

学校理事会或者董事会由五人以上组成，设理事长或者董事长一人。理事长、理事或者董事长、董事名单报审批机关备案。

第二十二条　学校理事会或者董事会行使下列职权：

（一）聘任和解聘校长；

（二）修改学校章程和制定学校的规章制度；

（三）制定发展规划，批准年度工作计划；

（四）筹集办学经费，审核预算、决算；

（五）决定教职工的编制定额和工资标准；

（六）决定学校的分立、合并、终止；

（七）决定其他重大事项。

其他形式决策机构的职权参照本条规定执行。

第二十三条　民办学校的法定代表人由理事长、董事长或者校长担任。

第二十四条　民办学校参照同级同类公办学校校长任职的条件聘任校长，年龄可以适当放宽。

第二十五条　民办学校校长负责学校的教育教学和行政管理工作，行使下列职权：

（一）执行学校理事会、董事会或者其他形式决策机构的决定；

（二）实施发展规划，拟订年度工作计划、财务预算和学校规章制度；

（三）聘任和解聘学校工作人员，实施奖惩；

（四）组织教育教学、科学研究活动，保证教育教学质量；

（五）负责学校日常管理工作；

（六）学校理事会、董事会或者其他形式决策机构的其他授权。

第二十六条　民办学校对招收的学生，根据其类别、修业年限、学业成绩，可以根据国家有关规定发给学历证书、结业证书或者培训合格证书。

对接受职业技能培训的学生，经备案的职业技能鉴定机构鉴定合格的，可以发给国家职业资格证书。

第二十七条　民办学校依法通过以教师为主体的教职工代表大会等形式，保障教职工参与民主管理和监督。

民办学校的教师和其他工作人员，有权依照工会法，建立工会组织，维护其合法权益。

第四章　教师与受教育者

第二十八条　民办学校的教师、受教育者与公办学校的教师、受教育者具有同等的法律地位。

第二十九条　民办学校聘任的教师，应当具有国家规定的任教资格。

第三十条　民办学校应当对教师进行思想品德教育和业务培训。

第三十一条　民办学校应当依法保障教职工的工资、福利待遇和其他合法权益，并为教职工缴纳社会保险费。

国家鼓励民办学校按照国家规定为教职工办理补充养老保险。

第三十二条　民办学校教职工在业务培训、职务聘任、教龄和工龄计算、表彰奖励、社会活动等方面依法享有与公办学校教职工同等权利。

第三十三条　民办学校依法保障受教育者的合法权益。

民办学校按照国家规定建立学籍管理制度，对受教育者实施奖励或者处分。

第三十四条　民办学校的受教育者在升学、就业、社会优待以及参加先进评选等方面享有与同级同类公办学校的受教育者同等权利。

第五章　学校资产与财务管理

第三十五条　民办学校应当依法建立财务、会计制度和资产管理制度，并按照国家有关规定设置会计帐簿。

第三十六条　民办学校对举办者投入民办学校的资产、国有资产、受赠的财产以及办学积累，享有法人财产权。

第三十七条　民办学校存续期间，所有资产由民办学校依法管理和使用，任何组织和个人不得侵占。

任何组织和个人都不得违反法律、法规向民办教育机构收取任何费用。

第三十八条　民办学校收取费用的项目和标准根据办学成本、市场需求等因素确定，向社会公示，并接受有关主管部门的监督。

非营利性民办学校收费的具体办法，由省、自治区、直辖市人民政府制定；营利性民办学校的收费标准，实行市场调节，由学校自主决定。

民办学校收取的费用应当主要用于教育教学活动、改善办学条件和保障教职工待遇。

第三十九条　民办学校资产的使用和财务管理受审批机关和其他有关部门的监督。

民办学校应当在每个会计年度结束时制作财务会计报告，委托会计师事务所依法进行审计，并公布审计结果。

第六章　管理与监督

第四十条　教育行政部门及有关部门应当对民办学校的教育教学工作、教师培训工作进行指导。

第四十一条　教育行政部门及有关部门依法对民办学校实行督导，建立民办学校信息公示和信用档案制度，促进提高办学质量;组织或者委托社会中介组织评估办学水平和教育质量,并将评估结果向社会公布。

第四十二条　民办学校的招生简章和广告,应当报审批机关备案。

第四十三条　民办学校侵犯受教育者的合法权益,受教育者及其亲属有权向教育行政部门和其他有关部门申诉,有关部门应当及时予以处理。

第四十四条　国家支持和鼓励社会中介组织为民办学校提供服务。

第七章　扶持与奖励

第四十五条　县级以上各级人民政府可以设立专项资金,用于资助民办学校的发展,奖励和表彰有突出贡献的集体和个人。

第四十六条　县级以上各级人民政府可以采取购买服务、助学贷款、奖助学金和出租、转让闲置的国有资产等措施对民办学校予以扶持;对非营利性民办学校还可以采取政府补贴、基金奖励、捐资激励等扶持措施。

第四十七条　民办学校享受国家规定的税收优惠政策;其中,非营利性民办学校享受与公办学校同等的税收优惠政策。

第四十八条　民办学校依照国家有关法律、法规,可以接受公民、法人或者其他组织的捐赠。

国家对向民办学校捐赠财产的公民、法人或者其他组织按照有关规定给予税收优惠,并予以表彰。

第四十九条　国家鼓励金融机构运用信贷手段,支持民办教育事业的发展。

第五十条　人民政府委托民办学校承担义务教育任务,应当按照委托协议拨付相应的教育经费。

第五十一条　新建、扩建非营利性民办学校,人民政府应当按照与公办学校同等原则,以划拨等方式给予用地优惠。新建、扩建营利性民办学校,人民政府应当按照国家规定供给土地。

教育用地不得用于其他用途。

第五十二条　国家采取措施,支持和鼓励社会组织和个人到少数民族地区、边远贫困地区举办民办学校,发展教育事业。

第八章　变更与终止

第五十三条　民办学校的分立、合并,在进行财务清算后,由学校理事会或者董事会报审批机关批准。

申请分立、合并民办学校的,审批机关应当自受理之日起三个月内以书面形式答复;其中申请分立、合并民办

高等学校的,审批机关也可以自受理之日起六个月内以书面形式答复。

第五十四条　民办学校举办者的变更,须由举办者提出,在进行财务清算后,经学校理事会或者董事会同意,报审批机关核准。

第五十五条　民办学校名称、层次、类别的变更,由学校理事会或者董事会报审批机关批准。

申请变更为其他民办学校,审批机关应当自受理之日起三个月内以书面形式答复;其中申请变更为民办高等学校的,审批机关也可以自受理之日起六个月内以书面形式答复。

第五十六条　民办学校有下列情形之一的,应当终止:

(一)根据学校章程规定要求终止,并经审批机关批准的;

(二)被吊销办学许可证的;

(三)因资不抵债无法继续办学的。

第五十七条　民办学校终止时,应当妥善安置在校学生。实施义务教育的民办学校终止时,审批机关应当协助学校安排学生继续就学。

第五十八条　民办学校终止时,应当依法进行财务清算。

民办学校自己要求终止的,由民办学校组织清算;被审批机关依法撤销的,由审批机关组织清算;因资不抵债无法继续办学而被终止的,由人民法院组织清算。

第五十九条　对民办学校的财产按照下列顺序清偿:

(一)应退受教育者学费、杂费和其他费用;

(二)应发教职工的工资及应缴纳的社会保险费用;

(三)偿还其他债务。

非营利性民办学校清偿上述债务后的剩余财产继续用于其他非营利性学校办学;营利性民办学校清偿上述债务后的剩余财产,依照公司法的有关规定处理。

第六十条　终止的民办学校,由审批机关收回办学许可证和销毁印章,并注销登记。

第九章　法律责任

第六十一条　民办学校在教育活动中违反教育法、教师法规定的,依照教育法、教师法的有关规定给予处罚。

第六十二条　民办学校有下列行为之一的,由县级以上人民政府教育行政部门、人力资源社会保障行政部门或者其他有关部门责令限期改正,并予以警告;有违法

所得的,退还所收费用后没收违法所得;情节严重的,责令停止招生、吊销办学许可证;构成犯罪的,依法追究刑事责任:

(一)擅自分立、合并民办学校的;

(二)擅自改变民办学校名称、层次、类别和举办者的;

(三)发布虚假招生简章或者广告,骗取钱财的;

(四)非法颁发或者伪造学历证书、结业证书、培训证书、职业资格证书的;

(五)管理混乱严重影响教育教学,产生恶劣社会影响的;

(六)提交虚假证明文件或者采取其他欺诈手段隐瞒重要事实骗取办学许可证的;

(七)伪造、变造、买卖、出租、出借办学许可证的;

(八)恶意终止办学、抽逃资金或者挪用办学经费的。

第六十三条　县级以上人民政府教育行政部门、人力资源社会保障行政部门或者其他有关部门有下列行为之一的,由上级机关责令其改正;情节严重的,对直接负责的主管人员和其他直接责任人员,依法给予处分;造成经济损失的,依法承担赔偿责任;构成犯罪的,依法追究刑事责任:

(一)已受理设立申请,逾期不予答复的;

(二)批准不符合本法规定条件申请的;

(三)疏于管理,造成严重后果的;

(四)违反国家有关规定收取费用的;

(五)侵犯民办学校合法权益的;

(六)其他滥用职权、徇私舞弊的。

第六十四条　违反国家有关规定擅自举办民办学校的,由所在地县级以上地方人民政府教育行政部门或者人力资源社会保障行政部门会同同级公安、民政或者市场监督管理等有关部门责令停止办学、退还所收费用,并对举办者处违法所得一倍以上五倍以下罚款;构成违反治安管理行为的,由公安机关依法给予治安管理处罚;构成犯罪的,依法追究刑事责任。

第十章　附　则

第六十五条　本法所称的民办学校包括依法举办的其他民办教育机构。

本法所称的校长包括其他民办教育机构的主要行政负责人。

第六十六条　境外的组织和个人在中国境内合作办学的办法,由国务院规定。

第六十七条　本法自 2003 年 9 月 1 日起施行。1997 年 7 月 31 日国务院颁布的《社会力量办学条例》同时废止。

中华人民共和国民办教育促进法实施条例

· 2004 年 3 月 5 日中华人民共和国国务院令第 399 号公布
· 2021 年 4 月 7 日中华人民共和国国务院令第 741 号修订
· 自 2021 年 9 月 1 日起施行

第一章　总　则

第一条　根据《中华人民共和国民办教育促进法》(以下简称民办教育促进法),制定本条例。

第二条　国家机构以外的社会组织或者个人可以利用非国家财政性经费举办各级各类民办学校;但是,不得举办实施军事、警察、政治等特殊性质教育的民办学校。

民办教育促进法和本条例所称国家财政性经费,是指财政拨款、依法取得并应当上缴国库或者财政专户的财政性资金。

第三条　各级人民政府应当依法支持和规范社会力量举办民办教育,保障民办学校依法办学、自主管理,鼓励、引导民办学校提高质量、办出特色,满足多样化教育需求。

对于举办民办学校表现突出或者为发展民办教育事业做出突出贡献的社会组织或者个人,按照国家有关规定给予奖励和表彰。

第四条　民办学校应当坚持中国共产党的领导,坚持社会主义办学方向,坚持教育公益性,对受教育者加强社会主义核心价值观教育,落实立德树人根本任务。

民办学校中的中国共产党基层组织贯彻党的方针政策,依照法律、行政法规和国家有关规定参与学校重大决策并实施监督。

第二章　民办学校的设立

第五条　国家机构以外的社会组织或者个人可以单独或者联合举办民办学校。联合举办民办学校的,应当签订联合办学协议,明确合作方式、各方权利义务和争议解决方式等。

国家鼓励以捐资、设立基金会等方式依法举办民办学校。以捐资等方式举办民办学校,无举办者的,其办学过程中的举办者权责由发起人履行。

在中国境内设立的外商投资企业以及外方为实际控制人的社会组织不得举办、参与举办或者实际控制实施义务教育的民办学校;举办其他类型民办学校的,应当符合国家有关外商投资的规定。

第六条　举办民办学校的社会组织或者个人应当有良好的信用状况。举办民办学校可以用货币出资,也可以用实物、建设用地使用权、知识产权等可以用货币估价并可以依法转让的非货币财产作价出资;但是,法律、行政法规规定不得作为出资的财产除外。

第七条　实施义务教育的公办学校不得举办或者参与举办民办学校,也不得转为民办学校。其他公办学校不得举办或者参与举办营利性民办学校。但是,实施职业教育的公办学校可以吸引企业的资本、技术、管理等要素,举办或者参与举办实施职业教育的营利性民办学校。

公办学校举办或者参与举办民办学校,不得利用国家财政性经费,不得影响公办学校教学活动,不得仅以品牌输出方式参与办学,并应当经其主管部门批准。公办学校举办或者参与举办非营利性民办学校,不得以管理费等方式取得或者变相取得办学收益。

公办学校举办或者参与举办的民办学校应当具有独立的法人资格,具有与公办学校相分离的校园、基本教育教学设施和独立的专任教师队伍,按照国家统一的会计制度独立进行会计核算,独立招生,独立颁发学业证书。

举办或者参与举办民办学校的公办学校依法享有举办者权益,依法履行国有资产管理义务。

第八条　地方人民政府不得利用国有企业、公办教育资源举办或者参与举办实施义务教育的民办学校。

以国有资产参与举办民办学校的,应当根据国家有关国有资产监督管理的规定,聘请具有评估资格的中介机构依法进行评估,根据评估结果合理确定出资额,并报对该国有资产负有监管职责的机构备案。

第九条　国家鼓励企业以独资、合资、合作等方式依法举办或者参与举办实施职业教育的民办学校。

第十条　举办民办学校,应当按时、足额履行出资义务。民办学校存续期间,举办者不得抽逃出资,不得挪用办学经费。

举办者可以依法募集资金举办营利性民办学校,所募集资金应当主要用于办学,不得擅自改变用途,并按规定履行信息披露义务。民办学校及其举办者不得以赞助费等名目向学生、学生家长收取或者变相收取与入学关联的费用。

第十一条　举办者依法制定学校章程,负责推选民办学校首届理事会、董事会或者其他形式决策机构的组成人员。

举办者可以依据法律、法规和学校章程规定的程序和要求参加或者委派代表参加理事会、董事会或者其他形式决策机构,并依据学校章程规定的权限行使相应的决策权、管理权。

第十二条　民办学校举办者变更的,应当签订变更协议,但不得涉及学校的法人财产,也不得影响学校发展,不得损害师生权益;现有民办学校的举办者变更的,可以根据其依法享有的合法权益与继任举办者协议约定变更收益。

民办学校的举办者不再具备法定条件的,应当在6个月内向审批机关提出变更;逾期不变更的,由审批机关责令变更。

举办者为法人的,其控股股东和实际控制人应当符合法律、行政法规规定的举办民办学校的条件,控股股东和实际控制人变更的,应当报主管部门备案并公示。

举办者变更,符合法定条件的,审批机关应当在规定的期限内予以办理。

第十三条　同时举办或者实际控制多所民办学校的,举办者或者实际控制人应当具备与其所开展办学活动相适应的资金、人员、组织机构等条件与能力,并对所举办民办学校承担管理和监督职责。

同时举办或者实际控制多所民办学校的举办者或者实际控制人向所举办或者实际控制的民办学校提供教材、课程、技术支持等服务以及组织教育教学活动,应当符合国家有关规定并建立相应的质量标准和保障机制。

同时举办或者实际控制多所民办学校的,应当保障所举办或者实际控制的民办学校依法独立开展办学活动,存续期间所有资产由学校依法管理和使用;不得改变所举办或者实际控制的非营利性民办学校的性质,直接或者间接取得办学收益;也不得滥用市场支配地位,排除、限制竞争。

任何社会组织和个人不得通过兼并收购、协议控制等方式控制实施义务教育的民办学校、实施学前教育的非营利性民办学校。

第十四条　实施国家认可的教育考试、职业资格考试和职业技能等级考试等考试的机构,举办或者参与举办与其所实施的考试相关的民办学校应当符合国家有关规定。

第十五条　设立民办学校的审批权限,依照有关法律、法规的规定执行。

地方人民政府及其有关部门应当依法履行实施义务

教育的职责。设立实施义务教育的民办学校,应当符合当地义务教育发展规划。

第十六条　国家鼓励民办学校利用互联网技术在线实施教育活动。

利用互联网技术在线实施教育活动应当符合国家互联网管理有关法律、行政法规的规定。利用互联网技术在线实施教育活动的民办学校应当取得相应的办学许可。

民办学校利用互联网技术在线实施教育活动,应当依法建立并落实互联网安全管理制度和安全保护技术措施,发现法律、行政法规禁止发布或者传输的信息的,应当立即停止传输,采取消除等处置措施,防止信息扩散,保存有关记录,并向有关主管部门报告。

外籍人员利用互联网技术在线实施教育活动,应当遵守教育和外国人在华工作管理等有关法律、行政法规的规定。

第十七条　民办学校的举办者在获得筹设批准书之日起 3 年内完成筹设的,可以提出正式设立申请。

民办学校在筹设期内不得招生。

第十八条　申请正式设立实施学历教育的民办学校的,审批机关受理申请后,应当组织专家委员会评议,由专家委员会提出咨询意见。

第十九条　民办学校的章程应当规定下列主要事项:

(一)学校的名称、住所、办学地址、法人属性;

(二)举办者的权利义务,举办者变更、权益转让的办法;

(三)办学宗旨、发展定位、层次、类型、规模、形式等;

(四)学校开办资金、注册资本,资产的来源、性质等;

(五)理事会、董事会或者其他形式决策机构和监督机构的产生方法、人员构成、任期、议事规则等;

(六)学校党组织负责人或者代表进入学校决策机构和监督机构的程序;

(七)学校的法定代表人;

(八)学校自行终止的事由,剩余资产处置的办法与程序;

(九)章程修改程序。

民办学校应当将章程向社会公示,修订章程应当事先公告,征求利益相关方意见。完成修订后,报主管部门备案或者核准。

第二十条　民办学校只能使用一个名称。

民办学校的名称应当符合有关法律、行政法规的规定,不得损害社会公共利益,不得含有可能引发歧义的文字或者含有可能误导公众的其他法人名称。营利性民办学校可以在学校牌匾、成绩单、毕业证书、结业证书、学位证书及相关证明、招生广告和简章上使用经审批机关批准的法人简称。

第二十一条　民办学校开办资金、注册资本应当与学校类型、层次、办学规模相适应。民办学校正式设立时,开办资金、注册资本应当缴足。

第二十二条　对批准正式设立的民办学校,审批机关应当颁发办学许可证,并向社会公告。

办学许可的期限应当与民办学校的办学层次和类型相适应。民办学校在许可期限内无违法违规行为的,有效期届满可以自动延续、换领新证。

民办学校办学许可证的管理办法由国务院教育行政部门、人力资源社会保障行政部门依据职责分工分别制定。

第二十三条　民办学校增设校区应当向审批机关申请地址变更;设立分校应当向分校所在地审批机关单独申请办学许可,并报原审批机关备案。

第二十四条　民办学校依照有关法律、行政法规的规定申请法人登记,登记机关应当依法予以办理。

第三章　民办学校的组织与活动

第二十五条　民办学校理事会、董事会或者其他形式决策机构的负责人应当具有中华人民共和国国籍,具有政治权利和完全民事行为能力,在中国境内定居,品行良好,无故意犯罪记录或者教育领域不良从业记录。

民办学校法定代表人应当由民办学校决策机构负责人或者校长担任。

第二十六条　民办学校的理事会、董事会或者其他形式决策机构应当由举办者或者其代表、校长、党组织负责人、教职工代表等共同组成。鼓励民办学校理事会、董事会或者其他形式决策机构吸收社会公众代表,根据需要设独立理事或者独立董事。实施义务教育的民办学校理事会、董事会或者其他形式决策机构组成人员应当具有中华人民共和国国籍,且应当有审批机关委派的代表。

民办学校的理事会、董事会或者其他形式决策机构每年至少召开 2 次会议。经 1/3 以上组成人员提议,可以召开理事会、董事会或者其他形式决策机构临时会议。讨论下列重大事项,应当经 2/3 以上组成人员同意方可通过:

(一)变更举办者;

(二)聘任、解聘校长;

（三）修改学校章程；

（四）制定发展规划；

（五）审核预算、决算；

（六）决定学校的分立、合并、终止；

（七）学校章程规定的其他重大事项。

第二十七条　民办学校应当设立监督机构。监督机构应当有党的基层组织代表，且教职工代表不少于1/3。教职工人数少于20人的民办学校可以只设1至2名监事。

监督机构依据国家有关规定和学校章程对学校办学行为进行监督。监督机构负责人或者监事应当列席学校决策机构会议。

理事会、董事会或者其他形式决策机构组成人员及其近亲属不得兼任、担任监督机构组成人员或者监事。

第二十八条　民办学校校长依法独立行使教育教学和行政管理职权。

民办学校内部组织机构的设置方案由校长提出，报理事会、董事会或者其他形式决策机构批准。

第二十九条　民办学校依照法律、行政法规和国家有关规定，自主开展教育教学活动；使用境外教材的，应当符合国家有关规定。

实施高等教育和中等职业技术学历教育的民办学校，可以按照办学宗旨和培养目标自主设置专业、开设课程、选用教材。

实施普通高中教育、义务教育的民办学校可以基于国家课程标准自主开设有特色的课程，实施教育教学创新，自主设置的课程应当报主管教育行政部门备案。实施义务教育的民办学校不得使用境外教材。

实施学前教育的民办学校开展保育和教育活动，应当遵循儿童身心发展规律，设置、开发以游戏、活动为主要形式的课程。

实施以职业技能为主的职业资格培训、职业技能培训的民办学校可以按照与培训专业（职业、工种）相对应的国家职业标准及相关职业培训要求开展培训活动，不得教唆、组织学员规避监管，以不正当手段获取职业资格证书、成绩证明等。

第三十条　民办学校应当按照招生简章或者招生广告的承诺，开设相应课程，开展教育教学活动，保证教育教学质量。

民办学校应当提供符合标准的校舍和教育教学设施设备。

第三十一条　实施学前教育、学历教育的民办学校享有与同级同类公办学校同等的招生权，可以在审批机关核定的办学规模内，自主确定招生的标准和方式，与公办学校同期招生。

实施义务教育的民办学校应当在审批机关管辖的区域内招生，纳入审批机关所在地统一管理。实施普通高中教育的民办学校应当主要在学校所在设区的市范围内招生，符合省、自治区、直辖市人民政府教育行政部门有关规定的可以跨区域招生。招收接受高等学历教育学生的应当遵守国家有关规定。

县级以上地方人民政府教育行政部门、人力资源社会保障行政部门应当为外地的民办学校在本地招生提供平等待遇，不得设置跨区域招生障碍实行地区封锁。

民办学校招收学生应当遵守招生规则，维护招生秩序，公开公平公正录取学生。实施义务教育的民办学校不得组织或者变相组织学科知识类入学考试，不得提前招生。

民办学校招收境外学生，按照国家有关规定执行。

第三十二条　实施高等学历教育的民办学校符合学位授予条件的，依照有关法律、行政法规的规定经审批同意后，可以获得相应的学位授予资格。

第四章　教师与受教育者

第三十三条　民办学校聘任的教师或者教学人员应当具备相应的教师资格或者其他相应的专业资格、资质。

民办学校应当有一定数量的专任教师；其中，实施学前教育、学历教育的民办学校应当按照国家有关规定配备专任教师。

鼓励民办学校创新教师聘任方式，利用信息技术等手段提高教学效率和水平。

第三十四条　民办学校自主招聘教师和其他工作人员，并应当与所招聘人员依法签订劳动或者聘用合同，明确双方的权利义务等。

民办学校聘任专任教师，在合同中除依法约定必备条款外，还应当对教师岗位及其职责要求、师德和业务考核办法、福利待遇、培训和继续教育等事项作出约定。

公办学校教师未经所在学校同意不得在民办学校兼职。

民办学校聘任外籍人员，按照国家有关规定执行。

第三十五条　民办学校应当建立教师培训制度，为受聘教师接受相应的思想政治培训和业务培训提供条件。

第三十六条　民办学校应当依法保障教职工待遇，按照学校登记的法人类型，按时足额支付工资，足额缴纳社会保险费和住房公积金。国家鼓励民办学校按照有关规定为教职工建立职业年金或者企业年金等补充养老保险。

实施学前教育、学历教育的民办学校应当从学费收入中提取一定比例建立专项资金或者基金,由学校管理,用于教职工职业激励或者增加待遇保障。

第三十七条　教育行政部门应当会同有关部门建立民办幼儿园、中小学专任教师劳动、聘用合同备案制度,建立统一档案,记录教师的教龄、工龄,在培训、考核、专业技术职务评聘、表彰奖励、权利保护等方面,统筹规划、统一管理,与公办幼儿园、中小学聘任的教师平等对待。

民办职业学校、高等学校按照国家有关规定自主开展教师专业技术职务评聘。

教育行政部门应当会同有关部门完善管理制度,保证教师在公办学校和民办学校之间的合理流动;指导和监督民办学校建立健全教职工代表大会制度。

第三十八条　实施学历教育的民办学校应当依法建立学籍和教学管理制度,并报主管部门备案。

第三十九条　民办学校及其教师、职员、受教育者申请政府设立的有关科研项目、课题等,享有与同级同类公办学校及其教师、职员、受教育者同等的权利。相关项目管理部门应当按规定及时足额拨付科研项目、课题资金。

各级人民政府应当保障民办学校的受教育者在升学、就业、社会优待、参加先进评选,以及获得助学贷款、奖助学金等国家资助等方面,享有与同级同类公办学校的受教育者同等的权利。

实施学历教育的民办学校应当建立学生资助、奖励制度,并按照不低于当地同级同类公办学校的标准,从学费收入中提取相应资金用于资助、奖励学生。

第四十条　教育行政部门、人力资源社会保障行政部门和其他有关部门,组织有关的评奖评优、文艺体育活动和课题、项目招标,应当为民办学校及其教师、职员、受教育者提供同等的机会。

第五章　民办学校的资产与财务管理

第四十一条　民办学校应当依照《中华人民共和国会计法》和国家统一的会计制度进行会计核算,编制财务会计报告。

第四十二条　民办学校应当建立办学成本核算制度,基于办学成本和市场需求等因素,遵循公平、合法和诚实信用原则,考虑经济效益与社会效益,合理确定收费项目和标准。对公办学校参与举办、使用国有资产或者接受政府生均经费补助的非营利性民办学校,省、自治区、直辖市人民政府可以对其收费制定最高限价。

第四十三条　民办学校资产中的国有资产的监督、管理,按照国家有关规定执行。

民办学校依法接受的捐赠财产的使用和管理,依照有关法律、行政法规执行。

第四十四条　非营利性民办学校收取费用、开展活动的资金往来,应当使用在有关主管部门备案的账户。有关主管部门应当对该账户实施监督。

营利性民办学校收入应当全部纳入学校开设的银行结算账户,办学结余分配应当在年度财务结算后进行。

第四十五条　实施义务教育的民办学校不得与利益关联方进行交易。其他民办学校与利益关联方进行交易的,应当遵循公开、公平、公允的原则,合理定价、规范决策,不得损害国家利益、学校利益和师生权益。

民办学校应当建立利益关联方交易的信息披露制度。教育、人力资源社会保障以及财政等有关部门应当加强对非营利性民办学校与利益关联方签订协议的监管,并按年度对关联交易进行审查。

前款所称利益关联方是指民办学校的举办者、实际控制人、校长、理事、董事、监事、财务负责人等以及与上述组织或者个人之间存在互相控制和影响关系、可能导致民办学校利益被转移的组织或者个人。

第四十六条　在每个会计年度结束时,民办学校应当委托会计师事务所对年度财务报告进行审计。非营利性民办学校应当从经审计的年度非限定性净资产增加额中,营利性民办学校应当从经审计的年度净收益中,按不低于年度非限定性净资产增加额或者净收益的10%的比例提取发展基金,用于学校的发展。

第六章　管理与监督

第四十七条　县级以上地方人民政府应当建立民办教育工作联席会议制度。教育、人力资源社会保障、民政、市场监督管理等部门应当根据职责会同有关部门建立民办学校年度检查和年度报告制度,健全日常监管机制。

教育行政部门、人力资源社会保障行政部门及有关部门应当建立民办学校信用档案和举办者、校长执业信用制度,对民办学校进行执法监督的情况和处罚、处理结果应当予以记录,由执法、监督人员签字后归档,并依法依规公开执法监督结果。相关信用档案和信用记录依法纳入全国信用信息共享平台、国家企业信用信息公示系统。

第四十八条　审批机关应当及时公开民办学校举办者情况、办学条件等审批信息。

教育行政部门、人力资源社会保障行政部门应当依据职责分工,定期组织或者委托第三方机构对民办学校的办学水平和教育质量进行评估,评估结果应当向社会公开。

第四十九条　教育行政部门及有关部门应当制定实施学前教育、学历教育民办学校的信息公示清单,监督民办学校定期向社会公开办学条件、教育质量等有关信息。

营利性民办学校应当通过全国信用信息共享平台、国家企业信用信息公示系统公示相关信息。

有关部门应当支持和鼓励民办学校依法建立行业组织,研究制定相应的质量标准,建立认证体系,制定推广反映行业规律和特色要求的合同示范文本。

第五十条　民办学校终止的,应当交回办学许可证,向登记机关办理注销登记,并向社会公告。

民办学校自己要求终止的,应当提前6个月发布拟终止公告,依法依章程制定终止方案。

民办学校无实际招生、办学行为的,办学许可证到期后自然废止,由审批机关予以公告。民办学校自行组织清算后,向登记机关办理注销登记。

对于因资不抵债无法继续办学而被终止的民办学校,应当向人民法院申请破产清算。

第五十一条　国务院教育督导机构及省、自治区、直辖市人民政府负责教育督导的机构应当对县级以上地方人民政府及其有关部门落实支持和规范民办教育发展法定职责的情况进行督导、检查。

县级以上人民政府负责教育督导的机构依法对民办学校进行督导并公布督导结果,建立民办中小学、幼儿园责任督学制度。

第七章　支持与奖励

第五十二条　各级人民政府及有关部门应当依法健全对民办学校的支持政策,优先扶持办学质量高、特色明显、社会效益显著的民办学校。

县级以上地方人民政府可以参照同级同类公办学校生均经费等相关经费标准和支持政策,对非营利性民办学校给予适当补助。

地方人民政府出租、转让闲置的国有资产应当优先扶持非营利性民办学校。

第五十三条　民办学校可以依法以捐赠者的姓名、名称命名学校的校舍或者其他教育教学设施、生活设施。捐赠者对民办学校发展做出特殊贡献的,实施高等学历教育的民办学校经国务院教育行政部门按照国家规定的条件批准,其他民办学校经省、自治区、直辖市教育行政部门或者人力资源社会保障行政部门按照国家规定的条件批准,可以以捐赠者的姓名或者名称作为学校校名。

第五十四条　民办学校享受国家规定的税收优惠政策;其中,非营利性民办学校享受与公办学校同等的税收优惠政策。

第五十五条　地方人民政府在制定闲置校园综合利用方案时,应当考虑当地民办教育发展需求。

新建、扩建非营利性民办学校,地方人民政府应当按照与公办学校同等原则,以划拨等方式给予用地优惠。

实施学前教育、学历教育的民办学校使用土地,地方人民政府可以依法以协议、招标、拍卖等方式供应土地,也可以采取长期租赁、先租后让、租让结合的方式供应土地,土地出让价款和租金可以在规定期限内按合同约定分期缴纳。

第五十六条　在西部地区、边远地区和少数民族地区举办的民办学校申请贷款用于学校自身发展的,享受国家相关的信贷优惠政策。

第五十七条　县级以上地方人民政府可以根据本行政区域的具体情况,设立民办教育发展专项资金,用于支持民办学校提高教育质量和办学水平、奖励举办者等。

国家鼓励社会力量依法设立民办教育发展方面的基金会或者专项基金,用于支持民办教育发展。

第五十八条　县级人民政府根据本行政区域实施学前教育、义务教育或者其他公共教育服务的需要,可以与民办学校签订协议,以购买服务等方式,委托其承担相应教育任务。

委托民办学校承担普惠性学前教育、义务教育或者其他公共教育任务的,应当根据当地相关教育阶段的委托协议,拨付相应的教育经费。

第五十九条　县级以上地方人民政府可以采取政府补贴、以奖代补等方式鼓励、支持非营利性民办学校保障教师待遇。

第六十条　国家鼓励、支持保险机构设立适合民办学校的保险产品,探索建立行业互助保险等机制,为民办学校重大事故处理、终止善后、教职工权益保障等事项提供风险保障。

金融机构可以在风险可控前提下开发适合民办学校特点的金融产品。民办学校可以以未来经营收入、知识产权等进行融资。

第六十一条　除民办教育促进法和本条例规定的支持与奖励措施外,省、自治区、直辖市人民政府还可以根据实际情况,制定本地区促进民办教育发展的支持与奖励措施。

各级人民政府及有关部门在对现有民办学校实施分

类管理改革时,应当充分考虑有关历史和现实情况,保障受教育者、教职工和举办者的合法权益,确保民办学校分类管理改革平稳有序推进。

第八章　法律责任

第六十二条　民办学校举办者及实际控制人、决策机构或者监督机构组成人员有下列情形之一的,由县级以上人民政府教育行政部门、人力资源社会保障行政部门或者其他有关部门依据职责分工责令限期改正,有违法所得的,退还所收费用后没收违法所得;情节严重的,1至5年内不得新成为民办学校举办者或实际控制人、决策机构或者监督机构组成人员;情节特别严重、社会影响恶劣的,永久不得新成为民办学校举办者或实际控制人、决策机构或者监督机构组成人员;构成违反治安管理行为的,由公安机关依法给予治安管理处罚;构成犯罪的,依法追究刑事责任:

（一）利用办学非法集资,或者收取与入学关联的费用的;

（二）未按时、足额履行出资义务,或者抽逃出资、挪用办学经费的;

（三）侵占学校法人财产或者非法从学校获取利益的;

（四）与实施义务教育的民办学校进行关联交易,或者与其他民办学校进行关联交易损害国家利益、学校利益和师生权益的;

（五）伪造、变造、买卖、出租、出借办学许可证的;

（六）干扰学校办学秩序或者非法干预学校决策、管理的;

（七）擅自变更学校名称、层次、类型和举办者的;

（八）有其他危害学校稳定和安全、侵犯学校法人权利或者损害教职工、受教育者权益的行为的。

第六十三条　民办学校有下列情形之一的,依照民办教育促进法第六十二条规定给予处罚:

（一）违背国家教育方针,偏离社会主义办学方向,或者未保障学校党组织履行职责的;

（二）违反法律、行政法规和国家有关规定开展教育教学活动的;

（三）理事会、董事会或者其他形式决策机构未依法履行职责的;

（四）教学条件明显不能满足教学要求、教育教学质量低下,未及时采取措施的;

（五）校舍、其他教育教学设施设备存在重大安全隐患,未及时采取措施的;

（六）侵犯受教育者的合法权益,产生恶劣社会影响的;

（七）违反国家规定聘任、解聘教师,或者未依法保障教职工待遇的;

（八）违反规定招生,或者在招生过程中弄虚作假的;

（九）超出办学许可范围,擅自改变办学地址或者设立分校的;

（十）未依法履行公示办学条件和教育质量有关材料、财务状况等信息披露义务,或者公示的材料不真实的;

（十一）未按照国家统一的会计制度进行会计核算、编制财务会计报告,财务、资产管理混乱,或者违反法律、法规增加收费项目、提高收费标准的;

（十二）有其他管理混乱严重影响教育教学的行为的。

法律、行政法规对前款规定情形的处罚另有规定的,从其规定。

第六十四条　民办学校有民办教育促进法第六十二条或者本条例第六十三条规定的违法情形的,由县级以上人民政府教育行政部门、人力资源社会保障行政部门或者其他有关部门依据职责分工对学校决策机构负责人、校长及直接责任人予以警告;情节严重的,1至5年内不得新成为民办学校决策机构负责人或者校长;情节特别严重、社会影响恶劣的,永久不得新成为民办学校决策机构负责人或者校长。

同时举办或者实际控制多所民办学校的举办者或者实际控制人违反本条例规定,对所举办或者实际控制的民办学校疏于管理,造成恶劣影响的,由县级以上教育行政部门、人力资源社会保障行政部门或者其他有关部门依据职责分工责令限期整顿;拒不整改或者整改后仍发生同类问题的,1至5年内不得举办新的民办学校,情节严重的,10年内不得举办新的民办学校。

第六十五条　违反本条例规定举办、参与举办民办学校或者在民办学校筹设期内招生的,依照民办教育促进法第六十四条规定给予处罚。

第九章　附　则

第六十六条　本条例所称现有民办学校,是指2016年11月7日《全国人民代表大会常务委员会关于修改〈中华人民共和国民办教育促进法〉的决定》公布前设立的民办学校。

第六十七条　本条例规定的支持与奖励措施适用于中外合作办学机构。

第六十八条　本条例自2021年9月1日起施行。

民办非企业单位登记暂行办法

·1999 年 12 月 28 日民政部令第 18 号发布
·根据 2010 年 12 月 27 日《民政部关于废止、修改部分规章的决定》修订

第一条　根据《民办非企业单位登记管理暂行条例》(以下简称条例)制定本办法。

第二条　民办非企业单位根据其依法承担民事责任的不同方式分为民办非企业单位(法人)、民办非企业单位(合伙)和民办非企业单位(个体)三种。

个人出资且担任民办非企业单位负责人的,可申请办理民办非企业单位(个体)登记;

两人或两人以上合伙举办的,可申请办理民办非企业单位(合伙)登记;

两人或两人以上举办且具备法人条件的,可申请办理民办非企业单位(法人)登记。

由企业事业单位、社会团体和其他社会力量举办的或由上述组织与个人共同举办的,应当申请民办非企业单位(法人)登记。

第三条　民办非企业单位登记管理机关(以下简称登记管理机关)审核登记的程序是受理、审查、核准、发证、公告。

(一)受理。申请登记的举办者所提交的文件、证件和填报的登记申请表齐全、有效后,方可受理。

(二)审查。审查提交的文件、证件和填报的登记申请表的真实性、合法性、有效性,并核实有关登记事项和条件。

(三)核准。经审查和核实后,作出准予登记或者不予登记的决定,并及时通知申请登记的单位或个人。

(四)发证。对核准登记的民办非企业单位,分别颁发有关证书,并办理领证签字手续。

(五)公告。对核准登记的民办非企业单位,由登记管理机关发布公告。

第四条　举办民办非企业单位,应按照下列所属行(事)业申请登记:

(一)教育事业,如民办幼儿园,民办小学、中学、学校、学院、大学,民办专修(进修)学院或学校,民办培训(补习)学校或中心等;

(二)卫生事业,如民办门诊部(所)、医院,民办健康、保健、卫生、疗养院(所)等;

(三)文化事业,如民办艺术表演团体、文化馆(活动中心)、图书馆(室)、博物馆(院)、美术馆、画院、名人纪念馆、收藏馆、艺术研究院(所)等;

(四)科技事业,如民办科学研究院(所、中心)、民办科技传播或普及中心、科技服务中心、技术评估所(中心)等;

(五)体育事业,如民办体育俱乐部,民办体育场、馆、院、社、学校等;

(六)劳动事业,如民办职业培训学校中心,民办职业介绍所等;

(七)民政事业,如民办福利院、敬老院、托老所、老年公寓,民办婚姻介绍所,民办社区服务中心(站)等;

(八)社会中介服务业,如民办评估咨询服务中心(所),民办信息咨询调查中心(所),民办人才交流中心等;

(九)法律服务业;

(十)其他。

第五条　申请登记民办非企业单位,应当具备条例第八条规定的条件。

民办非企业单位的名称,必须符合国务院民政部门制订的《民办非企业单位名称管理暂行规定》。

民办非企业单位必须拥有与其业务活动相适应的合法财产,且其合法财产中的非国有资产份额不得低于总财产的三分之二。开办资金必须达到本行(事)业所规定的最低限额。

第六条　申请民办非企业单位成立登记,举办者应当提交条例第九条规定的文件。

民办非企业单位的登记申请书应当包括:举办者单位名称或申请人姓名;拟任法定代表人或单位负责人的基本情况;住所情况;开办资金情况;申请登记理由等。

业务主管单位的批准文件,应当包括对举办者章程草案、资金情况(特别是资产的非国有性)、拟任法定代表人或单位负责人基本情况、从业人员资格、场所设备、组织机构等内容的审查结论。

民办非企业单位的活动场所须有产权证明或一年期以上的使用权证明。

民办非企业单位的验资报告应由会计师事务所或其他有验资资格的机构出具。

拟任法定代表人或单位负责人的基本情况应当包括姓名、性别、民族、年龄、目前人事关系所在单位、有否受到剥夺政治权利的刑事处分、个人简历等。拟任法定代表人或单位负责人的身份证明为身份证的复印件,登记管理机关认为必要时可验证身份证原件。

对合伙制的民办非企业单位,拟任单位负责人指所有合伙人。

民办非企业单位的章程草案应当符合条例第十条的规定。合伙制的民办非企业单位的章程可为其合伙协议,合伙协议应当包括条例第十条第一、二、三、五、六、七、八项的内容。民办非企业单位须在其章程草案或合伙协议中载明该单位的盈利不得分配,解体时财产不得私分。

第七条　民办非企业单位的登记事项为:名称、住所、宗旨和业务范围、法定代表人或者单位负责人、开办资金、业务主管单位。

住所是指民办非企业单位的办公场所,须按所在市、县、乡(镇)及街道门牌号码的详细地址登记。

宗旨和业务范围必须符合法律法规及政策规定。

开办资金应当与实有资金相一致。

业务主管单位应登记其全称。

第八条　经审核准予登记的,登记管理机关应当书面通知民办非企业单位,并根据其依法承担民事责任的不同方式,分别发给《民办非企业单位(法人)登记证书》《民办非企业单位(合伙)登记证书》或《民办非企业单位(个体)登记证书》。对不予登记的,登记管理机关应当书面通知申请单位或个人。

民办非企业单位可凭据登记证书依照有关规定办理组织机构代码和税务登记、刻制印章、开立银行帐户,在核准的业务范围内开展活动。

第九条　按照条例第十二条第二款的规定,应当简化登记手续的民办非企业单位,办理登记时,应向登记管理机关提交下列文件:

(一)登记申请书;

(二)章程草案;

(三)拟任法定代表人或单位负责人的基本情况、身份证明;

(四)业务主管单位出具的执业许可证明文件。

第十条　条例施行前已经成立的民办非企业单位,应当依照条例及本办法的规定办理申请登记。

已在各级人民政府的编制部门或工商行政管理部门注册登记的民办非企业单位办理补办登记手续,还应向登记管理机关提交编制部门或工商行政管理部门准予注销的证明文件。

第十一条　民办非企业单位根据条例第十五条规定申请变更登记事项时,应向登记管理机关提交下列文件:

(一)法定代表人或单位负责人签署并加盖公章的变更登记申请书。申请书应载明变更的理由,并附决定变更时依照章程履行程序的原始纪要,法定代表人或单位负责人因故不能签署变更登记申请书的,申请单位还应提交不能签署的理由的文件;

(二)业务主管单位对变更登记事项审查同意文件;

(三)登记管理机关要求提交的其他文件。

第十二条　民办非企业单位的住所、业务范围、法定代表人或单位负责人、开办资金、业务主管单位发生变更的,除向登记管理机关提交本办法第十一条规定的文件外,还须分别提交下列材料:变更后新住所的产权或使用权证明;变更后的业务范围;变更后法定代表人或单位负责人的身份证明,及本办法第六条第六款涉及的其他材料;变更后的验资报告;原业务主管单位不再承担业务主管的文件。

第十三条　登记管理机关核准变更登记的,民办非企业单位应交回民办非企业单位登记证书正副本,由登记管理机关换发新的登记证书。

第十四条　民办非企业单位修改章程或合伙协议的,应当报原登记管理机关核准。报请核准时,应提交下列文件:

(一)法定代表人或单位负责人签署并加盖公章的核准申请书;

(二)业务主管单位审查同意的文件;

(三)章程或合伙协议的修改说明及修改后的章程或合伙协议;

(四)有关的文件材料。

第十五条　民办非企业单位变更业务主管单位,须在原业务主管单位出具不再担任业务主管的文件之日起90日内找到新的业务主管单位,并到登记管理机关申请变更登记。

在登记管理机关作出准予变更登记决定之前,原业务主管单位应继续履行条例第二十条规定的监督管理职责。

第十六条　登记管理机关应在收到民办非企业单位申请变更登记的全部有效文件后,在法定期限内作出准予变更或不准予变更的决定,并书面通知民办非企业单位。

第十七条　民办非企业单位有下列情况之一的,必须申请注销登记:

(一)章程规定的解散事由出现;

(二)不再具备条例第八条规定条件的;

(三)宗旨发生根本变化的;

(四)由于其他变更原因,出现与原登记管理机关管辖范围不一致的;

（五）作为分立母体的民办非企业单位因分立而解散的；

（六）作为合并源的民办非企业单位因合并而解散的；

（七）民办非企业单位原业务主管单位不再担当其业务主管单位，且在90日内找不到新的业务主管单位的；

（八）有关行政管理机关根据法律、行政法规规定认为需要注销的；

（九）其他原因需要解散的。

属于本条第一款第七项规定的情形，民办非企业单位的原业务主管单位须继续履行职责，至民办非企业单位完成注销登记。

第十八条　民办非企业单位根据条例第十六条的规定申请注销登记时，应向登记管理机关提交下列文件：

（一）法定代表人或单位负责人签署并加盖单位公章的注销登记申请书，法定代表人或单位负责人因故不能签署的，还应提交不能签署的理由的文件；

（二）业务主管单位审查同意的文件；

（三）清算组织提出的清算报告；

（四）民办非企业单位登记证书（正、副本）；

（五）民办非企业单位的印章和财务凭证；

（六）登记管理机关认为需要提交的其他文件。

第十九条　登记管理机关应在收到民办非企业单位申请注销登记的全部有效文件后，在法定期限内作出准予注销或不准予注销的决定，并书面通知民办非企业单位。

登记管理机关准予注销登记的，应发给民办非企业单位注销证明文件。

第二十条　民办非企业单位登记公告分为成立登记公告、注销登记公告和变更登记公告。

登记管理机关发布的公告须刊登在公开发行的、发行范围覆盖同级政府所辖行政区域的报刊上。

公告费用由民办非企业单位支付。（2010年12月27日删除）

第二十一条　成立登记公告的内容包括：名称、住所、法定代表人或单位负责人、开办资金、宗旨和业务范围、业务主管单位、登记时间、登记证号。

第二十二条　变更登记公告的内容除变更事项外，还应包括名称、登记证号、变更时间。

第二十三条　注销登记公告的内容包括名称、住所、法定代表人或单位负责人、登记证号、业务主管单位、注销时间。

第二十四条　民办非企业单位登记证书分为正本和副本，正本和副本具有同等法律效力。

民办非企业单位登记证书的正本应当悬挂于民办非企业单位住所的醒目位置。

民办非企业单位登记证书副本的有效期为4年。

第二十五条　民办非企业单位登记证书遗失的，应当及时在公开发行的报刊上声明作废，并到登记管理机关申请办理补发证书手续。

第二十六条　民办非企业单位申请补发登记证书，应当向登记管理机关提交下列文件：

（一）补发登记证书申请书；

（二）在报刊上刊登的原登记证书作废的声明。

第二十七条　经核准登记的民办非企业单位开立银行帐户，应按照民政部、中国人民银行联合发布的《关于民办非企业单位开立银行帐户有关问题的通知》的有关规定办理。

第二十八条　经核准登记的民办非企业单位刻制印章，应按照民政部、公安部联合发布的《民办非企业单位印章管理规定》的有关规定办理。

第二十九条　本办法自发布之日起施行。

民办非企业单位印章管理规定

· 2000年1月19日民政部、公安部令第20号发布
· 根据2010年12月27日《民政部关于废止、修改部分规章的决定》修订

为了保障民办非企业单位的合法权益，加强对民办非企业单位印章的管理，根据《民办非企业单位登记管理暂行条例》和《国务院关于国家行政机关和企业事业单位社会团体印章管理的规定》（国发〔1999〕25号），制定本规定：

一、印章的规格、式样

民办非企业单位的印章分为名称印章、办事机构印章和专用印章（专用印章分为钢印、财务专用章、合同专用章等），一律为圆形。

由国务院民政部门核准登记的民办非企业单位，名称印章直径为4.5厘米，办事机构的印章直径为4.2厘米。由地方各级人民政府民政部门核准登记的民办非企业单位，名称印章直径为4.2厘米，办事机构的印章直径为4厘米。民办非企业单位的专用印章必须小于名称印章且直径最大不超过4.2厘米，最小不小于3厘米。

民办非企业单位的印章，中央刊五角星，五角星外刊单位名称，自左而右环行。其中办事机构印章中的办事机构名称及财务专用章、合同专用章中的财务专用、合同

专用等字样,刊在五角星下面,自左而右横排。

二、印章的名称、文字、文体

印章所刊的单位名称,应为民办非企业单位的法定名称;民族自治地方的民办非企业单位的印章应当并列刊汉文和当地通用的民族文字;有国际交往的民办非企业单位印章,需要刻制外文名称的,将核准登记注册的中文名称译成相应的外国文字,并列刊汉文和外文。

印章印文中的汉字,应当使用国务院公布的简化字,字体为宋体。

三、印章的制发程序

民办非企业单位刻制印章须在取得登记证书后向登记管理机关提出书面申请及印章式样,持登记管理机关开具的同意刻制印章介绍信及登记证书到所在地县、市(区)以上公安机关办理备案手续后刻制。

四、印章的管理和缴销

(一)民办非企业单位的印章经登记管理机关、公安机关备案后,方可启用。

(二)民办非企业单位应当建立健全印章使用管理制度,印章应当有专人保管。对违反规定使用印章造成严重后果的,应当追究保管人或责任人的行政责任或法律责任。

(三)民办非企业单位因变更登记、印章损坏等原因需要更换印章时,应到登记管理机关交回原印章,按本规定程序申请重新刻制。

(四)民办非企业单位印章丢失,经声明作废后,可以按本规定程序申请重新刻制。重新刻制的印章应与原印章有所区别。如五角星两侧加横线。

(五)民办非企业单位办理注销登记后,应当及时将全部印章交回登记管理机关封存。

(六)民办非企业单位被撤销,应当由登记管理机关收缴其全部印章。

(七)登记管理机关对收缴的和民办非企业单位交回的印章,要登记造册,送当地公安机关销毁。

(八)民办非企业单位非法刻制印章的,由公安机关处以500元以下罚款或警告,并收缴其非法刻制的印章。

(九)对未经公安机关批准,擅自承制民办非企业单位印章的企业,由公安机关按《中华人民共和国治安管理处罚法》的规定予以处罚。

五、本规定发布之前已按国家有关规定成立的民办非企业单位,在民办非企业单位复查登记过程中,通过复查登记的,其印章规格、式样、名称、文字、文体符合本规定的,在登记管理机关备案后可继续使用;不符合的应重

新申请刻制;未通过复查登记的应停止活动,向业务主管单位交回原有印章,并由业务主管单位登记造册,送当地公安机关销毁。

六、本规定自发布之日起施行。

民办非企业单位年度检查办法

·2005年4月7日民政部令第27号公布
·自2005年6月1日起施行

第一条　为促进民办非企业单位健康发展,保障民办非企业单位的合法权益,加强对民办非企业单位的规范管理,根据《民办非企业单位登记管理暂行条例》,制定本办法。

第二条　民办非企业单位年度检查(以下简称年检),是指登记管理机关对民办非企业单位,依法按年度进行检查和监督管理的制度。

第三条　经登记管理机关核准登记的民办非企业单位,应当按照本办法的规定,接受登记管理机关的年检。

截至上年度12月31日,成立登记时间未超过6个月的民办非企业单位,不参加当年的年检。

第四条　民办非企业单位年检的程序是:

(一)民办非企业单位领取或从互联网下载《民办非企业单位年检报告书》及其他有关材料;

(二)民办非企业单位于每年3月31日前向业务主管单位报送年检材料,经业务主管单位出具初审意见后,于5月31日前报送登记管理机关;

(三)登记管理机关审查年检材料;

(四)登记管理机关作出年检结论,发布年检结论公告。

第五条　民办非企业单位接受年检时,应当提交下列材料:

(一)已填具的《民办非企业单位年检报告书》;

(二)《民办非企业单位登记证书》副本;

(三)财务会计报告;

(四)其他需要提交的有关材料。

已经取得执业许可证的民办非企业单位,应当提交执业许可证副本。

登记管理机关在年检期间,可以根据情况,要求民办非企业单位提交注册会计师审计报告、其他补充说明材料及有关文件。登记管理机关可以要求有关人员说明情况,必要时进行实地检查。

第六条　年检的主要内容包括:

（一）遵守法律法规和国家政策情况；

（二）登记事项变动及履行登记手续情况；

（三）按照章程开展活动情况；

（四）财务状况、资金来源和使用情况；

（五）机构变动和人员聘用情况；

（六）其他需要检查的情况。

第七条　民办非企业单位年检结论，分为"年检合格"、"年检基本合格"和"年检不合格"三种。

年检结束，登记管理机关应当在《民办非企业单位登记证书》（副本）上加盖年检结论戳记。民办非企业单位更换登记证书，应当保留原有年检记录。

第八条　民办非企业单位有下列情形之一，由登记管理机关责令改正，情节轻微的，确定为"年检基本合格"；情节严重的，确定为"年检不合格"：

（一）违反国家法律、法规和有关政策规定的；

（二）违反规定使用登记证书、印章或者财务凭证的；

（三）本年度未开展业务活动，或者不按照章程的规定进行活动的；

（四）无固定住所或必要的活动场所的；

（五）内部管理混乱，不能正常开展活动的；

（六）拒不接受或者不按照规定接受登记管理机关监督检查或年检的；

（七）不按照规定办理变更登记，修改章程未按规定核准备案的；

（八）设立分支机构的；

（九）财务制度不健全，资金来源和使用违反有关规定的；

（十）现有净资产低于国家有关行业主管部门规定的最低标准的；

（十一）侵占、私分、挪用民办非企业单位的资产或者所接受的捐赠、资助的；

（十二）违反国家有关规定收取费用、筹集资金或者接受使用捐赠、资助的；

（十三）年检中隐瞒真实情况，弄虚作假的。

第九条　"年检基本合格"和"年检不合格"的民办非企业单位，应当进行整改，整改期限为3个月。整改期结束，民办非企业单位应当向登记管理机关报送整改报告，登记管理机关对整改结果进行评定并出具意见。

对"年检不合格"的民办非企业单位，登记管理机关根据情况，可以责令其在整改期间停止活动。民办非企业单位被限期停止活动的，登记管理机关可以封存其登记证书、印章和财务凭证。

第十条　登记管理机关对连续两年不参加年检，或连续两年"年检不合格"的民办非企业单位，予以撤销登记并公告。

第十一条　登记管理机关实施停止活动、撤销登记行政处罚的，应当按照有关法律、法规的规定办理。

第十二条　登记管理机关工作人员在年检工作中，应当依法行政，不得滥用职权、徇私舞弊。

第十三条　《民办非企业单位年检报告书》格式，由国务院民政部门制订。

第十四条　登记管理机关可以采取网上年检的方式，对民办非企业单位进行年检。

第十五条　各省、自治区、直辖市登记管理机关可以根据实际情况，制定本地区民办非企业单位年检实施办法。

第十六条　本办法自2005年6月1日起施行。

取缔非法民间组织暂行办法

· 2000年4月10日民政部令第21号发布
· 自发布之日起施行

第一条　为了维护社会稳定和国家安全，根据《社会团体登记管理条例》和《民办非企业单位登记管理暂行条例》及有关规定，制定本办法。

第二条　具有下列情形之一的属于非法民间组织：

（一）未经批准，擅自开展社会团体筹备活动的；

（二）未经登记，擅自以社会团体或者民办非企业单位名义进行活动的；

（三）被撤销登记后继续以社会团体或者民办非企业单位名义进行活动的。

第三条　社会团体和民办非企业单位登记管理机关（以下统称登记管理机关）负责对非法民间组织进行调查，收集有关证据，依法作出取缔决定，没收其非法财产。

第四条　取缔非法民间组织，由违法行为发生地的登记管理机关负责。

涉及两个以上同级登记管理机关的非法民间组织的取缔，由他们的共同上级登记管理机关负责，或者指定相关登记管理机关予以取缔。

对跨省（自治区、直辖市）活动的非法民间组织，由国务院民政部门负责取缔，或者指定相关登记管理机关予以取缔。

第五条　对非法民间组织，登记管理机关一经发现，应当及时进行调查，涉及有关部门职能的，应当及时向有关部门通报。

第六条　登记管理机关对非法民间组织进行调查时,执法人员不得少于两人,并应当出示证件。

第七条　登记管理机关对非法民间组织进行调查时,有关单位和个人应当如实反映情况,提供有关资料,不得拒绝、隐瞒、出具伪证。

第八条　登记管理机关依法调查非法民间组织时,对与案件有关的情况和资料,可以采取记录、复制、录音、录像、照相等手段取得证据。

在证据可能灭失或者以后难以取得的情况下,经登记管理机关负责人批准可以先行登记保存,并应当在七日内及时作出处理决定,在此期间,当事人或者有关人员不得销毁或者转移证据。

第九条　对经调查认定的非法民间组织,登记管理机关应当依法作出取缔决定,宣布该组织为非法,并予以公告。

第十条　非法民间组织被取缔后,登记管理机关依法没收的非法财物必须按照国家规定公开拍卖或者按照国家有关规定处理。

登记管理机关依法没收的违法所得和没收非法财物拍卖的款项,必须全部上缴国库。

第十一条　对被取缔的非法民间组织,登记管理机关应当收缴其印章、标识、资料、财务凭证等,并登记造册。

需要销毁的印章、资料等,应当经登记管理机关负责人批准,由两名以上执法人员监督销毁,并填写销毁清单。

第十二条　登记管理机关取缔非法民间组织后,应当按照档案管理的有关规定及时将有关档案材料立卷归档。

第十三条　非法民间组织被取缔后,继续开展活动的,登记管理机关应当及时通报有关部门共同查处。

第十四条　本办法自发布之日起施行。

4. 基金会管理

基金会管理条例

·2004年3月8日中华人民共和国国务院令第400号公布
·自2004年6月1日起施行

第一章　总　则

第一条　为了规范基金会的组织和活动,维护基金会、捐赠人和受益人的合法权益,促进社会力量参与公益事业,制定本条例。

第二条　本条例所称基金会,是指利用自然人、法人或者其他组织捐赠的财产,以从事公益事业为目的,按照本条例的规定成立的非营利性法人。

第三条　基金会分为面向公众募捐的基金会(以下简称公募基金会)和不得面向公众募捐的基金会(以下简称非公募基金会)。公募基金会按照募捐的地域范围,分为全国性公募基金会和地方性公募基金会。

第四条　基金会必须遵守宪法、法律、法规、规章和国家政策,不得危害国家安全、统一和民族团结,不得违背社会公德。

第五条　基金会依照章程从事公益活动,应当遵循公开、透明的原则。

第六条　国务院民政部门和省、自治区、直辖市人民政府民政部门是基金会的登记管理机关。

国务院民政部门负责下列基金会、基金会代表机构的登记管理工作:

(一)全国性公募基金会;

(二)拟由非内地居民担任法定代表人的基金会;

(三)原始基金超过2000万元,发起人向国务院民政部门提出设立申请的非公募基金会;

(四)境外基金会在中国内地设立的代表机构。

省、自治区、直辖市人民政府民政部门负责本行政区域内地方性公募基金会和不属于前款规定情况的非公募基金会的登记管理工作。

第七条　国务院有关部门或者国务院授权的组织,是国务院民政部门登记的基金会、境外基金会代表机构的业务主管单位。

省、自治区、直辖市人民政府有关部门或者省、自治区、直辖市人民政府授权的组织,是省、自治区、直辖市人民政府民政部门登记的基金会的业务主管单位。

第二章　设立、变更和注销

第八条　设立基金会,应当具备下列条件:

(一)为特定的公益目的而设立;

(二)全国性公募基金会的原始基金不低于800万元人民币,地方性公募基金会的原始基金不低于400万元人民币,非公募基金会的原始基金不低于200万元人民币;原始基金必须为到账货币资金;

(三)有规范的名称、章程、组织机构以及与其开展活动相适应的专职工作人员;

(四)有固定的住所;

(五)能够独立承担民事责任。

第九条　申请设立基金会,申请人应当向登记管理机关提交下列文件：

（一）申请书；

（二）章程草案；

（三）验资证明和住所证明；

（四）理事名单、身份证明以及拟任理事长、副理事长、秘书长简历；

（五）业务主管单位同意设立的文件。

第十条　基金会章程必须明确基金会的公益性质，不得规定使特定自然人、法人或者其他组织受益的内容。

基金会章程应当载明下列事项：

（一）名称及住所；

（二）设立宗旨和公益活动的业务范围；

（三）原始基金数额；

（四）理事会的组成、职权和议事规则，理事的资格、产生程序和任期；

（五）法定代表人的职责；

（六）监事的职责、资格、产生程序和任期；

（七）财务会计报告的编制、审定制度；

（八）财产的管理、使用制度；

（九）基金会的终止条件、程序和终止后财产的处理。

第十一条　登记管理机关应当自收到本条例第九条所列全部有效文件之日起 60 日内，作出准予或者不予登记的决定。准予登记的，发给《基金会法人登记证书》；不予登记的，应当书面说明理由。

基金会设立登记的事项包括：名称、住所、类型、宗旨、公益活动的业务范围、原始基金数额和法定代表人。

第十二条　基金会拟设立分支机构、代表机构的，应当向原登记管理机关提出登记申请，并提交拟设机构的名称、住所和负责人等情况的文件。

登记管理机关应当自收到前款所列全部有效文件之日起 60 日内作出准予或者不予登记的决定。准予登记的，发给《基金会分支（代表）机构登记证书》；不予登记的，应当书面说明理由。

基金会分支机构、基金会代表机构设立登记的事项包括：名称、住所、公益活动的业务范围和负责人。

基金会分支机构、基金会代表机构依据基金会的授权开展活动，不具有法人资格。

第十三条　境外基金会在中国内地设立代表机构，应当经有关业务主管单位同意后，向登记管理机关提交下列文件：

（一）申请书；

（二）基金会在境外依法登记成立的证明和基金会章程；

（三）拟设代表机构负责人身份证明及简历；

（四）住所证明；

（五）业务主管单位同意在中国内地设立代表机构的文件。

登记管理机关应当自收到前款所列全部有效文件之日起 60 日内，作出准予或者不予登记的决定。准予登记的，发给《境外基金会代表机构登记证书》；不予登记的，应当书面说明理由。

境外基金会代表机构设立登记的事项包括：名称、住所、公益活动的业务范围和负责人。

境外基金会代表机构应当从事符合中国公益事业性质的公益活动。境外基金会对其在中国内地代表机构的民事行为，依照中国法律承担民事责任。

第十四条　基金会、境外基金会代表机构依照本条例登记后，应当依法办理税务登记。

基金会、境外基金会代表机构，凭登记证书依法申请组织机构代码、刻制印章、开立银行账户。

基金会、境外基金会代表机构应当将组织机构代码、印章式样、银行账号以及税务登记证件复印件报登记管理机关备案。

第十五条　基金会、基金会分支机构、基金会代表机构和境外基金会代表机构的登记事项需要变更的，应当向登记管理机关申请变更登记。

基金会修改章程，应当征得其业务主管单位的同意，并报登记管理机关核准。

第十六条　基金会、境外基金会代表机构有下列情形之一的，应当向登记管理机关申请注销登记：

（一）按照章程规定终止的；

（二）无法按照章程规定的宗旨继续从事公益活动的；

（三）由于其他原因终止的。

第十七条　基金会撤销其分支机构、代表机构的，应当向登记管理机关办理分支机构、代表机构的注销登记。

基金会注销的，其分支机构、代表机构同时注销。

第十八条　基金会在办理注销登记前，应当在登记管理机关、业务主管单位的指导下成立清算组织，完成清算工作。

基金会应当自清算结束之日起 15 日内向登记管理机关办理注销登记；在清算期间不得开展清算以外的活动。

第十九条　基金会、基金会分支机构、基金会代表机构以及境外基金会代表机构的设立、变更、注销登记，由登记管理机关向社会公告。

第三章　组织机构

第二十条　基金会设理事会,理事为 5 人至 25 人,理事任期由章程规定,但每届任期不得超过 5 年。理事任期届满,连选可以连任。

用私人财产设立的非公募基金会,相互间有近亲属关系的基金会理事,总数不得超过理事总人数的 1/3;其他基金会,具有近亲属关系的不得同时在理事会任职。

在基金会领取报酬的理事不得超过理事总人数的 1/3。

理事会设理事长、副理事长和秘书长,从理事中选举产生,理事长是基金会的法定代表人。

第二十一条　理事会是基金会的决策机构,依法行使章程规定的职权。

理事会每年至少召开 2 次会议。理事会会议须有 2/3 以上理事出席方能召开;理事会决议须经出席理事过半数通过方为有效。

下列重要事项的决议,须经出席理事表决,2/3 以上通过方为有效:

(一)章程的修改;

(二)选举或者罢免理事长、副理事长、秘书长;

(三)章程规定的重大募捐、投资活动;

(四)基金会的分立、合并。

理事会会议应当制作会议记录,并由出席理事审阅、签名。

第二十二条　基金会设监事。监事任期与理事任期相同。理事、理事的近亲属和基金会财会人员不得兼任监事。

监事依照章程规定的程序检查基金会财务和会计资料,监督理事会遵守法律和章程的情况。

监事列席理事会会议,有权向理事会提出质询和建议,并应当向登记管理机关、业务主管单位以及税务、会计主管部门反映情况。

第二十三条　基金会理事长、副理事长和秘书长不得由现职国家工作人员兼任。基金会的法定代表人,不得同时担任其他组织的法定代表人。公募基金会和原始基金来自中国内地的非公募基金会的法定代表人,应当由内地居民担任。

因犯罪被判处管制、拘役或者有期徒刑,刑期执行完毕之日起未逾 5 年的,因犯罪被判处剥夺政治权利正在执行期间或者曾经被判处剥夺政治权利的,以及曾在因违法被撤销登记的基金会担任理事长、副理事长或者秘书长,且对该基金会的违法行为负有个人责任,自该基金会被撤销之日起未逾 5 年的,不得担任基金会的理事长、副理事长或者秘书长。

基金会理事遇有个人利益与基金会利益关联时,不得参与相关事宜的决策;基金会理事、监事及其近亲属不得与其所在的基金会有任何交易行为。

监事和未在基金会担任专职工作的理事不得从基金会获取报酬。

第二十四条　担任基金会理事长、副理事长或者秘书长的香港居民、澳门居民、台湾居民、外国人以及境外基金会代表机构的负责人,每年在中国内地居留时间不得少于 3 个月。

第四章　财产的管理和使用

第二十五条　基金会组织募捐、接受捐赠,应当符合章程规定的宗旨和公益活动的业务范围。境外基金会代表机构不得在中国境内组织募捐、接受捐赠。

公募基金会组织募捐,应当向社会公布募得资金后拟开展的公益活动和资金的详细使用计划。

第二十六条　基金会及其捐赠人、受益人依照法律、行政法规的规定享受税收优惠。

第二十七条　基金会的财产及其他收入受法律保护,任何单位和个人不得私分、侵占、挪用。

基金会应当根据章程规定的宗旨和公益活动的业务范围使用其财产;捐赠协议明确了具体使用方式的捐赠,根据捐赠协议的约定使用。

接受捐赠的物资无法用于符合其宗旨的用途时,基金会可以依法拍卖或者变卖,所得收入用于捐赠目的。

第二十八条　基金会应当按照合法、安全、有效的原则实现基金的保值、增值。

第二十九条　公募基金会每年用于从事章程规定的公益事业支出,不得低于上一年总收入的 70%;非公募基金会每年用于从事章程规定的公益事业支出,不得低于上一年基金余额的 8%。

基金会工作人员工资福利和行政办公支出不得超过当年总支出的 10%。

第三十条　基金会开展公益资助项目,应当向社会公布所开展的公益资助项目种类以及申请、评审程序。

第三十一条　基金会可以与受助人签订协议,约定资助方式、资助数额以及资金用途和使用方式。

基金会有权对资助的使用情况进行监督。受助人未按协议约定使用资助或者有其他违反协议情形的,基金会有权解除资助协议。

第三十二条　基金会应当执行国家统一的会计制度,依法进行会计核算、建立健全内部会计监督制度。

第三十三条　基金会注销后的剩余财产应当按照章程的规定用于公益目的;无法按照章程规定处理的,由登记管理机关组织捐赠给与该基金会性质、宗旨相同的社会公益组织,并向社会公告。

第五章　监督管理

第三十四条　基金会登记管理机关履行下列监督管理职责:

(一)对基金会、境外基金会代表机构实施年度检查;

(二)对基金会、境外基金会代表机构依照本条例及其章程开展活动的情况进行日常监督管理;

(三)对基金会、境外基金会代表机构违反本条例的行为依法进行处罚。

第三十五条　基金会业务主管单位履行下列监督管理职责:

(一)指导、监督基金会、境外基金会代表机构依据法律和章程开展公益活动;

(二)负责基金会、境外基金会代表机构年度检查的初审;

(三)配合登记管理机关、其他执法部门查处基金会、境外基金会代表机构的违法行为。

第三十六条　基金会、境外基金会代表机构应当于每年3月31日前向登记管理机关报送上一年度工作报告,接受年度检查。年度工作报告在报送登记管理机关前应当经业务主管单位审查同意。

年度工作报告应当包括:财务会计报告、注册会计师审计报告,开展募捐、接受捐赠、提供资助等活动的情况以及人员和机构的变动情况等。

第三十七条　基金会应当接受税务、会计主管部门依法实施的税务监督和会计监督。

基金会在换届和更换法定代表人之前,应当进行财务审计。

第三十八条　基金会、境外基金会代表机构应当在通过登记管理机关的年度检查后,将年度工作报告在登记管理机关指定的媒体上公布,接受社会公众的查询、监督。

第三十九条　捐赠人有权向基金会查询捐赠财产的使用、管理情况,并提出意见和建议。对于捐赠人的查询,基金会应当及时如实答复。

基金会违反捐赠协议使用捐赠财产的,捐赠人有权要求基金会遵守捐赠协议或者向人民法院申请撤销捐赠行为、解除捐赠协议。

第六章　法律责任

第四十条　未经登记或者被撤销登记后以基金会、基金会分支机构、基金会代表机构或者境外基金会代表机构名义开展活动的,由登记管理机关予以取缔,没收非法财产并向社会公告。

第四十一条　基金会、基金会分支机构、基金会代表机构或者境外基金会代表机构有下列情形之一的,登记管理机关应当撤销登记:

(一)在申请登记时弄虚作假骗取登记的,或者自取得登记证书之日起12个月内未按章程规定开展活动的;

(二)符合注销条件,不按照本条例的规定办理注销登记仍继续开展活动的。

第四十二条　基金会、基金会分支机构、基金会代表机构或者境外基金会代表机构有下列情形之一的,由登记管理机关给予警告、责令停止活动;情节严重的,可以撤销登记:

(一)未按照章程规定的宗旨和公益活动的业务范围进行活动的;

(二)在填制会计凭证、登记会计账簿、编制财务会计报告中弄虚作假的;

(三)不按照规定办理变更登记的;

(四)未按照本条例的规定完成公益事业支出额度的;

(五)未按照本条例的规定接受年度检查,或者年度检查不合格的;

(六)不履行信息公布义务或者公布虚假信息的。

基金会、境外基金会代表机构有前款所列行为的,登记管理机关应当提请税务机关责令补交违法行为存续期间所享受的税收减免。

第四十三条　基金会理事会违反本条例和章程规定决策不当,致使基金会遭受财产损失的,参与决策的理事应当承担相应的赔偿责任。

基金会理事、监事以及专职工作人员私分、侵占、挪用基金会财产的,应当退还非法占用的财产;构成犯罪的,依法追究刑事责任。

第四十四条　基金会、境外基金会代表机构被责令停止活动的,由登记管理机关封存其登记证书、印章和财务凭证。

第四十五条　登记管理机关、业务主管单位工作人员滥用职权、玩忽职守、徇私舞弊,构成犯罪的,依法追究刑事责任;尚不构成犯罪的,依法给予行政处分或者纪律处分。

第七章　附　则

第四十六条　本条例所称境外基金会,是指在外国以及中华人民共和国香港特别行政区、澳门特别行政区和台湾地区合法成立的基金会。

第四十七条　基金会设立申请书、基金会年度工作报告的格式以及基金会章程范本,由国务院民政部门制订。

第四十八条　本条例自 2004 年 6 月 1 日起施行,1988 年 9 月 27 日国务院发布的《基金会管理办法》同时废止。

本条例施行前已经设立的基金会、境外基金会代表机构,应当自本条例施行之日起 6 个月内,按照本条例的规定申请换发登记证书。

基金会信息公布办法

·2006 年 1 月 12 日民政部令第 31 号公布
·自公布之日起施行

第一条　为了规范基金会、境外基金会代表机构信息公布活动,保护捐赠人及相关当事人的合法权益,促进公益事业发展,根据《基金会管理条例》(以下简称《条例》)的有关规定,制定本办法。

第二条　本办法所称信息公布,是指基金会、境外基金会代表机构按照《条例》和本办法的规定,将其内部信息和业务活动信息通过媒体向社会公布的活动。

基金会、境外基金会代表机构是信息公布义务人。

第三条　信息公布义务人公布的信息资料应当真实、准确、完整,不得有虚假记载、误导性陈述或者重大遗漏。

信息公布义务人应当保证捐赠人和社会公众能够快捷、方便地查阅或者复制公布的信息资料。

第四条　信息公布义务人应当向社会公布的信息包括:

(一)基金会、境外基金会代表机构的年度工作报告;

(二)公募基金会组织募捐活动的信息;

(三)基金会开展公益资助项目的信息。

基金会、境外基金会代表机构在遵守本办法规定的基础上可以自行决定公布更多的信息。

第五条　信息公布义务人应当在每年 3 月 31 日前,向登记管理机关报送上一年度的年度工作报告。登记管理机关审查通过后 30 日内,信息公布义务人按照统一的格式要求,在登记管理机关指定的媒体上公布年度工作报告的全文和摘要。

信息公布义务人的财务会计报告未经审计不得对外公布。

第六条　公募基金会组织募捐活动,应当公布募得资金后拟开展的公益活动和资金的详细使用计划。在募捐活动持续期间内,应当及时公布募捐活动所取得的收入和用于开展公益活动的成本支出情况。募捐活动结束后,应当公布募捐活动取得的总收入及其使用情况。

第七条　基金会开展公益资助项目,应当公布所开展的公益项目种类以及申请、评审程序。评审结束后,应当公布评审结果并通知申请人。公益资助项目完成后,应当公布有关的资金使用情况。事后对项目进行评估的,应当同时公布评估结果。

第八条　对于公共媒体上出现的对信息公布义务人造成或者可能造成不利影响的消息,信息公布义务人应当公开说明或者澄清。

第九条　除年度工作报告外,信息公布义务人公布信息时,可以选择报刊、广播、电视或者互联网作为公布信息的媒体。

第十条　信息公布所使用的媒体应当能够覆盖信息公布义务人的活动地域。公布的信息内容中应当注明信息公布义务人的基本情况和联系、咨询方式。

第十一条　信息公布义务人应当建立健全信息公布活动的内部管理制度,并指定专人负责处理信息公布活动的有关事务。对于已经公布的信息,应当制作信息公布档案,妥善保管。

第十二条　信息公布义务人公布有关活动或者项目的信息,应当持续至活动结束或者项目完成。

信息一经公布,信息公布义务人不得任意修改,确需修改的,应当严格履行内部管理制度的程序在修改后重新公布,并说明理由,声明原信息作废。

第十三条　信息公布义务人应当将信息公布活动的情况如实反映在年度工作报告中,接受登记管理机关监督检查。

第十四条　登记管理机关依法对信息公布活动进行监督管理,建立信息公布义务人诚信记录。

信息公布义务人不履行信息公布义务或者公布虚假信息的,由登记管理机关责令改正,并依据《条例》第四十二条规定给予行政处罚。

第十五条　年度工作报告的信息公布格式文本,由国务院民政部门制定。

第十六条　本办法自公布之日起施行。

基金会年度检查办法

· 2006 年 1 月 12 日民政部令第 30 号公布
· 根据 2010 年 12 月 27 日《民政部关于废止、修改部分规章的决定》修订

第一条　为加强对基金会和境外基金会代表机构的管理，促进公益事业发展，根据《基金会管理条例》（以下简称《条例》）第三十四条第一项、第三十六条的规定，制定本办法。

第二条　基金会年度检查，是指基金会登记管理机关依法按年度对基金会、境外基金会代表机构遵守法律、法规、规章和章程开展活动的情况实施监督管理的制度。

第三条　基金会、境外基金会代表机构应当于每年 3 月 31 日前向登记管理机关报送经业务主管单位审查同意的上一年度的年度工作报告，接受登记管理机关检查。

第四条　年度工作报告的内容应当包括：财务会计报告、注册会计师审计报告，开展募捐、接受捐赠、提供资助等活动的情况以及人员和机构的变动情况等。

财务会计报告应当符合《民间非营利组织会计制度》规定的内容和要求；注册会计师审计报告，应当有注册会计师事务所统一受理并与被审计的基金会、境外基金会代表机构签订委托合同的证明；开展募捐、接受捐赠、提供资助等活动情况应当有基金会履行信息公布义务的情况；人员和机构变动情况应当有按照规定办理变更登记情况以及基金会换届的会议纪要和更换法定代表人之前进行财务审计的情况等。

第五条　年度检查过程中，登记管理机关可以要求基金会、境外基金会代表机构或者有关人员就年度工作报告中涉及的有关问题进行补充说明，必要时可以进行实地检查。

第六条　经登记管理机关审查，基金会、境外基金会代表机构在上一年度遵守法律、法规、规章和章程的情况良好，没有违法违规情形的，认定为年检合格。

第七条　基金会、境外基金会代表机构有下列情形之一的，登记管理机关应当视情节轻重分别作出年检基本合格、年检不合格的结论：

（一）违反《条例》第三十九条第二款规定，不按照捐赠协议使用捐赠财产的；

（二）违反《条例》第四十条规定，擅自设立基金会分支机构、代表机构的；

（三）具有《条例》第四十二条规定的应当给予行政处罚的情形之一的；

（四）违反《条例》第四十三条第二款规定，基金会理事、监事及专职工作人员私分、侵占、挪用基金会财产的；

（五）违反国家其他有关规定的。

登记管理机关作出基本合格或者不合格年检结论后，应当责令该基金会或者境外基金会代表机构限期整改，并视情况依据《条例》有关规定给予行政处罚。

第八条　年度检查不合格的基金会、境外基金会代表机构在整改期间，登记管理机关不准予变更名称或者业务范围，不准予设立分支机构或者代表机构。登记管理机关应当提请税务机关责令补交违法行为存续期间所享受的税收减免。

第九条　通过年度检查发现基金会、基金会分支机构、基金会代表机构或者境外基金会代表机构有《条例》第四十一条规定的情形之一的，登记管理机关应当依法撤销登记。

第十条　基金会、境外基金会代表机构无正当理由不参加年检的，由登记管理机关责令停止活动，并向社会公告。

第十一条　基金会、境外基金会代表机构连续两年不接受年检的，由登记管理机关依法撤销登记。

第十二条　完成年度检查后，登记管理机关应当向社会公告年度检查结果，并向业务主管单位通报。

基金会、境外基金会代表机构应当在通过登记管理机关的年度检查后，将年度工作报告在登记管理机关指定的媒体上公布，接受社会公众的查询、监督。

第十三条　年度工作报告的格式文本由国务院民政部门制定。

第十四条　本办法自公布之日起施行。

关于规范基金会行为的若干规定（试行）

· 2012 年 7 月 10 日
· 民发〔2012〕124 号

为确保基金会恪守公益宗旨，规范开展活动，扩大公开透明，维护捐赠人、受益人和基金会的合法权益，进一步促进基金会健康发展，现对基金会行为规范中的若干问题作出如下规定：

一、基金会接受和使用公益捐赠

（一）基金会接受捐赠，应当与捐赠人明确权利义

务,并根据捐赠人的要求与其订立书面捐赠协议。

基金会接受捐赠应当确保公益性。附加对捐赠人构成利益回报条件的赠与和不符合公益性目的的赠与,不应确认为公益捐赠,不得开具捐赠票据。

(二)基金会应当在实际收到捐赠后据实开具捐赠票据。捐赠人不需要捐赠票据的,或者匿名捐赠的,也应当开具捐赠票据,由基金会留存备查。

基金会接受非现金捐赠,应当在实际收到后确认收入并开具捐赠票据。受赠财产未经基金会验收确认,由捐赠人直接转移给受助人或者其他第三方的,不得作为基金会的捐赠收入,不得开具捐赠票据。

(三)基金会接受非现金捐赠,应当按照以下方法确定入账价值:

1. 捐赠人提供了发票、报关单等凭据的,应当以相关凭据作为确认入账价值的依据;捐赠方不能提供凭据的,应当以其他确认捐赠财产的证明,作为确认入账价值的依据;

2. 捐赠人提供的凭据或其他能够确认受赠资产价值的证明上标明的金额与受赠资产公允价值相差较大的,应当以其公允价值作为入账价值。

捐赠人捐赠固定资产、股权、无形资产、文物文化资产,应当以具有合法资质的第三方机构的评估作为确认入账价值的依据。无法评估或经评估无法确认价格的,基金会不得计入捐赠收入,不得开具捐赠票据,应当另外造册登记。

(四)基金会接受食品、药品、医疗器械等捐赠物品时,应当确保物品在到达最终受益人时仍处于保质期内且具有使用价值。

(五)基金会接受企业捐赠本企业生产的产品,应当要求企业提供产品质量认证证明或者产品合格证,以及受赠物品的品名、规格、种类、数量等相关资料。

(六)基金会应当将接受的捐赠财产用于资助符合其宗旨和业务范围的活动和事业。对于指定用于救助自然灾害等突发事件的受赠财产,用于应急的应当在应急期结束前使用完毕;用于灾后重建的应当在重建期前使用完毕。

对确因特殊原因无法使用完毕的受赠财产,基金会可在取得捐赠人同意或在公开媒体上公示后,将受赠财产用于与原公益目的相近似的目的。

(七)基金会与捐赠人订立了捐赠协议的,应当按照协议约定使用受赠财产。如需改变用途,应当征得捐赠人同意且仍需用于公益事业;确实无法征求捐赠人意见

的,应当按照基金会的宗旨用于与原公益目的相近似的目的。

(八)捐赠协议和募捐公告中约定可以从公益捐赠中列支工作人员工资福利和行政办公支出的,按照约定列支;没有约定的,不得从公益捐赠中列支。同时,基金会工作人员工资福利和行政办公支出应当符合《基金会管理条例》的要求,累计不得超过当年总支出的10%。

工作人员工资福利包括:

1. 全体工作人员的工资、福利费、住房公积金、社会保险(障)费(含离退休人员);

2. 担任专职工作理事的津贴、补助和理事会运行费用。

行政办公支出包括:组织日常运作的办公费、水电费、邮电费、物业管理费、会议费、广告费、市内交通费、差旅费、折旧费、修理费、租赁费、无形资产摊销费、资产盘亏损失、资产减值损失、因预计负债所产生的损失、审计费、以及聘请中介机构费和应偿还的受赠资产等。

(九)基金会用于公益事业的支出包括直接用于受助人的款物和为开展公益项目发生的直接运行费用。

项目直接运行费用包括:

1. 支付给项目人员的报酬,包括:工资福利、劳务费、专家费等;

2. 为立项、执行、监督和评估公益项目发生的费用,包括:差旅费、交通费、通讯费、会议费、购买服务费等;

3. 为宣传、推广公益项目发生的费用,包括:广告费、购买服务费等;

4. 因项目需要租赁房屋、购买和维护固定资产的费用,包括:所发生的租赁费、折旧费、修理费、办公费、水电费、邮电费、物业管理费等;

5. 为开展项目需要支付的其他费用。

捐赠协议和募捐公告中约定可以从公益捐赠中列支项目直接运行费用的,按照约定列支;没有约定的,不得超出本基金会规定的标准支出。

(十)基金会应当对公益捐赠的使用情况进行全过程监督,确保受赠款物及时足额拨付和使用。

(十一)基金会选定公益项目执行方、受益人,应当遵循公开、公正、公平和诚实信用的原则,保护社会公共利益和与项目有关的当事人的合法权益。

基金会不得资助以营利为目的开展的活动。

二、基金会的交易、合作及保值增值

(一)基金会应当严格区分交换交易收入和捐赠收入。通过出售物资、提供服务、授权使用或转让资产包括

无形资产等交换交易取得的收入,应当记入商品销售收入、提供服务收入等相关会计科目,不得计入捐赠收入,不得开具公益事业捐赠票据。

(二)基金会进行交换交易,应当保护自身和社会公众的合法权益。不得以低于公允价值的价格出售物资、提供服务、授权或者转让无形资产;不得以高于公允价值的价格购买产品和服务。

(三)基金会不得将本组织的名称,公益项目品牌等其他应当用于公益目的的无形资产用于非公益目的。

(四)基金会不得直接宣传、促销、销售企业的产品和品牌;不得为企业及其产品提供信誉或者质量担保。

(五)基金会不得向个人、企业直接提供与公益活动无关的借款。

(六)基金会进行保值增值活动时,应当遵守以下规定:

1. 基金会进行保值增值应当遵守合法、安全、有效的原则。符合基金会的宗旨,维护基金会的信誉,遵守与捐赠人和受助人的约定,保证公益支出的实现;

2. 基金会可用于保值增值的资产限于非限定性资产、在保值增值期间暂不需要拨付的限定性资产;

3. 基金会进行委托投资,应当委托银行或者其他金融机构进行。

三、基金会的信息公布

(一)基金会的信息公布工作,应当符合《基金会信息公布办法》的要求。

(二)基金会通过义演、义赛、义卖、义展等活动进行募捐时,应当在开展募捐前向社会公布捐赠人权利义务、资金详细使用计划、成本预算;在资金使用过程中计划有调整的,应当及时向公众公布调整后的计划。

(三)基金会通过募捐以及为自然灾害等突发事件接受的公益捐赠,应当在取得捐赠收入后定期在本组织网站和其他媒体上公布详细的收入和支出明细,包括:捐赠收入、直接用于受助人的款物、与所开展的公益项目相关的各项直接运行费用等,在捐赠收入中列支了工作人员工资福利和行政办公支出的,还应当公布列支的情况。项目运行周期大于3个月的,每3个月公示1次;所有项目应当在项目结束后进行全面公示。

(四)捐赠人有权查询捐赠财产的使用、管理情况。对于捐赠人的查询,基金会应当及时如实答复。

(五)基金会的年度工作报告除在登记管理机关指定的媒体上公布外,还应当置备于本基金会,接受捐赠人的查询。

(六)基金会应当及时向社会公众公布下列信息:

1. 发起人;

2. 主要捐赠人;

3. 基金会理事主要来源单位;

4. 基金会投资的被投资方;

5. 其他与基金会存在控制、共同控制或者重大影响关系的个人或组织;

6. 基金会与上述个人或组织发生的交易。

(七)基金会应当建立健全内部制度,将所有分支机构、代表机构、专项基金以及各项业务活动纳入统一管理。

基金会应当在内部制度中对下列问题做出规定:

1. 各项工作人员工资福利和行政办公支出(以下简称日常运作费用)的支付标准、列支原则、审批程序,以及占基金会总支出的比例;

2. 开展公益项目所发生的与该项目直接相关的运行成本(以下简称项目直接成本)的支付标准、列支原则、审批程序,以及占该项目总支出的比例;

3. 资产管理和处置的原则、风险控制机制、审批程序,以及用于投资的资产占基金会总资产的比例。

基金会的内部制度,应当在登记管理机关指定的媒体或者本组织网站等其他便于社会公众查询的媒体上予以公开。

本规定适用于在民政部门登记注册的基金会和其他具有公益性捐赠税前扣除资格的社会团体。

民政部关于明确基金会名称不使用字号有关情形的通知

· 2024 年 11 月 6 日
· 民发〔2024〕62 号

各省、自治区、直辖市民政厅(局),新疆生产建设兵团民政局:

根据民政部《社会组织名称管理办法》规定,省级人民政府民政部门新登记的基金会名称原则上由行政区划名称、字号、行(事)业领域、组织形式依次构成;确需不使用字号的,应当同时符合以下情形:

一、有相应的业务主管单位,并就基金会申请人提出确需不使用字号的申请出具审查同意的意见和理由;

二、业务范围明确、清晰、聚焦主业,主要为协助业务主管单位履行相关特定职能;

三、申请人应当在基金会所属行(事)业领域内具有广泛影响力和代表性,拟任负责人具备与履行基金会管理职责相关的专业知识、经验和能力；

四、不使用字号不会使公众产生误解。

以上精神，请认真贯彻执行。

民政部关于进一步加强基金会专项基金管理工作的通知

· 2015 年 12 月 24 日

· 民发〔2015〕241 号

各省、自治区、直辖市民政厅（局），各计划单列市民政局，新疆生产建设兵团民政局；各业务主管单位；各民政部登记的基金会：

基金会专项基金接受基金会统一管理，不具备独立的法人资格。但最近一段时期，有的基金会过于追求专项基金数量的增长和筹款规模的扩大，忽视了事中事后监管，对专项基金的管理在一定程度上有所失控，陆续暴露出不少问题：有的专项基金以独立组织的名义开展活动，有的忽视了公开透明，有的偏离了公益宗旨，有的背离了捐赠人和受助人的需求，还有个别专项基金甚至为个人或企业牟取私利。这些行为不同程度地损害了基金会的社会公信力，给公益慈善事业带来了负面影响。为进一步加强专项基金管理工作，规范专项基金有关行为，维护捐赠人、受助人和基金会的合法权益，根据《中华人民共和国公益事业捐赠法》、《基金会管理条例》等法律法规，现将有关事项通知如下：

一、基金会对下设专项基金要严格履行监管职责，督促指导专项基金在本基金会的宗旨和业务范围内开展活动，对下设专项基金的所有活动切实承担起主体责任：

一是严把设立关口。基金会要根据自己的管理能力合理适度发展专项基金。基金会应当明确专项基金设立和终止的条件和决策程序，并严格执行。基金会应当与发起人以签订协议的方式明确专项基金的设立目的、财产使用方式、各方的权利责任、终止条件和剩余财产的处理等。

二是规范名称使用。基金会要监督专项基金使用带有基金会全称的规范名称。专项基金不得以独立组织的名义开展募捐、与其他组织和个人签订协议或开展其他活动；未经党政机关或者其他组织同意，不得以其名义对外宣传或开展业务活动。

三是全面加强管理。基金会应当建立健全专项基金管理制度，对专项基金的活动实施全过程监管，对专项基金的人员实施严格管理。基金会应当根据专项基金的设立目的，按照捐赠协议的约定管理和使用捐赠财产，专款专用。专项基金列支管理成本时，捐赠协议有约定的，按照其约定；捐赠协议未约定的，除了为实现专项基金公益目的确有必要之外，一般不超过该专项基金年度总支出的 10%。专项基金的收支应当全部纳入本基金会账户，不得使用其他单位、组织或个人账户，不得开设独立账户和刻制印章。专项基金不得再设立专项基金。

四是落实信息公开。基金会应当做好专项基金的信息公开，对专项基金的设立和终止信息、管理架构和人员信息、开展的募捐和公益资助项目等信息依照有关法律法规进行全面及时披露。基金会应当按照业务主管单位和登记管理机关的要求，通过年度工作报告和其他方式就专项基金的情况进行报告、接受监管。

五是定期清理整顿。基金会应当定期对下设专项基金进行清理整顿，对于长期不开展活动、管理不善的专项基金要及时督促整改，必要时应当予以终止。专项基金终止的，基金会应当做好后续事宜，妥善处理剩余财产，保护专项基金捐赠人和受助人的合法权益。

二、各业务主管单位应当要求基金会对下设专项基金的管理切实负起领导责任，主动了解专项基金的运作情况，并在思想政治工作、财务和人事管理、对外交往和重大活动等方面加强指导，监督其依法依规开展活动。业务主管单位发现基金会在专项基金管理方面有违法违规行为的，应当及时制止，给予告诫，并协助登记管理机关和其他有关部门进行查处。

三、登记管理机关应当加强对专项基金的监督检查，发现违法违规行为的，应当依法给予行政处罚，并责令改正。同时，各级登记管理机关要对专项基金的管理工作及时进行总结，开展经验交流，树立正面典型，进一步推进专项基金健康有序发展。

具有公益性捐赠税前扣除资格的社会团体的专项基金参照本通知执行。

民政部关于基金会等社会组织不得提供公益捐赠回扣有关问题的通知

· 2009 年 4 月 21 日

· 民发〔2009〕54 号

各业务主管单位：

自 2004 年《基金会管理条例》实施以来，基金会积极筹集资金，努力规范运作，通过多种措施加大捐赠资金募集和使用的公开透明，不断提高公益捐赠资金的使用效益和管理水平,推动了公益慈善事业的发展。

为了进一步规范基金会的募集和接受公益捐赠行为,严格管理和使用好公益资金,现通知如下:

一、基金会接受的公益捐赠必须依照有关法律法规的规定用于公益目的。不得在接受的公益捐赠中提取回扣返还捐赠人或帮助筹集捐赠的个人或组织。

二、按照捐赠协议,基金会可以在接受的公益捐赠中列支公益项目成本,项目成本必须是直接用于实施公益项目的费用,属于公益支出。基金会应当有效控制公益项目的成本,尽可能将公益捐赠更多地直接用于受助对象。

三、基金会应当加大信息公开的力度,向捐赠人公开,并向社会公示公益捐赠的支出使用情况,接受捐赠人和公众的监督和评价。

今后,登记管理机关将加强对基金会捐赠使用的监管。一旦发现有提供回扣的情形,将依法严肃处理。

社会团体和民办非企业单位接收公益捐赠,依照以上精神执行。

民政部、外交部、公安部、劳动和社会保障部关于基金会、境外基金会代表机构办理外国人就业和居留有关问题的通知

· 2007 年 11 月 24 日
· 民发〔2007〕169 号

各省、自治区、直辖市民政厅(局)、外事办公室、公安厅(局)、劳动和社会保障厅(局),新疆生产建设兵团民政局、公安局、劳动和社会保障局:

为规范基金会、境外基金会代表机构外籍工作人员的管理,根据《基金会管理条例》和《外国人在中国就业管理规定》的规定,现就基金会、境外基金会代表机构聘用外籍工作人员的就业与居留有关问题通知如下:

一、基金会、境外基金会代表机构拟聘用外籍工作人员,应当向业务主管单位提出申请,填写登记管理机关制定的表格和《聘用外国人就业申请表》,并提交《外国人在中国就业管理规定》第十一条规定的相关有效文件。

二、业务主管单位核实身份且同意后,将有关材料转送登记管理机关,登记管理机关审查同意后,在《聘用外国人就业申请表》上加盖印章。在民政部登记的基金会、境外基金会代表机构,加盖"中华人民共和国民政部基金会登记专用章"。在各省、自治区、直辖市民政厅(局)登记的基金会,由各省、自治区、直辖市民政厅(局)确定加盖的印章。

三、经登记管理机关同意后,基金会、境外基金会代表机构向省级人民政府劳动保障部门或者其授权的地市级人民政府劳动保障部门提出办理就业许可的申请,劳动保障部门按照《外国人在中国就业管理规定》规定的相关证明材料和基金会、境外基金会代表机构登记证书进行核准,对符合条件者,发放外国人就业许可证书。

四、拟入境的外籍工作人员凭就业许可证书和被授权单位的签证通知函(电)到中国驻外使领馆、处、署办理职业签证。

五、免签或者持非职业签证入境的外籍人员如需在基金会、境外基金会代表机构工作的,应当按照本通知第四条有关规定出境赴中国驻外使领馆、处、署重新办理职业签证。

六、持外交护照的外籍人员如需在基金会、境外基金会代表机构工作,应当改持普通护照,并按照本通知有关规定办理就业及居留手续。

七、外籍工作人员入境后凭就业许可证书、职业签证等证明材料到劳动保障部门办理就业证。

八、境外基金会代表机构中的外籍负责人(首席代表)可以免办就业许可,凭民政部批准文件(加盖有"中华人民共和国民政部基金会登记专用章")和被授权单位的签证通知函(电)到中国驻外使领馆、处、署办理职业签证,入境后凭职业签证、民政部批准文件(加盖有"中华人民共和国民政部基金会登记专用章")及相关证明材料到劳动保障部门直接申请办理就业证。

九、取得就业证的外籍工作人员,入境后 30 日内凭职业签证、就业证、基金会、境外基金会代表机构公函及相关证明材料到公安机关办理居留许可,并依法办理住宿登记手续。

十、台湾、香港、澳门居民在基金会、境外基金会代表机构工作的,参照本通知规定和《台湾香港澳门居民在内地就业管理规定》办理相关就业手续。

三、婚姻、收养登记管理

1. 婚姻登记

中华人民共和国民法典（节录）

· 2020 年 5 月 28 日第十三届全国人民代表大会第三次会议通过
· 2020 年 5 月 28 日中华人民共和国主席令第 45 号公布
· 自 2021 年 1 月 1 日起施行

……

第五编　婚姻家庭

第一章　一般规定

第一千零四十条　【婚姻家庭编的调整范围】本编调整因婚姻家庭产生的民事关系。

第一千零四十一条　【婚姻家庭关系基本原则】婚姻家庭受国家保护。

实行婚姻自由、一夫一妻、男女平等的婚姻制度。

保护妇女、未成年人、老年人、残疾人的合法权益。

第一千零四十二条　【禁止的婚姻家庭行为】禁止包办、买卖婚姻和其他干涉婚姻自由的行为。禁止借婚姻索取财物。

禁止重婚。禁止有配偶者与他人同居。

禁止家庭暴力。禁止家庭成员间的虐待和遗弃。

第一千零四十三条　【婚姻家庭道德规范】家庭应当树立优良家风，弘扬家庭美德，重视家庭文明建设。

夫妻应当互相忠实，互相尊重，互相关爱；家庭成员应当敬老爱幼，互相帮助，维护平等、和睦、文明的婚姻家庭关系。

第一千零四十四条　【收养的原则】收养应当遵循最有利于被收养人的原则，保障被收养人和收养人的合法权益。

禁止借收养名义买卖未成年人。

第一千零四十五条　【亲属、近亲属与家庭成员】亲属包括配偶、血亲和姻亲。

配偶、父母、子女、兄弟姐妹、祖父母、外祖父母、孙子女、外孙子女为近亲属。

配偶、父母、子女和其他共同生活的近亲属为家庭成员。

第二章　结　婚

第一千零四十六条　【结婚自愿】结婚应当男女双方完全自愿，禁止任何一方对另一方加以强迫，禁止任何组织或者个人加以干涉。

第一千零四十七条　【法定婚龄】结婚年龄，男不得早于二十二周岁，女不得早于二十周岁。

第一千零四十八条　【禁止结婚的情形】直系血亲或者三代以内的旁系血亲禁止结婚。

第一千零四十九条　【结婚程序】要求结婚的男女双方应当亲自到婚姻登记机关申请结婚登记。符合本法规定的，予以登记，发给结婚证。完成结婚登记，即确立婚姻关系。未办理结婚登记的，应当补办登记。

第一千零五十条　【男女双方互为家庭成员】登记结婚后，按照男女双方约定，女方可以成为男方家庭的成员，男方可以成为女方家庭的成员。

第一千零五十一条　【婚姻无效的情形】有下列情形之一的，婚姻无效：

（一）重婚；

（二）有禁止结婚的亲属关系；

（三）未到法定婚龄。

第一千零五十二条　【受胁迫婚姻的撤销】因胁迫结婚的，受胁迫的一方可以向人民法院请求撤销婚姻。

请求撤销婚姻的，应当自胁迫行为终止之日起一年内提出。

被非法限制人身自由的当事人请求撤销婚姻的，应当自恢复人身自由之日起一年内提出。

第一千零五十三条　【隐瞒重大疾病的可撤销婚姻】一方患有重大疾病的，应当在结婚登记前如实告知另一方；不如实告知的，另一方可以向人民法院请求撤销婚姻。

请求撤销婚姻的，应当自知道或者应当知道撤销事由之日起一年内提出。

第一千零五十四条　【婚姻无效或被撤销的法律后果】无效的或者被撤销的婚姻自始没有法律约束力，当事人不具有夫妻的权利和义务。同居期间所得的财产，由当事人协议处理；协议不成的，由人民法院根据照顾无过错方的原则判决。对重婚导致的无效婚姻的财产处理，不得侵害合法婚姻当事人的财产权益。当事人所生的子女，适用本法关于父母子女的规定。

婚姻无效或者被撤销的，无过错方有权请求损害赔偿。

第三章　家庭关系
第一节　夫妻关系

第一千零五十五条　【夫妻平等】夫妻在婚姻家庭中地位平等。

第一千零五十六条　【夫妻姓名权】夫妻双方都有各自使用自己姓名的权利。

第一千零五十七条　【夫妻人身自由权】夫妻双方都有参加生产、工作、学习和社会活动的自由，一方不得对另一方加以限制或者干涉。

第一千零五十八条　【夫妻抚养、教育和保护子女的权利义务平等】夫妻双方平等享有对未成年子女抚养、教育和保护的权利，共同承担对未成年子女抚养、教育和保护的义务。

第一千零五十九条　【夫妻扶养义务】夫妻有相互扶养的义务。

需要扶养的一方，在另一方不履行扶养义务时，有要求其给付扶养费的权利。

第一千零六十条　【夫妻日常家事代理权】夫妻一方因家庭日常生活需要而实施的民事法律行为，对夫妻双方发生效力，但是夫妻一方与相对人另有约定的除外。

夫妻之间对一方可以实施的民事法律行为范围的限制，不得对抗善意相对人。

第一千零六十一条　【夫妻遗产继承权】夫妻有相互继承遗产的权利。

第一千零六十二条　【夫妻共同财产】夫妻在婚姻关系存续期间所得的下列财产，为夫妻的共同财产，归夫妻共同所有：

（一）工资、奖金、劳务报酬；

（二）生产、经营、投资的收益；

（三）知识产权的收益；

（四）继承或者受赠的财产，但是本法第一千零六十三条第三项规定的除外；

（五）其他应当归共同所有的财产。

夫妻对共同财产，有平等的处理权。

第一千零六十三条　【夫妻个人财产】下列财产为夫妻一方的个人财产：

（一）一方的婚前财产；

（二）一方因受到人身损害获得的赔偿或者补偿；

（三）遗嘱或者赠与合同中确定只归一方的财产；

（四）一方专用的生活用品；

（五）其他应当归一方的财产。

第一千零六十四条　【夫妻共同债务】夫妻双方共同签名或者夫妻一方事后追认等共同意思表示所负的债务，以及夫妻一方在婚姻关系存续期间以个人名义为家庭日常生活需要所负的债务，属于夫妻共同债务。

夫妻一方在婚姻关系存续期间以个人名义超出家庭日常生活需要所负的债务，不属于夫妻共同债务；但是，债权人能够证明该债务用于夫妻共同生活、共同生产经营或者基于夫妻双方共同意思表示的除外。

第一千零六十五条　【夫妻约定财产制】男女双方可以约定婚姻关系存续期间所得的财产以及婚前财产归各自所有、共同所有或者部分各自所有、部分共同所有。约定应当采用书面形式。没有约定或者约定不明确的，适用本法第一千零六十二条、第一千零六十三条的规定。

夫妻对婚姻关系存续期间所得的财产以及婚前财产的约定，对双方具有法律约束力。

夫妻对婚姻关系存续期间所得的财产约定归各自所有，夫或者妻一方对外所负的债务，相对人知道该约定的，以夫或者妻一方的个人财产清偿。

第一千零六十六条　【婚内分割夫妻共同财产】婚姻关系存续期间，有下列情形之一的，夫妻一方可以向人民法院请求分割共同财产：

（一）一方有隐藏、转移、变卖、毁损、挥霍夫妻共同财产或者伪造夫妻共同债务等严重损害夫妻共同财产利益的行为；

（二）一方负有法定扶养义务的人患重大疾病需要医治，另一方不同意支付相关医疗费用。

第二节　父母子女关系和其他近亲属关系

第一千零六十七条　【父母与子女间的抚养赡养义务】父母不履行抚养义务的，未成年子女或者不能独立生活的成年子女，有要求父母给付抚养费的权利。

成年子女不履行赡养义务的，缺乏劳动能力或者生活困难的父母，有要求成年子女给付赡养费的权利。

第一千零六十八条　【父母教育、保护未成年子女的权利和义务】父母有教育、保护未成年子女的权利和义务。未成年子女造成他人损害的，父母应当依法承担民事责任。

第一千零六十九条　【子女尊重父母的婚姻权利及赡养义务】子女应当尊重父母的婚姻权利,不得干涉父母离婚、再婚以及婚后的生活。子女对父母的赡养义务,不因父母的婚姻关系变化而终止。

第一千零七十条　【遗产继承权】父母和子女有相互继承遗产的权利。

第一千零七十一条　【非婚生子女权利】非婚生子女享有与婚生子女同等的权利,任何组织或者个人不得加以危害和歧视。

不直接抚养非婚生子女的生父或者生母,应当负担未成年子女或者不能独立生活的成年子女的抚养费。

第一千零七十二条　【继父母子女之间权利义务】继父母与继子女间,不得虐待或者歧视。

继父或者继母和受其抚养教育的继子女间的权利义务关系,适用本法关于父母子女关系的规定。

第一千零七十三条　【亲子关系异议之诉】对亲子关系有异议且有正当理由的,父或者母可以向人民法院提起诉讼,请求确认或者否认亲子关系。

对亲子关系有异议且有正当理由的,成年子女可以向人民法院提起诉讼,请求确认亲子关系。

第一千零七十四条　【祖孙之间的抚养、赡养义务】有负担能力的祖父母、外祖父母,对于父母已经死亡或者父母无力抚养的未成年孙子女、外孙子女,有抚养的义务。

有负担能力的孙子女、外孙子女,对于子女已经死亡或者子女无力赡养的祖父母、外祖父母,有赡养的义务。

第一千零七十五条　【兄弟姐妹间扶养义务】有负担能力的兄、姐,对于父母已经死亡或者父母无力抚养的未成年弟、妹,有扶养的义务。

由兄、姐扶养长大的有负担能力的弟、妹,对于缺乏劳动能力又缺乏生活来源的兄、姐,有扶养的义务。

第四章　离　婚

第一千零七十六条　【协议离婚】夫妻双方自愿离婚的,应当签订书面离婚协议,并亲自到婚姻登记机关申请离婚登记。

离婚协议应当载明双方自愿离婚的意思表示和对子女抚养、财产以及债务处理等事项协商一致的意见。

第一千零七十七条　【离婚冷静期】自婚姻登记机关收到离婚登记申请之日起三十日内,任何一方不愿意离婚的,可以向婚姻登记机关撤回离婚登记申请。

前款规定期限届满后三十日内,双方应当亲自到婚姻登记机关申请发给离婚证;未申请的,视为撤回离婚登记申请。

第一千零七十八条　【婚姻登记机关对协议离婚的查明】婚姻登记机关查明双方确实是自愿离婚,并已经对子女抚养、财产以及债务处理等事项协商一致的,予以登记,发给离婚证。

第一千零七十九条　【诉讼离婚】夫妻一方要求离婚的,可以由有关组织进行调解或者直接向人民法院提起离婚诉讼。

人民法院审理离婚案件,应当进行调解;如果感情确已破裂,调解无效的,应当准予离婚。

有下列情形之一,调解无效的,应当准予离婚:

(一)重婚或者与他人同居;

(二)实施家庭暴力或者虐待、遗弃家庭成员;

(三)有赌博、吸毒等恶习屡教不改;

(四)因感情不和分居满二年;

(五)其他导致夫妻感情破裂的情形。

一方被宣告失踪,另一方提起离婚诉讼的,应当准予离婚。

经人民法院判决不准离婚后,双方又分居满一年,一方再次提起离婚诉讼的,应当准予离婚。

第一千零八十条　【婚姻关系的解除时间】完成离婚登记,或者离婚判决书、调解书生效,即解除婚姻关系。

第一千零八十一条　【现役军人离婚】现役军人的配偶要求离婚,应当征得军人同意,但是军人一方有重大过错的除外。

第一千零八十二条　【男方提出离婚的限制情形】女方在怀孕期间、分娩后一年内或者终止妊娠后六个月内,男方不得提出离婚;但是,女方提出离婚或者人民法院认为确有必要受理男方离婚请求的除外。

第一千零八十三条　【复婚】离婚后,男女双方自愿恢复婚姻关系的,应当到婚姻登记机关重新进行结婚登记。

第一千零八十四条　【离婚后子女的抚养】父母与子女间的关系,不因父母离婚而消除。离婚后,子女无论由父或者母直接抚养,仍是父母双方的子女。

离婚后,父母对于子女仍有抚养、教育、保护的权利和义务。

离婚后,不满两周岁的子女,以由母亲直接抚养为原则。已满两周岁的子女,父母双方对抚养问题协议不成的,由人民法院根据双方的具体情况,按照最有利于未成年子女的原则判决。子女已满八周岁的,应当尊重其真实意愿。

第一千零八十五条　【离婚后子女抚养费的负担】离婚后,子女由一方直接抚养的,另一方应当负担部分或者全部抚养费。负担费用的多少和期限的长短,由双方协议;协议不成的,由人民法院判决。

前款规定的协议或者判决,不妨碍子女在必要时向父母任何一方提出超过协议或者判决原定数额的合理要求。

第一千零八十六条　【探望子女权利】离婚后,不直接抚养子女的父或者母,有探望子女的权利,另一方有协助的义务。

行使探望权利的方式、时间由当事人协议;协议不成的,由人民法院判决。

父或者母探望子女,不利于子女身心健康的,由人民法院依法中止探望;中止的事由消失后,应当恢复探望。

第一千零八十七条　【离婚时夫妻共同财产的处理】离婚时,夫妻的共同财产由双方协议处理;协议不成的,由人民法院根据财产的具体情况,按照照顾子女、女方和无过错方权益的原则判决。

对夫或者妻在家庭土地承包经营中享有的权益等,应当依法予以保护。

第一千零八十八条　【离婚经济补偿】夫妻一方因抚育子女、照料老年人、协助另一方工作等负担较多义务的,离婚时有权向另一方请求补偿,另一方应当给予补偿。具体办法由双方协议;协议不成的,由人民法院判决。

第一千零八十九条　【离婚时夫妻共同债务的清偿】离婚时,夫妻共同债务应当共同偿还。共同财产不足清偿或者财产归各自所有的,由双方协议清偿;协议不成的,由人民法院判决。

第一千零九十条　【离婚经济帮助】离婚时,如果一方生活困难,有负担能力的另一方应当给予适当帮助。具体办法由双方协议;协议不成的,由人民法院判决。

第一千零九十一条　【离婚损害赔偿】有下列情形之一,导致离婚的,无过错方有权请求损害赔偿:

(一)重婚;

(二)与他人同居;

(三)实施家庭暴力;

(四)虐待、遗弃家庭成员;

(五)有其他重大过错。

第一千零九十二条　【一方侵害夫妻财产的处理规则】夫妻一方隐藏、转移、变卖、毁损、挥霍夫妻共同财产,或者伪造夫妻共同债务企图侵占另一方财产的,在离婚分割夫妻共同财产时,对该方可以少分或者不分。离婚后,另一方发现有上述行为的,可以向人民法院提起诉讼,请求再次分割夫妻共同财产。

第五章　收　养

第一节　收养关系的成立

第一千零九十三条　【被收养人的条件】下列未成年人,可以被收养:

(一)丧失父母的孤儿;

(二)查找不到生父母的未成年人;

(三)生父母有特殊困难无力抚养的子女。

第一千零九十四条　【送养人的条件】下列个人、组织可以作送养人:

(一)孤儿的监护人;

(二)儿童福利机构;

(三)有特殊困难无力抚养子女的生父母。

第一千零九十五条　【监护人送养未成年人的情形】未成年人的父母均不具备完全民事行为能力且可能严重危害该未成年人的,该未成年人的监护人可以将其送养。

第一千零九十六条　【监护人送养孤儿的限制及变更监护人】监护人送养孤儿的,应当征得有抚养义务的人同意。有抚养义务的人不同意送养、监护人不愿意继续履行监护职责的,应当依照本法第一编的规定另行确定监护人。

第一千零九十七条　【生父母送养子女的原则要求与例外】生父母送养子女,应当双方共同送养。生父母一方不明或者查找不到的,可以单方送养。

第一千零九十八条　【收养人条件】收养人应当同时具备下列条件:

(一)无子女或者只有一名子女;

(二)有抚养、教育和保护被收养人的能力;

(三)未患有在医学上认为不应当收养子女的疾病;

(四)无不利于被收养人健康成长的违法犯罪记录;

(五)年满三十周岁。

第一千零九十九条　【三代以内旁系同辈血亲的收养】收养三代以内旁系同辈血亲的子女,可以不受本法第一千零九十三条第三项、第一千零九十四条第三项和第一千一百零二条规定的限制。

华侨收养三代以内旁系同辈血亲的子女,还可以不受本法第一千零九十八条第一项规定的限制。

第一千一百条　【收养人收养子女数量】无子女的

收养人可以收养两名子女;有子女的收养人只能收养一名子女。

收养孤儿、残疾未成年人或者儿童福利机构抚养的查找不到生父母的未成年人,可以不受前款和本法第一千零九十八条第一项规定的限制。

第一千一百零一条　【共同收养】有配偶者收养子女,应当夫妻共同收养。

第一千一百零二条　【无配偶者收养异性子女的限制】无配偶者收养异性子女的,收养人与被收养人的年龄应当相差四十周岁以上。

第一千一百零三条　【收养继子女的特别规定】继父或者继母经继子女的生父母同意,可以收养继子女,并可以不受本法第一千零九十三条第三项、第一千零九十四条第三项、第一千零九十八条和第一千一百条第一款规定的限制。

第一千一百零四条　【收养自愿原则】收养人收养与送养人送养,应当双方自愿。收养八周岁以上未成年人的,应当征得被收养人的同意。

第一千一百零五条　【收养登记、收养协议、收养公证及收养评估】收养应当向县级以上人民政府民政部门登记。收养关系自登记之日起成立。

收养查找不到生父母的未成年人的,办理登记的民政部门应当在登记前予以公告。

收养关系当事人愿意签订收养协议的,可以签订收养协议。

收养关系当事人各方或者一方要求办理收养公证的,应当办理收养公证。

县级以上人民政府民政部门应当依法进行收养评估。

第一千一百零六条　【收养后的户口登记】收养关系成立后,公安机关应当按照国家有关规定为被收养人办理户口登记。

第一千一百零七条　【亲属、朋友的抚养】孤儿或者生父母无力抚养的子女,可以由生父母的亲属、朋友抚养;抚养人与被抚养人的关系不适用本章规定。

第一千一百零八条　【祖父母、外祖父母优先抚养权】配偶一方死亡,另一方送养未成年子女的,死亡一方的父母有优先抚养的权利。

第一千一百零九条　【涉外收养】外国人依法可以在中华人民共和国收养子女。

外国人在中华人民共和国收养子女,应当经其所在国主管机关依照该国法律审查同意。收养人应当提供由其所在国有权机构出具的有关其年龄、婚姻、职业、财产、健康、有无受过刑事处罚等状况的证明材料,并与送养人签订书面协议,亲自向省、自治区、直辖市人民政府民政部门登记。

前款规定的证明材料应当经收养人所在国外交机关或者外交机关授权的机构认证,并经中华人民共和国驻该国使领馆认证,但是国家另有规定的除外。

第一千一百一十条　【保守收养秘密】收养人、送养人要求保守收养秘密的,其他人应当尊重其意愿,不得泄露。

第二节　收养的效力

第一千一百一十一条　【收养的效力】自收养关系成立之日起,养父母与养子女间的权利义务关系,适用本法关于父母子女关系的规定;养子女与养父母的近亲属间的权利义务关系,适用本法关于子女与父母的近亲属关系的规定。

养子女与生父母以及其他近亲属间的权利义务关系,因收养关系的成立而消除。

第一千一百一十二条　【养子女的姓氏】养子女可以随养父或者养母的姓氏,经当事人协商一致,也可以保留原姓氏。

第一千一百一十三条　【收养行为的无效】有本法第一编关于民事法律行为无效规定情形或者违反本编规定的收养行为无效。

无效的收养行为自始没有法律约束力。

第三节　收养关系的解除

第一千一百一十四条　【收养关系的协议解除与诉讼解除】收养人在被收养人成年以前,不得解除收养关系,但是收养人、送养人双方协议解除的除外。养子女八周岁以上的,应当征得本人同意。

收养人不履行抚养义务,有虐待、遗弃等侵害未成年养子女合法权益行为的,送养人有权要求解除养父母与养子女间的收养关系。送养人、收养人不能达成解除收养关系协议的,可以向人民法院提起诉讼。

第一千一百一十五条　【养父母与成年养子女解除收养关系】养父母与成年养子女关系恶化、无法共同生活的,可以协议解除收养关系。不能达成协议的,可以向人民法院提起诉讼。

第一千一百一十六条　【解除收养关系的登记】当事人协议解除收养关系的,应当到民政部门办理解除收养关系登记。

第一千一百一十七条 【收养关系解除的法律后果】收养关系解除后，养子女与养父母以及其他近亲属间的权利义务关系即行消除，与生父母以及其他近亲属间的权利义务关系自行恢复。但是，成年养子女与生父母以及其他近亲属间的权利义务关系是否恢复，可以协商确定。

第一千一百一十八条 【收养关系解除后生活费、抚养费支付】收养关系解除后，经养父母抚养的成年养子女，对缺乏劳动能力又缺乏生活来源的养父母，应当给付生活费。因养子女成年后虐待、遗弃养父母而解除收养关系的，养父母可以要求养子女补偿收养期间支出的抚养费。

生父母要求解除收养关系的，养父母可以要求生父母适当补偿收养期间支出的抚养费；但是，因养父母虐待、遗弃养子女而解除收养关系的除外。

……

最高人民法院关于适用《中华人民共和国民法典》婚姻家庭编的解释（一）

· 2020 年 12 月 25 日最高人民法院审判委员会第 1825 次会议通过
· 2020 年 12 月 29 日最高人民法院公告公布
· 自 2021 年 1 月 1 日起施行
· 法释〔2020〕22 号

为正确审理婚姻家庭纠纷案件，根据《中华人民共和国民法典》《中华人民共和国民事诉讼法》等相关法律规定，结合审判实践，制定本解释。

一、一般规定

第一条 持续性、经常性的家庭暴力，可以认定为民法典第一千零四十二条、第一千零七十九条、第一千零九十一条所称的"虐待"。

第二条 民法典第一千零四十二条、第一千零七十九条、第一千零九十一条规定的"与他人同居"的情形，是指有配偶者与婚外异性，不以夫妻名义，持续、稳定地共同居住。

第三条 当事人提起诉讼仅请求解除同居关系的，人民法院不予受理；已经受理的，裁定驳回起诉。

当事人因同居期间财产分割或者子女抚养纠纷提起诉讼的，人民法院应当受理。

第四条 当事人仅以民法典第一千零四十三条为依据提起诉讼的，人民法院不予受理；已经受理的，裁定驳

回起诉。

第五条 当事人请求返还按照习俗给付的彩礼的，如果查明属于以下情形，人民法院应当予以支持：

（一）双方未办理结婚登记手续；

（二）双方办理结婚登记手续但确未共同生活；

（三）婚前给付并导致给付人生活困难。

适用前款第二项、第三项的规定，应当以双方离婚为条件。

二、结 婚

第六条 男女双方依据民法典第一千零四十九条规定补办结婚登记的，婚姻关系的效力从双方均符合民法典所规定的结婚的实质要件时起算。

第七条 未依据民法典第一千零四十九条规定办理结婚登记而以夫妻名义共同生活的男女，提起诉讼要求离婚的，应当区别对待：

（一）1994 年 2 月 1 日民政部《婚姻登记管理条例》公布实施以前，男女双方已经符合结婚实质要件的，按事实婚姻处理。

（二）1994 年 2 月 1 日民政部《婚姻登记管理条例》公布实施以后，男女双方符合结婚实质要件的，人民法院应当告知其补办结婚登记。未补办结婚登记的，依据本解释第三条规定处理。

第八条 未依据民法典第一千零四十九条规定办理结婚登记而以夫妻名义共同生活的男女，一方死亡，另一方以配偶身份主张享有继承权的，依据本解释第七条的原则处理。

第九条 有权依据民法典第一千零五十一条规定向人民法院就已办理结婚登记的婚姻请求确认婚姻无效的主体，包括婚姻当事人及利害关系人。其中，利害关系人包括：

（一）以重婚为由的，为当事人的近亲属及基层组织；

（二）以未到法定婚龄为由的，为未到法定婚龄者的近亲属；

（三）以有禁止结婚的亲属关系为由的，为当事人的近亲属。

第十条 当事人依据民法典第一千零五十一条规定向人民法院请求确认婚姻无效，法定的无效婚姻情形在提起诉讼时已经消失的，人民法院不予支持。

第十一条 人民法院受理请求确认婚姻无效案件后，原告申请撤诉的，不予准许。

对婚姻效力的审理不适用调解，应当依法作出判决。

涉及财产分割和子女抚养的，可以调解。调解达成协议的，另行制作调解书；未达成调解协议的，应当一并作出判决。

第十二条　人民法院受理离婚案件后，经审理确属无效婚姻的，应当将婚姻无效的情形告知当事人，并依法作出确认婚姻无效的判决。

第十三条　人民法院就同一婚姻关系分别受理了离婚和请求确认婚姻无效案件的，对于离婚案件的审理，应当待请求确认婚姻无效案件作出判决后进行。

第十四条　夫妻一方或者双方死亡后，生存一方或者利害关系人依据民法典第一千零五十一条的规定请求确认婚姻无效的，人民法院应当受理。

第十五条　利害关系人依据民法典第一千零五十一条的规定，请求人民法院确认婚姻无效的，利害关系人为原告，婚姻关系当事人双方为被告。

夫妻一方死亡的，生存一方为被告。

第十六条　人民法院审理重婚导致的无效婚姻案件时，涉及财产处理的，应当准许合法婚姻当事人作为有独立请求权的第三人参加诉讼。

第十七条　当事人以民法典第一千零五十一条规定的三种无效婚姻以外的情形请求确认婚姻无效的，人民法院应当判决驳回当事人的诉讼请求。

当事人以结婚登记程序存在瑕疵为由提起民事诉讼，主张撤销结婚登记的，告知其可以依法申请行政复议或者提起行政诉讼。

第十八条　行为人以给另一方当事人或者其近亲属的生命、身体、健康、名誉、财产等方面造成损害为要挟，迫使另一方当事人违背真实意愿结婚的，可以认定为民法典第一千零五十二条所称的"胁迫"。

因受胁迫而请求撤销婚姻的，只能是受胁迫一方的婚姻关系当事人本人。

第十九条　民法典第一千零五十二条规定的"一年"，不适用诉讼时效中止、中断或者延长的规定。

受胁迫或者被非法限制人身自由的当事人请求撤销婚姻的，不适用民法典第一百五十二条第二款的规定。

第二十条　民法典第一千零五十四条所规定的"自始没有法律约束力"，是指无效婚姻或者可撤销婚姻在依法被确认无效或者被撤销时，才确定该婚姻自始不受法律保护。

第二十一条　人民法院根据当事人的请求，依法确认婚姻无效或者撤销婚姻的，应当收缴双方的结婚证并将生效的判决书寄送当地婚姻登记管理机关。

第二十二条　被确认无效或者被撤销的婚姻，当事人同居期间所得的财产，除有证据证明为当事人一方所有的以外，按共同共有处理。

三、夫妻关系

第二十三条　夫以妻擅自中止妊娠侵犯其生育权为由请求损害赔偿的，人民法院不予支持；夫妻双方因是否生育发生纠纷，致使感情确已破裂，一方请求离婚的，人民法院经调解无效，应依照民法典第一千零七十九条第三款第五项的规定处理。

第二十四条　民法典第一千零六十二条第一款第三项规定的"知识产权的收益"，是指婚姻关系存续期间，实际取得或者已经明确可以取得的财产性收益。

第二十五条　婚姻关系存续期间，下列财产属于民法典第一千零六十二条规定的"其他应当归共同所有的财产"：

（一）一方以个人财产投资取得的收益；

（二）男女双方实际取得或者应当取得的住房补贴、住房公积金；

（三）男女双方实际取得或者应当取得的基本养老金、破产安置补偿费。

第二十六条　夫妻一方个人财产在婚后产生的收益，除孳息和自然增值外，应认定为夫妻共同财产。

第二十七条　由一方婚前承租、婚后用共同财产购买的房屋，登记在一方名下的，应当认定为夫妻共同财产。

第二十八条　一方未经另一方同意出售夫妻共同所有的房屋，第三人善意购买、支付合理对价并已办理不动产登记，另一方主张追回该房屋的，人民法院不予支持。

夫妻一方擅自处分共同所有的房屋造成另一方损失，离婚时另一方请求赔偿损失的，人民法院应予支持。

第二十九条　当事人结婚前，父母为双方购置房屋出资的，该出资应当认定为对自己子女个人的赠与，但父母明确表示赠与双方的除外。

当事人结婚后，父母为双方购置房屋出资的，依照约定处理；没有约定或者约定不明确的，按照民法典第一千零六十二条第一款第四项规定的原则处理。

第三十条　军人的伤亡保险金、伤残补助金、医药生活补助费属于个人财产。

第三十一条　民法典第一千零六十三条规定为夫妻一方的个人财产，不因婚姻关系的延续而转化为夫妻共同财产。但当事人另有约定的除外。

第三十二条　婚前或者婚姻关系存续期间，当事人约定将一方所有的房产赠与另一方或者共有，赠与方在赠与房产变更登记之前撤销赠与，另一方请求判令继续履行的，人民法院可以按照民法典第六百五十八条的规定处理。

第三十三条　债权人就一方婚前所负个人债务向债务人的配偶主张权利的，人民法院不予支持。但债权人能够证明所负债务用于婚后家庭共同生活的除外。

第三十四条　夫妻一方与第三人串通，虚构债务，第三人主张该债务为夫妻共同债务的，人民法院不予支持。

夫妻一方在从事赌博、吸毒等违法犯罪活动中所负债务，第三人主张该债务为夫妻共同债务的，人民法院不予支持。

第三十五条　当事人的离婚协议或者人民法院生效判决、裁定、调解书已经对夫妻财产分割问题作出处理的，债权人仍有权就夫妻共同债务向男女双方主张权利。

一方就夫妻共同债务承担清偿责任后，主张由另一方按照离婚协议或者人民法院的法律文书承担相应债务的，人民法院应予支持。

第三十六条　夫或者妻一方死亡的，生存一方应当对婚姻关系存续期间的夫妻共同债务承担清偿责任。

第三十七条　民法典第一千零六十五条第三款所称"相对人知道该约定的"，夫妻一方对此负有举证责任。

第三十八条　婚姻关系存续期间，除民法典第一千零六十六条规定情形以外，夫妻一方请求分割共同财产的，人民法院不予支持。

四、父母子女关系

第三十九条　父或者母向人民法院起诉请求否认亲子关系，并已提供必要证据予以证明，另一方没有相反证据又拒绝做亲子鉴定的，人民法院可以认定否认亲子关系一方的主张成立。

父或者母以及成年子女起诉请求确认亲子关系，并提供必要证据予以证明，另一方没有相反证据又拒绝做亲子鉴定的，人民法院可以认定确认亲子关系一方的主张成立。

第四十条　婚姻关系存续期间，夫妻双方一致同意进行人工授精，所生子女应视为婚生子女，父母子女间的权利义务关系适用民法典的有关规定。

第四十一条　尚在校接受高中及其以下学历教育，或者丧失、部分丧失劳动能力等非因主观原因而无法维持正常生活的成年子女，可以认定为民法典第一千零六十七条规定的"不能独立生活的成年子女"。

第四十二条　民法典第一千零六十七条所称"抚养费"，包括子女生活费、教育费、医疗费等费用。

第四十三条　婚姻关系存续期间，父母双方或者一方拒不履行抚养子女义务，未成年子女或者不能独立生活的成年子女请求支付抚养费的，人民法院应予支持。

第四十四条　离婚案件涉及未成年子女抚养的，对不满两周岁的子女，按照民法典第一千零八十四条第三款规定的原则处理。母亲有下列情形之一，父亲请求直接抚养的，人民法院应予支持：

（一）患有久治不愈的传染性疾病或者其他严重疾病，子女不宜与其共同生活；

（二）有抚养条件不尽抚养义务，而父亲要求子女随其生活；

（三）因其他原因，子女确不宜随母亲生活。

第四十五条　父母双方协议不满两周岁子女由父亲直接抚养，并对子女健康成长无不利影响的，人民法院应予支持。

第四十六条　对已满两周岁的未成年子女，父母均要求直接抚养，一方有下列情形之一的，可予优先考虑：

（一）已做绝育手术或者因其他原因丧失生育能力；

（二）子女随其生活时间较长，改变生活环境对子女健康成长明显不利；

（三）无其他子女，而另一方有其他子女；

（四）子女随其生活，对子女成长有利，而另一方患有久治不愈的传染性疾病或者其他严重疾病，或者有其他不利于子女身心健康的情形，不宜与子女共同生活。

第四十七条　父母抚养子女的条件基本相同，双方均要求直接抚养子女，但子女单独随祖父母或者外祖父母共同生活多年，且祖父母或者外祖父母要求并且有能力帮助子女照顾孙子女或者外孙子女的，可以作为父或者母直接抚养子女的优先条件予以考虑。

第四十八条　在有利于保护子女利益的前提下，父母双方协议轮流直接抚养子女的，人民法院应予支持。

第四十九条　抚养费的数额，可以根据子女的实际需要、父母双方的负担能力和当地的实际生活水平确定。

有固定收入的，抚养费一般可以按其月总收入的百分之二十至三十的比例给付。负担两个以上子女抚养费的，比例可以适当提高，但一般不得超过月总收入的百分之五十。

无固定收入的，抚养费的数额可以依据当年总收入或者同行业平均收入，参照上述比例确定。

有特殊情况的，可以适当提高或者降低上述比例。

第五十条　抚养费应当定期给付，有条件的可以一次性给付。

第五十一条　父母一方无经济收入或者下落不明的,可以用其财物折抵抚养费。

第五十二条　父母双方可以协议由一方直接抚养子女并由直接抚养方负担子女全部抚养费。但是,直接抚养方的抚养能力明显不能保障子女所需费用,影响子女健康成长的,人民法院不予支持。

第五十三条　抚养费的给付期限,一般至子女十八周岁为止。

十六周岁以上不满十八周岁,以其劳动收入为主要生活来源,并能维持当地一般生活水平的,父母可以停止给付抚养费。

第五十四条　生父与继母离婚或者生母与继父离婚时,对曾受其抚养教育的继子女,继父或者继母不同意继续抚养的,仍应由生父或者生母抚养。

第五十五条　离婚后,父母一方要求变更子女抚养关系的,或者子女要求增加抚养费的,应当另行提起诉讼。

第五十六条　具有下列情形之一,父母一方要求变更子女抚养关系的,人民法院应予支持:

(一)与子女共同生活的一方因患严重疾病或者因伤残无力继续抚养子女;

(二)与子女共同生活的一方不尽抚养义务或有虐待子女行为,或者其与子女共同生活对子女身心健康确有不利影响;

(三)已满八周岁的子女,愿随另一方生活,该方又有抚养能力;

(四)有其他正当理由需要变更。

第五十七条　父母双方协议变更子女抚养关系的,人民法院应予支持。

第五十八条　具有下列情形之一,子女要求有负担能力的父或者母增加抚养费的,人民法院应予支持:

(一)原定抚养费数额不足以维持当地实际生活水平;

(二)因子女患病、上学,实际需要已超过原定数额;

(三)有其他正当理由应当增加。

第五十九条　父母不得因子女变更姓氏而拒付子女抚养费。父或者母擅自将子女姓氏改为继母或继父姓氏而引起纠纷的,应当责令恢复原姓氏。

第六十条　在离婚诉讼期间,双方均拒绝抚养子女的,可以先行裁定暂由一方抚养。

第六十一条　对拒不履行或者妨害他人履行生效判决、裁定、调解书中有关子女抚养义务的当事人或者其他人,人民法院可依照民事诉讼法第一百一十一条的规定采取强制措施。

五、离　婚

第六十二条　无民事行为能力人的配偶有民法典第三十六条第一款规定行为,其他有监护资格的人可以要求撤销其监护资格,并依法指定新的监护人;变更后的监护人代理无民事行为能力一方提起离婚诉讼的,人民法院应予受理。

第六十三条　人民法院审理离婚案件,符合民法典第一千零七十九条第三款规定"应当准予离婚"情形的,不应当因当事人有过错而判决不准离婚。

第六十四条　民法典第一千零八十一条所称的"军人一方有重大过错",可以依据民法典第一千零七十九条第三款前三项规定及军人有其他重大过错导致夫妻感情破裂的情形予以判断。

第六十五条　人民法院作出的生效的离婚判决中未涉及探望权,当事人就探望权问题单独提起诉讼的,人民法院应予受理。

第六十六条　当事人在履行生效判决、裁定或者调解书的过程中,一方请求中止探望的,人民法院在征询双方当事人意见后,认为需要中止探望的,依法作出裁定;中止探望的情形消失后,人民法院应当根据当事人的请求书面通知其恢复探望。

第六十七条　未成年子女、直接抚养子女的父或者母以及其他对未成年子女负担抚养、教育、保护义务的法定监护人,有权向人民法院提出中止探望的请求。

第六十八条　对于拒不协助另一方行使探望权的有关个人或者组织,可以由人民法院依法采取拘留、罚款等强制措施,但是不能对子女的人身、探望行为进行强制执行。

第六十九条　当事人达成的以协议离婚或者到人民法院调解离婚为条件的财产以及债务处理协议,如果双方离婚未成,一方在离婚诉讼中反悔的,人民法院应当认定该财产以及债务处理协议没有生效,并根据实际情况依照民法典第一千零八十七条和第一千零八十九条的规定判决。

当事人依照民法典第一千零七十六条签订的离婚协议中关于财产以及债务处理的条款,对男女双方具有法律约束力。登记离婚后当事人因履行上述协议发生纠纷提起诉讼的,人民法院应当受理。

第七十条　夫妻双方协议离婚后就财产分割问题反

悔,请求撤销财产分割协议的,人民法院应当受理。

人民法院审理后,未发现订立财产分割协议时存在欺诈、胁迫等情形的,应当依法驳回当事人的诉讼请求。

第七十一条　人民法院审理离婚案件,涉及分割发放到军人名下的复员费、自主择业费等一次性费用的,以夫妻婚姻关系存续年限乘以年平均值,所得数额为夫妻共同财产。

前款所称年平均值,是指将发放到军人名下的上述费用总额按具体年限均分得出的数额。其具体年限为人均寿命七十岁与军人入伍时实际年龄的差额。

第七十二条　夫妻双方分割共同财产中的股票、债券、投资基金份额等有价证券以及未上市股份有限公司股份时,协商不成或者按市价分配有困难的,人民法院可以根据数量按比例分配。

第七十三条　人民法院审理离婚案件,涉及分割夫妻共同财产中以一方名义在有限责任公司的出资额,另一方不是该公司股东的,按以下情形分别处理:

(一)夫妻双方协商一致将出资额部分或者全部转让给该股东的配偶,其他股东过半数同意,并且其他股东均明确表示放弃优先购买权,该股东的配偶可以成为该公司股东;

(二)夫妻双方就出资额转让份额和转让价格等事项协商一致后,其他股东半数以上不同意转让,但愿意以同等条件购买该出资额的,人民法院可以对转让出资所得财产进行分割。其他股东半数以上不同意转让,也不愿意以同等条件购买该出资额的,视为其同意转让,该股东的配偶可以成为该公司股东。

用于证明前款规定的股东同意的证据,可以是股东会议材料,也可以是当事人通过其他合法途径取得的股东的书面声明材料。

第七十四条　人民法院审理离婚案件,涉及分割夫妻共同财产中以一方名义在合伙企业中的出资,另一方不是该企业合伙人的,当夫妻双方协商一致,将其合伙企业中的财产份额全部或者部分转让给对方时,按以下情形分别处理:

(一)其他合伙人一致同意的,该配偶依法取得合伙人地位;

(二)其他合伙人不同意转让,在同等条件下行使优先购买权的,可以对转让所得的财产进行分割;

(三)其他合伙人不同意转让,也不行使优先购买权,但同意该合伙人退伙或者削减部分财产份额的,可以对结算后的财产进行分割;

(四)其他合伙人既不同意转让,也不行使优先购买权,又不同意该合伙人退伙或者削减部分财产份额的,视为全体合伙人同意转让,该配偶依法取得合伙人地位。

第七十五条　夫妻以一方名义投资设立个人独资企业的,人民法院分割夫妻在该个人独资企业中的共同财产时,应当按照以下情形分别处理:

(一)一方主张经营该企业的,对企业资产进行评估后,由取得企业资产所有权一方给予另一方相应的补偿;

(二)双方均主张经营该企业的,在双方竞价基础上,由取得企业资产所有权的一方给予另一方相应的补偿;

(三)双方均不愿意经营该企业的,按照《中华人民共和国个人独资企业法》等有关规定办理。

第七十六条　双方对夫妻共同财产中的房屋价值及归属无法达成协议时,人民法院按以下情形分别处理:

(一)双方均主张房屋所有权并且同意竞价取得的,应当准许;

(二)一方主张房屋所有权的,由评估机构按市场价格对房屋作出评估,取得房屋所有权的一方应当给予另一方相应的补偿;

(三)双方均不主张房屋所有权的,根据当事人的申请拍卖、变卖房屋,就所得价款进行分割。

第七十七条　离婚时双方对尚未取得所有权或者尚未取得完全所有权的房屋有争议且协商不成的,人民法院不宜判决房屋所有权的归属,应当根据实际情况判决由当事人使用。

当事人就前款规定的房屋取得完全所有权后,有争议的,可以另行向人民法院提起诉讼。

第七十八条　夫妻一方婚前签订不动产买卖合同,以个人财产支付首付款并在银行贷款,婚后用夫妻共同财产还贷,不动产登记于首付款支付方名下的,离婚时该不动产由双方协议处理。

依前款规定不能达成协议的,人民法院可以判决该不动产归登记一方,尚未归还的贷款为不动产登记一方的个人债务。双方婚后共同还贷支付的款项及其相对应财产增值部分,离婚时应根据民法典第一千零八十七条第一款规定的原则,由不动产登记一方对另一方进行补偿。

第七十九条　婚姻关系存续期间,双方用夫妻共同财产出资购买以一方父母名义参加房改的房屋,登记在一方父母名下,离婚时另一方主张按照夫妻共同财产对该房屋进行分割的,人民法院不予支持。购买该房屋时的出资,可以作为债权处理。

第八十条 离婚时夫妻一方尚未退休、不符合领取基本养老金条件，另一方请求按照夫妻共同财产分割基本养老金的，人民法院不予支持；婚后以夫妻共同财产缴纳基本养老保险费，离婚时一方主张将养老金账户中婚姻关系存续期间个人实际缴纳部分及利息作为夫妻共同财产分割的，人民法院应予支持。

第八十一条 婚姻关系存续期间，夫妻一方作为继承人依法可以继承的遗产，在继承人之间尚未实际分割，起诉离婚时另一方请求分割的，人民法院应当告知当事人在继承人之间实际分割遗产后另行起诉。

第八十二条 夫妻之间订立借款协议，以夫妻共同财产出借给一方从事个人经营活动或者用于其他个人事务的，应视为双方约定处分夫妻共同财产的行为，离婚时可以按照借款协议的约定处理。

第八十三条 离婚后，一方以尚有夫妻共同财产未处理为由向人民法院起诉请求分割的，经审查该财产确属离婚时未涉及的夫妻共同财产，人民法院应当依法予以分割。

第八十四条 当事人依据民法典第一千零九十二条的规定向人民法院提起诉讼，请求再次分割夫妻共同财产的诉讼时效期间为三年，从当事人发现之日起计算。

第八十五条 夫妻一方申请对配偶的个人财产或者夫妻共同财产采取保全措施的，人民法院可以在采取保全措施可能造成损失的范围内，根据实际情况，确定合理的财产担保数额。

第八十六条 民法典第一千零九十一条规定的"损害赔偿"，包括物质损害赔偿和精神损害赔偿。涉及精神损害赔偿的，适用《最高人民法院关于确定民事侵权精神损害赔偿责任若干问题的解释》的有关规定。

第八十七条 承担民法典第一千零九十一条规定的损害赔偿责任的主体，为离婚诉讼当事人中无过错方的配偶。

人民法院判决不准离婚的案件，对于当事人基于民法典第一千零九十一条提出的损害赔偿请求，不予支持。

在婚姻关系存续期间，当事人不起诉离婚而单独依据民法典第一千零九十一条提起损害赔偿请求的，人民法院不予受理。

第八十八条 人民法院受理离婚案件时，应当将民法典第一千零九十一条等规定中当事人的有关权利义务，书面告知当事人。在适用民法典第一千零九十一条时，应当区分以下不同情况：

（一）符合民法典第一千零九十一条规定的无过错方作为原告基于该条规定向人民法院提起损害赔偿请求的，必须在离婚诉讼的同时提出。

（二）符合民法典第一千零九十一条规定的无过错方作为被告的离婚诉讼案件，如果被告不同意离婚也不基于该条规定提起损害赔偿请求的，可以就此单独提起诉讼。

（三）无过错方作为被告的离婚诉讼案件，一审时被告未基于民法典第一千零九十一条规定提出损害赔偿请求，二审期间提出的，人民法院应当进行调解；调解不成的，告知当事人另行起诉。双方当事人同意由第二审人民法院一并审理的，第二审人民法院可以一并裁判。

第八十九条 当事人在婚姻登记机关办理离婚登记手续后，以民法典第一千零九十一条规定为由向人民法院提出损害赔偿请求的，人民法院应当受理。但当事人在协议离婚时已经明确表示放弃该项请求的，人民法院不予支持。

第九十条 夫妻双方均有民法典第一千零九十一条规定的过错情形，一方或者双方向对方提出离婚损害赔偿请求的，人民法院不予支持。

六、附　则

第九十一条 本解释自 2021 年 1 月 1 日起施行。

最高人民法院关于审理涉彩礼纠纷案件适用法律若干问题的规定

· 2023 年 11 月 13 日最高人民法院审判委员会第 1905 次会议通过
· 2024 年 1 月 17 日最高人民法院公告公布
· 自 2024 年 2 月 1 日起施行
· 法释〔2024〕1 号

为正确审理涉彩礼纠纷案件，根据《中华人民共和国民法典》、《中华人民共和国民事诉讼法》等法律规定，结合审判实践，制定本规定。

第一条 以婚姻为目的依据习俗给付彩礼后，因要求返还产生的纠纷，适用本规定。

第二条 禁止借婚姻索取财物。一方以彩礼为名借婚姻索取财物，另一方要求返还的，人民法院应予支持。

第三条 人民法院在审理涉彩礼纠纷案件中，可以根据一方给付财物的目的，综合考虑双方当地习俗、给付的时间和方式、财物价值、给付人及接收人等事实，认定彩礼范围。

下列情形给付的财物，不属于彩礼：

（一）一方在节日、生日等有特殊纪念意义时点给付的价值不大的礼物、礼金；

（二）一方为表达或者增进感情的日常消费性支出；

（三）其他价值不大的财物。

第四条　婚约财产纠纷中，婚约一方及其实际给付彩礼的父母可以作为共同原告；婚约另一方及其实际接收彩礼的父母可以作为共同被告。

离婚纠纷中，一方提出返还彩礼诉讼请求的，当事人仍为夫妻双方。

第五条　双方已办理结婚登记且共同生活，离婚时一方请求返还按照习俗给付的彩礼的，人民法院一般不予支持。但是，如果共同生活时间较短且彩礼数额过高的，人民法院可以根据彩礼实际使用及嫁妆情况，综合考虑彩礼数额、共同生活及孕育情况、双方过错等事实，结合当地习俗，确定是否返还以及返还的具体比例。

人民法院认定彩礼数额是否过高，应当综合考虑彩礼给付方所在地居民人均可支配收入、给付方家庭经济情况以及当地习俗等因素。

第六条　双方未办理结婚登记但已共同生活，一方请求返还按照习俗给付的彩礼的，人民法院应当根据彩礼实际使用及嫁妆情况，综合考虑共同生活及孕育情况、双方过错等事实，结合当地习俗，确定是否返还以及返还的具体比例。

第七条　本规定自 2024 年 2 月 1 日起施行。

本规定施行后，人民法院尚未审结的一审、二审案件适用本规定。本规定施行前已经终审、施行后当事人申请再审或者按照审判监督程序决定再审的案件，不适用本规定。

民政部关于贯彻落实《中华人民共和国民法典》中有关婚姻登记规定的通知

·2020 年 11 月 24 日
·民发〔2020〕116 号

各省、自治区、直辖市民政厅（局），各计划单列市民政局，新疆生产建设兵团民政局：

《中华人民共和国民法典》（以下简称《民法典》）将于 2021 年 1 月 1 日起施行。根据《民法典》规定，对婚姻登记有关程序等作出如下调整：

一、婚姻登记机关不再受理因胁迫结婚请求撤销业务

《民法典》第一千零五十二条第一款规定："因胁迫结婚的，受胁迫的一方可以向人民法院请求撤销婚姻。"因此，婚姻登记机关不再受理因胁迫结婚的撤销婚姻申请，《婚姻登记工作规范》第四条第三款、第五章废止，删除第十四条第（五）项中"及可撤销婚姻"、第二十五条第（二）项中"撤销受胁迫婚姻"及第七十二条第（二）项中"撤销婚姻"表述。

二、调整离婚登记程序

根据《民法典》第一千零七十六条、第一千零七十七条和第一千零七十八条规定，离婚登记按如下程序办理：

（一）申请。夫妻双方自愿离婚的，应当签订书面离婚协议，共同到有管辖权的婚姻登记机关提出申请，并提供以下证件和证明材料：

1. 内地婚姻登记机关或者中国驻外使（领）馆颁发的结婚证；

2. 符合《婚姻登记工作规范》第二十九条至第三十五条规定的有效身份证件；

3. 在婚姻登记机关现场填写的《离婚登记申请书》（附件 1）。

（二）受理。婚姻登记机关按照《婚姻登记工作规范》有关规定对当事人提交的上述材料进行初审。

申请办理离婚登记的当事人有一本结婚证丢失的，当事人应当书面声明遗失，婚姻登记机关可以根据另一本结婚证受理离婚登记申请；申请办理离婚登记的当事人两本结婚证都丢失的，当事人应当书面声明结婚证遗失并提供加盖查档专用章的结婚登记档案复印件，婚姻登记机关可根据当事人提供的上述材料受理离婚登记申请。

婚姻登记机关对当事人提交的证件和证明材料初审无误后，发给《离婚登记申请受理回执单》（附件 2）。不符合离婚登记申请条件的，不予受理。当事人要求出具《不予受理离婚登记申请告知书》（附件 3）的，应当出具。

（三）冷静期。自婚姻登记机关收到离婚登记申请并向当事人发放《离婚登记申请受理回执单》之日起三十日内（自婚姻登记机关收到离婚登记申请之日的次日开始计算期间，期间的最后一日是法定休假日的，以法定休假日结束的次日为期间的最后一日），任何一方不愿意离婚的，可以持本人有效身份证件和《离婚登记申请受理回执单》（遗失的可不提供，但需书面说明情况），向受理离婚登记申请的婚姻登记机关撤回离婚登记申请，并亲自填写《撤回离婚登记申请书》（附件 4）。经婚姻登记机关核实无误后，发给《撤回离婚登记申请确认单》（附件 5），并将《离婚登记申请书》、《撤回离婚登记申请书》与《撤回离婚登记申请确认单（存根联）》一并存档。

自离婚冷静期届满后三十日内（自冷静期届满日的次日开始计算期间，期间的最后一日是法定休假日的，以法定休假日结束的次日为期间的最后一日），双方未共同到婚姻登记机关申请发给离婚证的，视为撤回离婚登记申请。

（四）审查。自离婚冷静期届满后三十日内（自冷静期届满日的次日开始计算期间，期间的最后一日是法定休假日的，以法定休假日结束的次日为期间的最后一日），双方当事人应当持《婚姻登记工作规范》第五十五条第（四）至（七）项规定的证件和材料，共同到婚姻登记机关申请发给离婚证。

婚姻登记机关按照《婚姻登记工作规范》第五十六条和第五十七条规定的程序和条件执行和审查。婚姻登记机关对不符合离婚登记条件的，不予办理。当事人要求出具《不予办理离婚登记告知书》（附件7）的，应当出具。

（五）登记（发证）。婚姻登记机关按照《婚姻登记工作规范》第五十八条至六十条规定，予以登记，发给离婚证。

离婚协议书一式三份，男女双方各一份并自行保存，婚姻登记机关存档一份。婚姻登记机关在当事人持有的两份离婚协议书上加盖"此件与存档件一致，涂改无效。××××婚姻登记处××××年××月××日"的长方形红色印章并填写日期。多页离婚协议书同时在骑缝处加盖此印章，骑缝处不填写日期。当事人亲自签订的离婚协议书原件存档。婚姻登记机关在存档的离婚协议书上加盖"××××婚姻登记处存档件××××年××月××日"的长方形红色印章并填写日期。

三、离婚登记档案归档

婚姻登记机关应当按照《婚姻登记档案管理办法》规定建立离婚登记档案，形成电子档案。

归档材料应当增加离婚登记申请环节所有材料（包括撤回离婚登记申请和视为撤回离婚登记申请的所有材料）。

四、工作要求

（一）加强宣传培训。要将本《通知》纳入信息公开的范围，将更新后的婚姻登记相关规定和工作程序及时在相关网站、婚姻登记场所公开，让群众知悉婚姻登记的工作流程和工作要求，最大限度做到便民利民。要抓紧开展教育培训工作，使婚姻登记员及时掌握《通知》的各项规定和要求，确保婚姻登记工作依法依规开展。

（二）做好配套衔接。加快推进本地区相关配套制度的"废改立"工作，确保与本《通知》的规定相一致。做

好婚姻登记信息系统的升级，及时将离婚登记的申请、撤回等环节纳入信息系统，确保与婚姻登记程序有效衔接。

（三）强化风险防控。要做好分析研判，对《通知》实施过程中可能出现的风险和问题要有应对措施，确保矛盾问题得到及时处置。要健全请示报告制度，在《通知》执行过程中遇到的重要问题和有关情况，及时报告民政部。

本通知自2021年1月1日起施行。《民政部关于印发〈婚姻登记工作规范〉的通知》（民发〔2015〕230号）中与本《通知》不一致的，以本《通知》为准。

附件：1. 离婚登记申请书（略）

2. 离婚登记申请受理回执单（略）

3. 不予受理离婚登记申请告知书（略）

4. 撤回离婚登记申请书（略）

5. 撤回离婚登记申请确认单（略）

6. 离婚登记声明书（略）

7. 不予办理离婚登记告知书（略）

8. 离婚登记审查处理表（略）

民政部办公厅关于扩大内地居民婚姻登记"跨省通办"试点的通知

· 2023年5月22日
· 民办发〔2023〕6号

各省、自治区、直辖市民政厅（局），新疆生产建设兵团民政局：

为深入贯彻落实《国务院关于同意扩大内地居民婚姻登记"跨省通办"试点的批复》（国函〔2023〕34号）文件精神，现就进一步扩大内地居民婚姻登记"跨省通办"试点有关事项通知如下：

一、指导思想

以习近平新时代中国特色社会主义思想为指导，全面贯彻党的二十大和二十届一中、二中全会精神，进一步落实党中央、国务院关于深化"放管服"改革决策部署，坚持以人民为中心的发展思想，以人民群众需求为导向，主动适应经济社会发展新形势新要求，进一步扩大内地居民婚姻登记"跨省通办"试点，加快推进试点工作，更好满足群众就近就便办理婚姻登记服务需求，扎实推进中国式现代化。

二、扩大试点范围

（一）试点地区。调整后，试点地区为北京、天津、河北、内蒙古、辽宁、上海、江苏、浙江、安徽、福建、江西、山

东、河南、湖北、广东、广西、海南、重庆、四川、陕西、宁夏等21个省(区、市),上述地区均实施内地居民结婚登记和离婚登记"跨省通办"试点。

(二)试点期限。试点期限为2年,自2023年5月12日起至2025年5月11日止。新纳入试点地区婚姻登记机关统一自2023年6月1日起受理内地居民婚姻登记"跨省通办"事项。

三、试点内容

(一)涉及调整实施的行政法规。在试点地区,暂时调整实施《婚姻登记条例》第四条第一款有关"内地居民结婚,男女双方应当共同到一方当事人常住户口所在地的婚姻登记机关办理结婚登记"的规定,第十条第一款有关"内地居民自愿离婚的,男女双方应当共同到一方当事人常住户口所在地的婚姻登记机关办理离婚登记"的规定。

(二)实施方式。在试点地区,将内地居民结(离)婚登记由一方当事人常住户口所在地的婚姻登记机关办理,扩大到一方当事人常住户口所在地或者经常居住地婚姻登记机关办理。调整后,双方均非本地户籍的婚姻登记当事人可以凭一方居住证和双方户口簿、身份证,在居住证发放地婚姻登记机关申请办理婚姻登记,或者自行选择在一方常住户口所在地办理婚姻登记。

(三)当事人需要提交的证件。按照试点要求,当事人选择在一方经常居住地申请办理婚姻登记的,除按照《婚姻登记条例》第五条和第十一条规定当事人需要提交的证件外,还应当提交一方当事人经常居住地的有效居住证。一方或双方户籍地在本省(区、市)的,无需提供居住证,可以在本省(区、市)任意一个婚姻登记机关办理婚姻登记。

四、工作要求

(一)加强组织领导。各试点地区要高度重视,将内地居民婚姻登记"跨省通办"试点工作纳入主题教育活动民生项目清单,加大工作指导力度,加强过程管理,跟踪评估实施效果,建立协同联动机制,及时发现和解决突出问题。新纳入试点地区要成立试点工作领导小组,抓紧研究制定实施方案,积极争取将内地居民婚姻登记"跨省通办"试点工作纳入本地党委和政府的重要议事日程,落实好人员、场地、经费等保障。

(二)完善配套政策措施。各试点地区要及时总结推广内地居民婚姻登记"跨省通办"试点工作好做法好经验,将其上升为指导面上工作的政策措施和惠及群众的服务规范。新纳入试点地区要根据内地居民婚姻登记"跨省通办"试点工作要求,及时修订出台本地区的婚姻登记工作规范,编制婚姻登记办事指南,列明受理条件、证件材料要求、办理流程等内容,并及时在相关网站、婚姻登记场所公开,扩大试点工作社会知晓度,让群众广泛知悉。

(三)推进婚姻登记信息化建设。各省级民政部门要进一步完善婚姻登记信息系统功能,应用"互联网+"服务模式,建立预约登记制度,开展婚姻登记智能咨询、网上预约、提前预审、婚姻家庭辅导等服务,实现线上线下数据融合、预约受理联动预审,提高婚姻登记的准确性和群众的满意度。积极提升婚姻登记智能化水平,统一配备高拍仪、身份证读卡器、人像采集、人脸识别等智能设备,实现婚姻登记所有窗口智能设备全覆盖。采取补发婚姻证件、补录核对历史婚姻登记档案数据、部门间信息比对共享等多种方法不断补齐、修正、完善全国婚姻登记信息数据库中的历史数据,实现所有现存纸质档案的电子化,切实提高婚姻登记数据质量,为试点工作提供更加有力的技术支撑和信息保障。依照民政部统一标准规范,积极推进婚姻登记电子证照的应用,推进婚育服务"一件事一次办",以"数据跑路"代替"群众跑腿",实现"信息惠民"。

(四)提高婚姻登记机关服务水平。在坚持严格依法登记基础上,拓展服务内容、创新服务方式,不断增强婚姻登记服务便捷性、可及性。加强窗口制度建设,认真落实窗口服务规范、工作纪律,打造高质量服务型婚姻登记机关。积极提升婚姻登记员的保障水平,加强人员配备,改善工作环境,保持婚姻登记员队伍的稳定性。健全以"首问负责制"、"责任追究制"为核心内容的婚姻登记员婚姻登记责任制度,提高婚姻登记员为民、便民、利民的责任感和使命感,促进依法登记、规范服务水平的不断提升。有条件的地方要支持和鼓励将婚姻登记机关设置在环境优美的公园等有纪念意义的标志性场所,努力将婚姻登记机关打造成一站式、综合性、人性化的公共服务场所和"网红打卡地",打造成具有本地特色的婚姻文化传播平台。新纳入试点地区要及时开展内地居民婚姻登记"跨省通办"试点实务培训,确保婚姻登记员及时掌握各项规定和工作要求,确保婚姻登记工作依法依规开展。

(五)加强宣传引导。加强政策宣传和政策解读,引导公众全面、客观看待内地居民婚姻登记"跨省通办"试点工作,形成正确的社会预期。要积极协调新闻媒体加大对内地居民婚姻登记"跨省通办"试点工作实施情况的宣传报道,营造良好社会氛围。及时回应社会关切,正确引导舆论,为内地居民婚姻登记"跨省通办"试点工作创造良好舆论环境。

各地在执行过程中遇到的重大问题,及时报告民政部。

关于妥善处理以冒名顶替或者弄虚作假的方式办理婚姻登记问题的指导意见

· 2021 年 11 月 18 日
· 高检发办字〔2021〕109 号

一、人民法院办理当事人冒名顶替或者弄虚作假婚姻登记类行政案件,应当根据案情实际,以促进问题解决、维护当事人合法权益为目的,依法立案、审理并作出裁判。

人民法院对当事人冒名顶替或者弄虚作假办理婚姻登记类行政案件,应当结合具体案情依法认定起诉期限;对被冒名顶替者或者其他当事人不属于其自身的原因耽误起诉期限的,被耽误的时间不计算在起诉期限内,但最长不得超过《中华人民共和国行政诉讼法》第四十六条第二款规定的起诉期限。

人民法院对相关事实进行调查认定后认为应当撤销婚姻登记的,应当及时向民政部门发送撤销婚姻登记的司法建议书。

二、人民检察院办理当事人冒名顶替或者弄虚作假婚姻登记类行政诉讼监督案件,应当依法开展调查核实,认为人民法院生效行政裁判确有错误的,应当依法提出监督纠正意见。可以根据案件实际情况,开展行政争议实质性化解工作。发现相关个人涉嫌犯罪的,应当依法移送线索、监督立案查处。

人民检察院根据调查核实认定情况、监督情况,认为婚姻登记存在错误应当撤销的,应当及时向民政部门发送检察建议书。

三、公安机关应当及时受理当事人冒名顶替或者弄虚作假婚姻登记的报案、举报,有证据证明存在违法犯罪事实,符合立案条件的,应当依法立案侦查。经调查属实的,依法依规认定处理并出具相关证明材料。

四、民政部门对于当事人反映身份信息被他人冒用办理婚姻登记,或者婚姻登记的一方反映另一方系冒名顶替、弄虚作假骗取婚姻登记的,应当及时将有关线索转交公安、司法等部门,配合相关部门做好调查处理。

民政部门收到公安、司法等部门出具的事实认定相关证明、情况说明、司法建议书、检察建议书等证据材料,应当对相关情况进行审核,符合条件的及时撤销相关婚姻登记。

民政部门决定撤销或者更正婚姻登记的,应当将撤销或者更正婚姻登记决定书于作出之日起 15 个工作日内送达当事人及利害关系人,同时抄送人民法院、人民检察院或者公安机关。

民政部门作出撤销或者更正婚姻登记决定后,应当及时在婚姻登记管理信息系统中备注说明情况并在附件中上传决定书。同时参照婚姻登记档案管理相关规定存档保管相关文书和证据材料。

五、民政部门应当根据《关于对婚姻登记严重失信当事人开展联合惩戒的合作备忘录》等文件要求,及时将使用伪造、变造或者冒用他人身份证件、户口簿、无配偶证明及其他证件、证明材料办理婚姻登记的当事人纳入婚姻登记领域严重失信当事人名单,由相关部门进行联合惩戒。

六、本指导意见所指当事人包括:涉案婚姻登记行为记载的自然人,使用伪造、变造的身份证件或者冒用他人身份证件办理婚姻登记的自然人,被冒用身份证件的自然人,其他利害关系人。

七、本指导意见自印发之日起施行。法律法规、规章、司法解释有新规定的,从其规定。

婚姻登记条例

· 2003 年 8 月 8 日中华人民共和国国务院令第 387 号公布
· 根据 2024 年 12 月 6 日《国务院关于修改和废止部分行政法规的决定》修订

第一章 总 则

第一条 为了规范婚姻登记工作,保障婚姻自由、一夫一妻、男女平等的婚姻制度的实施,保护婚姻当事人的合法权益,根据《中华人民共和国民法典》(以下简称民法典),制定本条例。

第二条 内地居民办理婚姻登记的机关是县级人民政府民政部门或者乡(镇)人民政府,省、自治区、直辖市人民政府可以按照便民原则确定农村居民办理婚姻登记的具体机关。

中国公民同外国人,内地居民同香港特别行政区居民(以下简称香港居民)、澳门特别行政区居民(以下简称澳门居民)、台湾地区居民(以下简称台湾居民)、华侨办理婚姻登记的机关是省、自治区、直辖市人民政府民政部门或者省、自治区、直辖市人民政府民政部门确定的机关。

第三条 婚姻登记机关的婚姻登记员应当接受婚姻

登记业务培训,经考核合格,方可从事婚姻登记工作。

婚姻登记机关办理婚姻登记,除按收费标准向当事人收取工本费外,不得收取其他费用或者附加其他义务。

第二章　结婚登记

第四条　内地居民结婚,男女双方应当共同到一方当事人常住户口所在地的婚姻登记机关办理结婚登记。

中国公民同外国人在中国内地结婚的,内地居民同香港居民、澳门居民、台湾居民、华侨在中国内地结婚的,男女双方应当共同到内地居民常住户口所在地的婚姻登记机关办理结婚登记。

第五条　办理结婚登记的内地居民应当出具下列证件和证明材料:

(一)本人的户口簿、身份证;

(二)本人无配偶以及与对方当事人没有直系血亲和三代以内旁系血亲关系的签字声明。

办理结婚登记的香港居民、澳门居民、台湾居民应当出具下列证件和证明材料:

(一)本人的有效通行证、身份证;

(二)经居住地公证机构公证的本人无配偶以及与对方当事人没有直系血亲和三代以内旁系血亲关系的声明。

办理结婚登记的华侨应当出具下列证件和证明材料:

(一)本人的有效护照;

(二)居住国公证机构或者有权机关出具的、经中华人民共和国驻该国使(领)馆认证的本人无配偶以及与对方当事人没有直系血亲和三代以内旁系血亲关系的证明,或者中华人民共和国驻该国使(领)馆出具的本人无配偶以及与对方当事人没有直系血亲和三代以内旁系血亲关系的证明。中华人民共和国缔结或者参加的国际条约另有规定的,按照国际条约规定的证明手续办理。

办理结婚登记的外国人应当出具下列证件和证明材料:

(一)本人的有效护照或者其他有效的国际旅行证件;

(二)所在国公证机构或者有权机关出具的、经中华人民共和国驻该国使(领)馆认证或者该国驻华使(领)馆认证的本人无配偶的证明,或者所在国驻华使(领)馆出具的本人无配偶的证明。中华人民共和国缔结或者参加的国际条约另有规定的,按照国际条约规定的证明手续办理。

办理结婚登记的当事人对外国主管机关依据本条第三款、第四款提及的国际条约出具的证明文书的真实性

负责,签署书面声明,并承担相应法律责任。

第六条　办理结婚登记的当事人有下列情形之一的,婚姻登记机关不予登记:

(一)未到法定结婚年龄的;

(二)非双方自愿的;

(三)一方或者双方已有配偶的;

(四)属于直系血亲或者三代以内旁系血亲的。

第七条　婚姻登记机关应当对结婚登记当事人出具的证件、证明材料进行审查并询问相关情况。对当事人符合结婚条件的,应当当场予以登记,发给结婚证;对当事人不符合结婚条件不予登记的,应当向当事人说明理由。

第八条　男女双方补办结婚登记的,适用本条例结婚登记的规定。

第九条　因胁迫结婚的,受胁迫的当事人可以依据民法典第一千零五十二条的规定向人民法院请求撤销婚姻。一方当事人患有重大疾病的,应当在结婚登记前如实告知另一方当事人;不如实告知的,另一方当事人可以依据民法典第一千零五十三条的规定向人民法院请求撤销婚姻。

第三章　离婚登记

第十条　内地居民自愿离婚的,男女双方应当共同到一方当事人常住户口所在地的婚姻登记机关办理离婚登记。

中国公民同外国人在中国内地自愿离婚的,内地居民同香港居民、澳门居民、台湾居民、华侨在中国内地自愿离婚的,男女双方应当共同到内地居民常住户口所在地的婚姻登记机关办理离婚登记。

第十一条　办理离婚登记的内地居民应当出具下列证件和证明材料:

(一)本人的户口簿、身份证;

(二)本人的结婚证;

(三)双方当事人共同签署的离婚协议书。

办理离婚登记的香港居民、澳门居民、台湾居民、华侨、外国人除应当出具前款第(二)项、第(三)项规定的证件、证明材料外,香港居民、澳门居民、台湾居民还应当出具本人的有效通行证、身份证,华侨、外国人还应当出具本人的有效护照或者其他有效国际旅行证件。

离婚协议书应当载明双方当事人自愿离婚的意思表示以及对子女抚养、财产及债务处理等事项协商一致的意见。

第十二条　办理离婚登记的当事人有下列情形之一的,婚姻登记机关不予受理:

(一)未达成离婚协议的;

（二）属于无民事行为能力人或者限制民事行为能力人的；

（三）其结婚登记不是在中国内地办理的。

第十三条　婚姻登记机关应当对离婚登记当事人出具的证件、证明材料进行审查并询问相关情况。对当事人确属自愿离婚，并已对子女抚养、财产、债务等问题达成一致处理意见的，应当当场予以登记，发给离婚证。

第十四条　离婚的男女双方自愿恢复夫妻关系的，应当到婚姻登记机关办理复婚登记。复婚登记适用本条例结婚登记的规定。

第四章　婚姻登记档案和婚姻登记证

第十五条　婚姻登记机关应当建立婚姻登记档案。婚姻登记档案应当长期保管。具体管理办法由国务院民政部门会同国家档案管理部门规定。

第十六条　婚姻登记机关收到人民法院宣告婚姻无效或者撤销婚姻的判决书副本后，应当将该判决书副本收入当事人的婚姻登记档案。

第十七条　结婚证、离婚证遗失或者损毁的，当事人可以持户口簿、身份证向原办理婚姻登记的机关或者一方当事人常住户口所在地的婚姻登记机关申请补领。婚姻登记机关对当事人的婚姻登记档案进行查证，确认属实的，应当为当事人补发结婚证、离婚证。

第五章　罚　则

第十八条　婚姻登记机关及其婚姻登记员有下列行为之一的，对直接负责的主管人员和其他直接责任人员依法给予行政处分：

（一）为不符合婚姻登记条件的当事人办理婚姻登记的；

（二）玩忽职守造成婚姻登记档案损失的；

（三）办理婚姻登记或者补发结婚证、离婚证超过收费标准收取费用的。

违反前款第（三）项规定收取的费用，应当退还当事人。

第六章　附　则

第十九条　中华人民共和国驻外使（领）馆可以依照本条例的有关规定，为男女双方均居住于驻在国的中国公民办理婚姻登记。

第二十条　本条例规定的婚姻登记证由国务院民政部门规定式样并监制。

第二十一条　当事人办理婚姻登记或者补领结婚证、离婚证应当交纳工本费。工本费的收费标准由国务

院价格主管部门会同国务院财政部门规定并公布。

第二十二条　本条例自 2003 年 10 月 1 日起施行。1994 年 1 月 12 日国务院批准、1994 年 2 月 1 日民政部发布的《婚姻登记管理条例》同时废止。

婚姻登记工作规范

·2015 年 12 月 8 日
·民发〔2015〕230 号

第一章　总　则

第一条　为加强婚姻登记规范化管理，维护婚姻当事人的合法权益，根据《中华人民共和国婚姻法》和《婚姻登记条例》，制定本规范。

第二条　各级婚姻登记机关应当依照法律、法规及本规范，认真履行职责，做好婚姻登记工作。

第二章　婚姻登记机关

第三条　婚姻登记机关是依法履行婚姻登记行政职能的机关。

第四条　婚姻登记机关履行下列职责：

（一）办理婚姻登记；

（二）补发婚姻登记证；

（三）撤销受胁迫的婚姻；

（四）建立和管理婚姻登记档案；

（五）宣传婚姻法律法规，倡导文明婚俗。

第五条　婚姻登记管辖按照行政区域划分。

（一）县、不设区的市、市辖区人民政府民政部门办理双方或者一方常住户口在本行政区域内的内地居民之间的婚姻登记。

省级人民政府可以根据实际情况，规定乡（镇）人民政府办理双方或者一方常住户口在本乡（镇）的内地居民之间的婚姻登记。

（二）省级人民政府民政部门或者其确定的民政部门，办理一方常住户口在辖区内的涉外和涉香港、澳门、台湾居民以及华侨的婚姻登记。

办理经济技术开发区、高新技术开发区等特别区域内居民婚姻登记的机关由省级人民政府民政部门提出意见报同级人民政府确定。

（三）现役军人由部队驻地、入伍前常住户口所在地或另一方当事人常住户口所在地婚姻登记机关办理婚姻登记。

婚姻登记机关不得违反上述规定办理婚姻登记。

第六条　具有办理婚姻登记职能的县级以上人民政

府民政部门和乡(镇)人民政府应当按照本规范要求设置婚姻登记处。

省级人民政府民政部门设置、变更或撤销婚姻登记处,应当形成文件并对外公布;市、县(市、区)人民政府民政部门、乡(镇)人民政府设置、变更或撤销婚姻登记处,应当形成文件,对外公布并逐级上报省级人民政府民政部门。省级人民政府民政部门应当相应调整婚姻登记信息系统使用相关权限。

第七条　省、市、县(市、区)人民政府民政部门和乡镇人民政府设置的婚姻登记处分别称为:

××省(自治区、直辖市)民政厅(局)婚姻登记处,××市民政局婚姻登记处,××县(市)民政局婚姻登记处;

××市××区民政局婚姻登记处;

××县(市、区)××乡(镇)人民政府婚姻登记处。

县、不设区的市、市辖区人民政府民政部门设置多个婚姻登记处的,应当在婚姻登记处前冠其所在地的地名。

第八条　婚姻登记处应当在门外醒目处悬挂婚姻登记处标牌。标牌尺寸不得小于 1500mm×300mm 或 550mm×450mm。

第九条　婚姻登记处应当按照民政部要求,使用全国婚姻登记工作标识。

第十条　具有办理婚姻登记职能的县级以上人民政府民政部门和乡(镇)人民政府应当刻制婚姻登记工作业务专用印章和钢印。专用印章和钢印为圆形,直径35mm。

婚姻登记工作业务专用印章和钢印,中央刊"★","★"外围刊婚姻登记处所属民政厅(局)或乡(镇)人民政府名称,如:"××省民政厅"、"××市民政局"、"××市××区民政局"、"××县民政局"或者"××县××乡(镇)人民政府"。

"★"下方刊"婚姻登记专用章"。民政局设置多个婚姻登记处的,"婚姻登记专用章"下方刊婚姻登记处序号。

第十一条　婚姻登记处应当有独立的场所办理婚姻登记,并设有候登大厅、结婚登记区、离婚登记室和档案室。结婚登记区、离婚登记室可合并为相应数量的婚姻登记室。

婚姻登记场所应当宽敞、庄严、整洁,设有婚姻登记公告栏。

婚姻登记处不得设在婚纱摄影、婚庆服务、医疗等机构场所内,上述服务机构不得设置在婚姻登记场所内。

第十二条　婚姻登记处应当配备以下设备:

(一)复印机;

(二)传真机;

(三)扫描仪;

(四)证件及纸张打印机;

(五)计算机;

(六)身份证阅读器。

第十三条　婚姻登记处可以安装具有音频和视频功能的设备,并妥善保管音频和视频资料。

婚姻登记场所应当配备必要的公共服务设施,婚姻登记当事人应当按照要求合理使用。

第十四条　婚姻登记处实行政务公开,下列内容应当在婚姻登记处公开展示:

(一)本婚姻登记处的管辖权及依据;

(二)婚姻法的基本原则以及夫妻的权利、义务;

(三)结婚登记、离婚登记的条件与程序;

(四)补领婚姻登记证的条件与程序;

(五)无效婚姻及可撤销婚姻的规定;

(六)收费项目与收费标准;

(七)婚姻登记员职责及其照片、编号;

(八)婚姻登记处办公时间和服务电话,设置多个婚姻登记处的,应当同时公布,巡回登记的,应当公布巡回登记时间和地点;

(九)监督电话。

第十五条　婚姻登记处应当备有《中华人民共和国婚姻法》、《婚姻登记条例》及其他有关文件,供婚姻当事人免费查阅。

第十六条　婚姻登记处在工作日应当对外办公,办公时间在办公场所外公告。

第十七条　婚姻登记处应当通过省级婚姻登记信息系统开展实时联网登记,并将婚姻登记电子数据实时传送给民政部婚姻登记信息系统。

各级民政部门应当为本行政区域内婚姻登记管理信息化建设创造条件,并制定婚姻登记信息化管理制度。

婚姻登记处应当将保存的本辖区未录入信息系统的婚姻登记档案录入婚姻登记历史数据补录系统。

第十八条　婚姻登记处应当按照《婚姻登记档案管理办法》的规定管理婚姻登记档案。

第十九条　婚姻登记处应当制定婚姻登记印章、证书、纸制档案、电子档案等管理制度,完善业务学习、岗位责任、考评奖惩等制度。

第二十条　婚姻登记处应当开通婚姻登记网上预约功能和咨询电话,电话号码在当地 114 查询台登记。

具备条件的婚姻登记处应当开通互联网网页,互联网网页内容应当包括:办公时间、办公地点;管辖权限;申请结婚登记的条件、办理结婚登记的程序;申请离婚登记的条件、办理离婚登记的程序;申请补领婚姻登记证的程序和需要的证明材料、撤销婚姻的程序等内容。

第二十一条 婚姻登记处可以设立婚姻家庭辅导室,通过政府购买服务或公开招募志愿者等方式聘用婚姻家庭辅导员,并在坚持群众自愿的前提下,开展婚姻家庭辅导服务。婚姻家庭辅导员应当具备以下资格之一:

(一)社会工作师;

(二)心理咨询师;

(三)律师;

(四)其他相应专业资格。

第二十二条 婚姻登记处可以设立颁证厅,为有需要的当事人颁发结婚证。

第三章 婚姻登记员

第二十三条 婚姻登记机关应当配备专职婚姻登记员。婚姻登记员人数、编制可以参照《婚姻登记机关等级评定标准》确定。

第二十四条 婚姻登记员由本级民政部门考核、任命。

婚姻登记员应当由设区的市级以上人民政府民政部门进行业务培训,经考核合格,取得婚姻登记员培训考核合格证明,方可从事婚姻登记工作。其他人员不得从事本规范第二十五条规定的工作。

婚姻登记员培训考核合格证明由省级人民政府民政部门统一印制。

婚姻登记员应当至少每2年参加一次设区的市级以上人民政府民政部门举办的业务培训,取得业务培训考核合格证明。

婚姻登记处应当及时将婚姻登记员上岗或离岗信息逐级上报省级人民政府民政部门,省级人民政府民政部门应当根据上报的信息及时调整婚姻登记信息系统使用相关权限。

第二十五条 婚姻登记员的主要职责:

(一)负责对当事人有关婚姻状况声明的监督;

(二)审查当事人是否具备结婚、离婚、补发婚姻登记证、撤销受胁迫婚姻的条件;

(三)办理婚姻登记手续,签发婚姻登记证;

(四)建立婚姻登记档案。

第二十六条 婚姻登记员应当熟练掌握相关法律法规,熟练使用婚姻登记信息系统,文明执法,热情服务。

婚姻登记员一般应具有大学专科以上学历。

婚姻登记员上岗应当佩带标识并统一着装。

第四章 结婚登记

第二十七条 结婚登记应当按照初审—受理—审查—登记(发证)的程序办理。

第二十八条 受理结婚登记申请的条件是:

(一)婚姻登记处具有管辖权;

(二)要求结婚的男女双方共同到婚姻登记处提出申请;

(三)当事人男年满22周岁,女年满20周岁;

(四)当事人双方均无配偶(未婚、离婚、丧偶);

(五)当事人双方没有直系血亲和三代以内旁系血亲关系;

(六)双方自愿结婚;

(七)当事人提交3张2寸双方近期半身免冠合影照片;

(八)当事人持有本规范第二十九条至第三十五条规定的有效证件。

第二十九条 内地居民办理结婚登记应当提交本人有效的居民身份证和户口簿,因故不能提交身份证的可以出具有效的临时身份证。

居民身份证与户口簿上的姓名、性别、出生日期、公民身份号码应当一致;不一致的,当事人应当先到有关部门更正。

户口簿上的婚姻状况应当与当事人声明一致。不一致的,当事人应当向登记机关提供能够证明其声明真实性的法院生效司法文书、配偶居民死亡医学证明(推断)书等材料;不一致且无法提供相关材料的,当事人应当先到有关部门更正。

当事人声明的婚姻状况与婚姻登记档案记载不一致的,当事人应当向登记机关提供能够证明其声明真实性的法院生效司法文书、配偶居民死亡医学证明(推断)书等材料。

第三十条 现役军人办理结婚登记应当提交本人的居民身份证、军人证件和部队出具的军人婚姻登记证明。

居民身份证、军人证件和军人婚姻登记证明上的姓名、性别、出生日期、公民身份号码应当一致;不一致的,当事人应当先到有关部门更正。

第三十一条 香港居民办理结婚登记应当提交:

(一)港澳居民来往内地通行证或者港澳同胞回乡证;

(二)香港居民身份证;

（三）经香港委托公证人公证的本人无配偶以及与对方当事人没有直系血亲和三代以内旁系血亲关系的声明。

第三十二条　澳门居民办理结婚登记应当提交：

（一）港澳居民来往内地通行证或者港澳同胞回乡证；

（二）澳门居民身份证；

（三）经澳门公证机构公证的本人无配偶以及与对方当事人没有直系血亲和三代以内旁系血亲关系的声明。

第三十三条　台湾居民办理结婚登记应当提交：

（一）台湾居民来往大陆通行证或者其他有效旅行证件；

（二）本人在台湾地区居住的有效身份证；

（三）经台湾公证机构公证的本人无配偶以及与对方当事人没有直系血亲和三代以内旁系血亲关系的声明。

第三十四条　华侨办理结婚登记应当提交：

（一）本人的有效护照；

（二）居住国公证机构或者有权机关出具的、经中华人民共和国驻该国使（领）馆认证的本人无配偶以及与对方当事人没有直系血亲和三代以内旁系血亲关系的证明，或者中华人民共和国驻该国使（领）馆出具的本人无配偶以及与对方当事人没有直系血亲和三代以内旁系血亲关系的证明。

与中国无外交关系的国家出具的有关证明，应当经与该国及中国均有外交关系的第三国驻该国使（领）馆和中国驻第三国使（领）馆认证，或者经第三国驻华使（领）馆认证。

第三十五条　外国人办理结婚登记应当提交：

（一）本人的有效护照或者其他有效的国际旅行证件；

（二）所在国公证机构或者有权机关出具的、经中华人民共和国驻该国使（领）馆认证或者该国驻华使（领）馆认证的本人无配偶的证明，或者所在国驻华使（领）馆出具的本人无配偶证明。

与中国无外交关系的国家出具的有关证明，应当经与该国及中国均有外交关系的第三国驻该国使（领）馆和中国驻第三国使（领）馆认证，或者经第三国驻华使（领）馆认证。

第三十六条　婚姻登记员受理结婚登记申请，应当按照下列程序进行：

（一）询问当事人的结婚意愿；

（二）查验本规范第二十九条至第三十五条规定的相应证件和材料；

（三）自愿结婚的双方各填写一份《申请结婚登记声明书》；《申请结婚登记声明书》中"声明人"一栏的签名必须由声明人在监誓人面前完成并按指纹；

（四）当事人现场复述声明书内容，婚姻登记员作监誓人并在监誓人一栏签名。

第三十七条　婚姻登记员对当事人提交的证件、证明、声明进行审查，符合结婚条件的，填写《结婚登记审查处理表》和结婚证。

第三十八条　《结婚登记审查处理表》的填写：

（一）《结婚登记审查处理表》项目的填写，按照下列规定通过计算机完成：

1."申请人姓名"：当事人是中国公民的，使用中文填写；当事人是外国人的，按照当事人护照上的姓名填写。

2."出生日期"：使用阿拉伯数字，按照身份证件上的出生日期填写为"××××年××月××日"。

3."身份证件号"：当事人是内地居民的，填写居民身份证号；当事人是香港、澳门、台湾居民的，填写香港、澳门、台湾居民身份证号，并在号码后加注"（香港）"、"（澳门）"或者"（台湾）"；当事人是华侨的，填写护照或旅行证件号；当事人是外国人的，填写当事人的护照或旅行证件号。

证件号码前面有字符的，应当一并填写。

4."国籍"：当事人是内地居民、香港居民、澳门居民、台湾居民、华侨的，填写"中国"；当事人是外国人的，按照护照上的国籍填写；无国籍人，填写"无国籍"。

5."提供证件情况"：应当将当事人提供的证件、证明逐一填写，不得省略。

6."审查意见"：填写"符合结婚条件，准予登记"。

7."结婚登记日期"：使用阿拉伯数字，填写为："××××年××月××日"。填写的日期应当与结婚证上的登记日期一致。

8."结婚证字号"填写式样按照民政部相关规定执行，填写规则见附则。

9."结婚证印制号"填写颁发给当事人的结婚证上印制的号码。

10."承办机关名称"：填写承办该结婚登记的婚姻登记处的名称。

（二）"登记员签名"：由批准该结婚登记的婚姻登记员亲笔签名，不得使用个人印章或者计算机打印。

（三）在"照片"处粘贴当事人提交的照片，并在骑缝处加盖钢印。

第三十九条　结婚证的填写：

（一）结婚证上"结婚证字号""姓名""性别""出生日期""身份证件号""国籍""登记日期"应当与《结婚登记审查处理表》中相应项目完全一致。

（二）"婚姻登记员"：由批准该结婚登记的婚姻登记员使用黑色墨水钢笔或签字笔亲笔签名，签名应清晰可辨，不得使用个人印章或者计算机打印。

（三）在"照片"栏粘贴当事人双方合影照片。

（四）在照片与结婚证骑缝处加盖婚姻登记工作业务专用钢印。

（五）"登记机关"：盖婚姻登记工作业务专用印章（红印）。

第四十条　婚姻登记员在完成结婚证填写后，应当进行认真核对、检查。对填写错误、证件被污染或者损坏的，应当将证件报废处理，重新填写。

第四十一条　颁发结婚证，应当在当事人双方均在场时按下列步骤进行：

（一）向当事人双方询问核对姓名、结婚意愿；

（二）告知当事人双方领取结婚证后的法律关系以及夫妻权利、义务；

（三）见证当事人本人亲自在《结婚登记审查处理表》上的"当事人领证签名并按指纹"一栏中签名并按指纹；

"当事人领证签名并按指纹"一栏不得空白，不得由他人代为填写、代按指纹。

（四）将结婚证分别颁发给结婚登记当事人双方，向双方当事人宣布：取得结婚证，确立夫妻关系；

（五）祝贺新人。

第四十二条　申请补办结婚登记的，当事人填写《申请补办结婚登记声明书》，婚姻登记机关按照结婚登记程序办理。

第四十三条　申请复婚登记的，当事人填写《申请结婚登记声明书》，婚姻登记机关按照结婚登记程序办理。

第四十四条　婚姻登记员每办完一对结婚登记，应当依据《婚姻登记档案管理办法》，对应当存档的材料进行整理、保存，不得出现原始材料丢失、损毁情况。

第四十五条　婚姻登记机关对不符合结婚登记条件的，不予受理。当事人要求出具《不予办理结婚登记告知书》的，应当出具。

第五章　撤销婚姻

第四十六条　受胁迫结婚的婚姻当事人，可以向原办理该结婚登记的机关请求撤销婚姻。

第四十七条　撤销婚姻应当按照初审—受理—审查—报批—公告的程序办理。

第四十八条　受理撤销婚姻申请的条件：

（一）婚姻登记处具有管辖权；

（二）受胁迫的一方和对方共同到婚姻登记机关签署双方无子女抚养、财产及债务问题的声明书；

（三）申请时距结婚登记之日或受胁迫的一方恢复人身自由之日不超过 1 年；

（四）当事人持有：

1. 本人的身份证、结婚证；

2. 要求撤销婚姻的书面申请；

3. 公安机关出具的当事人被拐卖、解救的相关材料，或者人民法院作出的能够证明当事人被胁迫结婚的判决书。

第四十九条　符合撤销婚姻的，婚姻登记处按以下程序进行：

（一）查验本规范第四十八条规定的证件和证明材料。

（二）当事人在婚姻登记员面前亲自填写《撤销婚姻申请书》，双方当事人在"声明人"一栏签名并按指纹。

（三）当事人宣读本人的申请书，婚姻登记员作监督人并在监督人一栏签名。

第五十条　婚姻登记处拟写"关于撤销×××与×××婚姻的决定"报所属民政部门或者乡（镇）人民政府；符合撤销条件的，婚姻登记机关应当批准，并印发撤销决定。

第五十一条　婚姻登记处应当将《关于撤销×××与××婚姻的决定》送达当事人双方，并在婚姻登记公告栏公告 30 日。

第五十二条　婚姻登记处对不符合撤销婚姻条件的，应当告知当事人不予撤销原因，并告知当事人可以向人民法院请求撤销婚姻。

第五十三条　除受胁迫结婚之外，以任何理由请求宣告婚姻无效或者撤销婚姻的，婚姻登记机关不予受理。

第六章　离婚登记

第五十四条　离婚登记按照初审—受理—审查—登记（发证）的程序办理。

第五十五条　受理离婚登记申请的条件是：

（一）婚姻登记处具有管辖权；

（二）要求离婚的夫妻双方共同到婚姻登记处提出申请；

（三）双方均具有完全民事行为能力；

（四）当事人持有离婚协议书，协议书中载明双方自愿离婚的意思表示以及对子女抚养、财产及债务处理等事项协商一致的意见；

（五）当事人持有内地婚姻登记机关或者中国驻外使（领）馆颁发的结婚证；

（六）当事人各提交2张2寸单人近期半身免冠照片；

（七）当事人持有本规范第二十九条至第三十五条规定的有效身份证件。

第五十六条　婚姻登记员受理离婚登记申请，应当按照下列程序进行：

（一）分开询问当事人的离婚意愿，以及对离婚协议内容的意见，并进行笔录，笔录当事人阅后签名。

（二）查验本规范第五十五条规定的证件和材料。申请办理离婚登记的当事人有一本结婚证丢失的，当事人应当书面声明遗失，婚姻登记机关可以根据另一本结婚证办理离婚登记；申请办理离婚登记的当事人两本结婚证都丢失的，当事人应当书面声明结婚证遗失并提供加盖查档专用章的结婚登记档案复印件，婚姻登记机关可根据当事人提供的上述材料办理离婚登记。

（三）双方自愿离婚且对子女抚养、财产及债务处理等事项协商一致的，双方填写《申请离婚登记声明书》；

《申请离婚登记声明书》中"声明人"一栏的签名必须由声明人在监誓人面前完成并按指纹；

婚姻登记员作监誓人并在监誓人一栏签名。

（四）夫妻双方应当在离婚协议上现场签名；婚姻登记员可以在离婚协议书上加盖"此件与存档件一致，涂改无效。XXXX 婚姻登记处 XX 年 XX 月 XX 日"的长方形印章。协议书夫妻双方各一份，婚姻登记处存档一份。当事人因离婚协议书遗失等原因，要求婚姻登记机关复印其离婚协议书的，按照《婚姻登记档案管理办法》的规定查阅婚姻登记档案。

离婚登记完成后，当事人要求更换离婚协议书或变更离婚协议内容的，婚姻登记机关不予受理。

第五十七条　婚姻登记员对当事人提交的证件、《申请离婚登记声明书》、离婚协议书进行审查，符合离婚条件的，填写《离婚登记审查处理表》和离婚证。

《离婚登记审查处理表》和离婚证分别参照本规范第三十八条、第三十九条填写。

第五十八条　婚姻登记员在完成离婚证填写后，应当进行认真核对、检查。对打印或者书写错误、证件被污染或者损坏的，应当将证件报废处理，重新填写。

第五十九条　颁发离婚证，应当在当事人双方均在场时按照下列步骤进行：

（一）向当事人双方询问核对姓名、出生日期、离婚意愿；

（二）见证当事人本人亲自在《离婚登记审查处理表》"当事人领证签名并按指纹"一栏中签名并按指纹；

"当事人领证签名并按指纹"一栏不得空白，不得由他人代为填写、代按指纹；

（三）在当事人的结婚证上加盖条型印章，其中注明"双方离婚，证件失效。××婚姻登记处"。注销后的结婚证复印存档，原件退还当事人。

（四）将离婚证颁发给离婚当事人。

第六十条　婚姻登记员每办完一对离婚登记，应当依照《婚姻登记档案管理办法》，对应当存档的材料进行整理、保存，不得出现原始材料丢失、损毁情况。

第六十一条　婚姻登记机关对不符合离婚登记条件的，不予受理。当事人要求出具《不予办理离婚登记告知书》的，应当出具。

第七章　补领婚姻登记证

第六十二条　当事人遗失、损毁婚姻登记证，可以向原办理该婚姻登记的机关或者一方常住户口所在地的婚姻登记机关申请补领。有条件的省份，可以允许本省居民向本辖区内负责内地居民婚姻登记的机关申请补领婚姻登记证。

第六十三条　婚姻登记机关为当事人补发结婚证、离婚证，应当按照初审—受理—审查—发证程序进行。

第六十四条　受理补领结婚证、离婚证申请的条件是：

（一）婚姻登记处具有管辖权；

（二）当事人依法登记结婚或者离婚，现今仍然维持该状况；

（三）当事人持有本规范第二十九条至第三十五条规定的身份证件；

（四）当事人亲自到婚姻登记处提出申请，填写《申请补领婚姻登记证声明书》。

当事人因故不能到婚姻登记处申请补领婚姻登记证的，有档案可查且档案信息与身份信息一致的，可以委托他人办理。委托办理应当提交当事人的户口簿、身份证和经公证机关公证的授权委托书。委托书应当写明当事人姓名、身份证件号码、办理婚姻登记的时间及承办机关、目前的婚姻状况、委托事由、受委托人的姓名和身份证件号码。受委托人应当同时提交本人的身份证件。

当事人结婚登记档案查找不到的，当事人应当提供充分证据证明婚姻关系，婚姻登记机关经过严格审查，确认当事人存在婚姻关系的，可以为其补领结婚证。

第六十五条　婚姻登记员受理补领婚姻登记证申请，应当按照下列程序进行：

（一）查验本规范第六十四条规定的相应证件和证明材料；

（二）当事人填写《申请补领婚姻登记证声明书》，《申请补领婚姻登记证声明书》中"声明人"一栏的签名必须由声明人在监督人面前完成并按指纹；

（三）婚姻登记员作监督人并在监督人一栏签名；

（四）申请补领结婚证的，双方当事人提交3张2寸双方近期半身免冠合影照片；申请补领离婚证的当事人提交2张2寸单人近期半身免冠照片。

第六十六条　婚姻登记员对当事人提交的证件、证明进行审查，符合补发条件的，填写《补发婚姻登记证审查处理表》和婚姻登记证。《补发婚姻登记证审查处理表》参照本规范第三十八条规定填写。

第六十七条　补发婚姻登记证时，应当向当事人询问核对姓名、出生日期，见证当事人本人亲自在《补发婚姻登记证审查处理表》"当事人领证签名并按指纹"一栏中签名并按指纹，将婚姻登记证发给当事人。

第六十八条　当事人的户口簿上以曾用名的方式反映姓名变更的，婚姻登记机关可以采信。

当事人办理结婚登记时未达到法定婚龄，通过非法手段骗取婚姻登记，其在申请补领时仍未达法定婚龄的，婚姻登记机关不得补发结婚证；其在申请补领时已达法定婚龄的，当事人应对结婚登记情况作出书面说明，婚姻登记机关补发的结婚证登记日期为当事人达到法定婚龄之日。

第六十九条　当事人办理过结婚登记，申请补领时的婚姻状况因离婚或丧偶发生改变的，不予补发结婚证；当事人办理过离婚登记的，申请补领时的婚姻状况因复婚发生改变的，不予补发离婚证。

第七十条　婚姻登记机关对不具备补发结婚证、离婚证受理条件的，不予受理。

第八章　监督与管理

第七十一条　各级民政部门应当建立监督检查制度，定期对本级民政部门设立的婚姻登记处和下级婚姻登记机关进行监督检查。

第七十二条　婚姻登记机关及其婚姻登记员有下列行为之一的，对直接负责的主管人员和其他直接责任人员依法给予行政处分：

（一）为不符合婚姻登记条件的当事人办理婚姻登记的；

（二）违反程序规定办理婚姻登记、发放婚姻登记证、撤销婚姻的；

（三）要求当事人提交《婚姻登记条例》和本规范规定以外的证件材料的；

（四）擅自提高收费标准或者增加收费项目的；

（五）玩忽职守造成婚姻登记档案损毁的；

（六）购买使用伪造婚姻证书的；

（七）违反规定应用婚姻登记信息系统的。

第七十三条　婚姻登记员违反规定办理婚姻登记，给当事人造成严重后果的，应当由婚姻登记机关承担对当事人的赔偿责任，并对承办人员进行追偿。

第七十四条　婚姻登记证使用单位不得使用非上级民政部门提供的婚姻登记证。各级民政部门发现本行政区域内有使用非上级民政部门提供的婚姻登记证的，应当予以没收，并追究相关责任人的法律责任和行政责任。

第七十五条　婚姻登记机关发现婚姻登记证有质量问题时，应当及时书面报告省级人民政府民政部门或者国务院民政部门。

第七十六条　人民法院作出与婚姻相关的判决、裁定和调解后，当事人将生效司法文书送婚姻登记机关的，婚姻登记机关应当将司法文书复印件存档并将相关信息录入婚姻登记信息系统。

婚姻登记机关应当加强与本地区人民法院的婚姻信息共享工作，完善婚姻信息数据库。

第九章　附　则

第七十七条　本规范规定的当事人无配偶声明或者证明，自出具之日起6个月内有效。

第七十八条　县级或县级以上人民政府民政部门办理婚姻登记的，"结婚证字号"填写式样为"Jaaaaaa-bbbb-cccccc"（其中"aaaaaa"为6位行政区划代码，"bbbb"为当年年号，"cccccc"为当年办理婚姻登记的序号）。"离婚证字号"开头字符为"L"。"补发结婚证字号"开头字符为"BJ"。"补发离婚证字号"开头字符为"BL"。

县级人民政府民政部门设立多个婚姻登记巡回点的，由县级人民政府民政部门明确字号使用规则，规定各登记点使用号段。

乡(镇)人民政府办理婚姻登记的,行政区划代码由6位改为9位(在县级区划代码后增加三位乡镇代码),其他填写方法与上述规定一致。

对为方便人民群众办理婚姻登记、在行政区划单位之外设立的婚姻登记机关,其行政区划代码由省级人民政府民政部门按照前四位取所属地级市行政区划代码前四位,五六位为序号(从61开始,依次为62、63、……、99)的方式统一编码。

第七十九条　当事人向婚姻登记机关提交的"本人无配偶证明"等材料是外国语言文字的,应当翻译成中文。当事人未提交中文译文的,视为未提交该文件。婚姻登记机关可以接受中国驻外国使领馆或有资格的翻译机构出具的翻译文本。

第八十条　本规范自2016年2月1日起实施。

附件:1.申请结婚登记声明书(略)

　　　2.结婚登记审查处理表(略)

　　　3.申请补办结婚登记声明书(略)

　　　4.不予办理结婚登记告知书(略)

　　　5.撤销婚姻申请书(略)

　　　6.关于撤销×××与×××婚姻的决定(略)

　　　7.申请离婚登记声明书(略)

　　　8.离婚登记审查处理表(略)

　　　9.不予办理离婚登记告知书(略)

　　　10.申请补领婚姻登记证声明书(略)

　　　11.补发婚姻登记证审查处理表(略)

婚姻登记档案管理办法

· 2006年1月23日民政部、国家档案局令第32号公布

· 自公布之日起施行

第一条　为规范婚姻登记档案管理,维护婚姻当事人的合法权益,根据《中华人民共和国档案法》和《婚姻登记条例》,制定本办法。

第二条　婚姻登记档案是婚姻登记机关在办理结婚登记、撤销婚姻、离婚登记、补发婚姻登记证的过程中形成的具有凭证作用的各种记录。

第三条　婚姻登记主管部门对婚姻登记档案工作实行统一领导,分级管理,并接受同级地方档案行政管理部门的监督和指导。

第四条　婚姻登记机关应当履行下列档案工作职责:

(一)及时将办理完毕的婚姻登记材料收集、整理、归档;

(二)建立健全各项规章制度,确保婚姻登记档案的齐全完整;

(三)采用科学的管理方法,提高婚姻登记档案的保管水平;

(四)办理查档服务,出具婚姻登记记录证明,告知婚姻登记档案的存放地;

(五)办理婚姻登记档案的移交工作。

第五条　办理结婚登记(含复婚、补办结婚登记,下同)形成的下列材料应当归档:

(一)《结婚登记审查处理表》;

(二)《申请结婚登记声明书》或者《申请补办结婚登记声明书》;

(三)香港特别行政区居民、澳门特别行政区居民、台湾地区居民、出国人员、华侨以及外国人提交的《婚姻登记条例》第五条规定的各种证明材料(含翻译材料);

(四)当事人身份证件(从《婚姻登记条例》第五条规定,下同)复印件;

(五)其他有关材料。

第六条　办理撤销婚姻形成的下列材料应当归档:

(一)婚姻登记机关关于撤销婚姻的决定;

(二)《撤销婚姻申请书》;

(三)当事人的结婚证原件;

(四)公安机关出具的当事人被拐卖、解救证明,或人民法院作出的能够证明当事人被胁迫结婚的判决书;

(五)当事人身份证件复印件;

(六)其他有关材料。

第七条　办理离婚登记形成的下列材料应当归档:

(一)《离婚登记审查处理表》;

(二)《申请离婚登记声明书》;

(三)当事人结婚证复印件;

(四)当事人离婚协议书;

(五)当事人身份证件复印件;

(六)其他有关材料。

第八条　办理补发婚姻登记证形成的下列材料应当归档:

(一)《补发婚姻登记证审查处理表》;

(二)《申请补领婚姻登记证声明书》;

(三)婚姻登记档案保管部门出具的婚姻登记档案记录证明或其他有关婚姻状况的证明;

(四)当事人身份证件复印件;

(五)当事人委托办理时提交的经公证机关公证的

当事人身份证件复印件和委托书,受委托人本人的身份证件复印件;

(六)其他有关材料。

第九条　婚姻登记档案按照年度—婚姻登记性质分类。婚姻登记性质分为结婚登记类、撤销婚姻类、离婚登记类和补发婚姻登记证类四类。

人民法院宣告婚姻无效或者撤销婚姻的判决书副本归入撤销婚姻类档案。

婚姻无效或者撤销婚姻的,应当在当事人原婚姻登记档案的《结婚登记审查处理表》的"备注"栏中注明有关情况及相应的撤销婚姻类档案的档号。

第十条　婚姻登记材料的立卷归档应当遵循下列原则与方法:

(一)婚姻登记材料按照年度归档。

(二)一对当事人婚姻登记材料组成一卷。

(三)卷内材料分别按照本办法第五、六、七、八条规定的顺序排列。

(四)以有利于档案保管和利用的方法固定案卷。

(五)按本办法第九条的规定对案卷进行分类,并按照办理婚姻登记的时间顺序排列。

(六)在卷内文件首页上端的空白处加盖归档章(见附件1),并填写有关内容。归档章设置全宗号、年度、室编卷号、馆编卷号和页数等项目。

全宗号:档案馆给立档单位编制的代号。

年度:案卷的所属年度。

室编卷号:案卷排列的顺序号,每年每个类别分别从"1"开始标注。

馆编卷号:档案移交时按进馆要求编制。

页数:卷内材料有文字的页面数。

(七)按室编卷号的顺序将婚姻登记档案装入档案盒,并填写档案盒封面、盒脊和备考表的项目。

档案盒封面应标明全宗名称和婚姻登记处名称(见附件2)。

档案盒盒脊设置全宗号、年度、婚姻登记性质、起止卷号和盒号等项目(见附件3)。其中,起止卷号填写盒内第一份案卷和最后一份案卷的卷号,中间用"—"号连接;盒号即档案盒的排列顺序号,在档案移交时按进馆要求编制。

备考表置于盒内,说明本盒档案的情况,并填写整理人、检查人和日期(见附件4)。

(八)按类别分别编制婚姻登记档案目录(见附件5)。

(九)每年的婚姻登记档案目录加封面后装订成册,

一式三份,并编制目录号(见附件6)。

第十一条　婚姻登记材料的归档要求:

(一)当年的婚姻登记材料应当在次年的3月31日前完成立卷归档;

(二)归档的婚姻登记材料必须齐全完整,案卷规范、整齐,复印件一律使用A4规格的复印纸,复印件和照片应当图像清晰;

(三)归档章、档案盒封面、盒脊、备考表等项目,使用蓝黑墨水或碳素墨水钢笔填写;婚姻登记档案目录应当打印;备考表和档案目录一律使用A4规格纸张。

第十二条　使用计算机办理婚姻登记所形成的电子文件,应当与纸质文件一并归档,归档要求参照《电子文件归档与管理规范》(GB/T18894-2002)。

第十三条　婚姻登记档案的保管期限为100年。对有继续保存价值的可以延长保管期限直至永久。

第十四条　婚姻登记档案应当按照下列规定进行移交:

(一)县级(含)以上地方人民政府民政部门形成的婚姻登记档案,应当在本单位档案部门保管一定时期后向同级国家档案馆移交,具体移交时间由双方商定。

(二)具有办理婚姻登记职能的乡(镇)人民政府形成的婚姻登记档案应当向乡(镇)档案部门移交,具体移交时间从乡(镇)的规定。

乡(镇)人民政府应当将每年的婚姻登记档案目录副本向上一级人民政府民政部门报送。

(三)被撤销或者合并的婚姻登记机关的婚姻登记档案应当按照前两款的规定及时移交。

第十五条　婚姻登记档案的利用应当遵守下列规定:

(一)婚姻登记档案保管部门应当建立档案利用制度,明确办理程序,维护当事人的合法权益;

(二)婚姻登记机关可以利用本机关移交的婚姻登记档案;

(三)婚姻当事人持有合法身份证件,可以查阅本人的婚姻登记档案;婚姻当事人因故不能亲自前往查阅的,可以办理授权委托书,委托他人代为办理,委托书应当经公证机关公证;

(四)人民法院、人民检察院、公安和安全部门为确认当事人的婚姻关系,持单位介绍信可以查阅婚姻登记档案;律师及其他诉讼代理人在诉讼过程中,持受理案件的法院出具的证明材料及本人有效证件可以查阅与诉讼有关的婚姻登记档案;

(五)其他单位、组织和个人要求查阅婚姻登记档案

的,婚姻登记档案保管部门在确认其利用目的合理的情况下,经主管领导审核,可以利用;

(六)利用婚姻登记档案的单位、组织和个人,不得公开婚姻登记档案的内容,不得损害婚姻登记当事人的合法权益;

(七)婚姻登记档案不得外借,仅限于当场查阅;复印的婚姻登记档案需加盖婚姻登记档案保管部门的印章方为有效。

第十六条　婚姻登记档案的鉴定销毁应当符合下列要求:

(一)婚姻登记档案保管部门对保管期限到期的档案要进行价值鉴定,对无保存价值的予以销毁,但婚姻登记档案目录应当永久保存。

(二)对销毁的婚姻登记档案应当建立销毁清册,载明销毁档案的时间、种类和数量,并永久保存。

(三)婚姻登记档案保管部门应当派人监督婚姻登记档案的销毁过程,确保销毁档案没有漏销或者流失,并在销毁清册上签字。

第十七条　本办法由民政部负责解释。

第十八条　本办法自公布之日起施行。

中国边民与毗邻国边民婚姻登记办法

· 2012 年 8 月 8 日民政部令第 45 号公布
· 自 2012 年 10 月 1 日起施行

第一条　为规范边民婚姻登记工作,保护婚姻当事人的合法婚姻权益,根据《中华人民共和国婚姻法》《婚姻登记条例》,制定本办法。

第二条　本办法所称边民是指中国与毗邻国边界线两侧县级行政区域内有当地常住户口的中国公民和外国人。中国与毗邻国就双方国家边境地区和边民的范围达成有关协议的,适用协议的规定。

第三条　本办法适用于中国边民与毗邻国边民在中国边境地区办理婚姻登记。

第四条　边民办理婚姻登记的机关是边境地区县级人民政府民政部门。

边境地区婚姻登记机关应当按照便民原则在交通不便的乡(镇)巡回登记。

第五条　中国边民与毗邻国边民在中国边境地区结婚,男女双方应当共同到中国一方当事人常住户口所在地的婚姻登记机关办理结婚登记。

第六条　办理结婚登记的中国边民应当出具下列证件、证明材料:

(一)本人的居民户口簿、居民身份证;

(二)本人无配偶以及与对方当事人没有直系血亲和三代以内旁系血亲关系的签字声明。

办理结婚登记的毗邻国边民应当出具下列证明材料:

(一)能够证明本人边民身份的有效护照、国际旅行证件或者边境地区出入境通行证件;

(二)所在国公证机构或者有权机关出具的、经中华人民共和国驻该国使(领)馆认证或者该国驻华使(领)馆认证的本人无配偶的证明,或者所在国驻华使(领)馆出具的本人无配偶的证明,或者由毗邻国边境地区与中国乡(镇)人民政府同级的政府出具的本人无配偶证明。

第七条　办理结婚登记的当事人有下列情形之一的,婚姻登记机关不予登记:

(一)未到中国法定结婚年龄的;

(二)非双方自愿的;

(三)一方或者双方已有配偶的;

(四)属于直系血亲或者三代以内旁系血亲的;

(五)患有医学上认为不应当结婚的疾病的。

第八条　婚姻登记机关应当对结婚登记当事人出具的证件、证明材料进行审查并询问相关情况,对当事人符合结婚条件的,应当当场予以登记,发给结婚证。对当事人不符合结婚条件不予登记的,应当向当事人说明理由。

第九条　男女双方补办结婚登记的,适用本办法关于结婚登记的规定。

第十条　未到婚姻登记机关办理结婚登记以夫妻名义同居生活的,不成立夫妻关系。

第十一条　因受胁迫结婚的,受胁迫的边民可以依据《中华人民共和国婚姻法》第十一条的规定向婚姻登记机关请求撤销其婚姻。受胁迫方应当出具下列证件、证明材料:

(一)本人的身份证件;

(二)结婚证;

(三)要求撤销婚姻的书面申请;

(四)公安机关出具或者人民法院作出的能够证明当事人被胁迫结婚的证明材料。

受胁迫方为毗邻国边民的,其身份证件包括能够证明边民身份的有效护照、国际旅行证件或者边境地区出入境通行证件。

婚姻登记机关经审查认为受胁迫结婚的情况属实且不涉及子女抚养、财产及债务问题的,应当撤销该婚姻,宣告结婚证作废。

第十二条　中国边民与毗邻国边民在中国边境地区自愿离婚的,应当共同到中国边民常住户口所在地的婚姻登记机关办理离婚登记。

第十三条　办理离婚登记的双方当事人应当出具下列证件、证明材料:

(一)本人的结婚证;

(二)双方当事人共同签署的离婚协议书。

除上述材料外,办理离婚登记的中国边民还需要提供本人的居民户口簿和居民身份证,毗邻国边民还需要提供能够证明边民身份的有效护照、国际旅行证件或者边境地区出入境通行证件。

离婚协议书应当载明双方当事人自愿离婚的意思表示以及对子女抚养、财产及债务处理等事项协商一致的意见。

第十四条　办理离婚登记的当事人有下列情形之一的,婚姻登记机关不予受理:

(一)未达成离婚协议的;

(二)属于无民事行为能力或者限制民事行为能力人的;

(三)其结婚登记不是在中国内地办理的。

第十五条　婚姻登记机关应当对离婚登记当事人出具的证件、证明材料进行审查并询问相关情况。对当事人确属自愿离婚,并已对子女抚养、财产、债务等问题达成一致处理意见的,应当当场予以登记,发给离婚证。

第十六条　离婚的男女双方自愿恢复夫妻关系的,应当到婚姻登记机关办理复婚登记。复婚登记适用本办法关于结婚登记的规定。

第十七条　结婚证、离婚证遗失或者损毁的,中国边民可以持居民户口簿、居民身份证,毗邻国边民可以持能够证明边民身份的有效护照、国际旅行证件或者边境地区出入境通行证向原办理婚姻登记的机关或者中国一方当事人常住户口所在地的婚姻登记机关申请补领。婚姻登记机关对当事人的婚姻登记档案进行查证,确认属实的,应当为当事人补发结婚证、离婚证。

第十八条　本办法自2012年10月1日起施行。1995年颁布的《中国与毗邻国边民婚姻登记管理试行办法》(民政部令第1号)同时废止。

民政部、总政治部关于士官婚姻管理有关问题的通知

· 2011年12月28日
· 民发〔2011〕219号

各省、自治区、直辖市民政厅(局),各计划单列市民政局,新疆生产建设兵团民政局;各军区、各军兵种、各总部、军事科学院、国防大学、国防科学技术大学、武警部队政治部:

为加强士官队伍建设,进一步做好新形势下士官婚姻管理工作,根据士官管理有关规定,现就有关事项通知如下:

一、士官符合下列条件之一的,经师(旅)级以上单位政治机关批准,可以在驻地或者部队内部找对象结婚:

(一)中级士官;

(二)年龄超过28周岁的男士官或者年龄超过26周岁的女士官;

(三)烈士子女、孤儿或者因战、因公、因病致残的士官。

二、军队政治机关负责对士官在部队驻地或者部队内部找对象结婚的条件进行审查,符合条件的按有关规定出具《军人婚姻登记证明》。婚姻登记机关依据军队政治机关出具的《军人婚姻登记证明》,为士官办理婚姻登记。

三、民政部、总政治部《关于军队人员婚姻管理有关问题的通知》(政组〔2010〕14号)与本通知不一致的,以本《通知》为准。

民政部办公厅关于暂未领取居民身份证军人办理婚姻登记问题的处理意见

· 2010年4月13日
· 民办函〔2010〕80号

各省、自治区、直辖市民政厅(局),计划单列市民政局,新疆生产建设兵团民政局:

自民政部、解放军总政治部《关于军队人员婚姻管理有关问题的通知》(政组〔2010〕14号,以下简称《通知》)印发实行以来,一些地方反映部分军人申请办理婚姻登记时,无法按照《通知》要求提供本人居民身份证。经解放军总政治部了解,虽然公安部和总参、总政、总后、总装文件规定,军人居民身份证于2008年底全部办理完毕,

但由于种种原因，目前确有一些部队官兵没有取得居民身份证。为满足无居民身份证军人婚姻登记的需求，经与解放军总政组织部协商，按下述意见办理：

一、团级以上政治机关出具《军人婚姻登记证明》时，根据军人无居民身份证的具体情况，在证明右上角分别标注"暂未领取居民身份证、已编制公民身份号码。"或"暂未领取居民身份证、未编制公民身份号码。"并在标注处加盖印章。对"暂未领取居民身份证、未编制公民身份号码"的，《军人婚姻登记证明》中"公民身份号码"栏填写"无"。

二、军人持标注有"暂未领取居民身份证、已编制公民身份号码"或"暂未领取居民身份证、未编制公民身份号码"的，若除居民身份证外，当事人其他证件、证明材料齐全且符合相关规定的，婚姻登记机关应当受理其有关登记或补领证件的申请。

为保障军人婚姻权益，在文件下发过程中，军人持2010年8月1日之前出具的有效期内的《军人婚姻登记证明》或旧式婚姻状况证明，若证明中未标注"暂未领取居民身份证"，但军人声称无居民身份证的，由军人本人做出无居民身份证书面声明，婚姻登记机关可不要求声明人提供居民身份证。

三、军人有居民身份证或"暂未领取居民身份证、已编制公民身份号码"的，《申请结（离）婚登记声明书》《结（离）婚登记审查处理表》及《结（离）婚证》上的"身份证件号"按照《通知》要求填写；"暂未领取居民身份证、未编制公民身份号码"的，上述材料中的"身份证号码"栏填写当事人的《军官证》或《文职干部证》《学员证》《士兵证》《离休证》《退休证》等军人身份证件号码。

关于对婚姻登记严重失信当事人开展联合惩戒的合作备忘录

· 2018年2月26日
· 发改财金〔2018〕342号

为深入学习贯彻习近平新时代中国特色社会主义思想和党的十九大精神，落实《中华人民共和国婚姻法》《婚姻登记条例》等法律法规精神以及《国务院关于印发社会信用体系建设规划纲要（2014－2020年）的通知》（国发〔2014〕21号）、《国务院关于建立完善守信联合激励和失信联合惩戒制度加快推进社会诚信建设的指导意见》（国发〔2016〕33号）、《国家发展改革委 人民银行关于加强和规范守信联合激励和失信联合惩戒对象名单管

理工作的指导意见》（发改财金规〔2017〕1798号）等文件要求，加快推进婚姻登记领域信用体系建设，加大对婚姻登记领域严重失信行为的惩戒力度，促进婚姻家庭和谐稳定，加快推进社会信用体系建设，国家发展改革委、人民银行、民政部、中央组织部、中央宣传部、中央编办、中央文明办、最高人民法院、教育部、工业和信息化部、公安部、司法部、财政部、人力资源社会保障部、商务部、卫生计生委、审计署、国资委、海关总署、税务总局、工商总局、质检总局、新闻出版广电总局、统计局、旅游局、银监会、证监会、保监会、国家公务员局、共青团中央、全国妇联等部门就婚姻登记领域严重失信当事人开展联合惩戒工作达成如下一致意见。

一、联合惩戒对象

联合惩戒对象为婚姻登记严重失信当事人。当事人有以下行为之一的，由民政部门列入严重失信名单：

（一）使用伪造、变造或者冒用他人身份证件、户口簿、无配偶证明及其他证件、证明材料的；

（二）作无配偶、无直系亲属关系、无三代以内旁系血亲等虚假声明的；

（三）故意隐瞒对方无民事行为能力或限制民事行为能力状况，严重损害对方合法权益的；

（四）其他严重违反《中华人民共和国婚姻法》和《婚姻登记条例》行为的。

二、信息共享与联合惩戒的实施方式

民政部基于全国婚姻登记信用信息平台，建立严重失信名单，通过全国信用信息共享平台与全国婚姻登记信用信息平台实现数据交换和共享。最高人民法院将婚姻登记当事人的判决或调解离婚、撤销婚姻登记、宣告婚姻无效、宣告死亡等案件信息与民政部交换和共享。公安部将婚姻登记当事人及其配偶的身份信息、死亡信息通过国家人口基础信息库与民政部交换和共享。工业和信息化部将婚姻登记当事人的通信信息与民政部交换和共享。卫生计生委将婚姻登记当事人及其配偶的死亡信息与民政部交换和共享。签署本备忘录的各相关部门从全国信用信息共享平台获取婚姻登记严重失信名单后，执行或者协助执行本备忘录规定的惩戒措施，有关部门根据实际情况将联合惩戒的实施情况反馈国家发展改革委和民政部。

三、联合惩戒措施及实施单位

（一）限制招录（聘）为国家公职人员。限制婚姻登记严重失信当事人招录（聘）为公务员、事业单位工作人员。

实施单位：中央组织部、人力资源社会保障部、国家

公务员局等

（二）限制登记为事业单位法定代表人。

实施单位：中央编办

（三）限制任职证券公司、基金管理公司、期货公司、融资性担保公司或金融机构、认证机构的董事、监事、高级管理人员。

实施单位：财政部、商务部、工商总局、质检总局、银监会、证监会、保监会、地方政府确定的融资性担保公司监管机构

（四）限制担任国有企业法定代表人、董事、监事、高级管理人员。限制婚姻登记严重失信当事人担任国有企业法定代表人、董事、监事、高级管理人员；已担任相关职务的，提出其不再担任相关职务的意见。

实施单位：中央组织部、国资委、财政部、工商总局等

（五）限制参评道德模范等荣誉。婚姻登记严重失信当事人不得参加道德模范、五四青年奖、三八红旗手、全国五好文明家庭、最美家庭等评选，已经获得荣誉的予以撤销。

实施单位：中央宣传部、中央文明办、共青团中央、全国妇联等

（六）限制参与相关行业的评先、评优。婚姻登记严重失信当事人为律师、教师、医生、公务员的，在一定期限内限制其参与评先、评优。

实施单位：司法部、教育部、卫生计生委、国家公务员局

（七）供入股证券公司、基金管理公司、期货公司审批或备案，私募投资基金管理人登记，独立基金销售机构审批时审慎性参考。将婚姻登记严重失信当事人相关信息作为证券公司、基金管理公司及期货公司的设立及股权或实际控制人变更审批或备案，私募投资基金管理人登记，独立基金销售机构审批的审慎性参考。

实施单位：证监会

（八）供设立认证机构审批时审慎性参考。

实施单位：质检总局

（九）供金融机构融资授信时审慎性参考。将婚姻登记严重失信当事人信息作为金融机构对拟授信对象融资授信审批时的审慎性参考。

实施单位：人民银行、银监会

（十）限制补贴性资金支持。限制婚姻登记严重失信当事人申请补贴性资金支持。

实施单位：国家发展改革委、财政部、人力资源社会保障部、国资委等

（十一）限制成为海关认证企业。婚姻登记严重失信当事人为企业法定代表人（负责人）、负责关务的高级管理人员、财务负责人时，在企业申请海关认证企业时，不予通过；对已经成为海关认证企业的，按照规定下调企业信用等级。

实施单位：海关总署

（十二）作为选择政府采购供应商、选聘评审专家的审慎性参考。将婚姻登记严重失信当事人信息作为政府采购供应商、选聘评审专家的审慎性参考。

实施单位：财政部

（十三）供重点行业从业人员职业资质资格许可和认定参考。对婚姻登记严重失信当事人申请律师、教师、医生、社会工作者、注册会计师、税务师、认证从业人员、证券期货从业人员、新闻工作者、导游等资质资格认证予以从严审核，对已成为相关从业人员的相关主体予以重点关注。

实施单位：教育部、司法部、财政部、卫生计生委、审计署、税务总局、质检总局、新闻出版广电总局、统计局、旅游局、证监会

（十四）依法追究违法者的法律责任。对于有使用伪造、变造的身份证件、户口簿、证明材料或者有冒用他人身份证件等违法行为的当事人，依法追究其法律责任。

实施单位：公安部

四、联合惩戒的动态管理

民政部对婚姻登记严重失信名单进行动态管理，及时更新相关信息，相关记录在后台长期保存。有关部门依据各自法定职责，按照法律法规和有关规定实施联合惩戒或者解除联合惩戒。

五、其他事宜

各部门和单位应密切协作，积极落实本备忘录，及时在本系统内下发，并指导监督本系统各级单位按照有关规定实施联合惩戒。

本备忘录签署后，各部门、各领域内相关法律、法规、规章及规范性文件有修改或调整，与本备忘录不一致的，以修改或调整后的法律法规为准。实施过程中具体操作问题，由各部门另行协商明确。

附表：联合惩戒措施相关依据和实施单位（略）

民政部办公厅关于婚姻登记字号启用新填写方法的通知

· 2009 年 11 月 23 日
· 民办发〔2009〕29 号

各省、自治区、直辖市民政厅(局)、计划单列市民政局,新疆生产建设兵团民政局:

为进一步加强婚姻登记规范化建设,加强婚姻登记信息化管理,避免婚姻登记字号重复等问题,现就启用婚姻登记字号新填写方法一事通知如下:

一、县级或县级以上人民政府民政部门办理婚姻登记的,结婚证字号填写方法为 Jaaaaaa-bbbb-ccccc,离婚证字号填写方法为 Laaaaaa-bbbb-ccccc,补领结婚证字号填写方法为 BJaaaaaa-bbbb-ccccc,补领离婚证字号填写方法为 BLaaaaaa-bbbb-ccccc,其中"aaaaaa"为 6 位行政区划代码(参见《中华人民共和国行政区划代码》,GB/T 2260-2002),"bbbb"为当年年号,"ccccc"为当年办理婚姻登记的序号,如北京市东城区民政局 2010 年办理的第一对结婚登记字号为 J110101-2010-000001。

县级民政部门设立多个婚姻登记巡回点的,由县级民政部门通过规定某一号段由某一登记点使用或其他有效方法明确字号使用规则。

二、乡(镇)人民政府办理婚姻登记的,行政区划代码由 6 位改为 9 位(参见《县级以下行政区划代码编制规则》,GB/T 10114-2003),其他填写方法与上述规定一致。

三、经济技术开发区、高新技术开发区、农垦等非行政区成立民政局并设立婚姻登记机关的,行政区划代码由省级民政部门按照前一二位为省级代码、三四位为 00、五六位为序号的方式统一编码并印发通知,如江苏省无锡市高新技术开发区可编码为 320001。

婚姻登记字号新填写方法于 2010 年 1 月 1 日正式启用,因婚姻登记信息系统无法及时改版,原婚姻登记字号填写方法延用至 2010 年 6 月 30 日。已经使用民政部 2009 年版婚姻登记信息系统的,登记字号新填写方法自系统使用之日起启用。

民政部关于进一步做好婚姻登记规范化建设工作的通知

· 2009 年 4 月 28 日
· 民函〔2009〕113 号

今年初,民政部召开了全国婚姻登记规范化建设视频会议。会后,各地结合自身情况,不同程度地开展贯彻落实工作,但有些地方进展相对缓慢,推进过程中也遇到一些问题。为进一步做好婚姻登记规范化建设工作,现就有关事项通知如下:

一、着力推进婚姻登记信息化建设工作

婚姻登记信息化建设是开展婚姻登记工作的重要载体和实现长远发展的关键平台。各地民政部门要加快信息化建设工作的推进速度,特别是尚未实现省内联网的省级民政部门,应加紧解决信息化建设经费问题,积极协调财政、发展改革等部门争取今年的专项经费,或向财政部门申请追加经费,或主动向信息产业等相关部门申请信息化专项经费,以尽快建立省级婚姻登记与管理信息平台,力争在"十一五"期间完成省级婚姻登记信息联网工作。目前,我部正在研发全国婚姻登记信息系统,将于年中免费提供给各地使用,请尚未建立省级婚姻登记与管理信息平台的省份参照《全国婚姻登记系统硬件环境配置建议》(见附件 1)的要求,尽快配备相关设备,为下一步系统部署做好准备。已搭建信息平台的省份,应当积极开展婚姻登记档案补录工作,进一步提高在线登记和婚姻管理信息化的能力和水平。网络条件好的地方,要继续推动网上预约登记。各地还应当多方筹措资金,为基层登记机关配置计算机、打印机等硬件设备。

二、科学调整规范化建设指标要求

为推动婚姻登记规范化建设工作又好又快发展,更好地体现科学发展理念,我部在进行充分论证和多方征求意见的基础上,结合基层实际情况,决定对民政部《关于评选全国婚姻登记机关规范化建设窗口单位的通知》(民函〔2006〕156 号)中的指标进行调整,将年婚姻工作量(包括结婚登记、离婚登记、补发婚姻登记证、出具(无)婚姻登记记录证明)低于 1000 件的婚姻登记机关候登室(区)、婚姻登记室(区)总面积的达标标准,由不少于 30 平方米,调整为不少于 15 平方米。

三、加大力度逐级开展督导检查工作

民政部将成立由纪检、监察和社会事务等部门组成的部督导检查小组,对部分省份规范化建设进展情况进行督查。各地也应当结合民政部 2009 年纪检、监察工作要求成立督查组对本地登记机关开展督查,以督查为手段,进一步优化婚姻登记机关设置和人员配置;进一步改善婚姻登记工作管理水平,登记流程和档案管理工作;进一步提高依法行政水平,纠正在登记工作中不能依法办事等问题;特别是要进一步规范婚姻服务工作,坚决杜绝乱收费、搭车收费等损害群众利益的行为。

四、精心组织规范化建设评审工作

今年底,民政部将对新达到规范化要求的单位进行评审(已参加 2008 年评审的单位将不再参加此次评审),评审范围、条件及评审要求,参照 2008 年《民政部关于评审"全国婚姻登记规范化建设合格单位"的通知》(民函〔2008〕137 号)。对于年婚姻工作量(包括结婚登记、离婚登记、补发婚姻登记证、出具(无)婚姻登记记录证明)低于 1000 件的婚姻登记机关候登室(区)、婚姻登记室(区)总面积的达标标准按照不少于 15 平方米执行。各省、自治区、直辖市民政厅(局)应于 2009 年 11 月 10 日前将婚姻登记规范化单位名单、评审表(见附件 2)及反映合格单位基本情况的电子版照片(包括婚姻登记机关标识牌、候登区域、婚姻登记区域、档案室环境建设及婚姻登记员合影)统一报送民政部社会事务司婚姻收养管理处。2010 年,民政部将对"十一五"期间婚姻登记规范化建设情况进行总结,对婚姻登记工作达到规范化要求的民政局和乡镇人民政府进行评审并颁发奖牌,并为辖区婚姻登记规范化建设作出突出贡献的省、自治区、直辖市民政厅(局)和设区的市民政局及个人予以表扬。各地民政部门要认真组织本地区婚姻登记规范化建设评审工作,对工作进度滞后以及存在明显问题的地方,进行通报批评;对确因客观原因难以按时推进的,予以指导帮助;对工作卓有成效的地方及人员,给予表扬,并将婚姻登记规范化的建设水平、进度与未来几年民政工作的评选挂钩,充分调动地方民政部门的积极性和主动性,为婚姻登记规范化建设工作提供动力。

各省、自治区、直辖市民政部门应当制定本地区"十一五"后期婚姻登记规范化建设实施规划,明确 2009 年和 2010 年两年的主要目标和实施方案,并于 5 月 30 日前将该规划和《婚姻登记规范化建设情况报表》(见附件3、附件4)一同报送民政部社会事务司。

附件:1. 全国婚姻登记系统硬件环境配置建议(略)

2."全国婚姻登记规范化单位"评审表(略)

3. 县级(含)以上民政部门婚姻登记规范化建设情况报表(略)

4. 乡镇人民政府婚姻登记规范化建设情况报表(略)

民政部关于进一步规范(无)婚姻登记记录证明相关工作的通知

· 2015 年 8 月 27 日

各省、自治区、直辖市民政厅(局),各计划单列市民政局,新疆生产建设兵团民政局:

为落实国务院简政放权、方便群众办事创业的有关要求,经与教育部、公安部、司法部、住房和城乡建设部、银监会协商,现就进一步规范(无)婚姻登记记录证明相关工作通知如下:

一、自文件发布之日起,除对涉台和本通知附件所列清单中已列出国家的公证事项仍可继续出具证明外,各地民政部门不再向任何部门和个人出具(无)婚姻登记记录证明。各地民政部门在出具证明时,应当根据当事人所涉事项,在出具证明中注明"本证明仅限于 XXX(申请人)办理赴 XX 国家(或者台湾地区)的 XX 公证事项使用,用于其他事项无效。"

二、各地要高度重视婚姻登记信息化建设工作,确保按时完成《民政部关于加强婚姻登记信息化建设的通知》(民函〔2013〕183 号)确定的各项任务。省级民政部门要切实加大资金、人力投入,不断完善本省(区、市)婚姻登记信息数据库。各级婚姻登记机关要加快纸质历史数据补录工作进度,为有法律法规依据的部门核对当事人的婚姻登记记录情况提供有力支撑。

三、做好政策落实和宣传工作。各地要从转变政府职能、方便群众办事创业和坚持依法行政的角度,统一思想认识,采取有效措施确保此项工作落实到位。会同相关部门落实部门间信息核对的具体措施,使此项简政放权的工作真正惠及广大人民群众。按照政务公开的要求,在办事窗口(大厅)公告取消(无)婚姻登记记录证明的相关规定,并通过多种渠道特别是微信、微博、互联网等新媒体大力宣传,营造良好的社会舆论氛围。

附件:涉外领域需出具(无)婚姻登记记录证明国家清单

哈萨克斯坦

芬兰

奥地利

荷兰

德国

阿根廷

乌拉圭

墨西哥

波兰

注:民政部将根据今后情况变化对清单中所列国家及时进行动态调整,并通知各地民政部门。

民政部办公厅关于爱尔兰公民无配偶证明样式变更的通知

· 2008年6月4日

· 民办函〔2008〕129号

各省、自治区、直辖市民政厅(局),计划单列市民政局:

近日,爱尔兰大使馆知会我部,爱尔兰驻华使领馆为希望在华结婚的爱尔兰公民出具的无配偶证明格式已作更改。自即日起,各地涉外婚姻登记机关可将爱尔兰使领馆出具的所附格式的证明作为无配偶证明采用。

附件:爱尔兰驻华使领馆出具的无配偶证明样式

(略)

民政部关于外国人、华侨提供的无配偶证明认定问题的通知

· 2008年2月15日

· 民函〔2008〕49号

各省、自治区、直辖市民政厅(局),计划单列市民政局,新疆生产建设兵团民政局:

近来,我部陆续接到各地反映,一些国家出具的无配偶证明内容和形式发生变化,证明中不标明"未婚"、"单身"或"离异"等表明当事人无配偶的字样,而是改为"婚姻无障碍"、具备"婚姻法律能力"、"婚姻查找无记录"等内容;有的外国人、华侨出具有结婚记录的"婚姻查找记录"证明,同时又提供离婚判决书等离婚证件;有的外国人、华侨出具婚姻状况栏为空白或无婚姻状况栏的户籍证明。对于以上证明能否作为无配偶证明使用问题,我部认为,根据《婚姻登记条例》规定,来华办理结婚登记的外国人、华侨需提交无配偶证明,以上证明未载明当事人无配偶,因此不能单独作为无配偶证明予以采用。考虑到各国出证制度的差异,上述证明需同时附有以下材料一并作为无配偶证明使用:

一、当事人持"婚姻无障碍"、具备"婚姻法律能力"证明的,需一并提交该国有权机关出具的"婚姻无障碍"、具备"婚姻法律能力"即指当事人无配偶的证明材料。

二、当事人持"婚姻查找无记录"、"婚姻查找记录"(当事人又提供离婚判决书等离婚证件)、婚姻状况栏为空白或无婚姻状况栏的户籍证明的,需一并提交经中国驻该国使(领)馆认证或该国驻华使(领)馆认证的本人无配偶声明。

三、若有关国家照会我部,明确该国出具的"婚姻无障碍"、具备"婚姻法律能力"、"婚姻查找无记录"等证明即指当事人无配偶的,经我部通知各地后,该国出具的上述证明可以作为无配偶证明使用。近日,法国驻华大使馆照会我部,明确法国出具的"婚姻无障碍"证明与无配偶证明具有相同的效力和作用,今后,各地应当将法国出具的"婚姻无障碍"证明作为无配偶证明采用。

请各地严格执行有关规定,避免同类证明在有的地区被采用、在有的地区不被采用问题。各地婚姻登记机关可以通过多种形式进行宣传,并向当事人做好解释工作。

· 文书范本

离婚协议书(参考文本)

离婚协议书

男方:×××

女方:×××

双方经过充分考虑、协商,现就离婚问题达成协议如下:

(简述双方离婚的原因)

一、双方在感情上已经完全破裂,没有和好的可能。因此,双方均同意解除婚姻关系(双方是否自愿离婚的意思表示)。

二、明确子女的抚养归属权及抚养费(含生活费、教育费、医疗费等)的负担,并写明给付上述费用的具体时间、方式。在抚养费条款之后,还应当就非直接抚养一方对子女的探望权作出时间、地点等明确具体的约定。

三、夫妻共同财产的分割(含房产、物业、电器、家具、通讯设备、交通工具、现金存款、有价证券、股权等)。

四、对债权债务的处理(对夫妻关系存续期间共同的债权、债务的享有和承担的具体处理)。

男方:×××

女方:×××

年　月　日

1. 首部。

(1)标题。应当居中标明"离婚协议书"。

(2)当事人的基本情况。应依次写明其姓名、性别、年龄、民族、籍贯、职业或者工作单位和职务、住址、联系电话。

2. 正文。

(1)双方都愿意解除婚姻关系的意思表示。

(2)关于对子女抚养问题的约定。包括子女的抚养权、抚育费和探视权等。

(3)对财产问题的约定。

(4)对经济帮助的约定。

(5)其他约定。

3. 结尾。

由当事人双方签名;有见证人的,见证人也应签名;最后写明订立协议的时间。

2. 收养登记

中国公民收养子女登记办法

·1999 年 5 月 12 日国务院批准
·1999 年 5 月 25 日民政部令第 14 号发布
·根据 2019 年 3 月 2 日《国务院关于修改部分行政法规的决定》第一次修订
·根据 2023 年 7 月 20 日《国务院关于修改和废止部分行政法规的决定》第二次修订

第一条　为了规范收养登记行为,根据《中华人民共和国民法典》(以下简称民法典),制定本办法。

第二条　中国公民在中国境内收养子女或者协议解除收养关系的,应当依照本办法的规定办理登记。

办理收养登记的机关是县级人民政府民政部门。

第三条　收养登记工作应当坚持中国共产党的领导,遵循最有利于被收养人的原则,保障被收养人和收养人的合法权益。

第四条　收养社会福利机构抚养的查找不到生父母的弃婴、儿童和孤儿的,在社会福利机构所在地的收养登记机关办理登记。

收养非社会福利机构抚养的查找不到生父母的弃婴和儿童的,在弃婴和儿童发现地的收养登记机关办理登记。

收养生父母有特殊困难无力抚养的子女或者由监护人监护的孤儿的,在被收养人生父母或者监护人常住户口所在地(组织作监护人的,在该组织所在地)的收养登记机关办理登记。

收养三代以内同辈旁系血亲的子女,以及继父或者继母收养继子女的,在被收养人生父或者生母常住户口所在地的收养登记机关办理登记。

第五条　收养关系当事人应当亲自到收养登记机关办理成立收养关系的登记手续。

夫妻共同收养子女的,应当共同到收养登记机关办理登记手续;一方因故不能亲自前往的,应当书面委托另一方办理登记手续,委托书应当经过村民委员会或者居民委员会证明或者经过公证。

第六条　收养人应当向收养登记机关提交收养申请书和下列证件、证明材料:

（一）收养人的居民户口簿和居民身份证；

（二）由收养人所在单位或者村民委员会、居民委员会出具的本人婚姻状况和抚养教育被收养人的能力等情况的证明，以及收养人出具的子女情况声明；

（三）县级以上医疗机构出具的未患有在医学上认为不应当收养子女的疾病的身体健康检查证明。

收养查找不到生父母的弃婴、儿童的，并应当提交收养人经常居住地卫生健康主管部门出具的收养人生育情况证明；其中收养非社会福利机构抚养的查找不到生父母的弃婴、儿童的，收养人应当提交下列证明材料：

（一）收养人经常居住地卫生健康主管部门出具的收养人生育情况证明；

（二）公安机关出具的捡拾弃婴、儿童报案的证明。

收养继子女的，可以只提交居民户口簿、居民身份证和收养人与被收养人生父或者生母结婚的证明。

对收养人出具的子女情况声明，登记机关可以进行调查核实。

第七条　送养人应当向收养登记机关提交下列证件和证明材料：

（一）送养人的居民户口簿和居民身份证（组织作监护人的，提交其负责人的身份证件）；

（二）民法典规定送养时应当征得其他有抚养义务的人同意的，并提交其他有抚养义务的人同意送养的书面意见。

社会福利机构为送养人的，并应当提交弃婴、儿童进入社会福利机构的原始记录，公安机关出具的捡拾弃婴、儿童报案的证明，或者孤儿的生父母死亡或者宣告死亡的证明。

监护人为送养人的，并应当提交实际承担监护责任的证明，孤儿的父母死亡或者宣告死亡的证明，或者被收养人生父母无完全民事行为能力并对被收养人有严重危害的证明。

生父母为送养人，有特殊困难无力抚养子女的，还应当提交送养人有特殊困难的声明；因丧偶或者一方下落不明由单方送养的，还应当提交配偶死亡或者下落不明的证明。对送养人有特殊困难的声明，登记机关可以进行调查核实；子女由三代以内同辈旁系血亲收养的，还应当提交公安机关出具的或者经过公证的与收养人有亲属关系的证明。

被收养人是残疾儿童的，并应当提交县级以上医疗机构出具的该儿童的残疾证明。

第八条　收养登记机关收到收养登记申请书及有关材料后，应当自次日起30日内进行审查。对符合民法典规定条件的，为当事人办理收养登记，发给收养登记证，收养关系自登记之日起成立；对不符合民法典规定条件的，不予登记，并对当事人说明理由。

收养查找不到生父母的弃婴、儿童的，收养登记机关应当在登记前公告查找其生父母；自公告之日起满60日，弃婴、儿童的生父母或者其他监护人未认领的，视为查找不到生父母的弃婴、儿童。公告期间不计算在登记办理期限内。

第九条　收养关系成立后，需要为被收养人办理户口登记或者迁移手续的，由收养人持收养登记证到户口登记机关按照国家有关规定办理。

第十条　收养关系当事人协议解除收养关系的，应当持居民户口簿、居民身份证、收养登记证和解除收养关系的书面协议，共同到被收养人常住户口所在地的收养登记机关办理解除收养关系登记。

第十一条　收养登记机关收到解除收养关系登记申请书及有关材料后，应当自次日起30日内进行审查；对符合民法典规定的，为当事人办理解除收养关系的登记，收回收养登记证，发给解除收养关系证明。

第十二条　为收养关系当事人出具证明材料的组织，应当如实出具有关证明材料。出具虚假证明材料的，由收养登记机关没收虚假证明材料，并建议有关组织对直接责任人员给予批评教育，或者依法给予行政处分、纪律处分。

第十三条　收养关系当事人弄虚作假骗取收养登记的，收养关系无效，由收养登记机关撤销登记，收缴收养登记证。

第十四条　本办法规定的收养登记证、解除收养关系证明的式样，由国务院民政部门制订。

第十五条　华侨以及居住在香港、澳门、台湾地区的中国公民在内地收养子女的，申请办理收养登记的管辖以及所需要出具的证件和证明材料，按照国务院民政部门的有关规定执行。

第十六条　本办法自发布之日起施行。

外国人在中华人民共和国收养子女登记办法

· 1999 年 5 月 12 日国务院批准
· 1999 年 5 月 25 日民政部令第 15 号发布
· 根据 2024 年 12 月 6 日《国务院关于修改和废止部分行政法规的决定》修订

第一条　为了规范涉外收养登记行为，根据《中华人民共和国民法典》(以下简称民法典),制定本办法。

第二条 外国人在中华人民共和国境内收养子女(以下简称外国人在华收养子女),应当依照本办法办理登记。

收养人夫妻一方为外国人,在华收养子女,也应当依照本办法办理登记。

第三条 外国人在华收养子女,应当符合中国有关收养法律的规定,并应当符合收养人所在国有关收养法律的规定;因收养人所在国法律的规定与中国法律的规定不一致而产生的问题,由两国政府有关部门协商处理。

第四条 外国人在华收养子女,应当通过所在国政府或者政府委托的收养组织(以下简称外国收养组织)向中国政府委托的收养组织(以下简称中国收养组织)转交收养申请并提交收养人的家庭情况报告和证明。

前款规定的收养人的收养申请、家庭情况报告和证明,是指由其所在国有权机构出具,经其所在国外交机关或者外交机关授权的机构认证,并经中华人民共和国驻该国使馆或者领馆认证的,或者履行中华人民共和国缔结或者参加的国际条约规定的证明手续的下列文件:

(一)跨国收养申请书;

(二)出生证明;

(三)婚姻状况证明;

(四)职业、经济收入和财产状况证明;

(五)身体健康检查证明;

(六)有无受过刑事处罚的证明;

(七)收养人所在国主管机关同意其跨国收养子女的证明;

(八)家庭情况报告,包括收养人的身份、收养的合格性和适当性、家庭状况和病史、收养动机以及适合于照顾儿童的特点等。

在华工作或者学习连续居住一年以上的外国人在华收养子女,应当提交前款规定的除身体健康检查证明以外的文件,并应当提交在华所在单位或者有关部门出具的婚姻状况证明,职业、经济收入或者财产状况证明,有无受过刑事处罚证明以及县级以上医疗机构出具的身体健康检查证明。

第五条 送养人应当向省、自治区、直辖市人民政府民政部门提交本人的居民户口簿和居民身份证(社会福利机构作送养人的,应当提交其负责人的身份证件)、被收养人的户籍证明等情况证明,并根据不同情况提交下列有关证明材料:

(一)被收养人的生父母(包括已经离婚的)为送养人的,应当提交生父母有特殊困难无力抚养的证明和生父母双方同意送养的书面意见;其中,被收养人的生父或者生母因丧偶或者一方下落不明,由单方送养的,并应当提交配偶死亡或者下落不明的证明以及死亡的或者下落不明的配偶的父母不行使优先抚养权的书面声明;

(二)被收养人的父母均不具备完全民事行为能力,由被收养人的其他监护人作送养人的,应当提交被收养人的父母不具备完全民事行为能力且对被收养人有严重危害的证明以及监护人有监护权的证明;

(三)被收养人的父母均已死亡,由被收养人的监护人作送养人的,应当提交其生父母的死亡证明、监护人实际承担监护责任的证明,以及其他有抚养义务的人同意送养的书面意见;

(四)由社会福利机构作送养人的,应当提交弃婴、儿童被遗弃和发现的情况证明以及查找其父母或者其他监护人的情况证明;被收养人是孤儿的,应当提交孤儿父母的死亡或者宣告死亡证明,以及有抚养孤儿义务的其他人同意送养的书面意见。

送养残疾儿童的,还应当提交县级以上医疗机构出具的该儿童的残疾证明。

第六条 省、自治区、直辖市人民政府民政部门应当对送养人提交的证件和证明材料进行审查,对查找不到生父母的弃婴和儿童公告查找其生父母;认为被收养人、送养人符合民法典规定条件的,将符合民法典规定的被收养人、送养人名单通知中国收养组织,同时转交下列证件和证明材料:

(一)送养人的居民户口簿和居民身份证(社会福利机构作送养人的,为其负责人的身份证件)复制件;

(二)被收养人是弃婴或者孤儿的证明、户籍证明、成长情况报告和身体健康检查证明的复制件及照片。

省、自治区、直辖市人民政府民政部门查找弃婴或者儿童生父母的公告应当在省级地方报纸上刊登。自公告刊登之日起满60日,弃婴和儿童的生父母或者其他监护人未认领的,视为查找不到生父母的弃婴和儿童。

第七条 中国收养组织对外国收养人的收养申请和有关证明进行审查后,应当在省、自治区、直辖市人民政府民政部门报送的符合民法典规定条件的被收养人中,参照外国收养人的意愿,选择适当的被收养人,并将该被收养人及其送养人的有关情况通过外国政府或者外国收养组织送交外国收养人。外国收养人同意收养的,中国收养组织向其发出来华收养子女通知书,同时通知有关的省、自治区、直辖市人民政府民政部门向送养人发出被收养人已被同意收养的通知。

第八条　外国人来华收养子女,应当亲自来华办理登记手续。夫妻共同收养的,应当共同来华办理收养手续;一方因故不能来华的,应当书面委托另一方。委托书应当经所在国公证和认证。中华人民共和国缔结或者参加的国际条约另有规定的,按照国际条约规定的证明手续办理。

收养人对外国主管机关依据本办法第四条第二款和前款提及的国际条约出具的证明文书的真实性负责,签署书面声明,并承担相应法律责任。

第九条　外国人来华收养子女,应当与送养人订立书面收养协议。协议一式三份,收养人、送养人各执一份,办理收养登记手续时收养登记机关收存一份。

书面协议订立后,收养关系当事人应当共同到被收养人常住户口所在地的省、自治区、直辖市人民政府民政部门办理收养登记。

第十条　收养关系当事人办理收养登记时,应当填写外国人来华收养子女登记申请书并提交收养协议,同时分别提供有关材料。

收养人应当提供下列材料:

(一)中国收养组织发出的来华收养子女通知书;

(二)收养人的身份证件和照片。

送养人应当提供下列材料:

(一)省、自治区、直辖市人民政府民政部门发出的被收养人已被同意收养的通知;

(二)送养人的居民户口簿和居民身份证(社会福利机构作送养人的,为其负责人的身份证件)、被收养人的照片。

第十一条　收养登记机关收到外国人来华收养子女登记申请书和收养人、被收养人及其送养人的有关材料后,应当自次日起7日内进行审查,对符合本办法第十条规定的,为当事人办理收养登记,发给收养登记证书。收养关系自登记之日起成立。

收养登记机关应当将登记结果通知中国收养组织。

第十二条　收养关系当事人办理收养登记后,各方或者一方要求办理收养公证的,应当到收养登记地的具有办理涉外公证资格的公证机构办理收养公证。

第十三条　被收养人出境前,收养人应当凭收养登记证书到收养登记地的公安机关为被收养人办理出境手续。

第十四条　外国人在华收养子女,应当向登记机关交纳登记费。登记费的收费标准按照国家有关规定执行。

中国收养组织是非营利性公益事业单位,为外国收养人提供收养服务,可以收取服务费。服务费的收费标准按照国家有关规定执行。

为抚养在社会福利机构生活的弃婴和儿童,国家鼓励外国收养人、外国收养组织向社会福利机构捐赠。受赠的社会福利机构必须将捐赠财物全部用于改善所抚养的弃婴和儿童的养育条件,不得挪作它用,并应当将捐赠财物的使用情况告知捐赠人。受赠的社会福利机构还应当接受有关部门的监督,并应当将捐赠的使用情况向社会公布。

第十五条　中国收养组织的活动受国务院民政部门监督。

第十六条　本办法自发布之日起施行。1993年11月3日国务院批准,1993年11月10日司法部、民政部发布的《外国人在中华人民共和国收养子女实施办法》同时废止。

国务院办公厅关于加强孤儿保障工作的意见

·2010年11月16日
·国办发〔2010〕54号

党和政府历来关心孤儿的健康成长。新中国成立以来,我国孤儿福利事业取得了长足进展,孤儿生活状况得到了明显改善,但总体看,孤儿保障体系还不够健全,保障水平有待提高。为建立与我国经济社会发展水平相适应的孤儿保障制度,使孤儿生活得更加幸福、更有尊严,经国务院同意,现提出以下意见:

一、拓展安置渠道,妥善安置孤儿

孤儿是指失去父母、查找不到生父母的未满18周岁的未成年人,由地方县级以上民政部门依据有关规定和条件认定。地方各级政府要按照有利于孤儿身心健康成长的原则,采取多种方式,拓展孤儿安置渠道,妥善安置孤儿。

(一)亲属抚养。孤儿的监护人依照《中华人民共和国民法通则》等法律法规确定。孤儿的祖父母、外祖父母、兄、姐要依法承担抚养义务、履行监护职责;鼓励关系密切的其他亲属、朋友担任孤儿监护人;没有前述监护人的,未成年人的父、母的所在单位或者未成年人住所地的居民委员会、村民委员会或者民政部门担任监护人。监护人不履行监护职责或者侵害孤儿合法权益的,应承担相应的法律责任。

（二）机构养育。对没有亲属和其他监护人抚养的孤儿，经依法公告后由民政部门设立的儿童福利机构收留抚养。有条件的儿童福利机构可在社区购买、租赁房屋，或在机构内部建造单元式居所，为孤儿提供家庭式养育。公安部门应及时为孤儿办理儿童福利机构集体户口。

（三）家庭寄养。由孤儿父母生前所在单位或者孤儿住所地的村（居）民委员会或者民政部门担任监护人的，可由监护人对有抚养意愿和抚养能力的家庭进行评估，选择抚育条件较好的家庭开展委托监护或者家庭寄养，并给予养育费用补贴，当地政府可酌情给予劳务补贴。

（四）依法收养。鼓励收养孤儿。收养孤儿按照《中华人民共和国收养法》的规定办理。对中国公民依法收养的孤儿，需要为其办理户口登记或者迁移手续的，户口登记机关应及时予以办理，并在登记与户主关系时注明子女关系。对寄养的孤儿，寄养家庭有收养意愿的，应优先为其办理收养手续。继续稳妥开展涉外收养，进一步完善涉外收养办法。

二、建立健全孤儿保障体系，维护孤儿基本权益

（一）建立孤儿基本生活保障制度。为满足孤儿基本生活需要，建立孤儿基本生活保障制度。各省、自治区、直辖市政府按照不低于当地平均生活水平的原则，合理确定孤儿基本生活最低养育标准，机构抚养孤儿养育标准应高于散居孤儿养育标准，并建立孤儿基本生活最低养育标准自然增长机制。地方各级财政要安排专项资金，确保孤儿基本生活费及时足额到位；中央财政安排专项资金，对地方支出孤儿基本生活费按照一定标准给予补助。民政、财政部门要建立严格的孤儿基本生活费管理制度，加强监督检查，确保专款专用、按时发放，确保孤儿基本生活费用于孤儿。

（二）提高孤儿医疗康复保障水平。将孤儿纳入城镇居民基本医疗保险、新型农村合作医疗、城乡医疗救助等制度覆盖范围，适当提高救助水平，参保（合）费用可通过城乡医疗救助制度解决；将符合规定的残疾孤儿医疗康复项目纳入基本医疗保障范围，稳步提高待遇水平；有条件的地方政府和社会慈善组织可为孤儿投保意外伤害保险和重大疾病保险等商业健康保险或补充保险。卫生部门要对儿童福利机构设置的医院、门诊部、诊所、卫生所（室）给予支持和指导；疾病预防控制机构要加强对儿童福利机构防疫工作的指导，及时调查处理机构内发生的传染病疫情；鼓励、支持医疗机构采取多种形式减免孤儿医疗费用。继续实施"残疾孤儿手术康复明天计划"。

（三）落实孤儿教育保障政策。家庭经济困难的学龄前孤儿到学前教育机构接受教育的，由当地政府予以资助。将义务教育阶段的孤儿寄宿生全面纳入生活补助范围。在普通高中、中等职业学校、高等职业学校和普通本科高校就读的孤儿，纳入国家资助政策体系优先予以资助；孤儿成年后仍在校就读的，继续享有相应政策；学校为其优先提供勤工助学机会。切实保障残疾孤儿受教育的权利，具备条件的残疾孤儿，在普通学校随班就读；不适合在普通学校就读的视力、听力、言语、智力等残疾孤儿，安排到特殊教育学校就读；不能到特殊教育学校就读的残疾孤儿，鼓励并扶持儿童福利机构设立特殊教育班或特殊教育学校，为其提供特殊教育。

（四）扶持孤儿成年后就业。认真贯彻落实《中华人民共和国就业促进法》和《国务院关于做好促进就业工作的通知》（国发〔2008〕5号）等精神，鼓励和帮扶有劳动能力的孤儿成年后实现就业，按规定落实好职业培训补贴、职业技能鉴定补贴、免费职业介绍、职业介绍补贴和社会保险补贴等政策；孤儿成年后就业困难的，优先安排其到政府开发的公益性岗位就业。人力资源社会保障部门要进一步落实孤儿成年后就业扶持政策，提供针对性服务和就业援助，促进有劳动能力的孤儿成年后就业。

（五）加强孤儿住房保障和服务。居住在农村的无住房孤儿成年后，按规定纳入农村危房改造计划优先予以资助，乡镇政府和村民委员会要组织动员社会力量和当地村民帮助其建房。居住在城市的孤儿成年后，符合城市廉租住房保障条件或其他保障性住房供应条件的，当地政府要优先安排、应保尽保。对有房产的孤儿，监护人要帮助其做好房屋的维修和保护工作。

三、加强儿童福利机构建设，提高专业保障水平

（一）完善儿童福利机构设施。"十二五"期间，继续实施"儿童福利机构建设蓝天计划"，孤儿较多的县（市）可独立设置儿童福利机构，其他县（市）要依托民政部门设立的社会福利机构建设相对独立的儿童福利设施，并根据实际需要，为其配备抚育、康复、特殊教育必需的设备器材和救护车、校车等，完善儿童福利机构养护、医疗康复、特殊教育、技能培训、监督评估等方面的功能。儿童福利机构设施建设、维修改造及有关设备购置，所需经费由财政预算、民政部门使用的彩票公益金、社会捐助等多渠道解决。发展改革部门要充分考虑儿童福利事业发展需要，统筹安排儿童福利机构设施建设项目，逐步改善儿童福利机构条件。海关在办理国（境）外无偿捐赠给儿童福利机构的物资设备通关手续时,给予通关便利。

(二)加强儿童福利机构工作队伍建设。科学设置儿童福利机构岗位,加强孤残儿童护理员、医护人员、特教教师、社工、康复师等专业人员培训。在整合现有儿童福利机构从业人员队伍的基础上,积极创造条件,通过购买服务和社会化用工等形式,充实儿童福利机构工作力量,提升服务水平。按照国家有关规定,落实对儿童福利机构工作人员的工资倾斜政策。将儿童福利机构中设立的特殊教育班或特殊教育学校的教师、医护人员专业技术职务评定工作纳入教育、卫生系统职称评聘体系,在结构比例、评价方面给予适当倾斜。教育、卫生部门举办的继续教育和业务培训要主动吸收儿童福利机构相关人员参加。积极推进孤残儿童护理员职业资格制度建设,支持开发孤残儿童护理员教材,设置孤残儿童护理员专业,对孤残儿童护理员进行培训。

(三)发挥儿童福利机构的作用。儿童福利机构是孤儿保障的专业机构,要发挥其在孤儿保障中的重要作用。对社会上无人监护的孤儿,儿童福利机构要及时收留抚养,确保孤儿居有定所、生活有着。要发挥儿童福利机构的专业优势,为亲属抚养、家庭寄养的孤儿提供有针对性的指导和服务。

四、健全工作机制,促进孤儿福利事业健康发展

(一)加强组织领导。地方各级政府要高度重视孤儿保障工作,把孤儿福利事业纳入国民经济和社会发展总体规划、相关专项规划和年度计划。要加强对孤儿保障工作的领导,健全"政府主导,民政牵头,部门协作,社会参与"的孤儿保障工作机制,及时研究解决孤儿保障工作中存在的实际困难和问题。民政部门要发挥牵头部门作用,加强孤儿保障工作能力建设,充实儿童福利工作力量,强化对儿童福利机构的监督管理,建设好全国儿童福利信息管理系统。财政部门要建立稳定的经费保障机制,将孤儿保障所需资金纳入社会福利事业发展资金预算,通过财政拨款、民政部门使用的彩票公益金等渠道安排资金,切实保障孤儿的基本生活和儿童福利专项工作经费。发展改革、教育、公安、司法、人力资源社会保障、住房城乡建设、卫生、人口计生等部门要将孤儿保障有关工作列入职责范围和目标管理,进一步明确责任。

(二)保障孤儿合法权益。依法保护孤儿的人身、财产权利,积极引导法律服务人员为孤儿提供法律服务,为符合法律援助条件的孤儿依法提供法律援助。有关方面要严厉打击查处拐卖孤儿、遗弃婴儿等违法犯罪行为,及时发现并制止公民私自收养弃婴和儿童的行为。公安部门应及时出具弃婴捡拾报案证明,积极查找弃婴和儿童的生父母或者其他监护人。卫生部门要加强对医疗保健机构的监督管理,医疗保健机构发现弃婴,应及时向所在地公安机关报案,不得转送他人。有关部门要尽快研究拟订有关儿童福利的法规。

(三)加强宣传引导。进一步加大宣传工作力度,弘扬中华民族慈幼恤孤的人道主义精神和传统美德,积极营造全社会关心关爱孤儿的氛围。大力发展孤儿慈善事业,引导社会力量通过慈善捐赠、实施公益项目、提供服务等多种方式,广泛开展救孤恤孤活动。

收养登记工作规范

· 2008 年 8 月 25 日民政部公布
· 根据 2020 年 10 月 20 日《民政部关于修改部分规范性文件的公告》修订

为了规范收养登记工作,根据《中华人民共和国民法典》、《外国人在中华人民共和国收养子女登记办法》、《中国公民收养子女登记办法》和《华侨以及居住在香港、澳门、台湾地区的中国公民办理收养登记的管辖以及所需要出具的证件和证明材料的规定》,制定本规范。

第一章 收养登记机关和登记员

第一条 收养登记机关是依法履行收养登记行政职能的各级人民政府民政部门。

收养登记机关应当依照法律、法规及本规范,认真履行职责,做好收养登记工作。

第二条 收养登记机关的职责:

(一)办理收养登记;

(二)办理解除收养登记;

(三)撤销收养登记;

(四)补发收养登记证和解除收养关系证明;

(五)出具收养关系证明;

(六)办理寻找弃婴(弃儿)生父母公告;

(七)建立和保管收养登记档案;

(八)宣传收养法律法规。

第三条 收养登记的管辖按照《外国人在中华人民共和国收养子女登记办法》、《中国公民收养子女登记办法》和《华侨以及居住在香港、澳门、台湾地区的中国公民办理收养登记的管辖以及所需要出具的证件和证明材料的规定》的有关规定确定。

第四条 收养登记机关办理收养登记应当使用民政

厅或者民政局公章。

收养登记机关应当按照有关规定刻制收养登记专用章。

第五条 收养登记机关应当设置有专门的办公场所,并在醒目位置悬挂收养登记处(科)标识牌。

收养登记场所应当庄严、整洁,设有收养登记公告栏。

第六条 收养登记实行政务公开,应当在收养登记场所公开展示下列内容:

(一)本收养登记机关的管辖权及依据;

(二)收养法的基本原则以及父母和子女的权利、义务;

(三)办理收养登记、解除收养登记的条件与程序;

(四)补领收养登记证的条件与程序;

(五)无效收养及可撤销收养的规定;

(六)收费项目与收费标准、依据;

(七)收养登记员职责及其照片、编号;

(八)办公时间和服务电话(电话号码在当地114查询台登记);

(九)监督电话。

收养登记场所应当备有《中华人民共和国民法典》、《外国人在中华人民共和国收养子女登记办法》、《中国公民收养子女登记办法》和《华侨以及居住在香港、澳门、台湾地区的中国公民办理收养登记的管辖以及所需要出具的证件和证明材料的规定》,及其他有关文件供收养当事人免费查阅。

收养登记机关对外办公时间应当为国家法定办公时间。

第七条 收养登记机关应当实行计算机管理。各级民政部门应当为本行政区域内收养登记管理信息化建设创造条件。

第八条 收养登记机关应当配备收养登记员。收养登记员由本级民政部门考核、任免。

第九条 收养登记员的主要职责:

(一)解答咨询;

(二)审查当事人是否具备收养登记、解除收养登记、补发收养登记证、撤销收养登记的条件;

(三)颁发收养登记证;

(四)出具收养登记证明;

(五)及时将办理完毕的收养登记材料收集、整理、归档。

第十条 收养登记员应当熟练掌握相关法律法规和计算机操作,依法行政,热情服务,讲求效率。

收养登记员应当尊重当事人的意愿,保守收养秘密。

第十一条 收养登记员办理收养登记及相关业务应当按照申请—受理—审查—报批—登记—颁证的程序办理。

第十二条 收养登记员在完成表格和证书、证明填写后,应当进行认真核对、检查,并复印存档。对打印或者书写错误、证件被污染或者损坏的,应当作废处理,重新填写。

第二章　收养登记

第十三条 受理收养登记申请的条件是:

(一)收养登记机关具有管辖权;

(二)收养登记当事人提出申请;

(三)当事人持有的证件、证明材料符合规定。

收养人和被收养人应当提交2张2寸近期半身免冠合影照片。送养人应当提交2张2寸近期半身免冠合影或者单人照片,社会福利机构送养的除外。

第十四条 收养登记员受理收养登记申请,应当按照下列程序进行:

(一)区分收养登记类型,查验当事人提交的证件和证明材料、照片是否符合此类型的要求;

(二)询问或者调查当事人的收养意愿、目的和条件,告知收养登记的条件和弄虚作假的后果;

(三)见证当事人在《收养登记申请书》(附件1)上签名;

(四)将当事人的信息输入计算机应当用程序,并进行核查;

(五)复印当事人的身份证件、户口簿。单身收养的应当复印无婚姻登记记录证明、离婚证或者配偶死亡证明;夫妻双方共同收养的应当复印结婚证。

第十五条 《收养登记申请书》的填写:

(一)当事人"姓名":当事人是中国公民的,使用中文填写;当事人是外国人的,按照当事人护照上的姓名填写;

(二)"出生日期":使用阿拉伯数字,按照身份证件上的出生日期填写为"××××年××月××日";

(三)"身份证件号":当事人是内地居民的,填写公民身份号码;当事人是香港、澳门、台湾居民中的中国公民的,填写香港、澳门、台湾居民身份证号,并在号码后加注"(香港)"、"(澳门)"或者"(台湾)";当事人是华侨的,填写护照号;当事人是外国人的,填写护照号。

证件号码前面有字符的,应当一并填写;

（四）"国籍"：当事人是内地居民、华侨以及居住在香港、澳门、台湾地区的中国公民的，填写"中国"；当事人是外国人的，按照护照上的国籍填写；

（五）"民族"、"职业"和"文化程度"，按照《中华人民共和国国家标准》填写；

（六）"健康状况"填写"健康"、"良好"、"残疾"或者其他疾病；

（七）"婚姻状况"填写"未婚"、"已婚"、"离婚"、"丧偶"；

（八）"家庭收入"填写家庭年收入总和；

（九）"住址"填写户口簿上的家庭住址；

（十）送养人是社会福利机构的，填写"送养人情况（1）"，经办人应当是社会福利机构工作人员。送养人是非社会福利机构的，填写"送养人情况（2）"，"送养人和被收养人关系"是亲属关系的，应当写明具体亲属关系；不是亲属关系的，应当写明"非亲属"。

收养非社会福利机构抚养的查找不到生父母的儿童的，送养人有关内容不填；

（十一）"被收养后改名为"填写被收养人被收养后更改的姓名。未更改姓名的，此栏不填；

（十二）被收养人"身份类别"分别填写"孤儿"、"社会福利机构抚养的查找不到生父母的儿童"、"非社会福利机构抚养的查找不到生父母的儿童"、"生父母有特殊困难无力抚养的子女"、"继子女"。收养三代以内同辈旁系血亲的子女，应当写明具体亲属关系；

（十三）继父母收养继子女的，要同时填写收养人和送养人有关内容。单身收养后，收养人结婚，其配偶要求收养继子女的；送养人死亡或者被人民法院宣告死亡的，送养人有关内容不填；

（十四）《收养登记申请书》中收养人、被收养人和送养人（送养人是社会福利机构的经办人）的签名必须由当事人在收养登记员当面完成；

当事人没有书写能力的，由当事人口述，收养登记员代为填写。收养登记员代当事人填写完毕后，应当宣读，当事人认为填写内容无误，在当事人签名处按指纹。当事人签名一栏不得空白，也不得由他人代为填写、代按指纹。

第十六条 收养登记员要分别询问或者调查收养人、送养人、8周岁以上的被收养人和其他应当询问或者调查的人。

询问或者调查的重点是被询问人或者被调查人的姓名、年龄、健康状况、经济和教育能力、收养人、送养人和被收养人之间的关系、收养的意愿和目的。特别是对年满10周岁以上的被收养人应当询问是否同意被收养和有关协议内容。

询问或者调查结束后，要将笔录给被询问人或者被调查人阅读。被询问人或者被调查人要写明"已阅读询问（或者调查）笔录，与本人所表示的意思一致（或者调查情况属实）"，并签名。被询问人或者被调查人没有书写能力的，可由收养登记员向被询问或者被调查人宣读所记录的内容，并注明"由收养登记员记录，并向当事人宣读，被询问人（被调查人）在确认所记录内容正确无误后按指纹。"然后请被询问人或者被调查人在注明处按指纹。

第十七条 收养查找不到生父母的弃婴、弃儿的，收养登记机关应当根据《中国公民收养子女登记办法》第七条的规定，在登记前公告查找其生父母（附件2）。

公告应当刊登在收养登记机关所在地设区的市（地区）级以上地方报纸上。公告要有查找不到生父母的弃婴、弃儿的照片。办理公告时收养登记员要保存捡拾证明和捡拾地派出所出具的报案证明。派出所出具的报案证明应当有出具该证明的警员签名和警号。

第十八条 办理内地居民收养登记和华侨收养登记，以及香港、澳门、台湾居民中的中国公民的收养登记，收养登记员收到当事人提交的申请书及有关材料后，应当自次日起30日内进行审查。对符合收养条件的，为当事人办理收养登记，填写《收养登记审查处理表》（附件3），报民政局主要领导或者分管领导批准，并填发收养登记证。

办理涉外收养登记，收养登记员收到当事人提交的申请书及有关材料后，应当自次日起7日内进行审查。对符合收养条件的，为当事人办理收养登记，填写《收养登记审查处理表》，报民政厅（局）主要领导或者分管领导批准，并填发收养登记证。

第十九条 《收养登记审查处理表》和收养登记证由计算机打印，未使用计算机进行收养登记的，应当使用蓝黑、黑色墨水的钢笔或者签字笔填写。

第二十条 《收养登记审查处理表》的填写：

（一）"提供证件情况"：应当对当事人提供的证件、证明材料核实后填写"齐全"；

（二）"审查意见"：填写"符合收养条件，准予登记"；

（三）"主要领导或者分管领导签名"：由批准该收养登记的民政厅（局）主要领导或者分管领导亲笔签名，不得使用个人印章或者计算机打印；

（四）"收养登记员签名"：由办理该收养登记的收养登记员亲笔签名，不得使用个人印章或者计算机打印；

（五）"收养登记日期"：使用阿拉伯数字，填写为："××××年××月××日"。填写的日期应当与收养登记证上的登记日期一致；

（六）"承办机关名称"：填写承办单位名称；

（七）"收养登记证字号"填写式样为"（XXXX）AB收字 YYYYY"（AB 为收养登记机关所在省级和县级或者市级和区级的行政区域简称，XXXX 为年号，YYYYY 为当年办理收养登记的序号）；

（八）"收养登记证印制号"填写颁发给当事人的收养登记证上印制的号码。

第二十一条　收养登记证的填写按照《民政部办公厅关于启用新式〈收养登记证〉的通知》（民办函〔2006〕203 号）的要求填写。

收养登记证上收养登记字号、姓名、性别、国籍、出生日期、身份证件号、住址、被收养人身份、更改的姓名，以及登记日期应当与《收养登记申请书》和《收养登记审查处理表》中相应项目一致。

无送养人的，"送养人姓名（名称）"一栏不填。

第二十二条　颁发收养登记证，应当在当事人在场时按照下列步骤进行：

（一）核实当事人姓名和收养意愿；

（二）告知当事人领取收养登记证后的法律关系以及父母和子女的权利、义务；

（三）见证当事人本人亲自在附件 3 上的"当事人领证签名或者按指纹"一栏中签名；当事人没有书写能力的，应当按指纹。

"当事人领证签名或者按指纹"一栏不得空白，不得由他人代为填写、代按指纹；

（四）将收养登记证颁发给收养人，并向当事人宣布：取得收养登记证，确立收养关系。

第二十三条　收养登记机关对不符合收养登记条件的，不予受理，但应当向当事人出具《不予办理收养登记通知书》（附件 4），并将当事人提交的证件和证明材料全部退还当事人。对于虚假证明材料，收养登记机关予以没收。

第三章　解除收养登记

第二十四条　受理解除收养关系登记申请的条件是：

（一）收养登记机关具有管辖权；

（二）收养人、送养人和被收养人共同到被收养人常住户口所在地的收养登记机关提出申请；

（三）收养人、送养人自愿解除收养关系并达成协议。被收养人年满 8 周岁的，已经征得其同意；

（四）持有收养登记机关颁发的收养登记证。经公证机构公证确立收养关系的，应当持有公证书；

（五）收养人、送养人和被收养人各提交 2 张 2 寸单人近期半身免冠照片，社会福利机构送养的除外；

（六）收养人、送养人和被收养人持有身份证件、户口簿。

送养人是社会福利机构的，要提交社会福利机构法定代表人居民身份证复印件。

养父母与成年养子女协议解除收养关系的，无需送养人参与。

第二十五条　收养登记员受理解除收养关系登记申请，应当按照下列程序进行：

（一）查验当事人提交的照片、证件和证明材料。

当事人提供的收养登记证上的姓名、出生日期、公民身份号码与身份证、户口簿不一致的，当事人应当书面说明不一致的原因；

（二）向当事人讲明收养法关于解除收养关系的条件；

（三）询问当事人的解除收养关系意愿以及对解除收养关系协议内容的意愿；

（四）收养人、送养人和被收养人参照本规范第十五条的相关内容填写《解除收养登记申请书》（附件 5）；

（五）将当事人的信息输入计算机应当用程序，并进行核查；

（六）复印当事人的身份证件、户口簿。

第二十六条　收养登记员要分别询问收养人、送养人、8 周岁以上的被收养人和其他应当询问的人。

询问的重点是被询问人的姓名、年龄、健康状况、民事行为能力、收养人、送养人和被收养人之间的关系、解除收养登记的意愿。对 8 周岁以上的被收养人应当询问是否同意解除收养登记和有关协议内容。

对未成年的被收养人，要询问送养人同意解除收养登记后接纳被收养人和有关协议内容。

询问结束后，要将笔录给被询问人阅读。被询问人要写明"已阅读询问笔录，与本人所表示的意思一致"，并签名。被询问人没有书写能力的，可由收养登记员向被询问人宣读所记录的内容，并注明"由收养登记员记录，并向当事人宣读，被询问人在确认所记录内容正确无误后按指纹。"然后请被询问人在注明处按指纹。

第二十七条　收养登记员收到当事人提交的证件、

申请解除收养关系登记申请书、解除收养关系协议书后，应当自次日起30日内进行审查。对符合解除收养条件的，为当事人办理解除收养关系登记，填写《解除收养登记审查处理表》（附件6），报民政厅（局）主要领导或者分管领导批准，并填发《解除收养关系证明》。

"解除收养关系证明字号"填写式样为"（XXXX）AB解字YYYYY"（AB为收养登记机关所在省级和县级或者市级和区级的行政区域简称，XXXX为年号，YYYYY为当年办理解除收养登记的序号）。

第二十八条　颁发解除收养关系证明，应当在当事人均在场时按照下列步骤进行：

（一）核实当事人姓名和解除收养关系意愿；

（二）告知当事人领取解除收养关系证明后的法律关系；

（三）见证当事人本人亲自在《解除收养登记审查处理表》"领证人签名或者按指纹"一栏中签名；当事人没有书写能力的，应当按指纹。

"领证人签名或者按指纹"一栏不得空白，不得由他人代为填写、代按指纹；

（四）收回收养登记证，收养登记证遗失应当提交查档证明；

（五）将解除收养关系证明一式两份分别颁发给解除收养关系的收养人和被收养人，并宣布：取得解除收养关系证明，收养关系解除。

第二十九条　收养登记机关对不符合解除收养关系登记条件的，不予受理，但应当向当事人出具《不予办理解除收养登记通知书》（附件7），将当事人提交的证件和证明材料全部退还当事人。对于虚假证明材料，收养登记机关予以没收。

第四章　撤销收养登记

第三十条　收养关系当事人弄虚作假骗取收养登记的，按照《中国公民收养子女登记办法》第十二条的规定，由利害关系人、有关单位或者组织向原收养登记机关提出，由收养登记机关撤销登记，收缴收养登记证。

第三十一条　收养登记员受理撤销收养登记申请，应当按照下列程序进行：

（一）查验申请人提交的证件和证明材料；

（二）申请人在收养登记员面前亲自填写《撤销收养登记申请书》（附件8），并签名。

申请人没有书写能力的，可由当事人口述，第三人代为填写，当事人在"申请人"一栏按指纹。

第三人应当在申请书上注明代写人的姓名、公民身份号码、住址、与申请人的关系。

收养登记机关工作人员不得作为第三人代申请人填写；

（三）申请人宣读本人的申请书，收养登记员作见证人并在见证人一栏签名；

（四）调查涉案当事人的收养登记情况。

第三十二条　符合撤销条件的，收养登记机关拟写《关于撤销×××与×××收养登记决定书》（附件9），报民政厅（局）主要领导或者分管领导批准，并印发撤销决定。

第三十三条　收养登记机关应当将《关于撤销×××与×××收养登记决定书》送达每位当事人，收缴收养登记证，并在收养登记机关的公告栏公告30日。

第三十四条　收养登记机关对不符合撤销收养条件的，应当告知当事人不予撤销的原因，并告知当事人可以向人民法院起诉。

第五章　补领收养登记证、解除收养关系证明

第三十五条　当事人遗失、损毁收养证件，可以向原收养登记机关申请补领。

第三十六条　受理补领收养登记证、解除收养关系证明申请的条件是：

（一）收养登记机关具有管辖权；

（二）依法登记收养或者解除收养关系，目前仍然维持该状况；

（三）收养人或者被收养人亲自到收养登记机关提出申请。

收养人或者被收养人因故不能到原收养登记机关申请补领收养登记证的，可以委托他人办理。委托办理应当提交经公证机关公证的当事人的身份证件复印件和委托书。委托书应写明当事人办理收养登记的时间及承办机关、目前的收养状况、委托事由、受委托人的姓名和身份证件号码。受委托人应当同时提交本人的身份证件。

夫妻双方共同收养子女的，应当共同到收养登记机关提出申请，一方不能亲自到场的，应当书面委托另一方，委托书应当经过村（居）民委员会证明或者经过公证。外国人的委托书应当经所在国公证和认证。夫妻双方一方死亡的，另一方应当出具配偶死亡的证明；离婚的出具离婚证件，可以一方提出申请。

被收养人未成年的，可由监护人提出申请。监护人要提交监护证明；

（四）申请人持有身份证件、户口簿；

（五）申请人持有查档证明。

收养登记档案遗失的，申请人应当提交能够证明其

收养状况的证明。户口本上父母子女关系的记载、单位、村(居)民委员会或者近亲属出具的写明当事人收养状况的证明可以作为当事人收养状况证明使用;

(六)收养人和被收养人的2张2寸合影或者单人近期半身免冠照片。

监护人提出申请的,要提交监护人1张2寸合影或者单人近期半身免冠照片。监护人为单位的,要提交单位法定代表人身份证件复印件和经办人1张2寸单人近期半身免冠照片。

第三十七条　收养登记员受理补领收养登记证、解除收养关系证明,应当按照下列程序进行:

(一)查验申请人提交的照片、证件和证明材料。

申请人出具的身份证、户口簿上的姓名、年龄、公民身份号码与原登记档案不一致的,申请人应当书面说明不一致的原因,收养登记机关可根据申请人出具的身份证件补发收养登记证;

(二)向申请人讲明补领收养登记证、解除收养关系证明的条件;

(三)询问申请人当时办理登记的情况和现在的收养状况。

对于没有档案可查的,收养登记员要对申请人进行询问。询问结束后,要将笔录给被询问人阅读。被询问人要写明"已阅读询问笔录,与本人所表示的意思一致",并签名。被询问人没有书写能力的,可由收养登记员向被询问人宣读所记录的内容,并注明"由收养登记员记录,并向被询问人宣读,被询问人在确认所记录内容正确无误后按指纹。"然后请被询问人在注明处按指纹;

(四)申请人参照本规范第十五条相关规定填写《补领收养登记证申请书》(附件10);

(五)将申请人的信息输入计算机应当用程序,并进行核查;

(六)向出具查档证明的机关进行核查;

(七)复印当事人的身份证件、户口簿。

第三十八条　收养登记员收到申请人提交的证件、证明后,应当自次日起30日内进行审查,符合补发条件的,填写《补发收养登记证审查处理表》(附件11),报民政厅(局)主要领导或者分管领导批准,并填发收养登记证、解除收养关系证明。

《补发收养登记证审查处理表》和收养登记证按照《民政部办公厅关于启用新式〈收养登记证〉的通知》(民办函〔2006〕203号)和本规范相关规定填写。

第三十九条　补发收养登记证、解除收养关系证明,应当在申请人或者委托人在场时按照下列步骤进行:

(一)向申请人或者委托人核实姓名和原登记日期;

(二)见证申请人或者委托人在《补发收养登记证审查处理表》"领证人签名或者按指纹"一栏中签名;申请人或者委托人没有书写能力的,应当按指纹。

"领证人签名或者按指纹"一栏不得空白,不得由他人代为填写、代按指纹;

(三)将补发的收养登记证、解除收养登记证发给申请人或者委托人,并告知妥善保管。

第四十条　收养登记机关对不具备补发收养登记证、解除收养关系证明受理条件的,不予受理,并告知原因和依据。

第四十一条　当事人办理过收养或者解除收养关系登记,申请补领时的收养状况因解除收养关系或者收养关系当事人死亡发生改变的,不予补发收养登记证,可由收养登记机关出具收养登记证明。

收养登记证明不作为收养人和被收养人现在收养状况的证明。

第四十二条　出具收养登记证明的申请人范围和程序与补领收养登记证相同。申请人向原办理该收养登记的机关提出申请,并填写《出具收养登记证明申请书》(附件12)。收养登记员收到当事人提交的证件、证明后,应当自次日起30日内进行审查,符合出证条件的,填写《出具收养登记证明审查处理表》(附件13),报民政厅(局)主要领导或者分管领导批准,并填写《收养登记证明书》(附件14),发给申请人。

第四十三条　"收养登记证明字号"填写式样为"(XXXX)AB证字YYYYY"(AB为收养登记机关所在省级和县级或者市级和区级的行政区域简称,XXXX为年号,YYYYY为当年出具收养登记证明的序号)。

第六章　收养档案和证件管理

第四十四条　收养登记机关应当按照《收养登记档案管理暂行办法》(民发〔2003〕181号)的规定,制定立卷、归档、保管、移交和使用制度,建立和管理收养登记档案,不得出现原始材料丢失、损毁情况。

第四十五条　收养登记机关不得购买非上级民政部门提供的收养证件。各级民政部门发现本行政区域内有购买、使用非上级民政部门提供的收养证件的,应当予以没收,并追究相关责任人的法律责任和行政责任。

收养登记机关已将非法购制的收养证件颁发给收养当事人的,应当追回,并免费为当事人换发符合规定的收养登记证、解除收养关系证明。

报废的收养证件由收养登记机关登记造册,统一销毁。

收养登记机关发现收养证件有质量问题时,应当及时书面报告省(自治区、直辖市)人民政府民政部门。

第七章　监督与管理

第四十六条　各级民政部门应当建立监督检查制度,定期对本级民政部门设立的收养登记处(科)和下级收养登记机关进行监督检查,发现问题,及时纠正。

第四十七条　收养登记机关应当按规定到指定的物价部门办理收费许可证,按照国家规定的标准收取收养登记费,并使用财政部门统一制定的收费票据。

第四十八条　收养登记机关及其收养登记员有下列行为之一的,对直接负责的主管人员和其他直接责任人员依法给予行政处分:

(一)为不符合收养登记条件的当事人办理收养登记的;

(二)依法应当予以登记而不予登记的;

(三)违反程序规定办理收养登记、解除收养关系登记、撤销收养登记及其他证明的;

(四)要求当事人提交《中华人民共和国收养法》、《中国公民收养子女登记办法》、《华侨以及居住在香港、澳门、台湾地区的中国公民办理收养登记的管辖以及所需要出具的证件和证明材料的规定》、《外国人在中华人民共和国收养子女登记办法》和本规范规定以外的证件和证明材料的;

(五)擅自提高收费标准、增加收费项目或者不使用规定收费票据的;

(六)玩忽职守造成收养登记档案损毁的;

(七)泄露当事人收养秘密并造成严重后果的;

(八)购买使用伪造收养证书的。

第四十九条　收养登记员违反规定办理收养登记,给当事人造成严重后果的,应当由收养登记机关承担对当事人的赔偿责任,并对承办人员进行追偿。

第八章　附　则

第五十条　收养查找不到生父母的弃婴、儿童的公告费,由收养人缴纳。

第五十一条　收养登记当事人提交的居民身份证与常住户口簿上的姓名、性别、出生日期应当一致;不一致的,当事人应当先到公安部门更正。

居民身份证或者常住户口簿丢失,当事人应当先到公安户籍管理部门补办证件。当事人无法提交居民身份证的,可提交有效临时身份证办理收养登记。当事人无法提交居民户口簿的,可提交公安部门或者有关户籍管理机构出具的加盖印章的户籍证明办理收养登记。

第五十二条　收养登记当事人提交的所在单位或者村民委员会、居民委员会、县级以上医疗机构、人口计生部门出具的证明,以及本人的申请,有效期6个月。

第五十三条　人民法院依法判决或者调解结案的收养案件,确认收养关系效力或者解除收养关系的,不再办理收养登记或者解除收养登记。

第五十四条　《中华人民共和国收养法》公布施行以前所形成的收养关系,收养关系当事人申请办理收养登记的,不予受理。

附件(略)

收养评估办法(试行)

·2020年12月30日
·民发〔2020〕144号

第一条　为了加强收养登记管理,规范收养评估工作,保障被收养人的合法权益,根据《中华人民共和国民法典》,制定本办法。

第二条　中国内地居民在中国境内收养子女的,按照本办法进行收养评估。但是,收养继子女的除外。

第三条　本办法所称收养评估,是指民政部门对收养申请人是否具备抚养、教育和保护被收养人的能力进行调查、评估,并出具评估报告的专业服务行为。

第四条　收养评估应当遵循最有利于被收养人的原则,独立、客观、公正地对收养申请人进行评估,依法保护个人信息和隐私。

第五条　民政部门进行收养评估,可以自行组织,也可以委托第三方机构开展。

委托第三方机构开展收养评估的,民政部门应当与受委托的第三方机构签订委托协议。

第六条　民政部门自行组织开展收养评估的,应当组建收养评估小组。收养评估小组应有2名以上熟悉收养相关法律法规和政策的在编人员。

第七条　受委托的第三方机构应当同时具备下列条件:

(一)具有法人资格;

(二)组织机构健全,内部管理规范;

(三)业务范围包含社会调查或者评估,或者具备评估相关经验;

(四)有5名以上具有社会工作、医学、心理学等专业背景或者从事相关工作 2 年以上的专职工作人员；

（五）开展评估工作所需的其他条件。

第八条　收养评估内容包括收养申请人以下情况：收养动机、道德品行、受教育程度、健康状况、经济及住房条件、婚姻家庭关系、共同生活家庭成员意见、抚育计划、邻里关系、社区环境、与被收养人融合情况等。

收养申请人与被收养人融合的时间不少于 30 日。

第九条　收养评估流程包括书面告知、评估准备、实施评估、出具评估报告。

（一）书面告知。民政部门收到收养登记申请有关材料后，经初步审查收养申请人、送养人、被收养人符合《中华人民共和国民法典》《中国公民收养子女登记办法》要求的，应当书面告知收养申请人将对其进行收养评估。委托第三方机构开展评估的，民政部门应当同时书面告知受委托的第三方机构。

（二）评估准备。收养申请人确认同意进行收养评估的，第三方机构应当选派 2 名以上具有社会工作、医学、心理学等专业背景或者从事相关工作 2 年以上的专职工作人员开展评估活动。

民政部门自行组织收养评估的，由收养评估小组开展评估活动。

（三）实施评估。评估人员根据评估需要，可以采取面谈、查阅资料、实地走访等多种方式进行评估，全面了解收养申请人的情况。

（四）出具报告。收养评估小组和受委托的第三方机构应当根据评估情况制作书面收养评估报告。收养评估报告包括正文和附件两部分：正文部分包括评估工作的基本情况、评估内容分析、评估结论等；附件部分包括记载评估过程的文字、语音、照片、影像等资料。委托第三方机构评估的，收养评估报告应当由参与评估人员签名，并加盖机构公章。民政部门自行组织评估的，收养评估报告应当由收养评估小组成员共同签名。

第十条　收养评估报告应当在收养申请人确认同意进行收养评估之日起 60 日内作出。收养评估期间不计入收养登记办理期限。

收养评估报告应当作为民政部门办理收养登记的参考依据。

第十一条　收养评估期间，收养评估小组或者受委托的第三方机构发现收养申请人及其共同生活家庭成员有下列情形之一的，应当向民政部门报告：

（一）弄虚作假，伪造、变造相关材料或者隐瞒相关事实的；

（二）参加非法组织、邪教组织的；

（三）买卖、性侵、虐待或者遗弃、非法送养未成年人，及其他侵犯未成年人身心健康的；

（四）有持续性、经常性的家庭暴力的；

（五）有故意犯罪行为，判处或者可能判处有期徒刑以上刑罚的；

（六）患有精神类疾病、传染性疾病、重度残疾或者智力残疾、重大疾病的；

（七）存在吸毒、酗酒、赌博、嫖娼等恶习的；

（八）故意或者过失导致正与其进行融合的未成年人受到侵害或者面临其他危险情形的；

（九）有其他不利于未成年人身心健康行为的。

存在前款规定第（八）项规定情形的，民政部门应当立即向公安机关报案。

第十二条　评估人员、受委托的第三方机构与收养申请人、送养人有利害关系的，应当回避。

第十三条　民政部门应当加强对收养评估小组的监督和管理。

委托第三方机构开展收养评估的，民政部门应当对受委托第三方履行协议情况进行监督。

第十四条　开展收养评估不得收取任何费用。地方收养评估工作所需经费应当纳入同级民政部门预算。

第十五条　华侨以及居住在香港、澳门、台湾地区的中国公民申请收养的，当地有权机构已经作出收养评估报告的，民政部门可以不再重复开展收养评估。没有收养评估报告的，民政部门可以依据当地有权机构出具的相关证明材料，对收养申请人进行收养评估。

外国人申请收养的，收养评估按照有关法律法规定执行。

第十六条　省级民政部门可以结合当地情况细化、补充收养评估内容、流程，并报民政部备案。

第十七条　本办法自 2021 年 1 月 1 日起施行，《民政部关于印发〈收养能力评估工作指引〉的通知》（民发〔2015〕168 号）同时废止。

华侨以及居住在香港、澳门、台湾地区的中国公民办理收养登记的管辖以及所需要出具的证件和证明材料的规定

·1999 年 5 月 25 日民政部令第 16 号发布
·自发布之日起施行

第一条　根据《中国公民收养子女登记办法》，制定

本规定。

第二条　华侨以及居住在香港、澳门、台湾地区的中国公民在内地收养子女的，应当到被收养人常住户口所在地的直辖市、设区的市、自治州人民政府民政部门或者地区(盟)行政公署民政部门申请办理收养登记。

第三条　居住在已与中国建立外交关系国家的华侨申请办理成立收养关系的登记时，应当提交收养申请书和下列证件、证明材料：

(一)护照；

(二)收养人居住国有权机构出具的收养人的年龄、婚姻、有无子女、职业、财产、健康、有无受过刑事处罚等状况的证明材料，该证明材料应当经其居住国外交机关或者外交机关授权的机构认证，并经中国驻该国使领馆认证。

第四条　居住在未与中国建立外交关系国家的华侨申请办理成立收养关系的登记时，应当提交收养申请书和下列证件、证明材料：

(一)护照；

(二)收养人居住国有权机构出具的收养人的年龄、婚姻、有无子女、职业、财产、健康、有无受过刑事处罚等状况的证明材料，该证明材料应当经其居住国外交机关或者外交机关授权的机构认证，并经已与中国建立外交关系的国家驻该国使领馆认证。

第五条　香港居民中的中国公民申请办理成立收养关系的登记时，应当提交收养申请书和下列证件、证明材料：

(一)香港居民身份证、香港居民来往内地通行证或者香港同胞回乡证；

(二)经国家主管机关委托的香港委托公证人证明的收养人的年龄、婚姻、有无子女、职业、财产、健康、有无受过刑事处罚等状况的证明材料。

第六条　澳门居民中的中国公民申请办理成立收养关系的登记时，应当提交收养申请书和下列证件、证明材料：

(一)澳门居民身份证、澳门居民来往内地通行证或者澳门同胞回乡证；

(二)澳门地区有权机构出具的收养人的年龄、婚姻、有无子女、职业、财产、健康、有无受过刑事处罚等状况的证明材料。

第七条　台湾居民申请办理成立收养关系的登记时，应当提交收养申请书和下列证件、证明材料：

(一)在台湾地区居住的有效证明；

(二)中华人民共和国主管机关签发或签注的在有效期内的旅行证件；

(三)经台湾地区公证机构公证的收养人的年龄、婚姻、有无子女、职业、财产、健康、有无受过刑事处罚等状况的证明材料。

第八条　本规定自发布之日起施行。

民政部办公厅关于启用"全国收养登记管理信息系统"及启用新式收养登记字号的通知

·2010 年 11 月 19 日
·民办函〔2010〕289 号

各省、自治区、直辖市民政厅(局)，各计划单列市民政局，新疆生产建设兵团民政局：

为加强全国收养登记管理信息化建设，我部研发了"全国收养登记管理信息系统"并在试点省份完成试运行。为保证该系统于 2011 年 1 月 1 日在全国正式启用，同时避免在系统使用过程中出现收养登记字号重复等问题，现就有关事项通知如下：

一、认真测试，保证系统按时启用

"全国收养登记管理信息系统"以信息化基础支撑环境为依托，系统和数据库建在民政部，为办理内地居民收养登记、涉港澳台居民和华侨收养登记的民政局提供实时在线登记服务。该系统访问地址为：http://adopt.mca.gov.cn 或 http://202.108.98.55，用户名为办理收养登记的民政局所属地行政区划代码(参见《中华人民共和国行政区划代码》，GB/T 2260-2006)，如北京市东城区民政局用户名为 110101，各地初始密码均为 123456。

收到通知后，办理内地居民收养登记、涉港澳台居民和华侨收养登记的民政局应及时登录系统并更改初始密码，在系统正式启用前认真测试练习，保证正确操作，测试数据由我部于 2011 年 1 月 1 日前统一删除。我部将择期举办系统操作培训班，培训时间及地点另行通知。已经自行开发收养登记管理信息系统的民政部门，可以继续使用原系统办理收养登记。

二、启用新式收养登记字号

自 2011 年 1 月 1 日起，各地启用新式收养登记字号填写方法。办理收养登记的，收养登记字号为 Saaaaaa-bbbb-cccc；办理解除收养登记的，解除收养登记字号为 Jaaaaaa-bbbb-cccc；办理撤销收养登记的，撤销收养登记字号为 Caaaaaa-bbbb-cccc；补发收养登记证的，补发收养登记证字号为 BSaaaaaa-bbbb-cccc；补发解除收养登记证的,补发解除收养登记证字号为 BJaaaaaa－bbbb－cccc;出具收养登记证明的,收养登记证明字号为 Zaaaaaa－bbbb－cccc。

以上"aaaaaa"为办理收养登记的民政局所属地行政区划代码,"bbbb"为当年年号,"cccc"为当年办理登记、补发证件或出具证明序号,如北京市民政局 2011 年办理的第一对涉外收养登记字号为 S110000－2011－0001。

各地在使用系统过程中遇到问题,可通过省级民政部门及时与开发公司或我部联系。

民政部办公厅关于生父母一方为非中国内地居民送养内地子女有关问题的意见

· 2009 年 9 月 24 日民办发〔2009〕26 号公布
· 根据 2020 年 10 月 20 日《民政部关于修改部分规范性文件的公告》修订

《中华人民共和国收养法》实施十年来,随着我国对外交流的不断深入,收养领域出现了许多新情况和新问题,为深入贯彻落实科学发展观,充分体现儿童最佳利益原则,切实维护收养关系当事人的合法权益和合理诉求,根据《中华人民共和国民法典》的有关规定,现就解决生父母一方为中国内地居民,另一方为非中国内地居民(外国人、华侨以及港澳台居民,下同)送养中国内地户籍子女问题提出以下意见:

一、被收养人的生父母应当提供的材料

(一)被收养人的生父或者生母是中国内地居民的,应当提供下列材料:

1. 本人居民身份证、户口簿以及 2 张 2 寸近期半身免冠照片;

2. 本人与被收养人的父母子女关系证明;

3. 本人签署的同意送养子女的书面意见;

4. 被收养人居民身份证、户口簿以及 2 张 2 寸近期半身免冠照片。

父母子女关系证明是指 DNA 鉴定证明或者公安机关、人民法院、公证机构以及其他有权机关出具的能够证明父母子女关系的文书。(下同)

(二)被收养人的生父或者生母是非中国内地居民的,应当提供下列材料:

1. 本人有效身份证件(外国人、华侨应当提供本人有效护照或者其他有效的国际旅行证件,港澳台居民应当提供有效通行证和身份证,下同)和 2 张 2 寸近期半身免冠照片;

2. 本人与被收养人的父母子女关系证明;

3. 本人签署的同意送养子女的书面意见;

4. 所在国或者所在地区有权机关出具的不反对此送养行为的证明。

若送养人所在国无法出具材料 4 中的证明,也可以提供所在国驻华使领馆出具的表明该国法律不反对此类送养行为的证明。华侨无需提供材料 4。

送养人有特殊困难无力抚养子女的,应当同时提交父母有特殊困难无力抚养子女的证明。"有特殊困难"是指生父母家庭人均收入处于当地居民最低生活保障水平的,或者生父母因病、因残导致家庭生活困难的,或者因其他客观原因导致家庭无力抚养子女的。送养人为中国内地居民的,提供本人声明及所在街道办事处、乡镇人民政府出具的当事人有特殊困难无力抚养的证明。送养人为非中国内地居民的,提供本人声明及所在国或所在地区有权机构出具的本人有特殊困难无力抚养子女的证明,当事人在中国内地居住满一年,无法提供所在国或者所在地区出具的有特殊困难无力抚养子女证明,也可以只出具本人声明。

被收养人父母一方死亡或者下落不明的,送养人应当提交死亡或者下落不明的证明以及死亡或者下落不明一方的父母不行使优先抚养权的书面证明。由非中国内地居民单方送养的,应当同时提交本部分(一)中第 2、4 项材料。

被收养人是残疾儿童的,应当提交县级或者二级以上医疗机构出具的该儿童的残疾证明。

被收养人年满 8 周岁的,应当提交被收养人同意被收养的证明。

外国人、华侨提交的声明、书面意见或者所在国出具的证明材料,应当经我国驻该国使领馆认证或者该国驻华使领馆公证或者认证。港澳台地区居民提交的声明、书面意见或者所在地区出具的证明材料应当经有权机关公证。

二、办理收养登记的程序

收养人应当按照其身份提供相应的证件和证明材料,并按照现行法律程序办理收养手续。收养登记机关应当根据收养关系当事人的身份对其证件及证明材料进行审查,符合《中华人民共和国民法典》及相关规定的,予以登记,发给收养登记证。不符合规定的,应当说明原因。

民政部、公安部、司法部、卫生部、人口计生委关于解决国内公民私自收养子女有关问题的通知

· 2008 年 9 月 5 日
· 民发〔2008〕132 号

各省、自治区、直辖市民政厅(局)、公安厅(局)、司法厅(局)、卫生厅(局)、人口计生委，新疆生产建设兵团民政局、公安局、司法局、卫生局、人口计生委：

《中华人民共和国收养法》(以下简称《收养法》)实施以来，国内公民依法收养意识不断增强，通过办理收养登记，有效地保障了收养关系当事人的合法权益。但目前依然存在国内公民未经登记私自收养子女的情况，因收养关系不能成立，导致已经被抚养的未成年人在落户、入学、继承等方面的合法权益无法得到有效保障。为全面贯彻落实科学发展观，体现以人为本，依法保护当事人的合法权益，进一步做好国内公民收养子女登记工作，现就解决国内公民私自收养子女问题通知如下：

一、区分不同情况，妥善解决现存私自收养子女问题

(一)1999 年 4 月 1 日，《收养法》修改决定施行前国内公民私自收养子女的，依据司法部《关于办理收养法实施前建立的事实收养关系公证的通知》(司发通〔1993〕125 号)、《关于贯彻执行〈中华人民共和国收养法〉若干问题的意见》(司发通〔2000〕33 号)和公安部《关于国内公民收养弃婴等落户问题的通知》(公通字〔1997〕54 号)的有关规定办理。

依据司法部《关于贯彻执行〈中华人民共和国收养法〉若干问题的意见》(司发通〔2000〕33 号)的规定，对当事人之间抚养的事实已办理公证的，抚养人可持公证书、本人的合法有效身份证件及相关证明材料，向其常住户口所在地的户口登记机关提出落户申请，经县、市公安机关审批同意后，办理落户手续。

(二)1999 年 4 月 1 日，《收养法》修改决定施行后国内公民私自收养子女的，按照下列情况办理：

1. 收养人符合《收养法》规定的条件，私自收养非社会福利机构抚养的查找不到生父母的弃婴和儿童，捡拾证明不齐全的，由收养人提出申请，到弃婴和儿童发现地的县(市)人民政府民政部门领取并填写《捡拾弃婴(儿童)情况证明》，经收养人常住户口所在地的村(居)民委员会确认，乡(镇)人民政府、街道办事处审核并出具《子女情况证明》，发现地公安部门对捡拾人进行询问并出具《捡拾弃婴(儿童)报案证明》，收养人持上述证明及《中国公民收养子女登记办法》(以下简称《登记办法》)规定

的其他证明材料到弃婴和儿童发现地的县(市)人民政府民政部门办理收养登记。

2. 收养人具备抚养教育能力，身体健康，年满 30 周岁，先有子女，后又私自收养非社会福利机构抚养的查找不到生父母的弃婴和儿童，或者先私自收养非社会福利机构抚养的查找不到生父母的弃婴和儿童，后又生育子女的，由收养人提出申请，到弃婴和儿童发现地的县(市)人民政府民政部门领取并填写《捡拾弃婴(儿童)情况证明》，发现地公安部门出具《捡拾弃婴(儿童)报案证明》。弃婴和儿童发现地的县(市)人民政府民政部门应公告查找其生父母，并由发现地的社会福利机构办理入院登记手续，登记集体户口。对于查找不到生父母的弃婴、儿童，按照收养社会福利机构抚养的弃婴和儿童予以办理收养手续。由收养人常住户口所在地的村(居)民委员会确认，乡(镇)人民政府、街道办事处负责审核并出具收养前当事人《子女情况证明》。在公告期内或收养后有检举收养人政策外生育的，由人口计生部门予以调查处理。确属政策外生育的，由人口计生部门按有关规定处理。

捡拾地没有社会福利机构的，可到由上一级人民政府民政部门指定的机构办理。

3. 收养人不满 30 周岁，但符合收养人的其他条件，私自收养非社会福利机构抚养的查找不到生父母的弃婴和儿童且愿意继续抚养的，可向弃婴和儿童发现地的县(市)人民政府民政部门或社会福利机构提出助养申请，登记集体户口后签订义务助养协议，监护责任由民政部门或社会福利机构承担。待收养人年满 30 周岁后，仍符合收养人条件的，可以办理收养登记。

4. 单身男性私自收养非社会福利机构抚养的查找不到生父母的女性弃婴和儿童，年龄相差不到 40 周岁的，由当事人常住户口所在地的乡(镇)人民政府、街道办事处，动员其将弃婴和儿童送交当地县(市)人民政府民政部门指定的社会福利机构抚养。

夫妻双方在婚姻关系存续期间私自收养女性弃婴和儿童，后因离婚或者丧偶，女婴由男方抚养，年龄相差不到 40 周岁，抚养事实满一年的，可凭公证机构出具的抚养事实公证书，以及人民法院离婚判决书、离婚调解书、离婚证或者其妻死亡证明等相关证明材料，到县(市)人民政府民政部门申请办理收养登记。

5. 私自收养生父母有特殊困难无力抚养的子女、由监护人送养的孤儿，或者私自收养三代以内同辈旁系血亲的子女，符合《收养法》规定条件的，应当依法办理登

记手续;不符合条件的,应当将私自收养的子女交由生父母或者监护人抚养。

(三)私自收养发生后,收养人因经济状况,身体健康等原因不具备抚养能力,或者收养人一方死亡、离异,另一方不愿意继续抚养,或者养父母双亡的,可由收养人或其亲属将被收养人送交社会福利机构抚养(被收养人具备完全民事行为能力的除外)。其亲属符合收养人条件且愿意收养的,应当依法办理收养登记。

(四)对于不符合上述规定的国内公民私自收养,依据《收养法》及相关法律法规的规定,由当事人常住户口所在地的乡(镇)人民政府、街道办事处,动员其将弃婴或儿童送交社会福利机构抚养。

二、综合治理,建立依法安置弃婴的长效机制

有关部门要高度重视,从构建社会主义和谐社会的高度出发,采取有力措施,加大《收养法》《登记办法》等法律、法规和政策的宣传贯彻力度,充分发挥乡(镇)人民政府、街道办事处、村(居)民委员会的作用,广泛深入地向群众宣传弃婴收养的有关规定,切实做到依法安置,依法登记和依法收养。

民政部门应协调、协助本辖区内弃婴的报案、临时安置、移送社会福利机构等工作。同时,要进一步加强、规范社会福利机构建设,提高养育水平,妥善接收、安置查找不到生父母的弃婴和儿童;对不按规定,拒绝接收的,要责令改正。

公安部门应依据有关规定及时为弃婴捡拾人出具捡拾报案证明,为查找不到生父母的弃婴和儿童办理社会福利机构集体户口,将已被收养的儿童户口迁至收养人家庭户口,并在登记与户主关系时注明子女关系;应积极查找弃婴和儿童的生父母或其他监护人,严厉打击查处借收养名义拐卖儿童、遗弃婴儿等违法犯罪行为。

司法行政部门应指导公证机构依法办理收养公证和当事人之间抚养事实公证。

卫生部门应加强对医疗保健机构的监督管理,配合民政、公安部门做好弃婴和儿童的收养登记工作。医疗保健机构发现弃婴和弃儿,应及时向所在地公安部门报案并移送福利机构,不得转送他人或私自收养。

人口计生部门应积极配合民政部门做好收养登记工作,掌握辖区内居民的家庭成员情况和育龄人员的生育情况,做好相关工作。

各地应广泛深入宣传通知精神,集中处理本行政区域内2009年4月1日之前发生的国内公民私自收养。自本通知下发之日起,公民捡拾弃婴的,一律到当地公安

部门报案,查找不到生父母和其他监护人的一律由公安部门送交当地社会福利机构或者民政部门指定的抚养机构抚养。公民申请收养子女的,应到民政部门申请办理收养登记。对本通知下发之前已经处理且执行完结的私自收养子女的问题,不再重新处理;正在处理过程中,但按照通知规定不予处理的,终止有关程序;已经发生,尚未处理的,按本通知执行。

各级政府和有关部门应以科学发展观为统领,本着"以人为本、儿童至上、区别对待、依法办理"的原则,积极稳妥地解决已经形成的私自收养问题。各省、自治区、直辖市相关部门应根据通知精神,结合本地实际情况,制订相关实施意见。对已确立的收养关系的户口迁移,应按当地公安部门的现行规定执行。

附件:1. 捡拾弃婴(儿童)情况证明(略)
　　　2. 子女情况证明(略)
　　　3. 捡拾弃婴(儿童)报案证明(略)

民政部关于社会福利机构涉外送养工作的若干规定

· 2003 年 9 月 4 日民发〔2003〕112 号公布
· 根据 2020 年 10 月 20 日《民政部关于修改部分规范性文件的公告》修订

各省、自治区、直辖市民政厅(局),计划单列市民政局,新疆生产建设兵团民政局:

为了进一步规范社会福利机构的涉外送养行为,维护被送养儿童的合法权益,保证涉外送养工作的健康发展,现作如下规定:

一、涉外送养的儿童必须是社会福利机构抚养的丧失父母的孤儿(以下简称孤儿)或查找不到生父母的弃婴、儿童。

二、社会福利机构送养儿童,应当向省级人民政府民政部门报送以下证明材料:

(一)社会福利机构负责人的身份证复制件。

(二)被送养儿童的户籍证明复制件。

(三)被送养儿童成长情况报告。

成长情况报告应包括以下内容:入院经过、入院初期的身体状况、在院期间各阶段的身心发育状况及免疫接种情况、性格特征及表现、喜好、与他人交往等情况。

被送养儿童年龄为0-6周岁的,还应提交《被送养儿童成长状况表》(见附件1),此表每3个月填写一次。

(四)《被送养儿童体格检查表》及化验检查报告单(见附件2)。

体检应当在定点医院进行。定点医院应当是地(市)级以上的儿童医院或设有儿科的综合性医院。定点医院由社会福利机构的主管民政部门提出,省级人民政府民政部门审核批准,报中国收养中心备案。社会福利机构或其主管民政部门要与定点医院签订合作协议,明确双方的权利和责任。体检结果有效期为6个月,超过期限的应当重新体检。

被送养儿童是病残的,应提交病残诊断证明、检查报告、治疗情况报告等。

(五)被送养儿童2寸免冠彩色照片、近期全身生活照片。

被送养儿童是病残儿童且病残有外观表现的,还应提供病残部位照片。

(六)被送养儿童是孤儿的,应当提交《社会福利机构接收孤儿入院登记表》(见附件3)、孤儿父母死亡或者宣告死亡的证明、其他有抚养义务的人同意送养的书面意见。

被送养儿童是弃婴的,应当提交公安机关出具的捡拾弃婴报案的证明、《捡拾弃婴登记表》(见附件4)、《社会福利机构接收弃婴入院登记表》(见附件5)。

(七)被送养儿童年满7周岁以上的,应提交儿童有关情况的报告。

(八)被送养儿童是年满8周岁以上的,应提交该儿童同意被送养的书面意见。

三、社会福利机构送养弃婴、儿童,省级人民政府民政部门应当在当地省级报纸上刊登查找弃婴、儿童生父母的公告。自公告刊登之日起满60日,弃婴、儿童的生父母或其他监护人未认领的,视为查找不到生父母的弃婴、儿童。

公告应包括以下内容:弃婴、儿童的姓名、年龄、性别、身体特征、被捡拾的时间、地点、随身携带物品、公告期限、认领方式,并附1寸入院初期的正面免冠照片。弃婴、儿童入院前姓名不详、年龄为估算的,要特别注明。

四、省级人民政府民政部门负责审查社会福利机构报送的材料,着重审查以下内容:

(一)报送的材料是否齐全、有效。

(二)被送养儿童的身体发育状况是否达到相应的发育水平;体检结果是否达到涉外送养各项指标的要求,是否患有智力低下、脑瘫及其他潜在性的不宜涉外送养的疾病。

(三)儿童来源是否清楚,身心发育是否健康,道德品质是否良好。

(四)有无其他不宜涉外送养的问题。

省级人民政府民政部门审查合格后,填写《涉外送养审查意见表》(见附件6),由省级人民政府民政部门负责人签署意见,并加盖印章。

五、省级人民政府民政部门审查同意后,应当向中国收养中心报送以下材料:

(一)涉外送养儿童名单。

(二)本规定第二条所列材料的复制件。

(三)《涉外送养审查意见表》。

六、被送养儿童的材料报送中国收养中心后,省级人民政府民政部门应当做好以下工作:

(一)所报送儿童寄养在家庭的,适时通知社会福利机构解除寄养关系。

(二)如有国内公民申请收养,应当及时通报中国收养中心。若该儿童尚未选配外国收养家庭,优先安排国内公民收养;若外国收养人已同意收养该儿童,则不再安排国内公民收养。

(三)如发生儿童病重或死亡等重大情况不能送养时,应当及时书面通报中国收养中心。

七、中国收养中心为被送养儿童选择到外国收养人后,向省级人民政府民政部门发出《涉外送养通知》,由省级人民政府民政部门书面通知社会福利机构。

八、社会福利机构接到被送养儿童已被同意收养的通知后,应当做好以下工作:

(一)复查被送养儿童身心发育等方面的情况,如果情况发生较大变化不宜涉外送养的,应当及时通过省级人民政府民政部门书面通报中国收养中心。

(二)将收养父母的情况如实告诉7周岁以上被送养儿童,并为其提供心理咨询和辅导。

(三)做好交接被送养儿童收养登记的各项准备工作。

九、收养登记前,省级人民政府民政部门应视具体情况确定适当的融和期,以便收养人与被送养儿童相互了解和融和。省级人民政府民政部门应当在法定工作日和指定的办公地点安排外国收养人与被送养儿童、送养人见面,在确认收养关系当事人的身份无误后,由送养人向收养人介绍被送养儿童的情况和有关事项,并向外国收养人交接被送养儿童。交接被送养儿童时,送养人和收养人应当签订融和期间委托监护协议(见附件7)。

融和期满后,收养关系当事人对收养事宜无疑义的,收养人和送养人应当订立书面收养协议(见附件8),协议一式三份。

十、收养协议订立后，收养关系当事人应当共同到被送养儿童常住户口所在地的省级人民政府民政部门，依照《外国人在中华人民共和国收养子女登记办法》的规定，办理收养登记。收养登记完成后，省级人民政府民政部门应当及时将收养登记结果转交中国收养中心，并附收养登记证件的复制件。

十一、从事涉外收养工作的人员应当严格依法办事，增强组织纪律观念，遵守外事工作纪律，恪守职业道德，保守工作秘密；不得私自联系涉外收养事务，不得指定收养；严禁在工作中弄虚作假，严禁从涉外收养中获取不正当收益。未经中国收养中心同意，禁止向外国收养人、外国收养组织提供被送养儿童的信息资料；未经省级人民政府民政部门同意，社会福利机构不得擅自接洽外国收养人、外国收养组织。

十二、本规定自下发之日起执行。

附件（略）

民政部、国家宗教事务局关于规范宗教界收留孤儿、弃婴活动的通知

· 2014 年 4 月 30 日
· 民发〔2014〕99 号

各省、自治区、直辖市民政厅（局）、宗教局（民宗委、厅、局），新疆生产建设兵团民政局、民宗局：

济孤恤幼是宗教界行慈举善的重要形式。近年来，宗教界在孤儿、弃婴救助方面发挥了积极作用，但也存在一些监管不到位、抚育不科学、教育无保障等问题。根据《关于进一步做好弃婴相关工作的通知》（民发〔2013〕83号），为规范宗教界收留孤儿、弃婴活动，现就有关事项通知如下：

一、正确对待和妥善处理宗教界收留孤儿、弃婴问题，关系到儿童合法权益保障，关系到宗教界积极作用发挥，关系到社会和谐稳定。要深入贯彻以人为本的理念，始终坚持儿童优先、儿童利益最大化的原则，采取有效措施规范宗教界收留孤儿、弃婴活动。

二、宗教界收留孤儿、弃婴活动，是指依法登记的宗教团体、宗教活动场所和经认定备案的宗教教职人员及上述三类主体兴办的收留孤儿、弃婴机构（三类主体兴办的收留孤儿、弃婴机构，以下简称"宗教界兴办机构"）从事的收留孤儿、弃婴活动。除上述三类主体外，其他组织和个人不得以宗教为名从事收留孤儿、弃婴活动。

三、宗教团体、宗教活动场所及宗教界兴办机构要有相对稳定的人力、财力资源，要有符合国家消防安全和卫生防疫标准的制度，具备儿童健康成长必需的抚育、教育等条件。

基本具备上述条件的宗教界兴办机构，应申请与民政部门合办，并严格按照双方签订的合办协议，加强日常管理，强化抚育责任，依法依规开展活动。不同意与民政部门合办的，以及基本具备上述条件的宗教团体、宗教活动场所，要主动向民政部门提出代养申请。民政部门要与其签订代养协议，明确责任，加强业务指导和规范管理。宗教事务部门要配合民政部门做好宗教界的工作。

不具备上述条件的宗教团体、宗教活动场所及宗教界兴办机构，民政、宗教事务部门要提出整改期限和整改措施，指导和帮助其改善基础设施和收留条件。对于经整改仍不具备上述基本条件的，或虽具备上述条件但既不同意合办又不签订代养协议的，民政、宗教事务部门要会同公安等有关部门责令其停止收留活动。能够查找到监护人的，将孤儿、弃婴交付监护人；查找不到监护人的，送交民政部门设立的儿童福利机构收留抚养。

宗教教职人员个人已收留孤儿、弃婴的，按照《关于进一步做好弃婴相关工作的通知》（民发〔2013〕83 号）相关规定执行。

四、与民政部门合办或签订代养协议的宗教界兴办机构，以及已经与民政部签订代养协议且具备落户条件的宗教团体和宗教活动场所，可接受孤儿、弃婴落户。宗教团体和宗教活动场所不具备落户条件的，应到与其合办或签订代养协议的儿童福利机构落户。

五、民政部门要按照《关于发放孤儿基本生活费的通知》（民发〔2010〕161 号）的相关规定，积极为宗教界收留的儿童进行孤儿身份认定。材料齐全的，将其纳入孤儿国家保障范围，按照当地孤儿养育标准发放基本生活费；材料不全但可以补齐的，民政部门要协调相关部门为其补齐手续并纳入孤儿国家保障范围；材料确实无法补齐不能认定为孤儿的，要按照国家相关规定予以救助。

六、宗教界收留孤儿、弃婴活动应遵守的基本原则和享受的扶持优惠政策，适用《关于鼓励和规范宗教界从事公益慈善活动的意见》（国宗发〔2012〕6 号）。宗教界要按照《中华人民共和国未成年人保护法》、《中华人民共和国义务教育法》等法律法规，充分保障孤儿、弃婴的合法权益。不得强制收留的孤儿、弃婴信仰宗教。

七、民政、宗教事务部门要积极协调公安、卫生计生等有关部门为宗教界收留的孤儿、弃婴查找监护人，办理户籍登记；协调卫生计生部门适度减免宗教界收留孤儿、

弃婴的治病费用,减轻其经济负担;协调教育部门帮助宗教界收留的孤儿、弃婴入学就读,保障其接受义务教育权利,减免相关费用;协调新闻宣传部门加强政策法规宣传,对责令停止收留活动的,做好社会舆论引导和解释工作。

八、民政、宗教事务部门要强化服务意识,寓管理于服务之中,帮助协调解决宗教界收留孤儿、弃婴存在的困难和问题。民政部门要充分发挥在孤儿、弃婴保障工作中的主导作用,加强指导管理。宗教事务部门要配合民政等相关部门加强对宗教界从事收留孤儿、弃婴活动的监督检查,推动规范管理。

自本通知下发之日起,宗教界申请设立收留孤儿、弃婴的机构,必须与当地县级以上人民政府民政部门共同举办。

民政部关于规范生父母有特殊困难无力抚养的子女和社会散居孤儿收养工作的意见

· 2014 年 9 月 28 日民发〔2014〕206 号公布
· 根据 2020 年 10 月 20 日《民政部关于修改部分规范性文件的公告》修订

各省、自治区、直辖市民政厅(局):

为规范生父母有特殊困难无力抚养的子女和社会散居孤儿(以下简称两类儿童)的收养工作,切实维护被收养儿童的合法权益,根据《中华人民共和国民法典》及《中国公民收养子女登记办法》、《外国人在中华人民共和国收养子女登记办法》及相关规定,现就两类儿童收养提出如下意见:

一、坚持两类儿童收养工作原则

收养应当有利于被收养未成年人的抚养、成长。要落实儿童利益最佳的原则,把"一切为了孩子"的要求贯穿于收养工作始终,让儿童回归家庭,得到父母的关爱和良好的教育。要坚持国内收养优先的原则,鼓励、支持符合条件的国内家庭收养,研究创制亲属收养的政策措施,积极引导国内家庭转变收养观念,帮助大龄和残疾儿童实现国内收养。同时,积极稳妥地开展涉外收养工作。要遵循平等自愿的原则,充分尊重被收养人和送养人的意愿,切实维护其合法权益。对送养八周岁以上未成年人的,要征得其本人同意。告知送养人送养的权利义务,让其知晓送养后的法律后果,方便其行使选择权利。他人不得诱使或强迫监护人送养。要坚持依法登记的原则,强化对收养登记工作人员的管理约束,不断增强法律意识,提高依法办事能力,严格依法依规办理收养登记。

二、明确送养人和送养意愿

生父母有特殊困难无力抚养的子女由生父母作为送养人。生父母均不具备完全民事行为能力且对被收养人有严重危害可能的,由被收养人的监护人作为送养人。社会散居孤儿由其监护人作为送养人。社会散居孤儿的监护人依法变更为社会福利机构的,可以由社会福利机构送养。送养人可以向民政部门提出送养意愿。民政部门可以委托社会福利机构代为接收送养意愿。

三、严格规范送养材料

提交送养材料时,送养人可以直接向县级以上人民政府民政部门提交,也可以由受委托的社会福利机构转交。受委托的社会福利机构应当协助送养人按照要求提交送养证明材料。

送养人应当提交下列证件和证明材料:本人及被收养人的居民身份证和居民户口簿或公安机关出具的户籍证明,《生父母或监护人同意送养的书面意见》(见附件1),并根据下列情况提交相关证明材料。

(一)生父母作为送养人的,应当提交下列证明材料:

1. 生父母有特殊困难无力抚养子女的证明;

2. 生父母与当地卫生和计划生育部门签订的计划生育协议。

生父母有特殊困难无力抚养的证明是指生父母所在单位或者村(居)委会根据下列证件、证明材料之一出具的能够确定生父母有特殊困难无力抚养的相关证明:

(1)县级以上医疗机构出具的重特大疾病证明;

(2)县级残疾人联合会出具的重度残疾证明;

(3)人民法院判处有期徒刑或无期徒刑、死刑的判决书。

生父母确因其他客观原因无力抚养子女的,乡镇人民政府、街道办事处出具的有关证明可以作为生父母有特殊困难无力抚养的证明使用。

(二)如生父母一方死亡或者下落不明的,送养人还应当提交下列证明:

1. 死亡证明、公安机关或者其他有关机关出具的下落不明的证明;

2. 经公证的死亡或者下落不明一方的父母不行使优先抚养权的书面声明(见附件2)。

(三)生父母以外的监护人作为送养人的,应当提交下列证明材料:

1. 生父母的死亡证明或者人民法院出具的能够证明生父母双方均不具备完全民事行为能力的文书;

2. 监护人所在单位或村(居)委会出具的监护人实际承担监护责任的证明;

3. 其他有抚养义务的人(祖父母、外祖父母、成年兄姐)出具的经公证的同意送养的书面意见(见附件3)。

生父母均不具备完全民事行为能力的,还应当提交生父母所在单位、村(居)委会、医疗机构、司法鉴定机构或者其他有权机关出具的生父母对被收养人有严重危害可能的证明。

(四)涉外送养的,送养人还应当提交下列材料:

1. 被收养人照片;

2. 县级以上医疗机构出具的被收养人体检报告;

3. 被收养人成长报告。

体检报告参照《关于社会福利机构涉外送养若干规定》(民发〔2003〕112号)办理。被收养人成长报告应全面、准确地反映儿童的情况,包括儿童生父母简要情况、儿童成长发育情况、生活习惯、性格爱好等。7岁以上儿童的成长报告应着重反映儿童心理发育、学习、与人交往、道德品行等方面的情况。

四、依法办理收养登记

(一)中国公民收养两类儿童登记。

中国公民收养两类儿童登记的办理,按照《中国公民收养子女登记办法》及相关规定执行。

(二)外国人收养两类儿童登记。

外国人收养两类儿童登记的办理,由省级人民政府民政部门对送养人提交的涉外送养材料进行审查,认为符合法律规定的,填写《生父母有特殊困难无力抚养的子女和社会散居孤儿涉外送养审查意见表》(见附件4),并向中国儿童福利和收养中心报送,同时附两套上述涉外送养材料的复制件以及被收养人照片。

中国儿童福利和收养中心为被收养人选择到外国收养人后,向省级人民政府民政部门发出《涉外送养通知》,由省级人民政府民政部门书面通知送养人,或者由受委托的社会福利机构代为转交送养人。

送养人接到书面通知后,省级人民政府民政部门和受委托的社会福利机构,应当积极协助送养人做好交接工作,并指导送养人将收养人的情况如实告诉7周岁以上被收养人,帮助送养人做好被收养人的心理辅导。

受委托的社会福利机构可在自身条件允许时,应当事人一方要求,指定人员陪同送养人和被收养人办理收养登记。

外国人收养两类儿童的其他事宜参照《关于社会福利机构涉外送养若干规定》(民发〔2003〕112号)执行。

五、做好两类儿童收养工作的相关要求

各级人民政府民政部门要加强对受托社会福利机构指导督促,做好宣传引导工作,依法保障两类儿童收养工作的健康开展。要切实加强对受收养人的身份审核。受委托的社会福利机构要对被收养人和送养人的情况进行实地调查走访,重点了解是否符合两类儿童的送养条件,注意做好调查笔录、材料保存等工作,严防弄虚作假。有条件的地方可通过政府购买服务、引入社会工作者等方式开展收养评估工作,对被收养人和送养人的情况进行了解把握。各级人民政府民政部门要加强对送养证明材料的审查,依法办理收养登记。

附件:

1. 生父母或监护人同意送养的书面意见(略)

2. 死亡或下落不明一方的父母不行使优先抚养权的书面声明(略)

3. 其他有抚养义务的人同意送养的书面意见(略)

4. 生父母有特殊困难无力抚养的子女和社会散居孤儿涉外送养审查意见表(略)

民政部、公安部关于开展查找不到生父母的打拐解救儿童收养工作的通知

· 2015年8月20日民发〔2015〕159号公布
· 根据2020年10月20日《民政部关于修改部分规范性文件的公告》修订

各省、自治区、直辖市民政厅(局)、公安厅(局),新疆生产建设兵团民政局、公安局:

家庭是儿童成长的最佳环境,为落实党的十八届三中全会通过的《中共中央关于全面深化改革若干重大问题的决定》中关于健全困境儿童分类保障制度的要求以及国务院办公厅《中国反对拐卖人口行动计划(2013—2020年)》(国办发〔2013〕19号)的相关要求,进一步完善打拐解救儿童安置渠道,使查找不到生父母的打拐解救儿童能够通过收养回归家庭中健康、快乐成长,根据《中华人民共和国民法典》等法律法规的有关规定,现就查找不到生父母的打拐解救儿童收养问题通知如下:

一、全力查找打拐解救儿童生父母

儿童失踪后,其监护人应当及时向公安机关报警。公安机关接到儿童失踪报警后,应当立即出警处置并立案侦查,迅速启动儿童失踪快速查找机制,充分调动警务资源,第一时间组织查找,并及时免费采集失踪儿童父母血样录入全国打拐DNA信息库。

公安机关解救被拐卖儿童后,对于查找到生父母或其他监护人的,应当及时送还。对于暂时查找不到生父母及其他监护人的,应当送交社会福利机构或者救助保护机构抚养,并签发打拐解救儿童临时照料通知书(附件1),由社会福利机构或者救助保护机构承担临时监护责任。同时,公安机关要一律采集打拐解救儿童血样,检验后录入全国打拐DNA信息库比对,寻找儿童的生父母。公安机关经查找,1个月内未找到儿童生父母或其他监护人的,应当为社会福利机构或者救助保护机构出具暂时未查找到生父母或其他监护人的证明(附件2)。社会福利机构或者救助保护机构在接收打拐解救儿童后,应当在报纸和全国打拐解救儿童寻亲公告平台上发布儿童寻亲公告。公告满30日,儿童的生父母或者其他监护人未认领的,救助保护机构应当在7日内将儿童及相关材料移交当地社会福利机构。社会福利机构应当尽快为儿童办理入院手续并申报落户手续,公安机关应当积极办理落户手续。

从儿童被送交社会福利机构或者救助保护机构之日起满12个月,公安机关未能查找到儿童生父母或其他监护人的,应当向社会福利机构出具查找不到生父母或其他监护人的证明(附件3)。

打拐解救儿童在社会福利机构或者救助保护机构期间,如有人主张其为被公告儿童的生父母或者其他监护人的,上述机构应当立即通知公安机关,由公安机关开展调查核实工作。公安机关经调查确认找到打拐解救儿童生父母或其他监护人的,应当出具打拐解救儿童送还通知书(附件4),由社会福利机构或者救助保护机构配合该儿童生父母或其他监护人将儿童接回。

二、依法开展收养登记工作

社会福利机构收到查找不到生父母或其他监护人的证明后,对于符合收养条件的儿童,应当及时进行国内送养,使儿童能够尽快回归正常的家庭生活。

办理收养登记前,社会福利机构应当与收养家庭签订收养协议(附件5)。

收养人应当填写收养申请书并向有管辖权的收养登记机关提交下列证件、证明材料:

(一)居民户口簿和居民身份证;

(二)婚姻登记证或者离婚判决书、离婚调解书;

(三)县级以上医疗机构出具的未患有在医学上认为不应当收养子女疾病的身体健康检查证明;

收养登记机关应当对收养人进行收养能力评估。收养能力评估可以通过委托第三方等方式开展。收养能力评估应当包括收养人收养动机、职业和经济状况、受教育程度、身体情况、道德品质、家庭关系等内容。

社会福利机构应当向收养登记机关提交下列证件、证明材料:

(一)社会福利机构法人登记证书、法定代表人身份证明和授权委托书;

(二)被收养人照片、指纹、DNA信息和情况说明;

(三)被收养人进入社会福利机构的原始记录和查找不到生父母或其他监护人的证明等相关证明材料;

被收养人有残疾或者患有重病的,社会福利机构应当同时提交县级以上医疗机构出具的残疾证明或者患病证明。

被收养人年满8周岁的,收养登记机关还应就收养登记事项单独征得其本人同意。

收养登记机关在收到收养登记申请书及相关材料后,应当按照规定进行公告。自公告之日起满60日,打拐解救儿童的生父母或者其他监护人未认领的,收养登记机关应当为符合条件的当事人办理收养登记。对不符合条件的,不予登记并对当事人说明理由。

三、妥善处理打拐解救儿童收养关系解除问题

打拐解救儿童被收养后,公安机关查找到其生父母或其他监护人,或者其生父母或其他监护人又查找到该儿童的,如儿童的生父母或其他监护人要求解除收养关系,且经公安机关确认该儿童确属于被盗抢、被拐骗或者走失的,收养人应当与社会福利机构共同到民政部门办理解除收养关系登记。

儿童的生父母双方或者其他监护人有出卖或者故意遗弃儿童行为的,应当依法追究法律责任,已成立的合法收养关系不受影响。

四、扎实抓好政策落实工作

(一)切实加强组织领导。各地要从落实党中央和国务院关于加强被拐卖受害人的救助、安置、康复和回归社会工作有关要求的高度充分认识此项工作的重要意义,将其作为保护未成年人合法权益和打击整治拐卖儿童犯罪买方市场的重要举措抓紧抓好。各地民政部门和公安部门要建立协调沟通机制,形成工作合力,细化职责分工,将好事办好。要做好督促检查工作,确保此项工作尽快落实。

(二)尽快解决历史问题。各地要优先解决已经在社会福利机构或者救助保护机构长期生活的打拐解救儿童的落户和收养问题。对于社会福利机构或者救助保护机构内尚未采集血样的打拐解救儿童,当地公安机关应当及时采集 DNA 信息入库比对查找其生父母,相关费用由公安机关承担,社会福利机构应当协助配合。对于采集了 DNA 信息、并在本通知实行前已经查找其生父母或其他监护人满 12 个月的儿童,公安机关应当直接向社会福利机构出具查找不到生父母或其他监护人的证明。社会福利机构或者救助保护机构应当及时在报纸和全国打拐解救儿童寻亲公告平台上发布寻亲公告,公告期满后救助保护机构应当在 7 日内将儿童及相关材料移交当地社会福利机构。社会福利机构应当在公安机关配合下尽快办理落户等手续,对于符合收养条件的儿童,按照本通知要求及时送养。

(三)着力做好宣传引导。各地要通过多种渠道主动做好政策宣传工作,特别是做好与新闻媒体的沟通,使群众充分了解相关法律规定和打拐解救儿童的生活状况,知晓办理收养登记对于保护打拐解救儿童权益和打击拐卖儿童犯罪的重要意义,营造良好的社会舆论氛围。

附件: 1. 打拐解救儿童临时照料通知书(略)

2. 暂时未查找到生父母或其他监护人证明(略)

3. 查找不到生父母或其他监护人证明(略)

4. 打拐解救儿童送还通知书(略)

5. 收养协议(略)

四、社会福利和慈善事业

1. 儿童福利

中华人民共和国未成年人保护法

· 1991 年 9 月 4 日第七届全国人民代表大会常务委员会第二十一次会议通过

· 2006 年 12 月 29 日第十届全国人民代表大会常务委员会第二十五次会议第一次修订

· 根据 2012 年 10 月 26 日第十一届全国人民代表大会常务委员会第二十九次会议《关于修改〈中华人民共和国未成年人保护法〉的决定》第一次修正

· 2020 年 10 月 17 日第十三届全国人民代表大会常务委员会第二十二次会议第二次修订

· 根据 2024 年 4 月 26 日第十四届全国人民代表大会常务委员会第九次会议《关于修改〈中华人民共和国农业技术推广法〉、〈中华人民共和国未成年人保护法〉、〈中华人民共和国生物安全法〉的决定》第二次修正

第一章　总　则

第一条　为了保护未成年人身心健康，保障未成年人合法权益，促进未成年人德智体美劳全面发展，培养有理想、有道德、有文化、有纪律的社会主义建设者和接班人，培养担当民族复兴大任的时代新人，根据宪法，制定本法。

第二条　本法所称未成年人是指未满十八周岁的公民。

第三条　国家保障未成年人的生存权、发展权、受保护权、参与权等权利。

未成年人依法平等地享有各项权利，不因本人及其父母或者其他监护人的民族、种族、性别、户籍、职业、宗教信仰、教育程度、家庭状况、身心健康状况等受到歧视。

第四条　保护未成年人，应当坚持最有利于未成年人的原则。处理涉及未成年人事项，应当符合下列要求：

（一）给予未成年人特殊、优先保护；

（二）尊重未成年人人格尊严；

（三）保护未成年人隐私权和个人信息；

（四）适应未成年人身心健康发展的规律和特点；

（五）听取未成年人的意见；

（六）保护与教育相结合。

第五条　国家、社会、学校和家庭应当对未成年人进行理想教育、道德教育、科学教育、文化教育、法治教育、国家安全教育、健康教育、劳动教育，加强爱国主义、集体主义和中国特色社会主义的教育，培养爱祖国、爱人民、爱劳动、爱科学、爱社会主义的公德，抵制资本主义、封建主义和其他腐朽思想的侵蚀，引导未成年人树立和践行社会主义核心价值观。

第六条　保护未成年人，是国家机关、武装力量、政党、人民团体、企业事业单位、社会组织、城乡基层群众性自治组织、未成年人的监护人以及其他成年人的共同责任。

国家、社会、学校和家庭应当教育和帮助未成年人维护自身合法权益，增强自我保护的意识和能力。

第七条　未成年人的父母或者其他监护人依法对未成年人承担监护职责。

国家采取措施指导、支持、帮助和监督未成年人的父母或者其他监护人履行监护职责。

第八条　县级以上人民政府应当将未成年人保护工作纳入国民经济和社会发展规划，相关经费纳入本级政府预算。

第九条　各级人民政府应当重视和加强未成年人保护工作。县级以上人民政府负责妇女儿童工作的机构，负责未成年人保护工作的组织、协调、指导、督促，有关部门在各自职责范围内做好相关工作。

第十条　共产主义青年团、妇女联合会、工会、残疾人联合会、关心下一代工作委员会、青年联合会、学生联合会、少年先锋队以及其他人民团体、有关社会组织，应当协助各级人民政府及其有关部门、人民检察院、人民法院做好未成年人保护工作，维护未成年人合法权益。

第十一条　任何组织或者个人发现不利于未成年人身心健康或者侵犯未成年人合法权益的情形，都有权劝阻、制止或者向公安、民政、教育等有关部门提出检举、控告。

国家机关、居民委员会、村民委员会、密切接触未成年人的单位及其工作人员，在工作中发现未成年人身心

健康受到侵害、疑似受到侵害或者面临其他危险情形的，应当立即向公安、民政、教育等有关部门报告。

有关部门接到涉及未成年人的检举、控告或者报告，应当依法及时受理、处置，并以适当方式将处理结果告知相关单位和人员。

第十二条　国家鼓励和支持未成年人保护方面的科学研究，建设相关学科、设置相关专业，加强人才培养。

第十三条　国家建立健全未成年人统计调查制度，开展未成年人健康、受教育等状况的统计、调查和分析，发布未成年人保护的有关信息。

第十四条　国家对保护未成年人有显著成绩的组织和个人给予表彰和奖励。

第二章　家庭保护

第十五条　未成年人的父母或者其他监护人应当学习家庭教育知识，接受家庭教育指导，创造良好、和睦、文明的家庭环境。

共同生活的其他成年家庭成员应当协助未成年人的父母或者其他监护人抚养、教育和保护未成年人。

第十六条　未成年人的父母或者其他监护人应当履行下列监护职责：

（一）为未成年人提供生活、健康、安全等方面的保障；

（二）关注未成年人的生理、心理状况和情感需求；

（三）教育和引导未成年人遵纪守法、勤俭节约，养成良好的思想品德和行为习惯；

（四）对未成年人进行安全教育，提高未成年人的自我保护意识和能力；

（五）尊重未成年人受教育的权利，保障适龄未成年人依法接受并完成义务教育；

（六）保障未成年人休息、娱乐和体育锻炼的时间，引导未成年人进行有益身心健康的活动；

（七）妥善管理和保护未成年人的财产；

（八）依法代理未成年人实施民事法律行为；

（九）预防和制止未成年人的不良行为和违法犯罪行为，并进行合理管教；

（十）其他应当履行的监护职责。

第十七条　未成年人的父母或者其他监护人不得实施下列行为：

（一）虐待、遗弃、非法送养未成年人或者对未成年人实施家庭暴力；

（二）放任、教唆或者利用未成年人实施违法犯罪行为；

（三）放任、唆使未成年人参与邪教、迷信活动或者接受恐怖主义、分裂主义、极端主义等侵害；

（四）放任、唆使未成年人吸烟（含电子烟，下同）、饮酒、赌博、流浪乞讨或者欺凌他人；

（五）放任或者迫使应当接受义务教育的未成年人失学、辍学；

（六）放任未成年人沉迷网络，接触危害或者可能影响其身心健康的图书、报刊、电影、广播电视节目、音像制品、电子出版物和网络信息等；

（七）放任未成年人进入营业性娱乐场所、酒吧、互联网上网服务营业场所等不适宜未成年人活动的场所；

（八）允许或者迫使未成年人从事国家规定以外的劳动；

（九）允许、迫使未成年人结婚或者为未成年人订立婚约；

（十）违法处分、侵吞未成年人的财产或者利用未成年人牟取不正当利益；

（十一）其他侵犯未成年人身心健康、财产权益或者不依法履行未成年人保护义务的行为。

第十八条　未成年人的父母或者其他监护人应当为未成年人提供安全的家庭生活环境，及时排除引发触电、烫伤、跌落等伤害的安全隐患；采取配备儿童安全座椅、教育未成年人遵守交通规则等措施，防止未成年人受到交通事故的伤害；提高户外安全保护意识，避免未成年人发生溺水、动物伤害等事故。

第十九条　未成年人的父母或者其他监护人应当根据未成年人的年龄和智力发展状况，在作出与未成年人权益有关的决定前，听取未成年人的意见，充分考虑其真实意愿。

第二十条　未成年人的父母或者其他监护人发现未成年人身心健康受到侵害、疑似受到侵害或者其他合法权益受到侵犯的，应当及时了解情况并采取保护措施；情况严重的，应当立即向公安、民政、教育等部门报告。

第二十一条　未成年人的父母或者其他监护人不得使未满八周岁或者由于身体、心理原因需要特别照顾的未成年人处于无人看护状态，或者将其交由无民事行为能力、限制民事行为能力、患有严重传染性疾病或者其他不适宜的人员临时照护。

未成年人的父母或者其他监护人不得使未满十六周岁的未成年人脱离监护单独生活。

第二十二条　未成年人的父母或者其他监护人因外出务工等原因在一定期限内不能完全履行监护职责的，

应当委托具有照护能力的完全民事行为能力人代为照护;无正当理由的,不得委托他人代为照护。

未成年人的父母或者其他监护人在确定被委托人时,应当综合考虑其道德品质、家庭状况、身心健康状况、与未成年人生活情感上的联系等情况,并听取有表达意愿能力未成年人的意见。

具有下列情形之一的,不得作为被委托人:

(一)曾实施性侵害、虐待、遗弃、拐卖、暴力伤害等违法犯罪行为;

(二)有吸毒、酗酒、赌博等恶习;

(三)曾拒不履行或者长期怠于履行监护、照护职责;

(四)其他不适宜担任被委托人的情形。

第二十三条　未成年人的父母或者其他监护人应当及时将委托照护情况书面告知未成年人所在学校、幼儿园和实际居住地的居民委员会、村民委员会,加强和未成年人所在学校、幼儿园的沟通;与未成年人、被委托人至少每周联系和交流一次,了解未成年人的生活、学习、心理等情况,并给予未成年人亲情关爱。

未成年人的父母或者其他监护人接到被委托人、居民委员会、村民委员会、学校、幼儿园等关于未成年人心理、行为异常的通知后,应当及时采取干预措施。

第二十四条　未成年人的父母离婚时,应当妥善处理未成年子女的抚养、教育、探望、财产等事宜,听取有表达意愿能力未成年人的意见。不得以抢夺、藏匿未成年子女等方式争夺抚养权。

未成年人的父母离婚后,不直接抚养未成年子女的一方应当依照协议、人民法院判决或者调解确定的时间和方式,在不影响未成年人学习、生活的情况下探望未成年子女,直接抚养的一方应当配合,但被人民法院依法中止探望权的除外。

第三章　学校保护

第二十五条　学校应当全面贯彻国家教育方针,坚持立德树人,实施素质教育,提高教育质量,注重培养未成年学生认知能力、合作能力、创新能力和实践能力,促进未成年学生全面发展。

学校应当建立未成年学生保护工作制度,健全学生行为规范,培养未成年学生遵纪守法的良好行为习惯。

第二十六条　幼儿园应当做好保育、教育工作,遵循幼儿身心发展规律,实施启蒙教育,促进幼儿在体质、智力、品德等方面和谐发展。

第二十七条　学校、幼儿园的教职员工应当尊重未成年人人格尊严,不得对未成年人实施体罚、变相体罚或者其他侮辱人格尊严的行为。

第二十八条　学校应当保障未成年学生受教育的权利,不得违反国家规定开除、变相开除未成年学生。

学校应当对尚未完成义务教育的辍学未成年学生进行登记并劝返复学;劝返无效的,应当及时向教育行政部门书面报告。

第二十九条　学校应当关心、爱护未成年学生,不得因家庭、身体、心理、学习能力等情况歧视学生。对家庭困难、身心有障碍的学生,应当提供关爱;对行为异常、学习有困难的学生,应当耐心帮助。

学校应当配合政府有关部门建立留守未成年学生、困境未成年学生的信息档案,开展关爱帮扶工作。

第三十条　学校应当根据未成年学生身心发展特点,进行社会生活指导、心理健康辅导、青春期教育和生命教育。

第三十一条　学校应当组织未成年学生参加与其年龄相适应的日常生活劳动、生产劳动和服务性劳动,帮助未成年学生掌握必要的劳动知识和技能,养成良好的劳动习惯。

第三十二条　学校、幼儿园应当开展勤俭节约、反对浪费、珍惜粮食、文明饮食等宣传教育活动,帮助未成年人树立浪费可耻、节约为荣的意识,养成文明健康、绿色环保的生活习惯。

第三十三条　学校应当与未成年学生的父母或者其他监护人互相配合,合理安排未成年学生的学习时间,保障其休息、娱乐和体育锻炼的时间。

学校不得占用国家法定节假日、休息日及寒暑假期,组织义务教育阶段的未成年学生集体补课,加重其学习负担。

幼儿园、校外培训机构不得对学龄前未成年人进行小学课程教育。

第三十四条　学校、幼儿园应当提供必要的卫生保健条件,协助卫生健康部门做好在校、在园未成年人的卫生保健工作。

第三十五条　学校、幼儿园应当建立安全管理制度,对未成年人进行安全教育,完善安保设施、配备安保人员,保障未成年人在校、在园期间的人身和财产安全。

学校、幼儿园不得在危及未成年人人身安全、身心健康的校舍和其他设施、场所中进行教育教学活动。

学校、幼儿园安排未成年人参加文化娱乐、社会实践等集体活动,应当保障未成年人的身心健康,防止发生人身伤害事故。

第三十六条　使用校车的学校、幼儿园应当建立健全校车安全管理制度，配备安全管理人员，定期对校车进行安全检查，对校车驾驶人进行安全教育，并向未成年人讲解校车安全乘坐知识，培养未成年人校车安全事故应急处理技能。

第三十七条　学校、幼儿园应当根据需要，制定应对自然灾害、事故灾难、公共卫生事件等突发事件和意外伤害的预案，配备相应设施并定期进行必要的演练。

未成年人在校内、园内或者本校、本园组织的校外、园外活动中发生人身伤害事故的，学校、幼儿园应当立即救护，妥善处理，及时通知未成年人的父母或者其他监护人，并向有关部门报告。

第三十八条　学校、幼儿园不得安排未成年人参加商业性活动，不得向未成年人及其父母或者其他监护人推销或者要求其购买指定的商品和服务。

学校、幼儿园不得与校外培训机构合作为未成年人提供有偿课程辅导。

第三十九条　学校应当建立学生欺凌防控工作制度，对教职员工、学生等开展防治学生欺凌的教育和培训。

学校对学生欺凌行为应当立即制止，通知实施欺凌和被欺凌未成年学生的父母或者其他监护人参与欺凌行为的认定和处理；对相关未成年学生及时给予心理辅导、教育和引导；对相关未成年学生的父母或者其他监护人给予必要的家庭教育指导。

对实施欺凌的未成年学生，学校应当根据欺凌行为的性质和程度，依法加强管教。对严重的欺凌行为，学校不得隐瞒，应当及时向公安机关、教育行政部门报告，并配合相关部门依法处理。

第四十条　学校、幼儿园应当建立预防性侵害、性骚扰未成年人工作制度。对性侵害、性骚扰未成年人等违法犯罪行为，学校、幼儿园不得隐瞒，应当及时向公安机关、教育行政部门报告，并配合相关部门依法处理。

学校、幼儿园应当对未成年人开展适合其年龄的性教育，提高未成年人防范性侵害、性骚扰的自我保护意识和能力。对遭受性侵害、性骚扰的未成年人，学校、幼儿园应当及时采取相关的保护措施。

第四十一条　婴幼儿照护服务机构、早期教育服务机构、校外培训机构、校外托管机构等应当参照本章有关规定，根据不同年龄阶段未成年人的成长特点和规律，做好未成年人保护工作。

第四章　社会保护

第四十二条　全社会应当树立关心、爱护未成年人的良好风尚。

国家鼓励、支持和引导人民团体、企业事业单位、社会组织以及其他组织和个人，开展有利于未成年人健康成长的社会活动和服务。

第四十三条　居民委员会、村民委员会应当设置专人专岗负责未成年人保护工作，协助政府有关部门宣传未成年人保护方面的法律法规，指导、帮助和监督未成年人的父母或者其他监护人依法履行监护职责，建立留守未成年人、困境未成年人的信息档案并给予关爱帮扶。

居民委员会、村民委员会应当协助政府有关部门监督未成年人委托照护情况，发现被委托人缺乏照护能力、怠于履行照护职责等情况，应当及时向政府有关部门报告，并告知未成年人的父母或者其他监护人，帮助、督促被委托人履行照护职责。

第四十四条　爱国主义教育基地、图书馆、青少年宫、儿童活动中心、儿童之家应当对未成年人免费开放；博物馆、纪念馆、科技馆、展览馆、美术馆、文化馆、社区公益性互联网上网服务场所以及影剧院、体育场馆、动物园、植物园、公园等场所，应当按照有关规定对未成年人免费或者优惠开放。

国家鼓励爱国主义教育基地、博物馆、科技馆、美术馆等公共场馆开设未成年人专场，为未成年人提供有针对性的服务。

国家鼓励国家机关、企业事业单位、部队等开发自身教育资源，设立未成年人开放日，为未成年人主题教育、社会实践、职业体验等提供支持。

国家鼓励科研机构和科技类社会组织对未成年人开展科学普及活动。

第四十五条　城市公共交通以及公路、铁路、水路、航空客运等应当按照有关规定对未成年人实施免费或者优惠票价。

第四十六条　国家鼓励大型公共场所、公共交通工具、旅游景区景点等设置母婴室、婴儿护理台以及方便幼儿使用的坐便器、洗手台等卫生设施，为未成年人提供便利。

第四十七条　任何组织或者个人不得违反有关规定，限制未成年人应当享有的照顾或者优惠。

第四十八条　国家鼓励创作、出版、制作和传播有利于未成年人健康成长的图书、报刊、电影、广播电视节目、舞台艺术作品、音像制品、电子出版物和网络信息等。

第四十九条　新闻媒体应当加强未成年人保护方面的宣传，对侵犯未成年人合法权益的行为进行舆论监督。新闻媒体采访报道涉及未成年人事件应当客观、审慎和适度，不得侵犯未成年人的名誉、隐私和其他合法权益。

第五十条　禁止制作、复制、出版、发布、传播含有宣扬淫秽、色情、暴力、邪教、迷信、赌博、引诱自杀、恐怖主义、分裂主义、极端主义等危害未成年人身心健康内容的图书、报刊、电影、广播电视节目、舞台艺术作品、音像制品、电子出版物和网络信息等。

第五十一条　任何组织或者个人出版、发布、传播的图书、报刊、电影、广播电视节目、舞台艺术作品、音像制品、电子出版物或者网络信息，包含可能影响未成年人身心健康内容的，应当以显著方式作出提示。

第五十二条　禁止制作、复制、发布、传播或者持有有关未成年人的淫秽色情物品和网络信息。

第五十三条　任何组织或者个人不得刊登、播放、张贴或者散发含有危害未成年人身心健康内容的广告；不得在学校、幼儿园播放、张贴或者散发商业广告；不得利用校服、教材等发布或者变相发布商业广告。

第五十四条　禁止拐卖、绑架、虐待、非法收养未成年人，禁止对未成年人实施性侵害、性骚扰。

禁止胁迫、引诱、教唆未成年人参加黑社会性质组织或者从事违法犯罪活动。

禁止胁迫、诱骗、利用未成年人乞讨。

第五十五条　生产、销售用于未成年人的食品、药品、玩具、用具和游戏游艺设备、游乐设施等，应当符合国家或者行业标准，不得危害未成年人的人身安全和身心健康。上述产品的生产者应当在显著位置标明注意事项，未标明注意事项的不得销售。

第五十六条　未成年人集中活动的公共场所应当符合国家或者行业安全标准，并采取相应安全保护措施。对可能存在安全风险的设施，应当定期进行维护，在显著位置设置安全警示标志并标明适龄范围和注意事项；必要时应当安排专门人员看管。

大型的商场、超市、医院、图书馆、博物馆、科技馆、游乐场、车站、码头、机场、旅游景区景点等场所运营单位应当设置搜寻走失未成年人的安全警报系统。场所运营单位接到求助后，应当立即启动安全警报系统，组织人员进行搜寻并向公安机关报告。

公共场所发生突发事件时，应当优先救护未成年人。

第五十七条　旅馆、宾馆、酒店等住宿经营者接待未成年人入住，或者接待未成年人和成年人共同入住时，应当询问父母或者其他监护人的联系方式、入住人员的身份关系等有关情况；发现有违法犯罪嫌疑的，应当立即向公安机关报告，并及时联系未成年人的父母或者其他监护人。

第五十八条　学校、幼儿园周边不得设置营业性娱乐场所、酒吧、互联网上网服务营业场所等不适宜未成年人活动的场所。营业性歌舞娱乐场所、酒吧、互联网上网服务营业场所等不适宜未成年人活动场所的经营者，不得允许未成年人进入；游艺娱乐场所设置的电子游戏设备，除国家法定节假日外，不得向未成年人提供。经营者应当在显著位置设置未成年人禁入、限入标志；对难以判明是否是未成年人的，应当要求其出示身份证件。

第五十九条　学校、幼儿园周边不得设置烟、酒、彩票销售网点。禁止向未成年人销售烟、酒、彩票或者兑付彩票奖金。烟、酒和彩票经营者应当在显著位置设置不向未成年人销售烟、酒或者彩票的标志；对难以判明是否是未成年人的，应当要求其出示身份证件。

任何人不得在学校、幼儿园和其他未成年人集中活动的公共场所吸烟、饮酒。

第六十条　禁止向未成年人提供、销售管制刀具或者其他可能致人严重伤害的器具等物品。经营者难以判明购买者是否是未成年人的，应当要求其出示身份证件。

第六十一条　任何组织或者个人不得招用未满十六周岁未成年人，国家另有规定的除外。

营业性娱乐场所、酒吧、互联网上网服务营业场所等不适宜未成年人活动的场所不得招用已满十六周岁的未成年人。

招用已满十六周岁未成年人的单位和个人应当执行国家在工种、劳动时间、劳动强度和保护措施等方面的规定，不得安排其从事过重、有毒、有害等危害未成年人身心健康的劳动或者危险作业。

任何组织或者个人不得组织未成年人进行危害其身心健康的表演等活动。经未成年人的父母或者其他监护人同意，未成年人参与演出、节目制作等活动，活动组织方应当根据国家有关规定，保障未成年人合法权益。

第六十二条　密切接触未成年人的单位招聘工作人员时，应当向公安机关、人民检察院查询应聘者是否具有性侵害、虐待、拐卖、暴力伤害等违法犯罪记录；发现其具有前述行为记录的，不得录用。

密切接触未成年人的单位应当每年定期对工作人员是否具有上述违法犯罪记录进行查询。通过查询或者其他方式发现其工作人员具有上述行为的，应当及时解聘。

第六十三条　任何组织或者个人不得隐匿、毁弃、非法删除未成年人的信件、日记、电子邮件或者其他网络通讯内容。

除下列情形外，任何组织或者个人不得开拆、查阅未成年人的信件、日记、电子邮件或者其他网络通讯内容：

（一）无民事行为能力未成年人的父母或者其他监护人代未成年人开拆、查阅；

（二）因国家安全或者追查刑事犯罪依法进行检查；

（三）紧急情况下为了保护未成年人本人的人身安全。

第五章　网络保护

第六十四条　国家、社会、学校和家庭应当加强未成年人网络素养宣传教育，培养和提高未成年人的网络素养，增强未成年人科学、文明、安全、合理使用网络的意识和能力，保障未成年人在网络空间的合法权益。

第六十五条　国家鼓励和支持有利于未成年人健康成长的网络内容的创作与传播，鼓励和支持专门以未成年人为服务对象、适合未成年人身心健康特点的网络技术、产品、服务的研发、生产和使用。

第六十六条　网信部门及其他有关部门应当加强对未成年人网络保护工作的监督检查，依法惩处利用网络从事危害未成年人身心健康的活动，为未成年人提供安全、健康的网络环境。

第六十七条　网信部门会同公安、文化和旅游、新闻出版、电影、广播电视等部门根据保护不同年龄阶段未成年人的需要，确定可能影响未成年人身心健康网络信息的种类、范围和判断标准。

第六十八条　新闻出版、教育、卫生健康、文化和旅游、网信等部门应当定期开展预防未成年人沉迷网络的宣传教育，监督网络产品和服务提供者履行预防未成年人沉迷网络的义务，指导家庭、学校、社会组织互相配合，采取科学、合理的方式对未成年人沉迷网络进行预防和干预。

任何组织或者个人不得以侵害未成年人身心健康的方式对未成年人沉迷网络进行干预。

第六十九条　学校、社区、图书馆、文化馆、青少年宫等场所为未成年人提供的互联网上网服务设施，应当安装未成年人网络保护软件或者采取其他安全保护技术措施。

智能终端产品的制造者、销售者应当在产品上安装未成年人网络保护软件，或者以显著方式告知用户未成年人网络保护软件的安装渠道和方法。

第七十条　学校应当合理使用网络开展教学活动。未经学校允许，未成年学生不得将手机等智能终端产品带入课堂，带入学校的应当统一管理。

学校发现未成年学生沉迷网络的，应当及时告知其父母或者其他监护人，共同对未成年学生进行教育和引导，帮助其恢复正常的学习生活。

第七十一条　未成年人的父母或者其他监护人应当提高网络素养，规范自身使用网络的行为，加强对未成年人使用网络行为的引导和监督。

未成年人的父母或者其他监护人应当通过在智能终端产品上安装未成年人网络保护软件、选择适合未成年人的服务模式和管理功能等方式，避免未成年人接触危害或者可能影响其身心健康的网络信息，合理安排未成年人使用网络的时间，有效预防未成年人沉迷网络。

第七十二条　信息处理者通过网络处理未成年人个人信息的，应当遵循合法、正当和必要的原则。处理不满十四周岁未成年人个人信息的，应当征得未成年人的父母或者其他监护人同意，但法律、行政法规另有规定的除外。

未成年人、父母或者其他监护人要求信息处理者更正、删除未成年人个人信息的，信息处理者应当及时采取措施予以更正、删除，但法律、行政法规另有规定的除外。

第七十三条　网络服务提供者发现未成年人通过网络发布私密信息的，应当及时提示，并采取必要的保护措施。

第七十四条　网络产品和服务提供者不得向未成年人提供诱导其沉迷的产品和服务。

网络游戏、网络直播、网络音视频、网络社交等网络服务提供者应当针对未成年人使用其服务设置相应的时间管理、权限管理、消费管理等功能。

以未成年人为服务对象的在线教育网络产品和服务，不得插入网络游戏链接，不得推送广告等与教学无关的信息。

第七十五条　网络游戏经依法审批后方可运营。

国家建立统一的未成年人网络游戏电子身份认证系统。网络游戏服务提供者应当要求未成年人以真实身份信息注册并登录网络游戏。

网络游戏服务提供者应当按照国家有关规定和标准，对游戏产品进行分类，作出适龄提示，并采取技术措施，不得让未成年人接触不适宜的游戏或者游戏功能。

网络游戏服务提供者不得在每日二十二时至次日八时向未成年人提供网络游戏服务。

第七十六条　网络直播服务提供者不得为未满十六周岁的未成年人提供网络直播发布者账号注册服务；为年满十六周岁的未成年人提供网络直播发布者账号注册服务时，应当对其身份信息进行认证，并征得其父母或者其他监护人同意。

第七十七条　任何组织或者个人不得通过网络以文字、图片、音视频等形式，对未成年人实施侮辱、诽谤、威胁或者恶意损害形象等网络欺凌行为。

遭受网络欺凌的未成年人及其父母或者其他监护人有权通知网络服务提供者采取删除、屏蔽、断开链接等措施。网络服务提供者接到通知后，应当及时采取必要的措施制止网络欺凌行为，防止信息扩散。

第七十八条　网络产品和服务提供者应当建立便捷、合理、有效的投诉和举报渠道，公开投诉、举报方式等信息，及时受理并处理涉及未成年人的投诉、举报。

第七十九条　任何组织或者个人发现网络产品、服务含有危害未成年人身心健康的信息，有权向网络产品和服务提供者或者网信、公安等部门投诉、举报。

第八十条　网络服务提供者发现用户发布、传播可能影响未成年人身心健康的信息且未作显著提示的，应当作出提示或者通知用户予以提示；未作出提示的，不得传输相关信息。

网络服务提供者发现用户发布、传播含有危害未成年人身心健康内容的信息的，应当立即停止传输相关信息，采取删除、屏蔽、断开链接等处置措施，保存有关记录，并向网信、公安等部门报告。

网络服务提供者发现用户利用其网络服务对未成年人实施违法犯罪行为的，应当立即停止向该用户提供网络服务，保存有关记录，并向公安机关报告。

第六章　政府保护

第八十一条　县级以上人民政府承担未成年人保护协调机制具体工作的职能部门应当明确相关内设机构或者专门人员，负责承担未成年人保护工作。

乡镇人民政府和街道办事处应当设立未成年人保护工作站或者指定专门人员，及时办理未成年人相关事务；支持、指导居民委员会、村民委员会设立专人专岗，做好未成年人保护工作。

第八十二条　各级人民政府应当将家庭教育指导服务纳入城乡公共服务体系，开展家庭教育知识宣传，鼓励和支持有关人民团体、企业事业单位、社会组织开展家庭教育指导服务。

第八十三条　各级人民政府应当保障未成年人受教育的权利，并采取措施保障留守未成年人、困境未成年人、残疾未成年人接受义务教育。

对尚未完成义务教育的辍学未成年学生，教育行政部门应当责令父母或者其他监护人将其送入学校接受义务教育。

第八十四条　各级人民政府应当发展托育、学前教育事业，办好婴幼儿照护服务机构、幼儿园，支持社会力量依法兴办母婴室、婴幼儿照护服务机构、幼儿园。

县级以上地方人民政府及其有关部门应当培养和培训婴幼儿照护服务机构、幼儿园的保教人员，提高其职业道德素质和业务能力。

第八十五条　各级人民政府应当发展职业教育，保障未成年人接受职业教育或者职业技能培训，鼓励和支持人民团体、企业事业单位、社会组织为未成年人提供职业技能培训服务。

第八十六条　各级人民政府应当保障具有接受普通教育能力、能适应校园生活的残疾未成年人就近在普通学校、幼儿园接受教育；保障不具有接受普通教育能力的残疾未成年人在特殊教育学校、幼儿园接受学前教育、义务教育和职业教育。

各级人民政府应当保障特殊教育学校、幼儿园的办学、办园条件，鼓励和支持社会力量举办特殊教育学校、幼儿园。

第八十七条　地方人民政府及其有关部门应当保障校园安全，监督、指导学校、幼儿园等单位落实校园安全责任，建立突发事件的报告、处置和协调机制。

第八十八条　公安机关和其他有关部门应当依法维护校园周边的治安和交通秩序，设置监控设备和交通安全设施，预防和制止侵害未成年人的违法犯罪行为。

第八十九条　地方人民政府应当建立和改善适合未成年人的活动场所和设施，支持公益性未成年人活动场所和设施的建设和运行，鼓励社会力量兴办适合未成年人的活动场所和设施，并加强管理。

地方人民政府应当采取措施，鼓励和支持学校在国家法定节假日、休息日及寒暑假期将文化体育设施对未成年人免费或者优惠开放。

地方人民政府应当采取措施，防止任何组织或者个人侵占、破坏学校、幼儿园、婴幼儿照护服务机构等未成年人活动场所的场地、房屋和设施。

第九十条　各级人民政府及其有关部门应当对未成年人进行卫生保健和营养指导，提供卫生保健服务。

卫生健康部门应当依法对未成年人的疫苗预防接种

进行规范,防治未成年人常见病、多发病,加强传染病防治和监督管理,做好伤害预防和干预,指导和监督学校、幼儿园、婴幼儿照护服务机构开展卫生保健工作。

教育行政部门应当加强未成年人的心理健康教育,建立未成年人心理问题的早期发现和及时干预机制。卫生健康部门应当做好未成年人心理治疗、心理危机干预以及精神障碍早期识别和诊断治疗等工作。

第九十一条　各级人民政府及其有关部门对困境未成年人实施分类保障,采取措施满足其生活、教育、安全、医疗康复、住房等方面的基本需要。

第九十二条　具有下列情形之一的,民政部门应当依法对未成年人进行临时监护:

(一)未成年人流浪乞讨或者身份不明,暂时查找不到父母或者其他监护人;

(二)监护人下落不明且无其他人可以担任监护人;

(三)监护人因自身客观原因或者因发生自然灾害、事故灾难、公共卫生事件等突发事件不能履行监护职责,导致未成年人监护缺失;

(四)监护人拒绝或者怠于履行监护职责,导致未成年人处于无人照料的状态;

(五)监护人教唆、利用未成年人实施违法犯罪行为,未成年人需要被带离安置;

(六)未成年人遭受监护人严重伤害或者面临人身安全威胁,需要被紧急安置;

(七)法律规定的其他情形。

第九十三条　对临时监护的未成年人,民政部门可以采取委托亲属抚养、家庭寄养等方式进行安置,也可以交由未成年人救助保护机构或者儿童福利机构进行收留、抚养。

临时监护期间,经民政部门评估,监护人重新具备履行监护职责条件的,民政部门可以将未成年人送回监护人抚养。

第九十四条　具有下列情形之一的,民政部门应当依法对未成年人进行长期监护:

(一)查找不到未成年人的父母或者其他监护人;

(二)监护人死亡或者被宣告死亡且无其他人可以担任监护人;

(三)监护人丧失监护能力且无其他人可以担任监护人;

(四)人民法院判决撤销监护人资格并指定由民政部门担任监护人;

(五)法律规定的其他情形。

第九十五条　民政部门进行收养评估后,可以依法将其长期监护的未成年人交由符合条件的申请人收养。收养关系成立后,民政部门与未成年人的监护关系终止。

第九十六条　民政部门承担临时监护或者长期监护职责的,财政、教育、卫生健康、公安等部门应当根据各自职责予以配合。

县级以上人民政府及其民政部门应当根据需要设立未成年人救助保护机构、儿童福利机构,负责收留、抚养由民政部门监护的未成年人。

第九十七条　县级以上人民政府应当开通全国统一的未成年人保护热线,及时受理、转介侵犯未成年人合法权益的投诉、举报;鼓励和支持人民团体、企业事业单位、社会组织参与建设未成年人保护服务平台、服务热线、服务站点,提供未成年人保护方面的咨询、帮助。

第九十八条　国家建立性侵害、虐待、拐卖、暴力伤害等违法犯罪人员信息查询系统,向密切接触未成年人的单位提供免费查询服务。

第九十九条　地方人民政府应当培育、引导和规范有关社会组织、社会工作者参与未成年人保护工作,开展家庭教育指导服务,为未成年人的心理辅导、康复救助、监护及收养评估等提供专业服务。

第七章　司法保护

第一百条　公安机关、人民检察院、人民法院和司法行政部门应当依法履行职责,保障未成年人合法权益。

第一百零一条　公安机关、人民检察院、人民法院和司法行政部门应当确定专门机构或者指定专门人员,负责办理涉及未成年人案件。办理涉及未成年人案件的人员应当经过专门培训,熟悉未成年人身心特点。专门机构或者专门人员中,应当有女性工作人员。

公安机关、人民检察院、人民法院和司法行政部门应当对上述机构和人员实行与未成年人保护工作相适应的评价考核标准。

第一百零二条　公安机关、人民检察院、人民法院和司法行政部门办理涉及未成年人案件,应当考虑未成年人身心特点和健康成长的需要,使用未成年人能够理解的语言和表达方式,听取未成年人的意见。

第一百零三条　公安机关、人民检察院、人民法院、司法行政部门以及其他组织和个人不得披露有关案件中未成年人的姓名、影像、住所、就读学校以及其他可能识别出其身份的信息,但查找失踪、被拐卖未成年人等情形除外。

第一百零四条　对需要法律援助或者司法救助的未

成年人,法律援助机构或者公安机关、人民检察院、人民法院和司法行政部门应当给予帮助,依法为其提供法律援助或者司法救助。

法律援助机构应当指派熟悉未成年人身心特点的律师为未成年人提供法律援助服务。

法律援助机构和律师协会应当对办理未成年人法律援助案件的律师进行指导和培训。

第一百零五条　人民检察院通过行使检察权,对涉及未成年人的诉讼活动等依法进行监督。

第一百零六条　未成年人合法权益受到侵犯,相关组织和个人未代为提起诉讼的,人民检察院可以督促、支持其提起诉讼;涉及公共利益的,人民检察院有权提起公益诉讼。

第一百零七条　人民法院审理继承案件,应当依法保护未成年人的继承权和受遗赠权。

人民法院审理离婚案件,涉及未成年子女抚养问题的,应当尊重已满八周岁未成年子女的真实意愿,根据双方具体情况,按照最有利于未成年子女的原则依法处理。

第一百零八条　未成年人的父母或者其他监护人不依法履行监护职责或者严重侵犯被监护的未成年人合法权益的,人民法院可以根据有关人员或者单位的申请,依法作出人身安全保护令或者撤销监护人资格。

被撤销监护人资格的父母或者其他监护人应当依法继续负担抚养费用。

第一百零九条　人民法院审理离婚、抚养、收养、监护、探望等案件涉及未成年人的,可以自行或者委托社会组织对未成年人的相关情况进行社会调查。

第一百一十条　公安机关、人民检察院、人民法院讯问未成年犯罪嫌疑人、被告人,询问未成年被害人、证人,应当依法通知其法定代理人或者其成年亲属、所在学校的代表等合适成年人到场,并采取适当方式,在适当场所进行,保障未成年人的名誉权、隐私权和其他合法权益。

人民法院开庭审理涉及未成年人案件,未成年被害人、证人一般不出庭作证;必须出庭的,应当采取保护其隐私的技术手段和心理干预等保护措施。

第一百一十一条　公安机关、人民检察院、人民法院应当与其他有关政府部门、人民团体、社会组织互相配合,对遭受性侵害或者暴力伤害的未成年被害人及其家庭实施必要的心理干预、经济救助、法律援助、转学安置等保护措施。

第一百一十二条　公安机关、人民检察院、人民法院办理未成年人遭受性侵害或者暴力伤害案件,在询问未成年被害人、证人时,应当采取同步录音录像等措施,尽量一次完成;未成年被害人、证人是女性的,应当由女性工作人员进行。

第一百一十三条　对违法犯罪的未成年人,实行教育、感化、挽救的方针,坚持教育为主、惩罚为辅的原则。

对违法犯罪的未成年人依法处罚后,在升学、就业等方面不得歧视。

第一百一十四条　公安机关、人民检察院、人民法院和司法行政部门发现有关单位未尽到未成年人教育、管理、救助、看护等保护职责的,应当向该单位提出建议。被建议单位应当在一个月内作出书面回复。

第一百一十五条　公安机关、人民检察院、人民法院和司法行政部门应当结合实际,根据涉及未成年人案件的特点,开展未成年人法治宣传教育工作。

第一百一十六条　国家鼓励和支持社会组织、社会工作者参与涉及未成年人案件中未成年人的心理干预、法律援助、社会调查、社会观护、教育矫治、社区矫正等工作。

第八章　法律责任

第一百一十七条　违反本法第十一条第二款规定,未履行报告义务造成严重后果的,由上级主管部门或者所在单位对直接负责的主管人员和其他直接责任人员依法给予处分。

第一百一十八条　未成年人的父母或者其他监护人不依法履行监护职责或者侵犯未成年人合法权益的,由其居住地的居民委员会、村民委员会予以劝诫、制止;情节严重的,居民委员会、村民委员会应当及时向公安机关报告。

公安机关接到报告或者公安机关、人民检察院、人民法院在办理案件过程中发现未成年人的父母或者其他监护人存在上述情形的,应当予以训诫,并可以责令其接受家庭教育指导。

第一百一十九条　学校、幼儿园、婴幼儿照护服务等机构及其教职员工违反本法第二十七条、第二十八条、第三十九条规定的,由公安、教育、卫生健康、市场监督管理等部门按照职责分工责令改正;拒不改正或者情节严重的,对直接负责的主管人员和其他直接责任人员依法给予处分。

第一百二十条　违反本法第四十四条、第四十五条、第四十七条规定,未给予未成年人免费或者优惠待遇的,由市场监督管理、文化和旅游、交通运输等部门按照职责分工责令限期改正,给予警告;拒不改正的,处一万元以上十万元以下罚款。

第一百二十一条　违反本法第五十条、第五十一条规定的，由新闻出版、广播电视、电影、网信等部门按照职责分工责令限期改正，给予警告，没收违法所得，可以并处十万元以下罚款；拒不改正或者情节严重的，责令暂停相关业务、停产停业或者吊销营业执照、吊销相关许可证，违法所得一百万元以上的，并处违法所得一倍以上十倍以下的罚款，没有违法所得或者违法所得不足一百万元的，并处十万元以上一百万元以下罚款。

第一百二十二条　场所运营单位违反本法第五十六条第二款规定、住宿经营者违反本法第五十七条规定的，由市场监督管理、应急管理、公安等部门按照职责分工责令限期改正，给予警告；拒不改正或者造成严重后果的，责令停业整顿或者吊销营业执照、吊销相关许可证，并处一万元以上十万元以下罚款。

第一百二十三条　相关经营者违反本法第五十八条、第五十九条第一款、第六十条规定的，由文化和旅游、市场监督管理、烟草专卖、公安等部门按照职责分工责令限期改正，给予警告，没收违法所得，可以并处五万元以下罚款；拒不改正或者情节严重的，责令停业整顿或者吊销营业执照、吊销相关许可证，可以并处五万元以上五十万元以下罚款。

第一百二十四条　违反本法第五十九条第二款规定，在学校、幼儿园和其他未成年人集中活动的公共场所吸烟、饮酒的，由卫生健康、教育、市场监督管理等部门按照职责分工责令改正，给予警告，可以并处五百元以下罚款；场所管理者未及时制止的，由卫生健康、教育、市场监督管理等部门按照职责分工给予警告，并处一万元以下罚款。

第一百二十五条　违反本法第六十一条规定的，由文化和旅游、人力资源和社会保障、市场监督管理等部门按照职责分工责令限期改正，给予警告，没收违法所得，可以并处十万元以下罚款；拒不改正或者情节严重的，责令停产停业或者吊销营业执照、吊销相关许可证，并处十万元以上一百万元以下罚款。

第一百二十六条　密切接触未成年人的单位违反本法第六十二条规定，未履行查询义务，或者招用、继续聘用具有相关违法犯罪记录人员的，由教育、人力资源和社会保障、市场监督管理等部门按照职责分工责令限期改正，给予警告，并处五万元以下罚款；拒不改正或者造成严重后果的，责令停业整顿或者吊销营业执照、吊销相关许可证，并处五万元以上五十万元以下罚款，对直接负责

的主管人员和其他直接责任人员依法给予处分。

第一百二十七条　信息处理者违反本法第七十二条规定，或者网络产品和服务提供者违反本法第七十三条、第七十四条、第七十五条、第七十六条、第七十七条、第八十条规定的，由公安、网信、电信、新闻出版、广播电视、文化和旅游等有关部门按照职责分工责令改正，给予警告，没收违法所得，违法所得一百万元以上的，并处违法所得一倍以上十倍以下罚款，没有违法所得或者违法所得不足一百万元的，并处十万元以上一百万元以下罚款，对直接负责的主管人员和其他责任人员处一万元以上十万元以下罚款；拒不改正或者情节严重的，并可以责令暂停相关业务、停业整顿、关闭网站、吊销营业执照或者吊销相关许可证。

第一百二十八条　国家机关工作人员玩忽职守、滥用职权、徇私舞弊，损害未成年人合法权益的，依法给予处分。

第一百二十九条　违反本法规定，侵犯未成年人合法权益，造成人身、财产或者其他损害的，依法承担民事责任。

违反本法规定，构成违反治安管理行为的，依法给予治安管理处罚；构成犯罪的，依法追究刑事责任。

第九章　附　则

第一百三十条　本法中下列用语的含义：

（一）密切接触未成年人的单位，是指学校、幼儿园等教育机构；校外培训机构；未成年人救助保护机构、儿童福利机构等未成年人安置、救助机构；婴幼儿照护服务机构、早期教育服务机构；校外托管、临时看护机构；家政服务机构；为未成年人提供医疗服务的医疗机构；其他对未成年人负有教育、培训、监护、救助、看护、医疗等职责的企业事业单位、社会组织等。

（二）学校，是指普通中小学、特殊教育学校、中等职业学校、专门学校。

（三）学生欺凌，是指发生在学生之间，一方蓄意或者恶意通过肢体、语言及网络等手段实施欺压、侮辱，造成另一方人身伤害、财产损失或者精神损害的行为。

第一百三十一条　对中国境内未满十八周岁的外国人、无国籍人，依照本法有关规定予以保护。

第一百三十二条　本法自 2021 年 6 月 1 日起施行。

中华人民共和国预防未成年人犯罪法

· 1999 年 6 月 28 日第九届全国人民代表大会常务委员会第十次会议通过

· 根据 2012 年 10 月 26 日第十一届全国人民代表大会常务委员会第二十九次会议《关于修改〈中华人民共和国预防未成年人犯罪法〉的决定》修正

· 2020 年 12 月 26 日第十三届全国人民代表大会常务委员会第二十四次会议修订

· 2020 年 12 月 26 日中华人民共和国主席令第 64 号公布

· 自 2021 年 6 月 1 日起施行

第一章　总　则

第一条　为了保障未成年人身心健康，培养未成年人良好品行，有效预防未成年人违法犯罪，制定本法。

第二条　预防未成年人犯罪，立足于教育和保护未成年人相结合，坚持预防为主、提前干预，对未成年人的不良行为和严重不良行为及时进行分级预防、干预和矫治。

第三条　开展预防未成年人犯罪工作，应当尊重未成年人人格尊严，保护未成年人的名誉权、隐私权和个人信息等合法权益。

第四条　预防未成年人犯罪，在各级人民政府组织下，实行综合治理。

国家机关、人民团体、社会组织、企业事业单位、居民委员会、村民委员会、学校、家庭等各负其责、相互配合，共同做好预防未成年人犯罪工作，及时消除滋生未成年人违法犯罪行为的各种消极因素，为未成年人身心健康发展创造良好的社会环境。

第五条　各级人民政府在预防未成年人犯罪方面的工作职责是：

（一）制定预防未成年人犯罪工作规划；

（二）组织公安、教育、民政、文化和旅游、市场监督管理、网信、卫生健康、新闻出版、电影、广播电视、司法行政等有关部门开展预防未成年人犯罪工作；

（三）为预防未成年人犯罪工作提供政策支持和经费保障；

（四）对本法的实施情况和工作规划的执行情况进行检查；

（五）组织开展预防未成年人犯罪宣传教育；

（六）其他预防未成年人犯罪工作职责。

第六条　国家加强专门学校建设，对有严重不良行为的未成年人进行专门教育。专门教育是国民教育体系的组成部分，是对有严重不良行为的未成年人进行教育和矫治的重要保护处分措施。

省级人民政府应当将专门教育发展和专门学校建设纳入经济社会发展规划。县级以上地方人民政府成立专门教育指导委员会，根据需要合理设置专门学校。

专门教育指导委员会由教育、民政、财政、人力资源社会保障、公安、司法行政、人民检察院、人民法院、共产主义青年团、妇女联合会、关心下一代工作委员会、专门学校等单位，以及律师、社会工作者等人员组成，研究确定专门学校教学、管理等相关工作。

专门学校建设和专门教育具体办法，由国务院规定。

第七条　公安机关、人民检察院、人民法院、司法行政部门应当由专门机构或者经过专业培训、熟悉未成年人身心特点的专门人员负责预防未成年人犯罪工作。

第八条　共产主义青年团、妇女联合会、工会、残疾人联合会、关心下一代工作委员会、青年联合会、学生联合会、少年先锋队以及有关社会组织，应当协助各级人民政府及其有关部门、人民检察院和人民法院做好预防未成年人犯罪工作，为预防未成年人犯罪培育社会力量，提供支持服务。

第九条　国家鼓励、支持和指导社会工作服务机构等社会组织参与预防未成年人犯罪相关工作，并加强监督。

第十条　任何组织或者个人不得教唆、胁迫、引诱未成年人实施不良行为或者严重不良行为，以及为未成年人实施上述行为提供条件。

第十一条　未成年人应当遵守法律法规及社会公共道德规范，树立自尊、自律、自强意识，增强辨别是非和自我保护的能力，自觉抵制各种不良行为以及违法犯罪行为的引诱和侵害。

第十二条　预防未成年人犯罪，应当结合未成年人不同年龄的生理、心理特点，加强青春期教育、心理关爱、心理矫治和预防犯罪对策的研究。

第十三条　国家鼓励和支持预防未成年人犯罪相关学科建设、专业设置、人才培养及科学研究，开展国际交流与合作。

第十四条　国家对预防未成年人犯罪工作有显著成绩的组织和个人，给予表彰和奖励。

第二章　预防犯罪的教育

第十五条　国家、社会、学校和家庭应当对未成年人加强社会主义核心价值观教育，开展预防犯罪教育，增强未成年人的法治观念，使未成年人树立遵纪守法和防范违法犯罪的意识，提高自我管控能力。

第十六条　未成年人的父母或者其他监护人对未成

年人的预防犯罪教育负有直接责任,应当依法履行监护职责,树立优良家风,培养未成年人良好品行;发现未成年人心理或者行为异常的,应当及时了解情况并进行教育、引导和劝诫,不得拒绝或者怠于履行监护职责。

第十七条 教育行政部门、学校应当将预防犯罪教育纳入学校教学计划,指导教职员工结合未成年人的特点,采取多种方式对未成年学生进行有针对性的预防犯罪教育。

第十八条 学校应当聘任从事法治教育的专职或者兼职教师,并可以从司法和执法机关、法学教育和法律服务机构等单位聘请法治副校长、校外法治辅导员。

第十九条 学校应当配备专职或者兼职的心理健康教育教师,开展心理健康教育。学校可以根据实际情况与专业心理健康机构合作,建立心理健康筛查和早期干预机制,预防和解决学生心理、行为异常问题。

学校应当与未成年学生的父母或者其他监护人加强沟通,共同做好未成年学生心理健康教育;发现未成年学生可能患有精神障碍的,应当立即告知其父母或者其他监护人送相关专业机构诊治。

第二十条 教育行政部门应当会同有关部门建立学生欺凌防控制度。学校应当加强日常安全管理,完善学生欺凌发现和处置的工作流程,严格排查并及时消除可能导致学生欺凌行为的各种隐患。

第二十一条 教育行政部门鼓励和支持学校聘请社会工作者长期或者定期进驻学校,协助开展道德教育、法治教育、生命教育和心理健康教育,参与预防和处理学生欺凌等行为。

第二十二条 教育行政部门、学校应当通过举办讲座、座谈、培训等活动,介绍科学合理的教育方法,指导教职员工、未成年学生的父母或者其他监护人有效预防未成年人犯罪。

学校应当将预防犯罪教育计划告知未成年学生的父母或者其他监护人。未成年学生的父母或者其他监护人应当配合学校对未成年学生进行有针对性的预防犯罪教育。

第二十三条 教育行政部门应当将预防犯罪教育的工作效果纳入学校年度考核内容。

第二十四条 各级人民政府及其有关部门、人民检察院、人民法院、共产主义青年团、少年先锋队、妇女联合会、残疾人联合会、关心下一代工作委员会等应当结合实际,组织、举办多种形式的预防未成年人犯罪宣传教育活动。有条件的地方可以建立青少年法治教育基地,对未

成年人开展法治教育。

第二十五条 居民委员会、村民委员会应当积极开展有针对性的预防未成年人犯罪宣传活动,协助公安机关维护学校周围治安,及时掌握本辖区内未成年人的监护、就学和就业情况,组织、引导社区社会组织参与预防未成年人犯罪工作。

第二十六条 青少年宫、儿童活动中心等校外活动场所应当把预防犯罪教育作为一项重要的工作内容,开展多种形式的宣传教育活动。

第二十七条 职业培训机构、用人单位在对已满十六周岁准备就业的未成年人进行职业培训时,应当将预防犯罪教育纳入培训内容。

第三章 对不良行为的干预

第二十八条 本法所称不良行为,是指未成年人实施的不利于其健康成长的下列行为:

(一)吸烟、饮酒;

(二)多次旷课、逃学;

(三)无故夜不归宿、离家出走;

(四)沉迷网络;

(五)与社会上具有不良习性的人交往,组织或者参加实施不良行为的团伙;

(六)进入法律法规规定未成年人不宜进入的场所;

(七)参与赌博、变相赌博,或者参加封建迷信、邪教等活动;

(八)阅览、观看或者收听宣扬淫秽、色情、暴力、恐怖、极端等内容的读物、音像制品或者网络信息等;

(九)其他不利于未成年人身心健康成长的不良行为。

第二十九条 未成年人的父母或者其他监护人发现未成年人有不良行为的,应当及时制止并加强管教。

第三十条 公安机关、居民委员会、村民委员会发现本辖区内未成年人有不良行为的,应当及时制止,并督促其父母或者其他监护人依法履行监护职责。

第三十一条 学校对有不良行为的未成年学生,应当加强管理教育,不得歧视;对拒不改正或者情节严重的,学校可以根据情况予以处分或者采取以下管理教育措施:

(一)予以训导;

(二)要求遵守特定的行为规范;

(三)要求参加特定的专题教育;

(四)要求参加校内服务活动;

(五)要求接受社会工作者或者其他专业人员的心理辅导和行为干预;

(六)其他适当的管理教育措施。

第三十二条　学校和家庭应当加强沟通，建立家校合作机制。学校决定对未成年学生采取管理教育措施的，应当及时告知其父母或者其他监护人；未成年学生的父母或者其他监护人应当支持、配合学校进行管理教育。

第三十三条　未成年学生偷窃少量财物，或者有殴打、辱骂、恐吓、强行索要财物等学生欺凌行为，情节轻微的，可以由学校依照本法第三十一条规定采取相应的管理教育措施。

第三十四条　未成年学生旷课、逃学的，学校应当及时联系其父母或者其他监护人，了解有关情况；无正当理由的，学校和未成年学生的父母或者其他监护人应当督促其返校学习。

第三十五条　未成年人无故夜不归宿、离家出走的，父母或者其他监护人、所在的寄宿制学校应当及时查找，必要时向公安机关报告。

收留夜不归宿、离家出走未成年人的，应当及时联系其父母或者其他监护人、所在学校；无法取得联系的，应当及时向公安机关报告。

第三十六条　对夜不归宿、离家出走或者流落街头的未成年人，公安机关、公共场所管理机构等发现或者接到报告后，应当及时采取有效保护措施，并通知其父母或者其他监护人、所在的寄宿制学校，必要时应当护送其返回住所、学校；无法与其父母或者其他监护人、学校取得联系的，应当护送未成年人到救助保护机构接受救助。

第三十七条　未成年人的父母或者其他监护人、学校发现未成年人组织或者参加实施不良行为的团伙，应当及时制止；发现该团伙有违法犯罪嫌疑的，应当立即向公安机关报告。

第四章　对严重不良行为的矫治

第三十八条　本法所称严重不良行为，是指未成年人实施的有刑法规定、因不满法定刑事责任年龄不予刑事处罚的行为，以及严重危害社会的下列行为：

（一）结伙斗殴，追逐、拦截他人，强拿硬要或者任意损毁、占用公私财物等寻衅滋事行为；

（二）非法携带枪支、弹药或者弩、匕首等国家规定的管制器具；

（三）殴打、辱骂、恐吓，或者故意伤害他人身体；

（四）盗窃、哄抢、抢夺或者故意损毁公私财物；

（五）传播淫秽的读物、音像制品或者信息等；

（六）卖淫、嫖娼，或者进行淫秽表演；

（七）吸食、注射毒品，或者向他人提供毒品；

（八）参与赌博赌资较大；

（九）其他严重危害社会的行为。

第三十九条　未成年人的父母或者其他监护人、学校、居民委员会、村民委员会发现有人教唆、胁迫、引诱未成年人实施严重不良行为的，应当立即向公安机关报告。公安机关接到报告或者发现有上述情形的，应当及时依法查处；对人身安全受到威胁的未成年人，应当立即采取有效保护措施。

第四十条　公安机关接到举报或者发现未成年人有严重不良行为的，应当及时制止，依法调查处理，并可以责令其父母或者其他监护人消除或者减轻违法后果，采取措施严加管教。

第四十一条　对有严重不良行为的未成年人，公安机关可以根据具体情况，采取以下矫治教育措施：

（一）予以训诫；

（二）责令赔礼道歉、赔偿损失；

（三）责令具结悔过；

（四）责令定期报告活动情况；

（五）责令遵守特定的行为规范，不得实施特定行为、接触特定人员或者进入特定场所；

（六）责令接受心理辅导、行为矫治；

（七）责令参加社会服务活动；

（八）责令接受社会观护，由社会组织、有关机构在适当场所对未成年人进行教育、监督和管束；

（九）其他适当的矫治教育措施。

第四十二条　公安机关在对未成年人进行矫治教育时，可以根据需要邀请学校、居民委员会、村民委员会以及社会工作服务机构等社会组织参与。

未成年人的父母或者其他监护人应当积极配合矫治教育措施的实施，不得妨碍阻挠或者放任不管。

第四十三条　对有严重不良行为的未成年人，未成年人的父母或者其他监护人、所在学校无力管教或者管教无效的，可以向教育行政部门提出申请，经专门教育指导委员会评估同意后，由教育行政部门决定送入专门学校接受专门教育。

第四十四条　未成年人有下列情形之一的，经专门教育指导委员会评估同意，教育行政部门会同公安机关可以决定将其送入专门学校接受专门教育：

（一）实施严重危害社会的行为，情节恶劣或者造成严重后果；

（二）多次实施严重危害社会的行为；

（三）拒不接受或者配合本法第四十一条规定的矫治教育措施；

（四）法律、行政法规规定的其他情形。

第四十五条　未成年人实施刑法规定的行为、因不满法定刑事责任年龄不予刑事处罚的，经专门教育指导委员会评估同意，教育行政部门会同公安机关可以决定对其进行专门矫治教育。

省级人民政府应当结合本地的实际情况，至少确定一所专门学校按照分校区、分班级等方式设置专门场所，对前款规定的未成年人进行专门矫治教育。

前款规定的专门场所实行闭环管理，公安机关、司法行政部门负责未成年人的矫治工作，教育行政部门承担未成年人的教育工作。

第四十六条　专门学校应当在每个学期适时提请专门教育指导委员会对接受专门教育的未成年学生的情况进行评估。对经评估适合转回普通学校就读的，专门教育指导委员会应当向原决定机关提出书面建议，由原决定机关决定是否将未成年学生转回普通学校就读。

原决定机关决定将未成年学生转回普通学校的，其原所在学校不得拒绝接收；因特殊情况，不适宜转回原所在学校的，由教育行政部门安排转学。

第四十七条　专门学校应当对接受专门教育的未成年人分级分类进行教育和矫治，有针对性地开展道德教育、法治教育、心理健康教育，并根据实际情况进行职业教育；对没有完成义务教育的未成年人，应当保证其继续接受义务教育。

专门学校的未成年学生的学籍保留在原学校，符合毕业条件的，原学校应当颁发毕业证书。

第四十八条　专门学校应当与接受专门教育的未成年人的父母或者其他监护人加强联系，定期向其反馈未成年人的矫治和教育情况，为父母或者其他监护人、亲属等看望未成年人提供便利。

第四十九条　未成年人及其父母或者其他监护人对本章规定的行政决定不服的，可以依法提起行政复议或者行政诉讼。

第五章　对重新犯罪的预防

第五十条　公安机关、人民检察院、人民法院办理未成年人刑事案件，应当根据未成年人的生理、心理特点和犯罪的情况，有针对性地进行法治教育。

对涉及刑事案件的未成年人进行教育，其法定代理人以外的成年亲属或者教师、辅导员等参与有利于感化、挽救未成年人的，公安机关、人民检察院、人民法院应当邀请其参加有关活动。

第五十一条　公安机关、人民检察院、人民法院办理未成年人刑事案件，可以自行或者委托有关社会组织、机构对未成年犯罪嫌疑人或者被告人的成长经历、犯罪原因、监护、教育等情况进行社会调查；根据实际需要并经未成年犯罪嫌疑人、被告人及其法定代理人同意，可以对未成年犯罪嫌疑人、被告人进行心理测评。

社会调查和心理测评的报告可以作为办理案件和教育未成年人的参考。

第五十二条　公安机关、人民检察院、人民法院对于无固定住所、无法提供保证人的未成年人适用取保候审的，应当指定合适成年人作为保证人，必要时可以安排取保候审的未成年人接受社会观护。

第五十三条　对被拘留、逮捕以及在未成年犯管教所执行刑罚的未成年人，应当与成年人分别关押、管理和教育。对未成年人的社区矫正，应当与成年人分别进行。

对有上述情形且没有完成义务教育的未成年人，公安机关、人民检察院、人民法院、司法行政部门应当与教育行政部门相互配合，保证其继续接受义务教育。

第五十四条　未成年犯管教所、社区矫正机构应当对未成年犯、未成年社区矫正对象加强法治教育，并根据实际情况对其进行职业教育。

第五十五条　社区矫正机构应当告知未成年社区矫正对象安置帮教的有关规定，并配合安置帮教工作部门落实或者解决未成年社区矫正对象的就学、就业等问题。

第五十六条　对刑满释放的未成年人，未成年犯管教所应当提前通知其父母或者其他监护人按时接回，并协助落实安置帮教措施。没有父母或者其他监护人、无法查明其父母或者其他监护人的，未成年犯管教所应当提前通知未成年人原户籍所在地或者居住地的司法行政部门安排人员按时接回，由民政部门或者居民委员会、村民委员会依法对其进行监护。

第五十七条　未成年人的父母或者其他监护人和学校、居民委员会、村民委员会对接受社区矫正、刑满释放的未成年人，应当采取有效的帮教措施，协助司法机关以及有关部门做好安置帮教工作。

居民委员会、村民委员会可以聘请思想品德优秀，作风正派，热心未成年人工作的离退休人员、志愿者或其他人员协助做好前款规定的安置帮教工作。

第五十八条　刑满释放和接受社区矫正的未成年人，在复学、升学、就业等方面依法享有与其他未成年人同等的权利，任何单位和个人不得歧视。

第五十九条　未成年人的犯罪记录依法被封存的，公安机关、人民检察院、人民法院和司法行政部门不得向任何单位或者个人提供，但司法机关因办案需要或者有关单位根据国家有关规定进行查询的除外。依法进行查询的单位和个人应当对相关记录信息予以保密。

未成年人接受专门矫治教育、专门教育的记录，以及被行政处罚、采取刑事强制措施和不起诉的记录，适用前款规定。

第六十条　人民检察院通过依法行使检察权，对未成年人重新犯罪预防工作等进行监督。

第六章　法律责任

第六十一条　公安机关、人民检察院、人民法院在办理案件过程中发现实施严重不良行为的未成年人的父母或者其他监护人不依法履行监护职责的，应当予以训诫，并可以责令其接受家庭教育指导。

第六十二条　学校及其教职员工违反本法规定，不履行预防未成年人犯罪工作职责，或者虐待、歧视相关未成年人的，由教育行政等部门责令改正，通报批评；情节严重的，对直接负责的主管人员和其他直接责任人员依法给予处分。构成违反治安管理行为的，由公安机关依法予以治安管理处罚。

教职员工教唆、胁迫、引诱未成年人实施不良行为或者严重不良行为，以及品行不良、影响恶劣的，教育行政部门、学校应当依法予以解聘或者辞退。

第六十三条　违反本法规定，在复学、升学、就业等方面歧视相关未成年人的，由所在单位或者教育、人力资源社会保障等部门责令改正；拒不改正的，对直接负责的主管人员或者其他直接责任人员依法给予处分。

第六十四条　有关社会组织、机构及其工作人员虐待、歧视接受社会观护的未成年人，或者出具虚假社会调查、心理测评报告的，由民政、司法行政等部门对直接负责的主管人员或者其他直接责任人员依法给予处分，构成违反治安管理行为的，由公安机关予以治安管理处罚。

第六十五条　教唆、胁迫、引诱未成年人实施不良行为或者严重不良行为，构成违反治安管理行为的，由公安机关依法予以治安管理处罚。

第六十六条　国家机关及其工作人员在预防未成年人犯罪工作中滥用职权、玩忽职守、徇私舞弊的，对直接负责的主管人员和其他直接责任人员，依法给予处分。

第六十七条　违反本法规定，构成犯罪的，依法追究刑事责任。

第七章　附　则

第六十八条　本法自2021年6月1日起施行。

中华人民共和国家庭教育促进法

· 2021年10月23日第十三届全国人民代表大会常务委员会第三十一次会议通过
· 2021年10月23日中华人民共和国主席令第98号公布
· 自2022年1月1日起施行

第一章　总　则

第一条　为了发扬中华民族重视家庭教育的优良传统，引导全社会注重家庭、家教、家风，增进家庭幸福与社会和谐，培养德智体美劳全面发展的社会主义建设者和接班人，制定本法。

第二条　本法所称家庭教育，是指父母或者其他监护人为促进未成年人全面健康成长，对其实施的道德品质、身体素质、生活技能、文化修养、行为习惯等方面的培育、引导和影响。

第三条　家庭教育以立德树人为根本任务，培育和践行社会主义核心价值观，弘扬中华民族优秀传统文化、革命文化、社会主义先进文化，促进未成年人健康成长。

第四条　未成年人的父母或者其他监护人负责实施家庭教育。

国家和社会为家庭教育提供指导、支持和服务。

国家工作人员应当带头树立良好家风，履行家庭教育责任。

第五条　家庭教育应当符合以下要求：

（一）尊重未成年人身心发展规律和个体差异；

（二）尊重未成年人人格尊严，保护未成年人隐私权和个人信息，保障未成年人合法权益；

（三）遵循家庭教育特点，贯彻科学的家庭教育理念和方法；

（四）家庭教育、学校教育、社会教育紧密结合、协调一致；

（五）结合实际情况采取灵活多样的措施。

第六条　各级人民政府指导家庭教育工作，建立健全家庭学校社会协同育人机制。县级以上人民政府负责妇女儿童工作的机构，组织、协调、指导、督促有关部门做好家庭教育工作。

教育行政部门、妇女联合会统筹协调社会资源，协同推进覆盖城乡的家庭教育指导服务体系建设，并按照职责分工承担家庭教育工作的日常事务。

县级以上精神文明建设部门和县级以上人民政府公安、民政、司法行政、人力资源和社会保障、文化和旅游、卫生健康、市场监督管理、广播电视、体育、新闻出版、网信等有关部门在各自的职责范围内做好家庭教育工作。

第七条　县级以上人民政府应当制定家庭教育工作专项规划,将家庭教育指导服务纳入城乡公共服务体系和政府购买服务目录,将相关经费列入财政预算,鼓励和支持以政府购买服务的方式提供家庭教育指导。

第八条　人民法院、人民检察院发挥职能作用,配合同级人民政府及其有关部门建立家庭教育工作联动机制,共同做好家庭教育工作。

第九条　工会、共产主义青年团、残疾人联合会、科学技术协会、关心下一代工作委员会以及居民委员会、村民委员会等应当结合自身工作,积极开展家庭教育工作,为家庭教育提供社会支持。

第十条　国家鼓励和支持企业事业单位、社会组织及个人依法开展公益性家庭教育服务活动。

第十一条　国家鼓励开展家庭教育研究,鼓励高等学校开设家庭教育专业课程,支持师范院校和有条件的高等学校加强家庭教育学科建设,培养家庭教育服务专业人才,开展家庭教育服务人员培训。

第十二条　国家鼓励和支持自然人、法人和非法人组织为家庭教育事业进行捐赠或者提供志愿服务,对符合条件的,依法给予税收优惠。

国家对在家庭教育工作中做出突出贡献的组织和个人,按照有关规定给予表彰、奖励。

第十三条　每年5月15日国际家庭日所在周为全国家庭教育宣传周。

第二章　家庭责任

第十四条　父母或者其他监护人应当树立家庭是第一个课堂、家长是第一任老师的责任意识,承担对未成年人实施家庭教育的主体责任,用正确思想、方法和行为教育未成年人养成良好思想、品行和习惯。

共同生活的具有完全民事行为能力的其他家庭成员应当协助和配合未成年人的父母或者其他监护人实施家庭教育。

第十五条　未成年人的父母或者其他监护人及其他家庭成员应当注重家庭建设,培育积极健康的家庭文化,树立和传承优良家风,弘扬中华民族家庭美德,共同构建文明、和睦的家庭关系,为未成年人健康成长营造良好的家庭环境。

第十六条　未成年人的父母或者其他监护人应当针对不同年龄段未成年人的身心发展特点,以下列内容为指引,开展家庭教育:

(一)教育未成年人爱党、爱国、爱人民、爱集体、爱社会主义,树立维护国家统一的观念,铸牢中华民族共同体意识,培养家国情怀;

(二)教育未成年人崇德向善、尊老爱幼、热爱家庭、勤俭节约、团结互助、诚信友爱、遵纪守法,培养其良好社会公德、家庭美德、个人品德意识和法治意识;

(三)帮助未成年人树立正确的成才观,引导其培养广泛兴趣爱好、健康审美追求和良好学习习惯,增强科学探索精神、创新意识和能力;

(四)保证未成年人营养均衡、科学运动、睡眠充足、身心愉悦,引导其养成良好生活习惯和行为习惯,促进其身心健康发展;

(五)关注未成年人心理健康,教导其珍爱生命,对其进行交通出行、健康上网和防欺凌、防溺水、防诈骗、防拐卖、防性侵等方面的安全知识教育,帮助其掌握安全知识和技能,增强其自我保护的意识和能力;

(六)帮助未成年人树立正确的劳动观念,参加力所能及的劳动,提高生活自理能力和独立生活能力,养成吃苦耐劳的优秀品格和热爱劳动的良好习惯。

第十七条　未成年人的父母或者其他监护人实施家庭教育,应当关注未成年人的生理、心理、智力发展状况,尊重其参与相关家庭事务和发表意见的权利,合理运用以下方式方法:

(一)亲自养育,加强亲子陪伴;

(二)共同参与,发挥父母双方的作用;

(三)相机而教,寓教于日常生活之中;

(四)潜移默化,言传与身教相结合;

(五)严慈相济,关心爱护与严格要求并重;

(六)尊重差异,根据年龄和个性特点进行科学引导;

(七)平等交流,予以尊重、理解和鼓励;

(八)相互促进,父母与子女共同成长;

(九)其他有益于未成年人全面发展、健康成长的方式方法。

第十八条　未成年人的父母或者其他监护人应当树立正确的家庭教育理念,自觉学习家庭教育知识,在孕期和未成年人进入婴幼儿照护服务机构、幼儿园、中小学校等重要时段进行有针对性的学习,掌握科学的家庭教育方法,提高家庭教育的能力。

第十九条　未成年人的父母或者其他监护人应当与中小学校、幼儿园、婴幼儿照护服务机构、社区密切配合,积极参加其提供的公益性家庭教育指导和实践活动,共同促进未成年人健康成长。

第二十条　未成年人的父母分居或者离异的,应当相互配合履行家庭教育责任,任何一方不得拒绝或者怠于履行;除法律另有规定外,不得阻碍另一方实施家庭教育。

第二十一条　未成年人的父母或者其他监护人依法委托他人代为照护未成年人的,应当与被委托人、未成年人保持联系,定期了解未成年人学习、生活情况和心理状况,与被委托人共同履行家庭教育责任。

第二十二条　未成年人的父母或者其他监护人应当合理安排未成年人学习、休息、娱乐和体育锻炼的时间,避免加重未成年人学习负担,预防未成年人沉迷网络。

第二十三条　未成年人的父母或者其他监护人不得因性别、身体状况、智力等歧视未成年人,不得实施家庭暴力,不得胁迫、引诱、教唆、纵容、利用未成年人从事违反法律法规和社会公德的活动。

第三章　国家支持

第二十四条　国务院应当组织有关部门制定、修订并及时颁布全国家庭教育指导大纲。

省级人民政府或者有条件的设区的市级人民政府应当组织有关部门编写或者采用适合当地实际的家庭教育指导读本,制定相应的家庭教育指导服务工作规范和评估规范。

第二十五条　省级以上人民政府应当组织有关部门统筹建设家庭教育信息化共享服务平台,开设公益性网上家长学校和网络课程,开通服务热线,提供线上家庭教育指导服务。

第二十六条　县级以上地方人民政府应当加强监督管理,减轻义务教育阶段学生作业负担和校外培训负担,畅通学校家庭沟通渠道,推进学校教育和家庭教育相互配合。

第二十七条　县级以上地方人民政府及有关部门组织建立家庭教育指导服务专业队伍,加强对专业人员的培养,鼓励社会工作者、志愿者参与家庭教育指导服务工作。

第二十八条　县级以上地方人民政府可以结合当地实际情况和需要,通过多种途径和方式确定家庭教育指导机构。

家庭教育指导机构对辖区内社区家长学校、学校家长学校及其他家庭教育指导服务站点进行指导,同时开展家庭教育研究、服务人员队伍建设和培训、公共服务产品研发。

第二十九条　家庭教育指导机构应当及时向有需求的家庭提供服务。

对于父母或者其他监护人履行家庭教育责任存在一定困难的家庭,家庭教育指导机构应当根据具体情况,与相关部门协作配合,提供有针对性的服务。

第三十条　设区的市、县、乡级人民政府应当结合当地实际采取措施,对留守未成年人和困境未成年人家庭建档立卡,提供生活帮扶、创业就业支持等关爱服务,为留守未成年人和困境未成年人的父母或者其他监护人实施家庭教育创造条件。

教育行政部门、妇女联合会应当采取有针对性的措施,为留守未成年人和困境未成年人的父母或者其他监护人实施家庭教育提供服务,引导其积极关注未成年人身心健康状况、加强亲情关爱。

第三十一条　家庭教育指导机构开展家庭教育指导服务活动,不得组织或者变相组织营利性教育培训。

第三十二条　婚姻登记机构和收养登记机构应当通过现场咨询辅导、播放宣传教育片等形式,向办理婚姻登记、收养登记的当事人宣传家庭教育知识,提供家庭教育指导。

第三十三条　儿童福利机构、未成年人救助保护机构应当对本机构安排的寄养家庭、接受救助保护的未成年人的父母或者其他监护人提供家庭教育指导。

第三十四条　人民法院在审理离婚案件时,应当对有未成年子女的夫妻双方提供家庭教育指导。

第三十五条　妇女联合会发挥妇女在弘扬中华民族家庭美德、树立良好家风等方面的独特作用,宣传普及家庭教育知识,通过家庭教育指导机构、社区家长学校、文明家庭建设等多种渠道组织开展家庭教育实践活动,提供家庭教育指导服务。

第三十六条　自然人、法人和非法人组织可以依法设立非营利性家庭教育服务机构。

县级以上地方人民政府及有关部门可以采取政府补贴、奖励激励、购买服务等扶持措施,培育家庭教育服务机构。

教育、民政、卫生健康、市场监督管理等有关部门应当在各自职责范围内,依法对家庭教育服务机构及从业人员进行指导和监督。

第三十七条　国家机关、企业事业单位、群团组织、社会组织应当将家风建设纳入单位文化建设,支持职工参加相关的家庭教育服务活动。

文明城市、文明村镇、文明单位、文明社区、文明校园和文明家庭等创建活动,应当将家庭教育情况作为重要内容。

第四章　社会协同

第三十八条　居民委员会、村民委员会可以依托城乡社区公共服务设施,设立社区家长学校等家庭教育指导服务站点,配合家庭教育指导机构组织面向居民、村民的家庭教育知识宣传,为未成年人的父母或者其他监护人提供家庭教育指导服务。

第三十九条　中小学校、幼儿园应当将家庭教育指导服务纳入工作计划,作为教师业务培训的内容。

第四十条　中小学校、幼儿园可以采取建立家长学校等方式,针对不同年龄段未成年人的特点,定期组织公益性家庭教育指导服务和实践活动,并及时联系、督促未成年人的父母或者其他监护人参加。

第四十一条　中小学校、幼儿园应当根据家长的需求,邀请有关人员传授家庭教育理念、知识和方法,组织开展家庭教育指导服务和实践活动,促进家庭与学校共同教育。

第四十二条　具备条件的中小学校、幼儿园应当在教育行政部门的指导下,为家庭教育指导服务站点开展公益性家庭教育指导服务活动提供支持。

第四十三条　中小学校发现未成年学生严重违反校规校纪的,应当及时制止、管教,告知其父母或者其他监护人,并为其父母或者其他监护人提供有针对性的家庭教育指导服务;发现未成年学生有不良行为或者严重不良行为的,按照有关法律规定处理。

第四十四条　婴幼儿照护服务机构、早期教育服务机构应当为未成年人的父母或者其他监护人提供科学养育指导等家庭教育指导服务。

第四十五条　医疗保健机构在开展婚前保健、孕产期保健、儿童保健、预防接种等服务时,应当对有关成年人、未成年人的父母或者其他监护人开展科学养育知识和婴幼儿早期发展的宣传和指导。

第四十六条　图书馆、博物馆、文化馆、纪念馆、美术馆、科技馆、体育场馆、青少年宫、儿童活动中心等公共文化服务机构和爱国主义教育基地每年应当定期开展公益性家庭教育宣传、家庭教育指导服务和实践活动,开发家庭教育类公共文化服务产品。

广播、电视、报刊、互联网等新闻媒体应当宣传正确的家庭教育知识,传播科学的家庭教育理念和方法,营造重视家庭教育的良好社会氛围。

第四十七条　家庭教育服务机构应当加强自律管理,制定家庭教育服务规范,组织从业人员培训,提高从业人员的业务素质和能力。

第五章　法律责任

第四十八条　未成年人住所地的居民委员会、村民委员会、妇女联合会,未成年人的父母或者其他监护人所在单位,以及中小学校、幼儿园等有关密切接触未成年人的单位,发现父母或者其他监护人拒绝、怠于履行家庭教育责任,或者非法阻碍其他监护人实施家庭教育的,应当予以批评教育、劝诫制止,必要时督促其接受家庭教育指导。

未成年人的父母或者其他监护人依法委托他人代为照护未成年人,有关单位发现被委托人不依法履行家庭教育责任的,适用前款规定。

第四十九条　公安机关、人民检察院、人民法院在办理案件过程中,发现未成年人存在严重不良行为或者实施犯罪行为,或者未成年人的父母或者其他监护人不正确实施家庭教育侵害未成年人合法权益的,根据情况对父母或者其他监护人予以训诫,并可以责令其接受家庭教育指导。

第五十条　负有家庭教育工作职责的政府部门、机构有下列情形之一的,由其上级机关或者主管单位责令限期改正;情节严重的,对直接负责的主管人员和其他直接责任人员依法予以处分:

(一)不履行家庭教育工作职责;

(二)截留、挤占、挪用或者虚报、冒领家庭教育工作经费;

(三)其他滥用职权、玩忽职守或者徇私舞弊的情形。

第五十一条　家庭教育指导机构、中小学校、幼儿园、婴幼儿照护服务机构、早期教育服务机构违反本法规定,不履行或者不正确履行家庭教育指导服务职责的,由主管部门责令限期改正;情节严重的,对直接负责的主管人员和其他直接责任人员依法予以处分。

第五十二条　家庭教育服务机构有下列情形之一的,由主管部门责令限期改正;拒不改正或者情节严重的,由主管部门责令停业整顿、吊销营业执照或者撤销登记:

(一)未依法办理设立手续;

(二)从事超出许可业务范围的行为或作虚假、引人误解宣传,产生不良后果;

(三)侵犯未成年人及其父母或者其他监护人合法权益。

第五十三条　未成年人的父母或者其他监护人在家庭教育过程中对未成年人实施家庭暴力的,依照《中华人民共和国未成年人保护法》、《中华人民共和国反家庭暴力法》等法律的规定追究法律责任。

第五十四条　违反本法规定,构成违反治安管理行为的,由公安机关依法予以治安管理处罚;构成犯罪的,依法追究刑事责任。

第六章　附　则

第五十五条　本法自 2022 年 1 月 1 日起施行。

未成年人网络保护条例

· 2023 年 10 月 16 日中华人民共和国国务院令第 766 号公布
· 自 2024 年 1 月 1 日起施行

第一章　总　则

第一条　为了营造有利于未成年人身心健康的网络环境,保障未成年人合法权益,根据《中华人民共和国未成年人保护法》、《中华人民共和国网络安全法》、《中华人民共和国个人信息保护法》等法律,制定本条例。

第二条　未成年人网络保护工作应当坚持中国共产党的领导,坚持以社会主义核心价值观为引领,坚持最有利于未成年人的原则,适应未成年人身心健康发展和网络空间的规律和特点,实行社会共治。

第三条　国家网信部门负责统筹协调未成年人网络保护工作,并依据职责做好未成年人网络保护工作。

国家新闻出版、电影部门和国务院教育、电信、公安、民政、文化和旅游、卫生健康、市场监督管理、广播电视等有关部门依据各自职责做好未成年人网络保护工作。

县级以上地方人民政府及其有关部门依据各自职责做好未成年人网络保护工作。

第四条　共产主义青年团、妇女联合会、工会、残疾人联合会、关心下一代工作委员会、青年联合会、学生联合会、少年先锋队以及其他人民团体、有关社会组织、基层群众性自治组织,协助有关部门做好未成年人网络保护工作,维护未成年人合法权益。

第五条　学校、家庭应当教育引导未成年人参加有益身心健康的活动,科学、文明、安全、合理使用网络,预防和干预未成年人沉迷网络。

第六条　网络产品和服务提供者、个人信息处理者、智能终端产品制造者和销售者应当遵守法律、行政法规和国家有关规定,尊重社会公德,遵守商业道德,诚实信用,履行未成年人网络保护义务,承担社会责任。

第七条　网络产品和服务提供者、个人信息处理者、智能终端产品制造者和销售者应当接受政府和社会的监督,配合有关部门依法实施涉及未成年人网络保护工作的监督检查,建立便捷、合理、有效的投诉、举报渠道,通过显著方式公布投诉、举报途径和方法,及时受理并处理公众投诉、举报。

第八条　任何组织和个人发现违反本条例规定的,可以向网信、新闻出版、电影、教育、电信、公安、民政、文化和旅游、卫生健康、市场监督管理、广播电视等有关部门投诉、举报。收到投诉、举报的部门应当及时依法作出处理;不属于本部门职责的,应当及时移送有权处理的部门。

第九条　网络相关行业组织应当加强行业自律,制定未成年人网络保护相关行业规范,指导会员履行未成年人网络保护义务,加强对未成年人的网络保护。

第十条　新闻媒体应当通过新闻报道、专题栏目(节目)、公益广告等方式,开展未成年人网络保护法律法规、政策措施、典型案例和有关知识的宣传,对侵犯未成年人合法权益的行为进行舆论监督,引导全社会共同参与未成年人网络保护。

第十一条　国家鼓励和支持在未成年人网络保护领域加强科学研究和人才培养,开展国际交流与合作。

第十二条　对在未成年人网络保护工作中作出突出贡献的组织和个人,按照国家有关规定给予表彰和奖励。

第二章　网络素养促进

第十三条　国务院教育部门应当将网络素养教育纳入学校素质教育内容,并会同国家网信部门制定未成年人网络素养测评指标。

教育部门应当指导、支持学校开展未成年人网络素养教育,围绕网络道德意识形成、网络法治观念培养、网络使用能力建设、人身财产安全保护等,培育未成年人网络安全意识、文明素养、行为习惯和防护技能。

第十四条　县级以上人民政府应当科学规划、合理布局,促进公益性上网服务均衡协调发展,加强提供公益性上网服务的公共文化设施建设,改善未成年人上网条件。

县级以上地方人民政府应当通过为中小学校配备具有相应专业能力的指导教师、政府购买服务或者鼓励中小学校自行采购相关服务等方式,为学生提供优质的网络素养教育课程。

第十五条　学校、社区、图书馆、文化馆、青少年宫等场所为未成年人提供互联网上网服务设施的,应当通过安排专业人员、招募志愿者等方式,以及安装未成年人网络保护软件或者采取其他安全保护技术措施,为未成年人提供上网指导和安全、健康的上网环境。

第十六条　学校应当将提高学生网络素养等内容纳入教育教学活动,并合理使用网络开展教学活动,建立健全学生在校期间上网的管理制度,依法规范管理未成年学生带入学校的智能终端产品,帮助学生养成良好上网习惯,培养学生网络安全和网络法治意识,增强学生对网络信息的获取和分析判断能力。

第十七条　未成年人的监护人应当加强家庭家教家风建设,提高自身网络素养,规范自身使用网络的行为,加强对未成年人使用网络行为的教育、示范、引导和监督。

第十八条　国家鼓励和支持研发、生产和使用专门以未成年人为服务对象,适应未成年人身心健康发展规律和特点的网络保护软件、智能终端产品和未成年人模式、未成年人专区等网络技术、产品、服务,加强网络无障碍环境建设和改造,促进未成年人开阔眼界、陶冶情操、提高素质。

第十九条　未成年人网络保护软件、专门供未成年人使用的智能终端产品应当具有有效识别违法信息和可能影响未成年人身心健康的信息、保护未成年人个人信息权益、预防未成年人沉迷网络、便于监护人履行监护职责等功能。

国家网信部门会同国务院有关部门根据未成年人网络保护工作的需要,明确未成年人网络保护软件、专门供未成年人使用的智能终端产品的相关技术标准或者要求,指导监督网络相关行业组织按照有关技术标准和要求对未成年人网络保护软件、专门供未成年人使用的智能终端产品的使用效果进行评估。

智能终端产品制造者应当在产品出厂前安装未成年人网络保护软件,或者采用显著方式告知用户安装渠道和方法。智能终端产品销售者在产品销售前应当采用显著方式告知用户安装未成年人网络保护软件的情况以及安装渠道和方法。

未成年人的监护人应当合理使用并指导未成年人使用网络保护软件、智能终端产品等,创造良好的网络使用家庭环境。

第二十条　未成年人用户数量巨大或者对未成年人群体具有显著影响的网络平台服务提供者,应当履行下列义务:

(一)在网络平台服务的设计、研发、运营等阶段,充分考虑未成年人身心健康发展特点,定期开展未成年人网络保护影响评估;

(二)提供未成年人模式或者未成年人专区等,便利未成年人获取有益身心健康的平台内产品或者服务;

(三)按照国家规定建立健全未成年人网络保护合规制度体系,成立主要由外部成员组成的独立机构,对未成年人网络保护情况进行监督;

(四)遵循公开、公平、公正的原则,制定专门的平台规则,明确平台内产品或者服务提供者的未成年人网络保护义务,并以显著方式提示未成年人用户依法享有的网络保护权利和遭受网络侵害的救济途径;

(五)对违反法律、行政法规严重侵害未成年人身心健康或者侵犯未成年人其他合法权益的平台内产品或者服务提供者,停止提供服务;

(六)每年发布专门的未成年人网络保护社会责任报告,并接受社会监督。

前款所称的未成年人用户数量巨大或者对未成年人群体具有显著影响的网络平台服务提供者的具体认定办法,由国家网信部门会同有关部门另行制定。

第三章　网络信息内容规范

第二十一条　国家鼓励和支持制作、复制、发布、传播弘扬社会主义核心价值观和社会主义先进文化、革命文化、中华优秀传统文化,铸牢中华民族共同体意识,培养未成年人家国情怀和良好品德,引导未成年人养成良好生活习惯和行为习惯等的网络信息,营造有利于未成年人健康成长的清朗网络空间和良好网络生态。

第二十二条　任何组织和个人不得制作、复制、发布、传播含有宣扬淫秽、色情、暴力、邪教、迷信、赌博、引诱自残自杀、恐怖主义、分裂主义、极端主义等危害未成年人身心健康内容的网络信息。

任何组织和个人不得制作、复制、发布、传播或者持有有关未成年人的淫秽色情网络信息。

第二十三条　网络产品和服务中含有可能引发或者诱导未成年人模仿不安全行为、实施违反社会公德行为、产生极端情绪、养成不良嗜好等可能影响未成年人身心健康的信息的,制作、复制、发布、传播该信息的组织和个人应当在信息展示前予以显著提示。

国家网信部门会同国家新闻出版、电影部门和国务院教育、电信、公安、文化和旅游、广播电视等部门,在前款规定基础上确定可能影响未成年人身心健康的信息的具体种类、范围、判断标准和提示办法。

第二十四条　任何组织和个人不得在专门以未成年人为服务对象的网络产品和服务中制作、复制、发布、传播本条例第二十三条第一款规定的可能影响未成年人身心健康的信息。

网络产品和服务提供者不得在首页首屏、弹窗、热搜等处于产品或者服务醒目位置、易引起用户关注的重点环节呈现本条例第二十三条第一款规定的可能影响未成年人身心健康的信息。

网络产品和服务提供者不得通过自动化决策方式向未成年人进行商业营销。

第二十五条　任何组织和个人不得向未成年人发送、推送或者诱骗、强迫未成年人接触含有危害或者可能影响未成年人身心健康内容的网络信息。

第二十六条　任何组织和个人不得通过网络以文字、图片、音视频等形式，对未成年人实施侮辱、诽谤、威胁或者恶意损害形象等网络欺凌行为。

网络产品和服务提供者应当建立健全网络欺凌行为的预警预防、识别监测和处置机制，设置便利未成年人及其监护人保存遭受网络欺凌记录、行使通知权利的功能、渠道，提供便利未成年人设置屏蔽陌生用户、本人发布信息可见范围、禁止转载或者评论本人发布信息、禁止向本人发送信息等网络欺凌信息防护选项。

网络产品和服务提供者应当建立健全网络欺凌信息特征库，优化相关算法模型，采用人工智能、大数据等技术手段和人工审核相结合的方式加强对网络欺凌信息的识别监测。

第二十七条　任何组织和个人不得通过网络以文字、图片、音视频等形式，组织、教唆、胁迫、引诱、欺骗、帮助未成年人实施违法犯罪行为。

第二十八条　以未成年人为服务对象的在线教育网络产品和服务提供者，应当按照法律、行政法规和国家有关规定，根据不同年龄阶段未成年人身心发展特点和认知能力提供相应的产品和服务。

第二十九条　网络产品和服务提供者应当加强对用户发布信息的管理，采取有效措施防止制作、复制、发布、传播违反本条例第二十二条、第二十四条、第二十五条、第二十六条第一款、第二十七条规定的信息，发现违反上述条款规定的信息的，应当立即停止传输相关信息，采取删除、屏蔽、断开链接等处置措施，防止信息扩散，保存有关记录，向网信、公安等部门报告，并对制作、复制、发布、传播上述信息的用户采取警示、限制功能、暂停服务、关闭账号等处置措施。

网络产品和服务提供者发现用户发布、传播本条例第二十三条第一款规定的信息未予显著提示的，应当作

出提示或者通知用户予以提示；未作出提示的，不得传输该信息。

第三十条　国家网信、新闻出版、电影部门和国务院教育、电信、公安、文化和旅游、广播电视等部门发现违反本条例第二十二条、第二十四条、第二十五条、第二十六条第一款、第二十七条规定的信息的，或者发现本条例第二十三条第一款规定的信息未予显著提示的，应当要求网络产品和服务提供者按照本条例第二十九条的规定予以处理；对来源于境外的上述信息，应当依法通知有关机构采取技术措施和其他必要措施阻断传播。

第四章　个人信息网络保护

第三十一条　网络服务提供者为未成年人提供信息发布、即时通讯等服务的，应当依法要求未成年人或者其监护人提供未成年人真实身份信息。未成年人或者其监护人不提供未成年人真实身份信息的，网络服务提供者不得为未成年人提供相关服务。

网络直播服务提供者应当建立网络直播发布者真实身份信息动态核验机制，不得向不符合法律规定情形的未成年人用户提供网络直播发布服务。

第三十二条　个人信息处理者应当严格遵守国家网信部门和有关部门关于网络产品和服务必要个人信息范围的规定，不得强制要求未成年人或者其监护人同意非必要的个人信息处理行为，不得因为未成年人或者其监护人不同意处理未成年人非必要个人信息或者撤回同意，拒绝未成年人使用其基本功能服务。

第三十三条　未成年人的监护人应当教育引导未成年人增强个人信息保护意识和能力、掌握个人信息范围、了解个人信息安全风险，指导未成年人行使其在个人信息处理活动中的查阅、复制、更正、补充、删除等权利，保护未成年人个人信息权益。

第三十四条　未成年人或者其监护人依法请求查阅、复制、更正、补充、删除未成年人个人信息的，个人信息处理者应当遵守以下规定：

（一）提供便捷的支持未成年人或者其监护人查阅未成年人个人信息种类、数量等的方法和途径，不得对未成年人或者其监护人的合理请求进行限制；

（二）提供便捷的支持未成年人或者其监护人复制、更正、补充、删除未成年人个人信息的功能，不得设置不合理条件；

（三）及时受理并处理未成年人或者其监护人查阅、复制、更正、补充、删除未成年人个人信息的申请，拒绝未成年人或者其监护人行使权利的请求的，应当书面告知

申请人并说明理由。

对未成年人或者其监护人依法提出的转移未成年人个人信息的请求，符合国家网信部门规定条件的，个人信息处理者应当提供转移的途径。

第三十五条 发生或者可能发生未成年人个人信息泄露、篡改、丢失的，个人信息处理者应当立即启动个人信息安全事件应急预案，采取补救措施，及时向网信等部门报告，并按照国家有关规定将事件情况以邮件、信函、电话、信息推送等方式告知受影响的未成年人及其监护人。

个人信息处理者难以逐一告知的，应当采取合理、有效的方式及时发布相关警示信息，法律、行政法规另有规定的除外。

第三十六条 个人信息处理者对其工作人员应当以最小授权为原则，严格设定信息访问权限，控制未成年人个人信息知悉范围。工作人员访问未成年人个人信息的，应当经过相关负责人或者其授权的管理人员审批，记录访问情况，并采取技术措施，避免违法处理未成年人个人信息。

第三十七条 个人信息处理者应当自行或者委托专业机构每年对其处理未成年人个人信息遵守法律、行政法规的情况进行合规审计，并将审计情况及时报告网信等部门。

第三十八条 网络服务提供者发现未成年人私密信息或者未成年人通过网络发布的个人信息中涉及私密信息的，应当及时提示，并采取停止传输等必要保护措施，防止信息扩散。

网络服务提供者通过未成年人私密信息发现未成年人可能遭受侵害的，应当立即采取必要措施保存有关记录，并向公安机关报告。

第五章 网络沉迷防治

第三十九条 对未成年人沉迷网络进行预防和干预，应当遵守法律、行政法规和国家有关规定。

教育、卫生健康、市场监督管理等部门依据各自职责对从事未成年人沉迷网络预防和干预活动的机构实施监督管理。

第四十条 学校应当加强对教师的指导和培训，提高教师对未成年学生沉迷网络的早期识别和干预能力。对于有沉迷网络倾向的未成年学生，学校应当及时告知其监护人，共同对未成年学生进行教育和引导，帮助其恢复正常的学习生活。

第四十一条 未成年人的监护人应当指导未成年人安全合理使用网络，关注未成年人上网情况以及相关生理状况、心理状况、行为习惯，防范未成年人接触危害或者可能影响其身心健康的网络信息，合理安排未成年人使用网络的时间，预防和干预未成年人沉迷网络。

第四十二条 网络产品和服务提供者应当建立健全防沉迷制度，不得向未成年人提供诱导其沉迷的产品和服务，及时修改可能造成未成年人沉迷的内容、功能和规则，并每年向社会公布防沉迷工作情况，接受社会监督。

第四十三条 网络游戏、网络直播、网络音视频、网络社交等网络服务提供者应当针对不同年龄阶段未成年人使用其服务的特点，坚持融合、友好、实用、有效的原则，设置未成年人模式，在使用时段、时长、功能和内容等方面按照国家有关规定和标准提供相应的服务，并以醒目便捷的方式为监护人履行监护职责提供时间管理、权限管理、消费管理等功能。

第四十四条 网络游戏、网络直播、网络音视频、网络社交等网络服务提供者应当采取措施，合理限制不同年龄阶段未成年人在使用其服务中的单次消费数额和单日累计消费数额，不得向未成年人提供与其民事行为能力不符的付费服务。

第四十五条 网络游戏、网络直播、网络音视频、网络社交等网络服务提供者应当采取措施，防范和抵制流量至上等不良价值倾向，不得设置以应援集资、投票打榜、刷量控评等为主题的网络社区、群组、话题，不得诱导未成年人参与应援集资、投票打榜、刷量控评等网络活动，并预防和制止其用户诱导未成年人实施上述行为。

第四十六条 网络游戏服务提供者应当通过统一的未成年人网络游戏电子身份认证系统等必要手段验证未成年人用户真实身份信息。

网络产品和服务提供者不得为未成年人提供游戏账号租售服务。

第四十七条 网络游戏服务提供者应当建立、完善预防未成年人沉迷网络的游戏规则，避免未成年人接触可能影响其身心健康的游戏内容或者游戏功能。

网络游戏服务提供者应当落实适龄提示要求，根据不同年龄阶段未成年人身心发展特点和认知能力，通过评估游戏产品的类型、内容与功能等要素，对游戏产品进行分类，明确游戏产品适合的未成年人用户年龄阶段，并在用户下载、注册、登录界面等位置予以显著提示。

第四十八条 新闻出版、教育、卫生健康、文化和旅游、广播电视、网信等部门应当定期开展预防未成年人沉迷网络的宣传教育，监督检查网络产品和服务提供者履行预防未成年人沉迷网络义务的情况,指导家庭、学校、社会组织互相配合,采取科学、合理的方式对未成年人沉迷网络进行预防和干预。

国家新闻出版部门牵头组织开展未成年人沉迷网络游戏防治工作,会同有关部门制定关于向未成年人提供网络游戏服务的时段、时长、消费上限等管理规定。

卫生健康、教育等部门依据各自职责指导有关医疗卫生机构、高等学校等,开展未成年人沉迷网络所致精神障碍和心理行为问题的基础研究和筛查评估、诊断、预防、干预等应用研究。

第四十九条 严禁任何组织和个人以虐待、胁迫等侵害未成年人身心健康的方式干预未成年人沉迷网络、侵犯未成年人合法权益。

第六章　法律责任

第五十条 地方各级人民政府和县级以上有关部门违反本条例规定,不履行未成年人网络保护职责的,由其上级机关责令改正;拒不改正或者情节严重的,对负有责任的领导人员和直接责任人员依法给予处分。

第五十一条 学校、社区、图书馆、文化馆、青少年宫等违反本条例规定,不履行未成年人网络保护职责的,由教育、文化和旅游等部门依据各自职责责令改正;拒不改正或者情节严重的,对负有责任的领导人员和直接责任人员依法给予处分。

第五十二条 未成年人的监护人不履行本条例规定的监护职责或者侵犯未成年人合法权益的,由未成年人居住地的居民委员会、村民委员会、妇女联合会、监护人所在单位,中小学校、幼儿园等有关密切接触未成年人的单位依法予以批评教育、劝诫制止、督促其接受家庭教育指导等。

第五十三条 违反本条例第七条、第十九条第三款、第三十八条第二款规定的,由网信、新闻出版、电影、教育、电信、公安、民政、文化和旅游、市场监督管理、广播电视等部门依据各自职责责令改正;拒不改正或者情节严重的,处 5 万元以上 50 万元以下罚款,对直接负责的主管人员和其他直接责任人员处 1 万元以上 10 万元以下罚款。

第五十四条 违反本条例第二十条第一款规定的,由网信、新闻出版、电信、公安、文化和旅游、广播电视等部门依据各自职责责令改正,给予警告,没收违法所得;拒不改正的,并处 100 万元以下罚款,对直接负责的主管人员和其他直接责任人员处 1 万元以上 10 万元以下罚款。

违反本条例第二十条第一款第一项和第五项规定,情节严重的,由省级以上网信、新闻出版、电信、公安、文化和旅游、广播电视等部门依据各自职责责令改正,没收违法所得,并处 5000 万元以下或者上一年度营业额百分之五以下罚款,并可以责令暂停相关业务或者停业整顿、通报有关部门依法吊销相关业务许可证或者吊销营业执照;对直接负责的主管人员和其他直接责任人员处 10 万元以上 100 万元以下罚款,并可以决定禁止其在一定期限内担任相关企业的董事、监事、高级管理人员和未成年人保护负责人。

第五十五条 违反本条例第二十四条、第二十五条规定的,由网信、新闻出版、电影、电信、公安、文化和旅游、市场监督管理、广播电视等部门依据各自职责责令限期改正,给予警告,没收违法所得,可以并处 10 万元以下罚款;拒不改正或者情节严重的,责令暂停相关业务、停产停业或者吊销相关业务许可证、吊销营业执照,违法所得 100 万元以上的,并处违法所得 1 倍以上 10 倍以下罚款,没有违法所得或者违法所得不足 100 万元的,并处 10 万元以上 100 万元以下罚款。

第五十六条 违反本条例第二十六条第二款和第三款、第二十八条、第二十九条第一款、第三十一条第二款、第三十六条、第三十八条第一款、第四十二条至第四十五条、第四十六条第二款、第四十七条规定的,由网信、新闻出版、电影、教育、电信、公安、文化和旅游、广播电视等部门依据各自职责责令改正,给予警告,没收违法所得,违法所得 100 万元以上的,并处违法所得 1 倍以上 10 倍以下罚款,没有违法所得或者违法所得不足 100 万元的,并处 10 万元以上 100 万元以下罚款,对直接负责的主管人员和其他直接责任人员处 1 万元以上 10 万元以下罚款;拒不改正或者情节严重的,并可以责令暂停相关业务、停业整顿、关闭网站、吊销相关业务许可证或者吊销营业执照。

第五十七条 网络产品和服务提供者违反本条例规定,受到关闭网站、吊销相关业务许可证或者吊销营业执照处罚的,5 年内不得重新申请相关许可,其直接负责的主管人员和其他直接责任人员 5 年内不得从事同类网络产品和服务业务。

第五十八条 违反本条例规定,侵犯未成年人合法权益,给未成年人造成损害的,依法承担民事责任;构成违反治安管理行为的,依法给予治安管理处罚;构成犯罪的,依法追究刑事责任。

第七章　附　则

第五十九条　本条例所称智能终端产品,是指可以接入网络、具有操作系统、能够由用户自行安装应用软件的手机、计算机等网络终端产品。

第六十条　本条例自2024年1月1日起施行。

中华人民共和国母婴保健法

· 1994年10月27日第八届全国人民代表大会常务委员会第十次会议通过
· 根据2009年8月27日第十一届全国人民代表大会常务委员会第十次会议《关于修改部分法律的决定》第一次修正
· 根据2017年11月4日第十二届全国人民代表大会常务委员会第三十次会议《关于修改〈中华人民共和国会计法〉等十一部法律的决定》第二次修正

第一章　总　则

第一条　为了保障母亲和婴儿健康,提高出生人口素质,根据宪法,制定本法。

第二条　国家发展母婴保健事业,提供必要条件和物质帮助,使母亲和婴儿获得医疗保健服务。

国家对边远贫困地区的母婴保健事业给予扶持。

第三条　各级人民政府领导母婴保健工作。

母婴保健事业应当纳入国民经济和社会发展计划。

第四条　国务院卫生行政部门主管全国母婴保健工作,根据不同地区情况提出分级分类指导原则,并对全国母婴保健工作实施监督管理。

国务院其他有关部门在各自职责范围内,配合卫生行政部门做好母婴保健工作。

第五条　国家鼓励、支持母婴保健领域的教育和科学研究,推广先进、实用的母婴保健技术,普及母婴保健科学知识。

第六条　对在母婴保健工作中做出显著成绩和在母婴保健科学研究中取得显著成果的组织和个人,应当给予奖励。

第二章　婚前保健

第七条　医疗保健机构应当为公民提供婚前保健服务。

婚前保健服务包括下列内容:

(一)婚前卫生指导:关于性卫生知识、生育知识和遗传病知识的教育;

(二)婚前卫生咨询:对有关婚配、生育保健等问题提供医学意见;

(三)婚前医学检查:对准备结婚的男女双方可能患影响结婚和生育的疾病进行医学检查。

第八条　婚前医学检查包括对下列疾病的检查:

(一)严重遗传性疾病;

(二)指定传染病;

(三)有关精神病。

经婚前医学检查,医疗保健机构应当出具婚前医学检查证明。

第九条　经婚前医学检查,对患指定传染病在传染期内或者有关精神病在发病期内的,医师应当提出医学意见;准备结婚的男女双方应当暂缓结婚。

第十条　经婚前医学检查,对诊断患有医学上认为不宜生育的严重遗传性疾病的,医师应当向男女双方说明情况,提出医学意见;经男女双方同意,采取长效避孕措施或者施行结扎手术后不生育的,可以结婚。但《中华人民共和国婚姻法》规定禁止结婚的除外。

第十一条　接受婚前医学检查的人员对检查结果持有异议的,可以申请医学技术鉴定,取得医学鉴定证明。

第十二条　男女双方在结婚登记时,应当持有婚前医学检查证明或者医学鉴定证明。

第十三条　省、自治区、直辖市人民政府根据本地区的实际情况,制定婚前医学检查制度实施办法。

省、自治区、直辖市人民政府对婚前医学检查应当规定合理的收费标准,对边远贫困地区或者交费确有困难的人员应当给予减免。

第三章　孕产期保健

第十四条　医疗保健机构应当为育龄妇女和孕产妇提供孕产期保健服务。

孕产期保健服务包括下列内容:

(一)母婴保健指导:对孕育健康后代以及严重遗传性疾病和碘缺乏病等地方病的发病原因、治疗和预防方法提供医学意见;

(二)孕妇、产妇保健:为孕妇、产妇提供卫生、营养、心理等方面的咨询和指导以及产前定期检查等医疗保健服务;

(三)胎儿保健:为胎儿生长发育进行监护,提供咨询和医学指导;

(四)新生儿保健:为新生儿生长发育、哺乳和护理提供医疗保健服务。

第十五条　对患严重疾病或者接触致畸物质,妊娠可能危及孕妇生命安全或者可能严重影响孕妇健康和胎儿正常发育的,医疗保健机构应当予以医学指导。

第十六条　医师发现或者怀疑患严重遗传性疾病的育龄夫妻，应当提出医学意见。育龄夫妻应当根据医师的医学意见采取相应的措施。

第十七条　经产前检查，医师发现或者怀疑胎儿异常的，应当对孕妇进行产前诊断。

第十八条　经产前诊断，有下列情形之一的，医师应当向夫妻双方说明情况，并提出终止妊娠的医学意见：

（一）胎儿患严重遗传性疾病的；

（二）胎儿有严重缺陷的；

（三）因患严重疾病，继续妊娠可能危及孕妇生命安全或者严重危害孕妇健康的。

第十九条　依照本法规定施行终止妊娠或者结扎手术，应当经本人同意，并签署意见。本人无行为能力的，应当经其监护人同意，并签署意见。

依照本法规定施行终止妊娠或者结扎手术的，接受免费服务。

第二十条　生育过严重缺陷患儿的妇女再次妊娠前，夫妻双方应当到县级以上医疗保健机构接受医学检查。

第二十一条　医师和助产人员应当严格遵守有关操作规程，提高助产技术和服务质量，预防和减少产伤。

第二十二条　不能住院分娩的孕妇应当由经过培训、具备相应接生能力的接生人员实行消毒接生。

第二十三条　医疗保健机构和从事家庭接生的人员按照国务院卫生行政部门的规定，出具统一制发的新生儿出生医学证明；有产妇和婴儿死亡以及新生儿出生缺陷情况的，应当向卫生行政部门报告。

第二十四条　医疗保健机构为产妇提供科学育儿、合理营养和母乳喂养的指导。

医疗保健机构对婴儿进行体格检查和预防接种，逐步开展新生儿疾病筛查、婴儿多发病和常见病防治等医疗保健服务。

第四章　技术鉴定

第二十五条　县级以上地方人民政府可以设立医学技术鉴定组织，负责对婚前医学检查、遗传病诊断和产前诊断结果有异议的进行医学技术鉴定。

第二十六条　从事医学技术鉴定的人员，必须具有临床经验和医学遗传学知识，并具有主治医师以上的专业技术职务。

医学技术鉴定组织的组成人员，由卫生行政部门提名，同级人民政府聘任。

第二十七条　医学技术鉴定实行回避制度。凡与当事人有利害关系，可能影响公正鉴定的人员，应当回避。

第五章　行政管理

第二十八条　各级人民政府应当采取措施，加强母婴保健工作，提高医疗保健服务水平，积极防治由环境因素所致严重危害母亲和婴儿健康的地方性高发性疾病，促进母婴保健事业的发展。

第二十九条　县级以上地方人民政府卫生行政部门管理本行政区域内的母婴保健工作。

第三十条　省、自治区、直辖市人民政府卫生行政部门指定的医疗保健机构负责本行政区域内的母婴保健监测和技术指导。

第三十一条　医疗保健机构按照国务院卫生行政部门的规定，负责其职责范围内的母婴保健工作，建立医疗保健工作规范，提高医学技术水平，采取各种措施方便人民群众，做好母婴保健服务工作。

第三十二条　医疗保健机构依照本法规定开展婚前医学检查、遗传病诊断、产前诊断以及施行结扎手术和终止妊娠手术的，必须符合国务院卫生行政部门规定的条件和技术标准，并经县级以上地方人民政府卫生行政部门许可。

严禁采用技术手段对胎儿进行性别鉴定，但医学上确有需要的除外。

第三十三条　从事本法规定的遗传病诊断、产前诊断的人员，必须经过省、自治区、直辖市人民政府卫生行政部门的考核，并取得相应的合格证书。

从事本法规定的婚前医学检查、施行结扎手术和终止妊娠手术的人员，必须经过县级以上地方人民政府卫生行政部门的考核，并取得相应的合格证书。

第三十四条　从事母婴保健工作的人员应当严格遵守职业道德，为当事人保守秘密。

第六章　法律责任

第三十五条　未取得国家颁发的有关合格证书的，有下列行为之一，县级以上地方人民政府卫生行政部门应当予以制止，并可以根据情节给予警告或者处以罚款：

（一）从事婚前医学检查、遗传病诊断、产前诊断或者医学技术鉴定的；

（二）施行终止妊娠手术的；

（三）出具本法规定的有关医学证明的。

上款第（三）项出具的有关医学证明无效。

第三十六条　未取得国家颁发的有关合格证书，施行终止妊娠手术或者采取其他方法终止妊娠，致人死亡、残疾、丧失或者基本丧失劳动能力的,依照刑法有关规定追究刑事责任。

第三十七条 从事母婴保健工作的人员违反本法规定,出具有关虚假医学证明或者进行胎儿性别鉴定的,由医疗保健机构或者卫生行政部门根据情节给予行政处分;情节严重的,依法取消执业资格。

第七章 附　则

第三十八条 本法下列用语的含义:

指定传染病,是指《中华人民共和国传染病防治法》中规定的艾滋病、淋病、梅毒、麻风病以及医学上认为影响结婚和生育的其他传染病。

严重遗传性疾病,是指由于遗传因素先天形成,患者全部或者部分丧失自主生活能力,后代再现风险高,医学上认为不宜生育的遗传性疾病。

有关精神病,是指精神分裂症、躁狂抑郁型精神病以及其他重型精神病。

产前诊断,是指对胎儿进行先天性缺陷和遗传性疾病的诊断。

第三十九条 本法自1995年6月1日起施行。

中华人民共和国母婴保健法实施办法

· 2001年6月20日中华人民共和国国务院令第308号公布

· 根据2017年11月17日《国务院关于修改部分行政法规的决定》第一次修订

· 根据2022年3月29日《国务院关于修改和废止部分行政法规的决定》第二次修订

· 根据2023年7月20日《国务院关于修改和废止部分行政法规的决定》第三次修订

第一章 总　则

第一条 根据《中华人民共和国母婴保健法》(以下简称母婴保健法),制定本办法。

第二条 在中华人民共和国境内从事母婴保健服务活动的机构及其人员应当遵守母婴保健法和本办法。

第三条 母婴保健技术服务主要包括下列事项:

(一)有关母婴保健的科普宣传、教育和咨询;

(二)婚前医学检查;

(三)产前诊断和遗传病诊断;

(四)助产技术;

(五)实施医学上需要的节育手术;

(六)新生儿疾病筛查;

(七)有关生育、节育、不育的其他生殖保健服务。

第四条 公民享有母婴保健的知情选择权。国家保障公民获得适宜的母婴保健服务的权利。

第五条 母婴保健工作以保健为中心,以保障生殖健康为目的,实行保健和临床相结合,面向群体、面向基层和预防为主的方针。

第六条 各级人民政府应当将母婴保健工作纳入本级国民经济和社会发展计划,为母婴保健事业的发展提供必要的经济、技术和物质条件,并对少数民族地区、贫困地区的母婴保健事业给予特殊支持。

县级以上地方人民政府根据本地区的实际情况和需要,可以设立母婴保健事业发展专项资金。

第七条 国务院卫生行政部门主管全国母婴保健工作,履行下列职责:

(一)制定母婴保健法及本办法的配套规章和技术规范;

(二)按照分级分类指导的原则,制定全国母婴保健工作发展规划和实施步骤;

(三)组织推广母婴保健及其他生殖健康的适宜技术;

(四)对母婴保健工作实施监督。

第八条 县级以上各级人民政府财政、公安、民政、教育、人力资源社会保障等部门应当在各自职责范围内,配合同级卫生行政部门做好母婴保健工作。

第二章 婚前保健

第九条 母婴保健法第七条所称婚前卫生指导,包括下列事项:

(一)有关性卫生的保健和教育;

(二)新婚避孕知识及计划生育指导;

(三)受孕前的准备、环境和疾病对后代影响等孕前保健知识;

(四)遗传病的基本知识;

(五)影响婚育的有关疾病的基本知识;

(六)其他生殖健康知识。

医师进行婚前卫生咨询时,应当为服务对象提供科学的信息,对可能产生的后果进行指导,并提出适当的建议。

第十条 在实行婚前医学检查的地区,准备结婚的男女双方在办理结婚登记前,应当到医疗、保健机构进行婚前医学检查。

第十一条 从事婚前医学检查的医疗、保健机构,由其所在地县级人民政府卫生行政部门进行审查;符合条件的,在其《医疗机构执业许可证》上注明。

第十二条　申请从事婚前医学检查的医疗、保健机构应当具备下列条件：

（一）分别设置专用的男、女婚前医学检查室，配备常规检查和专科检查设备；

（二）设置婚前生殖健康宣传教育室；

（三）具有符合条件的进行男、女婚前医学检查的执业医师。

第十三条　婚前医学检查包括询问病史、体格及相关检查。

婚前医学检查应当遵守婚前保健工作规范并按照婚前医学检查项目进行。婚前保健工作规范和婚前医学检查项目由国务院卫生行政部门规定。

第十四条　经婚前医学检查，医疗、保健机构应当向接受婚前医学检查的当事人出具婚前医学检查证明。

婚前医学检查证明应当注明是否发现下列疾病：

（一）在传染期内的指定传染病；

（二）在发病期内的有关精神病；

（三）不宜生育的严重遗传性疾病；

（四）医学上认为不宜结婚的其他疾病。

发现前款第（一）项、第（二）项、第（三）项疾病的，医师应当向当事人说明情况，提出预防、治疗以及采取相应医学措施的建议。当事人依据医生的医学意见，可以暂缓结婚，也可以自愿采用长效避孕措施或者结扎手术；医疗、保健机构应当为其治疗提供医学咨询和医疗服务。

第十五条　经婚前医学检查，医疗、保健机构不能确诊的，应当转到设区的市级以上人民政府卫生行政部门指定的医疗、保健机构确诊。

第十六条　在实行婚前医学检查的地区，婚姻登记机关在办理结婚登记时，应当查验婚前医学检查证明或者母婴保健法第十一条规定的医学鉴定证明。

第三章　孕产期保健

第十七条　医疗、保健机构应当为育龄妇女提供有关避孕、节育、生育、不育和生殖健康的咨询和医疗保健服务。

医师发现或者怀疑育龄夫妻患有严重遗传性疾病的，应当提出医学意见；限于现有医疗技术水平难以确诊的，应当向当事人说明情况。育龄夫妻可以选择避孕、节育、不孕等相应的医学措施。

第十八条　医疗、保健机构应当为孕产妇提供下列医疗保健服务：

（一）为孕产妇建立保健手册（卡），定期进行产前检查；

（二）为孕产妇提供卫生、营养、心理等方面的医学指导与咨询；

（三）对高危孕妇进行重点监护、随访和医疗保健服务；

（四）为孕产妇提供安全分娩技术服务；

（五）定期进行产后访视，指导产妇科学喂养婴儿；

（六）提供避孕咨询指导和技术服务；

（七）对产妇及其家属进行生殖健康教育和科学育儿知识教育；

（八）其他孕产期保健服务。

第十九条　医疗、保健机构发现孕妇患有下列严重疾病或者接触物理、化学、生物等有毒、有害因素，可能危及孕妇生命安全或者可能严重影响孕妇健康和胎儿正常发育的，应当对孕妇进行医学指导和下列必要的医学检查：

（一）严重的妊娠合并症或者并发症；

（二）严重的精神性疾病；

（三）国务院卫生行政部门规定的严重影响生育的其他疾病。

第二十条　孕妇有下列情形之一的，医师应当对其进行产前诊断：

（一）羊水过多或者过少的；

（二）胎儿发育异常或者胎儿有可疑畸形的；

（三）孕早期接触过可能导致胎儿先天缺陷的物质的；

（四）有遗传病家族史或者曾经分娩过先天性严重缺陷婴儿的；

（五）初产妇年龄超过35周岁的。

第二十一条　母婴保健法第十八条规定的胎儿的严重遗传性疾病、胎儿的严重缺陷、孕妇患继续妊娠可能危及其生命健康和安全的严重疾病目录，由国务院卫生行政部门规定。

第二十二条　生育过严重遗传性疾病或者严重缺陷患儿的，再次妊娠前，夫妻双方应当按照国家有关规定到医疗、保健机构进行医学检查。医疗、保健机构应当向当事人介绍有关遗传性疾病的知识，给予咨询、指导。对诊断患有医学上认为不宜生育的严重遗传性疾病的，医师应当向当事人说明情况，并提出医学意见。

第二十三条　严禁采用技术手段对胎儿进行性别鉴定。

对怀疑胎儿可能为伴性遗传病，需要进行性别鉴定的，由省、自治区、直辖市人民政府卫生行政部门指定的医疗、保健机构按照国务院卫生行政部门的规定进行鉴定。

第二十四条　国家提倡住院分娩。医疗、保健机构应当按照国务院卫生行政部门制定的技术操作规范，实施消毒接生和新生儿复苏，预防产伤及产后出血等产科并发症，降低孕产妇及围产儿发病率、死亡率。

没有条件住院分娩的，应当由经过培训、具备相应接生能力的家庭接生人员接生。

高危孕妇应当在医疗、保健机构住院分娩。

县级人民政府卫生行政部门应当加强对家庭接生人员的培训、技术指导和监督管理。

第四章　婴儿保健

第二十五条　医疗、保健机构应当按照国家有关规定开展新生儿先天性、遗传性代谢病筛查、诊断、治疗和监测。

第二十六条　医疗、保健机构应当按照规定进行新生儿访视，建立儿童保健手册（卡），定期对其进行健康检查，提供有关预防疾病、合理膳食、促进智力发育等科学知识，做好婴儿多发病、常见病防治等医疗保健服务。

第二十七条　医疗、保健机构应当按照规定的程序和项目对婴儿进行预防接种。

婴儿的监护人应当保证婴儿及时接受预防接种。

第二十八条　国家推行母乳喂养。医疗、保健机构应当为实施母乳喂养提供技术指导，为住院分娩的产妇提供必要的母乳喂养条件。

医疗、保健机构不得向孕产妇和婴儿家庭宣传、推荐母乳代用品。

第二十九条　母乳代用品产品包装标签应当在显著位置标明母乳喂养的优越性。

母乳代用品生产者、销售者不得向医疗、保健机构赠送产品样品或者以推销为目的有条件地提供设备、资金和资料。

第三十条　妇女享有国家规定的产假。有不满1周岁婴儿的妇女，所在单位应当在劳动时间内为其安排一定的哺乳时间。

第五章　技术鉴定

第三十一条　母婴保健医学技术鉴定委员会分为省、市、县三级。

母婴保健医学技术鉴定委员会成员应当符合下列任职条件：

（一）县级母婴保健医学技术鉴定委员会成员应当具有主治医师以上专业技术职务；

（二）设区的市级和省级母婴保健医学技术鉴定委员会成员应当具有副主任医师以上专业技术职务。

第三十二条　当事人对婚前医学检查、遗传病诊断、产前诊断结果有异议，需要进一步确诊的，可以自接到检查或者诊断结果之日起15日内向所在地县级或者设区的市级母婴保健医学技术鉴定委员会提出书面鉴定申请。

母婴保健医学技术鉴定委员会应当自接到鉴定申请之日起30日内作出医学技术鉴定意见，并及时通知当事人。

当事人对鉴定意见有异议的，可以自接到鉴定意见通知书之日起15日内向上一级母婴保健医学技术鉴定委员会申请再鉴定。

第三十三条　母婴保健医学技术鉴定委员会进行医学鉴定时须有5名以上相关专业医学技术鉴定委员会成员参加。

鉴定委员会成员应当在鉴定结论上署名；不同意见应当如实记录。鉴定委员会根据鉴定结论向当事人出具鉴定意见书。

母婴保健医学技术鉴定管理办法由国务院卫生行政部门制定。

第六章　监督管理

第三十四条　县级以上地方人民政府卫生行政部门负责本行政区域内的母婴保健监督管理工作，履行下列监督管理职责：

（一）依照母婴保健法和本办法以及国务院卫生行政部门规定的条件和技术标准，对从事母婴保健工作的机构和人员实施许可，并核发相应的许可证书；

（二）对母婴保健法和本办法的执行情况进行监督检查；

（三）对违反母婴保健法和本办法的行为，依法给予行政处罚；

（四）负责母婴保健工作监督管理的其他事项。

第三十五条　从事遗传病诊断、产前诊断的医疗、保健机构和人员，须经省、自治区、直辖市人民政府卫生行政部门许可；但是，从事产前诊断中产前筛查的医疗、保健机构，须经县级人民政府卫生行政部门许可。

从事婚前医学检查的医疗、保健机构和人员，须经县级人民政府卫生行政部门许可。

从事助产技术服务、结扎手术和终止妊娠手术的医疗、保健机构和人员，须经县级人民政府卫生行政部门许可，并取得相应的合格证书。

第三十六条　卫生监督人员在执行职务时,应当出示证件。

卫生监督人员可以向医疗、保健机构了解情况,索取必要的资料,对母婴保健工作进行监督、检查,医疗、保健机构不得拒绝和隐瞒。

卫生监督人员对医疗、保健机构提供的技术资料负有保密的义务。

第三十七条　医疗、保健机构应当根据其从事的业务,配备相应的人员和医疗设备,对从事母婴保健工作的人员加强岗位业务培训和职业道德教育,并定期对其进行检查、考核。

医师和助产人员(包括家庭接生人员)应当严格遵守有关技术操作规范,认真填写各项记录,提高助产技术和服务质量。

助产人员的管理,按照国务院卫生行政部门的规定执行。

从事母婴保健工作的执业医师应当依照母婴保健法的规定取得相应的资格。

第三十八条　医疗、保健机构应当按照国务院卫生行政部门的规定,对托幼园、所卫生保健工作进行业务指导。

第三十九条　国家建立孕产妇死亡、婴儿死亡和新生儿出生缺陷监测、报告制度。

第七章　罚　则

第四十条　医疗、保健机构或者人员未取得母婴保健技术许可,擅自从事婚前医学检查、遗传病诊断、产前诊断、终止妊娠手术和医学技术鉴定或者出具有关医学证明的,由卫生行政部门给予警告,责令停止违法行为,没收违法所得;违法所得5000元以上的,并处违法所得3倍以上5倍以下的罚款;没有违法所得或者违法所得不足5000元的,并处5000元以上2万元以下的罚款。

第四十一条　从事母婴保健技术服务的人员出具虚假医学证明文件的,依法给予行政处分;有下列情形之一的,由原发证部门撤销相应的母婴保健技术执业资格或者医师执业证书:

(一)因延误诊治,造成严重后果的;

(二)给当事人身心健康造成严重后果的;

(三)造成其他严重后果的。

第四十二条　违反本办法规定进行胎儿性别鉴定的,由卫生行政部门给予警告,责令停止违法行为;对医疗、保健机构直接负责的主管人员和其他直接责任人员,依法给予行政处分。进行胎儿性别鉴定两次以上的或者

以营利为目的的进行胎儿性别鉴定的,并由原发证机关撤销相应的母婴保健技术执业资格或者医师执业证书。

第八章　附　则

第四十三条　婚前医学检查证明的格式由国务院卫生行政部门规定。

第四十四条　母婴保健法及本办法所称的医疗、保健机构,是指依照《医疗机构管理条例》取得卫生行政部门医疗机构执业许可的各级各类医疗机构。

第四十五条　本办法自公布之日起施行。

国务院未成年人保护工作领导小组
关于加强未成年人保护工作的意见

·2021年6月6日
·国未保组〔2021〕1号

未成年人保护工作关系国家未来和民族振兴。党中央始终高度重视未成年人工作,关心未成年人成长。习近平总书记多次指出,少年儿童是祖国的未来,是中华民族的希望,强调培养好少年儿童是一项战略任务,事关长远。为深入学习贯彻习近平总书记重要指示批示精神,贯彻落实党中央、国务院关于加强未成年人保护工作决策部署,推动《中华人民共和国未成年人保护法》等法律法规落地落细,现就加强未成年人保护工作提出如下意见:

一、总体要求

(一)指导思想。

以习近平新时代中国特色社会主义思想为指导,深入学习贯彻习近平总书记关于未成年人保护工作重要指示批示精神,全面贯彻落实党的十九大、十九届二中、三中、四中、五中全会精神和党中央、国务院关于未成年人保护工作决策部署,立足新发展阶段、贯彻新发展理念、构建新发展格局,以满足人民日益增长的美好生活需要为根本目的,进一步加强组织领导、完善运行机制、强化制度建设、健全服务体系,切实保护未成年人身心健康、保障未成年人合法权益。

(二)基本原则。

——坚持党对未成年人保护工作的领导。把党的领导贯穿未成年人保护工作全过程各方面,紧紧围绕统筹推进"五位一体"总体布局和协调推进"四个全面"战略布局,坚持思想道德教育和权益维护保障相融合,大力培育和践行社会主义核心价值观,培养有理想、有道德、有

文化、有纪律的社会主义建设者和接班人,培养担当民族复兴大任的时代新人。

——坚持最有利于未成年人的原则。以依法保障未成年人平等享有生存权、发展权、受保护权和参与权等权利,促进未成年人全面健康成长作为出发点和落脚点,在制定法律法规、政策规划和配置公共资源等方面优先考虑未成年人的利益和需求,在处理未成年人事务中始终把未成年人权益和全面健康成长放在首位,确保未成年人依法得到特殊、优先保护。

——坚持系统谋划统筹推进。加强全局谋划、统筹布局、整体推进,有效发挥各级未成年人保护工作协调机制统筹协调、督促指导作用,着力补短板、强弱项,强化顶层设计、部门协作。坚持未成年人保护工作的政治性、群众性、时代性、协同性,积极推动各方力量参与未成年人保护工作,构建家庭保护、学校保护、社会保护、网络保护、政府保护、司法保护"六位一体"的新时代未成年人保护工作格局。

(三)总体目标。

到2025年,上下衔接贯通、部门协调联动的未成年人保护工作体制机制基本形成,制度体系逐步健全,与未成年人保护法相衔接的法律法规体系不断完善,工作力量有效加强,侵害未成年人合法权益案件发生率明显下降,全社会关心关注未成年人健康成长的氛围显著增强。到2035年,与我国经济社会发展相适应、与人口发展战略相匹配的未成年人保护工作体系全面建立,加强未成年人保护工作成为各部门、各行业和社会各界的行动自觉,成为全面建成社会主义现代化国家的显著标志之一,未成年人的生存权、发展权、受保护权、参与权等权利得到更加充分保障。

二、重点任务

(一)强化家庭监护责任。

1. 加强家庭监护指导帮助。巩固和强化家庭监护主体责任,加大宣传培训和健康教育力度,指导未成年人的父母或者其他监护人依法履行监护职责,抚养、教育和保护未成年人。推动构建家庭教育指导服务体系,加强社区家长学校、家庭教育指导服务站点建设,为未成年人的父母或其他监护人、被委托人每年提供不少于一次公益性家庭教育指导服务。婚姻登记机关办理离婚登记及人民法院审理家事案件时涉及未成年子女的,要对当事人进行未成年人保护相关家庭教育指导。

2. 完善家庭监护支持政策。全面落实产假等生育类假期制度和哺乳时间相关规定,鼓励有条件的地区探索开展育儿假试点。加强家庭照护支持指导,增强家庭科学育儿能力。有条件的地区,探索对依法收养孤儿和残疾儿童、非生父母履行监护权的家庭在水电气等公共服务方面给予优惠。地方政府在配租公租房时,对符合当地住房保障条件且有未成年子女的家庭,可根据其未成年子女数量在户型选择方面给予适当照顾。推进儿童福利机构拓展集养、治、教、康和专业社会工作服务于一体的社会服务功能,探索向社会残疾儿童提供服务。

3. 推进家庭监护监督工作。指导村(居)民委员会等相关组织对未成年人的父母或者其他监护人履行监护情况开展监督。村(居)民委员会等相关组织发现未成年人的父母或者其他监护人拒绝或者怠于履行监护责任时,要予以劝阻、制止或者批评教育,督促其履行监护职责;情节严重导致未成年人处于危困状态或造成严重后果的,要及时采取保护措施并向相关部门报告。

4. 依法处置监护人侵害未成年人权益行为。公安机关接到报告或者公安机关、人民检察院、人民法院在办理案件过程中发现未成年人的父母或者其他监护人存在不依法履行监护职责或者侵犯未成年人合法权益的,应当予以训诫,并可以责令其接受家庭教育指导。对监护人严重损害未成年人身心健康及合法权益,或者不履行监护职责致未成年人处于危困状态等监护侵害行为,依法督促、支持起诉。加强宣传引导和警示教育,及时向社会公布监护人侵害未成年人权益行为处置情况案例。

(二)加强学校保护工作。

5. 加强未成年人思想道德教育。指导学校深入开展共产主义、中国特色社会主义和中国梦学习宣传教育,坚持立德树人,培育和践行社会主义核心价值观,引导广大未成年人听党话、跟党走,养成良好思想品德和行为习惯。指导学校加强新修订的《中华人民共和国未成年人保护法》等法律法规宣传教育,深入开展未成年人法治教育,提升学生法治意识。深化团教协作,强化少先队实践育人作用,加强未成年人思想道德引领。

6. 健全学校保护制度。制定《未成年人学校保护规定》,整合、完善学校保护制度体系。完善校园安全风险防控体系和依法处理机制,加强校园周边综合治理。提高学生安全意识和自我防护能力,开展反欺凌、交通安全、应急避险自救、防范针对未成年人的犯罪行为等安全教育。积极发展公共交通和专用校车,解决学生上下学乘车难问题,使用校车的学校要加强校车安全管理和使用。强化校园食品安全管理,严格落实校长(园长)集中用餐陪餐、家长代表陪餐、用餐信息公开等制度。严厉打击涉及学校和学生安全的违法犯罪行为。推动落实义务教育学校课后服务全覆盖，与当地正常下班时间相衔接，解决家长接学生困难问题。

7. 有效防范学生欺凌。进一步完善考评机制，将学生欺凌防治工作纳入责任督学挂牌督导范围、作为教育质量评价和工作考评重要内容。建立健全学生欺凌报告制度，制定学生欺凌防治工作责任清单，压实岗位责任。指导学校定期全面排查，及时发现苗头迹象或隐患点，做好疏导化解工作。完善校规校纪，健全教育惩戒工作机制，依法依规处置欺凌事件。

8. 创新学校保护工作机制。建立学校保护工作评估制度，评估结果纳入学校管理水平评价和校长考评考核范围。严格落实教职员工准入查询性侵违法犯罪信息制度。充分发挥"法治副校长"、"法治辅导员"作用，常态化开展"法治进校园"、组织模拟法庭、以案释法、开设法治网课等多样化法治教育和法治实践活动，教育引导未成年人遵纪守法。依托中小学校、社区建设少年警校，加强对未成年人的法治教育、安全教育。引入专业力量参与学生管理服务，有条件的地方，可通过建立学校社会工作站、设立社会工作岗位、政府购买服务等方式，推进学校社会工作发展。

（三）加大社会保护力度。

9. 有效落实强制报告制度。指导国家机关、村（居）民委员会、密切接触未成年人的单位、组织及其工作人员有效履行侵害未成年人事件强制报告义务，提升识别、发现和报告意识与能力。建立强制报告线索的受理、调查、处置和反馈制度。加强强制报告法律法规和政策措施的宣传培训和教育引导工作。依法依规对未履行报告义务的组织和个人予以惩处。

10. 切实发挥群团组织作用。共青团组织要大力推动实施中长期青年发展规划，依托"青年之家"、"12355青少年服务台"、"青少年维权岗"等阵地有效维护青少年发展权益。妇联组织要加强对未成年人的父母或其他监护人、被委托人的家庭教育指导，依托"儿童之家"等活动场所，为未成年人保护工作提供支持。残联组织要加强残疾未成年人权益保障，落实残疾儿童康复救助制度，指导有条件的地方，扩大残疾儿童康复救助年龄范围，放宽对救助对象家庭经济条件的限制。工会组织要积极开展职工未成年子女关爱服务，推动用人单位母婴设施建设。关心下一代工作委员会等单位、组织要在职责范围内协助相关部门做好未成年人保护工作。

11. 积极指导村（居）民委员会履行法定职责。指导

村（居）民委员会落实专人专岗负责未成年人保护工作的法定要求，每个村（社区）至少设立一名儿童主任，优先由村（居）民委员会女性委员或村（社区）妇联主席兼任，儿童数量较多的村（社区）要增设补充儿童主任。推进村（社区）少先队组织建设。持续推进"儿童之家"建设。鼓励村（居）民委员会设立下属的未成年人保护委员会。指导村（居）民委员会落实强制报告和家庭监护监督职责，提升发现报告能力。加强村（社区）未成年人活动场所和设施建设，推进村（社区）党群服务中心、文化活动室等服务设施向未成年人开放。指导村（居）民委员会组织开展未成年人保护相关政策宣讲、知识培训活动。

12. 加强未成年人保护领域社会组织建设。培育和发展未成年人保护领域社会组织，到2025年，实现未成年人保护专业性社会组织县（市、区、旗）全覆盖。大力发展未成年人保护领域专业社会工作和志愿服务，充分发挥社会工作者在未成年人保护工作中资源链接、能力建设、心理干预、权益保护、法律服务、社会调查、社会观护、教育矫治、社区矫正、收养评估等专业优势，积极引导志愿者参与未成年人保护工作。健全未成年人保护领域慈善行为导向机制，依托全国儿童福利信息系统、全国慈善信息公开平台等加强数据共享和供需对接，引导公益慈善组织提供个性化、差异化、有针对性的服务。

（四）完善网络保护工作。

13. 完善未成年人网络保护法规政策体系。加快推动出台未成年人网络保护条例，完善配套政策，净化未成年人网络环境，保障未成年人网络空间安全，保护未成年人合法网络权益，构建网络环境保护长效机制。推动制定未成年人网络保护行业规范和行为准则。加强涉未成年人网课平台和教育移动互联网应用程序规范管理，完善未成年人网课平台备案管理制度。

14. 加强未成年人个人信息网络保护。指导监督网络运营者有效履行未成年人个人信息网络保护的平台责任，严格依照法律规定和用户协议收集和使用未成年人个人信息。指导网络运营者对未成年人及其监护人提出的更正、删除未成年人网上个人信息的诉求，依法依规予以配合。严厉打击通过网络以文字、图片、音视频等形式对未成年人实施侮辱、诽谤、猥亵或恶意损害形象等网络欺凌行为，指导网络运营者及时配合制止网络欺凌行为并防止信息扩散。

15. 加强防止未成年人网络沉迷工作。规范网络游戏、网络直播和网络短视频等服务，有效遏制未成年人网络沉迷、过度消费等行为。加强前置审查，严格网络游戏

审批管理。严格实行网络游戏用户账号实名注册制度，推动建立统一的未成年人网络游戏电子身份认证系统。有效控制未成年人使用网络游戏时段、时长，规定时间内不得以任何形式为未成年人提供游戏服务。严格规范向未成年人提供付费服务。加强中小学生手机管理，推进未成年学生在校专心学习。

（五）强化政府保护职能。

16. 有效落实政府监护职责。加强政府监护体制机制建设，提高长期监护专业化服务水平，建立健全临时监护工作制度。建立监护评估制度，建立健全由民政部门指定监护人和终止临时监护情形时监护人的监护能力评估工作规范，科学评判其履行监护职责的能力和条件，推动监护评估规范化专业化。完善因突发事件影响造成监护缺失未成年人救助保护制度措施。进一步健全孤儿保障制度，建立基本生活保障标准动态调整机制。

17. 加强困境未成年人关爱服务。加强困境未成年人分类保障，分类实施困境未成年人保障政策。将符合条件的未成年人纳入最低生活保障、特困人员救助供养等社会救助范围，加强对困难家庭的重病、重残未成年人生活保障工作。合理确定事实无人抚养儿童生活补助标准，对符合条件的事实无人抚养儿童按规定落实医疗救助政策。结合实施乡村振兴战略深化农村留守儿童关爱服务，完善义务教育控辍保学工作机制。进一步落实家庭经济困难儿童教育资助政策和义务教育阶段"两免一补"政策。

18. 建设高质量教育体系。坚持教育公益性原则，推进基本公共教育服务均等化，推动义务教育优质均衡发展和城乡一体化。保障农业转移人口随迁子女平等享有基本公共教育服务。完善普惠性学前教育和特殊教育、专门教育保障机制，鼓励高中阶段学校多样化发展。办好每所学校，关心每名学生成长，坚决克服唯分数、唯升学倾向。规范校外培训，切实减轻中小学生过重校外培训负担。

19. 加强未成年人健康综合保障。完善医疗卫生和医疗保障制度，确保未成年人享有基本医疗、卫生保健服务。加强儿童早期发展服务，推动建立医疗机构对儿童视力、听力、肢体、智力残疾和儿童孤独症早期筛查、诊断、干预和政府康复救助衔接机制，深入开展重点地区儿童营养改善等项目。做好未成年人基本医疗保障工作，统筹基本医疗保险、大病保险、医疗救助三重制度，实施综合保障。鼓励有条件的地方研究将基本的治疗性康复辅助器具逐步纳入基本医疗保险支付范围。加强未成年

人心理健康教育和服务。重视未成年人早期视力保护，加强综合防控儿童近视工作，及时预防和控制近视的发生与发展。加强中小学生睡眠管理工作，保证中小学生享有充足睡眠时间。切实加强未成年人肥胖防控工作。

20. 推进婴幼儿照护服务。发展普惠托育服务体系，加大对社区婴幼儿照护服务支持力度。遵循婴幼儿发展规律，完善有关政策法规体系和标准规范，促进婴幼儿照护服务专业化、规范化建设。加强托育机构监督管理，做好卫生保健、备案登记等工作，积极构建综合监管体系。加快培养婴幼儿照护服务专业人才，大力开展职业培训，增强从业人员法治意识。切实强化和落实各方面责任，确保婴幼儿安全和健康。

21. 加强和创新未成年人成长社会环境治理。构建未成年人成长社会环境治理联合执法机制，加大执法力度。落实未成年人入住旅馆、宾馆、酒店的核查与报告制度。加大对营业性歌舞娱乐场所、酒吧、互联网上网服务营业场所违规接待未成年人行为的处罚力度。落实密切接触未成年人行业违法犯罪信息准入查询制度。严格禁止向未成年人销售烟（含电子烟）、酒、彩票或者兑付彩票奖金。依法依规及时清理中小学校、幼儿园、托育机构周边设置的营业性娱乐场所、酒吧、互联网上网服务营业场所及烟（含电子烟）、酒、彩票销售网点。对部分儿童用品依法实施强制性产品认证管理，保障未成年人健康安全。加大互联网上涉及未成年人的重点应用服务的整治和查处力度，加强监管，督促企业切实落实针对未成年人保护的各项措施。督促中小学校、幼儿园、婴幼儿照护服务机构、线下教育培训机构、游乐园等未成年人集中活动场所落实安全主体责任。推进未成年人文身治理工作。做好未满十六周岁辍学学生劝返复学工作。加大对未成年人违法婚姻的治理力度，防止未成年人早婚早育现象。

（六）落实司法保护职责。

22. 依法妥善办理涉未成年人案件。坚持"教育、感化、挽救"方针和"教育为主、惩罚为辅"原则，严格落实未成年人刑事案件特别程序，依法惩戒和精准帮教相结合，促进未成年人顺利回归社会。办理未成年人遭受性侵害或者暴力伤害案件，施行"一站式取证"保护机制。对于性侵害未成年人犯罪，公安、检察部门积极主动沟通，询问被害人同步录音录像全覆盖。对涉案未成年人实施必要的心理干预、经济救助、法律援助、转学安置等保护措施，积极引导专业社会工作者参与相关保护工作。

23. 加强少年法庭建设。深化涉未成年人案件综合

审判改革,将与未成年人权益保护和犯罪预防关系密切的涉及未成年人的刑事、民事及行政诉讼案件纳入少年法庭收案范围。审理涉及未成年人的案件,从有利于未成年人健康成长的角度出发,推行社会调查、社会观护、心理疏导、司法救助、诉讼教育引导等制度,依法给予未成年人特殊、优先保护。加强未成年人法律援助,积极开展司法救助,及时帮扶司法过程中陷入困境的未成年人,充分体现司法的人文关怀。

24. 深化未成年人检察法律监督。依法对涉及未成年人的诉讼活动、未成年人重新犯罪预防工作等开展法律监督。及时对未尽到未成年人教育、管理、救助、看护等保护职责的有关单位提出建议。进一步加强涉及未成年人刑事、民事、行政、公益诉讼检察业务统一集中办理工作。开展未成年人刑事案件羁押必要性审查,对涉及未成年人刑事案件立案、侦查和审判活动,以及涉及未成年人民事诉讼、行政诉讼和执行活动进行监督。开展未成年人监管及未成年人社区矫正活动监督。加大对侵犯未成年人合法权益案件督促、支持相关组织和个人代为提起诉讼的力度,涉及公共利益的依法提起公益诉讼。推动未成年人司法保护协作机制和社会支持体系建设。

25. 严厉打击涉及未成年人违法犯罪行为。依法严惩利用未成年人实施黑恶势力犯罪,对拉拢、胁迫未成年人参加有组织犯罪的,从严追诉、从重量刑。加强未成年人毒品预防教育,引导未成年人从小认清毒品危害,自觉抵制毒品。依法严厉惩治引诱、纵容未成年人从事吸贩毒活动的违法犯罪分子。落实《中国反对拐卖人口行动计划(2021-2030年)》,预防和惩治拐卖未成年人犯罪行为。预防和打击使用童工违法行为。依法查处生产、销售用于未成年人的假冒伪劣食品、药品、玩具、用具和相关设施设备违法犯罪行为。

三、保障措施

(一)加强组织领导。强化党委领导、政府负责、民政牵头、部门协同、社会参与的未成年人保护工作格局。推动各地党委和政府将未成年人保护工作纳入国民经济和社会发展规划及工作绩效评价。依法将未成年人保护工作纳入乡镇(街道)、村(社区)职责范围。将未成年人保护工作开展情况作为平安建设考核重要内容,落实落细文明城市、文明村镇、文明单位、文明家庭和文明校园创建中未成年人保护相关要求。制定实施《中国儿童发展纲要(2021-2030年)》。按有关规定组织开展未成年人保护工作表彰奖励,对有突出表现的给予表彰。

(二)加大工作保障。加强未成年人服务设施建设,建立和改善适合未成年人的活动场所和设施,支持公益性未成年人活动场所和设施的建设和运行。加强未成年人救助保护机构等场所服务设施设备建设。将未成年人保护工作相关经费纳入本级预算。将未成年人关爱服务纳入政府购买服务指导性目录,通过政府购买服务等方式引导社会工作专业服务机构、公益慈善类社会组织为留守儿童、困境儿童等特殊儿童群体提供专业服务。加强民政部本级和地方各级政府用于社会福利事业的彩票公益金对未成年人保护工作的支持。加强未成年人保护科学研究和人才培养。

(三)充实工作力量。充实基层未成年人保护工作力量,实现未成年人保护工作一线有机构负责、有专人办事、有经费保障。指导各地根据需要,通过整合相关编制资源、盘活编制存量、推动机构转型等方式加强未成年人救助保护机构建设,承担好需依法临时监护的未成年人收留、抚养等相关工作。指导乡镇(街道)设立未成年人保护工作站,及时办理未成年人保护相关事务。加强儿童督导员、儿童主任专业化建设,鼓励其考取社会工作职业资格。加强未成年人审判组织建设和审判专业化、队伍职业化建设。各级人民法院、人民检察院根据实际需要明确相应机构或者指定人员负责未成年人审判、检察工作。指导基层公安派出所加强未成年人保护工作,根据实际明确相关人员负责未成年人保护工作。

(四)深入宣传引导。深入开展未成年人保护工作和《中华人民共和国未成年人保护法》等法律法规的宣传教育,中央和地方有关新闻媒体可设置专栏,基层单位要充分利用所属网站、新媒体、宣传栏等平台,开展全方位、多角度、立体式宣传活动,贯彻落实《新时代爱国主义教育实施纲要》《新时代公民道德建设实施纲要》,营造全社会关心支持未成年人保护工作的良好氛围。进一步规范新闻媒体对涉及未成年人相关热点事件的宣传报道,传播社会正能量。

(五)强化监督检查。加强对未成年人保护工作的监督检查,建立健全业务指导、督促检查和重大事项通报制度。各级未成年人保护工作协调机制设立专兼职相结合的未成年人权益督查专员,负责牵头对各地各部门开展未成年人保护工作情况进行督促检查,对存在的突出问题以及侵害未成年人权益的恶性案件、重大事件进行跟踪指导、挂牌督办、限时整改。

国务院办公厅关于加强和改进流浪
未成年人救助保护工作的意见

·2011 年 8 月 15 日
·国办发〔2011〕39 号

党中央、国务院高度重视未成年人权益保护工作,近年来国家出台了一系列法律法规和政策,未成年人权益保护工作取得了积极成效。但受人口流动加速、一些家庭监护缺失和社会不良因素影响,未成年人流浪现象仍然存在,甚至出现胁迫、诱骗、利用未成年人乞讨和实施违法犯罪活动等问题,严重侵害了未成年人合法权益,妨害了未成年人健康成长。为进一步完善流浪未成年人救助保护体系,切实加强和改进流浪未成年人救助保护工作,经国务院同意,现提出如下意见:

一、充分认识流浪未成年人救助保护工作的重要意义

做好流浪未成年人救助保护工作,关系到未成年人的健康成长,关系到社会和谐安定,关系到以人为本执政理念的落实。及时有效救助保护流浪未成年人,是各级政府的重要职责,是维护未成年人合法权益的重要内容,是预防未成年人违法犯罪的重要举措,是加强和创新社会管理的重要方面,是社会文明进步的重要体现。各地区、各有关部门要充分认识加强和改进流浪未成年人救助保护工作的重要性和紧迫性,进一步统一思想、提高认识,认真落实《中华人民共和国未成年人保护法》、《中华人民共和国预防未成年人犯罪法》和《中华人民共和国义务教育法》等法律法规,不断完善政策措施,提升救助保护水平,维护好流浪未成年人的合法权益。

二、流浪未成年人救助保护工作的总体要求和基本原则

(一)总体要求。牢固树立以人为本、执政为民的理念,贯彻预防为主、标本兼治的方针,健全机制、完善政策,落实责任,加快推进流浪未成年人救助保护体系建设,确保流浪未成年人得到及时救助保护、教育矫治、回归家庭和妥善安置,最大限度减少未成年人流浪现象,坚决杜绝胁迫、诱骗、利用未成年人乞讨等违法犯罪行为。

(二)基本原则。

坚持未成年人权益保护优先。把未成年人权益保护和健康成长作为首要任务,加强对家庭监护的指导和监督,及时救助流浪未成年人,严厉打击胁迫、诱骗、利用未成年人乞讨等违法犯罪行为,切实保障未成年人的生存权、发展权、参与权、受保护权。

坚持救助保护和教育矫治并重。积极主动救助流浪未成年人,保障其生活、维护其权益;同时加强流浪未成年人思想、道德、文化和法制教育,强化心理疏导和行为矫治,帮助其顺利回归家庭。

坚持源头预防和综合治理。综合运用经济、行政、司法等手段,落实义务教育、社会保障和扶贫开发等政策,强化家庭、学校、社会共同责任,不断净化社会环境,防止未成年人外出流浪。

坚持政府主导和社会参与。落实政府责任,加大政府投入,加强各方协作,充分发挥基层组织作用,调动社会各方面参与流浪未成年人救助保护的积极性,形成救助保护工作的合力。

三、加强和改进流浪未成年人救助保护工作的政策措施

(一)实行更加积极主动的救助保护。公安机关发现流浪乞讨的未成年人,应当护送到救助保护机构接受救助。其中由成年人携带流浪乞讨的,应当进行调查、甄别,对有胁迫、诱骗、利用未成年人乞讨等违法犯罪嫌疑的,要依法查处;对由父母或其他监护人携带流浪乞讨的,应当批评、教育并引导护送到救助保护机构接受救助,无力自行返乡的由救助保护机构护送返乡,公安机关予以协助配合。民政部门要积极开展主动救助,引导护送流浪未成年人到救助保护机构接受救助。城管部门发现流浪未成年人,应当告知并协助公安或民政部门将其护送到救助保护机构接受救助。对突发急病的流浪未成年人,公安机关和民政、城管部门应当直接护送到定点医院进行救治。

充分发挥村(居)民委员会等基层组织作用,组织和动员居民提供线索,劝告、引导流浪未成年人向公安机关、救助保护机构求助,或及时向公安机关报警。

(二)加大打击拐卖未成年人犯罪力度。公安机关要严厉打击拐卖未成年人犯罪,对来历不明的流浪乞讨和被强迫从事违法犯罪活动的未成年人,要一律采集生物检材,检验后录入全国打拐 DNA(脱氧核糖核酸)信息库比对,及时发现、解救失踪被拐未成年人。加强接处警工作,凡接到涉及未成年人失踪被拐报警的,公安机关要立即出警处置,认真核查甄别,打击违法犯罪活动。强化立案工作,实行未成年人失踪快速查找机制,充分调动警务资源,第一时间组织查找。建立跨部门、跨警种、跨地区打击拐卖犯罪工作机制。民政等有关部门要协助公安机关做好被拐未成年人的调查、取证和解救工作。

(三)帮助流浪未成年人及时回归家庭。救助保护机构和公安机关要综合运用救助保护信息系统、公安人口管理信息系统、全国打拐DNA（脱氧核糖核酸）信息库和向社会发布寻亲公告等方式，及时查找流浪未成年人父母或其他监护人。

对查找到父母或其他监护人的流浪未成年人，救助保护机构要及时安排接送返乡，交通运输、铁道等部门要在购票、进出站、乘车等方面积极协助。流出地救助保护机构应当通知返乡流浪未成年人或其监护人常住户口所在地的乡镇人民政府（街道办事处）做好救助保护和帮扶工作。流出地救助保护机构要对流浪未成年人的家庭监护情况进行调查评估；对确无监护能力的，由救助保护机构协助监护人及时委托其他人员代为监护；对拒不履行监护责任、经反复教育不改的，由救助保护机构向人民法院提出申请撤销其监护人资格，依法另行指定监护人。

对暂时查找不到父母或其他监护人的流浪未成年人，在继续查找的同时，要通过救助保护机构照料、社会福利机构代养、家庭寄养等多种方式予以妥善照顾。对经过2年以上仍查找不到父母或其他监护人的，公安机关要按户籍管理有关法规政策规定为其办理户口登记手续，以便于其就学、就业等正常生活。对在打拐过程中被解救且查找不到父母或其他监护人的婴幼儿，民政部门要将其安置到社会福利机构抚育，公安机关要按规定为其办理户口登记手续。

（四）做好流浪未成年人的教育矫治。救助保护机构要依法承担流浪未成年人的临时监护责任，为其提供文化和法制教育、心理辅导、行为矫治、技能培训等救助保护服务，对合法权益受到侵害的，要协助司法部门依法为其提供法律援助或司法救助。救助保护机构要在教育行政部门指导下帮助流浪未成年人接受义务教育或替代教育，对沾染不良习气的，要通过思想、道德和法制教育，矫治不良习惯，纠正行为偏差；对有严重不良行为的，按照有关规定送专门学校进行矫治和接受教育。对流浪残疾未成年人，卫生、残联等部门要指导救助保护机构对其进行心理疏导、康复训练等。

（五）强化流浪未成年人源头预防和治理。预防未成年人流浪是家庭、学校、政府和社会的共同责任，做好源头预防是解决未成年人流浪问题的治本之策。家庭是预防和制止未成年人流浪的第一责任主体，应当依法履行对未成年人的监护责任和抚养义务。有关部门和基层组织要加强对家庭履行监护责任的指导和监督，对困难家庭予以帮扶，提升家庭抚育和教育能力，帮助其解决实际困难。村（居）民委员会要建立随访制度，对父母或其

他监护人不依法履行监护责任或者侵害未成年人权益的，要予以劝诫、制止；情节严重的，要报告公安机关予以训诫，责令其改正；构成违反治安管理行为的，由公安机关依法给予行政处罚。

学校是促进未成年人健康成长的重要阵地，要坚持育人为本、德育为先，加强学生思想道德教育和心理健康辅导，根据学生特点和需要，开展职业教育和技能培训，使学生掌握就业技能，实现稳定就业；对品行有缺点、学习有困难的学生，要进行重点教育帮扶；对家庭经济困难的学生，要按照有关规定给予教育资助和特别关怀。教育行政部门要建立适龄儿童辍学、失学信息通报制度，指导学校做好劝学、返学工作，乡镇人民政府（街道办事处）、村（居）民委员会要积极做好协助工作。

地方各级政府和有关部门要进一步落实义务教育、社会保障和扶贫开发等政策，充分调动社会各方面的力量，把流浪未成年人救助保护纳入重点青少年群体教育帮扶工作、"春蕾计划"、"安康计划"和家庭教育工作的总体计划；将流浪残疾未成年人纳入残疾未成年人康复、教育总体安排；充分发挥志愿者、社工队伍和社会组织作用，鼓励和支持其参与流浪未成年人救助、教育、矫治等服务。

四、健全工作机制，形成救助保护工作合力

（一）加强组织领导。进一步完善政府主导、民政牵头、部门负责、社会参与的流浪未成年人救助保护工作机制。建立民政部牵头的部际联席会议制度，研究解决突出问题和困难，制定和完善相关政策措施，指导和督促地方做好工作。民政部要发挥牵头部门作用，加强组织协调，定期通报各省（区、市）流浪未成年人救助保护工作情况，建立挂牌督办和警示制度。地方各级政府要高度重视，建立由政府分管领导牵头的流浪未成年人救助保护工作机制；要建立和完善工作责任追究机制，对工作不力、未成年人流浪现象严重的地区，追究该地区相关领导的责任。

（二）完善法律法规。抓紧做好流浪乞讨人员救助管理法律法规规章修订相关工作，完善流浪未成年人救助保护制度，健全流浪未成年人救助保护、教育矫治、回归安置和源头预防等相关规定，规范救助保护工作行为，强化流浪未成年人司法救助和保护，为流浪未成年人救助保护工作提供有力的法律保障。

（三）加强能力建设。各级政府要加强流浪未成年人救助保护能力建设，进一步提高管理和服务水平。要充分发挥现有救助保护机构、各类社会福利机构的作用，不断完善救助保护设施。要加强救助保护机构工作队伍

建设,合理配备人员编制,按照国家有关规定落实救助保护机构工作人员的工资倾斜政策,对救助保护机构教师按照国家有关规定开展职称评定和岗位聘用。公安机关要根据需要在救助保护机构内设立警务室或派驻民警,协助救助保护机构做好管理工作。财政部门要做好流浪乞讨人员救助资金保障工作,地方财政要建立稳定的经费保障机制,中央财政给予专项补助。

(四)加强宣传引导。进一步加大未成年人权益保护法律法规宣传力度,开展多种形式的法制宣传活动,在全社会牢固树立未成年人权益保护意识。加强舆论引导,弘扬中华民族恤孤慈幼的传统美德,鼓励社会力量通过开展慈善捐助、实施公益项目、提供志愿服务等多种方式,积极参与流浪未成年人救助保护工作,营造关心关爱流浪未成年人的良好氛围。

国务院关于加强农村留守儿童关爱保护工作的意见

·2016 年 2 月 4 日
·国发〔2016〕13 号

近年来,随着我国经济社会发展和工业化、城镇化进程推进,一些地方农村劳动力为改善家庭经济状况、寻求更好发展,走出家乡务工、创业,但受工作不稳定和居住、教育、照料等客观条件限制,有的选择将未成年子女留在家乡交由他人监护照料,导致大量农村留守儿童出现。农村劳动力外出务工为我国经济建设作出了积极贡献,对改善自身家庭经济状况起到了重要作用,客观上为子女的教育和成长创造了一定的物质基础和条件,但也导致部分儿童与父母长期分离,缺乏亲情关爱和有效监护,出现心理健康问题甚至极端行为,遭受意外伤害甚至不法侵害。这些问题严重影响儿童健康成长,影响社会和谐稳定,各方高度关注,社会反响强烈。进一步加强农村留守儿童关爱保护工作,为广大农村留守儿童健康成长创造更好的环境,是一项重要而紧迫的任务。现提出以下意见:

一、充分认识做好农村留守儿童关爱保护工作的重要意义

留守儿童是指父母双方外出务工或一方外出务工另一方无监护能力、不满十六周岁的未成年人。农村留守儿童问题是我国经济社会发展中的阶段性问题,是我国城乡发展不均衡、公共服务不均等、社会保障不完善等问题的深刻反映。近年来,各地区、各有关部门积极开展农村留守儿童关爱保护工作,对促进广大农村留守儿童健

康成长起到了积极作用,但工作中还存在一些薄弱环节,突出表现在家庭监护缺乏监督指导、关爱服务体系不完善、救助保护机制不健全等方面,农村留守儿童关爱保护工作制度化、规范化、机制化建设亟待加强。

农村留守儿童和其他儿童一样是祖国的未来和希望,需要全社会的共同关心。做好农村留守儿童关爱保护工作,关系到未成年人健康成长,关系到家庭幸福与社会和谐,关系到全面建成小康社会大局。党中央、国务院对做好农村留守儿童关爱保护工作高度重视。加强农村留守儿童关爱保护工作,维护未成年人合法权益,是各级政府的重要职责,也是家庭和全社会的共同责任。各地区、各有关部门要充分认识加强农村留守儿童关爱保护工作的重要性和紧迫性,增强责任感和使命感,加大工作力度,采取有效措施,确保农村留守儿童得到妥善监护照料和更好关爱保护。

二、总体要求

(一)指导思想。全面落实党的十八大和十八届二中、三中、四中、五中全会精神,深入贯彻习近平总书记系列重要讲话精神,按照国务院决策部署,以促进未成年人健康成长为出发点和落脚点,坚持依法保护,不断健全法律法规和制度机制,坚持问题导向,强化家庭监护主体责任,加大关爱保护力度,逐步减少儿童留守现象,确保农村留守儿童安全、健康、受教育等权益得到有效保障。

(二)基本原则。

坚持家庭尽责。落实家庭监护主体责任,监护人要依法尽责,在家庭发展中首先考虑儿童利益;加强对家庭监护和委托监护的督促指导,确保农村留守儿童得到妥善监护照料、亲情关爱和家庭温暖。

坚持政府主导。把农村留守儿童关爱保护工作作为各级政府重要工作内容,落实县、乡镇人民政府属地责任,强化民政等有关部门的监督指导责任,健全农村留守儿童关爱服务体系和救助保护机制,切实保障农村留守儿童合法权益。

坚持全民关爱。充分发挥村(居)民委员会、群团组织、社会组织、专业社会工作者、志愿者等各方面积极作用,着力解决农村留守儿童在生活、监护、成长过程中遇到的困难和问题,形成全社会关爱农村留守儿童的良好氛围。

坚持标本兼治。既立足当前,完善政策措施,健全工作机制,着力解决农村留守儿童监护缺失等突出问题;又着眼长远,统筹城乡发展,从根本上解决儿童留守问题。

(三)总体目标。家庭、政府、学校尽职尽责,社会力量积极参与的农村留守儿童关爱保护工作体系全面建

立、强制报告、应急处置、评估帮扶、监护干预等农村留守儿童救助保护机制有效运行,侵害农村留守儿童权益的事件得到有效遏制。到2020年,未成年人保护法律法规和制度体系更加健全,全社会关爱保护儿童的意识普遍增强,儿童成长环境更为改善、安全更有保障,儿童留守现象明显减少。

三、完善农村留守儿童关爱服务体系

(一)强化家庭监护主体责任。父母要依法履行对未成年子女的监护职责和抚养义务。外出务工人员要尽量携带未成年子女共同生活或父母一方留家照料,暂不具备条件的应当委托有监护能力的亲属或其他成年人代为监护,不得让不满十六周岁的儿童脱离监护单独居住生活。外出务工人员要与留守未成年子女常联系、多见面,及时了解掌握他们的生活、学习和心理状况,给予更多亲情关爱。父母或受委托监护人不履行监护职责的,村(居)民委员会、公安机关和有关部门要及时予以劝诫、制止;情节严重或造成严重后果的,公安等有关机关要依法追究其责任。

(二)落实县、乡镇人民政府和村(居)民委员会职责。县级人民政府要切实加强统筹协调和督促检查,结合本地实际制定切实可行的农村留守儿童关爱保护政策措施,认真组织开展关爱保护行动,确保关爱保护工作覆盖本行政区域内所有农村留守儿童。乡镇人民政府(街道办事处)和村(居)民委员会要加强对监护人的法治宣传、监护监督和指导,督促其履行监护责任,提高监护能力。村(居)民委员会要定期走访、全面排查,及时掌握农村留守儿童的家庭情况、监护情况、就学情况等基本信息,并向乡镇人民政府(街道办事处)报告;要为农村留守儿童通过电话、视频等方式与父母联系提供便利。乡镇人民政府(街道办事处)要建立翔实完备的农村留守儿童信息台账,一人一档案,实行动态管理、精准施策,为有关部门和社会力量参与农村留守儿童关爱保护工作提供支持;通过党员干部上门家访、驻村干部探访、专业社会工作者随访等方式,对重点对象进行核查,确保农村留守儿童得到妥善照料。县级民政部门及救助管理机构要对乡镇人民政府(街道办事处)、村(居)民委员会开展的监护监督等工作提供政策指导和技术支持。

(三)加大教育部门和学校关爱保护力度。县级人民政府要完善控辍保学部门协调机制,督促监护人送适龄儿童、少年入学并完成义务教育。教育行政部门要落实免费义务教育和教育资助政策,确保农村留守儿童不因贫困而失学;支持和指导中小学校加强心理健康教育,促进学生心理、人格积极健康发展,及早发现并纠正心理问题和不良行为;加强对农村留守儿童相对集中学校教职工的专题培训,着重提高班主任和宿舍管理人员关爱照料农村留守儿童的能力;会同公安机关指导和协助中小学校完善人防、物防、技防措施,加强校园安全管理,做好法治宣传和安全教育,帮助儿童增强防范不法侵害的意识、掌握预防意外伤害的安全常识。中小学校要对农村留守儿童受教育情况实施全程管理,利用电话、家访、家长会等方式加强与家长、受委托监护人的沟通交流,了解农村留守儿童生活情况和思想动态,帮助监护人掌握农村留守儿童学习情况,提升监护人责任意识和教育管理能力;及时了解无故旷课农村留守儿童情况,落实辍学学生登记、劝返复学和书面报告制度,劝返无效的,应书面报告县级教育行政部门和乡镇人民政府,依法采取措施劝返复学;帮助农村留守儿童通过电话、视频等方式加强与父母的情感联系和亲情交流。寄宿制学校要完善教职工值班制度,落实学生宿舍安全管理责任,丰富校园文化生活,引导寄宿学生积极参与体育、艺术、社会实践等活动,增强学校教育吸引力。

(四)发挥群团组织关爱服务优势。各级工会、共青团、妇联、残联、关工委等群团组织要发挥自身优势,积极为农村留守儿童提供假期日间照料、课后辅导、心理疏导等关爱服务。工会、共青团要广泛动员广大职工、团员青年、少先队员等开展多种形式的农村留守儿童关爱服务和互助活动。妇联要依托妇女之家、儿童之家等活动场所,为农村留守儿童和其他儿童提供关爱服务,加强对农村留守儿童父母、受委托监护人的家庭教育指导,引导他们及时关注农村留守儿童身心健康状况,加强亲情关爱。残联要组织开展农村留守残疾儿童康复等工作。关工委要组织动员广大老干部、老战士、老专家、老教师、老模范等离退休老同志,协同做好农村留守儿童的关爱与服务工作。

(五)推动社会力量积极参与。加快孵化培育社会工作专业服务机构、公益慈善类社会组织、志愿服务组织,民政等部门要通过政府购买服务等方式支持其深入城乡社区、学校和家庭,开展农村留守儿童监护指导、心理疏导、行为矫治、社会融入和家庭关系调适等专业服务。充分发挥市场机制作用,支持社会组织、爱心企业依托学校、社区综合服务设施举办农村留守儿童托管服务机构,财税部门要依法落实税费减免优惠政策。

四、建立健全农村留守儿童救助保护机制

(一)建立强制报告机制。学校、幼儿园、医疗机构、

村(居)民委员会、社会工作服务机构、救助管理机构、福利机构及其工作人员,在工作中发现农村留守儿童脱离监护单独居住生活或失踪、监护人丧失监护能力或不履行监护责任、疑似遭受家庭暴力、疑似遭受意外伤害或不法侵害等情况的,应当在第一时间向公安机关报告。负有强制报告责任的单位和人员未履行报告义务的,其上级机关和有关部门要严肃追责。其他公民、社会组织积极向公安机关报告的,应及时给予表扬和奖励。

(二)完善应急处置机制。公安机关要及时受理有关报告,第一时间出警调查,有针对性地采取应急处置措施,强制报告责任人要协助公安机关做好调查和应急处置工作。属于农村留守儿童单独居住生活的,要责令其父母立即返回或确定受委托监护人,并对父母进行训诫;属于监护人丧失监护能力或不履行监护责任的,要联系农村留守儿童父母立即返回或委托其他亲属监护照料;上述两种情形联系不上农村留守儿童父母的,要就近护送至其他近亲属、村(居)民委员会或救助管理机构、福利机构临时监护照料,并协助通知农村留守儿童父母立即返回或重新确定受委托监护人。属于失踪的,要按照儿童失踪快速查找机制及时开展调查。属于遭受家庭暴力的,要依法制止,必要时通知并协助民政部门将其安置到临时庇护场所、救助管理机构或者福利机构实施保护;属于遭受其他不法侵害、意外伤害的,要依法制止侵害行为、实施保护;对于上述两种情形,要按照有关规定调查取证,协助其就医、鉴定伤情,为进一步采取干预措施、依法追究相关法律责任打下基础。公安机关要将相关情况及时通报乡镇人民政府(街道办事处)。

(三)健全评估帮扶机制。乡镇人民政府(街道办事处)接到公安机关通报后,要会同民政部门、公安机关在村(居)民委员会、中小学校、医疗机构以及亲属、社会工作专业服务机构的协助下,对农村留守儿童的安全处境、监护情况、身心健康状况等进行调查评估,有针对性地安排监护指导、医疗救治、心理疏导、行为矫治、法律服务、法律援助等专业服务。对于监护人家庭经济困难且符合有关社会救助、社会福利政策的,民政及其他社会救助部门要及时纳入保障范围。

(四)强化监护干预机制。对实施家庭暴力、虐待或遗弃农村留守儿童的父母或受委托监护人,公安机关应当给予批评教育,必要时予以治安管理处罚,情节恶劣构成犯罪的,依法立案侦查。对于监护人将农村留守儿童置于无人监管和照看状态导致其面临危险且经教育不改的,或者拒不履行监护职责六个月以上导致农村留守儿童生活无着的,或者实施家庭暴力、虐待或遗弃农村留守儿童导致其身心健康严重受损的,其近亲属、村(居)民委员会、县级民政部门等有关人员或者单位要依法向人民法院申请撤销监护人资格,另行指定监护人。

五、从源头上逐步减少儿童留守现象

(一)为农民工家庭提供更多帮扶支持。各地要大力推进农民工市民化,为其监护照料未成年子女创造更好条件。符合落户条件的要有序推进其本人及家属落户。符合住房保障条件的要纳入保障范围,通过实物配租公共租赁住房或发放租赁补贴等方式,满足其家庭的基本居住需求。不符合上述条件的,要在生活居住、日间照料、义务教育、医疗卫生等方面提供帮助。倡导用工单位、社会组织和专业社会工作者、志愿者队伍等社会力量,为其照料未成年子女提供便利条件和更多帮助。公办义务教育学校要普遍对农民工未成年子女开放,要通过政府购买服务等方式支持农民工未成年子女接受义务教育;完善和落实符合条件的农民工子女在输入地参加中考、高考政策。

(二)引导扶持农民工返乡创业就业。各地要大力发展县域经济,落实国务院关于支持农民工返乡创业就业的一系列政策措施。中西部地区要充分发挥比较优势,积极承接东部地区产业转移,加快发展地方优势特色产业,加强基本公共服务,制定和落实财政、金融等优惠扶持政策,落实定向减税和普遍性降费政策,为农民工返乡创业就业提供便利条件。人力资源社会保障等有关部门要广泛宣传农民工返乡创业就业政策,加强农村劳动力的就业创业技能培训,对有意愿就业创业的,要有针对性地推荐用工岗位信息或创业项目信息。

六、强化农村留守儿童关爱保护工作保障措施

(一)加强组织领导。各地要将农村留守儿童关爱保护工作纳入重要议事日程,建立健全政府领导,民政部门牵头,教育、公安、司法行政、卫生计生等部门和妇联、共青团等群团组织参加的农村留守儿童关爱保护工作领导机制,及时研究解决工作中的重大问题。民政部要牵头建立农村留守儿童关爱保护工作部际联席会议制度,会同有关部门在2016年上半年开展一次全面的农村留守儿童摸底排查,依托现有信息系统完善农村留守儿童信息管理功能,健全信息报送机制。各级妇儿工委和民工工作领导小组要将农村留守儿童关爱保护作为重要工作内容,统筹推进相关工作。各地民政、公安、教育等部门要强化责任意识,督促有关方面落实相关责任。要加快推动完善未成年人保护相关法律法规,进一步明确权利义务和各方职责,特别要强化家庭监护主体责任,为农村留守儿童关爱保护工作提供有力法律保障。

(二)加强能力建设。统筹各方资源,充分发挥政府、市场、社会的作用,逐步完善救助管理机构、福利机构场所设施,满足临时监护照料农村留守儿童的需要。加强农村寄宿制学校建设,促进寄宿制学校合理分布,满足农村留守儿童入学需求。利用现有公共服务设施开辟儿童活动场所,提供必要托管服务。各级财政部门要优化和调整支出结构,多渠道筹措资金,支持做好农村留守儿童关爱保护工作。各地要积极引导社会资金投入,为农村留守儿童关爱保护工作提供更加有力的支撑。各地区、各有关部门要加强农村留守儿童关爱保护工作队伍建设,配齐配强工作人员,确保事有人干、责有人负。

(三)强化激励问责。各地要建立和完善工作考核和责任追究机制,对认真履责、工作落实到位、成效明显的,要按照国家有关规定予以表扬和奖励;对工作不力、措施不实、造成严重后果的,要追究有关领导和人员责任。对贡献突出的社会组织和个人,要适当给予奖励。

(四)做好宣传引导。加强未成年人保护法律法规和政策措施宣传工作,开展形式多样的宣传教育活动,强化政府主导、全民关爱的责任意识和家庭自觉履行监护责任的法律意识。建立健全舆情监测预警和应对机制,理性引导社会舆论,及时回应社会关切,宣传报道先进典型,营造良好社会氛围。

各省(区、市)要结合本地实际,制定具体实施方案。对本意见的执行情况,国务院将适时组织专项督查。

国务院关于加强困境儿童保障工作的意见

·2016 年 6 月 13 日
·国发〔2016〕36 号

儿童是家庭的希望,是国家和民族的未来。在党和政府的高度重视下,我国保障儿童权益的法律体系逐步健全,广大儿童合法权益得到有效保障,生存发展环境进一步优化,在家庭、政府和社会的关爱下健康成长。同时,也有一些儿童因家庭经济贫困、自身残疾、缺乏有效监护等原因,面临生存、发展和安全困境,一些冲击社会道德底线的极端事件时有发生,不仅侵害儿童权益,也影响社会和谐稳定,是全面建成小康社会亟需妥善解决的突出问题。

困境儿童包括因家庭贫困导致生活、就医、就学等困难的儿童,因自身残疾导致康复、照料、护理和社会融入等困难的儿童,以及因家庭监护缺失或监护不当遭受虐待、遗弃、意外伤害、不法侵害等导致人身安全受到威胁或侵害的儿童。为困境儿童营造安全无虞、生活无忧、充满关爱、健康发展的成长环境,是家庭、政府和社会的共同责任。做好困境儿童保障工作,关系儿童切身利益和健康成长,关系千家万户安居乐业、和谐幸福,关系社会稳定和文明进步,关系全面建成小康社会大局。为加强困境儿童保障工作,确保困境儿童生存、发展、安全权益得到有效保障,现提出以下意见。

一、总体要求

(一)指导思想。全面落实党的十八大和十八届三中、四中、五中全会精神,深入贯彻习近平总书记系列重要讲话精神,按照党中央、国务院决策部署,以促进儿童全面发展为出发点和落脚点,坚持问题导向,优化顶层设计,强化家庭履行抚养义务和监护职责的意识和能力,综合运用社会救助、社会福利和安全保障等政策措施,分类施策,精准帮扶,为困境儿童健康成长营造良好环境。

(二)基本原则。

坚持家庭尽责。强化家庭是抚养、教育、保护儿童,促进儿童发展第一责任主体的意识,大力支持家庭提高抚养监护能力,形成有利于困境儿童健康成长的家庭环境。

坚持政府主导。落实政府责任,积极推动完善保障儿童权益、促进儿童发展的相关立法,制定配套政策措施,健全工作机制,统筹各方资源,加快形成困境儿童保障工作合力。

坚持社会参与。积极孵化培育相关社会组织,动员引导广大企业和志愿服务力量参与困境儿童保障工作,营造全社会关心关爱困境儿童的良好氛围。

坚持分类保障。针对困境儿童监护、生活、教育、医疗、康复、服务和安全保护等方面的突出问题,根据困境儿童自身、家庭情况分类施策,促进困境儿童健康成长。

(三)总体目标。加快形成家庭尽责、政府主导、社会参与的困境儿童保障工作格局,建立健全与我国经济社会发展水平相适应的困境儿童分类保障制度,困境儿童服务体系更加完善,全社会关爱保护儿童的意识明显增强,困境儿童成长环境更为改善、安全更有保障。

二、加强困境儿童分类保障

针对困境儿童生存发展面临的突出问题和困难,完善落实社会救助、社会福利等保障政策,合理拓展保障范围和内容,实现制度有效衔接,形成困境儿童保障政策合力。

（一）保障基本生活。对于无法定抚养人的儿童，纳入孤儿保障范围。对于无劳动能力、无生活来源、法定抚养人无抚养能力的未满16周岁儿童，纳入特困人员救助供养范围。对于法定抚养人有抚养能力但家庭经济困难的儿童，符合最低生活保障条件的纳入保障范围并适当提高救助水平。对于遭遇突发性、紧迫性、临时性基本生活困难家庭的儿童，按规定实施临时救助时要适当提高对儿童的救助水平。对于其他困境儿童，各地区也要做好基本生活保障工作。

（二）保障基本医疗。对于困难的重病、重残儿童，城乡居民基本医疗保险和大病保险给予适当倾斜，医疗救助对符合条件的适当提高报销比例和封顶线。落实小儿行为听力测试、儿童听力障碍语言训练等医疗康复项目纳入基本医疗保障范围政策。对于最低生活保障家庭儿童、重度残疾儿童参加城乡居民基本医疗保险的个人缴费部分给予补贴。对于纳入特困人员救助供养范围的儿童参加城乡居民基本医疗保险给予全额资助。加强城乡居民基本医疗保险、大病保险、医疗救助、疾病应急救助和慈善救助的有效衔接，实施好基本公共卫生服务项目，形成困境儿童医疗保障合力。

（三）强化教育保障。对于家庭经济困难儿童，要落实教育资助政策和义务教育阶段"两免一补"政策。对于残疾儿童，要建立随班就读支持保障体系，为其中家庭经济困难的提供包括义务教育、高中阶段教育在内的12年免费教育。对于农业转移人口及其他常住人口随迁子女，要将其义务教育纳入各级政府教育发展规划和财政保障范畴，全面落实在流入地参加升学考试政策和接受中等职业教育免学费政策。支持特殊教育学校、取得办园许可的残疾儿童康复机构和有条件的儿童福利机构开展学前教育。支持儿童福利机构特教班在做好机构内残疾儿童特殊教育的同时，为社会残疾儿童提供特殊教育。完善义务教育控辍保学工作机制，确保困境儿童入学和不失学，依法完成义务教育。

（四）落实监护责任。对于失去父母、查找不到生父母的儿童，纳入孤儿安置渠道，采取亲属抚养、机构养育、家庭寄养和依法收养方式妥善安置。对于父母没有监护能力且无其他监护人的儿童，以及人民法院指定由民政部门担任监护人的儿童，由民政部门设立的儿童福利机构收留抚养。对于儿童生父母或收养关系已成立的养父母不履行监护职责且经公安机关教育不改的，由民政部门设立的儿童福利机构、救助保护机构临时监护，并依法追究生父母、养父母法律责任。对于决定执行行政拘留的被处罚人或采取刑事拘留等限制人身自由刑事强制措施的犯罪嫌疑人，公安机关应当询问其是否有未成年子女需要委托亲属、其他成年人或民政部门设立的儿童福利机构、救助保护机构监护，并协助其联系有关人员或民政部门予以安排。对于服刑人员、强制隔离戒毒人员的缺少监护人的未成年子女，执行机关应当为其委托亲属、其他成年人或民政部门设立的儿童福利机构、救助保护机构监护提供帮助。对于依法收养儿童，民政部门要完善和强化监护人抚养监护能力评估制度，落实妥善抚养监护要求。

（五）加强残疾儿童福利服务。对于0-6岁视力、听力、言语、智力、肢体残疾儿童和孤独症儿童，加快建立康复救助制度，逐步实现免费得到手术、康复辅助器具配置和康复训练等服务。对于社会散居残疾孤儿，纳入"残疾孤儿手术康复明天计划"对象范围。支持儿童福利机构在做好机构内孤残儿童服务的同时，为社会残疾儿童提供替代照料、养育辅导、康复训练等服务。纳入基本公共服务项目的残疾人康复等服务要优先保障残疾儿童需求。

三、建立健全困境儿童保障工作体系

强化和落实基层政府、部门职责，充实和提升基层工作能力，充分发挥群团组织优势，广泛动员社会力量参与，建立健全覆盖城乡、上下联动、协同配合的困境儿童保障工作体系。

（一）构建县（市、区、旗）、乡镇（街道）、村（居）三级工作网络。

县级人民政府要建立政府领导，民政部门、妇儿工委办公室牵头，教育、卫生计生、人力资源社会保障等部门和公安机关、残联组织信息共享、协调联动的工作机制，统筹做好困境儿童保障政策落实和指导、协调、督查等工作。要参照农村留守儿童救助保护机制，建立面向城乡困境儿童包括强制报告、应急处置、评估帮扶、监护干预等在内的困境儿童安全保护机制。要依托县级儿童福利机构、救助保护机构、特困人员救助供养机构、残疾人服务机构、城乡社区公共服务设施等，健全困境儿童服务网络，辐射城乡社区，发挥临时庇护、收留抚养、福利服务等功能。

乡镇人民政府（街道办事处）负责民政工作的机构要建立翔实完备的困境儿童信息台账，一人一档案，实行动态管理，为困境儿童保障工作提供信息支持。乡镇人民政府（街道办事处）要畅通与县级人民政府及其民政部门、妇儿工委办公室和教育、卫生计生、人力资源社会保障等部门以及公安机关、残联组织的联系，并依托上述部门（组织）在乡镇（街道）的办事（派出）机构，及时办理困境儿童及其家庭社会救助、社会福利、安全保护等事务。

村（居）民委员会要设立由村（居）民委员会委员、大学生村官或者专业社会工作者等担（兼）任的儿童福利督导员或儿童权利监察员，负责困境儿童保障政策宣传和日常工作，通过全面排查、定期走访及时掌握困境儿童家庭、监护、就学等基本情况，指导监督家庭依法履行抚养义务和监护职责，并通过村（居）民委员会向乡镇人民政府（街道办事处）报告情况。村（居）民委员会对于发现的困境儿童及其家庭，属于家庭经济贫困、儿童自身残疾等困难情形的，要告知或协助其申请相关社会救助、社会福利等保障；属于家庭监护缺失或监护不当导致儿童人身安全受到威胁或侵害的，要落实强制报告责任；并积极协助乡镇人民政府（街道办事处）、民政部门、妇儿工委办公室和教育、卫生计生、人力资源社会保障等部门及公安机关、残联组织开展困境儿童保障工作。

（二）建立部门协作联动机制。

民政部门、妇儿工委办公室要发挥牵头作用，做好综合协调、指导督促等工作，会同教育、卫生计生、人力资源社会保障等有关部门和公安机关、残联组织，推动各有关方面共同做好困境儿童保障工作。民政、教育、卫生计生、人力资源社会保障、住房城乡建设等社会救助管理部门要进一步完善政策措施，健全"一门受理、协同办理"等工作机制，确保符合条件的困境儿童及其家庭及时得到有效帮扶。民政、教育、卫生计生部门和公安机关要督促和指导中小学校、幼儿园、托儿所、医疗卫生机构、社会福利机构、救助保护机构切实履行困境儿童安全保护机制赋予的强制报告、应急处置、评估帮扶、监护干预等职责，保障困境儿童人身安全。

（三）充分发挥群团组织作用。

各级群团组织要发挥自身优势，广泛开展适合困境儿童特点和需求的关爱、帮扶、维权等服务，发挥示范带动作用。工会、共青团、妇联要广泛动员广大职工、团员青年、妇女等开展多种形式的困境儿童关爱服务，依托职工之家、妇女之家、儿童之家、家长学校、家庭教育指导中心、青少年综合服务平台等，加强对困境儿童及其家庭的教育指导和培训帮扶。残联组织要依托残疾人服务设施加强残疾儿童康复训练、特殊教育等工作，加快建立残疾儿童康复救助制度，加强残疾儿童康复机构建设和康复服务专业技术人员培训培养，组织实施残疾儿童康复救助项目，提高康复保障水平和服务能力。关工委要组织

动员广大老干部、老战士、老专家、老教师、老模范等离退休老同志，协同做好困境儿童关爱服务工作。

（四）鼓励支持社会力量参与。

建立政府主导与社会参与良性互动机制。加快孵化培育专业社会工作服务机构、慈善组织、志愿服务组织，引导其围绕困境儿童基本生活、教育、医疗、照料、康复等需求，捐赠资金物资、实施慈善项目、提供专业服务。落实国家有关税费优惠政策，通过政府和社会资本合作（PPP）等方式，支持社会力量举办困境儿童托养照料、康复训练等服务机构，并鼓励其参与承接政府购买服务。支持社会工作者、法律工作者等专业人员和志愿者针对困境儿童不同特点提供心理疏导、精神关爱、家庭教育指导、权益维护等服务。鼓励爱心家庭依据相关规定，为有需要的困境儿童提供家庭寄养、委托代养、爱心助养等服务，帮助困境儿童得到妥善照料和家庭亲情。积极倡导企业履行社会责任，通过一对一帮扶、慈善捐赠、实施公益项目等多种方式，为困境儿童及其家庭提供更多帮助。

四、加强工作保障

（一）强化组织领导。各地区要将困境儿童保障工作纳入重要议事日程和经济社会发展等规划，完善政策措施，健全工作机制，及时研究解决工作中的重大问题。要完善工作考核，强化激励问责，制定督查考核办法，明确督查指标，建立常态化、经常化的督查考核机制，定期通报工作情况，及时总结推广先进经验。民政部、国务院妇儿工委办公室、教育部、公安部、国家卫生计生委等有关部门和全国妇联、中国残联要积极推动制定完善儿童福利、儿童保护和家庭教育、儿童收养等法律法规，为困境儿童保障工作提供有力法律保障。加强各级各部门困境儿童工作信息共享和动态监测。

（二）强化能力建设。统筹各方资源，充分发挥政府、市场、社会作用，逐步完善儿童福利机构或社会福利机构儿童部、救助保护机构场所设施，健全服务功能，增强服务能力，满足监护照料困境儿童需要。利用现有公共服务设施开辟儿童之家等儿童活动和服务场所，将面向儿童服务功能纳入社区公共服务体系。各级财政部门要优化和调整支出结构，多渠道筹措资金，支持做好困境儿童保障工作。各地区要积极引导社会资金投入，为困境儿童保障工作提供更加有力支撑；要加强困境儿童保障工作队伍建设，制定儿童福利督导员或儿童权利监察员工作规范，明确工作职责，强化责任意识，提高服务困境儿童能力。

（三）强化宣传引导。加强儿童权益保障法律法规

和困境儿童保障政策宣传，开展形式多样的宣传教育活动，强化全社会保护儿童权利意识，强化家庭履责的法律意识和政府主导、全民关爱的责任意识。大力弘扬社会主义核心价值观和中华民族恤孤慈幼的传统美德，鼓励、倡导、表彰邻里守望和社区互助行为，宣传报道先进典型，发挥示范带动作用。建立健全舆情监测预警和应对机制，及时妥善回应社会关切。

各地区、各部门要根据实际情况和职责分工制定具体实施办法。民政部、国务院妇儿工委办公室要加强对本意见执行情况的监督检查，重大情况及时向国务院报告。国务院将适时组织专项督查。

民政部关于贯彻落实《国务院关于加强农村留守儿童关爱保护工作的意见》的通知

· 2016 年 4 月 27 日
· 民函〔2016〕119 号

各省、自治区、直辖市民政厅（局），各计划单列市民政局，新疆生产建设兵团民政局：

2016 年 2 月 4 日，国务院印发了《关于加强农村留守儿童关爱保护工作的意见》（国发〔2016〕13 号，以下简称《意见》）。为抓好《意见》贯彻落实工作，现就有关要求通知如下：

一、充分认识《意见》出台的重大意义

党中央、国务院高度重视农村留守儿童关爱保护工作。党的十八届三中、五中全会分别对建立健全农村留守儿童关爱服务体系做出决策部署。国务院连续三年在《政府工作报告》中对农村留守儿童工作提出明确要求。《中共中央 国务院关于打赢脱贫攻坚战的决定》（中发〔2015〕34 号）将农村留守儿童关爱保护工作列为重点工作任务。进一步加强农村留守儿童关爱保护工作，为广大农村留守儿童健康成长创造更好的环境，是一项重要而紧迫的任务。

《意见》的印发实施，是党中央、国务院高度重视农村留守儿童关爱保护工作的重要体现。《意见》是以农村留守儿童关爱保护为切入点的第一份系统性地明确未成年人保护政策措施和工作机制的国务院文件，是未成年人保护工作的重大制度创新，为健全未成年人保护制度，落实《中华人民共和国未成年人保护法》提供了有力的政策遵循。贯彻实施好《意见》，对于做好农村留守儿童关爱保护工作，保护未成年人合法权益，促进未成年人健康成长，维护家庭幸福与社会和谐，服务全面建成小康

社会大局具有十分重要的意义。

各级民政部门要从全局和战略的高度，深刻认识《意见》出台的重大意义，迅速把思想和行动统一到党中央、国务院决策部署和工作要求上来，切实增强政治责任感和历史使命感，按照全国加强农村留守儿童关爱保护工作电视电话会议精神，把做好农村留守儿童关爱保护工作摆上重要议事日程，发挥牵头作用，履行部门职能，加强组织领导，采取有效措施，加大工作力度，切实抓好《意见》贯彻落实，推动农村留守儿童关爱保护政策措施落地生根，见到实实在在的成效。

二、准确把握民政部门的职责要求

《意见》紧紧抓住农村留守儿童关爱保护工作中的突出问题和薄弱环节，针对完善关爱服务体系和健全救助保护机制等重点环节，提出了系统性的顶层设计和有针对性的政策安排，明确了家庭、政府及有关部门、群团组织、学校、村（居）民委员会和社会力量的职责任务。各地要认真学习领会《意见》精神，深入理解《意见》规定的政策措施和工作要求，准确把握民政部门在农村留守儿童关爱保护工作中的职责要求。

一是承担牵头组织职责。提请地方党委政府把农村留守儿童关爱保护工作纳入脱贫攻坚和全面小康社会建设大局，协助地方党委政府结合实际制定具体实施方案，推动建立健全政府领导、民政牵头、有关部门和群团组织参加的农村留守儿童关爱保护工作领导机制。主动加强与编制、发展改革、财政、人力资源社会保障等有关部门的沟通协调，争取必要的关爱保护工作经费保障，加强关爱保护工作机构和队伍建设。

二是做好统筹协调工作。配合公安机关、乡镇人民政府（街道办事处）建立强制报告信息和应急处置情况共享机制，及时掌握处于困境中的农村留守儿童信息，共同做好家庭监护情况调查评估、救助帮扶、监护干预等工作。加强与各级工会、妇联、共青团等群团组织和中小学校的沟通协作和资源整合，实现家庭、学校、社区、社会关爱的统筹、协调、可持续的联动。通过孵化培育、政府购买服务、引导志愿服务等方式，支持和引导社会工作专业服务机构、公益慈善类社会组织、志愿服务组织，深入村庄、学校和家庭开展农村留守儿童关爱服务。会同相关部门深入解读宣传《意见》精神，及时总结推广成熟工作经验。

三是发挥督促指导作用。通过政策指导、技术支持等方式，指导乡镇人民政府（街道办事处）、村（居）民委员会做好摸底排查、定期走访、重点核查、家庭监护监督

等工作。加大未成年人保护法律和政策培训力度,指导村(居)民委员会、社会工作服务机构、救助管理机构、福利机构切实履行强制报告义务,并协助公安机关做好调查和应急处置工作。主动会同相关部门,对各地区、各部门、基层政府、基层组织的责任落实、协作配合、实际成效等情况定期或不定期进行督促检查和评估考核,及时掌握和通报工作进展情况。

四是落实兜底保障职责。指导乡镇人民政府(街道办事处)、村(居)民委员会主动发现报告处于生活困境的农村留守儿童,及时将符合条件的农村留守儿童及其家庭纳入有关社会救助、社会福利政策保障范围或协调公益慈善力量提供关爱帮扶,帮助农村留守儿童及其家庭解决实际生活困难。指导救助管理机构、福利机构及时接收公安机关护送来的无人监护或遭受监护侵害的农村留守儿童,做好临时监护照料工作。依法开展家庭监护干预工作,运用法律手段保护遭受监护侵害的农村留守儿童合法权益,确保其得到妥善照料监护。

三、扎实做好贯彻落实《意见》的重点工作

(一)协助地方党委政府制定具体实施意见或方案。发挥参谋作用,认真总结前期工作经验和未成年人社会保护工作有效做法,协助地方党委政府抓紧制定具体实施意见或方案,进一步完善政策规定和保障措施,明确部门职责和任务分工,细化业务流程和工作要求,确保关爱保护措施因地制宜、切实可行。实施意见或方案要强化关爱服务和救助保护政策措施的有效衔接,区分情况和类型,因人施策、按需帮扶,确保农村留守儿童得到妥善照料和有效关爱。要着眼长远,在加快统筹城乡发展、推进基本公共服务均等化进程中,从根本上逐步解决农村留守儿童问题。

(二)推动建立健全组织领导和统筹协调机制。协助地方党委政府在今年6月底前建立健全政府领导、民政牵头、有关部门和群团组织参加的农村留守儿童关爱保护工作组织领导和统筹协调机制,加强力量资源统筹、信息沟通、工作协调和优势互补,形成各司其职、分工协作、齐抓共管、整体推进的良好工作格局。

(三)认真组织开展农村留守儿童摸底排查工作。按照《民政部 教育部 公安部关于开展农村留守儿童摸底排查工作的通知》(民发〔2016〕42号)要求,督促指导乡镇人民政府(街道办事处)和村(居)民委员会全面开展摸底排查工作,将摸排数据、教育事业统计和学籍系统中农村留守儿童数据、公安机关户籍数据进行比对核实,把底数摸清、情况搞准,并健全信息报送机制,形成详实

完备、动态更新的农村留守儿童信息库,为细化完善关爱保护政策措施,引导基层自治组织和社会力量实行精准关爱保护提供基础数据支持。

(四)加强基层关爱保护工作能力建设。加强县(市、区、旗)未成年人保护机构、儿童福利机构建设并完善相关设施设备,创造条件推动流浪未成年人救助保护中心转型升级为未成年人保护中心。探索通过设置公益岗位、聘用专业社工、吸纳志愿者、灵活用工等途径,充实救助管理机构、福利机构、乡镇(街道)和村(居)的关爱保护工作力量。积极争取财政部门支持,按照使用宗旨安排彩票公益金支持开展农村留守儿童关爱保护工作。

四、统筹推进农村留守儿童关爱保护和未成年人社会保护工作

未成年人社会保护试点工作已经开展近三年,实践探索了监测预防、发现报告、评估帮扶、监护干预等工作机制,积累了一定的成熟经验和有效做法。《意见》总结、应用未成年人社会保护试点工作经验,全面把握新形势下农村留守儿童关爱保护工作特点,依法设计了包括强制报告、应急处置、评估帮扶、监护干预等环节在内的救助保护机制,要把这套机制逐步覆盖到所有未成年人。今年全国"两会"审议通过的"十三五"规划纲要将农村留守儿童关爱保护和未成年人社会保护列为基本公共服务内容,各地要以贯彻落实《意见》为契机,统筹推进农村留守儿童关爱保护和未成年人社会保护工作,在政策措施、保护机制、服务体系、工作力量和资源配置等方面统筹衔接。

各地要将贯彻落实《意见》和全国加强农村留守儿童关爱保护工作电视电话会议精神的进展情况于6月底前上报民政部。

教育部等九部门关于防治中小学生
欺凌和暴力的指导意见

· 2016年11月1日
· 教基一〔2016〕6号

各省、自治区、直辖市教育厅(教委)、综治办、高级人民法院、人民检察院、公安厅(局)、民政厅(局)、司法厅(局)、团委、妇联,新疆生产建设兵团教育局、综治办、人民法院、人民检察院、公安局、民政局、司法局、团委、妇联:

在党中央、国务院的正确领导下,在各级党委政府及教育、综治、公安、司法等有关部门和共青团、妇联等群团

组织的共同努力下,发生在中小学生之间的欺凌和暴力事件得到遏制,预防青少年违法犯罪工作取得明显成效。但是,由于在落实主体责任、健全制度措施、实施教育惩戒、形成工作合力等方面还存在薄弱环节,少数地方学生之间欺凌和暴力问题仍时有发生,损害了学生身心健康,造成了不良社会影响。为全面贯彻党的教育方针,落实立德树人根本任务,切实防治学生欺凌和暴力事件的发生,现提出如下指导意见。

一、积极有效预防学生欺凌和暴力

1. 切实加强中小学生思想道德教育、法治教育和心理健康教育。各地要紧密联系中小学生的思想实际,积极培育和践行社会主义核心价值观。落实《中小学生守则(2015年修订)》,引导全体中小学生从小知礼仪、明是非、守规矩,做到珍爱生命、尊重他人、团结友善、不恃强凌弱,弘扬公序良俗、传承中华美德。落实《中小学法制教育指导纲要》《青少年法治教育大纲》,开展"法治进校园"全国巡讲活动,让学生知晓基本的法律边界和行为底线,消除未成年人违法犯罪不需要承担任何责任的错误认识,养成遵规守法的良好行为习惯。落实《中小学心理健康教育指导纲要(2012年修订)》,培养学生健全人格和积极心理品质,对有心理困扰或心理问题的学生开展科学有效的心理辅导,提高其心理健康水平。切实加强家庭教育,家长要注重家风建设,加强对孩子的管教,注重孩子思想品德教育和良好行为习惯培养,从源头上预防学生欺凌和暴力行为发生。

2. 认真开展预防欺凌和暴力专题教育。各地要在专项整治的基础上,结合典型案例,集中开展预防学生欺凌和暴力专题教育。要强化学校校规校纪教育,通过课堂教学、专题讲座、班团队会、主题活动、编发手册、参观实践等多种形式,提高学生对欺凌和暴力行为严重危害性的认识,增强自我保护意识和能力,自觉遵守校规校纪,做到不实施欺凌和暴力行为。研制学校防治学生欺凌和暴力的指导手册,全面加强教职工特别是班主任专题培训,提高教职工有效防治学生欺凌和暴力的责任意识和能力水平。要通过家访、家长会、家长学校等途径,帮助家长了解防治学生欺凌和暴力知识,增强监护责任意识,提高防治能力。要加强中小学生违法犯罪预防综合基地和人才建设,为开展防治学生欺凌和暴力专题教育提供支持和帮助。

3. 严格学校日常安全管理。中小学校要制定防治学生欺凌和暴力工作制度,将其纳入学校安全工作统筹考虑,健全应急处置预案,建立早期预警、事中处理及事后干预等机制。要加强师生联系,密切家校沟通,及时掌握学生思想情绪和同学关系状况,特别要关注学生有无学习成绩突然下滑、精神恍惚、情绪反常、无故旷课等异常表现及产生的原因,对可能的欺凌和暴力行为做到早发现、早预防、早控制。严格落实催班、巡查制度,禁止学生携带管制刀具等危险物品进入学校,针对重点学生、重点区域、重点时段开展防治工作。对发现的欺凌和暴力事件线索和苗头要认真核实、准确研判,对早期发现的轻微欺凌事件,实施必要的教育、惩戒。

4. 强化学校周边综合治理。各级综治组织要加大新形势下群防群治工作力度,实现人防物防技防在基层综治中心的深度融合,动员社会各方面力量做好校园周边地区安全防范工作。要依托全国社会治安综合治理信息系统,整合各有关部门信息资源,发挥青少年犯罪信息数据库作用,加强对重点青少年群体的动态研判。进一步加强校园及周边地区社会治安防控体系建设,作为公共安全视频监控建设联网应用示范工作的重要内容,推进校园及周边地区公共安全视频监控系统全覆盖,加大视频图像集成应用力度,实现对青少年违法犯罪活动的预测预警、实时监控、轨迹追踪及动态管控。把学校周边作为社会治安重点地区排查整治工作的重点,加强组织部署和检查考核。要对中小学生欺凌和暴力问题突出的地区和单位,根据《中共中央办公厅 国务院办公厅关于印发〈健全落实社会治安综合治理领导责任制规定〉的通知》要求,通过通报、约谈、挂牌督办、实施一票否决权制等方式进行综治领导责任督导和追究。公安机关要在治安情况复杂、问题较多的学校周边设置警务室或治安岗亭,密切与学校的沟通协作,积极配合学校排查发现学生欺凌和暴力隐患苗头,并及时预防处置。要加强学生上下学重要时段、学生途经重点路段的巡逻防控和治安盘查,对发现的苗头性、倾向性欺凌和暴力问题,要采取相应防范措施并通知学校和家长,及时干预,震慑犯罪。

二、依法依规处置学生欺凌和暴力事件

5. 保护遭受欺凌和暴力学生身心安全。各地要建立中小学生欺凌和暴力事件及时报告制度,一旦发现学生遭受欺凌和暴力,学校和家长要及时相互通知,对严重的欺凌和暴力事件,要向上级教育主管部门报告,并迅速联络公安机关介入处置。报告时相关人员有义务保护未成年人合法权益,学校、家长、公安机关及媒体应保护遭受欺凌和暴力学生以及知情学生的身心安全,严格保护学生隐私,防止泄露有关学生个人及其家庭的信息。特别要防止网络传播等因素导致事态蔓延,造成恶劣社会影响,使受害学生再次受到伤害。

6. 强化教育惩戒威慑作用。对实施欺凌和暴力的中小学生必须依法依规采取适当的矫治措施予以教育惩戒,既做到真情关爱、真诚帮助,力促学生内心感化、行为转化,又充分发挥教育惩戒措施的威慑作用。对实施欺凌和暴力的学生,学校和家长要进行严肃的批评教育和警示谈话,情节较重的,公安机关应参与警示教育。对屡教不改、多次实施欺凌和暴力的学生,应登记在案并将其表现记入学生综合素质评价,必要时转入专门学校就读。对构成违法犯罪的学生,根据《刑法》、《治安管理处罚法》、《预防未成年人犯罪法》等法律法规予以处置,区别不同情况,责令家长或者监护人严加管教,必要时可由政府收容教养,或者给予相应的行政、刑事处罚,特别是对犯罪性质及情节恶劣、手段残忍、后果严重的,必须坚决依法惩处。对校外成年人教唆、胁迫、诱骗、利用在校中小学生违法犯罪行为,必须依法从重惩处,有效遏制学生欺凌和暴力等案事件发生。各级公安、检察、审判机关要依法办理学生欺凌和暴力犯罪案件,做好相关侦查、审查逮捕、审查起诉、诉讼监督、审判和犯罪预防工作。

7. 实施科学有效的追踪辅导。欺凌和暴力事件妥善处置后,学校要持续对当事学生追踪观察和辅导教育。对实施欺凌和暴力的学生,要充分了解其行为动机和深层原因,有针对性地进行教育引导和帮扶,给予其改过机会,避免歧视性对待。对遭受欺凌和暴力的学生及其家人提供帮助,及时开展相应的心理辅导和家庭支持,帮助他们尽快走出心理阴影,树立自信,恢复正常学习生活。对确实难以回归本校本班学习的当事学生,教育部门和学校要妥善做好班级调整和转学工作。要认真做好学生欺凌和暴力典型事件通报工作,既要充分发挥警示教育作用,又要注意不过分渲染事件细节。

三、切实形成防治学生欺凌和暴力的工作合力

8. 加强部门统筹协调。各地要把防治学生欺凌和暴力工作作为全面依法治国、建设社会主义和谐社会的重要任务。教育、综治、人民法院、人民检察院、公安、民政、司法、共青团、妇联等部门组织,应成立防治学生欺凌和暴力工作领导小组,明确任务分工,强化工作职责,完善防治办法,加强考核检查,健全工作机制,形成政府统一领导、相关部门齐抓共管、学校家庭社会三位一体的工作合力。

9. 依法落实家长监护责任。管教孩子是家长的法定监护职责。引导广大家长要增强法治意识,掌握科学的家庭教育理念,尽量多安排时间与孩子相处交流,及时了解孩子的日常表现和思想状况,积极与学校沟通情况,自觉发挥榜样作用,切实加强对孩子的管教,特别要做好孩子离校后的监管看护教育工作,避免放任不管、缺教少护、教而不当。要落实监护人责任追究制度,根据《民法》等相关法律法规,未成年学生对他人的人身和财产造成损害的,依法追究其监护人的法律责任。

10. 加强平安文明校园建设。中小学校要把防治学生欺凌和暴力作为加强平安文明校园建设的重要内容。学校党组织要充分发挥政治核心作用,加强组织协调和教育引导。校长是学校防治学生欺凌和暴力的第一责任人,分管法治教育副校长和班主任是直接责任人,要充分调动全体教职工的积极性,明确相关岗位职责,将学校防治学生欺凌和暴力的各项工作落实到每个管理环节、每位教职工。要努力创造温馨和谐、积极向上的校园环境,重视校园绿化、美化和人文环境建设。加强优良校风、教风、学风建设,开展内容健康、格调高雅、丰富多彩的校园活动,形成团结向上、互助友爱、文明和谐的校园氛围,激励学生爱学校、爱老师、爱同学,提高校园整体文明程度。要健全各项管理制度、校规校纪,落实《义务教育学校管理标准》,提高学校治理水平,推进依法依规治校,建设无欺凌和暴力的平安文明校园。

11. 全社会共同保护未成年学生健康成长。要建立学校、家庭、社区(村)、公安、司法、媒体等各方面沟通协作机制,畅通信息共享渠道,进一步加强对学生保护工作的正面宣传引导,防止媒体过度渲染报道事件细节,避免学生欺凌和暴力通过网络新媒体扩散演变为网络欺凌,消除暴力文化通过不良出版物、影视节目、网络游戏侵蚀、影响学生的心理和行为,引发连锁性事件。要依托各地12355青少年服务台,开设自护教育热线,组织专业社会工作者、公益律师、志愿者开展有针对性的自护教育、心理辅导和法律咨询。坚持标本兼治、常态长效,净化社会环境,强化学校周边综合治理,切实为保护未成年人平安健康成长提供良好社会环境。

民政部关于进一步加强受艾滋病影响儿童福利保障工作的意见

· 2009 年 3 月 6 日
· 民发〔2009〕26 号

各省、自治区、直辖市民政厅(局)、新疆生产建设兵团民政局:

艾滋病是全世界面临的重大公共卫生问题和社会问题。为深入学习实践科学发展观,贯彻落实国务院《艾滋病防治条例》、《中国遏制与防治艾滋病行动计划（2006-2010）》以及民政部等15部门《关于加强孤儿救助工作的意见》，进一步加强受艾滋病影响儿童福利保障工作，提出以下意见：

一、进一步提高认识，加强领导，健全受艾滋病影响儿童福利保障工作机制

受艾滋病影响儿童包括艾滋病致孤儿童、父母一方感染艾滋病或因艾滋病死亡的儿童、携带艾滋病病毒或感染艾滋病的儿童。

民政部门是受艾滋病影响儿童福利保障工作的主要职能部门，各级民政部门要坚持以人为本，从维护儿童生存权和发展权的需要出发，充分认识到做好受艾滋病影响儿童福利保障工作的重要性和紧迫性。要在当地政府领导下，推动建立政府领导、民政牵头、部门配合、社会参与的受艾滋病影响儿童福利保障工作机制。要加强调研，摸清底数和情况，积极推动制定和落实政府的各项保障政策。要加大资金投入和补贴力度，提高保障标准，提升服务水平，逐步为受艾滋病影响儿童建立稳定的、福利性的制度安排。要主动协调有关部门，形成合力，营造有利于受艾滋病影响儿童健康成长的社会环境。

二、立足民政职能，做好受艾滋病影响儿童福利保障工作

各级民政部门要采取资金保障与服务保障相结合的方式，满足受艾滋病影响儿童的基本生活以及教育、医疗、技能培训等多方面的需求，切实保障受艾滋病影响儿童和其他儿童一样健康成长。

（一）要制定艾滋病致孤儿童的基本生活不低于当地平均生活水平的养育标准。要坚持儿童利益优先的原则，根据受艾滋病影响儿童发育成长的需要，科学核定养育标准，制定不低于当地居民平均生活水平的基本生活保障金发放标准，分类给予保障。其中，艾滋病致孤儿童全额发放基本生活保障金，最低养育标准为每人每月600元，并创造条件对孤儿监护抚养人给予一定的补贴和支持。父母一方感染了艾滋病或因艾滋病死亡的儿童可参照艾滋病致孤儿童标准执行福利补贴。携带艾滋病病毒或感染艾滋病的儿童在发放基本生活保障金最低每人每月600元的基础上，给予适当的营养医疗补贴。各级民政部门要积极争取党政领导重视和各级财政支持，建立受艾滋病影响儿童基本生活保障的长效机制。要借鉴河南、湖北等地的成熟做法和经验，对艾滋病致孤儿童、父母中一方感染了艾滋病或因艾滋病去世的儿童、携带艾滋病病毒或感染艾滋病的儿童实行分类保障，推动建立

起省、市分级负担、有稳定资金渠道的福利保障制度。

（二）要为受艾滋病影响儿童提供与其他儿童均等的受教育机会。根据有关规定，对处于义务教育阶段的受艾滋病影响儿童免收杂费，免费提供教科书并补助寄宿生生活费；对被公办普通高中、中等职业学校和高等学校录取的受艾滋病影响儿童，纳入现有资助政策体系，给予教育救助，联系孤儿所在学校优先为其提供勤工俭学机会；对集中安置受艾滋病影响儿童的福利机构，在安排教学工作时给予指导和支持。

（三）要为受艾滋病影响儿童提供便利的基本医疗条件。对受艾滋病影响儿童中的艾滋病毒感染者要采取适应儿童的医疗手段，进行免费的抗病毒治疗和抗机会性感染治疗；对未感染艾滋病毒的其他受艾滋病影响儿童，要在政府举办的乡镇医疗机构提供基本的卫生医疗服务。鼓励、支持医疗机构采用多种形式自愿减免受艾滋病影响儿童的医疗费用。积极争取卫生部门对儿童福利机构内设的门诊部、诊所、卫生所（室）给予指导和支持。各级民政部门要将受艾滋病影响的贫困家庭儿童纳入城乡医疗救助体系。要通过医疗救助制度，资助受艾滋病影响的贫困家庭儿童参加新型农村合作医疗或城镇居民基本医疗保险，其救治费用按照当地新型农村合作医疗或城镇居民基本医疗保险制度规定报销后仍有困难的，由民政部门在医疗救助基金中给予适当解决。

（四）要建立大龄受艾滋病影响儿童就业和生活服务制度。受艾滋病影响儿童中升入高等院校读书的，不管是否超过18岁，都要资助他们完成学业。不能继续升学的，要有计划、有步骤地开展职业技能培训、心理关怀、就业服务等形式的帮扶活动，提高其自谋职业的能力和社会适应能力，促进其身心健康地成长，更好地融入社会生活。积极协调有关部门对城镇登记失业的适龄孤儿按规定提供职业培训补贴和免费职业介绍，并落实小额担保贷款政策，鼓励和帮助其自谋职业和自主创业。

（五）要采取多种形式妥善安置艾滋病致孤儿童。要因地制宜，按照"分散抚养为主，集中养育为辅"的原则，尊重儿童意愿，采取家庭收养、家庭寄养、机构集中养育和模拟小家庭养育等途径安置艾滋病致孤儿童。家庭是儿童最好的成长环境，鼓励依法收养艾滋病致孤儿童，尽可能将艾滋病致孤儿童安置在有抚养意愿和能力的亲属家庭。在认真落实中央各部门关怀生活困难的艾滋病患者、患者家属和患者遗孤各项政策的基础上，对以上家庭给予适当的抚养费补贴和物质援助，鼓励支持亲属家庭承担责任。保障模拟小家庭家长工资和艾滋病致孤儿童安置指导中

心的事业经费,确保艾滋病致孤儿童得到妥善安置。安置艾滋病致孤儿童,孤儿监护人或抚养人要与孤儿户口所在地的村(居)委会签订相关合同或协议,保障孤儿土地、房屋等财产所有权,并在其具备独立生活能力时归还。

三、健全工作网络,动员社会力量,保障受艾滋病影响儿童健康成长

要建立健全工作网络,以各级艾滋病致孤儿童安置指导中心、儿童福利机构为依托,建立儿童养育的指导、巡查和监督制度,开展对孤儿收养、寄养家庭和受艾滋病影响家庭的走访支持、服务指导、技术培训和监督检查工作。

要通过引入专业社会工作者制度,积极探索适合儿童身心发育要求的抚养模式,为受艾滋病影响儿童提供人性化、专业化的福利服务。建立联系人制度,运用专业方法和科学知识为受艾滋病影响儿童提供心理辅导、性格培养等各方面帮助,确保受艾滋病影响儿童遇到问题,有诉求渠道和机制,通过联系人得到妥善解决。要维护受艾滋病影响儿童的隐私权,防止将他们的姓名、肖像在各类媒体上公开曝光。

要动员社会力量,促进社会各界关心受艾滋病影响儿童,鼓励民间组织、企业事业单位等社会力量支持参与,为受艾滋病影响儿童生存、发展创造良好的舆论氛围和社会环境,让他们和其他儿童一样在祖国同一片蓝天下健康成长。

民政部、财政部关于发放艾滋病病毒感染儿童基本生活费的通知

· 2012 年 10 月 23 日
· 民发〔2012〕179 号

各省、自治区、直辖市民政厅(局)、财政厅(局),新疆生产建设兵团民政局、财务局:

为贯彻落实《中国儿童发展纲要(2011—2020)》有关要求,进一步推进适度普惠型儿童福利制度建设,拓展儿童福利范围,提升儿童福利水平,民政部、财政部决定,自 2012 年 1 月起为全国携带艾滋病病毒及患有艾滋病的儿童(统称艾滋病病毒感染儿童,以下简称"感染儿童")发放基本生活费,现就有关问题通知如下:

一、充分认识发放基本生活费的重要意义

党和政府历来高度重视儿童福利工作,给予包括感染儿童在内的各类困难儿童群体特别的关怀。艾滋病是全世界面临的重大公共卫生问题和社会问题。目前我国艾滋病疫情属于总体低流行,但在特定人群和局部地区呈现出高流行态势。为感染儿童发放基本生活费,是构建和谐社会、维护社会稳定、促进社会公平正义的实际行动,是加强我国艾滋病防治工作的重要举措,是维护感染儿童合法权益、帮助感染儿童健康成长的客观要求,是促进儿童发展、推进普惠型儿童福利制度建设的重要途径。各地要充分认识这项工作的重要性和紧迫性,将其作为政府保障民生、改善民生的重点工作内容,增强责任感和使命感,高度重视,扎实推进。

二、明确基本生活费发放范围

本项基本生活费发放对象为感染艾滋病毒的儿童。儿童系指未满 18 周岁的未成年人。

三、科学制定基本生活费标准

各省(自治区、直辖市)要根据城乡生活水平、儿童成长需要和财力状况,按照不低于当地平均生活水平的原则,合理确定感染儿童基本生活费标准,具体标准参照当地孤儿基本生活费额度,全额执行。

四、全面落实基本生活费保障资金

地方各级财政部门要将感染儿童基本生活费纳入孤儿基本生活费范围,列入财政预算。省级财政部门要进一步加大投入,保障感染儿童基本生活费所需资金。地方各级民政部门要根据保障对象的范围认真核定感染儿童身份,在每年申报孤儿基本生活费资金时,将感染儿童纳入,一并提出资金需求,经同级财政部门审核后列入财政预算。中央财政按照孤儿基本生活费补助标准,对各地发放感染儿童基本生活费进行补助。

五、严格规范基本生活费发放程序

感染儿童基本生活费的管理既要严格规范,又要考虑到感染儿童的特点和城乡实际,因地制宜采取合理可行的办法和程序。

(一)申请、审核和审批。感染儿童申请基本生活费,由其监护人向感染儿童户籍所在地的县级人民政府民政部门提出申请,申请时应出具国家医疗卫生机构开具的医学证明(HIV 抗体确症检测报告单、HIV 抗体检测呈阳性)。县级人民政府民政部门要认真审核申请材料,提出核定、审批意见。为保护感染儿童的隐私,不得以公示的方式核实了解情况。

(二)资金发放。县级人民政府财政部门根据同级民政部门提出的支付申请,将感染儿童基本生活费直接拨付到其监护人个人账户。财政直接支付确有困难的,可通过县级人民政府民政部门按规定程序以现金形式发放。

(三)动态管理。县级人民政府民政部门要采取多种形式,深入调查了解感染儿童基本生活保障情况,及时

按照程序和规定办理增发或停发感染儿童基本生活费的手续。要将审批、发放工作与儿童福利信息系统建设结合起来,借助信息化手段实现对发放工作的动态管理,规范程序,提高效率。

(四)监督指导。县级人民政府民政部门要与感染儿童的监护人签订协议。协议应对监护人领取、使用基本生活费以及感染儿童养育状况提出相应要求,明确监护人应依法履行的监护职责和抚养义务。

发放感染儿童基本生活费是一项政策性强、比较敏感的工作,各地民政、财政部门要切实加强管理,确保发放工作顺利进行。对于感染儿童基本生活费发放工作中遇到的困难和问题,及时报告民政部、财政部。

流浪未成年人需求和家庭监护情况评估规范

· 2012 年 9 月 13 日
· 民发〔2012〕158 号

第一章　总　则

第一条　为了解流浪未成年人需求和家庭监护情况,通过评估对流浪未成年人生活照料、心理疏导、行为矫治、回归安置等救助保护提供多元化服务建议,预防未成年人再次流浪,保障其生存权、受保护权、发展权、参与权等权益,制定本规范。

第二条　本规范适用于依法举办的为流浪未成年人提供救助、保护、教育的救助保护机构。

第三条　流浪未成年人需求和家庭监护情况评估的对象,是进入救助保护机构的有评估必要的流浪未成年人及其家庭。

第四条　流浪未成年人需求评估是指对流浪未成年人情况进行了解,确定其需求满足情况、存在问题及其成因,形成阶段性评估结论的过程。

第五条　流浪未成年人家庭监护评估是指对流浪未成年人的家庭监护状况、监护能力进行了解,确定家庭监护存在的问题及其成因,形成阶段性评估结论的过程。

第六条　坚持以未成年人权益保护为中心,通过评估促进流浪未成年人救助保护工作的科学化、专业化、个性化。

第七条　流浪未成年人需求和家庭监护情况评估,应当由救助保护机构工作人员、专业技术人员或者委托具有相应从业资质的社会组织、相关机构开展。

第八条　阶段性评估资料应当妥善存放。评估人员应当保护评估对象的隐私信息,不得擅自将评估相关资料、评估经过与结论对外披露。因研究、统计确需对外提供评估资料的,应当隐去可能会据以辨认出评估对象的信息。

第二章　评估方法

第九条　评估方式包括:
(一)与评估对象进行直接交流;
(二)查阅流浪未成年人救助记录或者受助档案;
(三)电话访问、问卷调查;
(四)赴乡镇(街道)、社区实地调查或者咨询相关专业机构。

第十条　评估应当选择合适的评估方法和工具,科学应用评估量表。

第十一条　应当保证评估环境的私密性,重视流浪未成年人的主观感受。

第三章　流浪未成年人需求评估

第十二条　了解流浪未成年人的基本信息,包括:
(一)姓名、性别、年龄、民族、文化程度及宗教信仰;
(二)身份信息、户籍所在地或者经常居住所地。

第十三条　了解并检视流浪未成年人健康状况,包括:
(一)既往病史,是否有危重病、精神病、传染病、内外伤等;
(二)对身体状况、治疗情况的自我描述,并查看相关资料;
(三)必要时可以由医生对其身体状况进行检查、诊断。

第十四条　了解流浪未成年人的流浪经历,包括:
(一)流浪原因、流浪时间和流浪的次数;
(二)流浪期间的生存方式;
(三)是否有被剥削、诱骗、胁迫、拐卖、虐待、遗弃等经历;
(四)是否有不良行为、严重不良行为或者违法犯罪行为。

第十五条　了解流浪未成年人的受教育情况,包括:
(一)受教育背景和受教育意愿;
(二)道德、法律、卫生、生活技能以及其他常识方面的认知。

第十六条　了解流浪未成年人对家庭基本信息、家庭关系、家庭监护情况和家庭经济能力的自我描述。

第十七条　评估流浪未成年人的社会认知、自我认知与流浪经历之间的相互影响,包括:
(一)对同伴、同学、亲人、朋友、老师以及其它相关

人员,学校、家庭、救助机构或者其他机构的认知;

(二)对自己行为、心理的评价和认识;

(三)有无重大心理创伤或者异常行为表现;

(四)必要时由专业心理工作者进行心理评估。

第十八条 了解流浪未成年人对就学、就业的规划以及回归安置的意愿。

第四章 流浪未成年人家庭监护评估

第十九条 了解流浪未成年人家庭基本信息,包括:

(一)家庭成员组成,家庭成员文化程度、宗教信仰以及生活习俗;

(二)家庭成员的健康状况、既往病史;

(三)家庭重大变故,家庭成员有无犯罪记录。

第二十条 了解流浪未成年人的家庭关系,包括:

(一)家庭成员之间是否和睦;

(二)流浪未成年人与监护人亲疏关系和互动情况;

(三)流浪未成年人法定监护人与临时监护人的关系。

第二十一条 了解流浪未成年人家庭经济能力,包括:

(一)家庭成员的生活现状;

(二)家庭成员的就业以及收入情况;

(三)社会保障情况和其他社会支持情况。

第二十二条 了解流浪未成年人家庭监护状况,包括:

(一)家庭监护意愿和能力,存在的主要问题;

(二)有无虐待、剥削、遗弃或者严重疏于照管等现象;

(三)监护责任知晓程度、监护计划和方式方法。

第二十三条 了解流浪未成年人家庭所处社会环境,包括:

(一)地理位置以及周边安全情况;

(二)学校、社区对家庭监护的支持程度;

(三)当地政府、有关部门和基层组织对家庭监护的支持程度;

(四)地区经济社会发展情况。

第二十四条 评估流浪未成年人的回归安置条件,包括:

(一)监护人对流浪未成年人就学、就业的规划以及回归安置的意愿;

(二)监护人是否有监护意愿和监护抚养能力;

(三)是否能落实与流浪未成年人相关的义务教育、社会保障政策和帮扶措施。

第五章 评估报告

第二十五条 应及时记录流浪未成年人需求和家庭监护情况评估进展,形成比较完整的评估报告。

第二十六条 评估报告应当包括以下内容:

(一)流浪未成年人及其家庭的基本信息;

(二)流浪未成年人需求情况;

(三)流浪未成年人家庭监护情况;

(四)有利因素、主要问题及其原因分析;

(五)阶段性评估结论;

(六)服务建议。

第二十七条 服务建议应对流浪未成年人及其家庭监护提出有针对性的干预帮扶措施。

第二十八条 应当将流浪未成年人需求和家庭监护评估报告纳入受助档案,为机构转介、跟踪回访提供参考依据。

第六章 附 则

第二十九条 流浪未成年人需求评估和家庭监护情况评估,既可以综合评估,也可以分别评估。流入地救助保护机构重点开展流浪未成年人需求评估,流出地救助保护机构重点开展流浪未成年人家庭监护情况评估。

民政部、财政部关于发放孤儿基本生活费的通知

·2010 年 11 月 26 日

·民发〔2010〕161 号

各省、自治区、直辖市民政厅(局)、财政厅(局),新疆生产建设兵团民政局、财务局:

为贯彻落实《国务院办公厅关于加强孤儿保障工作的意见》(国办发〔2010〕54 号,以下简称《意见》)精神,建立健全孤儿保障制度,切实保障孤儿合法权益,促进孤儿健康成长,民政部、财政部决定,自 2010 年 1 月起为全国孤儿发放基本生活费,现就有关问题通知如下:

一、充分认识发放孤儿基本生活费的重要意义

党和政府历来高度重视儿童福利工作,给予孤儿等特殊困难儿童特别的关怀。特别是改革开放以来,我国经济社会快速健康发展,社会保障体系逐步完善,孤儿各项权益得到了相应保障。但是从全国范围来看,面向孤儿群体的保障制度尚不健全,孤儿保障水平偏低,难以满足其成长需求,儿童福利机构护理人员短缺且专业化程度低,孤儿在医疗康复、教育、住房及成年后的就业等方面还有很多困难。发放孤儿基本生活费,是落实科学发展观、构建社会主义和谐社会的实际行动,是使孤儿共享改革开放成果的重要举措,是维护孤儿合法权益、保障孤

儿健康成长的客观要求,是完善社会福利体系的重要内容。各地要充分认识到这项工作的重要意义,将其作为政府改善民生、建立健全社会福利体系的重点工作内容,增强责任感和使命感,高度重视,扎实推进。

二、合理确定发放对象范围

根据《意见》,孤儿保障的对象是失去父母、查找不到生父母的未成年人。其中,"未成年人"定义依据《中华人民共和国未成年人保护法》,指未满18周岁的公民。

三、科学制定标准,全面落实保障资金

各省(自治区、直辖市)要根据城乡生活水平、儿童成长需要和财力状况,按照保障孤儿的基本生活不低于当地平均生活水平的原则,合理确定孤儿基本生活最低养育标准,具体标准参照民政部关于孤儿最低养育标准的指导意见确定。机构供养孤儿养育标准应高于散居孤儿养育标准。地方各级财政要将孤儿基本生活费列入预算,省级财政要进一步加大投入,保障孤儿基本生活费所需资金。地方各级民政部门要根据保障对象的范围认真核定孤儿身份,提出资金需求,经同级财政部门审核后列入预算。中央财政2010年安排25亿元专项补助资金,对东、中、西部地区孤儿分别按照月人均180元、270元、360元的标准予以补助。以后年度按民政部审核的上年孤儿人数及孤儿基本养育需求,逐年测算安排中央财政补助金额。各地财政部门要统筹安排中央补助和地方资金,建立孤儿基本生活最低养育标准自然增长机制。孤儿基本生活费保障资金实行专项管理,专账核算,专款专用,严禁挤占挪用。

四、严格规范发放程序

孤儿基本生活费的管理既要严格规范,又要考虑到孤儿养育的特点和城乡实际,因地制宜,采取合理可行的办法和程序。

(一)申请、审核和审批。社会散居孤儿申请孤儿基本生活费,由孤儿监护人向孤儿户籍所在地的街道办事处或乡(镇)人民政府提出申请,申请时应出具孤儿父母死亡证明或人民法院宣告孤儿父母死亡或失踪的证明。街道办事处或乡(镇)人民政府对申请人和孤儿情况进行核实并提出初步意见,上报县级人民政府民政部门审批。县级人民政府民政部门要认真审核申请材料,提出核定、审批意见。为保护孤儿的隐私,应避免以公示的方式核实了解情况。

福利机构孤儿的基本生活费,由福利机构负责汇总孤儿信息并向所属民政部门提出申请,由所属民政部门审批。省级民政部门会同财政部门,于每年3月底之前,将本地区截止上一年底的孤儿人数、保障标准、资金安排情况联合上报民政部、财政部。

(二)资金发放。县级财政部门根据同级民政部门提出的支付申请,将孤儿基本生活费直接拨付到孤儿或其监护人个人账户或福利机构集体账户。财政直接支付确有困难的,可通过县级民政部门按规定程序以现金形式发放。

(三)动态管理。街道办事处、乡(镇)人民政府和县级人民政府民政部门要采取多种形式,深入调查了解孤儿保障情况,及时按照程序和规定办理增发或停发孤儿基本生活费的手续。要将审批、发放工作与儿童福利信息系统建设结合起来,借助信息化手段实现对发放工作的动态管理,规范程序,提高效率。

(四)监督指导。县级人民政府民政部门要与社会散居孤儿的监护人签订协议。协议应对监护人领取、使用孤儿基本生活费以及孤儿养育状况提出相应要求,明确监护人应依法履行的监护职责和抚养义务。县(市)民政部门要依托福利机构设立儿童福利指导中心。有条件的地区,应独立设立儿童福利指导中心,儿童福利指导中心可受所属民政部门委托,负责为孤儿建档造册,对孤儿养育状况进行定期巡查和监督评估,对监护人进行指导和培训;负责代理孤儿权益的相关事务,协助所属民政部门与财政、卫生、教育、人力资源社会保障、住房城乡建设等部门协调,落实孤儿医疗康复、教育、住房及成年后就业等相关的优惠政策,为孤儿成长提供必要的服务和支持。

发放孤儿基本生活费是一项全新的工作,各地民政、财政部门要切实加强管理,确保发放工作顺利进行。对于孤儿基本生活费发放工作中遇到的困难和问题,及时报告民政部、财政部。

家庭寄养管理办法

·2014年9月24日民政部令第54号公布
·自2014年12月1日起施行

第一章　总　则

第一条　为了规范家庭寄养工作,促进寄养儿童身心健康成长,根据《中华人民共和国未成年人保护法》和国家有关规定,制定本办法。

第二条　本办法所称家庭寄养,是指经过规定的程序,将民政部门监护的儿童委托在符合条件的家庭中养育的照料模式。

第三条　家庭寄养应当有利于寄养儿童的抚育、成长,保障寄养儿童的合法权益不受侵犯。

第四条　国务院民政部门负责全国家庭寄养监督管理工作。

县级以上地方人民政府民政部门负责本行政区域内家庭寄养监督管理工作。

第五条　县级以上地方人民政府民政部门设立的儿童福利机构负责家庭寄养工作的组织实施。

第六条　县级以上人民政府民政部门应当会同有关部门采取措施,鼓励、支持符合条件的家庭参与家庭寄养工作。

第二章　寄养条件

第七条　未满十八周岁、监护权在县级以上地方人民政府民政部门的孤儿、查找不到生父母的弃婴和儿童,可以被寄养。

需要长期依靠医疗康复、特殊教育等专业技术照料的重度残疾儿童,不宜安排家庭寄养。

第八条　寄养家庭应当同时具备下列条件:

(一)有儿童福利机构所在地的常住户口和固定住所。寄养儿童入住后,人均居住面积不低于当地人均居住水平;

(二)有稳定的经济收入,家庭成员人均收入在当地处于中等水平以上;

(三)家庭成员未患有传染病或者精神疾病,以及其他不利于寄养儿童抚育、成长的疾病;

(四)家庭成员无犯罪记录,无不良生活嗜好,关系和睦,与邻里关系融洽;

(五)主要照料人的年龄在三十周岁以上六十五周岁以下,身体健康,具有照料儿童的能力、经验,初中以上文化程度。

具有社会工作、医疗康复、心理健康、文化教育等专业知识的家庭和自愿无偿奉献爱心的家庭,同等条件下优先考虑。

第九条　每个寄养家庭寄养儿童的人数不得超过二人,且该家庭无未满六周岁的儿童。

第十条　寄养残疾儿童,应当优先在具备医疗、特殊教育、康复训练条件的社区中为其选择寄养家庭。

第十一条　寄养年满十周岁以上儿童的,应当征得寄养儿童的同意。

第三章　寄养关系的确立

第十二条　确立家庭寄养关系,应当经过以下程序:

(一)申请。拟开展寄养的家庭应当向儿童福利机构提出书面申请,并提供户口簿、身份证复印件,家庭经济收入和住房情况、家庭成员健康状况以及一致同意申请等证明材料;

(二)评估。儿童福利机构应当组织专业人员或者委托社会工作服务机构等第三方专业机构对提出申请的家庭进行实地调查,核实申请家庭是否具备寄养条件和抚育能力,了解其邻里关系、社会交往、有无犯罪记录、社区环境等情况,并根据调查结果提出评估意见;

(三)审核。儿童福利机构应当根据评估意见对申请家庭进行审核,确定后报主管民政部门备案;

(四)培训。儿童福利机构应当对寄养家庭主要照料人进行培训;

(五)签约。儿童福利机构应当与寄养家庭主要照料人签订寄养协议,明确寄养期限、寄养双方的权利义务、寄养家庭的主要照料人、寄养融合期限、违约责任及处理等事项。家庭寄养协议自双方签字(盖章)之日起生效。

第十三条　寄养家庭应当履行下列义务:

(一)保障寄养儿童人身安全,尊重寄养儿童人格尊严;

(二)为寄养儿童提供生活照料,满足日常营养需要,帮助其提高生活自理能力;

(三)培养寄养儿童健康的心理素质,树立良好的思想道德观念;

(四)按照国家规定安排寄养儿童接受学龄前教育和义务教育。负责与学校沟通,配合学校做好寄养儿童的学校教育;

(五)对患病的寄养儿童及时安排医治。寄养儿童发生急症、重症等情况时,应当及时进行医治,并向儿童福利机构报告;

(六)配合儿童福利机构为寄养的残疾儿童提供辅助矫治、肢体功能康复训练、聋儿语言康复训练等方面的服务;

(七)配合儿童福利机构做好寄养儿童的送养工作;

(八)定期向儿童福利机构反映寄养儿童的成长状况,并接受其探访、培训、监督和指导;

(九)及时向儿童福利机构报告家庭住所变更情况;

(十)保障寄养儿童应予保障的其他权益。

第十四条　儿童福利机构主要承担以下职责:

(一)制定家庭寄养工作计划并组织实施;

(二)负责寄养家庭的招募、调查、审核和签约;

(三)培训寄养家庭中的主要照料人,组织寄养工作经验交流活动;

(四)定期探访寄养儿童,及时处理存在的问题;

（五）监督、评估寄养家庭的养育工作；

（六）建立家庭寄养服务档案并妥善保管；

（七）根据协议规定发放寄养儿童所需款物；

（八）向主管民政部门及时反映家庭寄养工作情况并提出建议。

第十五条　寄养协议约定的主要照料人不得随意变更。确需变更的，应当经儿童福利机构同意，经培训后在家庭寄养协议主要照料人一栏中变更。

第十六条　寄养融合期的时间不得少于六十日。

第十七条　寄养家庭有协议约定的事由在短期内不能照料寄养儿童的，儿童福利机构应当为寄养儿童提供短期养育服务。短期养育服务时间一般不超过三十日。

第十八条　寄养儿童在寄养期间不办理户口迁移手续，不改变与民政部门的监护关系。

第四章　寄养关系的解除

第十九条　寄养家庭提出解除寄养关系的，应当提前一个月向儿童福利机构书面提出解除寄养关系的申请，儿童福利机构应当予以解除。但在融合期内提出解除寄养关系的除外。

第二十条　寄养家庭有下列情形之一的，儿童福利机构应当解除寄养关系：

（一）寄养家庭及其成员有歧视、虐待寄养儿童行为的；

（二）寄养家庭成员的健康、品行不符合本办法第八条第（三）和（四）项规定的；

（三）寄养家庭发生重大变故，导致无法履行寄养义务的；

（四）寄养家庭变更住所后不符合本办法第八条规定的；

（五）寄养家庭借机对外募款敛财的；

（六）寄养家庭不履行协议约定的其他情形。

第二十一条　寄养儿童有下列情形之一的，儿童福利机构应当解除寄养关系：

（一）寄养儿童与寄养家庭关系恶化，确实无法共同生活的；

（二）寄养儿童依法被收养、被亲生父母或者其他监护人认领的；

（三）寄养儿童因就医、就学等特殊原因需要解除寄养关系的。

第二十二条　解除家庭寄养关系，儿童福利机构应当以书面形式通知寄养家庭，并报其主管民政部门备案。家庭寄养关系的解除以儿童福利机构批准时间为准。

第二十三条　儿童福利机构拟送养寄养儿童时，应当在报送被送养人材料的同时通知寄养家庭。

第二十四条　家庭寄养关系解除后，儿童福利机构应当妥善安置寄养儿童，并安排社会工作、医疗康复、心理健康教育等专业技术人员对其进行辅导、照料。

第二十五条　符合收养条件、有收养意愿的寄养家庭，可以依法优先收养被寄养儿童。

第五章　监督管理

第二十六条　县级以上地方人民政府民政部门对家庭寄养工作负有以下监督管理职责：

（一）制定本地区家庭寄养工作政策；

（二）指导、检查本地区家庭寄养工作；

（三）负责寄养协议的备案，监督寄养协议的履行；

（四）协调解决儿童福利机构与寄养家庭之间的争议；

（五）与有关部门协商，及时处理家庭寄养工作中存在的问题。

第二十七条　开展跨县级或者设区的市级行政区域的家庭寄养，应当经过共同上一级人民政府民政部门同意。

不得跨省、自治区、直辖市开展家庭寄养。

第二十八条　儿童福利机构应当聘用具有社会工作、医疗康复、心理健康教育等专业知识的专职工作人员。

第二十九条　家庭寄养经费，包括寄养儿童的养育费用补贴、寄养家庭的劳务补贴和寄养工作经费等。

寄养儿童养育费用补贴按照国家有关规定列支。寄养家庭劳务补贴、寄养工作经费等由当地人民政府予以保障。

第三十条　家庭寄养经费必须专款专用，儿童福利机构不得截留或者挪用。

第三十一条　儿童福利机构可以依法通过与社会组织合作、通过接受社会捐赠获得资助。

与境外社会组织或者个人开展同家庭寄养有关的合作项目，应当按照有关规定办理手续。

第六章　法律责任

第三十二条　寄养家庭不履行本办法规定的义务，或者未经同意变更主要照料人的，儿童福利机构可以督促其改正，情节严重的，可以解除寄养协议。

寄养家庭成员侵害寄养儿童的合法权益，造成人身财产损害的，依法承担民事责任；构成犯罪的，依法追究刑事责任。

第三十三条　儿童福利机构有下列情形之一的，由设立该机构的民政部门进行批评教育，并责令改正；情节严重的，对直接负责的主管人员和其他直接责任人员依法给予处分：

（一）不按照本办法的规定承担职责的；

（二）在办理家庭寄养工作中牟取利益，损害寄养儿童权益的；

（三）玩忽职守导致寄养协议不能正常履行的；

（四）跨省、自治区、直辖市开展家庭寄养，或者未经上级部门同意擅自开展跨县级或者设区的市级行政区域家庭寄养的；

（五）未按照有关规定办理手续，擅自与境外社会组织或者个人开展家庭寄养合作项目的。

第三十四条　县级以上地方人民政府民政部门不履行家庭寄养工作职责，由上一级人民政府民政部门责令其改正。情节严重的，对直接负责的主管人员和其他直接责任人员依法给予处分。

第七章　附　则

第三十五条　对流浪乞讨等生活无着未成年人承担临时监护责任的未成年人救助保护机构开展家庭寄养，参照本办法执行。

第三十六条　尚未设立儿童福利机构的，由县级以上地方人民政府民政部门负责本行政区域内家庭寄养的组织实施，具体工作参照本办法执行。

第三十七条　本办法自 2014 年 12 月 1 日起施行，2003 年颁布的《家庭寄养管理暂行办法》（民发〔2003〕144 号）同时废止。

最高人民法院、最高人民检察院、公安部、民政部关于依法处理监护人侵害未成年人权益行为若干问题的意见

· 2014 年 12 月 18 日
· 法发〔2014〕24 号

为切实维护未成年人合法权益，加强未成年人行政保护和司法保护工作，确保未成年人得到妥善监护照料，根据民法通则、民事诉讼法、未成年人保护法等法律规定，现就处理监护人侵害未成年人权益行为（以下简称监护侵害行为）的有关工作制定本意见。

一、一般规定

1. 本意见所称监护侵害行为，是指父母或者其他监护人（以下简称监护人）性侵害、出卖、遗弃、虐待、暴力伤害未成年人，教唆、利用未成年人实施违法犯罪行为，胁迫、诱骗、利用未成年人乞讨，以及不履行监护职责严重危害未成年人身心健康等行为。

2. 处理监护侵害行为，应当遵循未成年人最大利益原则，充分考虑未成年人身心特点和人格尊严，给予未成年人特殊、优先保护。

3. 对于监护侵害行为，任何组织和个人都有权劝阻、制止或者举报。

公安机关应当采取措施，及时制止在工作中发现以及单位、个人举报的监护侵害行为，情况紧急时将未成年人带离监护人。

民政部门应当设立未成年人救助保护机构（包括救助管理站、未成年人救助保护中心），对因受到监护侵害进入机构的未成年人承担临时监护责任，必要时向人民法院申请撤销监护人资格。

人民法院应当依法受理人身安全保护裁定申请和撤销监护人资格案件并作出裁判。

人民检察院对公安机关、人民法院处理监护侵害行为的工作依法实行法律监督。

人民法院、人民检察院、公安机关设有办理未成年人案件专门工作机构的，应当优先由专门工作机构办理监护侵害案件。

4. 人民法院、人民检察院、公安机关、民政部门应当充分履行职责，加强指导和培训，提高保护未成年人的能力和水平；加强沟通协作，建立信息共享机制，实现未成年人行政保护和司法保护的有效衔接。

5. 人民法院、人民检察院、公安机关、民政部门应当加强与妇儿工委、教育部门、卫生部门、共青团、妇联、关工委、未成年人住所地村（居）民委员会等的联系和协作，积极引导、鼓励、支持法律服务机构、社会工作服务机构、公益慈善组织和志愿者等社会力量，共同做好受监护侵害的未成年人的保护工作。

二、报告和处置

6. 学校、医院、村（居）民委员会、社会工作服务机构等单位及其工作人员，发现未成年人受到监护侵害的，应当及时向公安机关报案或者举报。

其他单位及其工作人员、个人发现未成年人受到监护侵害的，也应当及时向公安机关报案或者举报。

7. 公安机关接到涉及监护侵害行为的报案、举报后，应当立即出警处置，制止正在发生的侵害行为并迅速进行调查。符合刑事立案条件的，应当立即立案侦查。

8. 公安机关在办理监护侵害案件时,应当依照法定程序,及时、全面收集固定证据,保证办案质量。

询问未成年人,应当考虑未成年人的身心特点,采取和缓的方式进行,防止造成进一步伤害。

未成年人有其他监护人的,应当通知其他监护人到场。其他监护人无法通知或者未能到场的,可以通知未成年人的其他成年亲属、所在学校、村(居)民委员会、未成年人保护组织的代表以及专业社会工作者等到场。

9. 监护人的监护侵害行为构成违反治安管理行为的,公安机关应当依法给予治安管理处罚,但情节特别轻微不予治安管理处罚的,应当给予批评教育并通报当地村(居)民委员会;构成犯罪的,依法追究刑事责任。

10. 对于疑似患有精神障碍的监护人,已实施危害未成年人安全的行为或者有危害未成年人安全危险的,其近亲属、所在单位、当地公安机关应当立即采取措施予以制止,并将其送往医疗机构进行精神障碍诊断。

11. 公安机关在出警过程中,发现未成年人身体受到严重伤害、面临严重人身安全威胁或者处于无人照料等危险状态的,应当将其带离实施监护侵害行为的监护人,就近护送至其他监护人、亲属、村(居)民委员会或者未成年人救助保护机构,并办理书面交接手续。未成年人有表达能力的,应当就护送地点征求未成年人意见。

负责接收未成年人的单位和人员(以下简称临时照料人)应当对未成年人予以临时紧急庇护和短期生活照料,保护未成年人的人身安全,不得侵害未成年人合法权益。

公安机关应当书面告知临时照料人有权依法向人民法院申请人身安全保护裁定和撤销监护人资格。

12. 对身体受到严重伤害需要医疗的未成年人,公安机关应当先行送医救治,同时通知其他有监护资格的亲属照料,或者通知当地未成年人救助保护机构开展后续救助工作。

监护人应当依法承担医疗救治费用。其他亲属和未成年人救助保护机构等垫付医疗救治费用的,有权向监护人追偿。

13. 公安机关将受监护侵害的未成年人护送至未成年人救助保护机构的,应当在五个工作日内提供案件侦办查处情况说明。

14. 监护侵害行为可能构成虐待罪的,公安机关应当告知未成年人及其近亲属有权告诉或者代为告诉,并通报所在地同级人民检察院。

未成年人及其近亲属没有告诉的,由人民检察院起诉。

三、临时安置和人身安全保护裁定

15. 未成年人救助保护机构应当接收公安机关护送来的受监护侵害的未成年人,履行临时监护责任。

未成年人救助保护机构履行临时监护责任一般不超过一年。

16. 未成年人救助保护机构可以采取家庭寄养、自愿助养、机构代养或者委托政府指定的寄宿学校安置等方式,对未成年人进行临时照料,并为未成年人提供心理疏导、情感抚慰等服务。

未成年人因临时监护需要转学、异地入学接受义务教育的,教育行政部门应当予以保障。

17. 未成年人的其他监护人、近亲属要求照料未成年人的,经公安机关或者村(居)民委员会确认其身份后,未成年人救助保护机构可以将未成年人交由其照料,终止临时监护。

关系密切的其他亲属、朋友要求照料未成年人的,经未成年人父、母所在单位或者村(居)民委员会同意,未成年人救助保护机构可以将未成年人交由其照料,终止临时监护。

未成年人救助保护机构将未成年人送交亲友临时照料的,应当办理书面交接手续,并书面告知临时照料人有权依法向人民法院申请人身安全保护裁定和撤销监护人资格。

18. 未成年人救助保护机构可以组织社会工作服务机构等社会力量,对监护人开展监护指导、心理疏导等教育辅导工作,并对未成年人的家庭基本情况、监护情况、监护人悔过情况、未成年人身心健康状况以及未成年人意愿等进行调查评估。监护人接受教育辅导及后续表现情况应当作为调查评估报告的重要内容。

有关单位和个人应当配合调查评估工作的开展。

19. 未成年人救助保护机构应当与公安机关、村(居)民委员会、学校以及未成年人亲属等进行会商,根据案件侦办查处情况说明、调查评估报告和监护人接受教育辅导情况等情况,并征求有表达能力的未成年人意见,形成会商结论。

经会商认为本意见第11条第1款规定的危险状态已消除,监护人能够正确履行监护职责的,未成年人救助保护机构应当及时通知监护人领回未成年人。监护人应当在三日内领回未成年人并办理书面交接手续。会商形成结论前,未成年人救助保护机构不得将未成年人交由监护人领回。

经会商认为监护侵害行为属于本意见第35条规定情形的，未成年人救助保护机构应当向人民法院申请撤销监护人资格。

20. 未成年人救助保护机构通知监护人领回未成年人的，应当将相关情况通报未成年人所在学校、辖区公安派出所、村（居）民委员会，并告知其对通报内容负有保密义务。

21. 监护人领回未成年人的，未成年人救助保护机构应当指导村（居）民委员会对监护人的监护情况进行随访，开展教育辅导工作。

未成年人救助保护机构也可以组织社会工作服务机构等社会力量，开展前款工作。

22. 未成年人救助保护机构或者其他临时照料人可以根据需要，在诉讼前向未成年人住所地、监护人住所地或者侵害行为地人民法院申请人身安全保护裁定。

未成年人救助保护机构或者其他临时照料人也可以在诉讼中向人民法院申请人身安全保护裁定。

23. 人民法院接受人身安全保护裁定申请后，应当按照民事诉讼法第一百条、第一百零一条、第一百零二条的规定作出裁定。经审查认为存在侵害未成年人人身安全危险的，应当作出人身安全保护裁定。

人民法院接受诉讼前人身安全保护裁定申请后，应当在四十八小时内作出裁定。接受诉讼中人身安全保护裁定申请，情况紧急的，也应当在四十八小时内作出裁定。人身安全保护裁定应当立即执行。

24. 人身安全保护裁定可以包括下列内容中的一项或者多项：

（一）禁止被申请人暴力伤害、威胁未成年人及其临时照料人；

（二）禁止被申请人跟踪、骚扰、接触未成年人及其临时照料人；

（三）责令被申请人迁出未成年人住所；

（四）保护未成年人及其临时照料人人身安全的其他措施。

25. 被申请人拒不履行人身安全保护裁定，危及未成年人及其临时照料人人身安全或者扰乱未成年人救助保护机构工作秩序的，未成年人、未成年人救助保护机构或者其他临时照料人有权向公安机关报告，由公安机关依法处理。

被申请人有其他拒不履行人身安全保护裁定行为的，未成年人、未成年人救助保护机构或者其他临时照料人有权向人民法院报告，人民法院根据民事诉讼法第一

百一十一条、第一百一十五条、第一百一十六条的规定，视情节轻重处以罚款、拘留；构成犯罪的，依法追究刑事责任。

26. 当事人对人身安全保护裁定不服的，可以申请复议一次。复议期间不停止裁定的执行。

四、申请撤销监护人资格诉讼

27. 下列单位和人员（以下简称有关单位和人员）有权向人民法院申请撤销监护人资格：

（一）未成年人的其他监护人，祖父母、外祖父母、兄、姐，关系密切的其他亲属、朋友；

（二）未成年人住所地的村（居）民委员会，未成年人父、母所在单位；

（三）民政部门及其设立的未成年人救助保护机构；

（四）共青团、妇联、关工委、学校等团体和单位。

申请撤销监护人资格，一般由前款中负责临时照料未成年人的单位和人员提出，也可以由前款中其他单位和人员提出。

28. 有关单位和人员向人民法院申请撤销监护人资格的，应当提交相关证据。

有包含未成年人基本情况、监护存在问题、监护人悔过情况、监护人接受教育辅导情况、未成年人身心健康状况以及未成年人意愿等内容的调查评估报告的，应当一并提交。

29. 有关单位和人员向公安机关、人民检察院申请出具相关案件证明材料的，公安机关、人民检察院应当提供证明案件事实的基本材料或者书面说明。

30. 监护人因监护侵害行为被提起公诉的案件，人民检察院应当书面告知未成年人及其临时照料人有权依法申请撤销监护人资格。

对于监护侵害行为符合本意见第35条规定情形而相关单位和人员没有提起诉讼的，人民检察院应当书面建议当地民政部门或者未成年人救助保护机构向人民法院申请撤销监护人资格。

31. 申请撤销监护人资格案件，由未成年人住所地、监护人住所地或者侵害行为地基层人民法院管辖。

人民法院受理撤销监护人资格案件，不收取诉讼费用。

五、撤销监护人资格案件审理和判后安置

32. 人民法院审理撤销监护人资格案件，比照民事诉讼法规定的特别程序进行，在一个月内审理结案。有特殊情况需要延长的，由本院院长批准。

33. 人民法院应当全面审查调查评估报告等证据材

料,听取被申请人、有表达能力的未成年人以及村(居)民委员会、学校、邻居等的意见。

34. 人民法院根据案件需要可以聘请适当的社会人士对未成年人进行社会观护,并可以引入心理疏导和测评机制,组织专业社会工作者、儿童心理问题专家等专业人员参与诉讼,为未成年人和被申请人提供心理辅导和测评服务。

35. 被申请人有下列情形之一的,人民法院可以判决撤销其监护人资格:

(一)性侵害、出卖、遗弃、虐待、暴力伤害未成年人,严重损害未成年人身心健康的;

(二)将未成年人置于无人监管和照看的状态,导致未成年人面临死亡或者严重伤害危险,经教育不改的;

(三)拒不履行监护职责长达六个月以上,导致未成年人流离失所或者生活无着的;

(四)有吸毒、赌博、长期酗酒等恶习无法正确履行监护职责或者因服刑等原因无法履行监护职责,且拒绝将监护职责部分或者全部委托给他人,致使未成年人处于困境或者危险状态的;

(五)胁迫、诱骗、利用未成年人乞讨,经公安机关和未成年人救助保护机构等部门三次以上批评教育拒不改正,严重影响未成年人正常生活和学习的;

(六)教唆、利用未成年人实施违法犯罪行为,情节恶劣的;

(七)有其他严重侵害未成年人合法权益行为的。

36. 判决撤销监护人资格,未成年人有其他监护人的,应当由其他监护人承担监护职责。其他监护人应当采取措施避免未成年人继续受到侵害。

没有其他监护人的,人民法院根据最有利于未成年人的原则,在民法通则第十六条第二款、第四款规定的人员和单位中指定监护人。指定个人担任监护人的,应当综合考虑其意愿、品行、身体状况、经济条件、与未成年人的生活情感联系以及有表达能力的未成年人的意愿等。

没有合适人员和其他单位担任监护人的,人民法院应当指定民政部门担任监护人,由其所属儿童福利机构收留抚养。

37. 判决不撤销监护人资格的,人民法院可以根据需要走访未成年人及其家庭,也可以向当地民政部门、辖区公安派出所、村(居)民委员会、共青团、妇联、未成年人所在学校、监护人所在单位等发出司法建议,加强对未成年人的保护和对监护人的监督指导。

38. 被撤销监护人资格的侵害人,自监护人资格被撤销之日起三个月至一年内,可以书面向人民法院申请恢复监护人资格,并应当提交相关证据。

人民法院应当将前款内容书面告知侵害人和其他监护人、指定监护人。

39. 人民法院审理申请恢复监护人资格案件,按照变更监护关系的案件审理程序进行。

人民法院应当征求未成年人现任监护人和有表达能力的未成年人的意见,并可以委托申请人住所地的未成年人救助保护机构或者其他未成年人保护组织,对申请人监护意愿、悔改表现、监护能力、身心状况、工作生活情况等进行调查,形成调查评估报告。

申请人正在服刑或者接受社区矫正的,人民法院应当征求刑罚执行机关或者社区矫正机构的意见。

40. 人民法院经审理认为申请人确有悔改表现并且适宜担任监护人的,可以判决恢复其监护人资格,原指定监护人的监护人资格终止。

申请人具有下列情形之一的,一般不得判决恢复其监护人资格:

(一)性侵害、出卖未成年人的;

(二)虐待、遗弃未成年人六个月以上、多次遗弃未成年人,并且造成重伤以上严重后果的;

(三)因监护侵害行为被判处五年有期徒刑以上刑罚的。

41. 撤销监护人资格诉讼终结后六个月内,未成年人及其现任监护人可以向人民法院申请人身安全保护裁定。

42. 被撤销监护人资格的父、母应当继续负担未成年人的抚养费用和因监护侵害行为产生的各项费用。相关单位和人员起诉的,人民法院应予支持。

43. 民政部门应当根据有关规定,将符合条件的受监护侵害的未成年人纳入社会救助和相关保障范围。

44. 民政部门担任监护人的,承担抚养职责的儿童福利机构可以送养未成年人。

送养未成年人应当在人民法院作出撤销监护人资格判决一年后进行。侵害人有本意见第40条第2款规定情形的,不受一年后送养的限制。

中央文明办、文化和旅游部、国家广播电视总局、国家互联网信息办公室关于规范网络直播打赏加强未成年人保护的意见

·2022 年 5 月

近年来，网络直播新业态迅速兴起，在推动行业发展、丰富文化供给等方面发挥了重要作用。与此同时，平台主体责任缺失、主播良莠不齐、打赏行为失范等问题多发频发，导致未成年人沉溺直播、参与打赏，严重损害未成年人身心健康，带来很多社会问题，人民群众反映强烈。为切实加强网络直播行业规范，营造未成年人健康成长的良好环境，根据《中华人民共和国网络安全法》《中华人民共和国未成年人保护法》等法律法规，现提出以下工作意见。

一、总体要求

坚持以社会主义核心价值观为引领，聚焦未成年人保护，坚持问题导向、重拳出击、标本兼治、综合施策、协同配合、齐抓共管。通过大力度的规范整治夯实各方责任，建立长效监管工作机制，切实规范直播秩序，坚决遏制不良倾向、行业乱象，促进网络直播行业规范有序发展，共建文明健康的网络生态环境。

二、工作举措

1. 禁止未成年人参与直播打赏。网站平台应当坚持最有利于未成年人的原则，健全完善未成年人保护机制，严格落实实名制要求，禁止为未成年人提供现金充值、"礼物"购买、在线支付等各类打赏服务。网站平台不得研发上线吸引未成年人打赏的功能应用，不得开发诱导未成年人参与的各类"礼物"。发现网站平台违反上述要求，从严从重采取暂停打赏功能、关停直播业务等措施。

2. 严控未成年人从事主播。网站平台应加强主播账号注册审核管理，不得为未满 16 周岁的未成年人提供网络主播服务，为 16 至 18 周岁的未成年人提供网络主播服务的，应当征得监护人同意。对利用所谓"网红儿童"直播谋利的行为加强日常监管，发现违规账号从严采取处置措施，并追究相关网站平台责任。

3. 优化升级"青少年模式"。"青少年模式"是经过严格内容遴选、适合未成年人观看使用的有益方式。网站平台应在现有"青少年模式"基础上，进一步优化产品模式和内容呈现方式，持续增加适合未成年人的直播内容供给。严格内容审核把关流程，配备与业务规模相适应的专门审核团队，既选优选精又杜绝"三俗"，让家长放心、孩子满意、社会叫好。要优化模式功能配置，在首页显著位置呈现，便于青少年查找和家长监督，严禁提供或变相提供各类"追星"服务及充值打赏功能。

4. 建立专门服务团队。网站平台应建立未成年人专属客服团队，优先受理、及时处置未成年人相关投诉和纠纷。对未成年人冒用成年人账号打赏的，网站平台应当在保护隐私的前提下及时审核，属实的须按规定办理退款。对于违规为未成年用户提供打赏服务的网站平台，以及明知用户为未成年人仍诱导打赏的经纪机构和网络主播，从严采取处置措施。

5. 规范重点功能应用。榜单、"礼物"是吸引青少年"围观"互动的重要功能应用。网站平台应在本意见发布 1 个月内全部取消打赏榜单，禁止以打赏额度为唯一依据对网络主播排名、引流、推荐，禁止以打赏额度为标准对用户进行排名。加强对"礼物"名称、外观的规范设计，不得通过夸大展示、渲染特效等诱导用户。加强新技术新应用上线的安全评估，不得上线运行以打赏金额作为唯一评判标准的各类功能应用。

6. 加强高峰时段管理。每日 20 时至 22 时是青少年上网的高峰时段，也是规范网络直播的重要时点。网站平台在每日高峰时段，单个账号直播间"连麦 PK"次数不得超过 2 次，不得设置"PK 惩罚"环节，不得为"PK 惩罚"提供技术实现方式，避免诱导误导未成年人。网站平台应在每日 22 时后，对"青少年模式"下的各项服务强制下线，并不得提供或变相提供常规模式开启方式，保障青少年充足休息时间。

7. 加强网络素养教育。鼓励学校开展未成年人网络素养教育，围绕网络道德意识和行为准则、网络法治观念和行为规范、网络使用能力建设、人身财产安全保护等培育未成年人网络安全意识、文明素养、行为习惯和防护技能。引导未成年人监护人主动学习网络知识，加强对未成年人使用网络行为的教育、示范、引导和监督。支持社会各界共同开展宣传教育，促进未成年人开阔眼界、提高素质、陶冶情操、愉悦身心。

三、组织领导

1. 提高思想认识。各部门各平台要从"塑造什么样的未来人"的高度，深刻认识规范网络直播、加强未成年人保护的极端重要性和迫切性，将其纳入重要工作日程，结合实际细化完善工作措施，确保各项任务和要求落实到位。

2. 加强统筹协调。按照谁主管谁负责、谁主办谁负责的原则，构建多领域、跨部门协同合作的工作格局，形

成统筹有力、协调顺畅、各司其职、各负其责的监管合力。坚持问题导向、突出关键环节、注意方式方法，构筑强有力的全流程全链条未成年人保护体系。

3. 压实各方责任。指导网站平台切实履行主体责任，认真落实相关政策法规，健全账号注册、资质审核、日常管理、违规处置等制度要求。督促经纪机构依法开展网络直播组织、制作、营销等活动。教育引导网络主播提升合规意识和综合素质，积极生产传播符合社会主义核心价值观、反映新时代新气象的优秀文化内容。

4. 开展督促检查。成立部门间协调工作机制，加强情况沟通和分析研究，推动工作落实。对重要网站平台挂牌督办，确保按时保质完成整改任务。着眼形成长效工作机制，开展常态化督导检查，根据新情况新问题及时研究提出解决措施和办法。

未成年人文身治理工作办法

· 2022 年 6 月 6 日
· 国未保办发〔2022〕6 号

第一条　为深入贯彻落实《中华人民共和国民法典》和《中华人民共和国未成年人保护法》，坚持最有利于未成年人的原则，全面加强未成年人文身治理，保护未成年人合法权益，促进未成年人健康成长，制定本办法。

第二条　国家、社会、学校和家庭应当教育和帮助未成年人树立和践行社会主义核心价值观，充分认识文身可能产生的危害，增强自我保护的意识和能力，理性拒绝文身。

第三条　未成年人的父母或者其他监护人应当依法履行监护职责，教育引导未成年人进行有益身心健康的活动，对未成年人产生文身动机和行为的，应当及时劝阻，不得放任未成年人文身。

第四条　任何企业、组织和个人不得向未成年人提供文身服务，不得胁迫、引诱、教唆未成年人文身。

第五条　文身服务提供者应当在显著位置标明不向未成年人提供文身服务。对难以判明是否是未成年人的，应当要求其出示身份证件。

本办法所称文身服务提供者，主要是指专业文身机构、提供文身服务的医疗卫生机构（含医疗美容机构）和美容美发机构等各类主体，也包括提供文身服务的社会组织。

第六条　各相关部门应当按照"谁审批、谁监管，谁主管、谁监管"的原则，健全工作机制，强化源头管控。

卫生健康部门不得审批同意医疗卫生机构（含医疗美容机构）开展未成年人文身服务项目。加大指导监管力度，指导医疗卫生机构（含医疗美容机构）不向未成年人开展文身服务，并对有意愿"去除文身"的未成年人提供规范医疗美容服务。

市场监管部门在办理市场主体登记注册时，对于经营范围中包含文身服务活动的市场主体，应当在其营业执照相关经营范围后明确标注"除面向未成年人"，并指导其自觉依规经营。

商务部门应当配合相关部门，指导行业协会督促美容经营者不得向未成年人提供文身服务。

民政部门应当加强社会组织登记管理，不得审批同意社会组织开展未成年人文身服务，指导从事文身服务的社会组织不向未成年人提供文身服务。

第七条　各相关部门应当履行部门职责，发挥部门优势，加强对未成年人文身治理的支持和配合，形成整体合力。

人民法院对向未成年人提供文身服务或者胁迫、引诱、教唆未成年人文身，侵害未成年人合法权益的案件，应当依法审理。

人民检察院对因文身导致未成年人合法权益受到侵犯，相关组织和个人未代为提起诉讼的，可以督促、支持其提起诉讼；涉及公共利益的，有权提起公益诉讼。

教育部门应当将未成年人文身危害相关知识纳入学校教育内容，组织开展警示教育，加强文明礼仪教育，提高在校学生对文身危害性的认识。

公安机关应当依法调查处理因胁迫、引诱、教唆未成年人文身引发的违反治安管理行为或者涉嫌犯罪案件。

司法行政部门应当加强未成年人文身法治宣传教育，支持和指导有关部门开展行政执法，完善有关投诉举报制度。

共青团组织应当加强青少年思想道德引领，组织针对性的教育引导和心理辅导，让未成年人认识到文身可能造成的伤害和不良影响。

妇联组织应当将未成年人文身危害纳入家庭教育重要内容，指导和支持未成年人父母或者其他监护人切实履行责任。

宣传、网信、广播电视主管部门应当加强未成年人文身危害宣传和舆论监督。

各级未成年人保护工作领导小组（委员会）应当做好统筹、协调、督促和指导工作。

第八条　任何企业、组织和个人出版、发布、传播的图书、报刊、电影、广播电视节目、舞台艺术作品、音像制品、电子出版物或者网络信息，不得含有诱导未成年人文身的内容。

第九条　任何企业、组织和个人不得刊登、播放、张贴或者散发含有诱导未成年人文身、危害未成年人身心健康内容的广告；不得在学校、幼儿园播放、张贴或者散发文身商业广告。

第十条　任何企业、组织和个人发现向未成年人提供文身服务的，可以向民政、商务、卫生健康、市场监管等部门报告，接到报告的有关部门应当及时受理、处置。

第十一条　各地各相关部门要加强监督检查，加大查处力度。文身服务提供者违反规定向未成年人提供文身服务的，有关部门依照有关规定予以处理。其他市场主体未依法取得营业执照向未成年人提供文身服务的，依照《无证无照经营查处办法》等规定进行查处。个人违反规定擅自向未成年人提供文身服务的，依法追究其法律责任。

第十二条　各地各相关部门可依据本办法，结合工作实际制定具体措施。

第十三条　本办法自印发之日起施行。

2. 老年人福利

中华人民共和国老年人权益保障法

- 1996 年 8 月 29 日第八届全国人民代表大会常务委员会第二十一次会议通过
- 根据 2009 年 8 月 27 日第十一届全国人民代表大会常务委员会第十次会议《关于修改部分法律的决定》第一次修正
- 2012 年 12 月 28 日第十一届全国人民代表大会常务委员会第三十次会议修订
- 根据 2015 年 4 月 24 日第十二届全国人民代表大会常务委员会第十四次会议《关于修改〈中华人民共和国电力法〉等六部法律的决定》第二次修正
- 根据 2018 年 12 月 29 日第十三届全国人民代表大会常务委员会第七次会议《关于修改〈中华人民共和国劳动法〉等七部法律的决定》第三次修正

第一章　总　则

第一条　为了保障老年人合法权益，发展老龄事业，弘扬中华民族敬老、养老、助老的美德，根据宪法，制定本法。

第二条　本法所称老年人是指六十周岁以上的公民。

第三条　国家保障老年人依法享有的权益。

老年人有从国家和社会获得物质帮助的权利，有享受社会服务和社会优待的权利，有参与社会发展和共享发展成果的权利。

禁止歧视、侮辱、虐待或者遗弃老年人。

第四条　积极应对人口老龄化是国家的一项长期战略任务。

国家和社会应当采取措施，健全保障老年人权益的各项制度，逐步改善保障老年人生活、健康、安全以及参与社会发展的条件，实现老有所养、老有所医、老有所为、老有所学、老有所乐。

第五条　国家建立多层次的社会保障体系，逐步提高对老年人的保障水平。

国家建立和完善以居家为基础、社区为依托、机构为支撑的社会养老服务体系。

倡导全社会优待老年人。

第六条　各级人民政府应当将老龄事业纳入国民经济和社会发展规划，将老龄事业经费列入财政预算，建立稳定的经费保障机制，并鼓励社会各方面投入，使老龄事业与经济、社会协调发展。

国务院制定国家老龄事业发展规划。县级以上地方人民政府根据国家老龄事业发展规划，制定本行政区域的老龄事业发展规划和年度计划。

县级以上人民政府负责老龄工作的机构，负责组织、协调、指导、督促有关部门做好老年人权益保障工作。

第七条　保障老年人合法权益是全社会的共同责任。

国家机关、社会团体、企业事业单位和其他组织应当按照各自职责，做好老年人权益保障工作。

基层群众性自治组织和依法设立的老年人组织应当反映老年人的要求，维护老年人合法权益，为老年人服务。

提倡、鼓励义务为老年人服务。

第八条　国家进行人口老龄化国情教育，增强全社会积极应对人口老龄化意识。

全社会应当广泛开展敬老、养老、助老宣传教育活动，树立尊重、关心、帮助老年人的社会风尚。

青少年组织、学校和幼儿园应当对青少年和儿童进行敬老、养老、助老的道德教育和维护老年人合法权益的法制教育。

广播、电影、电视、报刊、网络等应当反映老年人的生活,开展维护老年人合法权益的宣传,为老年人服务。

第九条　国家支持老龄科学研究,建立老年人状况统计调查和发布制度。

第十条　各级人民政府和有关部门对维护老年人合法权益和敬老、养老、助老成绩显著的组织、家庭或者个人,对参与社会发展做出突出贡献的老年人,按照国家有关规定给予表彰或者奖励。

第十一条　老年人应当遵纪守法,履行法律规定的义务。

第十二条　每年农历九月初九为老年节。

第二章　家庭赡养与扶养

第十三条　老年人养老以居家为基础,家庭成员应当尊重、关心和照料老年人。

第十四条　赡养人应当履行对老年人经济上供养、生活上照料和精神上慰藉的义务,照顾老年人的特殊需要。

赡养人是指老年人的子女以及其他依法负有赡养义务的人。

赡养人的配偶应当协助赡养人履行赡养义务。

第十五条　赡养人应当使患病的老年人及时得到治疗和护理;对经济困难的老年人,应当提供医疗费用。

对生活不能自理的老年人,赡养人应当承担照料责任;不能亲自照料的,可以按照老年人的意愿委托他人或者养老机构等照料。

第十六条　赡养人应当妥善安排老年人的住房,不得强迫老年人居住或者迁居条件低劣的房屋。

老年人自有的或者承租的住房,子女或者其他亲属不得侵占,不得擅自改变产权关系或者租赁关系。

老年人自有的住房,赡养人有维修的义务。

第十七条　赡养人有义务耕种或者委托他人耕种老年人承包的田地,照管或者委托他人照管老年人的林木和牲畜等,收益归老年人所有。

第十八条　家庭成员应当关心老年人的精神需求,不得忽视、冷落老年人。

与老年人分开居住的家庭成员,应当经常看望或者问候老年人。

用人单位应当按照国家有关规定保障赡养人探亲休假的权利。

第十九条　赡养人不得以放弃继承权或者其他理由,拒绝履行赡养义务。

赡养人不履行赡养义务,老年人有要求赡养人付给赡养费等权利。

赡养人不得要求老年人承担力不能及的劳动。

第二十条　经老年人同意,赡养人之间可以就履行赡养义务签订协议。赡养协议的内容不得违反法律的规定和老年人的意愿。

基层群众性自治组织、老年人组织或者赡养人所在单位监督协议的履行。

第二十一条　老年人的婚姻自由受法律保护。子女或者其他亲属不得干涉老年人离婚、再婚及婚后的生活。

赡养人的赡养义务不因老年人的婚姻关系变化而消除。

第二十二条　老年人对个人的财产,依法享有占有、使用、收益和处分的权利,子女或者其他亲属不得干涉,不得以窃取、骗取、强行索取等方式侵犯老年人的财产权益。

老年人有依法继承父母、配偶、子女或者其他亲属遗产的权利,有接受赠与的权利。子女或者其他亲属不得侵占、抢夺、转移、隐匿或者损毁应当由老年人继承或者接受赠与的财产。

老年人以遗嘱处分财产,应当依法为老年配偶保留必要的份额。

第二十三条　老年人与配偶有相互扶养的义务。

由兄、姐扶养的弟、妹成年后,有负担能力的,对年老无赡养人的兄、姐有扶养的义务。

第二十四条　赡养人、扶养人不履行赡养、扶养义务的,基层群众性自治组织、老年人组织或者赡养人、扶养人所在单位应当督促其履行。

第二十五条　禁止对老年人实施家庭暴力。

第二十六条　具备完全民事行为能力的老年人,可以在近亲属或者其他与自己关系密切、愿意承担监护责任的个人、组织中协商确定自己的监护人。监护人在老年人丧失或者部分丧失民事行为能力时,依法承担监护责任。

老年人未事先确定监护人的,其丧失或者部分丧失民事行为能力时,依照有关法律的规定确定监护人。

第二十七条　国家建立健全家庭养老支持政策,鼓励家庭成员与老年人共同生活或者就近居住,为老年人随配偶或者赡养人迁徙提供条件,为家庭成员照料老年人提供帮助。

第三章　社会保障

第二十八条　国家通过基本养老保险制度,保障老年人的基本生活。

第二十九条　国家通过基本医疗保险制度,保障老年人的基本医疗需要。享受最低生活保障的老年人和符合条件的低收入家庭中的老年人参加新型农村合作医疗和城镇居民基本医疗保险所需个人缴费部分，由政府给予补贴。

有关部门制定医疗保险办法，应当对老年人给予照顾。

第三十条　国家逐步开展长期护理保障工作，保障老年人的护理需求。

对生活长期不能自理、经济困难的老年人，地方各级人民政府应当根据其失能程度等情况给予护理补贴。

第三十一条　国家对经济困难的老年人给予基本生活、医疗、居住或者其他救助。

老年人无劳动能力、无生活来源、无赡养人和扶养人，或者其赡养人和扶养人确无赡养能力或者扶养能力的，由地方各级人民政府依照有关规定给予供养或者救助。

对流浪乞讨、遭受遗弃等生活无着的老年人，由地方各级人民政府依照有关规定给予救助。

第三十二条　地方各级人民政府在实施廉租住房、公共租赁住房等住房保障制度或者进行危旧房屋改造时，应当优先照顾符合条件的老年人。

第三十三条　国家建立和完善老年人福利制度，根据经济社会发展水平和老年人的实际需要，增加老年人的社会福利。

国家鼓励地方建立八十周岁以上低收入老年人高龄津贴制度。

国家建立和完善计划生育家庭老年人扶助制度。

农村可以将未承包的集体所有的部分土地、山林、水面、滩涂等作为养老基地，收益供老年人养老。

第三十四条　老年人依法享有的养老金、医疗待遇和其他待遇应当得到保障，有关机构必须按时足额支付，不得克扣、拖欠或者挪用。

国家根据经济发展以及职工平均工资增长、物价上涨等情况，适时提高养老保障水平。

第三十五条　国家鼓励慈善组织以及其他组织和个人为老年人提供物质帮助。

第三十六条　老年人可以与集体经济组织、基层群众性自治组织、养老机构等组织或者个人签订遗赠扶养协议或者其他扶助协议。

负有扶养义务的组织或者个人按照遗赠扶养协议，承担该老年人生养死葬的义务，享有受遗赠的权利。

第四章　社会服务

第三十七条　地方各级人民政府和有关部门应当采取措施，发展城乡社区养老服务，鼓励、扶持专业服务机构及其他组织和个人，为居家的老年人提供生活照料、紧急救援、医疗护理、精神慰藉、心理咨询等多种形式的服务。

对经济困难的老年人，地方各级人民政府应当逐步给予养老服务补贴。

第三十八条　地方各级人民政府和有关部门、基层群众性自治组织，应当将养老服务设施纳入城乡社区配套设施建设规划，建立适应老年人需要的生活服务、文化体育活动、日间照料、疾病护理与康复等服务设施和网点，就近为老年人提供服务。

发扬邻里互助的传统，提倡邻里间关心、帮助有困难的老年人。

鼓励慈善组织、志愿者为老年人服务。倡导老年人互助服务。

第三十九条　各级人民政府应当根据经济发展水平和老年人服务需求，逐步增加对养老服务的投入。

各级人民政府和有关部门在财政、税费、土地、融资等方面采取措施，鼓励、扶持企业事业单位、社会组织或者个人兴办、运营养老、老年人日间照料、老年文化体育活动等设施。

第四十条　地方各级人民政府和有关部门应当按照老年人口比例及分布情况，将养老服务设施建设纳入城乡规划和土地利用总体规划，统筹安排养老服务设施建设用地及所需物资。

公益性养老服务设施用地，可以依法使用国有划拨土地或者农民集体所有的土地。

养老服务设施用地，非经法定程序不得改变用途。

第四十一条　政府投资兴办的养老机构，应当优先保障经济困难的孤寡、失能、高龄等老年人的服务需求。

第四十二条　国务院有关部门制定养老服务设施建设、养老服务质量和养老服务职业等标准，建立健全养老机构分类管理和养老服务评估制度。

各级人民政府应当规范养老服务收费项目和标准，加强监督和管理。

第四十三条　设立公益性养老机构，应当依法办理相应的登记。

设立经营性养老机构，应当在市场监督管理部门办理登记。

养老机构登记后即可开展服务活动，并向县级以上人民政府民政部门备案。

第四十四条　地方各级人民政府加强对本行政区域养老机构管理工作的领导，建立养老机构综合监管制度。

县级以上人民政府民政部门负责养老机构的指导、监督和管理，其他有关部门依照职责分工对养老机构实施监督。

第四十五条　县级以上人民政府民政部门依法履行监督检查职责，可以采取下列措施：

（一）向养老机构和个人了解情况；

（二）进入涉嫌违法的养老机构进行现场检查；

（三）查阅或者复制有关合同、票据、账簿及其他有关资料；

（四）发现养老机构存在可能危及人身健康和生命财产安全风险的，责令限期改正，逾期不改正的，责令停业整顿。

县级以上人民政府民政部门调查养老机构涉嫌违法的行为，应当遵守《中华人民共和国行政强制法》和其他有关法律、行政法规的规定。

第四十六条　养老机构变更或者终止的，应当妥善安置收住的老年人，并依照规定到有关部门办理手续。有关部门应当为养老机构妥善安置老年人提供帮助。

第四十七条　国家建立健全养老服务人才培养、使用、评价和激励制度，依法规范用工，促进从业人员劳动报酬合理增长，发展专职、兼职和志愿者相结合的养老服务队伍。

国家鼓励高等学校、中等职业学校和职业培训机构设置相关专业或者培训项目，培养养老服务专业人才。

第四十八条　养老机构应当与接受服务的老年人或者其代理人签订服务协议，明确双方的权利、义务。

养老机构及其工作人员不得以任何方式侵害老年人的权益。

第四十九条　国家鼓励养老机构投保责任保险，鼓励保险公司承保责任保险。

第五十条　各级人民政府和有关部门应当将老年医疗卫生服务纳入城乡医疗卫生服务规划，将老年人健康管理和常见病预防等纳入国家基本公共卫生服务项目。鼓励为老年人提供保健、护理、临终关怀等服务。

国家鼓励医疗机构开设针对老年病的专科或者门诊。

医疗卫生机构应当开展老年人的健康服务和疾病防治工作。

第五十一条　国家采取措施，加强老年医学的研究和人才培养，提高老年病的预防、治疗、科研水平，促进老年病的早期发现、诊断和治疗。

国家和社会采取措施，开展各种形式的健康教育，普及老年保健知识，增强老年人自我保健意识。

第五十二条　国家采取措施，发展老龄产业，将老龄产业列入国家扶持行业目录。扶持和引导企业开发、生产、经营适应老年人需要的用品和提供相关的服务。

第五章　社会优待

第五十三条　县级以上人民政府及其有关部门根据经济社会发展情况和老年人的特殊需要，制定优待老年人的办法，逐步提高优待水平。

对常住在本行政区域内的外埠老年人给予同等优待。

第五十四条　各级人民政府和有关部门应当为老年人及时、便利地领取养老金，结算医疗费和享受其他物质帮助提供条件。

第五十五条　各级人民政府和有关部门办理房屋权属关系变更、户口迁移等涉及老年人权益的重大事项时，应当就办理事项是否为老年人的真实意思表示进行询问，并依法优先办理。

第五十六条　老年人因其合法权益受侵害提起诉讼交纳诉讼费确有困难的，可以缓交、减交或者免交；需要获得律师帮助，但无力支付律师费用的，可以获得法律援助。

鼓励律师事务所、公证处、基层法律服务所和其他法律服务机构为经济困难的老年人提供免费或者优惠服务。

第五十七条　医疗机构应当为老年人就医提供方便，对老年人就医予以优先。有条件的地方，可以为老年人设立家庭病床，开展巡回医疗、护理、康复、免费体检等服务。

提倡为老年人义诊。

第五十八条　提倡与老年人日常生活密切相关的服务行业为老年人提供优先、优惠服务。

城市公共交通、公路、铁路、水路和航空客运，应当为老年人提供优先和照顾。

第五十九条　博物馆、美术馆、科技馆、纪念馆、公共图书馆、文化馆、影剧院、体育场馆、公园、旅游景点等场所，应当对老年人免费或者优惠开放。

第六十条　农村老年人不承担兴办公益事业的筹劳义务。

第六章　宜居环境

第六十一条　国家采取措施，推进宜居环境建设，为老年人提供安全、便利和舒适的环境。

第六十二条　各级人民政府在制定城乡规划时,应当根据人口老龄化发展趋势、老年人口分布和老年人的特点,统筹考虑适合老年人的公共基础设施、生活服务设施、医疗卫生设施和文化体育设施建设。

第六十三条　国家制定和完善涉及老年人的工程建设标准体系,在规划、设计、施工、监理、验收、运行、维护、管理等环节加强相关标准的实施与监督。

第六十四条　国家制定无障碍设施工程建设标准。新建、改建和扩建道路、公共交通设施、建筑物、居住区等,应当符合国家无障碍设施工程建设标准。

各级人民政府和有关部门应当按照国家无障碍设施工程建设标准,优先推进与老年人日常生活密切相关的公共服务设施的改造。

无障碍设施的所有人和管理人应当保障无障碍设施正常使用。

第六十五条　国家推动老年宜居社区建设,引导、支持老年宜居住宅的开发,推动和扶持老年人家庭无障碍设施的改造,为老年人创造无障碍居住环境。

第七章　参与社会发展

第六十六条　国家和社会应当重视、珍惜老年人的知识、技能、经验和优良品德,发挥老年人的专长和作用,保障老年人参与经济、政治、文化和社会生活。

第六十七条　老年人可以通过老年人组织,开展有益身心健康的活动。

第六十八条　制定法律、法规、规章和公共政策,涉及老年人权益重大问题的,应当听取老年人和老年人组织的意见。

老年人和老年人组织有权向国家机关提出老年人权益保障、老龄事业发展等方面的意见和建议。

第六十九条　国家为老年人参与社会发展创造条件。根据社会需要和可能,鼓励老年人在自愿和量力的情况下,从事下列活动:

(一)对青少年和儿童进行社会主义、爱国主义、集体主义和艰苦奋斗等优良传统教育;

(二)传授文化和科技知识;

(三)提供咨询服务;

(四)依法参与科技开发和应用;

(五)依法从事经营和生产活动;

(六)参加志愿服务、兴办社会公益事业;

(七)参与维护社会治安、协助调解民间纠纷;

(八)参加其他社会活动。

第七十条　老年人参加劳动的合法收入受法律保护。

任何单位和个人不得安排老年人从事危害其身心健康的劳动或者危险作业。

第七十一条　老年人有继续受教育的权利。

国家发展老年教育,把老年教育纳入终身教育体系,鼓励社会办好各类老年学校。

各级人民政府对老年教育应当加强领导,统一规划,加大投入。

第七十二条　国家和社会采取措施,开展适合老年人的群众性文化、体育、娱乐活动,丰富老年人的精神文化生活。

第八章　法律责任

第七十三条　老年人合法权益受到侵害的,被侵害人或者其代理人有权要求有关部门处理,或者依法向人民法院提起诉讼。

人民法院和有关部门,对侵犯老年人合法权益的申诉、控告和检举,应当依法及时受理,不得推诿、拖延。

第七十四条　不履行保护老年人合法权益职责的部门或者组织,其上级主管部门应当给予批评教育,责令改正。

国家工作人员违法失职,致使老年人合法权益受到损害的,由其所在单位或者上级机关责令改正,或者依法给予处分;构成犯罪的,依法追究刑事责任。

第七十五条　老年人与家庭成员因赡养、扶养或者住房、财产等发生纠纷,可以申请人民调解委员会或者其他有关组织进行调解,也可以直接向人民法院提起诉讼。

人民调解委员会或者其他有关组织调解前款纠纷时,应当通过说服、疏导等方式化解矛盾和纠纷;对有过错的家庭成员,应当给予批评教育。

人民法院对老年人追索赡养费或者扶养费的申请,可以依法裁定先予执行。

第七十六条　干涉老年人婚姻自由,对老年人负有赡养义务、扶养义务而拒绝赡养、扶养,虐待老年人或者对老年人实施家庭暴力的,由有关单位给予批评教育;构成违反治安管理行为的,依法给予治安管理处罚;构成犯罪的,依法追究刑事责任。

第七十七条　家庭成员盗窃、诈骗、抢夺、侵占、勒索、故意损毁老年人财物,构成违反治安管理行为的,依法给予治安管理处罚;构成犯罪的,依法追究刑事责任。

第七十八条　侮辱、诽谤老年人,构成违反治安管理行为的,依法给予治安管理处罚;构成犯罪的,依法追究刑事责任。

第七十九条　养老机构及其工作人员侵害老年人人身和财产权益,或者未按照约定提供服务的,依法承担民事责任;有关主管部门依法给予行政处罚;构成犯罪的,依法追究刑事责任。

第八十条　对养老机构负有管理和监督职责的部门及其工作人员滥用职权、玩忽职守、徇私舞弊的,对直接负责的主管人员和其他直接责任人员依法给予处分;构成犯罪的,依法追究刑事责任。

第八十一条　不按规定履行优待老年人义务的,由有关主管部门责令改正。

第八十二条　涉及老年人的工程不符合国家规定的标准或者无障碍设施所有人、管理人未尽到维护和管理职责的,由有关主管部门责令改正;造成损害的,依法承担民事责任;对有关单位、个人依法给予行政处罚;构成犯罪的,依法追究刑事责任。

第九章　附　则

第八十三条　民族自治地方的人民代表大会,可以根据本法的原则,结合当地民族风俗习惯的具体情况,依照法定程序制定变通的或者补充的规定。

第八十四条　本法施行前设立的养老机构不符合本法规定条件的,应当限期整改。具体办法由国务院民政部门制定。

第八十五条　本法自 2013 年 7 月 1 日起施行。

关于加强新时代老龄工作的意见

·2021 年 11 月 18 日

有效应对我国人口老龄化,事关国家发展全局,事关亿万百姓福祉,事关社会和谐稳定,对于全面建设社会主义现代化国家具有重要意义。为实施积极应对人口老龄化国家战略,加强新时代老龄工作,提升广大老年人的获得感、幸福感、安全感,现提出如下意见。

一、总体要求

(一)指导思想。以习近平新时代中国特色社会主义思想为指导,深入贯彻党的十九大和十九届二中、三中、四中、五中、六中全会精神,加强党对老龄工作的全面领导,坚持以人民为中心,将老龄事业发展纳入统筹推进"五位一体"总体布局和协调推进"四个全面"战略布局,实施积极应对人口老龄化国家战略,把积极老龄观、健康

老龄化理念融入经济社会发展全过程,加快建立健全相关政策体系和制度框架,大力弘扬中华民族孝亲敬老传统美德,促进老年人养老服务、健康服务、社会保障、社会参与、权益保障等统筹发展,推动老龄事业高质量发展,走出一条中国特色积极应对人口老龄化道路。

(二)工作原则

——坚持党委领导、各方参与。在党委领导下,充分发挥政府在推进老龄事业发展中的主导作用,社会参与,全民行动,提供基本公益性产品和服务。充分发挥市场机制作用,提供多元化产品和服务。注重发挥家庭养老、个人自我养老的作用,形成多元主体责任共担、老龄化风险梯次应对、老龄事业人人参与的新局面。

——坚持系统谋划、综合施策。坚持应对人口老龄化和促进经济社会发展相结合,坚持满足老年人需求和解决人口老龄化问题相结合,确保各项政策制度目标一致、功能协调、衔接配套,努力实现老有所养、老有所医、老有所为、老有所学、老有所乐,让老年人共享改革发展成果、安享幸福晚年。

——坚持整合资源、协调发展。构建居家社区机构相协调、医养康养相结合的养老服务体系和健康支撑体系,大力发展普惠型养老服务,促进资源均衡配置。推动老龄事业与产业、基本公共服务与多样化服务协调发展,统筹好老年人经济保障、服务保障、精神关爱、作用发挥等制度安排。

——坚持突出重点、夯实基层。聚焦解决老年人健康养老最紧迫的问题,坚持保基本、促公平、提质量,尽力而为、量力而行,确保人人享有基本养老服务和公共卫生服务。推动老龄工作重心下移、资源下沉,推进各项优质服务资源向老年人的身边、家边和周边聚集,确保老龄工作有人抓、老年人事情有人管、老年人困难有人帮。

二、健全养老服务体系

(三)创新居家社区养老服务模式。以居家养老为基础,通过新建、改造、租赁等方式,提升社区养老服务能力,着力发展街道(乡镇)、城乡社区两级养老服务网络,依托社区发展以居家为基础的多样化养老服务。地方政府负责探索并推动建立专业机构服务向社区、家庭延伸的模式。街道社区负责引进助餐、助洁等方面为老服务的专业机构,社区组织引进相关护理专业机构开展居家老年人照护工作;政府加强组织和监督工作。政府要培育为老服务的专业机构并指导其规范发展,引导其按照保本微利原则提供持续稳定的服务。充分发挥社区党组织作用,探索"社区+物业+养老服务"模式,增加居家社

区养老服务有效供给。结合实施乡村振兴战略，加强农村养老服务机构和设施建设，鼓励以村级邻里互助点、农村幸福院为依托发展互助式养老服务。

（四）进一步规范发展机构养老。各地要通过直接建设、委托运营、购买服务、鼓励社会投资等多种方式发展机构养老。加强光荣院建设。公办养老机构优先接收经济困难的失能（含失智，下同）、孤寡、残疾、高龄老年人以及计划生育特殊家庭老年人、为社会作出重要贡献的老年人，并提供符合质量和安全标准的养老服务。建立健全养老服务标准和评价体系，加强对养老机构建设和运营的监管。研究制定养老机构预收服务费用管理政策，严防借养老机构之名圈钱、欺诈等行为。

（五）建立基本养老服务清单制度。各地要根据财政承受能力，制定基本养老服务清单，对健康、失能、经济困难等不同老年人群体，分类提供养老保障、生活照料、康复照护、社会救助等适宜服务。清单要明确服务对象、服务内容、服务标准和支出责任，并根据经济社会发展和科技进步进行动态调整。2022年年底前，建立老年人能力综合评估制度，评估结果在全国范围内实现跨部门互认。

（六）完善多层次养老保障体系。扩大养老保险覆盖面，逐步实现基本养老保险法定人员全覆盖。尽快实现企业职工基本养老保险全国统筹。健全基本养老保险待遇调整机制，保障领取待遇人员基本生活。大力发展企业（职业）年金，促进和规范发展第三支柱养老保险。探索通过资产收益扶持制度等增加农村老年人收入。

三、完善老年人健康支撑体系

（七）提高老年人健康服务和管理水平。在城乡社区加强老年健康知识宣传和教育，提升老年人健康素养。做好国家基本公共卫生服务项目中的老年人健康管理和中医药健康管理服务。加强老年人群重点慢性病的早期筛查、干预及分类指导，开展老年口腔健康、老年营养改善、老年痴呆防治和心理关爱行动。提高失能、重病、高龄、低收入等老年人家庭医生签约服务覆盖率，提高服务质量。扩大医联体提供家庭病床、上门巡诊等居家医疗服务的范围，可按规定报销相关医疗费用，并按成本收取上门服务费。积极发挥基层医疗卫生机构为老年人提供优质中医药服务的作用。加强国家老年医学中心建设，布局若干区域老年医疗中心。加强综合性医院老年医学科建设，2025年二级及以上综合性医院设立老年医学科的比例达到60%以上。通过新建改扩建、转型发展，加强老年医院、康复医院、护理院（中心、站）以及优抚医院建设，建立医疗、康复、护理双向转诊机制。加快建设老年友善医疗机构，方便老年人看病就医。

（八）加强失能老年人长期照护服务和保障。完善从专业机构到社区、家庭的长期照护服务模式。按照实施国家基本公共卫生服务项目的有关要求，开展失能老年人健康评估与健康服务。依托护理院（中心、站）、社区卫生服务中心、乡镇卫生院等医疗卫生机构以及具备服务能力的养老服务机构，为失能老年人提供长期照护服务。发展"互联网+照护服务"，积极发展家庭养老床位和护理型养老床位，方便失能老年人照护。稳步扩大安宁疗护试点。稳妥推进长期护理保险制度试点，指导地方重点围绕进一步明确参保和保障范围、持续健全多元筹资机制、完善科学合理的待遇政策、健全待遇支付等相关标准及管理办法、创新管理和服务机制等方面，加大探索力度，完善现有试点，积极探索建立适合我国国情的长期护理保险制度。

（九）深入推进医养结合。卫生健康部门与民政部门要建立医养结合工作沟通协调机制。鼓励医疗卫生机构与养老机构开展协议合作，进一步整合优化基层医疗卫生和养老资源，提供医疗救治、康复护理、生活照料等服务。支持医疗资源丰富地区的二级及以下医疗机构转型，开展康复、护理以及医养结合服务。鼓励基层积极探索相关机构养老床位和医疗床位按需规范转换机制。根据服务老年人的特点，合理核定养老机构举办的医疗机构医保限额。2025年年底前，每个县（市、区、旗）有1所以上具有医养结合功能的县级特困人员供养服务机构。符合条件的失能老年人家庭成员参加照护知识等相关职业技能培训的，按规定给予职业培训补贴。创建一批医养结合示范项目。

四、促进老年人社会参与

（十）扩大老年教育资源供给。将老年教育纳入终身教育体系，教育部门牵头研究制定老年教育发展政策举措，采取促进有条件的学校开展老年教育、支持社会力量举办老年大学（学校）等办法，推动扩大老年教育资源供给。鼓励有条件的高校、职业院校开设老年教育相关专业和课程，加强学科专业建设与人才培养。编写老年教育相关教材。依托国家开放大学筹建国家老年大学，搭建全国老年教育资源共享和公共服务平台。创新机制，推动部门、行业企业、高校举办的老年大学面向社会开放办学。发挥社区党组织作用，引导老年人践行积极老龄观。

（十一）提升老年文化体育服务质量。各地要通过盘活空置房、公园、商场等资源,支持街道社区积极为老年人提供文化体育活动场所,组织开展文化体育活动,实现老年人娱乐、健身、文化、学习、消费、交流等方面的结合。培养服务老年人的基层文体骨干,提高老年人文体活动参与率和质量,文化和旅游、体育等部门要做好规范和管理工作。开发老年旅游产品和线路,提升老年旅游服务质量和水平。县(市、区、旗)应整合现有资源,设置适宜老年人的教育、文化、健身、交流场所。

(十二)鼓励老年人继续发挥作用。把老有所为同老有所养结合起来,完善就业、志愿服务、社区治理等政策措施,充分发挥低龄老年人作用。在学校、医院等单位和社区家政服务、公共场所服务管理等行业,探索适合老年人灵活就业的模式。鼓励各地建立老年人才信息库,为有劳动意愿的老年人提供职业介绍、职业技能培训和创新创业指导服务。深入开展"银龄行动",引导老年人以志愿服务形式积极参与基层民主监督、移风易俗、民事调解、文教卫生等活动。发挥老年人在家庭教育、家风传承等方面的积极作用。加强离退休干部职工基层党组织建设,鼓励老党员将组织关系及时转入经常居住地,引导老党员结合自身实际发挥作用,做好老年人精神关爱和思想引导工作。全面清理阻碍老年人继续发挥作用的不合理规定。

五、着力构建老年友好型社会

(十三)加强老年人权益保障。各地在制定涉及老年人利益的具体措施时,应当征求老年人的意见。建立完善涉老婚姻家庭、侵权等矛盾纠纷的预警、排查、调解机制。加强老年人权益保障普法宣传,提高老年人运用法律手段保护权益意识,提升老年人识骗防骗能力,依法严厉打击电信网络诈骗等违法犯罪行为。完善老年人监护制度。倡导律师事务所、公证机构、基层法律服务机构为老年人减免法律服务费用,为行动不便的老年人提供上门服务。建立适老型诉讼服务机制,为老年人便利参与诉讼活动提供保障。

(十四)打造老年宜居环境。各地要落实无障碍环境建设法规、标准和规范,将无障碍环境建设和适老化改造纳入城市更新、城镇老旧小区改造、农村危房改造、农村人居环境整治提升统筹推进,让老年人参与社会活动更加安全方便。鼓励有条件的地方对经济困难的失能、残疾、高龄等老年人家庭,实施无障碍和适老化改造、配备生活辅助器具、安装紧急救援设施、开展定期探访。指导各地结合实际出台家庭适老化改造标准,鼓励更多家庭开展适老化改造。在鼓励推广新技术、新方式的同时,

保留老年人熟悉的传统服务方式,加快推进老年人常用的互联网应用和移动终端、APP 应用适老化改造。实施"智慧助老"行动,加强数字技能教育和培训,提升老年人数字素养。

(十五)强化社会敬老。深入开展人口老龄化国情教育。实施中华孝亲敬老文化传承和创新工程。持续推进"敬老月"系列活动和"敬老文明号"创建活动,结合时代楷模、道德模范等评选,选树表彰孝亲敬老先进典型。将为老志愿服务纳入中小学综合实践活动和高校学生实践内容。加强老年优待工作,在出行便利、公交乘车优惠、门票减免等基础上,鼓励有条件的地方进一步拓展优待项目、创新优待方式,在醒目位置设置老年人优待标识,推广老年人凭身份证等有效证件享受各项优待政策。有条件的地方要积极落实外埠老年人同等享受本地优待项目。发挥广播电视和网络视听媒体作用,加强宣传引导,营造良好敬老社会氛围。

六、积极培育银发经济

(十六)加强规划引导。编制相关专项规划,完善支持政策体系,统筹推进老龄产业发展。鼓励各地利用资源禀赋优势,发展具有比较优势的特色老龄产业。统筹利用现有资金渠道支持老龄产业发展。

(十七)发展适老产业。相关部门要制定老年用品和服务目录、质量标准,推进养老服务认证工作。各地要推动与老年人生活密切相关的食品、药品以及老年用品行业规范发展,提升传统养老产品的功能和质量,满足老年人特殊需要。企业和科研机构要加大老年产品的研发制造力度,支持老年产品关键技术成果转化、服务创新,积极开发适合老年人使用的智能化、辅助性以及康复治疗等方面的产品,满足老年人提高生活品质的需求。鼓励企业设立线上线下融合、为老年人服务的专柜和体验店,大力发展养老相关产业融合的新模式新业态。鼓励商业保险机构在风险可控和商业可持续的前提下,开发老年人健康保险产品。市场监管等部门要加强监管,严厉打击侵犯知识产权和制售假冒伪劣商品等违法行为,维护老年人消费权益,营造安全、便利、诚信的消费环境。

七、强化老龄工作保障

(十八)加强人才队伍建设。加快建设适应新时代老龄工作需要的专业技术、社会服务、经营管理、科学研究人才和志愿者队伍。用人单位要切实保障养老服务人员工资待遇,建立基于岗位价值、能力素质、业绩贡献的工资分配机制,提升养老服务岗位吸引力。大力发展相关职业教育,开展养老服务、护理人员培养培训行动。对

在养老机构举办的医疗机构中工作的医务人员,可参照执行基层医务人员相关激励政策。

(十九)加强老年设施供给。各地区各有关部门要按照《国家积极应对人口老龄化中长期规划》的要求,加强老年设施建设,加快实现养老机构护理型床位、老年大学(学校)等方面目标。各地要制定出台新建城区、新建居住区、老城区和已建成居住区配套养老服务设施设置标准和实施细则,落实养老服务设施设置要求。新建城区、新建居住区按标准要求配套建设养老服务设施实现全覆盖。到2025年,老城区和已建成居住区结合城镇老旧小区改造、居住区建设补短板行动等补建一批养老服务设施,"一刻钟"居家养老服务圈逐步完善。依托和整合现有资源,发展街道(乡镇)区域养老服务中心或为老服务综合体,按规定统筹相关政策和资金,为老年人提供综合服务。探索老年人服务设施与儿童服务设施集中布局、共建共享。

(二十)完善相关支持政策。适应今后一段时期老龄事业发展的资金需求,完善老龄事业发展财政投入政策和多渠道筹资机制,继续加大中央预算内投资支持力度,进一步提高民政部本级和地方各级政府用于社会福利事业的彩票公益金用于养老服务的比例。各地要统筹老龄事业发展,加大财政投入力度,各相关部门要用好有关资金和资源,积极支持老龄工作。研究制定住房等支持政策,完善阶梯电价、水价、气价政策,鼓励成年子女与老年父母就近居住或共同生活,履行赡养义务、承担照料责任。对赡养负担重的零就业家庭成员,按规定优先安排公益性岗位。落实相关财税支持政策,鼓励各类公益性社会组织或慈善组织加大对老龄事业投入。开展全国示范性老年友好型社区创建活动,将老年友好型社会建设情况纳入文明城市评选的重要内容。

(二十一)强化科学研究和国际合作。加大国家科技计划(专项、基金等)、社会科学基金等对老龄领域科技创新、基础理论和政策研究的支持力度。支持研究机构和高校设立老龄问题研究智库。推进跨领域、跨部门、跨层级的涉老数据共享,健全老年人生活状况统计调查和发布制度。积极参与全球及地区老龄问题治理,推动实施积极应对人口老龄化国家战略与落实2030年可持续发展议程相关目标有效对接。

八、加强组织实施

(二十二)加强党对老龄工作的领导。各级党委和政府要高度重视并切实做好老龄工作,坚持党政主要负责人亲自抓、负总责,将老龄工作重点任务纳入重要议事日程,纳入经济社会发展规划,纳入民生实事项目,纳入工作督查和绩效考核范围。加大制度创新、政策供给、财政投入力度,健全全龄工作体系,强化基层力量配备。发挥城乡基层党组织和基层自治组织作用,把老龄工作组织好、落实好,做到层层有责任、事事有人抓。建设党性坚强、作风优良、能力过硬的老龄工作干部队伍。综合运用应对人口老龄化能力评价结果,做好老龄工作综合评估。

(二十三)落实工作责任。全国老龄工作委员会要强化老龄工作统筹协调职能,加强办事机构能力建设。卫生健康部门要建立完善老年健康支撑体系,组织推进医养结合,组织开展疾病防治、医疗照护、心理健康与关怀服务等老年健康工作。发展改革部门要拟订并组织实施养老服务体系规划,推进老龄事业和产业发展与国家发展规划、年度计划相衔接,推动养老服务业发展。民政部门要统筹推进、督促指导、监督管理养老服务工作,拟订养老服务体系政策、标准并组织实施,承担老年人福利和特殊困难老年人救助工作。教育、科技、工业和信息化、公安、财政、人力资源社会保障、自然资源、住房城乡建设、商务、文化和旅游、金融、税务、市场监管、体育、医疗保障等部门要根据职责分工,认真履职,主动作为,及时解决工作中遇到的问题,形成齐抓共管、整体推进的工作机制。

(二十四)广泛动员社会参与。注重发挥工会、共青团、妇联、残联等群团组织和老年人相关社会组织、机关企事业单位的作用,结合各自职能开展老龄工作,形成全社会共同参与的工作格局。发挥中国老龄协会推动老龄事业发展的作用,提升基层老年协会能力。及时总结推广老龄工作先进典型经验。

民政部、市场监管总局关于强化 养老服务领域食品安全管理的意见

· 2021年9月13日
· 民发〔2021〕73号

各省、自治区、直辖市民政厅(局)、市场监管局(厅、委),新疆生产建设兵团民政局、市场监管局:

为深入贯彻党的十九届五中全会关于提高食品安全保障水平的决策部署和《中共中央 国务院关于深化改革加强食品安全工作的意见》要求,严格执行《中华人民共和国食品安全法》及其实施条例、《中华人民共和国老年人权益保障法》、《国务院办公厅关于建立健全养老服务综合监管制度促进养老服务高质量发展的意见》和《养

老机构管理办法》有关规定,严格落实食品安全"四个最严"要求,强化养老服务领域食品安全管理,更好保障老年人身体健康和生命安全,现提出以下意见。

一、全面履行主体责任

（一）养老服务机构要严格履行食品安全管理主体责任。养老服务机构要落实食品安全管理"院长负责制"。养老服务机构法定代表人或者主要负责人要定期组织研究部署食品安全工作,参加食品安全检查,研究重大隐患整改措施,下达隐患整改任务并跟踪落实。养老服务机构引入社会力量承包或者委托经营食堂的,应当选择依法取得食品经营许可、能承担食品安全责任、社会信誉良好的餐饮服务单位,并督促承包方、受委托方落实食品安全管理制度。对造成食物中毒事故、存在食品安全问题且拒不整改,或连续整改不到位的承包方或者受委托经营方,应及时终止承包或委托经营行为。养老服务机构从供餐单位订餐的,应当严把订餐质量关,对供餐单位提供的食品进行查验。鼓励有条件的养老服务机构购买食品安全责任保险,发挥保险的风险分担机制作用。妥善储存、加工、分发社会捐赠食品,防止浪费。

（二）食品生产经营者要严格履行食品安全主体责任。为养老服务机构提供餐饮服务的食品生产经营者（包括:自营内设食堂的养老服务机构、经营养老服务机构内设食堂的承包经营方和受委托经营方、为养老服务机构集体用餐提供订餐服务的供餐单位）,应当依照法律、法规和食品安全标准开展食品经营活动,保证食品安全。依法取得食品经营许可,建立健全食品安全管理制度,按照国家有关规定设置食品安全管理机构、配备专职食品安全管理人员。建立并严格执行从业人员健康管理制度。患有卫生健康部门规定的有碍食品安全疾病的人员,不得从事接触直接入口食品的工作。从事接触直接入口食品工作的从业人员应当每年进行健康检查,取得健康证明后方可上岗工作,必要时应当进行临时健康检查。从业人员应保持良好个人卫生,按照要求定期参加食品安全培训考核。每周至少开展一次食品安全自查,发现食品安全问题和隐患,立即采取整改措施;有发生食品安全事故潜在风险的,应当立即停止食品生产经营活动,并向所在地县级人民政府市场监管部门报告。配备与生产经营活动相适应的加工、贮存等设施设备,定期清洗与维护。应当制定并实施原料控制要求,建立进货查验制度,保证购进原辅料的质量符合国家食品安全标准。严格执行餐饮服务食品安全操作规范和食品安全国家标准、餐饮服务通用卫生规范,及时检查待加工食品及原料;食品保存条件和保存期限符合要求。餐具、饮具清洗消毒要执行相关规定,保证干净、卫生。养老服务机构食堂、供餐单位应当对每餐次加工制作的每种食品成品进行留样。每个品种留样量应当满足检验需要,不得少于125克,并记录留样食品名称、留样量、留样时间、留样人员等。为居家老年人提供配餐助餐服务的社区老年餐桌、老年食堂等,应当依法取得食品生产经营许可,依照法律法规和食品安全标准从事食品经营行为,保证食品安全。

二、进一步强化监督管理责任

（三）民政部门要切实履行养老服务机构主管部门管理责任。加强对养老服务机构食品安全教育和日常管理。将养老服务机构食堂的质量安全作为养老服务机构质量建设的重要内容,纳入综合监管。指导、督促养老服务机构建立健全食品安全管理制度,落实食品安全管理责任。督促养老服务机构提高食品安全意识和能力,定期开展食品安全自查自纠,及时消除食品安全风险隐患。督促养老服务机构在发生疑似食源性疾病事件后,立即采取措施,及时按照《中华人民共和国食品安全法》等有关规定报告,并配合做好相关工作。配合有关部门依法依规处理食品安全事故。

（四）市场监管部门要压实养老服务机构和社区老年配餐助餐服务场所食品安全监管责任。加大对供餐单位、养老服务机构食堂的监督检查力度。接到疑似食源性疾病报告后,应当及时会同有关部门,科学、规范进行调查和采样送检,按规定进行报告和通报。对发生食源性疾病的食品经营者,要重点检查食品经营者是否存在食品安全违法违规行为,是否隐瞒、谎报、缓报,是否隐匿、伪造、毁灭、转移有关证据。对引发食源性疾病暴发,且查明存在违法违规行为的食品经营者,要依法严惩重处。强化行政执法与刑事司法衔接,及时向公安机关移送涉嫌犯罪的食品安全案件。

三、大力推进社会共治

（五）充分发挥"明厨亮灶"作用。具备条件的养老服务机构可以采用透明、视频等方式公开展示餐饮服务相关过程。采用透明式展示的,可以通过透明玻璃窗、玻璃墙展示;采用视频方式展示的,可以通过视频直播方式公开展示,也可以将视频信息上传至网络平台。市场监管、民政部门要积极借助"互联网+明厨亮灶",检查供餐单位和养老服务机构食堂的食品安全状况,主动查找、发现食品安全问题及风险隐患。通过"明厨亮灶"发现违法违规问题的,可以向市场监管部门举报。市场监管部门要对投诉举报的问题进行调查核实,属于违法行为的,及时依法处理。

(六)大力开展食品安全科普宣教。养老服务机构要将食品安全知识纳入岗位培训内容,每半年至少开展一次食品安全宣传教育活动,提升食品安全事故防范能力。养老服务机构要结合所服务的老年人特点,重点宣传普及合理膳食理念和就餐安全知识,提醒老年人常见的食品安全误区,帮助养成良好个人卫生习惯,提升食品安全意识和健康素养。民政、市场监管部门要积极开发使用多种形式科普宣传载体,包括编写和发放书面材料,制作和展示海报、展板,编制和播放公益广告、短视频、微电影、动漫等。

(七)有序组织院民委员会及家属代表参与检查。养老服务机构在食品采购、食堂管理、供餐单位选择等涉及老年人用餐的重大事项上,应当以适当方式听取老年人和家属代表的意见。畅通食品安全投诉渠道,听取老年人和家属对食堂、外购食品以及其他有关食品安全的意见建议。具备条件的养老服务机构可以邀请院民委员会代表参与食品安全自查。养老服务机构对院民委员会代表发现或者反映的食品安全问题或风险隐患,应当查明情况,制定整改措施并落实。

四、以担当负责精神抓落实

(八)提高政治站位。各级民政、市场监管部门要坚持以人民为中心的发展思想,进一步增强责任感、使命感、紧迫感,落实管理监督责任,积极防范化解养老服务领域食品安全风险。

(九)加大扶持力度。鼓励社会力量参与,通过慈善捐赠、开展志愿服务等多种形式提升养老服务机构和社区老年餐桌食品安全水平。

(十)加强督导检查。各级市场监管、民政部门要联合采取明查暗访、飞行检查、实地检查、查阅资料、约谈等方式,对养老服务领域食品安全工作开展督导检查。对工作中发现的问题,要督促相关责任单位和人员及时整改。

国务院关于加快发展养老服务业的若干意见

·2013 年 9 月 6 日
·国发〔2013〕35 号

近年来,我国养老服务业快速发展,以居家为基础、社区为依托、机构为支撑的养老服务体系初步建立,老年消费市场初步形成,老龄事业发展取得显著成就。但总体上看,养老服务和产品供给不足、市场发育不健全、城乡区域发展不平衡等问题还十分突出。当前,我国已经进入人口老龄化快速发展阶段,2012 年底我国 60 周岁以上老年人口已达 1.94 亿,2020 年将达到 2.43 亿,2025 年将突破 3 亿。积极应对人口老龄化,加快发展养老服务业,不断满足老年人持续增长的养老服务需求,是全面建成小康社会的一项紧迫任务,有利于保障老年人权益,共享改革发展成果,有利于拉动消费、扩大就业,有利于保障和改善民生,促进社会和谐,推进经济社会持续健康发展。为加快发展养老服务业,现提出以下意见:

一、总体要求

(一)指导思想。以邓小平理论、“三个代表”重要思想、科学发展观为指导,从国情出发,把不断满足老年人日益增长的养老服务需求作为出发点和落脚点,充分发挥政府作用,通过简政放权,创新体制机制,激发社会活力,充分发挥社会力量的主体作用,健全养老服务体系,满足多样化养老服务需求,努力使养老服务业成为积极应对人口老龄化、保障和改善民生的重要举措,成为扩大内需、增加就业、促进服务业发展、推动经济转型升级的重要力量。

(二)基本原则。

深化体制改革。加快转变政府职能,减少行政干预,加大政策支持和引导力度,激发各类服务主体活力,创新服务供给方式,加强监督管理,提高服务质量和效率。

坚持保障基本。以政府为主导,发挥社会力量作用,着力保障特殊困难老年人的养老服务需求,确保人人享有基本养老服务。加大对基层和农村养老服务的投入,充分发挥社区基层组织和服务机构在居家养老服务中的重要作用。支持家庭、个人承担应尽责任。

注重统筹发展。统筹发展居家养老、机构养老和其他多种形式的养老,实行普遍性服务和个性化服务相结合。统筹城市和农村养老资源,促进基本养老服务均衡发展。统筹利用各种资源,促进养老服务与医疗、家政、保险、教育、健身、旅游等相关领域的互动发展。

完善市场机制。充分发挥市场在资源配置中的基础性作用,逐步使社会力量成为发展养老服务业的主体,营造平等参与、公平竞争的市场环境,大力发展养老服务业,提供方便可及、价格合理的各类养老服务和产品,满足养老服务多样化、多层次需求。

(三)发展目标。到 2020 年,全面建成以居家为基础、社区为依托、机构为支撑的,功能完善、规模适度、覆盖城乡的养老服务体系。养老服务产品更加丰富,市场机制不断完善,养老服务业持续健康发展。

——服务体系更加健全。生活照料、医疗护理、精神慰藉、紧急救援等养老服务覆盖所有居家老年人。符合标准的日间照料中心、老年人活动中心等服务设施覆盖所有城市社区,90%以上的乡镇和60%以上的农村社区建立包括养老服务在内的社区综合服务设施和站点。全国社会养老床位数达到每千名老年人35-40张,服务能力大幅增强。

——产业规模显著扩大。以老年生活照料、老年产品用品、老年健康服务、老年体育健身、老年文化娱乐、老年金融服务、老年旅游等为主的养老服务业全面发展,养老服务业增加值在服务业中的比重显著提升,全国机构养老、居家社区生活照料和护理等服务提供1000万个以上就业岗位。涌现一批带动力强的龙头企业和大批富有创新活力的中小企业,形成一批养老服务产业集群,培育一批知名品牌。

——发展环境更加优化。养老服务业政策法规体系建立健全,行业标准科学规范,监管机制更加完善,服务质量明显提高。全社会积极应对人口老龄化意识显著增强,支持和参与养老服务的氛围更加浓厚,养老志愿服务广泛开展,敬老、养老、助老的优良传统得到进一步弘扬。

二、主要任务

(一)统筹规划发展城市养老服务设施。

加强社区服务设施建设。各地在制定城市总体规划、控制性详细规划时,必须按照人均用地不少于0.1平方米的标准,分区分级规划设置养老服务设施。凡新建城区和新建居住(小)区,要按标准要求配套建设养老服务设施,并与住宅同步规划、同步建设、同步验收、同步交付使用;凡老城区和已建成居住(小)区无养老服务设施或现有设施没有达到规划和建设指标要求的,要限期通过购置、置换、租赁等方式开辟养老服务设施,不得挪作他用。

综合发挥多种设施作用。各地要发挥社区公共服务设施的养老服务功能,加强社区养老服务设施与社区服务中心(服务站)及社区卫生、文化、体育等设施的功能衔接,提高使用率,发挥综合效益。要支持和引导各类社会主体参与社区综合服务设施建设、运营和管理,提供养老服务。各类具有为老年人服务功能的设施都要向老年人开放。

实施社区无障碍环境改造。各地区要按照无障碍设施工程建设相关标准和规范,推动和扶持老年人家庭无障碍设施的改造,加快推进坡道、电梯等与老年人日常生活密切相关的公共设施改造。

(二)大力发展居家养老服务网络。

发展居家养老便捷服务。地方政府要支持建立以企业和机构为主体、社区为纽带、满足老年人各种服务需求的居家养老服务网络。要通过制定扶持政策措施,积极培育居家养老服务企业和机构,上门为居家老年人提供助餐、助浴、助洁、助急、助医等定制服务;大力发展家政服务,为居家老年人提供规范化、个性化服务。要支持社区建立健全居家养老服务网点,引入社会组织和家政、物业等企业,兴办或运营老年供餐、社区日间照料、老年活动中心等形式多样的养老服务项目。

发展老年人文体娱乐服务。地方政府要支持社区利用社区公共服务设施和社会场所组织开展适合老年人的群众性文化体育娱乐活动,并发挥群众组织和个人积极性。鼓励专业养老机构利用自身资源优势,培训和指导社区养老服务组织和人员。

发展居家网络信息服务。地方政府要支持企业和机构运用互联网、物联网等技术手段创新居家养老服务模式,发展老年电子商务,建设居家服务网络平台,提供紧急呼叫、家政预约、健康咨询、物品代购、服务缴费等适合老年人的服务项目。

(三)大力加强养老机构建设。

支持社会力量举办养老机构。各地要根据城乡规划布局要求,统筹考虑建设各类养老机构。在资本金、场地、人员等方面,进一步降低社会力量举办养老机构的门槛,简化手续、规范程序、公开信息,行政许可和登记机关要核定其经营和活动范围,为社会力量举办养老机构提供便捷服务。鼓励境外资本投资养老服务业。鼓励个人举办家庭化、小型化的养老机构,社会力量举办规模化、连锁化的养老机构。鼓励民间资本对企业厂房、商业设施及其他可利用的社会资源进行整合和改造,用于养老服务。

办好公办保障性养老机构。各地公办养老机构要充分发挥托底作用,重点为"三元"(无劳动能力,无生活来源,无赡养人和扶养人、或者其赡养人和扶养人确无赡养和扶养能力)老人、低收入老人、经济困难的失能半失能老人提供无偿或低收费的供养、护理服务。政府举办的养老机构要实用适用,避免铺张豪华。

开展公办养老机构改制试点。有条件的地方可以积极稳妥地把专门面向社会提供经营性服务的公办养老机构转制成为企业,完善法人治理结构。政府投资兴办的养老床位应逐步通过公建民营等方式管理运营,积极鼓励民间资本通过委托管理等方式,运营公有产权的养老服务设施。要开展服务项目和设施安全标准化建设，不断提高服务水平。

（四）切实加强农村养老服务。

健全服务网络。要完善农村养老服务托底的措施，将所有农村"三无"老人全部纳入五保供养范围，适时提高五保供养标准，健全农村五保供养机构功能，使农村五保老人老有所养。在满足农村五保对象集中供养需求的前提下，支持乡镇五保供养机构改善设施条件并向社会开放，提高运营效益，增强护理功能，使之成为区域性养老服务中心。依托行政村、较大自然村，充分利用农家大院等，建设日间照料中心、托老所、老年活动站等互助性养老服务设施。农村党建活动室、卫生室、农家书屋、学校等要支持农村养老服务工作，组织与老年人相关的活动。充分发挥村民自治功能和老年协会作用，督促家庭成员承担赡养责任，组织开展邻里互助、志愿服务，解决周围老年人实际生活困难。

拓宽资金渠道。各地要进一步落实《中华人民共和国老年人权益保障法》有关农村可以将未承包的集体所有的部分土地、山林、水面、滩涂等作为养老基地，收益供老年人养老的要求。鼓励城市资金、资产和资源投向农村养老服务。各级政府用于养老服务的财政性资金应重点向农村倾斜。

建立协作机制。城市公办养老机构要与农村五保供养机构等建立长期稳定的对口支援和合作机制，采取人员培训、技术指导、设备支援等方式，帮助其提高服务能力。建立跨地区养老服务协作机制，鼓励发达地区支援欠发达地区。

（五）繁荣养老服务消费市场。

拓展养老服务内容。各地要积极发展养老服务业，引导养老服务企业和机构优先满足老年人基本服务需求，鼓励和引导相关行业积极拓展适合老年人特点的文化娱乐、体育健身、休闲旅游、健康服务、精神慰藉、法律服务等服务，加强残障老年人专业化服务。

开发老年产品用品。相关部门要围绕适合老年人的衣、食、住、行、医、文化娱乐等需要，支持企业积极开发安全有效的康复辅具、食品药品、服装服饰等老年用品用具和服务产品，引导商场、超市、批发市场设立老年用品专区专柜；开发老年住宅、老年公寓等老年生活设施，提高老年人生活质量。引导和规范商业银行、保险公司、证券公司等金融机构开发适合老年人的理财、信贷、保险等产品。

培育养老产业集群。各地和相关行业部门要加强规划引导，在制定相关产业发展规划中，要鼓励发展养老服务中小企业，扶持发展龙头企业，实施品牌战略，提高创新能力，形成一批产业链长、覆盖领域广、经济社会效益显著的产业集群。健全市场规范和行业标准，确保养老服务和产品质量，营造安全、便利、诚信的消费环境。

（六）积极推进医疗卫生与养老服务相结合。

推动医养融合发展。各地要促进医疗卫生资源进入养老机构、社区和居民家庭。卫生管理部门要支持有条件的养老机构设置医疗机构。医疗机构要积极支持和发展养老服务，有条件的二级以上综合医院应当开设老年病科，增加老年病床数量，做好老年慢病防治和康复护理。要探索医疗机构与养老机构合作新模式，医疗机构、社区卫生服务机构应当为老年人建立健康档案，建立社区医院与老年人家庭医疗契约服务关系，开展上门诊视、健康查体、保健咨询等服务，加快推进面向养老机构的远程医疗服务试点。医疗机构应当为老年人就医提供优先优惠服务。

健全医疗保险机制。对于养老机构内设的医疗机构，符合城镇职工（居民）基本医疗保险和新型农村合作医疗定点条件的，可申请纳入定点范围，入住的参保老年人按规定享受相应待遇。完善医保报销制度，切实解决老年人异地就医结算问题。鼓励老年人投保健康保险、长期护理保险、意外伤害保险等人身保险产品，鼓励和引导商业保险公司开展相关业务。

三、政策措施

（一）完善投融资政策。要通过完善扶持政策，吸引更多民间资本，培育和扶持养老服务机构和企业发展。各级政府要加大投入，安排财政性资金支持养老服务体系建设。金融机构要加快金融产品和服务方式创新，拓宽信贷抵押担保物范围，积极支持养老服务业的信贷需求。积极利用财政贴息、小额贷款等方式，加大对养老服务业的有效信贷投入。加强养老服务机构信用体系建设，增强对信贷资金和民间资本的吸引力。逐步放宽限制，鼓励和支持保险资金投资养老服务领域。开展老年人住房反向抵押养老保险试点。鼓励养老机构投保责任保险，保险公司承保责任保险。地方政府发行债券应统筹考虑养老服务需求，积极支持养老服务设施建设及无障碍改造。

（二）完善土地供应政策。各地要将各类养老服务设施建设用地纳入城镇土地利用总体规划和年度用地计划，合理安排用地需求，可将闲置的公益性用地调整为养老服务用地。民间资本举办的非营利性养老机构与政府举办的养老机构享有相同的土地使用政策，可以依法使用国有划拨土地或者农民集体所有的土地。对营利性养老机构建设用地，按照国家对经营性用地依法办理有偿用地手续的规定，优先保障供应，并制定支持发展养老服务业的土地政策。严禁养老设施建设用地改变用途、容积率等土地使用条件搞房地产开发。

（三）完善税费优惠政策。落实好国家现行支持养老服务业的税收优惠政策，对养老机构提供的养护服务免征营业税，对非营利性养老机构自用房产、土地免征房产税、城镇土地使用税，对符合条件的非营利性养老机构按规定免征企业所得税。对企事业单位、社会团体和个人向非营利性养老机构的捐赠，符合相关规定的，准予在计算其应纳税所得额时按税法规定比例扣除。各地对非营利性养老机构建设要免征有关行政事业性收费，对营利性养老机构建设要减半征收有关行政事业性收费，对养老机构提供养老服务也要适当减免行政事业性收费，养老机构用电、用水、用气、用热按居民生活类价格执行。境内外资本举办养老机构享有同等的税收等优惠政策。制定和完善支持民间资本投资养老服务业的税收优惠政策。

（四）完善补贴支持政策。各地要加快建立养老服务评估机制，建立健全经济困难的高龄、失能等老年人补贴制度。可根据养老服务的实际需要，推进民办公助，选择通过补助投资、贷款贴息、运营补贴、购买服务等方式，支持社会力量举办养老服务机构，开展养老服务。民政部本级彩票公益金和地方各级政府用于社会福利事业的彩票公益金，要将50%以上的资金用于支持发展养老服务业，并随老年人口的增加逐步提高投入比例。国家根据经济社会发展水平和职工平均工资增长、物价上涨等情况，进一步完善落实基本养老、基本医疗、最低生活保障等政策，适时提高养老保障水平。要制定政府向社会力量购买养老服务的政策措施。

（五）完善人才培养和就业政策。教育、人力资源社会保障、民政部门要支持高等院校和中等职业学校增设养老服务相关专业和课程，扩大人才培养规模，加快培养老年医学、康复、护理、营养、心理和社会工作等方面的专门人才，制定优惠政策，鼓励大专院校对口专业毕业生从事养老服务工作。充分发挥开放大学作用，开展继续教育和远程学历教育。依托院校和养老机构建立养老服务实训基地。加强老年护理人员专业培训，对符合条件的参加养老护理职业培训和职业技能鉴定的从业人员按规

定给予相关补贴，在养老机构和社区开发公益性岗位，吸纳农村转移劳动力、城镇就业困难人员等从事养老服务。养老机构应当积极改善养老护理员工作条件，加强劳动保护和职业防护，依法缴纳养老保险费等社会保险费，提高职工工资福利待遇。养老机构应当科学设置专业技术岗位，重点培养和引进医生、护士、康复医师、康复治疗师、社会工作者等具有执业或职业资格的专业技术人员。对在养老机构就业的专业技术人员，执行与医疗机构、福利机构相同的执业资格、注册考核政策。

（六）鼓励公益慈善组织支持养老服务。引导公益慈善组织重点参与养老机构建设、养老产品开发、养老服务提供，使公益慈善组织成为发展养老服务业的重要力量。积极培育发展为老服务公益慈善组织。积极扶持发展各类为老服务志愿组织，开展志愿服务活动。倡导机关干部和企事业单位职工、大中小学生参加养老服务志愿活动。支持老年群众组织开展自我管理、自我服务和服务社会活动。探索建立健康老人参与志愿互助服务的工作机制，建立为老志愿服务登记制度。弘扬敬老、养老、助老的优良传统，支持社会服务窗口行业开展"敬老文明号"创建活动。

四、组织领导

（一）健全工作机制。各地要将发展养老服务业纳入国民经济和社会发展规划，纳入政府重要议事日程，进一步强化工作协调机制，定期分析养老服务业发展情况和存在问题，研究推进养老服务业加快发展的各项政策措施，认真落实养老服务业发展的相关任务要求。民政部门要切实履行监督管理、行业规范、业务指导职责，推动公办养老机构改革发展。发展改革部门要将养老服务业发展纳入经济社会发展规划、专项规划和区域规划，支持养老服务设施建设。财政部门要在现有资金渠道内对养老服务业发展给予财力保障。老龄工作机构要发挥综合协调作用，加强督促指导工作。教育、公安消防、卫生计生、国土、住房城乡建设、人力资源社会保障、商务、税务、金融、质检、工商、食品药品监管等部门要各司其职，及时解决工作中遇到的问题，形成齐抓共管、整体推进的工作格局。

（二）开展综合改革试点。国家选择有特点和代表性的区域进行养老服务业综合改革试点，在财政、金融、用地、税费、人才、技术及服务模式等方面进行探索创新，先行先试，完善体制机制和政策措施，为全国养老服务业发展提供经验。

（三）强化行业监管。民政部门要健全养老服务的

准入、退出、监管制度,指导养老机构完善管理规范、改善服务质量,及时查处侵害老年人人身财产权益的违法行为和安全生产责任事故。价格主管部门要探索建立科学合理的养老服务定价机制,依法确定适用政府定价和政府指导价的范围。有关部门要建立完善养老服务业统计制度。其他各有关部门要依照职责分工对养老服务业实施监督管理。要积极培育和发展养老服务行业协会,发挥行业自律作用。

(四)加强督促检查。各地要加强工作绩效考核,确保责任到位、任务落实。省级人民政府要根据本意见要求,结合实际抓紧制定实施意见。国务院相关部门要根据本部门职责,制定具体政策措施。民政部、发展改革委、财政部等部门要抓紧研究提出促进民间资本参与养老服务业的具体措施和意见。发展改革委、民政部和老龄工作机构要加强对本意见执行情况的监督检查,及时向国务院报告。国务院将适时组织专项督查。

(此件有删减)

国务院办公厅转发卫生计生委等部门关于推进医疗卫生与养老服务相结合指导意见的通知

・2015 年 11 月 18 日
・国办发〔2015〕84 号

各省、自治区、直辖市人民政府,国务院各部委、各直属机构:

卫生计生委、民政部、发展改革委、财政部、人力资源社会保障部、国土资源部、住房城乡建设部、全国老龄办、中医药局《关于推进医疗卫生与养老服务相结合的指导意见》已经国务院同意,现转发给你们,请认真贯彻执行。

关于推进医疗卫生与养老服务相结合的指导意见

(卫生计生委　民政部　发展改革委　财政部　人力资源社会保障部　国土资源部　住房城乡建设部　全国老龄办　中医药局)

为贯彻落实《国务院关于加快发展养老服务业的若干意见》(国发〔2013〕35 号)和《国务院关于促进健康服务业发展的若干意见》(国发〔2013〕40 号)等文件要求,进一步推进医疗卫生与养老服务相结合,现提出以下意见。

一、充分认识推进医疗卫生与养老服务相结合的重要性

我国是世界上老年人口最多的国家,老龄化速度较快。失能、部分失能老年人口大幅增加,老年人的医疗卫生服务需求和生活照料需求叠加的趋势越来越显著,健康养老服务需求日益强劲,目前有限的医疗卫生和养老服务资源以及彼此相对独立的服务体系远远不能满足老年人的需要,迫切需要为老年人提供医疗卫生与养老相结合的服务。医疗卫生与养老服务相结合,是社会各界普遍关注的重大民生问题,是积极应对人口老龄化的长久之计,是我国经济发展新常态下重要的经济增长点。加快推进医疗卫生与养老服务相结合,有利于满足人民群众日益增长的多层次、多样化健康养老服务需求,有利于扩大内需、拉动消费、增加就业,有利于推动经济持续健康发展和社会和谐稳定,对稳增长、促改革、调结构、惠民生和全面建成小康社会具有重要意义。

二、基本原则和发展目标

(一)基本原则。

保障基本,统筹发展。把保障老年人基本健康养老需求放在首位,对有需求的失能、部分失能老年人,以机构为依托,做好康复护理服务,着力保障特殊困难老年人的健康养老服务需求;对多数老年人,以社区和居家养老为主,通过医养有机融合,确保人人享有基本健康养老服务。推动普遍性服务和个性化服务协同发展,满足多层次、多样化的健康养老需求。

政府引导,市场驱动。发挥政府在制定规划、出台政策、引导投入、规范市场、营造环境等方面的引导作用,统筹各方资源,推动形成互利共赢的发展格局。充分发挥市场在资源配置中的决定性作用,营造平等参与、公平竞争的市场环境,充分调动社会力量的积极性和创造性。

深化改革,创新机制。加快政府职能转变,创新服务供给和资金保障方式,积极推进政府购买服务,激发各类服务主体潜力和活力,提高医养结合服务水平和效率。加强部门协作,提升政策引导、服务监管等工作的系统性和协同性,促进行业融合发展。

(二)发展目标。

到 2017 年,医养结合政策体系、标准规范和管理制度初步建立,符合需求的专业化医养结合人才培养制度基本形成,建成一批兼具医疗卫生和养老服务资质和能力的医疗卫生机构或养老机构(以下统称医养结合机构),逐步提升基层医疗卫生机构为居家老年人提供上门服务的能力,80%以上的医疗机构开设为老年人提供挂

号、就医等便利服务的绿色通道,50%以上的养老机构能够以不同形式为入住老年人提供医疗卫生服务,老年人健康养老服务可及性明显提升。

到2020年,符合国情的医养结合体制机制和政策法规体系基本建立,医疗卫生和养老服务资源实现有序共享,覆盖城乡、规模适宜、功能合理、综合连续的医养结合服务网络基本形成,基层医疗卫生机构为居家老年人提供上门服务的能力明显提升。所有医疗机构开设为老年人提供挂号、就医等便利服务的绿色通道,所有养老机构能够以不同形式为入住老年人提供医疗卫生服务,基本适应老年人健康养老服务需求。

三、重点任务

(三)建立健全医疗卫生机构与养老机构合作机制。鼓励养老机构与周边的医疗卫生机构开展多种形式的协议合作,建立健全协作机制,本着互利互惠原则,明确双方责任。医疗卫生机构为养老机构开通预约就诊绿色通道,为入住老年人提供医疗巡诊、健康管理、保健咨询、预约就诊、急诊急救、中医养生保健等服务,确保入住老年人能够得到及时有效的医疗救治。养老机构内设的具备条件的医疗机构可作为医院(含中医医院)收治老年人的后期康复护理场所。鼓励二级以上综合医院(含中医医院,下同)与养老机构开展对口支援、合作共建。通过建设医疗养老联合体等多种方式,整合医疗、康复、养老和护理资源,为老年人提供治疗期住院、康复期护理、稳定期生活照料以及临终关怀一体化的健康和养老服务。

(四)支持养老机构开展医疗服务。养老机构可根据服务需求和自身能力,按相关规定申请开办老年病医院、康复医院、护理院、中医医院、临终关怀机构等,也可内设医务室或护理站,提高养老机构提供基本医疗服务的能力。养老机构设置的医疗机构要符合国家法律法规和卫生计生行政部门、中医药管理部门的有关规定,符合医疗机构基本标准,并按规定由相关部门实施准入和管理,依法依规开展医疗卫生服务。卫生计生行政部门和中医药管理部门要加大政策规划支持和技术指导力度。养老机构设置的医疗机构,符合条件的可按规定纳入城乡基本医疗保险定点范围。鼓励执业医师到养老机构设置的医疗机构多点执业,支持有相关专业特长的医师及专业人员在养老机构规范开展疾病预防、营养、中医调理养生等非诊疗行为的健康服务。

(五)推动医疗卫生服务延伸至社区、家庭。充分依托社区各类服务和信息网络平台,实现基层医疗卫生机构与社区养老服务机构的无缝对接。发挥卫生计生系统

服务网络优势,结合基本公共卫生服务的开展为老年人建立健康档案,并为65岁以上老年人提供健康管理服务,到2020年65岁以上老年人健康管理率达到70%以上。鼓励为社区高龄、重病、失能、部分失能以及计划生育特殊家庭等行动不便或确有困难的老年人,提供定期体检、上门巡诊、家庭病床、社区护理、健康管理等基本服务。推进基层医疗卫生机构和医务人员与社区、居家养老结合,与老年人家庭建立签约服务关系,为老年人提供连续性的健康管理服务和医疗服务。提高基层医疗卫生机构为居家老年人提供上门服务的能力,规范为居家老年人提供的医疗和护理服务项目,将符合规定的医疗费用纳入医保支付范围。

(六)鼓励社会力量兴办医养结合机构。鼓励社会力量针对老年人健康养老需求,通过市场化运作方式,举办医养结合机构以及老年康复、老年护理等专业医疗机构。在制定医疗卫生和养老相关规划时,要给社会力量举办医养结合机构留出空间。按照"非禁即入"原则,凡符合规划条件和准入资质的,不得以任何理由加以限制。整合审批环节,明确并缩短审批时限,鼓励有条件的地方提供一站式便捷服务。通过特许经营、公建民营、民办公助等模式,支持社会力量举办非营利性医养结合机构。支持企业围绕老年人的预防保健、医疗卫生、康复护理、生活照料、精神慰藉等方面需求,积极开发安全有效的食品药品、康复辅具、日常照护、文化娱乐等老年人用品具和服务产品。

(七)鼓励医疗卫生机构与养老服务融合发展。鼓励地方因地制宜,采取多种形式实现医疗卫生和养老服务融合发展。统筹医疗卫生与养老服务资源布局,重点加强老年病医院、康复医院、护理院、临终关怀机构建设,公立医院资源丰富的地区可积极稳妥地将部分公立医院转为康复、老年护理等接续性医疗机构。提高综合医院为老年患者服务的能力,有条件的二级以上综合医院要开设老年病科,做好老年慢性病防治和康复护理相关工作。提高基层医疗卫生机构康复、护理床位占比,鼓励其根据服务需求增设老年养护、临终关怀病床。全面落实老年医疗服务优待政策,医疗卫生机构要为老年人特别是高龄、重病、失能及部分失能老年人提供挂号、就诊、转诊、取药、收费、综合诊疗等就医便利服务。有条件的医疗卫生机构可以通过多种形式、依法依规开展养老服务。鼓励各级医疗卫生机构和医务工作志愿者定期为老年人开展义诊。充分发挥中医药(含民族医药,下同)的预防保健特色优势,大力开发中医药与养老服务相结合的系

列服务产品。

四、保障措施

（八）完善投融资和财税价格政策。对符合条件的医养结合机构，按规定落实好相关支持政策。拓宽市场化融资渠道，探索政府和社会资本合作（PPP）的投融资模式。鼓励和引导各类金融机构创新金融产品和服务方式，加大金融对医养结合领域的支持力度。有条件的地方可通过由金融和产业资本共同筹资的健康产业投资基金支持医养结合发展。用于社会福利事业的彩票公益金要适当支持开展医养结合服务。积极推进政府购买基本健康养老服务，逐步扩大购买服务范围，完善购买服务内容，各类经营主体平等参与。

（九）加强规划布局和用地保障。各级政府要在土地利用总体规划和城乡规划中统筹考虑医养结合机构发展需要，做好用地规划布局。对非营利性医养结合机构，可采取划拨方式，优先保障用地；对营利性医养结合机构，应当以租赁、出让等有偿方式保障用地，养老机构设置医疗机构，可将在项目中配套建设医疗服务设施相关要求作为土地出让条件，并明确不得分割转让。依法需招标拍卖挂牌出让土地的，应当采取招标拍卖挂牌出让方式。

（十）探索建立多层次长期照护保障体系。继续做好老年人照护服务工作。进一步开发包括长期商业护理保险在内的多种老年护理保险产品，鼓励有条件的地方探索建立长期护理保险制度，积极探索多元化的保险筹资模式，保障老年人长期护理服务需求。鼓励老年人投保长期护理保险产品。建立健全长期照护项目内涵、服务标准以及质量评价等行业规范和体制机制，探索建立从居家、社区到专业机构等比较健全的专业照护服务提供体系。

落实好将偏瘫肢体综合训练、认知知觉功能康复训练、日常生活能力评定等医疗康复项目纳入基本医疗保障范围的政策，为失能、部分失能老年人治疗性康复提供相应保障。

（十一）加强人才队伍建设。做好职称评定、专业技术培训和继续医学教育等方面的制度衔接，对养老机构和医疗卫生机构中的医务人员同等对待。完善薪酬、职称评定等激励机制，鼓励医护人员到医养结合机构执业。建立医疗卫生机构与医养结合机构人员进修轮训机制，促进人才有序流动。将老年医学、康复、护理人才作为急需紧缺人才纳入卫生计生人员培训规划。加强专业技能培训，大力推进养老护理员等职业技能鉴定工作。支持高等院校和中等职业学校增设相关专业课程，加快培养老年医学、康复、护理、营养、心理和社会工作等方面专业人才。

（十二）强化信息支撑。积极开展养老服务和社区服务信息惠民试点，利用老年人基本信息档案、电子健康档案、电子病历等，推动社区养老服务信息平台与区域人口健康信息平台对接，整合信息资源，实现信息共享，为开展医养结合服务提供信息和技术支撑。组织医疗机构开展面向养老机构的远程医疗服务。鼓励各地探索基于互联网的医养结合服务新模式，提高服务的便捷性和针对性。

五、组织实施

（十三）加强组织领导和部门协同。各地区、各有关部门要高度重视，把推进医养结合工作摆在重要位置，纳入深化医药卫生体制改革和促进养老、健康服务业发展的总体部署，各地要及时制定出台推进医养结合的政策措施、规划制度和具体方案。各相关部门要加强协同配合，落实和完善相关优惠扶持政策，共同支持医养结合发展。发展改革部门要将推动医疗卫生与养老服务相结合纳入国民经济和社会发展规划。卫生计生、民政和发展改革部门要做好养老机构和医疗卫生机构建设的规划衔接，加强在规划和审批等环节的合作，制定完善医养结合机构及为居家老年人提供医疗卫生和养老服务的标准规范并加强监管。财政部门要落实相关投入政策，积极支持医养结合发展。人力资源社会保障、卫生计生部门要将符合条件的医养结合机构纳入城乡基本医疗保险定点范围。国土资源部门要切实保障医养结合机构的土地供应。城乡规划主管部门要统筹规划医养结合机构的用地布局。老龄工作部门要做好入住医养结合机构和接受居家医养服务老年人的合法权益保障工作。中医药管理部门要研究制定中医药相关服务标准规范并加强监管，加强中医药适宜技术和服务产品推广，加强中医药健康养老人才培养，做好中医药健康养老工作。

（十四）抓好试点示范。国家选择有条件、有代表性的地区组织开展医养结合试点，规划建设一批特色鲜明、示范性强的医养结合试点项目。各地要结合实际积极探索促进医养结合的有效形式，每个省（区、市）至少设1个省级试点地区，积累经验、逐步推开。卫生计生、民政部门要会同相关部门密切跟踪各地进展，帮助解决试点中的重大问题，及时总结推广好的经验和做法，完善相关政策措施。

（十五）加强考核督查。各地区、各有关部门要建立以落实医养结合政策情况、医养结合服务覆盖率、医疗卫生机构和养老机构无缝对接程度、老年人护理服务质量、老年人满意度等为主要指标的考核评估体系,加强绩效考核。卫生计生、民政部门要会同相关部门加强对医养结合工作的督查,定期通报地方工作进展情况,确保各项政策措施落到实处。

养老机构管理办法

· 2020 年 9 月 1 日民政部令第 66 号公布
· 自 2020 年 11 月 1 日起施行

第一章 总 则

第一条 为了规范对养老机构的管理,促进养老服务健康发展,根据《中华人民共和国老年人权益保障法》和有关法律、行政法规,制定本办法。

第二条 本办法所称养老机构是指依法办理登记,为老年人提供全日集中住宿和照料护理服务,床位数在10 张以上的机构。

养老机构包括营利性养老机构和非营利性养老机构。

第三条 县级以上人民政府民政部门负责养老机构的指导、监督和管理。其他有关部门依照职责分工对养老机构实施监督。

第四条 养老机构应当按照建筑、消防、食品安全、医疗卫生、特种设备等法律、法规和强制性标准开展服务活动。

养老机构及其工作人员应当依法保障收住老年人的人身权、财产权等合法权益。

第五条 入住养老机构的老年人及其代理人应当遵守养老机构的规章制度,维护养老机构正常服务秩序。

第六条 政府投资兴办的养老机构在满足特困人员集中供养需求的前提下,优先保障经济困难的孤寡、失能、高龄、计划生育特殊家庭等老年人的服务需求。

政府投资兴办的养老机构,可以采取委托管理、租赁经营等方式,交由社会力量运营管理。

第七条 民政部门应当会同有关部门采取措施,鼓励、支持企业事业单位、社会组织或者个人兴办、运营养老机构。

鼓励自然人、法人或者其他组织依法为养老机构提供捐赠和志愿服务。

第八条 鼓励养老机构加入养老服务行业组织,加强行业自律和诚信建设,促进行业规范有序发展。

第二章 备案办理

第九条 设立营利性养老机构,应当在市场监督管理部门办理登记。设立非营利性养老机构,应当依法办理相应的登记。

养老机构登记后即可开展服务活动。

第十条 营利性养老机构办理备案,应当在收住老年人后 10 个工作日以内向服务场所所在地的县级人民政府民政部门提出。非营利性养老机构办理备案,应当在收住老年人后 10 个工作日以内向登记管理机关同级的人民政府民政部门提出。

第十一条 养老机构办理备案,应当向民政部门提交备案申请书、养老机构登记证书、符合本办法第四条要求的承诺书等材料,并对真实性负责。

备案申请书应当包括下列内容:

(一)养老机构基本情况,包括名称、住所、法定代表人或者主要负责人信息等;

(二)服务场所权属;

(三)养老床位数量;

(四)服务设施面积;

(五)联系人和联系方式。

民政部门应当加强信息化建设,逐步实现网上备案。

第十二条 民政部门收到养老机构备案材料后,对材料齐全的,应当出具备案回执;材料不齐全的,应当指导养老机构补正。

第十三条 已经备案的养老机构变更名称、法定代表人或者主要负责人等登记事项,或者变更服务场所权属、养老床位数量、服务设施面积等事项的,应当及时向原备案民政部门办理变更备案。

养老机构在原备案机关辖区内变更服务场所的,应当及时向原备案民政部门办理变更备案。营利性养老机构跨原备案机关辖区变更服务场所的,应当及时向变更后的服务场所所在地县级人民政府民政部门办理备案。

第十四条 民政部门应当通过政府网站、政务新媒体、办事大厅公示栏、服务窗口等途径向社会公开备案事项及流程、材料清单等信息。

民政部门应当依托全国一体化在线政务服务平台,推进登记管理机关、备案机关信息系统互联互通、数据共享。

第三章 服务规范

第十五条 养老机构应当建立入院评估制度,对老年人的身心状况进行评估,并根据评估结果确定照料护理等级。

老年人身心状况发生变化,需要变更照料护理等级的,养老机构应当重新进行评估。

养老机构确定或者变更老年人照料护理等级,应当经老年人或者其代理人同意。

第十六条　养老机构应当与老年人或者其代理人签订服务协议,明确当事人的权利和义务。

服务协议一般包括下列条款:

(一)养老机构的名称、住所、法定代表人或者主要负责人、联系方式;

(二)老年人或者其代理人和紧急联系人的姓名、住址、身份证明、联系方式;

(三)照料护理等级和服务内容、服务方式;

(四)收费标准和费用支付方式;

(五)服务期限和场所;

(六)协议变更、解除与终止的条件;

(七)暂停或者终止服务时老年人安置方式;

(八)违约责任和争议解决方式;

(九)当事人协商一致的其他内容。

第十七条　养老机构按照服务协议为老年人提供生活照料、康复护理、精神慰藉、文化娱乐等服务。

第十八条　养老机构应当为老年人提供饮食、起居、清洁、卫生等生活照料服务。

养老机构应当提供符合老年人住宿条件的居住用房,并配备适合老年人安全保护要求的设施、设备及用具,定期对老年人的活动场所和物品进行消毒和清洗。

养老机构提供的饮食应当符合食品安全要求、适宜老年人食用、有利于老年人营养平衡、符合民族风俗习惯。

第十九条　养老机构应当为老年人建立健康档案,开展日常保健知识宣传,做好疾病预防工作。养老机构在老年人突发危重疾病时,应当及时转送医疗机构救治并通知其紧急联系人。

养老机构可以通过设立医疗机构或者采取与周边医疗机构合作的方式,为老年人提供医疗服务。养老机构设立医疗机构的,应当按照医疗机构管理相关法律法规进行管理。

第二十条　养老机构发现老年人为传染病病人或者疑似传染病病人的,应当及时向附近的疾病预防控制机构或者医疗机构报告,配合实施卫生处理、隔离等预防控制措施。

养老机构发现老年人为疑似精神障碍患者的,应当依照精神卫生相关法律法规的规定处理。

第二十一条　养老机构应当根据需要为老年人提供情绪疏导、心理咨询、危机干预等精神慰藉服务。

第二十二条　养老机构应当开展适合老年人的文化、教育、体育、娱乐活动,丰富老年人的精神文化生活。

养老机构开展文化、教育、体育、娱乐活动时,应当为老年人提供必要的安全防护措施。

第二十三条　养老机构应当为老年人家庭成员看望或者问候老年人提供便利,为老年人联系家庭成员提供帮助。

第二十四条　鼓励养老机构运营社区养老服务设施,或者上门为居家老年人提供助餐、助浴、助洁等服务。

第四章　运营管理

第二十五条　养老机构应当按照国家有关规定建立健全安全、消防、食品、卫生、财务、档案管理等规章制度,制定服务标准和工作流程,并予以公开。

第二十六条　养老机构应当配备与服务和运营相适应的工作人员,并依法与其签订聘用合同或者劳动合同,定期开展职业道德教育和业务培训。

养老机构中从事医疗、康复、消防等服务的人员,应当具备相应的职业资格。

养老机构应当加强对养老护理人员的职业技能培训,建立健全体现职业技能等级等因素的薪酬制度。

第二十七条　养老机构应当依照其登记类型、经营性质、运营方式、设施设备条件、管理水平、服务质量、照料护理等级等因素合理确定服务项目的收费标准,并遵守国家和地方政府价格管理有关规定。

养老机构应当在醒目位置公示各类服务项目收费标准和收费依据,接受社会监督。

第二十八条　养老机构应当实行 24 小时值班,做好老年人安全保障工作。

养老机构应当在各出入口、接待大厅、值班室、楼道、食堂等公共场所安装视频监控设施,并妥善保管视频监控记录。

第二十九条　养老机构内设食堂的,应当取得市场监督管理部门颁发的食品经营许可证,严格遵守相关法律、法规和食品安全标准,执行原料控制、餐具饮具清洗消毒、食品留样等制度,并依法开展食堂食品安全自查。

养老机构从供餐单位订餐的,应当从取得食品生产经营许可的供餐单位订购,并按照要求对订购的食品进行查验。

第三十条　养老机构应当依法履行消防安全职责,健全消防安全管理制度,实行消防工作责任制,配置消防设施、器材并定期检测、维修,开展日常防火巡查、检查,定期组织灭火和应急疏散消防安全培训。

养老机构的法定代表人或者主要负责人对本单位消

防安全工作全面负责,属于消防安全重点单位的养老机构应当确定消防安全管理人,负责组织实施本单位消防安全管理工作,并报告当地消防救援机构。

第三十一条　养老机构应当依法制定自然灾害、事故灾难、公共卫生事件、社会安全事件等突发事件应急预案,在场所内配备报警装置和必要的应急救援设备、设施,定期开展突发事件应急演练。

突发事件发生后,养老机构应当立即启动应急预案,采取防止危害扩大的必要处置措施,同时根据突发事件应对管理职责分工向有关部门和民政部门报告。

第三十二条　养老机构应当建立老年人信息档案,收集和妥善保管服务协议等相关资料。档案的保管期限不少于服务协议期满后五年。

养老机构及其工作人员应当保护老年人的个人信息和隐私。

第三十三条　养老机构应当按照国家有关规定接受、使用捐赠、资助。

鼓励养老机构为社会工作者、志愿者在机构内开展服务提供便利。

第三十四条　鼓励养老机构投保责任保险,降低机构运营风险。

第三十五条　养老机构因变更或者终止等原因暂停、终止服务的,应当在合理期限内提前书面通知老年人或者其代理人,并书面告知民政部门。

老年人需要安置的,养老机构应当根据服务协议约定与老年人或者其代理人协商确定安置事宜。民政部门应当为养老机构妥善安置老年人提供帮助。

养老机构终止服务后,应当依法清算并办理注销登记。

第五章　监督检查

第三十六条　民政部门应当加强对养老机构服务和运营的监督检查,发现违反本办法规定的,及时依法予以处理并向社会公布。

民政部门在监督检查中发现养老机构存在应当由其他部门查处的违法违规行为的,及时通报有关部门处理。

第三十七条　民政部门依法履行监督检查职责,可以采取以下措施:

(一)向养老机构和个人了解情况;

(二)进入涉嫌违法的养老机构进行现场检查;

(三)查阅或者复制有关合同、票据、账簿及其他有关资料;

(四)发现养老机构存在可能危及人身健康和生命财产安全风险的,责令限期改正,逾期不改正的,责令停

业整顿。

民政部门实施监督检查时,监督检查人员不得少于2人,应当出示执法证件。

对民政部门依法进行的监督检查,养老机构应当配合,如实提供相关资料和信息,不得隐瞒、拒绝、阻碍。

第三十八条　对已经备案的养老机构,备案民政部门应当自备案之日起20个工作日以内进行现场检查,并核实备案信息;对未备案的养老机构,服务场所所在地的县级人民政府民政部门应当自发现其收住老年人之日起20个工作日以内进行现场检查,并督促及时备案。

民政部门应当每年对养老机构服务安全和质量进行不少于一次的现场检查。

第三十九条　民政部门应当采取随机抽取检查对象、随机选派检查人员的方式对养老机构实施监督检查。抽查情况及查处结果应当及时向社会公布。

民政部门应当结合养老机构的服务规模、信用记录、风险程度等情况,确定抽查比例和频次。对违法失信、风险高的养老机构,适当提高抽查比例和频次,依法依规实施严管和惩戒。

第四十条　民政部门应当加强对养老机构非法集资的防范、监测和预警工作,发现养老机构涉嫌非法集资的,按照有关规定及时移交相关部门。

第四十一条　民政部门应当充分利用信息技术手段,加强对养老机构的监督检查,提高监管能力和水平。

第四十二条　民政部门应当定期开展养老服务行业统计工作,养老机构应当及时准确报送相关信息。

第四十三条　养老机构应当听取老年人或者其代理人的意见和建议,发挥其对养老机构服务和运营的监督促进作用。

第四十四条　民政部门应当畅通对养老机构的举报投诉渠道,依法及时处理有关举报投诉。

第四十五条　民政部门发现个人或者组织未经登记以养老机构名义开展活动的,应当书面通报相关登记管理机关,并配合做好查处工作。

第六章　法律责任

第四十六条　养老机构有下列行为之一的,由民政部门责令改正,给予警告;情节严重的,处以3万元以下的罚款:

(一)未建立入院评估制度或者未按照规定开展评估活动的;

(二)未与老年人或者其代理人签订服务协议,或者未按照协议约定提供服务的;

（三）未按照有关强制性国家标准提供服务的；

（四）工作人员的资格不符合规定的；

（五）利用养老机构的房屋、场地、设施开展与养老服务宗旨无关的活动的；

（六）未依照本办法规定预防和处置突发事件的；

（七）歧视、侮辱、虐待老年人以及其他侵害老年人人身和财产权益行为的；

（八）向负责监督检查的民政部门隐瞒有关情况、提供虚假材料或者拒绝提供反映其活动情况真实材料的；

（九）法律、法规、规章规定的其他违法行为。

养老机构及其工作人员违反本办法有关规定，构成违反治安管理行为的，依法给予治安管理处罚；构成犯罪的，依法追究刑事责任。

第四十七条　民政部门及其工作人员在监督管理工作中滥用职权、玩忽职守、徇私舞弊的，对直接负责的主管人员和其他责任人员依法依规给予处分；构成犯罪的，依法追究刑事责任。

第七章　附　则

第四十八条　国家对农村五保供养服务机构的管理有特别规定的，依照其规定办理。

第四十九条　本办法自 2020 年 11 月 1 日起施行。2013 年 6 月 28 日民政部发布的《养老机构管理办法》同时废止。

养老机构重大事故隐患判定标准

·2023 年 11 月 27 日
·民办发〔2023〕13 号

第一条　为了合理判定、及时消除养老机构重大事故隐患，根据《中华人民共和国安全生产法》《中华人民共和国消防法》《中华人民共和国特种设备安全法》、《养老机构管理办法》《养老机构服务安全基本规范》等法律法规和强制性标准，制定本标准。

第二条　养老机构未落实安全管理有关法律法规和强制性标准等基本要求，可能导致人员重大伤亡、财产重大损失的，应当判定为存在重大事故隐患。

第三条　养老机构重大事故隐患主要包括以下几方面：

（一）重要设施设备存在严重缺陷；

（二）安全生产相关资格资质不符合法定要求；

（三）日常管理存在严重问题；

（四）严重违法违规提供服务；

（五）其他可能导致人员重大伤亡、财产重大损失的重大事故隐患。

第四条　养老机构重要设施设备存在严重缺陷主要指：

（一）建筑设施经鉴定属于 C 级、D 级危房或者经住房城乡建设部门研判建筑安全存在重大隐患；

（二）经住房城乡建设、消防等部门检查或者第三方专业机构评估判定建筑防火设计、消防、电气、燃气等设施设备不符合法律法规和强制性标准的要求，不具备消防安全技术条件，存在重大事故隐患；

（三）违规使用易燃可燃材料为芯材的彩钢板搭建有人活动的建筑或者大量使用易燃可燃材料装修装饰；

（四）使用未取得许可生产、未经检验或者检验不合格、国家明令淘汰、已经报废的电梯、锅炉、氧气管道等特种设备。

第五条　养老机构安全生产相关资格资质不符合要求主要指：

（一）内设医疗机构的，未依法取得医疗机构执业许可证或者未依法办理备案；

（二）内设食堂的，未依法取得食品经营许可证；

（三）使用未取得相应资格的人员从事特种设备安全管理、检测等工作；

（四）使用未取得相关证书，不能熟练操作消防控制设备人员担任消防控制室值班人员；

（五）允许未经专门培训并取得相应资格的电工、气焊等特种作业人员上岗作业。

第六条　养老机构日常管理存在严重问题主要指：

（一）未建立安保、消防、食品等各项安全管理制度或者未落实相关安全责任制；

（二）未对特种设备、电气、燃气、安保、消防、报警、应急救援等设施设备进行定期检测和经常性维护、保养，导致无法正常使用；

（三）未按规定制定突发事件应急预案或者未定期组织开展应急演练；

（四）未落实 24 小时值班制度、未进行日常安全巡查检查或者对巡查检查发现的突出安全问题未予以整改；

（五）未定期进行安全生产教育和培训，相关工作人员不会操作消防、安保等设施设备，不掌握疏散逃生路线；

（六）因施工等特殊情况需要进行电气焊等明火作业，未按规定办理动火审批手续。

第七条　养老机构严重违法违规提供服务主要指：

（一）将老年人居室或者休息室设置在地下室、半地下室；

（二）内设食堂的，未严格执行原料控制、餐具饮具清洗消毒、食品留样等制度；

（三）向未取得食品生产经营许可的供餐单位订餐或者未按照要求对订购的食品进行查验；

（四）发现老年人患有可能对公共卫生造成重大危害的传染病，未按照相关规定处置。

第八条　其他可能导致人员重大伤亡、财产重大损失的重大事故隐患主要指：

（一）养老机构选址不符合国家有关规定，未与易燃易爆、有毒有害等危险品的生产、经营场所保持安全距离或者设置在自然资源等部门判定存在重大自然灾害高风险区域内；

（二）疏散通道、安全出口、消防车通道被占用、堵塞、封闭；

（三）未设置应急照明、疏散指示标志、安全出口指示标志或者相关指示标志被遮挡。

第九条　相关法律法规和强制性标准对养老机构重大事故隐患判定另有规定的，适用其规定。

第十条　对于情况复杂，难以直接判定是否为重大事故隐患的，各地民政部门可以商请有关部门或者组织有关专家，依据相关法律、法规和强制性标准等，研究论证后综合判定。

第十一条　各地民政部门可以根据本标准，结合实际细化本行政区域内养老机构重大事故隐患判定标准。

第十二条　本标准自公布之日起施行，有效期五年。

国家卫生计生委办公厅关于印发 《养老机构医务室基本标准（试行）》和 《养老机构护理站基本标准（试行）》的通知

· 2014 年 10 月 31 日
· 国卫办医发〔2014〕57 号

各省、自治区、直辖市卫生计生委，新疆生产建设兵团卫生局：

为指导养老机构作好医务室、护理站的建设和管理，促进医养结合，我委根据《执业医师法》《医疗机构管理条例》《护士条例》等法律、法规及有关规定，组织制定了《养老机构医务室基本标准（试行）》和《养老机构护理站基本标准（试行）》。现印发给你们，请遵照执行。

养老机构医务室基本标准（试行）

养老机构医务室是设置在养老机构内，为养老机构患者提供老年保健，一般常见病、多发病诊疗、护理，诊断明确的慢性病治疗，急诊救护等服务的医疗机构。

一、人员

（一）至少有 1 名取得执业医师资格，经注册后在医疗、保健机构中执业满 5 年，身体健康的临床类别执业医师或中医类别执业医师。执业医师人数 ≥2 人的，至少应含有 1 名中医类别执业医师。

（二）至少有 1 名注册护士。养老机构床位达到 100 张以上时，每增加 100 张床位，至少增加 1 名注册护士。护理员按需配备。

（三）其他药学、医技人员按需配备。

二、房屋

（一）整体设计应满足无障碍设计要求。

（二）建筑面积不少于 40 平方米。

（三）至少设有诊室、治疗室、处置室。

（四）每室独立且符合卫生学布局及流程。其中，治疗室、处置室的　使用面积均不少于 10 平方米；如设观察室，其使用面积不少于 15 平方米；如设康复室，应增加相应建筑面积（增加的建筑面积不少于 50 平方米）。

（五）应当设医疗废物存放点，与治疗区域隔开。

三、设备

（一）基本设备。

诊桌、诊椅、诊床、诊察凳、方盘、纱布罐、听诊器、血压计、体温表、注射器、身高体重计、视力卡、视力灯箱、压舌板、药品柜、紫外线消毒灯、高压灭菌设备、处置台、器械柜、便携式心电图机、血糖测定仪、雾化吸入器、出诊箱、轮椅、输液椅、候诊椅、医用冰箱、污物桶。

设置康复室的，至少配备与康复需求相适应的运动治疗、物理治疗和作业治疗设备。

开展中医药服务的，还应当配备脉枕、针灸器具、火罐、电针仪、艾灸仪等等。

（二）急救设备。

心电监护仪、心脏氧源（氧气瓶/制氧机）、供氧设备、吸痰器、开口器、牙垫、口腔通气道、简易呼吸器。

（三）健康教育及其他设备。

健康教育宣传栏、健康教育影像设备、能连接互联网的计算机及打印设备、电话等通讯设备，健康档案管理等有关设备。

（四）有与工作需要相应的其他设备。

四、具有与功能任务相适应的转诊制度、药品登记分发制度、健康教育制度等各项规章制度,以及急救流程、技术操作规范,制定人员岗位职责。

养老机构护理站基本标准(试行)

养老机构护理站是设置在养老机构内,为养老机构患者提供常见病多发病护理、慢性病护理、康复指导、心理护理、根据医嘱进行处置、消毒隔离指导、健康教育等服务的医疗机构。

一、人员

(一)至少有 2 名具有护士以上职称的注册护士,其中有 1 名具有主管护师以上职称。养老机构床位达到 100 张以上时,每增加 100 张床位,至少增加 1 名注册护士。

(二)至少有 1 名康复治疗人员。

(三)按工作需求配备护理员,注册护士与护理员之比为 1∶2.5。

二、房屋

(一)整体设计应当满足无障碍设计要求。

(二)建筑面积不少于 30 平方米。

(三)至少设有治疗室、处置室。每室独立且符合卫生学布局及流程。

(四)应当设医疗废物存放点,与治疗区域隔开。

三、设备

(一)诊桌、诊椅、诊察凳、方盘、纱布罐、听诊器、火罐、刮痧板、血压计、体温表、身高体重计、血糖测定仪、体外除颤设备、治疗车、药品柜、紫外线消毒灯、高压灭菌设备、处置台、轮椅、输液椅、医用冰箱、污物桶。

(二)有必要的健康教育、办公和通讯联络设备,有诊疗护理记录及文件保存条件。

(三)有与工作需要相应的其他设备。

四、具有与功能任务相适应的转诊制度、药品登记分发制度、健康教育制度等各项规章制度,以及急救流程、技术操作规范,制定人员岗位职责。

民政部关于推进养老服务评估工作的指导意见

· 2013 年 7 月 30 日

· 民发〔2013〕127 号

各省、自治区、直辖市民政厅(局),新疆生产建设兵团民政局:

为深入贯彻《中华人民共和国老年人权益保障法》(以下简称《老年人权益保障法》)关于建立健全养老服务评估制度的要求,全面落实《国务院办公厅关于印发社会养老服务体系建设规划(2011-2015 年)的通知》(国办发〔2011〕60 号)和《民政部关于开展"社会养老服务体系建设推进年"活动暨启动"敬老爱老助老工程"的意见》(民发〔2012〕35 号)等文件精神,推动建立统一规范的养老服务评估制度,提出如下意见:

一、充分认识养老服务评估工作的重要意义

养老服务评估,是为科学确定老年人服务需求类型、照料护理等级以及明确护理、养老服务等补贴领取资格等,由专业人员依据相关标准,对老年人生理、心理、精神、经济条件和生活状况等进行的综合分析评价工作。从评估时间上可以分为首次评估(准入评估)和持续评估(跟踪式评估)。建立健全养老服务评估制度,是积极应对人口老龄化、深入贯彻落实《老年人权益保障法》,保障老年人合法权益的重要举措;是推进社会养老服务体系建设,提升养老服务水平,充分保障经济困难的孤寡、失能、高龄、失独等老年人服务需求的迫切需要;是合理配置养老服务资源,充分调动和发挥社会力量参与,全面提升养老机构服务质量和运行效率的客观要求。各地要站在坚持以人为本、加强社会建设的高度,从大力发展养老服务事业的全局出发,提高思想认识,加强组织领导,完善配套措施,稳步推进养老服务评估工作深入开展。

二、推进养老服务评估工作的总体要求

(一)指导思想。以科学发展观为指导,以保障老年人养老服务需求为核心,科学确定评估标准,认真制定评估方案,合理设计评估流程,积极培育评估队伍,广泛吸收社会力量参与,高效利用评估结果,为建立和完善以居家为基础、社区为依托、机构为支撑的社会养老服务体系,实现老有所养目标发挥积极作用,逐步实现基本养老服务均等化。

(二)基本原则。

1. 权益优先,平等自愿。坚持老年人权益优先,把推进养老服务评估工作与保障老年人合法权益、更好地享受社会服务和社会优待结合起来。坚持平等自愿,尊重受评估老年人意愿,切实加强隐私保护。

2. 政府指导,社会参与。充分发挥政府在推动养老服务评估工作中的主导作用,进一步明确部门职责、理顺关系,建立完善资金人才保障机制。充分发挥和依托专业机构、养老机构、第三方社会组织的技术优势,强化社会监督,提升评估工作的社会参与度和公信力。

3. 客观公正,科学规范。以评估标准为工具,逐步统一工作规程和操作要求,保证结果真实准确。逐步扩大持续评估项目范围,努力提升评估质量。坚持中立公正立场,客观真实地反映老年人能力水平和服务需求。

4. 试点推进,统筹兼顾。试点先行,不断完善工作步骤和推进方案,建立符合本地区养老服务发展特点和水平的评估制度,并逐步扩大试点范围。要把推进养老服务评估工作与做好居家社区养老服务、机构养老等工作紧密结合,建立衔接紧密、信息互联共享的合作机制。

(三)主要目标。2013 年底前,各地要根据本意见制定实施方案,确定开展评估地区范围,做好组织准备工作,落实评估机构和人员队伍。2014 年初要启动评估工作试点,根据进展情况逐步扩大覆盖范围。到"十二五"末,力争建立起科学合理、运转高效的长效评估机制,基本实现养老服务评估科学化、常态化和专业化。

三、推进养老服务评估工作的主要任务

(一)探索建立评估组织模式。养老服务评估可以由基层民政部门、乡镇人民政府(街道办事处)、社会组织以及养老机构单独或者联合组织开展,养老服务评估可以分为居家养老服务需求评估、机构养老服务需求评估和补贴领取资格评估等。各地要依据本地社会养老服务体系建设情况和老年人需求实际,积极探索在社区公共服务平台建立评估站点;要采取政府购买服务、社工介入等方式,积极鼓励社会力量参与,合理确定本地区养老服务评估形式。要加大宣传引导力度,充分调动老年人参与的积极性和主动性。

(二)探索完善评估指标体系。民政部将于近期发布的《老年人能力评估》行业标准,是养老服务评估工作的主要依据。该标准为老年人能力评估提供了统一、规范和可操作的评估工具,规定老年人能力评估的对象、指标、实施及结果。标准下发后,各地应当积极采用该标准,或者根据该标准结合实际情况制订或者修改地方标准。老年人能力评估应当以确定老年人服务需求为重点,突出老年人自我照料能力评估。评估指标应当涵盖日常行为能力、精神卫生情况、感知觉情况、社会参与状况等方面,所需健康体检应当在经卫生行政部门许可的开展健康体检服务的医疗机构内进行。对老年人经济状况、居住状况、生活环境等方面的评估标准,各地可根据当地平均生活水平、养老服务资源状况、护理或者养老服务补贴相关政策等综合制定。要将定性分析和定量分析相结合,积极探索将评估指标与可通过面谈、走访等方法观察反映的指标相结合,逐步建立科学、全面、开放的评估指标体系。

(三)探索完善评估流程。养老服务评估应当包括申请、初评、评定、社会公示、结果告知、部门备案等环节。评估申请要坚持自愿原则,由老年人本人或者代理人提出;无民事行为能力或者限制民事行为能力的老年人可以由其监护人提出申请。评估应当按照先易后难原则,首先评估老年人经济状况、身份特征等借助相关材料即可核实的项目,然后再评估生活环境、能力状况等需要实地核实、检查的项目。要根据评估项目,合理确定评估时间,在优先保障评估质量的前提下,兼顾评估效率。对受年龄增长等原因影响较大的评估项目,应当进行持续评估。对首次评估确定为完全失能等级、且康复难度大的老年人,可不再进行持续评估。评估结果应当及时告知评估对象,评估对象或者利害关系人对评估结果有异议的,可申请原评估机构重新评估。评估过程中应当加强对受评估老年人个人信息的保护,除养老服务等补贴领取资格的评估需要在本村(居)民委员会范围内公示外,评估机构不得泄露评估结果。

(四)探索评估结果综合利用机制。评估结果是制定国家宏观养老政策,推进养老社会化服务的重要基础资料,是争取财政经费保障,保证各项针对老年人的服务和优待措施落实的主要依据。各地要充分运用好评估结果,使评估工作综合效益最大化。一是用于推进居家养老服务社会化。居家养老服务机构可以根据评估结果分析老年人服务需求,在征得老年人同意的前提下,加强与相关服务单位的对接,制定个性化的服务方案,提高居家养老服务的针对性和效率。二是用于确定机构养老需求和照料护理等级。对于经评估属于经济困难的孤寡、失能、高龄、失独等老年人,政府投资兴办的养老机构,应当优先安排入住。养老机构应当将评估结果作为老年人入院、制定护理计划和风险防范的主要依据。三是用于老年人健康管理。各地要把评估工作纳入养老服务信息系统建设,并结合国家社会养老综合信息服务平台建设及应用示范工程项目,推进建立老年人健康档案,提高康复护理等服务水平。四是作为养老机构的立项依据。要根据服务辐射区域内老年人能力和需求评估状况,合理规划建设符合实际需要的养老机构,提高设施设备使用效率。同时,各地要逐步建立护理补贴和养老服务补贴制度,有效利用评估结果,完善并落实老年人社会福利政策。对于经评估属于生活长期不能自理、经济困难的老年人,可以根据其失能程度等情况作为给予护理补贴依据;对于经评估属于经济困难的老年人,可以给予养老服务补贴。

(五)探索建立养老评估监督机制。各地民政部门要加强对养老服务评估工作的指导,探索建立有效的监督约束机制,畅通评估对象利益表达渠道。各地民政部门和评估机构应当通过网络、服务须知、宣传手册等载体,主动公开评估指标、流程,自觉接受社会监督。各地民政部门要以定期检查和随机抽查等方式对评估指标、评估结果等进行检查。对评估行为不规范的机构和人员,予以纠正并向社会公开。要建立养老服务评估档案,妥善保管申请书、评估报告及建议等文档,逐步提高评估工作信息化水平。

四、推进养老服务评估工作的保障措施

(一)加强组织领导。各地民政部门要按照养老服务工作关口前移和重心下沉的要求,切实加强领导,把评估纳入养老服务工作重要议事日程,制定切实可行的实施方案,建立分工明确、责任到人的推进机制,为评估工作顺利开展提供坚强组织保障。各地可选择基础条件好、工作积极性高的地区作为先行试点,给予指导和支持,定期研究分析进展情况,不断总结完善评估方式方法。各地民政部门要加强对评估工作重点难点问题的研究,积极协调相关部门,增进共识、凝聚合力、攻坚克难,努力形成结果共享、协同推进的工作格局。要充分整合现有资金渠道,积极争取当地财政支持,引导社会力量投入,福利彩票公益金可用于支持养老服务评估试点,建立经费保障机制,为评估工作提供保障。

(二)加强人才队伍建设。养老服务评估工作专业性强,标准比较细致,各地要依托专业机构、相关机构和社会组织加强评估机构建设,有条件的地方可以建立专门的评估机构。要依托大中专院校、示范养老机构,加快培养评估专业人才。要选择责任心强、业务素质过硬的人员参与评估,加强岗前培训,使其具备医学、心理学、社会学、法律、社会保障、社会工作等基础知识。要建立养老服务评估专家队伍,积极开展技术指导,提供有力人才支持。

(三)营造良好社会环境。要抓紧制定完善与《老年人权益保障法》等法律法规要求相适应的具体措施,建立健全有利于养老服务评估示范推广、创新创制的政策体系,建立社会力量参与的激励评价机制,加快推进与养老服务评估配套的行业标准、信息化管理等软环境建设。要把推动养老服务评估工作与落实老年人合法权益,改

善老年人生活、健康、安全以及参与社会发展的保障条件结合起来,积极营造敬老、爱老、助老的浓厚社会氛围。

民政部关于鼓励和引导民间资本进入养老服务领域的实施意见

·2012 年 7 月 24 日
·民发〔2012〕129 号

各省、自治区、直辖市民政厅(局)、新疆生产建设兵团民政局:

养老服务是党和政府高度关切、社会各界广泛关注、人民群众迫切需求的重大民生问题,在我国应对人口老龄化挑战、保障和改善民生、加强和创新社会管理中发挥着重要作用。鼓励和引导民间资本进入养老服务领域,对于实现养老服务投资主体多元化、缓解养老服务供需矛盾,加快推进以居家为基础、社区为依托、机构为支撑的社会养老服务体系建设,具有重要意义。为贯彻落实《国务院关于鼓励和引导民间投资健康发展的若干意见》(国发〔2010〕13 号)精神,民政部结合当前养老服务发展实际,制定本实施意见。

一、鼓励民间资本参与居家和社区养老服务

(一)采取政府补助、购买服务、协调指导、评估认证等方式,鼓励各类民间资本进入居家养老服务领域。

(二)支持民间资本拓展居家养老服务内容,为老年人提供生活照料、家政服务、精神慰藉、康复护理、居家无障碍设施改造、紧急呼叫、安全援助和社会参与等多方面服务。

(三)鼓励民间资本在城镇社区举办老年人日间照料中心、托老所、老年之家、老年活动中心等养老服务设施,支持社区养老服务网点连锁发展、扩大布点,提高社区养老服务的可及性。

(四)鼓励民间资本参与农村居家和社区养老服务发展,重点为向留守老年人及其他有需要的老年人提供日间照料、短期托养、配餐等服务。支持村民自治组织发展农村互助养老模式。

二、鼓励民间资本举办养老机构或服务设施

(五)鼓励和支持民间资本举办适宜老年人特别是失能、半失能、高龄老年人集中照料、护理、康复、娱乐的养老院、养护院、老年公寓、敬老院等多种形式的养老机构。

(六)民间资本举办的养老机构或服务设施,可以按照举办目的,区分营利和非营利性质,自主选择民办非企

业单位和企业两种法人登记类型。

（七）对于民间资本举办的非营利、营利性养老机构或服务设施，支持其根据市场需求，丰富服务形式和服务内容，为老年人提供多样化的选择性服务。

（八）鼓励民间资本举办的养老机构规模化、品牌化、连锁化和网络化发展，支持其跨区联合、资源共享，发展异地互动养老，推动形成一批具有知名品牌和较强竞争力的养老机构。

（九）鼓励民间资本对闲置的医院、企业厂房、商业设施、农村集体房屋及各类公办培训中心、活动中心、疗养院、旅馆、招待所等可利用的社会资源进行整合和改造，使之用于养老服务。

（十）按照《外商投资产业指导目录》的要求，鼓励境外资本在境内投资设立养老机构。对境内养老机构现有的税收等优惠政策，同样适用于符合条件的境外投资者。港澳地区服务提供者在内地举办非营利性养老机构，按有关规定执行。

三、鼓励民间资本参与提供基本养老服务

（十一）对于政府举办的尤其是新建的养老机构或服务设施，在明晰产权的基础上，提倡通过公开招投标，以承包、联营、合资、合作等方式，交由社会组织、企业或有能力的个人等民间资本运营或管理。

（十二）鼓励民间资本举办的养老机构接收安置政府供养对象，政府按照规定标准拨付相关生活、医疗、照料等费用。

（十三）各级民政部门要采取政府购买服务的方式，支持民间资本在为孤老优抚对象、"三无"、五保及低收入的高龄、独居、失能等困难老年人提供的基本养老服务中，发挥积极作用。

四、鼓励民间资本参与养老产业发展

（十四）积极支持民间资本参与发展老年生活服务、医疗康复、饮食服装、营养保健、休闲旅游、文化传媒、金融和房地产等养老产业。

（十五）鼓励和引导民间资本开发老年保健、老年照护、老年康复辅具、老年住宅、老年宜居社区等产品和服务市场。

（十六）鼓励民间资本投资建设各类专业化养老服务机构或组织，承接政府或社会委托，提供养老服务评估、咨询和第三方认证等服务。

五、落实民间资本参与养老服务优惠政策

（十七）将民间资本举办养老机构或服务设施纳入经济社会发展规划、城乡建设规划、土地利用规划和年度土地利用计划，合理安排用地需求，符合条件的，按照土地划拨目录依法划拨。

（十八）对民间资本举办的非营利性养老机构或服务设施提供养老服务，根据其投资额、建设规模、床位数、入住率和覆盖社区数、入户服务老人数等因素，给予一定的建设补贴或运营补贴。

（十九）对民间资本举办的养老机构或服务设施提供的养护服务免征营业税。对符合条件的非营利性养老机构或服务设施自用房产、土地免征房产税、城镇土地使用税，其免税收入不计入所得税应纳税收入。

（二十）民间资本举办的各类养老机构或服务设施按有关规定，要与居民家庭用电、用水、用气、用热同价。

（二十一）对民间资本举办的养老机构或服务设施所办医疗机构已取得执业许可证并申请城镇职工（居民）基本医疗保险或新型农村合作医疗保险定点机构的，经审查合格后纳入定点范围。

（二十二）民间资本举办的非营利性养老机构或服务设施提供的养老服务，其价格实行政府指导价。营利性养老机构提供的服务，根据其提供的服务质量，实行企业自主定价。

（二十三）鼓励社会向民间资本举办的非营利性养老机构进行捐赠，按规定享受相关税收优惠政策。

六、加大对民间资本进入养老服务领域资金支持

（二十四）争取建立养老服务长效投入机制和动态保障机制，不断增加对民间资本进入养老服务领域的财政支持。

（二十五）争取设立多种形式的专项投资，鼓励和引导民间资本进入养老服务领域。在安排中央专项补助资金支持社会养老服务体系建设工作中，要将民间资本参与运营或管理的养老机构纳入资助范围。

（二十六）各级民政部门福利彩票公益金每年留存部分要按不低于50%的比例用于社会养老服务体系建设，并不断加大对民间资本提供养老服务的扶持力度。

（二十七）鼓励金融机构加快金融产品和服务方式创新，通过创新信贷品种、增加信贷投入、放宽贷款条件、扩大抵押担保范围等方式，加大对民间资本进入养老服务领域的金融支持。

七、加强对民间资本进入养老服务领域指导规范

（二十八）完善养老服务法律、法规和政策，加强养老服务监督和管理，为鼓励和引导民间资本进入养老服务领域创造公平竞争的市场环境。

（二十九）制订养老服务资格认证、建筑设施、人员

配备、分类管理、安全卫生、等级评定等标准,建立养老服务需求与质量评估制度,推动各级各类养老服务标准的贯彻落实,规范民间资本养老服务提供行为。

(三十)开展养老服务从业人员职业道德建设、专业技能培训和职业资格鉴定,提升法律意识、责任意识和业务水平,推行院长岗前培训和养老护理员持证上岗制度,提升民间资本提供养老服务的质量和水平。

(三十一)指导民间资本举办的养老机构或服务设施加强管理服务,健全规章制度,落实安全责任,实现安全、健康、有序发展。

(三十二)培育和发展养老服务行业协会,发挥其在行业自律、监督评估和沟通协调等方面的作用,促进民间资本投资主体行业自律和维护自身合法权益。

(三十三)地方各级民政部门要发挥好宏观管理、行业规范和业务指导职能,进一步采取切实有效措施,鼓励和引导民间资本进入养老服务领域。工作推进过程中遇到的困难和问题,请及时报部。

财政部、国家税务总局关于对老年服务机构有关税收政策问题的通知

· 2000 年 11 月 24 日
· 财税〔2000〕97 号

各省、自治区、直辖市财政厅(局)、国家税务局、地方税务局:

为贯彻中共中央、国务院《关于加强老龄工作的决定》(中发〔2000〕13 号)精神,现对政府部门和社会力量兴办的老年服务机构有关税收政策问题通知如下:

一、对政府部门和企事业单位、社会团体以及个人等社会力量投资兴办的福利性、非营利性的老年服务机构,暂免征收企业所得税,以及老年服务机构自用房产、土地、车船的房产税、城镇土地使用税、车船使用税。

二、对企事业单位、社会团体和个人等社会力量,通过非营利性的社会团体和政府部门向福利性、非营利性的老年服务机构的捐赠,在缴纳企业所得税和个人所得税前关准于全额扣除。

三、本通知所称老年服务机构,是指专门为老年人提供生活照料、文化、护理、健身等多方面服务的福利性、非营利性的机构,主要包括:老年社会福利院、敬老院(养老院)、老年服务中心、老年公寓(含老年护理院、康复中心、托老所)等。

本通知自 2000 年 10 月 1 日起执行。

养老保障管理业务管理办法

· 2015 年 7 月 30 日
· 保监发〔2015〕73 号

第一章　总　则

第一条　为规范养老保险公司养老保障管理业务经营行为,保护养老保障管理业务活动当事人的合法权益,促进保险业积极参与多层次养老保障体系建设,根据《中华人民共和国保险法》等法律法规,制定本办法。

第二条　本办法所称养老保险公司,是指经中国保险监督管理委员会(以下简称中国保监会)批准设立并依法登记注册的商业养老保险公司。

第三条　本办法所称养老保障管理业务,是指养老保险公司作为管理人,接受政府机关、企事业单位及其他社会组织等团体委托人和个人委托人的委托,为其提供养老保障以及与养老保障相关的资金管理服务,包括方案设计、受托管理、账户管理、投资管理、待遇支付、薪酬递延、福利计划、留才激励等服务事项。

第四条　养老保险公司开展养老保障管理业务,应当遵守法律、行政法规和中国保监会等监管机构的规定,遵循自愿、公平、诚实信用原则,不得损害客户的合法权益和社会公共利益。

第五条　养老保险公司开展养老保障管理业务,应当充分了解委托人的需求,遵循风险匹配原则,充分发挥养老保险公司在受托管理、账户管理、投资管理、风险管理和年金给付等方面的综合优势,向委托人提供合适的产品和服务。

第六条　中国保监会依据法律、行政法规和本办法的规定,对养老保险公司开展养老保障管理业务进行监督管理。中国保监会派出机构在中国保监会授权范围内履行监管职责。

第二章　业务规范

第七条　养老保险公司开展养老保障管理业务,应当具备完善的公司治理结构、健全的内部控制制度、科学的投资决策体系以及规范的业务操作流程。

第八条　养老保险公司开展养老保障管理业务,可以在全国范围内展业,但应当具备与展业活动相适应的客户服务能力。

第九条　养老保险公司开展个人养老保障管理业务,应当具备企业年金业务或者保险业务两年以上经营经验。

第十条　养老保险公司开展养老保障管理业务,应

当要求委托人以真实身份参与养老保障管理业务并承诺委托资金的来源、用途符合法律法规规定。承诺方式包括书面承诺或网络实名确认等。委托人未做承诺，或者养老保险公司明知委托人身份不真实、委托资金来源或者用途不合法，养老保险公司不得为其办理养老保障管理业务。

第十一条　养老保险公司开展养老保障管理业务，可以采取下列形式：

（一）为单一团体委托人办理单一型养老保障管理业务；

（二）为多个团体委托人办理集合型养老保障管理业务；

（三）为多个个人委托人办理集合型养老保障管理业务。

养老保险公司采取形式（一）开展养老保障管理业务的，受托管理的委托人资金初始金额不得低于 5000 万元人民币；采取形式（三）开展养老保障管理业务的，封闭式投资组合受托管理的个人委托人资金初始金额不得低于 1 万元人民币。

第十二条　养老保险公司开展团体养老保障管理业务，应当要求团体委托人提供下列材料：

（一）经董事会决议、职工代表大会或其他决策程序通过的养老保障管理方案，或有关政府部门对养老保障方案的批复、核准文件；

（二）所有受益人名单和身份信息。

如团体养老保障管理业务只有个人缴费，无团体缴费的，上述材料（一）可免于提供。

养老保险公司开展个人养老保障管理业务，应当要求个人委托人提供下列材料：

（一）个人身份信息；

（二）个人资金账户信息。

第十三条　养老保险公司开展养老保障管理业务，应当依照法律、行政法规和本办法的规定，与委托人签订受托管理合同，就双方的权利、义务和相关事宜做出明确约定。受托管理合同应当包括下列基本事项：

（一）委托人资金的缴费规则；

（二）投资范围、投资限制和投资比例；

（三）投资策略和管理期限；

（四）委托人资金的管理方式和管理权限；

（五）各类风险揭示；

（六）委托人账户信息的提供及查询方式；

（七）当事人的权利与义务；

（八）管理费用的计算方法和支付方式；

（九）其他服务内容及其费用的提取、支付方式；

（十）合同解除和终止的条件、程序及客户资产的清算返还事宜；

（十一）违约责任和纠纷的解决方式；

（十二）中国保监会规定的其他事项。

第十四条　养老保险公司开展养老保障管理业务，应当履行下列职责：

（一）建立、维护委托人和受益人账户信息，并向委托人和受益人提供账户查询服务；

（二）制定基金投资策略并进行投资管理；

（三）定期估值并与资产托管人核对；

（四）监督基金管理情况；

（五）计算并办理待遇支付；

（六）定期编制并向委托人提供养老保障管理报告；

（七）妥善保存养老保障管理业务有关记录；

（八）国家规定和合同约定的其他职责。

第十五条　养老保险公司可以自行开展养老保障管理业务的各项工作，也可以委托其他合格金融机构承担部分管理人职责，但应当对其承接的养老保障管理业务承担最终责任。

养老保险公司委托其他合格金融机构承担部分管理人职责的，应当与选聘的金融机构签订委托管理合同，明确约定各方的权利、义务和相关事宜。

第十六条　养老保险公司开展的养老保障管理业务，不需计提保险责任准备金。

第十七条　养老保险公司开发的养老保障管理产品，应当在销售前向中国保监会备案。

产品备案材料包括以下文件：

（一）《养老保障管理产品备案报送材料清单表》，加盖公司公章；

（二）养老保障管理产品合同文本；

（三）投资组合说明书；

（四）总精算师声明书；

（五）法律责任人声明书；

（六）产品可行性报告；

（七）财务管理办法；

（八）业务管理办法；

（九）投资风险提示函；

（十）中国保监会规定的其他材料。

第十八条　养老保障管理产品主要内容发生变更的，养老保险公司应当在销售前向中国保监会备案。

发生下列情形之一的,属于产品主要内容变更:

(一)产品名称变更;

(二)管理人变更;

(三)管理费费率上调;

(四)主要投资政策变更;

(五)中国保监会规定的其他情形。

产品变更备案材料包括以下文件:

(一)变更备案报送材料清单表,加盖公司公章;

(二)变更原因、主要变更内容的对比说明;

(三)产品变更涉及的文本(包括合同文本、投资组合说明书等);

(四)总精算师声明书;

(五)法律责任人声明书;

(六)中国保监会规定的其他材料。

第十九条 团体养老保障管理产品名称应符合以下格式:养老保险公司名称+说明性文字+单一型或集合型+团体养老保障管理产品,个人养老保障管理产品名称应符合以下格式:养老保险公司名称+说明性文字+个人养老保障管理产品。其中,养老保险公司名称可以用全称或简称;说明性文字由各养老保险公司自定,字数不得超过10个。

第二十条 养老保险公司开展养老保障管理业务,应当以养老保障管理产品名义开设产品层银行资金账户和组合层银行资金账户、资产类账户。其中,为单一委托人办理养老保障管理业务,开设的产品层银行资金账户名称应包含养老保障管理产品名称,组合层银行资金账户、资产类账户名称应包含养老保障管理产品名称、投资组合名称;为多个委托人办理集合养老保障管理业务,开设的产品层银行资金账户名称应包含养老保障管理产品名称,组合层银行资金账户、资产类账户名称应包含养老保障管理产品名称和投资组合名称。

第二十一条 养老保险公司开展养老保障管理业务,应当对每个养老保障管理产品建立独立的养老保障管理基金。对养老保障管理基金的管理应当遵循专户管理、账户隔离和独立核算的原则,确保养老保障管理基金独立于任何为基金管理提供服务的自然人、法人或其他组织的固有财产及其管理的其他财产。

专户管理是指对每个养老保障管理基金开设专门的银行资金账户和资产类账户进行管理。

账户隔离是指养老保障管理基金的银行资金账户和资产类账户应当与养老保险公司自身的及其管理的任何银行资金账户和资产类账户实现完全的独立分离,不得存在债权债务关系,也不得承担连带责任;不得发生买卖、交易、财产转移和利益输送行为,仅在投资账户建立初期,为建立该账户而发生的现金转移,可不受此限制。

独立核算是指对每个养老保障管理基金单独进行会计账务处理,并提供资产负债表和利润表等财务报表。

第二十二条 养老保障管理基金应当实行第三方托管制度。养老保险公司应当委托独立的资产托管人并签订资产托管合同,明确约定各方的权利、义务和相关事宜。

资产托管人的资格、职责、选择等有关事项比照中国保监会资产托管的有关规定执行。

第二十三条 养老保障管理基金托管人应当根据本办法和资产托管合同向相关机构申请开立资产类账户,依据基金管理人的委托授权书以及资产托管合同开立资金账户,并通知基金管理人。

第二十四条 养老保障管理基金采用完全积累账户制管理。养老保障管理基金投资运营所得收益,全额计入养老保障管理基金的各类账户。

第二十五条 养老保险公司可以为团体委托人设置公共账户,用以记录委托人缴费及其投资收益等账户信息。如存在个人受益人的,可以分别为受益人设立个人账户;个人账户下可以分设团体缴费账户和个人缴费账户,分别记录团体缴费和个人缴费的缴费明细及其投资收益等账务信息。

第二十六条 养老保险公司为个人受益人设立个人账户的,应当与委托人明确约定权益归属原则和领取支付条件,其中对于个人受益人本人缴费部分的权益,应当全额计入个人缴费账户。

委托人为团体客户的,个人受益人离职后,其个人账户可以在原养老保障管理基金管理人设置的保留账户继续管理。

第二十七条 养老保险公司开展养老保障管理业务,应当根据管理合同约定收取管理费用。管理费用可以包括以下项目:

(一)初始费。初始费是养老保险公司受托管理资金进入基金管理专户时一次性扣除的管理成本。初始费按照当期缴费总额的一定比例收取。

(二)管理费。管理费是养老保险公司为养老保障管理基金提供受托管理、账户管理、投资管理、待遇支付等服务的运营成本。管理费每年按照当年养老保障管理基金净值的一定比例收取,或根据管理形式及服务类型采取定额收费的形式收取。

（三）托管费。托管费是资产托管人为养老保障管理基金提供基金托管服务的运营成本。托管费每年按照当年养老保障管理基金净值的一定比例收取，或根据管理形式及服务类型采取定额收费的形式收取。

（四）解约费。委托人提前解除养老保障委托管理合同的，养老保险公司可以按照解除合同时养老保障管理基金净值的一定比例一次性收取解约费。养老保险公司应根据合同存续期限设置递减的解约费比例。

养老保险公司为个人受益人设立个人账户的，个人受益人提前退出的，应当通过委托人提出退出申请，养老保险公司可以按照受益人个人账户净值的比例一次性收取解约费。养老保险公司应根据个人账户的存续期设置递减的解约费比例。

（五）投资转换费。投资转换费是养老保险公司为养老保障管理基金提供投资转换服务的运营成本。投资转换费按照投资转换基金净值的一定比例收取，或采取定额收费的形式收取。

第二十八条　养老保障管理业务团体委托人提前解除合同时，养老保险公司应当要求其提供已通知受益人解约事宜的有效证明，并按照委托人要求与权益归属原则处理养老保障管理基金。

养老保障管理业务个人委托人提前解除合同时，养老保险公司应当在扣除解约费后，以银行转账方式将个人委托人资金余额划拨至个人委托人本人的银行资金账户。

第二十九条　养老保险公司和资产托管人应当按照有关法律、行政法规的规定保存资产管理业务的会计账册，并妥善保存有关的合同、协议、交易记录等文件、资料。

第三十条　养老保险公司应当通过公司网站或指定网站向个人委托人披露个人养老保障管理产品信息，并保证所披露信息的真实性、准确性和完整性。应向个人委托人披露的个人养老保障管理产品信息包括：

（一）募集公告、养老保障管理合同；

（二）组合募集情况；

（三）组合资产净值、份额净值；

（四）投资方向；

（五）应予披露的其他信息。

封闭式投资组合上述披露事项（三）可免于提供。

第三十一条　养老保险公司应当于每年度结束后60日内，向团体委托人提供上一年度的养老保障管理报告，并向受益人提供年度对账单以及个人权益信息查询等服务。

第三十二条　养老保险公司应当于每年度结束后60日内，在公司网站上披露养老保障管理业务的基本信息，包括基金规模、基金数目、基金收益率等，但需要保密的客户信息除外。

第三十三条　养老保险公司应当加强养老保障管理业务销售人员管理，销售人员应满足以下要求：

（一）充分了解并自觉遵守养老保障管理业务相关法律法规；

（二）熟悉养老保障管理产品特性以及向委托人提供咨询意见所涉及的其他金融产品的特性，并对有关产品市场有所认识和理解；

（三）具备相关监管部门要求的行业资格。

第三十四条　养老保险公司通过互联网渠道销售养老保障管理产品，应当参照中国保监会互联网保险监管规定中关于网络平台建设、信息披露、第三方合作协议签署、交易信息管理、客户服务管理、业务数据安全管理、客户信息安全管理、应急处置等方面的相关规定执行。

第三章　投资管理

第三十五条　养老保障管理基金投资范围比照中国保监会保险资金运用相关监管规定执行。

第三十六条　养老保障管理基金投资账户的资产配置范围包括流动性资产、固定收益类资产、上市权益类资产、基础设施投资计划、不动产相关金融产品、其他金融资产。流动性资产、固定收益类资产、上市权益类资产、基础设施投资计划、不动产相关金融产品、其他金融资产的分类和定义遵照中国保监会资金运用相关监管规定。

第三十七条　养老保障管理基金可由养老保险公司自行投资管理，也可委托给符合条件的投资管理人进行投资管理。

投资管理人是指在中国境内依法设立的，符合中国保监会规定的保险资产管理公司、证券公司、证券资产管理公司、证券投资基金管理公司及其子公司等专业投资管理机构。

第三十八条　养老保障管理产品设立的投资组合类型，包括开放式投资组合和封闭式投资组合。

开放式投资组合是指基金份额总额不固定，基金份额可以在养老保障管理合同约定的时间和场所缴费或者领取；封闭式投资组合是指基金份额总额在养老保障管理合同约定的封闭期限内固定不变，基金份额不得提前申请领取。

第三十九条　养老保险公司应当加强养老保障管理产品投资账户的流动性管理，确保投资账户能够满足流

动性需要。其中,对于开放式投资组合的流动性管理应当符合以下要求:

(一)流动性资产的投资余额不得低于投资组合价值的 5%;

(二)基础设施投资计划、不动产相关金融产品、其他金融资产的投资余额不得超过投资组合价值的 75%,其中单一项目的投资余额不得超过投资组合价值的 50%;

(三)针对投资组合特点建立相应的流动性管理方案。

投资组合建立初期、10 个工作日内赎回比例超过投资组合价值 10%时、投资组合清算期间,投资组合可以突破上述有关流动性管理的比例限制,但应在 30 个工作日内调整至规定范围内。

第四十条 养老保险公司设立封闭式投资组合,应当在投资组合说明书中明示"封闭式",并在产品或募集公告中明示封闭期限及投资方向。

第四十一条 养老保险公司设立的封闭式投资组合应当满足产品与投资资产配置独立性、期限结构匹配性要求。

第四十二条 封闭式投资组合投资另类金融产品的,养老保险公司在销售时,应当向购买客户主动披露拟投资的另类金融产品的投资品种、基础资产、投资比例、估值方法、流动性管理策略、主要投资风险等。

另类金融产品是指传统的存款、股票、债券、证券投资基金等之外的金融产品。

第四章　风险控制

第四十三条 养老保险公司开展养老保障管理业务,应当建立相应的风险管理体系,并将养老保障管理业务的风险管理纳入养老保险公司全面风险管理体系之中。养老保障管理业务风险管理体系应覆盖市场风险、信用风险、流动性风险、操作风险、战略风险、声誉风险等各类风险,并就相关风险制定有效的管控措施。

第四十四条 在向委托人推介养老保障管理产品时,养老保险公司应当充分了解委托人的风险偏好、风险认知能力和风险承受能力,合理评估委托人的财务状况,并根据所了解的委托人的情况推荐合适的产品供委托人自主选择。

第四十五条 在与委托人签订受托管理合同时,养老保险公司应当向委托人提供投资风险提示函,充分揭示投资风险,包括市场风险、信用风险、流动性风险、操作风险及其他风险,以及上述风险的含义、特征、可能引起的后果,并要求委托人对投资风险提示函内容进行确认。

确认方式包括书面确认或网络实名验证确认等。

第四十六条 养老保险公司应当向客户如实披露其投资管理能力和历史业绩等情况。养老保险公司向客户做出投资收益预测,必须恪守诚信原则,提供充分合理的依据;并以书面方式或在销售网站该产品销售界面显著位置特别声明,所述预测结果仅供客户参考,不构成养老保险公司对客户的承诺。

第四十七条 养老保险公司应当合理控制短期个人养老保障管理产品业务规模,年度新增业务规模应与公司的资本实力相匹配。

短期个人养老保障管理产品是指产品期限在三年以内(含三年),销售给个人客户的养老保障管理产品。

经营商业保险业务的养老保险公司,受托管理的封闭式短期个人养老保障管理业务的年度新增规模不得超过公司上一年度末偿付能力溢额的 10 倍;不经营商业保险业务的养老保险公司,受托管理的封闭式短期个人养老保障管理业务的年度新增规模不得超过公司上一年度末公司净资产的 10 倍。

第四十八条 养老保险公司开展个人养老保障管理业务,应对发行的每一期产品按管理费收入 10%的比例计提风险准备金,计提总额达到养老保险公司上年度管理个人养老保障管理业务总规模的 1%时,不再计提。计提的风险准备金专门用于赔偿因投资管理机构违法违规、违反受托管理合同、未尽责履职等原因给养老保障基金财产或受益人造成的损失。

风险准备金应当存放在养老保险公司或其委托的投资管理人在资产托管人处开立的专用存款账户。

养老保险公司可以对已提取的风险准备金进行自主投资管理或委托投资管理人投资,风险准备金可投资于银行存款、国债、中央银行票据、中央企业债券、中央级金融机构发行的金融债券等高流动性、低风险的金融产品。投资管理产生的投资收益,应当纳入风险准备金管理。

第四十九条 养老保险公司及其从业人员开展养老保障管理业务,不得有以下行为:

(一)以虚假、片面、误导、夸大的方式宣传推介养老保障管理产品;

(二)向客户做出保证其资金本金不受损失或者承担损失的承诺;

(三)以欺骗、隐瞒或诱导等方式销售养老保障管理产品;

(四)挪用、侵占客户资金;

(五)将养老保障管理业务与其他业务混合操作;

（六）以转移养老保障管理基金投资收益或者亏损为目的,在不同的投资组合之间进行买卖,损害客户的利益;

（七）利用所管理的养老保障管理基金谋取不正当利益;

（八）不公平地对待养老保障管理基金,损害客户的利益;

（九）从事内幕交易及其他不正当交易行为;

（十）法律、行政法规和中国保监会等监管机构规定禁止的其他行为。

第五十条　养老保险公司自身不得对养老保障管理基金的投资收益承担任何形式的保证责任,不得在管理合同和产品设计中列入投资收益保证条款。

第五十一条　养老保险公司可以为养老保障管理基金的保值增值向第三方合格机构购买风险买断合同,相应的费用可以列入基金的运营成本。养老保险公司不得对担保机构提供任何形式的反担保。

第三方合格机构应当满足以下条件:

（一）注册资本不低于 5 亿元人民币;

（二）上一年度经审计的净资产不低于 20 亿元人民币;

（三）为养老保障管理基金承担风险买断合同的总金额不超过上一年度经审计的净资产的 10 倍;

（四）最近三年未受过重大处罚;

（五）中国保监会规定的其他条件。

养老保险公司为养老保障管理基金购买风险买断合同的,应当在受托管理合同或投资风险提示函中向委托人充分揭示购买风险买断合同后养老保障管理基金仍然存在投资损失的风险。

第五十二条　养老保险公司应当依法采取预防、监控措施,建立健全客户身份识别制度、大额交易和可疑交易报告制度,全面履行反洗钱义务。

第五十三条　发生以下情形之一的,养老保险公司应当选择会计师事务所对养老保障管理业务进行外部审计,相应的审计费用可以列入基金的运营成本:

（一）养老保障管理基金投资运作满三个会计年度时;

（二）养老保障管理基金管理人职责终止时;

（三）国家规定的其他情形。

养老保险公司应当自收到外部审计机构出具的审计报告之日起的 30 日内向委托人提交审计报告。

同一家会计师事务所连续审计三次的,应当予以更换。

第五章　监督管理

第五十四条　开展养老保障管理业务的养老保险公司,应当在每年 3 月 31 日之前向中国保监会提交养老保障管理业务专题报告。专题报告包括以下内容:

（一）管理合同签订及履行情况;

（二）基金运作及投资收益情况;

（三）资产托管及投资监督情况;

（四）管理费用收取情况;

（五）风险准备金的提取、投资管理、使用、年末结余等情况;

（六）中国保监会要求的其他事项。

第五十五条　养老保险公司按照本办法有关规定和合同约定发生外部审计的,应当自收到外部审计机构出具的审计报告之日起的 30 日内向中国保监会报送审计报告。

第五十六条　中国保监会及其派出机构对养老保险公司、资产托管人、投资管理人开展养老保障管理业务的情况,进行定期或者不定期的检查,养老保险公司、资产托管人、投资管理人应当予以配合。

第五十七条　养老保险公司及其从业人员违反本办法的,由中国保监会依照法律、行政法规进行处罚;法律、行政法规没有规定的,由中国保监会责令改正;涉嫌犯罪的,依法移交司法机关追究刑事责任。

第六章　附　则

第五十八条　本办法由中国保监会负责解释。

第五十九条　养老金管理公司开展养老保障管理业务,应遵守本办法规定。

第六十条　本办法自下发之日起施行。《养老保障管理业务管理暂行办法》(保监发〔2013〕43 号)同时废止。

机关事业单位基本养老保险关系和职业年金转移接续经办规程(暂行)

·2017 年 1 月 18 日
·人社厅发〔2017〕7 号

第一章　总　则

第一条　为统一规范机关事业单位工作人员基本养老保险关系和职业年金转移接续业务经办程序,根据《国务院关于机关事业单位工作人员养老保险制度改革的决定》(国发〔2015〕2 号)、《国务院办公厅关于印发机关事业单位职业年金办法的通知》(国办发〔2015〕18 号)、

《关于机关事业单位基本养老保险关系和职业年金转移接续有关问题的通知》(人社部规〔2017〕1号)和《关于印发职业年金基金管理暂行办法的通知》(人社部发〔2016〕92号),制定本规程。

第二条　本规程适用于参加基本养老保险在职人员(以下简称参保人员)在机关事业单位之间、机关事业单位与企业之间流动就业时,其基本养老保险关系和职业年金、企业年金转移接续的业务经办。

第三条　县级以上社会保险经办机构负责机关事业单位基本养老保险关系和职业年金的转移接续业务经办。

第四条　参保人员符合以下条件的,应办理基本养老保险关系和职业年金的转移接续:

(一)在机关事业单位之间流动的;

(二)在机关事业单位和企业(含个体工商户和灵活就业人员)之间流动的;

(三)因辞职辞退等原因离开机关事业单位的。

第五条　参保人员在同一统筹范围内机关事业单位之间流动的,只转移基本养老保险关系,不转移基本养老保险基金。省(自治区、直辖市)内机关事业单位基本养老保险关系转移接续经办规程由各省(自治区、直辖市)制定。

省内建立一个职业年金计划或建立多个职业年金计划且实行统一收益率的,参保人员在本省(自治区、直辖市)机关事业单位之间流动时,只转移职业年金关系,不转移职业年金基金;需要记实职业年金的,按规定记实后再办理转移接续。省内建立多个职业年金计划且各年金计划分别计算收益率的,参保人员在省内各年金计划之间的转移接续,由各省(自治区、直辖市)自行制定实施细则。

第六条　转出地和转入地社会保险经办机构通过全国基本养老保险关系跨省转移接续系统,进行基本养老保险关系和职业年金转移接续信息交换。

第二章　基本养老保险关系转移接续

第七条　参保人员在机关事业单位之间跨省流动的、从机关事业单位流动到企业的,按以下流程办理:

(一)出具参保缴费凭证。参保人员转移接续前,参保单位或参保人员到基本养老保险关系所在地(以下简称转出地)社会保险经办机构申请开具《养老保险参保缴费凭证》(附件1,以下简称《参保缴费凭证》)。转出地社会保险经办机构核对相关信息后,出具《参保缴费凭证》,并告知转移接续条件。

(二)转移接续申请。参保人员新就业单位或本人向新参保地(以下简称转入地)社会保险经办机构提出转移接续申请并出示《参保缴费凭证》,填写《养老保险关系转移接续申请表》(附件2,以下简称《申请表》)。如参保人员在离开转出地时未开具《参保缴费凭证》,由转入地社会保险经办机构与转出地社会保险经办机构联系补办。

(三)发联系函。转入地社会保险经办机构对符合转移接续条件的,应在受理之日起15个工作日内生成《基本养老保险关系转移接续联系函》(附件3,以下简称《基本养老保险联系函》),并向参保人员转出地社会保险经办机构发出。

(四)转出基本养老保险信息表和基金。转出地社会保险经办机构在收到《基本养老保险联系函》之日起15个工作日内完成以下手续:

1. 核对有关信息并生成《基本养老保险关系转移接续信息表》(附件4,以下简称《基本养老保险信息表》);机关事业单位之间转移接续的,转出地社会保险经办机构应将缴费工资基数、相应年度在岗职工平均工资等记录在《基本养老保险信息表附表》(附件5);

2. 办理基本养老保险基金划转手续。其中:个人缴费部分按记入本人个人账户的全部储存额计算转移。单位缴费部分以本人改革后各年度实际缴费工资为基数,按12%的总和转移;参保缴费不足1年的,按实际缴费月数计算转移。当发生两次及以上转移的,原从企业职工基本养老保险转入的单位缴费部分和个人账户储存额随同转移;

3. 将《基本养老保险信息表》和《基本养老保险信息表附表》传送给转入地社会保险经办机构;

4. 终止参保人员在本地的基本养老保险关系。

(五)基本养老保险关系转入。转入地社会保险经办机构收到《基本养老保险信息表》和转移基金,在信息、资金匹配一致后15个工作日内办理以下接续手续:

1. 核对《基本养老保险信息表》及转移基金额;

2. 将转移基金额按规定分别记入统筹基金和参保人员个人账户;

3. 根据《基本养老保险信息表》及参保单位或参保人员提供的材料,补充完善相关信息;机关事业单位之间转移接续的,根据《基本养老保险信息表附表》按照就高不就低的原则核实参保人员的实际缴费指数。

4. 将办结情况告知新参保单位或参保人员。

第八条　参保人员从企业流动到机关事业单位的,其流程按本规程第七条规定办理。转移基金按以下办法计算:

(一)个人账户储存额:1998年1月1日之前个人缴费累计本息和1998年1月1日之后个人账户的全部储

存额。个人账户储存额与按规定计算的资金转移额不一致的,1998 年 1 月 1 日之前的,转入地和转出地均保留原个人账户记录;1998 年 1 月 1 日至 2005 年 12 月 31 日期间,个人账户记账比例高于 11% 的部分不计算为转移基金,个人账户记录不予调整,低于 11% 的,转出地按 11% 计算转移资金并相应调整个人账户记录;2006 年 1 月 1 日之后的个人账户记账比例高于 8% 的部分不转移,个人账户不予调整,低于 8% 的,转出地按 8% 计算转移资金,并相应调整个人账户记录。

（二）统筹基金（单位缴费）:以本人 1998 年 1 月 1 日后各年度实际缴费工资为基数,按 12% 的总和转移;参保缴费不足 1 年的,按实际缴费月数计算转移。

第九条　参保人员因辞职、辞退、未按规定程序离职、开除、判刑等原因离开机关事业单位的,应将基本养老保险关系转移至户籍所在地企业职工社会保险经办机构,按以下流程办理转移接续手续:

（一）原参保单位提交《机关事业单位辞职辞退等人员基本养老保险关系转移申请表》（附件 6）,并提供相关资料。

（二）转出地社会保险经办机构在收到《机关事业单位辞职辞退等人员基本养老保险关系转移申请表》之日起 15 个工作日内完成以下手续:

1. 核对有关信息并生成《基本养老保险信息表》;

2. 办理基本养老保险基金划转手续,转移基金额按本规程第七条第四款第 2 项规定计算;

3. 将《基本养老保险信息表》传送给转入地社会保险经办机构;

4. 终止参保人员在本地的基本养老保险关系并将办结情况告知原参保单位。

（三）基本养老保险关系转入。转入地社会保险经办机构收到《基本养老保险信息表》和转移基金,在信息、资金匹配一致后 15 个工作日内办结以下接续手续:

1. 核对《基本养老保险信息表》及转移基金额;

2. 将转移基金额按规定分别记入统筹基金和参保人员个人账户;

3. 根据《基本养老保险信息表》及相关资料,补充完善相关信息;

4. 将办结情况告知参保人员或原参保单位。

第三章　职业年金转移接续

第十条　参保人员出现以下情形之一的,参保单位或参保人员在申报基本养老保险关系转移接续时,应当一并申报职业年金（企业年金）转移接续:

（一）从机关事业单位流动到本省（自治区、直辖市）内的机关事业单位。

（二）从机关事业单位流动到本省（自治区、直辖市）外的机关事业单位。

（三）从机关事业单位流动到已建立企业年金的新参保单位。

（四）从已建立企业年金的参保单位流动到机关事业单位。

第十一条　社会保险经办机构在办理职业年金转移接续时,需转移以下基金项目:

（一）缴费形成的职业年金;

（二）参加本地机关事业单位养老保险试点的个人缴费本息划转的资金;

（三）补记的职业年金;

（四）原转入的企业年金。

以上项目应在职业年金个人账户管理中予以区分,分别管理并计算收益。

第十二条　参加机关事业单位养老保险人员在 2014 年 10 月 1 日后办理了正式调动或辞职、辞退手续离开机关事业单位的,应由原参保单位填报《职业年金补记申请表》（附件 7）,并提供其改革前本人在机关事业单位工作年限相关证明材料。转出地社会保险经办机构依据单位申请资料,协助计算所需补记的职业年金个人账户金额,生成《职业年金个人账户记实/补记通知》（附件 8,以下简称《记实/补记通知》）;原参保单位根据《记实/补记通知》向原资金保障渠道申请资金,及时划转至社会保险经办机构职业年金归集账户。社会保险经办机构确认账实相符后,记入其职业年金个人账户。

第十三条　参保人员在相应的同级财政全额供款的单位之间流动的,职业年金个人账户中记账金额无需记实,继续由转入单位采取记账方式管理。

除此之外,职业年金个人账户中记账部分需在转移接续前记实。参保人员需要记实本人职业年金记账部分时,转出地社会保险经办机构应根据参保单位申请资料,向其出具《记实/补记通知》,记实资金到账并核对一致后,记入参保人员的职业年金个人账户。

第十四条　参保人员从机关事业单位流动到本省（自治区、直辖市）以外机关事业单位的,按以下流程办理职业年金转移接续:

（一）出具参保缴费凭证,按本规程第七条第一款规定办理。

（二）发年金联系函。新参保单位向转入地社会保险经办机构申请职业年金转入,转入地社会保险经办机构受理并审核相关资料,符合转移接续条件的,在受理之日起15个工作日内向转出地社会保险经办机构发出《职业年金(企业年金)关系转移接续联系函》(附件9,以下简称《年金联系函》);对不符合转移接续条件的,应一次性告知需补充的相关材料。

(三)转出年金信息表、基金。转出地社会保险经办机构在收到《年金联系函》后,在确认补记年金、记实资金足额到账之日起45个工作日内完成以下手续:

1. 办理职业年金个人账户的记实、补记和个人账户资产的赎回等业务;

2. 核对有关信息并生成《职业年金(企业年金)关系转移接续信息表》(附件10,以下简称《年金信息表》);

3. 向转入地社会保险经办机构发送《年金信息表》,同时将转移资金划转至转入地社会保险经办机构职业年金归集账户;

4. 终止参保人员在本地的职业年金关系。

(四)职业年金关系转入。转入地社会保险经办机构在收到《年金信息表》和确认转移基金账实相符后,15个工作日内办结以下接续手续:

1. 核对《年金信息表》及转移基金,进行资金到账处理;

2. 将转移金额按项目分别记入参保人员的职业年金个人账户;

3. 根据《年金信息表》及参保单位或参保人员提供的材料,补充完善相关信息;

4. 将办结情况通知新参保单位或参保人员。

第十五条　参保人员从机关事业单位流动到已建立企业年金制度的企业,原参保单位或参保人员申请办理职业年金转移接续。参保人员存在职业年金补记、职业年金个人账户记实等情形的,转出地社会保险经办机构完成上述业务后,45个工作日内办结以下转出手续:

(一)受理并审核企业年金管理机构出具的《年金联系函》;

(二)转出地社会保险经办机构核对相关信息后生成《年金信息表》,将赎回的职业年金个人账户资金划转至新参保单位的企业年金受托财产托管账户;

(三)将《年金信息表》通过新参保单位或参保人员反馈至企业年金管理机构;

(四)终止参保人员的职业年金关系。

第十六条　参保人员从已建立企业年金制度的企业流动到机关事业单位的,转入地社会保险经办机构按以下流程办理转入手续:

(一)受理参保单位或参保人员提出的转移接续申请,15个工作日内向其出具《年金联系函》;

(二)审核企业年金管理机构提供的参保人员参加企业年金的证明材料;

(三)接收转入资金,账实匹配后按规定记入职业年金个人账户。

第十七条　存在下列情形之一的,参保人员的职业年金基金不转移,原参保地社会保险经办机构在业务系统中标识保留账户,继续管理运营其职业年金个人账户:

(一)参保人员升学、参军、失业期间的;

(二)参保人员的新就业单位没有实行职业年金或企业年金制度的。

社会保险经办机构在参保单位办理上述人员相关业务时,应告知参保单位按规定申请资金补记职业年金或记实职业年金账部分,在记实或补记资金账实相符后,将记实或补记金额记入参保人员的职业年金个人账户。

参保人员退休时,负责管理运营职业年金保留账户的社会保险经办机构依本人申请按照国办发〔2015〕18号文件规定计发职业年金待遇。同时,将原参加本地试点的个人缴费本息划转资金的累计储存额一次性支付给本人。

第十八条　参保人员从企业再次流动到机关事业单位的,转入地社会保险经办机构按以下方式办理:

(一)未参加企业年金制度的企业转出,转入的机关事业单位和原机关事业单位在同一省(自治区、直辖市)内的,转入地机关事业单位社会保险经办机构将参保人员保留账户恢复为正常缴费账户,按规定继续管理运营。

(二)未参加企业年金制度的企业转出,转入的机关事业单位和原机关事业单位不在同一省(自治区、直辖市)内的,参保人员的职业年金保留账户按照制度内跨省转移接续流程(本规程第十四条)办理。

(三)建立企业年金制度的企业转出,按照从企业流动到机关事业单位的企业年金转移接续流程(本规程第十六条)办理。

第十九条　参保人员再次从机关事业单位流动到企业的,不再重复补记职业年金。参保人员再次从企业流动到机关事业单位的,在机关事业单位养老保险制度内退休时,待遇领取地社会保险经办机构将补记职业年金本金及投资收益划转到机关事业单位基本养老保险统筹基金。

第二十条　参保人员达到待遇领取条件时,存在建立多个职业年金关系的,应由待遇领取地社会保险经办机构通知其他建立职业年金关系的社会保险经办机构,按照本规程第十四条规定将职业年金关系归集至待遇领取地社会保险经办机构。

第二十一条　参保人员从企业流动到机关事业单位的,原在企业建立的企业年金按规定转移接续并继续管理运营。参保人员在机关事业单位养老保险制度内退休时,过渡期内,企业年金累计储存额不计入新老办法标准对比范围,企业年金累计储存额除以计发月数,按月领取;过渡期之后,将职业年金、企业年金累计储存额合并计算,按照国办发〔2015〕18号文件计发职业年金待遇。

第二十二条　改革前参加地方原有试点、改革后纳入机关事业单位基本养老保险的人员,改革前的个人缴费本息划入本人职业年金个人账户管理。

第四章　其他情形处理

第二十三条　参保人员转移接续基本养老保险关系前本人欠缴基本养老保险费的,由本人向原基本养老保险关系所在地补缴个人欠费后再办理基本养老保险关系转移接续手续,同时原参保所在地社会保险经办机构负责转出包括参保人员原欠缴年份的单位缴费部分;本人不补缴个人欠费的,社会保险经办机构也应及时办理基本养老保险关系和基金转出的各项手续,其欠缴基本养老保险费的时间不计算缴费年限,个人欠费的时间不转移基金,之后不再办理补缴欠费。

第二十四条　参保人员同时存续基本养老保险关系或重复缴纳基本养老保险费的,转入地社会保险经办机构应按"先转后清"的原则,在参保人员确认保留相应时段缴费并提供退款账号后,办理基本养老保险关系清理和个人账户储存额退还手续。

第二十五条　转入地社会保险经办机构发现《养老保险信息表》转移金额等信息有误的,应通过全国基本养老保险关系转移接续系统或书面材料告知转出地社会保险经办机构。由转出地社会保险经办机构补充完善相关资料后,转入地社会保险经办机构办理相关转移接续手续。

第二十六条　社会保险经办机构在办理养老保险关系转移接续时,对资料不全或不符合规定的,应一次性告知需要补充和更正的资料或不予受理的理由。

第二十七条　转出地社会保险经办机构对参保人员转移接续的有关信息应保留备份。

第五章　附　则

第二十八条　本规程由人力资源社会保障部负责解释。

附件:(略)

民政部、公安部、司法部、财政部、人力资源社会保障部、文化部、卫生计生委、国务院扶贫办、全国老龄办关于加强农村留守老年人关爱服务工作的意见

· 2017年12月28日
· 民发〔2017〕193号

各省、自治区、直辖市民政厅(局)、公安厅(局)、司法厅(局)、财政厅(局)、人力资源社会保障厅(局)、文化厅(局)、卫生计生委、扶贫办、老龄办、新疆生产建设兵团民政局、公安局、司法局、财务局、人力资源社会保障局、文化局、卫生计生委、扶贫办、老龄办:

农村留守老年人问题是我国工业化、城镇化、市场化和经济社会发展的阶段性问题,是城乡发展不均衡、公共服务不均等、社会保障不完善等问题的深刻反映。农村留守老年人关爱服务是农村养老服务体系的重要组成部分。关爱服务体系的完善关乎广大农村留守老年人的晚年幸福生活,关系到脱贫攻坚的目标实现,关系到社会和谐稳定和全面建成小康社会大局。党中央、国务院高度重视农村留守老年人关爱服务工作,党的十九大报告明确要求加快建立健全农村留守老年人关爱服务体系。为贯彻落实党中央、国务院决策部署,进一步加强农村留守老年人关爱服务工作,现提出以下意见:

一、把握农村留守老年人关爱服务工作的总体要求

加强农村留守老年人关爱服务工作,要深入贯彻党的十九大精神和习近平新时代中国特色社会主义思想,以促进农村留守老年人安享幸福晚年生活为落脚点,着力完善关爱服务网络,提升关爱服务能力,健全关爱服务体制机制,切实把握好四方面原则与要求:

一是明确职责、完善机制。强化家庭和子女在赡养、扶养留守老年人中的主体责任和法定义务,落实县乡两级政府在维护留守老年人权益中的基本职责,充分发挥老年人组织、村民互助服务组织、社会工作服务机构作用,建立健全家庭尽责、基层主导、社会协同、全民行动、政府支持保障的农村留守老年人关爱服务工作机制。

二是突出重点、强化服务。各地要加强资源统筹,以防范留守生活安全风险为重点内容,以经济困难家庭的高龄、失能留守老年人为重点对象,督促各方履行关爱职责,增强生活照料、精神慰藉、安全监护、权益维护等基本服务,防止冲击社会道德底线的问题发生。

三是因地制宜、改革创新。各地区要结合当地经济社会发展水平，结合当地人文风俗文化习惯，结合当地人口老龄化形势趋势，深入研究、开拓创新，积极探索有效管用的农村留守老年人关爱服务政策措施与实践模式。

四是加强统筹、综合施策。将农村留守老年人关爱服务体系纳入养老服务体系统筹设计，做好政策衔接；与城乡一体化、基本公共服务均等化和农业现代化发展相适应，与信息化、智能化等现代技术推广应用相同步，从城市和农村两端发力逐步解决农村老年人留守问题。

力争到2020年，农村留守老年人关爱服务工作机制和基本制度全面建立，关爱服务体系初步形成，关爱服务普遍开展，养老、孝老、敬老的乡村社会氛围更加浓厚，农村贫困留守老年人全部脱贫。

二、强化家庭在农村留守老年人赡养与关爱服务中的主体责任

家庭是农村留守老年人赡养和关爱服务的责任主体。子女或其他赡养人要依法履行对老年人经济上供养、生活上照料和精神上慰藉的义务，扶养人要依法履行扶养义务。子女或其他赡养人、扶养人应当经常看望或者问候留守老年人，不得忽视、冷落老年人。支持家族成员和亲友对留守老年人给予生活照料和精神关爱，鼓励邻里乡亲为留守老年人提供关爱服务，避免让生活不能自理的老年人单独居住生活。在尊重老年人意愿的前提下，赡养义务人可与亲属或其他人签订委托照顾协议，相关情况应向村民委员会报备。提高子女或其他赡养人的守法意识，增强村规民约对家庭赡养义务人的道德约束，发挥孝亲敬老典型的示范引导作用。对赡养人、扶养人不履行赡养、扶养义务的，村民委员会、老年人组织或者赡养人、扶养人所在单位应当监督其履行；情节严重的，相关执法部门要依法追究其法律责任。

三、发挥村民委员会在农村留守老年人关爱服务中的权益保障作用

村民委员会要在县乡两级政府的统筹协调和组织引导下，加强留守老年人关爱服务工作。协助做好辖区内留守老年人基本信息摸查；以电话问候、上门访问等方式，定期探访留守老年人，及时了解留守老年人生活情况，将存在安全风险和生活困难的留守老年人作为重点帮扶对象，村民委员会要及时通知并督促其子女和其他家庭成员予以照顾，同时报告乡镇人民政府。将关爱服务纳入村规民约，推动形成孝敬父母、尊重老人、互帮互助、邻里相亲的良好乡村社会风尚。鼓励乡贤人士、社会爱心企业和个人资助开展留守老年人关爱服务。

四、发挥为老组织和设施在农村留守老年人关爱服务中的独特作用

增强农村老年协会对留守老年人的关爱服务能力。支持乡镇、村建立老年协会或其他老年人组织，鼓励留守老年人入会互助养老。鼓励和引导农村老年协会积极参与和组织留守老年人关爱服务，开展老年人喜闻乐见的文体娱乐、教育培训、知识讲座等活动，提供权益维护、互助养老等服务。鼓励各地将农村互助幸福院等养老服务设施委托交由老年协会等社会力量运营管理，面向留守老年人提供服务，把具备资质的老年协会纳入政府购买服务承接主体。

发挥农村特困人员供养服务机构和养老服务设施在留守老年人关爱服务中的重要作用。鼓励有条件的农村特困人员供养服务机构在满足特困人员集中供养需求的基础上，发挥辐射功能，为经济困难家庭的高龄、失能留守老年人提供服务。持续推进农村互助幸福院建设，有条件的地方，可将日常运行维护费用纳入财政预算支持范围。

发挥农村各类公共服务设施在留守老年人关爱服务中的支持作用。支持农村卫生服务中心提升服务能力，拓展服务范围，为农村留守老年人提供健康管理、基本医疗和长期护理服务。支持农村综合性文化服务中心、农村社区综合服务设施、老年学校、党员活动室等公共服务设施建设，鼓励各有关部门和组织下沉基层的公共服务项目面向留守老年人开展服务。

五、促进社会力量广泛参与留守老年人关爱服务

广泛开展关爱农村留守老年人志愿服务。鼓励农村基层组织组建志愿者队伍，为志愿服务活动开展提供场所和其他便利条件，完善志愿服务信息网络，建立健全农村志愿服务体系。引导城市和农村志愿者和志愿服务组织为留守老年人提供内容丰富、形式多样、符合需要的志愿服务。鼓励低龄健康老年人为高龄、失能留守老年人提供力所能及的志愿服务，探索建立志愿服务互助循环机制。

探索推动社会工作专业力量参与留守老年人关爱服务。加大农村社会工作专业人才培养力度，支持农村基层组织、为老服务组织根据需要配备使用社会工作专业人才。发挥社会工作人文关怀、助人自助的专业优势，通过设立社会工作站点、政府购买服务等方式，及时为留守老年人提供心理疏导、情绪疏解、精神慰藉、代际沟通、家庭关系调适、社会融入等服务。

支持社会组织为留守老年人提供关爱服务。落实税费减免等优惠政策,加快孵化培育专业化为老社会服务机构,提升其开展农村留守老年人安全防护、生活照料、紧急援助、康复护理等专业服务的能力。鼓励农村经济合作社、农村电商组织等其他社会力量参与关爱留守老年人。

六、加强政府对农村留守老年人关爱服务的支持保障

加强组织领导。各地要建立健全党委领导下的政府支持保障、部门协同配合、群团组织积极参与、村民委员会和老年协会发挥骨干作用、社会力量广泛参与的农村留守老年人关爱服务工作机制。各级老龄工作委员会、养老服务业发展领导小组要将农村留守老年人关爱服务纳入统筹指导范围,推进留守老年人关爱服务与老龄工作、养老服务协调发展。鼓励各地建立健全工作考核、责任追究和奖惩机制。

明确职责分工。公安部门要依法严厉打击侵害留守老年人合法权益的违法犯罪行为,督促、指导乡镇政府落实农村为老设施的消防设施器材建设、日常消防安全管理和老年人消防安全宣传教育工作。民政部门牵头做好工作协调,培养壮大农村养老服务和社会工作专业人才队伍,加强农村养老服务设施建设,将农村留守老年人关爱服务体系纳入农村养老服务体系统筹考虑。司法行政部门要做好法治宣传教育工作,依法为留守老年人提供法律援助服务。财政部门要积极支持农村留守老年人关爱服务工作,完善政府购买服务制度。人力资源社会保障部门要建立健全覆盖城乡居民基本养老保险、基本医疗保险等社会保障公共服务体系,逐步提升社会保障水平。文化部门要依托基层综合性文化服务中心,为农村留守老年人提供丰富多彩的文化服务,丰富老年人精神文化生活。卫生计生部门要落实基本公共卫生服务项目,为65岁以上农村留守老年人提供健康管理服务,会同民政等部门推进医养结合工作。扶贫部门要落实脱贫攻坚政策,支持做好贫困留守老年人脱贫工作。老龄工作机构要统筹协调留守老年人关爱工作,培育和发展老年协会,做好留守老年人权益维护,加强孝亲敬老社会宣传与人口老龄化国情教育。

加强资源支持。地方各级财政要优化和调整支出结构,支持做好留守老年人关爱服务工作。鼓励有条件的地区通过购买服务形式开展留守老年人关爱服务。不断完善基本医疗、基本养老、社会救助、社会福利等社会保障制度,落实相关社会保障政策,切实维护农村留守老年人基本权益。坚持应扶尽扶,精准识别农村贫困人口,将符合条件的农村留守老年人全部纳入建档立卡范围,给予政策扶持,帮助其脱贫增收。鼓励有条件的地区统筹

辖区为老服务资源,探索建立留守老年人关爱服务清单制度,定期梳理并发布留守老年人关爱服务项目内容和资源获取渠道。鼓励有条件的地区将村集体收入按一定比例用于农村留守老年人关爱服务。支持利用移动互联网、物联网等现代科学技术,依托城乡社区为老服务设施,为留守老年人获取有关服务以及与其外出工作子女亲情交流等,搭建高效、便捷、适用的智能服务网络平台。

建立信息台账与定期探访制度。建立信息共享和动态管理的农村留守老年人信息台账。乡镇政府要定期组织排查,对农村留守老年人进行摸底,掌握辖区农村留守老年人的家庭结构、经济来源、健康状况、照料情况、存在困难问题等动态信息;重点排查经济困难家庭的高龄、失能留守老年人,做到精准到村、到户、到人。省市县级层面要掌握辖区留守老年人的数量规模、基本分布、主要特征等总体信息。以县为单位,由乡镇人民政府统筹指导,由村民委员会协助实施,建立农村留守老年人定期探访制度,及时了解或评估农村留守老年人生活情况、家庭赡养责任落实情况,将相关信息及时更新到留守老年人信息台账,并为留守老年人提供相应援助服务。有条件的地区可探索建立留守老年人风险评估制度,制定风险等级标准,对风险等级高的留守老年人及时进行干预,实施关爱救助。

做好宣传引导。及时研究总结与宣传推广各地农村留守老年人关爱服务实践先进经验。大力宣扬积极老龄化理念,倡导健康生活理念,开展健康生活知识教育,引导留守老年人保持身心健康。加强《中华人民共和国老年人权益保障法》等法律法规宣传,提高子女或其他赡养人守法意识,督促落实赡养义务;加强孝亲敬老传统美德宣传,形成互帮互助、助老爱老的良好风尚,营造全社会正确对待、积极接纳、关心关爱留守老年人的友好环境。

各省(自治区、直辖市)民政部门要主动会同有关部门根据此意见,结合当地实际,抓紧制定和出台具体实施意见或实施细则,加快建立和完善农村留守老年人关爱服务制度。

国务院办公厅关于推动个人养老金发展的意见

·2022年4月8日
·国办发〔2022〕7号

各省、自治区、直辖市人民政府,国务院各部委、各直属机构:

为推进多层次、多支柱养老保险体系建设,促进养老

保险制度可持续发展,满足人民群众日益增长的多样化养老保险需要,根据《中华人民共和国社会保险法》、《中华人民共和国银行业监督管理法》、《中华人民共和国保险法》、《中华人民共和国证券投资基金法》等法律法规,经党中央、国务院同意,现就推动个人养老金发展提出以下意见:

一、总体要求

以习近平新时代中国特色社会主义思想为指导,全面贯彻党的十九大和十九届历次全会精神,认真落实党中央、国务院决策部署,坚持以人民为中心的发展思想,完整、准确、全面贯彻新发展理念,加快构建新发展格局,推动发展适合中国国情、政府政策支持、个人自愿参加、市场化运营的个人养老金,与基本养老保险、企业(职业)年金相衔接,实现养老保险补充功能,协调发展其他个人商业养老金融业务,健全多层次、多支柱养老保险体系。

推动个人养老金发展坚持政府引导、市场运作、有序发展的原则。注重发挥政府引导作用,在多层次、多支柱养老保险体系中统筹布局个人养老金;充分发挥市场作用,营造公开公平公正的竞争环境,调动各方面积极性;严格监督管理,切实防范风险,促进个人养老金健康有序发展。

二、参加范围

在中国境内参加城镇职工基本养老保险或者城乡居民基本养老保险的劳动者,可以参加个人养老金制度。

三、制度模式

个人养老金实行个人账户制度,缴费完全由参加人个人承担,实行完全积累。参加人通过个人养老金信息管理服务平台(以下简称信息平台),建立个人养老金账户。个人养老金账户是参加个人养老金制度、享受税收优惠政策的基础。

参加人可以用缴纳的个人养老金在符合规定的金融机构或者其依法合规委托的销售渠道(以下统称金融产品销售机构)购买金融产品,并承担相应的风险。参加人应当指定或者开立一个本人唯一的个人养老金资金账户,用于个人养老金缴费、归集收益、支付和缴纳个人所得税。个人养老金资金账户可以由参加人在符合规定的商业银行指定或者开立,也可以通过其他符合规定的金融产品销售机构指定。个人养老金资金账户实行封闭运行,其权益归参加人所有,除另有规定外不得提前支取。

参加人变更个人养老金资金账户开户银行时,应当经信息平台核验后,将原个人养老金资金账户内的资金转移至新的个人养老金资金账户并注销原资金账户。

四、缴费水平

参加人每年缴纳个人养老金的上限为12000元。人力资源社会保障部、财政部根据经济社会发展水平和多层次、多支柱养老保险体系发展情况等因素适时调整缴费上限。

五、税收政策

国家制定税收优惠政策,鼓励符合条件的人员参加个人养老金制度并依规领取个人养老金。

六、个人养老金投资

个人养老金资金账户资金用于购买符合规定的银行理财、储蓄存款、商业养老保险、公募基金等运作安全、成熟稳定、标的规范、侧重长期保值的满足不同投资者偏好的金融产品,参加人可自主选择。参与个人养老金运行的金融机构和金融产品由相关金融监管部门确定,并通过信息平台和金融行业平台向社会发布。

七、个人养老金领取

参加人达到领取基本养老金年龄、完全丧失劳动能力、出国(境)定居,或者具有其他符合国家规定的情形,经信息平台核验领取条件后,可以按月、分次或者一次性领取个人养老金,领取方式一经确定不得更改。领取时,应将个人养老金由个人养老金资金账户转入本人社会保障卡银行账户。

参加人死亡后,其个人养老金资金账户中的资产可以继承。

八、信息平台

信息平台由人力资源社会保障部组织建设,与符合规定的商业银行以及相关金融行业平台对接,归集相关信息,与财政、税务等部门共享相关信息,为参加人提供个人养老金账户管理、缴费管理、信息查询等服务,支持参加人享受税收优惠政策,为个人养老金运行提供信息核验和综合监管支撑,为相关金融监管部门、参与个人养老金运行的金融机构提供相关信息服务。不断提升信息平台的规范化、信息化、专业化管理水平,运用"互联网+"创新服务方式,为参加人提供方便快捷的服务。

九、运营和监管

人力资源社会保障部、财政部对个人养老金发展进行宏观指导,根据职责对个人养老金的账户设置、缴费上限、待遇领取、税收优惠等制定具体政策并进行运行监管,定期向社会披露相关信息。税务部门依法对个人养老金实施税收征管。相关金融监管部门根据各自职责,依法依规对参与个人养老金运行金融机构的经营活动进行监管,督促相关金融机构优化产品和服务,做好产品风险提示,对产品的风险性进行监管,加强对投资者的教育。

各参与部门要建立和完善投诉机制,积极发挥社会监督作用,及时发现解决个人养老金运行中出现的问题。

十、组织领导

推动个人养老金发展是健全多层次、多支柱养老保险体系,增强人民群众获得感、幸福感、安全感的重要举措,直接关系广大参加人的切身利益。各地区要加强领导、周密部署、广泛宣传,稳妥有序推动有关工作落地实施。各相关部门要按照职责分工制定落实本意见的具体政策措施,同向发力、密切协同,指导地方和有关金融机构切实做好相关工作。人力资源社会保障部、财政部要加强指导和协调,结合实际分步实施,选择部分城市先试行1年,再逐步推开,及时研究解决工作中遇到的问题,确保本意见顺利实施。

国务院关于印发"十四五"国家老龄事业 发展和养老服务体系规划的通知

·2021年12月30日
·国发〔2021〕35号

各省、自治区、直辖市人民政府,国务院各部委、各直属机构:

现将《"十四五"国家老龄事业发展和养老服务体系规划》印发给你们,请认真贯彻执行。

"十四五"国家老龄事业发展和养老服务体系规划

为实施积极应对人口老龄化国家战略,推动老龄事业和产业协同发展,构建和完善兜底性、普惠型、多样化的养老服务体系,不断满足老年人日益增长的多层次、高品质健康养老需求,根据《中华人民共和国老年人权益保障法》《中华人民共和国国民经济和社会发展第十四个五年规划和2035年远景目标纲要》和《国家积极应对人口老龄化中长期规划》,制定本规划。

一、规划背景

党和国家高度重视老龄事业和养老服务体系发展。"十三五"时期,在党和国家重大规划和政策意见引领下,我国老龄事业发展和养老服务体系建设取得一系列新成就。一是老龄政策法规体系不断完备。涉老相关法律法规、规章制度和政策措施不断完善,老年人权益保障机制、优待政策等不断细化,养老服务体系建设、运营、发展的标准和监管制度更加健全。二是多元社会保障不断加强。基本社会保险进一步扩大覆盖范围,企业退休人员养老保险待遇和城乡居民基础养老金水平得到提升,

稳步推进长期护理保险试点工作,明确了两批共49个试点城市,在制度框架、政策标准、运行机制、管理办法等方面作出探索。商业养老保险、商业健康保险快速发展。三是养老服务体系不断完善。"十三五"期间,全国各类养老服务机构(包括养老机构、社区养老服务机构,下同)和设施从11.6万个增加到32.9万个,床位数从672.7万张增加到821万张。各级政府持续推进公办养老机构建设,加强特困人员养老保障,对经济困难的高龄、失能(含失智,下同)老年人给予补贴,初步建立农村留守老年人关爱服务体系。居家社区养老服务发展迅速,机构养老服务稳步推进,普惠养老专项行动顺利实施。四是健康支撑体系不断健全。老年人健康水平持续提升,2020年人均预期寿命提高至77.9岁,65岁及以上老年人在基层医疗卫生机构免费获得健康管理服务。医养结合服务有序发展,照护服务能力明显提高,2020年全国两证齐全(具备医疗卫生机构资质,并进行养老机构备案)的医养结合机构5857家,床位数达到158万张。五是老龄事业和产业加快发展。老年教育机构持续增加,老年人精神文化生活不断丰富,更多老年人积极参与社区治理、文教卫生等活动。老年宜居环境建设积极推进,老年人权益保障持续加强。老年用品制造业和服务业加快转型升级,科技化水平显著提升,教育培训、文化娱乐、健康养生、旅居养老等融合发展的新业态不断涌现。

"十四五"时期,我国开启全面建设社会主义现代化国家新征程。党中央把积极应对人口老龄化上升为国家战略,在《中华人民共和国国民经济和社会发展第十四个五年规划和2035年远景目标纲要》中作了专门部署。人口老龄化是人类社会发展的客观趋势,我国具备坚实的物质基础、充足的人力资本、历史悠久的孝道文化,完全有条件、有能力、有信心解决好这一重大课题。同时也要看到,我国老年人口规模大,老龄化速度快,老年人需求结构正在从生存型向发展型转变,老龄事业和养老服务还存在发展不平衡不充分等问题,主要体现在农村养老服务水平不高、居家社区养老和优质普惠服务供给不足、专业人才特别是护理人员短缺、科技创新和产品支撑有待加强、事业产业协同发展尚需提升等方面,建设与人口老龄化进程相适应的老龄事业和养老服务体系的重要性和紧迫性日益凸显,任务更加艰巨繁重。

二、总体要求

(一)指导思想。

以习近平新时代中国特色社会主义思想为指导,全面贯彻党的十九大和十九届历次全会精神,统筹推进"五位

一体"总体布局,协调推进"四个全面"战略布局,坚持稳中求进工作总基调,立足新发展阶段,完整、准确、全面贯彻新发展理念,构建新发展格局,坚持党委领导、政府主导、社会参与、全民行动,实施积极应对人口老龄化国家战略,以加快完善社会保障、养老服务、健康支撑体系为重点,把积极老龄观、健康老龄化理念融入经济社会发展全过程,尽力而为、量力而行,深化改革、综合施策,加大制度创新、政策供给、财政投入力度,推动老龄事业和产业协同发展,在老有所养、老有所医、老有所为、老有所学、老有所乐上不断取得新进展,让老年人共享改革发展成果、安享幸福晚年。

(二)基本原则。

——系统谋划,整体推进。坚持应对人口老龄化和促进经济社会发展相结合,坚持满足老年人需求和解决人口老龄化问题相结合,统筹把握老年群体与全体社会成员、老年期与全生命周期、老龄政策与公共政策的关系,系统整体推进老龄事业发展。

——以人为本,顺应趋势。贯彻以人民为中心的发展思想,聚焦老年人在社会保障、养老、医疗等民生问题上的"急难愁盼",加快建设符合中国国情、顺应人口老龄化趋势的保障和服务体系,优化服务供给,提升发展质量,确保始终与经济社会发展相适应。

——兜好底线,广泛普惠。推进养老服务体系建设,强化政府保基本兜底线职能,促进资源均衡配置,确保基本养老服务保障到位。大力发展普惠型养老服务,充分调动社会力量积极性,为人民群众提供方便可及、价格可负担、质量有保障的养老服务。

——改革创新,扩大供给。深化放管服改革,优化营商环境,培育新产业、新业态、新模式,推动服务业多业态深度融合发展,打造制造业创新示范高地。大力发展银发经济,推动老龄事业与产业、基本公共服务与多样化服务协调发展,努力满足老年人多层次多样化需求。

——多方参与,共建共享。坚持政府、社会、家庭、个人共同参与、各尽其责,弘扬中华民族孝亲敬老传统美德,巩固家庭养老的基础地位,打造老年友好型社会。引导老年人树立主动健康和终身发展理念,鼓励老年人积极面对老年生活,在经济社会发展中充分发挥作用。

(三)发展目标。

"十四五"时期,积极应对人口老龄化国家战略的制度框架基本建立,老龄事业和产业有效协同、高质量发展,居家社区机构相协调、医养康养相结合的养老服务体系和健康支撑体系加快健全,全社会积极应对人口老龄化格局初步形成,老年人获得感、幸福感、安全感显著提升。

养老服务供给不断扩大。覆盖城乡、惠及全民、均衡合理、优质高效的养老服务供给进一步扩大,家庭养老照护能力有效增强,兜底养老服务更加健全,普惠养老服务资源持续扩大,多层次多样化养老服务优质规范发展。

老年健康支撑体系更加健全。老年健康服务资源供给不断增加,配置更加合理,人才队伍不断扩大。家庭病床、上门巡诊等居家医疗服务积极开展。老年人健康水平不断提升,健康需求得到更好满足。

为老服务多业态创新融合发展。老年人教育培训、文化旅游、健身休闲、金融支持等服务不断丰富,围绕老年人衣食住行、康复护理的老年用品产业不断壮大,科技创新能力明显增强,智能化产品和服务惠及更多老年人。

要素保障能力持续增强。行业营商环境持续优化,规划、土地、住房、财政、投资、融资、人才等支持政策更加有力,从业人员规模和能力不断提升,养老服务综合监管、长期护理保险等制度更加健全。

社会环境更加适老宜居。全国示范性老年友好型社区建设全面推进,敬老爱老助老的社会氛围日益浓厚,老年人社会参与程度不断提高。老年人在运用智能技术方面遇到的困难得到有效解决,广大老年人更好地适应并融入智慧社会。

专栏1 "十四五"国家老龄事业发展和养老服务体系主要指标	
指　标	2025 年目标值
1. 养老服务床位总量	达到 900 万张以上
2. 特殊困难老年人月探访率	达到 100%
3. 新建城区、新建居住区配套建设养老服务设施达标率	达到 100%
4. 养老机构护理型床位占比	达到 55%

续表

5. 设立老年医学科的二级及以上综合性医院占比	达到60%以上
6. 本科高校、职业院校养老服务相关专业招生规模	明显增长
7. 每千名老年人配备社会工作者人数	保持1人以上
8. 老年大学覆盖面	每个县(市、区、旗)至少1所
9."敬老月"活动覆盖面	每个县(市、区、旗)每年开展1次

三、织牢社会保障和兜底性养老服务网

（四）进一步健全社会保障制度。

完善基本养老保险和基本医疗保险体系。不断扩大基本养老保险覆盖面。尽快实现企业职工基本养老保险全国统筹。实施渐进式延迟法定退休年龄。落实基本养老金合理调整机制，适时适度调整城乡居民基础养老金标准。大力发展企业年金、职业年金，提高企业年金覆盖率，促进和规范发展第三支柱养老保险，推动个人养老金发展。完善基本医保政策，逐步实现门诊费用跨省直接结算，扩大老年人慢性病用药报销范围，将更多慢性病用药纳入集中带量采购，降低老年人用药负担。

稳步建立长期护理保险制度。适应我国经济社会发展水平和老龄化发展趋势，构建长期护理保险制度政策框架，协同促进长期照护服务体系建设。从职工基本医疗保险参保人群起步，重点解决重度失能人员基本护理保障需求。探索建立互助共济、责任共担的多渠道筹资机制，参加长期护理保险的职工筹资以单位和个人缴费为主，形成与经济社会发展和保障水平相适应的筹资动态调整机制。建立公平适度的待遇保障机制，合理确定待遇保障范围和基金支付水平。制定全国统一的长期护理保险失能等级评估标准，建立并完善长期护理保险需求认定、等级评定等标准体系和管理办法，明确长期护理保险基本保障项目。做好与经济困难的高龄、失能老年人补贴以及重度残疾人护理补贴等政策的衔接。健全长期护理保险经办服务体系。

完善社会救助和社会福利制度。健全分层分类的社会救助体系，将符合条件的老年人纳入相应社会救助范围，予以救助。为经济困难的老年人提供养老服务补贴，为经济困难的失能老年人提供护理补贴，并建立补贴标准动态调整机制。推动地方探索通过政府购买服务等方式为经济困难的失能老年人等提供必要的访视、照料服务。

（五）建立基本养老服务清单制度。

建立老年人能力综合评估制度。统筹现有的老年人能力、健康、残疾、照护等相关评估制度，通过政府购买服务等方式，统一开展老年人能力综合评估，推动评估结果全国范围内互认、各部门按需使用，作为接受养老服务等的依据。研究制定可满足老年人能力综合评估需要的国家标准，提供统一、规范和可操作的评估工具。推动培育一批综合评估机构，加强能力建设和规范管理。

针对不同老年人群体分类提供服务。各地要根据财政承受能力，出台基本养老服务清单，对健康、失能、经济困难等不同老年人群体，分类提供养老保障、生活照料、康复照护、社会救助等适宜服务。清单要明确服务对象、服务内容、服务标准和支出责任，并根据经济社会发展和科技进步进行动态调整。

（六）强化公办养老机构兜底保障作用。

坚持公办养老机构公益属性。各地要根据特困老年人规模确定公办养老机构床位总量下限，做好规划建设和保运转等工作。在满足有意愿的特困老年人集中供养需求的前提下，公办养老机构重点为经济困难的空巢、留守、失能、残疾、高龄老年人以及计划生育特殊家庭老年人等(以下统称特殊困难老年人)提供服务。建立公办养老机构入住评估管理制度，明确老年人入住条件和排序原则。引导公建民营、民办公助等养老机构优先接收特殊困难老年人、作出特殊贡献的老年人。鼓励地方探索解决无监护人老年人入住养老机构难的问题。

提升公办养老机构服务水平。加大现有公办养老机构改造力度，提升失能老年人照护能力，增设失智老年人照护专区，在满足政策保障对象入住需求的基础上优先安排失能老年人入住。支持1000个左右公办养老机构增加护理型床位。针对公共卫生、自然灾害等突发事件，增设隔离功能，改造消防设施，配备必要的物资和设备，加强人员应急知识培训，提升公办养老机构应急保障能力。发挥公办养老机构作用，辐射带动周边各类养老机构完善突发事件预防与应急准备、监测与预警、应急处置与救援等机制。

专栏2　公办养老机构提升行动

　　提升覆盖能力达标率。新建和升级改造设区的市级公办养老机构。县级、乡镇级重点支持特困人员供养服务设施(敬老院)建设,改造升级护理型床位,开辟失能老年人照护单元,到2025年,县级特困人员供养服务设施(敬老院)建有率达到100%。

　　提升服务质量安全达标率。加强公办养老机构规范化建设,使其符合养老机构服务安全基本规范等标准。依据养老机构等级划分与评定等标准,评定为一级至二级服务等级的乡镇级公办养老机构、评定为二级至三级服务等级的县级公办养老机构建有率均达到80%以上。

　　提升入住率。改善公办养老机构服务,优化供给结构,公办养老机构入住率明显提升,用好用足现有资源。

　　(七)加快补齐农村养老服务短板。

　　通过支持县级养老服务机构建设改造、将具备条件的乡镇级特困人员供养服务设施(敬老院)改扩建为区域养老服务中心、综合利用残疾人托养服务设施等方式,因地制宜实现农村有意愿的特困老年人集中供养。以村级邻里互助点、农村幸福院等为依托,构建农村互助式养老服务网络。支持乡镇级特困人员供养服务设施(敬老院)增加养老服务指导功能,将专业养老服务延伸至村级邻里互助点、农村幸福院和居家老年人。对于特困人员供养服务设施(敬老院)原地改造升级项目,不需要调整规划用途,不额外占用建设指标。加强农村养老服务和管理人才队伍建设,提高职业化、专业化水平。以行政村为单位,依托村民自治组织和邻里互助力量,建立特殊困难老年人定期巡访制度,督促家庭成员履行赡养扶养义务,提供必要的援助服务,帮助解决基本生活安全问题。

　　四、扩大普惠型养老服务覆盖面

　　(八)建设普惠养老服务网络。

　　发展社区养老服务机构。深化"十三五"时期居家和社区养老服务试点改革成果,培育一批以照护为主业、辐射社区周边、兼顾上门服务的社区养老服务机构,推动集中管理运营和标准化、品牌化发展。支持社区养老服务机构建设和运营家庭养老床位,将服务延伸至家庭。支持物业企业发挥贴近住户的优势,与社区养老服务机构合作提供居家养老服务。在乡镇(街道)层面,建设具备全日托养、日间照料、上门服务、供需对接、资源统筹等功能的区域养老服务中心。到2025年,乡镇(街道)层面区域养老服务中心建有率达到60%,与社区养老服务机构功能互补,共同构建"一刻钟"居家养老服务圈。

　　支持建设专业化养老机构。支持社会力量建设专业化、规模化、医养结合能力突出的养老机构,推动其在长期照护服务标准规范完善、专业人才培养储备、信息化智能化管理服务、康复辅助器具推广应用等方面发挥示范

引领作用。支持养老机构针对失智老年人的特殊需求,提供专业照护服务。引导养老机构立足自身定位,合理延伸服务范围,依法依规开展医疗卫生服务,为老年人提供一体化的健康和养老服务。中央预算内投资重点支持新建护理型养老服务设施和照护服务能力改造提升项目。引导地方对普通型床位和护理型床位实行差异化补助,到2025年,全国养老机构护理型床位占比提高到55%。完善对护理型床位的认定办法,尽快建立长期照护服务的项目、标准、质量评价等规范。

　　积极推进公办养老机构改革。完善公办养老机构委托经营机制,改革以价格为主的筛选标准,综合考虑从业信誉、服务水平、可持续性等质量指标。引进养老服务领域专业能力较强的运营机构早期介入、全程参与委托经营的养老机构项目工程建设,支持规模化、连锁化运营。探索将具备条件的公办养老机构改制为国有养老服务企业或拓展为连锁服务机构。探索建立城市养老服务联合体,"以上带下"提升基层服务能力。

　　(九)支持普惠养老服务发展。

　　完善社区养老服务设施配套。各地要严格按照人均用地不少于0.1平方米的标准分区分级规划设置社区养老服务设施,老龄化程度较高的地区可结合实际适当上调标准。加强常态化督查,确保新建居住区与配套养老服务设施同步规划、同步建设、同步验收、同步交付。开展城镇配套养老服务设施专项治理,全面清查2014年以来新建城区、新建居住区配套情况,定期进行全国通报,2025年前完成整改。在城镇老旧小区改造中,统筹推进配套养老服务设施建设,通过补建、购置、置换、租赁、改造等方式,因地制宜补齐社区养老服务设施短板。支持在社区综合服务设施开辟空间用于养老服务。支持养老机构利用配套设施提供社区养老服务,具备条件的可重点开展失能老年人全日托养服务,无偿或低偿使用配套设施的,应当以普惠为导向确定服务价格。鼓励地方探

索对相邻居住区的配套养老服务设施进行资源整合、统筹利用,统一管理运营。定期组织开展社区养老服务设施使用状况检查,对于未按养老服务用途使用的配套设施产权方,支持地方探索依法实施合理的经济处罚方式。

充分调动社会力量参与积极性。综合运用规划、土地、住房、财政、投资、融资、人才等支持政策,引导各类主体提供普惠养老服务,扩大供给,提高质量,提升可持续发展能力。进一步完善市场原则下的普惠价格形成机制,"十四五"期间,各地要结合实际,综合考虑企业建设运营成本、政策支持情况、消费者承受能力等因素,推动普惠养老服务价格在合理区间运行,价格水平显著低于当地同等服务水平的市场化养老服务机构。实施普惠养老专项行动,发挥中央预算内投资引导和撬动作用,引导地方政府制定支持性"政策包",带动企业提供普惠型"服务包",推动建设一批方便可及、价格可接受、质量有保障的养老服务机构。

加大国有经济对普惠养老的支持。建立国有经济对养老服务供给的补短板机制,强化中央国有经济在养老服务领域有效供给,加强地方国有经济在养老基础设施领域布局。引导地方国有资本积极培育发展以普惠养老服务为主责主业的国有企业。对主要承担养老服务功能的国有企业,重点考核服务质量、成本控制、运营效率等情况。

五、强化居家社区养老服务能力

(十)构建城乡老年助餐服务体系。

建立老年人助餐服务网络。综合利用社区养老服务设施和闲置房屋等资源,打造一批食材可溯、安全卫生、价格公道的标准化社区老年食堂(助餐服务点)。重点补齐农村、远郊等助餐服务短板,支持当地养老服务机构、餐饮场所等增加助餐功能,推广邻里互助的助餐模式。丰富和创新助餐服务提供机制,因地制宜采取中央厨房、社区食堂、流动餐车等形式,降低运营成本,便利老年人就餐。

支持高质量多元化供餐。围绕更好满足老年人多层次多样化就餐需求,鼓励助餐机构开发餐饮产品、丰富菜色品种、合理营养膳食。建立助餐服务合理回报机制,由经营者根据实际服务成本和适度利润水平确定收费标准,引导更多市场主体参与助餐服务。引导外卖平台等市场主体参与助餐配送。推动助餐机构投保食品安全责任保险。

(十一)开展助浴助洁和巡访关爱服务。

发展老年人助浴服务。支持社区助浴点、流动助浴车、入户助浴等多种业态发展,培育一批专业化、连锁化助浴机构。研究制定老年人助浴服务相关标准规范,加强养老护理员助浴技能培训。支持助浴服务相关产品研发,推广应用经济实用型产品。鼓励助浴机构投保相关保险,提高风险保障程度。

引导助洁服务覆盖更多老年人。支持家政企业开发被褥清洗、收纳整理、消毒除尘等适合老年人需求的保洁服务产品。引导物业企业将保洁服务范围由公共区域向老年人家庭延伸。支持有条件的地方通过政府购买服务、组织开展志愿服务等方式,为特殊困难老年人提供助洁服务。

加强居家老年人巡访关爱。建立居家养老巡访关爱服务制度,实行普遍巡访和重点巡访相结合,采取电话问候、上门探访等多种形式,运用互联网、物联网等技术手段,为老年人提供紧急救援服务。通过"社工+邻里+志愿者+医生"相结合的方式,为特殊困难老年人提供身心关爱服务。

(十二)加快发展生活性为老服务业。

提高老年人生活服务可及性。依托社区养老服务设施,引导社区综合服务平台广泛对接老年人需求,提供就近就便消费服务。组织和引导物业企业、零售服务商、社会工作服务机构等拓展为老服务功能,提供生活用品代购、餐饮外卖、家政预约、代收代缴、挂号取药、精神慰藉等服务。

培育老年人生活服务新业态。推动"互联网+养老服务"发展,推动互联网平台企业精准对接为老服务需求,支持社区养老服务机构平台化展示,提供"菜单式"就近便捷为老服务,鼓励"子女网上下单、老人体验服务"。培育城市级综合信息平台和行业垂直信息平台。引导有条件的养老服务机构线上线下融合发展,利用互联网、大数据、人工智能等技术创新服务模式。鼓励互联网企业开发面向老年人各种活动场景的监测提醒功能,利用大数据方便老年人的居家出行、健康管理和应急处置。

六、完善老年健康支撑体系

(十三)加强老年健康教育和预防保健。

完善健康教育和健康管理。开发老年健康教育科普教材,通过老年健康宣传周等多种活动,利用多种传播媒介普及健康知识和健康生活方式,提高老年人健康素养。落实基本公共卫生服务老年人健康管理项目,做实老年人家庭医生签约服务。加强老年人群重大传染病的早期筛查、干预,鼓励有条件的地方开展阿尔茨海默病、帕金森病等神经退行性疾病的早期筛查和健康指导。

实施老年健康促进工程。加强老年人群重点慢性病的早期筛查、干预及分类指导,开展老年口腔健康、老年营养改善、老年痴呆防治和心理关爱行动。推动老年健康领域科研成果转化，遴选推广一批老年健康适宜技术，提高基层的老年健康服务能力。发挥中医药在老年病、慢性病防治等方面的优势和作用。

（十四）发展老年医疗、康复护理和安宁疗护服务。

增强医疗卫生机构为老服务能力。加强国家老年医学中心建设，布局若干区域老年医疗中心。加强综合性医院老年医学科建设。支持医疗资源丰富的地区将部分公立医疗机构转型为护理院、康复医院。推动医疗卫生机构开展老年综合征管理，促进老年医疗服务从单病种模式向多病共治模式转变。加快建设老年友善医疗机构，方便老年人看病就医。

推动医疗服务向居家社区延伸。支持有条件的医疗卫生机构为失能、慢性病、高龄、残疾等行动不便或确有困难的老年人提供家庭病床、上门巡诊等居家医疗服务。公立医疗机构为老年人提供上门医疗服务，采取"医疗服务价格+上门服务费"方式收费。提供的医疗服务、药品和医用耗材适用本医疗机构执行的医药价格政策，上门服务费可由公立医疗机构自主确定。鼓励社会力量开办社区护理站。积极开展社区和居家中医药健康服务。

开展安宁疗护服务。推动医疗卫生机构按照"充分知情、自愿选择"的原则开展安宁疗护服务。稳步扩大安宁疗护试点，推动安宁疗护机构标准化、规范化建设。支持社区和居家安宁疗护服务发展，建立机构、社区和居家相衔接的安宁疗护服务机制。加强对社会公众的生命教育。

专栏3　老年健康服务体系建设行动

老年健康促进工程。监测老年人健康素养状况，开展有针对性的健康教育活动。将老年心理关爱行动覆盖至所有县(市、区、旗)。在先行试点的基础上，实施老年口腔健康行动和老年营养改善行动。实施老年痴呆防治行动，提升老年痴呆防治水平。

老年健康服务体系建设工程。构建综合连续、覆盖城乡的老年健康服务体系。加强综合性医院老年医学科以及老年医院、康复医院、护理院(中心、站)、安宁疗护机构建设。鼓励社会力量开办护理院(中心、站)。在国家安宁疗护试点市(区)，每个县(市、区、旗)至少设立1个安宁疗护病区，有条件的社区卫生服务中心和乡镇卫生院设立安宁疗护病床。

（十五）深入推进医养结合。

丰富医养结合服务模式。鼓励大型或主要接收失能老年人的养老机构内部设置医疗卫生机构，将养老机构内设医疗卫生机构纳入医联体管理，根据服务老年人的特点，合理核定养老机构举办的医疗机构医保限额。推动养老机构与周边医疗卫生机构开展签约合作，做实合作机制和内容。到2025年，养老机构普遍具备医养结合能力(能够提供医疗卫生服务或与医疗卫生机构开展签约合作)。

增加医养结合服务供给。实施社区医养结合能力提升行动。积极开展基本公共卫生服务老年健康与医养结合服务项目。支持优抚医院、光荣院转型，开展医养结合服务。推动社区卫生服务中心与社区养老服务机构、乡镇卫生院与特困人员供养服务设施(敬老院)、村卫生室与农村幸福院毗邻建设，采取多种有效方式实现资源整合、服务衔接。

提升医养结合服务质量。健全医养结合标准规范体系。推动医疗卫生、养老服务数据共享，完善医养结合信息管理系统。推进"互联网+医疗健康"、"互联网+护理服务"、"互联网+康复服务"，发展面向居家、社区和机构的智慧医养结合服务。

专栏4　医养结合能力提升专项行动

社区医养结合能力提升行动。依托社区卫生服务中心、乡镇卫生院或养老服务机构、特困人员供养服务设施(敬老院)，利用现有资源改建一批社区(乡镇)医养结合服务设施，重点为失能、慢性病、高龄、残疾等老年人提供健康教育、预防保健、疾病诊治、康复护理、安宁疗护为主，兼顾日常生活照料的医养结合服务。

医养结合示范行动。利用中央预算内投资支持建设专业化、规模化、医养结合能力突出的养老服务机构。组织开展医养结合人才能力提升培训。组织开展全国医养结合示范省(自治区、直辖市)、示范县(市、区、旗)和示范机构创建活动。

（十六）强化老年人疫情防控。

制定老年人突发公共卫生事件应急处置预案和指南，分类完善居家、社区和入住养老机构的老年人疫情防控措施。在疫情应急处置中，充分发挥基层党组织和基层自治组织的作用，做好特殊困难老年人的就医帮助、生活照顾、心理慰藉等服务。加强养老机构疫情防控制度和能力建设。

七、大力发展银发经济

（十七）发展壮大老年用品产业。

加强老年用品研发制造。大力开发满足老年人衣、食、住、行等需求的老年生活用品。针对不同生活场景，重点开发适老化家电、家具、洗浴装置、坐便器、厨房用品等日用产品以及智能轮椅、生物力学拐杖等辅助产品，推广易于抓握的扶手等支撑装置以及地面防滑产品、无障碍产品，发展老年益智类玩具、乐器等休闲陪护产品。针对机构养老、日间托养、上门护理等需求，重点开发清洁卫生、饮食起居、生活护理等方面产品，提升成人尿裤、护理垫、溃疡康复用品等产品的适老性能，发展辅助搬运、翻身、巡检等机器人。发展老年人监护、防走失定位等产品。

促进优质产品应用推广。制修订一批关键急需的老年用品和服务技术标准，促进质量提升，规范市场秩序，引导消费者正确选择和使用。建立老年用品产品目录，适时进行评估并动态调整。对自主研发、技术领先、市场认可的产品，优先纳入升级和创新消费品指南。在有条件的街道、社区，发展嵌入式康复辅助器具销售和租赁网点，提供用品展示、预约使用、指导教学、售后维修、回收利用等服务。

鼓励发展产业集群。鼓励国内外多方共建特色养老产业合作园区，加强市场、规则、标准方面的软联通，打造制造业创新示范高地。优先培育一批带动力强、辐射面广的龙头企业，打造一批产业链长、覆盖领域广、经济社会效益显著的产业集群，形成一批具有国际竞争力的知名品牌，推动我国相关产业迈向全球价值链中高端。

专栏5　规划布局一批银发经济重点发展区域

在京津冀、长三角、粤港澳大湾区、成渝等区域，规划布局10个左右高水平的银发经济产业园区。支持北京、天津、上海、海南、重庆在开展服务业扩大开放综合试点中推进国际性、跨区域合作。结合积极应对人口老龄化重点联系城市评选，在全国打造一批银发经济标杆城市，推进在服务业融合发展、制造业转型升级、新技术新业态培育方面的探索创新。建立区域老年用品市场交易平台，支持有条件的地区举办老年用品博览会、展销会。

（十八）促进老年用品科技化、智能化升级。

强化老年用品的科技支撑。加快推进互联网、大数据、人工智能、第五代移动通信（5G）等信息技术和智能硬件在老年用品领域的深度应用。支持智能交互、智能操作、多机协作等关键技术研发，提升康复辅助器具、健康监测产品、养老监护装置、家庭服务机器人、日用辅助用品等适老产品的智能水平、实用性和安全性，开展家庭、社区、机构等多场景的试点试用。

加强老年科技的成果转化。利用现有资金渠道，支持老年用品关键技术和产品研发、成果转化、服务创新及应用推广，促进产业创新。支持在老年用品领域培育国家技术创新示范企业、"专精特新"企业、制造业单项冠军企业等，加强产学研用协同创新和关键共性技术产业化。加强老年用品领域知识产权保护，依法保护相关专利、商标和商誉等合法权益。

发展健康促进类康复辅助器具。加快人工智能、脑科学、虚拟现实、可穿戴等新技术在健康促进类康复辅助器具中的集成应用。发展外骨骼康复训练、认知障碍评估和训练、沟通训练、失禁康复训练、运动肌力和平衡训练、老年能力评估和日常活动训练等康复辅助器具。发展用药和护理提醒、呼吸辅助器具、睡眠障碍干预以及其他健康监测检测设备。

推广智慧健康养老产品应用。针对老年人康复训练、行为辅助、健康理疗和安全监护等需求，加大智能假肢、机器人等产品应用力度。开展智慧健康养老应用试点示范建设，建设众创、众包、众扶、众筹等创业支撑平台，建立一批智慧健康养老产业生态孵化器、加速器。编制智慧健康养老产品及服务推广目录，完善服务流程规范和评价指标体系，推动智慧健康养老规范化、标准化发展。

专栏6　老年用品研发制造应用重大科技攻关

结合"十四五"国家重点研发计划相关专项的实施,加强对高龄老年人机能增强和照护、失能老年人用品等的研发。围绕神经系统损伤、损伤后脑认知功能障碍、瘫痪助行等康复治疗需求,突破脑机交互等技术,开发用于不同损伤康复的辅助机器人系列产品,实施智能服务机器人发展行动计划。研发穿戴式动态心电监测设备和其他生理参数检测设备,发展便携式健康监测设备、自助式健康检测设备等健康监测产品,开发新型信号采集芯片和智能数字医疗终端。

(十九)有序发展老年人普惠金融服务。

促进和规范发展第三支柱养老保险。支持商业保险机构开发商业养老保险和适合老年人的健康保险,引导全社会树立全生命周期的保险理念。引导商业保险机构加快研究开发适合居家护理、社区护理、机构护理等多样化护理需求的产品。研究建立寿险赔付责任与护理支付责任转换机制,支持被保险人在失能时提前获得保险金给付,用于护理费用支出。支持老年人住房反向抵押养老保险业务发展。积极推进老年人意外伤害保险。鼓励金融机构开发符合老年人特点的支付、储蓄、理财、信托、保险、公募基金等养老金融产品,研究完善金融等配套政策支持。加强涉老金融市场的风险管理,严禁金融机构误导老年人开展风险投资。

八、践行积极老龄观

(二十)创新发展老年教育。

加快发展城乡社区老年教育,支持各类有条件的学校举办老年大学(学校)、参与老年教育。鼓励养教结合创新实践,支持社区养老服务机构建设学习点。发挥社区教育办学网络的作用,办好家门口的老年教育。依托国家开放大学筹建国家老年大学,搭建全国老年教育资源共享和公共服务平台。推动各地开放大学举办"老年开放大学",鼓励老年教育机构开展在线老年教育。创新机制,推动部门、行业企业、高校举办的老年大学面向社会开放办学。

(二十一)鼓励老年人继续发挥作用。

加强老年人就业服务。鼓励各地建立老年人才信息库,为有劳动意愿的老年人提供职业介绍、职业技能培训和创新创业指导服务。健全相关法律法规和政策,保障老年人劳动就业权益和创业权益。支持老年人依法依规从事经营和生产活动,兴办社会公益事业。按照单位按需聘请、个人自愿劳动原则,鼓励专业技术人才合理延长工作年限。

促进老年人社会参与。在全社会倡导积极老龄观,引导老年人根据自身情况,积极参与家庭、社区和社会发展。积极开展"银龄行动",支持老年人参与文明实践、公益慈善、志愿服务、科教文卫等事业。建设高层次老年人才智库,在调查研究、咨询建言等方面发挥作用。鼓励和引导老年人在城乡社区建立基层老年协会等基层老年社会组织,搭建自我服务、自我管理、自我教育平台。指导和促进基层老年社会组织规范化建设。

专栏7　基层老年协会规范化建设行动

发挥基层党组织作用,加强基层老年协会党建工作,改善基层老年协会活动设施和条件,加强骨干培训和活动指导。通过政府购买服务等方式,引入专业社会工作者、社会组织等对基层老年协会进行培育孵化,打造一批规范化、专业化基层老年协会。做好基层老年协会的登记(备案)工作,推动各地制定切实可行的具体监管措施,加强规范管理。

(二十二)丰富老年人文体休闲生活。

扩大老年文化服务供给。改扩建或新建一批老年公共文体活动场所,支持通过公建民营、委托经营、购买服务等方式提高运营效率。鼓励编辑出版适合老年人的大字本图书,加强弘扬孝亲敬老美德的艺术作品创作,在广播电视和互联网播放平台增加播出,推出养老相关公益广告。搭建老年文化活动交流展示平台,支持老年文化团体和演出队伍登上乡村、社区舞台。鼓励和支持电影院、剧场等经营性文化娱乐场所增加面向老年人的优惠时段。

支持老年人参与体育健身。在体育公园、全民健身中心等公共体育设施布局中充分考虑老年人健身需求,加强配套运动场所和设施的规划建设。鼓励开发适合老年人的体育健身项目,搭建平台组织相关赛事和锻炼展示活动。发布老年人科学健身活动指南,根据差异化的身体素质推荐适合的运动项目和锻炼强度,推广中国传统保健体育运动。鼓励建立老年人全民健身志愿服务队伍,指导和帮助老年人科学开展各类体育健身项目。营造良性的体育健身消费环境，鼓励推出适合老年人的体育服装、锻炼器材等产品以及健身指导、竞赛参与等服务。

促进养老和旅游融合发展。引导各类旅游景区、度假区加强适老化建设和改造，建设康养旅游基地。鼓励企业开发老年特色旅游产品，拓展老年医疗旅游、老年观光旅游、老年乡村旅游等新业态。支持社会力量建设旅居养老旅游服务设施，结合各地自然禀赋，形成季节性地方推介目录，加强跨区域对接联动，打造旅居养老旅游市场。以健康状况取代年龄约束，修改完善相关规定。

九、营造老年友好型社会环境

（二十三）传承弘扬家庭孝亲敬老传统美德。

巩固和增强家庭养老功能。在全社会开展人口老龄化国情教育，积极践行社会主义核心价值观，传承弘扬

"百善孝为先"的中华民族传统美德。建立常态化指导监督机制，督促赡养人履行赡养义务，防止欺老虐老弃老问题发生，将有能力赡养而拒不赡养老年人的违法行为纳入个人社会信用记录。支持地方制定具体措施，推动解决无监护人的特殊困难老年人监护保障问题。

完善家庭养老支持政策体系。将家庭照护者纳入养老护理员职业技能培训等范围，支持有关机构、行业协会开发公益课程并利用互联网平台等免费开放，依托基层群众性自治组织等提供指导，帮助老年人家庭成员提高照护能力。支持有条件的地区对分散供养特困人员中的高龄、失能、残疾老年人家庭实施居家适老化改造，配备辅助器具和防走失装置等设施设备。探索设立独生子女父母护理假制度。探索开展失能老年人家庭照护者"喘息服务"。

专栏8　中华孝亲敬老文化传承和创新工程

每年在重阳节当月开展为期一个月的"敬老月"活动，广泛组织动员政府部门、社会组织、企事业单位和家庭个人，以走访慰问、权益维护、文化活动、志愿服务、主题宣传等多种方式，为老年人办实事、做好事、献爱心。

每年举办一次中华孝亲敬老文化传承和创新大会。持续开展全国"敬老文明号"创建和全国敬老爱老助老模范人物评选，营造养老孝老敬老社会氛围。

深入开展人口老龄化国情教育，增强全社会人口老龄化国情意识，推动形成积极应对人口老龄化广泛共识。

（二十四）推进公共环境无障碍和适老化改造。

提升社区和家庭适老化水平。有序推进城镇老旧小区改造，完成小区路面平整、出入口和通道无障碍改造、地面防滑处理等，在楼梯沿墙加装扶手，在楼层间安装挂壁式休息椅等，做好应急避险等安全防护。有条件的小区可建设凉亭、休闲座椅等。完善社区卫生服务中心、社区综合服务设施等的适老化改造。推动将适老化标准融入农村人居环境建设。鼓励有条件的地方对经济困难的失能、残疾、高龄等老年人家庭实施无障碍和适老化改造。

推动公共场所适老化改造。大力推进无障碍环境建设。加大城市道路、交通设施、公共交通工具等适老化改造力度，在机场、火车站、三级以上汽车客运站等公共场所为老年人设置专席以及绿色通道，加强对坡道、电梯、扶手等的改造，全面发展适老型智能交通体系，提供便捷舒适的老年人出行环境。推动街道乡镇、城乡社区公共服务环境适老化改造。

（二十五）建设兼顾老年人需求的智慧社会。

完善传统服务保障措施。对医疗、社保、民政、金融、电信、邮政、出入境、生活缴费等高频服务事项，设置必要

的线下办事渠道并向基层延伸。公共服务场所应保留人工窗口和电话专线，为老年人保留一定数量的线下名额。加强身份证信息归集和数据互联互通，在更多领域推广"一证通行"。定期开展拒收现金专项治理。

推进智能化服务适应老年人需求。依托全国一体化政务服务平台，推进政务数据共享，优化线上线下政务服务，让老年人办事少跑腿。持续推进互联网网站、移动互联网应用适老化改造，优化界面交互、内容朗读、操作提示、语音辅助等功能，鼓励企业提供相关应用的"关怀模式"、"长辈模式"，将无障碍改造纳入日常更新维护。支持终端设备制造商、应用产品提供商、养老服务机构联动，促进上下游功能衔接。以市场力量为主体推动出台一批智能技术适老化改造标准。组织开展老年人运用智能技术教育培训，通过体验学习、尝试应用、经验交流、互助帮扶等，引导老年人了解新事物、体验新科技、运用新技术。严厉打击电信网络诈骗等违法犯罪行为。

长效解决"数字鸿沟"难题。发挥解决老年人运用智能技术困难工作部际联席会议制度作用，总结各地创新经验和举措，及时推广并适时形成政策文件。组织开

展第三方评估,对各地公共服务适老化程度进行评价,相关结果纳入积极应对人口老龄化综合评估。

专栏9　智慧助老行动

在全国城乡社区普遍开展老年人运用智能技术教育培训。研究编制一批老年人运用智能技术教育培训教材,鼓励老年人家庭成员、相关社会组织加强对老年人的培训。遴选培育一批智慧助老志愿服务团队,为老年人运用智能技术提供志愿培训和服务。加强智慧助老公益宣传,营造帮助老年人解决运用智能技术困难的良好氛围。

(二十六)培育敬老爱老助老社会风尚。

营造良好社会氛围。健全老年人权益保障机制,加强老龄法治建设,加大普法宣传教育力度。鼓励各地争创积极应对人口老龄化重点联系城市,开展全国示范性老年友好型社区创建活动,将老年友好型社会建设情况纳入文明城市评选的重要内容。加强老年人优待工作,鼓励各地推广与当地文化风俗、经济社会发展水平相适应的敬老爱老优待服务和活动。

积极发挥多方合力。建立健全为老志愿服务项目库,鼓励机构开发志愿服务项目,支持公益慈善类社会组织参与,引导在校生志愿服务和暑期实践、相关专业学生社会实习、社会爱心人士志愿服务等与老年人生活服务、健康服务、精神慰藉、法律援助等需求有效对接。围绕关爱老年人开展慈善募捐、慈善信托等慈善活动,依法加强对慈善组织和慈善活动的扶持和监管。

十、增强发展要素支撑体系

(二十七)推动有关培训疗养机构转型发展养老服务。

加大改革力度。按照"脱钩是原则、保留是例外"的要求,推动党政机关等所属培训疗养机构撤销或脱钩,资产统一划转至负责接收的国有企业,整合资源、统筹规划、整体转型。坚持"应改尽改、能转则转"的原则,推动党政机关、国有企事业单位所属培训疗养机构主要转型为普惠型养老服务设施,不得以养老名义经营其他业务。各地要建立绿色通道,本着尊重历史的原则,积极协调解决培训疗养机构转型问题。

强化示范引领。将培训疗养机构数量较多、分布集中的北京、大连、青岛、深圳、成都、杭州、秦皇岛、苏州、扬州、九江等确定为重点联系城市,支持更多符合条件的培训疗养机构转型,打造一批转型优质项目,纳入普惠养老专项行动,争取在2022年年底前基本投入运营。制定北戴河地区培训疗养机构转型发展养老服务规划,建设北戴河地区培训疗养机构转型发展养老服务集中示范区。

(二十八)完善用地用房支持政策。

科学规划布局新增用地。根据人口结构现状和老龄化发展趋势,因地制宜提出养老服务设施用地的规模、标准和布局。科学编制供地计划,分阶段供应规划确定的养老服务设施用地,并落实到年度建设用地供应计划,做到应保尽保。涉及新增建设用地的,在土地利用年度计划中优先予以安排。制定支持发展养老服务业的土地政策,以多种方式供应养老服务设施用地。

优化存量设施利用机制。在符合规划的前提下,支持利用存量场所改建养老服务设施,进一步简化和优化存量土地用途的变更程序。利用存量商业服务用地开展养老服务的,允许按照适老化设计要求适当放宽户均面积、租赁期限等土地和规划要求。养老服务机构所使用存量房屋在符合规划且不改变用地主体的条件下适用过渡期政策,五年内继续按原用途和权利类型使用土地。研究制定过渡期后顺畅接续的政策措施,稳定养老服务机构预期。出台支持依法利用集体建设用地发展养老服务的实施细则和工作指引,由养老服务机构与村集体约定土地使用和收益分配方案。

(二十九)强化财政资金和金融保障。

强化支持老龄事业发展和养老服务的资金保障。适应今后一段时期老龄事业发展的资金需求,完善老龄事业发展财政投入政策和多渠道筹资机制,继续加大中央预算内投资支持力度。民政部本级和地方各级政府用于社会福利事业的彩票公益金要加大倾斜力度,自2022年起将不低于55%的资金用于支持发展养老服务。鼓励地方在养老服务设施建设中同步考虑运营问题,确保后续发展可持续。各地要根据本地实际,研究制定可操作的运营补贴等激励政策,引导各类养老服务机构优先接收特殊困难老年人,鼓励对接收外地老年人的机构同等适用相应补贴政策。

推动税费优惠举措落地。落实落细支持养老服务发展的税费优惠政策。落实养老服务机构用电、用水、用气、用热享受居民价格政策,不得以土地、房屋性质等为理由拒绝执行相关价格政策,因难以计量等操作性原因无法执行的,探索应用大数据等技术手段予以解决。

拓宽金融支持养老服务渠道。鼓励金融机构按照市场化、法治化原则,提供差异化信贷支持,满足养老服务机构合理融资需求。鼓励探索以应收账款、动产、知识产权、股权等抵质押贷款,满足养老服务机构多样化融资需求。在依法合规、风险可控的前提下,审慎有序探索养老服务领域资产证券化,支持保险资金加大对养老服务业的投资力度,支持保险机构开发相关责任险及机构运营相关保险。

(三十)加强人才队伍建设。

完善人才激励政策。完善养老机构等级评定、质量评价等政策,鼓励聘用取得职业技能等级证书的养老护理员,推动行业专业化发展。完善养老护理员薪酬待遇和社会保险政策。建立基于岗位价值、能力素质、业绩贡献的工资分配机制,科学评价技能水平和业绩贡献,强化技能价值激励导向,促进养老护理员工资合理增长。对符合条件的养老护理员按规定给予职业技能鉴定补贴。支持城乡未继续升学初高中毕业生、农村转移就业劳动者、城镇登记失业人员等从事养老服务业,引导其取得职业技能等级证书,按规定获得补贴。建立健全从业人员和为老志愿服务激励褒扬机制。通过职业技能大赛等途径加大社会宣传,支持地方探索将行业紧缺、高技能的养老服务从业者纳入人才目录、积分落户、市民待遇等政策范围加以优待。

拓宽人才培养途径。优化养老服务专业设置,结合行业发展新业态,动态调整增设相关专业并完善教学标准体系,引导普通高校、职业院校、开放大学、成人高校等加大养老服务人才培养力度。积极稳妥推进1+X证书("学历证书+若干职业技能等级证书")制度。大力推进养老领域产教融合,培育一批产教融合型养老企业,支持院校和优质机构共建合办养老服务实训基地,探索将有条件的养老机构发展成实习实训点。大力发展老年学、养老服务管理、健康服务与管理、中医养生学相关专业本科教育。引导有条件的高校开设老年学、老年医学、老年护理学、老年心理学、老年社会学、老年营养学、老年服务与管理、老年社会工作等课程,鼓励高校自主培养积极应对人口老龄化相关领域的高水平人才,加大新技术新应用新业态的引才用人力度,为智慧健康养老、老龄科研、适老化产品研发制造等领域培养引进和储备专业人才。落实医师区域注册制度,鼓励医务人员到医养结合机构(同时具备医疗卫生资质和养老服务能力的医疗卫生机构或养老机构)执业。在养老机构举办的医疗机构中工作的医务人员,可参照执行基层医务人员相关激励政策。

专栏10　人才队伍建设行动

养老服务人才队伍扩容。积极增设养老服务相关本科专业,支持有条件的普通高校增设老年学、养老服务管理等专业。动态调整养老服务领域职业教育专业目录,支持有条件的职业院校开设养老服务相关专业,扩大养老服务技术技能人才培养规模。

老年医学人才队伍培养。对全国二级及以上综合性医院老年医学科和医养结合机构的1万名骨干医护人员、国家安宁疗护试点市(区)从事安宁疗护工作的5000名骨干医护人员,开展诊疗知识和技能培训。加强临床医学硕士专业学位老年医学领域研究生临床能力培养。在基层医疗卫生人员招聘、使用和培养等方面向医养结合机构倾斜,鼓励医养结合机构为有关院校提供学生实习岗位。将老年医学、护理、康复等医学人才纳入卫生健康紧缺人才培养。开展相关人才培训,提升医养结合服务能力,依托现有资源设立一批医养结合培训基地。

为老服务人才队伍提质。在一流本科专业建设中加大对养老服务相关专业的支持力度,引领带动养老服务相关专业建设水平和人才培养质量整体提升。完善和发布一批养老服务相关专业教学标准。加强养老服务领域职业教育教学资源建设,遴选一批优秀课程和教材,持续推动职业院校深化养老服务领域教师、教材、教法改革。积极稳妥推进1+X证书制度,推进老年照护等职业技能等级培训及考核工作。

十一、维护老年人合法权益

(三十一)加强市场主体行为监管。

落实市场主体信用承诺。建立健全养老服务机构备案信用承诺制度,备案申请人书面承诺养老服务机构按照有关法律法规和国家标准开展活动,书面承诺向社会公开,履约情况记入信用记录。督促养老服务机构落实主体责任,主动防范消除本机构在建筑、消防、食品、医疗卫生等方面的风险隐患,提高养老服务、安全管理、风险防控的能力和水平。

加强市场秩序监管。对未依法取得营业执照以市场主体名义从事养老服务经营活动、未经登记擅自以社会服务机构名义开展养老服务活动、未经登记管理机关核准登记擅自以事业单位法人名义开展养老服务活动等无证无照违法经营行为,加大依法打击查处力度。严禁利用养老服务机构设施和场地开展与养老服务无关的活动。指导养老服务机构按照国家有关规定和当事方协议约定提供服务,建立纠纷协商调解机制,引导老年人及其代理人依法维权。

(三十二)引领全行业规范健康发展。

健全养老服务综合监管制度。加强协同监管,健全各部门协调配合机制,实现违法线索互联、监管标准互通、处理结果互认,避免多头多层重复执法,切实减轻养老服务机构和从业人员负担。加强对养老服务机构的行为监管,严防欺老虐老行为。利用大数据分析等多种手段,创新开展智能监管,推动行业自律。建立"养老服务+信用"机制,充分运用全国信用信息共享平台、国家企业信用信息公示系统、中国社会组织政务服务平台,建立覆盖养老服务机构、从业人员的信用管理体系。

优化养老服务营商环境。完善养老机构备案办事指南,优化办事流程,实施并联服务,明确办理时限,推进"马上办、网上办、就近办"。制定养老服务领域政务服务事项清单,建立健全"好差评制度",持续改进提升政务服务质量。推进要素市场制度建设,实现要素价格市场决定、流动自主有序、配置高效公平。

推进养老服务标准化建设。加快养老服务领域标准的制修订,研究制定一批与国际接轨、体现中国特色、适应服务管理需要的养老服务标准。加快建立全国统一的养老服务质量标准、等级评定与认证体系,推动养老机构服务安全基本规范、服务质量基本规范、等级划分与评定等国家标准的实施,引导养老服务机构通过养老服务质量认证。鼓励各地因地制宜制定养老服务相关地方标准,鼓励社会组织自主制定高于国家标准、行业标准技术要求的养老服务相关团体标准。积极参与养老服务领域国际标准化活动。支持养老服务领域行业组织和机构开展标准化管理。

(三十三)加强老年人消费权益保护。

切实防范各类侵权风险。加大联合执法力度,严厉查处老年人产品和服务消费领域的侵权行为,特别是向老年人欺诈销售各类产品和服务的违法行为。广泛开展老年人识骗防骗宣传教育活动,提升老年人抵御欺诈销售的意识和能力。加大养老诈骗重点防范和整治工作力度,做好政策宣传和风险提示,对涉嫌犯罪的依法打击。完善养老服务领域预付费管理制度,探索建立对预付费的资金监管机制。加强对金融机构开展养老服务领域金融产品和服务创新的监管。完善养老服务机构退出机制,指导退出机构妥善做好老年人服务协议解除、安置等工作,建立健全养老服务机构关停等特殊情况应急处置机制。

加强涉老矛盾纠纷化解和法律援助。充分发挥基层党组织、基层群众性自治组织、相关社会组织的作用,做好涉老矛盾纠纷预警、排查、化解。建立适老型诉讼服务机制。倡导律师事务所、公证机构、基层法律服务机构为老年人减免法律服务费用,为行动不便的老年人提供上门服务。做好特殊困难老年人的法律服务、法律援助和司法救助。完善老年人监护制度。

规范中高端机构养老发展。对建设、销售以老年人为主要居住群体的住宅或居住小区,要坚持以服务为本的功能定位,鼓励地方建立监管机制,落实信用承诺,强化日常监管,确保经营健康稳定可持续,严禁以养老之名"跑马圈地"。

十二、实施保障

(三十四)加强党的领导。

坚持党的集中统一领导,充分发挥党总揽全局、协调各方的领导核心作用,为规划实施提供坚强保障。强化各地落实规划的主体责任,加强对规划实施的组织、协调和督导,将本规划主要任务指标纳入当地经济社会发展规划,纳入为民办实事项目,纳入政府工作议事日程和目标责任考核内容。

(三十五)完善法治保障。

落实依法治国要求,依法保障老年人合法权益,推动制定养老服务法,构建以老年人权益保障、养老服务等法律为统领,行政法规、部门规章、规范性文件为主体,相关标准为支撑的养老服务政策法律体系,实现养老服务有法可依、有法必依。发挥养老服务法规在保护当事人权益、维护市场秩序、规范合同管理、调解处理服务纠纷等方面的重要作用。

(三十六)强化组织协调。

各省(自治区、直辖市)要根据人口老龄化发展形势,制定实施专项规划,加强与相关规划衔接。各级老龄工作委员会要发挥统筹协调作用,推动老龄工作委员会各成员单位履职尽责,形成工作合力。发挥养老服务联席会议制度作用,推进养老服务体系建设,强化区域养老服务资源统筹管理。支持城市群、都市圈打造养老服务体系一体化建设格局,形成服务能力衔接、产业发展协同的合作区域。支持大型城市和区域中心城市推动养老产业集聚发展,充分发挥辐射带动和示范作用。推动以地级行政区为单位制定"整体解决方案",将老龄事业发展和养老服务体系建设纳入经济社会发展全局中通盘考虑,全方位整合资源力量,充分调动各方积极性,推动兜底性、普惠型、多样化三种路径协同发展。

专栏 11　养老服务"整体解决方案"
地方层面制定实施方案。地方党委和政府结合本地区人口老龄化发展形势、经济社会发展水平、风土人情等，制定实施养老服务"整体解决方案"，重点包括建立工作机制、明确发展目标、加强财力支撑、完善要素保障、创新支持政策、设计运行机制等内容，体现系统性、科学性、可持续性。 　　国家层面共同行动。国家发展改革委、民政部、国家卫生健康委加强指导，对于"整体解决方案"含金量高的地方，在中央预算内投资、企业债券等方面加大支持力度，将养老服务领域符合条件的建设项目纳入地方政府专项债券支持范围，将所在地项目向优质养老服务企业和战略合作金融机构重点推介，通过老龄产业白皮书、大型论坛、现场经验交流会等方式积极推广。

（三十七）健全数据支撑。

建立完善老龄事业统计指标体系，定期发布国家老龄事业发展公报。持续开展城乡老年人生活状况抽样调查。依据养老产业统计分类，开展养老产业认定方法研究，推进重要指标年度统计。统筹养老服务领域政务和社会数据资源，加强部门间涉老数据信息共享，依托国家人口基础信息库等，汇聚老年人社会保障、养老服务机构、养老从业人员等基本数据集，建设公众需求牵引、政府监督管理、社会力量参与的全国养老数据资源体系。完善电子健康档案和电子病历数据库，加强疾病预测预警，提供老年人健康管理的个性化服务。鼓励和引导多元主体积极参与老年健康监测能力建设，为老年健康状况评估和疾病防治提供信息支持。积极利用智库和第三方力量，加强基础性研究，促进多学科交叉融合，开展老龄化趋势预测和养老产业前景展望，通过发布年度报告、白皮书等形式服务产业发展，引导社会预期。健全老龄事业重大决策专家咨询制度。

（三十八）深化国际合作。

全面放开养老服务市场，广泛开展国际交流与合作，推动落实一批具有技术先进性、理念创新性、模式带动性的示范合作项目，支持我国优质产品和服务走出去。推动建立健全双多边合作机制，探索与老龄化程度较高国家及相关国际组织开展合作，加强政策交流、项目对接、人才培育、学术研究等务实合作，以应对人口老龄化国际合作推动"一带一路"民心相通。

（三十九）落实评估考核。

国家发展改革委、民政部、国家卫生健康委会同有关部门，加强对各地的指导、督促，及时检查并向国务院报告本规划落实工作进展情况。搭建社会监督平台，健全第三方评估机制，适时对本规划执行情况进行评估，及时发现和解决突出问题。县级以上地方政府要按照本规划要求，结合实际情况，细化相关指标，推进任务落实，确保责任到位、工作到位、投入到位、见到实效。鼓励各地积极探索，勇于创新，创造性地开展工作。

国务院办公厅关于促进养老托育服务健康发展的意见

·2020 年 12 月 14 日
·国办发〔2020〕52 号

各省、自治区、直辖市人民政府，国务院各部委、各直属机构：

促进养老托育服务健康发展，有利于改善民生福祉，有利于促进家庭和谐，有利于培育经济发展新动能。为贯彻落实党中央、国务院决策部署，更好发挥各级政府作用，更充分激发社会力量活力，更好实现社会效益和经济效益相统一，持续提高人民群众的获得感、幸福感、安全感，经国务院同意，现提出以下意见。

一、健全老有所养、幼有所育的政策体系

（一）分层次加强科学规划布局。根据"一老一小"人口分布和结构变化，科学谋划"十四五"养老托育服务体系，促进服务能力提质扩容和区域均衡布局。省级人民政府要将养老托育纳入国民经济和社会发展规划统筹推进，并制定"十四五"养老托育专项规划或实施方案。建立常态化督查机制，督促专项规划或实施方案的编制和实施，确保新建住宅小区与配套养老托育服务设施同步规划、同步建设、同步验收、同步交付。

（二）统筹推进城乡养老托育发展。强化政府保基本兜底线职能，健全基本养老服务体系。优化乡村养老设施布局，整合区域内服务资源，开展社会化管理运营，不断拓展乡镇敬老院服务能力和辐射范围。完善老年人助餐服务体系，加强农村老年餐桌建设。探索在脱贫地区和城镇流动人口集聚区设置活动培训场所，依托基层力量提供集中托育、育儿指导、养护培训等服务，加强婴幼儿身心健康、社会交往、认知水平等方面早期发展干预。

（三）积极支持普惠性服务发展。大力发展成本可负担、方便可及的普惠性养老托育服务。引导各类主体提供普惠性服务，支持非营利性机构发展，综合运用规划、土地、住房、财政、投资、融资、人才等支持政策，扩大服务供给，提高服务质量，提升可持续发展能力。优化养老托育营商环境，推进要素市场制度建设，实现要素价格市场决定、流动自主有序、配置高效公平，促进公平竞争。

（四）强化用地保障和存量资源利用。在年度建设用地供应计划中保障养老托育用地需求，并结合实际安排在合理区位。调整优化并适当放宽土地和规划要求，支持各类主体利用存量低效用地和商业服务用地等开展养老托育服务。在不违反国家强制性标准和规定前提下，各地可结合实际制定存量房屋和设施改造为养老托育场所设施的建设标准、指南和实施办法。建立健全"一事一议"机制，定期集中处置存量房屋和设施改造手续办理、邻避民扰等问题。在城市居住社区建设补短板和城镇老旧小区改造中统筹推进养老托育服务设施建设，鼓励地方探索将老旧小区中的国企房屋和设施以适当方式转交政府集中改造利用。支持在社区综合服务设施开辟空间用于"一老一小"服务，探索允许空置公租房免费提供给社会力量供其在社区为老年人开展助餐助行、日间照料、康复护理、老年教育等服务。支持将各类房屋和设施用于发展养老托育，鼓励适当放宽最长租赁期限。非独立场所按照相关安全标准改造建设托育点并通过验收的，不需变更土地和房屋性质。

（五）推动财税支持政策落地。各地要建立工作协同机制，加强部门信息互通共享，确保税费优惠政策全面、及时惠及市场主体。同步考虑公建服务设施建设与后期运营保障，加强项目支出规划管理。完善运营补贴激励机制，引导养老服务机构优先接收经济困难的失能失智、高龄、计划生育特殊家庭老年人。对吸纳符合条件劳动者的养老托育机构按规定给予社保补贴。

（六）提高人才要素供给能力。加强老年医学、老年护理、社会工作、婴幼儿发展与健康管理、婴幼儿保育等学科专业建设，结合行业发展动态优化专业设置，完善教学标准，加大培养力度。按照国家职业技能标准和行业企业评价规范，加强养老托育从业人员岗前培训、岗位技能提升培训、转岗转业培训和创业培训。加大脱贫地区相关技能培训力度，推动大城市养老托育服务需求与脱贫地区劳动力供给有效对接。深化校企合作，培育产教融合型企业，支持实训基地建设，推行养老托育"职业培训包"和"工学一体化"培训模式。

二、扩大多方参与、多种方式的服务供给

（七）增强家庭照护能力。支持优质机构、行业协会开发公益课程，利用互联网平台等免费开放，依托居委会、村委会等基层力量提供养老育幼家庭指导服务，帮助家庭成员提高照护能力。建立常态化指导监督机制，加强政策宣传引导，强化家庭赡养老年人和监护婴幼儿的主体责任，落实监护人对孤寡老人、遗弃儿童的监护责任。

（八）优化居家社区服务。发展集中管理运营的社区养老和托育服务网络，支持具备综合功能的社区服务设施建设，引导专业化机构进社区、进家庭。建立家庭托育点登记备案制度，研究出台家庭托育点管理办法，明确登记管理、人员资质、服务规模、监督管理等制度规范，鼓励开展互助式服务。

（九）提升公办机构服务水平。加强公办和公建民营养老机构建设，坚持公益属性，切实满足特困人员集中供养需求。建立入住综合评估制度，结合服务能力适当拓展服务对象，重点为经济困难的失能失智、高龄、计划生育特殊家庭老年人提供托养服务。完善公建民营机制，打破以价格为主的筛选标准，综合从业信誉、服务水平、可持续性等质量指标，引进养老托育运营机构早期介入、全程参与项目工程建设，探索开展连锁化运营。

（十）推动培训疗养资源转型发展养老服务。按照"应改尽改、能转则转"的原则，将转型发展养老服务作为党政机关和国有企事业单位所属培训疗养机构改革的主要方向。各地要加大政策支持和协调推进力度，集中解决资产划转、改变土地用途、房屋报建、规划衔接等困难，确保转养老服务项目2022年底前基本投入运营。鼓励培训疗养资源丰富、养老需求较大的中东部地区先行突破，重点推进。

（十一）拓宽普惠性服务供给渠道。实施普惠养老托育专项行动，发挥中央预算内投资引领作用，以投资换机制，引导地方政府制定支持性"政策包"，带动企业提供普惠性"服务包"，建设一批普惠性养老服务机构和托育服务机构。推动有条件的用人单位以单独或联合相关单位共同举办的方式，在工作场所为职工提供托育服务。支持大型园区建设服务区内员工的托育设施。

（十二）引导金融机构提升服务质效。鼓励政府出资产业投资基金及市场化的创业投资基金、私募股权基金等按照市场化、法治化原则，加大对养老托育领域的投资力度。创新信贷支持方式，在依法合规、风险可控、商业可持续前提下，推进应收账款质押贷款，探索收费权质押贷款，落实好信贷人员尽职免责政策。鼓励金融机构

合理确定贷款期限,灵活提供循环贷款、年审制贷款、分期还本付息等多种贷款产品和服务。扩大实施养老产业专项企业债券和养老项目收益债券,支持合理灵活设置债券期限、选择权及还本付息方式,鼓励发行可续期债券。引导保险等金融机构探索开发有针对性的金融产品,向养老托育行业提供增信支持。支持保险机构开发相关责任险及养老托育机构运营相关保险。

三、打造创新融合、包容开放的发展环境

(十三)促进康养融合发展。支持面向老年人的健康管理、预防干预、养生保健、健身休闲、文化娱乐、旅居养老等业态深度融合。发挥中医药独特优势,促进中医药资源广泛服务老年人群体。支持各类机构举办老年大学、参与老年教育,推动举办"老年开放大学"、"网上老年大学",搭建全国老年教育资源共享和公共服务平台。

(十四)深化医养有机结合。发展养老服务联合体,支持根据老年人健康状况在居家、社区、机构间接续养老。为居家老年人提供上门医疗卫生服务,构建失能老年人长期照护服务体系。有效利用社区卫生服务机构、乡镇卫生院等基层医疗资源,开展社区医养结合能力提升行动。针对公共卫生突发事件,提升养老机构应急保障能力,增设隔离功能并配备必要的防控物资和设备,加强工作人员应急知识培训。

(十五)强化产品研发和创新设计。健全以企业为主体的创新体系,鼓励采用新技术、新工艺、新材料、新装备,增强以质量和信誉为核心的品牌意识,建立健全企业知识产权管理体系,推进高价值专利培育和商标品牌建设,培育养老托育服务、乳粉奶业、动画设计与制作等行业民族品牌。促进"一老一小"用品制造业设计能力提升,完善创新设计生态系统。

(十六)促进用品制造提质升级。逐步完善养老托育服务和相关用品标准体系,加强标准制修订,强化标准实施推广,探索建立老年用品认证制度。推进互联网、大数据、人工智能、5G等信息技术和智能硬件的深度应用,促进养老托育用品制造向智能制造、柔性生产等数字化方式转型。推进智能服务机器人后发赶超,启动康复辅助器具应用推广工程,实施智慧老龄化技术推广应用工程,构建安全便捷的智能化养老基础设施体系。鼓励国内外多方共建养老托育产业合作园区,加强市场、规则、标准方面的软联通,打造制造业创新示范高地。

(十七)培育智慧养老托育新业态。创新发展健康咨询、紧急救助、慢性病管理、生活照护、物品代购等智慧健康养老服务。发展"互联网+养老服务",充分考虑老

年群体使用感受,研究开发适老化智能产品,简化应用程序使用步骤及操作界面,引导帮助老年人融入信息化社会,创新"子女网上下单、老人体验服务"等消费模式,鼓励大型互联网企业全面对接养老服务需求,支持优质养老机构平台化发展,培育区域性、行业性综合信息平台。发展互联网直播互动式家庭育儿服务,鼓励开发婴幼儿养育课程、父母课堂等。

(十八)加强宜居环境建设。普及公共基础设施无障碍建设,鼓励有条件的地区结合城镇老旧小区改造加装电梯。加强母婴设施配套,在具备条件的公共场所普遍设置专席及绿色通道。引导房地产项目开发充分考虑养老育幼需求。指导各地加快推进老年人居家适老化改造。以满足老年人生活需求和营造婴幼儿成长环境为导向,推动形成一批具有示范意义的活力发展城市和社区。

四、完善依法从严、便利高效的监管服务

(十九)完善养老托育服务综合监管体系。以养老托育机构质量安全、从业人员、运营秩序等方面为重点加强监管。落实政府在制度建设、行业规划、行政执法等方面的监管责任,实行监管清单式管理,明确监管事项、监管依据、监管措施、监管流程,监管结果及时向社会公布。养老托育机构对依法登记、备案承诺、履约服务、质量安全、应急管理、消防安全等承担主体责任。健全行业自律规约,加强正面宣传引导和社会舆论监督,加快构建以信用为基础的新型监管机制。

(二十)切实防范各类风险。加强突发事件应对,建立完善养老托育机构突发事件预防与应急准备、监测与预警、应急处置与救援、事后恢复与重建等工作机制。将养老托育纳入公共安全重点保障范围,支持服务机构安全平稳运转。完善退出机制,建立机构关停等特殊情况应急处置机制。严防"一老一小"领域以虚假投资、欺诈销售、高额返利等方式进行的非法集资,保护消费者合法权益。

(二十一)优化政务服务环境。完善机构设立办事指南,优化办事流程,实施并联服务,明确办理时限,推进"马上办、网上办、就近办"。制定养老托育政务服务事项清单,推进同一事项无差别受理、同标准办理,力争实现"最多跑一次"。推进养老托育政务服务的"好差评"工作,完善评价规则,加强评价结果运用,改进提升政务服务质量。

(二十二)积极发挥多方合力。支持公益慈善类社会组织参与,鼓励机构开发志愿服务项目,建立健全"一老一小"志愿服务项目库。引导互联网平台等社会力量建立养老托育机构用户评价体系。以普惠为导向建立多元主体参与的养老和托育产业合作平台,在要素配置、行

业自律、质量安全、国际合作等方面积极作为。发挥行业协会商会等社会组织积极性，开展机构服务能力综合评价，引领行业规范发展，更好弘扬尊老爱幼社会风尚。

（二十三）强化数据资源支撑。依据养老产业统计分类，开展养老产业认定方法研究，推进重要指标年度统计。探索构建托育服务统计指标体系。利用智库和第三方力量加强研究，开展人口趋势预测和养老托育产业前景展望，通过发布年度报告、白皮书等形式，服务产业发展，引导社会预期。

坚持党委领导、政府主导，地方各级政府要建立健全"一老一小"工作推进机制，结合实际落实本意见要求，以健全政策体系、扩大服务供给、打造发展环境、完善监管服务为着力点，促进养老托育健康发展，定期向同级人民代表大会常务委员会报告服务能力提升成效。国务院各部门要根据职责分工，制定具体落实举措，推动各项任务落地。国家发展改革委要建立"一老一小"服务能力评价机制，加强对本意见落实工作的跟踪督促，及时向国务院报告。

附件：促进养老托育服务健康发展重点任务分工表

附件

促进养老托育服务健康发展重点任务分工表

序号	重点任务	责任单位
1	根据"一老一小"人口分布和结构变化，科学谋划"十四五"养老托育服务体系，促进服务能力提质扩容和区域均衡布局。	民政部、国家卫生健康委、国家发展改革委、财政部、住房城乡建设部、中国残联按职责分工负责，地方各级人民政府负责。
2	统筹推进城乡养老托育发展。	民政部、国家卫生健康委、国家发展改革委按职责分工负责，地方各级人民政府负责。
3	积极支持普惠性服务发展。	国家发展改革委、民政部、国家卫生健康委按职责分工负责，地方各级人民政府负责。
4	在年度建设用地供应计划中保障养老托育用地需求，并结合实际安排在合理区位。	自然资源部、民政部、国家卫生健康委、住房城乡建设部按职责分工负责，地方各级人民政府负责。
5	在城市居住社区建设补短板和城镇老旧小区改造中统筹推进养老托育服务设施建设。探索允许空置公租房免费提供给社会力量供其在社区为老年人开展助餐助行、日间照料、康复护理、老年教育等服务。	住房城乡建设部牵头，中直管理局、国家发展改革委、民政部、自然资源部、国家卫生健康委、应急部、国务院国资委、国管局参加。
6	支持将各类房屋和设施用于发展养老托育，鼓励适当放宽最长租赁期限。	民政部、国家卫生健康委、国家发展改革委、自然资源部、住房城乡建设部、应急部按职责分工负责，地方各级人民政府负责。
7	非独立场所按照相关安全标准改造建设托育点并通过验收的，不需变更土地和房屋性质。	国家卫生健康委、自然资源部、住房城乡建设部、应急部按职责分工负责，地方各级人民政府负责。
8	推动财税支持政策落地。	财政部、税务总局、民政部、国家卫生健康委、人力资源社会保障部按职责分工负责，地方各级人民政府负责。
9	提高人才要素供给能力。	教育部、人力资源社会保障部、国家发展改革委、民政部、商务部、国家卫生健康委按职责分工负责。

序号	重点任务	责任单位
10	增强家庭照护能力。	民政部、国家卫生健康委、全国妇联按职责分工负责。
11	研究出台家庭托育点管理办法。	国家卫生健康委牵头,国家发展改革委、民政部、住房城乡建设部、应急部、市场监管总局参加。
12	加强公办和公建民营养老机构建设,建立入住综合评估制度。	民政部、国家发展改革委、财政部、国家卫生健康委按职责分工负责。
13	完善公建民营机制,引进养老托育运营机构早期介入、全程参与项目工程建设,探索开展连锁化运营。	民政部、国家卫生健康委、国家发展改革委按职责分工负责。
14	推动培训疗养资源转型发展养老服务。	国家发展改革委牵头,中直管理局、民政部、财政部、人力资源社会保障部、自然资源部、住房城乡建设部、国家卫生健康委、应急部、人民银行、国务院国资委、国管局参加。
15	实施普惠养老托育专项行动,建设一批普惠性养老服务机构和托育服务机构。	国家发展改革委牵头,民政部、自然资源部、住房城乡建设部、国家卫生健康委、国务院国资委参加。
16	引导金融机构提升服务质效。	人民银行、银保监会、国家发展改革委、财政部、住房城乡建设部、证监会按职责分工负责。
17	促进康养融合发展。	国家发展改革委牵头,教育部、民政部、住房城乡建设部、文化和旅游部、国家卫生健康委、体育总局参加。
18	开展社区医养结合能力提升行动。	国家卫生健康委牵头,国家发展改革委、民政部、住房城乡建设部、国家医保局参加;地方各级人民政府负责。
19	提升养老机构应急保障能力。	民政部、国家发展改革委、应急部按职责分工负责,地方各级人民政府负责。
20	促进用品制造提质升级,逐步完善养老托育服务和相关用品标准体系。	工业和信息化部、科技部、国家发展改革委、民政部、国家卫生健康委、市场监管总局、中国残联按职责分工负责。
21	培育托育服务、乳粉奶业、动画设计与制作等行业民族品牌。	国家卫生健康委牵头,国家发展改革委、教育部、工业和信息化部、文化和旅游部、市场监管总局参加。
22	推进智能服务机器人后发赶超,启动康复辅助器具应用推广工程,实施智慧老龄化技术推广应用工程。	民政部、工业和信息化部、科技部、国家发展改革委、市场监管总局、中国残联按职责分工负责。
23	鼓励国内外多方共建养老托育产业合作园区,加强市场、规则、标准方面的软联通,打造制造业创新示范高地。	国家发展改革委牵头,工业和信息化部、民政部、人力资源社会保障部、自然资源部、国家卫生健康委、人民银行、市场监管总局参加。
24	加强宜居环境建设。	住房城乡建设部、国家卫生健康委、交通运输部、民政部、中国残联按职责分工负责。

续表

序号	重点任务	责任单位
25	以满足老年人生活需求和营造婴幼儿成长环境为导向，推动形成一批具有示范意义的活力发展城市和社区。	国家发展改革委、住房城乡建设部牵头，民政部、国家卫生健康委参加。
26	完善养老托育服务综合监管体系。	民政部、国家卫生健康委、市场监管总局、住房城乡建设部、应急部按职责分工负责。
27	将养老托育纳入公共安全重点保障范围。	民政部、国家卫生健康委、国家发展改革委、应急部、市场监管总局按职责分工负责，地方各级人民政府负责。
28	严防"一老一小"领域非法集资。	民政部、国家卫生健康委、银保监会按职责分工负责，地方各级人民政府负责。
29	制定养老托育政务服务事项清单，推进养老托育政务服务的"好差评"工作。	民政部、国家卫生健康委、市场监管总局按职责分工负责，地方各级人民政府负责。
30	支持公益慈善类社会组织参与，建立健全"一老一小"志愿服务项目库。	全国总工会、共青团中央、中国残联、民政部、国家卫生健康委按职责分工负责。
31	以普惠为导向建立多元主体参与的养老和托育产业合作平台。	国家发展改革委牵头，工业和信息化部、民政部、自然资源部、住房城乡建设部、文化和旅游部、国家卫生健康委、国务院国资委、市场监管总局参加。
32	依据养老产业统计分类，开展养老产业认定方法研究，推进重要指标年度统计，探索构建托育服务统计指标体系。	国家统计局牵头，国家发展改革委、工业和信息化部、民政部、住房城乡建设部、国家卫生健康委、市场监管总局、中国残联参加。
33	建立"一老一小"服务能力评价机制，加强对本意见执行情况的跟踪督促。	国家发展改革委牵头，各相关部门参加。

养老机构行政检查办法

· 2022 年 10 月 31 日
· 民发〔2022〕86 号

第一章　总　则

第一条　为加强和规范养老机构行政检查工作，促进严格规范公正文明执法，根据国家有关规定，制定本办法。

第二条　本办法适用于民政部门依法对养老机构遵守《中华人民共和国老年人权益保障法》、《养老机构管理办法》、《养老机构服务安全基本规范》等法律、法规、规章、强制性标准和执行行政决定、命令情况进行查看、了解，并指导督促其履行义务的行为。法律、法规、规章等另有规定的，从其规定。

第三条　行政检查应当坚持检查和改进相结合，遵循依法、公平、公正、高效的原则，不得影响养老机构的正常经营活动。

第四条　已经备案的养老机构，由办理备案的民政部门实施行政检查。未备案的养老机构，由服务场所所在地的县级人民政府民政部门实施行政检查。

上级民政部门可以通过查看养老机构服务场所、向养老机构和个人了解情况等方式监督指导下级民政部门开展行政检查工作。

第五条　行政检查可以依法由民政部门单独实施或者会同有关部门联合实施。

民政部门应当加强与有关部门的协作配合，推进联合检查制度化、常态化，切实减轻养老机构负担。

第六条　省级民政部门应当建立本行政区域内检查对象名录库和检查人员名录库，并实行动态调整。

第七条　民政部门应当充分应用互联网、大数据、人工智能等现代技术手段,依托全国养老服务信息系统等平台,强化行政检查信息归集共享和关联整合,逐步实现全流程信息化,提升行政检查的规范化、精准化、智能化水平。

第二章　检查类型

第八条　行政检查包括日常检查、专项检查和个案检查。

日常检查是指民政部门对不特定养老机构或者养老机构的不特定事项进行的检查。专项检查是指民政部门基于日常检查、个案检查等发现的突出性、普遍性问题,以及安全风险防范需要,对不特定养老机构进行的检查。个案检查是指民政部门基于投诉举报、转办交办、数据监测等发现的问题线索,对特定养老机构进行的检查。

第九条　日常检查原则上应当通过双随机抽查的方式进行。

省级民政部门应当制定随机抽查事项清单,明确检查依据、检查主体、检查事项、检查方式等,并根据法律法规规章和工作需要等进行动态调整,及时向社会公开。

采用联合检查的,省级民政部门应当会同有关部门制定联合随机抽查事项清单。

第十条　实施日常检查,民政部门应当制定年度检查工作计划,并根据工作实际进行调整,及时向社会公开。

年度检查工作计划应当包括检查时间、检查事项、检查比例和频次等。检查比例、频次和检查对象被抽查概率应当根据养老机构信用风险分类结果合理确定、动态调整。

第十一条　专项检查可以根据实际采取双随机抽查或者全覆盖检查的方式。

实施专项检查,民政部门应当制定专项检查工作方案,明确检查范围、检查重点、时间安排、工作要求等内容。

采取联合检查的,民政部门应当会同有关部门制定联合专项检查方案。

第十二条　发现养老机构涉嫌违法违规问题线索后,民政部门应当立即实施个案检查;需要立案查处的,按照行政处罚程序规定进行调查处理。

第十三条　日常检查、专项检查和个案检查可以采取现场检查方式,也可以采取书面检查、在线视频检查等非现场检查方式。

第三章　实施检查

第十四条　日常检查、专项检查根据年度检查工作计划、专项检查工作方案启动实施。

个案检查经民政部门主要负责人或者其授权的其他负责人批准后启动实施。

第十五条　日常检查、专项检查采取双随机抽查方式实施的,民政部门应当从检查对象名录库中随机抽取检查对象。

第十六条　实施行政检查,民政部门应当确定检查人员。采取双随机抽查方式实施的,应当从检查人员名录库中随机匹配检查人员,执法检查人员有限,不能满足本区域内随机抽查基本条件的,可以采取直接委派方式,或与相邻区域执法检查人员随机匹配。采用联合检查的,检查人员由各部门依法确定。

根据检查需要,民政部门可以委托有资质的第三方机构或者聘请具有相关专业知识的人员协助开展检验、检测等专业技术性工作。

第十七条　行政检查应当制作检查通知书,载明检查依据、检查时间、检查事项、检查人员等内容。

采取书面检查方式的,检查通知书还应当载明所需材料的种类、报送方式和报送时间等内容。

第十八条　实施日常检查、专项检查,民政部门原则上应当提前三个工作日向养老机构发出检查通知书。必要时,也可以持检查通知书直接进行检查。

实施个案检查,民政部门应当持检查通知书直接进行,不得事先告知养老机构检查行程和检查事项。

第十九条　采取现场检查、在线视频检查方式的,检查人员不得少于二人,并应当表明身份,同时向养老机构出示检查通知书。

检查人员少于二人、未表明身份或者未出示检查通知书的,养老机构有权拒绝接受检查。

第二十条　检查人员与养老机构或者养老机构有关人员有直接利害关系或者有其他关系可能影响公正检查的,应当回避。

养老机构认为检查人员与其有直接利害关系或者有其他关系可能影响公正检查的,有权申请回避。养老机构提出回避申请的,民政部门应当依法审查,由负责人决定。决定作出之前,不停止检查。

第二十一条　实施行政检查,检查人员有权实施下列行为:

(一)查看养老机构服务场所;

(二)向养老机构和个人了解情况;

(三)查阅与检查事项有关的合同、票据、账簿及其他有关文件资料、信息系统;

（四）对检查过程进行音像记录；

（五）通过收集原件、原物或者采取记录、录音、录像、照相或者复制等方式获得有关材料；

（六）法律、法规、规章规定的其他行为。

第二十二条　对非现场检查收集的信息，民政部门可以采取电话询问、书面质询、约见谈话、现场查验等方式进行核实。

第二十三条　对民政部门依法进行的行政检查，养老机构及其工作人员应当配合，不得拒绝、阻碍或者提供虚假材料、隐瞒事实。

第二十四条　实施行政检查，检查人员应当填写检查记录表，如实记录检查内容、发现的问题等情况并签字。

采取现场检查方式的，检查记录表还应当由养老机构法定代表人（主要负责人）或者其委托的工作人员签字确认。无法取得签字的，检查人员应当注明原因；确有必要的，可以邀请在场人员作为见证人，并由检查人员和见证人共同签字确认。

第二十五条　行政检查结束后，检查人员应当形成检查报告，明确被检查养老机构的基本情况、检查情况、发现的问题和处理建议等内容。

第二十六条　民政部门在行政检查中未发现养老机构存在问题的，经主要负责人或者其授权的其他负责人批准，作出未发现检查事项存在问题的检查结果。

第二十七条　民政部门行政检查中发现养老机构存在下列问题，经主要负责人或者其授权的其他负责人批准，作出发现检查事项存在问题的检查结果，并进行相应处理：

（一）养老机构在服务安全和质量方面存在可能危及人身健康和生命财产安全风险的，责令限期改正；

（二）养老机构在建筑、消防、食品、医疗卫生、环境保护、特种设备等方面存在安全隐患的，应当由其他部门查处的，及时通报移送有关部门依法处理；

（三）养老机构存在违法违规行为，依法应当由民政部门予以行政处罚的，转入行政处罚程序；

（四）养老机构违法行为涉嫌犯罪的，移交司法机关处理。

第二十八条　民政部门在行政检查中发现安全隐患突出，排除前或者排除过程中无法保证安全的，应当区分情况，采取责令其从危险区域内撤出老年人和其他工作人员或者停止使用相关设施、设备等紧急措施处置，并通知相关部门到场处理。

对有根据认为养老机构的服务设施、设备不符合保障安全生产的强制性标准的，民政部门应当依照《中华人民共和国安全生产法》、《中华人民共和国行政强制法》等有关规定，对相关服务设施、设备予以查封、扣押。

第二十九条　民政部门作出检查结果后，行政检查程序终结。

第三十条　民政部门应当在检查结果形成后20个工作日内将检查结果书面告知被检查的养老机构，并向社会公开。

第三十一条　对存在本办法第二十七条第一款（一）、（二）项情形的养老机构，民政部门应当督促其落实整改要求，并在整改期限届满后进行复查并制作复查记录。涉及其他部门职责的，复查应当会同有关部门进行。

养老机构存在本办法第二十七条第一款（一）项情形，逾期未按照要求完成整改，依法应当给予行政处罚的，转入行政处罚程序。

第四章　监督管理

第三十二条　民政部门应当建立行政检查档案，归档保存反映检查过程和检查结果的相关资料，确保检查留痕可回溯。对涉及国家秘密、商业秘密、个人隐私的记录资料，归档时要执行国家有关规定。

行政检查中发现养老机构存在违法违规行为，依法转入行政处罚程序的，在检查过程中形成的资料可以与行政处罚案卷一并归档。

第三十三条　民政部门应当定期梳理行政检查中发现的问题，对养老机构存在的突出性、普遍性问题，及时进行通报。

第三十四条　民政部门积极推动建立行政检查信息共享机制，加强与有关部门协作，沟通检查情况，共享检查信息。

第三十五条　民政部门应当有计划地对检查人员进行法律和业务知识培训，保证其熟悉相关法律、法规、规章和标准，遵守行为准则和职业道德。

第三十六条　检查人员在检查工作中，不得实施下列行为：

（一）违反规定程序进行行政检查；

（二）利用检查工作为本人、亲友或者他人谋取利益；

（三）接受养老机构宴请、礼品、礼金，以及娱乐、旅游、食宿等安排；

（四）泄露在检查中了解到的养老机构的技术秘密、商业秘密或者相关人员的个人隐私；

（五）向被检查养老机构收取检查费用；

（六）其他违反行政检查规定、侵害养老机构合法权益的行为。

第三十七条 养老机构及其工作人员认为检查人员行政检查行为违法或者不当的，有权向民政部门投诉举报。

民政部门收到投诉举报后，应当依法及时处理。

第三十八条 民政部门及其检查人员在行政检查工作中违反本办法有关规定，滥用职权、玩忽职守、徇私舞弊的，对直接负责的主管人员和其他直接责任人员依法给予处分；构成犯罪的，依法追究刑事责任。

第五章　附　则

第三十九条 省级民政部门可以结合本地实际，制定实施细则。

第四十条 民政部门对居家社区养老服务机构实施行政检查，可以参照适用本办法相关规定。

第四十一条 本办法自 2023 年 1 月 1 日起施行。

养老机构消防安全管理规定

· 2023 年 6 月 30 日
· 民发〔2023〕37 号

养老机构应当严格遵守《中华人民共和国消防法》、《机关、团体、企业、事业单位消防安全管理规定》等消防法律法规规章；严格执行《建筑防火通用规范》等强制性消防标准，严格规范消防安全管理行为，防止火灾发生、减少火灾危害，切实保障老年人人身和财产安全。

一、落实消防安全主体责任

（一）建立健全消防安全责任制。养老机构应当建立健全逐级和岗位消防安全责任制，明确相应的消防安全责任人员及职责。养老机构的法定代表人、主要负责人或者实际控制人是本单位的消防安全责任人，对本单位的消防安全工作全面负责。养老机构内部各部门的负责人是该部门的消防安全责任人。属于消防安全重点单位的养老机构应当确定消防安全管理人，负责具体实施和组织落实本单位的消防安全工作，对消防工作直接负责。养老机构护理人员、保安、厨师、电工、消防设施操作员等各岗位员工对本岗位消防安全负责。

（二）加强制度建设。养老机构应当制定消防安全管理制度，具体包括防火巡查检查、安全疏散设施管理、消防设施器材维护管理、火灾隐患整改、用火用电安全管

理、消防宣传教育培训、消防安全工作考评奖惩等。养老机构应当制定消防安全操作规程，具体包括：消防（控制室）值班和消防设施操作、燃气设备使用、灭火和应急疏散预案演练等。消防安全管理制度和操作规程应当根据情况及时修订完善。

（三）明晰多主体各方责任。养老机构与其他单位共同使用同一建筑的，应当明确各方的消防安全责任，同时明确消防车通道、消防车登高操作场地、涉及公共消防安全的疏散设施和其他共用建筑消防设施的管理责任。养老机构委托物业服务企业实施消防安全管理的，应当在合同中约定物业服务企业承担责任的具体内容，并督促、配合做好消防安全工作。

二、规范场所安全设置

（四）合建要求。养老机构应设置在合法建筑内，不应设置在生产储存经营易燃易爆危险品场所、厂房和仓库、大型商场市场等建筑内。养老机构内除可设置满足其使用功能的附属库房外，不应设置生产场所或其他车房，不应与工业建筑组合建造。

（五）分区要求。养老机构与其他单位共同处于同一建筑物内的，应当与其他单位进行防火分隔。养老机构内的厨房、烧水间、配电室、锅炉房等设备用房，应当单独设置或者与其他区域进行防火分隔。

（六）布置要求。养老机构的楼层布置，机构内老年人居室、休息室、公共活动用房、康复与医疗用房的具体布置，应当符合《建筑防火通用规范》对老年人照料设施的要求。

三、确保设施正常运行

（七）加强消防设施管理。养老机构应当按照国家规定配置消防设施、器材。消防设施、器材应当设置规范、醒目的标识，并标明使用方法、注意事项。养老机构应当自行或者委托消防技术服务机构定期对消防设施、设备进行维护保养检测，确保完好有效。养老机构不得损坏、挪用或者擅自拆除、停用消防设施、器材。

（八）加强安全疏散设施管理。养老机构应确保疏散通道、安全出口和疏散门畅通；保持常闭式防火门处于关闭状态，常开防火门应能在火灾时自行关闭，并应具有信号反馈功能；保证消防应急照明、疏散指示标志完好有效；保证安全出口、疏散通道上不安装栅栏，建筑每层外墙的窗口、阳台等部位不设置影响逃生和灭火救援的栅栏，确需设置的，应能从内部易于开启；在各楼层的明显位置设置安全疏散指示图，配备轮椅、担架、呼救器、过滤式自救呼吸器、疏散用手电筒等安全疏散辅助器材。

四、严格消防安全日常管理

（九）严格用电管理。养老机构应当选用符合国家规定的电气设备，严禁使用"三无"产品。电气线路敷设、电气设备安装和维修应当由具备相应职业资格证书的人员实施。电气线路敷设应规范，保护措施完好。在有可燃物的闷顶和封闭吊顶内明敷的配电线路，应当采用金属导管或金属槽盒布线。开关、插座和照明灯具靠近可燃物时，应当采取隔热、散热等措施。电热器具（设备）及大功率电器应与可燃物品保持安全距离，不应被可燃物覆盖。严禁超负荷用电，不得私拉乱接电线。应当定期对电气线路、电气设备进行检查、维护保养、检测电气线路和电气设备，并记录存档。老年人居室、康复与医疗用房等用电量大的房间可以通过设置过流、过压电气保护装置，限定房间的最大用电负荷。应当根据需要设置电动自行车、电动摩托车和电动轮椅集中停放、充电场所，安装符合用电安全要求的充电设施，严禁在室内、安全出口、疏散通道停放和充电。

（十）严格用火管理。养老机构室内活动区域、廊道禁止吸烟、烧香。禁止使用明火照明、取暖。艾灸、拔罐等中医疗法确实需要使用明火时，应当有专人看护。因施工等特殊情况需要进行电焊、气割等明火作业的，应当依法办理动火审批手续，并由具备相应职业资格证书的人员实施。养老机构或施工单位应当指定专人全程看护作业过程，作业前、作业后应及时清理相关可燃物。

（十一）严格用气管理。养老机构应当遵守安全用气规则，使用合格的燃气燃烧器具和气瓶。应当安装可燃气体探测报警、自动切断装置。厨房设在地下室、半地下室和高层建筑内的，严禁使用瓶装液化石油气。充装量大于50Kg的液化石油气容器应设置在所服务建筑外单层专用房间内，并采取防火措施。养老机构厨房灶具、油烟罩、烟道至少每季度清洗1次，燃气、燃油管道应经常进行检查、检测和保养。

（十二）严格建筑材料和装修装饰管理。养老机构装修应当依法报经有关部门审核批准，不得擅自停用消防设施，不得改变疏散门的开启方向，减少安全出口。装修应当按照国家标准要求，使用不燃、难燃材料，不得使用聚苯乙烯、聚氨酯泡沫等燃烧性能低于A级的材料作为隔热保温材料或作为夹芯彩钢板的芯材搭建有人活动的建筑。养老机构的装饰材料，如窗帘、地毯、家具等的燃烧性能应当符合《建筑内部装修设计防火规范》的规定。营造节庆、主题活动氛围需要使用室内装饰物品的，不得大量采用易燃可燃材料制造，且布置时应远离用火

用电设施，活动后及时拆除。养老机构内、外保温系统和屋面保温系统采用的保温材料或制品燃烧性能应当符合《建筑防火通用规范》对老年人照料设施的要求。

（十三）严格具有火灾风险的设备设施管理。养老机构内具有火灾危险性的大型医疗设备应定期进行维护检查，操作人员应当严格遵守操作规程。设有中心供氧系统的养老机构，供氧站与周边建筑、火源、热源应保持安全距离，氧气干管上应设置手动紧急切断装置，高压氧舱的排氧口应远离明火或火花散发地点，供氧、用氧设备不应沾染油污。核磁共振机房应当配置无磁性灭火器。

（十四）严格值班管理。养老机构应当实行24小时值班制度。设有消防控制室的养老机构，应当实行24小时双人值班制度（符合地方性法规要求的可单人值班），且值班人员应当持有消防设施操作员职业资格证书，熟悉消防控制室消防设备操作规程，确保其正常运行。养老机构值班人员接到火灾警报并确认发生火灾后，应立即拨打119电话报警，同时向单位消防安全责任人或消防安全管理人报告，启动灭火和应急疏散预案。

（十五）严格档案管理。养老机构应当建立健全消防档案，并由专人统一管理。消防档案应当全面反映消防安全基本情况、消防安全管理情况、灭火和应急疏散预案演练情况等，并及时予以更新。

五、做好安全隐患自查自改

（十六）开展定期防火巡查检查。养老机构应当明确人员定期开展防火巡查、检查。老年人居室、公共活动用房、厨房等重点部位白天至少巡查2次，其他部位每日至少巡查1次。养老机构应当加强每日夜间巡查，且至少每两小时巡查1次。每月和重要节假日、重大活动前，养老机构应当至少开展1次防火检查。养老机构开展防火巡查、检查时，应当填写巡查、检查记录。

（十七）突出防火巡查检查重点。养老机构防火巡查重点应当包括：用电、用火、用气有无违章；安全出口、疏散通道是否畅通、有无锁闭；消防应急照明、疏散指示标志是否完好；常闭式防火门是否保持常闭状态，防火卷帘下是否堆放物品；消防设施、器材是否在位、完好有效；消防安全标志是否标识完好清晰；消防安全重点部位人员是否在岗；消防车通道是否畅通；其他需巡查的内容。

养老机构防火检查重点应当包括：消防安全管理制度落实情况；电气线路、用配电设备和燃气管道、燃气灶具、液化气瓶定期检查维护情况；厨房灶具、油烟罩和烟道清洗情况；消防车通道、消防车登高操作场地、室外消

火栓、消防水源情况;安全疏散通道、楼梯,安全出口及其疏散指示标志、应急照明情况;消防安全标志设置情况;灭火器材配备及完好情况;楼板、防火墙、防火隔墙和竖井孔洞的封堵情况;建筑消防设施运行和维护保养情况;消防控制室值班和管理情况;用火、用电、用油、用气有无违规、违章情况;老年人居室、康复与医疗用房、公共活动用房、厨房等重点部位防火措施落实情况;防火巡查落实情况和记录情况;火灾隐患整改和防范措施落实情况;护理人员、保安、电工、厨师等员工是否掌握防火灭火常识和疏散逃生技能;其他需要检查的内容。

(十八)及时消除火灾隐患。养老机构对于防火巡查检查中发现的问题,应当及时纠正。对于无法当场纠正的火灾隐患应当形成清单,并建立整改台账,实行销号管理,整改完成一项、销号一项。火灾隐患整改期间,应当采取相应的安全保障措施。

六、提升应急处置能力

(十九)科学制定灭火和应急疏散预案。养老机构应当结合本单位实际制定有针对性的灭火和应急疏散预案,明确组织机构、报警和接警处置程序、应急疏散的组织程序和措施、扑救初起火灾的程序和措施等内容。预案应当充分考虑天气情况,夜间、节假日特殊时段等因素对灭火和应急疏散的不利影响。针对失能失智老年人,预案应当明确专门的疏散和安置措施,逐一明确负责疏散的工作人员。

(二十)定期开展消防演练。养老机构应当每年至少组织1次消防演练。其中,属于消防安全重点单位的养老机构应至少每半年组织1次消防演练。重点检验相关人员报告火警、扑救初起火灾、安全疏散、消防设施使用情况以及灭火和应急疏散预案的可操作性等。消防演练应当通知老年人积极参加。演练后应及时总结,并根据情况完善灭火和应急疏散预案。

(二十一)加强应急力量建设。养老机构应当根据需要建立志愿消防队,配备必要的装备器材,提高自防自救能力。属于消防安全重点单位的养老机构,根据需要建立微型消防站。志愿消防队(微型消防站)应当接受辖区消防救援站的指导,积极与周边微型消防站、专职消防队等实现联勤联动。

七、加强消防安全教育培训

(二十二)加强员工消防安全培训。养老机构应当至少每半年开展1次对全体员工的消防安全培训;对新上岗员工或者进入新岗位的员工应当进行上岗前消防安全培训;对志愿消防队(微型消防站)队员、自动消防设施操作人员、特种岗位人员等人员,应当组织经常性消防安全业务学习。

(二十三)明确消防安全培训内容。养老机构消防安全培训主要包括:有关消防法律法规、消防安全管理制度、消防安全操作规程;本单位、本岗位的火灾危险性和防火措施;消防设施、灭火器材的性能、使用方法;报火警、扑救初起火灾、应急疏散和自救逃生的知识和技能;安全疏散路线、引导人员疏散的程序、方法;灭火和应急疏散预案的内容、操作程序等。

(二十四)加强老年人消防安全提示。养老机构应当通过张贴标语海报、发放消防刊物、播放火灾案例视频、举办消防文化活动等形式面向入住老年人宣传消防安全常识。重点提示火灾危险性、安全疏散路线、用火用电常识、灭火器材位置和使用方法等。

全托、日间照料社区养老服务机构(包括农村幸福院等互助养老设施)参照本规定履行消防安全职责。

本规定自2023年8月1日起施行,有效期5年。养老机构消防安全管理不再适用《社会福利机构消防安全管理十项规定》(民函〔2015〕280号)。

民政部、公安部、市场监管总局、中国银保监会关于加强养老机构非法集资防范化解工作的意见

· 2022年11月7日
· 民发〔2022〕89号

各省、自治区、直辖市民政厅(局)、公安厅(局)、市场监管局(厅、委)、防范和处置非法集资工作领导小组办公室,新疆生产建设兵团民政局、公安局、市场监管局、防范和处置非法集资工作领导小组办公室:

为巩固打击整治养老诈骗专项行动成果,加大常态化养老机构非法集资防范化解力度,切实履行好《防范和处置非法集资条例》明确的行业主管部门、监管部门职责,坚持防范为主、打早打小、综合治理、稳妥处置的原则,多措并举强化日常监督管理,依法保护老年人合法权益,现提出如下意见:

一、加强风险摸排

(一)通过信息抓取及时掌握增量。省级民政部门要主动对接省级市场监管部门,建立养老机构登记备案信息共享交换机制,推动省级市场监管部门通过省级统一的信用信息共享交换平台、政府数据共享交换平台或者部门间的数据接口(统称信息共享交换平台),将本行政区域内经营范围中包含"养老服务"的市场主体登记

信息，自登记之日起 10 个工作日内推送给省级民政部门。暂不具备条件的，省级民政部门要通过信息共享交换平台，每月至少一次集中抓取上述市场主体登记信息。省级民政部门要重点关注经营范围中包含"养老服务"，且名称中含有"养老、老年、老来、敬老、托老、老人、康旅、健康、养生、康养、医养、寿康、夕阳、休养、长寿、长生、孝心"等字样的市场主体，并将有关登记信息推送到服务场所所在地的县级民政部门，服务场所所在地的县级民政部门要进行现场核查，对实际收住老年人、提供养老服务的养老机构要做到情况清、底数明，并将核查结果逐级反馈省级民政部门。服务场所所在地的县级民政部门要将新增的养老机构纳入监管范围，并督促其依法及时办理备案。具备条件的市、县民政部门可以主动对接同级市场监管部门，并推动同级市场监管部门做好信息推送工作。

民政部门要加强登记信息内部共享，及时掌握民办非营利性养老机构登记情况。对于非民政部门（如行政审批局）批准成立登记的民办非营利性养老机构，民政部门要通过信息共享交换平台，每月至少一次集中抓取相关登记信息。

（二）定期开展存量摸底排查。各地民政部门每年对养老机构服务安全和质量进行不少于一次的现场检查，要重点检查养老机构的运营主体、床位数量、登记备案、服务协议、收费方式、收取预付费及涉及人数、资金使用、营销方式、关联公司、业务扩张等情况，并将摸排开展情况以及各机构摸排结果，及时填报到"金民工程"全国养老服务信息系统。各地民政部门在排查中发现个人或者组织未经登记但以养老机构名义开展养老服务活动的，要引导其尽快依法办理设立登记；对拒不登记且从事经营活动的，依照《民办非企业单位登记管理暂行条例》《无证无照经营查处办法》《事业单位登记管理暂行条例实施细则》等法律法规予以处置。

二、加强源头治理

（三）规范养老机构内部管理。养老机构应当依法与接受服务的老年人或者其代理人签订服务协议，明确双方的权利和义务。收取预付费的，应当与老年人或者其代理人协商一致，并告知可能存在的风险，充分保障其知情权。省级民政部门要结合当地实际，在《养老机构服务合同》（示范文本）的基础上，补充完善养老机构收取预付费的相关内容，包括收费标准、收取时限、收费额度、退费办法、违约责任、风险提示等。各地民政部门要通过政府网站、政务新媒体、服务窗口等途径公示示范文本，

引导养老机构、老年人或者其代理人依法签订服务协议，维护自身合法权益。各地民政部门在日常监督检查中，可以通过查阅、复制服务协议，或者询问老年人或者其代理人等方式，核实服务协议内容，了解养老机构收取预付费以及告知风险等情况。养老机构未与老年人或者其代理人签订服务协议的，民政部门要约谈其法定代表人（主要负责人），并依照《养老机构管理办法》相关规定予以处置。

（四）完善养老机构备案信用承诺制度。有多个服务场所的营利性养老机构办理备案，应当分别向服务场所所在地的县级民政部门提出。各地民政部门发现养老机构已收住老年人但未办理备案的，要督促其及时备案。办理备案的民政部门要书面告知养老机构不得从事非法集资，以及从事非法集资相应的法律后果，并要求养老机构填写备案承诺书，承诺不采取任何形式，包括利用关联企业等形式从事非法集资。各地民政部门要加快推进养老机构网上备案，养老机构备案承诺书等材料要及时上传到"金民工程"全国养老服务信息系统，并将养老机构登记备案情况，通过门户网站、信用中国等平台及时向社会公布，发挥公众监督作用。

（五）加大宣传教育力度。各地民政部门要通过抖音、两微一端、新闻媒体、广播电台等方式，推送养老服务领域非法集资风险提示，通过以案说法开展防范养老服务领域非法集资典型案例宣传；要引入专业机构或者社会工作者、志愿者、网格管理员等，开展"三进"（进村、进社区、进机构）、"四见"（见海报张贴、见宣传横幅、见宣传资料、见公益视频），实现养老机构防范非法集资宣传教育全覆盖，引导老年人提高警惕、增强防范意识和能力。县级民政部门还可以联合属地乡镇（街道）、金融机构等，在社区"一站式"服务大厅、商业银行服务大厅、公园、早市等老年人密集的场所，通过悬挂横幅、醒目处放置宣传折叠卡等方式，向辖区内老年人宣传防范养老服务领域非法集资知识，提高老年人的辨识力和判断力。省级民政部门要根据《养老服务质量信息公开标准指引》要求，制定养老服务质量信息公开模板，要求养老机构统一在经营场所醒目位置设置公示栏，指导养老机构公开基本信息、服务资源信息、服务质量管理信息等。各地民政部门要在负责监管的养老机构张贴《关于养老服务领域非法集资的风险提示》的宣传简报，并要求养老机构在简报上签署不从事非法集资的承诺；要公开举报电话和邮箱等举报方式，鼓励群众对涉嫌非法集资行为投诉举报；要按照《养老服务领域基层政务公开

标准指引》有关要求，及时公布依法登记备案的养老机构名单、等级评定、行政检查、行政处罚等信息，引导老年人及家属理性选择。公安机关要公布投诉举报专门电话，广泛发动群众举报养老机构涉嫌非法集资的犯罪线索。

三、依法分类处置

（六）做好线索通报和分类处置。各地民政部门要对摸排发现的问题隐患进行综合评估、逐一研判，从高到低分别纳入"红橙黄绿"风险管控等级。没有发现风险隐患的，纳入绿色等级。发现养老机构存在收取大额预付费行为，且资金主要用于弥补设施建设资金不足；近三年分支机构、服务网点扩张过快；频繁变更法定代表人、登记注册地；虚假或夸大宣传；有关联公司且存在关联交易等潜在风险隐患的，纳入黄色等级，要提示其经营风险，引导养老机构规范运营和内部管理，合理投资避免快速扩张导致资金链断裂，并可以视情将风险隐患及处置情况，函告防范和处置非法集资工作机制的牵头部门（以下简称处置非法集资牵头部门）。发现养老机构或其法定代表人（主要负责人）有被提起诉讼、投诉举报、舆情曝光、纳入养老服务市场失信联合惩戒对象名单（企业经营异常名录或者严重违法失信名单、社会组织活动异常名录或者严重违法失信名单）；收取大额预付费行为，且资金使用不规范；收取大额预付费的对象数量超过床位总数等情形，并可能存在非法集资风险的，纳入橙色等级，及时函告处置非法集资牵头部门，单独或者会同处置非法集资牵头部门对养老机构和法定代表人（主要负责人）进行警示约谈，责令整改。发现养老机构存在收取大额预付费行为且资不抵债、已经"爆雷"，或引起不良影响、重大舆情等涉嫌非法集资行为的，纳入红色等级，第一时间向属地人民政府报告，并将问题线索函告处置非法集资牵头部门，依法配合做好调查认定、后续处置等工作。发现涉嫌犯罪的，依法移送公安机关。

（七）加强信用监管力度。因从事非法集资依法受到处罚的养老机构，已获评定等级的，在等级有效期内，按照规定作出降低或者取消评定等级的处理；各地民政部门要将其纳入养老服务市场失信联合惩戒对象名单向社会公布，通报相关部门，依法依规实施限制参与评比表彰、等级评定、政府采购、财政资金扶持、政策试点等惩戒措施；对从事非法集资造成重大损失的养老机构相关责任人，要依法依规在一定期限内实施市场和行业禁入措施，直至永远逐出养老服务市场。各地民政部门要通过查询国家企业信用信息公示系统、中国社会组织政务服

务平台，全面掌握涉嫌非法集资的养老机构法定代表人（主要负责人）名下登记注册的其他养老机构，并予以密切关注，做好早期干预和风险预警，谨防发生不良连锁反应。

（八）做好处突维稳工作。辖区内养老机构发生非法集资，老年人需要安置的，养老机构要根据服务协议约定与老年人或者其代理人协商确定安置事宜，民政部门要为养老机构妥善安置老年人提供帮助。对因参与非法集资受损的困难老年人，符合条件的，民政部门要依法及时纳入城乡低保、特困供养范围或者给予临时救助等，保障其基本生活，严密防范发生冲击社会道德底线的极端事件。各地民政部门要严格落实依法处置、舆论引导、社会面管控"三同步"要求，加强舆情信息监测，重视群众投诉举报和媒体曝光的负面舆情，对可能发生非法集资突发事件作出研判，防止事态扩大升级。一旦出现负面舆情，要及时协调加强引导管控，严防恶意炒作，并按照本地区处置非法集资突发事件应急预案，做好信息报告和处理、应急处置等工作，维护社会稳定大局。

（九）加强部门协同配合。处置非法集资牵头部门依托地方非法集资监测预警平台发现的养老机构涉嫌非法集资、诈骗线索，要及时通报同级民政部门，民政部门要加强核查、做好风险研判和跟踪处置。民政部门与市场监管部门要加强信息共享，推动形成养老机构登记和监管信息数据集。公安机关对民政部门移送的养老机构涉嫌非法集资线索，要加强核查，涉嫌犯罪的，及时立案侦查。公安机关要加强与民政、市场监管、处置非法集资牵头部门的协同配合，依法打击犯罪，维护老年群体合法权益。

民政部、国家发展改革委、公安部、财政部、中国人民银行、市场监管总局、金融监管总局关于加强养老机构预收费监管的指导意见

· 2024 年 4 月 23 日
· 民发〔2024〕19 号

各省、自治区、直辖市民政厅（局）、发展改革委、公安厅（局）、财政厅（局）、市场监管局、金融监管局，各计划单列市民政局、发展改革委、公安局、财政局、市场监管局、金融监管局，新疆生产建设兵团民政局、发展改革委、公安局、财政局、市场监管局、金融监管局；中国人民银行上海总部，各省级分行、计划单列市分行：

近年来，一些养老机构采取预收费方式运营，一定程

度缓解了设施建设资金不足等问题,纾解了运营压力。但是,也有少数养老机构出现了资金管理使用不规范,资金链断裂后"退费难"、"爆雷"、"跑路"等问题,甚至有的不法分子实施非法集资、诈骗等犯罪行为,严重损害老年人合法权益,扰乱养老服务市场秩序。为贯彻落实习近平总书记关于更好统筹发展和安全、维护老年人合法权益的重要指示精神,依据《中华人民共和国老年人权益保障法》、《中华人民共和国消费者权益保护法》、《防范和处置非法集资条例》、《养老机构管理办法》和《国务院办公厅关于推进养老服务发展的意见》(国办发〔2019〕5号)、《国务院办公厅关于建立健全养老服务综合监管制度 促进养老服务高质量发展的意见》(国办发〔2020〕48号)等法律法规和国家有关规定,现就加强养老机构预收费监管提出如下意见。

一、总体要求

(一)指导思想。

以习近平新时代中国特色社会主义思想为指导,全面贯彻落实党的二十大精神,深入落实中央金融工作会议部署,完整、准确、全面贯彻新发展理念,服务加快构建新发展格局,坚持以人民为中心,更好统筹发展和安全,加强养老机构预收费收取、管理、使用、退费的监管,规范引导养老机构健康发展,防范化解非法集资等非法金融活动风险,保障老年人合法权益,维护公平竞争的养老服务市场秩序,促进新时代养老服务高质量发展。

(二)基本原则。

——坚持实事求是、因地制宜。根据养老机构发展实际,借鉴有益经验,明确管理要求。鼓励借助互联网、区块链等信息技术手段,通过银行存管、保险等方式,提高资金安全保障水平。

——坚持安全发展、守牢底线。全面统筹发展和安全,既包容审慎监管新兴业态,又引导养老机构规范经营,依法打击违法犯罪行为,坚决维护老年人合法权益。

——坚持务实高效、协同联动。梳理分析预收费收取、管理、使用、退费等环节风险点,采取务实管用的防范措施,切实把该管的管好、管到位。加强跨部门业务协同,强化预收费监管的统筹性和协调性,增强监管合力,提高综合监管效能。

(三)主要目标。

2025年前,建立健全跨部门养老机构预收费监管工作机制,协同监管进一步优化,预收费资金监测预警、风险隐患排查和违法违规行为的处置能力有效提升,养老服务市场更加公平有序,非法集资风险隐患有效减少,老年人对养老服务消费的满意度稳步提高。

二、规范养老机构预收费行为

(四)预收费的界定。养老机构预收费是指养老机构提前向老年人或者其代理人收取一定额度费用,并承诺在一定时间内,按照服务协议约定提供相应养老服务的行为。养老机构预收的费用主要包括养老服务费、押金和会员费。养老服务费是指床位费、照料护理费、餐费等费用;押金是指为老年人就医等应急需要、偿还拖欠费用、赔偿财物损失等作担保的费用;会员费是指养老机构以"会员卡"、"贵宾卡"等形式收取的,用于老年人获得服务资格、使用设施设备、享受服务优惠等的费用。

(五)收取要求。养老机构收费属于政府非税收入的,应当执行政府非税收入有关制度规定。鼓励养老机构采用当月收取费用的方式,向老年人提供服务。采用预收费方式的,养老机构应当在服务场所、门户网站等显著位置公示预收费项目、标准等信息,并向负责监管的民政部门报送。营利性养老机构应当向服务场所所在地的县级民政部门报送,非营利性养老机构应当向登记管理机关同级的民政部门报送。省级民政部门可以根据本地情况,会同相关部门确定当地养老服务费最长预收周期和押金最高预收额度,但养老服务费预收的周期最长不得超过12个月,对单个老年人收取的押金最多不得超过该老年人月床位费的12倍。对养老机构为弥补设施建设资金不足,收取会员费的,省级民政部门可以按照包容审慎监管原则,明确会员费最高额度等限制性要求。尚未建成或者已建成但尚不具备收住老年人条件的养老机构,不得收取会员费。公办养老机构、公建民营、政府与社会力量合作建设的养老机构,不得收取会员费。养老机构或者其法定代表人(主要负责人)、实际控制人为失信被执行人,或者因非法集资、诈骗受过行政处罚或者刑事处罚,被纳入养老服务、企业、社会组织严重失信主体名单,尚未移出的,不得收取会员费。养老机构不得超过床位供给能力承诺服务,确保交费的老年人总数不得超出其备案床位总数,预收费用总额不得超出其固定资产净额(已经设定担保物权的资产价值不计入固定资产净额)。

(六)协议管理。养老机构应当充分保障老年人及其代理人知情权,真实、准确说明预收费收取、使用等相关信息,告知可能存在的风险,并在服务协议中明确预收费的项目、标准、管理方式、退费条件及方式、违约责任等。养老机构不得利用格式条款设定不合理的退费限制、排除或者限制老年人权利、加重老年人责任、减轻或者免除养老机构责任。不得作虚假或者引人误解的宣传,不得以承诺还本付息、给予其他投资回报等方式,诱导老年人或者其代理人交纳预收费。老年人及其代理人要提高风险防范意识,理智消费,谨慎交纳预收费,不为高额回报所诱惑,不参与非法集资,谨防财产损失。养老机构预收费应当按照国家规定开具发票,不得填开与实际交易不符的内容,不得以收款收据等"白条"替代收款凭证。老年人或者其代理人交费后要索要并妥善保管好发票或者其他消费凭证,发生消费纠纷时可以依法依规主张权利。

(七)使用用途。养老机构预收费主要用于抵扣老年人入住机构期间需要支付的费用、弥补本机构设施建设资金不足,或者发展本机构养老服务业务。押金除办理退费、支付突发情况下老年人就医费用、抵扣老年人拖欠的养老服务费或者应当支付给养老机构的违约金、赔偿金等情形外,不得支出。会员费不得用于非自用不动产、有价证券、金融衍生品等高风险投资,不得直接或者间接投资以买卖有价证券为主要业务的公司,以及用于其他借贷用途;不得投资、捐赠给其法定代表人(主要负责人)或者实际控制人名下的其他企业;实行连锁化、集团化运营的养老机构,不得投资、捐赠给关联企业。

(八)退费要求。对符合服务协议约定退费条件的预收费用,养老机构应当按照约定及时退费,不得拒绝、拖延。老年人尚未入住机构接受服务,提出解除服务协议的,养老机构应当及时退还预收费用。老年人已经入住机构接受服务,提出解除协议的,扣除已经消费的金额,养老机构原则上按原渠道一次性退还剩余费用,协议条款另有约定的除外。养老机构因停业、歇业等原因暂停、终止服务的,应当提前 30 日在其服务场所、门户网站等醒目位置发布经营状况变化提醒,及时退还剩余费用,妥善解决后续服务问题,依法承担经营主体责任。养老机构与老年人或者其代理人因退费引发争议的,双方可以通过协商、调解、投诉、仲裁、诉讼等方式解决。

三、强化多元监督管理

(九)实行银行存管和风险保证金方式管理。押金、会员费,应当采取商业银行第三方存管和风险保证金等方式管理,确保资金安全。民政部门要会同当地金融监管部门制定存管的具体要求、办理程序、养老机构和存管银行的权利义务等存管规则,综合资信状况、服务水平、风控能力、人力资源等因素确定所有承接业务的商业银行名单,并向社会公布。养老机构在公布的名单范围内,自主选择存管银行,与负责监管的民政部门、存管银行签

订三方存管协议,开设专用存款账户,如有账户变更和撤销等情况应当及时向负责监管的民政部门报送。养老机构按照预算单位管理的,其账户开立、使用还应当遵守本级财政部门有关规定。存管银行应当根据存管协议履行资金存管义务,对养老服务不提供担保,养老机构不得利用存管银行做营销宣传。养老机构预先收取的养老服务费应当全部及时存入其基本存款账户,押金、会员费应当全部及时存入存管的专用存款账户。不得使用本机构基本存款账户、存管的专用存款账户以外的账户或者非本机构账户、其他个人账户收费转账。老年人或者其代理人采用现金方式支付的,养老机构应当及时存入机构相应账户。养老机构专用存款账户要留存一定金额的资金作为风险保证金,具体比例由省级民政部门确定,但留存比例不得低于该账户近三年会员费总额 10%(收取不满三年的,按累计收取会员费的总额计算),且不得低于该账户当前余额 20%。专用存款账户余额接近风险保证金最低比例时,存管银行应当向养老机构进行预警。专用存款账户出现资金异常流动、账户余额达到风险保证金最低比例时,除办理退费外,存管银行不得为养老机构办理支出,同时应当向负责监管的民政部门作出风险提示,并将有关情况及时报告所在地金融监管部门、处置非法集资牵头部门。省级民政部门要会同省级金融监管部门细化判定资金异常流动的情形。存管银行要建立养老机构账户管理系统,归集养老机构资金收取、使用等信息,并与民政部门信息系统实现对接。民政部门要依托信息系统加强对养老机构预收费的事中事后监管,发现养老机构涉嫌非法集资行为的,要将有关情况通报存管银行。存管银行根据法律规定和存管协议约定,对专用存款账户采取相应的限制措施。

(十)加强日常监管和风险监测。民政部门应当通过门户网站等渠道,依法依规向社会公开养老机构预收费信息报送的情况。民政部门要将预收费纳入"双随机、一公开"监管的重点检查事项,委托社会中介机构每年对一定比例的养老机构预收费收取和管理、使用等情况进行抽查审计,对日常检查和个案检查中发现的突出或者普遍性问题,可以联合相关部门开展专项检查。民政、市场监管等部门要将养老机构预收费监管过程中产生的行政处罚、抽查检查结果等信息及时归集至相关信用信息平台并依法公示。各地要依托全国养老服务信息系统、非法集资监测预警平台等,探索建立关键风险指标监测模型,定期发布风险预警提示。鼓励各地积极引入保险机制,为老年人交纳预收费提供风险保障。

（十一）分类处置问题隐患。民政、市场监管等部门在日常监管中发现养老机构存在预收费行为不规范等问题的，要对其法定代表人（主要负责人）进行警示约谈，督促其整改到位、依法合规经营。存在违规收取和使用预收费等问题的，民政部门要责令限期整改，逾期不改正，存在可能危及老年人财产安全风险的，责令停业整顿；发现可能存在非法集资风险的，及时函告处置非法集资牵头部门，单独或者会同处置非法集资牵头部门进行警示约谈、责令整改；发现涉嫌非法集资行为，第一时间向属地人民政府报告，并将问题线索函告处置非法集资牵头部门，依法配合做好调查认定、后续处置等工作；发现涉嫌犯罪的，依法移送公安机关。对以预收费名义从事非法集资的养老机构，民政部门要依法依规加强信用惩戒，配合有关部门做好处突维稳工作。

四、保障组织实施

（十二）抓好贯彻落实。省级民政部门要结合本地实际，牵头制定实施细则或者出台相应管理办法，细化管理要求和具体措施；完善推行养老服务协议示范文本，引导规范签约、履约行为。各地要健全工作机制，明确责任分工，落实属地监管责任，确保监管措施落地见效；要畅通投诉举报渠道，对养老机构违规收取和使用预收费、无理由不退费或者拖延退费、资金异常流动等问题线索要加强互联互通和定期研判，发现苗头性风险，及时稳妥处置。民政部要会同有关部门跟踪了解、督促检查本意见落实情况，确保各项措施落地见效。

（十三）加强部门协同。民政部门要依法规范、监督养老机构预收费行为，牵头做好风险排查和监测预警。发展改革、财政部门要会同民政部门健全完善公办、民办普惠等类型养老机构收费政策，规范收费项目及收费标准制定要求等。处置非法集资牵头部门与所在地国务院金融管理部门分支机构、派出机构要建立非法集资可疑资金监测机制，按照职责分工督促、指导商业银行、非银行支付机构加强对资金异常流动情况及其他涉嫌非法集资可疑资金的监测。人民银行分支机构要协调商业银行为养老机构开立专用存款账户提供便利。市场监管部门要加强对养老机构收费行为的抽查检查力度，依法查处养老机构不执行政府定价、政府指导价和不按规定明码标价等价格违法行为。公安机关要加强与民政、人民银行、市场监管、金融监管等部门的协同配合，依法打击养老机构以预收费为名实施的非法集资、诈骗等犯罪行为。

（十四）做好政策衔接。养老机构预收费应当全额纳入监管范围，包括本意见发布前已收取但未完成服务的预收费资金。省级民政部门要设置合理过渡期，本意见发布前已收取押金、会员费的养老机构，应当在过渡期内督促其完成开立专用存款账户、信息报送等手续。已经出台预收费管理办法的地区，要做好政策衔接适用。养老机构预收费属于所在地单用途预付卡管理相关规定调整范围的，还应当遵守其相关规定。

本意见自 2024 年 10 月 1 日起施行，有效期 5 年。

关于推进老年阅读工作的指导意见

· 2024 年 10 月 28 日
· 民发〔2024〕51 号

各省、自治区、直辖市民政厅（局）、老龄办、党委宣传部、党委网信办、教育厅（教委）、农业农村（农牧）厅（局、委）、文化和旅游厅（局）、退役军人事务厅（局）、广电局、总工会、团委、妇联、残联，新疆生产建设兵团民政局、老龄办、党委宣传部、党委网信办、教育局、农业农村局、文化体育广电和旅游局、退役军人事务局、总工会、团委、妇联、残联：

为贯彻党的二十大关于深化全民阅读活动的重要部署，保障老年人基本阅读权益，满足老年人日益增长的阅读需求，进一步提升广大老年人的获得感、幸福感、安全感，现提出如下指导意见。

一、总体要求

老年阅读工作要以习近平新时代中国特色社会主义思想为指导，引导广大老年人爱读书、读好书、善读书，丰富老年人精神文化生活，让广大老年人共享改革发展成果、安享幸福晚年，让老年生活成为有作为、有进步、有快乐的重要人生阶段。

坚持为老服务，保障阅读权益。充分保障老年人平等、充分、便捷享受阅读的权利，进一步完善无障碍阅读环境建设，为老年人提供更高质量的阅读产品和服务，满足老年人对精神文化生活的新期待。鼓励老年人运用阅读所得丰富晚年生活，在自我提升、家庭教育、代际传承、权益保障和社会参与等方面发挥积极作用。

坚持城乡均衡，推进阅读普及。统筹推进城乡老年阅读服务均衡发展，加快推进农村、城市公共文化服务资源整合和互联互通，有效提升老年阅读服务的可及性和便利性。把老年人纳入全民阅读重点保障对象，针对不同阅读需求的老年人分类施策、分层指导，强化示范引领带动，更好服务学习型社会建设。

坚持政府主导，实现多元参与。充分发挥政府部门在老年阅读工作中的统筹作用,注重激发各类社会主体参与老年阅读推广的积极性,充分发挥各方资源优势,形成全社会关心、支持、参与老年阅读的良好局面。积极培育和引导老年人文化消费需求,加强理念创新、制度创新、方式创新,推动老年阅读行动长效开展。

力争到 2027 年,优质老年读物的供给能力显著增强,纸质读物、数字终端的适老化水平有效提高,老年阅读服务体系基本完善,老年阅读友好氛围更加浓厚;涌现出一批群众喜爱、参与性强、影响力大的老年阅读品牌项目,培育出一批热心公益、素质过硬的老年阅读组织和辅助人才;广大老年读者数量明显增长,阅读质量显著提高,基本阅读需求得到有效满足。

二、工作举措

(一)丰富读书活动。在每年全民阅读大会、全民终身学习活动周、"敬老月"期间,开展全国性老年阅读推广活动。定期开展向全国老年人推荐优秀出版物活动。各地要因地制宜,充分利用重要传统节日和节气、重大节庆和纪念日、国家重大活动和重要事件,有针对性地组织丰富多彩、主题鲜明的老年读书月、读书周、读书节活动。鼓励运用信息技术和新媒体平台开展数字阅读、有声阅读、视频阅读、云课堂等老年阅读推广活动。

(二)培树读书品牌。持续深化"乐龄读书会"品牌建设,鼓励各类媒体平台制作播出有吸引力和影响力的老年阅读节目。实施"一老一小牵手读书行动",涵育家庭阅读风尚,促进代际和谐。实施"阅读交友行动",通过精品诵读、图书情景剧、好书分享、观影读经典等多种形式,丰富老年社交活动。实施"银龄领读者计划",依托社会力量培养老年阅读领读者队伍,定期深入基层社区,或利用公共文化场所和各类媒体平台,面向老年读者开展领读指导。开展"为老年人读书"志愿活动,鼓励志愿者参与、组织各类老年阅读活动。

(三)扩大老年读物供给。新闻出版主管部门加大对老年读物支持力度,鼓励图书、报纸、期刊等出版单位,按照老年人需求分层分类优化出版结构,增加老年读物优秀选题策划和老年主题出版。鼓励公开出版发行的图书、报刊配备有声、大字、电子等无障碍格式版本。将优秀老年读物出版项目按照有关规定列入国家出版基金资助范围,引导老年读物高质量发展,推出更多思想精深、艺术精湛、制作精良的作品。开展全国老年读物精品出版工程。

(四)加强数字资源建设。充分发挥数字化支撑作用,依托国家智慧教育读书平台和全国老年教育公共服务平台等各类数字阅读平台,加大优质老年读物的资源整合。鼓励各类数字阅读平台、相关互联网网站、移动互联网应用等做好适老化改造,开发专为老年人阅读服务的平台和应用。鼓励各类出版单位、数字阅读平台和其他社会力量参与数字阅读资源建设,加快开发电子版、有声版老年读物。用好涉老部门的新媒体平台、移动互联网应用等,加大宣传推广和升级改造力度,在服务老年人阅读等方面发挥更大作用。

(五)优化老年阅读环境。各级公共文化机构,应当考虑老年人的特点,按照有关标准和要求做好场地无障碍环境建设和改造,提供适合老年人需要的阅读导览、无障碍阅读设施设备和服务等。图书馆等公共阅读空间打造老年人线上线下借阅通道,也可探索提供送书(邮寄)上门等软服务。鼓励社区书屋、农家书屋和职工书屋以及各类养老服务机构配备专门的银龄书架,优化阅读功能设置,探索阅读"+养生"、"+交友"等消费新模式,打造老年人阅读、休闲、养生、会友的多业态叠加复合空间。有条件的公共文化机构和经营单位,可采取错峰、错时的方式为老年读者提供适当的专用阅读交流空间。鼓励各级公共文化机构、各类数字服务平台建立完善老年人读书情况统计调查制度,定期发布老年阅读统计报告,及时发布推荐适合老年人的阅读榜单。加大便利老年人阅读的视听友好产品和技术供给,提升银发读者阅读幸福感。

(六)加强老年阅读辅助人才培养。建立老年阅读辅助人才阶梯培育制度,对老年阅读领读人、志愿者进行定期培训和指导。鼓励个人、社区、机构、企业等,普及老年阅读知识,开展老年阅读活动。各级老年大学(学校)要将老年阅读行动与教育教学有机结合,通过组建读书社团或兴趣小组,促进老年人互助阅读。

(七)推进老年阅读标准化建设。建立健全老年阅读相关标准。利用自然语言处理、大数据等人工智能技术,根据老年人年龄、学历、身体机能、认知情况的不同,提供科学性、系统性、差异性、个性化的阅读指导。组织编写老年阅读活动指导手册和示范活动指南。建立健全图书、报纸、期刊等适老化标准,制定《大字本图书通用技术要求》国家标准。制定公共阅读空间适老化服务标准指南。鼓励相关行业协会、高等院校和科研机构开展老年阅读相关研究。

(八)鼓励老年人学有所用。各级相关部门应结合老年人身体和心理条件,引导老年人读思结合、学用相长、知行合一,为老年人展示自我风采、积极发挥作用搭建平台,充分发挥老年人在弘扬家风、关心教育下一代、参与志愿服务、维护社会稳定等方面的作用。

三、组织保障

（一）加强组织领导。要加强统筹协调，充分发挥各级宣传、网信、教育、民政、农业农村、文化和旅游、退役军人事务、广电和老龄等部门作用，发挥工会、共青团、妇联、残联等群团组织优势和基层老年协会等组织力量，形成工作合力。各地要推动把老年阅读行动开展情况和实际成效作为文明城市创建的重要内容，加强对现有资源的统筹协调，保障老年阅读必要条件。老年阅读工作由民政部、全国老龄办统筹协调，中国老龄协会推动实施。

（二）凝聚多方力量支持。注重运用政府购买服务引导社会力量参与老年阅读推广工作。有条件的地区可探索通过社会力量捐赠等方式，建立公益性老年阅读扶持基金。鼓励企业、机构、个人等通过共建、捐赠、交换等方式支持老年阅读。鼓励具有阅读推广专业知识和实践经验的单位和个人提供或参与公益性老年阅读推广服务。各地可结合实际，对老年阅读行动中成绩突出、作出贡献的单位、组织和个人按照有关规定给予表彰奖励。

（三）营造良好社会氛围。各地要不断探索创新深化老年阅读行动的有效途径，将其与推进乡村振兴、开展人口老龄化国情教育等工作有机结合，及时总结经验，加大宣传推广力度。宣传部门和新闻媒体应当发挥正确舆论引导作用，通过开辟专版专栏、策划专题节目等方式，积极宣传各地各部门开展老年阅读行动的有效做法、先进典型，大力营造持续深入开展老年阅读行动的良好环境和浓厚氛围。

3. 残疾人福利

中华人民共和国无障碍环境建设法

· 2023 年 6 月 28 日第十四届全国人民代表大会常务委员会第三次会议通过
· 2023 年 6 月 28 日中华人民共和国主席令第 6 号公布
· 自 2023 年 9 月 1 日起施行

第一章　总　则

第一条　为了加强无障碍环境建设，保障残疾人、老年人平等、充分、便捷地参与和融入社会生活，促进社会全体人员共享经济社会发展成果，弘扬社会主义核心价值观，根据宪法和有关法律，制定本法。

第二条　国家采取措施推进无障碍环境建设，为残疾人、老年人自主安全地通行道路、出入建筑物以及使用其附属设施、搭乘公共交通运输工具，获取、使用和交流信息，获得社会服务等提供便利。

残疾人、老年人之外的其他人有无障碍需求的，可以享受无障碍环境便利。

第三条　无障碍环境建设应当坚持中国共产党的领导，发挥政府主导作用，调动市场主体积极性，引导社会组织和公众广泛参与，推动全社会共建共治共享。

第四条　无障碍环境建设应当与适老化改造相结合，遵循安全便利、实用易行、广泛受益的原则。

第五条　无障碍环境建设应当与经济社会发展水平相适应，统筹城镇和农村发展，逐步缩小城乡无障碍环境建设的差距。

第六条　县级以上人民政府应当将无障碍环境建设纳入国民经济和社会发展规划，将所需经费纳入本级预算，建立稳定的经费保障机制。

第七条　县级以上人民政府应当统筹协调和督促指导有关部门在各自职责范围内做好无障碍环境建设工作。

县级以上人民政府住房和城乡建设、民政、工业和信息化、交通运输、自然资源、文化和旅游、教育、卫生健康等部门应当在各自职责范围内，开展无障碍环境建设工作。

乡镇人民政府、街道办事处应当协助有关部门做好无障碍环境建设工作。

第八条　残疾人联合会、老龄协会等组织依照法律、法规以及各自章程，协助各级人民政府及其有关部门做好无障碍环境建设工作。

第九条　制定或者修改涉及无障碍环境建设的法律、法规、规章、规划和其他规范性文件，应当征求残疾人、老年人代表以及残疾人联合会、老龄协会等组织的意见。

第十条　国家鼓励和支持企业事业单位、社会组织、个人等社会力量，通过捐赠、志愿服务等方式参与无障碍环境建设。

国家支持开展无障碍环境建设工作的国际交流与合作。

第十一条　对在无障碍环境建设工作中做出显著成绩的单位和个人，按照国家有关规定给予表彰和奖励。

第二章　无障碍设施建设

第十二条　新建、改建、扩建的居住建筑、居住区、公共建筑、公共场所、交通运输设施、城乡道路等，应当符合无障碍设施工程建设标准。

无障碍设施应当与主体工程同步规划、同步设计、同步施工、同步验收、同步交付使用,并与周边的无障碍设施有效衔接、实现贯通。

无障碍设施应当设置符合标准的无障碍标识,并纳入周边环境或者建筑物内部的引导标识系统。

第十三条　国家鼓励工程建设、设计、施工等单位采用先进的理念和技术,建设人性化、系统化、智能化并与周边环境相协调的无障碍设施。

第十四条　工程建设单位应当将无障碍设施建设经费纳入工程建设项目概预算。

工程建设单位不得明示或者暗示设计、施工单位违反无障碍设施工程建设标准;不得擅自将未经验收或者验收不合格的无障碍设施交付使用。

第十五条　工程设计单位应当按照无障碍设施工程建设标准进行设计。

依法需要进行施工图设计文件审查的,施工图审查机构应当按照法律、法规和无障碍设施工程建设标准,对无障碍设施设计内容进行审查;不符合有关规定的,不予审查通过。

第十六条　工程施工、监理单位应当按照施工图设计文件以及相关标准进行无障碍设施施工和监理。

住房和城乡建设等主管部门对未按照法律、法规和无障碍设施工程建设标准开展无障碍设施验收或者验收不合格的,不予办理竣工验收备案手续。

第十七条　国家鼓励工程建设单位在新建、改建、扩建建设项目的规划、设计和竣工验收等环节,邀请残疾人、老年人代表以及残疾人联合会、老龄协会等组织,参加意见征询和体验试用等活动。

第十八条　对既有的不符合无障碍设施工程建设标准的居住建筑、居住区、公共建筑、公共场所、交通运输设施、城乡道路等,县级以上人民政府应当根据实际情况,制定有针对性的无障碍设施改造计划并组织实施。

无障碍设施改造由所有权人或者管理人负责。所有权人、管理人和使用人之间约定改造责任的,由约定的责任人负责。

不具备无障碍设施改造条件的,责任人应当采取必要的替代性措施。

第十九条　县级以上人民政府应当支持、指导家庭无障碍设施改造。对符合条件的残疾人、老年人家庭应当给予适当补贴。

居民委员会、村民委员会、居住区管理服务单位以及业主委员会应当支持并配合家庭无障碍设施改造。

第二十条　残疾人集中就业单位应当按照有关标准和要求,建设和改造无障碍设施。

国家鼓励和支持用人单位开展就业场所无障碍设施建设和改造,为残疾人职工提供必要的劳动条件和便利。

第二十一条　新建、改建、扩建公共建筑、公共场所、交通运输设施以及居住区的公共服务设施,应当按照无障碍设施工程建设标准,配套建设无障碍设施;既有的上述建筑、场所和设施不符合无障碍设施工程建设标准的,应当进行必要的改造。

第二十二条　国家支持城镇老旧小区既有多层住宅加装电梯或者其他无障碍设施,为残疾人、老年人提供便利。

县级以上人民政府及其有关部门应当采取措施、创造条件,并发挥社区基层组织作用,推动既有多层住宅加装电梯或者其他无障碍设施。

房屋所有权人应当弘扬中华民族与邻为善、守望相助等传统美德,加强沟通协商,依法配合既有多层住宅加装电梯或者其他无障碍设施。

第二十三条　新建、改建、扩建和具备改造条件的城市主干路、主要商业区和大型居住区的人行天桥和人行地下通道,应当按照无障碍设施工程建设标准,建设或者改造无障碍设施。

城市主干路、主要商业区等无障碍需求比较集中的区域的人行道,应当按照标准设置盲道;城市中心区、残疾人集中就业单位和集中就读学校周边的人行横道的交通信号设施,应当按照标准安装过街音响提示装置。

第二十四条　停车场应当按照无障碍设施工程建设标准,设置无障碍停车位,并设置显著标志标识。

无障碍停车位优先供肢体残疾人驾驶或者乘坐的机动车使用。优先使用无障碍停车位的,应当在显著位置放置残疾人车辆专用标志或者提供残疾人证。

在无障碍停车位充足的情况下,其他行动不便的残疾人、老年人、孕妇、婴幼儿等驾驶或者乘坐的机动车也可以使用。

第二十五条　新投入运营的民用航空器、客运列车、客运船舶、公共汽电车、城市轨道交通车辆等公共交通运输工具,应当确保一定比例符合无障碍标准。

既有公共交通运输工具具备改造条件的,应当进行无障碍改造,逐步符合无障碍标准的要求;不具备改造条件的,公共交通运输工具的运营单位应当采取必要的替代性措施。

县级以上地方人民政府根据当地情况,逐步建立城市无障碍公交导乘系统,规划配置适量的无障碍出租汽车。

第二十六条　无障碍设施所有权人或者管理人应当对无障碍设施履行以下维护和管理责任，保障无障碍设施功能正常和使用安全：

（一）对损坏的无障碍设施和标识进行维修或者替换；

（二）对需改造的无障碍设施进行改造；

（三）纠正占用无障碍设施的行为；

（四）进行其他必要的维护和保养。

所有权人、管理人和使用人之间有约定的，由约定的责任人负责维护和管理。

第二十七条　因特殊情况设置的临时无障碍设施，应当符合无障碍设施工程建设标准。

第二十八条　任何单位和个人不得擅自改变无障碍设施的用途或者非法占用、损坏无障碍设施。

因特殊情况临时占用无障碍设施的，应当公告并设置护栏、警示标志或者信号设施，同时采取必要的替代性措施。临时占用期满，应当及时恢复原状。

第三章　无障碍信息交流

第二十九条　各级人民政府及其有关部门应当为残疾人、老年人获取公共信息提供便利；发布涉及自然灾害、事故灾难、公共卫生事件、社会安全事件等突发事件信息时，条件具备的同步采取语音、大字、盲文、手语等无障碍信息交流方式。

第三十条　利用财政资金设立的电视台应当在播出电视节目时配备同步字幕，条件具备的每天至少播放一次配播手语的新闻节目，并逐步扩大配播手语的节目范围。

国家鼓励公开出版发行的影视类录像制品、网络视频节目加配字幕、手语或者口述音轨。

第三十一条　国家鼓励公开出版发行的图书、报刊配备有声、大字、盲文、电子等无障碍格式版本，方便残疾人、老年人阅读。

国家鼓励教材编写、出版单位根据不同教育阶段实际，编写、出版盲文版、低视力版教学用书，满足盲人和其他有视力障碍的学生的学习需求。

第三十二条　利用财政资金建立的互联网网站、服务平台、移动互联网应用程序，应当逐步符合无障碍网站设计标准和国家信息无障碍标准。

国家鼓励新闻资讯、社交通讯、生活购物、医疗健康、金融服务、学习教育、交通出行等领域的互联网网站、移动互联网应用程序，逐步符合无障碍网站设计标准和国家信息无障碍标准。

国家鼓励地图导航定位产品逐步完善无障碍设施的标识和无障碍出行路线导航功能。

第三十三条　音视频以及多媒体设备、移动智能终端设备、电信终端设备制造者提供的产品，应当逐步具备语音、大字等无障碍功能。

银行、医院、城市轨道交通车站、民用运输机场航站区、客运站、客运码头、大型景区等的自助公共服务终端设备，应当具备语音、大字、盲文等无障碍功能。

第三十四条　电信业务经营者提供基础电信服务时，应当为残疾人、老年人提供必要的语音、大字信息服务或者人工服务。

第三十五条　政务服务便民热线和报警求助、消防应急、交通事故、医疗急救等紧急呼叫系统，应当逐步具备语音、大字、盲文、一键呼叫等无障碍功能。

第三十六条　提供公共文化服务的图书馆、博物馆、文化馆、科技馆等应当考虑残疾人、老年人的特点，积极创造条件，提供适合其需要的文献信息、无障碍设施设备和服务等。

第三十七条　国务院有关部门应当完善药品标签、说明书的管理规范，要求药品生产经营者提供语音、大字、盲文、电子等无障碍格式版本的标签、说明书。

国家鼓励其他商品的生产经营者提供语音、大字、盲文、电子等无障碍格式版本的标签、说明书，方便残疾人、老年人识别和使用。

第三十八条　国家推广和使用国家通用手语、国家通用盲文。

基本公共服务使用手语、盲文以及各类学校开展手语、盲文教育教学时，应当采用国家通用手语、国家通用盲文。

第四章　无障碍社会服务

第三十九条　公共服务场所应当配备必要的无障碍设备和辅助器具，标注指引无障碍设施，为残疾人、老年人提供无障碍服务。

公共服务场所涉及医疗健康、社会保障、金融业务、生活缴费等服务事项的，应当保留现场指导、人工办理等传统服务方式。

第四十条　行政服务机构、社区服务机构以及供水、供电、供气、供热等公共服务机构，应当设置低位服务台或者无障碍服务窗口，配备电子信息显示屏、手写板、语音提示等设备，为残疾人、老年人提供无障碍服务。

第四十一条　司法机关、仲裁机构、法律援助机构应当依法为残疾人、老年人参加诉讼、仲裁活动和获得法律援助提供无障碍服务。

国家鼓励律师事务所、公证机构、司法鉴定机构、基层法律服务所等法律服务机构,结合所提供的服务内容提供无障碍服务。

第四十二条　交通运输设施和公共交通运输工具的运营单位应当根据各类运输方式的服务特点,结合设施设备条件和所提供的服务内容,为残疾人、老年人设置无障碍服务窗口、专用等候区域、绿色通道和优先坐席,提供辅助器具、咨询引导、字幕报站、语音提示、预约定制等无障碍服务。

第四十三条　教育行政部门和教育机构应当加强教育场所的无障碍环境建设,为有残疾的师生、员工提供无障碍服务。

国家举办的教育考试、职业资格考试、技术技能考试、招录招聘考试以及各类学校组织的统一考试,应当为有残疾的考生提供便利服务。

第四十四条　医疗卫生机构应当结合所提供的服务内容,为残疾人、老年人就医提供便利。

与残疾人、老年人相关的服务机构应当配备无障碍设备,在生活照料、康复护理等方面提供无障碍服务。

第四十五条　国家鼓励文化、旅游、体育、金融、邮政、电信、交通、商业、餐饮、住宿、物业管理等服务场所结合所提供的服务内容,为残疾人、老年人提供辅助器具、咨询引导等无障碍服务。

国家鼓励邮政、快递企业为行动不便的残疾人、老年人提供上门收寄服务。

第四十六条　公共场所经营管理单位、交通运输设施和公共交通运输工具的运营单位应当为残疾人携带导盲犬、导听犬、辅助犬等服务犬提供便利。

残疾人携带服务犬出入公共场所、使用交通运输设施和公共交通运输工具的,应当遵守国家有关规定,为服务犬佩戴明显识别装备,并采取必要的防护措施。

第四十七条　应急避难场所的管理人在制定以及实施工作预案时,应当考虑残疾人、老年人的无障碍需求,视情况设置语音、大字、闪光等提示装置,完善无障碍服务功能。

第四十八条　组织选举的部门和单位应当采取措施,为残疾人、老年人选民参加投票提供便利和必要协助。

第四十九条　国家鼓励和支持无障碍信息服务平台建设,为残疾人、老年人提供远程实时无障碍信息服务。

第五章　保障措施

第五十条　国家开展无障碍环境理念的宣传教育,普及无障碍环境知识,传播无障碍环境文化,提升全社会的无障碍环境意识。

新闻媒体应当积极开展无障碍环境建设方面的公益宣传。

第五十一条　国家推广通用设计理念,建立健全国家标准、行业标准、地方标准,鼓励发展具有引领性的团体标准、企业标准,加强标准之间的衔接配合,构建无障碍环境建设标准体系。

地方结合本地实际制定的地方标准不得低于国家标准的相关技术要求。

第五十二条　制定或者修改涉及无障碍环境建设的标准,应当征求残疾人、老年人代表以及残疾人联合会、老龄协会等组织的意见。残疾人联合会、老龄协会等组织可以依法提出制定或者修改无障碍环境建设标准的建议。

第五十三条　国家建立健全无障碍设计、设施、产品、服务的认证和无障碍信息的评测制度,并推动结果采信应用。

第五十四条　国家通过经费支持、政府采购、税收优惠等方式,促进新科技成果在无障碍环境建设中的运用,鼓励无障碍技术、产品和服务的研发、生产、应用和推广,支持无障碍设施、信息和服务的融合发展。

第五十五条　国家建立无障碍环境建设相关领域人才培养机制。

国家鼓励高等学校、中等职业学校等开设无障碍环境建设相关专业和课程,开展无障碍环境建设理论研究、国际交流和实践活动。

建筑、交通运输、计算机科学与技术等相关学科专业应当增加无障碍环境建设的教学和实践内容,相关领域职业资格、继续教育以及其他培训的考试内容应当包括无障碍环境建设知识。

第五十六条　国家鼓励机关、企业事业单位、社会团体以及其他社会组织,对工作人员进行无障碍服务知识与技能培训。

第五十七条　文明城市、文明村镇、文明单位、文明社区、文明校园等创建活动,应当将无障碍环境建设情况作为重要内容。

第六章　监督管理

第五十八条　县级以上人民政府及其有关主管部门

依法对无障碍环境建设进行监督检查,根据工作需要开展联合监督检查。

第五十九条　国家实施无障碍环境建设目标责任制和考核评价制度。县级以上地方人民政府根据本地区实际,制定具体考核办法。

第六十条　县级以上地方人民政府有关主管部门定期委托第三方机构开展无障碍环境建设评估,并将评估结果向社会公布,接受社会监督。

第六十一条　县级以上人民政府建立无障碍环境建设信息公示制度,定期发布无障碍环境建设情况。

第六十二条　任何组织和个人有权向政府有关主管部门提出加强和改进无障碍环境建设的意见和建议,对违反本法规定的行为进行投诉、举报。县级以上人民政府有关主管部门接到涉及无障碍环境建设的投诉和举报,应当及时处理并予以答复。

残疾人联合会、老龄协会等组织根据需要,可以聘请残疾人、老年人代表以及具有相关专业知识的人员,对无障碍环境建设情况进行监督。

新闻媒体可以对无障碍环境建设情况开展舆论监督。

第六十三条　对违反本法规定损害社会公共利益的行为,人民检察院可以提出检察建议或者提起公益诉讼。

第七章　法律责任

第六十四条　工程建设、设计、施工、监理单位未按照本法规定进行建设、设计、施工、监理的,由住房和城乡建设、民政、交通运输等相关主管部门责令限期改正;逾期未改正的,依照相关法律法规的规定进行处罚。

第六十五条　违反本法规定,有下列情形之一的,由住房和城乡建设、民政、交通运输等相关主管部门责令限期改正;逾期未改正的,对单位处一万元以上三万元以下罚款,对个人处一百元以上五百元以下罚款:

(一)无障碍设施责任人不履行维护和管理职责,无法保障无障碍设施功能正常和使用安全;

(二)设置临时无障碍设施不符合相关规定;

(三)擅自改变无障碍设施的用途或者非法占用、损坏无障碍设施。

第六十六条　违反本法规定,不依法履行无障碍信息交流义务的,由网信、工业和信息化、电信、广播电视、新闻出版等相关主管部门责令限期改正;逾期未改正的,予以通报批评。

第六十七条　电信业务经营者不依法提供无障碍信息服务的,由电信主管部门责令限期改正;逾期未改正

的,处一万元以上十万元以下罚款。

第六十八条　负有公共服务职责的部门和单位未依法提供无障碍社会服务的,由本级人民政府或者上级主管部门责令限期改正;逾期未改正的,对直接负责的主管人员和其他直接责任人员依法给予处分。

第六十九条　考试举办者、组织者未依法向有残疾的考生提供便利服务的,由本级人民政府或者上级主管部门予以批评并责令改正;拒不改正的,对直接负责的主管人员和其他直接责任人员依法给予处分。

第七十条　无障碍环境建设相关主管部门、有关组织的工作人员滥用职权、玩忽职守、徇私舞弊的,依法给予处分。

第七十一条　违反本法规定,造成人身损害、财产损失的,依法承担民事责任;构成犯罪的,依法追究刑事责任。

第八章　附　则

第七十二条　本法自2023年9月1日起施行。

中华人民共和国残疾人保障法

- 1990年12月28日第七届全国人民代表大会常务委员会第十七次会议通过
- 2008年4月24日第十一届全国人民代表大会常务委员会第二次会议修订
- 根据2018年10月26日第十三届全国人民代表大会常务委员会第六次会议《关于修改〈中华人民共和国野生动物保护法〉等十五部法律的决定》修正

第一章　总　则

第一条　为了维护残疾人的合法权益,发展残疾人事业,保障残疾人平等地充分参与社会生活,共享社会物质文化成果,根据宪法,制定本法。

第二条　残疾人是指在心理、生理、人体结构上,某种组织、功能丧失或者不正常,全部或者部分丧失以正常方式从事某种活动能力的人。

残疾人包括视力残疾、听力残疾、言语残疾、肢体残疾、智力残疾、精神残疾、多重残疾和其他残疾的人。

残疾标准由国务院规定。

第三条　残疾人在政治、经济、文化、社会和家庭生活等方面享有同其他公民平等的权利。

残疾人的公民权利和人格尊严受法律保护。

禁止基于残疾的歧视。禁止侮辱、侵害残疾人。禁止通过大众传播媒介或者其他方式贬低损害残疾人人

格。

第四条 国家采取辅助方法和扶持措施,对残疾人给予特别扶助,减轻或者消除残疾影响和外界障碍,保障残疾人权利的实现。

第五条 县级以上人民政府应当将残疾人事业纳入国民经济和社会发展规划,加强领导,综合协调,并将残疾人事业经费列入财政预算,建立稳定的经费保障机制。

国务院制定中国残疾人事业发展纲要,县级以上地方人民政府根据中国残疾人事业发展纲要,制定本行政区域的残疾人事业发展规划和年度计划,使残疾人事业与经济、社会协调发展。

县级以上人民政府负责残疾人工作的机构,负责组织、协调、指导、督促有关部门做好残疾人事业的工作。

各级人民政府和有关部门,应当密切联系残疾人,听取残疾人的意见,按照各自的职责,做好残疾人工作。

第六条 国家采取措施,保障残疾人依照法律规定,通过各种途径和形式,管理国家事务,管理经济和文化事业,管理社会事务。

制定法律、法规、规章和公共政策,对涉及残疾人权益和残疾人事业的重大问题,应当听取残疾人和残疾人组织的意见。

残疾人和残疾人组织有权向各级国家机关提出残疾人权益保障、残疾人事业发展等方面的意见和建议。

第七条 全社会应当发扬人道主义精神,理解、尊重、关心、帮助残疾人,支持残疾人事业。

国家鼓励社会组织和个人为残疾人提供捐助和服务。

国家机关、社会团体、企业事业单位和城乡基层群众性自治组织,应当做好所属范围内的残疾人工作。

从事残疾人工作的国家工作人员和其他人员,应当依法履行职责,努力为残疾人服务。

第八条 中国残疾人联合会及其地方组织,代表残疾人的共同利益,维护残疾人的合法权益,团结教育残疾人,为残疾人服务。

中国残疾人联合会及其地方组织依照法律、法规、章程或者接受政府委托,开展残疾人工作,动员社会力量,发展残疾人事业。

第九条 残疾人的扶养人必须对残疾人履行扶养义务。

残疾人的监护人必须履行监护职责,尊重被监护人的意愿,维护被监护人的合法权益。

残疾人的亲属、监护人应当鼓励和帮助残疾人增强自立能力。

禁止对残疾人实施家庭暴力,禁止虐待、遗弃残疾人。

第十条 国家鼓励残疾人自尊、自信、自强、自立,为社会主义建设贡献力量。

残疾人应当遵守法律、法规,履行应尽的义务,遵守公共秩序,尊重社会公德。

第十一条 国家有计划地开展残疾预防工作,加强对残疾预防工作的领导,宣传、普及母婴保健和预防残疾的知识,建立健全出生缺陷预防和早期发现、早期治疗机制,针对遗传、疾病、药物、事故、灾害、环境污染和其他致残因素,组织和动员社会力量,采取措施,预防残疾的发生,减轻残疾程度。

国家建立健全残疾人统计调查制度,开展残疾人状况的统计调查和分析。

第十二条 国家和社会对残疾军人、因公致残人员以及其他为维护国家和人民利益致残的人员实行特别保障,给予抚恤和优待。

第十三条 对在社会主义建设中做出显著成绩的残疾人,对维护残疾人合法权益、发展残疾人事业、为残疾人服务做出显著成绩的单位和个人,各级人民政府和有关部门给予表彰和奖励。

第十四条 每年 5 月的第三个星期日为全国助残日。

第二章 康 复

第十五条 国家保障残疾人享有康复服务的权利。

各级人民政府和有关部门应当采取措施,为残疾人康复创造条件,建立和完善残疾人康复服务体系,并分阶段实施重点康复项目,帮助残疾人恢复或者补偿功能,增强其参与社会生活的能力。

第十六条 康复工作应当从实际出发,将现代康复技术与我国传统康复技术相结合;以社区康复为基础,康复机构为骨干,残疾人家庭为依托;以实用、易行、受益广的康复内容为重点,优先开展残疾儿童抢救性治疗和康复;发展符合康复要求的科学技术,鼓励自主创新,加强康复新技术的研究、开发和应用,为残疾人提供有效的康复服务。

第十七条 各级人民政府鼓励和扶持社会力量兴办残疾人康复机构。

地方各级人民政府和有关部门,应当组织和指导城乡社区服务组织、医疗预防保健机构、残疾人组织、残疾人家庭和其他社会力量,开展社区康复工作。

残疾人教育机构、福利性单位和其他为残疾人服务的机构,应当创造条件,开展康复训练活动。

残疾人在专业人员的指导和有关工作人员、志愿工作者及亲属的帮助下,应当努力进行功能、自理能力和劳动技能的训练。

第十八条　地方各级人民政府和有关部门应当根据需要有计划地在医疗机构设立康复医学科室,举办残疾人康复机构,开展康复医疗与训练、人员培训、技术指导、科学研究等工作。

第十九条　医学院校和其他有关院校应当有计划地开设康复课程,设置相关专业,培养各类康复专业人才。

政府和社会采取多种形式对从事康复工作的人员进行技术培训;向残疾人、残疾人亲属、有关工作人员和志愿工作者普及康复知识,传授康复方法。

第二十条　政府有关部门应当组织和扶持残疾人康复器械、辅助器具的研制、生产、供应、维修服务。

第三章　教　育

第二十一条　国家保障残疾人享有平等接受教育的权利。

各级人民政府应当将残疾人教育作为国家教育事业的组成部分,统一规划,加强领导,为残疾人接受教育创造条件。

政府、社会、学校应当采取有效措施,解决残疾儿童、少年就学存在的实际困难,帮助其完成义务教育。

各级人民政府对接受义务教育的残疾学生、贫困残疾人家庭的学生提供免费教科书,并给予寄宿生活费等费用补助;对接受义务教育以外其他教育的残疾学生、贫困残疾人家庭的学生按照国家有关规定给予资助。

第二十二条　残疾人教育,实行普及与提高相结合、以普及为重点的方针,保障义务教育,着重发展职业教育,积极开展学前教育,逐步发展高级中等以上教育。

第二十三条　残疾人教育应当根据残疾人的身心特性和需要,按照下列要求实施:

(一)在进行思想教育、文化教育的同时,加强身心补偿和职业教育;

(二)依据残疾类别和接受能力,采取普通教育方式或者特殊教育方式;

(三)特殊教育的课程设置、教材、教学方法、入学和在校年龄,可以有适度弹性。

第二十四条　县级以上人民政府应当根据残疾人的数量、分布状况和残疾类别等因素,合理设置残疾人教育机构,并鼓励社会力量办学、捐资助学。

第二十五条　普通教育机构对具有接受普通教育能力的残疾人实施教育,并为其学习提供便利和帮助。

普通小学、初级中等学校,必须招收适应其学习生活的残疾儿童、少年入学;普通高级中等学校、中等职业学校和高等学校,必须招收符合国家规定的录取要求的残疾考生入学,不得因其残疾而拒绝招收;拒绝招收的,当事人或者其亲属、监护人可以要求有关部门处理,有关部门应当责令该学校招收。

普通幼儿教育机构应当接收能适应其生活的残疾幼儿。

第二十六条　残疾幼儿教育机构、普通幼儿教育机构附设的残疾儿童班、特殊教育机构的学前班、残疾儿童福利机构、残疾儿童家庭,对残疾儿童实施学前教育。

初级中等以下特殊教育机构和普通教育机构附设的特殊教育班,对不具有接受普通教育能力的残疾儿童、少年实施义务教育。

高级中等以上特殊教育机构、普通教育机构附设的特殊教育班和残疾人职业教育机构,对符合条件的残疾人实施高级中等以上文化教育、职业教育。

提供特殊教育的机构应当具备适合残疾人学习、康复、生活特点的场所和设施。

第二十七条　政府有关部门、残疾人所在单位和有关社会组织应当对残疾人开展扫除文盲、职业培训、创业培训和其他成人教育,鼓励残疾人自学成才。

第二十八条　国家有计划地举办各级各类特殊教育师范院校、专业,在普通师范院校附设特殊教育班,培养、培训特殊教育师资。普通师范院校开设特殊教育课程或者讲授有关内容,使普通教师掌握必要的特殊教育知识。

特殊教育教师和手语翻译,享受特殊教育津贴。

第二十九条　政府有关部门应当组织和扶持盲文、手语的研究和应用,特殊教育教材的编写和出版,特殊教育教学用具及其他辅助用品的研制、生产和供应。

第四章　劳动就业

第三十条　国家保障残疾人劳动的权利。

各级人民政府应当对残疾人劳动就业统筹规划,为残疾人创造劳动就业条件。

第三十一条　残疾人劳动就业,实行集中与分散相结合的方针,采取优惠政策和扶持保护措施,通过多渠道、多层次、多种形式,使残疾人劳动就业逐步普及、稳定、合理。

第三十二条　政府和社会举办残疾人福利企业、盲人按摩机构和其他福利性单位,集中安排残疾人就业。

第三十三条　国家实行按比例安排残疾人就业制度。

国家机关、社会团体、企业事业单位、民办非企业单位应当按照规定的比例安排残疾人就业，并为其选择适当的工种和岗位。达不到规定比例的，按照国家有关规定履行保障残疾人就业义务。国家鼓励用人单位超过规定比例安排残疾人就业。

残疾人就业的具体办法由国务院规定。

第三十四条　国家鼓励和扶持残疾人自主择业、自主创业。

第三十五条　地方各级人民政府和农村基层组织，应当组织和扶持农村残疾人从事种植业、养殖业、手工业和其他形式的生产劳动。

第三十六条　国家对安排残疾人就业达到、超过规定比例或者集中安排残疾人就业的用人单位和从事个体经营的残疾人，依法给予税收优惠，并在生产、经营、技术、资金、物资、场地等方面给予扶持。国家对从事个体经营的残疾人，免除行政事业性收费。

县级以上地方人民政府及其有关部门应当确定适合残疾人生产、经营的产品、项目，优先安排残疾人福利性单位生产或者经营，并根据残疾人福利性单位的生产特点确定某些产品由其专产。

政府采购，在同等条件下应当优先购买残疾人福利性单位的产品或者服务。

地方各级人民政府应当开发适合残疾人就业的公益性岗位。

对申请从事个体经营的残疾人，有关部门应当优先核发营业执照。

对从事各类生产劳动的农村残疾人，有关部门应当在生产服务、技术指导、农用物资供应、农副产品购销和信贷等方面，给予帮助。

第三十七条　政府有关部门设立的公共就业服务机构，应当为残疾人免费提供就业服务。

残疾人联合会举办的残疾人就业服务机构，应当组织开展免费的职业指导、职业介绍和职业培训，为残疾人就业和用人单位招用残疾人提供服务和帮助。

第三十八条　国家保护残疾人福利性单位的财产所有权和经营自主权，其合法权益不受侵犯。

在职工的招用、转正、晋级、职称评定、劳动报酬、生活福利、休息休假、社会保险等方面，不得歧视残疾人。

残疾职工所在单位应当根据残疾职工的特点，提供适当的劳动条件和劳动保护，并根据实际需要对劳动场所、劳动设备和生活设施进行改造。

国家采取措施，保障盲人保健和医疗按摩人员从业的合法权益。

第三十九条　残疾职工所在单位应当对残疾职工进行岗位技术培训，提高其劳动技能和技术水平。

第四十条　任何单位和个人不得以暴力、威胁或者非法限制人身自由的手段强迫残疾人劳动。

第五章　文化生活

第四十一条　国家保障残疾人享有平等参与文化生活的权利。

各级人民政府和有关部门鼓励、帮助残疾人参加各种文化、体育、娱乐活动，积极创造条件，丰富残疾人精神文化生活。

第四十二条　残疾人文化、体育、娱乐活动应当面向基层，融于社会公共文化生活，适应各类残疾人的不同特点和需要，使残疾人广泛参与。

第四十三条　政府和社会采取下列措施，丰富残疾人的精神文化生活：

（一）通过广播、电影、电视、报刊、图书、网络等形式，及时宣传报道残疾人的工作、生活等情况，为残疾人服务；

（二）组织和扶持盲文读物、盲人有声读物及其他残疾人读物的编写和出版，根据盲人的实际需要，在公共图书馆设立盲文读物、盲人有声读物图书室；

（三）开办电视手语节目，开办残疾人专题广播栏目，推进电视栏目、影视作品加配字幕、解说；

（四）组织和扶持残疾人开展群众性文化、体育、娱乐活动，举办特殊艺术演出和残疾人体育运动会，参加国际性比赛和交流；

（五）文化、体育、娱乐和其他公共活动场所，为残疾人提供方便和照顾。有计划地兴办残疾人活动场所。

第四十四条　政府和社会鼓励、帮助残疾人从事文学、艺术、教育、科学、技术和其他有益于人民的创造性劳动。

第四十五条　政府和社会促进残疾人与其他公民之间的相互理解和交流，宣传残疾人事业和扶助残疾人的事迹，弘扬残疾人自强不息的精神，倡导团结、友爱、互助的社会风尚。

第六章　社会保障

第四十六条　国家保障残疾人享有各项社会保障的权利。

政府和社会采取措施,完善对残疾人的社会保障,保障和改善残疾人的生活。

第四十七条　残疾人及其所在单位应当按照国家有关规定参加社会保险。

残疾人所在城乡基层群众性自治组织、残疾人家庭,应当鼓励、帮助残疾人参加社会保险。

对生活确有困难的残疾人,按照国家有关规定给予社会保险补贴。

第四十八条　各级人民政府对生活确有困难的残疾人,通过多种渠道给予生活、教育、住房和其他社会救助。

县级以上地方人民政府对享受最低生活保障待遇后生活仍有特别困难的残疾人家庭,应当采取其他措施保障其基本生活。

各级人民政府对贫困残疾人的基本医疗、康复服务、必要的辅助器具的配置和更换,应当按照规定给予救助。

对生活不能自理的残疾人,地方各级人民政府应当根据情况给予护理补贴。

第四十九条　地方各级人民政府对无劳动能力、无扶养人或者扶养人不具有扶养能力、无生活来源的残疾人,按照规定予以供养。

国家鼓励和扶持社会力量举办残疾人供养、托养机构。

残疾人供养、托养机构及其工作人员不得侮辱、虐待、遗弃残疾人。

第五十条　县级以上人民政府对残疾人搭乘公共交通工具,应当根据实际情况给予便利和优惠。残疾人可以免费携带随身必备的辅助器具。

盲人持有效证件免费乘坐市内公共汽车、电车、地铁、渡船等公共交通工具。盲人读物邮件免费寄递。

国家鼓励和支持提供电信、广播电视服务的单位对盲人、听力残疾人、言语残疾人给予优惠。

各级人民政府应当逐步增加对残疾人的其他照顾和扶助。

第五十一条　政府有关部门和残疾人组织应当建立和完善社会各界为残疾人捐助和服务的渠道,鼓励和支持发展残疾人慈善事业,开展志愿者助残等公益活动。

第七章　无障碍环境

第五十二条　国家和社会应当采取措施,逐步完善无障碍设施,推进信息交流无障碍,为残疾人平等参与社会生活创造无障碍环境。

各级人民政府应当对无障碍环境建设进行统筹规划,综合协调,加强监督管理。

第五十三条　无障碍设施的建设和改造,应当符合残疾人的实际需要。

新建、改建和扩建建筑物、道路、交通设施等,应当符合国家有关无障碍设施工程建设标准。

各级人民政府和有关部门应当按照国家无障碍设施工程建设规定,逐步推进已建成设施的改造,优先推进与残疾人日常工作、生活密切相关的公共服务设施的改造。

对无障碍设施应当及时维修和保护。

第五十四条　国家采取措施,为残疾人信息交流无障碍创造条件。

各级人民政府和有关部门应当采取措施,为残疾人获取公共信息提供便利。

国家和社会研制、开发适合残疾人使用的信息交流技术和产品。

国家举办的各类升学考试、职业资格考试和任职考试,有盲人参加的,应当为盲人提供盲文试卷、电子试卷或者由专门的工作人员予以协助。

第五十五条　公共服务机构和公共场所应当创造条件,为残疾人提供语音和文字提示、手语、盲文等信息交流服务,并提供优先服务和辅助性服务。

公共交通工具应当逐步达到无障碍设施的要求。有条件的公共停车场应当为残疾人设置专用停车位。

第五十六条　组织选举的部门应当为残疾人参加选举提供便利;有条件的,应当为盲人提供盲文选票。

第五十七条　国家鼓励和扶持无障碍辅助设备、无障碍交通工具的研制和开发。

第五十八条　盲人携带导盲犬出入公共场所,应当遵守国家有关规定。

第八章　法律责任

第五十九条　残疾人的合法权益受到侵害的,可以向残疾人组织投诉,残疾人组织应当维护残疾人的合法权益,有权要求有关部门或者单位查处。有关部门或者单位应当依法查处,并予以答复。

残疾人组织对残疾人通过诉讼维护其合法权益需要帮助的,应当给予支持。

残疾人组织对侵害特定残疾人群体利益的行为,有权要求有关部门依法查处。

第六十条　残疾人的合法权益受到侵害的,有权要求有关部门依法处理,或者依法向仲裁机构申请仲裁,或者依法向人民法院提起诉讼。

对有经济困难或者其他原因确需法律援助或者司法救助的残疾人,当地法律援助机构或者人民法院应当给予帮助,依法为其提供法律援助或者司法救助。

第六十一条 违反本法规定,对侵害残疾人权益行为的申诉、控告、检举,推诿、拖延、压制不予查处,或者对提出申诉、控告、检举的人进行打击报复的,由其所在单位、主管部门或者上级机关责令改正,并依法对直接负责的主管人员和其他直接责任人员给予处分。

国家工作人员未依法履行职责,对侵害残疾人权益的行为未及时制止或者未给予受害残疾人必要帮助,造成严重后果的,由其所在单位或者上级机关依法对直接负责的主管人员和其他直接责任人员给予处分。

第六十二条 违反本法规定,通过大众传播媒介或者其他方式贬低损害残疾人人格的,由文化、广播电视、电影、新闻出版或者其他有关主管部门依据各自的职权责令改正,并依法给予行政处罚。

第六十三条 违反本法规定,有关教育机构拒不接收残疾学生入学,或者在国家规定的录取要求以外附加条件限制残疾学生就学的,由有关主管部门责令改正,并依法对直接负责的主管人员和其他直接责任人员给予处分。

第六十四条 违反本法规定,在职工的招用等方面歧视残疾人的,由有关主管部门责令改正;残疾人劳动者可以依法向人民法院提起诉讼。

第六十五条 违反本法规定,供养、托养机构及其工作人员侮辱、虐待、遗弃残疾人的,对直接负责的主管人员和其他直接责任人员依法给予处分;构成违反治安管理行为的,依法给予行政处罚。

第六十六条 违反本法规定,新建、改建和扩建建筑物、道路、交通设施,不符合国家有关无障碍设施工程建设标准,或者对无障碍设施未进行及时维修和保护造成后果的,由有关主管部门依法处理。

第六十七条 违反本法规定,侵害残疾人的合法权益,其他法律、法规规定行政处罚的,从其规定;造成财产损失或者其他损害的,依法承担民事责任;构成犯罪的,依法追究刑事责任。

第九章　附　则

第六十八条 本法自 2008 年 7 月 1 日起施行。

国务院关于印发"十四五"残疾人保障和发展规划的通知

· 2021 年 7 月 8 日
· 国发〔2021〕10 号

现将《"十四五"残疾人保障和发展规划》印发给你们,请认真贯彻执行。

"十四五"残疾人保障和发展规划

为贯彻落实习近平总书记关于残疾人事业的重要指示批示精神和党中央、国务院决策部署,进一步保障残疾人民生、促进残疾人发展,依据《中华人民共和国残疾人保障法》和《中华人民共和国国民经济和社会发展第十四个五年规划和 2035 年远景目标纲要》,制定本规划。

一、编制背景

党中央、国务院高度重视残疾人事业发展,对残疾人格外关心、格外关注。"十三五"时期,残疾人事业取得重大成就,"全面建成小康社会,残疾人一个也不能少"的目标如期实现。710 万农村建档立卡贫困残疾人脱贫,城乡新增 180.8 万残疾人就业,1076.8 万困难残疾人被纳入最低生活保障范围。1212.6 万困难残疾人得到生活补贴,1473.8 万重度残疾人得到护理补贴。残疾人基本康复服务覆盖率达到 80%,辅助器具适配率达到 80%。残疾儿童少年接受义务教育的比例达到 95%,5 万多残疾学生进入高等院校学习。城乡无障碍环境明显改善,关爱帮助残疾人的社会氛围日益浓厚。越来越多的残疾人更加勇敢地面对生活的挑战,更加坚强地为梦想而奋斗,为经济社会发展作出了重要贡献。我国在国际残疾人事务中的影响力显著提升。这些重大成就,有效改善了残疾人民生,有力推动了社会文明进步,成为全面建成小康社会的重要方面,彰显了中国共产党领导和中国特色社会主义制度的显著优势。

我国有 8500 多万残疾人。"十四五"时期,由于人口老龄化加快等因素,残疾仍会多发高发。残疾人人数众多、特性突出,特别需要关心帮助。当前面临的突出问题:一是残疾人返贫致贫风险高,相当数量的低收入残疾人家庭生活还比较困难。二是残疾人社会保障水平和就业质量还不高,残疾人家庭人均收入与社会平均水平相比还存在不小差距。三是残疾人公共服务总量不足、分布不均衡、质量效益还不高,残疾人就学就医、康复照护、无障碍等多样化需求还没有得到满足。四是残疾人平等权利还没有得到充分实现,歧视残疾人、侵害残疾人权益的现象还时有发生。五是残疾人事业仍然是经济社会发展的短板,欠发达地区、农村和基层为残疾人服务的能力尤其薄弱。

残疾人事业是中国特色社会主义事业的重要组成部分,扶残助残是社会文明进步的重要标志。习近平总书记强调,"残疾人事业一定要继续推动",要"促进残疾人全面发展和共同富裕"。在全面建设社会主义现代化国家的新征程中,决不能让残疾人掉队。"十四五"时期,要继续加快发展残疾人事业,团结带领残疾人和全国人民一道,积极投身全面建设社会主义现代化国家的伟大实践,共建共享更加幸福美好的生活。

二、总体要求

(一)指导思想。

高举中国特色社会主义伟大旗帜,深入贯彻党的十九大和十九届二中、三中、四中、五中全会精神,坚持以习近平新时代中国特色社会主义思想为指导,贯彻落实习近平总书记关于残疾人事业的重要指示批示精神和党中央、国务院决策部署,立足新发展阶段、贯彻新发展理念、构建新发展格局,坚持弱有所扶,以推动残疾人事业高质量发展为主题,以巩固拓展残疾人脱贫攻坚成果、促进残疾人全面发展和共同富裕为主线,保障残疾人平等权利,增进残疾人民生福祉,增强残疾人自我发展能力,推动残疾人事业向着现代化迈进,不断满足残疾人美好生活需要。

(二)基本原则。

坚持党的全面领导。健全党委领导、政府负责的残疾人工作领导体制,为残疾人保障和发展提供坚强的政治保障、组织保障。

坚持以人民为中心。坚持对残疾人格外关心、格外关注,解决好残疾人最关心、最直接、最现实的利益问题。

激发残疾人的积极性、主动性、创造性,不断增强残疾人的获得感、幸福感、安全感。

坚持保基本、兜底线。着力完善残疾人社会福利制度和关爱服务体系,织密扎牢残疾人民生保障安全网,堵漏洞、补短板、强弱项,改善残疾人生活品质,促进残疾人共享经济社会发展成果。

坚持固根基、提质量。深化残疾人服务供给侧改革,强化残疾人事业人才培养、科技应用、信息化、智能化等基础保障条件,推动残疾人事业高质量发展,满足残疾人多层次、多样化的发展需要。

坚持统筹协调、形成合力。发挥政府主导作用和社会力量、市场主体协同作用,发挥地方优势和基层首创精神,集成政策、整合资源、优化服务,促进残疾人事业与经济社会协调发展,推动城乡、区域残疾人事业均衡发展。

(三)主要目标。

到2025年,残疾人脱贫攻坚成果巩固拓展,生活品质得到新改善,民生福祉达到新水平。多层次的残疾人社会保障制度基本建立,残疾人基本民生得到稳定保障,重度残疾人得到更好照护。多形式的残疾人就业支持体系基本形成,残疾人实现较为充分较高质量的就业。均等化的残疾人基本公共服务体系更加完备,残疾人思想道德素养、科学文化素质和身心健康水平明显提高。无障碍环境持续优化,残疾人在政治、经济、文化、社会、家庭生活等各方面平等权利得到更好实现。残疾人事业基础保障条件明显改善,质量效益不断提升。

到2035年,残疾人事业与经济社会协调发展,与国家基本实现现代化目标相适应。残疾人物质生活更为宽裕,精神生活更为丰富,与社会平均水平的差距显著缩小。平等包容的社会氛围更加浓厚,残疾人充分享有平等参与、公平发展的权利,残疾人的全面发展和共同富裕取得更为明显的实质性进展。

专栏1 "十四五"残疾人保障和发展主要指标				
类别	指　标	2020 年	2025 年	属性
收入和就业	1.残疾人家庭人均收入年均增长(%)	——	与国内生产总值增长基本同步	预期性
	2.城乡残疾人职业技能培训人数(人)	——	200 万	预期性

续表

社会保障和基本公共服务	3.符合条件的残疾人纳入最低生活保障比例(%)	100	100	约束性
	4.困难残疾人生活补贴覆盖率(%)	100	100	约束性
	5.重度残疾人护理补贴覆盖率(%)	100	100	约束性
	6.残疾人城乡居民基本养老保险参保率(%)	90	>90	预期性
	7.残疾人城乡居民基本医疗保险参保率(%)	>95	>95	预期性
	8.残疾儿童少年义务教育入学率(%)	95	97	预期性
	9.残疾人基本康复服务覆盖率(%)	>80	85	约束性
	10.残疾人辅助器具适配率(%)	>80	85	约束性
	11.困难重度残疾人家庭无障碍改造数(户)	——	110万	约束性

三、重点任务

（一）完善残疾人社会保障制度，为残疾人提供更加稳定更高水平的民生保障。

1.巩固拓展残疾人脱贫攻坚成果。健全易返贫致贫人口动态监测预警和帮扶机制，将符合条件的残疾人及时纳入易返贫致贫监测范围，对易返贫致贫残疾人及时给予有效帮扶。对脱贫人口中完全丧失劳动能力或部分丧失劳动能力且无法通过产业就业获得稳定收入的残疾人，按规定纳入农村低保或特困人员救助供养范围，做到应保尽保、应兜尽兜。做好易地搬迁残疾人后续帮扶工作。按照巩固拓展脱贫攻坚成果同乡村振兴有效衔接要求，持续做好农村低收入残疾人家庭帮扶工作。继续把残疾人帮扶作为东西部协作工作重要内容，持续动员社会力量参与残疾人帮扶。依法保障农村残疾人的土地承包经营权、宅基地使用权、集体收益分配权等权益。在深化农村集体产权制度改革中帮助残疾人共享集体经济发展成果。扶持农村残疾人参与乡村富民产业，分享产业链增值收益。充分发挥基层党组织在扶残助残中的重要作用，组织协调各方面资源力量加强对残疾人的关心关爱。

2.强化残疾人社会救助保障。为符合条件的残疾人和残疾人家庭提供特困人员救助供养或最低生活保障。加强对生活无着流浪乞讨残疾人的救助安置和寻亲服务。做好对符合条件残疾人的医疗救助，强化医疗救助与基本医疗保险、大病保险的互补衔接，减轻困难残疾人医疗费用负担。加强临时救助，在重大疫情等突发公共事件中做好对困难残疾人的急难救助。

3.加快发展残疾人托养和照护服务。积极发展服务类社会救助，推动开展残疾人长期照护服务。着力增强县级特困人员救助供养服务机构对残疾人特困对象的照护服务能力。鼓励通过政府购买服务对社会救助家庭中生活不能自理的残疾人提供必要的访视、照护服务。落实托养服务机构扶持政策，继续实施"阳光家园计划"，为就业年龄段(16—59周岁)智力、精神和重度肢体残疾人等提供托养服务，支持中西部地区残疾人托养服务发展。研究探索老年人能力评估标准、长期护理保险失能等级评估标准等与国家残疾人残疾分类和分级标准的衔接，支持养老服务机构完善服务功能，接收符合条件的盲人、聋人等老年残疾人。研究制定低收入重度残疾人照护服务指导意见，为符合条件的重度残疾人提供集中照护、日间照料、居家服务、邻里互助等多种形式的社会化照护服务。

4.提高残疾人保险覆盖率和待遇水平。落实地方政府为重度残疾人代缴城乡居民基本养老保险费、资助符合条件的残疾人参加城乡居民基本医疗保险、对残疾人个体工商户和安置残疾人就业单位社会保险进行补贴等政策，帮助残疾人按规定参加基本养老和基本医疗保险，实现应保尽保。研究制定职工基本养老保险参保人员病残津贴政策。落实好29项符合条件的残疾人医疗康复项目纳入基本医保支付范围的政策，按规定做好重性精神病药物维持治疗参保患者门诊保障工作。支持就业残疾人依法参加失业保险，享受失业保险待遇。推进用人单位依法参加工伤保险，按规定支付工伤保险待遇，加强工伤预防和工伤职工康复工作。开展长期护理保险试点的地区，按规定将符合条件的残疾人纳入保障范围。鼓励残疾人参加意外伤害、补充养老等商业保险。鼓励商业保险机构开发残疾人商业保险产品、财产信托等服务。

5.完善残疾人社会福利制度和社会优待政策。全面落实困难残疾人生活补贴和重度残疾人护理补贴制度，普遍建立补贴标准动态调整机制，有条件的地方可按规定扩大对象范围。有条件的地方可以对城乡困难残疾人、重度残疾人基本型辅助器具适配给予补贴，为残疾人携带辅助器具、导盲犬等乘坐公共交通工具、出入公共场所和进出境提供便利。落实低收入残疾人家庭生活用水、电、气、暖优惠补贴政策和电信业务资费优惠政策。落实残疾人机动轮椅车燃油补贴政策，落实残疾人乘坐市内公共汽车电车、城市轨道交通等优待政策，鼓励铁路、民航等为残疾人提供优惠便利。完善残疾人驾驶机动车政策。加强残疾孤儿、事实无人抚养残疾儿童医疗、康复、教育等服务，合理确定包括残疾孤儿、事实无人抚养残疾儿童在内的孤儿、事实无人抚养儿童等基本生活费标准，提升儿童福利机构安全管理水平和服务质量。加快建设精神卫生福利服务体系，为特殊困难精神残疾人提供康复、照护等服务。逐步实现在内地长期居住的港澳台地区残疾人享有居住地普惠性社会保障和公共服务。

6.保障残疾人基本住房安全便利。优先解决低收入残疾人家庭住房安全问题。持续支持符合条件的农村低收入残疾人家庭实施危房改造，对符合条件的城镇残疾人家庭优先配租公租房，不断改善残疾人居住条件。城镇保障性住房建设、农村危房改造统筹考虑无障碍设施

设备建设安装。

7.落实残疾军人和伤残民警抚恤优待政策。构建科学化残疾评鉴、制度化退役安置、规范化收治休养、标准化待遇保障的伤病残军人安置管理和服务优待体系，合理确定残疾军人抚恤金标准，妥善解决伤病残军人生活待遇、子女入学等现实困难。修订《军人抚恤优待条例》《人民警察抚恤优待办法》，加强相关抚恤优待工作，协调推动国家综合性消防救援队伍人员伤残优待政策落实落地。促进残疾军人、伤残民警残疾评定标准与国家残疾人残疾分类和分级标准合理衔接，保证残疾军人、伤残民警优先享受扶残助残政策待遇、普惠性社会保障和公共服务。

8.加强重大疫情等突发公共事件中对残疾人的保护。推动公共卫生立法和突发公共事件应急预案保障残疾人等重点人群。制定重大疫情、自然灾害、安全事故等突发公共事件中残疾人社会支持和防护保护指南，研发适用于残疾人的专业救援技术和设备。加强残疾人集中场所和残疾人服务机构安全保障、应急服务、消防安全能力建设。村（社区）可以通过结对帮扶等方式，动员村（居）民协助残疾人更好应对突发灾害事故、及时疏散逃生。开展残疾人应急科普宣传，引导残疾人增强自救互救能力。

专栏2 残疾人社会保障重点项目

一、资金类

1.最低生活保障。将符合条件的残疾人家庭全部纳入最低生活保障范围，低保边缘家庭的重度残疾人经本人申请参照单人户纳入低保范围。对纳入低保范围后生活仍有困难的残疾人和残疾人家庭，采取必要措施给予生活保障。

2.困难残疾人生活补贴和重度残疾人护理补贴。完善困难残疾人生活补贴和重度残疾人护理补贴标准动态调整机制，补贴标准根据经济社会发展水平和残疾人生活保障需求、长期照护需求以及财政承受能力统筹确定，逐步完善补贴办法。推动两项补贴资格认定申请"跨省通办"，构建主动发现、精准发放、动态监管的智慧管理服务机制。

3.残疾人基本型辅助器具适配资助。通过政府补贴等方式，对符合条件的残疾人适配辅助器具给予支持。

4.残疾人电信业务资费优惠。合理降低残疾人使用移动电话、宽带网络等服务费用，减免残疾人使用助残公益类移动互联网应用程序（APP）流量资费。

5.残疾评定补贴。为符合条件的低收入和重度残疾人残疾评定提供补贴和便利服务。

二、服务类

1.困难残疾人走访探视服务。村（居）委会和残疾人协会对困难残疾人开展经常性走访探视，发现问题及时报告，协助予以解决。

2.低收入重度残疾人照护服务。低收入重度残疾人数量和服务需求较多的乡镇（街道）可建立集中照护服务机构；有条件的村（社区）依托公共服务设施，为符合条件的重度残疾人提供集中照护、日间照料、居家服务、邻里互助等多种形式的社会化照护服务。

　　3.就业年龄段残疾人托养服务。乡镇(街道)根据需要建立残疾人托养服务机构,或依托党群服务中心、社区服务中心、社会福利机构、社会组织、企业等为就业年龄段智力、精神和重度肢体残疾人等提供生活照料和护理、生活自理能力训练、社会适应能力训练、运动能力训练、职业康复与劳动技能训练、辅助性就业等服务。政府投资建设的市、县级残疾人托养服务机构要发挥示范作用。

　　4.残疾人社会工作和家庭支持服务。开展残疾人社会工作服务,为残疾人建立社会支持网络,让更多残疾人有"微信群"、"朋友圈"。为残疾人家庭提供临时照护"喘息服务"、心理辅导和康复、教育等专业指导。逐步在残疾人服务机构中设置社会工作岗位。

　　5.重大疫情等突发公共事件中困难残疾人急难救助。对因疫情防控在家隔离的残疾人,落实包保联系人,加强走访探视,及时提供必要帮助。因突发事件等紧急情况,监护人暂时无法履行监护职责、被监护人处于无人照料状态的,被监护人住所地的村(居)委会或者相关部门应当及时为被监护人提供必要的临时生活照护。

　　(二)帮扶城乡残疾人就业创业,帮助残疾人通过生产劳动过上更好更有尊严的生活。

　　1.完善残疾人就业法规政策。修订实施《残疾人就业条例》。落实残疾人就业支持政策,保障残疾人就业培训、就业服务、补贴奖励等相关资金投入。完善残疾人按比例就业制度,制定党政机关、事业单位、国有企业带头安置残疾人就业办法,合理认定按比例安排残疾人就业形式。加强残疾人就业促进政策与社会保障政策的衔接,纳入低保范围的已就业残疾人可按规定在核算其家庭收入时扣减必要的就业成本,并在其家庭成员人均收入超过当地低保标准后给予一定时间的渐退期。按照国家有关规定,对残疾人就业先进个人和用人单位予以表彰。

　　2.多渠道、多形式促进残疾人就业创业。开展残疾人就业促进专项行动。对正式招录(聘)残疾人的用人单位按规定给予岗位补贴、社会保险补贴、职业培训补贴、设施设备购置改造补贴、职业技能鉴定补贴等扶持,对超比例安排残疾人就业的用人单位给予奖励。规范残疾人按比例就业年审并实现全国联网认证。落实残疾人集中就业单位税费优惠、政府优先采购等扶持政策,稳定残疾人集中就业。支持非营利性残疾人集中就业机构持续发展。在经营场地、设施设备、社会保险补贴、金融信贷等方面扶持残疾人自主创业、灵活就业,鼓励残疾人通过新就业形态实现就业。加大对"阳光家园"、"残疾人之家"等辅助性就业机构的支持保障力度,组织智力、精神和重度肢体残疾人等就业更为困难的残疾人就近就便参加生产劳动、进行职业康复、实现社会融合。统筹现有公益性岗位,安排符合条件的残疾人就业。修订《盲人医疗按摩管理办法》,推动省级盲人按摩医院建设,制定盲人保健按摩有关标准,扶持和规范盲人按摩行业发展。拓宽残疾人特别是盲人在文化艺术、心理卫生和互联网服务等领域就业渠道。为残疾人特别是聋人参加职业技能培训、就业创业提供无障碍支持服务。支持手工制作等残疾妇女就业创业项目,鼓励残疾人参与文化产业。扶持残疾人亲属就业创业,实现零就业残疾人家庭至少有一人就业。

专栏3　残疾人就业补贴奖励重点项目

一、补贴类

　　1.残疾人自主就业创业补贴。对自主创业、灵活就业的残疾人,按规定给予经营场所租赁补贴、社会保险补贴、职业培训和创业培训补贴、设施设备购置补贴、网络资费补助、一次性创业补贴;对求职创业的应届高校残疾人毕业生给予补贴。

　　2.残疾学生见习补贴。对符合条件的残疾学生在见习期间给予一定标准的补贴。

　　3.招录(聘)残疾人的用人单位补贴。对正式招录(聘)残疾人的用人单位,按规定给予岗位补贴、社会保险补贴、职业培训补贴、设施设备购置改造补贴、职业技能鉴定补贴;对安排残疾人见习的用人单位给予一次性补贴。

　　4.辅助性就业机构补贴。对残疾人辅助性就业机构给予一次性建设、场地租金、机构运行、无障碍环境改造、生产设备和辅助器具购置等补贴。

续表

5. 通过公益性岗位安排残疾人就业的用人单位补贴。对通过公益性岗位安排残疾人就业并缴纳社会保险费的用人单位给予社会保险补贴。

二、奖励类

1. 超比例安排残疾人就业奖励。对超比例安排残疾人就业的用人单位给予奖励。

2. 残疾人就业服务奖励。充分发挥残疾人就业服务中心、公共就业服务机构、劳务派遣公司、经营性人力资源服务机构在残疾人就业供需对接方面的作用,对推荐残疾人稳定就业一年以上的单位,按就业人数给予奖励。

3. 提升残疾人职业素质和就业创业能力。制定实施《残疾人职业技能提升计划(2021—2025年)》,帮助有就业愿望和培训需求的残疾人普遍得到相应的职业素质培训、就业技能培训、岗位技能培训和创业培训。继续开展农村残疾人实用技术培训。支持符合条件的残疾人技能大师建立工作室。开发线上线下相结合的残疾人职业技能培训优质课程资源。完善残疾人职业技能培训保障和管理制度。研究制定残疾人职业技能培训补贴标准。开发适合残疾人就业或为残疾人服务的新职业。举办第七届全国残疾人职业技能竞赛暨第四届全国残疾人展能节、全国残疾人岗位精英职业技能竞赛等残疾人职业技能竞赛,组团参加国际残疾人职业技能竞赛。

4. 改进残疾人就业服务。健全残疾人就业服务体系,充分发挥残疾人就业服务机构和各类公共就业服务平台、人力资源服务机构、社会组织作用,为残疾人和用人单位提供全链条、专业化、精准化服务。建立残疾人就业辅导员制度,扩大就业辅导员队伍。为高校残疾人毕业生建立就业帮扶工作台账,按照"一人一档"、"一人一策"要求重点帮扶。将符合条件的就业困难残疾人纳入就业援助范围,持续开展"就业援助月"等专项就业服务活动。加强各级残疾人就业服务机构规范化建设,明确保障条件、专业人员配备等要求。通过政府购买服务等方式开展残疾人就业服务,拓宽服务渠道,提高服务质量。举办残疾人职业人才交流、残疾人就业产品市场营销、残疾人就业创业成果展示等活动。

5. 维护残疾人就业权益。合理确定残疾人取得职业资格和公务员、事业单位人员等入职的体检条件,对于具有正常履行职责的身体条件和心理素质的残疾人,应依法保障其平等就业权益。用人单位应当为残疾职工提供适合其身心特点的劳动条件、劳动保护、无障碍环境及合理便利,在晋升、晋级、职称评定、社会保险、生活福利等方面给予其平等待遇。加强残疾人就业劳动监察,坚决防范和打击侵害残疾人就业权益的行为。

专栏4　残疾人就业服务重点项目

1. 党政机关、事业单位按比例安排残疾人就业项目。编制50人以上(含50人)的省级、地市级党政机关,编制67人以上(含67人)的事业单位(中小学、幼儿园除外),安排残疾人就业未达到规定比例的,2025年前至少安排1名残疾人。县级及以上残联机关干部队伍中要有15%以上(含15%)的残疾人。

2. 农村残疾人就业帮扶基地建设项目。依托农村创业创新孵化实训基地和家庭农场、农民合作社、农业社会化服务组织等新型农业经营主体,扶持一批辐射带动能力强、经营管理规范、具有一定规模的残疾人就业帮扶基地,带动残疾人稳定就业、生产增收。

3. 残疾人职业技能培训和创业孵化基地建设项目。依托企业、职业院校、社会培训机构等,建设一批残疾人职业技能培训和创业孵化基地,打造残疾人职业技能培训、实习见习和就业创业示范服务平台。

4. 盲人按摩提升项目。大力推进盲人医疗按摩人员在医院、社区卫生服务机构等就业执业,完善职称评定有关规定。促进盲人保健按摩行业规范化、标准化、专业化、品牌化发展。

5. 残疾人新就业形态扶持项目。鼓励互联网平台企业、中介服务机构等帮助残疾人参与网络零售、云客服、直播带货、物流快递、小店经济等新就业形态。

6. 残疾人辅助性就业项目。加强残疾人辅助性就业机构能力建设,鼓励引导市场主体和社会力量提供辅助性就业服务,提升残疾人就业水平和质量。

7.残疾人公益性岗位项目。地方设立的乡村保洁员、水管员、护路员、生态护林员、社会救助协理员、农家书屋管理员、社区服务人员等公益性岗位优先安排残疾人。

(三)健全残疾人关爱服务体系,提升残疾人康复、教育、文化、体育等公共服务质量。

1.加强残疾人健康服务。全面推进残疾人家庭医生签约服务,支持保障签约医生为残疾人提供基本医疗、公共卫生和健康管理等个性化服务。加强和改善残疾人医疗服务,为残疾人提供就医便利,维护残疾人平等就医权利。加强残疾人心理健康服务。关注残疾妇女健康,开展生殖健康服务。将残疾人健康状况、卫生服务需求与利用等纳入国家卫生服务调查,加强残疾人健康状况评估。

2.提升残疾人康复服务质量。完善残疾人基本康复服务目录,继续实施精准康复服务行动,提升康复服务质量,满足残疾人基本康复服务需求。落实残疾儿童康复救助制度,合理确定康复救助标准,增加康复服务供给,确保残疾儿童得到及时有效的康复服务。加强精神卫生综合管理服务,广泛开展精神障碍社区康复。健全综合医院康复医学科、康复医院(康复医疗中心)、基层医疗卫生机构三级康复医疗服务体系。加强残疾人康复机构建设,完善全面康复业务布局,充实职业康复、社会康复、心理康复等功能。支持儿童福利机构增加和完善康复功能,配备相应的康复设备和专业技术人员,与医疗机构加强合作,提高康复医疗服务能力。加强社区康复,推广残疾人自助、互助康复,促进康复服务市场化发展。建成高起点、高水平、国际化的康复大学,加快培养高素质、专业化康复人才。完善康复人才职称评定办法。加强康复学科建设和科学技术研究,发挥中医药在康复中的独特优势,推动康复服务高质量发展。

3.加快发展康复辅助器具服务。开展康复辅助器具产业国家综合创新试点。推广安全适用的基本型康复辅助器具,加快康复辅助器具创新产品研发生产,增强优质康复辅助器具供给能力,推动康复辅助器具服务提质升级。鼓励实施公益性康复辅助器具适配项目。完善康复辅助器具适配服务网络,加强各级康复辅助器具适配服务机构建设,支持社会力量及医疗、康复、养老机构和残疾人教育、就业、托养机构开展康复辅助器具适配服务。推广社区康复辅助器具租赁、回收、维修等服务。完善康复辅助器具标准体系,充分发挥标准对康复辅助器具产业的支持和引领作用。加强康复辅助器具产品质量检验认证。搭建产业促进和信息交流平台,继续办好中国国际福祉博览会等展示交流活动。

4.强化残疾预防。制定实施残疾预防行动计划,结合残疾预防日、预防出生缺陷日、爱眼日、爱耳日、全国防灾减灾日等节点,广泛开展残疾预防宣传教育,形成全人群、全生命周期的残疾预防意识。加强出生缺陷综合防治,构建覆盖城乡居民,涵盖婚前、孕前、孕期、新生儿期和儿童期各阶段的出生缺陷防治体系,继续针对先天性结构畸形等疾病实施干预救助项目,预防和减少出生缺陷、发育障碍致残。大力推进0—6岁儿童残疾筛查,建立筛查、诊断、康复救助衔接机制。加强省、市、县三级妇幼保健机构能力建设,夯实县、乡、村儿童保健服务网络,不断提升儿童致残性疾病早发现、早诊断、早干预、早康复能力和效果。实施慢性病预防干预措施,开展重大慢性病早诊早治,减少慢性病致残。开展社会心理服务和社区心理干预,预防和减少精神残疾发生。开展防盲治盲、防聋治聋工作,加强对麻风病等传染病和碘缺乏病、大骨节病等地方病的防控。加强安全生产、消防安全和交通安全管理,加强道路交通安全执法和安全防护设施建设,加快公共场所急救设备配备,提高自然灾害和火灾现场应急处置能力、突发事件紧急医学救援能力和院前急救能力,防止老年人跌倒、儿童意外伤害致残,减少因灾害、事故、职业伤害等致残。

专栏5　残疾人健康和康复服务重点项目

1.残疾人精准康复服务行动。开展残疾人康复需求调查评估,为残疾人普遍提供基本康复服务,为家庭照护者提供居家康复、照护技能培训和支持服务。针对特困残疾人和残疾孤儿实施"福康工程"、孤儿医疗康复明天计划等康复服务项目。

2. 残疾儿童康复救助项目。为符合条件的残疾儿童提供手术、辅助器具适配、康复训练等服务。有条件的地区，可扩大残疾儿童康复救助年龄范围，也可放宽对救助对象家庭经济条件的限制，合理确定救助标准，提高康复质量。

3. 精神卫生综合管理服务。开展严重精神障碍患者日常发现、登记报告、随访管理、服药指导、社区康复、心理支持和疏导等服务，为家庭照护者提供技能培训、心理支持和疏导等服务。健全精神障碍社区康复服务体系，实现80%以上县（市、区、旗）开展精神障碍社区康复服务。

4. 残疾人互助康复项目。推广脊髓损伤者"希望之家"、中途失明者"光明之家"、精神障碍患者家属专家交流互助等残疾人互助康复项目。

5. 康复辅助器具产业培育项目。鼓励康复辅助器具企业转型升级和并购重组，做大做强龙头企业，带动产业发展。

6. 康复专业人才培育项目。加强康复医疗人才队伍建设，开展残疾人康复专业技术人员规范化培训。将康复专业纳入全科医生、家庭医生、村医等培养培训内容。

7. 康复大学建设项目。建成高起点、高水平、国际化的康复大学，加强学科建设，加快培养高素质康复人才，推动现代康复医学基础研究。

5. 健全残疾人教育体系。坚持立德树人，促进残疾儿童少年德智体美劳全面发展。制定实施《第三期特殊教育提升计划（2021—2025年）》。巩固提高残疾儿童少年义务教育水平，加快发展非义务教育阶段特殊教育。

健全普通学校随班就读支持保障体系，发挥残疾人教育专家委员会作用，实现适龄残疾儿童少年"一人一案"科学教育安置。着力发展以职业教育为重点的残疾人高中阶段教育，使完成义务教育且有意愿的残疾青少年都能接受适宜的中等职业教育。稳步推进残疾人高等教育，支持有条件的高校面向残疾考生开展单考单招，为残疾人接受高等教育提供支持服务。开展残疾人融合教育示范区、示范校和优秀教育教学案例遴选。支持高校开展残疾人融合教育。落实从学前到研究生教育全覆盖的学生资助政策，对家庭经济困难的残疾学生（幼儿）予以资助。为残疾学生提供辅助器具、特殊学习用品、康复训练和无障碍等支持服务，为残疾学生参加国家教育考试和部分职业考试提供合理便利。

6. 完善特殊教育保障机制。发挥高校等机构特殊教育专业优势，建设国家和省级特殊教育资源中心（基地）。各省（自治区、直辖市）根据残疾学生规模、类型、分布等情况，因地制宜合理配置特殊教育资源。支持符合条件的儿童福利机构单独设立特教班、特教幼儿园、特教学校开展特殊教育。继续改善特殊教育学校办学条件，加强特殊教育学校规范化建设，推行新课标新教材，改革教学教研，建立学校、家庭、社会协同育人机制。加强特殊教育师资队伍建设，创新培养方式，按国家有关规定开展表彰奖励，提升教书育人能力素质。加强特殊教育督导和质量监测评估。制定实施《第二期国家手语和盲文规范化行动计划（2021—2025年）》，加快推广国家通用手语和国家通用盲文。

专栏6　残疾人教育重点项目

1. 残疾儿童少年义务教育巩固提高项目。县（市、区、旗）规范设立残疾人教育专家委员会，对适龄残疾儿童少年入学需求进行排查和评估，给予科学教育安置。推动各地规范送教上门工作。

2. 残疾幼儿学前康复教育发展项目。鼓励普通幼儿园招收具有接受普通教育能力的残疾幼儿，支持特殊教育学校、残疾儿童康复机构、儿童福利机构开展学前康复教育，有条件的地方建立残疾儿童学前康复教育机构，加强公办残疾儿童学前康复教育机构建设，支持视力、听力、智力残疾儿童和孤独症儿童接受学前康复教育。

3. 残疾人职业教育提升项目。支持普通职业院校招收具有接受普通教育能力的残疾学生。支持特殊教育学校与普通职业院校联合开展残疾人职业教育。鼓励各省（自治区、直辖市）至少办好一所面向全省（自治区、直辖市）招生的残疾人中等职业学校。支持中高等职业学校（含特教学校中职部）加强实训基地建设，为残疾学生实习实训提供保障和便利。

4. 融合教育推广项目。鼓励普通学校招收具有接受普通教育能力的残疾儿童少年，同等条件下在招生片区内优先安排残疾儿童少年就近就便入学。设置随班就读区域资源中心或资源教室，配备必要的教育教学、康复训练设施设备和专业人员。

5. 特殊教育师资培养项目。师范类院校和综合性院校的师范专业开设特殊教育课程。加强评估,提高师范类院校特殊教育专业质量和水平。实施特殊教育学校校长、特殊教育骨干教师和融合教育骨干教师培训项目。改进培养模式,加大中西部地区特殊教育教师定向培养力度。鼓励高校面向一线教师开展特殊教育专业硕士研究生教育。支持高校残疾人毕业生从事特殊教育。

6. 手语盲文推广项目。丰富国家通用手语,加强手语翻译认证审核和注册管理,开展面向公共服务行业的国家通用手语推广。加强国家手语和盲文研究中心建设,依托华夏出版社和中国盲文出版社建设国家通用手语数字推广中心、国家通用盲文研究和推广中心。加强手语盲文研究推广人才培养。推动盲文数字化出版。推进国家通用手语、国家通用盲文在特殊教育教材中的应用。

7. 提升残疾人公共文化服务。鼓励残疾人参加"书香中国·阅读有我"等公共文化活动,持续开展"残疾人文化周"、"共享芬芳·共铸美好"等残疾人群众性文化艺术活动,推动基层创建一批残健融合文化服务示范中心(站、点),不断满足残疾人文化需求、增强残疾人精神力量。加强中西部和农村地区重度残疾人文化服务,为盲人、聋人提供无障碍文化服务。鼓励电视台、广播电台、网络视听媒体和融媒体中心开设残疾人专题节目。发展特殊艺术,鼓励残疾人参与文化艺术创作和非物质文化遗产传承,扶持残疾人题材图书等出版。扶持残疾人特殊艺术人才和师资培养。举办第十届、第十一届全国残疾人艺术汇演,举办国际特殊艺术交流活动。扶持中国残疾人艺术团和地方残疾人文艺小分队开展基层巡演。

8. 推动残疾人体育全面发展。筹办好北京冬残奥会,实现"简约、安全、精彩"目标。实施残疾人奥运争光行动,不断提高竞技水平,在北京冬残奥会和东京残奥会等重大国际赛事上力争好成绩。办好杭州亚残运会和第十一届、第十二届全国残运会暨特奥会等重大赛事。实施残疾人康复健身体育行动,将残疾人作为重点人群纳入全民健身公共服务体系建设,组织残疾人参加各级各类全民健身活动,推动残疾人康复健身体育身边化服务。加强残疾人体育运动保护研究。

专栏7 残疾人文化、体育服务重点项目

一、残疾人文化服务

1. "五个一"文化进家庭、进社区项目。为重度残疾人家庭开展"五个一"(读一本书、看一场电影、游一次园、参观一次展览、参加一次文化活动)文化服务。依托新时代文明实践中心和基层文化设施,增添必要的文化设备,推动基层创建一批残健融合文化服务示范中心(站、点)。

2. 盲人文化服务项目。为盲人提供盲文读物、有声读物、大字读物、数字阅读、无障碍电影电视剧等产品和服务。继续开展盲人数字阅读推广工程。推动公共图书馆盲人阅览室(区)建设,加强中国盲文图书馆和分支馆建设,增加公共图书馆盲文图书和视听文献资源。鼓励电影院线、有线电视提供无障碍影视服务。

3. 聋人文化服务项目。鼓励影视作品、网络视频加配字幕,鼓励有条件的省市级电视台开播国家通用手语或实时字幕栏目。

4. 网络视听媒体文化服务项目。加强残疾人融媒体平台建设,依托网络视听媒体开设残疾人文化宣传专题节目。

5. 特殊艺术推广项目。支持中国残疾人艺术团创编精品舞台演出剧目,培育"我的梦"特殊艺术品牌。鼓励残疾人参与文化艺术创作,支持残疾儿童少年艺术教育。

6. 残疾人文化产业发展项目。扶持一批吸纳较多残疾人就业、具有较好市场发展前景的文化产业基地。

二、残疾人体育发展

1. 残疾人奥运争光行动。完善训练、科研、医疗等复合型支撑团队,提高国家残疾人体育训练基地保障服务能力,不断提升残疾人竞技体育水平。

2. 残疾人康复健身体育行动。推广适合残疾人的康复健身体育项目、方法和器材,设立残疾人自强康复健身示范点,培养残疾人康复健身社会体育指导员。为重度残疾人提供康复体育进家庭服务。组织举办"残疾人冰雪运动季"、"残疾人健身周"、"全国特奥日"等群众性体育品牌活动。

9. 大力发展残疾人慈善事业和服务产业。鼓励残联、工会、共青团、妇联、科协等群团组织和社会组织、企事业单位等实施助残慈善项目。深入开展"青年志愿者助残阳光行动"、"关心我的残疾人邻居"、"牵着蜗牛去散步"和"集善优品"消费助残等志愿服务关爱行动。培育"集善工程"、"通向明天"等残疾人慈善事业品牌。生活服务业发展布局充分考虑残疾人需求,加快康复辅助器具、康复教育、托养照护、生活服务、无障碍、文化休闲等残疾人服务业发展,满足残疾人多元化、多层次品质生活需求。采取政府购买服务、政府和社会资本合作等方式,加快培育助残社会组织和企业,吸引社会力量和市场主体参与残疾人服务。

10. 加强残疾人服务标准化和行业管理。细化残疾人基本公共服务项目的设施建设、功能布局、施工规范、设备配置、人员配备、服务流程、管理规范等软硬件标准要求,完善标准体系,加强标准间统筹衔接和基层设施设备共建共享。加强康复、托养等残疾人服务行业管理,全面开展绩效评价,支持残疾人和残疾人亲属参与评价。在场地、设备、人才、技术等方面扶持各类残疾人服务机构发展,优先扶持公益性、普惠性残疾人服务机构,支持残疾人服务机构连锁化、品牌化运营。开展残疾人服务需求评估和服务资源调查,为残疾人提供适合的产品和服务。严格规范残疾评定和残疾人证核发管理,全面推行残疾人证电子证照应用,实现"跨省通办"。

(四)保障残疾人平等权利,为残疾人提供无障碍环境和便利化条件。

1. 提高残疾人事业法治化水平。落实宪法、民法典等法律法规关于保障残疾人权益的规定,健全残疾人权益保障法律法规体系,推动残疾人保障法等法律法规有效实施。涉及残疾人的立法应充分论证,开展反残疾歧视评估,广泛征询残疾人、残疾人组织和社会各方面意见。研究完善残疾人就业、无障碍环境建设法律制度,开展残疾人社会保障、残疾人成人监护等立法研究。将残疾人保障法等相关法律法规宣传教育纳入"八五"普法,认真落实"谁执法、谁普法"普法责任制,加大全媒体普法宣传力度。配合各级人大、政协开展残疾人保障法等法律法规执法检查、视察和调研。支持各地制定保护残疾人权益的地方性法规和优惠扶助规定。

2. 创新残疾人法律服务和权益维护。开展残疾人尊法学法守法用法专项行动。将残疾人作为公共法律服务的重点对象,完善公共法律服务平台无障碍功能,依据国家有关规定扩大残疾人法律援助覆盖面,重点提升残疾人法律援助质量。完善残疾人法律救助工作协调机制,培养助残公益律师队伍,开展法律援助志愿助残行动,为残疾人提供及时有效的法律救助服务。加强对残疾人的司法保护,方便残疾人诉讼。发挥"12385"残疾人服务热线和网络信访平台作用,建立健全残疾人权益维护应急处置机制。坚决打击侵害残疾人权益的违法犯罪行为。不断拓宽残疾人和残疾人组织民主参与、民主协商渠道,有效保障残疾人的知情权、参与权、表达权、监督权,支持更多残疾人、残疾人亲友和残疾人工作者进入各级人大、政协并提供履职便利。

3. 提升无障碍设施建设管理水平。新建设施严格执行无障碍相关标准规范。在乡村建设行动、城市更新行动、城镇老旧小区改造和居住社区建设中统筹推进无障碍设施建设和改造。城市道路、公共交通、社区服务设施、公共服务设施和残疾人服务设施、残疾人集中就业单位等加快开展无障碍设施建设和改造。提高残疾人家庭无障碍改造水平。加快推广无障碍公共厕所。探索传统无障碍设施设备数字化、智能化升级。开展无障碍市县村镇达标验收工作。提高无障碍设施规划建设管理水平,推进无障碍设计设施认证工作,提高全社会无障碍意识,加强无障碍监督,保障残疾人、老年人等通行安全和使用便利。

4. 加快发展信息无障碍。将信息无障碍作为数字社会、数字政府、智慧城市建设的重要组成部分,纳入文明城市测评指标。推广便利普惠的电信服务,加快政府政务、公共服务、电子商务、电子导航等信息无障碍建设,加快普及互联网网站、移动互联网应用程序和自助公共服务设备无障碍。推进智能化服务要适应残疾人需求,智能工具应当便于残疾人日常生活使用。促进信息无障碍国家标准推广应用,加强对互联网内容可访问性的测试、认证能力建设,开展互联网和移动互联网无障碍化评测评价。支持研发生产科技水平高、性价比优的信息无障碍终端产品。

专栏8　无障碍重点项目

一、无障碍设施

1. 道路交通无障碍。城市主要道路、主要商业区和大型居住区的人行天桥和人行地下通道配备无障碍设施,人行横道交通信号灯逐步完善无障碍服务功能。公共停车场和大型居住区的停车场设置并标明无障碍停车位。民用航空器、客运列车、客运船舶、公共汽车电车、城市轨道交通车辆等公共交通工具逐步配备无障碍设备。

2. 公共服务设施无障碍。加快推动医疗、教育、文化、体育、交通、金融、邮政、商业、旅游、餐饮等公共服务设施和特殊教育、康复、托养、社会福利等残疾人服务设施、残疾人集中就业单位无障碍改造。

3. 社区和家庭无障碍。居住建筑、居住社区建设无障碍设施。为困难重度残疾人家庭实施无障碍改造。

4. 无障碍公共厕所。加快推进公共服务设施、交通设施、旅游景区等无障碍公共厕所建设。

二、信息无障碍

1. 互联网网站和移动互联网应用程序信息无障碍。加快政府门户网站、政务服务平台和网上办事大厅信息无障碍建设。推动新闻资讯、社交通讯、生活购物、医疗健康、金融服务、学习教育、旅游出行等互联网网站、移动互联网应用程序(APP)的无障碍改造。

2. 自助服务终端信息无障碍。推进自动售卖设备、医院自助就医设备、银行自动柜员机、地铁自助检票设备、机场自助值机设备等自助公共服务设备的无障碍改造。

3. 食品药品说明信息无障碍。利用图像识别、二维码等技术加快食品药品信息识别无障碍。

4. 应急服务信息无障碍。把国家通用手语、国家通用盲文作为应急语言文字服务内容,政府新闻发布会和电视、网络发布突发公共事件信息时加配字幕和手语,医院、疏散避险场所和集中隔离场所等设置语音、字幕等信息提示装置。

三、无障碍服务

政府新闻发布会配备同步速录字幕、手语翻译,鼓励政务服务大厅和公共服务场所为残疾人提供字幕、手语、语音等服务。支持地方建设听力、言语残疾人无障碍信息服务平台。

---

5. 营造全社会助残和残疾人自强的文明社会氛围。深入开展习近平新时代中国特色社会主义思想学习教育,学习宣传习近平总书记关于残疾人事业的重要指示批示精神,坚持以社会主义核心价值观为引领,加强新时代中国特色残疾人事业理论和实践研究,厚植残疾人事业发展的思想文化基础。将扶残助残纳入公民道德建设、文明创建活动和新时代文明实践中心建设,弘扬人道主义精神和扶残助残传统美德,营造理解、尊重、关心、帮助残疾人的文明社会氛围。激发残疾人自强不息精神,鼓励残疾人自尊、自信、自强、自立。加强残疾人事业全媒体传播能力建设,办好全国助残日、国际残疾人日和全国残疾人事业好新闻作品评选等主题宣传活动,支持残疾人题材优秀纪录片、公益广告、网络视听节目制作播出。开展"全国自强模范"和助残先进评选表彰。

(五)完善支持保障条件,促进残疾人事业高质量发展。

1. 强化党委领导、政府负责的领导体制。加强党对残疾人工作的领导,确保习近平总书记关于残疾人事业的重要指示批示精神和党中央、国务院决策部署有效落实,为残疾人事业发展提供坚强政治保障。完善党委领导、政府负责、部门协同、社会参与、市场推动、残疾人组织充分发挥作用的领导体制和工作机制,各级政府残疾人工作委员会统筹协调,有关部门分工协作、履职尽责,形成协同高效的工作合力。

2. 健全多元化投入格局。各级政府按规定做好残疾人事业经费保障。加快构建预算绩效管理体系,资金原则上优先保障实施效果好、残疾人满意度高的项目。落实残疾人事业金融、税收等支持政策,吸引社会资本、慈善捐赠等资金,形成多渠道、多元化投入格局。

3. 加强基础设施和信息化建设。实现有条件的县(市、区、旗)残疾人服务设施全覆盖,促进服务设施规范运营和发挥效益。地方可对新建民办残疾人康复和托养机构给予支持。鼓励地方将政府投资建设的残疾人服务设施无偿或低价提供给公益性、普惠性残疾人服务机构使用。乡镇(街道)、村(社区)为残疾人服务提供场地保障。

加强特殊教育学校、残疾人服务设施和基层残疾人组织的信息基础设施建设。推动残疾人基本公共服务项目纳入各地政务服务"一网通办"平台，社会保障卡等加载残疾人服务功能。坚持传统服务方式与智能化服务创新并行，建立线上线下相结合的残疾人服务体系，推动数字化服务在助残中的普惠应用。完善残疾人口基础数据，改进残疾人服务需求和服务供给调查统计，加强残疾人服务大数据建设。

4.加快科技创新和人才培养。将科技助残纳入科技强国行动纲要，促进生命健康、人工智能等领域科学技术在残疾人服务中示范应用，开展残疾预防、主动健康、康复等基础研究，扶持智能化康复辅助器具、康复设备、盲文数字出版、无障碍等领域关键技术研究和产品推广应用。利用现有资源研究设立康复国家重点实验室，鼓励企业、高校、科研院所等参与残疾人服务科技创新和应用。推动建立从中职、高职到本科、硕士、博士等较为完整的残疾人服务相关专业人才培养体系，鼓励有条件的职业院校和普通本科院校增设康复治疗、康复工程技术、特殊教育、手语、盲文等相关专业，加强残疾人服务从业人员职业能力建设和职称评定，加快培养残疾人康复、教育、就业、托养照护、文化、体育、社会工作等专业人才队伍。

专栏9　基础设施、信息化和科技创新重点项目

1.**残疾人服务设施兜底线工程项目**。继续支持残疾人康复、托养等服务设施建设，配置专业设备和器材。支持集中安置盲人医疗按摩人员执业的按摩专科医院建设。

2.**特殊教育学校提升项目**。鼓励人口20万以上的县(市)独立设置特殊教育学校，有条件的省(自治区、直辖市)建立孤独症儿童特殊教育学校。各省(自治区、直辖市)扶持一所残疾人职业院校建设提升实训基地。

3.**精神卫生福利设施建设项目**。优化精神卫生社会福利机构布局，改善现有设施条件，在精神卫生服务能力不足的地区建设100个左右精神卫生福利设施，逐步形成布局合理、功能完善的精神卫生福利设施体系，为困难精神障碍患者提供集中照护、康复服务。

4.**互联网康复项目**。建立线上线下相结合的康复服务平台，支持"爱心阳光"中国残疾人综合服务云平台和华夏云课堂建设，为基层康复机构、残疾人、残疾儿童少年及其家长提供指导和服务。

5.**残疾人就业创业网络服务平台项目**。完善全国残疾人职业技能培训管理系统、就业服务管理系统、按比例就业年审系统和盲人医疗按摩人员管理系统，保障系统有效运行。

6.**残疾人服务大数据建设项目**。建设残疾人口基础信息和服务需求、服务资源信息数据库，实现与政府有关部门数据的联通共享，推动精准化服务和精细化管理。

7.**科技助残项目**。实施相关科技计划项目，开展智能助听、中高端假肢、儿童康复机器人、基于智慧城市的无障碍等技术研发，推动3D盲文绿色印刷生产、语音字幕实时转换、智能化轮椅、柔性可穿戴外骨骼辅助机器人等技术和产品推广应用。

5.促进残疾人事业城乡、区域协同发展。结合乡村建设行动，加强和改善农村残疾人服务。强化县域残疾人综合服务能力。城镇公共服务设施辐射带动乡村残疾人服务，引导鼓励城镇残疾人服务资源向乡村延伸。城镇残疾人基本公共服务逐步覆盖常住人口。促进中西部、东北地区残疾人事业加快发展，鼓励东部地区探索率先实现残疾人事业现代化。支持革命老区、民族地区、边疆地区残疾人事业加快发展。促进京津冀残疾人事业协同发展，提升长江经济带、黄河流域残疾人事业整体水平，发挥粤港澳大湾区残疾人事业高质量发展先行示范作用，推进长三角残疾人公共服务便利共享。鼓励各地发挥地方优势创新残疾人保障和发展措施。

6.增强基层为残疾人服务的能力。将残疾人公共服务纳入县(市、区、旗)、乡镇(街道)政府公共服务事项清单和村(居)委会承担的社区工作事项清单及协助政府的社区工作事项清单。实施县域残疾人服务能力提升行动，建设县、乡、村三级联动互补的基层残疾人服务网络。县(市、区、旗)明确残疾人基本公共服务实施标准，开展残疾人需求评估，加强服务资源统筹。乡镇(街道)普遍建立"阳光家园"、"残疾人之家"等服务机构，开展残疾人集中照护、日间照料、社区康复、辅助性就业等服务。将残疾人服务纳入城乡社区治理和服务体系建设，村(居)委会将残疾人作为重点服务对象，加强走访探视，根据残疾人需求协助政府做好集中照护、日间照料、居家服务、邻里互助、安全提示、辅助性就业、社会工作等服务,实现"乡乡有机构、村村有服务"。针对残疾人特殊困难推行上门办、网上办、就近办、一次办等便利化服务。发现侵犯残疾人合法权益的违法犯罪行为,及时报告并采取有效措施加以解决。支持各类社会组织在城乡社区有序开展助残服务。

7. 发挥残疾人组织桥梁纽带作用。各级残联要深入学习贯彻习近平新时代中国特色社会主义思想和习近平总书记关于残疾人事业的重要指示批示精神,以政治建设为统领,落实党的建设、全面从严治党各项任务,进一步增强"四个意识"、坚定"四个自信"、做到"两个维护"。发扬优良传统,履行好残联的"代表、服务、管理"职能,为残疾人解难,为党和政府分忧,把残疾人群众紧紧凝聚在党的周围,听党话、跟党走。深化各级残联改革建设,加强服务创新,增强工作活力。强化县(市、区、旗)和乡镇(街道)残联建设,实现村(社区)残疾人协会全覆盖。改善乡镇(街道)残联、村(社区)残协专职委员待遇,提高其履职能力。支持残疾人专门协会建设,发挥"代表、服务、维权、监督"职能。通过专兼挂等多种方式增强残疾人工作力量,培养忠诚、干净、担当,懂残疾人、知残疾人、爱残疾人、心系残疾人的高素质残联干部队伍。重视各级残联残疾人干部、年轻干部、基层干部培养选拔。加强各级残联党风廉政建设和反腐败斗争。广大残疾人工作者要不忘初心、牢记使命,自觉践行好干部标准,恪守职业道德,加强思想修养,提高专业素质,全心全意为残疾人服务。

8. 积极营造残疾人事业发展的良好国际环境。服务国家外交大局,履行联合国《残疾人权利公约》,落实2030年可持续发展议程涉残疾人可持续发展目标,参与国际残疾人事务。务实开展"一带一路"残疾人群体交流和残疾人事务合作,深化与重点国家及周边国家和地区残疾人事务合作。继续开展"亚太残疾人十年"等残疾人事务区域合作,支持康复国际等国际残疾人组织发挥作用。加强对外宣传,讲好中国残疾人故事,展示我国残疾人人权保障和发展成就。

四、实施机制

实施好本规划是各级政府和全社会的责任。国务院有关部门和单位要根据职责分工制定配套实施方案,各地区要依据本规划制定当地"十四五"残疾人保障和发展(或残疾人事业)规划,确保各项任务落到实处。

国务院残疾人工作委员会及有关部门要对规划实施情况进行年度监测、中期评估和总结评估,开展第三方评估和社会满意度调查,及时发现和解决规划实施中出现的问题。各地区要将当地"十四五"残疾人保障和发展(或残疾人事业)规划实施情况纳入政府工作考核。省级以上政府残疾人工作委员会要在"十四五"期末对规划实施情况进行评估总结,按照国家有关规定对先进典型予以表彰。

国务院关于全面建立困难残疾人生活补贴和重度残疾人护理补贴制度的意见

· 2015 年 9 月 22 日
· 国发〔2015〕52 号

各省、自治区、直辖市人民政府,国务院各部委、各直属机构:

残疾人是需要格外关心、格外关注的特殊困难群体。党和政府高度重视残疾人福利保障工作。为解决残疾人特殊生活困难和长期照护困难,国务院决定全面建立困难残疾人生活补贴和重度残疾人护理补贴(以下统称残疾人两项补贴)制度。这是保障残疾人生存发展权益的重要举措,对全面建成小康社会具有重要意义。为此,现提出以下意见:

一、总体要求

(一)指导思想。深入贯彻党的十八大和十八届二中、三中、四中全会精神,按照党中央、国务院决策部署,以协调推进"四个全面"战略布局为统领,以加快推进残疾人小康进程为目标,以残疾人需求为导向,加强顶层制度设计,制定残疾人专项福利政策,逐步完善残疾人社会保障体系。

(二)基本原则。

坚持需求导向,待遇适度。从残疾人最直接最现实最迫切的需求入手,着力解决残疾人因残疾产生的额外生活支出和长期照护支出困难。立足经济社会发展状况,科学合理确定保障标准,逐步提高保障水平。

坚持制度衔接,全面覆盖。注重与社会救助、社会保险、公益慈善有效衔接,努力形成残疾人社会保障合力。做到应补尽补,确保残疾人两项补贴制度覆盖所有符合条件的残疾人。

坚持公开公正,规范有序。建立和完善标准统一、便民利民的申请、审核、补贴发放机制,做到阳光透明、客观公正。加强政策评估和绩效考核,不断提高制度运行效率。

坚持资源统筹,责任共担。积极发挥家庭、社会、政府作用,形成家庭善尽义务、社会积极扶助、政府兜底保障的责任共担格局。

二、主要内容

(一)补贴对象。困难残疾人生活补贴主要补助残疾人因残疾产生的额外生活支出,对象为低保家庭中的残疾人,有条件的地方可逐步扩大到低收入残疾人及其他困难残疾人。低收入残疾人及其他困难残疾人的认定标准由县级以上地方人民政府参照相关规定、结合实际情况制定。重度残疾人护理补贴主要补助残疾人因残疾产生的额外长期照护支出,对象为残疾等级被评定为一级、二级且需要长期照护的重度残疾人,有条件的地方可扩大到非重度智力、精神残疾人或其他残疾人,逐步推动形成面向所有需要长期照护残疾人的护理补贴制度。长期照护是指因残疾产生的特殊护理消费品和照护服务支出持续 6 个月以上时间。

(二)补贴标准。残疾人两项补贴标准由省级人民政府根据经济社会发展水平和残疾人生活保障需求、长期照护需求统筹确定,并适时调整。有条件的地方可以按照残疾人的不同困难程度制定分档补贴标准,提高制度精准性,加大补贴力度。

(三)补贴形式。残疾人两项补贴采取现金形式按月发放。有条件的地方可根据实际情况详细划分补贴类别和标准,采取凭据报销或政府购买服务形式发放重度残疾人护理补贴。

(四)政策衔接。符合条件的残疾人,可同时申领困难残疾人生活补贴和重度残疾人护理补贴。既符合残疾人两项补贴条件,又符合老年、因公致残、离休等福利性生活补贴(津贴)、护理补贴(津贴)条件的残疾人,可择高申领其中一类生活补贴(津贴)、护理补贴(津贴)。享受孤儿基本生活保障政策的残疾儿童不享受困难残疾人生活补贴,可享受重度残疾人护理补贴。残疾人两项补贴不计入城乡最低生活保障家庭的收入。领取工伤保险生活护理费、纳入特困人员供养保障的残疾人不享受残疾人两项补贴。

三、申领程序和管理办法

(一)自愿申请。残疾人两项补贴由残疾人向户籍所在地街道办事处或乡镇政府受理窗口提交书面申请。残疾人的法定监护人,法定赡养、抚养、扶养义务人,所在村民(居民)委员会或其他委托人可以代为办理申请事宜。申请残疾人两项补贴应持有第二代中华人民共和国残疾人证,并提交相关证明材料。

(二)逐级审核。街道办事处或乡镇政府依托社会

救助、社会服务"一门受理、协同办理"机制,受理残疾人两项补贴申请并进行初审。初审合格材料报送县级残联进行相关核查。审核合格材料转送县级人民政府民政部门审定,残疾人家庭经济状况依托居民家庭经济状况核对机制审核。审定合格材料由县级人民政府民政部门会同县级残联报同级财政部门申请拨付资金。

(三)补贴发放。补贴资格审定合格的残疾人自递交申请当月计发补贴。残疾人两项补贴采取社会化形式发放,通过金融机构转账存入残疾人账户。特殊情况下需要直接发放现金的,要制定专门的监管办法,防止和杜绝冒领、重复领取、克扣现象。

(四)定期复核。采取残疾人主动申报和发放部门定期抽查相结合的方式,建立残疾人两项补贴定期复核制度,实行残疾人两项补贴应补尽补、应退则退的动态管理。定期复核内容包括申请人资格条件是否发生变化、补贴是否及时足额发放到位等。

四、保障措施

(一)加强组织领导。各地区、各部门要充分认识全面建立残疾人两项补贴制度的重要性,将其作为保障和改善民生的重要任务,完善政府领导、民政牵头、残联配合、部门协作、社会参与的工作机制。民政部门要履行主管部门职责,做好补贴资格审定、补贴发放、监督管理等工作,推进残疾人两项补贴制度与相关社会福利、社会救助、社会保险制度有机衔接。财政部门要加强资金保障,及时足额安排补贴资金及工作经费,确保残疾人两项补贴制度顺利实施。中央财政通过增加一般性转移支付予以支持。残联组织要发挥"代表、服务、管理"职能作用,及时掌握残疾人需求,严格残疾人证发放管理,做好残疾人两项补贴相关审核工作。

(二)加强制度落实。地方已经实施的残疾人两项补贴制度补贴对象范围小于本意见要求的,要严格按本意见执行,有条件的地方可适当扩大补贴范围。要通过政府购买服务、引导市场服务、鼓励慈善志愿服务等方式,健全补贴与服务相结合的残疾人社会福利体系,促进残疾人服务业发展。

(三)加强监督管理。地方各级人民政府要将残疾人两项补贴工作纳入年度考核内容,重点督查落实情况。残疾人两项补贴资金发放使用情况要定期向社会公示,接受社会监督,财政、审计、监察部门要加强监督检查,防止出现挤占、挪用、套取等违法违规现象。民政部门要会同残联组织定期开展残疾人两项补贴工作绩效评估,及时处理残疾人及其他群众的投诉建议,不断完善相关政

策措施,切实维护残疾人合法权益。要统筹建立统一的残疾人两项补贴工作网络信息平台,加强对基本信息的实时监测、比对、归纳分析和动态管理,不断提高工作效率。

(四)加强政策宣传。各地要及时组织学习培训,全面掌握残疾人两项补贴制度精神和内容,正确组织实施残疾人两项补贴工作。要充分利用多种媒介宣传残疾人两项补贴制度,营造良好舆论氛围,引导全社会更加关心、关爱残疾人。要充分考虑残疾人获取信息的特殊要求和实际困难,采用灵活多样形式进行宣传解读,确保残疾人及其家属知晓残疾人两项补贴制度内容,了解基本申领程序和要求。要及时做好残疾人两项补贴政策解释工作,协助残疾人便捷办理相关手续。

残疾人两项补贴制度自 2016 年 1 月 1 日起全面实施。各地要结合实际制定贯彻实施办法,推进落实相关工作。民政部、财政部、中国残联要根据职责,抓紧制定具体政策措施。国务院将适时组织专项督查。

残疾人就业条例

·2007 年 2 月 25 日中华人民共和国国务院令第 488 号公布
·自 2007 年 5 月 1 日起施行

第一章　总　则

第一条　为了促进残疾人就业,保障残疾人的劳动权利,根据《中华人民共和国残疾人保障法》和其他有关法律,制定本条例。

第二条　国家对残疾人就业实行集中就业与分散就业相结合的方针,促进残疾人就业。

县级以上人民政府应当将残疾人就业纳入国民经济和社会发展规划,并制定优惠政策和具体扶持保护措施,为残疾人就业创造条件。

第三条　机关、团体、企业、事业单位和民办非企业单位(以下统称用人单位)应当依照有关法律、本条例和其他有关行政法规的规定,履行扶持残疾人就业的责任和义务。

第四条　国家鼓励社会组织和个人通过多种渠道、多种形式,帮助、支持残疾人就业,鼓励残疾人通过应聘等多种形式就业。禁止在就业中歧视残疾人。

残疾人应当提高自身素质,增强就业能力。

第五条　各级人民政府应当加强对残疾人就业工作的统筹规划,综合协调。县级以上人民政府负责残疾人工作的机构,负责组织、协调、指导、督促有关部门做好残

疾人就业工作。

县级以上人民政府劳动保障、民政等有关部门在各自的职责范围内,做好残疾人就业工作。

第六条　中国残疾人联合会及其地方组织依照法律、法规或者接受政府委托,负责残疾人就业工作的具体组织实施与监督。

工会、共产主义青年团、妇女联合会,应当在各自的工作范围内,做好残疾人就业工作。

第七条　各级人民政府对在残疾人就业工作中做出显著成绩的单位和个人,给予表彰和奖励。

第二章　用人单位的责任

第八条　用人单位应当按照一定比例安排残疾人就业,并为其提供适当的工种、岗位。

用人单位安排残疾人就业的比例不得低于本单位在职职工总数的 1.5%。具体比例由省、自治区、直辖市人民政府根据本地区的实际情况规定。

用人单位跨地区招用残疾人的,应当计入所安排的残疾人职工人数之内。

第九条　用人单位安排残疾人就业达不到其所在地省、自治区、直辖市人民政府规定比例的,应当缴纳残疾人就业保障金。

第十条　政府和社会依法兴办的残疾人福利企业、盲人按摩机构和其他福利性单位(以下统称集中使用残疾人的用人单位),应当集中安排残疾人就业。

集中使用残疾人的用人单位的资格认定,按照国家有关规定执行。

第十一条　集中使用残疾人的用人单位中从事全日制工作的残疾人职工,应当占本单位在职职工总数的25%以上。

第十二条　用人单位招用残疾人职工,应当依法与其签订劳动合同或者服务协议。

第十三条　用人单位应当为残疾人职工提供适合其身体状况的劳动条件和劳动保护,不得在晋职、晋级、评定职称、报酬、社会保险、生活福利等方面歧视残疾人职工。

第十四条　用人单位应当根据本单位残疾人职工的实际情况,对残疾人职工进行上岗、在岗、转岗等培训。

第三章　保障措施

第十五条　县级以上人民政府应当采取措施,拓宽残疾人就业渠道,开发适合残疾人就业的公益性岗位,保障残疾人就业。

县级以上地方人民政府发展社区服务事业,应当优

先考虑残疾人就业。

第十六条 依法征收的残疾人就业保障金应当纳入财政预算,专项用于残疾人职业培训以及为残疾人提供就业服务和就业援助,任何组织或者个人不得贪污、挪用、截留或者私分。残疾人就业保障金征收、使用、管理的具体办法,由国务院财政部门会同国务院有关部门规定。

财政部门和审计机关应当依法加强对残疾人就业保障金使用情况的监督检查。

第十七条 国家对集中使用残疾人的用人单位依法给予税收优惠,并在生产、经营、技术、资金、物资、场地使用等方面给予扶持。

第十八条 县级以上地方人民政府及其有关部门应当确定适合残疾人生产、经营的产品、项目,优先安排集中使用残疾人的用人单位生产或者经营,并根据集中使用残疾人的用人单位的生产特点确定某些产品由其专产。

政府采购,在同等条件下,应当优先购买集中使用残疾人的用人单位的产品或者服务。

第十九条 国家鼓励扶持残疾人自主择业、自主创业。对残疾人从事个体经营的,应当依法给予税收优惠,有关部门应当在经营场地等方面给予照顾,并按照规定免收管理类、登记类和证照类的行政事业性收费。

国家对自主择业、自主创业的残疾人在一定期限内给予小额信贷等扶持。

第二十条 地方各级人民政府应当多方面筹集资金,组织和扶持农村残疾人从事种植业、养殖业、手工业和其他形式的生产劳动。

有关部门对从事农业生产劳动的农村残疾人,应当在生产服务、技术指导、农用物资供应、农副产品收购和信贷等方面给予帮助。

第四章　就业服务

第二十一条 各级人民政府和有关部门应当为就业困难的残疾人提供有针对性的就业援助服务,鼓励和扶持职业培训机构为残疾人提供职业培训,并组织残疾人定期开展职业技能竞赛。

第二十二条 中国残疾人联合会及其地方组织所属的残疾人就业服务机构应当免费为残疾人就业提供下列服务:

(一)发布残疾人就业信息;

(二)组织开展残疾人职业培训;

(三)为残疾人提供职业心理咨询、职业适应评估、职业康复训练、求职定向指导、职业介绍等服务;

(四)为残疾人自主择业提供必要的帮助;

(五)为用人单位安排残疾人就业提供必要的支持。

国家鼓励其他就业服务机构为残疾人就业提供免费服务。

第二十三条 受劳动保障部门的委托,残疾人就业服务机构可以进行残疾人失业登记、残疾人就业与失业统计;经所在地劳动保障部门批准,残疾人就业服务机构还可以进行残疾人职业技能鉴定。

第二十四条 残疾人职工与用人单位发生争议的,当地法律援助机构应当依法为其提供法律援助,各级残疾人联合会应当给予支持和帮助。

第五章　法律责任

第二十五条 违反本条例规定,有关行政主管部门及其工作人员滥用职权、玩忽职守、徇私舞弊,构成犯罪的,依法追究刑事责任;尚不构成犯罪的,依法给予处分。

第二十六条 违反本条例规定,贪污、挪用、截留、私分残疾人就业保障金,构成犯罪的,依法追究刑事责任;尚不构成犯罪的,对有关责任单位、直接负责的主管人员和其他直接责任人员依法给予处分或者处罚。

第二十七条 违反本条例规定,用人单位未按照规定缴纳残疾人就业保障金的,由财政部门给予警告,责令限期缴纳;逾期仍不缴纳的,除补缴欠缴数额外,还应当自欠缴之日起,按日加收5‰的滞纳金。

第二十八条 违反本条例规定,用人单位弄虚作假,虚报安排残疾人就业人数,骗取集中使用残疾人的用人单位享受的税收优惠待遇的,由税务机关依法处理。

第六章　附　则

第二十九条 本条例所称残疾人就业,是指符合法定就业年龄有就业要求的残疾人从事有报酬的劳动。

第三十条 本条例自2007年5月1日起施行。

残疾人教育条例

· 1994年8月23日中华人民共和国国务院令第161号发布
· 根据2011年1月8日《国务院关于废止和修改部分行政法规的决定》修订
· 2017年1月11日国务院第161次常务会议修订通过
· 2017年2月1日中华人民共和国国务院令第674号公布
· 自2017年5月1日起施行

第一章　总　则

第一条 为了保障残疾人受教育的权利,发展残疾人教育事业,根据《中华人民共和国教育法》和《中华人民共和国残疾人保障法》,制定本条例。

第二条 国家保障残疾人享有平等接受教育的权

利,禁止任何基于残疾的教育歧视。

残疾人教育应当贯彻国家的教育方针,并根据残疾人的身心特性和需要,全面提高其素质,为残疾人平等地参与社会生活创造条件。

第三条　残疾人教育是国家教育事业的组成部分。

发展残疾人教育事业,实行普及与提高相结合、以普及为重点的方针,保障义务教育,着重发展职业教育,积极开展学前教育,逐步发展高级中等以上教育。

残疾人教育应当提高教育质量,积极推进融合教育,根据残疾人的残疾类别和接受能力,采取普通教育方式或者特殊教育方式,优先采取普通教育方式。

第四条　县级以上人民政府应当加强对残疾人教育事业的领导,将残疾人教育纳入教育事业发展规划,统筹安排实施,合理配置资源,保障残疾人教育经费投入,改善办学条件。

第五条　国务院教育行政部门主管全国的残疾人教育工作,统筹规划、协调管理全国的残疾人教育事业;国务院其他有关部门在国务院规定的职责范围内负责有关的残疾人教育工作。

县级以上地方人民政府教育行政部门主管本行政区域内的残疾人教育工作;县级以上地方人民政府其他有关部门在各自的职责范围内负责有关的残疾人教育工作。

第六条　中国残疾人联合会及其地方组织应当积极促进和开展残疾人教育工作,协助相关部门实施残疾人教育,为残疾人接受教育提供支持和帮助。

第七条　学前教育机构、各级各类学校及其他教育机构应当依照本条例以及国家有关法律、法规的规定,实施残疾人教育;对符合法律、法规规定条件的残疾人申请入学,不得拒绝招收。

第八条　残疾人家庭应当帮助残疾人接受教育。

残疾儿童、少年的父母或者其他监护人应当尊重和保障残疾儿童、少年接受教育的权利,积极开展家庭教育,使残疾儿童、少年及时接受康复训练和教育,并协助、参与有关教育机构的教育教学活动,为残疾儿童、少年接受教育提供支持。

第九条　社会各界应当关心和支持残疾人教育事业。残疾人所在社区、相关社会组织和企业事业单位,应当支持和帮助残疾人平等接受教育、融入社会。

第十条　国家对为残疾人教育事业作出突出贡献的组织和个人,按照有关规定给予表彰、奖励。

第十一条　县级以上人民政府负责教育督导的机构应当将残疾人教育实施情况纳入督导范围,并可以就执行残疾人教育法律法规情况、残疾人教育教学质量以及经费管理和使用情况等实施专项督导。

第二章　义务教育

第十二条　各级人民政府应当依法履行职责,保障适龄残疾儿童、少年接受义务教育的权利。

县级以上人民政府对实施义务教育的工作进行监督、指导、检查,应当包括对残疾儿童、少年实施义务教育工作的监督、指导、检查。

第十三条　适龄残疾儿童、少年的父母或者其他监护人,应当依法保证其残疾子女或者被监护人入学接受并完成义务教育。

第十四条　残疾儿童、少年接受义务教育的入学年龄和年限,应当与当地儿童、少年接受义务教育的入学年龄和年限相同;必要时,其入学年龄和在校年龄可以适当提高。

第十五条　县级人民政府教育行政部门应当会同卫生行政部门、民政部门、残疾人联合会,根据新生儿疾病筛查和学龄前儿童残疾筛查、残疾人统计等信息,对义务教育适龄残疾儿童、少年进行入学前登记,全面掌握本行政区域内义务教育适龄残疾儿童、少年的数量和残疾情况。

第十六条　县级人民政府应当根据本行政区域内残疾儿童、少年的数量、类别和分布情况,统筹规划,优先在部分普通学校中建立特殊教育资源教室,配备必要的设备和专门从事残疾人教育的教师及专业人员,指定其招收残疾儿童、少年接受义务教育;并支持其他普通学校根据需要建立特殊教育资源教室,或者安排具备相应资源、条件的学校为招收残疾学生的其他普通学校提供必要的支持。

县级人民政府应当为实施义务教育的特殊教育学校配备必要的残疾人教育教学、康复评估和康复训练等仪器设备,并加强九年一贯制义务教育特殊教育学校建设。

第十七条　适龄残疾儿童、少年能够适应普通学校学习生活、接受普通教育的,依照《中华人民共和国义务教育法》的规定就近到普通学校入学接受义务教育。

适龄残疾儿童、少年能够接受普通教育,但是学习生活需要特别支持的,根据身体状况就近到县级人民政府教育行政部门在一定区域内指定的具备相应资源、条件的普通学校入学接受义务教育。

适龄残疾儿童、少年不能接受普通教育的,由县级人民政府教育行政部门统筹安排进入特殊教育学校接受义务教育。

适龄残疾儿童、少年需要专人护理，不能到学校就读的，由县级人民政府教育行政部门统筹安排，通过提供送教上门或者远程教育等方式实施义务教育，并纳入学籍管理。

第十八条　在特殊教育学校学习的残疾儿童、少年，经教育、康复训练，能够接受普通教育的，学校可以建议残疾儿童、少年的父母或者其他监护人将其转入或者升入普通学校接受义务教育。

在普通学校学习的残疾儿童、少年，难以适应普通学校学习生活的，学校可以建议残疾儿童、少年的父母或者其他监护人将其转入指定的普通学校或者特殊教育学校接受义务教育。

第十九条　适龄残疾儿童、少年接受教育的能力和适应学校学习生活的能力应当根据其残疾类别、残疾程度、补偿程度以及学校办学条件等因素判断。

第二十条　县级人民政府教育行政部门应当会同卫生行政部门、民政部门、残疾人联合会，建立由教育、心理、康复、社会工作等方面专家组成的残疾人教育专家委员会。

残疾人教育专家委员会可以接受教育行政部门的委托，对适龄残疾儿童、少年的身体状况、接受教育的能力和适应学校学习生活的能力进行评估，提出入学、转学建议；对残疾人义务教育问题提供咨询，提出建议。

依照前款规定作出的评估结果属于残疾儿童、少年的隐私，仅可被用于对残疾儿童、少年实施教育、康复。教育行政部门、残疾人教育专家委员会、学校及其工作人员对在工作中了解的残疾儿童、少年评估结果及其他个人信息负有保密义务。

第二十一条　残疾儿童、少年的父母或者其他监护人与学校就入学、转学安排发生争议的，可以申请县级人民政府教育行政部门处理。

接到申请的县级人民政府教育行政部门应当委托残疾人教育专家委员会对残疾儿童、少年的身体状况、接受教育的能力和适应学校学习生活的能力进行评估并提出入学、转学建议，并根据残疾人教育专家委员会的评估结果和提出的入学、转学建议，综合考虑学校的办学条件和残疾儿童、少年及其父母或者其他监护人的意愿，对残疾儿童、少年的入学、转学安排作出决定。

第二十二条　招收残疾学生的普通学校应当将残疾学生合理编入班级；残疾学生较多的，可以设置专门的特殊教育班级。

招收残疾学生的普通学校应当安排专门从事残疾人教育的教师或者经验丰富的教师承担随班就读或者特殊教育班级的教育教学工作，并适当缩减班级学生数额，为残疾学生入学后的学习、生活提供便利和条件，保障残疾学生平等参与教育教学和学校组织的各项活动。

第二十三条　在普通学校随班就读残疾学生的义务教育，可以适用普通义务教育的课程设置方案、课程标准和教材，但是对其学习要求可以有适度弹性。

第二十四条　残疾儿童、少年特殊教育学校（班）应当坚持思想教育、文化教育、劳动技能教育与身心补偿相结合，并根据学生残疾状况和补偿程度，实施分类教学；必要时，应当听取残疾学生父母或者其他监护人的意见，制定符合残疾学生身心特性和需要的个别化教育计划，实施个别教学。

第二十五条　残疾儿童、少年特殊教育学校（班）的课程设置方案、课程标准和教材，应当适合残疾儿童、少年的身心特性和需要。

残疾儿童、少年特殊教育学校（班）的课程设置方案、课程标准由国务院教育行政部门制订；教材由省级以上人民政府教育行政部门按照国家有关规定审定。

第二十六条　县级人民政府教育行政部门应当加强对本行政区域内的残疾儿童、少年实施义务教育工作的指导。

县级以上地方人民政府教育行政部门应当统筹安排支持特殊教育学校建立特殊教育资源中心，在一定区域内提供特殊教育指导和支持服务。特殊教育资源中心可以受教育行政部门的委托承担以下工作：

（一）指导、评价区域内的随班就读工作；

（二）为区域内承担随班就读教育教学任务的教师提供培训；

（三）派出教师和相关专业服务人员支持随班就读，为接受送教上门和远程教育的残疾儿童、少年提供辅导和支持；

（四）为残疾学生父母或者其他监护人提供咨询；

（五）其他特殊教育相关工作。

第三章　职业教育

第二十七条　残疾人职业教育应当大力发展中等职业教育，加快发展高等职业教育，积极开展以实用技术为主的中期、短期培训，以提高就业能力为主，培养技术技能人才，并加强对残疾学生的就业指导。

第二十八条　残疾人职业教育由普通职业教育机构和特殊职业教育机构实施，以普通职业教育机构为主。

县级以上地方人民政府应当根据需要,合理设置特殊职业教育机构,改善办学条件,扩大残疾人中等职业学校招生规模。

第二十九条　普通职业学校不得拒绝招收符合国家规定的录取标准的残疾人入学,普通职业培训机构应当积极招收残疾人入学。

县级以上地方人民政府应当采取措施,鼓励和支持普通职业教育机构积极招收残疾学生。

第三十条　实施残疾人职业教育的学校和培训机构,应当根据社会需要和残疾人的身心特性合理设置专业,并与企业合作设立实习实训基地,或者根据教学需要和条件办好实习基地。

第四章　学前教育

第三十一条　各级人民政府应当积极采取措施,逐步提高残疾幼儿接受学前教育的比例。

县级人民政府及其教育行政部门、民政部门等有关部门应当支持普通幼儿园创造条件招收残疾幼儿;支持特殊教育学校和具备办学条件的残疾儿童福利机构、残疾儿童康复机构等实施学前教育。

第三十二条　残疾幼儿的教育应当与保育、康复结合实施。

招收残疾幼儿的学前教育机构应当根据自身条件配备必要的康复设施、设备和专业康复人员,或者与其他具有康复设施、设备和专业康复人员的特殊教育机构、康复机构合作对残疾幼儿实施康复训练。

第三十三条　卫生保健机构、残疾幼儿的学前教育机构、儿童福利机构和家庭,应当注重对残疾幼儿的早期发现、早期康复和早期教育。

卫生保健机构、残疾幼儿的学前教育机构、残疾儿童康复机构应当就残疾幼儿的早期发现、早期康复和早期教育为残疾幼儿家庭提供咨询、指导。

第五章　普通高级中等以上教育及继续教育

第三十四条　普通高级中等学校、高等学校、继续教育机构应当招收符合国家规定的录取标准的残疾考生入学,不得因其残疾而拒绝招收。

第三十五条　设区的市级以上地方人民政府可以根据实际情况举办实施高级中等以上教育的特殊教育学校,支持高等学校设置特殊教育学院或者相关专业,提高残疾人的受教育水平。

第三十六条　县级以上人民政府教育行政部门以及其他有关部门、学校应当充分利用现代信息技术,以远程教育等方式为残疾人接受成人高等教育、高等教育自学考试等提供便利和帮助,根据实际情况开设适合残疾人学习的专业、课程,采取灵活开放的教学和管理模式,支持残疾人顺利完成学业。

第三十七条　残疾人所在单位应当对本单位的残疾人开展文化知识教育和技术培训。

第三十八条　扫除文盲教育应当包括对年满 15 周岁以上的未丧失学习能力的文盲、半文盲残疾人实施的扫盲教育。

第三十九条　国家、社会鼓励和帮助残疾人自学成才。

第六章　教　师

第四十条　县级以上人民政府应当重视从事残疾人教育的教师培养、培训工作,并采取措施逐步提高他们的地位和待遇,改善他们的工作环境和条件,鼓励教师终身从事残疾人教育事业。

县级以上人民政府可以采取免费教育、学费减免、助学贷款代偿等措施,鼓励具备条件的高等学校毕业生到特殊教育学校或者其他特殊教育机构任教。

第四十一条　从事残疾人教育的教师,应当热爱残疾人教育事业,具有社会主义的人道主义精神,尊重和关爱残疾学生,并掌握残疾人教育的专业知识和技能。

第四十二条　专门从事残疾人教育工作的教师(以下称特殊教育教师)应当符合下列条件:

(一)依照《中华人民共和国教师法》的规定取得教师资格;

(二)特殊教育专业毕业或者经省、自治区、直辖市人民政府教育行政部门组织的特殊教育专业培训并考核合格。

从事听力残疾人教育的特殊教育教师应当达到国家规定的手语等级标准,从事视力残疾人教育的特殊教育教师应当达到国家规定的盲文等级标准。

第四十三条　省、自治区、直辖市人民政府可以根据残疾人教育发展的需求,结合当地实际为特殊教育学校和指定招收残疾学生的普通学校制定教职工编制标准。

县级以上地方人民政府教育行政部门应当会同其他有关部门,在核定的编制总额内,为特殊教育学校配备承担教学、康复等工作的特殊教育教师和相关专业人员;在指定招收残疾学生的普通学校设置特殊教育教师等专职岗位。

第四十四条　国务院教育行政部门和省、自治区、直辖市人民政府应当根据残疾人教育发展的需要有计划地举办特殊教育师范院校,支持普通师范院校和综合性院校设置相关院系或者专业,培养特殊教育教师。

普通师范院校和综合性院校的师范专业应当设置特殊教育课程,使学生掌握必要的特殊教育的基本知识和技能,以适应对随班就读的残疾学生的教育教学需要。

第四十五条　县级以上地方人民政府教育行政部门应当将特殊教育教师的培训纳入教师培训计划,以多种形式组织在职特殊教育教师进修提高专业水平;在普通教师培训中增加一定比例的特殊教育内容和相关知识,提高普通教师的特殊教育能力。

第四十六条　特殊教育教师和其他从事特殊教育的相关专业人员根据国家有关规定享受特殊岗位补助津贴及其他待遇;普通学校的教师承担残疾学生随班就读教学、管理工作的,应当将其承担的残疾学生教学、管理工作纳入其绩效考核内容,并作为核定工资待遇和职务评聘的重要依据。

县级以上人民政府教育行政部门、人力资源社会保障部门在职务评聘、培训进修、表彰奖励等方面,应当为特殊教育教师制定优惠政策、提供专门机会。

第七章　条件保障

第四十七条　省、自治区、直辖市人民政府应当根据残疾人教育的特殊情况,依据国务院有关行政主管部门的指导性标准,制定本行政区域内特殊教育学校的建设标准、经费开支标准、教学仪器设备配备标准等。

义务教育阶段普通学校招收残疾学生,县级人民政府财政部门及教育行政部门应当按照特殊教育学校生均预算内公用经费标准足额拨付费用。

第四十八条　各级人民政府应当按照有关规定安排残疾人教育经费,并将所需经费纳入本级政府预算。

县级以上人民政府根据需要可以设立专项补助款,用于发展残疾人教育。

地方各级人民政府用于义务教育的财政拨款和征收的教育费附加,应当有一定比例用于发展残疾儿童、少年义务教育。

地方各级人民政府可以按照有关规定将依法征收的残疾人就业保障金用于特殊教育学校开展各种残疾人职业教育。

第四十九条　县级以上地方人民政府应当根据残疾人教育发展的需要统筹规划、合理布局,设置特殊教育学校,并按照国家有关规定配备必要的残疾人教育教学、康复评估和康复训练等仪器设备。

特殊教育学校的设置,由教育行政部门按照国家有关规定审批。

第五十条　新建、改建、扩建各级各类学校应当符合《无障碍环境建设条例》的要求。

县级以上地方人民政府及其教育行政部门应当逐步推进各级各类学校无障碍校园环境建设。

第五十一条　招收残疾学生的学校对经济困难的残疾学生,应当按照国家有关规定减免学费和其他费用,并按照国家资助政策优先给予补助。

国家鼓励有条件的地方优先为经济困难的残疾学生提供免费的学前教育和高中教育,逐步实施残疾学生高中阶段免费教育。

第五十二条　残疾人参加国家教育考试,需要提供必要支持条件和合理便利的,可以提出申请。教育考试机构、学校应当按照国家有关规定予以提供。

第五十三条　国家鼓励社会力量举办特殊教育机构或者捐资助学;鼓励和支持民办学校或者其他教育机构招收残疾学生。

县级以上地方人民政府及其有关部门对民办特殊教育机构、招收残疾学生的民办学校,应当按照国家有关规定予以支持。

第五十四条　国家鼓励开展残疾人教育的科学研究,组织和扶持盲文、手语的研究和应用,支持特殊教育教材的编写和出版。

第五十五条　县级以上人民政府及其有关部门应当采取优惠政策和措施,支持研究、生产残疾人教育教学专用仪器设备、教具、学具、软件及其他辅助用品,扶持特殊教育机构兴办和发展福利企业和辅助性就业机构。

第八章　法律责任

第五十六条　地方各级人民政府及其有关部门违反本条例规定,未履行残疾人教育相关职责的,由上一级人民政府或者其有关部门责令限期改正;情节严重的,予以通报批评,并对直接负责的主管人员和其他直接责任人员依法给予处分。

第五十七条　学前教育机构、学校、其他教育机构及其工作人员违反本条例规定,有下列情形之一的,由其主管行政部门责令改正,对直接负责的主管人员和其他直接责任人员依法给予处分;构成违反治安管理行为的,由公安机关依法给予治安管理处罚;构成犯罪的,依法追究刑事责任:

(一)拒绝招收符合法律、法规规定条件的残疾学生入学的;

(二)歧视、侮辱、体罚残疾学生,或者放任对残疾学生的歧视言行,对残疾学生造成身心伤害的;

（三）未按照国家有关规定对经济困难的残疾学生减免学费或者其他费用的。

第九章　附　则

第五十八条　本条例下列用语的含义：

融合教育是指将对残疾学生的教育最大程度地融入普通教育。

特殊教育资源教室是指在普通学校设置的装备有特殊教育和康复训练设施设备的专用教室。

第五十九条　本条例自 2017 年 5 月 1 日起施行。

无障碍环境建设条例

·2012 年 6 月 13 日国务院第 208 次常务会议通过
·2012 年 6 月 28 日中华人民共和国国务院令第 622 号公布
·自 2012 年 8 月 1 日起施行

第一章　总　则

第一条　为了创造无障碍环境，保障残疾人等社会成员平等参与社会生活，制定本条例。

第二条　本条例所称无障碍环境建设，是指为便于残疾人等社会成员自主安全地通行道路、出入相关建筑物、搭乘公共交通工具、交流信息、获得社区服务所进行的建设活动。

第三条　无障碍环境建设应当与经济和社会发展水平相适应，遵循实用、易行、广泛受益的原则。

第四条　县级以上人民政府负责组织编制无障碍环境建设发展规划并组织实施。

编制无障碍环境建设发展规划，应当征求残疾人组织等社会组织的意见。

无障碍环境建设发展规划应当纳入国民经济和社会发展规划以及城乡规划。

第五条　国务院住房和城乡建设主管部门负责全国无障碍设施工程建设活动的监督管理工作，会同国务院有关部门制定无障碍设施工程建设标准，并对无障碍设施工程建设的情况进行监督检查。

国务院工业和信息化主管部门等有关部门在各自职责范围内，做好无障碍环境建设工作。

第六条　国家鼓励、支持采用无障碍通用设计的技术和产品，推进残疾人专用的无障碍技术和产品的开发、应用和推广。

第七条　国家倡导无障碍环境建设理念，鼓励公民、法人和其他组织为无障碍环境建设提供捐助和志愿服务。

第八条　对在无障碍环境建设工作中作出显著成绩的单位和个人，按照国家有关规定给予表彰和奖励。

第二章　无障碍设施建设

第九条　城镇新建、改建、扩建道路、公共建筑、公共交通设施、居住建筑、居住区，应当符合无障碍设施工程建设标准。

乡、村庄的建设和发展，应当逐步达到无障碍设施工程建设标准。

第十条　无障碍设施工程应当与主体工程同步设计、同步施工、同步验收投入使用。新建的无障碍设施应当与周边的无障碍设施相衔接。

第十一条　对城镇已建成的不符合无障碍设施工程建设标准的道路、公共建筑、公共交通设施、居住建筑、居住区，县级以上人民政府应当制定无障碍设施改造计划并组织实施。

无障碍设施改造由所有权人或者管理人负责。

第十二条　县级以上人民政府应当优先推进下列机构、场所的无障碍设施改造：

（一）特殊教育、康复、社会福利等机构；

（二）国家机关的公共服务场所；

（三）文化、体育、医疗卫生等单位的公共服务场所；

（四）交通运输、金融、邮政、商业、旅游等公共服务场所。

第十三条　城市的主要道路、主要商业区和大型居住区的人行天桥和人行地下通道，应当按照无障碍设施工程建设标准配备无障碍设施，人行道交通信号设施应当逐步完善无障碍服务功能，适应残疾人等社会成员通行的需要。

第十四条　城市的大中型公共场所的公共停车场和大型居住区的停车场，应当按照无障碍设施工程建设标准设置并标明无障碍停车位。

无障碍停车位为肢体残疾人驾驶或者乘坐的机动车专用。

第十五条　民用航空器、客运列车、客运船舶、公共汽车、城市轨道交通车辆等公共交通工具应当逐步达到无障碍设施的要求。有关主管部门应当制定公共交通工具的无障碍技术标准并确定达标期限。

第十六条　视力残疾人携带导盲犬出入公共场所，应当遵守国家有关规定，公共场所的工作人员应当按照国家有关规定提供无障碍服务。

第十七条　无障碍设施的所有权人和管理人，应当对无障碍设施进行保护，有损毁或者故障及时进行维修，确保无障碍设施正常使用。

第三章　无障碍信息交流

第十八条　县级以上人民政府应当将无障碍信息交流建设纳入信息化建设规划,并采取措施推进信息交流无障碍建设。

第十九条　县级以上人民政府及其有关部门发布重要政府信息和与残疾人相关的信息,应当创造条件为残疾人提供语音和文字提示等信息交流服务。

第二十条　国家举办的升学考试、职业资格考试和任职考试,有视力残疾人参加的,应当为视力残疾人提供盲文试卷、电子试卷,或者由工作人员予以协助。

第二十一条　设区的市级以上人民政府设立的电视台应当创造条件,在播出电视节目时配备字幕,每周播放至少一次配播手语的新闻节目。

公开出版发行的影视类录像制品应当配备字幕。

第二十二条　设区的市级以上人民政府设立的公共图书馆应当开设视力残疾人阅览室,提供盲文读物、有声读物,其他图书馆应当逐步开设视力残疾人阅览室。

第二十三条　残疾人组织的网站应当达到无障碍网站设计标准,设区的市级以上人民政府网站、政府公益活动网站,应当逐步达到无障碍网站设计标准。

第二十四条　公共服务机构和公共场所应当创造条件为残疾人提供语音和文字提示、手语、盲文等信息交流服务,并对工作人员进行无障碍服务技能培训。

第二十五条　举办听力残疾人集中参加的公共活动,举办单位应当提供字幕或者手语服务。

第二十六条　电信业务经营者提供电信服务,应当创造条件为有需求的听力、言语残疾人提供文字信息服务,为有需求的视力残疾人提供语音信息服务。

电信终端设备制造者应当提供能够与无障碍信息交流服务相衔接的技术、产品。

第四章　无障碍社区服务

第二十七条　社区公共服务设施应当逐步完善无障碍服务功能,为残疾人等社会成员参与社区生活提供便利。

第二十八条　地方各级人民政府应当逐步完善报警、医疗急救等紧急呼叫系统,方便残疾人等社会成员报警、呼救。

第二十九条　对需要进行无障碍设施改造的贫困家庭,县级以上地方人民政府可以给予适当补助。

第三十条　组织选举的部门应当为残疾人参加选举提供便利,为视力残疾人提供盲文选票。

第五章　法律责任

第三十一条　城镇新建、改建、扩建道路、公共建筑、公共交通设施、居住建筑、居住区,不符合无障碍设施工程建设标准的,由住房和城乡建设主管部门责令改正,依法给予处罚。

第三十二条　肢体残疾人驾驶或者乘坐的机动车以外的机动车占用无障碍停车位,影响肢体残疾人使用的,由公安机关交通管理部门责令改正,依法给予处罚。

第三十三条　无障碍设施的所有权人或者管理人对无障碍设施未进行保护或者及时维修,导致无法正常使用的,由有关主管部门责令限期维修;造成使用人人身、财产损害的,无障碍设施的所有权人或者管理人应当承担赔偿责任。

第三十四条　无障碍环境建设主管部门工作人员滥用职权、玩忽职守、徇私舞弊的,依法给予处分;构成犯罪的,依法追究刑事责任。

第六章　附　则

第三十五条　本条例自 2012 年 8 月 1 日起施行。

残疾人专用品免征进口税收暂行规定

·1997 年 1 月 22 日国务院批准
·1997 年 4 月 10 日海关总署令第 61 号发布
·自发布之日起施行

第一条　为了支持残疾人康复工作,有利于残疾人专用品进口,制定本规定。

第二条　进口下列残疾人专用品,免征进口关税和进口环节增值税、消费税:

(一)肢残者用的支辅具,假肢及其零部件,假眼,假鼻,内脏托带,矫形器,矫形鞋,非机动助行器,代步工具(不包括汽车、摩托车),生活自助具,特殊卫生用品;

(二)视力残疾者用的盲杖,导盲镜,助视器,盲人阅读器;

(三)语言、听力残疾者用的语言训练器;

(四)智力残疾者用的行为训练器,生活能力训练用品。

进口前款所列残疾人专用品,由纳税人直接在海关办理免税手续。

第三条　有关单位进口的国内不能生产的下列残疾人专用品,按隶属关系经民政部或者中国残疾人联合会

批准,并报海关总署审核后,免征进口关税和进口环节增值税、消费税;

（一）残疾人康复及专用设备,包括床房监护设备、中心监护设备、生化分析仪和超声诊断仪;

（二）残疾人特殊教育设备和职业教育设备;

（三）残疾人职业能力评估测试设备;

（四）残疾人专用劳动设备和劳动保护设备;

（五）残疾人文体活动专用设备;

（六）假肢专用生产、装配、检测设备,包括假肢专用铣磨机、假肢专用真空成型机、假肢专用平板加热器和假肢综合检测仪;

（七）听力残疾者用的助听器。

第四条　本规定第三条规定的有关单位,是指:

（一）民政部直属企业事业单位和省、自治区、直辖市民政部门所属福利机构、假肢厂和荣誉军人康复医院（包括各类革命伤残军人休养院、荣军医院和荣军康复医院）;

（二）中国残疾人联合会（中国残疾人福利基金会）直属事业单位和省、自治区、直辖市残疾人联合会（残疾人福利基金会）所属福利机构和康复机构。

第五条　依据本规定免税进口的残疾人专用品,不得擅自移作他用。

违反前款规定,将免税进口的物品擅自移作他用,构成走私罪的,依法追究刑事责任;尚不构成犯罪的,按走私行为或者违反海关监管规定的行为论处。

第六条　海关总署根据本规定制定实施办法。

第七条　本规定自发布之日起施行。

工伤保险辅助器具配置管理办法

· 2016 年 2 月 16 日人力资源和社会保障部、民政部、国家卫生和计划生育委员会令第 27 号公布
· 根据 2018 年 12 月 14 日《人力资源社会保障部关于修改部分规章的决定》修订

第一章　总　则

第一条　为了规范工伤保险辅助器具配置管理,维护工伤职工的合法权益,根据《工伤保险条例》,制定本办法。

第二条　工伤职工因日常生活或者就业需要,经劳动能力鉴定委员会确认,配置假肢、矫形器、假眼、假牙和轮椅等辅助器具的,适用本办法。

第三条　人力资源社会保障行政部门负责工伤保险辅助器具配置的监督管理工作。民政、卫生计生等行政部门在各自职责范围内负责工伤保险辅助器具配置的有关监督管理工作。

社会保险经办机构（以下称经办机构）负责对申请承担工伤保险辅助器具配置服务的辅助器具装配机构和医疗机构（以下称工伤保险辅助器具配置机构）进行协议管理,并按照规定核付配置费用。

第四条　设区的市级（含直辖市的市辖区、县）劳动能力鉴定委员会（以下称劳动能力鉴定委员会）负责工伤保险辅助器具配置的确认工作。

第五条　省、自治区、直辖市人力资源社会保障行政部门负责制定工伤保险辅助器具配置机构评估确定办法。

经办机构按照评估确定办法,与工伤保险辅助器具配置机构签订服务协议,并向社会公布签订服务协议的工伤保险辅助器具配置机构（以下称协议机构）名单。

第六条　人力资源社会保障部根据社会经济发展水平、工伤职工日常生活和就业需要等,组织制定国家工伤保险辅助器具配置目录,确定配置项目、适用范围、最低使用年限等内容,并适时调整。

省、自治区、直辖市人力资源社会保障行政部门可以结合本地区实际,在国家目录确定的配置项目基础上,制定省级工伤保险辅助器具配置目录,适当增加辅助器具配置项目,并确定本地区辅助器具配置最高支付限额等具体标准。

第二章　确认与配置程序

第七条　工伤职工认为需要配置辅助器具的,可以向劳动能力鉴定委员会提出辅助器具配置确认申请,并提交下列材料:

（一）居民身份证或者社会保障卡等有效身份证明原件;

（二）有效的诊断证明、按照医疗机构病历管理有关规定复印或者复制的检查、检验报告等完整病历材料。

工伤职工本人因身体等原因无法提出申请的,可由其近亲属或者用人单位代为申请。

第八条　劳动能力鉴定委员会收到辅助器具配置确认申请后,应当及时审核;材料不完整的,应当自收到申请之日起 5 个工作日内一次性书面告知申请人需要补正的全部材料;材料完整的,应当在收到申请之日起 60 日内作出确认结论。伤情复杂、涉及医疗卫生专业较多的,作出确认结论的期限可以延长 30 日。

第九条　劳动能力鉴定委员会专家库应当配备辅助器具配置专家,从事辅助器具配置确认工作。

劳动能力鉴定委员会应当根据配置确认申请材料,

从专家库中随机抽取3名或者5名专家组成专家组,对工伤职工本人进行现场配置确认。专家组中至少包括1名辅助器具配置专家、2名与工伤职工伤情相关的专家。

第十条 专家组根据工伤职工伤情,依据工伤保险辅助器具配置目录有关规定,提出是否予以配置的确认意见。专家意见不一致时,按照少数服从多数的原则确定专家组的意见。

劳动能力鉴定委员会根据专家组确认意见作出配置辅助器具确认结论。其中,确认予以配置的,应当载明确认配置的理由、依据和辅助器具名称等信息;确认不予配置的,应当说明不予配置的理由。

第十一条 劳动能力鉴定委员会应当自作出确认结论之日起20日内将确认结论送达工伤职工及其用人单位,并抄送经办机构。

第十二条 工伤职工收到予以配置的确认结论后,及时向经办机构进行登记,经办机构向工伤职工出具配置费用核付通知单,并告知下列事项:

(一)工伤职工应当到协议机构进行配置;

(二)确认配置的辅助器具最高支付限额和最低使用年限;

(三)工伤职工配置辅助器具超目录或者超出限额部分的费用,工伤保险基金不予支付。

第十三条 工伤职工可以持配置费用核付通知单,选择协议机构配置辅助器具。

协议机构应当根据与经办机构签订的服务协议,为工伤职工提供配置服务,并如实记录工伤职工信息、配置器具产品信息、最高支付限额、最低使用年限以及实际配置费用等配置服务事项。

前款规定的配置服务记录经工伤职工签字后,分别由工伤职工和协议机构留存。

第十四条 协议机构或者工伤职工与经办机构结算配置费用时,应当出具配置服务记录。经办机构核查后,应当按照工伤保险辅助器具配置目录有关规定及时支付费用。

第十五条 工伤职工配置辅助器具的费用包括安装、维修、训练等费用,按照规定由工伤保险基金支付。

经经办机构同意,工伤职工到统筹地区以外的协议机构配置辅助器具发生的交通、食宿费用,可以按照统筹地区人力资源社会保障行政部门的规定,由工伤保险基金支付。

第十六条 辅助器具达到规定的最低使用年限的,工伤职工可以按照统筹地区人力资源社会保障行政部门的规定申请更换。

工伤职工因伤情发生变化,需要更换主要部件或者配置新的辅助器具的,经向劳动能力鉴定委员会重新提出确认申请并经确认后,由工伤保险基金支付配置费用。

第三章 管理与监督

第十七条 辅助器具配置专家应当具备下列条件之一:

(一)具有医疗卫生中高级专业技术职务任职资格;

(二)具有假肢师或者矫形器师职业资格;

(三)从事辅助器具配置专业技术工作5年以上。

辅助器具配置专家应当具有良好的职业品德。

第十八条 工伤保险辅助器具配置机构的具体条件,由省、自治区、直辖市人力资源社会保障行政部门会同民政、卫生计生行政部门规定。

第十九条 经办机构与工伤保险辅助器具配置机构签订的服务协议,应当包括下列内容:

(一)经办机构与协议机构名称、法定代表人或者主要负责人等基本信息;

(二)服务协议期限;

(三)配置服务内容;

(四)配置费用结算;

(五)配置管理要求;

(六)违约责任及争议处理;

(七)法律、法规规定应当纳入服务协议的其他事项。

第二十条 配置的辅助器具应当符合相关国家标准或者行业标准。统一规格的产品或者材料等辅助器具在装配前应当由国家授权的产品质量检测机构出具质量检测报告,标注生产厂家、产品品牌、型号、材料、功能、出品日期、使用期和保修期等事项。

第二十一条 协议机构应当建立工伤职工配置服务档案,并至少保存至服务期限结束之日起两年。经办机构可以对配置服务档案进行抽查,并作为结算配置费用的依据之一。

第二十二条 经办机构应当建立辅助器具配置工作回访制度,对辅助器具装配的质量和服务进行跟踪检查,并将检查结果作为对协议机构的评价依据。

第二十三条 工伤保险辅助器具配置机构违反国家规定的辅助器具配置管理服务标准,侵害工伤职工合法权益的,由民政、卫生计生行政部门在各自监管职责范围内依法处理。

第二十四条　有下列情形之一的,经办机构不予支付配置费用:

(一)未经劳动能力鉴定委员会确认,自行配置辅助器具的;

(二)在非协议机构配置辅助器具的;

(三)配置辅助器具超目录或者超出限额部分的;

(四)违反规定更换辅助器具的。

第二十五条　工伤职工或者其近亲属认为经办机构未依法支付辅助器具配置费用,或者协议机构认为经办机构未履行有关协议的,可以依法申请行政复议或者提起行政诉讼。

第四章　法律责任

第二十六条　经办机构在协议机构管理和核付配置费用过程中收受当事人财物的,由人力资源社会保障行政部门责令改正,对直接负责的主管人员和其他直接责任人员依法给予处分;情节严重,构成犯罪的,依法追究刑事责任。

第二十七条　从事工伤保险辅助器具配置确认工作的组织或者个人有下列情形之一的,由人力资源社会保障行政部门责令改正,处2000元以上1万元以下的罚款;情节严重,构成犯罪的,依法追究刑事责任:

(一)提供虚假确认意见的;

(二)提供虚假诊断证明或者病历的;

(三)收受当事人财物的。

第二十八条　协议机构不按照服务协议提供服务的,经办机构可以解除服务协议,并按照服务协议追究相应责任。

经办机构不按时足额结算配置费用的,由人力资源社会保障行政部门责令改正;协议机构可以解除服务协议。

第二十九条　用人单位、工伤职工或者其近亲属骗取工伤保险待遇,辅助器具装配机构、医疗机构骗取工伤保险基金支出的,按照《工伤保险条例》第六十条的规定,由人力资源社会保障行政部门责令退还,处骗取金额2倍以上5倍以下的罚款;情节严重,构成犯罪的,依法追究刑事责任。

第五章　附　则

第三十条　用人单位未依法参加工伤保险,工伤职工需要配置辅助器具的,按照本办法的相关规定执行,并由用人单位支付配置费用。

第三十一条　本办法自2016年4月1日起施行。

财政部、税务总局、民政部关于生产和装配伤残人员专门用品企业免征企业所得税的公告

·2023年9月25日
·财政部、税务总局、民政部公告2023年第57号

为帮助伤残人员康复或者恢复残疾肢体功能,现对生产和装配伤残人员专门用品的企业免征企业所得税政策明确如下:

一、对符合下列条件的居民企业,免征企业所得税:

1. 生产和装配伤残人员专门用品,且在民政部发布的《中国伤残人员专门用品目录》范围之内。

2. 以销售本企业生产或者装配的伤残人员专门用品为主,其所取得的年度伤残人员专门用品销售收入(不含出口取得的收入)占企业收入总额60%以上。

收入总额,是指《中华人民共和国企业所得税法》第六条规定的收入总额。

3. 企业账证健全,能够准确、完整地向主管税务机关提供纳税资料,且本企业生产或者装配的伤残人员专门用品所取得的收入能够单独、准确核算。

4. 企业拥有假肢制作师、矫形器制作师资格证书的专业技术人员不得少于1人;其企业生产人员如超过20人,则其拥有假肢制作师、矫形器制作师资格证书的专业技术人员不得少于全部生产人员的1/6。

5. 具有与业务相适应的测量取型、模型加工、接受腔成型、打磨、对线组装、功能训练等生产装配专用设备和工具。

6. 具有独立的接待室、假肢或者矫形器(辅助器具)制作室和假肢功能训练室,使用面积不少于115平方米。

二、符合本公告规定条件的企业,按照《国家税务总局关于发布修订后的〈企业所得税优惠政策事项办理办法〉的公告》(国家税务总局公告2018年第23号)的规定,采取"自行判别、申报享受、相关资料留存备查"的办理方式享受税收优惠政策。

三、本公告执行至2027年12月31日。

附件:中国伤残人员专门用品目录(略)

民政部、财政部、中国残联关于加强残疾人两项补贴精准管理的意见

· 2022 年 10 月 18 日
· 民发〔2022〕79 号

各省、自治区、直辖市民政厅（局）、财政厅（局）、残联，新疆生产建设兵团民政局、财政局、残联：

为深入贯彻落实习近平总书记关于残疾人群体需要格外关心、格外关注，完善帮扶残疾人社会福利制度等重要指示精神，进一步提高困难残疾人生活补贴和重度残疾人护理补贴（以下统称残疾人两项补贴）制度实施的精准性、科学性、规范性，使有限的补贴资金更公平、更有效地惠及困难和重度残疾人群体，根据《国务院关于全面建立困难残疾人生活补贴和重度残疾人护理补贴制度的意见》（国发〔2015〕52 号）和《民政部 财政部 中国残联关于进一步完善困难残疾人生活补贴和重度残疾人护理补贴制度的意见》（民发〔2021〕70 号）要求，现就加强残疾人两项补贴精准管理工作提出如下意见。

一、进一步加强补贴政策宣传。各地要加强残疾人两项补贴政策宣传讲解，帮助残疾人及监护人知晓政策并自愿申领补贴，推动残疾人两项补贴应补尽补。重视并运用全国残疾人两项补贴信息系统的主动服务功能，为新纳入低保、新办证残疾人及时发送提醒信息，政策宣传和主动提醒记录应留存备查。对新纳入低保、新办证残疾人，3 个月内采取任何形式主动提醒告知的，视为已开展政策宣传。要坚持需求导向、自愿申请原则，对已通过发放政策告知书、入户走访、电话等形式开展宣传，但残疾人或监护人并未提出补贴申请的，视为自愿放弃，不得强制纳入残疾人两项补贴对象范围。残疾人自愿放弃后再次提出补贴申请的，应当及时予以受理，补贴资金从申请当月计发，不予补发。

二、进一步落实政策衔接规定。各地要严格落实国发〔2015〕52 号和民发〔2021〕70 号文件中关于残疾人两项补贴的政策衔接规定，原则上不得新增尚未明确的政策衔接要求。对各地已细化的政策衔接要求，如与国务院有关规定不一致，应及时、稳妥、有序进行纠正。对既符合重度残疾人护理补贴条件，又符合老年人护理补贴条件的残疾老年人，可择高申领其中一类护理补贴。既符合残疾人两项补贴条件，又符合养老服务补贴、高龄津贴条件的残疾老年人可以叠加享受。享受孤儿基本生活保障政策的残疾儿童，不享受困难残疾人生活补贴，可享

受重度残疾人护理补贴，机构集中养育享受孤儿基本生活保障政策的残疾儿童的护理补贴发放形式和使用办法由省级民政部门会同相关部门确定。残疾人证有效期满后，重新办理残疾人证并提出补贴申请的，应于申请之月计发补贴，同时可视情按照新发残疾人证登记的类别和等级对应的补贴标准补发最多不超过 3 个月的补贴。县级人民政府民政部门、残联及乡镇（街道）可根据工作需要向申请人发放告知承诺书（模板见附件），使申请人或监护人知晓应主动告知的领取工伤保险生活护理费、在监服刑、残疾等级变更、低保或低保边缘政策享受状况变更、死亡等相关情形。

三、强化数据比对与动态复核。县级人民政府民政部门、残联和乡镇（街道）应每月开展一次补贴数据比对，县级人民政府民政部门负责比对残疾人退出低保或低保边缘家庭范围等经济状况变化情况；县级残联负责比对残疾人证迁出、过期、冻结、注销等残疾人证状态变化情况；县级人民政府民政部门、残联应会同相关部门，定期开展与殡葬火化、卫生健康死亡人口、公安人口库、监狱服刑等数据比对，并通过入户走访、视频查看、人脸识别等方式进行生存验证，每年至少一次对残疾人死亡、被宣告死亡、失踪、在监服刑、户籍迁移等情况进行全员集中复核。集中复核时以及两次集中复核之间出现上述情况的，须及时作出停发处理。省、市级人民政府民政部门、残联应会同相关部门定期开展数据比对与动态复核工作。民政部、中国残联加快推动与相关部门建立常态化数据共享机制，定期与国家人口库死亡数据、工伤保险生活护理费等相关数据开展批量数据比对，并将比对结果上传至全国残疾人两项补贴信息系统，供各地下载核实。各地相关部门在开展数据共享比对过程中，应同步做好数据安全防护，确保数据安全。

四、加强补贴资金发放监管。按照"全国一盘棋"要求，加强全国残疾人两项补贴信息系统使用，充分发挥全国系统在残疾人人口基础数据库对接、部级多数据源比对提醒、防范跨省重复领取补贴、工作监管等方面的精准管理作用，推动自建系统省份全面使用全国系统办理业务。每月申请拨付残疾人两项补贴资金的请示、财政资金支付审批表、财政预算拨付凭证等有关资金拨付材料应当留存，并及时上传至全国残疾人两项补贴信息系统备查，推动残疾人两项补贴线上线下发放一致。实现"一卡通"等无纸化管理的地方，可通过上传月度发放统计表形式备查。县级人民政府民政部门会同县级残联要加强对补贴数据动态复核结果的研判，作出残疾人是否继续

享受补贴的决定,保证系统数据与实际情况一致,落实监管责任。

五、推动补贴档案规范化管理。各地要将补贴申请审核、主动发现、主动服务、错发追回、补发续发等过程性材料及时归档备查。申请审核归档材料应包括申请审批表、身份证、户口本、残疾人证、低保证明、银行卡复印件、政策宣传和主动提醒记录及其他所需证明材料,能够通过系统数据共享获取的证明材料,可以不要求申请人提供纸质材料。省级民政部门、残联应定期组织抽查残疾人两项补贴档案材料,保证归档材料真实、准确、完整。各地要增强节约意识和生态环保意识,积极推进电子档案建设,制定电子档案管理办法,推进无纸化管理。电子档案健全、实现无纸化管理的地方,可不再保留纸质材料。

六、提升精准管理的保障能力。各地要按照国务院和相关部门要求,将实施残疾人两项补贴制度所需工作经费,纳入地方各级财政预算。要加强补贴资金发放和使用监管,确保补贴资金及时足额发放到位,防止截留、挪用、骗取补贴资金。要统筹考虑工作需要,为乡镇(街道)等基层工作人员提供必要的工作保障条件,针对基层经办服务能力薄弱问题,可通过政府购买服务方式加强经办能力建设,确保残疾人需求得到及时发现,不断推动补贴精准发放。

七、推动建立容错纠错机制。各地应加大对申请人采取虚报、隐瞒、伪造等手段骗取补贴资金的发现和追回力度。建立容错纠错机制,鼓励根据实际情况改革创新,激励基层干部担当作为,落实"三个区分开来"要求,对秉持公心、履职尽责但因客观原因出现失误偏差且能够及时纠正的经办人员,依法依规免于问责。

此前发布的民政部文件有关规定与本通知不一致的,以本通知为准。《民政部 中国残联关于贯彻落实残疾人两项补贴制度有关政策衔接问题的通知》(民发〔2016〕99号)同时废止。

附件:残疾人两项补贴政策告知承诺书(样本)(略)

民政部、中国残疾人联合会关于残疾军人享受社会残疾人待遇有关问题的通知

· 2013年3月21日
· 财税〔2007〕92号

各省、自治区、直辖市民政厅(局)、残联,各计划单列市民政局、残联,新疆生产建设兵团民政局、残联:

残疾军人是为国家作出特殊贡献的优抚对象,是社会残疾人的重要组成部分。现就残疾军人享受社会残疾人待遇有关问题通知如下:

一、本通知中"残疾军人"是指在服役期间因战因公因病致残,并按规定评定了残疾等级、持有合法有效的《中华人民共和国残疾军人证》的退役军人。

二、残疾军人除享受国家给予的特殊待遇外,同时也应享受当地社会残疾人的相应待遇。

三、惠及所有残疾人政策待遇,残疾军人凭《中华人民共和国残疾军人证》应予享受;惠及特定残疾人的政策待遇(如安装假肢、配发轮椅车等),按照有关身体残疾的特殊要求,符合条件的残疾军人应予享受。具体办法由地方民政部门和残联制定。

四、各地民政、残联部门要密切协作,加强有关政策宣传,加大工作力度,建立信息共享机制,确保残疾军人享受社会残疾人的相应待遇。

财政部、国家税务总局关于促进残疾人就业增值税优惠政策的通知

· 2016年5月5日
· 财税〔2016〕52号

各省、自治区、直辖市、计划单列市财政厅(局)、国家税务局,新疆生产建设兵团财务局:

为继续发挥税收政策促进残疾人就业的作用,进一步保障残疾人权益,经国务院批准,决定对促进残疾人就业的增值税政策进行调整完善。现将有关政策通知如下:

一、对安置残疾人的单位和个体工商户(以下称纳税人),实行由税务机关按纳税人安置残疾人的人数,限额即征即退增值税的办法。

安置的每位残疾人每月可退还的增值税具体限额,由县级以上税务机关根据纳税人所在区县(含县级市、旗,下同)适用的经省(含自治区、直辖市、计划单列市,下同)人民政府批准的月最低工资标准的4倍确定。

二、享受税收优惠政策的条件

(一)纳税人(除盲人按摩机构外)月安置的残疾人占在职职工人数的比例不低于25%(含25%),并且安置的残疾人人数不少于10人(含10人);

盲人按摩机构月安置的残疾人占在职职工人数的比例不低于25%(含25%),并且安置的残疾人人数不少于5人(含5人)。

（二）依法与安置的每位残疾人签订了一年以上（含一年）的劳动合同或服务协议。

（三）为安置的每位残疾人按月足额缴纳了基本养老保险、基本医疗保险、失业保险、工伤保险和生育保险等社会保险。

（四）通过银行等金融机构向安置的每位残疾人，按月支付了不低于纳税人所在区县适用的经省人民政府批准的月最低工资标准的工资。

三、《财政部 国家税务总局关于教育税收政策的通知》（财税〔2004〕39号）第一条第7项规定的特殊教育学校举办的企业，只要符合本通知第二条第（一）项第一款规定的条件，即可享受本通知第一条规定的增值税优惠政策。这类企业在计算残疾人人数时可将在企业上岗工作的特殊教育学校的全日制在校学生计算在内，在计算企业在职职工人数时也要将上述学生计算在内。

四、纳税人中纳税信用等级为税务机关评定的C级或D级的，不得享受本通知第一条、第三条规定的政策。

五、纳税人按照纳税期限向主管国税机关申请退还增值税。本纳税期已交增值税额不足退还的，可在本纳税年度内以前纳税期已交增值税扣除已退增值税的余额中退还，仍不足退还的可结转本纳税年度内以后纳税期退还，但不得结转以后年度退还。纳税期限不为按月的，只能对其符合条件的月份退还增值税。

六、本通知第一条规定的增值税优惠政策仅适用于生产销售货物，提供加工、修理修配劳务，以及提供营改增现代服务和生活服务税目（不含文化体育服务和娱乐服务）范围的服务取得的收入之和，占其增值税收入的比例达到50%的纳税人，但不适用于上述纳税人直接销售外购货物（包括商品批发和零售）以及销售委托加工的货物取得的收入。

纳税人应当分别核算上述享受税收优惠政策和不得享受税收优惠政策业务的销售额，不能分别核算的，不得享受本通知规定的优惠政策。

七、如果既适用促进残疾人就业增值税优惠政策，又适用重点群体、退役士兵、随军家属、军转干部等支持就业的增值税优惠政策的，纳税人可自行选择适用的优惠政策，但不能累加执行。一经选定，36个月内不得变更。

八、残疾人个人提供的加工、修理修配劳务，免征增值税。

九、税务机关发现已享受本通知增值税优惠政策的纳税人，存在不符合本通知第二条、第三条规定条件，或者采用伪造或重复使用残疾人证、残疾军人证等手段骗取本通知规定的增值税优惠的，应将纳税人发生上述违法违规行为的纳税期内按本通知已享受到的退税全额追缴入库，并自发现当月起36个月内停止其享受本通知规定的各项税收优惠。

十、本通知有关定义

（一）残疾人，是指法定劳动年龄内，持有《中华人民共和国残疾人证》或者《中华人民共和国残疾军人证（1至8级）》的自然人，包括具有劳动条件和劳动意愿的精神残疾人。

（二）残疾人个人，是指自然人。

（三）在职职工人数，是指与纳税人建立劳动关系并依法签订劳动合同或者服务协议的雇员人数。

（四）特殊教育学校举办的企业，是指特殊教育学校主要为在校学生提供实习场所、并由学校出资自办、由学校负责经营管理、经营收入全部归学校所有的企业。

十一、本通知规定的增值税优惠政策的具体征收管理办法，由国家税务总局制定。

十二、本通知自2016年5月1日起执行，《财政部 国家税务总局关于促进残疾人就业税收优惠政策的通知》（财税〔2007〕92号）、《财政部 国家税务总局关于将铁路运输和邮政业纳入营业税改征增值税试点的通知》（财税〔2013〕106号）附件3第二条第（二）项同时废止。纳税人2016年5月1日前执行财税〔2007〕92号和财税〔2013〕106号文件发生的应退未退的增值税余额，可按照本通知第五条规定执行。

关于规范残疾人机动轮椅车运营问题维护
社会稳定的意见

·2007年5月11日
·公通字〔2007〕28号

近年来，随着我国经济社会的不断发展，城市化进程的不断加快，许多城市在创建卫生城市、文明城市、旅游城市等活动中，加快了城市建设和改造，调整交通运输结构，整顿运营秩序，强化交通秩序管理。为规范城市道路交通秩序，维护社会稳定，现就规范残疾人机动轮椅车运营问题提出如下意见：

一、加强领导，建立规范残疾人机动轮椅车运营问题的工作机制

关心残疾人生活现状，改善残疾人生存环境，是实践"三个代表"重要思想，落实科学发展观，构建社会主义和谐社会的具体体现。各级公安、民政、劳动保障、建设、交通、工商、保险、残联等部门，要加强对残疾人机动轮椅车运营工作的领导和协调，制定切实可行的管理办法，建立长效管理机制，规范残疾人机动轮椅车运营；要加强宣传工作，共同营造全社会关心、帮助残疾人的良好社会氛围，确保社会的和谐与稳定。

二、全面清理，严厉打击非残疾人利用残疾人机动轮椅车从事运营活动

在允许运营的城市，各有关部门要在当地政府的统一领导下，组织对残疾人机动轮椅车运营进行全面清理。要严厉打击非残疾人利用残疾人机动轮椅车从事运营活动，取缔未办理运营手续的残疾人驾驶残疾人轮椅车从事运营活动，取消转让运营车辆残疾人的运营资格；要制定工作方案，明确各部门职责，建立残疾人机动轮椅车运营清理整顿协作机制。

三、研究政策，稳妥处理好残疾人机动轮椅车运营问题

残疾人机动轮椅车是下肢残疾人的代步工具，原则上不应用于运营。鉴于目前我国许多残疾人就业困难和社会保障制度尚不健全的实际，各地应本着"从实际出发，区别对待，规范管理，逐步淘汰"的原则，妥善解决现有残疾人机动轮椅车运营问题。在没有解决好保障残疾人就业和生活的城市，应当根据当地经济社会发展水平、出租汽车总量和运营市场的供求关系，以及残疾人社会保障情况，由政府严格核定进入运营市场的残疾人机动轮椅车总量。在当地残联提出申请，有关部门审查，经社会听证后把残疾人机动轮椅车运营作为过渡措施，确定运营期限，报当地人民政府批准后执行，同时通过安置或扶持就业、发放生活补助等保障措施，在切实保障残疾人生活的基础上逐步淘汰从事运营的残疾人机动轮椅车。

四、加强管理，规范残疾人机动轮椅车运营活动

在允许运营的城市，各有关部门要在当地政府的统一领导下，切实履行职责，对残疾人机动轮椅车运营进行严格管理。公安机关交通管理部门要根据《道路交通安全法》，对残疾人机动轮椅车按非机动车进行管理，核发残疾人机动轮椅车驾驶证、行驶证和号牌，配合有关部门取缔残疾人机动轮椅车非法运营，维护道路交通秩序。对残疾人驾驶机动轮椅车违反《道路交通安全法》的交通违法行为，要给予相应处罚。城市客运和市容管理部门或道路运输管理机构要根据公安机关交通管理部门出具的车辆检验合格证明和核发的残疾人机动轮椅车驾驶证、行驶证和号牌，残联出具的适合驾驶残疾人机动轮椅车的身体状况、无业或生活无其他经济来源证明，以及机动车第三者

责任险投保证明、承运人责任保险投保证明等，在政府核定的数量范围内办理运营手续。工商行政管理部门对申办运营手续的残疾人，符合登记条件的准予登记，发给营业执照。残联要及时掌握残疾人机动轮椅车运营有关情况，教育、引导残疾人遵纪守法，做好对残疾车主的文明驾驶教育和学习交通法规等工作，提高驾驶人员技术和职业道德素质，积极配合政府和有关部门做好有关管理工作。各地要统一残疾人运营机动轮椅车的车容和标识。

五、完善措施，妥善解决残疾人的生活保障问题

各有关部门要采取切实有效的措施，制定相关的配套政策，从社会保障、就业等方面解决残疾人的生活保障问题。要加大残疾人就业工作力度，广开就业渠道，积极稳妥地发展福利企业，提高残疾人集中就业比例；推动按比例安排残疾人就业工作，努力开辟适合残疾人就业的门路，做到工作性质适宜残疾人，工作相对稳定，收入达到当地最低工资标准。对取消运营后不适宜就业的残疾人，符合条件的要将其家庭及时纳入低保范围，并根据残疾人的不同情况适当提高对本人的补助水平，以保障残疾人及其家庭的基本生活。

国家税务总局关于明确残疾人所得征免个人所得税范围的批复

· 1999 年 5 月 21 日
· 国税函〔1999〕329 号

河南省地方税务局：

你局《关于如何确定残疾人所得征免个人所得税的范围的请示》（豫地税函〔1999〕067 号）收悉。经研究，现批复如下：

根据《中华人民共和国个人所得税法》（以下简称税法）第五条第一款及其实施条例第十六条的规定，经省级人民政府批准可减征个人所得税的残疾、孤老人员和烈属的所得仅限于劳动所得，具体所得项目为：工资、薪金所得；个体工商户的生产经营所得；对企事业单位的承包经营、承租经营所得；劳务报酬所得；稿酬所得；特许权使用费所得。

税法第二条所列的其他各项所得，不属减征照顾的范围。

残疾人服务机构管理办法

· 2018 年 3 月 5 日
· 民发〔2018〕31 号

第一章 总 则

第一条 为维护和保障残疾人的合法权益,加强和规范残疾人服务机构管理,根据《中华人民共和国残疾人保障法》、《残疾预防和残疾人康复条例》等有关法律法规,制定本办法。

第二条 本办法所称残疾人服务机构是指国家、社会和个人举办的,依法登记的专门为残疾人提供供养、托养、照料、康复、辅助性就业等相关服务的机构。属于综合性社会福利机构中内设的残疾人服务机构的管理,参照此办法执行。

《残疾人教育条例》、《特殊教育学校暂行规程》等规定的残疾人职业教育机构不适用于本办法。

第三条 残疾人服务机构应当遵守国家法律、法规和政策,坚持以人为本,保障服务对象的人格尊严和合法权益。

入住残疾人服务机构的残疾人应当遵守机构的规章制度。

第四条 国务院民政、卫生计生、人力资源社会保障等有关部门是残疾人服务机构的行业管理部门,负责对全国残疾人服务机构进行指导、监督和管理。行业管理部门应当按照职能和残疾人服务机构提供服务的主要内容,对残疾人服务机构进行政策和业务指导,履行相关监管责任。

县级以上地方人民政府民政、卫生计生、人力资源社会保障等相关部门,负责对本行政区域内残疾人服务机构进行指导、监督和管理。

中国残疾人联合会及其地方组织依照相关法律法规或者接受政府委托,对残疾人服务机构进行监督。

第五条 残疾人服务机构应当依法登记。国家机关、事业单位举办或其他组织利用国有资产举办的非营利性残疾人服务机构,应当按照《事业单位登记管理暂行条例》等事业单位登记管理规定到事业单位登记(管理)机关办理登记。非营利性残疾人服务机构符合《民办非企业单位登记管理暂行条例》等民办非企业单位(社会服务机构)登记管理有关规定的,应当到民政部门办理登记。营利性残疾人服务机构,应当依据法律法规规定的管辖权限到工商行政管理部门办理登记。

第六条 县级以上地方人民政府民政、卫生计生、人力资源社会保障等相关部门,应当提请本级人民政府根据经济社会发展规划和残疾人数量、分布状况及服务需求,制定并实施残疾人服务机构设置规划,将残疾人服务机构设置纳入基本公共服务体系规划。

第七条 鼓励公民、法人或者其他组织通过捐赠、设置公益慈善项目、提供志愿服务等方式,为残疾人服务机构提供帮助。

第二章 服务提供

第八条 残疾人服务机构接收残疾人,为残疾人提供服务前,应当对残疾人服务需求、身心状况等与服务相关的基本情况进行评估,并根据残疾类型、残疾等级和评估结果制定适合的服务方案,实施分级分类服务。

残疾人服务机构应当对接受服务的残疾人进行定期评估,并根据评估结果适时调整服务方案。

第九条 残疾人服务机构应当与接受服务的残疾人或其代理人签订具有法律效力、权责明晰的服务协议。服务协议一般应载明下列事项:

(一)残疾人服务机构的名称、住所、法定代表人或者主要负责人、联系方式;

(二)残疾人或者其代理人指定的经常联系人的姓名、住址、身份证明、联系方式;

(三)服务内容和服务方式;

(四)收费标准以及费用支付方式;

(五)服务期限和地点;

(六)当事人的权利和义务;

(七)协议变更、解除与终止的条件;

(八)违约责任;

(九)争议解决方式;

(十)当事人协商一致的其他内容。

第十条 残疾人服务机构应当依照其登记类型、业务性质、设施设备条件、管理水平、服务质量、护理等级等因素确定服务项目的收费标准。

残疾人服务机构应当在醒目位置公示各类服务项目收费标准和收费依据,并遵守国家和地方政府价格管理有关规定。

残疾人服务机构应当依法接受政府有关部门对财务收支状况、收费项目和调价频次等的监督。

第十一条 残疾人服务机构按照服务协议为接收的残疾人提供的服务,应当符合相关国家标准或者行业标准和规范。

第十二条 对于具有劳动能力的残疾人,残疾人服务机构可以根据其特点,配备专业人员帮助其进行适当的社会康复和职业康复。

对于有就业意愿的残疾人,提供辅助性就业等服务的残疾人服务机构可以组织开展适宜的辅助性生产劳动项目,并与参与劳动的残疾人或残疾人亲属签订相关协议,符合劳动合同法律法规规定的,依法签订劳动合同。

第十三条 残疾人服务机构可以通过设立医疗机构或者采取与医疗机构合作的方式,为残疾人提供医疗服务。残疾人服务机构开展诊疗服务的,应当依法取得《医疗机构执业许可证》。

第十四条 残疾人服务机构可以通过设置康复辅助器具配置室等方式,为残疾人获得和使用康复辅助器具服务提供便利条件。

第十五条 残疾人服务机构应当根据需要为残疾人提供情绪疏导、心理咨询、危机干预等精神慰藉服务。其中,对于智力障碍、精神障碍残疾人应当配备专业人员进行专业服务。

第十六条 残疾人服务机构应当定期开展适合残疾人的文化、体育、娱乐活动,丰富残疾人的精神文化生活。残疾人服务机构开展文化、体育、娱乐活动时,应当为残疾人提供必要的安全防护措施。

第十七条 残疾人服务机构提供服务时,应当注意保护残疾人隐私、尊重残疾人民族风俗习惯、保障服务对象的人身权益。

第十八条 残疾人服务机构因歇业、解散、被撤销或者其他原因暂停或终止服务的,行业管理部门应当指导和督促残疾人服务机构妥善处理后续事宜,最大限度保障残疾人合法权益。

第三章 内部管理

第十九条 残疾人服务机构应当按照国家有关规定建立完善安全、消防、卫生、财务、档案、无障碍环境等管理制度,制定服务标准和工作流程,并予以公开。

第二十条 残疾人服务机构应当配备与服务和运营相适应的工作人员,并依法与其签订聘用合同或者劳动合同,明确工作人员的岗位职责和工作流程,实行岗位责任制。

残疾人服务机构中从事医疗、康复、心理咨询、社会工作等服务的专业技术人员,应当依据相关法律法规持证上岗,或上岗前接受专业技能培训。

残疾人服务机构应当定期组织工作人员进行职业道德教育和业务培训。

第二十一条 残疾人服务机构应当遵循国家统一的财务、会计制度,按规定实施财务管理,依法建立会计账簿并进行会计核算。

第二十二条 残疾人服务机构应当按照《无障碍环境建设条例》等要求,为残疾人提供符合相关技术标准的无障碍设施。

第二十三条 残疾人服务机构应当为残疾人建立基本信息档案,一人一档,并妥善保存相关原始资料。

残疾人服务机构应当保护残疾人的个人信息。

第二十四条 残疾人服务机构申请登记认定为慈善组织、接受和使用捐赠物资等,应当遵守慈善事业有关法律法规。

残疾人服务机构接受社会捐赠、政府补助的,应当专款专用,有详尽的使用记录,并公开接受捐赠的情况和受赠资产使用、管理情况。

第二十五条 残疾人服务机构应当建立健全照料、护理、膳食、特殊设施设备等方面的安全管理制度和工作责任机制,并在公共区域安装实时监控装置。

残疾人服务机构应当制定突发事件应急预案,并按照应急处理程序处置突发事件。突发事件应当及时向行业管理部门和有关部门报告,并有完整的过程和应急处理记录。

第四章 监督检查

第二十六条 行业管理部门应当通过信息化手段等多种方式,加强与登记机关、残疾人联合会对残疾人服务机构的信息共享。

第二十七条 行业管理部门、残疾人联合会可以通过书面检查、随机抽查等方式,对残疾人服务机构进行监督检查,并向社会公布检查结果。上级主管部门可以委托下级部门进行监督检查。

第二十八条 行业管理部门、残疾人联合会可以委托第三方机构对残疾人服务机构的管理水平、服务质量、运行情况等进行专业评估。评估结果可以作为政府购买服务、资助扶持、分级管理的依据。

第二十九条 残疾人服务机构应当经常听取残疾人及家属的意见和建议,发挥残疾人及家属对于服务和管理的监督促进作用。

第三十条 残疾人服务机构应当以适当方式向社会公开服务对象的重大事项。

行业管理部门应当建立对残疾人服务机构的举报和投诉制度,接到举报、投诉后,应当及时核实、处理。

第三十一条 行业管理部门、残疾人联合会应当定期开展残疾人服务机构行业统计分析工作,残疾人服务机构应当及时准确报送相关信息。

第三十二条 上级行业管理部门应当加强对下级行

业管理部门的指导和监督，及时纠正残疾人服务机构管理中的违法违规行为。

第五章 法律责任

第三十三条 残疾人服务机构有下列行为的，行业管理部门可以根据情况给予纠正，直至建议登记（管理）机关撤销登记或吊销营业执照。有关责任人构成犯罪的，依法追究刑事责任。

（一）未与残疾人或者其代理人签订服务协议，或者协议不符合规定的；

（二）未按照国家有关标准和规定开展服务的；

（三）配备的医疗、康复、心理咨询、社会工作等专业技术人员未依据相关法律法规持证上岗或者未经过岗前培训的；

（四）向负责监督检查的管理部门隐瞒有关情况、提供虚假材料或者拒绝提供反映其活动情况真实材料的；

（五）利用残疾人服务机构的房屋、场地、设施开展与服务宗旨无关的活动的；

（六）歧视、侮辱、虐待或者遗弃残疾人以及其他侵犯残疾人合法权益行为的；

（七）擅自暂停或者终止服务的；

（八）法律、法规、规章规定的其他违法行为。

第三十四条 行业管理部门及其工作人员违反本办法有关规定，由上级行政机关责令改正；情节严重的，对直接负责的主管人员和其他责任人员依法给予行政处分；构成犯罪的，依法追究刑事责任。

第六章 附 则

第三十五条 行业管理部门可以根据本办法，结合本领域管理的残疾人服务机构的特点，制定具体实施细则。

第三十六条 本办法自下发之日起施行。

机关、事业单位、国有企业带头安排残疾人就业办法

· 2021 年 10 月 27 日
· 残联发〔2021〕51 号

第一章 总 则

第一条 【依据】为促进机关、事业单位、国有企业带头安排残疾人就业，根据《中华人民共和国公务员法》《中华人民共和国残疾人保障法》《事业单位人事管理条例》《残疾人就业条例》《无障碍环境建设条例》以及国家相关规定，制定本办法。

第二条 【适用范围】本办法适用于机关、事业单位、国有企业通过公开录用、遴选、选调、公开招聘等方法安排残疾人担任公务员、工作人员或职工。

第三条 【对用人单位的要求】机关、事业单位、国有企业应当积极采取措施，按比例安排残疾人就业，依法办理入职手续或签订劳动（聘用）合同；安排残疾人就业未达到规定比例的，应当依法采取缴纳残疾人就业保障金等其他方式履行法定义务。

第四条 【合理便利】国家或招录（聘）机关（单位）举办的各类录用、遴选、选调、招聘、职业资格考试（包括笔试、面试等），有残疾人参加的，应当采取适当措施，为残疾人提供必要支持条件与合理便利。

机关、事业单位、国有企业应当对就业场所进行无障碍环境改造，为残疾人就业创造必要的劳动保障条件。

第五条 【"十四五"规划目标】到 2025 年，安排残疾人就业未达到规定比例的省级、地市级编制 50 人（含）以上的党政机关至少安排 1 名残疾人，编制 67 人（含）以上的事业单位（中小学、幼儿园除外）至少安排 1 名残疾人就业。县级及以上残联机关干部队伍中要有 15% 以上的残疾人。

安排残疾人就业未达到规定比例的国有企业应当根据行业特点，积极开发适合残疾人就业的岗位，安排残疾人就业。

第六条 【原则性要求】在坚持具有正常履行职责的身体条件的前提下，对残疾人能够胜任的职位、岗位，在同等条件下优先录（聘）用残疾人。

第二章 安排计划与招考（聘）公告

第七条 【招录公告】机关、事业单位、国有企业制定的招录（聘）计划，公务员主管部门、事业单位及其主管部门、事业单位人事综合管理部门制定、发布的招考招聘公告，除特殊职位、岗位外，不得设置限制残疾人报考的资格条件。

限制残疾人报考的特殊职位、岗位，公务员主管部门、事业单位人事综合管理部门、国有资产监督管理部门应会同同级残联予以充分论证后发布。

第八条 【安排计划的拟定】符合本办法第五条规定的机关、事业单位未安排残疾人就业的，应当拟定一定期限内达到招录（聘）残疾人规定的具体计划，采取专设职位、岗位面向残疾人招录（聘）等措施，多渠道、多形式安排残疾人，确保按时完成规定目标。

国有企业安排残疾人就业未达到规定比例的，在有适合岗位的情况下，应当在招聘计划中单列一定数量的岗位，根据规定的原则和程序定向招聘符合要求的残疾人。

第九条 【定向招录】机关、事业单位、国有企业专设残疾人职位、岗位招录(聘)时,公务员主管部门、事业单位人事综合管理部门、国有资产监督管理部门可以给予适当放宽开考比例、年龄、户籍等倾斜政策。

第十条 【安排计划的落实】机关、事业单位招录(聘)残疾人就业的计划按有关规定报送主管部门。未能按招录(聘)计划及时安排残疾人就业的,应当及时提出新的招录(聘)计划。

第三章 考 试

第十一条 【合理便利申请】残疾人参加招录(聘)、职业资格考试(包括笔试、面试等),确需安排无障碍考场,提供特殊辅助工具,采用大字试卷、盲文试卷、电子试卷或由专门工作人员予以协助等合理便利的,经残疾人本人申请,由考试主管或组织单位会同同级残联审核确认,各级残联应当协助考试组织单位提供技术和人员支持。

第十二条 【能力测评的特殊规定】机关、事业单位、国有企业专设职位、岗位招录(聘)残疾人的,可以采取适合的考试方法进行测评。

第四章 体检与考察

第十三条 【体检标准的制定】省级及以下机关、事业单位面向残疾人招录(聘)的职位、岗位体检条件由省级公务员主管部门、事业单位人事综合管理部门会同同级有关部门确定。残疾人进入机关、事业单位、国有企业就业,需要职业资格证书的,不得额外增加与职位、岗位要求无关的身体条件要求。

第十四条 【体检信息填报】残疾人有权保护个人隐私,机关、事业单位、国有企业在审核报考人信息时,不得以残疾本身作为是否健康的依据。除明确要求外,不得以残疾人未主动说明残疾状况作为拒绝录(聘)用的理由。

第十五条 【考察】招录(聘)机关(单位)按照有关规定对专项职位、岗位招录(聘)的残疾人报考资格进行复审时,分别由同级残联、退役军人事务部门协助核验残疾人证、残疾军人证信息是否真实、准确。

第五章 公示与监督

第十六条 【招录公示与录用】机关、事业单位、国有企业面向残疾人招录(聘)的,按有关规定进行公示后,除规定不得录(聘)用的情形和发现有其他影响录(聘)用问题外,不得拒绝录(聘)用。

第十七条 【按比例就业公示】公务员主管部门、事业单位人事综合管理部门、国有资产监督管理部门应当按照有关规定协助开展机关、事业单位、国有企业安排残疾人就业情况定期公示工作。

第十八条 【按比例就业年审提供情况】公务员主管部门、事业单位主管部门每年应当向同级政府残工委办公室提供当年录(聘)用残疾人情况,按照残疾人按比例就业年审工作相关要求,协助开展相关数据查询、比对、核实等工作。

第十九条 【残联责任】各级残联应当为机关、事业单位、国有企业招录(聘)残疾人在面试、体检、岗前培训、无障碍沟通等方面提供帮助和服务,向国有企业介绍和推荐适合人选,帮助其开发适合残疾人的岗位。

第二十条 【用人单位责任】机关、事业单位、国有企业未按比例安排残疾人就业,且未采取缴纳残疾人就业保障金等其它方式履行法定义务的,不能参评先进单位,其主要负责同志不能参评先进个人。

第二十一条 【国有企业责任】国有企业应当将安排残疾人就业情况纳入企业社会责任报告予以披露。

第二十二条 【个人责任】面向残疾人招录(聘)的职位、岗位,报考或申请人在报名时提供虚假残疾信息或证件(证明)的,一经查实,取消其报考及录(聘)用资格。

第二十三条 【救济】机关、事业单位、国有企业以不具备正常履职身体条件为由,拒绝招录(聘)进入体检环节的残疾人的,应当向主管部门、人事综合管理部门进行充分说明,并将有关情况通报同级残联。经核实残疾人合法权益受到侵犯的,依据有关规定和程序处理。

第六章 附 则

第二十四条 本办法所称机关,是指各级党的机关、人大机关、行政机关、政协机关、监察机关、审判机关、检察机关和各民主党派机关、群团机关;事业单位,是指国家为了社会公益目的,由国家机关举办或者其他组织利用国有资产举办的,从事教育、科技、文化、卫生等活动的社会服务组织;国有企业,是指国有、国有控股和国有资本占主导地位的企业。

第二十五条 本办法由中国残疾人联合会商中共中央组织部、中央机构编制委员会办公室、人力资源和社会保障部、国务院国有资产监督管理委员会等负责解释。

第二十六条 本办法自发布之日起施行。

4. 福利机构

国务院办公厅转发民政部等部门关于加快实现社会福利社会化意见的通知

· 2000 年 2 月 27 日
· 国办发〔2000〕19 号

民政部、国家计委、国家经贸委、教育部、财政部、劳动保障部、国土资源部、建设部、外经贸部、卫生部、税务总局《关于加快实现社会福利社会化的意见》已经国务院批准，现转发给你们，请认真贯彻执行。

民政部、国家计委、国家经贸委、教育部、财政部、劳动保障部、国土资源部、建设部、外经贸部、卫生部、税务总局关于加快实现社会福利社会化的意见

· 2000 年 2 月 13 日

为了推进我国社会福利事业的改革与发展，建立适应社会主义市场经济体制的社会福利服务体系，现就加快实现社会福利社会化问题提出如下意见：

一、推进社会福利社会化的必要性和紧迫性

新中国成立 50 年来特别是改革开放以来，在党和政府的重视、关怀下，我国以老年人、残疾人、孤儿等社会特殊困难群体为主要对象的社会福利事业取得了长足进展，在社会主义物质文明和精神文明建设中发挥了积极作用。

我国已经进入老龄社会，老年人口基数大，增长快，特别是随着家庭小型化的发展，社会化养老的需求迅速增长。同时，残疾人和孤儿的养护、康复条件也亟待改善。但是长期以来，我国社会福利由国家和集体包办，存在资金不足、福利机构少、服务水平较低等问题，难以满足人民群众对福利服务需求日益增长的需要。社会福利事业的改革与发展，已经引起党和政府及全社会的广泛关注。为此，必须从长远和全局出发，广泛动员和依靠社会力量，大力推进社会福利社会化，加快社会福利事业的发展，这对于进一步建立健全社会保障制度，促进社会稳定和社会文明进步具有重要意义。同时，推进社会福利社会化，对于扩大内需，拉动经济增长，增加就业，也有积极的现实意义。

推进社会福利社会化不仅是必要的，也是切实可行的。全社会对社会福利需求的急剧增长，使社会福利社会化具有广阔的发展前景；我国综合国力的增强，人民群众生活水平和道德水准的提高，为推进社会福利社会化奠定了良好的基础；企业"办社会"职能分离后的资源与社会上闲置资源的综合开发利用和置换，国内外一些社会团体、慈善组织和个人的积极参与（捐助或投资），社区服务中养老、托幼和助残等系列化服务的蓬勃发展，为实现社会福利社会化创造了有利条件。

二、推进社会福利社会化的指导思想、目标和总体要求

（一）推进社会福利社会化的指导思想：立足我国社会主义初级阶段的基本国情，以邓小平理论和党的十五大精神为指导，在供养方式上坚持以居家为基础、以社区为依托、以社会福利机构为补充的发展方向，探索出一条国家倡导资助、社会各方面力量积极兴办社会福利事业的新路子，建立与社会主义市场经济体制和社会发展相适应的社会福利事业管理体制和运行机制，促进社会福利事业健康有序地发展。

（二）推进社会福利社会化的目标：到 2005 年，在我国基本建成以国家兴办的社会福利机构为示范、其他多种所有制形式的社会福利机构为骨干、社区福利服务为依托、居家供养为基础的社会福利服务网络。各类社会福利机构的数量和集中收养人员的数量每年以 10% 左右的速度增长，尤其是老年人社会福利服务机构的数量有较大增长；城市中各种所有制形式的养老服务机构床位数达到每千名老人 10 张左右，普遍建立起社区福利服务设施并开展家庭护理等系列服务项目；农村 90% 以上的乡镇建立起以"五保"老人为主要对象，同时面向所有老年人、残疾人和孤儿的社会福利机构。

（三）推进社会福利社会化的总体要求：

一是投资主体多元化。从我国的基本国情出发，推进社会福利社会化采取国家、集体和个人等多渠道投资方式，形成社会福利机构多种所有制形式共同发展的格局。各级政府应根据经济和社会发展的需要，逐年增加对社会福利事业的投入，重点用在一些基础性、示范性社会福利机构的建设上，同时采取民办公助的办法，将一部分资金用于鼓励、支持和资助各种社会力量兴办社会福利机构；适当增加中国福利彩票发行额度，为社会福利事业的发展筹措更多的资金；采取优惠政策，鼓励集体、村（居）民自治组织、社会团体、个人和外资以多种形式捐助或兴办社会福利事业；企事业单位可以根据自身条件自愿捐助社会福利事业，或利用闲置资源投资"面向社区、自主经营、自负盈亏"的社会福利事业；儿童福利机构在今后一段时期仍以政府管理为主，也可吸纳社会资金

合办,同时通过收养、寄养、助养和接受捐赠等多种形式,走社会化发展的路子。

二是服务对象公众化。社会福利机构除确保国家供养的"三无"对象(无劳动能力、无生活来源、无法定抚养人或赡养人)、孤儿等特困群体的需求外,还要面向全社会老年人、残疾人,拓展服务领域,扩大服务范围和覆盖面,并根据服务对象的不同情况,实行有偿、减免或无偿等多种服务。

三是服务方式多样化。社会福利机构和社区除集中养老、助残外,应发挥多种服务功能,为家庭服务提供支持。要大力发展社区福利服务设施和网点,建立社区福利服务体系,因地制宜地为老年人、残疾人、孤儿等特殊困难群体提供各种福利服务。要积极推进单位福利设施社会化。

四是服务队伍专业化。要逐步提高社会福利服务队伍的专业化水平,制定岗位专业标准和操作规范,实行职业资格和技术等级管理认证制度;加强社会福利工作系统的专业教育、在职教育及岗位技能培训,建立并完善学科建设和教材体系;大力倡导志愿者服务,加强志愿者服务队伍建设,使志愿者服务制度化、规范化。

三、制定优惠政策,引导社会力量积极参与社会福利事业

对社会力量投资创办社会福利机构,各级政府及有关部门应给予政策上的扶持和优惠。

(一)各地要将社会福利机构及床位数作为社会发展的指导性指标纳入国民经济和社会发展计划,要在基本建设计划中统筹安排社会福利设施建设。

(二)社会福利机构的建设用地,按照法律、法规规定应当采用划拨方式供地的,要划拨供地;按照法律、法规规定应当采用有偿方式供地的,在地价上要适当给予优惠;属出让土地的,土地出让金收取标准应适当降低。

(三)各地在制定城市居住区规划时,无论是新区建设还是旧区改造,都应按原国家技术监督局、建设部发布的《城市居住区规划设计规范》(GB50180—93)的有关规定,将社会福利设施特别是老年人服务设施纳入公共设施进行统一规划。城镇人口不足6万人的街道办事处要设立一处老年人综合福利服务设施,同时附设一处可容纳30名左右老人的养老院;城镇人口超过6万人的街道办事处则要按上述要求增设新的老年人综合福利服务设施。要充分考虑社会福利服务对象的要求和社会福利事业发展的需要,尽可能地靠近社区、交通便利、环境良好

的区位安排社会福利设施建设,施工中要严格按照规划和福利机构建设、建筑标准及规范实施,建成后任何部门和单位不得挤占。各市人民政府对此项市政基础设施配套建设费应酌情给予减免。

(四)对社会福利机构及其提供的福利性服务和兴办的第三产业,安置残疾人的福利企业,以及单位和个人捐赠支持社会福利事业的,国家给予税收优惠政策,按照现行国家税法规定执行。

(五)对获得民政部门批准设置的社会福利机构按规定到有关部门办理法人注册登记时,有关部门应优先办理;对未获得民政部门批准而设置的社会福利机构,有关部门不应办理法人注册登记手续。

(六)对社会福利机构的用电按当地最优惠价格收费,用水按居民生活用水价格收费;对社会福利机构使用电话等电信业务要给予优惠和优先照顾。

(七)各地在制定本区域卫生事业发展规划时,要充分考虑老年人、残疾人、孤残儿童的医疗、预防、保健、康复等卫生需要,积极支持社区卫生服务机构开展老年医疗、预防、保健、康复、健康教育等工作,鼓励并扶持社会力量兴办以老年人、残疾人、孤儿为服务对象的非营利性医疗机构。对社会福利机构所办医疗机构已取得执业许可证并申请城镇职工基本医疗保险定点医疗机构的,可根据劳动保障部下发的《关于印发城镇职工基本医疗保险定点医疗机构管理暂行办法的通知》(劳社部发〔1999〕14号)的规定,经审查合格后纳入城镇职工基本医疗保险定点范围,社会福利机构收养人员中的基本医疗保险参保人员,在定点的社会福利机构所办医疗机构就医所发生的医疗费用,按基本医疗保险的规定支付。

(八)对社会福利机构中收养的(包括社会福利机构在社区和居民家庭中分散寄养的)就读于小学、初中的孤儿,要按有关规定免收杂费、书本费;对被高中(职业高中)、技校、中专、高等学校录取的孤儿,要免收学费、住宿费。

(九)对各类社会福利机构中具有劳动能力的成年孤残人员,应积极采取措施,优先推荐就业,免费给予上岗前的培训。社会福利企业、事业单位及其职工,要依据国家有关规定,参加社会保险,缴纳社会保险费,依法保障职工享受各项社会保险待遇的权益。对进入社会福利机构养老并享受社会保险的人员,社会保险机构可委托社会福利机构代办其养老金发放等服务性工作。

四、统筹规划,规范管理,有序发展

(一)统筹规划、依法规范社会福利事业的发展。各

级政府及有关部门要加强调查研究,合理确定社会福利事业发展目标,对社会福利机构的数量、布局、规模档次以及资金、用地等统筹安排,防止盲目发展、一哄而起和重复建设,避免资源浪费。

要抓紧制定社会福利事业的有关法规,使社会福利事业的建设与管理有章可循、有法可依。今后,申办社会福利机构,要严格执行民政部颁布的《社会福利机构管理暂行办法》的有关规定,老年人福利设施建设要按照建设部、民政部联合颁布的《老年人建筑设计规范》(JGJ122—99)进行设计和施工,接受行政主管部门的检查和监督。

(二)建立充满生机和活力的管理体制和运行机制。要按照社会主义市场经济体制的要求,处理好社会福利工作中政府职能和社会化的关系,研究制定社会福利机构分类管理的政策措施,逐步建立起政府宏观管理、社会力量兴办、社会福利机构自主经营的管理体制。要按照产业化的发展方向逐步建立起适应市场经济要求的运行机制。要深化现有国家、集体兴办的社会福利机构改革,探索社会化管理的新路子,盘活存量。对新办的社会福利机构,要打破旧框框,按照市场经济的要求运作,真正体现市场配置资源、价值规律调节、公平竞争、优胜劣汰的市场经济法则,使各类社会福利机构都能够自主经营、自负盈亏、自我发展。

(三)加强领导,促进社会福利社会化有序发展。社会化是我国社会福利事业发展的方向,也是我国社会福利事业管理体制的重大改革,必须积极稳妥地推进。各级政府要切实加强领导,把社会福利社会化列入重要议事日程,作为一件大事抓紧抓好;要从实际出发,因地制宜,积极推进;要注意抓好试点,总结经验,逐步推广。各级民政部门要当好政府的参谋,提出切实可行的实施方案,做好服务协调和督促检查工作。各有关部门要密切配合,大力协助,为社会福利社会化健康有序地发展做出积极贡献。

儿童福利机构重大事故隐患判定标准

· 2024 年 9 月 12 日
· 民办发〔2024〕14 号

第一条　为了科学排查、及时消除儿童福利机构重大事故隐患,根据《中华人民共和国安全生产法》《中华人民共和国消防法》《儿童福利机构管理办法》等法律法规和有关标准,制定本判定标准。

第二条　儿童福利机构(以下简称机构)重大事故隐患包括以下方面:

(一)房屋建筑重大事故隐患;

(二)设施设备重大事故隐患;

(三)相关资质不符合法定要求;

(四)日常管理重大事故隐患;

(五)其他重大事故隐患。

第三条　房屋建筑重大事故隐患包括:

(一)选址不符合国家有关规定,未与易燃易爆、有毒有害等危险品的生产、经营、储存场所保持安全距离,或者设置在自然资源等部门判定存在重大自然灾害高风险区域内;

(二)经鉴定属于 C 级、D 级危房;

(三)未进行建设工程消防审验(备案),且经负有消防监管职责的部门检查或者第三方专业机构评估判定,不符合国家工程建设消防技术标准的规定;

(四)违规使用易燃可燃材料作为建筑构件、建筑材料和室内装修、装饰材料。

第四条　设施设备重大事故隐患包括:

(一)使用未取得生产许可、未经检验或者检验不合格、国家明令禁止、淘汰、已经报废的电梯、锅炉等特种设备;

(二)未按国家有关标准配置消防栓、灭火器等消防设施、器材;

(三)未按规定在使用燃气的厨房、浴室等区域配备可燃气体报警、燃气紧急切断等装置;

(四)经消防、燃气管理等部门检查或者第三方专业机构评估判定电器产品、燃气用具等设施设备不符合相关法律法规和有关标准要求。

第五条　相关资质不符合法定要求包括:

(一)委托未取得安全生产许可证的建筑施工企业从事建筑施工活动;

(二)委托不具备相应设计施工资质的机构或人员实施电器线路、燃气管路的设计、敷设;

(三)委托不具备相应资质的消防技术服务机构和人员开展消防设施维护保养检测、消防安全评估;

(四)使用未取得相应资格的人员担任动火作业、电工作业、电梯作业、锅炉作业等特种作业人员;

(五)使用未取得相应资格的人员担任消防控制室值班人员;

(六)使用未取得相应驾驶车型资格的人员担任接送儿童车辆驾驶员。

第六条　日常管理重大事故隐患包括:

（一）未建立消防、应急等安全管理制度，未落实相关安全生产责任制；

（二）未落实24小时值班巡查，未进行日常防火巡查检查，或者对巡查检查发现的突出安全问题未予以整改；

（三）未定期组织安全教育培训；

（四）未制定突发事件应急预案，或者未定期组织安全应急演练；

（五）因施工等特殊情况需要进行电焊等明火作业，未按规定办理动火审批手续。

第七条　其他重大事故隐患包括：

（一）儿童用房所在楼层位置不符合国家工程建设消防技术标准的规定；

（二）疏散通道、安全出口被占用、堵塞、封闭；

（三）设门禁装置的疏散门未安装紧急开启装置，或者在门窗上设置影响逃生和灭火救援的铁栅栏等障碍物且不能保证紧急情况及时开启；

（四）未经批准擅自关闭、占用或者破坏关系生产安全的监控、报警、防护、疏散等设施设备。

第八条　涉及房屋建筑、消防、特种设备、城镇燃气等方面重大事故隐患判定标准另有规定的，从其规定。

第九条　对于情况复杂，难以直接判定是否为重大事故隐患的，可依据相关法律法规和有关标准，研究论证后综合判定。

第十条　未成年人救助保护机构重大事故隐患判定参照本标准执行。

第十一条　本判定标准自公布之日起施行，有效期五年。

民政部办公厅关于对民办社会福利机构登记有关事宜的函

·1998年6月18日
·厅办函〔1998〕103号

广东省民政厅：

你厅给社会团体和民办非企业单位管理司传真的《广东省民办社会福利机构管理办法》（省政府令第37号）收悉。

经研究并报部领导同意现答复如下：

一、依据1989年国务院颁布施行的《社会团体登记管理条例》和新修订上报国务院的《社会团体登记管理条例》的有关规定，民办社会福利机构均不属于社会团体。

二、根据中办发（1996）22号文件我部起草上报国务院的《民办非企业单位登记管理条例》中已明确了民办社会福利机构属于该《条例》的调整范围，确定为民办非企业单位法人。鉴于此，建议你厅应尽快商省法制办，明确民办社会福利机构应纳入民办非企业单位的法律调整范畴，待国务院颁布《条例》后，再行办理登记为宜。

三、你省若需急于办理民办社会福利机构的登记事宜，也应按民办非企业单位对待。

精神卫生社会福利机构基本规范

·2014年9月9日
·民政部公告第329号

1　范　围

本规范规定了精神卫生社会福利机构的服务、设施设备、运行管理、评价与改进。

本规范适用于精神卫生社会福利机构的设置与管理。

其他社会福利机构设置的精神障碍患者服务区可参照执行本规范。

2　规范性引用文件

下列文件对本标准的应用是必不可少的。凡是注日期的引用文件，仅注日期的版本适用于本文件。

凡是不注日期的引用文件，其最新版本（包括所有的修改单）适用于本文件。

GB/T 24421.2 服务业组织标准化工作指南第2部分：标准体系

GB 50763—2012《无障碍设计规范》

GB 5749—2006《生活饮用水卫生标准》

3　术语和定义

3.1　精神卫生社会福利机构 social welfare institutions for people with mental disorders

为精神障碍患者中的特困人员、流浪乞讨人员、低收入人群、复员退伍军人等特殊困难群体提供集中救治、救助、护理、康复和照料等服务的社会福利机构。

3.2　特困人员 low-income people

指无劳动能力、无生活来源且无法定赡养、抚养、扶养义务人，或者其法定赡养、抚养、扶养义务人无赡养、抚养、扶养能力的老年人、残疾人以及未满16周岁的未成年人。

3.3　精神障碍 mental disorder

是指由各种原因引起的感知、情感和思维等精神活动的紊乱或者异常,导致患者明显的心理痛苦或者社会适应等功能损害。

4 设立条件

4.1 机构有承担特困人员及其他精神障碍患者医疗、护理、康复和长期照料的能力。

4.1.1 有与从事精神卫生福利服务相适应的医疗、护理、康复、社会工作和生活照料人员。

4.1.2 有满足开展精神卫生福利服务需要的设施和设备。

4.1.3 有完善的精神卫生福利服务管理制度和质量监控制度。

4.2 应具有以下资质证书:

(1)法人资格证书

(2)《社会福利机构设置批准证书》

4.3 开展精神障碍诊疗服务的机构应具有《医疗机构执业许可证》。

5 建筑设施

5.1 机构建筑应符合 GB 50763-2012 的规定。

5.2 建筑设施应遵照精神障碍患者的心理特点,尊重患者隐私,满足精神卫生福利服务的工作流程。

5.3 院区选址应符合下列要求:

(1)交通便利;

(2)地形规整平坦,地质构造稳定,水文地质条件良好;

(3)供水、供电、供气、通讯等公用基础设施完善;

(4)远离具有易燃、易爆产品生产、储存区域。

5.4 院区应设置围墙或栏杆,围墙及栏杆应设置防攀爬措施。

5.5 建筑宜采用单层或多层建筑,不宜设计阳台。三层及以上主要业务功能建筑物应设置电梯,并应设置封闭式电梯厅。

5.6 住院病区至少应有两个不同方向的出入口,以满足安全疏散和洁污分流的要求。

5.7 住院病区的环境应符合下列要求:

(1)环境宜安静,噪音应控制在 35~40db(A);

(2)温湿度适宜,室温:冬季以 18~22℃、夏季以 26~28℃为宜,湿度以 30~65%为宜;

(3)有良好的朝向和自然采光、通风条件,50%以上的病房应具有良好日照;

(4)应设置一般照明和夜间照明,照明灯具应在进门处或值班室受控;

(5)墙壁应采用柔和的淡色。

5.8 住院病区室内净高宜不低于 2.8 米,走廊净宽宜不低于 3 米。

5.9 住院病区基本用房组成应包括带卫生间病房、不带卫生间病房、公共卫生间、浴室、活动室、隔离室、急救室、治疗室、患者餐厅、护士办公、医生办公、护士站、值班室、库房、配餐室、开水间、污洗室、污物暂存间。

5.10 住院病区应分设男女病区,护士站设置宜靠近病区出入口。

5.11 每个房间的床位数不宜超过 8 张,每床位使用面积不少于 5 平方米。

5.12 装修设计与材料选择,应符合功能部位的特点和使用要求,选用经济、实用、美观的材料与构造。

(1)地面应选用耐用、防滑、便于清扫、消毒的构造与材料,踢脚板应选用坚固耐用构造和材料;

(2)内墙面应符合清洁、消毒的一般要求,转角宜做成圆弧形;

(3)住院病区、隔离室以及患者集中活动场所,不应采用装配式吊顶构造,不应出现可以被吊挂的构造或构件;

(4)病房门、患者使用的卫生间门、浴室门应朝外开。病房门上宜设观察窗,选用安全玻璃(如双层钢化夹胶玻璃),病房、隔离室和患者集中活动的用房不应采用闭门器,所有紧固件应选用不易被松动的品种和型号,患者使用的门执手应选用不宜被吊挂的规格;

(5)患者使用的卫生间、盥洗室、浴室的玻璃应采用镜面金属板或其他不易破碎的材料;

(6)病房、隔离室和患者集中活动的用房所有窗玻璃应选用安全玻璃(如双层钢化夹胶玻璃),窗的开启形式为平移,并应做好水平、上下限位构造,开启部位应配置防护栏杆,所有紧固件应选用不易被松动的规格,窗插销选用按钮暗装构造。

5.13 供水、供电、供暖设施应遵循专业规范、安全可靠。

(1)供水水质应符合 GB 5749—2006 规定;

(2)宜采用双回路供电或设置应急自备电源;

(3)患者可接触到的环境内的电气装置应考虑安全措施,防止患者受到伤害;

(4)患者可接触到的环境内的照明装置应为封闭式,高度不低于 2.4m,且为非吊杆吊链式;

(5)患者可接触到的环境内插座应采用安全插座;

5.14 对涉及污染环境的污物(含医疗废弃物、污废水等)有符合规定的处理设施。

5.15　信息系统应有办公自动化系统、住院业务管理系统、财务管理系统、人事管理系统。

5.16　应有相应的通讯系统和安全防范系统。

5.17　应有规范、简洁、清晰、醒目的标识系统。

(1)建筑物外部环境标识应包括民政系统统一标识、院徽、院名、单体建筑物名称标识、院区总平面图、出入口标识、停车指示和交通标识、多项指示牌、急救专用通道警示、宣传栏;

(2)室内标识系统应包括机构简介标牌、各楼层平面图、各楼层科室分布总索引、楼层号牌、通道分流指引、科室名称牌、公共安全标识牌、无障碍设施标识、消防疏散图标识牌。

5.18　应有供患者使用的阅览室、影视厅、棋牌室等文化娱乐设施。

6　设　备

6.1　室内设施设备应无尖角、凸出部分。

6.2　卧室应有安全坚固的床、床头柜、衣物柜、座椅。

6.3　餐厅应有餐桌、座椅、时钟、公告栏、垃圾桶、消毒柜、洗涤池、饮水设施、防蝇设备。

6.4　卫生间应有便池、坐便器、洗手池、安全扶手。

6.5　浴室应有安全的淋浴设备、安全扶手、防滑垫、衣物柜、通风设施。

6.6　洗衣房应有水池、洗衣机、烘干机、消毒设备。

6.7　活动室应有电视、音响、空调和桌椅。

6.8　应按照规范配置锹、钩、桶、沙箱、灭火器等消防器材。

6.9　可配备救护车、生活用车。

7　人　员

7.1　有人事管理机构,有相应的岗位职责。

7.2　有岗位聘用、工资薪酬、绩效考核、考勤休假、教育培训、员工奖惩制度。

7.3　有完善的职业安全防护制度和措施。

7.4　应有针对员工健康的保健计划,并为有需要的员工提供心理健康服务。

7.5　应有符合机构功能任务的行政人员、后勤人员、医生、护士、社会工作人员、康复工作人员、生活照料人员。

7.6　工作人员与实际开放床位比例不低于0.8∶1.0。

8　管　理

8.1　运行管理

8.1.1　有行政办公、后勤管理机构,有相应的岗位职责。

8.1.2　有发展目标、中长期发展规划、年度工作计划及总结。

8.1.3　行政管理应有文件管理制度、会议制度、印章管理制度、档案管理制度、值班制度、应急管理制度。

8.1.4　后勤服务应有水电管理制度、安全保卫制度、消防安全制度、设备管理制度、环境卫生制度。

8.1.5　财务管理应有财务报销制度、采购制度、固定资产管理制度。

8.1.6　运行机制和决策程序清晰,实行管理问责制。

8.2　医疗管理

8.2.1　有医疗管理组织机构,有相应的岗位职责。

8.2.2　应有患者定期健康检查制度、传染性疾病筛查制度、查房制度、疑难病例讨论制度、急诊会诊制度、危重患者抢救制度、查对制度、医生交接班制度、病历管理制度、转诊制度、医疗质量控制制度。

8.2.3　应有医疗建设规范和工作计划,并组织实施。

8.2.4　应遵循病历书写基本规范。

8.2.5　应加强医疗缺陷管理,制定措施,加以防范,及时发现和纠正差错事故。

8.3　护理管理

8.3.1　有护理管理组织机构,有相应的岗位职责。

8.3.2　有查对制度、交接班制度、分级护理制度、护理查房制度、护理会诊制度、护理质量管理制度、护理缺陷报告制度、危重患者抢救制度、护理投诉处理制度。

8.3.3　有护理建设规范和工作计划,并组织实施。

8.3.4　护理人员应持证上岗,佩戴工作牌和穿护理工作服。

8.3.5　有护理质量标准、质量控制办法并定期检查、考核与评价。

8.3.6　护理人员应掌握常用护理急救技术,熟悉抢救程序,抢救药品及抢救仪器的使用。

8.3.7　应依法采用约束保护措施和正确使用安全保护器具。

8.4　感染控制

8.4.1　有感染管理组织机构,有相应的岗位职责。

8.4.2　有院内感染管理责任制度、院内感染监测制度、院内感染病例诊断和实时报告制度、消毒隔离制度、消毒灭菌效果监测制度。

8.4.3　医院感染专业人员应当具备医院感染预防

与控制工作的专业知识,并能够承担医院感染管理和业务技术工作。

8.4.4　按照规定向疾病预防控制部门报告感染事件时应同时报告主管民政部门。

8.4.5　应及时隔离治疗患有传染性疾病的精神障碍患者。

8.5　应急管理和安全

8.5.1　有应急管理和安全组织机构,有相应的岗位职责。

8.5.2　有预防安全事故的管理制度和安全工作守则。

8.5.3　有应对自然灾害、消防、饮食、医疗、公共卫生及其它突发安全事件的应急预案。

8.5.4　应有工作人员24小时值班制度。

8.5.5　有防范和减少患者跌倒、坠床、噎食、自杀、暴力攻击、擅自离院等意外事件发生的管理细则。

9　服　务

9.1　入出院服务

9.1.1　有入出院服务组织机构,有相应的岗位职责。

9.1.2　有入院登记制度、入院体检制度、疾病筛查制度、短期隔离制度、风险评估制度、出院制度、转院制度。

9.1.3　入院登记信息应包括身份信息、家庭信息、健康信息、社会保障信息、背景调查。

9.1.4　办理入院登记时,应检查随身携带物品,查缴违禁物品,审核相关证明材料。

9.1.5　应对病情稳定的新入院患者制定适应性服务计划,使其尽快融入院内生活,减少因不适应而产生的负面影响。

9.1.6　办理出院手续时,应有出院通知单、疾病诊断书、物品移交清单。

9.2　生活照料

9.2.1　有生活照料服务组织机构,有相应的岗位职责。

9.2.2　有生活护理制度、个人清洁卫生制度、被服换洗制度、活动制度、探访制度。

9.2.3　应制订精神障碍患者每日生活安排及活动计划。

9.2.4　应保持房间整洁、空气清新、无异味。

9.2.5　每月换洗床单、被罩、枕巾、晾晒被褥不得少于2次,必要时随时换洗。

9.2.6　应为特困精神障碍患者提供干净、得体的服装,每周至少换洗1次,必要时随时换洗。

9.2.7　应做好精神障碍患者的个人清洁卫生。定期为患者修剪指(趾)甲、洗澡、理发,做好口腔护理。

9.2.8　除非天气、病情等特殊原因,每天户外活动时间宜不少于2小时。

9.2.9　应满足精神障碍患者正常的通讯和会见探访者的需要。

9.3　营养和膳食服务

9.3.1　有营养和膳食服务组织机构,有相应的岗位职责。

9.3.2　有膳食管理制度、卫生制度、清洁消毒制度、食品留样制度、烹饪加工制度、食品原料采购索证制度、库房分类管理制度。

9.3.3　食堂应取得《食品卫生许可证》。

9.3.4　营养师和厨师应持证上岗,按规定体检。

9.3.5　每周有食谱,保持合理配餐、营养均衡,能提供患者健康需要的特殊饮食。

9.3.6　每年召开膳食管理会议不应少于2次,征求患者家属及相关方意见。

9.3.7　食品应24小时留样,防止食物中毒事件的发生。

9.3.8　患者进餐时应有工作人员看护,防止噎食等意外发生。

9.3.9　尊重少数民族和宗教信仰人士的饮食习俗。

9.4　康复

9.4.1　有康复服务组织机构,有相应的岗位职责。

9.4.2　有康复训练制度、康复安全管理制度、康复效果评估制度、康复档案管理制度。

9.4.3　应针对患者需求,开展生理康复、心理康复、职业康复和社交康复服务。

9.4.4　应针对出院准备期的患者开展增进服药依从性、社会适应能力训练。

9.4.5　应采取随班就读或院内办班,保证患有精神障碍的适龄儿童、少年接受义务教育。

9.4.6　应开展工娱治疗,帮助有劳动能力的精神障碍患者从事力所能及的劳动。

9.5　社会工作

9.5.1　有社会工作服务组织机构,有相应的岗位职责。

9.5.2　有个案工作制度、小组工作制度、团体工作制度、社会工作档案管理制度、社会工作督导制度、社会工作服务效果评估制度、志愿者招募和管理制度。

9.5.3 社会工作人员应取得相应的职业资格证书。

9.5.4 应针对患者开展社会适应能力训练、出院前评估、社会救助、政策咨询、社会支持、健康教育、疾病管理服务。

9.5.5 应针对患者家属开展社会支持、政策咨询、健康教育服务。

10 评价与改进

10.1 有根据相关规章制度、岗位职责编制的检查评分及检查记录表，并组织定期检查、监督和评价。

10.2 接受上级主管部门的监督管理。

10.3 评价的方法应客观公正、简单易行，并能够较全面的验证机构内各项工作的实施情况。

10.4 应建立持续改进机制，改进可按照P-D-C-A（计划-实施-检查-处置）的管理模式进行。

10.5 定期进行服务满意度调查，并将调查结果进行汇总、分析，作为持续改进的依据。

5. 慈善事业

中华人民共和国公益事业捐赠法

·1999年6月28日第九届全国人民代表大会常务委员会第十次会议通过
·1999年6月28日中华人民共和国主席令第19号公布
·自1999年9月1日起施行

第一章 总 则

第一条 为了鼓励捐赠，规范捐赠和受赠行为，保护捐赠人、受赠人和受益人的合法权益，促进公益事业的发展，制定本法。

第二条 自然人、法人或者其他组织自愿无偿向依法成立的公益性社会团体和公益性非营利的事业单位捐赠财产，用于公益事业的，适用本法。

第三条 本法所称公益事业是指非营利的下列事项：

（一）救助灾害、救济贫困、扶助残疾人等困难的社会群体和个人的活动；

（二）教育、科学、文化、卫生、体育事业；

（三）环境保护、社会公共设施建设；

（四）促进社会发展和进步的其他社会公共和福利事业。

第四条 捐赠应当是自愿和无偿的，禁止强行摊派或者变相摊派，不得以捐赠为名从事营利活动。

第五条 捐赠财产的使用应当尊重捐赠人的意愿，符合公益目的，不得将捐赠财产挪作他用。

第六条 捐赠应当遵守法律、法规，不得违背社会公德，不得损害公共利益和其他公民的合法权益。

第七条 公益性社会团体受赠的财产及其增值为社会公共财产，受国家法律保护，任何单位和个人不得侵占、挪用和损毁。

第八条 国家鼓励公益事业的发展，对公益性社会团体和公益性非营利的事业单位给予扶持和优待。

国家鼓励自然人、法人或者其他组织对公益事业进行捐赠。

对公益事业捐赠有突出贡献的自然人、法人或者其他组织，由人民政府或者有关部门予以表彰。对捐赠人进行公开表彰，应当事先征求捐赠人的意见。

第二章 捐赠和受赠

第九条 自然人、法人或者其他组织可以选择符合其捐赠意愿的公益性社会团体和公益性非营利的事业单位进行捐赠。捐赠的财产应当是其有权处分的合法财产。

第十条 公益性社会团体和公益性非营利的事业单位可以依照本法接受捐赠。

本法所称公益性社会团体是指依法成立的，以发展公益事业为宗旨的基金会、慈善组织等社会团体。

本法所称公益性非营利的事业单位是指依法成立的，从事公益事业的不以营利为目的的教育机构、科学研究机构、医疗卫生机构、社会公共文化机构、社会公共体育机构和社会福利机构等。

第十一条 在发生自然灾害时或者境外捐赠人要求县级以上人民政府及其部门作为受赠人时，县级以上人民政府及其部门可以接受捐赠，并依照本法的有关规定对捐赠财产进行管理。

县级以上人民政府及其部门可以将受赠财产转交公益性社会团体或者公益性非营利的事业单位；也可以按照捐赠人的意愿分发或者兴办公益事业，但是不得以本机关为受益对象。

第十二条 捐赠人可以与受赠人就捐赠财产的种类、质量、数量和用途等内容订立捐赠协议。捐赠人有权决定捐赠的数量、用途和方式。

捐赠人应当依法履行捐赠协议，按照捐赠协议约定的期限和方式将捐赠财产转移给受赠人。

第十三条 捐赠人捐赠财产兴建公益事业工程项目，应当与受赠人订立捐赠协议，对工程项目的资金、建设、管理和使用作出约定。

捐赠的公益事业工程项目由受赠单位按照国家有关

规定办理项目审批手续,并组织施工或者由受赠人和捐赠人共同组织施工。工程质量应当符合国家质量标准。

捐赠的公益事业工程项目竣工后,受赠单位应当将工程建设、建设资金的使用和工程质量验收情况向捐赠人通报。

第十四条　捐赠人对于捐赠的公益事业工程项目可以留名纪念;捐赠人单独捐赠的工程项目或者主要由捐赠人出资兴建的工程项目,可以由捐赠人提出工程项目的名称,报县级以上人民政府批准。

第十五条　境外捐赠人捐赠的财产,由受赠人按照国家有关规定办理入境手续;捐赠实行许可证管理的物品,由受赠人按照国家有关规定办理许可证申领手续,海关凭许可证验放、监管。

华侨向境内捐赠的,县级以上人民政府侨务部门可以协助办理有关入境手续,为捐赠人实施捐赠项目提供帮助。

第三章　捐赠财产的使用和管理

第十六条　受赠人接受捐赠后,应当向捐赠人出具合法、有效的收据,将受赠财产登记造册,妥善保管。

第十七条　公益性社会团体应当将受赠财产用于资助符合其宗旨的活动和事业。对于接受的救助灾害的捐赠财产,应当及时用于救助活动。基金会每年用于资助公益事业的资金数额,不得低于国家规定的比例。

公益性社会团体应当严格遵守国家的有关规定,按照合法、安全、有效的原则,积极实现捐赠财产的保值增值。

公益性非营利的事业单位应当将受赠财产用于发展本单位的公益事业,不得挪作他用。

对于不易储存、运输和超过实际需要的受赠财产,受赠人可以变卖,所取得的全部收入,应当用于捐赠目的。

第十八条　受赠人与捐赠人订立了捐赠协议的,应当按照协议约定的用途使用捐赠财产,不得擅自改变捐赠财产的用途。如果确需改变用途的,应当征得捐赠人的同意。

第十九条　受赠人应当依照国家有关规定,建立健全财务会计制度和受赠财产的使用制度,加强对受赠财产的管理。

第二十条　受赠人每年度应当向政府有关部门报告受赠财产的使用、管理情况,接受监督。必要时,政府有关部门可以对其财务进行审计。

海关对减免关税的捐赠物品依法实施监督和管理。

县级以上人民政府侨务部门可以参与对华侨向境内捐赠财产使用与管理的监督。

第二十一条　捐赠人有权向受赠人查询捐赠财产的使用、管理情况,并提出意见和建议。对于捐赠人的查询,受赠人应当如实答复。

第二十二条　受赠人应当公开接受捐赠的情况和受赠财产的使用、管理情况,接受社会监督。

第二十三条　公益性社会团体应当厉行节约,降低管理成本,工作人员的工资和办公费用从利息等收入中按照国家规定的标准开支。

第四章　优惠措施

第二十四条　公司和其他企业依照本法的规定捐赠财产用于公益事业,依照法律、行政法规的规定享受企业所得税方面的优惠。

第二十五条　自然人和个体工商户依照本法的规定捐赠财产用于公益事业,依照法律、行政法规的规定享受个人所得税方面的优惠。

第二十六条　境外向公益性社会团体和公益性非营利的事业单位捐赠的用于公益事业的物资,依照法律、行政法规的规定减征或者免征进口关税和进口环节的增值税。

第二十七条　对于捐赠的工程项目,当地人民政府应当给予支持和优惠。

第五章　法律责任

第二十八条　受赠人未征得捐赠人的许可,擅自改变捐赠财产的性质、用途的,由县级以上人民政府有关部门责令改正,给予警告。拒不改正的,经征求捐赠人的意见,由县级以上人民政府将捐赠财产交由与其宗旨相同或者相似的公益性社会团体或者公益性非营利的事业单位管理。

第二十九条　挪用、侵占或者贪污捐赠款物的,由县级以上人民政府有关部门责令退还所用、所得款物,并处以罚款;对直接责任人员,由所在单位依照有关规定予以处理;构成犯罪的,依法追究刑事责任。

依照前款追回、追缴的捐赠款物,应当用于原捐赠目的和用途。

第三十条　在捐赠活动中,有下列行为之一的,依照法律、法规的有关规定予以处罚;构成犯罪的,依法追究刑事责任:

(一)逃汇、骗购外汇的;

(二)偷税、逃税的;

(三)进行走私活动的;

（四）未经海关许可并且未补缴应缴税额，擅自将减税、免税进口的捐赠物资在境内销售、转让或者移作他用的。

第三十一条 受赠单位的工作人员，滥用职权，玩忽职守，徇私舞弊，致使捐赠财产造成重大损失的，由所在单位依照有关规定予以处理；构成犯罪的，依法追究刑事责任。

第六章 附 则

第三十二条 本法自1999年9月1日起施行。

中华人民共和国慈善法

· 2016年3月16日第十二届全国人民代表大会第四次会议通过
· 根据2023年12月29日第十四届全国人民代表大会常务委员会第七次会议《关于修改〈中华人民共和国慈善法〉的决定》修正

第一章 总 则

第一条 为了发展慈善事业，弘扬慈善文化，规范慈善活动，保护慈善组织、捐赠人、志愿者、受益人等慈善活动参与者的合法权益，促进社会进步，共享发展成果，制定本法。

第二条 自然人、法人和非法人组织开展慈善活动以及与慈善有关的活动，适用本法。其他法律有特别规定的，依照其规定。

第三条 本法所称慈善活动，是指自然人、法人和非法人组织以捐赠财产或者提供服务等方式，自愿开展的下列公益活动：

（一）扶贫、济困；

（二）扶老、救孤、恤病、助残、优抚；

（三）救助自然灾害、事故灾难和公共卫生事件等突发事件造成的损害；

（四）促进教育、科学、文化、卫生、体育等事业的发展；

（五）防治污染和其他公害，保护和改善生态环境；

（六）符合本法规定的其他公益活动。

第四条 慈善工作坚持中国共产党的领导。

开展慈善活动，应当遵循合法、自愿、诚信、非营利的原则，不得违背社会公德，不得危害国家安全、损害社会公共利益和他人合法权益。

第五条 国家鼓励和支持自然人、法人和非法人组织践行社会主义核心价值观，弘扬中华民族传统美德，依法开展慈善活动。

第六条 县级以上人民政府应当统筹、协调、督促和指导有关部门在各自职责范围内做好慈善事业的扶持发展和规范管理工作。

国务院民政部门主管全国慈善工作，县级以上地方各级人民政府民政部门主管本行政区域内的慈善工作；县级以上人民政府有关部门依照本法和其他有关法律法规，在各自的职责范围内做好相关工作，加强对慈善活动的监督、管理和服务；慈善组织有业务主管单位的，业务主管单位应当对其进行指导、监督。

第七条 每年9月5日为"中华慈善日"。

第二章 慈善组织

第八条 本法所称慈善组织，是指依法成立、符合本法规定，以面向社会开展慈善活动为宗旨的非营利性组织。

慈善组织可以采取基金会、社会团体、社会服务机构等组织形式。

第九条 慈善组织应当符合下列条件：

（一）以开展慈善活动为宗旨；

（二）不以营利为目的；

（三）有自己的名称和住所；

（四）有组织章程；

（五）有必要的财产；

（六）有符合条件的组织机构和负责人；

（七）法律、行政法规规定的其他条件。

第十条 设立慈善组织，应当向县级以上人民政府民政部门申请登记，民政部门应当自受理申请之日起三十日内作出决定。符合本法规定条件的，准予登记并向社会公告；不符合本法规定条件的，不予登记并书面说明理由。

已经设立的基金会、社会团体、社会服务机构等非营利性组织，可以向办理其登记的民政部门申请认定为慈善组织，民政部门应当自受理申请之日起二十日内作出决定。符合慈善组织条件的，予以认定并向社会公告；不符合慈善组织条件的，不予认定并书面说明理由。

有特殊情况需要延长登记或者认定期限的，报经国务院民政部门批准，可以适当延长，但延长的期限不得超过六十日。

第十一条 慈善组织的章程，应当符合法律法规的规定，并载明下列事项：

（一）名称和住所；

（二）组织形式；

（三）宗旨和活动范围；

（四）财产来源及构成；

（五）决策、执行机构的组成及职责；

（六）内部监督机制；

（七）财产管理使用制度；

（八）项目管理制度；

（九）终止情形及终止后的清算办法；

（十）其他重要事项。

第十二条　慈善组织应当根据法律法规以及章程的规定，建立健全内部治理结构，明确决策、执行、监督等方面的职责权限，开展慈善活动。

慈善组织应当执行国家统一的会计制度，依法进行会计核算，建立健全会计监督制度，并接受政府有关部门的监督管理。

第十三条　慈善组织应当每年向办理其登记的民政部门报送年度工作报告和财务会计报告。报告应当包括年度开展募捐和接受捐赠、慈善财产的管理使用、慈善项目实施、募捐成本、慈善组织工作人员工资福利以及与境外组织或者个人开展合作等情况。

第十四条　慈善组织的发起人、主要捐赠人以及管理人员，不得利用其关联关系损害慈善组织、受益人的利益和社会公共利益。

慈善组织的发起人、主要捐赠人以及管理人员与慈善组织发生交易行为的，不得参与慈善组织有关该交易行为的决策，有关交易情况应当向社会公开。

第十五条　慈善组织不得从事、资助危害国家安全和社会公共利益的活动，不得接受附加违反法律法规和违背社会公德条件的捐赠，不得对受益人附加违反法律法规和违背社会公德的条件。

第十六条　有下列情形之一的，不得担任慈善组织的负责人：

（一）无民事行为能力或者限制民事行为能力的；

（二）因故意犯罪被判处刑罚，自刑罚执行完毕之日起未逾五年的；

（三）在被吊销登记证书或者被取缔的组织担任负责人，自该组织被吊销登记证书或者被取缔之日起未逾五年的；

（四）法律、行政法规规定的其他情形。

第十七条　慈善组织有下列情形之一的，应当终止：

（一）出现章程规定的终止情形的；

（二）因分立、合并需要终止的；

（三）连续二年未从事慈善活动的；

（四）依法被撤销登记或者吊销登记证书的；

（五）法律、行政法规规定应当终止的其他情形。

第十八条　慈善组织终止，应当进行清算。

慈善组织的决策机构应当在本法第十七条规定的终止情形出现之日起三十日内成立清算组进行清算，并向社会公告。不成立清算组或者清算组不履行职责的，办理其登记的民政部门可以申请人民法院指定有关人员组成清算组进行清算。

慈善组织清算后的剩余财产，应当按照慈善组织章程的规定转给宗旨相同或者相近的慈善组织；章程未规定的，由办理其登记的民政部门主持转给宗旨相同或者相近的慈善组织，并向社会公告。

慈善组织清算结束后，应当向办理其登记的民政部门办理注销登记，并由民政部门向社会公告。

第十九条　慈善组织依法成立行业组织。

慈善行业组织应当反映行业诉求，推动行业交流，提高慈善行业公信力，促进慈善事业发展。

第二十条　慈善组织的组织形式、登记管理的具体办法由国务院制定。

第三章　慈善募捐

第二十一条　本法所称慈善募捐，是指慈善组织基于慈善宗旨募集财产的活动。

慈善募捐，包括面向社会公众的公开募捐和面向特定对象的定向募捐。

第二十二条　慈善组织开展公开募捐，应当取得公开募捐资格。依法登记满一年的慈善组织，可以向办理其登记的民政部门申请公开募捐资格。民政部门应当自受理申请之日起二十日内作出决定。慈善组织符合内部治理结构健全、运作规范的条件的，发给公开募捐资格证书；不符合条件的，不发给公开募捐资格证书并书面说明理由。

其他法律、行政法规规定可以公开募捐的非营利性组织，由县级以上人民政府民政部门直接发给公开募捐资格证书。

第二十三条　开展公开募捐，可以采取下列方式：

（一）在公共场所设置募捐箱；

（二）举办面向社会公众的义演、义赛、义卖、义展、义拍、慈善晚会等；

（三）通过广播、电视、报刊、互联网等媒体发布募捐信息；

（四）其他公开募捐方式。

慈善组织采取前款第一项、第二项规定的方式开展公开募捐的，应当在办理其登记的民政部门管辖区域内进行，确有必要在办理其登记的民政部门管辖区域外进行的，应当报其开展募捐活动所在地的县级以上人民政府民政部门备案。捐赠人的捐赠行为不受地域限制。

第二十四条　开展公开募捐，应当制定募捐方案。募捐方案包括募捐目的、起止时间和地域、活动负责人姓名和办公地址、接受捐赠方式、银行账户、受益人、募得款物用途、募捐成本、剩余财产的处理等。

募捐方案应当在开展募捐活动前报慈善组织登记的民政部门备案。

第二十五条　开展公开募捐，应当在募捐活动现场或者募捐活动载体的显著位置，公布募捐组织名称、公开募捐资格证书、募捐方案、联系方式、募捐信息查询方法等。

第二十六条　不具有公开募捐资格的组织或者个人基于慈善目的，可以与具有公开募捐资格的慈善组织合作，由该慈善组织开展公开募捐，合作方不得以任何形式自行开展公开募捐。具有公开募捐资格的慈善组织应当对合作方进行评估，依法签订书面协议，在募捐方案中载明合作方的相关信息，并对合作方的相关行为进行指导和监督。

具有公开募捐资格的慈善组织负责对合作募得的款物进行管理和会计核算，将全部收支纳入其账户。

第二十七条　慈善组织通过互联网开展公开募捐的，应当在国务院民政部门指定的互联网公开募捐服务平台进行，并可以同时在其网站进行。

国务院民政部门指定的互联网公开募捐服务平台，提供公开募捐信息展示、捐赠支付、捐赠财产使用情况查询等服务；无正当理由不得拒绝为具有公开募捐资格的慈善组织提供服务，不得向其收费，不得在公开募捐信息页面插入商业广告和商业活动链接。

第二十八条　广播、电视、报刊以及网络服务提供者、电信运营商，应当对利用其平台开展公开募捐的慈善组织的登记证书、公开募捐资格证书进行验证。

第二十九条　慈善组织自登记之日起可以开展定向募捐。

慈善组织开展定向募捐，应当在发起人、理事会成员和会员等特定对象的范围内进行，并向募捐对象说明募捐目的、募得款物用途等事项。

第三十条　开展定向募捐，不得采取或者变相采取本法第二十三条规定的方式。

第三十一条　开展募捐活动，应当尊重和维护募捐对象的合法权益，保障募捐对象的知情权，不得通过虚构事实等方式欺骗、诱导募捐对象实施捐赠。

第三十二条　开展募捐活动，不得摊派或者变相摊派，不得妨碍公共秩序、企业生产经营和居民生活。

第三十三条　禁止任何组织或者个人假借慈善名义或者假冒慈善组织开展募捐活动，骗取财产。

第四章　慈善捐赠

第三十四条　本法所称慈善捐赠，是指自然人、法人和非法人组织基于慈善目的，自愿、无偿赠与财产的活动。

第三十五条　捐赠人可以通过慈善组织捐赠，也可以直接向受益人捐赠。

第三十六条　捐赠人捐赠的财产应当是其有权处分的合法财产。捐赠财产包括货币、实物、房屋、有价证券、股权、知识产权等有形和无形财产。

捐赠人捐赠的实物应当具有使用价值，符合安全、卫生、环保等标准。

捐赠人捐赠本企业产品的，应当依法承担产品质量责任和义务。

第三十七条　自然人、法人和非法人组织开展演出、比赛、销售、拍卖等经营性活动，承诺将全部或者部分所得用于慈善目的的，应当在举办活动前与慈善组织或者其他接受捐赠的人签订捐赠协议，活动结束后按照捐赠协议履行捐赠义务，并将捐赠情况向社会公开。

第三十八条　慈善组织接受捐赠，应当向捐赠人开具由财政部门统一监（印）制的捐赠票据。捐赠票据应当载明捐赠人、捐赠财产的种类及数量、慈善组织名称和经办人姓名、票据日期等。捐赠人匿名或者放弃接受捐赠票据的，慈善组织应当做好相关记录。

第三十九条　慈善组织接受捐赠，捐赠人要求签订书面捐赠协议的，慈善组织应当与捐赠人签订书面捐赠协议。

书面捐赠协议包括捐赠人和慈善组织名称，捐赠财产的种类、数量、质量、用途、交付时间等内容。

第四十条　捐赠人与慈善组织约定捐赠财产的用途和受益人时，不得指定或者变相指定捐赠人的利害关系人作为受益人。

任何组织和个人不得利用慈善捐赠违反法律规定宣传烟草制品，不得利用慈善捐赠以任何方式宣传法律禁止宣传的产品和事项。

第四十一条　捐赠人应当按照捐赠协议履行捐赠义务。捐赠人违反捐赠协议逾期未交付捐赠财产，有下列情形之一的,慈善组织或者其他接受捐赠的人可以要求交付;捐赠人拒不交付的,慈善组织和其他接受捐赠的人可以依法向人民法院申请支付令或者提起诉讼:

(一)捐赠人通过广播、电视、报刊、互联网等媒体公开承诺捐赠的;

(二)捐赠财产用于本法第三条第一项至第三项规定的慈善活动,并签订书面捐赠协议的。

捐赠人公开承诺捐赠或者签订书面捐赠协议后经济状况显著恶化,严重影响其生产经营或者家庭生活的,经向公开承诺捐赠地或者书面捐赠协议签订地的县级以上人民政府民政部门报告并向社会公开说明情况后,可以不再履行捐赠义务。

第四十二条　捐赠人有权查询、复制其捐赠财产管理使用的有关资料,慈善组织应当及时主动向捐赠人反馈有关情况。

慈善组织违反捐赠协议约定的用途,滥用捐赠财产的,捐赠人有权要求其改正;拒不改正的,捐赠人可以向县级以上人民政府民政部门投诉、举报或者向人民法院提起诉讼。

第四十三条　国有企业实施慈善捐赠应当遵守有关国有资产管理的规定,履行批准和备案程序。

第五章　慈善信托

第四十四条　本法所称慈善信托属于公益信托,是指委托人基于慈善目的,依法将其财产委托给受托人,由受托人按照委托人意愿以受托人名义进行管理和处分,开展慈善活动的行为。

第四十五条　设立慈善信托、确定受托人和监察人,应当采取书面形式。受托人应当在慈善信托文件签订之日起七日内,将相关文件向受托人所在地县级以上人民政府民政部门备案。

未按照前款规定将相关文件报民政部门备案的,不享受税收优惠。

第四十六条　慈善信托的委托人不得指定或者变相指定其利害关系人作为受益人。

慈善信托的受托人确定受益人,应当坚持公开、公平、公正的原则,不得指定或者变相指定受托人及其工作人员的利害关系人作为受益人。

第四十七条　慈善信托的受托人,可以由委托人确定其信赖的慈善组织或者信托公司担任。

第四十八条　慈善信托的受托人违反信托义务或者难以履行职责的,委托人可以变更受托人。变更后的受托人应当自变更之日起七日内,将变更情况报原备案的

民政部门重新备案。

第四十九条　慈善信托的受托人管理和处分信托财产,应当按照信托目的,恪尽职守,履行诚信、谨慎管理的义务。

慈善信托的受托人应当根据信托文件和委托人的要求,及时向委托人报告信托事务处理情况、信托财产管理使用情况。慈善信托的受托人应当每年至少一次将信托事务处理情况及财务状况向办理其备案的民政部门报告,并向社会公开。

第五十条　慈善信托的委托人根据需要,可以确定信托监察人。

信托监察人对受托人的行为进行监督,依法维护委托人和受益人的权益。信托监察人发现受托人违反信托义务或者难以履行职责的,应当向委托人报告,并有权以自己的名义向人民法院提起诉讼。

第五十一条　慈善信托的设立、信托财产的管理、信托当事人、信托的终止和清算等事项,本章未规定的,适用本法其他有关规定;本法未规定的,适用《中华人民共和国信托法》的有关规定。

第六章　慈善财产

第五十二条　慈善组织的财产包括:

(一)发起人捐赠、资助的创始财产;

(二)募集的财产;

(三)其他合法财产。

第五十三条　慈善组织的财产应当根据章程和捐赠协议的规定全部用于慈善目的,不得在发起人、捐赠人以及慈善组织成员中分配。

任何组织和个人不得私分、挪用、截留或者侵占慈善财产。

第五十四条　慈善组织对募集的财产,应当登记造册,严格管理,专款专用。

捐赠人捐赠的实物不易储存、运输或者难以直接用于慈善目的的,慈善组织可以依法拍卖或者变卖,所得收入扣除必要费用后,应当全部用于慈善目的。

第五十五条　慈善组织为实现财产保值、增值进行投资的,应当遵循合法、安全、有效的原则,投资取得的收益应当全部用于慈善目的。慈善组织的重大投资方案应当经决策机构组成人员三分之二以上同意。政府资助的财产和捐赠协议约定不得投资的财产,不得用于投资。慈善组织的负责人和工作人员不得在慈善组织投资的企业兼职或者领取报酬。

前款规定事项的具体办法,由国务院民政部门制定。

第五十六条 慈善组织开展慈善活动,应当依照法律法规和章程的规定,按照募捐方案或者捐赠协议使用捐赠财产。慈善组织确需变更募捐方案规定的捐赠财产用途的,应当报原备案的民政部门备案;确需变更捐赠协议约定的捐赠财产用途的,应当征得捐赠人同意。

第五十七条 慈善组织应当合理设计慈善项目,优化实施流程,降低运行成本,提高慈善财产使用效益。

慈善组织应当建立项目管理制度,对项目实施情况进行跟踪监督。

第五十八条 慈善项目终止后捐赠财产有剩余的,按照募捐方案或者捐赠协议处理;募捐方案未规定或者捐赠协议未约定的,慈善组织应当将剩余财产用于目的相同或者相近的其他慈善项目,并向社会公开。

第五十九条 慈善组织确定慈善受益人,应当坚持公开、公平、公正的原则,不得指定或者变相指定慈善组织管理人员的利害关系人作为受益人。

第六十条 慈善组织根据需要可以与受益人签订协议,明确双方权利义务,约定慈善财产的用途、数额和使用方式等内容。

受益人应当珍惜慈善资助,按照协议使用慈善财产。受益人未按照协议使用慈善财产或者有其他严重违反协议情形的,慈善组织有权要求其改正;受益人拒不改正的,慈善组织有权解除协议并要求受益人返还财产。

第六十一条 慈善组织应当积极开展慈善活动,遵循管理费用、募捐成本等最必要原则,厉行节约,减少不必要的开支,充分、高效运用慈善财产。具有公开募捐资格的基金会开展慈善活动的年度支出,不得低于上一年总收入的百分之七十或者前三年收入平均数额的百分之七十;年度管理费用不得超过当年总支出的百分之十;特殊情况下,年度支出和管理费用难以符合前述规定的,应当报告办理其登记的民政部门并向社会公开说明情况。

慈善组织开展慈善活动的年度支出、管理费用和募捐成本的标准由国务院民政部门会同财政、税务等部门制定。

捐赠协议对单项捐赠财产的慈善活动支出和管理费用有约定的,按照其约定。

慈善信托的年度支出和管理费用标准,由国务院民政部门会同财政、税务和金融监督管理等部门制定。

第七章 慈善服务

第六十二条 本法所称慈善服务,是指慈善组织和其他组织以及个人基于慈善目的,向社会或者他人提供的志愿无偿服务以及其他非营利服务。

慈善组织开展慈善服务,可以自己提供或者招募志愿者提供,也可以委托有服务专长的其他组织提供。

第六十三条 开展慈善服务,应当尊重受益人、志愿者的人格尊严,不得侵害受益人、志愿者的隐私。

第六十四条 开展医疗康复、教育培训等慈善服务,需要专门技能的,应当执行国家或者行业组织制定的标准和规程。

慈善组织招募志愿者参与慈善服务,需要专门技能的,应当对志愿者开展相关培训。

第六十五条 慈善组织招募志愿者参与慈善服务,应当公示与慈善服务有关的全部信息,告知服务过程中可能发生的风险。

慈善组织根据需要可以与志愿者签订协议,明确双方权利义务,约定服务的内容、方式和时间等。

第六十六条 慈善组织应当对志愿者实名登记,记录志愿者的服务时间、内容、评价等信息。根据志愿者的要求,慈善组织应当无偿、如实出具志愿服务记录证明。

第六十七条 慈善组织安排志愿者参与慈善服务,应当与志愿者的年龄、文化程度、技能和身体状况相适应。

第六十八条 志愿者接受慈善组织安排参与慈善服务的,应当服从管理,接受必要的培训。

第六十九条 慈善组织应当为志愿者参与慈善服务提供必要条件,保障志愿者的合法权益。

慈善组织安排志愿者参与可能发生人身危险的慈善服务前,应当为志愿者购买相应的人身意外伤害保险。

第八章 应急慈善

第七十条 发生重大突发事件需要迅速开展救助时,履行统一领导职责或者组织处置突发事件的人民政府应当依法建立协调机制,明确专门机构、人员,提供需求信息,及时有序引导慈善组织、志愿者等社会力量开展募捐和救助活动。

第七十一条 国家鼓励慈善组织、慈善行业组织建立应急机制,加强信息共享、协商合作,提高慈善组织运行和慈善资源使用的效率。

在发生重大突发事件时,鼓励慈善组织、志愿者等在有关人民政府的协调引导下依法开展或者参与慈善活动。

第七十二条 为应对重大突发事件开展公开募捐的,应当及时分配或者使用募得款物,在应急处置与救援阶段至少每五日公开一次募得款物的接收情况,及时公开分配、使用情况。

第七十三条 为应对重大突发事件开展公开募捐，无法在募捐活动前办理募捐方案备案的，应当在活动开始后十日内补办备案手续。

第七十四条 县级以上人民政府及其有关部门应当为捐赠款物分配送达提供便利条件。乡级人民政府、街道办事处和村民委员会、居民委员会，应当为捐赠款物分配送达、信息统计等提供力所能及的帮助。

第九章　信息公开

第七十五条 国家建立健全慈善信息统计和发布制度。

国务院民政部门建立健全统一的慈善信息平台，免费提供慈善信息发布服务。

县级以上人民政府民政部门应当在前款规定的平台及时向社会公开慈善信息。

慈善组织和慈善信托的受托人应当在本条第二款规定的平台发布慈善信息，并对信息的真实性负责。

第七十六条 县级以上人民政府民政部门和其他有关部门应当及时向社会公开下列慈善信息：

（一）慈善组织登记事项；

（二）慈善信托备案事项；

（三）具有公开募捐资格的慈善组织名单；

（四）具有出具公益性捐赠税前扣除票据资格的慈善组织名单；

（五）对慈善活动的税收优惠、资助补贴等促进措施；

（六）向慈善组织购买服务的信息；

（七）对慈善组织、慈善信托开展检查、评估的结果；

（八）对慈善组织和其他组织以及个人的表彰、处罚结果；

（九）法律法规规定应当公开的其他信息。

第七十七条 慈善组织、慈善信托的受托人应当依法履行信息公开义务。信息公开应当真实、完整、及时。

第七十八条 慈善组织应当向社会公开组织章程和决策、执行、监督机构成员信息以及国务院民政部门要求公开的其他信息。上述信息有重大变更的，慈善组织应当及时向社会公开。

慈善组织应当每年向社会公开其年度工作报告和财务会计报告。具有公开募捐资格的慈善组织的财务会计报告须经审计。

第七十九条 具有公开募捐资格的慈善组织应当定期向社会公开其募捐情况和慈善项目实施情况。

公开募捐周期超过六个月的，至少每三个月公开一次募捐情况，公开募捐活动结束后三个月内应当全面、详细公开募捐情况。

慈善项目实施周期超过六个月的，至少每三个月公开一次项目实施情况，项目结束后三个月内应当全面、详细公开项目实施情况和募得款物使用情况。

第八十条 慈善组织开展定向募捐的，应当及时向捐赠人告知募捐情况、募得款物的管理使用情况。

第八十一条 慈善组织、慈善信托的受托人应当向受益人告知其资助标准、工作流程和工作规范等信息。

第八十二条 涉及国家秘密、商业秘密、个人隐私的信息以及捐赠人、慈善信托的委托人不同意公开的姓名、名称、住所、通讯方式等信息，不得公开。

第十章　促进措施

第八十三条 县级以上人民政府应当将慈善事业纳入国民经济和社会发展规划，制定促进慈善事业发展的政策和措施。

县级以上人民政府有关部门应当在各自职责范围内，向慈善组织、慈善信托受托人等提供慈善需求信息，为慈善活动提供指导和帮助。

第八十四条 县级以上人民政府民政部门应当建立与其他部门之间的慈善信息共享机制。

第八十五条 国家鼓励、引导、支持有意愿有能力的自然人、法人和非法人组织积极参与慈善事业。

国家对慈善事业实施税收优惠政策，具体办法由国务院财政、税务部门会同民政部门依照税收法律、行政法规的规定制定。

第八十六条 慈善组织及其取得的收入依法享受税收优惠。

第八十七条 自然人、法人和非法人组织捐赠财产用于慈善活动的，依法享受税收优惠。企业慈善捐赠支出超过法律规定的准予在计算企业所得税应纳税所得额时当年扣除的部分，允许结转以后三年内在计算应纳税所得额时扣除。

境外捐赠用于慈善活动的物资，依法减征或者免征进口关税和进口环节增值税。

第八十八条 自然人、法人和非法人组织设立慈善信托开展慈善活动的，依法享受税收优惠。

第八十九条 受益人接受慈善捐赠，依法享受税收优惠。

第九十条 慈善组织、捐赠人、受益人依法享受税收优惠的，有关部门应当及时办理相关手续。

第九十一条 捐赠人向慈善组织捐赠实物、有价证券、股权和知识产权的,依法免征权利转让的相关行政事业性费用。

第九十二条 国家对开展扶贫济困、参与重大突发事件应对、参与重大国家战略的慈善活动,实行特殊的优惠政策。

第九十三条 慈善组织开展本法第三条第一项、第二项规定的慈善活动需要慈善服务设施用地的,可以依法申请使用国有划拨土地或者农村集体建设用地。慈善服务设施用地非经法定程序不得改变用途。

第九十四条 国家为慈善事业提供金融政策支持,鼓励金融机构为慈善组织、慈善信托提供融资和结算等金融服务。

第九十五条 各级人民政府及其有关部门可以依法通过购买服务等方式,支持符合条件的慈善组织向社会提供服务,并依照有关政府采购的法律法规向社会公开相关情况。

国家鼓励在慈善领域应用现代信息技术;鼓励社会力量通过公益创投、孵化培育、人员培训、项目指导等方式,为慈善组织提供资金支持和能力建设服务。

第九十六条 国家鼓励有条件的地方设立社区慈善组织,加强社区志愿者队伍建设,发展社区慈善事业。

第九十七条 国家采取措施弘扬慈善文化,培育公民慈善意识。

学校等教育机构应当将慈善文化纳入教育教学内容。国家鼓励高等学校培养慈善专业人才,支持高等学校和科研机构开展慈善理论研究。

广播、电视、报刊、互联网等媒体应当积极开展慈善公益宣传活动,普及慈善知识,传播慈善文化。

第九十八条 国家鼓励企业事业单位和其他组织为开展慈善活动提供场所和其他便利条件。

第九十九条 经受益人同意,捐赠人对其捐赠的慈善项目可以冠名纪念,法律法规规定需要批准的,从其规定。

第一百条 国家建立慈善表彰制度,对在慈善事业发展中做出突出贡献的自然人、法人和非法人组织,由县级以上人民政府或者有关部门予以表彰。

第一百零一条 县级以上人民政府民政等有关部门将慈善捐赠、志愿服务记录等信息纳入相关主体信用记录,健全信用激励制度。

第一百零二条 国家鼓励开展慈善国际交流与合作。

慈善组织接受境外慈善捐赠、与境外组织或者个人合作开展慈善活动的,根据国家有关规定履行批准、备案程序。

第十一章 监督管理

第一百零三条 县级以上人民政府民政部门应当依法履行职责,对慈善活动进行监督检查,对慈善行业组织进行指导。

第一百零四条 县级以上人民政府民政部门对涉嫌违反本法规定的慈善组织、慈善信托的受托人,有权采取下列措施:

(一)对慈善组织、慈善信托的受托人的住所和慈善活动发生地进行现场检查;

(二)要求慈善组织、慈善信托的受托人作出说明,查阅、复制有关资料;

(三)向与慈善活动有关的单位和个人调查与监督管理有关的情况;

(四)经本级人民政府批准,可以查询慈善组织的金融账户;

(五)法律、行政法规规定的其他措施。

慈善组织、慈善信托的受托人涉嫌违反本法规定的,县级以上人民政府民政部门可以对有关负责人进行约谈,要求其说明情况、提出改进措施。

其他慈善活动参与者涉嫌违反本法规定的,县级以上人民政府民政部门可以会同有关部门调查和处理。

第一百零五条 县级以上人民政府民政部门对慈善组织、有关单位和个人进行检查或者调查时,检查人员或者调查人员不得少于二人,并应当出示合法证件和检查、调查通知书。

第一百零六条 县级以上人民政府民政部门应当建立慈善组织及其负责人、慈善信托的受托人信用记录制度,并向社会公布。

县级以上人民政府民政部门应当建立慈善组织评估制度,鼓励和支持第三方机构对慈善组织的内部治理、财务状况、项目开展情况以及信息公开等进行评估,向社会公布评估结果。

第一百零七条 慈善行业组织应当建立健全行业规范,加强行业自律。

第一百零八条 任何单位和个人发现慈善组织、慈善信托有违法行为的,可以向县级以上人民政府民政部门、其他有关部门或者慈善行业组织投诉、举报。民政部门、其他有关部门或者慈善行业组织接到投诉、举报后,应当及时调查处理。

国家鼓励公众、媒体对慈善活动进行监督,对假借慈善名义或者假冒慈善组织骗取财产以及慈善组织、慈善信托的违法违规行为予以曝光，发挥舆论和社会监督作用。

第十二章　法律责任

第一百零九条　慈善组织有下列情形之一的，由县级以上人民政府民政部门责令限期改正，予以警告或者责令限期停止活动，并没收违法所得；情节严重的，吊销登记证书并予以公告：

（一）未按照慈善宗旨开展活动的；

（二）私分、挪用、截留或者侵占慈善财产的；

（三）接受附加违反法律法规或者违背社会公德条件的捐赠，或者对受益人附加违反法律法规或者违背社会公德的条件的。

第一百一十条　慈善组织有下列情形之一的，由县级以上人民政府民政部门责令限期改正，予以警告，并没收违法所得；逾期不改正的，责令限期停止活动并进行整改：

（一）违反本法第十四条规定造成慈善财产损失的；

（二）指定或者变相指定捐赠人、慈善组织管理人员的利害关系人作为受益人的；

（三）将不得用于投资的财产用于投资的；

（四）擅自改变捐赠财产用途的；

（五）因管理不善造成慈善财产重大损失的；

（六）开展慈善活动的年度支出、管理费用或者募捐成本违反规定的；

（七）未依法履行信息公开义务的；

（八）未依法报送年度工作报告、财务会计报告或者报备募捐方案的；

（九）泄露捐赠人、志愿者、受益人个人隐私以及捐赠人、慈善信托的委托人不同意公开的姓名、名称、住所、通讯方式等信息的。

慈善组织违反本法规定泄露国家秘密、商业秘密的，依照有关法律的规定予以处罚。

慈善组织有前两款规定的情形，经依法处理后一年内再出现前款规定的情形，或者有其他情节严重情形的，由县级以上人民政府民政部门吊销登记证书并予以公告。

第一百一十一条　慈善组织开展募捐活动有下列情形之一的，由县级以上人民政府民政部门予以警告，责令停止募捐活动；责令退还违法募集的财产，无法退还的，由民政部门予以收缴，转给其他慈善组织用于慈善目的；情节严重的，吊销公开募捐资格证书或者登记证书并予

以公告，公开募捐资格证书被吊销的，五年内不得再次申请：

（一）通过虚构事实等方式欺骗、诱导募捐对象实施捐赠的；

（二）向单位或者个人摊派或者变相摊派的；

（三）妨碍公共秩序、企业生产经营或者居民生活的；

（四）与不具有公开募捐资格的组织或者个人合作，违反本法第二十六条规定的；

（五）通过互联网开展公开募捐，违反本法第二十七条规定的；

（六）为应对重大突发事件开展公开募捐，不及时分配、使用募得款物的。

第一百一十二条　慈善组织有本法第一百零九条、第一百一十条、第一百一十一条规定情形的，由县级以上人民政府民政部门对直接负责的主管人员和其他直接责任人员处二万元以上二十万元以下罚款，并没收违法所得；情节严重的，禁止其一年至五年内担任慈善组织的管理人员。

第一百一十三条　不具有公开募捐资格的组织或者个人擅自开展公开募捐的，由县级以上人民政府民政部门予以警告，责令停止募捐活动；责令退还违法募集的财产，无法退还的，由民政部门予以收缴，转给慈善组织用于慈善目的；情节严重的，对有关组织或者个人处二万元以上二十万元以下罚款。

自然人、法人或者非法人组织假借慈善名义或者假冒慈善组织骗取财产的，由公安机关依法查处。

第一百一十四条　互联网公开募捐服务平台违反本法第二十七条规定的，由省级以上人民政府民政部门责令限期改正；逾期不改正的，由国务院民政部门取消指定。

未经指定的互联网信息服务提供者擅自提供互联网公开募捐服务的，由县级以上人民政府民政部门责令限期改正；逾期不改正的，由县级以上人民政府民政部门会同网信、工业和信息化部门依法进行处理。

广播、电视、报刊以及网络服务提供者、电信运营商未依法履行验证义务的，由其主管部门责令限期改正，予以警告；逾期不改正的，予以通报批评。

第一百一十五条　慈善组织不依法向捐赠人开具捐赠票据、不依法向志愿者出具志愿服务记录证明或者不及时主动向捐赠人反馈有关情况的，由县级以上人民政府民政部门予以警告，责令限期改正；逾期不改正的，责

令限期停止活动。

第一百一十六条 慈善组织弄虚作假骗取税收优惠的,由税务机关依法查处;情节严重的,由县级以上人民政府民政部门吊销登记证书并予以公告。

第一百一十七条 慈善组织从事、资助危害国家安全或者社会公共利益活动的,由有关机关依法查处,由县级以上人民政府民政部门吊销登记证书并予以公告。

第一百一十八条 慈善信托的委托人、受托人有下列情形之一的,由县级以上人民政府民政部门责令限期改正,予以警告,并没收违法所得;对直接负责的主管人员和其他直接责任人员处二万元以上二十万元以下罚款:

(一)将信托财产及其收益用于非慈善目的的;

(二)指定或者变相指定委托人、受托人及其工作人员的利害关系人作为受益人的;

(三)未按照规定将信托事务处理情况及财务状况向民政部门报告的;

(四)违反慈善信托的年度支出或者管理费用标准的;

(五)未依法履行信息公开义务的。

第一百一十九条 慈善服务过程中,因慈善组织或者志愿者过错造成受益人、第三人损害的,慈善组织依法承担赔偿责任;损害是由志愿者故意或者重大过失造成的,慈善组织可以向其追偿。

志愿者在参与慈善服务过程中,因慈善组织过错受到损害的,慈善组织依法承担赔偿责任;损害是由不可抗力造成的,慈善组织应当给予适当补偿。

第一百二十条 县级以上人民政府民政部门和其他有关部门及其工作人员有下列情形之一的,由上级机关或者监察机关责令改正;依法应当给予处分的,由任免机关或者监察机关对直接负责的主管人员和其他直接责任人员给予处分:

(一)未依法履行信息公开义务的;

(二)摊派或者变相摊派捐赠任务,强行指定志愿者、慈善组织提供服务的;

(三)未依法履行监督管理职责的;

(四)违法实施行政强制措施和行政处罚的;

(五)私分、挪用、截留或者侵占慈善财产的;

(六)其他滥用职权、玩忽职守、徇私舞弊的行为。

第一百二十一条 违反本法规定,构成违反治安管理行为的,由公安机关依法给予治安管理处罚;构成犯罪的,依法追究刑事责任。

第十三章　附　则

第一百二十二条 城乡社区组织、单位可以在本社区、单位内部开展群众性互助互济活动。

第一百二十三条 慈善组织以外的其他组织可以开展力所能及的慈善活动。

第一百二十四条 个人因疾病等原因导致家庭经济困难,向社会发布求助信息的,求助人和信息发布人应当对信息真实性负责,不得通过虚构、隐瞒事实等方式骗取救助。

从事个人求助网络服务的平台应当经国务院民政部门指定,对通过其发布的求助信息真实性进行查验,并及时、全面向社会公开相关信息。具体管理办法由国务院民政部门会同网信、工业和信息化等部门另行制定。

第一百二十五条 本法自2016年9月1日起施行。

慈善组织公开募捐管理办法

· 2024年9月5日民政部令第74号公布
· 自2024年9月5日起施行

第一条 为了规范慈善组织开展公开募捐,根据《中华人民共和国慈善法》(以下简称慈善法),制定本办法。

第二条 慈善组织公开募捐资格和公开募捐活动管理,适用本办法。

第三条 依法取得公开募捐资格的慈善组织可以面向公众开展公开募捐。不具有公开募捐资格的组织和个人不得自行开展公开募捐。

第四条 县级以上人民政府民政部门依法对其登记或者认定的慈善组织公开募捐资格和公开募捐活动进行监督管理,并对本行政区域内涉及公开募捐的有关活动进行监督管理。

慈善组织有业务主管单位的,业务主管单位应当加强对其公开募捐活动的指导、监督。

第五条 依法登记满一年的慈善组织或者认定为慈善组织满一年的社会组织,可以向办理其登记的民政部门申请公开募捐资格。申请公开募捐资格,应当符合下列条件:

(一)根据法律法规和本组织章程建立规范的内部治理结构,理事会能够有效决策,负责人任职符合有关规定,理事会成员和负责人勤勉尽职,诚实守信;

(二)理事会成员来自同一组织以及相互间存在关联关系组织的不超过三分之一,相互间具有近亲属关系的没有同时在理事会任职;理事会成员中非内地居民不超过三分之一,法定代表人由内地居民担任;秘书长为专职,理事长(会长)、秘书长不得由同一人兼任;有与本慈善组织开展活动相适应的专职工作人员;

(三)监事能够依法履行监督职责;在省级以上人民政府民政部门登记或者认定的慈善组织有三名以上监事组成的监事会;

(四)有健全的财务管理制度、项目管理制度、采购管理制度、资产管理制度、人事管理制度、档案管理制度、会计监督制度、信息公开制度等内部管理和风险控制制度,且能够规范执行;

(五)能够充分、高效运用慈善财产,依法依章程开展慈善活动,上一年度慈善活动的年度支出和管理费用符合规定;

(六)依法办理税务登记,履行纳税义务;严格执行国家统一的会计制度,依法进行会计核算;按时报送年度工作报告,严格履行信息公开义务;

(七)按照规定参加社会组织评估,评估结果为 3A 及以上且在有效期以内,申请时登记成立不满二年的除外;

(八)申请时未纳入社会组织活动异常名录或者严重违法失信名单;

(九)申请公开募捐资格前一年,未因违反社会组织相关法律法规受到行政处罚,没有其他违反法律、法规、国家政策的行为。

第六条 慈善组织申请公开募捐资格,应当向办理其登记的民政部门提交下列材料:

(一)申请书,包括本组织符合第五条各项条件的具体说明和书面承诺;

(二)注册会计师出具的申请前一年的财务审计报告,包括慈善活动年度支出和管理费用的专项信息报告;

(三)理事会关于同意申请公开募捐资格的书面会议决议。

有业务主管单位的慈善组织,还应当提交报经业务主管单位同意的书面材料。

第七条 民政部门收到全部有效材料后,应当依法进行审核,并于二十日内作出决定。对符合条件的慈善组织,发给公开募捐资格证书;对不符合条件的,不发给公开募捐资格证书并书面说明理由。

情况复杂的,民政部门可以征求有关部门意见或者通过论证会、听证会等形式听取意见,也可以根据需要对该组织进行实地考察。征求意见和实地考察所需时间不计算在审核期限内。

第八条 慈善组织不得伪造、变造、出租、出借公开募捐资格证书。公开募捐资格证书丢失、严重损毁的,应当及时报告办理其登记的民政部门进行补办。公开募捐资格证书被盗用或者冒用的,慈善组织应当及时向社会公告,并向办理其登记的民政部门报告。慈善组织有业务主管单位的,应当同时向业务主管单位报告。

第九条 慈善法施行前登记设立的公募基金会,凭其标明慈善组织属性的登记证书向办理其登记的民政部门申领公开募捐资格证书。

有关法律、行政法规规定可以公开募捐的其他非营利性组织,凭法人登记证书向同级人民政府民政部门申领公开募捐资格证书。

第十条 开展公开募捐活动,应当依法制定募捐方案。

募捐方案包括募捐目的、起止时间和地域、活动负责人姓名和办公地址、接受捐赠方式、银行账户、预期募集款物数额、受益人、募得款物用途、募捐成本、剩余财产的处理等。合作开展公开募捐活动的,募捐方案应当载明合作方的相关信息。

募捐方案填报应当符合以下要求:

(一)募捐目的符合本组织章程载明的宗旨和业务范围,公开募捐活动的名称应当与支持的慈善项目相关;

(二)公开募捐活动持续时间一般不超过三年,为应对重大突发事件开展的公开募捐活动持续时间一般不超过一年;

(三)公开募捐活动的负责人是开展公开募捐活动的慈善组织的专职工作人员;

(四)使用具有公开募捐资格的慈善组织的银行账户,不得使用其他组织或者个人的银行账户;

(五)预期募集款物数额与本组织管理服务能力、善款管理水平、项目执行方的管理能力相适应;

(六)有明确的受益人范围、预期数量和确定方式,且受益人不得为特定个人;

(七)募得款物用途符合受益人的需要,并制定募得款物使用计划;

(八)募捐成本遵循最必要原则,厉行节约,减少不必要的开支,不得向受益人及其利害关系人等转嫁募捐成本;

(九)剩余财产应当全部用于本组织目的相同或者相近的其他慈善项目,并向社会公开。

第十一条 慈善组织应当在开展公开募捐活动十日

前将符合本办法要求的募捐方案报送办理其登记的民政部门备案。

涉及合作募捐的,还应当提供对合作方的评估报告和合作协议。合作方为个人的,应当提供其居民身份证等有效身份证件复印件、无犯罪记录证明和个人信用报告。

材料齐备的,办理其登记的民政部门应当及时受理,十日内对予以备案的向社会公开;对募捐方案内容不齐备的,应当及时告知慈善组织,慈善组织应当在五日内补齐或者撤回备案材料。

第十二条　慈善组织开展的每一项公开募捐活动应当单独备案,不得合并备案,不得用同一个募捐备案编号开展多项公开募捐活动。

公开募捐活动进行中,募捐方案的有关事项发生变化的,慈善组织应当在事项发生变化之日起十日内向办理其登记的民政部门补正并说明理由。

有业务主管单位的慈善组织,应当将募捐方案及补正事项报经业务主管单位同意。

开展公开募捐活动,涉及公共安全、公共秩序、消防等事项的,还应当按照其他有关规定履行批准程序。

第十三条　慈善组织为应对重大突发事件,无法在开展公开募捐活动前办理募捐方案备案的,应当在公开募捐活动开始后十日内补办备案手续。

为应对重大突发事件开展公开募捐的慈善组织,应当及时分配或者使用募得款物,在应急处置与救援阶段至少每五日公开一次募得款物的接收情况,及时公开分配、使用情况。

第十四条　慈善组织在办理其登记的民政部门管辖区域外,以慈善法第二十三条第一款第一项、第二项方式开展公开募捐活动的,除向办理其登记的民政部门备案外,还应当在开展公开募捐活动十日前,向其开展募捐活动所在地的县级以上人民政府民政部门备案,提交募捐方案、公开募捐资格证书复印件、确有必要在当地开展公开募捐活动的情况说明。

第十五条　慈善组织开展公开募捐活动应当按照本组织章程和内部管理制度履行必要的内部决策程序,并形成经法定代表人同意的决策文件;应当建立公开募捐信息档案,做好详细的款物签收或者服务记录台账,妥善保管相关凭证资料,方便有关部门和捐赠人查阅。

第十六条　慈善组织开展公开募捐活动,应当在募捐活动现场或者募捐活动载体的显著位置,公布本组织名称、公开募捐资格证书、募捐方案、联系方式、募捐信息查询方法等。

第十七条　慈善组织通过互联网开展公开募捐活动的,应当在国务院民政部门指定的互联网公开募捐服务平台进行,并可以同时在以本慈善组织名义开通的门户网站、官方微博、官方微信、移动客户端等网络平台发布公开募捐信息。

慈善组织发布的公开募捐活动名称等信息应当与备案的募捐方案载明的信息保持一致,不得随意变更。

第十八条　具有公开募捐资格的慈善组织与不具有公开募捐资格的组织或者个人合作开展公开募捐活动,应当基于慈善目的并承担相应法律责任。不具有公开募捐资格的合作方不得以任何形式自行开展公开募捐。

具有公开募捐资格的慈善组织应当对合作方进行评估,形成评估报告。评估报告内容应当包括合作方信用信息及社会评价情况,实现募捐目的的专业资质能力情况,与受益人是否存在利害关系等。

具有公开募捐资格的慈善组织应当与合作方依法签订书面协议。协议内容应当包括合作公开募捐活动名称、募捐目的、合作起止时间、公开募捐方式、募得款物管理使用计划、合作双方权利义务、违约责任及争议处理方式等。解除合作协议的,应当以书面方式确认。

具有公开募捐资格的慈善组织应当负责对合作募得的款物进行管理和会计核算,将全部收支纳入其账户。

具有公开募捐资格的慈善组织应当对合作方的相关行为进行指导和监督,可以采取培训、督导、评估、审计等方式。

合作方应当配合具有公开募捐资格的慈善组织开展相关工作。

第十九条　具有公开募捐资格的慈善组织确定受益人时应当坚持公开、公平、公正的原则。受益人为自然人的,慈善组织在慈善活动中应当尊重其人格尊严,依法保护其有关信息,不得侵害其隐私。

慈善组织不得对受益人附加违反法律法规和违背社会公德的条件,不得指定或者变相指定捐赠人的利害关系人作为受益人。

第二十条　具有公开募捐资格的慈善组织应当依据法律法规、章程规定和募捐方案加强对募得款物的管理和使用。确需变更募捐方案规定的募得款物用途的,应当召开理事会进行审议,报办理其登记的民政部门备案,并向社会公开。慈善组织有业务主管单位的,还应当报经业务主管单位同意。

募得款物用于采购物资、服务或者发放物资的,应当按照公开、公平、公正的原则。涉及采购物资和服务的，有关物资和服务价格不得高于市场公允价值；涉及发放物资的，应当确保采购、配送、签收等环节合法、合规、安全、有效。

第二十一条　具有公开募捐资格的慈善组织应当对公开募捐活动募集和使用慈善财产情况、委托第三方执行慈善项目情况等进行公开。涉及合作募捐的，还应当公开合作方信息。

公开募捐周期超过六个月的，至少每三个月公开一次募捐情况，公开募捐活动结束后三个月内应当全面、详细公开募捐情况。

慈善项目实施周期超过六个月的，至少每三个月公开一次项目实施情况，项目结束后三个月内应当全面、详细公开项目实施情况和募得款物使用情况。

第二十二条　具有公开募捐资格的慈善组织不再符合本办法第五条规定条件的，由办理其登记的民政部门纳入社会组织活动异常名录并向社会公告。

第二十三条　慈善组织被依法吊销公开募捐资格证书的，应当立即停止公开募捐活动，已通过公开募捐活动获得的募得款物应当继续按照备案的募捐方案执行，并将相关情况及时向社会公开。

出现前款规定情形的，办理其登记的民政部门应当在十日内向社会公告。

慈善组织被依法吊销公开募捐资格证书的，当年开展慈善活动的年度支出和管理费用按照具有公开募捐资格的慈善组织相关标准执行。

公开募捐资格证书被吊销的慈善组织，五年内不得再次申请。

第二十四条　慈善组织有下列情形之一的，办理其登记的民政部门可以予以警告、责令限期改正：

（一）伪造、变造、出租、出借公开募捐资格证书的；

（二）未按照募捐方案确定的时间，超出募捐方案确定的期限、地域范围、方式进行募捐的；

（三）开展公开募捐未在募捐活动现场或者募捐活动载体的显著位置公布募捐活动信息的；

（四）其他违反本办法情形的。

未按照本办法报备募捐方案的，按照慈善法第一百一十条进行处理。

第二十五条　公开募捐资格证书样式、公开募捐方案备案指引，由民政部统一制定。

第二十六条　有关法律、行政法规规定可以公开募捐的非营利性组织开展公开募捐活动适用本办法。

第二十七条　本办法由民政部负责解释。

第二十八条　本办法自2024年9月5日起施行。2016年8月31日民政部发布的《慈善组织公开募捐管理办法》同时废止。

慈善组织认定办法

· 2024年9月5日民政部令第73号公布
· 自2024年9月5日起施行

第一条　为了规范慈善组织认定工作，根据《中华人民共和国慈善法》（以下简称慈善法）的规定，制定本办法。

第二条　已经设立的基金会、社会团体、社会服务机构等非营利性组织，申请认定为慈善组织，适用本办法。

第三条　县级以上人民政府民政部门对其登记的基金会、社会团体、社会服务机构进行慈善组织认定。

第四条　基金会、社会团体、社会服务机构申请认定为慈善组织，应当符合下列条件：

（一）申请时具备相应的社会组织法人登记条件；

（二）以开展慈善活动为宗旨，业务范围符合慈善法第三条的规定；申请时的上一年度慈善活动的年度支出和管理费用符合国务院民政部门关于慈善组织的规定；

（三）不以营利为目的，收益和营运结余全部用于章程规定的慈善目的；财产及其孳息没有在发起人、捐赠人或者本组织成员中分配；章程符合慈善法第十一条的规定，且有关于剩余财产转给宗旨相同或者相近的其他慈善组织的规定；

（四）有健全的财务制度和合理的薪酬制度；

（五）法律、行政法规规定的其他条件。

第五条　有下列情形之一的，不予认定为慈善组织：

（一）有法律法规和国家政策规定的不得担任慈善组织负责人的情形的；

（二）申请前二年内受过行政处罚的；

（三）申请时被民政部门列入社会组织活动异常名录或者严重违法失信名单的；

（四）有其他违反法律、法规、国家政策行为的。

第六条　申请认定为慈善组织，社会团体应当经会员（代表）大会表决通过，基金会、社会服务机构应当经理事会表决通过；有业务主管单位的，还应当经业务主管单位同意。

第七条　申请认定慈善组织的基金会，应当向办理其登记的民政部门提交下列材料：

（一）申请书；

（二）符合本办法第四条规定以及不存在第五条所列情形的书面承诺；

（三）按照本办法第六条规定召开会议形成的会议纪要。

申请认定为慈善组织的社会团体、社会服务机构，除前款规定的材料外，还应当向办理其登记的民政部门提交下列材料：

（一）关于申请理由、慈善宗旨、开展慈善活动等情况的说明；

（二）注册会计师出具的上一年度财务审计报告，含慈善活动年度支出和管理费用的专项审计。

申请认定慈善组织的基金会、社会团体、社会服务机构有业务主管单位的，还应当提交业务主管单位同意的书面材料。

第八条　民政部门自收到全部有效材料后，应当依法进行审核。

情况复杂的，民政部门可以征求有关部门意见或者通过论证会、听证会等形式听取意见，也可以根据需要对该组织进行实地考察。

第九条　民政部门应当自受理申请之日起二十日内作出决定。符合慈善组织认定条件的，予以认定并向社会公告；不符合慈善组织认定条件的，不予认定并书面说明理由。

第十条　认定为慈善组织的基金会、社会团体、社会服务机构，由办理其登记的民政部门换发登记证书，标明慈善组织属性。

慈善组织符合税收法律法规规定条件的，依照税法规定享受税收优惠。

第十一条　本办法由民政部负责解释。

第十二条　本办法自 2024 年 9 月 5 日起施行。2016 年 8 月 31 日民政部发布的《慈善组织认定办法》同时废止。

慈善信托管理办法

· 2017 年 7 月 7 日

· 银监发〔2017〕37 号

第一章　总　则

第一条　为规范慈善信托，保护慈善信托当事人的合法权益，促进慈善事业发展，根据《中华人民共和国慈善法》（简称《慈善法》）、《中华人民共和国信托法》（简称《信托法》）、《中华人民共和国银行业监督管理法》（简称《银行业监督管理法》）等法律法规，制定本办法。

第二条　本办法所称慈善信托属于公益信托，是指委托人基于慈善目的，依法将其财产委托给受托人，由受托人按照委托人意愿以受托人名义进行管理和处分，开展慈善活动的行为。

第三条　开展慈善信托，应当遵循合法、自愿、诚信的原则，不得违背社会公德、危害国家安全、损害社会公共利益和他人合法权益。

第四条　国家鼓励发展慈善信托，支持自然人、法人和其他组织践行社会主义核心价值观，弘扬中华民族传统美德，依法开展慈善活动。

第五条　慈善信托的委托人、受托人、受益人以及监察人在中华人民共和国境内开展慈善信托，适用本办法。

第六条　国务院银行业监督管理机构及其派出机构、国务院民政部门及县级以上地方各级人民政府民政部门根据各自法定职责对慈善信托实施监督管理。

第二章　慈善信托的设立

第七条　设立慈善信托，必须有合法的慈善信托目的。

以开展下列慈善活动为目的而设立的信托，属于慈善信托：

（一）扶贫、济困；

（二）扶老、救孤、恤病、助残、优抚；

（三）救助自然灾害、事故灾难和公共卫生事件等突发事件造成的损害；

（四）促进教育、科学、文化、卫生、体育等事业的发展；

（五）防治污染和其他公害，保护和改善生态环境；

（六）符合《慈善法》规定的其他公益活动。

第八条　慈善信托的委托人应当是具有完全民事行为能力的自然人、法人或者依法成立的其他组织。

第九条　慈善信托的受托人可以由委托人确定其信赖的慈善组织或者信托公司担任。

第十条　慈善信托的委托人不得指定或者变相指定与委托人或受托人具有利害关系的人作为受益人。

第十一条　慈善信托的委托人根据需要，可以确定监察人。

监察人对受托人的行为进行监督，依法维护委托人和受益人的权益。监察人发现受托人违反信托义务或者难以履行职责的，应当向委托人报告，并有权以自己的名义向人民法院提起诉讼。

第十二条　设立慈善信托,必须有确定的信托财产,并且该信托财产必须是委托人合法所有的财产。

前款所称财产包括合法的财产权利。

第十三条　设立慈善信托、确定受托人和监察人,应当采取书面形式。

书面形式包括信托合同、遗嘱或者法律、行政法规规定的其他书面文件等。

第十四条　慈善信托文件应当载明下列事项:

(一)慈善信托名称;

(二)慈善信托目的;

(三)委托人、受托人的姓名或者名称、住所,如设置监察人,监察人的姓名或者名称、住所;

(四)受益人范围及选定的程序和方法;

(五)信托财产的范围、种类、状况和管理方法;

(六)年度慈善支出的比例或数额;

(七)信息披露的内容和方式;

(八)受益人取得信托利益的形式和方法;

(九)信托报酬收取标准和方法。

除前款所列事项外,可以载明信托期限、新受托人的选任方式、信托终止事由、争议解决方式等事项。

第三章　慈善信托的备案

第十五条　受托人应当在慈善信托文件签订之日起7日内,将相关文件向受托人所在地县级以上人民政府民政部门备案。

未按照前款规定将相关文件报民政部门备案的,不享受税收优惠。

第十六条　信托公司担任受托人的,由其登记注册地设区市的民政部门履行备案职责;慈善组织担任受托人的,由准予其登记或予以认定的民政部门履行备案职责。

第十七条　同一慈善信托有两个或两个以上的受托人时,委托人应当确定其中一个承担主要受托管理责任的受托人按照本章规定进行备案。备案的民政部门应当将备案信息与其他受托人所在地的县级以上人民政府民政部门共享。

第十八条　慈善信托的受托人向民政部门申请备案时,应当提交以下书面材料:

(一)备案申请书;

(二)委托人身份证明(复印件)和关于信托财产合法性的声明;

(三)担任受托人的信托公司的金融许可证或慈善组织准予登记或予以认定的证明材料(复印件);

(四)信托文件;

(五)开立慈善信托专用资金账户证明、商业银行资金保管协议,非资金信托除外;

(六)信托财产交付的证明材料(复印件);

(七)其他材料。

以上材料一式四份,由受托人提交履行备案职责的民政部门指定的受理窗口。

第十九条　备案后,发生第三十八条规定的部分变更事项时,慈善信托的受托人应当在变更之日起7日内按照第十八条的规定向原备案的民政部门申请备案,并提交发生变更的相关书面材料。

如当月发生两起或两起以上变更事项的,可以在下月10日前一并申请备案。

第二十条　慈善信托的受托人违反信托义务或者难以履行职责的,委托人可以变更受托人。变更后的受托人应当在变更之日起7日内,将变更情况报原备案的民政部门重新备案。

申请重新备案时,应当提交以下书面材料:

(一)原备案的信托文件和备案回执;

(二)重新备案申请书;

(三)原受托人出具的慈善信托财产管理处分情况报告;

(四)作为变更后受托人的信托公司的金融许可证或慈善组织准予登记或予以认定的证明材料(复印件);

(五)重新签订的信托合同等信托文件;

(六)开立慈善信托专用资金账户证明、商业银行资金保管协议,非资金信托除外;

(七)其他材料。

以上书面材料一式四份,由变更后的受托人提交原备案的民政部门受理窗口。

第二十一条　慈善信托备案申请符合《慈善法》、《信托法》和本办法规定的,民政部门应当在收到备案申请材料之日起7日内出具备案回执;不符合规定的,应当在收到备案申请材料之日起7日内一次性书面告知理由和需要补正的相关材料。

第二十二条　信托公司新设立的慈善信托项目应当按照监管要求及时履行报告或产品登记义务。

第四章　慈善信托财产的管理和处分

第二十三条　慈善信托财产及其收益,应当全部用于慈善目的。

第二十四条　受托人管理和处分慈善信托财产,应当按照慈善信托目的,恪尽职守,履行诚信、谨慎管理的义务。

第二十五条　受托人除依法取得信托报酬外，不得利用慈善信托财产为自己谋取利益。

第二十六条　慈善信托财产与受托人固有财产相区别，受托人不得将慈善信托财产转为其固有财产。

任何组织和个人不得私分、挪用、截留或者侵占慈善信托财产。

第二十七条　受托人必须将慈善信托财产与其固有财产分别管理、分别记账，并将不同慈善信托的财产分别管理、分别记账。

第二十八条　对于资金信托，应当委托商业银行担任保管人，并且依法开立慈善信托资金专户；对于非资金信托，当事人可以委托第三方进行保管。

第二十九条　受托人应当自己处理慈善信托事务，但信托文件另有规定或者有不得已事由的，可以委托他人代为处理。

受托人依法将慈善信托事务委托他人代理的，应当对他人处理慈善信托事务的行为承担责任。

受托人因依法将慈善信托事务委托他人代理而向他人支付的报酬，在其信托报酬中列支。

第三十条　慈善信托财产运用应当遵循合法、安全、有效的原则，可以运用于银行存款、政府债券、中央银行票据、金融债券和货币市场基金等低风险资产，但委托人和信托公司另有约定的除外。

第三十一条　受托人不得将其固有财产与慈善信托财产进行交易或者将不同委托人的信托财产进行相互交易，但信托文件另有规定或者经委托人同意，并以公平的市场价格进行交易的除外。

第三十二条　委托人、受托人及其管理人员不得利用其关联关系，损害慈善信托利益和社会公共利益，有关交易情况应当向社会公开。

第三十三条　受托人应当根据信托文件和委托人的要求，及时向委托人报告慈善信托事务处理情况、信托财产管理使用情况。

第三十四条　慈善信托的受托人应严格按照有关规定管理和处分慈善信托财产，不得借慈善信托名义从事非法集资、洗钱等活动。

第三十五条　受托人应当妥善保存管理慈善信托事务的全部资料，保存期自信托终止之日起不少于十五年。

第三十六条　受托人违反法律、行政法规和信托文件的规定，造成慈善信托财产损失的，应当以其固有财产承担相应的赔偿责任。

第五章　慈善信托的变更和终止

第三十七条　慈善信托的受托人违反信托文件义务或者出现依法解散、法定资格丧失、被依法撤销、被宣告破产或者其他难以履行职责的情形时，委托人可以变更受托人。

第三十八条　根据信托文件约定或者经原委托人同意，可以变更以下事项：

（一）增加新的委托人；

（二）增加信托财产；

（三）变更信托受益人范围及选定的程序和方法；

（四）国务院民政部门和国务院银行业监督管理机构规定的其他情形。

第三十九条　慈善信托的受托人不得自行辞任，信托文件另有规定的除外。

第四十条　有下列情形之一的，慈善信托终止：

（一）信托文件规定的终止事由出现；

（二）信托的存续违反信托目的；

（三）信托目的已经实现或者不能实现；

（四）信托当事人协商同意；

（五）信托被撤销；

（六）信托被解除。

第四十一条　自慈善信托终止事由发生之日起15日内，受托人应当将终止事由、日期、剩余信托财产处分方案和有关情况报告备案的民政部门。

第四十二条　慈善信托终止的，受托人应当在30日内作出处理慈善信托事务的清算报告，向备案的民政部门报告后，由受托人予以公告。

慈善信托若设置信托监察人，清算报告应事先经监察人认可。

第四十三条　慈善信托终止，没有信托财产权利归属人或者信托财产权利归属人是不特定的社会公众，经备案的民政部门批准，受托人应当将信托财产用于与原慈善目的相近似的目的，或者将信托财产转移给具有近似目的的其他慈善信托或者慈善组织。

第六章　促进措施

第四十四条　慈善信托的委托人、受托人和受益人按照国家有关规定享受税收优惠。

第四十五条　信托公司开展慈善信托业务免计风险资本，免予认购信托业保障基金。

第四十六条　鼓励地方各级人民政府根据经济社会发展情况，制定和出台促进慈善信托事业发展的政策和措施。

第七章　监督管理和信息公开

第四十七条　银行业监督管理机构负责信托公司慈善信托业务和商业银行慈善信托账户资金保管业务的监督管理工作。县级以上人民政府民政部门负责慈善信托备案和相关监督管理工作。

第四十八条　民政部门和银行业监督管理机构应当建立经常性的监管协作机制,加强事中、事后监管,切实提高监管有效性。

第四十九条　民政部门和银行业监督管理机构根据各自法定管理职责,对慈善信托的受托人应当履行的受托职责、管理慈善信托财产及其收益的情况、履行信息公开和告知义务以及其他与慈善信托相关的活动进行监督检查。

第五十条　民政部门和银行业监督管理机构根据各自法定管理职责,联合或委托第三方机构对慈善信托的规范管理、慈善目的的实现和慈善信托财产的运用效益等进行评估。

第五十一条　民政部门和银行业监督管理机构根据履行职责的需要,可以与受托人的主要负责人和相关人员进行监督管理谈话,要求就受托人的慈善信托活动和风险管理的重大事项作出说明。

第五十二条　除依法设立的信托公司或依法予以登记或认定的慈善组织外,任何单位和个人不得以"慈善信托"等名义开展活动。

第五十三条　行业组织应当加强行业自律,反映行业诉求,推动行业交流,提高慈善信托公信力,促进慈善信托事业发展。

第五十四条　任何单位和个人发现慈善信托违法违规行为的,可以向民政部门、银行业监督管理机构和其他有关部门进行投诉、举报。民政部门、银行业监督管理机构和其他有关部门接到投诉、举报后,应当及时调查处理。

国家鼓励公众、媒体对慈善信托活动进行监督,对慈善信托违法违规行为予以曝光,发挥舆论和社会监督作用。

第五十五条　民政部门和银行业监督管理机构应当及时向社会公开下列慈善信托信息:

(一)慈善信托备案事项;

(二)慈善信托终止事项;

(三)对慈善信托检查、评估的结果;

(四)对慈善信托受托人的行政处罚和监管措施的结果;

(五)法律法规规定应当公开的其他信息。

第五十六条　受托人应当在民政部门提供的信息平台上,发布以下慈善信息,并对信息的真实性负责。

(一)慈善信托设立情况说明;

(二)信托事务处理情况报告、财产状况报告;

(三)慈善信托变更、终止事由;

(四)备案的民政部门要求公开的其他信息。

第五十七条　涉及国家秘密、商业秘密、个人隐私的信息以及慈善信托的委托人不同意公开的姓名、名称、住所、通讯方式等信息,不得公开。

第五十八条　慈善信托的受托人应当于每年3月31日前向备案的民政部门报送慈善信托事务处理情况和慈善信托财产状况的年度报告。

第八章　法律责任

第五十九条　慈善信托的受托人有下列情形之一的,由民政部门予以警告,责令限期改正;有违法所得的,由民政部门予以没收;对直接负责的主管人员和其他直接责任人员处二万元以上二十万元以下罚款:

(一)将信托财产及其收益用于非慈善目的的;

(二)未按照规定将信托事务处理情况及财务状况向民政部门报告或者向社会公开的。

第六十条　信托公司违反本办法规定的,银行业监督管理机构可以根据《银行业监督管理法》等法律法规,采取相应的行政处罚和监管措施。

第六十一条　慈善信托的当事人违反《慈善法》有关规定,构成违反治安管理行为的,依法移送公安机关给予治安管理处罚;构成犯罪的,依法移送公安、司法机关追究刑事责任。

第九章　附　则

第六十二条　本办法由国务院银行业监督管理机构与国务院民政部门共同负责解释。

第六十三条　此前有关慈善信托的相关规定与本办法不一致的,以本办法为准。

第六十四条　省、自治区、直辖市、计划单列市人民政府民政部门和国务院银行业监督管理机构的省一级派出机构可以按照本办法规定结合当地实际联合制定实施细则,但不得设置或变相设置限制性条件。

第六十五条　本办法自印发之日起施行。

慈善组织信息公开办法

· 2018 年 8 月 6 日民政部令第 61 号公布
· 自 2018 年 9 月 1 日起施行

第一条 为规范慈善组织的信息公开行为,保护捐赠人、志愿者、受益人等慈善活动参与者的合法权益,维护社会公众的知情权,促进慈善事业发展,根据《中华人民共和国慈善法》(以下简称《慈善法》)制定本办法。

第二条 慈善组织应当依法履行信息公开义务,信息公开应当真实、完整、及时。

慈善组织应当建立信息公开制度,明确信息公开的范围、方式和责任。

慈善组织应当对信息的真实性负责,不得有虚假记载、误导性陈述或者重大遗漏,不得以新闻发布、广告推广等形式代替应当履行的信息公开义务。

第三条 慈善组织应当依照有关法律法规和本办法规定,在民政部门提供的统一的信息平台(以下简称统一信息平台),向社会公开下列信息:

(一)本办法规定的基本信息;

(二)年度工作报告和财务会计报告;

(三)公开募捐情况;

(四)慈善项目有关情况;

(五)慈善信托有关情况;

(六)重大资产变动及投资、重大交换交易及资金往来、关联交易行为等情况;

(七)法律法规要求公开的其他信息。

第四条 慈善组织应当自下列基本信息形成之日起30 日内,在统一信息平台向社会公开:

(一)经民政部门核准的章程;

(二)决策、执行、监督机构成员信息;

(三)下设的办事机构、分支机构、代表机构、专项基金和其他机构的名称、设立时间、存续情况、业务范围或者主要职能;

(四)发起人、主要捐赠人、管理人员、被投资方以及与慈善组织存在控制、共同控制或者重大影响关系的个人或者组织(以下简称重要关联方);

(五)本组织的联系人、联系方式,以本组织名义开通的门户网站、官方微博、官方微信或者移动客户端等网络平台;

(六)本组织的信息公开制度、项目管理制度、财务和资产管理制度。

基本信息中属于慈善组织登记事项的,由民政部门予以公开,慈善组织可以免予公开。

慈善组织可以将基本信息制作纸质文本置于本组织的住所,方便社会公众查阅、复制。

第五条 具有公开募捐资格的慈善组织应当公开的基本信息还包括:

(一)按年度公开在本组织领取报酬从高到低排序前五位人员的报酬金额;

(二)本组织出国(境)经费、车辆购置及运行费用、招待费用、差旅费用的标准。

第六条 慈善组织应当按照有关法律法规规定的时限,将年度工作报告和财务会计报告在统一信息平台向社会公开。具有公开募捐资格的慈善组织的年度财务会计报告需经审计。

年度工作报告的具体内容和基本格式由国务院民政部门统一制定。

第七条 慈善组织开展公开募捐活动,应当在募捐活动现场或者募捐活动载体的显著位置,公布组织名称、公开募捐资格证书、备案的募捐方案、联系方式、募捐信息查询方法等,并在统一信息平台向社会公开。慈善组织与其他组织或者个人合作开展公开募捐的,还应当公开合作方的有关信息。

慈善组织通过互联网开展公开募捐的,应当按照有关规定发布募捐信息。

第八条 具有公开募捐资格的慈善组织开展公开募捐活动,应当在公开募捐活动结束后三个月内在统一信息平台公开下列信息:

(一)募得款物情况;

(二)已经使用的募得款物的用途,包括用于慈善项目和其他用途的支出情况;

(三)尚未使用的募得款物的使用计划。

公开募捐周期超过六个月的,至少每三个月公开一次前款第(一)、第(二)项所规定的信息。

第九条 慈善组织在设立慈善项目时,应当在统一信息平台公开该慈善项目的名称和内容,慈善项目结束的,应当公开有关情况。

具有公开募捐资格的慈善组织为慈善项目开展募捐活动的,还应当公开相关募捐活动的名称。

慈善项目由慈善信托支持的,还应当公开相关慈善信托的名称。

第十条 具有公开募捐资格的慈善组织,应当在慈善项目终止后三个月内,在统一信息平台向社会公开慈善项目实施情况,包括:项目名称、项目内容、实施地域、受益人群、来自公开募捐和其他来源的收入、项目的支出情况，项目终止后有剩余财产的还应当公开剩余财产的处理情况。

项目实施周期超过六个月的，至少每三个月公开一次项目实施情况。

第十一条　慈善组织担任慈善信托受托人的，应当每年至少一次将信托事务处理情况及财务状况在统一信息平台向社会公开。

第十二条　慈善组织发生下列情形后 30 日内，应当在统一信息平台向社会公开具体内容和金额：

（一）重大资产变动；

（二）重大投资；

（三）重大交易及资金往来。

前款中规定的重大资产变动、重大投资、重大交易及资金往来的具体标准，由慈善组织依据有关法律法规规章在本组织章程或者财务资产管理制度中规定。

第十三条　慈善组织在下列关联交易等行为发生后 30 日内，应当在统一信息平台向社会公开具体内容和金额：

（一）接受重要关联方捐赠；

（二）对重要关联方进行资助；

（三）与重要关联方共同投资；

（四）委托重要关联方开展投资活动；

（五）与重要关联方发生交易；

（六）与重要关联方发生资金往来。

第十四条　慈善组织应当在统一信息平台为每年的年度工作报告和财务会计报告、每个公开募捐活动和慈善项目建立相对独立的信息条目。

慈善组织需要对统一信息平台的信息进行更正的，应当在统一信息平台填写并公布更正说明，有独立信息条目的在相应信息条目下予以公布。基本信息发生变更的，慈善组织应当在变更后 30 日内在统一信息平台向社会公开。

第十五条　慈善组织开展定向募捐的，应当及时向捐赠人告知募捐情况、捐赠款物管理使用情况。捐赠人要求将捐赠款物管理使用情况向社会公开的，慈善组织应当向社会公开。

第十六条　慈善组织应当向受益人告知其资助标准、工作流程和工作规范等信息。

鼓励慈善组织向社会公开前款规定的信息。

第十七条　慈善组织招募志愿者参与慈善服务，应当公示与慈善服务有关的全部信息，以及在服务过程中可能发生的风险。

第十八条　慈善组织对外公开有关机关登记、核准、备案的事项时，应当与有关机关的信息一致。

慈善组织公布的信息相互之间应当一致。

慈善组织在其他渠道公布的信息，应当与其在统一信息平台上公布的信息一致。

第十九条　涉及国家秘密、商业秘密、个人隐私的信息以及捐赠人、志愿者、受益人、慈善信托的委托人不同意公开的姓名、名称、住所、通讯方式等信息，不得公开。

第二十条　慈善组织不及时公开应当公开的事项或者公开的事项不真实的，任何单位或者个人可以向民政部门投诉、举报。

第二十一条　民政部门可以要求慈善组织就信息公开的相关事项作出说明，必要时可以进行约谈，并向社会公开。

第二十二条　慈善组织违反本办法规定的，民政部门可以责令限期改正。

第二十三条　慈善组织有下列情形的，民政部门依据《慈善法》第九十九条的有关规定进行处罚：

（一）未依法履行信息公开义务的；

（二）泄露捐赠人、志愿者、受益人个人隐私以及捐赠人、志愿者、受益人、慈善信托的委托人不同意公开的姓名、名称、住所、通讯方式等信息的。

第二十四条　慈善组织在信息公开中违反有关法律法规规章和本办法规定的，民政部门应当进行记录，并将相关情况通报有关部门，根据有关规定实施联合惩戒。

第二十五条　民政部门工作人员在工作中滥用职权、徇私舞弊、玩忽职守的，由上级机关或者监察机关依法责令改正；依法应当给予处分的，由任免机关或者监察机关对直接负责的主管人员和其他直接责任人员给予处分。

第二十六条　本办法自 2018 年 9 月 1 日起施行。

慈善组织保值增值投资活动管理暂行办法

· 2018 年 10 月 30 日民政部令第 62 号公布

· 自 2019 年 1 月 1 日起施行

第一条　为规范慈善组织的投资活动，防范慈善财产运用风险，促进慈善组织持续健康发展，根据《中华人民共和国慈善法》（以下简称《慈善法》）等法律法规，制定本办法。

第二条　县级以上人民政府民政部门（以下简称民政部门）依法登记、认定的慈善组织进行投资活动，适用本办法。

第三条　慈善组织应当以面向社会开展慈善活动为宗旨，充分、高效运用慈善财产，在确保年度慈善活动支出符合法定要求和捐赠财产及时足额拨付的前提下，可以开展投资活动。

慈善组织开展投资活动应当遵循合法、安全、有效的原则，投资取得的收益应当全部用于慈善目的。

第四条　本办法所称投资活动，主要包括下列情形：

（一）直接购买银行、信托、证券、基金、期货、保险资产管理机构、金融资产投资公司等金融机构发行的资产管理产品；

（二）通过发起设立、并购、参股等方式直接进行股权投资；

（三）将财产委托给受金融监督管理部门监管的机构进行投资。

第五条　慈善组织可以用于投资的财产限于非限定性资产和在投资期间暂不需要拨付的限定性资产。

慈善组织接受的政府资助的财产和捐赠协议约定不得投资的财产，不得用于投资。

第六条　慈善组织在投资资产管理产品时，应当审慎选择，购买与本组织风险识别能力和风险承担能力相匹配的产品。

慈善组织直接进行股权投资的，被投资方的经营范围应当与慈善组织的宗旨和业务范围相关。

慈善组织开展委托投资的，应当选择中国境内有资质从事投资管理业务，且管理审慎、信誉较高的机构。

第七条　慈善组织不得进行下列投资活动：

（一）直接买卖股票；

（二）直接购买商品及金融衍生品类产品；

（三）投资人身保险产品；

（四）以投资名义向个人、企业提供借款；

（五）不符合国家产业政策的投资；

（六）可能使本组织承担无限责任的投资；

（七）违背本组织宗旨、可能损害信誉的投资；

（八）非法集资等国家法律法规禁止的其他活动。

第八条　慈善组织应当在财务和资产管理制度中规定以下内容：

（一）投资遵循的基本原则；

（二）投资决策程序和管理流程；

（三）决策机构、执行机构、监督机构在投资活动中的相关职责；

（四）投资负面清单；

（五）重大投资的标准；

（六）投资风险管控制度；

（七）投资活动中止、终止或者退出机制；

（八）违规投资责任追究制度。

第九条　慈善组织的财务和资产管理制度以及重大投资方案应当经决策机构组成人员三分之二以上同意。

第十条　慈善组织的发起人、主要捐赠人、负责人、理事、理事来源单位以及其他与慈善组织之间存在控制、共同控制或者重大影响关系的个人或者组织，当其利益与慈善组织投资行为关联时，不得利用关联关系损害慈善组织利益。

第十一条　慈善组织应当及时回收到期的本金和收益，依法依规及时进行会计核算。

第十二条　慈善组织应当为投资活动建立专项档案，完整保存投资的决策、执行、管理等资料。专项档案的保存时间不少于 20 年。

第十三条　慈善组织应当根据投资活动的风险水平以及所能承受的损失程度，合理建立止损机制。

慈善组织可以建立风险准备金制度。

第十四条　慈善组织在开展投资活动时，其负责人、理事和工作人员应当遵守法律法规和本组织章程的规定，严格履行忠实、谨慎、勤勉义务。

慈善组织在开展投资活动时有违法违规行为，致使慈善组织财产损失的，相关人员应当承担相应责任。

第十五条　慈善组织的负责人和工作人员不得在慈善组织投资的企业兼职或者领取报酬，但受慈善组织委托可以作为股东代表、董事或者监事参与被投资企业的股东会、董事会。

第十六条　民政部门可以要求慈善组织就投资活动、风险控制、内部管理等事项作出说明，必要时可以进行约谈。

第十七条　慈善组织将不得用于投资的财产用于投资，民政部门依据《慈善法》第九十九条的有关规定进行处罚。慈善组织违反本办法规定，民政部门可以给予警告，并责令限期改正。

第十八条　慈善组织的财务和资产管理制度、重大投资情况应当依法依规向社会公开，接受社会监督。

第十九条　未认定为慈善组织的基金会、具有公益性捐赠税前扣除资格的社会团体和社会服务机构开展投资活动应当遵守本办法规定。

第二十条　本办法自 2019 年 1 月 1 日起施行。

个人求助网络服务平台管理办法

·2024 年 9 月 5 日民政部、国家网信办、工业和信息化部、公安部、金融监管总局令第 75 号公布
·自 2024 年 9 月 5 日起施行

第一条　为加强个人求助网络服务平台管理,保护求助人、信息发布人、捐助人的合法权益,根据《中华人民共和国慈善法》等法律法规,制定本办法。

第二条　中华人民共和国境内的个人求助网络服务平台,适用本办法。

本办法所指的个人求助网络服务平台,是指专门为因疾病等原因导致家庭经济困难的个人,提供求助信息发布和捐助资金归集、管理、拨付等服务的网络平台。

第三条　个人求助网络服务平台,应当经国务院民政部门指定。

个人求助网络服务平台应当遵循合法、诚信、自愿、公平、公开的原则,为求助人、信息发布人、捐助人提供服务。

个人求助网络服务平台不得对求助人、信息发布人、捐助人附加违反法律法规和违背社会公德的条件,不得危害国家安全、损害社会公共利益和他人合法权益。

未经指定,任何组织或者个人不得以个人求助网络服务平台的名义开展活动,不得从事求助信息发布和捐助资金归集、管理、拨付等个人求助网络服务。

第四条　申请指定为个人求助网络服务平台的,应当符合下列条件:

(一)有符合本办法规定的运营主体;

(二)已经办理公安机关联网备案手续,并依法开展具有舆论属性或者社会动员能力的安全评估;

(三)网络安全保护等级不低于三级,并取得公安机关出具的信息系统安全管理保护备案证明;

(四)只从事个人求助网络服务,有功能完备的业务系统,具备线上线下服务能力,具备查验通过其发布的求助信息真实性的能力;

(五)已经制定健全的服务协议、求助信息发布规则、个人信息处理规则等平台规则文件;

(六)法律法规规定的其他条件。

前款第一项中的运营主体,应当符合下列条件:

(一)具有独立法人资格,实际经营或者开展活动二年以上,申请时已有与运营个人求助网络服务平台相适应的实缴注册资本、注册资金、活动资金、开办资金;其中,运营主体为公司的,申请时已经实缴的注册资本不低于 2000 万元;

(二)与银行签订捐助资金存管协议;

(三)履行非经营性互联网信息服务备案,取得互联网信息服务(ICP)备案编号;涉及经营电信业务的,还应当取得电信主管部门核发的、在有效期内的《中华人民共和国增值电信业务经营许可证》;

(四)保证个人求助网络服务平台的相对独立性,规范关联业务,建立风险隔离机制;

(五)内部治理结构健全,运作规范;

(六)无严重违法失信记录,未受到限制开展生产经营活动、责令停产停业、责令关闭、限制从业的行政处罚。

第五条　申请指定为个人求助网络服务平台的,应当提交下列材料:

(一)个人求助网络服务平台申请表;

(二)本办法第四条规定条件的证明材料和对材料真实性的声明;

(三)法律法规和国务院民政部门要求提供的其他材料。

第六条　国务院民政部门根据工作安排,发布遴选个人求助网络服务平台的公告。

国务院民政部门组建评审委员会,确定拟指定的个人求助网络服务平台名单,并向社会公示。公示期满后,国务院民政部门确定并向社会公布指定的个人求助网络服务平台名单。

国务院民政部门应当自受理申请之日起三十日内公布名单,公示所需时间不计算在三十日内。

第七条　除本办法施行前已经从事个人求助网络服务的平台外,未经国务院民政部门指定,任何平台的运营主体不得开设个人求助的捐助资金专用存款账户。

本办法施行前已经从事个人求助网络服务的平台,经国务院民政部门指定的,其运营主体应当在国务院民政部门指定的个人求助网络服务平台名单公布后五日内,向国务院民政部门书面报告捐助资金专用存款账户开设信息。

国务院民政部门指定的个人求助网络服务平台名单公布后,尚未开设捐助资金专用存款账户的个人求助网络服务平台的运营主体,应当在三十日内开设捐助资金专用存款账户,并在开设后五日内向国务院民政部门书面报告账户开设信息。

国务院民政部门指定的个人求助网络服务平台名单公布后,个人求助网络服务平台应当在六十日内提供服务。

第八条　个人求助网络服务平台应当弘扬社会主义核心价值观，遵循公序良俗，树立良好社会形象，履行信息内容管理主体责任，加强网络信息内容生态治理，防范和抵制制作、复制、发布、传播不良信息，不得制作、复制、发布、传播法律法规和国家有关规定禁止的信息。

第九条　个人求助网络服务平台应当建立健全信息安全管理制度，完善用户注册、账号管理、信息发布审核、信息实时巡查等制度，及时发现、处置违法和不良信息。

个人求助网络服务平台应当按照《中华人民共和国个人信息保护法》等法律法规规定，加强个人信息保护，规范个人信息处理。发生或者可能发生个人信息泄露、篡改、丢失的，应当立即采取补救措施，并按规定通知履行个人信息保护职责的部门和个人。

个人求助网络服务平台对求助信息的保存时间自求助完成之日起不少于三年。法律法规另有规定的，依照其规定。

第十条　个人求助网络服务平台应当在显著位置公布平台规则文件。对平台规则进行重大调整的，应当在调整前向国务院民政部门报告。

个人求助网络服务平台应当在求助人、信息发布人、捐助人同意平台规则以及捐助资金使用、退回等约定后，向其提供服务。

个人求助网络服务平台应当明确告知求助人、信息发布人对求助信息的真实性负责，明确告知求助人、信息发布人不得通过虚构、隐瞒事实等方式骗取救助。

第十一条　个人求助网络服务平台应当要求求助人、信息发布人提交下列求助信息和相关材料：

（一）求助人、信息发布人的身份信息；

（二）求助人因疾病等原因导致家庭经济困难的情况；

（三）求助目标金额及用途；

（四）求助信息真实性声明；

（五）其他需要说明的情况。

个人求助网络服务平台应当建立审核团队，对求助信息的真实性进行查验。

第十二条　个人求助网络服务平台查验求助信息的真实性后，应当及时向社会公开求助人与求助相关的必要身份信息、因疾病等原因导致家庭经济困难的情况、求助目标金额及用途等信息，开通筹资渠道。

第十三条　个人求助网络服务平台归集的捐助资金应当由专用存款账户管理、专项使用。专用存款账户出现变更、注销、撤销等情况的，个人求助网络服务平台的运营主体应当及时向国务院民政部门报告。

除个人求助网络服务平台收取服务费用、捐助资金无法原路退回等情形外，专用存款账户归集的捐助资金只能向求助人本人或者其提供的医院等账户转账。

第十四条　个人求助网络服务平台应当承担捐助资金拨付审核责任，建立审核机制，加强对捐助资金拨付的审核，并及时向求助人拨付捐助资金。

个人求助网络服务平台应当监督求助人按照求助用途使用捐助资金，要求求助人、信息发布人及时更新捐助资金使用情况。

个人求助网络服务平台应当在求助人筹集的捐助资金达到目标金额或者求助目的已经实现、消失时，及时关闭筹资渠道。

第十五条　个人求助网络服务平台应当要求相关责任人退回求助人因求助目的的实现、消失而尚未支出的捐助资金，并退还捐助人。

个人求助网络服务平台发现求助人、信息发布人通过虚构、隐瞒事实等方式骗取救助或者挪用捐助资金的，应当及时终止服务，要求相关责任人退回已经拨付的捐助资金并退还捐助人。

个人求助网络服务平台应当采取有效措施，防止以帮助求助人、推广求助信息等名义索取捐助资金抽成、套取捐助资金等行为。

个人求助网络服务平台发现求助人、信息发布人涉嫌诈骗等犯罪行为的，应当及时向公安机关反映。

第十六条　个人求助网络服务平台应当及时、全面向社会公开每个求助人相关的资金筹集、拨付、使用、退回等信息。

第十七条　个人求助网络服务平台提供个人求助网络服务，可以收取合理的费用。

个人求助网络服务平台收取费用的，应当根据保本或者微利的原则，合理确定收费项目、项目内容、收费标准、收费方式，并向社会公开。

个人求助网络服务平台应当明确告知用户并经其同意后方可收费，不得采用用户默认同意的方式收费，不得变相收费，不得搭售其他服务、捆绑收费。

第十八条　个人求助网络服务平台应当按照约定，将专用存款账户中捐助资金产生的孳息以及因特殊原因不能拨付求助人和退还捐助人的捐助资金，捐赠给慈善组织并向社会公开相关情况。

第十九条　个人求助网络服务平台与金融机构合作应当严格遵守金融管理部门相关规定，不得从事非法金融活动。

第二十条　个人求助网络服务平台及其工作人员不得有下列行为：

（一）欺骗求助人、信息发布人、捐助人；

（二）利用职务或者职业便利以及其他不正当手段强迫、引诱或者限制求助人、信息发布人发布求助信息；

（三）伪造、捏造或者擅自变更个人求助信息；

（四）索取、收受求助人、信息发布人给予的服务协议约定外的酬金、其他财物，或者谋取其他非法利益；

（五）挪用、截留或者侵占捐助资金；

（六）泄露或者不当使用求助人、信息发布人、捐助人未公布的个人信息，谋取不正当利益；

（七）法律法规禁止的其他行为。

第二十一条　个人求助网络服务平台应当公布投诉、举报方式，在服务页面设置便捷的投诉、举报入口。

个人求助网络服务平台接到投诉、举报后，应当及时处理。

第二十二条　个人求助网络服务平台、求助人、信息发布人、捐助人之间的纠纷，可以通过下列途径解决：

（一）自行和解；

（二）向仲裁机构申请仲裁；

（三）向人民法院提起诉讼。

第二十三条　个人求助网络服务平台应当于每年6月30日前向国务院民政部门报送上一年度工作报告和财务会计报告。

个人求助网络服务平台应当每半年向社会公开一次其从事个人求助网络服务的情况。

第二十四条　国务院民政部门会同国家网信、国务院电信主管、国务院公安、国务院金融监管等部门，协同加强对个人求助网络服务平台的监督管理。

国务院民政部门加强对个人求助网络服务平台捐助资金归集、管理、拨付等的监督管理。

第二十五条　国务院民政、国家网信、国务院电信主管、国务院公安、国务院金融监管等部门，对涉嫌违反本办法规定的个人求助网络服务平台及其运营主体，有权按照法定职责采取下列措施：

（一）对个人求助网络服务平台及其运营主体进行现场检查；

（二）要求个人求助网络服务平台的运营主体作出说明，查阅、复制有关资料；

（三）向与个人求助网络服务平台业务活动有关的单位和个人调查与监督管理有关的情况；

（四）法律法规规定的其他措施。

个人求助网络服务平台及其运营主体涉嫌违反本办法规定的，国务院民政、国家网信、国务院电信主管、国务院公安、国务院金融监管等部门，可以对有关负责人进行约谈，要求其说明情况、提出改进措施。

第二十六条　个人求助网络服务平台应当遵守行业规范，加强行业自律，提高行业公信力。

第二十七条　个人求助网络服务平台及其运营主体违反本办法规定的，由国务院民政、国家网信、国务院电信主管、国务院公安、国务院金融监管等部门按照法定职责责令限期改正，予以警告或者通报批评。

个人求助网络服务平台及其运营主体违反本办法规定的，由网信等有关主管部门依据职责，按照有关法律、行政法规等规定进行处置处罚；由电信主管部门依法采取关闭网站、移动互联网应用程序等措施。

个人求助网络服务平台的工作人员违反本办法第二十条规定，构成违反治安管理行为的，由公安机关依法给予治安管理处罚；构成犯罪的，依法追究刑事责任。

第二十八条　国务院民政等部门发现个人求助网络服务平台涉嫌非法集资的，应当将有关情况通报处置非法集资牵头部门。

第二十九条　个人求助网络服务平台有下列情形之一的，由国务院民政部门取消指定，并向社会公告：

（一）指定后六十日内未提供个人求助网络服务的；

（二）连续三个月不提供个人求助网络服务的；

（三）违反本办法规定，国务院民政、国家网信、国务院电信主管、国务院公安、国务院金融监管等部门责令限期改正，逾期未改正的；

（四）其他部门向国务院民政部门通报存在违法行为或者突出安全风险，不再符合本办法规定的指定条件的；

（五）向国务院民政部门申请终止个人求助网络服务，并经国务院民政部门同意的。

第三十条　被取消指定的个人求助网络服务平台，应当在国务院民政部门发布取消指定公告的当日，在平台显著位置告知社会公众，不得继续从事个人求助网络服务。

被取消指定的个人求助网络服务平台，应当在六十日内完成尚未拨付的捐助资金的拨付，督促相关责任人退回求助人因求助目的的实现、消失而尚未支出的捐助资金并退还捐助人；应当依法处理个人信息。

第三十一条　未经指定的互联网信息服务提供者擅

自以个人求助网络服务平台的名义开展活动或者从事个人求助网络服务的,由县级以上人民政府民政部门责令限期改正;逾期不改正的,由县级以上人民政府民政部门会同网信、电信主管部门依法进行处理。

第三十二条　本办法自 2024 年 9 月 5 日起施行。

公开募捐违法案件管辖规定(试行)

· 2018 年 11 月 30 日
· 民发〔2018〕142 号

第一条　为明确公开募捐违法案件的管辖,及时查处相关违法行为,维护慈善募捐管理秩序,根据《中华人民共和国慈善法》、《中华人民共和国行政处罚法》、《社会团体登记管理条例》、《基金会管理条例》以及《民办非企业单位登记管理暂行条例》等法律法规,制定本规定。

第二条　本规定所称公开募捐违法案件,包括具有公开募捐资格的慈善组织在公开募捐活动中发生的违法案件,不具有公开募捐资格的慈善组织或者其他社会组织违法开展公开募捐活动的案件,以及社会组织以外的组织或者个人违法开展公开募捐活动的案件。

第三条　具有公开募捐资格的慈善组织在公开募捐活动中发生的违法案件,不具有公开募捐资格的慈善组织或者其他社会组织违法开展公开募捐活动的案件,由其登记的民政部门管辖。

第四条　社会组织以外的组织或者个人违法开展公开募捐活动的案件,由违法行为发生地的县级人民政府民政部门按照下列情形管辖:

(一)通过在公共场所设置募捐箱的方式开展公开募捐的,由募捐箱设置地的民政部门管辖;

(二)通过举办面向社会公众的义演、义赛、义卖、义展、义拍、慈善晚会等方式开展公开募捐的,由义演、义赛、义卖、义展、义拍、慈善晚会等活动举办地的民政部门管辖;

(三)通过广播、电视、报刊等媒体开展公开募捐的,由提供信息服务的广播电台、电视台、报刊出版单位所在地的民政部门管辖;

(四)通过互联网开展公开募捐的,由组织住所地、个人居住地等所在地民政部门管辖。无法确定所在地的,由互联网信息服务提供者许可或者备案机关所在地的民政部门管辖。

违法活动发生地涉及两个以上民政部门的,由共同上一级民政部门或者其指定的民政部门管辖。

第五条　民政部门发现或者收到有关公开募捐违法案件线索后,应当进行甄别。本机关有管辖权的,依法调查处理;不属于本机关管辖的,应当及时将案件材料移送有管辖权的民政部门,受移送的民政部门应当受理。

第六条　民政部门对管辖权发生争议的,由争议各方按照本规定确定的原则协商解决。协商不成的,由共同上一级民政部门指定的民政部门管辖。

第七条　上级民政部门指定管辖的,应当书面通知被指定的民政部门和其他相关民政部门。

相关民政部门收到上级民政部门书面通知后,应当及时将案件材料移送被指定管辖的民政部门。

第八条　民政部门在案件调查过程中,发现已有其他民政部门正在办理的,应当中止调查。管辖确定后,有管辖权的民政部门应当继续调查,其他民政部门应当及时移交案件材料。

第九条　对案件有管辖权的民政部门可以书面请其他民政部门协助调查。跨行政区域调查的,应当提前告知当地民政部门,当地民政部门应当予以配合。

第十条　本规定自发布之日起施行。

关于对慈善捐赠领域相关主体实施守信联合激励和失信联合惩戒的合作备忘录

· 2018 年 2 月 11 日
· 发改财金〔2018〕331 号

为深入学习贯彻习近平新时代中国特色社会主义思想和党的十九大精神,落实《国务院关于促进市场公平竞争维护市场正常秩序的若干意见》(国发〔2014〕20 号)、《国务院关于印发社会信用体系建设规划纲要(2014-2020 年)的通知》(国发〔2014〕21 号)、《国务院关于建立完善守信联合激励和失信联合惩戒制度加快推进社会诚信建设的指导意见》(国发〔2016〕33 号)、《国家发展改革委 人民银行关于加强和规范守信联合激励和失信联合惩戒对象名单管理工作的指导意见》(发改财金规〔2017〕1798 号)等文件关于"褒扬诚信、惩戒失信"的总体要求,着眼于弘扬和践行社会主义核心价值观,国家发展改革委、人民银行、民政部、中央文明办、中央网信办、最高人民法院、教育部、科技部、工业和信息化部、公安部、司法部、财政部、人力资源社会保障部、国土资源部、环境保护部、住房城乡建设部、交通运输部、文化部、卫生计生委、海关总署、税务总局、工商总局、质检总局、新闻出版广电总局、体育总局、食品药品监管总局、知识产权局、旅游局、银监会、证监会、保监会、民航局、文物局、国务院扶贫办、全国总工会、共青团中央、全国妇联、中国科协、贸促会、铁路总公司等部门对慈善捐赠领域相关主体实施守信联合激励和失信联合惩戒措施达成如下一致意见。

一、信息共享与联合激励、联合惩戒的实施方式

民政部和其他有关部门通过全国信用信息共享平台向签署本备忘录的相关部门提供守信联合激励与失信联合惩戒的名单及相关信息，并按照有关规定动态更新。同时，在"信用中国"网站、"慈善中国"网站、国家企业信用信息公示系统、民政部门户网站等向社会公布。各部门从全国信用信息共享平台中获取守信联合激励与失信联合惩戒信息，执行或协助执行本备忘录规定的激励和惩戒措施，定期将联合激励与惩戒实施情况通过该系统反馈给国家发展改革委和民政部。

二、守信联合激励的对象和措施

（一）联合激励对象

守信联合激励的对象有两类，一是在民政部门依法登记或认定、评估等级在 4A 以上的慈善组织（以下简称"守信慈善组织"）；二是有良好的捐赠记录，以及在扶贫济困领域有突出贡献的捐赠人，包括自然人、法人和非法人组织（以下简称"守信捐赠人"）。同时，联合激励的对象必须是全国信用信息共享平台核查信用优良的自然人、法人或非法人组织，即无不良信用记录，不属于黑名单、重点关注名单对象。

（二）激励措施

1. 为守信慈善组织登记事项变更、相关业务办理建立绿色通道，提供便利服务。（实施单位：民政部）

2. "中央财政支持社会组织示范项目"在同等条件下，优先向守信慈善组织倾斜。（实施单位：民政部）

3. 在同等条件下，优先向守信慈善组织购买服务，并为守信慈善组织承接政府购买服务项目提供指导。（实施单位：民政部、各有关部门和单位）

4. 在同等条件下，优先推荐参加"中华慈善奖"、"先进社会组织"评选。（实施单位：民政部）

5. 为守信捐赠人申请入住公办养老机构提供便利服务。（实施单位：民政部）

6. 在孤儿收养中，作为判断收养人家庭收养能力的一个因素。（实施单位：民政部）

7. 在婚姻、殡葬、社会救助、优抚安置等服务中为守信捐赠人提供便利服务。（实施单位：民政部）

8. 依法享受税收优惠。企业发生的公益性捐赠支出，在年度利润总额 12% 以内的部分，准予在计算应纳税所得额时扣除；超过年度利润总额 12% 的部分，准予结转

以后三年内在计算应纳税所得额时扣除。（实施单位：税务总局、财政部）

9. 作为纳税信用评价的重要外部参考。（实施单位：税务总局）

10. 在实施政府性资金项目安排时，同等条件下优先考虑。（实施单位：财政部、国家发展改革委）

11. 将守信记录纳入金融信用信息基础数据库，作为银行业金融机构融资授信的重要参考。（实施单位：人民银行、银监会）

12. 守信捐赠人的纳税信用级别为 A 级的，可一次领取不超过 3 个月的增值税发票用量；纳税信用级别为 B 级的，可一次领取不超过 2 个月的增值税发票用量。以上两类纳税人生产经营情况发生变化，需要调整增值税发票用量，手续齐全的，按照规定即时办理。普通发票用量，税务机关可根据领购单位和个人的经营范围、规模、守信情况，合理确定领购发票数量。（实施单位：税务总局）

13. 以下便利优化措施，适用于海关企业信用等级为认证企业的守信慈善组织或者捐赠人：

（1）适用较低进出口货物查验率；

（2）简化进出口货物单证审核；

（3）优先办理进出口货物通关手续；

（4）海关优先设立协调员，解决进出口通关问题；

（5）享受 AEO 互认国家或地区海关提供的通关便利措施。

海关企业信用等级为一般信用企业的守信慈善组织或者捐赠人，海关优先对其开展信用培育或提供相关培训。（实施单位：海关总署）。

14. 用于慈善活动的捐赠物资适用较低的检验检疫口岸查验率。（实施单位：质检总局）

15. 在办理中小城市落户或者大城市居住证等方面，为守信捐赠人提供便利服务。（实施单位：公安部）

16. 在专利申请、版权登记、诉讼维权等方面提供法律允许范围内的优先、加快服务。（实施单位：知识产权局、新闻出版广电总局、贸促会）

17. 办理社保等业务时给予提前预约、优先办理、简化流程等必要便利。（实施单位：人力资源社会保障部）

18. 参加政府招标供应土地时，同等条件下优先给予考虑。（实施单位：国土资源部）

19. 办理环境影响评价文件审批等环境保护许可事项中提供便捷服务。（实施单位：环境保护部）

20. 作为全国性奖励评估、评优表彰重要参考。（实

施单位:中央文明办、国务院扶贫办、全国总工会、共青团中央、全国妇联、中国科协及其他有关部门)

21. 在学习培训、公派出国等方面,同等条件下优先选择守信捐赠人。(实施单位:教育部、人力资源社会保障部)

22. 在举办和组织企业参加经贸展览会、论坛、洽谈会及有关国际会议时给予优先考虑。(实施单位:贸促会)

23. 在法律顾问、商事调解、经贸和海事仲裁等方面优先提供咨询和支持。(实施单位:司法部、贸促会)

24. 鼓励博物馆、科学技术馆、公共图书馆、文化馆、美术馆、体育场馆等公共文化体育设施和公园、旅游景点等场所,给予免票游览、使用或票价优惠等服务。(实施单位:文化部、旅游局、体育总局、文物局、中国科协)

25. 鼓励城市交通系统给予购票优惠政策。(实施单位:交通运输部)

26. 鼓励航空公司推行"诚信机票"计划,提供优先服务、"信用购票"等便利措施和优惠政策。(实施单位:民航局)

(三)联合激励的动态管理

各部门和单位通过全国信用信息共享平台获取联合激励对象名单,执行或者协助执行本备忘录规定的激励措施,并根据实际情况将执行情况通过全国信用信息共享平台反馈至国家发展改革委和民政部。

各单位在日常监管中,发现联合激励对象存在慈善捐赠领域违法失信行为的,及时通过全国信用信息共享平台,反馈至国家发展改革委和民政部。一经核实,立即取消其参与守信联合激励资格并及时通报各单位,停止适用守信联合激励措施。

三、失信联合惩戒的对象和措施

(一)联合惩戒对象

联合惩戒对象为在慈善捐赠活动中有失信行为的相关自然人、法人和非法人组织。其中包括:(1)被民政部门按照有关规定列入社会组织严重违法失信名单的慈善组织(以下简称"失信慈善组织")。(2)上述组织的法定代表人和直接负责的主管人员。(3)在通过慈善组织捐赠中失信,被人民法院依法判定承担责任的捐赠人(以下简称"失信捐赠人")。(4)在接受慈善组织资助中失信,被人民法院依法判定承担责任的受益人(以下简称"失信受益人")。(5)被公安机关依法查处的假借慈善名义或假冒慈善组织骗取财产的自然人、法人和非法人组织。

(二)惩戒措施

1. 对失信慈善组织,按照有关规定降低评估等级,情节严重的,取消评估等级。(实施单位:民政部)

2. 取消或限制取得公益性捐赠税前扣除资格和优先获得政府购买服务、政府奖励资格。(实施单位:民政部、财政部)

3. 失信慈善组织负责人,在其今后申请新的慈善组织、参与慈善活动事中事后监管中给予重点关注。(实施单位:民政部、教育部、文化部、环境保护部等有关部门)

4. 捐赠人捐赠本企业产品不符合安全、卫生、环保等标准的,依法追究其产品安全责任。(实施单位:工商总局、卫生计生委、质检总局、食品药品监管总局等有关监管部门)

5. 依法限制作为供应商参加政府采购活动。(实施单位:财政部)

6. 在申请政府性资金支持时,采取从严审核、降低支持力度或不予支持等限制措施。(实施单位:财政部、国家发展改革委)

7. 限制取得政府供应土地。(实施单位:国土资源部)

8. 依法对申请发行企业债券不予受理;依法限制发行公司债券;限制注册非金融企业债务融资工具,并按照注册发行有关工作要求,强化信息披露,加强投资人保护机制管理,防范有关风险;在股票发行审核及在全国中小企业股份转让系统挂牌公开转让审核中,将其严重失信信息作为重要参考。(实施单位:国家发展改革委、证监会、人民银行)

9. 引导金融机构按照风险定价原则,将失信主体相关信息作为银行授信决策和信贷管理的重要参考,对失信主体提高财产保险费率。(实施单位:人民银行、银监会、保监会)

10. 在上市公司或者非上市公众公司收购的事中事后监管中予以重点关注。将其失信行为作为境内上市公司实行股权激励计划或相关人员成为股权激励对象事中事后监管的参考。将其失信行为作为非上市公众公司重大资产重组审核的参考。(实施单位:证监会)

11. 限制申请科技扶持项目,将其严重失信行为记入科研诚信记录,并依据有关规定暂停审批其新的科技项目扶持资金申报等。(实施单位:科技部)

12. 相关单位可在市场监管、现场检查等工作中予以参考。(实施单位:民政部、工商总局、税务总局、质检总局、食品药品监管总局)

13. 失信主体申请适用海关认证企业管理的,不予通过认证;已经成为认证企业的,按规定下调企业信用等级。(实施单位:海关总署)

14. 失信主体办理海关业务时,对其进出口货物实施严密监管,加强单证审核、布控查验、加工贸易担保征收、后续稽查或统计监督核查。(实施单位:海关总署)

15. 在高新技术企业认定、检验机构认可等工作中作为重要参考。(实施单位:科技部、质检总局等有关单位)

16. 失信受益人信息作为在同一时段内认定低保、医疗救助、临时救助等社会救助对象、保障性住房等保障对象,以及复核其救助保障资格的重要参考。(实施单位:民政部、人力资源社会保障部、住房城乡建设部)

17. 失信情况记入金融信用信息基础数据库,作为限制融资或授信的重要参考。(实施单位:人民银行等有关机构)

18. 对申请人民法院强制执行的案件当事人,被人民法院按照有关规定依法采取限制消费措施或依法纳入失信被执行人名单的,限制乘坐飞机、列车软卧、G字头动车组列车、其他动车组列车一等以上座位等高消费及其他非生活和工作必需的消费行为。(实施单位:最高人民法院、民航局、铁路总公司等有关单位)

19. 限制购买非经营必需车辆等非生活和工作必需的消费行为。(实施单位:住房城乡建设部等有关部门)

20. 限制失信慈善组织从事互联网信息服务。(实施单位:工业和信息化部、民政部)

21. 将其失信行为作为证券公司、基金管理公司、期货公司的设立及股权或实际控制人变更审批或备案,私募投资基金管理人登记、重大事项变更以及基金备案的参考。将其失信行为作为独立基金销售机构审批的参考。将其失信行为作为证券公司、基金管理公司、期货公司、保险公司的董事、监事和高级管理人员及分支机构负责人任职审批或备案的参考,对其证券、基金、期货从业资格申请予以从严审核,对已成为证券、基金、期货从业人员的相关主体予以重点关注。(实施单位:证监会、保监会)

22. 限制取得荣誉称号和奖励,已取得的荣誉称号和奖励予以撤销。(实施单位:中央文明办、国务院扶贫办、全国总工会、共青团中央、全国妇联、中国科协及其他有关部门)

23. 将失信主体的失信信息协调互联网新闻信息服务单位,向社会公布。(实施单位:中央网信办)

24. 限制其取得认证机构资质;限制其获得认证证书。(实施单位:质检总局)

(三)联合惩戒的动态管理

民政部、国家发展改革委通过全国信用信息共享平台向签署本备忘录的其他部门和单位提供慈善捐赠领域失信责任主体信息并按照有关规定动态更新。有关单位根据各自的法定职责,按照法律法规和相关规定实施惩戒或解除惩戒。超过效力期限的,不再实施联合惩戒。同时,逐步建立惩戒效果定期通报机制,相关部门根据实际情况定期将联合惩戒的实施情况通过全国信用信息共享平台反馈至国家发展改革委和民政部。

四、其他事宜

各部门应密切协作,积极落实本备忘录,制定实施细则和操作流程。

本备忘录签署后,各部门、各领域内相关法律、法规、规章及规范性文件修改或调整,与本备忘录不一致的,以修改后的法律、法规、规章及规范性文件为准。实施过程中具体操作问题,由各部门协商解决。

6. 福利彩票

彩票管理条例

· 2009年4月22日国务院第58次常务会议通过
· 2009年5月4日中华人民共和国国务院令第554号公布
· 自2009年7月1日起施行

第一章　总　则

第一条　为了加强彩票管理,规范彩票市场发展,维护彩票市场秩序,保护彩票参与者的合法权益,促进社会公益事业发展,制定本条例。

第二条　本条例所称彩票,是指国家为筹集社会公益资金,促进社会公益事业发展而特许发行、依法销售,自然人自愿购买,并按照特定规则获得中奖机会的凭证。

彩票不返还本金,不计付利息。

第三条　国务院特许发行福利彩票、体育彩票。未经国务院特许,禁止发行其他彩票。禁止在中华人民共和国境内发行、销售境外彩票。

第四条　彩票的发行、销售和开奖,应当遵循公开、公平、公正和诚实信用的原则。

第五条　国务院财政部门负责全国的彩票监督管理工作。国务院民政部门、体育行政部门按照各自的职责分别负责全国的福利彩票、体育彩票管理工作。

省、自治区、直辖市人民政府财政部门负责本行政区域的彩票监督管理工作。省、自治区、直辖市人民政府民政部门、体育行政部门按照各自的职责分别负责本行政区域的福利彩票、体育彩票管理工作。

县级以上各级人民政府公安机关和县级以上工商行政管理机关，在各自的职责范围内，依法查处非法彩票，维护彩票市场秩序。

第二章　彩票发行和销售管理

第六条　国务院民政部门、体育行政部门依法设立的福利彩票发行机构、体育彩票发行机构（以下简称彩票发行机构），分别负责全国的福利彩票、体育彩票发行和组织销售工作。

省、自治区、直辖市人民政府民政部门、体育行政部门依法设立的福利彩票销售机构、体育彩票销售机构（以下简称彩票销售机构），分别负责本行政区域的福利彩票、体育彩票销售工作。

第七条　彩票发行机构申请开设、停止福利彩票、体育彩票的具体品种（以下简称彩票品种）或者申请变更彩票品种审批事项的，应当依照本条例规定的程序报国务院财政部门批准。

国务院财政部门应当根据彩票市场健康发展的需要，按照合理规划彩票市场和彩票品种结构、严格控制彩票风险的原则，对彩票发行机构的申请进行审查。

第八条　彩票发行机构申请开设彩票品种，应当经国务院民政部门或者国务院体育行政部门审核同意，向国务院财政部门提交下列申请材料：

（一）申请书；

（二）彩票品种的规则；

（三）发行方式、发行范围；

（四）市场分析报告及技术可行性分析报告；

（五）开奖、兑奖操作规程；

（六）风险控制方案。

国务院财政部门应当自受理申请之日起 90 个工作日内，通过专家评审、听证会等方式对开设彩票品种听取社会意见，对申请进行审查并作出书面决定。

第九条　彩票发行机构申请变更彩票品种的规则、发行方式、发行范围等审批事项的，应当经国务院民政部门或者国务院体育行政部门审核同意，向国务院财政部门提出申请并提交与变更事项有关的材料。国务院财政部门应当自受理申请之日起 45 个工作日内，对申请进行审查并作出书面决定。

第十条　彩票发行机构申请停止彩票品种的，应当经国务院民政部门或者国务院体育行政部门审核同意，向国务院财政部门提出书面申请并提交与停止彩票品种有关的材料。国务院财政部门应当自受理申请之日起 10 个工作日内，对申请进行审查并作出书面决定。

第十一条　经批准开设、停止彩票品种或者变更彩票品种审批事项的，彩票发行机构应当在开设、变更、停止的 10 个自然日前，将有关信息向社会公告。

第十二条　因维护社会公共利益的需要，在紧急情况下，国务院财政部门可以采取必要措施，决定变更彩票品种审批事项或者停止彩票品种。

第十三条　彩票发行机构、彩票销售机构应当依照政府采购法律、行政法规的规定，采购符合标准的彩票设备和技术服务。

彩票设备和技术服务的标准，由国务院财政部门会同国务院民政部门、体育行政部门依照国家有关标准化法律、行政法规的规定制定。

第十四条　彩票发行机构、彩票销售机构应当建立风险管理体系和可疑资金报告制度，保障彩票发行、销售的安全。

彩票发行机构、彩票销售机构负责彩票销售系统的数据管理、开奖兑奖管理以及彩票资金的归集管理，不得委托他人管理。

第十五条　彩票发行机构、彩票销售机构可以委托单位、个人代理销售彩票。彩票发行机构、彩票销售机构应当与接受委托的彩票代销者签订彩票代销合同。福利彩票、体育彩票的代销合同示范文本分别由国务院民政部门、体育行政部门制定。

彩票代销者不得委托他人代销彩票。

第十六条　彩票销售机构应当为彩票代销者配置彩票投注专用设备。彩票投注专用设备属于彩票销售机构所有，彩票代销者不得转借、出租、出售。

第十七条　彩票销售机构应当在彩票发行机构的指导下，统筹规划彩票销售场所的布局。彩票销售场所应当按照彩票发行机构的统一要求，设置彩票销售标识，张贴警示标语。

第十八条　彩票发行机构、彩票销售机构、彩票代销者不得有下列行为：

（一）进行虚假性、误导性宣传；

（二）以诋毁同业者等手段进行不正当竞争；

（三）向未成年人销售彩票；

（四）以赊销或者信用方式销售彩票。

第十九条　需要销毁彩票的，由彩票发行机构报国务院财政部门批准后，在国务院民政部门或者国务院体育行政部门的监督下销毁。

第二十条　彩票发行机构、彩票销售机构应当及时将彩票发行、销售情况向社会全面公布,接受社会公众的监督。

第三章　彩票开奖和兑奖管理

第二十一条　彩票发行机构、彩票销售机构应当按照批准的彩票品种的规则和开奖操作规程开奖。

国务院民政部门、体育行政部门和省、自治区、直辖市人民政府民政部门、体育行政部门应当加强对彩票开奖活动的监督,确保彩票开奖的公开、公正。

第二十二条　彩票发行机构、彩票销售机构应当确保彩票销售数据的完整、准确和安全。当期彩票销售数据封存后至开奖活动结束前,不得查阅、变更或者删除销售数据。

第二十三条　彩票发行机构、彩票销售机构应当加强对开奖设备的管理,确保开奖设备正常运行,并配置备用开奖设备。

第二十四条　彩票发行机构、彩票销售机构应当在每期彩票销售结束后,及时向社会公布当期彩票的销售情况和开奖结果。

第二十五条　彩票中奖者应当自开奖之日起 60 个自然日内,持中奖彩票到指定的地点兑奖,彩票品种的规则规定需要出示身份证件的,还应当出示本人身份证件。逾期不兑奖的视为弃奖。

禁止使用伪造、变造的彩票兑奖。

第二十六条　彩票发行机构、彩票销售机构、彩票代销者应当按照彩票品种的规则和兑奖操作规程兑奖。

彩票中奖奖金应当以人民币现金或者现金支票形式一次性支付。

不得向未成年人兑奖。

第二十七条　彩票发行机构、彩票销售机构、彩票代销者以及其他因职务或者业务便利知悉彩票中奖者个人信息的人员,应当对彩票中奖者个人信息予以保密。

第四章　彩票资金管理

第二十八条　彩票资金包括彩票奖金、彩票发行费和彩票公益金。彩票资金构成比例由国务院决定。

彩票品种中彩票资金的具体构成比例,由国务院财政部门按照国务院的决定确定。

随着彩票发行规模的扩大和彩票品种的增加,可以降低彩票发行费比例。

第二十九条　彩票发行机构、彩票销售机构应当按照国务院财政部门的规定开设彩票资金账户,用于核算彩票资金。

第三十条　国务院财政部门和省、自治区、直辖市人民政府财政部门应当建立彩票发行、销售和资金管理信息系统,及时掌握彩票销售和资金流动情况。

第三十一条　彩票奖金用于支付彩票中奖者。彩票单注奖金的最高限额,由国务院财政部门根据彩票市场发展情况决定。

逾期未兑奖的奖金,纳入彩票公益金。

第三十二条　彩票发行费专项用于彩票发行机构、彩票销售机构的业务费用支出以及彩票代销者的销售费用支出。

彩票发行机构、彩票销售机构的业务费实行收支两条线管理,其支出应当符合彩票发行机构、彩票销售机构财务管理制度。

第三十三条　彩票公益金专项用于社会福利、体育等社会公益事业,不用于平衡财政一般预算。

彩票公益金按照政府性基金管理办法纳入预算,实行收支两条线管理。

第三十四条　彩票发行机构、彩票销售机构应当按照国务院财政部门的规定,及时上缴彩票公益金和彩票发行费中的业务费,不得截留或者挪作他用。财政部门应当及时核拨彩票发行机构、彩票销售机构的业务费。

第三十五条　彩票公益金的分配政策,由国务院财政部门会同国务院民政、体育行政等有关部门提出方案,报国务院批准后执行。

第三十六条　彩票发行费、彩票公益金的管理、使用单位,应当依法接受财政部门、审计机关和社会公众的监督。

彩票公益金的管理、使用单位,应当每年向社会公告公益金的使用情况。

第三十七条　国务院财政部门和省、自治区、直辖市人民政府财政部门应当每年向本级人民政府报告上年度彩票公益金的筹集、分配和使用情况,并向社会公告。

第五章　法律责任

第三十八条　违反本条例规定,擅自发行、销售彩票,或者在中华人民共和国境内发行、销售境外彩票构成犯罪的,依法追究刑事责任;尚不构成犯罪的,由公安机关依法给予治安管理处罚;有违法所得的,没收违法所得。

第三十九条　彩票发行机构、彩票销售机构有下列行为之一的,由财政部门责令停业整顿;有违法所得的,没收违法所得,并处违法所得 3 倍的罚款;对直接负责的主管人员和其他直接责任人员,依法给予处分;构成犯罪

的,依法追究刑事责任:

(一)未经批准开设、停止彩票品种或者未经批准变更彩票品种审批事项的;

(二)未按批准的彩票品种的规则、发行方式、发行范围、开奖兑奖操作规程发行、销售彩票或者开奖兑奖的;

(三)将彩票销售系统的数据管理、开奖兑奖管理或者彩票资金的归集管理委托他人管理的;

(四)违反规定查阅、变更、删除彩票销售数据的;

(五)以赊销或者信用方式销售彩票的;

(六)未经批准销毁彩票的;

(七)截留、挪用彩票资金的。

第四十条　彩票发行机构、彩票销售机构有下列行为之一的,由财政部门责令改正;有违法所得的,没收违法所得;对直接负责的主管人员和其他直接责任人员,依法给予处分:

(一)采购不符合标准的彩票设备或者技术服务的;

(二)进行虚假性、误导性宣传的;

(三)以诋毁同业者等手段进行不正当竞争的;

(四)向未成年人销售彩票的;

(五)泄露彩票中奖者个人信息的;

(六)未将逾期未兑奖的奖金纳入彩票公益金的;

(七)未按规定上缴彩票公益金、彩票发行费中的业务费的。

第四十一条　彩票代销者有下列行为之一的,由民政部门、体育行政部门责令改正,处2000元以上1万元以下罚款;有违法所得的,没收违法所得:

(一)委托他人代销彩票或者转借、出租、出售彩票投注专用设备的;

(二)进行虚假性、误导性宣传的;

(三)以诋毁同业者等手段进行不正当竞争的;

(四)向未成年人销售彩票的;

(五)以赊销或者信用方式销售彩票的。

彩票代销者有前款行为受到处罚的,彩票发行机构、彩票销售机构有权解除彩票代销合同。

第四十二条　伪造、变造彩票或使用伪造、变造的彩票兑奖的,依法给予治安管理处罚;构成犯罪的,依法追究刑事责任。

第四十三条　彩票公益金管理、使用单位违反彩票公益金管理、使用规定的,由财政部门责令限期改正;有违法所得的,没收违法所得;在规定期限内不改正的,没收已使用彩票公益金形成的资产,取消其彩票公益金使用资格。

第四十四条　依照本条例的规定履行彩票管理职责的财政部门、民政部门、体育行政部门的工作人员,在彩票监督管理活动中滥用职权、玩忽职守、徇私舞弊,构成犯罪的,依法追究刑事责任;尚不构成犯罪的,依法给予处分。

第六章　附　则

第四十五条　本条例自2009年7月1日起施行。

彩票管理条例实施细则

· 2012年1月18日财政部、民政部、国家体育总局令第67号公布

· 根据2018年8月16日《财政部、民政部、国家体育总局关于修改〈彩票管理条例实施细则〉的决定》修订

第一章　总　则

第一条　根据《彩票管理条例》(以下简称条例),制定本细则。

第二条　条例第二条所称特定规则,是指经财政部批准的彩票游戏规则。

条例第二条所称凭证,是指证明彩票销售与购买关系成立的专门凭证,应当记载彩票游戏名称,购买数量和金额,数字、符号或者图案,开奖和兑奖等相关信息。

第三条　财政部负责全国的彩票监督管理工作,主要职责是:

(一)制定彩票监督管理制度和政策;

(二)监督管理全国彩票市场以及彩票的发行和销售活动,监督彩票资金的解缴和使用;

(三)会同民政部、国家体育总局等有关部门提出彩票公益金分配政策建议;

(四)审批彩票品种的开设、停止和有关审批事项的变更;

(五)会同民政部、国家体育总局制定彩票设备和技术服务标准;

(六)审批彩票发行机构财务收支计划,监督彩票发行机构财务管理活动;

(七)审批彩票发行机构的彩票销毁方案。

第四条　民政部、国家体育总局按照各自的职责分别负责全国的福利彩票、体育彩票管理工作,主要职责是:

(一)制定全国福利彩票、体育彩票事业的发展规划和管理制度;

(二)设立福利彩票、体育彩票发行机构;

(三)制定民政部门、体育行政部门彩票公益金使用

管理办法,指导地方民政部门、体育行政部门彩票公益金的使用和管理;

(四)审核福利彩票、体育彩票品种的开设、停止和有关审批事项的变更;

(五)监督福利彩票、体育彩票发行机构的彩票销毁工作;

(六)制定福利彩票、体育彩票的代销合同示范文本。

第五条 省级财政部门负责本行政区域的彩票监督管理工作,主要职责是:

(一)制定本行政区域的彩票监督管理具体实施办法;

(二)监督管理本行政区域彩票市场以及彩票的销售活动,监督本行政区域彩票资金的解缴和使用;

(三)会同省级民政部门、体育行政部门制定本行政区域的彩票公益金管理办法;

(四)审批彩票销售机构财务收支计划,监督彩票销售机构财务管理活动。

第六条 省级民政部门、体育行政部门按照各自的职责分别负责本行政区域的福利彩票、体育彩票管理工作,主要职责是:

(一)设立本行政区域的福利彩票、体育彩票销售机构;

(二)批准建立本行政区域福利彩票、体育彩票的销售网络;

(三)制定本行政区域民政部门、体育行政部门彩票公益金使用管理办法,指导省以下民政部门、体育行政部门彩票公益金的使用和管理;

(四)监督本行政区域彩票代销者的代销行为。

第七条 条例第五条所称非法彩票,是指违反条例规定以任何方式发行、销售以下形式的彩票:

(一)未经国务院特许,擅自发行、销售福利彩票、体育彩票之外的其他彩票;

(二)在中华人民共和国境内,擅自发行、销售的境外彩票;

(三)未经财政部批准,擅自发行、销售的福利彩票、体育彩票品种和彩票游戏;

(四)未经彩票发行机构、彩票销售机构委托,擅自销售的福利彩票、体育彩票。

(五)擅自利用互联网销售的福利彩票、体育彩票。

县级以上财政部门、民政部门、体育行政部门,以及彩票发行机构、彩票销售机构,应当积极配合公安机关和市场监督管理部门依法查处非法彩票,维护彩票市场秩序。

第二章　彩票发行和销售管理

第八条 福利彩票发行机构、体育彩票发行机构,按照统一发行、统一管理、统一标准的原则,分别负责全国的福利彩票、体育彩票发行和组织销售工作,主要职责是:

(一)制定全国福利彩票、体育彩票发行销售的发展规划、管理制度、工作规范和技术标准等;

(二)建立全国福利彩票、体育彩票的发行销售系统、市场调控机制、激励约束机制和监督管理机制;

(三)组织彩票品种的研发,申请开设、停止彩票品种或者变更彩票品种审批事项,经批准后组织实施;

(四)负责组织管理全国福利彩票、体育彩票的销售系统数据、资金归集结算、设备和技术服务、销售渠道和场所规划、印制和物流、开奖兑奖、彩票销毁;

(五)负责组织管理全国福利彩票、体育彩票的形象建设、彩票代销、营销宣传、业务培训、人才队伍建设等工作。

第九条 福利彩票销售机构、体育彩票销售机构,在福利彩票发行机构、体育彩票发行机构的统一组织下,分别负责本行政区域的福利彩票、体育彩票销售工作,主要职责是:

(一)制定本行政区域福利彩票、体育彩票销售管理办法和工作规范;

(二)向彩票发行机构提出停止彩票品种或者变更彩票品种审批事项的建议;

(三)制定本行政区域彩票销售实施方案,并组织实施;

(四)负责本行政区域福利彩票、体育彩票销售系统的建设、运营和维护;

(五)负责实施本行政区域福利彩票、体育彩票的销售系统数据管理、资金归集结算、销售渠道和场所规划、物流管理、开奖兑奖;

(六)负责组织实施本行政区域福利彩票、体育彩票的形象建设、彩票代销、营销宣传、业务培训、人才队伍建设等工作。

第十条 各省、自治区、直辖市福利彩票、体育彩票的销售网络,由福利彩票销售机构、体育彩票销售机构提出方案,分别报省级民政部门、体育行政部门批准后建立。

第十一条 条例第七条所称彩票品种,是指按照彩票游戏机理和特征划分的彩票类型,包括乐透型、数字型、竞猜型、传统型、即开型、视频型、基诺型等。

条例第七条所称开设,是指在已发行销售的彩票品种之外,增加新的品种。

条例第七条所称变更,是指在已发行销售的彩票品种之内,对彩票游戏规则、发行方式、发行范围等事项进行调整。

第十二条　彩票发行机构拟开设彩票品种或者拟变更彩票品种涉及对技术方案进行重大调整的,可以根据需要委托专业检测机构进行技术检测。

第十三条　对彩票发行机构申请开设彩票品种的审查,按照以下程序办理:

(一)彩票发行机构将拟开设彩票品种的申请材料报民政部或者国家体育总局进行审核;

(二)民政部或者国家体育总局审核同意后,彩票发行机构向财政部提交申请材料;

(三)财政部自收到申请材料之日起 10 个工作日之内,对申请材料进行初步审核,并出具受理或者不予受理意见书;

(四)受理申请后,财政部通过专家评审、听证会等方式听取社会意见;

(五)财政部自受理申请之日起 90 个工作日内,根据条例、有关彩票管理的制度规定以及社会意见作出书面决定。

第十四条　彩票发行机构申请变更彩票品种审批事项的,应当向财政部提交下列申请材料:

(一)申请书;

(二)拟变更彩票品种审批事项的具体内容,包括对彩票游戏规则、发行方式、发行范围等的具体调整方案;

(三)对变更彩票品种审批事项的市场分析报告;

(四)财政部要求报送的其他材料。

第十五条　对彩票发行机构申请变更彩票品种审批事项的审查,按照以下程序办理:

(一)彩票发行机构将拟变更彩票品种审批事项的申请材料报民政部或者国家体育总局进行审核;

(二)民政部或者国家体育总局审核同意后,彩票发行机构向财政部提交申请材料;

(三)财政部自收到申请材料之日起 10 个工作日之内,对申请材料进行初步审核,并出具受理或者不予受理意见书;

(四)财政部自受理申请之日起 45 个工作日内,根据条例、有关彩票管理的制度规定作出书面决定。

第十六条　彩票发行机构申请停止彩票品种或者彩票游戏,应当向财政部报送拟停止彩票品种或者彩票游戏上市以来的销售情况、奖池和调节基金余额、停止发行销售的理由等相关材料。

第十七条　对彩票发行机构申请停止彩票品种或者彩票游戏的审查,按照以下程序办理:

(一)彩票发行机构将拟停止彩票品种或者彩票游戏的申请材料报民政部或者国家体育总局进行审核;

(二)民政部或者国家体育总局审核同意后,彩票发行机构向财政部提交申请材料;

(三)财政部自收到申请材料之日起 5 个工作日之内,对申请材料进行初步审核,并出具受理或者不予受理意见书;

(四)财政部自受理申请之日起 10 个工作日内,根据条例、有关彩票管理的制度规定作出书面决定。

第十八条　彩票销售机构认为本行政区域内需要停止彩票品种或者彩票游戏、变更彩票品种审批事项的,经省级财政部门提出意见后可以向彩票发行机构提出书面申请建议。

第十九条　条例第十三条所称彩票设备和技术服务,根据彩票发行销售业务的专业性、市场性特点和彩票市场发展需要,分为专用的彩票设备和技术服务与通用的彩票设备和技术服务。

专用的彩票设备和技术服务包括:彩票投注专用设备,彩票开奖设备和服务,彩票发行销售信息技术系统的开发、集成、测试、运营及维护,彩票印制、仓储和运输,彩票营销策划和广告宣传,以及彩票技术和管理咨询等。

通用的彩票设备和技术服务包括:计算机、网络设备、打印机、复印机等通用硬件产品,数据库系统、软件工具等商业软件产品,以及工程建设等。

第二十条　彩票发行机构、彩票销售机构采购彩票设备和技术服务,依照政府采购法及相关规定,以公开招标作为主要采购方式。经省级财政部门批准,彩票发行机构、彩票销售机构采购专用的彩票设备和技术服务,可以采用邀请招标、竞争性谈判、单一来源采购、询价或者国务院政府采购监督管理部门认定的其他采购方式。

第二十一条　彩票代销者应当具备以下条件:

(一)年满 18 周岁且具有完全民事行为能力的个人,或者具有独立法人资格的单位;

(二)有与从事彩票代销业务相适应的资金;

(三)有满足彩票销售需要的场所;

(四)近五年内无刑事处罚记录和不良商业信用记

录；

（五）彩票发行机构、彩票销售机构规定的其他条件。

第二十二条　彩票发行机构、彩票销售机构向社会征召彩票代销者和设置彩票销售场所，应当遵循以下原则：

（一）统筹规划，合理布局；

（二）公开公正，规范透明；

（三）从优选择，兼顾公益。

第二十三条　彩票发行机构、彩票销售机构应当根据民政部、国家体育总局制定的彩票代销合同示范文本，与彩票代销者签订彩票代销合同。彩票代销合同应当包括以下内容：

（一）委托方与受托方的姓名或者名称、住所及法定代表人姓名；

（二）合同订立时间、地点、生效时间和有效期限；

（三）委托方与受托方的权利和义务；

（四）彩票销售场所的设立、迁移、暂停销售、撤销；

（五）彩票投注专用设备的提供与管理；

（六）彩票资金的结算，以及销售费用、押金或者保证金的管理；

（七）不得向未成年人销售彩票和兑奖的约定；

（八）监督和违约责任；

（九）其他内容。

委托方与受托方应当遵守法律法规、规章制度和有关彩票管理政策，严格履行彩票代销合同。

第二十四条　签订彩票代销合同后，彩票发行机构、彩票销售机构应当向彩票代销者发放彩票代销证。福利彩票代销证、体育彩票代销证的格式分别由福利彩票发行机构、体育彩票发行机构制定。

彩票代销证应当置于彩票销售场所的显著位置。

彩票代销证是彩票代销者代理销售彩票的合法资格证明，不得转借、出租、出售。

第二十五条　彩票代销证应当记载以下事项：

（一）彩票代销证编号；

（二）彩票代销者的姓名或者名称、住所及法定代表人姓名；

（三）彩票销售场所地址；

（四）彩票代销证的有效期限；

（五）彩票发行机构规定的其他事项。

第二十六条　彩票发行机构、彩票销售机构应当对从事彩票代销业务的人员进行专业培训。

第二十七条　纸质即开型彩票的废票、尾票，应当定期销毁。

销毁彩票应当采用粉碎、打浆等方式。

第二十八条　彩票发行机构申请销毁纸质即开型彩票的废票、尾票的，应当向财政部提出书面申请并提交拟销毁彩票的名称、面值、数量、金额，以及销毁时间、地点、方式等材料。

财政部应当自受理申请之日起10个工作日内，对申请进行审查并作出书面决定。

彩票发行机构应当自财政部作出书面决定之日起30个工作日内分别在民政部、国家体育总局的监督下销毁彩票，并于销毁后20个工作日内向财政部报送销毁情况报告。

第二十九条　彩票发行机构、彩票销售机构、彩票代销者在难以判断彩票购买者或者兑奖者是否为未成年人的情况下，可以要求彩票购买者或者兑奖者出示能够证明其年龄的有效身份证件。

第三十条　彩票市场实行休市制度。休市期间，停止彩票的销售、开奖和兑奖。休市的彩票品种和具体时间由财政部向社会公告。

第三十一条　彩票发行机构、彩票销售机构应当于每年5月31日前，向社会公告上年度各彩票品种的销售量、中奖金额、奖池资金余额、调节基金余额等情况。

第三章　彩票开奖和兑奖管理

第三十二条　彩票发行机构、彩票销售机构应当向社会公告彩票游戏的开奖方式、开奖时间、开奖地点。

第三十三条　条例第二十二条所称开奖活动结束，是指彩票游戏的开奖号码全部摇出或者开奖结果全部产生。

通过专用摇奖设备确定开奖号码的，应当在当期彩票销售截止时封存彩票销售原始数据；通过专用电子摇奖设备或者根据体育比赛项目确定开奖号码的，应当定期封存彩票销售原始数据。

彩票销售原始数据保存期限，自封存之日起不得少于60个月。

第三十四条　民政部、国家体育总局和省级民政部门、体育行政部门应当制定福利彩票、体育彩票的开奖监督管理办法，加强对彩票开奖活动的监督。

第三十五条　彩票发行机构、彩票销售机构应当统一购置、直接管理开奖设备。

彩票发行机构、彩票销售机构不得将开奖设备转借、出租、出售。

第三十六条　彩票发行机构、彩票销售机构使用专用摇奖设备或者专用电子摇奖设备开奖的,开始摇奖前,应当对摇奖设备进行检测。摇奖设备进入正式摇奖程序后,不得中途暂停或者停止运行。

因设备、设施故障等造成摇奖中断的,已摇出的号码有效。未摇出的剩余号码,应当尽快排除故障后继续摇出;设备、设施故障等无法排除的,应当启用备用摇奖设备、设施继续摇奖。

摇奖活动结束后,彩票发行机构、彩票销售机构负责摇奖的工作人员应当对摇奖结果进行签字确认。签字确认文件保存期限不得少于60个月。

第三十七条 根据体育比赛结果进行开奖的彩票游戏,体育比赛裁定的比赛结果经彩票发行机构或者彩票销售机构依据彩票游戏规则确认后,作为开奖结果。

体育比赛因各种原因提前、推迟、中断、取消或者被认定为无效场次的,其开奖和兑奖按照经批准的彩票游戏规则执行。

第三十八条 未按照彩票游戏规则和开奖操作规程进行的开奖活动及开奖结果无效。

因自然灾害等不可抗力事件导致不能按期开奖的,应当及时向社会公告后延期开奖;导致开奖中断的,已开出的号码有效,应当及时向社会公告后延期开出剩余号码。

第三十九条 彩票发行机构、彩票销售机构应当及时、准确、完整地向社会公告当期彩票销售和开奖情况,公告内容包括:

(一)彩票游戏名称,开奖日期或者期号;

(二)当期彩票销售金额;

(三)当期彩票开奖结果;

(四)奖池资金余额;

(五)兑奖期限。

第四十条 彩票售出后出现下列情况的,不予兑奖:

(一)彩票因受损、玷污等原因导致无法正确识别的;

(二)纸质即开型彩票出现兑奖区覆盖层撕刮不开、无兑奖符号、保安区裸露等问题的。

不予兑奖的彩票如果是因印制、运输、仓储、销售原因造成的,彩票发行机构、彩票销售机构应当予以收回,并按彩票购买者意愿退还其购买该彩票所支付的款项或者更换同等金额彩票。

第四十一条 彩票中奖者应当自开奖之日起60个自然日内兑奖。最后一天为《全国年节及纪念日放假办法》规定的全体公民放假的节日或者彩票市场休市的,顺延至全体公民放假的节日后或者彩票市场休市结束后的第一个工作日。

第四十二条 彩票中奖奖金不得以人民币以外的其他货币兑付,不得以实物形式兑付,不得分期多次兑付。

第四十三条 彩票发行机构、彩票销售机构、彩票代销者及其工作人员不得违背彩票中奖者本人意愿,以任何理由和方式要求彩票中奖者捐赠中奖奖金。

第四章　彩票资金管理

第四十四条 条例第二十八条所称彩票资金,是指彩票销售实现后取得的资金,包括彩票奖金、彩票发行费、彩票公益金。

条例第二十八条所称彩票资金构成比例,是指彩票奖金、彩票发行费、彩票公益金占彩票资金的比重。

条例第二十八条所称彩票资金的具体构成比例,是指在彩票游戏规则中规定的,按照彩票销售额计提彩票奖金、彩票发行费、彩票公益金的具体比例。

第四十五条 彩票发行机构、彩票销售机构应当开设彩票资金专用账户,包括彩票资金归集结算账户、彩票投注设备押金或者保证金账户。

第四十六条 彩票奖金应当按照彩票游戏规则的规定支付给彩票中奖者。

彩票游戏单注奖金的最高限额,由财政部根据彩票市场发展情况在彩票游戏规则中规定。

第四十七条 彩票发行机构、彩票销售机构应当按照彩票游戏规则的规定设置奖池和调节基金。奖池和调节基金应当按照彩票游戏规则的规定分别核算和使用。

彩票发行机构、彩票销售机构应当设置一般调节基金。彩票游戏经批准停止销售后的奖池和调节基金结余,转入一般调节基金。

第四十八条 经同级财政部门审核批准后,彩票发行机构、彩票销售机构开展彩票游戏派奖活动所需资金,可以从该彩票游戏的调节基金或者一般调节基金中支出。

不得使用奖池资金、业务费开展派奖活动。

第四十九条 条例第三十二条所称业务费,是指彩票发行机构、彩票销售机构按照彩票销售额一定比例提取的,专项用于彩票发行销售活动的经费。

第五十条 彩票发行机构、彩票销售机构的业务费提取比例,由彩票发行机构、彩票销售机构根据彩票市场发展需要提出方案,报同级民政部门或者体育行政部门商同级财政部门核定后执行。

第五十一条 彩票发行机构、彩票销售机构的业务费由彩票发行机构、彩票销售机构按月缴入中央财政专户和省级财政专户,实行收支两条线管理。

彩票代销者的销售费用,由彩票发行机构、彩票销售机构与彩票代销者按照彩票代销合同的约定进行结算。

第五十二条　彩票发行机构、彩票销售机构应当根据彩票市场发展情况和发行销售业务需要,编制年度财务收支计划,报同级财政部门审核批准后执行。

财政部和省级财政部门应当按照国家有关规定审核批准彩票发行机构、彩票销售机构的年度财务收支计划,并根据其业务开支需要和业务费缴纳情况及时拨付资金。

未拨付的彩票发行机构、彩票销售机构的业务费,用于弥补彩票发行机构、彩票销售机构的收支差额,不得用于平衡财政一般预算或者其他支出。

第五十三条　彩票销售机构的业务费实行省级集中统一管理,由福利彩票销售机构、体育彩票销售机构按照省级财政部门审核批准的年度财务收支计划,分别统筹安排用于本行政区域内福利彩票、体育彩票的销售工作。

第五十四条　彩票发行机构、彩票销售机构应当在业务费中提取彩票发行销售风险基金、彩票兑奖周转金。

彩票发行销售风险基金专项用于因彩票市场变化或者不可抗力事件等造成的彩票发行销售损失支出。彩票兑奖周转金专项用于向彩票中奖者支付奖金的周转支出。

第五十五条　彩票公益金按照政府性基金管理办法纳入预算,实行收支两条线管理,专项用于社会福利、体育等社会公益事业,结余结转下年继续使用,不得用于平衡财政一般预算。

第五十六条　彩票公益金按照国务院批准的分配政策在中央与地方之间分配,由彩票销售机构分别上缴中央财政和省级财政。

上缴中央财政的彩票公益金,由财政部驻各省、自治区、直辖市财政监察专员办事处就地征收;上缴省级的彩票公益金,由省级财政部门负责征收。

第五十七条　逾期未兑奖的奖金纳入彩票公益金,由彩票销售机构结算归集后上缴省级财政,全部留归地方使用。

第五十八条　中央和省级彩票公益金的管理、使用单位,应当会同同级财政部门制定彩票公益金资助项目实施管理办法。

彩票公益金的管理、使用单位,应当及时向社会进行公告或者发布消息,依法接受财政部门、审计部门和社会公众的监督。

彩票公益金资助的基本建设设施、设备或者社会公益活动,应当以显著方式标明彩票公益金资助标识。

第五十九条　财政部应当每年向社会公告上年度全国彩票公益金的筹集、分配和使用情况。省级财政部门应当每年向社会公告上年度本行政区域彩票公益金的筹集、分配和使用情况。

中央和地方各级彩票公益金的管理、使用单位,应当每年向社会公告上年度彩票公益金的使用规模、资助项目和执行情况等。

第五章　法律责任

第六十条　彩票发行机构、彩票销售机构有下列行为之一的,由财政部门责令改正;对直接负责的主管人员和其他直接责任人员,建议所在单位或者主管部门给予相应的处分:

(一)违反彩票销售原始数据、彩票开奖设备管理规定的;

(二)违反彩票发行销售风险基金、彩票兑奖周转金或者彩票游戏的奖池资金、调节基金以及一般调节基金管理规定的;

(三)未按批准的销毁方式、期限销毁彩票的;

(四)未按规定向社会公告相关信息的;

(五)使用奖池资金、业务费开展派奖活动的;

(六)未以人民币现金或者现金支票形式一次性兑奖的。

第六十一条　彩票代销者有下列行为之一的,由民政部门、体育行政部门责令改正;情节严重的,责成彩票发行机构、彩票销售机构解除彩票代销合同:

(一)转借、出租、出售彩票代销证的;

(二)未以人民币现金或者现金支票形式一次性兑奖的。

第六十二条　各级财政部门、民政部门、体育行政部门及其工作人员,在彩票监督管理活动中存在违反本细则规定的行为,以及滥用职权、玩忽职守、徇私舞弊等违法违纪行为的,依照《中华人民共和国行政许可法》《中华人民共和国公务员法》《中华人民共和国监察法》《财政违法行为处罚处分条例》《彩票管理条例》等国家有关规定追究相应责任;涉嫌犯罪的,依法移送司法机关处理。

第六章　附　则

第六十三条　本细则自 2012 年 3 月 1 日起施行。

互联网销售彩票管理暂行办法

· 2010 年 9 月 26 日
· 财综〔2010〕83 号

第一章　总　则

第一条　为促进彩票市场健康发展,规范互联网销售彩票行为,维护彩票市场秩序,保护彩票参与者的合法权益,根据《彩票管理条例》(以下简称条例),制定本办法。

第二条　在中华人民共和国境内开展互联网销售彩票业务适用本办法。

第三条　互联网销售彩票是指使用浏览器或客户端等软件,通过互联网等计算机信息网络系统销售彩票。

第四条　未经财政部批准,任何单位不得开展互联网销售彩票业务。

第二章　审批管理

第五条　财政部负责互联网销售彩票业务的监督管理工作。

福利彩票发行机构、体育彩票发行机构(以下简称彩票发行机构)分别负责互联网销售福利彩票、体育彩票的统一规划和实施管理工作。

福利彩票销售机构、体育彩票销售机构(以下简称彩票销售机构)根据彩票发行机构的授权,分别负责互联网销售福利彩票、体育彩票的有关工作。

第六条　彩票发行机构可以与单位合作或者授权彩票销售机构开展互联网销售彩票业务,也可以委托单位开展互联网代理销售彩票业务。

彩票发行机构、经授权的彩票销售机构与单位合作开展互联网销售彩票业务的,应当与合作单位签订互联网销售彩票的合作协议;彩票发行机构委托单位开展互联网代理销售彩票业务的,应当与接受委托的单位(以下简称"互联网代销者")签订互联网销售彩票的代销合同。

第七条　合作单位、互联网代销者应当具备以下条件:

(一)具有独立法人资格;

(二)注册资本不低于 5000 万元人民币;

(三)有符合要求的场所和安全保障措施;

(四)有健全的组织机构、内部控制制度和风险管理措施;

(五)单位及其高级管理人员近五年内无犯罪记录和不良商业信用记录;

(六)取得相关互联网信息服务经营许可证。

第八条　彩票发行机构申请开展、调整或者停止互联网销售彩票业务的,应当根据条例规定,经民政部或者国家体育总局审核同意,向财政部提出书面申请。

财政部应当根据条例规定,对彩票发行机构的申请进行审查并作出书面决定。

第九条　申请开展互联网销售彩票业务的,彩票发行机构应当向财政部提交下列申请材料:

(一)申请书;

(二)市场分析报告及技术可行性分析报告;

(三)合作单位或者互联网代销者的资质证明材料;

(四)合同类材料,包括与银行、设备和技术服务供应商、合作单位或者互联网代销者等单位的合同或者协议意向书;

(五)管理类材料,包括合作单位或者互联网代销者管理、资金管理、销售管理、风险控制方案、设备和技术服务管理、监督和审计管理、应急处理等;

(六)第三方专业检测机构出具的技术检测报告。

第十条　申请调整互联网销售彩票品种的,彩票发行机构应当向财政部提交调整申请书及有关材料。

第十一条　申请停止互联网销售彩票业务的,彩票发行机构应当向财政部提交下列申请材料:

(一)申请书;

(二)彩票参与者合法权益保障方案;

(三)停止后的相关处理方案。

第十二条　经财政部批准开展、调整或者停止互联网销售彩票业务的,彩票发行机构应当在开展、调整或者停止互联网销售彩票业务的 10 个自然日前,将互联网销售彩票的品种、合作单位或互联网代销者及网站等有关信息向社会公告。

第三章　销售管理

第十三条　彩票发行机构、经授权的彩票销售机构、合作单位或者互联网代销者应当按财政部批准的彩票品种进行销售。未经财政部批准,任何彩票品种不得利用互联网销售。

第十四条　合作单位或者互联网代销者,应当按照财政部批准的事项和合作协议或者代销合同开展互联网销售彩票业务,不得委托他人代销。

第十五条　彩票购买者利用互联网购买彩票,应当通过彩票发行机构的互联网销售彩票管理系统注册开设投注账户。投注账户仅限彩票购买者本人使用,账户信息包括彩票购买者姓名、有效身份证件号码、联系电话、交易记录、资金收付记录等。

第十六条　彩票购买者应当提供本人使用的银行借记卡账户，并与投注账户绑定。

银行借记卡账户与投注账户的个人有关信息应当一致。

第十七条　彩票发行机构应当及时划转、结算彩票购买者的投注资金，确保互联网销售彩票过程中的资金安全。

第十八条　彩票购买者的投注信息由互联网销售彩票管理系统的前端服务平台受理，由后台管理系统对彩票购买者的投注信息和投注账户资金结余情况核实确认后，向彩票购买者发送彩票购买成功或未成功信息。

信息内容应当包括投注账号、投注彩票游戏名称和金额、投注时间、合作单位或者互联网代销者名称以及相关的验证码等，或购买未成功的原因。

第十九条　彩票发行机构、经授权的彩票销售机构、合作单位或者互联网代销者应当妥善保管彩票购买者投注账户信息，并对彩票购买者个人信息进行保密。

第二十条　合作单位或者互联网代销者应当按彩票发行机构的规定缴纳销售保证金，用于防范互联网销售彩票活动中可能产生的各种风险。

第二十一条　彩票发行机构、经授权的彩票销售机构应当保存彩票销售原始数据，保存期限不得少于60个月。

第二十二条　彩票发行机构、经授权的彩票销售机构应当定期对彩票购买者的投注账户信息进行统计，及时掌握彩票购买者基本信息及变化情况。

第二十三条　禁止为未成年人开设投注账号。不得向未成年人兑奖。

第四章　资金管理

第二十四条　互联网销售彩票资金按照财政部批准的彩票游戏规则规定的比例，分别计提彩票奖金、彩票发行费和彩票公益金。

第二十五条　彩票发行机构应当按规定归集互联网销售彩票的资金，分配结算彩票奖金、彩票发行费和彩票公益金。

彩票发行机构应当根据彩票购买者的银行借记卡账户所属行政区域，对互联网销售彩票销量进行省际划分，并分别计入各省、自治区、直辖市的彩票销量。

第二十六条　彩票中奖奖金由彩票发行机构、彩票销售机构按规定支付给中奖者。

第二十七条　彩票发行费按规定比例和代销合同，分别计提彩票发行机构业务费、彩票销售机构业务费、互联网代销者销售费用。

彩票发行机构业务费、彩票销售机构业务费按规定分别缴入中央财政专户和省级财政专户，互联网代销者的销售费用按照代销合同进行结算。

第二十八条　彩票公益金按规定分别缴入中央国库和省级国库。

第五章　安全管理

第二十九条　彩票发行机构应当制定互联网销售彩票的设备和技术服务标准，建立资金风险管理体系和制度，保障互联网销售彩票的资金安全。

第三十条　彩票发行机构应当建立互联网销售彩票管理系统。管理系统应当包括销售监控系统、后台管理系统和前端服务平台，具有投注账户的开设和管理、投注受理和确认、资金划转结算、奖金支付管理、统计报表、投注服务指南、信息查询、销售实时监控等功能。

第三十一条　互联网销售彩票管理系统应当具备完善的数据备份、数据恢复、防病毒、防入侵等安全措施，确保系统安全可靠运行。

第三十二条　互联网销售彩票的数据应当以彩票发行机构互联网销售彩票管理系统的记录为准。

第三十三条　互联网销售彩票管理系统应当预留信息采集接口。

第六章　附　则

第三十四条　彩票发行机构应根据条例和本办法规定，制定互联网销售彩票管理规范，对合作单位或者互联网代销者管理、投注账户管理、资金管理、销售管理、兑奖管理、风险控制方案、设备和技术服务管理、监督和审计管理、应急处理等做出明确规定。

第三十五条　违反本办法规定的，根据条例规定进行处理。

第三十六条　本办法由财政部负责解释。

第三十七条　本办法自发布之日起施行。

电话销售彩票管理暂行办法

·2014年3月27日
·财综〔2014〕15号

第一章　总　则

第一条　为规范电话销售彩票行为，维护彩票市场秩序，保护彩票参与者的合法权益，促进彩票市场持续健康发展，根据《彩票管理条例》（以下简称《条例》）、《彩票管理条例实施细则》（以下简称《实施细则》），制定本办法。

第二条　在中华人民共和国境内开展电话销售彩票业务适用本办法。

第三条　电话销售彩票是指利用固定电话、移动电话通过短信、语音、客户端等方式销售彩票。

第四条　财政部负责全国电话销售彩票业务的监督管理工作。

省级财政部门负责本行政区域电话销售彩票业务的监督管理工作。

第五条　福利彩票发行机构、体育彩票发行机构(以下简称彩票发行机构)分别负责全国电话销售福利彩票、体育彩票业务的统一规划、管理和组织销售工作。福利彩票销售机构、体育彩票销售机构(以下简称彩票销售机构)分别负责本行政区域电话销售福利彩票、体育彩票业务的具体实施工作。

第六条　未经财政部批准,任何单位和个人不得开展电话销售彩票业务。

第二章　审批管理

第七条　彩票销售机构需要在本行政区域开展、调整或者停止电话销售彩票业务的,应当经省级财政部门提出意见后,向彩票发行机构提出书面申请建议。

彩票发行机构对彩票销售机构的申请建议研究同意后,应当经民政部或者国家体育总局审核同意,向财政部提出书面申请。

第八条　彩票销售机构可以委托单位开展电话代理销售彩票业务。

彩票销售机构委托单位开展电话代理销售彩票业务,应当与接受委托的单位(以下简称"电话代销者")签订电话销售彩票的代销合同。

第九条　电话代销者应当具备以下条件:

(一)具有独立法人资格;

(二)注册资本不低于1000万元人民币;

(三)有符合要求的场所和安全保障措施;

(四)有健全的组织机构、内部控制制度和风险管理措施;

(五)单位及其高级管理人员近五年内无犯罪记录和不良商业信用记录;

(六)取得相关增值电信业务经营许可证。

第十条　申请开展电话销售彩票业务的,彩票发行机构应当向财政部提交下列申请材料:

(一)申请书,包括电话代销者、电话代销者销售费用管理方案、电话销售的彩票游戏、限额限时管理方案等;

(二)市场分析报告及技术可行性分析报告;

(三)电话代销者的资质证明材料;

(四)合同类材料,与电话代销者的合同(协议)意向书;

(五)管理类材料,包括电话代销者管理、资金管理、销售管理、风险控制方案、设备和技术服务管理、监督和审计管理、应急处理方案等;

(六)第三方专业检测机构出具的电话销售彩票管理系统、电话销售彩票监控预警系统和彩票游戏技术检测报告。

第十一条　申请调整电话代销者、电话代销者销售费用管理方案、电话销售的彩票游戏和限额限时管理方案等电话销售彩票业务的,彩票发行机构应当向财政部提交与调整事项有关的材料。

第十二条　申请停止电话销售彩票业务的,彩票发行机构应当向财政部提交下列申请材料:

(一)申请书;

(二)彩票参与者合法权益保障方案;

(三)停止后的相关处理方案。

第十三条　财政部应当根据《条例》、《实施细则》有关变更彩票品种审批事项的规定,对彩票发行机构的申请进行审查并作出书面决定。

第十四条　获得财政部批准后,彩票销售机构应当在开展、调整或者停止电话销售彩票业务的10个自然日前,将电话代销者、电话销售的彩票游戏、限额限时管理方案等有关信息向社会公告。

第三章　销售管理

第十五条　彩票销售机构和电话代销者应当按照财政部批准的电话销售的彩票游戏进行销售。未经财政部批准,任何彩票游戏不得利用电话销售。

第十六条　电话销售的彩票游戏包括奖池由彩票销售机构管理的彩票游戏和手机即开型彩票游戏等。

第十七条　电话代销者应当按照财政部批准的事项、代销合同开展电话销售彩票业务,不得委托他人代销。

第十八条　彩票购买者利用电话购买彩票,应当注册开设投注账户。投注账户信息包括彩票购买者姓名、有效身份证件号码、银行借记卡账号、注册电话号码、归属行政区域等。

彩票购买者提供的银行借记卡账户、注册电话号码应当与投注账户的个人有关信息一致。

每个有效身份证件仅限注册一个电话销售彩票投注账户。投注账户仅限彩票购买者本人使用,彩票购买者应当保管好投注账户、密码等信息。

第十九条 彩票发行机构统一管理投注账户，负责彩票购买者身份信息验证、注册电话号码绑定、银行借记卡绑定等，并依据绑定的注册电话号码、绑定的银行借记卡或者其他相关信息划分投注账户归属行政区域。

彩票销售机构依据属地原则具体管理本行政区域投注账户。

禁止利用电话跨省销售彩票。

第二十条 彩票发行机构应当建立全国统一的电话销售彩票投注账户管理系统。彩票销售机构或电话代销者接受彩票购买者开设、变更或者注销投注账户等请求，经彩票销售机构初审后向彩票发行机构提出申请，彩票发行机构通过电话销售彩票投注账户管理系统审核有关信息并最终确认。

第二十一条 彩票购买者利用电话购买彩票，电话代销者或者彩票销售机构应当参照彩票发行机构制定的范本，与彩票购买者签订服务协议。

第二十二条 彩票销售机构利用电话销售彩票，应当实行投注限额限时管理，对彩票购买者利用电话购买彩票的当天投注额度、单一彩票游戏投注额度、持续投注时间等作出明确规定。

第二十三条 彩票销售机构应当及时划转、结算彩票购买者的投注资金，确保电话销售彩票过程中的资金安全。

第二十四条 彩票购买者的投注信息经电话销售彩票管理系统受理、彩票销售系统确认后，由电话销售彩票管理系统向彩票购买者发送购买成功或者未成功信息。

第二十五条 彩票发行机构、彩票销售机构和电话代销者应当妥善保管彩票购买者投注账户信息，并对彩票购买者个人信息进行保密。

第二十六条 电话代销者应当按照彩票发行机构、彩票销售机构的规定缴纳销售保证金，用于防范电话销售彩票活动中可能产生的风险。

第二十七条 彩票销售机构应当保存彩票销售原始数据，保存期限不得少于 60 个月。

第二十八条 禁止为未成年人开设投注账户。不得向未成年人兑奖。

第四章 资金管理

第二十九条 电话销售彩票的资金按照财政部批准的比例，分别计提彩票奖金、彩票发行费和彩票公益金。

第三十条 彩票销售机构应当按照规定归集电话销售彩票的资金，分配结算彩票奖金、彩票发行费和彩票公

益金。

第三十一条 彩票奖金由彩票销售机构按照规定支付给中奖者。

第三十二条 彩票发行费按照规定比例和代销合同，分别计提彩票发行机构业务费、彩票销售机构业务费、电话代销者销售费用。

彩票发行机构业务费、彩票销售机构业务费按照规定分别缴入中央财政专户和省级财政专户，电话代销者销售费用按照代销合同进行结算。

第三十三条 彩票公益金按照规定分别缴入中央国库和省级国库。

第五章 安全管理

第三十四条 彩票发行机构应当制定全国统一的电话销售彩票设备和技术服务标准，定期组织对彩票发行机构和彩票销售机构电话销售彩票有关管理系统进行安全测评和风险评估。

彩票销售机构应当建立健全彩票资金管理体系和制度，保障电话销售彩票的资金管理规范和安全。

第三十五条 彩票发行机构和彩票销售机构应当加强电话销售彩票客户端管理。

彩票销售机构对电话销售彩票客户端软件进行初审后，报经彩票发行机构组织检测合格，在彩票发行机构官方网站或者指定的电话销售彩票客户端软件发布平台发布，只供电话销售彩票投注使用。彩票发行机构应当定期组织对电话销售彩票客户端进行安全测评和风险评估。

第三十六条 彩票发行机构应当建立电话销售彩票监控预警系统。电话销售彩票监控预警系统应当具有实时监控电话销售的彩票游戏、数据和资金、跨行政区域销售彩票游戏行为识别、限额限时管理等功能。

第三十七条 彩票销售机构应当建立电话销售彩票管理系统。电话销售彩票管理系统应当具有投注账户管理、投注受理和确认、资金划转结算、奖金支付管理、统计报表、投注服务指南、销售信息查询等功能。

第三十八条 电话销售彩票监控预警系统和电话销售彩票管理系统应当具有完善的数据备份、数据恢复、防病毒、防入侵等安全措施，确保系统安全可靠运行。

第三十九条 电话销售彩票监控预警系统和电话销售彩票管理系统应当实时连接，实现彩票销售数据实时交换，保证彩票销售数据的安全性、时效性和一致性。

第四十条 电话销售彩票的数据应当与彩票销售系统实现实时交换，并以彩票销售系统的记录为准。

第四十一条　彩票发行机构应当建立电话销售彩票信息查询平台,用于电话销售彩票注册用户查验所购电话销售的彩票游戏信息真伪。

第四十二条　电话销售彩票监控预警系统和电话销售彩票管理系统应当预留信息采集接口。

第六章　附　则

第四十三条　彩票发行机构应当根据《条例》、《实施细则》和本办法规定,制定电话销售彩票管理规范,对投注账户管理、资金管理、销售管理、兑奖管理、风险控制方案、设备和技术标准及服务管理、监督和审计管理、应急处理等做出明确规定。

彩票销售机构应当根据彩票发行机构的统一要求,加强电话代销者管理,制定本行政区域的电话销售彩票操作规程。

第四十四条　违反本办法规定的,依照《条例》、《实施细则》规定追究法律责任。

第四十五条　本办法自 2014 年 4 月 1 日起施行。财政部 2010 年 9 月 26 日发布的《电话销售彩票管理暂行办法》(财综〔2010〕82 号)同时废止。

彩票公益金管理办法

· 2021 年 5 月 20 日
· 财综〔2021〕18 号

第一章　总　则

第一条　为了规范和加强彩票公益金筹集、分配和使用管理,健全彩票公益金监督机制,提高资金使用效益,根据《中华人民共和国预算法》、《中华人民共和国预算法实施条例》、《彩票管理条例》、《彩票管理条例实施细则》等有关规定,制定本办法。

第二条　彩票公益金是按照规定比例从彩票发行销售收入中提取的,专项用于社会福利、体育等社会公益事业的资金。

逾期未兑奖的奖金纳入彩票公益金。

第三条　彩票公益金纳入政府性基金预算管理,结余结转按有关规定执行。

第二章　收缴管理

第四条　彩票公益金由各省、自治区、直辖市彩票销售机构(以下简称彩票销售机构)根据国务院批准的彩票公益金分配政策和财政部批准的提取比例,按照每月彩票销售额据实结算后分别上缴中央财政和省级财政。

逾期未兑奖的奖金由彩票销售机构上缴省级财政,全部留归地方使用。

第五条　上缴中央财政的彩票公益金,由财政部各地监管局负责执收。具体程序为:

(一)彩票销售机构于每月 10 日前向财政部当地监管局报送《上缴中央财政的彩票公益金申报表》(见附件 1)及相关材料,申报上月彩票销售金额和应上缴中央财政的彩票公益金金额;

(二)财政部各地监管局完成彩票销售机构申报资料的审核工作并核定缴款金额后,按照收入收缴相关规定,向彩票销售机构开具《非税收入一般缴款书》;

(三)彩票销售机构于每月 15 日前,按照《非税收入一般缴款书》载明的缴款金额上缴中央财政。

第六条　财政部各地监管局应当于每季度终了后 20 日内、年度终了后 30 日内,向财政部报送《上缴中央财政的彩票公益金统计报表》(见附件 2),相关重大问题应随时报告。

第七条　上缴省级财政的彩票公益金,由各省、自治区、直辖市人民政府财政部门(以下简称省级财政部门)负责执收,具体收缴程序按照省级财政部门的有关规定执行。

省级财政部门应当于年度终了后 30 日内,向财政部报送《上缴地方财政的彩票公益金统计报表》(见附件 3)。

第八条　财政部各地监管局和省级财政部门应当于年度终了后 30 日内,完成对上一年度应缴中央财政和省级财政彩票公益金的清算及收缴工作。

第三章　分配和使用

第九条　彩票公益金的管理、分配和使用,应当充分体现公益属性,突出支持重点,并向欠发达地区和社会弱势群体等倾斜。坚持科学规范、厉行节约,依法依规安排预算。坚持公开透明、强化监管,主动接受人大、审计、财政和社会监督。坚持统筹谋划、讲求绩效,发挥资金使用效益。

第十条　彩票公益金不得用于以下方面的支出:

(一)已有财政拨款保障的各类工资福利、奖金等人员支出;

(二)与实施彩票公益金项目无直接关系的人员支出、日常运转支出及其他支出;

(三)公务接待、公务用车购置及运行等支出;

(四)以营利为目的的相关支出;

(五)建设楼堂馆所及职工住宅;

(六)其他国家规定禁止列支的支出。

第十一条　加强彩票公益金与一般公共预算的统筹衔接。彩票公益金与一般公共预算都安排支出的项目，要制定统一的资金管理办法，实行统一的资金分配方式。

第十二条　为促进社会公益事业发展，保证彩票公益金项目顺利开展，彩票公益金使用单位为基金会的，可据实列支管理费，即基金会为组织和实施彩票公益金项目活动所发生的管理性质的支出，使用情况应向社会公告。

管理费列支实施分档管理，随着项目支出规模的扩大，列支比例应适当降低；最高列支比例不得超过本单位当年彩票公益金项目支出的 2.5%。本办法实施前列支比例高于 2.5% 的单位，按规定调减比例；低于 2.5% 的单位，确需调增比例的，按规定程序报批。相关资金使用管理办法应对报批程序、支出范围等作出具体规定。

第十三条　上缴中央财政的彩票公益金，用于社会福利事业、体育事业、补充全国社会保障基金和国务院批准的其他专项公益事业，财政部应会同民政部、国家体育总局等有关部门、单位制定资金使用管理办法。

第十四条　中央财政安排用于社会福利事业和体育事业的彩票公益金，按照以下程序执行：

（一）财政部根据国务院批准的彩票公益金分配政策每年核定用于社会福利事业和体育事业的彩票公益金预算支出指标，分别列入中央本级支出以及中央对地方转移支付预算；

（二）列入中央本级支出的彩票公益金，由民政部和国家体育总局以项目库为基础提出项目支出预算安排建议，按规定报财政部审核。民政部和国家体育总局根据财政部批复的预算，组织实施和管理；

（三）列入中央对地方转移支付预算的彩票公益金，由财政部分别会同民政部和国家体育总局确定资金分配原则，民政部、国家体育总局按职责提出有关资金的分地区建议数，报财政部审核后下达。

第十五条　中央财政安排用于补充全国社会保障基金的彩票公益金，由财政部根据国务院批准的彩票公益金分配政策每年核定预算支出指标，并按照有关规定拨付全国社会保障基金理事会。

第十六条　中央财政安排用于其他专项公益事业的彩票公益金，按照以下程序执行：

（一）申请使用彩票公益金的部门、单位，应当将相关项目纳入项目库并按程序向财政部提交项目申报材料，财政部审核后报国务院审批；

（二）经国务院批准后，财政部分别列入中央本级支出和中央对地方转移支付预算，并在部门预算中批复或下达地方；

（三）申请使用彩票公益金的部门、单位，根据财政部批复的项目支出预算，按资金使用管理办法组织实施和管理。项目资金支出预算因特殊原因需要进行调整的，应当报财政部审核批准；

（四）中央财政安排用于其他专项公益事业的彩票公益金支持项目因政策到期、政策调整、客观条件发生变化等已无必要继续实施的，按规定程序予以取消。

第十七条　上缴省级财政的彩票公益金，按照国务院批准的彩票公益金分配政策，由省级财政部门商民政、体育行政等有关部门研究确定分配原则。

第十八条　省级以上（含省级，下同）民政、体育行政等有关部门、单位，申请使用彩票公益金时，应当向同级财政部门提交项目申报材料。项目申报材料应当包括以下内容：

（一）项目申报书；

（二）项目可行性研究报告；

（三）项目实施方案；

（四）项目绩效目标；

（五）同级财政部门要求报送的其他材料。

第十九条　加强彩票公益金项目管理，完善项目库建设，建立健全项目入库评审机制和项目滚动管理机制。

第二十条　彩票公益金按照中央本级支出和转移支付支出分别编列预算，执行中未经规定程序不得相互调整。项目支出预算批准后，应当严格执行，不得擅自调整。

第二十一条　彩票公益金资金支付按照财政国库集中支付制度有关规定执行。

第二十二条　省级以上民政、体育行政等彩票公益金使用部门、单位，应当于每年 3 月底前向同级财政部门报送上一年度彩票公益金使用情况。具体包括：

（一）项目组织实施情况；

（二）项目资金使用和结余情况；

（三）项目社会效益和经济效益；

（四）同级财政部门要求报送的其他材料。

第二十三条　加强彩票公益金全过程绩效管理，建立彩票公益金绩效评价常态化机制。省级以上财政部门以及民政、体育行政等彩票公益金使用部门、单位应建立和完善彩票公益金支出绩效自评及评价制度，提高彩票公益金资源配置效率和使用效益。

第二十四条　强化彩票公益金绩效评价结果应用，

将评价结果作为安排彩票公益金预算、完善政策和改进管理的重要依据。对评价结果较差的项目，限期整改，并视情予以调减项目预算直至取消。

第四章　宣传公告

第二十五条　彩票公益金资助的基本建设设施、设备或者社会公益活动等，应当以显著方式标明"彩票公益金资助—中国福利彩票和中国体育彩票"标识。

第二十六条　省级财政部门应当于每年4月底前，向省级人民政府和财政部提交上一年度本行政区域内彩票公益金的筹集、分配和使用情况报告；每年6月底前，向社会公告上一年度本行政区域内彩票公益金的筹集、分配和使用情况。

财政部应当于每年8月底前，向社会公告上一年度全国彩票公益金的筹集、分配和使用情况。

第二十七条　省级以上民政、体育行政等彩票公益金使用部门、单位，应当于每年6月底前，向社会公告上一年度本部门、单位彩票公益金的使用规模、资助项目、执行情况和实际效果等。具体包括：

（一）彩票公益金项目总体资金规模、支出内容、执行情况等；

（二）彩票公益金具体项目的资金规模、支出内容、执行情况等；

（三）彩票公益金项目支出绩效目标及绩效目标完成情况等；

（四）其他相关内容。

第五章　监督检查

第二十八条　彩票销售机构应当严格按照本办法的规定缴纳彩票公益金，不得拒缴、拖欠、截留、挤占、挪用彩票公益金。

第二十九条　彩票公益金的使用部门、单位，应当按照同级财政部门批准的项目支出预算执行，不得挤占、挪用、虚列、虚报冒领、套取彩票公益金，不得改变彩票公益金使用范围。

第三十条　各级财政部门应当加强对彩票公益金筹集、分配、使用等的监督管理，确保彩票公益金及时、足额上缴财政和按规定用途使用。

第三十一条　违反本办法规定，拒缴、拖欠、截留、挤占、挪用、虚列、虚报冒领、套取彩票公益金，改变彩票公益金使用范围的，不按规定向社会公告的，以及有其他滥用职权、玩忽职守、徇私舞弊等违纪违法行为的，依法责令改正，并视情调减项目预算支出直至取消。对负有责任的领导人员和直接责任人员依法给予处分；涉嫌犯罪的，依法移送有关机关处理。

第六章　附　则

第三十二条　省级财政部门应当根据本办法规定，结合本地实际，制定本行政区域的彩票公益金使用管理办法，报财政部备案。

第三十三条　本办法自发布之日起施行。《财政部关于印发〈彩票公益金管理办法〉的通知》（财综〔2012〕15号）同时废止。

附：1. 上缴中央财政的彩票公益金申报表

2. 上缴中央财政的彩票公益金统计报表

3. 上缴地方财政的彩票公益金统计报表

附1：

上缴中央财政的彩票公益金申报表

所属期：　　　年　　月
填报日期：　　　年　　月　　日　　　　　　　　　　　　　　　　金额单位：万元

申报单位		省（自治区、直辖市）彩票销售机构				联系人	
地　址						联系电话	
彩票游戏　　　　项目	行次	彩票销售金额	彩票公益金提取比例（%）	彩票公益金金额	上缴中央财政比例（%）	上缴中央财政金额	备注
	1						

续表

	2					
	3					
	4					
	5					
	6					
	……					
合　计						

申报单位签章： 　　　　　　　　　　　年　月　日	财政部监管局审核意见： 　　　　　　　　　　　年　月　日

附2：

上缴中央财政的彩票公益金统计报表

填报单位：　财政部　　　监管局　　　　　　所属期：　　　　　　　　金额单位：万元

项　　目	行次	本期数			累计数			备　注
		合计	福利彩票	体育彩票	合计	福利彩票	体育彩票	
彩票销售金额	1							
彩票公益金金额	2							
应上缴中央财政金额	3							
已上缴中央财政金额	4							

填表人：　　　　　　　　联系电话：　　　　　　填报日期：　　年　月　日

附3：

上缴地方财政的彩票公益金统计报表

填报单位：　　省（自治区、直辖市）财政厅（局）　　　所属年度：　　　　　　金额单位：万元

项　　目	行次	合计	福利彩票	体育彩票	备注
彩票销售金额	1				
彩票公益金总额	2				
其中：按彩票销售量提取的彩票公益金	3				
逾期未兑奖奖金金额	4				

填表人：　　　　　　　　联系电话：　　　　　　填报日期：　　年　月　日

民政部彩票公益金使用管理办法

· 2024 年 6 月 13 日
· 民办发〔2024〕9 号

第一章　总　则

第一条　为加强民政部彩票公益金使用管理,明确管理责任,规范管理程序,提高使用效益,根据《中华人民共和国预算法》及其实施条例、《彩票管理条例》及其实施细则、《彩票公益金管理办法》、《中央集中彩票公益金支持社会福利事业资金管理办法》等规定,制定本办法。

第二条　本办法所称民政部彩票公益金(以下简称公益金)是指根据国务院有关政策,从中央集中彩票公益金中按一定比例分配给民政部的资金。

第三条　公益金使用遵循福利彩票"扶老、助残、救孤、济困"发行宗旨,主要用于老年人福利、残疾人福利、儿童福利、殡葬服务等民政领域社会福利和社会公益事业。

第四条　公益金分为民政部本级资金和补助地方资金。民政部本级资金由部机关(局)和直属单位使用,纳入部门预算管理。补助地方资金分配下达至地方民政部门使用,纳入中央财政转移支付管理。

第二章　管理职责

第五条　公益金使用管理按照"谁使用、谁管理、谁负责"原则,由民政部规划财务司(以下简称规财司)、归口管理单位、省级民政部门、公益金具体使用单位(以下简称项目单位)共同负责。

第六条　规财司是公益金使用管理统筹协调单位,负责公益金预算管理,制定公益金综合管理制度,开展公益金绩效评价和监督等综合管理工作。

第七条　部机关相关司(局)为归口管理单位,负责本领域公益金相关管理工作,根据工作需要制定专项管理制度,配合规财司开展相关工作。

第八条　省级民政部门对本地区公益金使用管理负主体责任,承担补助地方资金在本地区分配、使用、管理、监督以及向民政部报告资金使用管理情况等职责。

第九条　项目单位负责公益金项目资金使用管理,承担项目立项申报、预算执行、财务管理、绩效管理和信息公开等工作,主动接受和配合监督检查。

第三章　民政部本级资金管理

第十条　部机关司(局)和直属单位根据职责和工作需要,以项目形式申报使用民政部本级资金。项目单位主要负责同志为项目负责人。公益金原则上不支持已有一般公共预算财政拨款支持的项目。

第十一条　每年 6 月 20 日前,项目单位向归口管理单位提出立项申请,提交立项申报材料。项目应符合以下条件:

(一)符合国家有关方针政策、福利彩票发行宗旨以及支持方向;

(二)属于项目单位职能范围并符合促进事业发展需要;

(三)有明确的直接受益对象、明确的项目目标和组织实施计划;

(四)经费测算符合相关领域国家或行业标准,并从严把握,精打细算。

第十二条　培训项目除符合本办法第十一条规定外,还应符合以下条件:

(一)培训对象为直接服务老年人、残疾人、儿童和其他基本生活困难人员的相关人员;

(二)具有示范性;

(三)原则上由项目单位直接执行,不得转由其他单位承办。

第十三条　归口管理单位对项目单位提交的立项申报材料进行审核。在材料齐全有效基础上,重点审核以下内容,并逐项提出意见:

(一)项目是否符合福利彩票发行宗旨和公益金使用有关规定、是否属于一般公共预算财政拨款支持范围;

(二)是否属于部本级事权、是否属于项目单位的职责范围并具备相应执行能力;

(三)项目实施方案设计是否合理、可行,是否有明确的实施期限、项目绩效目标、组织实施计划,是否存在重大社会风险;

(四)项目支出内容是否依法合规,经费测算是否符合相关领域国家或行业标准并科学合理,是否有用于行政事业单位的基本支出、违规发放工资奖金津补贴等人员支出、以营利为目的的活动等国家财务规章制度和公益金管理有关规定禁止的情形。

不符合要求的应予以否定或退回重报。归口管理单位每年 6 月 30 日前将审核通过项目的立项申报材料和书面审核意见报规财司。

第十四条　规财司统一组织立项评审,综合归口管理单位审核意见和评审意见,对项目提出审核意见。审核通过的项目在部机关内网公示 5 个工作日。公示期间对项目有不同意见的,应书面向规财司提出,规财司应会同归口管理单位及时研究提出处理意见。

第十五条　通过公示的项目,纳入部门预算项目库,按照部门预算管理程序报财政部。

第四章　补助地方资金管理

第十六条　规财司根据《中央集中彩票公益金支持社会福利事业资金管理办法》规定的分配方法和财政部核定的补助地方资金总额,计算省级民政部门分配金额。

第十七条　归口管理单位根据国家政策、发展规划、本领域业务发展需要明确补助地方资金具体支持方向,研提绩效指标,审核区域绩效目标。

第十八条　资金分配方案经民政部党组会议审议通过后报财政部审核。

第十九条　补助地方资金分配文件会签事宜按照《民政部参与分配的中央财政转移支付资金分配规程》办理。

第二十条　省级民政部门应加强项目储备,形成备选项目库;按照补助地方资金具体支持方向,结合本地区实际情况分配使用资金,其中用于老年人福利的资金不低于55%;掌握本地区项目立项和执行等情况,定期调度项目执行进度。

第二十一条　省级民政部门每年3月1日前向民政部报送上年度补助地方资金使用情况报告,包括项目立项和组织实施情况、项目资金使用和结转结余情况、项目社会效益和经济效益等。

第二十二条　项目单位应严格按照预算批复执行预算,加快预算执行。执行中确需调整预算的,按规定程序进行审批。

第二十三条　补助地方资金应纳入财政预算管理一体化系统管理,按具体项目进行明细核算,清晰反映支出资金具体支持方向。

第五章　信息公开

第二十四条　公益金使用管理信息公开遵循真实、准确、完整、及时、便民的原则,谁使用、谁分配、谁管理、谁公开,做到应公开尽公开。

第二十五条　民政部、省级民政部门、项目单位于每年6月底前在门户网站公告上年度公益金使用管理情况。项目单位无门户网站的,可由相关民政部门门户网站代为发布信息。下级民政部门无门户网站的,可由上级民政部门或同级政府门户网站代为发布信息。

民政部公开公益金总体资金规模、支出内容、执行情况、绩效目标及绩效目标完成情况等。省级民政部门公开本地区公益金资金规模、支出内容、执行情况、绩效目标及绩效目标完成情况等。项目单位公开公益金具体项目资金规模、支出内容、执行情况、绩效目标及绩效目标完成情况等。

民政部通过部门户网站对省级民政部门公告进行汇总链接。中国福利彩票发行管理中心通过自身宣传渠道和平台进行信息公开和宣传,有关内容要纳入福利彩票年度社会责任报告。

第二十六条　公益金项目应以显著方式标明资助标识。

第六章　绩效管理与监督

第二十七条　民政部应按照部门预算管理要求对民政部本级资金开展绩效监控、绩效自评等;制定补助地方资金绩效评价指标体系,每年对省级民政部门公益金分配、执行、使用成效等使用管理情况开展绩效评价,绩效评价结果作为补助地方资金分配重要依据。

第二十八条　省级民政部门应合理、准确设定补助地方资金区域绩效目标,按规定开展绩效自评,向民政部报送绩效自评报告和绩效自评表,并对数据真实性、准确性负责。

第二十九条　民政部和省级民政部门应运用综合评估、抽查审计等方式加强公益金监管。

第三十条　项目单位应加强财会监督,严格按照国家财务规章制度支出资金,严禁虚报、套取、挤占、挪用。公益金不得用于:

(一)已有财政拨款保障的各类工资福利、奖金等人员支出;

(二)与实施公益金项目无直接关系的人员支出、日常运转支出及其他支出;

(三)公务接待、公务用车购置及运行等支出;

(四)以营利为目的的相关支出;

(五)建设楼堂馆所及职工住宅;

(六)其他国家规定禁止列支的支出。

项目资金使用涉及政府采购、政府购买服务的,按照有关规定办理,规范签订委托协议,加强成果验收管理,形成的国有资产按规定登记管理。

第三十一条　各级民政部门及其工作人员,存在违反本办法规定的行为,以及其他滥用职权、玩忽职守、徇私舞弊等违法违纪行为的,依规依纪依法追究相应责任。

第七章　附　则

第三十二条　本办法由民政部负责解释。省级民政部门使用管理地方留存的彩票公益金,可参考本办法制定有关管理制度。

第三十三条　本办法自印发之日起施行。《民政部办公厅关于印发〈民政部彩票公益金使用管理办法〉等六个办法的通知》(民办发〔2019〕34号)同时废止。

中央集中彩票公益金资助青少年体育活动管理办法(试行)

· 2017年4月24日
· 体青字〔2017〕21号

第一章　总　则

第一条　为鼓励支持公益性青少年体育活动有序开展,规范和加强中央集中彩票公益金支持体育事业专项资金(以下简称"彩票公益金")资助青少年体育活动项目(以下简称"资助项目")管理,提高资金使用效益,动员和鼓励社会力量参与青少年体育工作,推动青少年体育活动广泛、深入、持久开展,根据《中央集中彩票公益金支持体育事业专项资金管理办法》等法规和文件,制定本办法。

第二条　本办法中青少年体育活动是指面向广大青少年群体组织开展的,以运动项目普及和运动水平提高为目的的体育赛事、技能培训、集中训练、文化交流、项目推广、健身指导等。

第三条　国家体育总局青少年体育司(以下简称"青少司")对彩票公益金资助开展青少年体育活动项目的经费预算进行审核。

第四条　资助原则

(一)自愿申请、公平竞争、专家评审、择优立项。

(二)量入为出。依据体育总局年度彩票公益金投入总量确定活动的资助金额。

(三)统筹兼顾,突出重点。重点资助参与面广、有较大影响和知名度的青少年体育活动项目。

(四)专款专用。谁使用,谁负责。

第五条　资助范围

(一)具有示范引领效应的全国性青少年体育活动。

(二)具有示范引领效应的区域性青少年体育活动。

第二章　申报与确定

第六条　申报单位

(一)体育总局直属单位。

(二)全国性单项体育协会、行业体育协会。

(三)省级体育行政部门、省级体育社会组织。

第七条　申报程序

(一)体育总局直属单位及各省(区、市)体育局资助对象根据年度组织开展青少年体育活动计划,经所在单位同意,将拟申请彩票公益金资助开展的活动项目按照国家体育总局经济司(以下简称"经济司")对下一年度部门预算编制工作通知有关要求,由所在单位统一向经济司报送"一上"预算报表及项目文本,经济司汇总后转青少司。新增活动项目于每年3月20日前将下一年度需彩票公益金资助开展的活动项目文本上报体育总局青少司审核。

非预算申请单位按照政府购买服务相关法规制度程序进行申报。

(二)申报单位应填写《中央集中彩票公益金资助青少年体育活动新增项目申报文本》(见附件)。

(三)申报单位应当合理编制项目总预算,预算资助金额标准不超过每人每天350元,活动天数不少于5天(含报到和离会),结合预计活动支出,提出合理的项目资助金额申请。

(四)体育总局直属单位负责本单位内所有资助项目的初审、汇总和上报工作。

(五)省级体育行政部门负责本行政区域内资助项目的初审、汇总和上报工作,地方体育行政部门不得越级申报。

第八条　审核依据

(一)以三大球、田径、游泳等基础大项、冰雪项目、民族传统体育等项目,奥运项目青少年训练营,阳光体育大会等青少年体育系列活动以及社会上喜闻乐见的体育项目等优先资助。

(二)历年资助经费使用情况和活动实际开展状况。

(三)申请资助开展项目的站(次)、参与人数、活动影响力、活动宣传情况等。

第九条　审核程序

(一)青少司职能处室根据本办法审核由经济司汇总转来的各申报单位上报材料,逐步探讨引入并委托第三方协助进行审核,对单位资质、硬件条件、活动实施方案、进度、经费预算等重点内容的完整性、规范性、合理性进行审核,并提出审核建议。

(二)青少司务会对预算审核等建议进行讨论研究,确定后报经济司审核。

第三章　实施与管理

第十条　资助项目单位接受青少司对活动的业务指导,确保组织工作的各项要求落实到位。

第十一条　资助项目单位严格按照国家财务和彩票公益金的有关管理规定使用经费,专项用于青少年体育活动,确保资助经费专款专用。资助经费核算必须纳入单位会计核算体系,单独核算,并完整保留与资助项目有关的会计资料。

第十二条　不得任意更改活动名称和时间,且实际参与人数不得低于申请资助经费预算时的人数。

第十三条　资助项目单位组织开展活动要积极宣传公益金的宗旨和社会公益形象,按照《彩票公益金资助项目宣传管理办法》有关规定执行。

第十四条　资助项目实行绩效评估制度。

(一)资助项目执行期间,由各单位自行组织专家进行评估,将评估结果报送青少司,青少司根据评估效果进行抽查。

(二)资助项目完成15日内,资助项目单位向青少司报送项目总结材料,包括活动组织材料、图像视频材料、经费支出与执行材料等。

(三)项目绩效评估不合格以及违法规定使用经费的,体育总局将取消资助项目单位下一年度申请资格。

第十五条　青少司将委托专业机构有重点地检查项目经费管理情况和使用效率,并对部分资助项目进行审计,资助项目单位应当积极配合,如实反映情况。检查及审计结论作为评审新报资助项目的重要依据。

第四章　附　则

第十六条　本办法自印发之日起施行。

附件:中央集中彩票公益金资助青少年体育活动新增项目申请文本(略)

中央集中彩票公益金支持社会福利事业资金管理办法

· 2024年5月13日
· 财社〔2024〕55号

第一章　总　则

第一条　为加强中央集中彩票公益金支持社会福利事业资金管理,提高资金使用效益,根据《中华人民共和国预算法》、《中华人民共和国预算法实施条例》(国务院令第729号)、《彩票管理条例》(国务院令第554号)等有关规定,制定本办法。

第二条　本办法所称中央集中彩票公益金支持社会福利事业资金(以下简称社会福利资金)是根据国务院有关政策,从中央集中彩票公益金中按一定比例安排用于民政领域社会福利事业发展的专项资金。

第三条　社会福利资金纳入政府性基金预算,由财政、民政部门按职责共同管理。各级财政、民政部门应当加强社会福利资金与一般公共预算资金的统筹衔接,原则上支持方向应避免交叉重复。

第四条　社会福利资金使用管理应当严格执行国家法律法规和财务规章制度,接受财政、审计、民政等部门的监督和检查。

第五条　社会福利资金实施期限暂至2028年12月31日。期满前财政部会同民政部根据法律、行政法规和国务院有关规定及工作需要评估确定后续期限。

第二章　使用范围

第六条　社会福利资金的使用应当遵循福利彩票"扶老、助残、救孤、济困"的发行宗旨,主要用于资助服务老年人、残疾人、儿童等特殊群体的社会福利项目,以及符合宗旨的其他社会公益项目。

第七条　社会福利资金的使用应当严格按照有关规定,严禁虚报套取、挤占挪用,严禁以同一项目重复申报多项中央财政资金(含中央预算内投资项目),不得用于因公出国(境)费、公务接待费、公务用车购置及运行费、行政事业单位的基本支出、营利活动以及其他不符合规定用途的支出。

第三章　分配和使用管理

第八条　社会福利资金包括通过中央部门预算安排给民政部本级使用的资金(以下简称民政部本级资金)和通过中央对地方转移支付预算安排给地方使用的资金(以下简称补助地方资金)两部分,预算管理分别执行中央部门预算和中央对地方转移支付预算管理制度,并实行中期财政规划管理。

第九条　民政部本级资金支持的项目实行项目库管理,纳入项目库的项目原则上均应当通过评审,项目立项、预算申报、绩效管理均应严格执行中央部门预算管理有关规定。

第十条　补助地方资金由各地统筹用于老年人福利类、残疾人福利类、儿童福利类、社会公益类等项目,其中老年人福利类项目预算金额不低于总金额的55%。此外,根据党中央、国务院重大决策部署和相关工作需要,补助地方资金可安排一定比例资金支持重点区域发展,按规定用于有关方面支出。

第十一条　补助地方资金采取因素法与项目法相结合的方式分配,以因素法为主,根据工作需要可在部分改革任务较重的支持领域采取项目法分配。因素法分配测算公式为:

$$某地应拨付资金 = 资金总额 \times \frac{该地分配系数}{\Sigma 分配系数}$$

其中:某地分配系数=该地需求系数×该地财力系数×该地绩效调节系数。

需求系数,主要反映地方开展相关工作的任务量及资金需求情况。由民政部门根据服务对象数量、机构数量等业务要素,相应选取已公开发布的统计数据作为需求因素计算得出。

财力系数,主要反映地方财政困难程度。

绩效调节系数,主要反映地方相关工作进展及其成效。

项目法资金分配方案,由财政部会同民政部根据项目年度资金规模及重点工作任务等因素另行制定。

第十二条　市、县民政部门要按照民政部确定的补助地方资金使用方向,如实准确申报补助地方资金有关需求信息,确保数据真实无误,并对申报信息的真实性、准确性负责。

第十三条　省级民政部门对市、县民政部门报送的材料进行审核汇总,对于审核中发现的问题,应当要求其调整后再行报送。按照预算管理规定,省级民政部门商同级财政部门设定补助地方资金区域绩效目标,报民政部审核并抄送财政部当地监管局,并依职责对区域绩效目标申报的数据准确性、程序合规性、报送及时性负责。

第十四条　地方各级民政、财政部门在申报信息上报后,如发现信息有误,应当立即向上级民政、财政部门报告,并在规定时间内更正并重新上报。

第十五条　民政部对省级报送的区域绩效目标的合理性、匹配性、可行性及基础数据的准确性进行审核。对于审核发现的问题,应当督促地方进行调整或修改完善后重新报送。根据审核结果,民政部研究提出补助地方资金分配和区域绩效目标建议方案并报送财政部。

第十六条　财政部对民政部报送的补助地方资金分配和区域绩效目标建议方案进行审核。待全国人民代表大会批准预算后,财政部会同民政部在规定时间内下达资金和区域绩效目标。

第十七条　省级财政、民政部门收到补助地方资金预算文件后,应当根据《中华人民共和国预算法》等规定,按时将资金分解下达,并将资金分配文件抄送财政部当地监管局。

第十八条　各级民政部门要严格按照财政部门批复的预算执行,不得擅自调整预算,不得截留、挤占、挪用资金。在预算执行过程中,如发生确需调整预算的情形,应当按照有关规定和程序进行审批。

第十九条　社会福利资金支付按照国库集中支付制度有关规定执行。社会福利资金结转结余的使用和管理,按照财政部门有关结转结余资金的使用和管理办法执行。

第二十条　社会福利资金使用过程中涉及政府采购的,按照政府采购法律制度规定执行。

第四章　信息公开

第二十一条　各级民政部门应进一步加大社会福利资金使用和资助项目宣传,积极传播彩票公益属性和社会责任,更好展现彩票公益金在促进社会公益事业发展中的重要作用,不断提升彩票公信力和影响力。

社会福利资金资助的基本建设设施、设备或者社会公益活动等,应当以显著方式标明“彩票公益金资助—中国福利彩票和中国体育彩票”标识。

第二十二条　民政部应于每年3月底前向财政部报送上一年度社会福利资金使用情况。具体内容包括:组织实施情况、资金使用和结余情况、社会效益和经济效益、绩效评价情况等。

第二十三条　民政部应于每年6月底前,向社会公告上一年度社会福利资金的使用规模、资助项目、执行情况和实际效果等。

第五章　绩效管理与监督检查

第二十四条　各级财政、民政部门应当按照预算绩效管理有关要求,加强社会福利资金全过程预算绩效管理,科学设定绩效目标,组织开展绩效运行监控和绩效评价,加强评价结果应用。财政部根据需要组织开展重点绩效评价,并将评价结果作为预算分配、政策调整的依据。

第二十五条　各级财政、民政部门应当加强社会福利资金管理使用的监督,确保资金专款专用。民政部应每年抽查不少于20%的省份,并对被抽查省份资金使用管理情况开展三年以上追溯式检查。

第二十六条　各级财政、民政部门及其工作人员,在社会福利资金的分配审核、使用管理中,存在违反本办法规定的行为,以及其他滥用职权、玩忽职守、徇私舞弊等违法违规行为的,依法追究相应责任。

第六章　附　则

第二十七条　本办法自印发之日起施行。《财政部 民政部关于印发<中央集中彩票公益金支持社会福利事业资金使用管理办法>的通知》(财社〔2021〕60号)同时废止。

·文书范本

<h1 style="text-align:center">中国福利彩票代销合同示范文本①</h1>

甲方(委托方)：_____(福利彩票销售机构名称)

法定代表人：

职务：

住所：

委托代理人：

身份证号码：

通讯地址：

电话：

传真：

邮编：

乙方(受托方为自然人用)：_____

身份证号码：

户口所在地：

住所：

通讯地址：

电话：

邮编：

乙方(受托方为法人用)：_____

法定代表人：

职务：

住所：

委托代理人：

身份证号码：

通讯地址：

电话：

传真：

邮编：

甲、乙双方根据《中华人民共和国合同法》、《彩票管理条例》、《彩票管理条例实施细则》等相关法律法规和省级以上人民政府财政部门、民政部门以及国务院民政部门设立的福利彩票发行机构制定的有关彩票管理政策和规定、规范,本着平等自愿、诚实信用的原则,就乙方代理销售中国福利彩票(以下简称"福利彩票")事宜签订本合同。具体内容约定如下：

第一条　委托事项

甲方委托乙方在_____省(自治区、直辖市)_____市_____区(县)_____(具体地点)设立福利彩票销售站点,代销_____(具体品种)福利彩票。

_____

① 民发〔2012〕151号。

第二条　委托期限

乙方代销福利彩票的期限为＿＿＿＿年,自＿＿＿＿年＿＿月＿＿日起,至＿＿＿＿年＿＿月＿＿日止。

第三条　代销费用

甲方按照双方的约定,向乙方支付福利彩票销售额＿＿＿＿＿＿％的代销费。

第四条　甲方的权利

(一)甲方有权要求乙方遵守《彩票管理条例》《彩票管理条例实施细则》等相关法规、规章和省级以上人民政府财政部门、民政部门以及国务院民政部门设立的福利彩票发行机构制定的有关彩票管理政策和规定、规范;

(二)甲方有权根据相关规定及委托事项对乙方销售福利彩票的行为进行监督、检查;

(三)甲方有权根据国家政策调整和彩票市场发展需要,调整代销费比例;

(四)甲方有权向乙方收取押金或者保证金,押金或者保证金不计利息;

(五)甲方有权对乙方拖欠的福利彩票销售款、其他应缴费用和因乙方原因造成甲方提供的福利彩票销售设备故障、损坏或者丢失产生的损失,从其押金或者保证金中予以扣除。

第五条　甲方的义务

(一)甲方应按本合同第三条约定向乙方支付福利彩票代销费;

(二)甲方与乙方签订福利彩票代销合同后,应在＿＿＿＿＿＿个工作日内,向乙方发放福利彩票代销证,并提供相应的合格福利彩票销售设备供乙方使用。甲方提供的福利彩票销售设备所有权归甲方所有;

(三)甲方接到乙方福利彩票销售专用设备发生故障的报修申请后,应及时响应,并予以维修。经维修后仍不能正常使用的,应予更换;

(四)甲方应对乙方的福利彩票销售员进行上岗前培训,经考核合格后准予其上岗;

(五)甲方应在合同权利义务终止、收回甲方提供的可正常使用的福利彩票销售设备和福利彩票代销证、结清有关款项后,在＿＿＿＿＿＿个工作日内退还乙方押金或者保证金。

第六条　乙方的权利

(一)乙方有权按本合同第三条约定取得代销费;

(二)合同权利义务终止且乙方无违约情形,乙方交还甲方提供的可正常使用的福利彩票销售设备和福利彩票代销证、结清有关款项后,有权向甲方要求返还所交纳的押金或者保证金;

(三)乙方有权在合同履行期间,对甲方提供的销售设备以及宣传品,按照有关规定和本合同约定的用途、方式,合理使用。

第七条　乙方的义务

(一)乙方应当遵守《彩票管理条例》《彩票管理条例实施细则》等相关法规、规章和省级以上人民政府财政部门、民政部门以及国务院民政部门设立的福利彩票发行机构制定的有关彩票管理政策和规定、规范;

(二)乙方销售福利彩票后,应及时向甲方交纳福利彩票销售款,或者按照与甲方约定的预存款交款方式或实时交款方式,及时结交福利彩票销售款;

(三)乙方应当向甲方交纳押金或者保证金,押金或者保证金不计利息。押金或者保证金金额不足时,乙方应当及时予以补足;

(四)乙方应当维护福利彩票的形象,不得侵犯甲方的名誉权、知识产权;

(五)乙方销售福利彩票,应当妥善保管甲方发放的福利彩票代销证,将其置于彩票销售场所的显著位置,不得转借、出租、出售;设置福利彩票标识;张贴福利彩票发行宗旨的宣传标语、针对非理性购买彩票的提示标语、不得向未成年人销售彩票和兑奖的警示标语;公示开奖结果;承担兑奖义务并回收兑奖彩票,防止流失已兑奖彩票;

(六)乙方必须按照彩票游戏规则和兑奖操作规程兑奖。应当以人民币现金形式向彩票中奖者一次性兑付彩票中奖奖金,不得以实物形式兑付,不得分期多次兑付;

(七)乙方有义务对彩票中奖者个人信息予以保密,未经彩票中奖者本人同意,不得泄露彩票中奖者身份特征信息;不得违背彩票中奖者本人意愿,以任何理由和方式要求彩票中奖者捐赠中奖奖金或者变相捐赠中奖奖金;

（八）乙方有义务对销售的福利彩票票面的完整性予以审核，不得销售票面信息不完整的福利彩票；

（九）乙方应当规范使用、维护甲方提供的福利彩票销售设备，不得转借、出租、出售甲方提供的福利彩票销售设备，不得擅自改变甲方提供的福利彩票销售设备用途，不得拆卸甲方提供的福利彩票销售设备或更换其零部件；不得查阅、修改、复制、删除甲方提供的福利彩票销售设备装载的程序和有关数据文件，或者安装、运行其他程序和文件；不得擅自外接设备。甲方提供的福利彩票销售设备出现故障、损坏或者丢失，乙方应当在＿＿＿＿＿＿个小时内告知甲方；

（十）乙方应按甲方制定的福利彩票销售站点规范化建设的要求建设销售站点。未经甲方书面同意，乙方不得擅自迁移销售站点；

（十一）乙方福利彩票销售人员须接受甲方组织的上岗前培训，并取得福利彩票销售资格。如乙方更换福利彩票销售人员，应当提前＿＿＿＿＿＿个工作日以书面形式通知甲方；

（十二）乙方及其销售人员应当参加甲方组织的与其销售福利彩票行为相关的会议、培训及活动；

（十三）乙方销售福利彩票，不得有本合同约定之外的其他彩票销售行为；

（十四）乙方不得无正当理由中止销售福利彩票，不得变更或者变相变更福利彩票面额销售，不得以赊销、信用方式销售福利彩票；

（十五）乙方不得向未成年人销售福利彩票和兑奖；

（十六）乙方如果提前解除合同，应当向甲方送交书面申请，经甲方书面同意后方能停止销售福利彩票，并按规定办理有关手续；

（十七）福利彩票代销合同权利义务终止后＿＿＿＿＿＿个工作日内，乙方应当将甲方提供的福利彩票销售设备、福利彩票代销证退还甲方，并保证退还的福利彩票销售设备能正常使用。

第八条　甲方的违约责任

（一）甲方未按约定向乙方支付代销费的，每迟延一日，应当额外向乙方支付拖欠费用的＿＿＿＿＿＿‰作为违约金，最高不超过＿＿＿＿＿＿%。违约金达到拖欠费用15%的，乙方有权解除合同并要求甲方支付所欠费用及违约金；

（二）乙方使用甲方提供的福利彩票销售专用设备出现故障并向甲方报修后，甲方拒绝维修或经维修仍无法正常使用且不更换可以正常使用的销售设备达到＿＿＿＿＿＿天的，乙方有权解除合同并要求甲方支付违约金。违约金支付具体事宜由甲乙双方另行约定；

（三）甲方在合同权利义务终止、收回甲方提供的福利彩票销售设备和福利彩票代销证、结清有关款项＿＿＿＿＿＿个工作日内，未向乙方退还押金或者保证金的，每迟延一日，应额外向乙方支付拖欠费用的＿＿＿＿＿＿‰作为违约金，最高不超过＿＿＿＿＿＿%。

第九条　乙方的违约责任

（一）因乙方原因造成甲方提供的福利彩票销售设备故障、损坏或者丢失的，由乙方承担维修费用或照价赔偿责任，乙方应按甲方要求赔偿损失；

（二）乙方未按甲、乙双方约定交纳福利彩票销售款、押金或者保证金的，每迟延一日，应额外支付拖欠金额的＿＿＿＿＿＿‰作为违约金，最高不超过＿＿＿＿＿＿%；

（三）乙方有下列情形之一，经甲方提出＿＿＿＿＿＿天后拒不改正，甲方有权责令乙方暂停销售福利彩票并进行限期整改：

1. 对彩票中奖者，未以人民币现金形式一次性兑付彩票中奖奖金，或者无故拒绝兑奖、拖延兑奖的，或者违背彩票中奖者本人意愿，以任何理由和方式要求彩票中奖者捐赠中奖奖金或变相捐赠中奖奖金的，或者泄露彩票中奖者个人信息但未造成严重后果的；

2. 未按规定期限交纳福利彩票销售款及其他应缴费用的；

3. 无正当理由连续或者累计停止销售福利彩票，一年内达到＿＿＿＿＿＿天的；

4. 未按规定设置福利彩票代销证、福利彩票标识的；

5. 未按规定张贴福利彩票发行宗旨的宣传标语、针对非理性购买彩票的提示标语、不得向未成年人销售彩票和兑奖的警示标语的；

6. 私自更换销售人员,或者销售人员未取得销售资格而销售福利彩票的;

7. 无正当理由不参加由甲方组织的与乙方销售福利彩票行为相关的会议、培训及活动的;

8. 以赊销、信用方式销售福利彩票的;

9. 以诋毁同业者等手段进行不正当竞争的;

10. 具有其他应当限期进行整改的情况的。

乙方整改后经甲方认定具备销售条件的,可以重新恢复福利彩票销售资格。

(四)乙方有包括但不限于下列情形之一的,甲方有权取消乙方福利彩票代销资格,并以书面形式通知乙方解除本合同,自通知到达乙方之日起合同解除。甲方有权视损失情况扣除乙方的押金或者保证金:

1. 向未成年人销售福利彩票和兑奖的;

2. 以误导、欺骗方式销售福利彩票的;

3. 设立分销站点,或者转让、转租、转借销售站点的;

4. 转借、出租、出售福利彩票代销证的;

5. 销售本合同约定之外的其他彩票的;

6. 通过手机、互联网等超出福利彩票机构规定范围和方式销售福利彩票的;

7. 变更或者变相变更彩票面额进行销售,或者销售已经作废的福利彩票的;

8. 未按批准的地址设立销售站点,或擅自迁移销售站点的;

9. 转借、出租、出售甲方提供的福利彩票销售设备,或者擅自改变甲方提供的福利彩票销售设备用途,或者拆卸甲方提供的福利彩票销售设备或更换其零部件,或者查阅、修改、复制、删除甲方提供的福利彩票销售设备装载的程序和有关数据文件,或者安装、运行其他程序和文件,或者擅自外接设备的;

10. 泄露彩票中奖者个人信息造成严重后果的;

11. 进行虚假性、误导性宣传的;

12. 有损害福利彩票形象的言行的。

第十条　合同的终止

(一)合同期满自然终止;

(二)双方协商一致的,可以提前解除本合同;

(三)因国家法律、法规、政策调整或根据彩票市场发展需要,甲方需调整代销费比例或变更代销合同条款,乙方不予认可的,乙方可以单方解除本合同;

(四)乙方有包括但不限于第九条第四款所列情形之一的,甲方可以单方解除本合同;

(五)因乙方自然人死亡、丧失民事行为能力或者法人破产、被吊销营业执照的,本合同解除。

第十一条　特别约定

(一)乙方在履行本合同期间,因其他违法行为受到相应行政机关的行政处罚或者被追究刑事责任的,甲方有权解除本合同;

(二)因自然灾害等不可抗力事件导致本合同不能继续履行的,双方互不承担违约责任。但遭受不可抗力一方应在不可抗力事由消失后及时通知对方,并采取必要的措施,减少损失;

(三)因电力、通讯等非乙双方的原因造成不能正常销售福利彩票的,双方互不承担责任;

(四)由于非甲方原因造成乙方及第三方人身伤害或者财产损失的,甲方不承担责任;

(五)因国家法律、法规、政策调整导致本合同不能继续履行或者解除的,双方互不承担违约责任;

(六)因履行本合同发生争议,双方应协商解决。协商不成的,应向甲方所在地人民法院提起诉讼。

第十二条　其他

(一)甲方与乙方均应遵守法律法规、规章制度和省级以上人民政府财政部门、民政部门以及国务院民政部门设立的福利彩票发行机构制定的有关彩票管理的政策和规定、规范,严格履行本合同。如本合同的条款与上述法律法规、规章制度和政策规定不一致的,以上述法律法规、规章制度和政策规定为准。

（二）对本合同未尽事宜及对本合同部分条款的变更，双方可另行签订补充协议，补充协议与本合同具有同等法律效力。

（三）《中国福利彩票代销申请书》作为本合同附件，与本合同具有同等法律效力。

（四）甲乙双方通信地址等联系方式发生变化的，应于变化后的_____日内通知对方，否则按原通信地址等联系方式进行的联系，视为送达；

（五）乙方符合甲方有关福利彩票销售场所条件的，双方签字、盖章。本合同自双方签字、盖章之日起生效，一式_____份，双方各执_____份，具有同等法律效力。

甲方：_____（福利彩票销售机构名称）　　　　乙方（自然人或法定代表人）（签字）：

法定代表人（签字）：　　　　　　　　　　　　　委托代理人（签字）：

委托代理人（签字）：

甲方公章　　　　　　　　　　　　　　　　　　乙方印鉴或者公章

签订地点：　　　　　　　　　　　　　　　　　签订地点：

　　年　月　日　　　　　　　　　　　　　　　　　年　月　日

附件：《中国福利彩票代销申请书示范文本》

中国福利彩票代销申请书示范文本

申请人（自然人）姓名：_____性别：_____出生日期：_____

身份证号码：_____

家庭地址及邮编：_____

住宅电话：_____

移动电话：_____

电子邮件：_____

申请人（单位）名称：_____

法定代表人或负责人：_____

单位地址及邮编：_____

联系人姓名：_____办公电话：_____移动电话：_____

一、申请事项

申请设立福利彩票销售场所地址：

申请销售福利彩票品种：

二、申请人承诺

（一）申请人具有可用于代销_____（具体品种）中国福利彩票的固定经营场所及所需资金；

（二）申请人不具有以下任何一种情形：

1. 申请人为自然人但无民事行为能力或者限制民事行为能力，或者申请人为单位但不具有独立法人资格的；

2. 担任破产清算的公司、企业的董事或者厂长、经理，对该公司、企业的破产负有个人责任的，自该公司、企业破产清算完结之日起未逾三年；

3. 担任因违法被吊销营业执照、责令关闭的公司、企业的法定代表人,并负有个人责任的,自该公司、企业被吊销营业执照之日起未逾三年;

4. 有被人民法院强制执行、结案的案件,未逾三年的;

5. 代销福利彩票因违反规定被解除合同未逾三年的;

6. 存在刑事处罚记录和不良商业信用记录未逾五年的。

(三)申请人按规定为彩票销售人员提供符合所在地县级以上人民政府人力资源社会保障部门规定的相关工资、保险和福利待遇。

(四)如申请人所承诺内容不实,或者未能履行承诺内容,(福利彩票销售机构名称)可以解除福利彩票代销合同,因此造成的损失由申请人承担。

三、申请人需要提供的证明材料明细

1. 申请人及销售人员的基本信息,包括:身份证复印件(申请人为单位的,须提供经其法定代表人签字的法定代表人身份证复印件)、《企业法人营业执照》复印件和企业年检合格证明的复印件;

2. 经营场所房屋权属证明或者租赁合同;

3. 金融机构出具的资金证明。

申请人(签字):

(印鉴或者公章)

年　月　日

五、社会救助

1. 综合

中华人民共和国社区矫正法

· 2019 年 12 月 28 日第十三届全国人民代表大会常务委员会第十五次会议通过
· 2019 年 12 月 28 日中华人民共和国主席令第 40 号公布
· 自 2020 年 7 月 1 日起施行

第一章　总　则

第一条　为了推进和规范社区矫正工作，保障刑事判决、刑事裁定和暂予监外执行决定的正确执行，提高教育矫正质量，促进社区矫正对象顺利融入社会，预防和减少犯罪，根据宪法，制定本法。

第二条　对被判处管制、宣告缓刑、假释和暂予监外执行的罪犯，依法实行社区矫正。

对社区矫正对象的监督管理、教育帮扶等活动，适用本法。

第三条　社区矫正工作坚持监督管理与教育帮扶相结合，专门机关与社会力量相结合，采取分类管理、个别化矫正，有针对性地消除社区矫正对象可能重新犯罪的因素，帮助其成为守法公民。

第四条　社区矫正对象应当依法接受社区矫正，服从监督管理。

社区矫正工作应当依法进行，尊重和保障人权。社区矫正对象依法享有的人身权利、财产权利和其他权利不受侵犯，在就业、就学和享受社会保障等方面不受歧视。

第五条　国家支持社区矫正机构提高信息化水平，运用现代信息技术开展监督管理和教育帮扶。社区矫正工作相关部门之间依法进行信息共享。

第六条　各级人民政府应当将社区矫正经费列入本级政府预算。

居民委员会、村民委员会和其他社会组织依法协助社区矫正机构开展工作所需的经费应当按照规定列入社区矫正机构本级政府预算。

第七条　对在社区矫正工作中做出突出贡献的组织、个人，按照国家有关规定给予表彰、奖励。

第二章　机构、人员和职责

第八条　国务院司法行政部门主管全国的社区矫正工作。县级以上地方人民政府司法行政部门主管本行政区域内的社区矫正工作。

人民法院、人民检察院、公安机关和其他有关部门依照各自职责，依法做好社区矫正工作。人民检察院依法对社区矫正工作实行法律监督。

地方人民政府根据需要设立社区矫正委员会，负责统筹协调和指导本行政区域内的社区矫正工作。

第九条　县级以上地方人民政府根据需要设置社区矫正机构，负责社区矫正工作的具体实施。社区矫正机构的设置和撤销，由县级以上地方人民政府司法行政部门提出意见，按照规定的权限和程序审批。

司法所根据社区矫正机构的委托，承担社区矫正相关工作。

第十条　社区矫正机构应当配备具有法律等专业知识的专门国家工作人员（以下称社区矫正机构工作人员），履行监督管理、教育帮扶等执法职责。

第十一条　社区矫正机构根据需要，组织具有法律、教育、心理、社会工作等专业知识或者实践经验的社会工作者开展社区矫正相关工作。

第十二条　居民委员会、村民委员会依法协助社区矫正机构做好社区矫正工作。

社区矫正对象的监护人、家庭成员，所在单位或者就读学校应当协助社区矫正机构做好社区矫正工作。

第十三条　国家鼓励、支持企业事业单位、社会组织、志愿者等社会力量依法参与社区矫正工作。

第十四条　社区矫正机构工作人员应当严格遵守宪法和法律，忠于职守，严守纪律，清正廉洁。

第十五条　社区矫正机构工作人员和其他参与社区矫正工作的人员依法开展社区矫正工作，受法律保护。

第十六条　国家推进高素质的社区矫正工作队伍建设。社区矫正机构应当加强对社区矫正工作人员的管理、监督、培训和职业保障，不断提高社区矫正工作的规范化、专业化水平。

第三章　决定和接收

第十七条　社区矫正决定机关判处管制、宣告缓刑、裁定假释、决定或者批准暂予监外执行时应当确定社区矫正执行地。

社区矫正执行地为社区矫正对象的居住地。社区矫正对象在多个地方居住的，可以确定经常居住地为执行地。

社区矫正对象的居住地、经常居住地无法确定或者不适宜执行社区矫正的，社区矫正决定机关应当根据有利于社区矫正对象接受矫正、更好地融入社会的原则，确定执行地。

本法所称社区矫正决定机关，是指依法判处管制、宣告缓刑、裁定假释、决定暂予监外执行的人民法院和依法批准暂予监外执行的监狱管理机关、公安机关。

第十八条　社区矫正决定机关根据需要，可以委托社区矫正机构或者有关社会组织对被告人或者罪犯的社会危险性和对所居住社区的影响，进行调查评估，提出意见，供决定社区矫正时参考。居民委员会、村民委员会等组织应当提供必要的协助。

第十九条　社区矫正决定机关判处管制、宣告缓刑、裁定假释、决定或者批准暂予监外执行，应当按照刑法、刑事诉讼法等法律规定的条件和程序进行。

社区矫正决定机关应当对社区矫正对象进行教育，告知其在社区矫正期间应当遵守的规定以及违反规定的法律后果，责令其按时报到。

第二十条　社区矫正决定机关应当自判决、裁定或者决定生效之日起五日内通知执行地社区矫正机构，并在十日内送达有关法律文书，同时抄送人民检察院和执行地公安机关。社区矫正决定地与执行地不在同一地方的，由执行地社区矫正机构将法律文书转送所在地的人民检察院、公安机关。

第二十一条　人民法院判处管制、宣告缓刑、裁定假释的社区矫正对象，应当自判决、裁定生效之日起十日内到执行地社区矫正机构报到。

人民法院决定暂予监外执行的社区矫正对象，由看守所或者执行取保候审、监视居住的公安机关自收到决定之日起十日内将社区矫正对象移送社区矫正机构。

监狱管理机关、公安机关批准暂予监外执行的社区矫正对象，由监狱或者看守所自收到批准决定之日起十日内将社区矫正对象移送社区矫正机构。

第二十二条　社区矫正机构应当依法接收社区矫正对象，核对法律文书、核实身份、办理接收登记、建立档案，并宣告社区矫正对象的犯罪事实、执行社区矫正的期限以及应当遵守的规定。

第四章　监督管理

第二十三条　社区矫正对象在社区矫正期间应当遵守法律、行政法规，履行判决、裁定、暂予监外执行决定等法律文书确定的义务，遵守国务院司法行政部门关于报告、会客、外出、迁居、保外就医等监督管理规定，服从社区矫正机构的管理。

第二十四条　社区矫正机构应当根据裁判内容和社区矫正对象的性别、年龄、心理特点、健康状况、犯罪原因、犯罪类型、犯罪情节、悔罪表现等情况，制定有针对性的矫正方案，实现分类管理、个别化矫正。矫正方案应当根据社区矫正对象的表现等情况相应调整。

第二十五条　社区矫正机构应当根据社区矫正对象的情况，为其确定矫正小组，负责落实相应的矫正方案。

根据需要，矫正小组可以由司法所、居民委员会、村民委员会的人员，社区矫正对象的监护人、家庭成员，所在单位或者就读学校的人员以及社会工作者、志愿者等组成。社区矫正对象为女性的，矫正小组中应有女性成员。

第二十六条　社区矫正机构应当了解掌握社区矫正对象的活动情况和行为表现。社区矫正机构可以通过通信联络、信息化核查、实地查访等方式核实有关情况，有关单位和个人应当予以配合。

社区矫正机构开展实地查访等工作时，应当保护社区矫正对象的身份信息和个人隐私。

第二十七条　社区矫正对象离开所居住的市、县或者迁居，应当报经社区矫正机构批准。社区矫正机构对于有正当理由的，应当批准；对于因正常工作和生活需要经常性跨市、县活动的，可以根据情况，简化批准程序和方式。

因社区矫正对象迁居等原因需要变更执行地的，社区矫正机构应当按照有关规定作出变更决定。社区矫正机构作出变更决定后，应当通知社区矫正决定机关和变更后的社区矫正机构，并将有关法律文书抄送变更后的社区矫正机构。变更后的社区矫正机构应当将法律文书转送所在地的人民检察院、公安机关。

第二十八条　社区矫正机构根据社区矫正对象的表现，依照有关规定对其实施考核奖惩。社区矫正对象认罪悔罪、遵守法律法规、服从监督管理、接受教育表现突出的，应当给予表扬。社区矫正对象违反法律法规或者监督管理规定的，应当视情节依法给予训诫、警告、提请公安机关予以治安管理处罚,或者依法提请撤销缓刑、撤销假释、对暂予监外执行的收监执行。

对社区矫正对象的考核结果,可以作为认定其是否确有悔改表现或者是否严重违反监督管理规定的依据。

第二十九条　社区矫正对象有下列情形之一的,经县级司法行政部门负责人批准,可以使用电子定位装置,加强监督管理:

(一)违反人民法院禁止令的;

(二)无正当理由,未经批准离开所居住的市、县的;

(三)拒不按照规定报告自己的活动情况,被给予警告的;

(四)违反监督管理规定,被给予治安管理处罚的;

(五)拟提请撤销缓刑、假释或者暂予监外执行收监执行的。

前款规定的使用电子定位装置的期限不得超过三个月。对于不需要继续使用的,应当及时解除;对于期限届满后,经评估仍有必要继续使用的,经过批准,期限可以延长,每次不得超过三个月。

社区矫正机构对通过电子定位装置获得的信息应当严格保密,有关信息只能用于社区矫正工作,不得用于其他用途。

第三十条　社区矫正对象失去联系的,社区矫正机构应当立即组织查找,公安机关等有关单位和人员应予以配合协助。查找到社区矫正对象后,应当区别情形依法作出处理。

第三十一条　社区矫正机构发现社区矫正对象正在实施违反监督管理规定的行为或者违反人民法院禁止令等违法行为的,应当立即制止;制止无效的,应当立即通知公安机关到场处置。

第三十二条　社区矫正对象有被依法决定拘留、强制隔离戒毒、采取刑事强制措施等限制人身自由情形的,有关机关应当及时通知社区矫正机构。

第三十三条　社区矫正对象符合刑法规定的减刑条件的,社区矫正机构应当向社区矫正执行地的中级以上人民法院提出减刑建议,并将减刑建议书抄送同级人民检察院。

人民法院应当在收到社区矫正机构的减刑建议书后三十日内作出裁定,并将裁定书送达社区矫正机构,同时抄送人民检察院、公安机关。

第三十四条　开展社区矫正工作,应当保障社区矫正对象的合法权益。社区矫正的措施和方法应当避免对社区矫正对象的正常工作和生活造成不必要的影响;非

依法律规定,不得限制或者变相限制社区矫正对象的人身自由。

社区矫正对象认为其合法权益受到侵害的,有权向人民检察院或者有关机关申诉、控告和检举。受理机关应当及时办理,并将办理结果告知申诉人、控告人和检举人。

第五章　教育帮扶

第三十五条　县级以上地方人民政府及其有关部门应当通过多种形式为教育帮扶社区矫正对象提供必要的场所和条件,组织动员社会力量参与教育帮扶工作。

有关人民团体应当依法协助社区矫正机构做好教育帮扶工作。

第三十六条　社区矫正机构根据需要,对社区矫正对象进行法治、道德等教育,增强其法治观念,提高其道德素质和悔罪意识。

对社区矫正对象的教育应当根据其个体特征、日常表现等实际情况,充分考虑其工作和生活情况,因人施教。

第三十七条　社区矫正机构可以协调有关部门和单位,依法对就业困难的社区矫正对象开展职业技能培训、就业指导,帮助社区矫正对象中的在校学生完成学业。

第三十八条　居民委员会、村民委员会可以引导志愿者和社区群众,利用社区资源,采取多种形式,对有特殊困难的社区矫正对象进行必要的教育帮扶。

第三十九条　社区矫正对象的监护人、家庭成员,所在单位或者就读学校应当协助社区矫正机构做好对社区矫正对象的教育。

第四十条　社区矫正机构可以通过公开择优购买社区矫正社会工作服务或者其他社会服务,为社区矫正对象在教育、心理辅导、职业技能培训、社会关系改善等方面提供必要的帮扶。

社区矫正机构也可以通过项目委托社会组织等方式开展上述帮扶活动。国家鼓励有经验和资源的社会组织跨地区开展帮扶交流和示范活动。

第四十一条　国家鼓励企业事业单位、社会组织为社区矫正对象提供就业岗位和职业技能培训。招用符合条件的社区矫正对象的企业,按照规定享受国家优惠政策。

第四十二条　社区矫正机构可以根据社区矫正对象的个人特长,组织其参加公益活动,修复社会关系,培养社会责任感。

第四十三条　社区矫正对象可以按照国家有关规定

申请社会救助、参加社会保险、获得法律援助,社区矫正机构应当给予必要的协助。

第六章　解除和终止

第四十四条　社区矫正对象矫正期满或者被赦免的,社区矫正机构应当向社区矫正对象发放解除社区矫正证明书,并通知社区矫正决定机关、所在地的人民检察院、公安机关。

第四十五条　社区矫正对象被裁定撤销缓刑、假释,被决定收监执行,或者社区矫正对象死亡的,社区矫正终止。

第四十六条　社区矫正对象具有刑法规定的撤销缓刑、假释情形的,应当由人民法院撤销缓刑、假释。

对于在考验期限内犯新罪或者发现判决宣告以前还有其他罪没有判决的,应当由审理该案件的人民法院撤销缓刑、假释,并书面通知原审人民法院和执行地社区矫正机构。

对于有第二款规定以外的其他需要撤销缓刑、假释情形的,社区矫正机构应当向原审人民法院或者执行地人民法院提出撤销缓刑、假释建议,并将建议书抄送人民检察院。社区矫正机构提出撤销缓刑、假释建议时,应当说明理由,并提供有关证据材料。

第四十七条　被提请撤销缓刑、假释的社区矫正对象可能逃跑或者可能发生社会危险的,社区矫正机构可以在提出撤销缓刑、假释建议的同时,提请人民法院决定对其予以逮捕。

人民法院应当在四十八小时内作出是否逮捕的决定。决定逮捕的,由公安机关执行。逮捕后的羁押期限不得超过三十日。

第四十八条　人民法院应当在收到社区矫正机构撤销缓刑、假释建议书后三十日内作出裁定,将裁定书送达社区矫正机构和公安机关,并抄送人民检察院。

人民法院拟撤销缓刑、假释的,应当听取社区矫正对象的申辩及其委托的律师的意见。

人民法院裁定撤销缓刑、假释的,公安机关应当及时将社区矫正对象送交监狱或者看守所执行。执行以前被逮捕的,羁押一日折抵刑期一日。

人民法院裁定不予撤销缓刑、假释的,对被逮捕的社区矫正对象,公安机关应当立即予以释放。

第四十九条　暂予监外执行的社区矫正对象具有刑事诉讼法规定的应当予以收监情形的,社区矫正机构应当向执行地或者原社区矫正决定机关提出收监执行建议,并将建议书抄送人民检察院。

社区矫正决定机关应当在收到建议书后三十日内作出决定,将决定书送达社区矫正机构和公安机关,并抄送人民检察院。

人民法院、公安机关对暂予监外执行的社区矫正对象决定收监执行的,由公安机关立即将社区矫正对象送交监狱或者看守所收监执行。

监狱管理机关对暂予监外执行的社区矫正对象决定收监执行的,监狱应当立即将社区矫正对象收监执行。

第五十条　被裁定撤销缓刑、假释和被决定收监执行的社区矫正对象逃跑的,由公安机关追捕,社区矫正机构、有关单位和个人予以协助。

第五十一条　社区矫正对象在社区矫正期间死亡的,其监护人、家庭成员应当及时向社区矫正机构报告。社区矫正机构应当及时通知社区矫正决定机关、所在地的人民检察院、公安机关。

第七章　未成年人社区矫正特别规定

第五十二条　社区矫正机构应当根据未成年社区矫正对象的年龄、心理特点、发育需要、成长经历、犯罪原因、家庭监护教育条件等情况,采取针对性的矫正措施。

社区矫正机构为未成年社区矫正对象确定矫正小组,应当吸收熟悉未成年人身心特点的人员参加。

对未成年人的社区矫正,应当与成年人分别进行。

第五十三条　未成年社区矫正对象的监护人应当履行监护责任,承担抚养、管教等义务。

监护人怠于履行监护职责的,社区矫正机构应当督促、教育其履行监护责任。监护人拒不履行监护职责的,通知有关部门依法作出处理。

第五十四条　社区矫正机构工作人员和其他依法参与社区矫正工作的人员对履行职责过程中获得的未成年人身份信息应当予以保密。

除司法机关办案需要或者有关单位根据国家规定查询外,未成年社区矫正对象的档案信息不得提供给任何单位或者个人。依法进行查询的单位,应当对获得的信息予以保密。

第五十五条　对未完成义务教育的未成年社区矫正对象,社区矫正机构应当通知并配合教育部门为其完成义务教育提供条件。未成年社区矫正对象的监护人应当依法保证其按时入学接受并完成义务教育。

年满十六周岁的社区矫正对象有就业意愿的,社区矫正机构可以协调有关部门和单位为其提供职业技能培训,给予就业指导和帮助。

第五十六条　共产主义青年团、妇女联合会、未成年人保护组织应当依法协助社区矫正机构做好未成年人社区矫正工作。

国家鼓励其他未成年人相关社会组织参与未成年人社区矫正工作，依法给予政策支持。

第五十七条　未成年社区矫正对象在复学、升学、就业等方面依法享有与其他未成年人同等的权利，任何单位和个人不得歧视。有歧视行为的，应当由教育、人力资源和社会保障等部门依法作出处理。

第五十八条　未成年社区矫正对象在社区矫正期间年满十八周岁的，继续按照未成年人社区矫正有关规定执行。

第八章　法律责任

第五十九条　社区矫正对象在社区矫正期间有违反监督管理规定行为的，由公安机关依照《中华人民共和国治安管理处罚法》的规定给予处罚；具有撤销缓刑、假释或者暂予监外执行收监情形的，应当依法作出处理。

第六十条　社区矫正对象殴打、威胁、侮辱、骚扰、报复社区矫正机构工作人员和其他依法参与社区矫正工作的人员及其近亲属，构成犯罪的，依法追究刑事责任；尚不构成犯罪的，由公安机关依法给予治安管理处罚。

第六十一条　社区矫正机构工作人员和其他国家工作人员有下列行为之一的，应当给予处分；构成犯罪的，依法追究刑事责任：

（一）利用职务或者工作便利索取、收受贿赂的；

（二）不履行法定职责的；

（三）体罚、虐待社区矫正对象，或者违反法律规定限制或者变相限制社区矫正对象的人身自由的；

（四）泄露社区矫正工作秘密或者其他依法应当保密的信息的；

（五）对依法申诉、控告或者检举的社区矫正对象进行打击报复的；

（六）有其他违纪违法行为的。

第六十二条　人民检察院发现社区矫正工作违反法律规定的，应当依法提出纠正意见、检察建议。有关单位应当将采纳纠正意见、检察建议的情况书面回复人民检察院，没有采纳的应当说明理由。

第九章　附　则

第六十三条　本法自 2020 年 7 月 1 日起施行。

中华人民共和国社区矫正法实施办法

· 2020 年 6 月 18 日

· 司发通〔2020〕59 号

第一条　为了推进和规范社区矫正工作，根据《中华人民共和国刑法》《中华人民共和国刑事诉讼法》《中华人民共和国社区矫正法》等有关法律规定，制定本办法。

第二条　社区矫正工作坚持党的绝对领导，实行党委政府统一领导、司法行政机关组织实施、相关部门密切配合、社会力量广泛参与、检察机关法律监督的领导体制和工作机制。

第三条　地方人民政府根据需要设立社区矫正委员会，负责统筹协调和指导本行政区域内的社区矫正工作。

司法行政机关向社区矫正委员会报告社区矫正工作开展情况，提请社区矫正委员会协调解决社区矫正工作中的问题。

第四条　司法行政机关依法履行以下职责：

（一）主管本行政区域内社区矫正工作；

（二）对本行政区域内设置和撤销社区矫正机构提出意见；

（三）拟定社区矫正工作发展规划和管理制度，监督检查社区矫正法律法规和政策的执行情况；

（四）推动社会力量参与社区矫正工作；

（五）指导支持社区矫正机构提高信息化水平；

（六）对在社区矫正工作中作出突出贡献的组织、个人，按照国家有关规定给予表彰、奖励；

（七）协调推进高素质社区矫正工作队伍建设；

（八）其他依法应当履行的职责。

第五条　人民法院依法履行以下职责：

（一）拟判处管制、宣告缓刑、决定暂予监外执行的，可以委托社区矫正机构或者有关社会组织对被告人或者罪犯的社会危险性和对所居住社区的影响，进行调查评估，提出意见，供决定社区矫正时参考；

（二）对执行机关报请假释的，审查执行机关移送的罪犯假释后对所居住社区影响的调查评估意见；

（三）核实并确定社区矫正执行地；

（四）对被告人或者罪犯依法判处管制、宣告缓刑、裁定假释、决定暂予监外执行；

（五）对社区矫正对象进行教育，及时通知并送达法律文书；

（六）对符合撤销缓刑、撤销假释或者暂予监外执行收监执行条件的社区矫正对象，作出判决、裁定和决定；

（七）对社区矫正机构提请逮捕的，及时作出是否逮捕的决定；

（八）根据社区矫正机构提出的减刑建议作出裁定；

（九）其他依法应当履行的职责。

第六条　人民检察院依法履行以下职责：

（一）对社区矫正决定机关、社区矫正机构或者有关社会组织的调查评估活动实行法律监督；

（二）对社区矫正决定机关判处管制、宣告缓刑、裁定假释、决定或者批准暂予监外执行活动实行法律监督；

（三）对社区矫正法律文书及社区矫正对象交付执行活动实行法律监督；

（四）对监督管理、教育帮扶社区矫正对象的活动实行法律监督；

（五）对变更刑事执行、解除矫正和终止矫正的活动实行法律监督；

（六）受理申诉、控告和举报，维护社区矫正对象的合法权益；

（七）按照刑事诉讼法的规定，在对社区矫正实行法律监督中发现司法工作人员相关职务犯罪，可以立案侦查直接受理的案件；

（八）其他依法应当履行的职责。

第七条　公安机关依法履行以下职责：

（一）对看守所留所服刑罪犯拟暂予监外执行的，可以委托开展调查评估；

（二）对看守所留所服刑罪犯拟暂予监外执行的，核实并确定社区矫正执行地；对符合暂予监外执行条件的，批准暂予监外执行；对符合收监执行条件的，作出收监执行的决定；

（三）对看守所留所服刑罪犯批准暂予监外执行的，进行教育，及时通知并送达法律文书；依法将社区矫正对象交付执行；

（四）对社区矫正对象予以治安管理处罚；到场处置经社区矫正机构制止无效，正在实施违反监督管理规定或者违反人民法院禁止令等违法行为的社区矫正对象；协助社区矫正机构处置突发事件；

（五）协助社区矫正机构查找失去联系的社区矫正对象；执行人民法院作出的逮捕决定；被裁定撤销缓刑、撤销假释和被决定收监执行的社区矫正对象逃跑的，予以追捕；

（六）对裁定撤销缓刑、撤销假释，或者对人民法院、公安机关决定暂予监外执行收监的社区矫正对象，送交看守所或者监狱执行；

（七）执行限制社区矫正对象出境的措施；

（八）其他依法应当履行的职责。

第八条　监狱管理机关以及监狱依法履行以下职责：

（一）对监狱关押罪犯拟提请假释的，应当委托进行调查评估；对监狱关押罪犯拟暂予监外执行的，可以委托进行调查评估；

（二）对监狱关押罪犯拟暂予监外执行的，依法核实并确定社区矫正执行地；对符合暂予监外执行条件的，监狱管理机关作出暂予监外执行决定；

（三）对监狱关押罪犯批准暂予监外执行的，进行教育，及时通知并送达法律文书；依法将社区矫正对象交付执行；

（四）监狱管理机关对暂予监外执行罪犯决定收监执行的，原服刑或者接收其档案的监狱应当立即将罪犯收监执行；

（五）其他依法应当履行的职责。

第九条　社区矫正机构是县级以上地方人民政府根据需要设置的，负责社区矫正工作具体实施的执行机关。社区矫正机构依法履行以下职责：

（一）接受委托进行调查评估，提出评估意见；

（二）接收社区矫正对象，核对法律文书、核实身份、办理接收登记，建立档案；

（三）组织入矫和解矫宣告，办理入矫和解矫手续；

（四）建立矫正小组、组织矫正小组开展工作，制定和落实矫正方案；

（五）对社区矫正对象进行监督管理，实施考核奖惩；审批会客、外出、变更执行地等事项；了解掌握社区矫正对象的活动情况和行为表现；组织查找失去联系的社区矫正对象，查找后依情形作出处理；

（六）提出治安管理处罚建议，提出减刑、撤销缓刑、撤销假释、收监执行等变更刑事执行建议，依法提请逮捕；

（七）对社区矫正对象进行教育帮扶，开展法治道德等教育，协调有关方面开展职业技能培训、就业指导，组织公益活动等事项；

（八）向有关机关通报社区矫正对象情况，送达法律文书；

（九）对社区矫正工作人员开展管理、监督、培训，落实职业保障；

（十）其他依法应当履行的职责。

设置和撤销社区矫正机构，由县级以上地方人民政府司法行政部门提出意见,按照规定的权限和程序审批。社区矫正日常工作由县级社区矫正机构具体承担;未设置县级社区矫正机构的,由上一级社区矫正机构具体承担。省、市两级社区矫正机构主要负责监督指导、跨区域执法的组织协调以及与同级社区矫正决定机关对接的案件办理工作。

第十条　司法所根据社区矫正机构的委托,承担社区矫正相关工作。

第十一条　社区矫正机构依法加强信息化建设,运用现代信息技术开展监督管理和教育帮扶。

社区矫正工作相关部门之间依法进行信息共享,人民法院、人民检察院、公安机关、司法行政机关依法建立完善社区矫正信息交换平台,实现业务协同、互联互通,运用现代信息技术及时准确传输交换有关法律文书,根据需要实时查询社区矫正对象交付接收、监督管理、教育帮扶、脱离监管、被治安管理处罚、被采取强制措施、变更刑事执行、办理再犯罪案件等情况,共享社区矫正工作动态信息,提高社区矫正信息化水平。

第十二条　对拟适用社区矫正的,社区矫正决定机关应当核实社区矫正对象的居住地。社区矫正对象在多个地方居住的,可以确定经常居住地为执行地。没有居住地、居住地、经常居住地无法确定或者不适宜执行社区矫正的,应当根据有利于社区矫正对象接受矫正、更好地融入社会的原则,确定社区矫正执行地。被确定为执行地的社区矫正机构应当及时接收。

社区矫正对象的居住地是指其实际居住的县(市、区)。社区矫正对象的经常居住地是指其经常居住的,有固定住所、固定生活来源的县(市、区)。

社区矫正对象应如实提供其居住、户籍等情况,并提供必要的证明材料。

第十三条　社区矫正决定机关对拟适用社区矫正的被告人、罪犯,需要调查其社会危险性和对所居住社区影响的,可以委托拟确定为执行地的社区矫正机构或者有关社会组织进行调查评估。社区矫正机构或者有关社会组织收到委托文书后应当及时通知执行地县级人民检察院。

第十四条　社区矫正机构、有关社会组织接受委托后,应当对被告人或者罪犯的居所情况、家庭和社会关系、犯罪行为的后果和影响、居住地村(居)民委员会和被害人意见、拟禁止的事项、社会危险性、对所居住社区的影响等情况进行调查了解,形成调查评估意见,与相关材料一起提交委托机关。调查评估时,相关单位、部门、村(居)民委员会等组织、个人应当依法为调查评估提供必要的协助。

社区矫正机构、有关社会组织应当自收到调查评估委托函及所附材料之日起十个工作日内完成调查评估,提交评估意见。对于适用刑事案件速裁程序的,应当在五个工作日内完成调查评估,提交评估意见。评估意见同时抄送执行地县级人民检察院。需要延长调查评估时限的,社区矫正机构、有关社会组织应当与委托机关协商,并在协商确定的期限内完成调查评估。因被告人或者罪犯的姓名、居住地不真实、身份不明等原因,社区矫正机构、有关社会组织无法进行调查评估的,应当及时向委托机关说明情况。社区矫正决定机关对调查评估意见的采信情况,应当在相关法律文书中说明。

对调查评估意见以及调查中涉及的国家秘密、商业秘密、个人隐私等信息,应当保密,不得泄露。

第十五条　社区矫正决定机关应当对社区矫正对象进行教育,书面告知其到执行地县级社区矫正机构报到的时间期限以及逾期报到或者未报到的后果,责令其按时报到。

第十六条　社区矫正决定机关应当自判决、裁定或者决定生效之日起五日内通知执行地县级社区矫正机构,并在十日内将判决书、裁定书、决定书、执行通知书等法律文书送达执行地县级社区矫正机构,同时抄送人民检察院。收到法律文书后,社区矫正机构应当在五日内送达回执。

社区矫正对象前来报到时,执行地县级社区矫正机构未收到法律文书或者法律文书不齐全,应当先记录在案,为其办理登记接收手续,并通知社区矫正决定机关在五日内送达或者补齐法律文书。

第十七条　被判处管制、宣告缓刑、裁定假释的社区矫正对象到执行地县级社区矫正机构报到时,社区矫正机构应当核对法律文书、核实身份,办理登记接收手续。对社区矫正对象存在因行动不便、自行报到确有困难等特殊情况的,社区矫正机构可以派员到其居住地等场所办理登记接收手续。

暂予监外执行的社区矫正对象,由公安机关、监狱或者看守所依法移送至执行地县级社区矫正机构,办理交付接收手续。罪犯原服刑地与居住地不在同一省、自治区、直辖市,需要回居住地暂予监外执行的,原服刑地的省级以上监狱管理机关或者设区的市一级以上公安机关应当书面通知罪犯居住地的监狱管理机关、公安机关,由其指定一所监狱、看守所接收社区矫正对象档案,负责办理其收监、刑满释放等手续。对看守所留所服刑罪犯暂予监外执行，原服刑地与居住地在同一省、自治区、直辖市的，可以不移交档案。

第十八条　执行地县级社区矫正机构接收社区矫正对象后，应当建立社区矫正档案，包括以下内容：

（一）适用社区矫正的法律文书；

（二）接收、监管审批、奖惩、收监执行、解除矫正、终止矫正等有关社区矫正执行活动的法律文书；

（三）进行社区矫正的工作记录；

（四）社区矫正对象接受社区矫正的其他相关材料。

接受委托对社区矫正对象进行日常管理的司法所应当建立工作档案。

第十九条　执行地县级社区矫正机构、受委托的司法所应当为社区矫正对象确定矫正小组，与矫正小组签订矫正责任书，明确矫正小组成员的责任和义务，负责落实矫正方案。

矫正小组主要开展下列工作：

（一）按照矫正方案，开展个案矫正工作；

（二）督促社区矫正对象遵纪守法，遵守社区矫正规定；

（三）参与对社区矫正对象的考核评议和教育活动；

（四）对社区矫正对象走访谈话，了解其思想、工作和生活情况，及时向社区矫正机构或者司法所报告；

（五）协助对社区矫正对象进行监督管理和教育帮扶；

（六）协助社区矫正机构或者司法所开展其他工作。

第二十条　执行地县级社区矫正机构接收社区矫正对象后，应当组织或者委托司法所组织入矫宣告。

入矫宣告包括以下内容：

（一）判决书、裁定书、决定书、执行通知书等有关法律文书的主要内容；

（二）社区矫正期限；

（三）社区矫正对象应当遵守的规定、被剥夺或者限制行使的权利、被禁止的事项以及违反规定的法律后果；

（四）社区矫正对象依法享有的权利；

（五）矫正小组人员组成及职责；

（六）其他有关事项。

宣告由社区矫正机构或者司法所的工作人员主持，矫正小组成员及其他相关人员到场，按照规定程序进行。宣告后，社区矫正对象应当在书面材料上签字，确认已经了解所宣告的内容。

第二十一条　社区矫正机构应当根据社区矫正对象被判处管制、宣告缓刑、假释和暂予监外执行的不同裁判内容和犯罪类型、矫正阶段、再犯罪风险等情况，进行综合评估，划分不同类别，实施分类管理。

社区矫正机构应当把社区矫正对象的考核结果和奖惩情况作为分类管理的依据。

社区矫正机构对不同类别的社区矫正对象，在矫正措施和方法上应当有所区别，有针对性地开展监督管理和教育帮扶工作。

第二十二条　执行地县级社区矫正机构、受委托的司法所要根据社区矫正对象的性别、年龄、心理特点、健康状况、犯罪原因、悔罪表现等具体情况，制定矫正方案，有针对性地消除社区矫正对象可能重新犯罪的因素，帮助其成为守法公民。

矫正方案应当包括社区矫正对象基本情况、对社区矫正对象的综合评估结果、对社区矫正对象的心理状态和其他特殊情况的分析、拟采取的监督管理、教育帮扶措施等内容。

矫正方案应当根据分类管理的要求、实施效果以及社区矫正对象的表现等情况，相应调整。

第二十三条　执行地县级社区矫正机构、受委托的司法所应当根据社区矫正对象的个人生活、工作及所处社区的实际情况，有针对性地采取通信联络、信息化核查、实地查访等措施，了解掌握社区矫正对象的活动情况和行为表现。

第二十四条　社区矫正对象应当按照有关规定和社区矫正机构的要求，定期报告遵纪守法、接受监督管理、参加教育学习、公益活动和社会活动等情况。发生居所变化、工作变动、家庭重大变故以及接触对其矫正可能产生不利影响人员等情况时，应当及时报告。被宣告禁止令的社区矫正对象应当定期报告遵守禁止令的情况。

暂予监外执行的社区矫正对象应当每个月报告本人身体情况。保外就医的，应当到省级人民政府指定的医院检查，每三个月向执行地县级社区矫正机构、受委托的司法所提交病情复查情况。执行地县级社区矫正机构根据社区矫正对象的病情及保证人等情况，可以调整报告身体情况和提交复查情况的期限。延长一个月至三个月以下的，报上一级社区矫正机构批准；延长三个月以上的，逐级上报省级社区矫正机构批准。批准延长的，执行地县级社区矫正机构应当及时通报同级人民检察院。

社区矫正机构根据工作需要，可以协调对暂予监外执行的社区矫正对象进行病情诊断、妊娠检查或者生活不能自理的鉴别。

第二十五条　未经执行地县级社区矫正机构批准，社区矫正对象不得接触其犯罪案件中的被害人、控告人、举报人，不得接触同案犯等可能诱发其再犯罪的人。

第二十六条　社区矫正对象未经批准不得离开所居住市、县。确有正当理由需要离开的，应当经执行地县级社区矫正机构或者受委托的司法所批准。

社区矫正对象外出的正当理由是指就医、就学、参与诉讼、处理家庭或者工作重要事务等。

前款规定的市是指直辖市的城市市区、设区的市的城市市区和县级市的辖区。在设区的同一市内跨区活动的，不属于离开所居住的市、县。

第二十七条　社区矫正对象确需离开所居住的市、县的，一般应当提前三日提交书面申请，并如实提供诊断证明、单位证明、入学证明、法律文书等材料。

申请外出时间在七日内的，经执行地县级社区矫正机构委托，可以由司法所批准，并报执行地县级社区矫正机构备案；超过七日的，由执行地县级社区矫正机构批准。执行地县级社区矫正机构每次批准外出的时间不超过三十日。

因特殊情况确需外出超过三十日的，或者两个月内外出时间累计超过三十日的，应报上一级社区矫正机构审批。上一级社区矫正机构批准社区矫正对象外出的，执行地县级社区矫正机构应当及时通报同级人民检察院。

第二十八条　在社区矫正对象外出期间，执行地县级社区矫正机构、受委托的司法所应当通过电话通讯、实时视频等方式实施监督管理。

执行地县级社区矫正机构根据需要，可以协商外出目的地社区矫正机构协助监督管理，并要求社区矫正对象在到达和离开时向当地社区矫正机构报告，接受监督管理。外出目的地社区矫正机构在社区矫正对象报告后，可以通过电话通讯、实地查访等方式协助监督管理。

社区矫正对象应在外出期限届满前返回居住地，并向执行地县级社区矫正机构或者司法所报告，办理手续。因特殊原因无法按期返回的，应及时向社区矫正机构或者司法所报告情况。发现社区矫正对象违反外出管理规定的，社区矫正机构应当责令其立即返回，并视情节依法予以处理。

第二十九条　社区矫正对象确因正常工作和生活需要经常性跨市、县活动的，应当由本人提出书面申请，写明理由、经常性去往市县名称、时间、频次等，同时提供相应证明，由执行地县级社区矫正机构批准，批准一次的有效期为六个月。在批准的期限内，社区矫正对象到批准市、县活动的，可以通过电话、微信等方式报告活动情况。到期后，社区矫正对象仍需要经常性跨市、县活动的，应当重新提出申请。

第三十条　社区矫正对象因工作、居所变化等原因需要变更执行地的，一般应当提前一个月提出书面申请，并提供相应证明材料，由受委托的司法所签署意见后报执行地县级社区矫正机构审批。

执行地县级社区矫正机构收到申请后，应当在五日内书面征求新执行地县级社区矫正机构的意见。新执行地县级社区矫正机构接到征求意见函后，应当在五日内核实有关情况，作出是否同意接收的意见并书面回复。执行地县级社区矫正机构根据回复意见，作出决定。执行地县级社区矫正机构对新执行地县级社区矫正机构的回复意见有异议的，可以报上一级社区矫正机构协调解决。

经审核，执行地县级社区矫正机构不同意变更执行地的，应在决定作出之日起五日内告知社区矫正对象。同意变更执行地的，应对社区矫正对象进行教育，书面告知其到新执行地县级社区矫正机构报到的时间期限以及逾期报到或者未报到的后果，责令其按时报到。

第三十一条　同意变更执行地的，原执行地县级社区矫正机构应当在作出决定之日起五日内，将有关法律文书和档案材料移交给新执行地县级社区矫正机构，并将有关法律文书抄送社区矫正决定机关和原执行地县级人民检察院、公安机关。新执行地县级社区矫正机构收到法律文书和档案材料后，在五日内送达回执，并将有关法律文书抄送所在地县级人民检察院、公安机关。

同意变更执行地的，社区矫正对象应当自收到变更执行地决定之日起七日内，到新执行地县级社区矫正机构报到。新执行地县级社区矫正机构应当核实身份、办理登记接收手续。发现社区矫正对象未按规定时间报到的，新执行地县级社区矫正机构应当立即通知原执行地县级社区矫正机构，由原执行地县级社区矫正机构组织查找。未及时办理交付接收，造成社区矫正对象脱管漏管的，原执行地社区矫正机构会同新执行地社区矫正机构妥善处置。

对公安机关、监狱管理机关批准暂予监外执行的社区矫正对象变更执行地的，公安机关、监狱管理机关在收到社区矫正机构送达的法律文书后，应与新执行地同级公安机关、监狱管理机关办理交接。新执行地的公安机关、监狱管理机关应指定一所看守所、监狱接收社区矫正对象档案,负责办理其收监、刑满释放等手续。看守所、监狱在接收档案之日起五日内,应当将有关情况通报新执行地县级社区矫正机构。对公安机关批准暂予监外执行的社区矫正对象在同一省、自治区、直辖市变更执行地的,可以不移交档案。

第三十二条 社区矫正机构应当根据有关法律法规、部门规章和其他规范性文件,建立内容全面、程序合理、易于操作的社区矫正对象考核奖惩制度。

社区矫正机构、受委托的司法所应当根据社区矫正对象认罪悔罪、遵守有关规定、服从监督管理、接受教育等情况,定期对其考核。对于符合表扬条件、具备训诫、警告情形的社区矫正对象,经执行地县级社区矫正机构决定,可以给予其相应奖励或者处罚,作出书面决定。对于涉嫌违反治安管理行为的社区矫正对象,执行地县级社区矫正机构可以向同级公安机关提出建议。社区矫正机构奖励或者处罚的书面决定应当抄送人民检察院。

社区矫正对象的考核结果与奖惩应当书面通知其本人,定期公示,记入档案,做到准确及时、公开公平。社区矫正对象对考核奖惩提出异议的,执行地县级社区矫正机构应当及时处理,并将处理结果告知社区矫正对象。社区矫正对象对处理结果仍有异议的,可以向人民检察院提出。

第三十三条 社区矫正对象认罪悔罪、遵守法律法规、服从监督管理、接受教育表现突出的,应当给予表扬。

社区矫正对象接受社区矫正六个月以上并且同时符合下列条件的,执行地县级社区矫正机构可以给予表扬:

(一)服从人民法院判决,认罪悔罪;

(二)遵守法律法规;

(三)遵守关于报告、会客、外出、迁居等规定,服从社区矫正机构的管理;

(四)积极参加教育学习等活动,接受教育矫正的。

社区矫正对象接受社区矫正期间,有见义勇为、抢险救灾等突出表现,或者帮助他人、服务社会等突出事迹的,执行地县级社区矫正机构可以给予表扬。对于符合法定减刑条件的,由执行地县级社区矫正机构依照本办法第四十二条的规定,提出减刑建议。

第三十四条 社区矫正对象具有下列情形之一的,执行地县级社区矫正机构应当给予训诫:

(一)不按规定时间报到或者接受社区矫正期间脱离监管,未超过十日的;

(二)违反关于报告、会客、外出、迁居等规定,情节轻微的;

(三)不按规定参加教育学习等活动,经教育仍不改正的;

(四)其他违反监督管理规定,情节轻微的。

第三十五条 社区矫正对象具有下列情形之一的,执行地县级社区矫正机构应当给予警告:

(一)违反人民法院禁止令,情节轻微的;

(二)不按规定时间报到或者接受社区矫正期间脱离监管,超过十日的;

(三)违反关于报告、会客、外出、迁居等规定,情节较重的;

(四)保外就医的社区矫正对象无正当理由不按时提交病情复查情况,经教育仍不改正的;

(五)受到社区矫正机构两次训诫,仍不改正的;

(六)其他违反监督管理规定,情节较重的。

第三十六条 社区矫正对象违反监督管理规定或者人民法院禁止令,依法应予治安管理处罚的,执行地县级社区矫正机构应当及时提请同级公安机关依法给予处罚,并向执行地同级人民检察院抄送治安管理处罚建议书副本,及时通知处理结果。

第三十七条 电子定位装置是指运用卫星等定位技术,能对社区矫正对象进行定位等监管,并具有防拆、防爆、防水等性能的专门的电子设备,如电子定位腕带等,但不包括手机等设备。

对社区矫正对象采取电子定位装置进行监督管理的,应当告知社区矫正对象监管的期限、要求以及违反监管规定的后果。

第三十八条 发现社区矫正对象失去联系的,社区矫正机构应当立即组织查找,可以采取通信联络、信息化核查、实地查访等方式查找,查找时要做好记录,固定证据。查找不到的,社区矫正机构应当及时通知公安机关,公安机关应当协助查找。社区矫正机构应当及时将组织查找的情况通报人民检察院。

查找到社区矫正对象后,社区矫正机构应当根据其脱离监管的情形,给予相应处置。虽能查找到社区矫正对象下落但其拒绝接受监督管理的,社区矫正机构应当视情节依法提请公安机关予以治安管理处罚,或者依法提请撤销缓刑、撤销假释,对暂予监外执行的收监执行。

第三十九条 社区矫正机构根据执行禁止令的需要,可以协调有关的部门、单位、场所、个人协助配合执行禁止令。

对禁止令确定需经批准才能进入的特定区域或者场所,社区矫正对象确需进入的,应当经执行地县级社区矫正机构批准,并通知原审人民法院和执行地县级人民检察院。

第四十条　发现社区矫正对象有违反监督管理规定或者人民法院禁止令等违法情形的,执行地县级社区矫正机构应当调查核实情况,收集有关证据材料,提出处理意见。

社区矫正机构发现社区矫正对象有撤销缓刑、撤销假释或者暂予监外执行收监执行的法定情形的,应当组织开展调查取证工作,依法向社区矫正决定机关提出撤销缓刑、撤销假释或者暂予监外执行收监执行建议,并将建议书抄送同级人民检察院。

第四十一条　社区矫正对象被依法决定行政拘留、司法拘留、强制隔离戒毒等或者因涉嫌犯新罪、发现判决宣告前还有其他罪没有判决被采取强制措施的,决定机关应当自作出决定之日起三日内将有关情况通知执行地县级社区矫正机构和执行地县级人民检察院。

第四十二条　社区矫正对象符合法定减刑条件的,由执行地县级社区矫正机构提出减刑建议书并附相关证据材料,报经地(市)社区矫正机构审核同意后,由地(市)社区矫正机构提请执行地的中级人民法院裁定。

依法应由高级人民法院裁定的减刑案件,由执行地县级社区矫正机构提出减刑建议书并附相关证据材料,逐级上报省级社区矫正机构审核同意后,由省级社区矫正机构提请执行地的高级人民法院裁定。

人民法院应当自收到减刑建议书和相关证据材料之日起三十日内依法裁定。

社区矫正机构减刑建议书和人民法院减刑裁定书副本,应当同时抄送社区矫正执行地同级人民检察院、公安机关及罪犯原服刑或者接收其档案的监狱。

第四十三条　社区矫正机构、受委托的司法所应当充分利用地方人民政府及其有关部门提供的教育帮扶场所和有关条件,按照因人施教的原则,有针对性地对社区矫正对象开展教育矫正活动。

社区矫正机构、司法所应当根据社区矫正对象的矫正阶段、犯罪类型、现实表现等实际情况,对其实施分类教育;应当结合社区矫正对象的个体特征、日常表现等具体情况,进行个别教育。

社区矫正机构、司法所根据需要可以采用集中教育、网上培训、实地参观等多种形式开展集体教育;组织社区矫正对象参加法治、道德等方面的教育活动;根据社区矫正对象的心理健康状况,对其开展心理健康教育、实施心理辅导。

社区矫正机构、司法所可以通过公开择优购买服务或者委托社会组织执行项目等方式,对社区矫正对象开展教育活动。

第四十四条　执行地县级社区矫正机构、受委托的司法所按照符合社会公共利益的原则,可以根据社区矫正对象的劳动能力、健康状况等情况,组织社区矫正对象参加公益活动。

第四十五条　执行地县级社区矫正机构、受委托的司法所依法协调有关部门和单位,根据职责分工,对遇到暂时生活困难的社区矫正对象提供临时救助;对就业困难的社区矫正对象提供职业技能培训和就业指导;帮助符合条件的社区矫正对象落实社会保障措施;协助在就学、法律援助等方面遇到困难的社区矫正对象解决问题。

第四十六条　社区矫正对象在缓刑考验期内,有下列情形之一的,由执行地同级社区矫正机构提出撤销缓刑建议:

(一)违反禁止令,情节严重的;

(二)无正当理由不按规定时间报到或者接受社区矫正期间脱离监管,超过一个月的;

(三)因违反监督管理规定受到治安管理处罚,仍不改正的;

(四)受到社区矫正机构两次警告,仍不改正的;

(五)其他违反有关法律、行政法规和监督管理规定,情节严重的情形。

社区矫正机构一般向原审人民法院提出撤销缓刑建议。如果原审人民法院与执行地同级社区矫正机构不在同一省、自治区、直辖市的,可以向执行地人民法院提出建议,执行地人民法院作出裁定的,裁定书同时抄送原审人民法院。

社区矫正机构撤销缓刑建议书和人民法院的裁定书副本同时抄送社区矫正执行地同级人民检察院。

第四十七条　社区矫正对象在假释考验期内,有下列情形之一的,由执行地同级社区矫正机构提出撤销假释建议:

(一)无正当理由不按规定时间报到或者接受社区矫正期间脱离监管,超过一个月的;

(二)受到社区矫正机构两次警告,仍不改正的;

(三)其他违反有关法律、行政法规和监督管理规定,尚未构成新的犯罪的。

社区矫正机构一般向原审人民法院提出撤销假释建议。如果原审人民法院与执行地同级社区矫正机构不在同一省、自治区、直辖市的,可以向执行地人民法院提出建议,执行地人民法院作出裁定的,裁定书同时抄送原审人民法院。

社区矫正机构撤销假释的建议书和人民法院的裁定书副本同时抄送社区矫正执行地同级人民检察院、公安机关、罪犯原服刑或者接收其档案的监狱。

第四十八条　被提请撤销缓刑、撤销假释的社区矫正对象具备下列情形之一的,社区矫正机构在提出撤销缓刑、撤销假释建议书的同时,提请人民法院决定对其予以逮捕:

(一)可能逃跑的;

(二)具有危害国家安全、公共安全、社会秩序或者他人人身安全现实危险的;

(三)可能对被害人、举报人、控告人或者社区矫正机构工作人员等实施报复行为的;

(四)可能实施新的犯罪的。

社区矫正机构提请人民法院决定逮捕社区矫正对象时,应当提供相应证据,移送人民法院审查决定。

社区矫正机构提请逮捕、人民法院作出是否逮捕决定的法律文书,应当同时抄送执行地县级人民检察院。

第四十九条　暂予监外执行的社区矫正对象有下列情形之一的,由执行地县级社区矫正机构提出收监执行建议:

(一)不符合暂予监外执行条件的;

(二)未经社区矫正机构批准擅自离开居住的市、县,经警告拒不改正,或者拒不报告行踪,脱离监管的;

(三)因违反监督管理规定受到治安管理处罚,仍不改正的;

(四)受到社区矫正机构两次警告的;

(五)保外就医期间不按规定提交病情复查情况,经警告拒不改正的;

(六)暂予监外执行的情形消失后,刑期未满的;

(七)保证人丧失保证条件或者因不履行义务被取消保证人资格,不能在规定期限内提出新的保证人的;

(八)其他违反有关法律、行政法规和监督管理规定,情节严重的情形。

社区矫正机构一般向执行地社区矫正决定机关提出收监执行建议。如果原社区矫正决定机关与执行地县级社区矫正机构在同一省、自治区、直辖市的,可以向原社区矫正决定机关提出建议。

社区矫正机构的收监执行建议书和决定机关的决定书,应当同时抄送执行地县级人民检察院。

第五十条　人民法院裁定撤销缓刑、撤销假释或者

决定暂予监外执行收监执行的,由执行地县级公安机关本着就近、便利、安全的原则,送交社区矫正对象执行地所属的省、自治区、直辖市管辖范围内的看守所或者监狱执行刑罚。

公安机关决定暂予监外执行收监执行的,由执行地县级公安机关送交存放或者接收罪犯档案的看守所收监执行。

监狱管理机关决定暂予监外执行收监执行的,由存放或者接收罪犯档案的监狱收监执行。

第五十一条　撤销缓刑、撤销假释的裁定和收监执行的决定生效后,社区矫正对象下落不明的,应当认定为在逃。

被裁定撤销缓刑、撤销假释和被决定收监执行的社区矫正对象在逃的,由执行地县级公安机关负责追捕。撤销缓刑、撤销假释裁定书和对暂予监外执行罪犯收监执行决定书,可以作为公安机关追逃依据。

第五十二条　社区矫正机构应当建立突发事件处置机制,发现社区矫正对象非正常死亡、涉嫌实施犯罪、参与群体性事件的,应当立即与公安机关等有关部门办调联动、妥善处置,并将有关情况及时报告上一级社区矫正机构,同时通报执行地人民检察院。

第五十三条　社区矫正对象矫正期限届满,且在社区矫正期间没有应当撤销缓刑、撤销假释或者暂予监外执行收监执行情形的,社区矫正机构依法办理解除矫正手续。

社区矫正对象一般应当在社区矫正期满三十日前,作出个人总结,执行地县级社区矫正机构应当根据其在接受社区矫正期间的表现等情况作出书面鉴定,与安置帮教工作部门做好衔接工作。

执行地县级社区矫正机构应当向社区矫正对象发放解除社区矫正证明书,并书面通知社区矫正决定机关,同时抄送执行地县级人民检察院和公安机关。

公安机关、监狱管理机关决定暂予监外执行的社区矫正对象刑期届满的,由看守所、监狱依法为其办理刑满释放手续。

社区矫正对象被赦免的,社区矫正机构应当向社区矫正对象发放解除社区矫正证明书,依法办理解除矫正手续。

第五十四条　社区矫正对象矫正期满,执行地县级社区矫正机构或者受委托的司法所可以组织解除矫正宣告。

解矫宣告包括以下内容:

（一）宣读对社区矫正对象的鉴定意见；

（二）宣布社区矫正期限届满，依法解除社区矫正；

（三）对判处管制的，宣布执行期满，解除管制；对宣告缓刑的，宣布缓刑考验期满，原判刑罚不再执行；对裁定假释的，宣布考验期满，原判刑罚执行完毕。

宣告由社区矫正机构或者司法所工作人员主持，矫正小组成员及其他相关人员到场，按照规定程序进行。

第五十五条 社区矫正机构、受委托的司法所应当根据未成年社区矫正对象的年龄、心理特点、发育需要、成长经历、犯罪原因、家庭监护教育条件等情况，制定适应未成年人特点的矫正方案，采取有益于其身心健康发展、融入正常社会生活的矫正措施。

社区矫正机构、司法所对未成年社区矫正对象的相关信息应当保密。对未成年社区矫正对象的考核奖惩和宣告不公开进行。对未成年社区矫正对象进行宣告或者处罚时，应通知其监护人到场。

社区矫正机构、司法所应当选任熟悉未成年人身心特点，具有法律、教育、心理等专业知识的人员负责未成年人社区矫正工作，并通过加强培训、管理，提高专业化水平。

第五十六条 社区矫正工作人员的人身安全和职业尊严受法律保护。

对任何干涉社区矫正工作人员执法的行为，社区矫正工作人员有权拒绝，并按照规定如实记录和报告。对于侵犯社区矫正工作人员权利的行为，社区矫正工作人员有权提出控告。

社区矫正工作人员因依法履行职责遭受不实举报、诬告陷害、侮辱诽谤，致使名誉受到损害的，有关部门或者个人应当及时澄清事实，消除不良影响，并依法追究相关单位或者个人的责任。

对社区矫正工作人员追究法律责任，应当根据其行为的危害程度、造成的后果、以及责任大小予以确定，实事求是，过罚相当。社区矫正工作人员依法履职的，不能仅因社区矫正对象再犯罪而追究其法律责任。

第五十七条 有关单位对人民检察院的书面纠正意见在规定的期限内没有回复纠正情况的，人民检察院应当督促回复。经督促被监督单位仍不回复或者没有正当理由不纠正的，人民检察院应当向上一级人民检察院报告。

有关单位对人民检察院的检察建议在规定的期限内经督促无正当理由不予整改或者整改不到位的，检察机关可以将相关情况报告上级人民检察院，通报被建议单位的上级机关、行政主管部门或者行业自律组织等，必要时可以报告同级党委、人大，通报同级政府、纪检监察机关。

第五十八条 本办法所称"以上""内"，包括本数；"以下""超过"，不包括本数。

第五十九条 本办法自 2020 年 7 月 1 日起施行。最高人民法院、最高人民检察院、公安部、司法部 2012 年 1 月 10 日印发的《社区矫正实施办法》（司发通〔2012〕12 号）同时废止。

社会救助暂行办法

· 2014 年 2 月 21 日中华人民共和国国务院令第 649 号公布
· 根据 2019 年 3 月 2 日《国务院关于修改部分行政法规的决定》修订

第一章 总 则

第一条 为了加强社会救助，保障公民的基本生活，促进社会公平，维护社会和谐稳定，根据宪法，制定本办法。

第二条 社会救助制度坚持托底线、救急难、可持续，与其他社会保障制度相衔接，社会救助水平与经济社会发展水平相适应。

社会救助工作应当遵循公开、公平、公正、及时的原则。

第三条 国务院民政部门统筹全国社会救助体系建设。国务院民政、应急管理、卫生健康、教育、住房城乡建设、人力资源社会保障、医疗保障等部门，按照各自职责负责相应的社会救助管理工作。

县级以上地方人民政府民政、应急管理、卫生健康、教育、住房城乡建设、人力资源社会保障、医疗保障等部门，按照各自职责负责本行政区域内相应的社会救助管理工作。

前两款所列行政部门统称社会救助管理部门。

第四条 乡镇人民政府、街道办事处负责有关社会救助的申请受理、调查审核，具体工作由社会救助经办机构或者经办人员承担。

村民委员会、居民委员会协助做好有关社会救助工作。

第五条 县级以上人民政府应当将社会救助纳入国民经济和社会发展规划，建立健全政府领导、民政部门牵头、有关部门配合、社会力量参与的社会救助工作协调机制，完善社会救助资金、物资保障机制，将政府安排的社会救助资金和社会救助工作经费纳入财政预算。

社会救助资金实行专项管理,分账核算,专款专用,任何单位或者个人不得挤占挪用。社会救助资金的支付,按照财政国库管理的有关规定执行。

第六条　县级以上人民政府应当按照国家统一规划建立社会救助管理信息系统,实现社会救助信息互联互通、资源共享。

第七条　国家鼓励、支持社会力量参与社会救助。

第八条　对在社会救助工作中作出显著成绩的单位、个人,按照国家有关规定给予表彰、奖励。

第二章　最低生活保障

第九条　国家对共同生活的家庭成员人均收入低于当地最低生活保障标准,且符合当地最低生活保障家庭财产状况规定的家庭,给予最低生活保障。

第十条　最低生活保障标准,由省、自治区、直辖市或者设区的市级人民政府按照当地居民生活必需的费用确定、公布,并根据当地经济社会发展水平和物价变动情况适时调整。

最低生活保障家庭收入状况、财产状况的认定办法,由省、自治区、直辖市或者设区的市级人民政府按照国家有关规定制定。

第十一条　申请最低生活保障,按照下列程序办理:

(一)由共同生活的家庭成员向户籍所在地的乡镇人民政府、街道办事处提出书面申请;家庭成员申请有困难的,可以委托村民委员会、居民委员会代为提出申请。

(二)乡镇人民政府、街道办事处应当通过入户调查、邻里访问、信函索证、群众评议、信息核查等方式,对申请人的家庭收入状况、财产状况进行调查核实,提出初审意见,在申请人所在村、社区公示后报县级人民政府民政部门审批。

(三)县级人民政府民政部门经审查,对符合条件的申请予以批准,并在申请人所在村、社区公布;对不符合条件的申请不予批准,并书面向申请人说明理由。

第十二条　对批准获得最低生活保障的家庭,县级人民政府民政部门按照共同生活的家庭成员人均收入低于当地最低生活保障标准的差额,按月发给最低生活保障金。

对获得最低生活保障后生活仍有困难的老年人、未成年人、重度残疾人和重病患者,县级以上地方人民政府应当采取必要措施给予生活保障。

第十三条　最低生活保障家庭的人口状况、收入状况、财产状况发生变化的,应当及时告知乡镇人民政府、街道办事处。

县级人民政府民政部门以及乡镇人民政府、街道办事处应当对获得最低生活保障家庭的人口状况、收入状况、财产状况定期核查。

最低生活保障家庭的人口状况、收入状况、财产状况发生变化的,县级人民政府民政部门应当及时决定增发、减发或者停发最低生活保障金;决定停发最低生活保障金的,应当书面说明理由。

第三章　特困人员供养

第十四条　国家对无劳动能力、无生活来源且无法定赡养、抚养、扶养义务人,或者其法定赡养、抚养、扶养义务人无赡养、抚养、扶养能力的老年人、残疾人以及未满16周岁的未成年人,给予特困人员供养。

第十五条　特困人员供养的内容包括:

(一)提供基本生活条件;

(二)对生活不能自理的给予照料;

(三)提供疾病治疗;

(四)办理丧葬事宜。

特困人员供养标准,由省、自治区、直辖市或者设区的市级人民政府确定、公布。

特困人员供养应当与城乡居民基本养老保险、基本医疗保障、最低生活保障、孤儿基本生活保障等制度相衔接。

第十六条　申请特困人员供养,由本人向户籍所在地的乡镇人民政府、街道办事处提出书面申请;本人申请有困难的,可以委托村民委员会、居民委员会代为提出申请。

特困人员供养的审批程序适用本办法第十一条规定。

第十七条　乡镇人民政府、街道办事处应当及时了解掌握居民的生活情况,发现符合特困供养条件的人员,应当主动为其依法办理供养。

第十八条　特困供养人员不再符合供养条件的,村民委员会、居民委员会或者供养服务机构应当告知乡镇人民政府、街道办事处,由乡镇人民政府、街道办事处审核并报县级人民政府民政部门核准后,终止供养并予以公示。

第十九条　特困供养人员可以在当地的供养服务机构集中供养,也可以在家分散供养。特困供养人员可以自行选择供养形式。

第四章　受灾人员救助

第二十条　国家建立健全自然灾害救助制度,对基本生活受到自然灾害严重影响的人员,提供生活救助。

自然灾害救助实行属地管理,分级负责。

第二十一条　设区的市级以上人民政府和自然灾害多发、易发地区的县级人民政府应当根据自然灾害特点、居民人口数量和分布等情况,设立自然灾害救助物资储备库,保障自然灾害发生后救助物资的紧急供应。

第二十二条　自然灾害发生后,县级以上人民政府或者人民政府的自然灾害救助应急综合协调机构应当根据情况紧急疏散、转移、安置受灾人员,及时为受灾人员提供必要的食品、饮用水、衣被、取暖、临时住所、医疗防疫等应急救助。

第二十三条　灾情稳定后,受灾地区县级以上人民政府应当评估、核定并发布自然灾害损失情况。

第二十四条　受灾地区人民政府应当在确保安全的前提下,对住房损毁严重的受灾人员进行过渡性安置。

第二十五条　自然灾害危险消除后,受灾地区人民政府应急管理等部门应当及时核实本行政区域内居民住房恢复重建补助对象,并给予资金、物资等救助。

第二十六条　自然灾害发生后,受灾地区人民政府应当为因当年冬寒或者次年春荒遇到生活困难的受灾人员提供基本生活救助。

第五章　医疗救助

第二十七条　国家建立健全医疗救助制度,保障医疗救助对象获得基本医疗卫生服务。

第二十八条　下列人员可以申请相关医疗救助:

(一)最低生活保障家庭成员;

(二)特困供养人员;

(三)县级以上人民政府规定的其他特殊困难人员。

第二十九条　医疗救助采取下列方式:

(一)对救助对象参加城镇居民基本医疗保险或者新型农村合作医疗的个人缴费部分,给予补贴;

(二)对救助对象经基本医疗保险、大病保险和其他补充医疗保险支付后,个人及其家庭难以承担的符合规定的基本医疗自负费用,给予补助。

医疗救助标准,由县级以上人民政府按照经济社会发展水平和医疗救助资金情况确定、公布。

第三十条　申请医疗救助的,应当向乡镇人民政府、街道办事处提出,经审核、公示后,由县级人民政府医疗保障部门审批。最低生活保障家庭成员和特困供养人员的医疗救助,由县级人民政府医疗保障部门直接办理。

第三十一条　县级以上人民政府应当建立健全医疗救助与基本医疗保险、大病保险相衔接的医疗费用结算机制,为医疗救助对象提供便捷服务。

第三十二条　国家建立疾病应急救助制度,对需要急救但身份不明或者无力支付急救费用的急重危伤病患者给予救助。符合规定的急救费用由疾病应急救助基金支付。

疾病应急救助制度应当与其他医疗保障制度相衔接。

第六章　教育救助

第三十三条　国家对在义务教育阶段就学的最低生活保障家庭成员、特困供养人员,给予教育救助。

对在高中教育(含中等职业教育)、普通高等教育阶段就学的最低生活保障家庭成员、特困供养人员,以及不能入学接受义务教育的残疾儿童,根据实际情况给予适当教育救助。

第三十四条　教育救助根据不同教育阶段需求,采取减免相关费用、发放助学金、给予生活补助、安排勤工助学等方式实施,保障教育救助对象基本学习、生活需求。

第三十五条　教育救助标准,由省、自治区、直辖市人民政府根据经济社会发展水平和教育救助对象的基本学习、生活需求确定、公布。

第三十六条　申请教育救助,应当按照国家有关规定向就读学校提出,按规定程序审核、确认后,由学校按照国家有关规定实施。

第七章　住房救助

第三十七条　国家对符合规定标准的住房困难的最低生活保障家庭、分散供养的特困人员,给予住房救助。

第三十八条　住房救助通过配租公共租赁住房、发放住房租赁补贴、农村危房改造等方式实施。

第三十九条　住房困难标准和救助标准,由县级以上地方人民政府根据本行政区域经济社会发展水平、住房价格水平等因素确定、公布。

第四十条　城镇家庭申请住房救助的,应当经由乡镇人民政府、街道办事处或者直接向县级人民政府住房保障部门提出,经县级人民政府民政部门审核家庭收入、财产状况和县级人民政府住房保障部门审核家庭住房状况并公示后,对符合申请条件的申请人,由县级人民政府住房保障部门优先给予保障。

农村家庭申请住房救助的,按照县级以上人民政府有关规定执行。

第四十一条　各级人民政府按照国家规定通过财政投入、用地供应等措施为实施住房救助提供保障。

第八章　就业救助

第四十二条　国家对最低生活保障家庭中有劳动能力并处于失业状态的成员，通过贷款贴息、社会保险补贴、岗位补贴、培训补贴、费用减免、公益性岗位安置等办法，给予就业救助。

第四十三条　最低生活保障家庭有劳动能力的成员均处于失业状态的，县级以上地方人民政府应当采取有针对性的措施，确保该家庭至少有一人就业。

第四十四条　申请就业救助的，应当向住所地街道、社区公共就业服务机构提出，公共就业服务机构核实后予以登记，并免费提供就业岗位信息、职业介绍、职业指导等就业服务。

第四十五条　最低生活保障家庭中有劳动能力但未就业的成员，应当接受人力资源社会保障等有关部门介绍的工作；无正当理由，连续3次拒绝接受介绍的与其健康状况、劳动能力等相适应的工作的，县级人民政府民政部门应当决定减发或者停发其本人的最低生活保障金。

第四十六条　吸纳就业救助对象的用人单位，按照国家有关规定享受社会保险补贴、税收优惠、小额担保贷款等就业扶持政策。

第九章　临时救助

第四十七条　国家对因火灾、交通事故等意外事件，家庭成员突发重大疾病等原因，导致基本生活暂时出现严重困难的家庭，或者因生活必需支出突然增加超出家庭承受能力，导致基本生活暂时出现严重困难的最低生活保障家庭，以及遭遇其他特殊困难的家庭，给予临时救助。

第四十八条　申请临时救助的，应当向乡镇人民政府、街道办事处提出，经审核、公示后，由县级人民政府民政部门审批；救助金额较小的，县级人民政府民政部门可以委托乡镇人民政府、街道办事处审批。情况紧急的，可以按照规定简化审批手续。

第四十九条　临时救助的具体事项、标准，由县级以上地方人民政府确定、公布。

第五十条　国家对生活无着的流浪、乞讨人员提供临时食宿、急病救治、协助返回等救助。

第五十一条　公安机关和其他有关行政机关的工作人员在执行公务时发现流浪、乞讨人员的，应当告知其向救助管理机构求助。对其中的残疾人、未成年人、老年人和行动不便的其他人员，应当引导、护送到救助管理机构；对突发急病人员，应当立即通知急救机构进行救治。

第十章　社会力量参与

第五十二条　国家鼓励单位和个人等社会力量通过捐赠、设立帮扶项目、创办服务机构、提供志愿服务等方式，参与社会救助。

第五十三条　社会力量参与社会救助，按照国家有关规定享受财政补贴、税收优惠、费用减免等政策。

第五十四条　县级以上地方人民政府可以将社会救助中的具体服务事项通过委托、承包、采购等方式，向社会力量购买服务。

第五十五条　县级以上地方人民政府应当发挥社会工作服务机构和社会工作者作用，为社会救助对象提供社会融入、能力提升、心理疏导等专业服务。

第五十六条　社会救助管理部门及相关机构应当建立社会力量参与社会救助的机制和渠道，提供社会救助项目、需求信息，为社会力量参与社会救助创造条件、提供便利。

第十一章　监督管理

第五十七条　县级以上人民政府及其社会救助管理部门应当加强对社会救助工作的监督检查，完善相关监督管理制度。

第五十八条　申请或者已获得社会救助的家庭，应当按照规定如实申报家庭收入状况、财产状况。

县级以上人民政府民政部门根据申请或者已获得社会救助家庭的请求、委托，可以通过户籍管理、税务、社会保险、不动产登记、工商登记、住房公积金管理、车船管理等单位和银行、保险、证券等金融机构，代为查询、核对其家庭收入状况、财产状况；有关单位和金融机构应当予以配合。

县级以上人民政府民政部门应当建立申请和已获得社会救助家庭经济状况信息核对平台，为审核认定社会救助对象提供依据。

第五十九条　县级以上人民政府社会救助管理部门和乡镇人民政府、街道办事处在履行社会救助职责过程中，可以查阅、记录、复制与社会救助事项有关的资料，询问与社会救助事项有关的单位、个人，要求其对相关情况作出说明，提供相关证明材料。有关单位、个人应当如实提供。

第六十条　申请社会救助，应当按照本办法的规定提出；申请人难以确定社会救助管理部门的，可以先向社会救助经办机构或者县级人民政府民政部门求助。社会救助经办机构或者县级人民政府民政部门接到求助后，应当及时办理或者转交其他社会救助管理部门办理。

乡镇人民政府、街道办事处应当建立统一受理社救助申请的窗口，及时受理、转办申请事项。

第六十一条　履行社会救助职责的工作人员对在社会救助工作中知悉的公民个人信息，除按照规定应当公示的信息外，应当予以保密。

第六十二条　县级以上人民政府及其社会救助管理部门应当通过报刊、广播、电视、互联网等媒体，宣传社会救助法律、法规和政策。

县级人民政府及其社会救助管理部门应当通过公共查阅室、资料索取点、信息公告栏等便于公众知晓的途径，及时公开社会救助资金、物资的管理和使用等情况，接受社会监督。

第六十三条　履行社会救助职责的工作人员行使职权，应当接受社会监督。

任何单位、个人有权对履行社会救助职责的工作人员在社会救助工作中的违法行为进行举报、投诉。受理举报、投诉的机关应当及时核实、处理。

第六十四条　县级以上人民政府财政部门、审计机关依法对社会救助资金、物资的筹集、分配、管理和使用实施监督。

第六十五条　申请或者已获得社会救助的家庭或者人员，对社会救助管理部门作出的具体行政行为不服的，可以依法申请行政复议或者提起行政诉讼。

第十二章　法律责任

第六十六条　违反本办法规定，有下列情形之一的，由上级行政机关或者监察机关责令改正；对直接负责的主管人员和其他直接责任人员依法给予处分：

（一）对符合申请条件的救助申请不予受理的；

（二）对符合救助条件的救助申请不予批准的；

（三）对不符合救助条件的救助申请予以批准的；

（四）泄露在工作中知悉的公民个人信息，造成后果的；

（五）丢失、篡改接受社会救助款物、服务记录等数据的；

（六）不按照规定发放社会救助资金、物资或者提供相关服务的；

（七）在履行社会救助职责过程中有其他滥用职权、玩忽职守、徇私舞弊行为的。

第六十七条　违反本办法规定，截留、挤占、挪用、私分社会救助资金、物资的，由有关部门责令追回；有违法所得的，没收违法所得；对直接负责的主管人员和其他直接责任人员依法给予处分。

第六十八条　采取虚报、隐瞒、伪造等手段，骗取社会救助资金、物资或者服务的，由有关部门决定停止社会救助，责令退回非法获取的救助资金、物资，可以处非法获取的救助款额或者物资价值1倍以上3倍以下的罚款；构成违反治安管理行为的，依法给予治安管理处罚。

第六十九条　违反本办法规定，构成犯罪的，依法追究刑事责任。

第十三章　附　则

第七十条　本办法自2014年5月1日起施行。

刚性支出困难家庭认定办法

· 2024年10月24日
· 民发〔2024〕57号

第一条　为规范刚性支出困难家庭认定工作，根据《社会救助暂行办法》、《中共中央办公厅 国务院办公厅印发〈关于改革完善社会救助制度的意见〉的通知》、《国务院办公厅转发民政部等单位〈关于加强低收入人口动态监测做好分层分类社会救助工作的意见〉的通知》等法规和政策的有关规定，制定本办法。

第二条　刚性支出困难家庭认定工作应当遵循属地负责、因地制宜、公平公正、便民利民的原则。

第三条　县级人民政府民政部门负责刚性支出困难家庭认定工作，并接受上级人民政府民政部门的指导、监督。

认定权限按规定下放至乡镇人民政府（街道办事处）的，县级人民政府民政部门要加强指导、监督。

第四条　刚性支出困难家庭应当同时具备下列条件：

（一）未纳入最低生活保障、特困人员救助供养范围且未被认定为最低生活保障边缘家庭；

（二）共同生活家庭成员人均收入低于上年度当地居民人均可支配收入；

（三）家庭财产状况符合当地相关规定；

（四）提出申请前十二个月家庭刚性支出总额占家庭总收入比例超出当地规定；

（五）县级以上地方人民政府规定的其他条件。

各地应当根据实际，科学合理设定家庭财产状况和刚性支出总额占比条件。家庭财产状况条件可以参照最低生活保障边缘家庭的认定条件或者适当放宽。

第五条　刚性支出包括以下必需支出：

（一）生活支出。指共同生活家庭成员为维持基本生活而发生的支出,包括必要的衣、食、住、行、用等费用支出。

(二)医疗支出。指共同生活家庭成员在定点医药机构就医就诊发生的,经基本医疗保险、大病保险、医疗救助、补充医疗保险、商业健康保险等支付后,由个人负担的符合规定的门诊和住院费用,原则上依据有效票据认定。

(三)教育支出。指共同生活家庭成员在幼儿园阶段,或者实施学历教育的全日制普通本科高等学校、高等职业学校、高等专科学校、中等职业学校、普通高中、初中和小学阶段,由个人负担的保教费或者学费、住宿费,原则上按照就读幼儿园、学校所在地的教育主管部门提供的同类公办幼儿园、学校收费标准认定。

(四)残疾康复支出。指共同生活家庭成员中的残疾人接受基本康复训练、辅助器具适配等残疾人基本康复服务,扣除政府补助、商业保险赔付费用等部分后,由个人负担的费用,原则上依据有效票据认定。

(五)其他支出。由县级人民政府民政部门根据实际情况另外认定的支出。

前款规定的残疾人基本康复服务及辅助器具范围,按照当地有关目录执行。

第六条 申请认定刚性支出困难家庭,应当以家庭为单位由一名共同生活家庭成员提出。

申请人应当如实提交有关材料和反映真实情况,配合开展家庭经济状况调查。

第七条 经审核符合条件的,县级人民政府民政部门应当作出认定为刚性支出困难家庭的书面决定;不符合条件的,不予认定,县级人民政府民政部门应当书面告知结果并说明理由。

第八条 县级人民政府民政部门应当自申请受理之日起三十个工作日之内完成认定工作。存在人户分离或者家庭经济状况调查难度较大等特殊情况,认定期限可以延长至四十五个工作日。

第九条 对于情形复杂的,县级人民政府民政部门可以启动县级困难群众基本生活保障工作协调机制,通过"一事一议"方式集体研究决定。

第十条 经审核认定为刚性支出困难家庭的,有效期一般不超过十二个月。在有效期内,刚性支出困难家庭按照规定获得相应社会救助或者帮扶。

有效期满后,需要继续认定为刚性支出困难家庭的,应当按照本办法重新申请。前期已经提交且无变化的申请材料,不要求重复提交。

第十一条 县级以上地方人民政府民政部门应当在低收入人口动态监测信息平台中将刚性支出困难家庭单独标示,并纳入常态化监测预警范围,为相关部门和单位开展刚性支出困难家庭救助帮扶提供信息查询、需求推送等服务支持。

第十二条 县级以上地方人民政府民政部门应当畅通社会救助服务热线,受理对刚性支出困难家庭认定工作的咨询、投诉、举报,接受社会监督。

第十三条 本办法由民政部负责解释。各地应当结合实际情况,制定刚性支出困难家庭具体认定办法和程序。

第十四条 本办法自 2025 年 1 月 1 日起施行。

国务院关于全面建立临时救助制度的通知

· 2014 年 10 月 3 日
· 国发〔2014〕47 号

各省、自治区、直辖市人民政府,国务院各部委、各直属机构:

为贯彻落实党的十八大和十八届二中、三中全会精神,进一步发挥社会救助托底线、救急难作用,解决城乡困难群众突发性、紧迫性、临时性生活困难,根据《社会救助暂行办法》有关规定,国务院决定全面建立临时救助制度。现就有关问题通知如下:

一、充分认识全面建立临时救助制度的重要意义

党和政府高度重视社会救助工作。多年来,以最低生活保障、特困人员供养、受灾人员救助等基本生活救助和医疗、教育、住房、就业等专项救助制度为支撑的社会救助体系基本建立,绝大多数困难群众得到了及时、有效的救助。同时,社会救助体系仍存在"短板",解决一些遭遇突发性、紧迫性、临时性生活困难的群众救助问题仍缺乏相应的制度安排,迫切需要全面建立临时救助制度,发挥救急难功能,使城乡困难群众基本生活都能得到有效保障,兜住底线。

建立临时救助制度是填补社会救助体系空白,提升社会救助综合效益,确保社会救助安全网网底不破的必然要求,对于全面深化改革、促进社会公平正义、全面建成小康社会具有重要意义。各地区、各部门要充分认识建立临时救助制度的重要性和紧迫性,增强使命感和责任感,将其作为加强和改善民生的一项重要任务,全面落实,扎实推进。

二、明确建立临时救助制度的目标任务和总体要求

临时救助制度要以解决城乡群众突发性、紧迫性、临时性基本生活困难问题为目标，通过完善政策措施，健全工作机制，强化责任落实，鼓励社会参与，增强救助时效，补"短板"、扫"盲区"，编实织密困难群众基本生活安全网，切实保障困难群众基本生活权益。

临时救助制度实行地方各级人民政府负责制。县级以上地方人民政府民政部门要统筹做好本行政区域内的临时救助工作，卫生计生、教育、住房城乡建设、人力资源社会保障、财政等部门要主动配合，密切协作。

国务院民政部门统筹全国临时救助制度建设。国务院民政、卫生计生、教育、住房城乡建设、人力资源社会保障、财政等部门，按照各自职责做好相关工作。

临时救助工作要坚持应救尽救，确保有困难的群众都能求助有门，并按规定得到及时救助；坚持适度救助，着眼于解决基本生活困难、摆脱临时困境，既要尽力而为，又要量力而行；坚持公开公正，做到政策公开、过程透明、结果公正；坚持制度衔接，加强各项救助、保障制度的衔接配合，形成整体合力；坚持资源统筹，政府救助、社会帮扶、家庭自救有机结合。

三、临时救助制度的主要内容

临时救助是国家对遭遇突发事件、意外伤害、重大疾病或其他特殊原因导致基本生活陷入困境，其他社会救助制度暂时无法覆盖或救助之后基本生活暂时仍有严重困难的家庭或个人给予的应急性、过渡性的救助。

（一）对象范围。

家庭对象。因火灾、交通事故等意外事件，家庭成员突发重大疾病等原因，导致基本生活暂时出现严重困难的家庭；因生活必需支出突然增加超出家庭承受能力，导致基本生活暂时出现严重困难的最低生活保障家庭；遭遇其他特殊困难的家庭。

个人对象。因遭遇火灾、交通事故、突发重大疾病或其他特殊困难，暂时无法得到家庭支持，导致基本生活陷入困境的个人。其中，符合生活无着的流浪、乞讨人员救助条件的，由县级人民政府按有关规定提供临时食宿、急病救治、协助返回等救助。

因自然灾害、事故灾难、公共卫生、社会安全等突发公共事件，需要开展紧急转移安置和基本生活救助，以及属于疾病应急救助范围的，按照有关规定执行。

县级以上地方人民政府应当根据当地实际，制定具体的临时救助对象认定办法，规定意外事件、突发重大疾病、生活必需支出突然增加以及其他特殊困难的类型和范围。

（二）申请受理。

依申请受理。凡认为符合救助条件的城乡居民家庭或个人均可以向所在地乡镇人民政府（街道办事处）提出临时救助申请；受申请人委托，村（居）民委员会或其他单位、个人可以代为提出临时救助申请。对于具有本地户籍、持有当地居住证的，由当地乡镇人民政府（街道办事处）受理；对于上述情形以外的，当地乡镇人民政府（街道办事处）应当协助其向县级人民政府设立的救助管理机构（即救助管理站、未成年人救助保护中心等）申请救助；当地县级人民政府没有设立救助管理机构的，乡镇人民政府（街道办事处）应当协助其向县级人民政府民政部门申请救助。申请临时救助，应按规定提交相关证明材料，无正当理由，乡镇人民政府（街道办事处）不得拒绝受理；因情况紧急无法在申请时提供相关证明材料的，乡镇人民政府（街道办事处）可先行受理。

主动发现受理。乡镇人民政府（街道办事处）、村（居）民委员会要及时核实辖区居民遭遇突发事件、意外事故、罹患重病等特殊情况，帮助有困难的家庭或个人提出救助申请。公安、城管等部门在执法中发现身处困境的未成年人、精神病人等无民事行为能力或限制民事行为能力人，以及失去主动求助能力的危重病人等，应主动采取必要措施，帮助其脱离困境。乡镇人民政府（街道办事处）或县级人民政府民政部门、救助管理机构在发现或接到有关部门、社会组织、公民个人报告救助线索后，应主动核查情况，对于其中符合临时救助条件的，应协助其申请救助并受理。

（三）审核审批。

一般程序。乡镇人民政府（街道办事处）应当在村（居）民委员会协助下，对临时救助申请人的家庭经济状况、人口状况、遭遇困难类型等逐一调查，视情组织民主评议，提出审核意见，并在申请人所居住的村（居）民委员会张榜公示后，报县级人民政府民政部门审批。对申请临时救助的非本地户籍居民，户籍所在地县级人民政府民政部门应配合做好有关审核工作。县级人民政府民政部门根据乡镇人民政府（街道办事处）提交的审核意见作出审批决定。救助金额较小的，县级人民政府民政部门可以委托乡镇人民政府（街道办事处）审批，但应报县级人民政府民政部门备案。对符合条件的，应及时予以批准；不符合条件的不予批准，并书面向申请人说明理由。申请人以同一事由重复申请临时救助，无正当理由的，不予救助。对于不持有当地居住证的非本地户籍人

员、县级人民政府民政部门、救助管理机构可以按生活无着人员救助管理有关规定审核审批，提供救助。

紧急程序。对于情况紧急、需立即采取措施以防止造成无法挽回的损失或无法改变的严重后果的，乡镇人民政府（街道办事处）、县级人民政府民政部门应先行救助。紧急情况解除之后，应按规定补齐审核审批手续。

（四）救助方式。

对符合条件的救助对象，可采取以下救助方式：

发放临时救助金。各地要全面推行临时救助金社会化发放，按照财政国库管理制度将临时救助金直接支付到救助对象个人账户，确保救助金足额、及时发放到位。必要时，可直接发放现金。

发放实物。根据临时救助标准和救助对象基本生活需要，可采取发放衣物、食品、饮用水，提供临时住所等方式予以救助。对于采取实物发放形式的，除紧急情况外，要严格按照政府采购制度的有关规定执行。

提供转介服务。对给予临时救助金、实物救助后，仍不能解决临时救助对象困难的，可分情况提供转介服务。对符合最低生活保障或医疗、教育、住房、就业等专项救助条件的，要协助其申请；对需要公益慈善组织、社会工作服务机构等通过慈善项目、发动社会募捐、提供专业服务、志愿服务等形式给予帮扶的，要及时转介。

（五）救助标准。

临时救助标准要与当地经济社会发展水平相适应。县级以上地方人民政府要根据救助对象困难类型、困难程度，统筹考虑其他社会救助制度保障水平，合理确定临时救助标准，并适时调整。临时救助标准应向社会公布。省级人民政府要加强对本行政区域内临时救助标准制定的统筹，推动形成相对统一的区域临时救助标准。

四、建立健全临时救助工作机制

（一）建立"一门受理、协同办理"机制。

各地要建立"一门受理、协同办理"机制，依托乡镇人民政府（街道办事处）政务大厅、办事大厅等，设立统一的社会救助申请受理窗口，方便群众求助。要根据部门职责建立受理、分办、转办、结果反馈流程，明确办理时限和要求，跟踪办理结果，将有关情况及时告知求助对象。要建立社会救助热线，畅通求助、报告渠道。

（二）加快建立社会救助信息共享机制。

各级政府要建立社会救助管理部门之间的信息共享机制，充分利用已有资源，加快建设社会救助管理信息系统，实现民政与卫生计生、教育、住房城乡建设、人力资源社会保障等部门的信息共享。要依法完善跨部门、多层

次、信息共享的救助申请家庭经济状况核对机制，提高审核甄别能力。要建立救助对象需求与公益慈善组织、社会工作服务机构的救助资源对接机制，实现政府救助与社会帮扶的有机结合，做到因情施救、各有侧重、相互补充。

（三）建立健全社会力量参与机制。

要充分发挥群众团体、社会组织尤其是公益慈善组织、社会工作服务机构和企事业单位、志愿者队伍等社会力量资源丰富、方法灵活、形式多样的特点，通过委托、承包、采购等方式向社会力量购买服务，鼓励、支持其参与临时救助。要动员、引导具有影响力的公益慈善组织、大中型企业等设立专项公益基金，在民政部门的统筹协调下有序开展临时救助。

公益慈善组织、社会工作服务机构、企事业单位、志愿者队伍等社会力量可以利用自身优势，在对象发现、专业服务、发动社会募捐等方面发挥积极作用。社会力量参与社会救助，按照国家有关规定享受财政补贴、税收优惠、费用减免等政策。

（四）不断完善临时救助资金筹集机制。

地方各级人民政府要将临时救助资金列入财政预算；省级人民政府要优化财政支出结构，切实加大临时救助资金投入；城乡居民最低生活保障资金有结余的地方，可安排部分资金用于最低生活保障对象的临时救助支出。中央财政对地方实施临时救助制度给予适当补助，重点向救助任务重、财政困难、工作成效突出的地区倾斜。

五、强化临时救助制度实施的保障措施

（一）加强组织领导。地方各级人民政府要按照属地原则，将建立完善临时救助制度列入重要议事日程，抓紧完善配套政策措施，确保2014年底前全面实施临时救助制度。要进一步建立健全政府领导、民政部门牵头、有关部门配合、社会力量参与的社会救助工作协调机制，及时研究解决工作中遇到的问题。要将临时救助等社会救助工作列入地方领导班子和领导干部政绩考核评价指标体系，并合理确定权重；考核结果纳入政府领导班子和相关领导干部综合考核评价的重要内容，作为干部选拔任用、管理监督的重要依据。民政部门要切实履行主管部门职责，发挥好统筹协调作用；财政部门要加强资金保障，提高资金使用效益；其他有关部门要各司其职，积极配合，形成齐抓共管、整体推进的工作格局。

（二）加强能力建设。省级人民政府要切实加强临时救助能力建设，统筹考虑常住人口、最低生活保障对象和特困供养人员数量等因素，制定落实基层社会救助职责的具体办法和措施。地方各级人民政府要结合本地实

际全面落实临时救助制度要求,科学整合县(市、区)、乡镇人民政府(街道办事处)管理机构及人力资源,充实加强基层临时救助工作力量,确保事有人管、责有人负。要积极研究制定政府购买服务的具体办法,充分利用市场机制,加强基层临时救助能力建设。要充分发挥社区居民委员会和村民委员会的作用,协助做好困难排查、信息报送、宣传引导、公示监督等工作。要加强人员培训,不断提高临时救助管理服务水平。要加强经费保障,将临时救助所需工作经费纳入社会救助工作经费统筹考虑,列入地方各级财政预算。

(三)加强监督管理。县级以上地方人民政府要切实担负起临时救助政策制定、资金投入、工作保障和监督管理责任,乡镇人民政府(街道办事处)要切实履行临时救助受理、审核等职责,民政部门要会同卫生计生、教育、住房城乡建设、人力资源社会保障等部门,按照"一门受理、协同办理"的工作要求,明确各业务环节的经办主体责任,强化责任落实,确保困难群众求助有门、受助及时。民政、财政部门要会同有关部门将临时救助制度落实情况作为督查督办的重点内容,定期组织开展专项检查。财政、审计、监察部门要加强对临时救助资金管理使用情况的监督检查,防止挤占、挪用、套取等违纪违法现象发生。对于出具虚假证明材料骗取救助的单位和个人,要在社会信用体系中予以记录。临时救助实施情况要定期向社会公开,充分发挥社会监督作用,对于公众和媒体发现揭露的问题,应及时查处并公布处理结果。要完善临时救助责任追究制度,明确细化责任追究对象、方式和程序,加大行政问责力度,对因责任不落实、相互推诿、处置不及时等造成严重后果的单位和个人,要依纪依法追究责任。

(四)加强政策宣传。各地要组织好临时救助政策宣传,充分利用报刊、广播、电视等媒体和互联网,以及公共查阅室、资料索取点、信息宣传栏、宣传册、明白纸等群众喜闻乐见的途径和形式,不断加大政策宣传普及力度,使临时救助政策家喻户晓、人人皆知。要加强舆论引导,从政府作用、个人权利、家庭责任、社会参与等方面,多角度宣传临时救助的功能定位和制度特点,引导社会公众理解、支持临时救助工作,营造良好社会舆论氛围,弘扬中华民族团结友爱、互助共济的传统美德。

国家选择有特点、有代表性的区域进行"救急难"工作综合试点,在体制机制、服务方式、信息共享、财政税费等方面进行探索创新,先行先试,为不断完善临时救助制度,全面开展"救急难"工作提供经验。省级人民政府要根据本通知要求,结合实际,抓紧制定配套落实政策,国务院相关部门要根据本部门职责,抓紧制定具体政策措施。民政部、财政部要加强对本通知执行情况的监督检查,及时向国务院报告。国务院将适时组织专项督查。

民政部关于指导村(居)民委员会协助做好社会救助工作的意见

· 2015 年 6 月 1 日
· 民发〔2015〕104 号

各省、自治区、直辖市民政厅(局),各计划单列市民政局,新疆生产建设兵团民政局:

为进一步健全完善社会救助经办服务体系,充分发挥城乡基层群众性自治组织在社会救助工作中的重要作用,根据《社会救助暂行办法》、《国务院关于进一步加强和改进最低生活保障工作的意见》(国发〔2012〕45 号)要求,现就指导村(居)民委员会协助做好社会救助工作提出如下意见:

一、充分认识村(居)民委员会协助做好社会救助工作的重要性

村(居)民委员会是居民自我管理、自我教育、自我服务的基层群众性自治组织,是党和政府联系广大人民群众的桥梁和纽带,在服务居民群众、深化基层治理、密切党群干群关系、维护社会稳定等方面发挥着不可替代的重要作用。社会救助事关困难群众衣食冷暖和基本生活保障,是党和政府维护困难群众生存权益、促进社会稳定和公平正义的托底性、基础性制度安排。困难群众居住在社区、生活在社区、服务依托社区,与村(居)民委员会的联系最为紧密,村(居)民委员会最了解困难群众的生活状况和救助需求。健全完善社会救助经办服务体系,落实好各项社会救助政策,不断提升基层社会救助服务水平,真正为困难群众排忧解难,离不开村(居)民委员会的参与、协助和配合。

二、进一步明确村(居)民委员会协助做好社会救助工作的主要内容

依据《中华人民共和国村民委员会组织法》、《中华人民共和国城市居民委员会组织法》的有关规定,村(居)民委员会应当协助基层政府或其派出机关开展与居民利益有关的公共事务、社区服务等工作。社会救助与社区居民利益息息相关,是社区公共服务不可或缺的重要方面。各地民政部门要厘清责任、突出重点,进一步明确村(居)民委员会协助做好社会救助工作的主要内容。

（一）协助做好救助对象发现报告工作。

各地民政部门要指导、督促村（居）民委员会将发现排查困难群众列为日常重点工作，安排社区工作者、专业社会工作者、志愿者等经常性走访居民家庭，了解、收集困难群众的现状信息，掌握、核实辖区内居民生活困难及遭遇突发事件、意外事故、罹患重病等急难情况，并及时告知乡镇人民政府（街道办事处）。指导、督促村（居）民委员会在日常工作中，将辖区内的留守儿童、独居老人、残疾人、重病患者等易陷入生活困境的人群作为重点，开展经常性走访、问候；关注居住在本辖区的外来人员，帮助有困难的家庭和个人提出救助申请。指导有条件的村（居）民委员会在社区公共服务场所开设救助咨询服务窗口，开通救助服务热线，方便困难群众求助。

（二）协助做好社会救助申请审核审批工作。

一是协助提出救助申请。指导、督促村（居）民委员会接受申请最低生活保障、特困人员供养、医疗救助、教育救助、住房救助、临时救助等社会救助有困难的家庭或个人的委托，代其向乡镇人民政府（街道办事处）或相关救助机构提交书面申请及材料。指导、督促村（居）民委员会将申请人所有申请材料全部上交，不得自行作出不予受理或不符合救助条件的决定。要指导、督促村（居）民委员会成员及其他社区工作者主动申报备案其近亲属申请救助的情况。

二是协助开展调查审核。指导、督促村（居）民委员会协助乡镇人民政府（街道办事处），组织驻村（社区）干部、社区救助专干、专业社会工作者等工作人员，通过入户调查、邻里访问等形式，对社会救助申请人声明的家庭经济状况、人口状况、遭遇困难类型等逐一调查核实，并由调查人员和申请人签字确认。调查审核的责任主体是乡镇人民政府（街道办事处），村（居）民委员会不能自行作出调查审核结论。

三是协助组织群众评议。指导、督促村（居）民委员会在入户调查结束后，协助乡镇人民政府（街道办事处）组织村（居）民代表或者群众评议小组对救助申请人声明的家庭收入、财产状况以及入户调查结果的客观性、真实性和完整性进行评议。

四是协助进行抽查复核。县级民政部门要在村（居）民委员会的参与下开展抽查复核工作，全面、准确地听取村（居）民委员会关于入户调查、邻里访问、群众评议以及村（居）民委员会成员等社区工作人员近亲属申请救助备案等情况介绍。有条件的地方，县级民政部门可邀请乡镇人民政府（街道办事处）、村（居）民委员会参与审批。

五是协助公示审核审批结果。乡镇人民政府（街道办事处）根据家庭经济状况调查审核、群众评议等情况对救助申请提出审核意见后，要在村（居）民委员会协助下在村（居）务公开栏公示审核结果。县级民政部门作出救助批准决定后，要在村（居）民委员会协助下在村（居）务公开栏公示拟救助的申请人姓名、家庭成员、救助金额等信息。两次公示的责任主体分别是乡镇人民政府（街道办事处）和县级民政部门，村（居）民委员会不能自行公示相关信息。要指导村（居）民委员会及时维护公示栏，确保相关公示信息完整、可视。

（三）协助做好社会救助动态管理工作。

各地民政部门要指导、督促村（居）民委员会配合乡镇人民政府（街道办事处）以及县级社会救助管理部门，按照有关规定分类、定期核查辖区内已获得救助对象的家庭人口状况、经济状况等变化情况；要督促辖区内已获得救助对象在家庭人口、经济状况等发生变化时，主动报告乡镇人民政府（街道办事处）。对于村（居）民委员会在日常工作中发现救助对象家庭情况发生变化的，要督促其及时报告。

（四）协助做好社会力量参与社会救助有关工作。

各地民政部门要指导村（居）民委员会充分发挥自身独特优势，以社区为平台，结合城乡社区建设，积极促进驻社区单位、社区社会组织、业主委员会、社区志愿者等主体参与社会救助，鼓励、引导社区居民开展社会救助志愿服务和互助服务。要为社会工作服务机构和专业社会工作者进入社区创造条件，支持他们针对救助对象的不同需求，开展心理疏导、精神抚慰、能力提升、社会融入等专业服务。要大力发展社区慈善，规范社区募捐，探索设立社区爱心救助基金，鼓励、支持社会组织、企事业单位和爱心人士等针对困境家庭和救助对象开展慈善救助。要创新发展社区慈善超市，依托居委会建立社会捐助站点，引导居民积极捐赠家庭闲置物品，培育发展社区社会救助社会组织。要加强社区救助资源的信息共享，实现困难群众的救助需求信息、政府相关部门的救助资源、社会组织的救助项目、社会各界的爱心捐赠和志愿服务的有效对接。

（五）协助做好社会救助政策宣传工作。

各地民政部门要指导村（居）民委员会利用城乡社区公共服务信息平台、公示栏、信息宣传栏、宣传册、现场解答等群众喜闻乐见的途径和形式，不断加大社会救助政策宣传普及力度，使社会救助政策法规深入人心、家喻户晓。要重点向居民群众宣传最低生活保障、特困人员供养、医疗救助、教育救助、住房救助、就业救助和临时救助等政策的资格条件和申请审批程序，不断提高社会救助政策的透明度和知晓度。要在城乡社区大力弘扬中华民族团结友爱、互助共济的传统美德，引导社会公众理解、支持社会救助工作，营造良好社会舆论氛围。

三、切实加强对村（居）民委员会协助做好社会救助工作的领导和指导

（一）加强组织领导。各级民政部门要努力争取党委、政府的重视和支持，把村（居）民委员会协助做好社会救助工作纳入基层社会治理的重要内容，及时解决工作中存在的问题。要把村（居）民委员会协助做好社会救助工作列为提升基层社会救助经办服务能力的重要举措，抓紧协调研究具体办法和支持措施，切实发挥好村（居）民委员会的功能作用。

（二）加强能力建设。各级民政部门要指导村（居）民委员会根据辖区幅度、人口规模等因素，安排必要的人员协助做好社会救助工作。切实加强经费保障，将村（居）民委员会协助做好社会救助工作所需经费纳入社会救助工作经费统筹考虑，并按照"费随事转"原则，适当给予经费补助。要加强社会救助管理信息系统与社区综合信息管理服务平台的对接，实现社会救助对象数据和社区居民数据统一采集、多方共享。各级民政部门要有针对性地加强培训工作，确保村（居）民委员会相关工作人员熟悉、掌握社会救助政策与社会工作专业理念、方法和技巧。

（三）加强工作指导。各级民政部门要切实加强村（居）民委员会协助做好社会救助工作的指导，对于一些带有规律性、方向性的经验做法，要及时完善、总结并推广。要抓紧研究政府购买社会救助服务的机制、路径和办法，不断创新村（居）民委员会协助做好社会救助工作的模式、方法。探索将社会组织引入社会救助，逐步拓展社会救助服务内涵，积极指导村（居）民委员会以社区为平台，统筹整合政府救助、慈善救助和社会服务等资源，实施形式多样的救助服务，最大程度满足困难群众的救助需求。要加强对村（居）民委员会协助开展社会救助工作的监督检查，对徇私舞弊、虚构瞒报、优亲厚友、敷衍塞责造成严重后果的，要依法依规追究责任。

住房和城乡建设部、民政部、财政部
关于做好住房救助有关工作的通知

· 2014 年 11 月 13 日
· 建保〔2014〕160 号

各省、自治区住房城乡建设厅、民政厅、财政厅，直辖市建委（国土资源房屋管理局、住房保障房屋管理局）、民政局、财政局，新疆生产建设兵团建设局、民政局、财政局：

住房救助是社会救助的重要组成部分，是针对住房困难的社会救助对象实施的住房保障。住房救助是切实保障特殊困难群众获得能够满足其家庭生活需要的基本住房，在住房方面保民生、促公平的托底性制度安排。为依法做好住房救助工作，根据《社会救助暂行办法》和《国务院关于全面建立临时救助制度的通知》（国发〔2014〕47 号）有关规定，现就有关事项通知如下：

一、明确住房救助对象。住房救助对象是指符合县级以上地方人民政府规定标准的、住房困难的最低生活保障家庭和分散供养的特困人员。城镇住房救助对象，属于公共租赁住房制度保障范围。农村住房救助对象，属于优先实施农村危房改造的对象范围。

二、规范住房救助方式。要充分考虑住房救助对象经济条件差、住房支付能力不足的客观条件，通过配租公共租赁住房、发放低收入住房困难家庭租赁补贴、农村危房改造等方式实施住房救助。对城镇住房救助对象，要优先配租公共租赁住房或发放低收入住房困难家庭租赁补贴，其中对配租公共租赁住房的，应给予租金减免，确保其租房支出可负担。对农村住房救助对象，应优先纳入当地农村危房改造计划，优先实施改造。

三、健全住房救助标准。县级以上地方人民政府要统筹考虑本行政区域经济发展水平和住房价格水平等因素，合理确定、及时公布住房救助对象的住房困难条件，以及城镇家庭实施住房救助后住房应当达到的标准和对住房救助对象实施农村危房改造的补助标准。住房困难标准及住房救助标准应当按年度实行动态管理，以确保救助对象住房条件能随着经济和社会发展水平的进步而相应地提高。

四、完善住房救助实施程序。市、县人民政府应当本着方便、快捷、随到随办的原则，建立"一门受理、协同办理"机制，完善申请审核、资格复核、具体实施等住房救助程序规定，方便城乡家庭申请住房救助。

城镇家庭可通过乡镇人民政府、街道办事处或者直接向住房保障部门提出申请，经县级民政部门确认申请

家庭的最低生活保障及特困供养人员资格,由主房保障部门负责审核家庭住房状况并公示。经审核符合规定条件的,应当纳入城镇住房保障轮候对象范围,优先给予保障。各地要完善城镇住房救助对象家庭资格复核制度,不再符合住房救助条件但符合公共租赁住房保障对象条件的,可继续承租公共租赁住房,同时相应调整租金。

农村居民(家庭)应向户籍所在地的乡镇人民政府提出申请。乡镇人民政府对申请人的最低生活保障或特困供养人员资格、住房状况进行确认、调查核实并公示后,报县级人民政府住房城乡建设部门会同民政部门审批。对经审批决定纳入住房救助范围的,应将其作为农村危房改造对象优先纳入当地农村危房改造计划。

五、落实优惠政策。各地要按规定,落实公共租赁住房筹集、发放低收入住房困难家庭租赁补贴、农村危房改造的财税、金融和用地等优惠政策,为实施住房救助提供有力支持。

六、加强实施管理。各地要全面公开住房救助政策、救助程序、救助结果等信息,畅通投诉监督渠道,接受社会监督。各地在制定公共租赁住房筹集、发放低收入住房困难家庭租赁补贴、农村危房改造年度计划时,应优先满足当年实施住房救助的需要。各级住房城乡建设部门(住房保障部门)应会同民政等部门,组织对本辖区内累计实施、当年实施住房救助的情况,以及尚待实施住房救助的对象规模等,进行调查摸底,并将有关情况于当年11月底前报住房城乡建设部。

中华人民共和国反家庭暴力法

· 2015 年 12 月 27 日第十二届全国人民代表大会常务委员会第十八次会议通过
· 2015 年 12 月 27 日中华人民共和国主席令第 37 号公布
· 自 2016 年 3 月 1 日起施行

第一章 总 则

第一条 为了预防和制止家庭暴力,保护家庭成员的合法权益,维护平等、和睦、文明的家庭关系,促进家庭和谐、社会稳定,制定本法。

第二条 本法所称家庭暴力,是指家庭成员之间以殴打、捆绑、残害、限制人身自由以及经常性谩骂、恐吓等方式实施的身体、精神等侵害行为。

第三条 家庭成员之间应当互相帮助,互相关爱,和睦相处,履行家庭义务。

反家庭暴力是国家、社会和每个家庭的共同责任。

国家禁止任何形式的家庭暴力。

第四条 县级以上人民政府负责妇女儿童工作的机构,负责组织、协调、指导、督促有关部门做好反家庭暴力工作。

县级以上人民政府有关部门、司法机关、人民团体、社会组织、居民委员会、村民委员会、企业事业单位,应当依照本法和有关法律规定,做好反家庭暴力工作。

各级人民政府应当对反家庭暴力工作给予必要的经费保障。

第五条 反家庭暴力工作遵循预防为主,教育、矫治与惩处相结合原则。

反家庭暴力工作应当尊重受害人真实意愿,保护当事人隐私。

未成年人、老年人、残疾人、孕期和哺乳期的妇女、重病患者遭受家庭暴力的,应当给予特殊保护。

第二章 家庭暴力的预防

第六条 国家开展家庭美德宣传教育,普及反家庭暴力知识,增强公民反家庭暴力意识。

工会、共产主义青年团、妇女联合会、残疾人联合会应当在各自工作范围内,组织开展家庭美德和反家庭暴力宣传教育。

广播、电视、报刊、网络等应当开展家庭美德和反家庭暴力宣传。

学校、幼儿园应当开展家庭美德和反家庭暴力教育。

第七条 县级以上人民政府有关部门、司法机关、妇女联合会应当将预防和制止家庭暴力纳入业务培训和统计工作。

医疗机构应当做好家庭暴力受害人的诊疗记录。

第八条 乡镇人民政府、街道办事处应当组织开展家庭暴力预防工作,居民委员会、村民委员会、社会工作服务机构应当予以配合协助。

第九条 各级人民政府应当支持社会工作服务机构等社会组织开展心理健康咨询、家庭关系指导、家庭暴力预防知识教育等服务。

第十条 人民调解组织应当依法调解家庭纠纷,预防和减少家庭暴力的发生。

第十一条 用人单位发现本单位人员有家庭暴力情况的,应当给予批评教育,并做好家庭矛盾的调解、化解工作。

第十二条 未成年人的监护人应当以文明的方式进行家庭教育,依法履行监护和教育职责,不得实施家庭暴力。

第三章　家庭暴力的处置

第十三条　家庭暴力受害人及其法定代理人、近亲属可以向加害人或者受害人所在单位、居民委员会、村民委员会、妇女联合会等单位投诉、反映或者求助。有关单位接到家庭暴力投诉、反映或者求助后,应当给予帮助、处理。

家庭暴力受害人及其法定代理人、近亲属也可以向公安机关报案或者依法向人民法院起诉。

单位、个人发现正在发生的家庭暴力行为,有权及时劝阻。

第十四条　学校、幼儿园、医疗机构、居民委员会、村民委员会、社会工作服务机构、救助管理机构、福利机构及其工作人员在工作中发现无民事行为能力人、限制民事行为能力人遭受或者疑似遭受家庭暴力的,应当及时向公安机关报案。公安机关应当对报案人的信息予以保密。

第十五条　公安机关接到家庭暴力报案后应当及时出警,制止家庭暴力,按照有关规定调查取证,协助受害人就医、鉴定伤情。

无民事行为能力人、限制民事行为能力人因家庭暴力身体受到严重伤害、面临人身安全威胁或者处于无人照料等危险状态的,公安机关应当通知并协助民政部门将其安置到临时庇护场所、救助管理机构或者福利机构。

第十六条　家庭暴力情节较轻,依法不给予治安管理处罚的,由公安机关对加害人给予批评教育或者出具告诫书。

告诫书应当包括加害人的身份信息、家庭暴力的事实陈述、禁止加害人实施家庭暴力等内容。

第十七条　公安机关应当将告诫书送交加害人、受害人,并通知居民委员会、村民委员会。

居民委员会、村民委员会、公安派出所应当对收到告诫书的加害人、受害人进行查访,监督加害人不再实施家庭暴力。

第十八条　县级或者设区的市级人民政府可以单独或者依托救助管理机构设立临时庇护场所,为家庭暴力受害人提供临时生活帮助。

第十九条　法律援助机构应当依法为家庭暴力受害人提供法律援助。

人民法院应当依法对家庭暴力受害人缓收、减收或者免收诉讼费用。

第二十条　人民法院审理涉及家庭暴力的案件,可以根据公安机关出警记录、告诫书、伤情鉴定意见等证据,认定家庭暴力事实。

第二十一条　监护人实施家庭暴力严重侵害被监护人合法权益的,人民法院可以根据被监护人的近亲属、居民委员会、村民委员会、县级人民政府民政部门等有关人员或者单位的申请,依法撤销其监护人资格,另行指定监护人。

被撤销监护人资格的加害人,应当继续负担相应的赡养、扶养、抚养费用。

第二十二条　工会、共产主义青年团、妇女联合会、残疾人联合会、居民委员会、村民委员会等应当对实施家庭暴力的加害人进行法治教育,必要时可以对加害人、受害人进行心理辅导。

第四章　人身安全保护令

第二十三条　当事人因遭受家庭暴力或者面临家庭暴力的现实危险,向人民法院申请人身安全保护令的,人民法院应当受理。

当事人是无民事行为能力人、限制民事行为能力人,或者因受到强制、威吓等原因无法申请人身安全保护令的,其近亲属、公安机关、妇女联合会、居民委员会、村民委员会、救助管理机构可以代为申请。

第二十四条　申请人身安全保护令应当以书面方式提出;书面申请确有困难的,可以口头申请,由人民法院记入笔录。

第二十五条　人身安全保护令案件由申请人或者被申请人居住地、家庭暴力发生地的基层人民法院管辖。

第二十六条　人身安全保护令由人民法院以裁定形式作出。

第二十七条　作出人身安全保护令,应当具备下列条件:

（一）有明确的被申请人;

（二）有具体的请求;

（三）有遭受家庭暴力或者面临家庭暴力现实危险的情形。

第二十八条　人民法院受理申请后,应当在七十二小时内作出人身安全保护令或者驳回申请;情况紧急的,应当在二十四小时内作出。

第二十九条　人身安全保护令可以包括下列措施:

（一）禁止被申请人实施家庭暴力;

（二）禁止被申请人骚扰、跟踪、接触申请人及其相关近亲属;

（三）责令被申请人迁出申请人住所;

（四）保护申请人人身安全的其他措施。

第三十条　人身安全保护令的有效期不超过六个月,自作出之日起生效。人身安全保护令失效前,人民法院可以根据申请人的申请撤销、变更或者延长。

第三十一条　申请人对驳回申请不服或者被申请人对人身安全保护令不服的,可以自裁定生效之日起五日内向作出裁定的人民法院申请复议一次。人民法院依法作出人身安全保护令的,复议期间不停止人身安全保护令的执行。

第三十二条　人民法院作出人身安全保护令后,应当送达申请人、被申请人、公安机关以及居民委员会、村民委员会等有关组织。人身安全保护令由人民法院执行,公安机关以及居民委员会、村民委员会等应当协助执行。

第五章　法律责任

第三十三条　加害人实施家庭暴力,构成违反治安管理行为的,依法给予治安管理处罚;构成犯罪的,依法追究刑事责任。

第三十四条　被申请人违反人身安全保护令,构成犯罪的,依法追究刑事责任;尚不构成犯罪的,人民法院应当给予训诫,可以根据情节轻重处以一千元以下罚款、十五日以下拘留。

第三十五条　学校、幼儿园、医疗机构、居民委员会、村民委员会、社会工作服务机构、救助管理机构、福利机构及其工作人员未依照本法第十四条规定向公安机关报案,造成严重后果的,由上级主管部门或者本单位对直接负责的主管人员和其他直接责任人员依法给予处分。

第三十六条　负有反家庭暴力职责的国家工作人员玩忽职守、滥用职权、徇私舞弊的,依法给予处分;构成犯罪的,依法追究刑事责任。

第六章　附　则

第三十七条　家庭成员以外共同生活的人之间实施的暴力行为,参照本法规定执行。

第三十八条　本法自 2016 年 3 月 1 日起施行。

中华人民共和国妇女权益保障法

· 1992 年 4 月 3 日第七届全国人民代表大会第五次会议通过
· 根据 2005 年 8 月 28 日第十届全国人民代表大会常务委员会第十七次会议《关于修改〈中华人民共和国妇女权益保障法〉的决定》第一次修正
· 根据 2018 年 10 月 26 日第十三届全国人民代表大会常务委员会第六次会议《关于修改〈中华人民共和国野生动物保护法〉等十五部法律的决定》第二次修正
· 2022 年 10 月 30 日第十三届全国人民代表大会常务委员会第三十七次会议修订
· 2022 年 10 月 30 日中华人民共和国主席令第 122 号公布
· 自 2023 年 1 月 1 日起施行

第一章　总　则

第一条　为了保障妇女的合法权益,促进男女平等和妇女全面发展,充分发挥妇女在全面建设社会主义现代化国家中的作用,弘扬社会主义核心价值观,根据宪法,制定本法。

第二条　男女平等是国家的基本国策。妇女在政治的、经济的、文化的、社会的和家庭的生活等各方面享有同男子平等的权利。

国家采取必要措施,促进男女平等,消除对妇女一切形式的歧视,禁止排斥、限制妇女依法享有和行使各项权益。

国家保护妇女依法享有的特殊权益。

第三条　坚持中国共产党对妇女权益保障工作的领导,建立政府主导、各方协同、社会参与的保障妇女权益工作机制。

各级人民政府应当重视和加强妇女权益的保障工作。

县级以上人民政府负责妇女儿童工作的机构,负责组织、协调、指导、督促有关部门做好妇女权益的保障工作。

县级以上人民政府有关部门在各自的职责范围内做好妇女权益的保障工作。

第四条　保障妇女的合法权益是全社会的共同责任。国家机关、社会团体、企业事业单位、基层群众性自治组织以及其他组织和个人,应当依法保障妇女的权益。

国家采取有效措施,为妇女依法行使权利提供必要的条件。

第五条　国务院制定和组织实施中国妇女发展纲要,将其纳入国民经济和社会发展规划,保障和促进妇女在各领域的全面发展。

县级以上地方各级人民政府根据中国妇女发展纲要,制定和组织实施本行政区域的妇女发展规划,将其纳入国民经济和社会发展规划。

县级以上人民政府应当将妇女权益保障所需经费列入本级预算。

第六条 中华全国妇女联合会和地方各级妇女联合会依照法律和中华全国妇女联合会章程,代表和维护各族各界妇女的利益,做好维护妇女权益、促进男女平等和妇女全面发展的工作。

工会、共产主义青年团、残疾人联合会等群团组织应当在各自的工作范围内,做好维护妇女权益的工作。

第七条 国家鼓励妇女自尊、自信、自立、自强,运用法律维护自身合法权益。

妇女应当遵守国家法律,尊重社会公德、职业道德和家庭美德,履行法律所规定的义务。

第八条 有关机关制定或者修改涉及妇女权益的法律、法规、规章和其他规范性文件,应当听取妇女联合会的意见,充分考虑妇女的特殊权益,必要时开展男女平等评估。

第九条 国家建立健全妇女发展状况统计调查制度,完善性别统计监测指标体系,定期开展妇女发展状况和权益保障统计调查和分析,发布有关信息。

第十条 国家将男女平等基本国策纳入国民教育体系,开展宣传教育,增强全社会的男女平等意识,培育尊重和关爱妇女的社会风尚。

第十一条 国家对保障妇女合法权益成绩显著的组织和个人,按照有关规定给予表彰和奖励。

第二章 政治权利

第十二条 国家保障妇女享有与男子平等的政治权利。

第十三条 妇女有权通过各种途径和形式,依法参与管理国家事务、管理经济和文化事业、管理社会事务。

妇女和妇女组织有权向各级国家机关提出妇女权益保障方面的意见和建议。

第十四条 妇女享有与男子平等的选举权和被选举权。

全国人民代表大会和地方各级人民代表大会的代表中,应当保证有适当数量的妇女代表。国家采取措施,逐步提高全国人民代表大会和地方各级人民代表大会的妇女代表的比例。

居民委员会、村民委员会成员中,应当保证有适当数量的妇女成员。

第十五条 国家积极培养和选拔女干部,重视培养和选拔少数民族女干部。

国家机关、群团组织、企业事业单位培养、选拔和任用干部,应当坚持男女平等的原则,并有适当数量的妇女担任领导成员。

妇女联合会及其团体会员,可以向国家机关、群团组织、企业事业单位推荐女干部。

国家采取措施支持女性人才成长。

第十六条 妇女联合会代表妇女积极参与国家和社会事务的民主协商、民主决策、民主管理和民主监督。

第十七条 对于有关妇女权益保障工作的批评或者合理可行的建议,有关部门应当听取和采纳;对于有关侵害妇女权益的申诉、控告和检举,有关部门应当查清事实,负责处理,任何组织和个人不得压制或者打击报复。

第三章 人身和人格权益

第十八条 国家保障妇女享有与男子平等的人身和人格权益。

第十九条 妇女的人身自由不受侵犯。禁止非法拘禁和以其他非法手段剥夺或者限制妇女的人身自由;禁止非法搜查妇女的身体。

第二十条 妇女的人格尊严不受侵犯。禁止用侮辱、诽谤等方式损害妇女的人格尊严。

第二十一条 妇女的生命权、身体权、健康权不受侵犯。禁止虐待、遗弃、残害、买卖以及其他侵害女性生命健康权益的行为。

禁止进行非医学需要的胎儿性别鉴定和选择性别的人工终止妊娠。

医疗机构施行生育手术、特殊检查或者特殊治疗时,应当征得妇女本人同意;在妇女与其家属或者关系人意见不一致时,应当尊重妇女本人意愿。

第二十二条 禁止拐卖、绑架妇女;禁止收买被拐卖、绑架的妇女;禁止阻碍解救被拐卖、绑架的妇女。

各级人民政府和公安、民政、人力资源和社会保障、卫生健康等部门及村民委员会、居民委员会按照各自的职责及时发现报告,并采取措施解救被拐卖、绑架的妇女,做好被解救妇女的安置、救助和关爱等工作。妇女联合会协助和配合做好有关工作。任何组织和个人不得歧视被拐卖、绑架的妇女。

第二十三条 禁止违背妇女意愿,以言语、文字、图像、肢体行为等方式对其实施性骚扰。

受害妇女可以向有关单位和国家机关投诉。接到投诉的有关单位和国家机关应当及时处理,并书面告知处理结果。

受害妇女可以向公安机关报案，也可以向人民法院提起民事诉讼，依法请求行为人承担民事责任。

第二十四条 学校应当根据女学生的年龄阶段，进行生理卫生、心理健康和自我保护教育，在教育、管理、设施等方面采取措施，提高其防范性侵害、性骚扰与自我保护意识和能力，保障女学生的人身安全和身心健康发展。

学校应当建立有效预防和科学处置性侵害、性骚扰的工作制度。对性侵害、性骚扰女学生的违法犯罪行为，学校不得隐瞒，应当及时通知受害未成年女学生的父母或者其他监护人，向公安机关、教育行政部门报告，并配合相关部门依法处理。

对遭受性侵害、性骚扰的女学生，学校、公安机关、教育行政部门等相关单位和人员应当保护其隐私和个人信息，并提供必要的保护措施。

第二十五条 用人单位应当采取下列措施预防和制止对妇女的性骚扰：

（一）制定禁止性骚扰的规章制度；

（二）明确负责机构或者人员；

（三）开展预防和制止性骚扰的教育培训活动；

（四）采取必要的安全保卫措施；

（五）设置投诉电话、信箱等，畅通投诉渠道；

（六）建立和完善调查处置程序，及时处置纠纷并保护当事人隐私和个人信息；

（七）支持、协助受害妇女依法维权，必要时为受害妇女提供心理疏导；

（八）其他合理的预防和制止性骚扰措施。

第二十六条 住宿经营者应当及时准确登记住宿人员信息，健全住宿服务规章制度，加强安全保卫措施；发现可能侵害妇女权益的违法犯罪行为，应当及时向公安机关报告。

第二十七条 禁止卖淫、嫖娼；禁止组织、强迫、引诱、容留、介绍妇女卖淫或者对妇女进行猥亵活动；禁止组织、强迫、引诱、容留、介绍妇女在任何场所或者利用网络进行淫秽表演活动。

第二十八条 妇女的姓名权、肖像权、名誉权、荣誉权、隐私权和个人信息等人格权益受法律保护。

媒体报道涉及妇女事件应当客观、适度，不得通过夸大事实、过度渲染等方式侵害妇女的人格权益。

禁止通过大众传播媒介或者其他方式贬低损害妇女人格。未经本人同意，不得通过广告、商标、展览橱窗、报纸、期刊、图书、音像制品、电子出版物、网络等形式使用妇女肖像，但法律另有规定的除外。

第二十九条 禁止以恋爱、交友为由或者在终止恋爱关系、离婚之后，纠缠、骚扰妇女，泄露、传播妇女隐私和个人信息。

妇女遭受上述侵害或者面临上述侵害现实危险的，可以向人民法院申请人身安全保护令。

第三十条 国家建立健全妇女健康服务体系，保障妇女享有基本医疗卫生服务，开展妇女常见病、多发病的预防、筛查和诊疗，提高妇女健康水平。

国家采取必要措施，开展经期、孕期、产期、哺乳期和更年期的健康知识普及、卫生保健和疾病防治，保障妇女特殊生理时期的健康需求，为有需要的妇女提供心理健康服务支持。

第三十一条 县级以上地方人民政府应当设立妇幼保健机构，为妇女提供保健以及常见病防治服务。

国家鼓励和支持社会力量通过依法捐赠、资助或者提供志愿服务等方式，参与妇女卫生健康事业，提供安全的生理健康用品或者服务，满足妇女多样化、差异化的健康需求。

用人单位应当定期为女职工安排妇科疾病、乳腺疾病检查以及妇女特殊需要的其他健康检查。

第三十二条 妇女依法享有生育子女的权利，也有不生育子女的自由。

第三十三条 国家实行婚前、孕前、孕产期和产后保健制度，逐步建立妇女全生育周期系统保健制度。医疗保健机构应当提供安全、有效的医疗保健服务，保障妇女生育安全和健康。

有关部门应当提供安全、有效的避孕药具和技术，保障妇女的健康和安全。

第三十四条 各级人民政府在规划、建设基础设施时，应当考虑妇女的特殊需求，配备满足妇女需要的公共厕所和母婴室等公共设施。

第四章 文化教育权益

第三十五条 国家保障妇女享有与男子平等的文化教育权利。

第三十六条 父母或者其他监护人应当履行保障适龄女性未成年人接受并完成义务教育的义务。

对无正当理由不送适龄女性未成年人入学的父母或者其他监护人，由当地乡镇人民政府或者县级人民政府教育行政部门给予批评教育，依法责令其限期改正。居民委员会、村民委员会应当协助政府做好相关工作。

政府、学校应当采取有效措施，解决适龄女性未成年人就学存在的实际困难,并创造条件,保证适龄女性未成年人完成义务教育。

第三十七条　学校和有关部门应当执行国家有关规定,保障妇女在入学、升学、授予学位、派出留学、就业指导和服务等方面享有与男子平等的权利。

学校在录取学生时,除国家规定的特殊专业外,不得以性别为由拒绝录取女性或者提高对女性的录取标准。

各级人民政府应当采取措施,保障女性平等享有接受中高等教育的权利和机会。

第三十八条　各级人民政府应当依照规定把扫除妇女中的文盲、半文盲工作,纳入扫盲和扫盲后继续教育规划,采取符合妇女特点的组织形式和工作方法,组织、监督有关部门具体实施。

第三十九条　国家健全全民终身学习体系,为妇女终身学习创造条件。

各级人民政府和有关部门应当采取措施,根据城镇和农村妇女的需要,组织妇女接受职业教育和实用技术培训。

第四十条　国家机关、社会团体和企业事业单位应当执行国家有关规定,保障妇女从事科学、技术、文学、艺术和其他文化活动,享有与男子平等的权利。

第五章　劳动和社会保障权益

第四十一条　国家保障妇女享有与男子平等的劳动权利和社会保障权利。

第四十二条　各级人民政府和有关部门应当完善就业保障政策措施,防止和纠正就业性别歧视,为妇女创造公平的就业创业环境,为就业困难的妇女提供必要的扶持和援助。

第四十三条　用人单位在招录(聘)过程中,除国家另有规定外,不得实施下列行为:

(一)限定为男性或者规定男性优先;

(二)除个人基本信息外,进一步询问或者调查女性求职者的婚育情况;

(三)将妊娠测试作为入职体检项目;

(四)将限制结婚、生育或者婚姻、生育状况作为录(聘)用条件;

(五)其他以性别为由拒绝录(聘)用妇女或者差别化地提高对妇女录(聘)用标准的行为。

第四十四条　用人单位在录(聘)用女职工时,应当依法与其签订劳动(聘用)合同或者服务协议,劳动(聘用)合同或者服务协议中应当具备女职工特殊保护条款,并不得规定限制女职工结婚、生育等内容。

职工一方与用人单位订立的集体合同中应当包含男女平等和女职工权益保护相关内容,也可以就相关内容制定专章、附件或者单独订立女职工权益保护专项集体合同。

第四十五条　实行男女同工同酬。妇女在享受福利待遇方面享有与男子平等的权利。

第四十六条　在晋职、晋级、评聘专业技术职称和职务、培训等方面,应当坚持男女平等的原则,不得歧视妇女。

第四十七条　用人单位应当根据妇女的特点,依法保护妇女在工作和劳动时的安全、健康以及休息的权利。

妇女在经期、孕期、产期、哺乳期受特殊保护。

第四十八条　用人单位不得因结婚、怀孕、产假、哺乳等情形,降低女职工的工资和福利待遇,限制女职工晋职、晋级、评聘专业技术职称和职务,辞退女职工,单方解除劳动(聘用)合同或者服务协议。

女职工在怀孕以及依法享受产假期间,劳动(聘用)合同或者服务协议期满的,劳动(聘用)合同或者服务协议期限自动延续至产假结束。但是,用人单位依法解除、终止劳动(聘用)合同、服务协议,或者女职工依法要求解除、终止劳动(聘用)合同、服务协议的除外。

用人单位在执行国家退休制度时,不得以性别为由歧视妇女。

第四十九条　人力资源和社会保障部门应当将招聘、录取、晋职、晋级、评聘专业技术职称和职务、培训、辞退等过程中的性别歧视行为纳入劳动保障监察范围。

第五十条　国家发展社会保障事业,保障妇女享有社会保险、社会救助和社会福利等权益。

国家提倡和鼓励为帮助妇女而开展的社会公益活动。

第五十一条　国家实行生育保险制度,建立健全婴幼儿托育服务等与生育相关的其他保障制度。

国家建立健全职工生育休假制度,保障孕产期女职工依法享有休息休假权益。

地方各级人民政府和有关部门应当按照国家有关规定,为符合条件的困难妇女提供必要的生育救助。

第五十二条　各级人民政府和有关部门应当采取必要措施,加强贫困妇女、老龄妇女、残疾妇女等困难妇女的权益保障,按照有关规定为其提供生活帮扶、就业创业支持等关爱服务。

第六章　财产权益

第五十三条　国家保障妇女享有与男子平等的财产

权利。

第五十四条　在夫妻共同财产、家庭共有财产关系中,不得侵害妇女依法享有的权益。

第五十五条　妇女在农村集体经济组织成员身份确认、土地承包经营、集体经济组织收益分配、土地征收补偿安置或者征用补偿以及宅基地使用等方面,享有与男子平等的权利。

申请农村土地承包经营权、宅基地使用权等不动产登记,应当在不动产登记簿和权属证书上将享有权利的妇女等家庭成员全部列明。征收补偿安置或者征用补偿协议应当将享有相关权益的妇女列入,并记载权益内容。

第五十六条　村民自治章程、村规民约、村民会议、村民代表会议的决定以及其他涉及村民利益事项的决定,不得以妇女未婚、结婚、离婚、丧偶、户无男性等为由,侵害妇女在农村集体经济组织中的各项权益。

因结婚男方到女方住所落户的,男方和子女享有与所在地农村集体经济组织成员平等的权益。

第五十七条　国家保护妇女在城镇集体所有财产关系中的权益。妇女依照法律、法规的规定享有相关权益。

第五十八条　妇女享有与男子平等的继承权。妇女依法行使继承权,不受歧视。

丧偶妇女有权依法处分继承的财产,任何组织和个人不得干涉。

第五十九条　丧偶儿媳对公婆尽了主要赡养义务的,作为第一顺序继承人,其继承权不受子女代位继承的影响。

第七章　婚姻家庭权益

第六十条　国家保障妇女享有与男子平等的婚姻家庭权利。

第六十一条　国家保护妇女的婚姻自主权。禁止干涉妇女的结婚、离婚自由。

第六十二条　国家鼓励男女双方在结婚登记前,共同进行医学检查或者相关健康体检。

第六十三条　婚姻登记机关应当提供婚姻家庭辅导服务,引导当事人建立平等、和睦、文明的婚姻家庭关系。

第六十四条　女方在怀孕期间、分娩后一年内或者终止妊娠后六个月内,男方不得提出离婚;但是,女方提出离婚或者人民法院认为确有必要受理男方离婚请求的除外。

第六十五条　禁止对妇女实施家庭暴力。

县级以上人民政府有关部门、司法机关、社会团体、企业事业单位、基层群众性自治组织以及其他组织,应当在各自的职责范围内预防和制止家庭暴力,依法为受害妇女提供救助。

第六十六条　妇女对夫妻共同财产享有与其配偶平等的占有、使用、收益和处分的权利,不受双方收入状况等情形的影响。

对夫妻共同所有的不动产以及可以联名登记的动产,女方有权要求在权属证书上记载其姓名;认为记载的权利人、标的物、权利比例等事项有错误的,有权依法申请更正登记或者异议登记,有关机构应当按照其申请依法办理相应登记手续。

第六十七条　离婚诉讼期间,夫妻一方申请查询登记在对方名下财产状况且确因客观原因不能自行收集的,人民法院应当进行调查取证,有关部门和单位应当予以协助。

离婚诉讼期间,夫妻双方均有向人民法院申报全部夫妻共同财产的义务。一方隐藏、转移、变卖、损毁、挥霍夫妻共同财产,或者伪造夫妻共同债务企图侵占另一方财产的,在离婚分割夫妻共同财产时,对该方可以少分或者不分财产。

第六十八条　夫妻双方应当共同负担家庭义务,共同照顾家庭生活。

女方因抚育子女、照料老人、协助男方工作等负担较多义务的,有权在离婚时要求男方予以补偿。补偿办法由双方协议确定;协议不成的,可以向人民法院提起诉讼。

第六十九条　离婚时,分割夫妻共有的房屋或者处理夫妻共同租住的房屋,由双方协议解决;协议不成的,可以向人民法院提起诉讼。

第七十条　父母双方对未成年子女享有平等的监护权。

父亲死亡、无监护能力或者有其他情形不能担任未成年子女的监护人的,母亲的监护权任何组织和个人不得干涉。

第七十一条　女方丧失生育能力的,在离婚处理子女抚养问题时,应当在最有利于未成年子女的条件下,优先考虑女方的抚养要求。

第八章　救济措施

第七十二条　对侵害妇女合法权益的行为,任何组织和个人都有权予以劝阻、制止或者向有关部门提出控告或者检举。有关部门接到控告或者检举后,应当依法及时处理,并为控告人、检举人保密。

妇女的合法权益受到侵害的,有权要求有关部门依法处理,或者依法申请调解、仲裁,或者向人民法院起诉。

对符合条件的妇女,当地法律援助机构或者司法机关应当给予帮助,依法为其提供法律援助或者司法救助。

第七十三条　妇女的合法权益受到侵害的,可以向妇女联合会等妇女组织求助。妇女联合会等妇女组织应当维护被侵害妇女的合法权益,有权要求并协助有关部门或者单位查处。有关部门或者单位应当依法查处,并予以答复;不予处理或者处理不当的,县级以上人民政府负责妇女儿童工作的机构、妇女联合会可以向其提出督促处理意见,必要时可以提请同级人民政府开展督查。

受害妇女进行诉讼需要帮助的,妇女联合会应当给予支持和帮助。

第七十四条　用人单位侵害妇女劳动和社会保障权益的,人力资源和社会保障部门可以联合工会、妇女联合会约谈用人单位,依法进行监督并要求其限期纠正。

第七十五条　妇女在农村集体经济组织成员身份确认等方面权益受到侵害的,可以申请乡镇人民政府等进行协调,或者向人民法院起诉。

乡镇人民政府应当对村民自治章程、村规民约,村民会议、村民代表会议的决定以及其他涉及村民利益事项的决定进行指导,对其中违反法律、法规和国家政策规定,侵害妇女合法权益的内容责令改正;受侵害妇女向农村土地承包仲裁机构申请仲裁或者向人民法院起诉的,农村土地承包仲裁机构或者人民法院应当依法受理。

第七十六条　县级以上人民政府应当开通全国统一的妇女权益保护服务热线,及时受理、移送有关侵害妇女合法权益的投诉、举报;有关部门或者单位接到投诉、举报后,应当及时予以处置。

鼓励和支持群团组织、企业事业单位、社会组织和个人参与建设妇女权益保护服务热线,提供妇女权益保护方面的咨询、帮助。

第七十七条　侵害妇女合法权益,导致社会公共利益受损的,检察机关可以发出检察建议;有下列情形之一的,检察机关可以依法提起公益诉讼:

(一)确认农村妇女集体经济组织成员身份时侵害妇女权益或者侵害妇女享有的农村土地承包和集体收益、土地征收征用补偿分配权益和宅基地使用权益;

(二)侵害妇女平等就业权益;

(三)相关单位未采取合理措施预防和制止性骚扰;

(四)通过大众传播媒介或者其他方式贬低损害妇女人格;

(五)其他严重侵害妇女权益的情形。

第七十八条　国家机关、社会团体、企业事业单位对侵害妇女权益的行为,可以支持受侵害的妇女向人民法院起诉。

第九章　法律责任

第七十九条　违反本法第二十二条第二款规定,未履行报告义务的,依法对直接负责的主管人员和其他直接责任人员给予处分。

第八十条　违反本法规定,对妇女实施性骚扰的,由公安机关给予批评教育或者出具告诫书,并由所在单位依法给予处分。

学校、用人单位违反本法规定,未采取必要措施预防和制止性骚扰,造成妇女权益受到侵害或者社会影响恶劣的,由上级机关或者主管部门责令改正;拒不改正或者情节严重的,依法对直接负责的主管人员和其他直接责任人员给予处分。

第八十一条　违反本法第二十六条规定,未履行报告等义务的,依法给予警告、责令停业整顿或者吊销营业执照、吊销相关许可证,并处一万元以上五万元以下罚款。

第八十二条　违反本法规定,通过大众传播媒介或者其他方式贬低损害妇女人格的,由公安、网信、文化旅游、广播电视、新闻出版或者其他有关部门依据各自的职权责令改正,并依法给予行政处罚。

第八十三条　用人单位违反本法第四十三条和第四十八条规定的,由人力资源和社会保障部门责令改正;拒不改正或者情节严重的,处一万元以上五万元以下罚款。

第八十四条　违反本法规定,对侵害妇女权益的申诉、控告、检举,推诿、拖延、压制不予查处,或者对提出申诉、控告、检举的人进行打击报复的,依法责令改正,并对直接负责的主管人员和其他直接责任人员给予处分。

国家机关及其工作人员未依法履行职责,对侵害妇女权益的行为未及时制止或者未给予受害妇女必要帮助,造成严重后果的,依法对直接负责的主管人员和其他直接责任人员给予处分。

违反本法规定,侵害妇女人身和人格权益、文化教育权益、劳动和社会保障权益、财产权益以及婚姻家庭权益的,依法责令改正,直接负责的主管人员和其他直接责任人员属于国家工作人员的,依法给予处分。

第八十五条　违反本法规定,侵害妇女的合法权益,其他法律、法规规定行政处罚的,从其规定;造成财产损失或者人身损害的,依法承担民事责任;构成犯罪的,依法追究刑事责任。

第十章　附　则

第八十六条　本法自 2023 年 1 月 1 日起施行。

民政部、全国妇联关于做好家庭暴力受害人庇护救助工作的指导意见

· 2015 年 9 月 24 日
· 民发〔2015〕189 号

各省、自治区、直辖市民政厅（局）、妇联，新疆生产建设兵团民政局、妇联：

为加大反对家庭暴力工作力度，依法保护家庭暴力受害人，特别是遭受家庭暴力侵害的妇女、未成年人、老年人等弱势群体的人身安全和其他合法权益，根据《中华人民共和国妇女权益保障法》、《中华人民共和国未成年人保护法》、《中华人民共和国老年人权益保障法》、《社会救助暂行办法》等有关规定，现就民政部门和妇联组织做好家庭暴力受害人（以下简称受害人）庇护救助工作提出以下指导意见：

一、工作对象

家庭暴力受害人庇护救助工作对象是指常住人口及流动人口中，因遭受家庭暴力导致人身安全受到威胁，处于无处居住等暂时生活困境，需要进行庇护救助的未成年人和寻求庇护救助的成年受害人。寻求庇护救助的妇女可携带需要其照料的未成年子女同时申请庇护。

二、工作原则

（一）未成年人特殊、优先保护原则。为遭受家庭暴力侵害的未成年人提供特殊、优先保护，积极主动庇护救助未成年受害人。依法干预处置监护人侵害未成年人合法权益的行为，切实保护未成年人合法权益。

（二）依法庇护原则。依法为受害人提供临时庇护救助服务，充分尊重受害人合理意愿，严格保护其个人隐私。积极运用家庭暴力告诫书、人身安全保护裁定、调解诉讼等法治手段，保障受害人人身安全，维护其合法权益。

（三）专业化帮扶原则。积极购买社会工作、心理咨询等专业服务，鼓励受害人自主接受救助方案和帮扶方式，协助家庭暴力受害人克服心理阴影和行为障碍，协调解决婚姻、生活、学习、工作等方面的实际困难，帮助其顺利返回家庭、融入社会。

（四）社会共同参与原则。在充分发挥民政部门和妇联组织职能职责和工作优势的基础上，动员引导多方面社会力量参与受害人庇护救助服务和反对家庭暴力宣传等工作，形成多方参与、优势互补、共同协作的工作合力。

三、工作内容

（一）及时受理求助。妇联组织要及时接待受害人求助请求或相关人员的举报投诉，根据调查了解的情况向公安机关报告，请公安机关对家庭暴力行为进行调查处置。妇联组织、民政部门发现未成年人遭受虐待、暴力伤害等家庭暴力情形的，应当及时报请公安机关进行调查处置和干预保护。民政部门及救助管理机构应当及时接收公安机关、妇联等有关部门护送或主动寻求庇护救助的受害人，办理入站登记手续，根据性别、年龄实行分类分区救助，妥善安排食宿等临时救助服务并做好隐私保护工作。救助管理机构庇护救助成年受害人期限一般不超过 10 天，因特殊情况需要延长的，报主管民政部门备案。城乡社区服务机构可以为社区内遭受家庭暴力的居民提供应急庇护救助服务。

（二）按需提供转介服务。民政部门及救助管理机构和妇联组织可以通过与社会工作服务机构、心理咨询机构等专业力量合作方式对受害人进行安全评估和需求评估，根据受害人的身心状况和客观需求制定个案服务方案。要积极协调人民法院、司法行政、人力资源社会保障、卫生等部门、社会救助经办机构、医院和社会组织，为符合条件的受害人提供司法救助、法律援助、婚姻家庭纠纷调解、就业援助、医疗救助、心理康复等转介服务。对于实施家庭暴力的未成年人监护人，应通过家庭教育指导、监护监督等多种方式，督促监护人改善监护方式，提升监护能力；对于目睹家庭暴力的未成年人，要提供心理辅导和关爱服务。

（三）加强受害人人身安全保护。民政部门及救助管理机构或妇联组织可以根据需要协助受害人或代表未成年受害人向人民法院申请人身安全保护裁定，依法保护受害人的人身安全，避免其再次受到家庭暴力的侵害。成年受害人在庇护期间自愿离开救助管理机构的，应提出书面申请，说明离开原因，可自行离开、由受害人亲友接回或由当地村（居）民委员会、基层妇联组织护送回家。其他监护人、近亲属前来接领未成年受害人的，经公安机关或村（居）民委员会确认其身份后，救助管理机构可以将未成年受害人交由其照料，并与其办理书面交接手续。

（四）强化未成年受害人救助保护。民政部门和救

助管理机构要按照《最高人民法院最高人民检察院公安部民政部关于依法处理监护人侵害未成年人权益行为若干问题的意见》(法发〔2014〕24号)要求,做好未成年受害人临时监护、调查评估、多方会商等工作。救助管理机构要将遭受家庭暴力侵害的未成年受害人安排在专门区域进行救助保护。对于年幼的未成年受害人,要安排专业社会工作者或专人予以陪护和精心照料,待其情绪稳定后可根据需要安排到爱心家庭寄养。未成年受害人接受司法机关调查时,民政部门或救助管理机构要安排专职社会工作者或专人予以陪伴,必要时请妇联组织派员参加,避免其受到"二次伤害"。对于遭受严重家庭暴力侵害的未成年人,民政部门或救助管理机构、妇联组织可以向人民法院提出申请,要求撤销施暴人监护资格,依法另行指定监护人。

四、工作要求

(一)健全工作机制。民政部门和妇联组织要建立有效的信息沟通渠道,建立健全定期会商、联合作业、协同帮扶等联动协作机制,细化具体任务职责和合作流程,共同做好受害人的庇护救助和权益维护工作。民政部门及救助管理机构要为妇联组织、司法机关开展受害人维权服务、司法调查等工作提供设施场所、业务协作等便利。妇联组织要依法为受害人提供维权服务。

(二)加强能力建设。民政部门及救助管理机构和妇联组织要选派政治素质高、业务能力强的工作人员参与受害人庇护救助工作,加强对工作人员的业务指导和能力培训。救助管理机构应开辟专门服务区域设立家庭暴力庇护场所,实现与流浪乞讨人员救助服务区域的相对隔离,有条件的地方可充分利用现有设施设置生活居室、社会工作室、心理访谈室、探访会客室等,设施陈列和环境布置要温馨舒适。救助管理机构要加强家庭暴力庇护工作的管理服务制度建设,建立健全来访会谈、出入登记、隐私保护、信息查阅等制度。妇联组织要加强"12338"法律维权热线和维权队伍建设,为受害人主动求助、法律咨询和依法维权提供便利渠道和服务。

(三)动员社会参与。民政部门和救助管理机构可以通过购买服务、项目合作、志愿服务等多种方式,鼓励支持社会组织、社会工作服务机构、法律服务机构参与家庭暴力受害人庇护救助服务,提供法律政策咨询、心理疏导、婚姻家庭纠纷调解、家庭关系辅导、法律援助等服务,并加强对社会力量的统筹协调。妇联组织可以发挥政治优势、组织优势和群众工作优势,动员引导爱心企业、爱心家庭和志愿者等社会力量通过慈善捐赠、志愿服务等

方式参与家庭暴力受害人庇护救助服务。

(四)强化宣传引导。各级妇联组织和民政部门要积极调动舆论资源,主动借助新兴媒体,切实运用各类传播阵地,公布家庭暴力救助维权热线电话,开设反对家庭暴力专题栏目,传播介绍反对家庭暴力的法律法规;加强依法处理家庭暴力典型事例(案例)的法律解读、政策释义和宣传报道,引导受害人及时保存证据,依法维护自身合法权益;城乡社区服务机构要积极开展反对家庭暴力宣传,提高社区居民参与反对家庭暴力工作的意识,鼓励社区居民主动发现和报告监护人虐待未成年人等家庭暴力线索。

国务院办公厅关于健全重特大疾病医疗保险和救助制度的意见

· 2021年10月28日
· 国办发〔2021〕42号

各省、自治区、直辖市人民政府,国务院各部委、各直属机构:

做好重特大疾病医疗保障,是进一步减轻困难群众和大病患者医疗费用负担、防范因病致贫返贫、筑牢民生保障底线的重要举措。为深入贯彻党中央、国务院关于深化医疗保障制度改革和完善社会救助制度的决策部署,巩固拓展医疗保障脱贫攻坚成果,不断增强人民群众获得感、幸福感、安全感,经国务院同意,现就健全重特大疾病医疗保险和救助制度提出以下意见。

一、总体要求

以习近平新时代中国特色社会主义思想为指导,全面贯彻党的十九大和十九届二中、三中、四中、五中全会精神,坚持以人民为中心,坚持共同富裕方向,坚持应保尽保、保障基本,尽力而为、量力而行,推动民生改善更可持续。聚焦减轻困难群众重特大疾病医疗费用负担,建立健全防范和化解因病致贫返贫长效机制,强化基本医保、大病保险、医疗救助(以下统称三重制度)综合保障,实事求是确定困难群众医疗保障待遇标准,确保困难群众基本医疗有保障,不因罹患重特大疾病影响基本生活,同时避免过度保障。促进三重制度综合保障与慈善救助、商业健康保险等协同发展、有效衔接,构建政府主导、多方参与的多层次医疗保障体系。

二、科学确定医疗救助对象范围

(一)及时精准确定救助对象。医疗救助公平覆盖医疗费用负担较重的困难职工和城乡居民,根据救助对

象类别实施分类救助。对低保对象、特困人员、低保边缘家庭成员和纳入监测范围的农村易返贫致贫人口，按规定给予救助。对不符合低保、特困人员救助供养或低保边缘家庭条件，但因高额医疗费用支出导致家庭基本生活出现严重困难的大病患者（以下称因病致贫重病患者），根据实际给予一定救助。综合考虑家庭经济状况、医疗费用支出、医疗保险支付等情况，由省（自治区、直辖市）民政部门会同医疗保障等相关部门合理确定因病致贫重病患者认定条件。县级以上地方人民政府规定的其他特殊困难人员，按上述救助对象类别给予相应救助。

三、强化三重制度综合保障

（二）确保困难群众应保尽保。困难群众依法参加基本医保，按规定享有三重制度保障权益。全面落实城乡居民基本医保参保财政补助政策，对个人缴费确有困难的群众给予分类资助。全额资助特困人员，定额资助低保对象、返贫致贫人口。定额资助标准由省级人民政府根据实际确定。适应人口流动和参保需求变化，灵活调整救助对象参保缴费方式，确保其及时参保、应保尽保。

（三）促进三重制度互补衔接。发挥基本医保主体保障功能，严格执行基本医保支付范围和标准，实施公平适度保障；增强大病保险减负功能，探索完善大病保险对低保对象、特困人员和返贫致贫人口的倾斜支付政策，发挥补充保障作用；夯实医疗救助托底保障功能，按照"先保险后救助"的原则，对基本医保、大病保险等支付后个人医疗费用负担仍然较重的救助对象按规定实施救助，合力防范因病致贫返贫风险。完善农村易返贫致贫人口医保帮扶措施，推动实现巩固拓展医疗保障脱贫攻坚成果同乡村振兴有效衔接。

四、夯实医疗救助托底保障

（四）明确救助费用保障范围。坚持保基本，妥善解决救助对象政策范围内基本医疗需求。救助费用主要覆盖救助对象在定点医药机构发生的住院费用、因慢性病需长期服药或患重特大疾病需长期门诊治疗的费用。由医疗救助基金支付的药品、医用耗材、诊疗项目原则上应符合国家有关基本医保支付范围的规定。基本医保、大病保险起付线以下的政策范围内个人自付费用，按规定纳入救助保障。除国家另有明确规定外，各统筹地区不得自行制定或用变通的方法擅自扩大医疗救助费用保障范围。

（五）合理确定基本救助水平。按救助对象家庭困难情况，分类设定年度救助起付标准（以下简称起付标准）。对低保对象、特困人员原则上取消起付标准，暂不具备条件的地区，其起付标准不得高于所在统筹地区上年居民人均可支配收入的5%，并逐步探索取消起付标准。低保边缘家庭成员起付标准按所在统筹地区上年居民人均可支配收入的10%左右确定，因病致贫重病患者按25%左右确定。对低保对象、特困人员符合规定的医疗费用可按不低于70%的比例救助，其他救助对象救助比例原则上略低于低保对象。具体救助比例的确定要适宜适度，防止泛福利化倾向。各统筹地区要根据经济社会发展水平、人民健康需求、医疗救助基金支撑能力，合理设定医疗救助年度救助限额。农村易返贫致贫人口救助水平，按巩固拓展医疗保障脱贫攻坚成果有效衔接乡村振兴战略有关政策规定执行。

（六）统筹完善托底保障措施。加强门诊慢性病、特殊疾病救助保障，门诊和住院救助共用年度救助限额，统筹资金使用，着力减轻救助对象门诊慢性病、特殊疾病医疗费用负担。对规范转诊且在省域内就医的救助对象，经三重制度综合保障后政策范围内个人负担仍然较重的，给予倾斜救助，具体救助标准由统筹地区人民政府根据医疗救助基金筹资情况科学确定，避免过度保障。通过明确诊疗方案、规范诊疗等措施降低医疗成本，合理控制困难群众政策范围内自付费用比例。

五、建立健全防范和化解因病致贫返贫长效机制

（七）强化高额医疗费用支出预警监测。实施医疗救助对象信息动态管理。分类健全因病致贫和因病返贫双预警机制，结合实际合理确定监测标准。重点监测经基本医保、大病保险等支付后个人年度医疗费用负担仍然较重的低保边缘家庭成员和农村易返贫致贫人口，做到及时预警。加强部门间信息共享和核查比对，协同做好风险研判和处置。加强对监测人群的动态管理，符合条件的及时纳入救助范围。

（八）依申请落实综合保障政策。全面建立依申请救助机制，畅通低保边缘家庭成员和农村易返贫致贫人口、因病致贫重病患者医疗救助申请渠道，增强救助时效性。已认定为低保对象、特困人员的，直接获得医疗救助。强化医疗救助、临时救助、慈善救助等综合性保障措施，精准实施分层分类帮扶。综合救助水平要根据家庭经济状况、个人实际费用负担情况合理确定。

六、积极引导慈善等社会力量参与救助保障

（九）发展壮大慈善救助。鼓励慈善组织和其他社会组织设立大病救助项目，发挥补充救助作用。促进互联网公开募捐信息平台发展和平台间慈善资源共享，规

范互联网个人大病求助平台信息发布,推行阳光救助。支持医疗救助领域社会工作服务和志愿服务发展,丰富救助服务内容。根据经济社会发展水平和各方承受能力,探索建立罕见病用药保障机制,整合医疗保障、社会救助、慈善帮扶等资源,实施综合保障。建立慈善参与激励机制,落实相应税收优惠、费用减免等政策。

(十)鼓励医疗互助和商业健康保险发展。支持开展职工医疗互助,规范互联网平台互助,加强风险管控,引导医疗互助健康发展。支持商业健康保险发展,满足基本医疗保障以外的保障需求。鼓励商业保险机构加强产品创新,在产品定价、赔付条件、保障范围等方面对困难群众适当倾斜。

七、规范经办管理服务

(十一)加快推进一体化经办。细化完善救助服务事项清单,出台医疗救助经办管理服务规程,做好救助对象信息共享互认、资助参保、待遇给付等经办服务。推动基本医保和医疗救助服务融合,依托全国统一的医疗保障信息平台,依法依规加强数据归口管理。统一协议管理,强化定点医疗机构费用管控主体责任。统一基金监管,做好费用监控、稽查审核,保持打击欺诈骗保高压态势,对开展医疗救助服务的定点医疗机构实行重点监控,确保基金安全高效、合理使用。推动实行"一站式"服务、"一窗口"办理,提高结算服务便利性。

(十二)优化救助申请审核程序。简化申请、审核、救助金给付流程,低保对象、特困人员直接纳入"一站式"结算,探索完善其他救助对象费用直接结算方式。加强部门工作协同,全面对接社会救助经办服务,按照职责分工做好困难群众医疗救助申请受理、分办转办及结果反馈。动员基层干部,依托基层医疗卫生机构,做好政策宣传和救助申请委托代办等,及时主动帮助困难群众。

(十三)提高综合服务管理水平。加强对救助对象就医行为的引导,推行基层首诊,规范转诊,促进合理就医。完善定点医疗机构医疗救助服务内容,提高服务质量,按规定做好基本医保和医疗救助费用结算。按照安全有效、经济适宜、救助基本的原则,引导医疗救助对象和定点医疗机构优先选择纳入基本医保支付范围的药品、医用耗材和诊疗项目,严控不合理费用支出。经基层首诊转诊的低保对象、特困人员在市域内定点医疗机构住院,实行"先诊疗后付费",全面免除其住院押金。做好异地安置和异地转诊救助对象登记备案、就医结算,按规定转诊的救助对象,执行户籍地所在统筹地区救助标准。未按规定转诊的救助对象,所发生的医疗费用原则

上不纳入医疗救助范围。

八、强化组织保障

(十四)加强组织领导。强化党委领导、政府主导、部门协同、社会参与的重特大疾病保障工作机制。将困难群众重特大疾病医疗救助托底保障政策落实情况作为加强和改善民生的重要指标,纳入医疗救助工作绩效评价。各省(自治区、直辖市)要落实主体责任,细化政策措施,强化监督检查,确保政策落地、待遇落实、群众得实惠。要结合落实医疗保障待遇清单制度,制定出台细化措施,切实规范医疗救助保障范围,坚持基本保障标准,确保制度可持续发展。加强政策宣传解读,及时回应社会关切,营造良好舆论氛围。各地区政策实施情况及时报送国家医保局。

(十五)加强部门协同。建立健全部门协同机制,加强医疗保障、社会救助、医疗卫生制度政策及经办服务统筹协调。医疗保障部门要统筹推进医疗保险、医疗救助制度改革和管理工作,落实好医疗保障政策。民政部门要做好低保对象、特困人员、低保边缘家庭成员等救助对象认定工作,会同相关部门做好因病致贫重病患者认定和相关信息共享,支持慈善救助发展。财政部门要按规定做好资金支持。卫生健康部门要强化对医疗机构的行业管理,规范诊疗路径,促进分级诊疗。税务部门要做好基本医保费征缴相关工作。银保监部门要加强对商业保险机构承办大病保险的行业监管,规范商业健康保险发展。乡村振兴部门要做好农村易返贫致贫人口监测和信息共享。工会要做好职工医疗互助和罹患大病困难职工帮扶。

(十六)加强基金预算管理。在确保医疗救助基金安全运行基础上,统筹协调基金预算和政策制定,落实医疗救助投入保障责任。拓宽筹资渠道,动员社会力量,通过慈善和社会捐助等多渠道筹集资金,统筹医疗救助资金使用。加强预算执行监督,全面实施预算绩效管理。促进医疗救助统筹层次与基本医保统筹层次相协调,提高救助资金使用效率。

(十七)加强基层能力建设。加强基层医疗保障经办队伍建设,统筹医疗保障公共服务需求和服务能力配置,做好相应保障。积极引入社会力量参与经办服务,大力推动医疗救助经办服务下沉,重点提升信息化和经办服务水平。加强医疗救助政策和业务能力培训,努力打造综合素质高、工作作风好、业务能力强的基层经办队伍。

特困人员认定办法

·2021 年 4 月 26 日
·民发〔2021〕43 号

第一章　总　则

第一条　根据《社会救助暂行办法》、《国务院关于进一步健全特困人员救助供养制度的意见》、《中共中央办公厅 国务院办公厅印发〈关于改革完善社会救助制度的意见〉的通知》及国家相关规定,制定本办法。

第二条　特困人员认定工作应当遵循以下原则:

(一)应救尽救,应养尽养;

(二)属地管理,分级负责;

(三)严格规范,高效便民;

(四)公开、公平、公正。

第三条　县级以上地方人民政府民政部门统筹做好本行政区域内特困人员认定及救助供养工作。

县级人民政府民政部门负责特困人员认定的审核确认工作,乡镇人民政府(街道办事处)负责特困人员认定的受理、初审工作。村(居)民委员会协助做好相关工作。

第二章　认定条件

第四条　同时具备以下条件的老年人、残疾人和未成年人,应当依法纳入特困人员救助供养范围:

(一)无劳动能力;

(二)无生活来源;

(三)无法定赡养、抚养、扶养义务人或者其法定义务人无履行义务能力。

第五条　符合下列情形之一的,应当认定为本办法所称的无劳动能力:

(一)60 周岁以上的老年人;

(二)未满 16 周岁的未成年人;

(三)残疾等级为一、二、三级的智力、精神残疾人,残疾等级为一、二级的肢体残疾人,残疾等级为一级的视力残疾人;

(四)省、自治区、直辖市人民政府规定的其他情形。

第六条　收入低于当地最低生活保障标准,且财产符合当地特困人员财产状况规定的,应当认定为本办法所称的无生活来源。

前款所称收入包括工资性收入、经营净收入、财产净收入、转移净收入等各类收入。中央确定的城乡居民基本养老保险基础养老金、基本医疗保险等社会保险和优待抚恤金、高龄津贴不计入在内。

第七条　特困人员财产状况认定标准由设区的市级以上地方人民政府民政部门制定,并报同级地方人民政府同意。

第八条　法定义务人符合下列情形之一的,应当认定为本办法所称的无履行义务能力:

(一)特困人员;

(二)60 周岁以上的最低生活保障对象;

(三)70 周岁以上的老年人,本人收入低于当地上年人均可支配收入,且其财产符合当地低收入家庭财产状况规定的;

(四)重度残疾人和残疾等级为三级的智力、精神残疾人,本人收入低于当地上年人均可支配收入,且其财产符合当地低收入家庭财产状况规定的;

(五)无民事行为能力、被宣告失踪或者在监狱服刑的人员,且其财产符合当地低收入家庭财产状况规定的;

(六)省、自治区、直辖市人民政府规定的其他情形。

第九条　同时符合特困人员救助供养条件和孤儿、事实无人抚养儿童认定条件的未成年人,选择申请纳入孤儿、事实无人抚养儿童基本生活保障范围的,不再认定为特困人员。

第三章　申请及受理

第十条　申请特困人员救助供养,应当由本人向户籍所在地乡镇人民政府(街道办事处)提出书面申请。本人申请有困难的,可以委托村(居)民委员会或者他人代为提出申请。

申请材料主要包括本人有效身份证明,劳动能力、生活来源、财产状况以及赡养、抚养、扶养情况的书面声明,承诺所提供信息真实、完整的承诺书,残疾人应当提供中华人民共和国残疾人证。

申请人及其法定义务人应当履行授权核查家庭经济状况的相关手续。

第十一条　乡镇人民政府(街道办事处)、村(居)民委员会应当及时了解掌握辖区内居民的生活情况,发现可能符合特困人员救助供养条件的,应当告知其救助供养政策,对因无民事行为能力或者限制民事行为能力等原因无法提出申请的,应当主动帮助其申请。

第十二条　乡镇人民政府(街道办事处)应当对申请人或者其代理人提交的材料进行审查,材料齐备的,予以受理;材料不齐备的,应当一次性告知申请人或者其代理人补齐所有规定材料。

第四章　审核确认

第十三条　乡镇人民政府(街道办事处)应当自受

理申请之日起 15 个工作日内,通过入户调查、邻里访问、信函索证、信息核对等方式,对申请人的经济状况、实际生活状况以及赡养、抚养、扶养状况等进行调查核实,并提出初审意见。

申请人以及有关单位、组织或者个人应当配合调查,如实提供有关情况。村(居)民委员会应当协助乡镇人民政府(街道办事处)开展调查核实。

第十四条　调查核实过程中,乡镇人民政府(街道办事处)可视情组织民主评议,在村(居)民委员会协助下,对申请人书面声明内容的真实性、完整性及调查核实结果的客观性进行评议。

第十五条　乡镇人民政府(街道办事处)应当将初审意见及时在申请人所在村(社区)公示。公示期为 7 天。

公示期满无异议的,乡镇人民政府(街道办事处)应当将初审意见连同申请、调查核实等相关材料报送县级人民政府民政部门。对公示有异议的,乡镇人民政府(街道办事处)应当重新组织调查核实,在 15 个工作日内提出初审意见,并重新公示。

第十六条　县级人民政府民政部门应当全面审核乡镇人民政府(街道办事处)上报的申请材料、调查材料和初审意见,按照不低于 30% 的比例随机抽查核实,并在 15 个工作日内提出确认意见。

第十七条　对符合救助供养条件的申请,县级人民政府民政部门应当及时予以确认,建立救助供养档案,从确认之日下月起给予救助供养待遇,并通过乡镇人民政府(街道办事处)在申请人所在村(社区)公布。

第十八条　不符合条件、不予同意的,县级人民政府民政部门应当在作出决定 3 个工作日内,通过乡镇人民政府(街道办事处)书面告知申请人或者其代理人并说明理由。

第十九条　特困人员救助供养标准城乡不一致的地区,对于拥有承包土地或者参加农村集体经济收益分配的特困人员,一般给予农村特困人员救助供养待遇。实施易地扶贫搬迁至城镇地区的,给予城市特困人员救助供养待遇。

第五章　生活自理能力评估

第二十条　县级人民政府民政部门应当在乡镇人民政府(街道办事处)、村(居)民委员会协助下,对特困人员生活自理能力进行评估,并根据评估结果,确定特困人员应当享受的照料护理标准档次。

有条件的地方,可以委托第三方机构开展特困人员生活自理能力评估。

第二十一条　特困人员生活自理能力,一般依据以下 6 项指标综合评估:

(一)自主吃饭;

(二)自主穿衣;

(三)自主上下床;

(四)自主如厕;

(五)室内自主行走;

(六)自主洗澡。

第二十二条　根据本办法第二十一条规定内容,特困人员生活自理状况 6 项指标全部达到的,可以视为具备生活自理能力;有 3 项以下(含 3 项)指标不能达到的,可以视为部分丧失生活自理能力;有 4 项以上(含 4 项)指标不能达到的,可以视为完全丧失生活自理能力。

第二十三条　特困人员生活自理能力发生变化的,本人、照料服务人、村(居)民委员会或者供养服务机构应当通过乡镇人民政府(街道办事处)及时报告县级人民政府民政部门,县级人民政府民政部门应当自接到报告之日起 10 个工作日内组织复核评估,并根据评估结果及时调整特困人员生活自理能力认定类别。

第六章　终止救助供养

第二十四条　特困人员有下列情形之一的,应当及时终止救助供养:

(一)死亡或者被宣告死亡、被宣告失踪;

(二)具备或者恢复劳动能力;

(三)依法被判处刑罚,且在监狱服刑;

(四)收入和财产状况不再符合本办法第六条规定;

(五)法定义务人具有了履行义务能力或者新增具有履行义务能力的法定义务人;

(六)自愿申请退出救助供养。

特困人员中的未成年人,可继续享有救助供养待遇至 18 周岁;年满 18 周岁仍在接受义务教育或者在普通高中、中等职业学校就读的,可继续享有救助供养待遇。

第二十五条　特困人员不再符合救助供养条件的,本人、照料服务人、村(居)民委员会或者供养服务机构应当及时告知乡镇人民政府(街道办事处),由乡镇人民政府(街道办事处)调查核实并报县级人民政府民政部门核准。

县级人民政府民政部门、乡镇人民政府(街道办事处)在工作中发现特困人员不再符合救助供养条件的,应当及时办理终止救助供养手续。

第二十六条　对拟终止救助供养的特困人员,县级人民政府民政部门应当通过乡镇人民政府(街道办事处），在其所在村（社区）或者供养服务机构公示。公示期为 7 天。

公示期满无异议的，县级人民政府民政部门应当作出终止决定并从下月起终止救助供养。对公示有异议的，县级人民政府民政部门应当组织调查核实，在 15 个工作日内作出是否终止救助供养决定，并重新公示。对决定终止救助供养的，应当通过乡镇人民政府（街道办事处）将终止理由书面告知当事人、村（居）民委员会。

第二十七条　对终止救助供养的原特困人员，符合最低生活保障、临时救助等其他社会救助条件的，应当按规定及时纳入相应救助范围。

第七章　附　则

第二十八条　有条件的地方可将审核确认权限下放至乡镇人民政府（街道办事处），县级民政部门加强监督指导。

第二十九条　本办法自 2021 年 7 月 1 日起施行。2016 年 10 月 10 日民政部印发的《特困人员认定办法》同时废止。

关于贯彻落实《法律援助条例》切实解决困难群众打官司难问题的意见

·2004 年 9 月 6 日
·司法通〔2004〕127 号

各省、自治区、直辖市司法厅（局）、民政厅（局）、财政厅（局）、劳动和社会保障厅（局）、国土资源厅（局）、建设厅（局）、卫生厅（局）、工商行政管理局、档案局，新疆生产建设兵团司法局、民政局、财务局、劳动和社会保障局、国土资源局、建设局、卫生局、档案局：

《法律援助条例》（以下简称《条例》）自 2003 年 9 月 1 日颁布实施以来，我国法律援助工作取得了明显的成效，在一定程度上缓解了困难群众请律师难、打官司难的问题。但是，目前法律援助工作还存在经费短缺、相关制度不配套、经济欠发达地区困难群众申请法律援助难等问题，制约了法律援助工作的发展。为进一步贯彻落实《条例》，切实保障困难群众的合法权益，现提出如下意见：

一、认真贯彻落实《条例》，全面开展法律援助工作

《条例》的颁布实施，是我国民主法治建设中的一件大事，是党和政府落实"三个代表"重要思想的重要举措，是坚持立党为公、执政为民的具体体现，有助于落实"国家尊重和保障人权"、"公民在法律面前一律平等"的宪法原则，对于进一步规范和加强法律援助工作，促进司法公正，完善社会保障体系，推动社会文明进步，具有十分重要的意义。

保证《条例》的顺利实施，是各级人民政府的责任，各级司法行政部门、法律援助机构要充分发挥主观能动性，有效组织法律援助工作，各级人民政府有关部门应当积极支持和配合法律援助工作。

通过政府各职能部门的共同努力，保障经济困难的公民获得必要的无偿的法律服务，促进"社会主义司法制度必须保障在全社会实现公平和正义"目标的实现。

二、增加财政投入，保障法律援助事业与经济、社会协调发展

为保证条例的顺利实施，各级人民政府要按照条例的规定，根据本行政区域的经济发展水平及财力状况，将每年法律援助所需要的经费数额，逐步纳入年度财政预算。要随着当地经济发展及财政收入的增加，并根据法律援助的实际需要安排经费，保障法律援助事业与经济、社会协调发展。

为保证法律援助工作在不同地区、不同区域的协调发展，省级财政部门应设立法律援助专项经费，对本行政区域内的贫困地区予以补助；中央财政根据财力可能积极支持贫困地区开展法律援助工作。

各级司法行政部门要积极探索建立资金筹措的社会化、经常化机制，广泛开辟政府财政拨款以外的法律援助经费筹措渠道，充分利用社会财力支持法律援助事业。

要对法律援助经费的使用加强管理和监督，建立完善的财务制度，做到专款专用。

三、完善法律援助机构与民政部门的工作配合机制

各地法律援助机构应当定期向当地民政部门了解有关困难群众的法律援助需求状况，各地民政部门应当将所掌握的本地区经济困难群众的情况，及时与当地法律援助机构进行沟通，并采取相应的便民措施，使困难群众得到及时的法律援助。

法律援助机构依条例规定审查法律援助申请人的经济状况时，应根据县级以上（含县级）民政部门颁发的有关救济凭证或者出具的经济困难书面证明，及时为申请人办理有关法律援助手续，尽量简化程序，提高工作效率，对证明材料需要查证的，可向出具证明的部门查证。

四、建立法律援助与劳动仲裁的衔接机制

对法律援助机构决定提供法律援助的案件，劳动仲

裁部门要先行缓收仲裁费。受援方胜诉的案件，由非受援的败诉一方承担；受援方败诉的案件，依法裁定受援方当事人承担部分或全部仲裁费，该方当事人确有困难的，由法律援助机构承担。

五、加强法律援助机构与相关部门之间的协调与配合，为法律援助办案人员利用档案资料提供方便

国土资源、建设、卫生、工商、档案管理等部门对法律援助案件办理中利用档案进行的调查取证工作应予支持，对于法院尚未立案的法律援助案件，法律援助人员可凭法律援助机构的证明查询，以免因缺乏有关证明资料，案件难以进入诉讼程序，但涉及国家机密等不公开资料的除外。

相关部门对法律援助案件办理中查阅档案资料所涉及的相关费用应当予以减免，共同降低法律援助成本，减轻经费短缺给法律援助工作造成的压力。对档案资料查询费、咨询服务费、调阅档案（资料）保护费、证明费（包括学历、工龄证明、机构设置证明、房产地产证明、财产证明）予以免收；对相关材料复制费，包括原件复印、缩微胶片复印、翻拍、扫描费给予减、免，减收的标准按复制档案资料所需的原材料成本费计算。

六、加强法律援助机构与有关鉴定机构的沟通与协调，减免收取或缓收法律援助案件的相关鉴定费用

为了解决法律援助案件的受援人因交不起鉴定费用而无法进入诉讼程序，从而无力维护自己合法权益的问题，各鉴定机构应当对法律援助案件所涉及事项的鉴定给予减免的优惠。

司法行政部门管理的面向社会服务的司法鉴定机构，对法律援助案件受援人申请司法鉴定的，应缓收或免收鉴定费。受援人胜诉后，应向鉴定部门补交实际需交纳的费用，受援人败诉，交纳鉴定费用确有困难，鉴定部门给予减免。

其他非财政拨款的鉴定机构对法律援助案件受援人申请人伤残鉴定、亲子鉴定、笔迹鉴定以及财产评估等，实行缓收相关费用。受援人胜诉后，应向鉴定部门补交实际需交纳的费用。受援人败诉，交纳鉴定费用确有困难，由法律援助机构承担相关费用。

七、各级司法行政部门要加强对法律援助工作的管理监督，确保法律援助工作规范运行

各级司法行政部门要加强对法律援助实施主体包括法律援助机构工作人员、律师和社会组织人员的管理监督。对侵占、私分、挪用法律援助经费的，对法律援助机构及其工作人员从事有偿服务的，对律师事务所、基层法律服务所拒绝指派的和律师、基层法律服务工作者不履行义务的，对律师和社会组织人员在法律援助活动中收取当事人财物的，要依据条例予以处罚，保证法律援助工作规范健康地发展。

严格法律援助案件办理中的程序规则。承办法律援助案件的人员在查阅、复制档案材料或者现行文件时，应出示法律援助机构出具的指派通知书（适用于社会律师、基层法律服务工作者和社会组织人员）或者介绍信（适用于法律援助机构人员）。在查阅、复制档案材料或者现行文件时，应遵守相关法律法规规定。

各地法律援助机构应对法律援助案件进行严格审查，严禁法律援助人员假借法律援助名义从事有偿法律服务而免费查阅和复制相关材料。如发现有上述情形，经司法行政部门查证属实，承办案件的人员应按规定全额支付相关的查阅和复制档案材料费用，并按有关法律法规规定接受相应处罚。

八、加强领导，密切配合，共同推进法律援助事业的发展

各级人民政府有关部门要高度重视法律援助工作，加强领导，采取有效措施，切实履行政府责任，将条例各项规定落到实处。各部门要加强协调和配合，建立协调沟通机制和反馈机制，经常沟通信息，及时帮助解决法律援助工作中存在的困难和问题，认真贯彻落实条例，切实保障贫困群众的合法权益，努力使符合法律援助条件的困难群众都能获得法律援助，维护社会公平和正义。

国务院关于建立健全普通本科高校高等职业学校和中等职业学校家庭经济困难学生资助政策体系的意见

·2007 年 5 月 13 日
·国发〔2007〕13 号

为贯彻党的十六大和十六届三中、六中全会精神，切实解决家庭经济困难学生的就学问题，国务院决定，建立健全普通本科高校、高等职业学校和中等职业学校家庭经济困难学生资助政策体系（以下简称家庭经济困难学生资助政策体系）。现提出如下意见：

一、充分认识建立健全家庭经济困难学生资助政策体系的重大意义

党中央、国务院高度重视家庭经济困难学生的就学问题。近年来国家采取一系列措施，对农村义务教育阶段学生全部免除学杂费，并为家庭经济困难学生免费提供教科书、寄宿生补助生活费;对普通高等学校家庭经济困难学生设立国家助学奖学金,实施国家助学贷款政策;对中等职业学校家庭经济困难学生设立国家助学金等,取得了良好成效。

但是,我国家庭经济困难学生资助政策体系还不够完善,尤其是对普通本科高校、高等职业学校和中等职业学校家庭经济困难学生资助面偏窄、资助标准偏低的问题比较突出。建立健全家庭经济困难学生资助政策体系,使家庭经济困难学生能够上得起大学、接受职业教育,是实践"三个代表"重要思想、落实科学发展观、构建社会主义和谐社会的重要举措;是实施科教兴国和人才强国战略,优化教育结构,促进教育公平和社会公正的有效手段;是切实履行公共财政职能,推进基本公共服务均等化的必然要求。这是继全部免除农村义务教育阶段学生学杂费之后,促进教育公平的又一件大事,具有重大意义。

二、建立健全家庭经济困难学生资助政策体系的主要目标与基本原则

(一)建立健全家庭经济困难学生资助政策体系的主要目标是:按照《中共中央关于构建社会主义和谐社会若干重大问题的决定》的有关要求,加大财政投入,落实各项助学政策,扩大受助学生比例,提高资助水平,从制度上基本解决家庭经济困难学生的就学问题。同时,进一步优化教育结构,维护教育公平,促进教育持续健康发展。

(二)建立健全家庭经济困难学生资助政策体系实行"加大财政投入、经费合理分担、政策导向明确、多元混合资助、各方责任清晰"的基本原则。

1. 加大财政投入。按照建立公共财政体制的要求,大幅度增加财政投入,建立以政府为主导的家庭经济困难学生资助政策体系。

2. 经费合理分担。国家励志奖学金和国家助学金由中央与地方按比例分担。中央对中西部地区给予倾斜。

3. 政策导向明确。在努力使家庭经济困难学生公平享有受教育机会的同时,鼓励学生刻苦学习、接受职业教育,学习国家最需要的专业,到艰苦地区基层单位就业;鼓励学校面向经济欠发达地区扩大招生规模。

4. 多元混合资助。统筹政府、社会等不同资助渠道,对家庭经济困难学生采取奖、贷、助、补、减等多种方式进行资助。

5. 各方责任清晰。中央与地方、各相关部门及学校明确分工、各司其职、落实责任、完善制度,操作办法简便易行,并接受社会各界群众监督,确保各项政策措施顺利实施。

三、建立健全家庭经济困难学生资助政策体系的主要内容

(一)完善国家奖学金制度。中央继续设立国家奖学金,用于奖励普通本科高校和高等职业学校全日制本专科在校生中特别优秀的学生,每年奖励5万名,奖励标准为每生每年8000元,所需资金由中央负担。

中央与地方共同设立国家励志奖学金,用于奖励资助普通本科高校和高等职业学校全日制本专科在校生中品学兼优的家庭经济困难学生,资助面平均约占全国高校在校生的3%,资助标准为每生每年5000元。国家励志奖学金适当向国家最需要的农林水地矿油核等专业的学生倾斜。

中央部门所属高校国家励志奖学金所需资金由中央负担。地方所属高校国家励志奖学金所需资金根据各地财力及生源状况由中央与地方按比例分担。其中,西部地区,不分生源,中央与地方分担比例为8∶2;中部地区,生源为西部地区的,中央与地方分担比例为8∶2,生源为其他地区的,中央与地方分担比例为6∶4;东部地区,生源为西部地区和中部地区的,中央与地方分担比例分别为8∶2和6∶4,生源为东部地区的,中央与地方分担比例根据财力及生源状况等因素分省确定。人口较少民族家庭经济困难学生资助资金全部由中央负担。鼓励各地加大资助力度,超出中央核定总额部分的国家励志奖学金所需资金由中央给予适当补助。省(区、市)以下分担比例由各地根据中央确定的原则自行确定。

(二)完善国家助学金制度。中央与地方共同设立国家助学金,用于资助普通本科高校、高等职业学校全日制本专科在校生中家庭经济困难学生和中等职业学校所有全日制在校农村学生及城市家庭经济困难学生。

普通本科高校和高等职业学校。国家助学金资助面平均约占全国普通本科高校和高等职业学校在校生总数的20%。财政部、教育部根据生源情况、平均生活费用、院校类别等因素综合确定各省资助面。平均资助标准为每生每年2000元,具体标准由各地根据实际情况在每生每年1000—3000元范围内确定,可以分为2—3档。

中等职业学校。国家助学金资助所有全日制在校农村学生和城市家庭经济困难学生。资助标准为每生每年1500元,国家资助两年,第三年实行学生工学结合、顶岗实习。

国家助学金所需资金由中央与地方按照国家励志奖学金的资金分担办法共同承担。

有条件的地区可以试行运用教育券发放国家助学金

的办法。

（三）进一步完善和落实国家助学贷款政策。大力开展生源地信用助学贷款。生源地信用助学贷款是国家助学贷款的重要组成部分，与国家助学贷款享有同等优惠政策。地方政府要高度重视，积极推动和鼓励金融机构开展相关工作。要进一步完善和落实现行国家助学贷款政策，制订与贷款风险和管理成本挂钩的国家助学贷款风险补偿金使用管理办法。相关金融机构要完善内部考核体系，采取更加积极有效措施，调动各级经办机构的积极性，确保应贷尽贷。

对普通本科高校和高等职业学校全日制本专科生，在校期间获得国家助学贷款、毕业后自愿到艰苦地区基层单位从事第一线工作且服务达到一定年限的，国家实行国家助学贷款代偿政策。

（四）从2007年起，对教育部直属师范大学新招收的师范生，实行免费教育。

（五）学校要按照国家有关规定从事业收入中足额提取一定比例的经费，用于学费减免、国家助学贷款风险补偿、勤工助学、校内无息借款、校内奖助学金和特殊困难补助等。

要进一步落实、完善鼓励捐资助学的相关优惠政策措施，充分发挥中国教育发展基金会等非营利组织的作用，积极引导和鼓励地方政府、企业和社会团体等面向各级各类学校设立奖学金、助学金。

普通高中以及普通高等学校全日制研究生的资助政策另行制定。

四、建立健全家庭经济困难学生资助政策体系的工作要求

普通本科高校、高等职业学校和中等职业学校家庭经济困难学生资助政策自2007年秋季开学起在全国实施。各地区、各有关部门和各学校要按照国务院的统一部署，周密安排，精心组织，扎扎实实地把这件惠及广大人民群众的大事抓好。

（一）加强组织领导。财政部、教育部等要密切配合，制订相关管理办法，指导、检查和督促地方开展工作。地方政府要建立相应的工作机制，在整合现有资源的基础上，建立健全学生资助管理机构，制订具体的管理办法，切实抓好落实。教育部门要将学校家庭经济困难学生资助工作情况纳入办学水平评估指标体系。各学校要把资助家庭经济困难学生作为工作重点，实行校长负责制，设立专门的助学管理机构，具体负责此项工作。

（二）确保资金落实。中央财政要足额安排、及时拨付应当负担的资金。省级人民政府要制订行政区域内具体的分担办法，完善省对下转移支付制度，确保行政区域内政府应当负担的资金落实到位。要切实加强助学资金管理，确保及时发放、专款专用。要加强监督检查，对于挤占挪用资金、弄虚作假套取资金等违法违规行为，要追究责任、严肃处理。

（三）规范收费管理。除国家另有规定外，今后五年各级各类学校的学费、住宿费标准不得高于2006年秋季相关标准。进一步严格收费立项、标准审批管理工作，规范学校收费行为，坚决制止乱收费。加大对服务性收费和代收费的监督力度，切实减轻学生及家长负担。绝不允许一边加大助学力度，一边擅自提高收费标准、擅自设立收费项目。要对教育收费实行严格的"收支两条线"管理，规范支出管理。

（四）加大宣传力度。各地区、各有关部门和各学校要通过多种形式开展宣传，使这项惠民政策家喻户晓、深入人心，使广大大学生知晓受助的权利。

国务院办公厅关于加强困难群众基本生活保障有关工作的通知

· 2017年1月26日
· 国办发〔2017〕15号

在党中央、国务院的坚强领导下，近年来困难群众基本生活保障制度不断健全、水平稳步提升。同时，也存在部分保障政策衔接不够、保障水平与群众需求相比存在一定差距等问题。为进一步加强困难群众基本生活保障工作，经国务院同意，现通知如下：

一、进一步提高对困难群众基本生活保障工作重要性的认识

党中央、国务院历来高度重视困难群众基本生活保障工作，近年来先后出台了《社会救助暂行办法》以及临时救助、农村留守儿童关爱保护、困境儿童保障、特困人员救助供养等政策措施，全面实施了困难残疾人生活补贴和重度残疾人护理补贴制度，高效有序应对了各类重特大自然灾害，有效保障了各类困难群众的基本生活。进一步做好困难群众基本生活保障工作，是维护社会公平、防止冲破道德底线的基本要求，也是补上民生短板、促进社会和谐的内在需要。尽管近年来我国财政收入增速放缓，但是对困难群众的保障水平不能降低、力度不能减弱、工作不能放松。各地各有关部门要认真落实党中央、国务院关于社会政策要托底的部署要求和守住底线、突出重点、完善制度、引导舆论的民生工作思路,进一步加大困难群众基本生活保障工作力度,织密织牢民生兜底保障安全网。

二、进一步加强对重点群体的基本生活保障

各地要加大受灾群众困难排查力度,调整完善自然灾害生活救助政策,做好自然灾害应急救助。加快灾区倒损民房恢复重建,对2016年因遭受特大洪涝灾害仍住在临时安置住所的受灾群众,2017年要全部帮助解决住房问题。进一步落实临时救助制度,建立完善部门联动和快速响应机制,做好救急难工作,及时解决好群众遭遇的突发性、紧迫性、临时性基本生活困难。开展农村贫困人口大病专项救治活动。提高失能半失能特困人员的集中供养比例,将符合特困人员救助供养有关规定的残疾人纳入救助供养范围。统筹推进农村留守儿童和困境儿童保障工作,改善孤儿和贫困残疾儿童等群体的保障条件。鼓励有条件的地方合理提高困难残疾人生活补贴和重度残疾人护理补贴标准。

三、进一步加大困难群众基本生活保障资金投入

各级财政在一般性转移支付中,要把保障困难群众基本生活放在优先位置,确保政府投入只增不减。中央财政已拨付的救助补助资金要抓紧到位。优化财政支出结构、科学合理编制困难群众生活保障资金预算,增加资金有效供给,提升资金使用效益。落实社会救助和保障标准与物价上涨挂钩联动机制,防止物价波动影响困难群众基本生活。加强资金使用管理绩效评价,推进资金使用管理公示公开,建立健全资金监管机制。完善社会救助家庭经济状况核对机制,做好救助对象准确识别,提高资金使用的精准性和有效性。

四、进一步加强对困难群众基本生活保障工作的组织领导

各有关部门要密切协作,进一步完善政策措施,加强制度衔接和工作衔接,共同做好困难群众基本生活保障工作。发挥好全国社会救助部际联席会议等机制的作用,强化资源统筹、部门联动。各级政府要把困难群众基本生活保障工作作为优先安排,进一步加强领导。全国各县(市、区)都要建立健全由政府负责人牵头,民政部门负责,发展改革、教育、财政、人力资源社会保障、住房城乡建设、卫生计生、扶贫、残联等部门和单位参加的困难群众基本生活保障工作协调机制,定期研究解决本地区各类困难群众基本生活保障问题,确保党中央、国务院相关决策部署更好地落实到基层。各地区要完善"一门受理、协同办理"机制,确保困难群众求助有门、受助及时。推行政府购买社会救助服务,加强基层社会救助经办服务能力。

近期,各地要进一步扎实做好困难群众帮扶救助工作,真正做到解民忧、暖民心。精心组织、广泛开展春节期间对困难群众的走访慰问活动,切实解决低保家庭、建档立卡贫困户、特困人员、贫困残疾人、困难优抚安置对象等困难群众生活的实际问题。全力保障灾区群众生产生活,抓紧发放救灾救助款物。加强各级福利院、特困人员供养机构、救助管理机构等安全管理,切实消除火灾等安全隐患,提升服务保障水平。抓住春节期间外出务工人员集中返乡时机,引导外出务工父母切实履行对农村留守儿童和困境儿童的监护责任和抚养义务。加强生活无着流浪乞讨人员救助,在露宿人员集中地区设立开放式救助点和临时庇护避寒场所,确保生活无着流浪乞讨人员有饭吃、有衣穿、有场所避寒,给困难群众更多关爱和温暖。

中央财政衔接推进乡村振兴补助资金管理办法

·2021年3月26日
·财农〔2021〕19号

为贯彻落实《中共中央国务院关于实现巩固拓展脱贫攻坚成果同乡村振兴有效衔接的意见》精神,加强过渡期中央财政衔接推进乡村振兴补助资金(以下简称衔接资金)管理,根据预算管理的有关规定,特制定本办法。

第一条 衔接资金用于支持各省(自治区、直辖市,以下统称各省)巩固拓展脱贫攻坚成果同乡村振兴有效衔接,具体包括以下三个方面:

(一)支持巩固拓展脱贫攻坚成果。

1. 健全防止返贫致贫监测和帮扶机制,加强监测预警,强化及时帮扶,对监测帮扶对象采取有针对性的预防性措施和事后帮扶措施。可安排产业发展、小额信贷贴息、生产经营和劳动技能培训、公益岗位补贴等支出。低保、医疗、养老保险、临时救助等综合保障措施,通过原资金渠道支持。监测预警工作经费通过各级部门预算安排。

2. "十三五"易地扶贫搬迁后续扶持。支持实施带动搬迁群众发展的项目,对集中安置区聘用搬迁群众的公共服务岗位和"一站式"社区综合服务设施建设等费用予以适当补助。对规划内的易地扶贫搬迁贷款和调整规范后的地方政府债券按规定予以贴息补助。

3. 外出务工脱贫劳动力(含监测帮扶对象)稳定就

业，可对跨省就业的脱贫劳动力适当安排一次性交通补助。采取扶贫车间、以工代赈、生产奖补、劳务补助等方式，促进返乡在乡脱贫劳动力发展产业和就业增收。继续向符合条件的脱贫家庭（含监测帮扶对象家庭）安排"雨露计划"补助。

（二）支持衔接推进乡村振兴。

1. 培育和壮大欠发达地区特色优势产业并逐年提高资金占比，支持农业品种培优、品质提升、品牌打造。推动产销对接和消费帮扶，解决农产品"卖难"问题。支持必要的产业配套基础设施建设。支持脱贫村发展壮大村级集体经济。

2. 补齐必要的农村人居环境整治和小型公益性基础设施建设短板。主要包括水、电、路、网等农业生产配套设施，以及垃圾清运等小型公益性生活设施。教育、卫生、养老服务、文化等农村基本公共服务通过原资金渠道支持。

3. 实施兴边富民行动、人口较少民族发展、少数民族特色产业和民族村寨发展，困难群众饮用低氟边销茶，以工代赈项目，欠发达国有农场和欠发达国有林场巩固发展，"三西"地区农业建设。

（三）巩固拓展脱贫攻坚成果同乡村振兴有效衔接的其他相关支出。

衔接资金不得用于与巩固拓展脱贫攻坚成果和推进欠发达地区乡村振兴无关的支出，包括：单位基本支出、交通工具及通讯设备、修建楼堂馆所、各种奖金津贴和福利补助、偿还债务和垫资等。偿还易地扶贫搬迁债务按有关规定执行。

第二条 衔接资金按照巩固拓展脱贫攻坚成果和乡村振兴、以工代赈、少数民族发展、欠发达国有农场巩固提升、欠发达国有林场巩固提升、"三西"农业建设任务进行分配。资金分配按照因素法进行测算，因素和权重为：相关人群数量及结构30%、相关人群收入30%、政策因素30%、绩效等考核结果10%，并进行综合平衡。各项任务按照上述因素分别确定具体测算指标（详见附件）。"三西"农业建设任务按照国务院批准的规模安排。

第三条 衔接资金应当统筹安排使用，形成合力。综合考虑脱贫县规模和分布，实行分类分档支持。对国家乡村振兴重点帮扶县及新疆、西藏予以倾斜支持。东部地区应结合实际将衔接资金主要用于吸纳中西部脱贫人口跨省就业。中西部地区继续按规定开展统筹整合使用财政涉农资金试点工作的脱贫县，资金使用按照统筹整合有关要求执行。

各省在分配衔接资金时，要统筹兼顾脱贫县和非贫困县实际情况，推动均衡发展。衔接资金项目审批权限下放到县级，强化县级管理责任，县级可统筹安排不超过30%的到县衔接资金，支持非贫困村发展产业、补齐必要的基础设施短板及县级乡村振兴规划相关项目。

第四条 各地要建立完善巩固拓展脱贫攻坚成果和乡村附件：

振兴项目库，提前做好项目储备，严格项目论证入库，衔接资金支持的项目原则上要从项目库选择，且符合本办法要求。属于政府采购管理范围的项目，执行政府采购相关规定，村级微小型项目可按照村民民主议事方式直接委托村级组织自建自营。各地要加强衔接资金和项目管理，落实绩效管理要求，全面推行公开公示制度，加快预算执行，提高资金使用效益。

各省可按照不超过1%的比例从衔接资金中统筹安排项目管理费，由县级使用。项目管理费主要用于项目前期设计、评审、招标、监理以及验收等与项目管理相关的支出。

第五条 各级财政部门负责预算安排、审核资金分配建议方案和下达资金，指导各级乡村振兴、发展改革、民委、农业农村、林草等行业主管部门（以下简称行业主管部门）及地方加强资金监管和绩效管理。各级行业主管部门负责提出资金分配建议方案、资金和项目使用管理、绩效管理、监督管理等工作，按照权责对等原则落实监管责任。

国家乡村振兴局、发展改革委、国家民委、农业农村部、林草局根据职责分工，于每年1月31日前提出当年衔接资金分配建议方案报送财政部。财政部于每年全国人民代表大会批准预算后30日内，根据预算管理要求、年度预算安排，结合行业主管部门资金分配建议方案研究确定分配方案，将衔接资金预算下达省级财政部门，并抄送财政部有关监管局。

第六条 财政部有关监管局按照工作职责和财政部要求，对衔接资金使用管理情况开展监管。各级财政和行业主管部门按要求配合审计、纪检监察、检察机关做好衔接资金和项目的审计、检查等工作。

各级财政和行业主管部门及其工作人员在衔接资金分配、使用管理等工作中，存在违反本办法规定，以及滥用职权、玩忽职守、徇私舞弊等违法违纪行为的，按照国家有关规定追究相应责任；涉嫌犯罪的，移送有关国家机关处理。

第七条 省级财政部门要会同省级行业主管部门，

根据本办法制定具体资金管理办法。各级财政部门要根据巩固拓展脱贫攻坚成果同乡村振兴有效衔接的任务需要及财力情况,每年预算安排一定规模的本级衔接资金,保持投入力度总体稳定。

第八条　本办法自 2021 年 3 月 31 日起施行,由财政部会同行业主管部门负责解释。《财政部 扶贫办 国家发改委 国家民委 农业部 林业局关于印发〈中央财政专项扶贫资金管理办法〉的通知》(财农〔2017〕8 号)和《财政部 国家林业局关于印发〈国有贫困林场扶贫资金管理办法〉的通知》(财农〔2005〕104 号)、《财政部 国务院扶贫办关于印发〈"三西"农业建设专项补助资金使用管理办法(修订稿)〉的通知》(财农〔2006〕356 号)、《财政部 国家民委关于印发〈少数民族发展资金管理办法〉的通知》(财农〔2006〕18 号)、《财政部 农业部关于印发〈国有贫困农场财政扶贫资金管理暂行办法〉的通知》(财农〔2007〕347 号)同时废止。

附:5 项任务具体测算指标(略)

中央财政困难群众救助补助资金管理办法

· 2023 年 8 月 31 日
· 财社〔2022〕38 号

第一条　为规范和加强中央财政困难群众救助补助资金(以下简称补助资金)管理,提高资金使用效益,支持地方做好困难群众救助工作,根据国家有关法律法规和财政部专项补助资金管理有关规定,制定本办法。

第二条　本办法所称补助资金,是指在最低生活保障(以下简称低保)、特困人员救助供养、临时救助、流浪乞讨人员救助、孤儿基本生活保障、困难失能老年人基本养老服务救助等困难群众救助和保障政策存续期间,中央财政安排用于补助各省(自治区、直辖市、计划单列市、新疆生产建设兵团,以下统称省)开展低保、特困人员救助供养、临时救助、流浪乞讨人员救助、孤儿、事实无人抚养儿童和艾滋病病毒感染儿童基本生活保障以及困难失能老年人基本养老服务救助的资金。

补助资金实施期限至 2025 年 12 月 31 日。期满前财政部会同民政部根据法律、行政法规和国务院有关规定及工作需要,组织开展绩效评估,根据评估结果确定是否延续补助政策及延续期限。

第三条　补助资金使用和管理要坚持公开、公平、公正的原则。

第四条　财政部负责会同民政部对补助资金实施全过程预算绩效管理。按照预算管理规定,省级民政部门商同级财政部门设定补助资金区域绩效目标,明确资金与工作预期达到的效果,报民政部审核。民政部在完成绩效目标审核后提出补助资金的分配建议及当年全国整体绩效目标和分区域绩效目标函报财政部,并负责提供相关测算因素数据,对其准确性、及时性负责;财政部根据规定的因素测算资金分配方案,于每年全国人民代表大会批准预算后 30 日内,会同民政部下达补助资金,同步下达区域绩效目标,抄送民政部和财政部各地监管局。年度执行中,民政部会同财政部指导省级民政部门、财政部门对绩效目标实现情况进行监控,确保绩效目标如期实现。

第五条　补助资金按因素法分配。

因素法分配主要参考各地救助需求因素(如相关保障对象数量)、财力因素和绩效因素等,重点向保障任务重、财政困难、工作绩效好的地区倾斜。测算公式为:

$$某地应拨付资金 = 资金总额 \times \frac{该地分配系数}{\sum\sum 分配系数}$$

其中:某地分配系数 = 该地需求因素 × 该地财力因素 × 该地绩效因素。

财政部、民政部在每年分配资金时,根据党中央、国务院的有关决策部署及管理改革要求,可对选取的具体分配因素及其权重等进行适当调整。同时,为高质量推进社会救助工作开展,提高使用数据的科学性,在具体测算时可根据实际情况适当引入审核调整机制,对相关对象数量等基础数据的年度增减幅度设定上下限、对异常或离散数据适当调整等;为保持对各地困难群众救助工作支持的相对合理性,可适当对分配测算结果进行增减幅控制。

第六条　省级财政部门收到补助资金后,应将其与省本级财政安排的资金统筹使用,商同级民政部门制定本省资金分配方案,并于 30 日内正式分解下达至本行政区域县级以上各级财政部门,并请参照中央做法,将本省绩效目标及时下分解。同时将资金分配结果报财政部、民政部备案并抄送财政部当地监管局。

第七条　各级财政部门要会同民政部门优化财政支出结构,科学合理编制预算,加强补助资金统筹使用,积极盘活财政存量资金,加大结转结余资金消化力度,增加资金有效供给,发挥补助资金合力,提升资金使用效益。

有关结转结余资金管理按照《国务院办公厅关于进一步做好盘活财政存量资金工作的通知》(国办发〔2014〕70 号)、《财政部关于推进地方盘活财政存量资金有关事项的通知》(财预〔2015〕15号)等规定执行。

第八条 财政部、民政部应当在每年10月31日前,根据预算管理相关规定,按当年补助资金实际下达数的一定比例,将下一年度补助资金预计数提前下达省级财政部门,并抄送财政部当地监管局。

各省级财政部门应建立相应的预算指标提前下达制度,在接到中央财政提前下达预算指标后,会同民政部门于30日内下达本行政区域县级以上各级财政部门,同时将下达文件报财政部、民政部备案,并抄送财政部当地监管局。

第九条 各级财政部门要会同民政部门采取有效措施,加快预算执行进度,提高预算执行的均衡性和有效性。

对于全年全省困难群众救助资金支出少于当年中央财政下达该省的补助资金的省份,中央财政将在下年分配补助资金时适当减少对该省的补助。

第十条 补助资金按照直达资金有关规定管理。属于政府采购管理范围的,应按照政府采购法律制度规定执行。鼓励各地按规定通过政府购买服务的方式引导社会力量参与提供救助服务。

补助资金支付按照国库集中支付制度有关规定执行。

低保金、分散供养特困人员救助供养金、临时救助金、困难失能老年人基本养老服务救助金原则上应支付到救助对象个人账户,集中供养特困人员救助供养金应统一支付到供养服务机构集体账户。孤儿基本生活费应支付到孤儿、事实无人抚养儿童和艾滋病毒感染儿童本人或其监护人个人账户,集中养育的孤儿和艾滋病毒感染儿童基本生活费应统一支付到福利机构集体账户。

县级民政、财政部门应当为救助家庭或个人在银行、信用社等代理金融机构办理接受补助资金的账户,也可依托社会保障卡、惠农资金"一卡通"等渠道发放补助资金,代理金融机构不得以任何形式向救助家庭或个人收取账户管理费用。

第十一条 补助资金要专款专用,用于为低保对象发放低保金,为特困人员提供基本生活条件、对生活不能自理的给予照料、提供疾病治疗、办理丧葬事宜,为临时救助对象发放临时救助金或实物,为孤儿、事实无人抚养儿童和艾滋病毒感染儿童发放基本生活费,为生活无着的流浪乞讨人员实施主动救助、生活救助、医疗救治、教育矫治、返乡救助、临时安置并实施未成年人社会保护,为困难失能老年人提供基本养老服务等。补助资金使用后按支出方向单独记账,分别核算。

各级财政、民政部门和经办机构应严格按规定使用,不得擅自扩大支出范围,不得以任何形式挤占、挪用、截留和滞留,不得向救助对象收取任何管理费用。补助资金不得用于工作经费,不得用于机构运转、大型设备购置和基础设施维修改造等支出。

第十二条 地方各级财政、民政部门应建立健全资金监管机制,定期对补助资金的使用管理情况进行检查,及时发现和纠正有关问题,并对资金发放情况进行公示,接受社会监督。

财政部各地监管局在规定的职权范围内,依法对补助资金的使用管理情况进行监督。

第十三条 地方各级财政、民政部门应自觉接受审计、监察等部门的监督和社会监督。

第十四条 省级财政部门应会同同级民政部门组织市县做好补助资金绩效目标自评工作,将区域绩效自评结果报送财政部、民政部并抄送财政部当地监管局。年度执行结束后,财政部、民政部根据需要组织开展补助资金重点绩效评价,评价结果作为调整政策、督促指导地方改进工作、分配中央财政补助资金的重要依据。

第十五条 各级财政、民政部门应切实防范和化解财政风险,强化流程控制、依法合规分配和使用资金,实行不相容岗位(职责)分离控制。

各级财政、民政部门及其工作人员在补助资金的分配审核、使用管理等工作中,存在违反本办法规定的行为,以及其他滥用职权、玩忽职守、徇私舞弊等违法违规行为的,依法追究相应责任。涉嫌犯罪的,依法移送有关机关处理。

第十六条 各省财政、民政部门可参照本办法,结合当地实际,制定困难群众救助补助资金管理具体办法。

第十七条 本办法由财政部会同民政部负责解释。

第十八条 本办法自印发之日起开始施行,《财政部 民政部关于印发〈中央财政困难群众救助补助资金管理办法〉的通知》(财社〔2017〕58号)、《财政部 民政部 住房城乡建设部 中国残联关于修改中央财政困难群众救助等补助资金管理办法的通知》(财社〔2019〕114号)中关于中央财政困难群众救助补助资金部分内容,以及《财政部 民政部关于修改〈中央财政困难群众救助补助资金管理办法〉的通知》(财社〔2022〕38号)同时废止。

教育部等六部门关于做好家庭经济困难学生认定工作的指导意见

· 2018 年 10 月 30 日
· 教财〔2018〕16 号

各省、自治区、直辖市教育厅(教委)、财政厅(局)、民政厅(局)、人力资源社会保障厅(局)、扶贫办(局)、残联,各计划单列市教育局、财政局、民政局、人力资源社会保障局、扶贫办(局)、残联,新疆生产建设兵团教育局、财政局、民政局、人力资源社会保障局、扶贫办、残联,中央部门所属各高等学校:

为深入贯彻党的十九大精神,不断健全学生资助制度,进一步提高学生资助精准度,现就家庭经济困难学生认定工作提出以下意见:

一、重要意义

做好家庭经济困难学生认定工作,是贯彻落实党中央、国务院决策部署,全面推进精准资助,确保资助政策有效落实的迫切需要。近年来,我国学生资助政策体系逐步完善,经费投入大幅增加,学生资助规模不断扩大,学生资助工作成效显著,极大地促进了教育公平,为教育事业健康发展、脱贫攻坚目标如期实现提供了有力保障。认定家庭经济困难学生是实现精准资助的前提,是做好学生资助工作的基础。各地、各校要把家庭经济困难学生认定作为加强学生资助工作的重要任务,切实把好事做好、实事办实。

二、认定对象

家庭经济困难学生认定工作的对象是指本人及其家庭的经济能力难以满足在校期间的学习、生活基本支出的学生。本意见中的学生包括根据有关规定批准设立的普惠性幼儿园幼儿;根据国家有关规定批准设立、实施学历教育的全日制中等职业学校、普通高中、初中和小学学生;根据国家有关规定批准设立、实施学历教育的全日制普通本科高等学校、高等职业学校和高等专科学校招收的本专科学生(含第二学士学位和预科生),纳入全国研究生招生计划的全日制研究生。

三、基本原则

(一)坚持实事求是、客观公平。认定家庭经济困难学生要从客观实际出发,以学生家庭经济状况为主要认定依据,认定标准和尺度要统一,确保公平公正。

(二)坚持定量评价与定性评价相结合。既要建立科学的量化指标体系,进行定量评价,也要通过定性分析修正量化结果,更加准确、全面地了解学生的实际情况。

(三)坚持公开透明与保护隐私相结合。既要做到认定内容、程序、方法等透明,确保认定公正,也要尊重和保护学生隐私,严禁让学生当众诉苦、互相比困。

(四)坚持积极引导与自愿申请相结合。既要引导学生如实反映家庭经济困难情况,主动利用国家资助完成学业,也要充分尊重学生个人意愿,遵循自愿申请的原则。

四、组织机构及职责

教育部、财政部、民政部、人力资源社会保障部、国务院扶贫办、中国残联根据工作职责指导全国各级各类学校家庭经济困难学生认定工作。

各地要建立联动机制,加强相关部门间的工作协同,进一步整合家庭经济困难学生数据资源,将全国学生资助管理信息系统、技工院校学生管理信息系统与民政、扶贫、残联等部门有关信息系统对接,确保建档立卡贫困家庭学生、最低生活保障家庭学生、特困供养学生、孤残学生、烈士子女、家庭经济困难残疾学生及残疾人子女等学生信息全部纳入家庭经济困难学生数据库。

各高校要健全认定工作机制,成立学校学生资助工作领导小组,领导、监督家庭经济困难学生认定工作;学生资助管理机构具体负责组织、管理全校家庭经济困难学生认定工作;院(系)成立以分管学生资助工作的领导为组长,班主任、辅导员代表等相关人员参加的认定工作组,负责认定的具体组织和审核工作;年级(专业或班级)成立认定评议小组,成员应包括班主任、辅导员、学生代表等,开展民主评议工作。

各中等职业学校、普通高中、初中、小学、幼儿园要成立家庭经济困难学生认定工作组,负责组织实施本校家庭经济困难学生认定工作。成员一般应包括学校领导、资助工作人员、教师代表、学生代表、家长代表等。

五、认定依据

(一)家庭经济因素。主要包括家庭收入、财产、债务等情况。

(二)特殊群体因素。主要指是否属于建档立卡贫困家庭学生、最低生活保障家庭学生、特困供养学生、孤残学生、烈士子女、家庭经济困难残疾学生及残疾人子女等情况。

(三)地区经济社会发展水平因素。主要指校园地、生源地经济发展水平、城乡居民最低生活保障标准,学校收费标准等情况。

(四)突发状况因素。主要指遭受重大自然灾害、重大突发意外事件等情况。

(五)学生消费因素。主要指学生消费的金额、结构等是否合理。

（六）其它影响家庭经济状况的有关因素。主要包括家庭负担、劳动力及职业状况等。

六、工作程序

家庭经济困难学生认定工作原则上每学年进行一次，每学期要按照家庭经济困难学生实际情况进行动态调整。工作程序一般应包括提前告知、个人申请、学校认定、结果公示、建档备案等环节。各地、各校可根据实际情况制定具体的实施程序。

（一）提前告知。学校要通过多种途径和方式，提前向学生或监护人告知家庭经济困难学生认定工作事项，并做好资助政策宣传工作。

（二）个人申请。学生本人或监护人自愿提出申请，如实填报综合反映学生家庭经济情况的认定申请表。认定申请表应根据《家庭经济困难学生认定申请表（样表）》，由省级相关部门、中央部属高校结合实际，自行制定。

（三）学校认定。学校根据学生或监护人提交的申请材料，综合考虑学生日常消费情况以及影响家庭经济状况的有关因素开展认定工作，按规定对家庭经济困难学生划分资助档次。学校可采取家访、个别访谈、大数据分析、信函索证、量化评估、民主评议等方式提高家庭经济困难学生认定精准度。

（四）结果公示。学校要将家庭经济困难学生认定的名单及档次，在适当范围内、以适当方式予以公示。公示时，严禁涉及学生个人敏感信息及隐私。学校应建立家庭经济困难学生认定结果复核和动态调整机制，及时回应有关认定结果的异议。

（五）建档备案。经公示无异议后，学校汇总家庭经济困难学生名单，连同学生的申请材料统一建档，并按要求录入全国学生资助管理信息系统（技工院校按要求录入技工院校学生管理信息系统）。

七、相关要求

各级教育、财政、民政、人力资源社会保障、扶贫、残联等部门要加强对家庭经济困难学生认定工作的监督与指导，发现问题，及时纠正。

各级民政、人力资源社会保障、扶贫、残联等部门要为学生家庭经济状况的核实认定工作提供必要依据和支持，确保建档立卡贫困家庭学生、最低生活保障家庭学生、特困供养学生、孤残学生、烈士子女、家庭经济困难残疾学生及残疾人子女等信息真实有效。

各级教育、人力资源社会保障等部门和学校要加强学生资助信息安全管理，不得泄露学生资助信息。

各学校要加强学生的诚信教育，要求学生或监护人如实提供家庭经济情况，并及时告知家庭经济变化情况。如发现有恶意提供虚假信息的情况，一经核实，学校要及时取消学生的认定资格和已获得的相关资助，并追回资助资金。

八、附则

各地、各中央部属高校要根据本意见，结合实际，制（修）定具体的认定办法，并报全国学生资助管理中心备案。

科研院所、党校、行政学院、会计学院等研究生培养单位的家庭经济困难学生认定工作，参照本意见执行。

本意见自发布之日起施行。《关于认真做好高等学校家庭经济困难学生认定工作的指导意见》（教财〔2007〕8号）同时废止。

本意见由教育部、财政部、民政部、人力资源社会保障部、国务院扶贫办、中国残联负责解释。

附件：家庭经济困难学生认定申请表（样表）（略）

民政部、中央农村工作领导小组办公室、财政部、国家乡村振兴局关于进一步做好最低生活保障等社会救助兜底保障工作的通知

・2022年10月20日
・民发〔2022〕83号

各省、自治区、直辖市民政厅（局）、党委农办、财政厅（局）、乡村振兴局，新疆生产建设兵团民政局、党委农办、财政局、乡村振兴局：

为贯彻落实国务院常务会议精神，及时将符合条件的困难群众纳入社会救助范围，巩固拓展脱贫攻坚成果，实现最低生活保障等社会救助扩围增效，切实兜住、兜准、兜好困难群众基本生活底线，现就进一步做好社会救助兜底保障工作通知如下：

一、加大低保扩围增效工作力度

（一）规范完善低保准入条件。落实最低生活保障审核确认相关法规文件对低保条件的有关规定，在综合考虑申请家庭收入、财产状况等的基础上，做好低保审核确认工作。不得随意附加非必要限制性条件，不得以特定职业、特殊身份等为由，或者未经家庭经济状况调查核实直接认定申请家庭符合或者不符合条件。申请家庭符合条件的，不得仅将个别家庭成员纳入低保范围。采取"劳动力系数"等方式核算申请家庭收入的，要客观考虑家庭成员实际情况，对确实难以就业或者较长时间无法

获得收入的,根据家庭实际困难情况综合判断是否纳入低保范围。成年无业重度残疾人可以参照"单人户"提出低保申请。依靠兄弟姐妹或者60周岁及以上老年人供养的成年无业重度残疾人,在评估认定其家庭经济状况时,兄弟姐妹或者60周岁及以上老年人给付的供养费用,可以视情适当豁免,符合条件的,纳入低保范围。

(二)完善低保家庭经济状况评估认定。合理设置低保家庭财产状况认定条件,并随经济社会发展逐步调整。健全完善低保家庭经济状况评估认定方法,综合考量家庭财产市值、实际营收情况以及其家庭实际生活状况等,实事求是地予以认定。鼓励各地在申请环节实行证明事项告知承诺制,以书面形式将证明义务、证明内容等一次性告知申请人,申请人书面承诺已经符合告知的相关要求,可不再索要有关证明,直接开展家庭经济状况调查、审核确认等工作。

(三)落实低保渐退政策。鼓励具备就业能力的低保家庭成员积极就业,对就业后家庭人均收入超过当地低保标准的低保家庭,可给予原则上不超过6个月的渐退期。低保家庭成员死亡后,应当自其死亡之日起3个月内对其家庭状况进行核查,并办理完成低保金增发、减发、停发等相关手续。

(四)细化低保边缘家庭认定条件。低保边缘家庭一般指不符合低保条件,家庭人均收入低于当地1.5倍低保标准,且财产状况符合相关规定的家庭。鼓励各地制定低保边缘家庭财产状况认定标准。低保边缘家庭中的重残人员、重病患者等特殊困难人员,经本人申请,可参照"单人户"纳入低保范围。

二、进一步加强急难临时救助

(一)加强对生活困难未参保失业人员的临时救助。对受疫情影响无法返岗复工、连续3个月无收入来源,生活困难且失业保险政策无法覆盖的农民工等未参保失业人员,未纳入低保范围的,经本人申请,由务工地或者经常居住地发放一次性临时救助金。各地民政部门要加强临时救助与就业政策、失业保险的政策衔接,帮助有劳动能力的临时遇困人员渡过难关。

(二)加强对其他基本生活陷入困境群众的临时救助。及时将受疫情影响暂未就业、基本生活面临困难的大学生,以及其他因疫情导致基本生活陷入临时困境的家庭或者个人纳入临时救助范围。加强临时救助与受灾人员救助政策的衔接,对经过应急期救助、过渡期生活救助后基本生活仍有较大困难的受灾群众,及时给予临时救助,防止因灾返贫。

三、健全完善工作机制

(一)建立易地搬迁与低保工作衔接机制。加强摸排统计,做好迁入地、迁出地政策衔接,根据实际情况及时调整变更低保类别、低保标准、补助水平,防止困难群众因易地搬迁造成漏保或者重复纳入低保。

(二)加强社会救助家庭经济状况核对机制建设。完善社会救助家庭经济状况核对项目,加快实现民政系统内部涉及婚姻、殡葬等信息互通共享;加大与相关部门沟通协调力度,推动不动产登记、银行存款、公积金养老金缴纳、市场主体登记、死亡等信息比对;完善异地协同查询核对机制,及时办理其他省份发来的核对请求。

(三)健全低收入人口动态监测和分层分类救助帮扶机制。拓展全国低收入人口动态监测信息平台应用,完善低收入人口预警指标,通过数据交叉比对、关联分析和综合评估,筛查存在风险的低收入人口,及时查访核实、实施救助帮扶。加强与乡村振兴部门的信息共享,健全低收入人口动态监测信息平台与防止返贫动态监测数据对接机制,每季度或者每半年开展一次数据比对筛查,动态掌握未纳入社会救助范围的防止返贫监测对象情况。要针对重病、残疾、就学、失业等情况设置预警指标,对全部或者部分丧失劳动能力的低收入人口,特别是一些因病因残因意外事故等导致支出负担较重、增收压力大、返贫风险高的低保边缘群体、支出型困难群体、重病重残人员等要密切关注,符合条件的,及时纳入社会救助范围。各级民政部门在保障好救助对象基本生活的同时,要根据困难群众实际需求,及时将求助信息推送至相关部门,由相关部门根据职责提供其他专项社会救助或者帮扶,形成救助帮扶合力。

四、优化规范办理流程

(一)明确办理期限。各地要明确低保审核确认的办理期限,包括启动家庭经济状况调查、启动信息核对、乡镇人民政府(街道办事处)提出初审意见、县级人民政府民政部门审核确认等各环节的具体办理期限。低保审核确认工作应当自受理之日起30个工作日之内完成;审核确认权限下放到乡镇人民政府(街道办事处)的,应当自受理之日起20个工作日之内完成。发生公示有异议、人户分离、异地申办或者家庭经济状况调查难度较大等特殊情况的,可以延长至45个工作日。

(二)落实公示、公布制度。乡镇人民政府(街道办事处)经调查核实提出的初审意见,应在申请家庭所在村(社区)进行为期7天的公示。低保审核确认完毕后,申请人姓名、家庭成员数量、保障金额等信息应当在低保家庭所在村(社区)公布。信息公示、公布应当依法保护个人隐私,不得公开无关信息。

(三)优化非本地户籍人员救助申请程序。共同生活的家庭成员户籍所在地不在同一省(自治区、直辖市)的,可以由其中一个户籍所在地与经常居住地一致的家庭成员向其户籍所在地提出低保申请或者低保边缘家庭认定申请;共同生活的家庭成员户籍所在地与经常居住地均不一致的,可由任一家庭成员向其户籍所在地提出申请。有条件的地区可以有序推进持有居住证人员在居住地提出低保申请或者低保边缘家庭认定申请。健全完善临时救助制度,全面推行由急难发生地直接实施救助,为临时遇困群众救急解难。

五、落实保障措施

(一)加强组织领导。各级民政部门要切实履行社会救助体系建设牵头统筹职责,健全完善党委领导、政府负责、民政牵头、部门协同、社会参与的社会救助工作机制。要把进一步做好低保等社会救助兜底保障工作列上重要工作日程,抓紧调整完善相关政策,层层落实责任,周密组织实施。要通过社会救助家庭经济状况核对系统,对低保家庭的人口状况、收入状况和财产状况进行定期核查,会同有关社会救助管理部门夯实工作基础,努力提升对象认定准确性和数据统计质量。

(二)强化资金保障。地方各级财政要把保障困难群众基本生活放在重要位置,落实属地责任,加强社会救助扩围增效工作资金保障,统筹使用中央财政困难群众救助补助资金和地方各级财政安排的资金,扎实做好低保等社会救助兜底保障工作。

(三)加强监督检查。各地要加强对社会救助兜底保障政策落实的指导监督,确保政策落实到位,工作规范有序。要切实管好用好困难群众救助资金,不得挤占、挪用、截留或者扩大资金使用范围,守护好人民群众的每一分"保命钱"。要结合困难群众救助资金审计整改、社会救助综合治理等工作安排,加强对社会救助扩围增效工作的督促检查。鼓励建立完善容错纠错机制,激励基层社会救助干部担当作为。

(四)加强能力建设。各地要加强政府购买社会救助服务,提升社会救助专业化水平,充分发挥社工、志愿者等作用,在村级全面设立社会救助协理员,困难群众较多的村(社区)建立社会救助服务站(点)。加强社会救助业务培训、人才队伍建设,采取政策解读、专家授课、案例培训、经验介绍等方式,增强社会救助经办服务人员对政策的理解和把握,提升服务水平。

(五)加强社会救助信用体系建设。加强社会救助领域信用管理,引导鼓励社会救助对象诚信申报。强化申请或者已经获得低保家庭的如实申报义务。申请人要按规定如实申报家庭人口、收入、财产等状况。低保家庭的人口、收入和财产状况发生变化的,家庭成员要及时告知乡镇人民政府(街道办事处)。低保家庭的人口、收入和财产状况发生重大变化超过3个月未主动告知的,县级民政部门或者乡镇人民政府(街道办事处)可以进行批评教育。对于发现条件不符合的,要决定停止低保;对采取虚报、隐瞒、伪造等手段骗取低保的,要决定停止低保,责令退回非法获取的低保金,并依法追究法律责任。

中共中央、国务院关于实现巩固拓展脱贫攻坚成果同乡村振兴有效衔接的意见

· 2020 年 12 月 16 日

打赢脱贫攻坚战、全面建成小康社会后,要进一步巩固拓展脱贫攻坚成果,接续推动脱贫地区发展和乡村全面振兴。为实现巩固拓展脱贫攻坚成果同乡村振兴有效衔接,现提出如下意见。

一、重大意义

党的十八大以来,以习近平同志为核心的党中央把脱贫攻坚摆在治国理政的突出位置,作为实现第一个百年奋斗目标的重点任务,纳入"五位一体"总体布局和"四个全面"战略布局,作出一系列重大部署和安排,全面打响脱贫攻坚战,困扰中华民族几千年的绝对贫困问题即将历史性地得到解决,脱贫攻坚成果举世瞩目。到2020 年我国现行标准下农村贫困人口全部实现脱贫、贫困县全部摘帽、区域性整体贫困得到解决。"两不愁"质量水平明显提升,"三保障"突出问题彻底消除。贫困人口收入水平大幅度提高,自主脱贫能力稳步增强。贫困地区生产生活条件明显改善,经济社会发展明显加快。脱贫攻坚取得全面胜利,提前10 年实现《联合国2030 年可持续发展议程》减贫目标,实现了全面小康路上一个都不掉队,在促进全体人民共同富裕的道路上迈出了坚实一步。完成脱贫攻坚这一伟大事业,不仅在中华民族发展史上具有重要里程碑意义,更是中国人民对人类文明和全球反贫困事业的重大贡献。

脱贫攻坚的伟大实践,充分展现了我们党领导亿万人民坚持和发展中国特色社会主义创造的伟大奇迹,充分彰显了中国共产党领导和我国社会主义制度的政治优势。脱贫攻坚的伟大成就,极大增强了全党全国人民的

凝聚力和向心力,极大增强了全党全国人民的道路自信、理论自信、制度自信、文化自信。

这些成就的取得,归功于以习近平同志为核心的党中央坚强领导,习近平总书记亲自谋划、亲自挂帅、亲自督战,推动实施精准扶贫精准脱贫基本方略;归功于全党全社会众志成城、共同努力,中央统筹、省负总责、市县抓落实,省市县乡村五级书记抓扶贫,构建起专项扶贫、行业扶贫、社会扶贫互为补充的大扶贫格局;归功于广大干部群众辛勤工作和不懈努力,数百万干部战斗在扶贫一线,亿万贫困群众依靠自己的双手和智慧摆脱贫困;归功于行之有效的政策体系、制度体系和工作体系,脱贫攻坚政策体系覆盖面广、含金量高,脱贫攻坚制度体系完备、上下贯通,脱贫攻坚工作体系目标明确、执行力强,为打赢脱贫攻坚战提供了坚强支撑,为全面推进乡村振兴提供了宝贵经验。

脱贫摘帽不是终点,而是新生活、新奋斗的起点。打赢脱贫攻坚战、全面建成小康社会后,要在巩固拓展脱贫攻坚成果的基础上,做好乡村振兴这篇大文章,接续推进脱贫地区发展和群众生活改善。做好巩固拓展脱贫攻坚成果同乡村振兴有效衔接,关系到构建以国内大循环为主体、国内国际双循环相互促进的新发展格局,关系到全面建设社会主义现代化国家全局和实现第二个百年奋斗目标。全党务必站在践行初心使命、坚守社会主义本质要求的政治高度,充分认识实现巩固拓展脱贫攻坚成果同乡村振兴有效衔接的重要性、紧迫性,举全党全国之力,统筹安排、强力推进,让包括脱贫群众在内的广大人民过上更加美好的生活,朝着逐步实现全体人民共同富裕的目标继续前进,彰显党的根本宗旨和我国社会主义制度优势。

二、总体要求

(一)指导思想。以习近平新时代中国特色社会主义思想为指导,深入贯彻党的十九大和十九届二中、三中、四中、五中全会精神,坚定不移贯彻新发展理念,坚持稳中求进工作总基调,坚持以人民为中心的发展思想,坚持共同富裕方向,将巩固拓展脱贫攻坚成果放在突出位置,建立农村低收入人口和欠发达地区帮扶机制,健全乡村振兴领导体制和工作体系,加快推进脱贫地区乡村产业、人才、文化、生态、组织等全面振兴,为全面建设社会主义现代化国家开好局、起好步奠定坚实基础。

(二)基本思路和目标任务。脱贫攻坚目标任务完成后,设立 5 年过渡期。脱贫地区要根据形势变化,理清工作思路,做好过渡期内领导体制、工作体系、发展规划、

政策举措、考核机制等有效衔接,从解决建档立卡贫困人口"两不愁三保障"为重点转向实现乡村产业兴旺、生态宜居、乡风文明、治理有效、生活富裕,从集中资源支持脱贫攻坚转向巩固拓展脱贫攻坚成果和全面推进乡村振兴。到 2025 年,脱贫攻坚成果巩固拓展,乡村振兴全面推进,脱贫地区经济活力和发展后劲明显增强,乡村产业质量效益和竞争力进一步提高,农村基础设施和基本公共服务水平进一步提升,生态环境持续改善,美丽宜居乡村建设扎实推进,乡风文明建设取得显著进展,农村基层组织建设不断加强,农村低收入人口分类帮扶长效机制逐步完善,脱贫地区农民收入增速高于全国农民平均水平。到 2035 年,脱贫地区经济实力显著增强,乡村振兴取得重大进展,农村低收入人口生活水平显著提高,城乡差距进一步缩小,在促进全体人民共同富裕上取得更为明显的实质性进展。

(三)主要原则

——坚持党的全面领导。坚持中央统筹、省负总责、市县乡抓落实的工作机制,充分发挥各级党委总揽全局、协调各方的领导作用,省市县乡村五级书记抓巩固拓展脱贫攻坚成果和乡村振兴。总结脱贫攻坚经验,发挥脱贫攻坚体制机制作用。

——坚持有序调整、平稳过渡。过渡期内在巩固拓展脱贫攻坚成果上下更大功夫、想更多办法、给予更多后续帮扶支持,对脱贫县、脱贫村、脱贫人口扶上马送一程,确保脱贫群众不返贫。在主要帮扶政策保持总体稳定的基础上,分类优化调整,合理把握调整节奏、力度和时限,增强脱贫稳定性。

——坚持群众主体、激发内生动力。坚持扶志扶智相结合,防止政策养懒汉和泛福利化倾向,发挥奋进致富典型示范引领作用,激励有劳动能力的低收入人口勤劳致富。

——坚持政府推动引导、社会市场协同发力。坚持行政推动与市场机制有机结合,发挥集中力量办大事的优势,广泛动员社会力量参与,形成巩固拓展脱贫攻坚成果、全面推进乡村振兴的强大合力。

三、建立健全巩固拓展脱贫攻坚成果长效机制

(一)保持主要帮扶政策总体稳定。过渡期内严格落实"四个不摘"要求,摘帽不摘责任,防止松劲懈怠;摘帽不摘政策,防止急刹车;摘帽不摘帮扶,防止一撤了之;摘帽不摘监管,防止贫困反弹。现有帮扶政策该延续的延续、该优化的优化、该调整的调整,确保政策连续性。兜底救助类政策要继续保持稳定。落实好教育、医疗、住

房、饮水等民生保障普惠性政策，并根据脱贫人口实际困难给予适度倾斜。优化产业就业等发展类政策。

（二）健全防止返贫动态监测和帮扶机制。对脱贫不稳定户、边缘易致贫户，以及因病因灾因意外事故等刚性支出较大或收入大幅缩减导致基本生活出现严重困难户，开展定期检查、动态管理，重点监测其收入支出状况、"两不愁三保障"及饮水安全状况，合理确定监测标准。建立健全易返贫致贫人口快速发现和响应机制，分层分类及时纳入帮扶政策范围，实行动态清零。健全防止返贫大数据监测平台，加强相关部门、单位数据共享和对接，充分利用先进技术手段提升监测准确性，以国家脱贫攻坚普查结果为依据，进一步完善基础数据库。建立农户主动申请、部门信息比对、基层干部定期跟踪回访相结合的易返贫致贫人口发现和核查机制，实施帮扶对象动态管理。坚持预防性措施和事后帮扶相结合，精准分析返贫致贫原因，采取有针对性的帮扶措施。

（三）巩固"两不愁三保障"成果。落实行业主管部门工作责任。健全控辍保学工作机制，确保除身体原因不具备学习条件外脱贫家庭义务教育阶段适龄儿童少年不失学辍学。有效防范因病返贫致贫风险，落实分类资助参保政策，做好脱贫人口参保动员工作。建立农村脱贫人口住房安全动态监测机制，通过农村危房改造等多种方式保障低收入人口基本住房安全。巩固维护好已建农村供水工程成果，不断提升农村供水保障水平。

（四）做好易地扶贫搬迁后续扶持工作。聚焦原深度贫困地区、大型特大型安置区，从就业需要、产业发展和后续配套设施建设提升完善等方面加大扶持力度，完善后续扶持政策体系，持续巩固易地搬迁脱贫成果，确保搬迁群众稳得住、有就业、逐步能致富。提升安置区社区管理服务水平，建立关爱机制，促进社会融入。

（五）加强扶贫项目资产管理和监督。分类摸清各类扶贫项目形成的资产底数。公益性资产要落实管护主体，明确管护责任，确保继续发挥作用。经营性资产要明晰产权关系，防止资产流失和被侵占，资产收益重点用于项目运行管护、巩固拓展脱贫攻坚成果、村级公益事业等。确权到农户或其他经营主体的扶贫资产，依法维护其财产权利，由其自主管理和运营。

四、聚力做好脱贫地区巩固拓展脱贫攻坚成果同乡村振兴有效衔接重点工作

（六）支持脱贫地区乡村特色产业发展壮大。注重产业后续长期培育，尊重市场规律和产业发展规律，提高产业市场竞争力和抗风险能力。以脱贫县为单位规划发展乡村特色产业，实施特色种养业提升行动，完善全产业链支持措施。加快脱贫地区农产品和食品仓储保鲜、冷链物流设施建设，支持农产品流通企业、电商、批发市场与区域特色产业精准对接。现代农业产业园、科技园、产业融合发展示范园继续优先支持脱贫县。支持脱贫地区培育绿色食品、有机农产品、地理标志农产品，打造区域公用品牌。继续大力实施消费帮扶。

（七）促进脱贫人口稳定就业。搭建用工信息平台，培育区域劳务品牌，加大脱贫人口有组织劳务输出力度。支持脱贫地区在农村人居环境、小型水利、乡村道路、农田整治、水土保持、产业园区、林业草原基础设施等涉农项目建设和管护时广泛采取以工代赈方式。延续支持扶贫车间的优惠政策。过渡期内逐步调整优化生态护林员政策。统筹用好乡村公益岗位，健全按需设岗、以岗聘任、在岗领补、有序退岗的管理机制，过渡期内逐步调整优化公益岗位政策。

（八）持续改善脱贫地区基础设施条件。继续加大对脱贫地区基础设施建设的支持力度，重点谋划建设一批高速公路、客货共线铁路、水利、电力、机场、通信网络等区域性和跨区域重大基础设施建设工程。按照实施乡村建设行动统一部署，支持脱贫地区因地制宜推进农村厕所革命、生活垃圾和污水治理、村容村貌提升。推进脱贫县"四好农村路"建设，推动交通项目更多向进村入户倾斜，因地制宜推进较大人口规模自然村（组）通硬化路，加强通村公路和村内主干道连接，加大农村产业路、旅游路建设力度。加强脱贫地区农村防洪、灌溉等中小型水利工程建设。统筹推进脱贫地区县乡村三级物流体系建设，实施"快递进村"工程。支持脱贫地区电网建设和乡村电气化提升工程实施。

（九）进一步提升脱贫地区公共服务水平。继续改善义务教育办学条件，加强乡村寄宿制学校和乡村小规模学校建设。加强脱贫地区职业院校（含技工院校）基础能力建设。继续实施家庭经济困难学生资助政策和农村义务教育学生营养改善计划。在脱贫地区普遍增加公费师范生培养供给，加强城乡教师合理流动和对口支援。过渡期内保持现有健康帮扶政策基本稳定，完善大病专项救治政策，优化高血压等主要慢病签约服务，调整完善县域内先诊疗后付费政策。继续开展三级医院对口帮扶并建立长效机制，持续提升县级医院诊疗能力。加大中央倾斜支持脱贫地区医疗卫生机构基础设施建设和设备配备力度，继续改善疾病预防控制机构条件。继续实施农村危房改造和地震高烈度设防地区农房抗震改造，逐步建立农村低收入人口住房安全保障长效机制。继续加强脱贫地区村级综合服务设施建设,提升为民服务能力和水平。

五、健全农村低收入人口常态化帮扶机制

(十)加强农村低收入人口监测。以现有社会保障体系为基础,对农村低保对象、农村特困人员、农村易返贫致贫人口,以及因病因灾因意外事故等刚性支出较大或收入大幅缩减导致基本生活出现严重困难人口等农村低收入人口开展动态监测。充分利用民政、扶贫、教育、人力资源社会保障、住房城乡建设、医疗保障等政府部门现有数据平台,加强数据比对和信息共享,完善基层主动发现机制。健全多部门联动的风险预警、研判和处置机制,实现对农村低收入人口风险点的早发现和早帮扶。完善农村低收入人口定期核查和动态调整机制。

(十一)分层分类实施社会救助。完善最低生活保障制度,科学认定农村低保对象,提高政策精准性。调整优化针对原建档立卡贫困户的低保"单人户"政策。完善低保家庭收入财产认定方法。健全低保标准制定和动态调整机制。加大低保标准制定省级统筹力度。鼓励有劳动能力的农村低保对象参与就业,在计算家庭收入时扣减必要的就业成本。完善农村特困人员救助供养制度,合理提高救助供养水平和服务质量。完善残疾儿童康复救助制度,提高救助服务质量。加强社会救助资源统筹,根据对象类型、困难程度等,及时有针对性地给予困难群众医疗、教育、住房、就业等专项救助,做到精准识别、应救尽救。对基本生活陷入暂时困难的群众加强临时救助,做到凡困必帮、有难必救。鼓励通过政府购买服务对社会救助家庭中生活不能自理的老年人、未成年人、残疾人等提供必要的访视、照料服务。

(十二)合理确定农村医疗保障待遇水平。坚持基本标准,统筹发挥基本医疗保险、大病保险、医疗救助三重保障制度综合梯次减负功能。完善城乡居民基本医疗保险参保个人缴费资助政策,继续全额资助农村特困人员,定额资助低保对象,过渡期内逐步调整脱贫人口资助政策。在逐步提高大病保障水平基础上,大病保险继续对低保对象、特困人员和返贫致贫人口进行倾斜支付。进一步夯实医疗救助托底保障,合理设定年度救助限额,合理控制救助对象政策范围内自付费用比例。分阶段、分对象、分类别调整脱贫攻坚期超常规保障措施。重点加大医疗救助资金投入,倾斜支持乡村振兴重点帮扶县。

(十三)完善养老保障和儿童关爱服务。完善城乡居民基本养老保险费代缴政策,地方政府结合当地实际

情况,按照最低缴费档次为参加城乡居民养老保险的低保对象、特困人员、返贫致贫人口、重度残疾人等缴费困难群体代缴部分或全部保费。在提高城乡居民养老保险缴费档次时,对上述困难群体和其他已脱贫人口可保留现行最低缴费档次。强化县乡两级养老机构对失能、部分失能特困老年人口的兜底保障。加大对孤儿、事实无人抚养儿童等保障力度。加强残疾人托养照护、康复服务。

(十四)织密兜牢丧失劳动能力人口基本生活保障底线。对脱贫人口中完全丧失劳动能力或部分丧失劳动能力且无法通过产业就业获得稳定收入的人口,要按规定纳入农村低保或特困人员救助供养范围,并按困难类型及时给予专项救助、临时救助等,做到应保尽保、应兜尽兜。

六、着力提升脱贫地区整体发展水平

(十五)在西部地区脱贫县中集中支持一批乡村振兴重点帮扶县。按照应减尽减原则,在西部地区处于边远或高海拔、自然环境相对恶劣、经济发展基础薄弱、社会事业发展相对滞后的脱贫县中,确定一批国家乡村振兴重点帮扶县,从财政、金融、土地、人才、基础设施建设、公共服务等方面给予集中支持,增强其区域发展能力。支持各地在脱贫县中自主选择一部分县作为乡村振兴重点帮扶县。支持革命老区、民族地区、边疆地区巩固脱贫攻坚成果和乡村振兴。建立跟踪监测机制,对乡村振兴重点帮扶县进行定期监测评估。

(十六)坚持和完善东西部协作和对口支援、社会力量参与帮扶机制。继续坚持并完善东西部协作机制,在保持现有结对关系基本稳定和加强现有经济联系的基础上,调整优化结对帮扶关系,将现行一对多、多对一的帮扶办法,调整为原则上一个东部地区省份帮扶一个西部地区省份的长期固定结对帮扶关系。省际间要做好帮扶关系的衔接,防止出现工作断档、力量弱化。中部地区不再实施省际间结对帮扶。优化协作帮扶方式,在继续给予资金支持、援建项目基础上,进一步加强产业合作、劳务协作、人才支援,推进产业梯度转移,鼓励东西部共建产业园区。教育、文化、医疗卫生、科技等行业对口支援原则上纳入新的东西部协作结对关系。更加注重发挥市场作用,强化以企业合作为载体的帮扶协作。继续坚持定点帮扶机制,适当予以调整优化,安排有能力的部门、单位和企业承担更多责任。军队持续推进定点帮扶工作,健全完善长效机制,巩固提升帮扶成效。继续实施"万企帮万村"行动。定期对东西部协作和定点帮扶成

效进行考核评价。

七、加强脱贫攻坚与乡村振兴政策有效衔接

（十七）做好财政投入政策衔接。过渡期内在保持财政支持政策总体稳定的前提下，根据巩固拓展脱贫攻坚成果同乡村振兴有效衔接的需要和财力状况，合理安排财政投入规模，优化支出结构，调整支持重点。保留并调整优化原财政专项扶贫资金，聚焦支持脱贫地区巩固拓展脱贫攻坚成果和乡村振兴，适当向国家乡村振兴重点帮扶县倾斜，并逐步提高用于产业发展的比例。各地要用好城乡建设用地增减挂钩政策，统筹地方可支配财力，支持"十三五"易地扶贫搬迁融资资金偿还。对农村低收入人口的救助帮扶，通过现有资金支出渠道支持。过渡期前3年脱贫县继续实行涉农资金统筹整合试点政策，此后调整至国家乡村振兴重点帮扶县实施，其他地区探索建立涉农资金整合长效机制。确保以工代赈中央预算内投资落实到项目，及时足额发放劳务报酬。现有财政相关转移支付继续倾斜支持脱贫地区。对支持脱贫地区产业发展效果明显的贷款贴息、政府采购等政策，在调整优化基础上继续实施。过渡期内延续脱贫攻坚相关税收优惠政策。

（十八）做好金融服务政策衔接。继续发挥再贷款作用，现有再贷款帮扶政策在展期期间保持不变。进一步完善针对脱贫人口的小额信贷政策。对有较大贷款资金需求、符合贷款条件的对象，鼓励其申请创业担保贷款政策支持。加大对脱贫地区优势特色产业信贷和保险支持力度。鼓励各地因地制宜开发优势特色农产品保险。对脱贫地区继续实施企业上市"绿色通道"政策。探索农产品期货期权和农业保险联动。

（十九）做好土地支持政策衔接。坚持最严格耕地保护制度，强化耕地保护主体责任，严格控制非农建设占用耕地，坚决守住18亿亩耕地红线。以国土空间规划为依据，按照应保尽保原则，新增建设用地计划指标优先保障巩固拓展脱贫攻坚成果和乡村振兴用地需要，过渡期内专项安排脱贫县年度新增建设用地计划指标，专项指标不得挪用；原深度贫困地区计划指标不足的，由所在省份协调解决。过渡期内，对脱贫地区继续实施城乡建设用地增减挂钩节余指标省内交易政策；在东西部协作和对口支援框架下，对现行政策进行调整完善，继续开展增减挂钩节余指标跨省域调剂。

（二十）做好人才智力支持政策衔接。延续脱贫攻坚期间各项人才智力支持政策，建立健全引导各类人才服务乡村振兴长效机制。继续实施农村义务教育阶段教师特岗计划、中小学幼儿园教师国家级培训计划、银龄讲学计划、乡村教师生活补助政策，优先满足脱贫地区对高素质教师的补充需求。继续实施高校毕业生"三支一扶"计划，继续实施重点高校定向招生专项计划。全科医生特岗和农村订单定向医学生免费培养计划优先向中西部地区倾斜。在国家乡村振兴重点帮扶县对农业科技推广人员探索"县管乡用、下沉到村"的新机制。继续支持脱贫户"两后生"接受职业教育，并按规定给予相应资助。鼓励和引导各方面人才向国家乡村振兴重点帮扶县基层流动。

八、全面加强党的集中统一领导

（二十一）做好领导体制衔接。健全中央统筹、省负总责、市县乡抓落实的工作机制，构建责任清晰、各负其责、执行有力的乡村振兴领导体制，层层压实责任。充分发挥中央和地方各级党委农村工作领导小组作用，建立统一高效的实现巩固拓展脱贫攻坚成果同乡村振兴有效衔接的决策议事协调工作机制。

（二十二）做好工作体系衔接。脱贫攻坚任务完成后，要及时做好巩固拓展脱贫攻坚成果同全面推进乡村振兴在工作力量、组织保障、规划实施、项目建设、要素保障方面的有机结合，做到一盘棋、一体化推进。持续加强脱贫村党组织建设，选好用好管好乡村振兴带头人。对巩固拓展脱贫攻坚成果和乡村振兴任务重的村，继续选派驻村第一书记和工作队，健全常态化驻村工作机制。

（二十三）做好规划实施和项目建设衔接。将实现巩固拓展脱贫攻坚成果同乡村振兴有效衔接的重大举措纳入"十四五"规划。将脱贫地区巩固拓展脱贫攻坚成果和乡村振兴重大工程项目纳入"十四五"相关规划。科学编制"十四五"时期巩固拓展脱贫攻坚成果同乡村振兴有效衔接规划。

（二十四）做好考核机制衔接。脱贫攻坚任务完成后，脱贫地区开展乡村振兴考核时要把巩固拓展脱贫攻坚成果纳入市县党政领导班子和领导干部推进乡村振兴战略实绩考核范围。与高质量发展综合绩效评价做好衔接，科学设置考核指标，切实减轻基层负担。强化考核结果运用，将考核结果作为干部选拔任用、评先奖优、问责追责的重要参考。

决战脱贫攻坚目标任务胜利完成，我们要更加紧密地团结在以习近平同志为核心的党中央周围，乘势而上、埋头苦干，巩固拓展脱贫攻坚成果，全面推进乡村振兴，朝着全面建设社会主义现代化国家、实现第二个百年奋斗目标迈进。

国务院办公厅转发国家乡村振兴局、中央农办、财政部关于加强扶贫项目资产后续管理指导意见的通知

· 2021 年 5 月 22 日

· 国办函〔2021〕51 号

各省、自治区、直辖市人民政府,国务院各部委、各直属机构:

国家乡村振兴局、中央农办、财政部《关于加强扶贫项目资产后续管理的指导意见》已经国务院同意,现转发给你们,请认真贯彻执行。

关于加强扶贫项目资产后续管理的指导意见
国家乡村振兴局、中央农办、财政部

党的十八大以来,国家持续加大扶贫投入力度,实施了大量扶贫项目,形成了较大规模的资产,极大地改善了贫困地区生产生活条件,为贫困户脱贫增收、打赢脱贫攻坚战奠定了重要基础。为加强扶贫项目资产后续管理,确保扶贫项目在巩固拓展脱贫攻坚成果、接续全面推进乡村振兴中持续发挥效益,现提出如下意见。

一、指导思想

以习近平新时代中国特色社会主义思想为指导,全面贯彻党的十九大和十九届二中、三中、四中、五中全会精神,坚持中央统筹、省负总责、市县乡抓落实的工作机制,坚持精准方略,在巩固拓展脱贫攻坚成果同乡村振兴有效衔接框架下,按照现有资产管理制度及农村集体产权制度改革等要求,建立健全扶贫项目资产的长效运行管理机制,确保项目资产稳定良性运转、经营性资产不流失或不被侵占、公益性资产持续发挥作用,为巩固拓展脱贫攻坚成果、全面实现乡村振兴提供更好保障。

二、工作原则

坚持依法依规,突出帮扶特性。扶贫项目资产后续管理要与农村集体产权制度改革相衔接,遵循国有资产和农村集体资产管理及行业管理等有关规定,充分考虑扶贫项目资产受益群众的特殊性,资产权属和收益权尽量下沉。

坚持权责明晰,实施分类管理。按产权归属落实后续管理责任。扶贫项目资产由地方政府负责统筹。根据不同类别扶贫项目资产属性,落实各级行业主管部门监管责任。注重发挥村级组织作用。因地制宜、分类施策,完善扶贫项目资产后续管理机制。

坚持公开透明,引导群众参与。严格落实公告公示制度,提高项目资产后续管理和运营透明度。充分尊重农民意愿,切实保障受益群众对扶贫项目资产的知情权、参与权、表达权、监督权。

三、主要措施

(一)摸清扶贫项目资产底数。扶贫项目资产按经营性资产、公益性资产和到户类资产进行管理。经营性资产主要为具有经营性质的产业就业类项目固定资产及权益性资产等,公益性资产主要为公益性基础设施、公共服务类固定资产等,到户类资产主要为通过财政补助等形式帮助贫困户发展所形成的生物性资产或固定资产等。对党的十八大以来使用各级财政资金、地方政府债券资金、东西部协作、社会捐赠和对口帮扶等投入形成的扶贫项目资产进行全面摸底,分类建立管理台账,重点是经营性资产和公益性资产。

(二)有序推进确权登记。结合农村集体产权制度改革,按照"谁主管、谁负责"的原则,稳妥推进符合条件的扶贫项目资产确权登记,做好资产移交,并纳入相关管理体系。对经营性资产,根据资金来源、受益范围、管理需要等明确权属,尽可能明确到获得收益的个人、村集体经济组织等。难以明确到个人的扶贫项目资产,原则上应明确到村集体经济组织,纳入农村集体资产管理范围,并按照农村集体产权制度改革要求有序推进股份合作制改革。对公益性资产,项目建成后应及时办理移交手续,按照行业相关要求进行确权和管理。到户类资产归农户所有。对属于不动产的,依法办理确权登记。

(三)落实后续管理责任。省市两级政府要统筹指导和监督做好扶贫项目资产后续管理工作。县级政府对本县域扶贫项目资产后续管理履行主体责任,明确相关部门、乡镇政府管理责任清单。乡镇政府要加强扶贫项目资产后续运营的日常监管。对确权到村集体的扶贫项目资产,村级组织要担负起监管责任。各级行业主管部门按照职责分工,根据行业领域资产管理制度和规定,履行行业监管职责。

(四)规范后续管护运营。根据扶贫项目资产特点,明确产权主体管护责任,探索多形式、多层次、多样化的管护模式。对经营性资产,要加强运营管理,完善运营方案,确定运营主体、经营方式和期限,明确运营各方权利义务,做好风险防控。各地可根据实际,探索实行集中统一管护。管护经费根据运营方案原则上从经营收益中列支。对公益性资产,要加强后续管护,完善管护标准和规范,由相应的产权主体落实管护责任人和管护经费。可通过调整优化现有公益性岗位等方式解决管护力量不足问题,优

先聘请符合条件的脱贫人口参与管护。属于村集体的公益性资产管护经费,可由村集体经营收益、地方财政资金统筹解决。落实受益群众责任,引导其参与管护和运营。对到户类资产,由农户自行管理,村级组织和有关部门要加强指导和帮扶,使到户扶贫项目资产更好地发挥效益。

(五)规范收益分配使用。发挥扶贫项目资产的帮扶作用,经营性资产收益分配按照现行资产管理制度实施。对制度未予明确规定的,应通过民主决策程序提出具体分配方案,体现精准和差异化扶持,并履行相应审批程序,分配方案和分配结果要及时公开。扶贫项目资产收益重点用于巩固拓展脱贫攻坚成果和全面实现乡村振兴。属于村集体的资产收益,通过设置一定的条件,鼓励采取参加村内项目建设和发展等劳动增收方式进行分配,激发群众内生动力。提取的公积公益金重点用于项目运营管护、村级公益事业等方面。严禁采用简单发钱发物、一分了之的做法进行收益分配。

(六)严格项目资产处置。任何单位和个人不得随意处置国有和集体扶贫项目资产。确需处置的,应严格按照国有资产、集体资产管理有关规定,履行相应审批手续进行规范处置。将扶贫项目资产进行抵押担保的,要严格按照相关法律法规执行。对以个人、村集体经济组织名义入股或参股企业等经营主体的,应明确股权的退出办法和处置方式等。属于村集体资产的处置收入应重新安排用于巩固拓展脱贫攻坚成果和全面实现乡村振兴。

四、组织保障

(一)加强组织领导。各地区要充分认识加强扶贫项目资产后续管理的重要性,将其纳入巩固拓展脱贫攻坚成果同乡村振兴有效衔接工作中统筹部署落实。各省(自治区、直辖市)要根据本指导意见,结合实际情况制定具体实施意见或办法。乡村振兴、农业农村、发展改革、教育、财政、自然资源、交通运输、水利、卫生健康等相关部门要按照分工明确管理责任,密切配合,共同将扶贫项目资产后续管理各项工作落实到位,乡村振兴部门要发挥好统筹协调作用。

(二)强化监督管理。加强对扶贫项目资产后续管理情况的纪律监督、审计监督、行业监督和社会监督等。发挥驻村工作队、村务监督委员会、村集体经济组织监事会等监督作用。严格落实公告公示制度,及时公布扶贫项目资产运营、收益分配、处置等情况。对贪占挪用、违规处置扶贫项目资产及收益等各类行为,依纪依法严肃追究责任。

(三)抓好总结推广。各地区要加强对扶贫项目资产后续管理工作的总结,积极探索并不断完善扶贫项目

资产后续管理办法,及时解决发现的问题,积累和推广成功经验做法。

2. 低保

城市居民最低生活保障条例

· 1999 年 9 月 28 日中华人民共和国国务院令第 271 号发布
· 自 1999 年 10 月 1 日起施行

第一条　为了规范城市居民最低生活保障制度,保障城市居民基本生活,制定本条例。

第二条　持有非农业户口的城市居民,凡共同生活的家庭成员人均收入低于当地城市居民最低生活保障标准的,均有从当地人民政府获得基本生活物质帮助的权利。

前款所称收入,是指共同生活的家庭成员的全部货币收入和实物收入,包括法定赡养人、扶养人或者抚养人应当给付的赡养费、扶养费或者抚养费,不包括优抚对象按照国家规定享受的抚恤金、补助金。

第三条　城市居民最低生活保障制度遵循保障城市居民基本生活的原则,坚持国家保障与社会帮扶相结合、鼓励劳动自救的方针。

第四条　城市居民最低生活保障制度实行地方各级人民政府负责制。县级以上地方各级人民政府民政部门具体负责本行政区域内城市居民最低生活保障的管理工作;财政部门按照规定落实城市居民最低生活保障资金;统计、物价、审计、劳动保障和人事等部门分工负责,在各自的职责范围内负责城市居民最低生活保障的有关工作。

县级人民政府民政部门以及街道办事处和镇人民政府(以下统称管理审批机关)负责城市居民最低生活保障的具体管理审批工作。

居民委员会根据管理审批机关的委托,可以承担城市居民最低生活保障的日常管理、服务工作。

国务院民政部门负责全国城市居民最低生活保障的管理工作。

第五条　城市居民最低生活保障所需资金,由地方人民政府列入财政预算,纳入社会救济专项资金支出项目,专项管理,专款专用。

国家鼓励社会组织和个人为城市居民最低生活保障提供捐赠、资助;所提供的捐赠资助,全部纳入当地城市居民最低生活保障资金。

第六条　城市居民最低生活保障标准,按照当地维

持城市居民基本生活所必需的衣、食、住费用,并适当考虑水电燃煤(燃气)费用以及未成年人的义务教育费用确定。

直辖市、设区的市的城市居民最低生活保障标准,由市人民政府民政部门会同财政、统计、物价等部门制定,报本级人民政府批准并公布执行;县(县级市)的城市居民最低生活保障标准,由县(县级市)人民政府民政部门会同财政、统计、物价等部门制定,报本级人民政府批准并报上一级人民政府备案后公布执行。

城市居民最低生活保障标准需要提高时,依照前两款的规定重新核定。

第七条 申请享受城市居民最低生活保障待遇,由户主向户籍所在地的街道办事处或者镇人民政府提出书面申请,并出具有关证明材料,填写《城市居民最低生活保障待遇审批表》。城市居民最低生活保障待遇,由其所在地的街道办事处或者镇人民政府初审,并将有关材料和初审意见报送县级人民政府民政部门审批。

管理审批机关为审批城市居民最低生活保障待遇的需要,可以通过入户调查、邻里访问以及信函索证等方式对申请人的家庭经济状况和实际生活水平进行调查核实。申请人及有关单位、组织或者个人应当接受调查,如实提供有关情况。

第八条 县级人民政府民政部门经审查,对符合享受城市居民最低生活保障待遇条件的家庭,应当区分下列不同情况批准其享受城市居民最低生活保障待遇:

(一)对无生活来源、无劳动能力又无法定赡养人、扶养人或者抚养人的城市居民,批准其按照当地城市居民最低生活保障标准全额享受;

(二)对尚有一定收入的城市居民,批准其按照家庭人均收入低于当地城市居民最低生活保障标准的差额享受。

县级人民政府民政部门经审查,对不符合享受城市居民最低生活保障待遇条件的,应当书面通知申请人,并说明理由。

管理审批机关应当自接到申请人提出申请之日起的30日内办结审批手续。

城市居民最低生活保障待遇由管理审批机关以货币形式按月发放;必要时,也可以给付实物。

第九条 对经批准享受城市居民最低生活保障待遇的城市居民,由管理审批机关采取适当形式以户为单位予以公布,接受群众监督。任何人对不符合法定条件而享受城市居民最低生活保障待遇的,都有权向管理审批机关提出意见;管理审批机关经核查,对情况属实的,应当予以纠正。

第十条 享受城市居民最低生活保障待遇的城市居民家庭人均收入情况发生变化的,应当及时通过居民委员会告知管理审批机关,办理停发、减发或者增发城市居民最低生活保障待遇的手续。

管理审批机关应当对享受城市居民最低生活保障待遇的城市居民的家庭收入情况定期进行核查。

在就业年龄内有劳动能力但尚未就业的城市居民,在享受城市居民最低生活保障待遇期间,应当参加其所在的居民委员会组织的公益性社区服务劳动。

第十一条 地方各级人民政府及其有关部门,应当对享受城市居民最低生活保障待遇的城市居民在就业、从事个体经营等方面给予必要的扶持和照顾。

第十二条 财政部门、审计部门依法监督城市居民最低生活保障资金的使用情况。

第十三条 从事城市居民最低生活保障管理审批工作的人员有下列行为之一的,给予批评教育,依法给予行政处分;构成犯罪的,依法追究刑事责任:

(一)对符合享受城市居民最低生活保障待遇条件的家庭拒不签署同意享受城市居民最低生活保障待遇意见的,或者对不符合享受城市居民最低生活保障待遇条件的家庭故意签署同意享受城市居民最低生活保障待遇意见的;

(二)玩忽职守、徇私舞弊,或者贪污、挪用、扣压、拖欠城市居民最低生活保障款物的。

第十四条 享受城市居民最低生活保障待遇的城市居民有下列行为之一的,由县级人民政府民政部门给予批评教育或者警告,追回其冒领的城市居民最低生活保障款物;情节恶劣的,处冒领金额1倍以上3倍以下的罚款:

(一)采取虚报、隐瞒、伪造等手段,骗取享受城市居民最低生活保障待遇的;

(二)在享受城市居民最低生活保障待遇期间家庭收入情况好转,不按规定告知管理审批机关,继续享受城市居民最低生活保障待遇的。

第十五条 城市居民对县级人民政府民政部门作出的不批准享受城市居民最低生活保障待遇或者减发、停发城市居民最低生活保障款物的决定或者给予的行政处罚不服的,可以依法申请行政复议;对复议决定仍不服的,可以依法提起行政诉讼。

第十六条 省、自治区、直辖市人民政府可以根据本条例,结合本行政区域城市居民最低生活保障工作的实际情况,规定实施的办法和步骤。

第十七条　本条例自 1999 年 10 月 1 日起施行。

国务院关于解决城市低收入家庭
住房困难的若干意见

· 2007 年 8 月 7 日
· 国发〔2007〕24 号

住房问题是重要的民生问题。党中央、国务院高度重视解决城市居民住房问题,始终把改善群众居住条件作为城市住房制度改革和房地产业发展的根本目的。20 多年来,我国住房制度改革不断深化,城市住宅建设持续快速发展,城市居民住房条件总体上有了较大改善。但也要看到,城市廉租住房制度建设相对滞后,经济适用住房制度不够完善,政策措施还不配套,部分城市低收入家庭住房还比较困难。为切实加大解决城市低收入家庭住房困难工作力度,现提出以下意见:

一、明确指导思想、总体要求和基本原则

(一)指导思想。以邓小平理论和"三个代表"重要思想为指导,深入贯彻落实科学发展观,按照全面建设小康社会和构建社会主义和谐社会的目标要求,把解决城市(包括县城,下同)低收入家庭住房困难作为维护群众利益的重要工作和住房制度改革的重要内容,作为政府公共服务的一项重要职责,加快建立健全以廉租住房制度为重点、多渠道解决城市低收入家庭住房困难的政策体系。

(二)总体要求。以城市低收入家庭为对象,进一步建立健全城市廉租住房制度,改进和规范经济适用住房制度,加大棚户区、旧住宅区改造力度,力争到"十一五"期末,使低收入家庭住房条件得到明显改善,农民工等其他城市住房困难群体的居住条件得到逐步改善。

(三)基本原则。解决低收入家庭住房困难,要坚持立足国情,满足基本住房需要;统筹规划,分步解决;政府主导,社会参与;统一政策,因地制宜;省级负总责,市县抓落实。

二、进一步建立健全城市廉租住房制度

(四)逐步扩大廉租住房制度的保障范围。城市廉租住房制度是解决低收入家庭住房困难的主要途径。2007 年底前,所有设区的城市要对符合规定住房困难条件、申请廉租住房租赁补贴的城市低保家庭基本做到应保尽保;2008 年底前,所有县城要基本做到应保尽保。"十一五"期末,全国廉租住房制度保障范围要由城市最低收入住房困难家庭扩大到低收入住房困难家庭;2008 年底前,东部地区和其他有条件的地区要将保障范围扩大到低收入住房困难家庭。

(五)合理确定廉租住房保障对象和保障标准。廉租住房保障对象的家庭收入标准和住房困难标准,由城市人民政府按照当地统计部门公布的家庭人均可支配收入和人均住房水平的一定比例,结合城市经济发展水平和住房价格水平确定。廉租住房保障面积标准,由城市人民政府根据当地家庭平均住房水平及财政承受能力等因素统筹研究确定。廉租住房保障对象的家庭收入标准、住房困难标准和保障面积标准实行动态管理,由城市人民政府每年向社会公布一次。

(六)健全廉租住房保障方式。城市廉租住房保障实行货币补贴和实物配租等方式相结合,主要通过发放租赁补贴,增强低收入家庭在市场上承租住房的能力。每平方米租赁补贴标准由城市人民政府根据当地经济发展水平、市场平均租金、保障对象的经济承受能力等因素确定。其中,对符合条件的城市低保家庭,可按当地的廉租住房保障面积标准和市场平均租金给予补贴。

(七)多渠道增加廉租住房房源。要采取政府新建、收购、改建以及鼓励社会捐赠等方式增加廉租住房供应。小户型租赁住房短缺和住房租金较高的地方,城市人民政府要加大廉租住房建设力度。新建廉租住房套型建筑面积控制在 50 平方米以内,主要在经济适用住房以及普通商品住房小区中配建,并在用地规划和土地出让条件中明确规定建成后由政府收回或回购;也可以考虑相对集中建设。积极发展住房租赁市场,鼓励房地产开发企业开发建设中小户型住房面向社会出租。

(八)确保廉租住房保障资金来源。地方各级人民政府要根据廉租住房工作的年度计划,切实落实廉租住房保障资金:一是地方财政要将廉租住房保障资金纳入年度预算安排。二是住房公积金增值收益在提取贷款风险准备金和管理费用之后全部用于廉租住房建设。三是土地出让净收益用于廉租住房保障资金的比例不得低于 10%,各地还可根据实际情况进一步适当提高比例。四是廉租住房租金收入实行收支两条线管理,专项用于廉租住房的维护和管理。对中西部财政困难地区,通过中央预算内投资补助和中央财政廉租住房保障专项补助资金等方式给予支持。

三、改进和规范经济适用住房制度

(九)规范经济适用住房供应对象。经济适用住房供应对象为城市低收入住房困难家庭,并与廉租住房保障对象衔接。经济适用住房供应对象的家庭收入标准和住房困难标准，由城市人民政府确定，实行动态管理，每年向社会公布一次。低收入住房困难家庭要求购买经济适用住房的，由该家庭提出申请，有关单位按规定的程序进行审查，对符合标准的，纳入经济适用住房供应对象范围。过去享受过福利分房或购买过经济适用住房的家庭不得再购买经济适用住房。已经购买了经济适用住房的家庭又购买其他住房的，原经济适用住房由政府按规定回购。

（十）合理确定经济适用住房标准。经济适用住房套型标准根据经济发展水平和群众生活水平，建筑面积控制在60平方米左右。各地要根据实际情况，每年安排建设一定规模的经济适用住房。房价较高、住房结构性矛盾突出的城市，要增加经济适用住房供应。

（十一）严格经济适用住房上市交易管理。经济适用住房属于政策性住房，购房人拥有有限产权。购买经济适用住房不满5年，不得直接上市交易，购房人因各种原因确需转让经济适用住房的，由政府按照原价格并考虑折旧和物价水平等因素进行回购。购买经济适用住房满5年，购房人可转让经济适用住房，但应按照届时同地段普通商品住房与经济适用住房差价的一定比例向政府交纳土地收益等价款，具体交纳比例由城市人民政府确定，政府可优先回购；购房人向政府交纳土地收益等价款后，也可以取得完全产权。上述规定应在经济适用住房购房合同中予以明确。政府回购的经济适用住房，继续向符合条件的低收入住房困难家庭出售。

（十二）加强单位集资合作建房管理。单位集资合作建房只能由距离城区较远的独立工矿企业和住房困难户较多的企业，在符合城市规划前提下，经城市人民政府批准，并利用自用土地组织实施。单位集资合作建房纳入当地经济适用住房供应计划，其建设标准、供应对象、产权关系等均按照经济适用住房的有关规定执行。在优先满足本单位住房困难职工购买基础上房源仍有多余的，由城市人民政府统一向符合经济适用住房购买条件的家庭出售，或以成本价收购后用作廉租住房。各级国家机关一律不得搞单位集资合作建房；任何单位不得新征用或新购买土地搞集资合作建房；单位集资合作建房不得向非经济适用住房供应对象出售。

四、逐步改善其他住房困难群体的居住条件

（十三）加快集中成片棚户区的改造。对集中成片的棚户区，城市人民政府要制定改造计划，因地制宜进行改造。棚户区改造要符合以下要求：困难住户的住房得

到妥善解决；住房质量、小区环境、配套设施明显改善；困难家庭的负担控制在合理水平。

（十四）积极推进旧住宅区综合整治。对可整治的旧住宅区要力戒大拆大建。要以改善低收入家庭居住环境和保护历史文化街区为宗旨，遵循政府组织、居民参与的原则，积极进行房屋维修养护、配套设施完善、环境整治和建筑节能改造。

（十五）多渠道改善农民工居住条件。用工单位要向农民工提供符合基本卫生和安全条件的居住场所。农民工集中的开发区和工业园区，应按照集约用地的原则，集中建设向农民工出租的集体宿舍，但不得按商品住房出售。城中村改造时，要考虑农民工的居住需要，在符合城市规划和土地利用总体规划的前提下，集中建设向农民工出租的集体宿舍。有条件的地方，可比照经济适用住房建设的相关优惠政策，政府引导，市场运作，建设符合农民工特点的住房，以农民工可承受的合理租金向农民工出租。

五、完善配套政策和工作机制

（十六）落实解决城市低收入家庭住房困难的经济政策和建房用地。一是廉租住房和经济适用住房建设、棚户区改造、旧住宅区整治一律免收城市基础设施配套费等各种行政事业性收费和政府性基金。二是廉租住房和经济适用住房建设用地实行行政划拨方式供应。三是对廉租住房和经济适用住房建设用地，各地要切实保证供应。要根据住房建设规划，在土地供应计划中予以优先安排，并在申报年度用地指标时单独列出。四是社会各界向政府捐赠廉租住房房源的，执行公益性捐赠税收扣除的有关政策。五是社会机构投资廉租住房或经济适用住房建设、棚户区改造、旧住宅区整治的，可同时给予相关的政策支持。

（十七）确保住房质量和使用功能。廉租住房和经济适用住房建设、棚户区改造以及旧住宅区整治，要坚持经济、适用的原则。要提高规划设计水平，在较小的户型内实现基本的使用功能。要按照发展节能省地环保型住宅的要求，推广新材料、新技术、新工艺。要切实加强施工管理，确保施工质量。有关住房质量和使用功能等方面的要求，应在建设合同中予以明确。

（十八）健全工作机制。城市人民政府要抓紧开展低收入家庭住房状况调查，于2007年底之前建立低收入住房困难家庭住房档案，制订解决城市低收入家庭住房困难的工作目标、发展规划和年度计划，纳入当地经济社会发展规划和住房建设规划，并向社会公布。要按照解

决城市低收入家庭住房困难的年度计划,确保廉租住房保障的各项资金落实到位;确保廉租住房、经济适用住房建设用地落实到位,并合理确定区位布局。要规范廉租住房保障和经济适用住房供应的管理,建立健全申请、审核和公示办法,并于2007年9月底之前向社会公布;要严格做好申请人家庭收入、住房状况的调查审核,完善轮候制度,特别是强化廉租住房的年度复核工作,健全退出机制。要严肃纪律,坚决查处弄虚作假等违纪违规行为和有关责任人员,确保各项政策得以公开、公平、公正实施。

(十九)落实工作责任。省级人民政府对本地区解决城市低收入家庭住房困难工作负总责,要对所属城市人民政府实行目标责任制管理,加强监督指导。有关工作情况,纳入对城市人民政府的政绩考核之中。解决城市低收入家庭住房困难是城市人民政府的重要责任。城市人民政府要把解决城市低收入家庭住房困难摆上重要议事日程,加强领导,落实相应的管理工作机构和具体实施机构,切实抓好各项工作;要接受人民群众的监督,每年在向人民代表大会所作的《政府工作报告》中报告解决城市低收入家庭住房困难年度计划的完成情况。

房地产市场宏观调控部际联席会议负责研究提出解决城市低收入家庭住房困难的有关政策,协调解决工作实施中的重大问题。国务院有关部门要按照各自职责,加强对各地工作的指导,抓好督促落实。建设部会同发展改革委、财政部、国土资源部等有关部门抓紧完善廉租住房管理办法和经济适用住房管理办法。民政部会同有关部门抓紧制定城市低收入家庭资格认定办法。财政部会同建设部、民政部等有关部门抓紧制定廉租住房保障专项补助资金的实施办法。发展改革委会同建设部抓紧制定中央预算内投资对中西部财政困难地区新建廉租住房项目的支持办法。财政部、税务总局抓紧研究制定廉租住房建设、经济适用住房建设和住房租赁的税收支持政策。人民银行会同建设部、财政部等有关部门抓紧研究提出对廉租住房和经济适用住房建设的金融支持意见。

(二十)加强监督检查。2007年底前,直辖市、计划单列市和省会(首府)城市要把解决城市低收入家庭住房困难的发展规划和年度计划报建设部备案,其他城市报省(区、市)建设主管部门备案。建设部会同监察部等有关部门负责本意见执行情况的监督检查,对工作不落实、措施不到位的地区,要通报批评,限期整改,并追究有关领导责任。对在解决城市低收入家庭住房困难工作中以权谋私、玩忽职守的,要依法依规追究有关责任人的行政和法律责任。

(二十一)继续抓好国务院关于房地产市场各项调控政策措施的落实。各地区、各有关部门要在认真解决城市低收入家庭住房困难的同时,进一步贯彻落实国务院关于房地产市场各项宏观调控政策措施。要加大住房供应结构调整力度,认真落实《国务院办公厅转发建设部等部门关于调整住房供应结构稳定住房价格意见的通知》(国办发〔2006〕37号),重点发展中低价位、中小套型普通商品住房,增加住房有效供应。城市新审批、新开工的住房建设,套型建筑面积90平方米以下住房面积所占比重,必须达到开发建设总面积的70%以上。廉租住房、经济适用住房和中低价位、中小套型普通商品住房建设用地的年度供应量不得低于居住用地供应总量的70%。要加大住房需求调节力度,引导合理的住房消费,建立符合国情的住房建设和消费模式。要加强市场监管,坚决整治房地产开发、交易、中介服务、物业管理及房屋拆迁中的违法违规行为,维护群众合法权益。要加强房地产价格的监管,抑制房地产价格过快上涨,保持合理的价格水平,引导房地产市场健康发展。

(二十二)凡过去文件规定与本意见不一致的,以本意见为准。

国务院关于进一步加强和改进最低生活保障工作的意见

· 2012年9月1日
· 国发〔2012〕45号

最低生活保障事关困难群众衣食冷暖,事关社会和谐稳定和公平正义,是贯彻落实科学发展观的重要举措,是维护困难群众基本生活权益的基础性制度安排。近年来,随着各项相关配套政策的陆续出台,最低生活保障制度在惠民生、解民忧、保稳定、促和谐等方面作出了突出贡献,有效保障了困难群众的基本生活。但一些地区还不同程度存在对最低生活保障工作重视不够、责任不落实、管理不规范、监管不到位、工作保障不力、工作机制不健全等问题。为切实加强和改进最低生活保障工作,现提出如下意见:

一、总体要求和基本原则

(一)总体要求。

最低生活保障工作要以科学发展观为指导,以保障和改善民生为主题,以强化责任为主线,坚持保基本、可持续、重公正、求实效的方针,进一步完善法规政策,健全工作机制,严格规范管理,加强能力建设,努力构建标准科学、对象准确、待遇公正、进出有序的最低生活保障工作格局，不断提高最低生活保障制度的科学性和执行力，切实维护困难群众基本生活权益。

（二）基本原则。

坚持应保尽保。把保障困难群众基本生活放到更加突出的位置，落实政府责任，加大政府投入，加强部门协作，强化监督问责，确保把所有符合条件的困难群众全部纳入最低生活保障范围。

坚持公平公正。健全最低生活保障法规制度，完善程序规定，畅通城乡居民的参与渠道，加大政策信息公开力度，做到审批过程公开透明，审批结果公平公正。

坚持动态管理。采取最低生活保障对象定期报告和管理审批机关分类复核相结合等方法，加强对最低生活保障对象的日常管理和服务，切实做到保障对象有进有出、补助水平有升有降。

坚持统筹兼顾。统筹城乡、区域和经济社会发展，做到最低生活保障标准与经济社会发展水平相适应，最低生活保障制度与其他社会保障制度相衔接，有效保障困难群众基本生活。

二、加强和改进最低生活保障工作的政策措施

（一）完善最低生活保障对象认定条件。

户籍状况、家庭收入和家庭财产是认定最低生活保障对象的三个基本条件。各地要根据当地情况，制定并向社会公布享受最低生活保障待遇的具体条件，形成完善的最低生活保障对象认定标准体系。同时，要明确核算和评估最低生活保障申请人家庭收入和家庭财产的具体办法，并对赡养、抚养、扶养义务人履行相关法定义务提出具体要求。科学制定最低生活保障标准，健全救助标准与物价上涨挂钩的联动机制，综合运用基本生活费用支出法、恩格尔系数法、消费支出比例法等测算方法，动态、适时调整最低生活保障标准，最低生活保障标准应低于最低工资标准；省级人民政府可根据区域经济社会发展情况，研究制定本行政区域内相对统一的区域标准，逐步缩小城乡差距、区域差距。

（二）规范最低生活保障审核审批程序。

规范申请程序。凡认为符合条件的城乡居民都有权直接向其户籍所在地的乡镇人民政府（街道办事处）提出最低生活保障申请；乡镇人民政府（街道办事处）无正当理由，不得拒绝受理。受最低生活保障申请人委托，村（居）民委员会可以代为提交申请。申请最低生活保障要以家庭为单位，按规定提交相关材料，书面声明家庭收入和财产状况，并由申请人签字确认。

规范审核程序。乡镇人民政府（街道办事处）是审核最低生活保障申请的责任主体，在村（居）民委员会协助下，应当对最低生活保障申请家庭逐一入户调查，详细核查申请材料以及各项声明事项的真实性和完整性，并由调查人员和申请人签字确认。

规范民主评议。入户调查结束后，乡镇人民政府（街道办事处）应当组织村（居）民代表或者社区评议小组对申请人声明的家庭收入、财产状况以及入户调查结果的真实性进行评议。各地要健全完善最低生活保障民主评议办法，规范评议程序、评议方式、评议内容和参加人员。

规范审批程序。县级人民政府民政部门是最低生活保障审批的责任主体，在作出审批决定前，应当全面审查乡镇人民政府（街道办事处）上报的调查材料和审核意见（含民主评议结果），并按照不低于30%的比例入户抽查。有条件的地方，县级人民政府民政部门可邀请乡镇人民政府（街道办事处）、村（居）民委员会参与审批，促进审批过程的公开透明。严禁不经调查直接将任何群体或个人纳入最低生活保障范围。

规范公示程序。各地要严格执行最低生活保障审核审批公示制度，规范公示内容、公示形式和公示时限等。社区要设置统一的固定公示栏；乡镇人民政府（街道办事处）要及时公示入户调查、民主评议和审核结果，并确保公示的真实性和准确性；县级人民政府民政部门应当就最低生活保障对象的家庭成员、收入情况、保障金额等在其居住地长期公示，逐步完善面向公众的最低生活保障对象信息查询机制，并完善异议复核制度。公示中要注意保护最低生活保障对象的个人隐私，严禁公开与享受最低生活保障待遇无关的信息。

规范发放程序。各地要全面推行最低生活保障金社会化发放，按照财政国库管理制度将最低生活保障金直接支付到保障家庭账户，确保最低生活保障金足额、及时发放到位。

（三）建立救助申请家庭经济状况核对机制。

在强化入户调查、邻里访问、信函索证等调查手段基础上，加快建立跨部门、多层次、信息共享的救助申请家庭经济状况核对机制，健全完善工作机构和信息核对平台，确保最低生活保障等社会救助对象准确、高效、公正认定。经救助申请人及其家庭成员授权，公安、人力资源社会保障、住房城乡建设、金融、保险、工商、税务、住房公积金等部门和机构应当根据有关规定和最低生活保障等社会救助对象认定工作需要，及时向民政部门提供户籍、机动车、就业、保险、住房、存款、证券、个体工商户、纳税、公积金等方面的信息。民政部要会同有关部门研究制定具体的信息查询办法，并负责跨省（区、市）的信息查询工作。到"十二五"末，全国要基本建立救助申请家庭经济状况核对机制。

（四）加强最低生活保障对象动态管理。

对已经纳入最低生活保障范围的救助对象，要采取多种方式加强管理服务，定期跟踪保障对象家庭变化情况，形成最低生活保障对象有进有出、补助水平有升有降的动态管理机制。各地要建立最低生活保障家庭人口、收入和财产状况定期报告制度，并根据报告情况分类、定期开展核查，将不再符合条件的及时退出保障范围。对于无生活来源、无劳动能力又无法定赡养、抚养、扶养义务人的"三无人员"，可每年核查一次；对于短期内收入变化不大的家庭，可每半年核查一次；对于收入来源不固定、成员有劳动能力和劳动条件的最低生活保障家庭，原则上实行城市按月、农村按季核查。

（五）健全最低生活保障工作监管机制。

地方各级人民政府要将最低生活保障政策落实情况作为督查督办的重点内容，定期组织开展专项检查；民政部、财政部要会同有关部门对全国最低生活保障工作进行重点抽查。财政、审计、监察部门要加强对最低生活保障资金管理使用情况的监督检查，防止挤占、挪用、套取等违纪违法现象发生。建立最低生活保障经办人员和村（居）民委员会干部近亲属享受最低生活保障备案制度，县级人民政府民政部门要对备案的最低生活保障对象严格核查管理。充分发挥舆论监督的重要作用，对于媒体发现揭露的问题，应及时查处并公布处理结果。要通过政府购买服务等方式，鼓励社会组织参与、评估、监督最低生活保障工作，财政部门要通过完善相关政策给予支持。

（六）建立健全投诉举报核查制度。

各地要公开最低生活保障监督咨询电话，畅通投诉举报渠道，健全投诉举报核查制度。有条件的地方要以省为单位设置统一的举报投诉电话。要切实加强最低生活保障来信来访工作，推行专人负责、首问负责等制度。各级人民政府、县级以上人民政府民政部门应当自受理最低生活保障信访事项之日起60日内办结；信访人对信访事项处理意见不服的，可以自收到书面答复之日起30日内请求原办理行政机关的上一级行政机关复查，收到复查请求的行政机关应当自收到复查请求之日起30日内提出复查意见，并予以书面答复；信访人对复查意见不服的，可以自收到书面答复之日起30日内向复查机关的

上一级行政机关请求复核，收到复核请求的行政机关应当自收到复核请求之日起30日内提出复核意见；信访人对复核意见不服，仍以同一事实和理由提出信访请求的，不再受理，民政等部门要积极向信访人做好政策解释工作。民政部或者省级人民政府民政部门对最低生活保障重大信访事项或社会影响恶劣的违规违纪事件，可会同信访等相关部门直接督办。

（七）加强最低生活保障与其他社会救助制度的有效衔接。

加快推进低收入家庭认定工作，为医疗救助、教育救助、住房保障等社会救助政策向低收入家庭拓展提供支撑；全面建立临时救助制度，有效解决低收入群众的突发性、临时性基本生活困难；做好最低生活保障与养老、医疗等社会保险制度的衔接工作。对最低生活保障家庭中的老年人、未成年人、重度残疾人、重病患者等重点救助对象，要采取多种措施提高其救助水平。鼓励机关、企事业单位、社会组织和个人积极开展扶贫帮困活动，形成慈善事业与社会救助的有效衔接。

完善城市最低生活保障与就业联动、农村最低生活保障与扶贫开发衔接机制，鼓励积极就业，加大对有劳动能力最低生活保障对象的就业扶持力度。劳动年龄内、有劳动能力、失业的城市困难群众，在申请最低生活保障时，应当先到当地公共就业服务机构办理失业登记；公共就业服务机构应当向登记失业的最低生活保障对象提供及时的就业服务和重点帮助；对实现就业的最低生活保障对象，在核算其家庭收入时，可以扣减必要的就业成本。

三、强化工作保障，确保各项政策措施落到实处

（一）加强能力建设。省级人民政府要切实加强最低生活保障工作能力建设，统筹研究制定按照保障对象数量等因素配备相应工作人员的具体办法和措施。地方各级人民政府要结合本地实际和全面落实最低生活保障制度的要求，科学整合县（市、区）、乡镇人民政府（街道办事处）管理机构及人力资源，充实加强基层最低生活保障工作力量，确保事有人管、责有人负。加强最低生活保障工作人员业务培训，保障工作场所、条件和待遇，不断提高最低生活保障管理服务水平。加快推进信息化建设，全面部署全国最低生活保障信息管理系统。

（二）加强经费保障。省级财政要优化和调整支出结构，切实加大最低生活保障资金投入。中央财政最低生活保障补助资金重点向保障任务重、财政困难地区倾斜，在分配最低生活保障补助资金时，财政部要会同民政

部研究"以奖代补"的办法和措施,对工作绩效突出地区给予奖励,引导各地进一步完善制度,加强管理。要切实保障基层工作经费,最低生活保障工作所需经费要纳入地方各级财政预算。基层最低生活保障工作经费不足的地区,省市级财政给予适当补助。

(三)加强政策宣传。以党和政府对最低生活保障工作的有关要求以及认定条件、审核审批、补差发放、动态管理等政策规定为重点,深入开展最低生活保障政策宣传。利用广播、电视、网络等媒体和宣传栏、宣传册、明白纸等群众喜闻乐见的方式,不断提高最低生活保障信息公开的针对性、时效性和完整性。充分发挥新闻媒体的舆论引导作用,大力宣传最低生活保障在保障民生、维护稳定、促进和谐等方面的重要作用,引导公众关注、参与、支持最低生活保障工作,在全社会营造良好的舆论氛围。

四、加强组织领导,进一步落实管理责任

(一)加强组织领导。进一步完善政府领导、民政牵头、部门配合、社会参与的社会救助工作机制。建立由民政部牵头的社会救助部际联席会议制度,统筹做好最低生活保障与医疗、教育、住房等其他社会救助政策以及促进就业政策的协调发展和有效衔接,研究解决救助申请家庭经济状况核对等信息共享问题,督导推进社会救助体系建设。地方各级人民政府要将最低生活保障工作纳入重要议事日程,纳入经济社会发展总体规划,纳入科学发展考评体系,建立健全相应的社会救助协调工作机制,组织相关部门协力做好社会救助制度完善、政策落实和监督管理等各项工作。

(二)落实管理责任。最低生活保障工作实行地方各级人民政府负责制,政府主要负责人对本行政区域最低生活保障工作负总责。县级以上地方各级人民政府要切实担负起最低生活保障政策制定、资金投入、工作保障和监督管理责任,乡镇人民政府(街道办事处)要切实履行最低生活保障申请受理、调查、评议和公示等审核职责,充分发挥包村干部的作用。各地要将最低生活保障政策落实情况纳入地方各级人民政府绩效考核,考核结果作为政府领导班子和相关领导干部综合考核评价的重要内容,作为干部选拔任用、管理监督的重要依据。民政部要会同财政部等部门研究建立最低生活保障工作绩效评价指标体系和评价办法,并组织开展对各省(区、市)最低生活保障工作的年度绩效评价。

(三)强化责任追究。对因工作重视不够、管理不力、发生重大问题、造成严重社会影响的地方政府和部门

负责人,以及在最低生活保障审核审批过程中滥用职权、玩忽职守、徇私舞弊、失职渎职的工作人员,要依纪依法追究责任。同时,各地要加大对骗取最低生活保障待遇人员查处力度,除追回骗取的最低生活保障金外,还要依法给予行政处罚;涉嫌犯罪的,移送司法机关处理。对无理取闹、采用威胁手段强行索要最低生活保障待遇的,公安机关要给予批评教育直至相关处罚。对于出具虚假证明材料的单位和个人,各地除按有关法律法规规定处理外,还应将有关信息记入征信系统。

廉租住房保障办法

· 2007 年 11 月 8 日建设部、国家发展和改革委员会、监察部、民政部、财政部、国土资源部、中国人民银行、国家税务总局、国家统计局令第 162 号公布
· 自 2007 年 12 月 1 日起施行

第一章　总　则

第一条　为促进廉租住房制度建设,逐步解决城市低收入家庭的住房困难,制定本办法。

第二条　城市低收入住房困难家庭的廉租住房保障及其监督管理,适用本办法。

本办法所称城市低收入住房困难家庭,是指城市和县人民政府所在地的镇范围内,家庭收入、住房状况等符合市、县人民政府规定条件的家庭。

第三条　市、县人民政府应当在解决城市低收入家庭住房困难的发展规划及年度计划中,明确廉租住房保障工作目标、措施,并纳入本级国民经济与社会发展规划和住房建设规划。

第四条　国务院建设主管部门指导和监督全国廉租住房保障工作。县级以上地方人民政府建设(住房保障)主管部门负责本行政区域内廉租住房保障管理工作。廉租住房保障的具体工作可以由市、县人民政府确定的实施机构承担。

县级以上人民政府发展改革(价格)、监察、民政、财政、国土资源、金融管理、税务、统计等部门按照职责分工,负责廉租住房保障的相关工作。

第二章　保障方式

第五条　廉租住房保障方式实行货币补贴和实物配租等相结合。货币补贴是指县级以上地方人民政府向申请廉租住房保障的城市低收入住房困难家庭发放租赁住房补贴,由其自行承租住房。实物配租是指县级以上地方人民政府向申请廉租住房保障的城市低收入住房困难

家庭提供住房,并按照规定标准收取租金。

实施廉租住房保障,主要通过发放租赁补贴,增强城市低收入住房困难家庭承租住房的能力。廉租住房紧缺的城市,应当通过新建和收购等方式,增加廉租住房实物配租的房源。

第六条　市、县人民政府应当根据当地家庭平均住房水平、财政承受能力以及城市低收入住房困难家庭的人口数量、结构等因素,以户为单位确定廉租住房保障面积标准。

第七条　采取货币补贴方式的,补贴额度按照城市低收入住房困难家庭现住房面积与保障面积标准的差额、每平方米租赁住房补贴标准确定。

每平方米租赁住房补贴标准由市、县人民政府根据当地经济发展水平、市场平均租金、城市低收入住房困难家庭的经济承受能力等因素确定。其中对城市居民最低生活保障家庭,可以按照当地市场平均租金确定租赁住房补贴标准;对其他城市低收入住房困难家庭,可以根据收入情况等分类确定租赁住房补贴标准。

第八条　采取实物配租方式的,配租面积为城市低收入住房困难家庭现住房面积与保障面积标准的差额。

实物配租的住房租金标准实行政府定价。实物配租住房的租金,按照配租面积和市、县人民政府规定的租金标准确定。有条件的地区,对城市居民最低生活保障家庭,可以免收实物配租住房中住房保障面积标准内的租金。

第三章　保障资金及房屋来源

第九条　廉租住房保障资金采取多种渠道筹措。

廉租住房保障资金来源包括:

(一)年度财政预算安排的廉租住房保障资金;

(二)提取贷款风险准备金和管理费用后的住房公积金增值收益余额;

(三)土地出让净收益中安排的廉租住房保障资金;

(四)政府的廉租住房租金收入;

(五)社会捐赠及其他方式筹集的资金。

第十条　提取贷款风险准备金和管理费用后的住房公积金增值收益余额,应当全部用于廉租住房建设。

土地出让净收益用于廉租住房保障资金的比例,不得低于10%。

政府的廉租住房租金收入应当按照国家财政预算支出和财务制度的有关规定,实行收支两条线管理,专项用于廉租住房的维护和管理。

第十一条　对中西部财政困难地区,按照中央预算内投资补助和中央财政廉租住房保障专项补助资金的有关规定给予支持。

第十二条　实物配租的廉租住房来源主要包括:

(一)政府新建、收购的住房;

(二)腾退的公有住房;

(三)社会捐赠的住房;

(四)其他渠道筹集的住房。

第十三条　廉租住房建设用地,应当在土地供应计划中优先安排,并在申报年度用地指标时单独列出,采取划拨方式,保证供应。

廉租住房建设用地的规划布局,应当考虑城市低收入住房困难家庭居住和就业的便利。

廉租住房建设应当坚持经济、适用原则,提高规划设计水平,满足基本使用功能,应当按照发展节能省地环保型住宅的要求,推广新材料、新技术、新工艺。廉租住房应当符合国家质量安全标准。

第十四条　新建廉租住房,应当采取配套建设与相对集中建设相结合的方式,主要在经济适用住房、普通商品住房项目中配套建设。

新建廉租住房,应当将单套的建筑面积控制在50平方米以内,并根据城市低收入住房困难家庭的居住需要,合理确定套型结构。

配套建设廉租住房的经济适用住房或者普通商品住房项目,应当在用地规划、国有土地划拨决定书或者国有土地使用权出让合同中,明确配套建设的廉租住房总建筑面积、套数、布局、套型以及建成后的移交或回购等事项。

第十五条　廉租住房建设免征行政事业性收费和政府性基金。

鼓励社会捐赠住房作为廉租住房房源或捐赠用于廉租住房的资金。

政府或经政府认定的单位新建、购买、改建住房作为廉租住房,社会捐赠廉租住房房源、资金,按照国家规定的有关税收政策执行。

第四章　申请与核准

第十六条　申请廉租住房保障,应当提供下列材料:

(一)家庭收入情况的证明材料;

(二)家庭住房状况的证明材料;

(三)家庭成员身份证和户口簿;

(四)市、县人民政府规定的其他证明材料。

第十七条　申请廉租住房保障,按照下列程序办理:

(一)申请廉租住房保障的家庭,应当由户主向户口

所在地街道办事处或者镇人民政府提出书面申请;

（二）街道办事处或者镇人民政府应当自受理申请之日起 30 日内,就申请人的家庭收入、家庭住房状况是否符合规定条件进行审核,提出初审意见并张榜公布,将初审意见和申请材料一并报送市（区）、县人民政府建设（住房保障）主管部门;

（三）建设（住房保障）主管部门应当自收到申请材料之日起 15 日内,就申请人的家庭住房状况是否符合规定条件提出审核意见,并将符合条件的申请人的申请材料转同级民政部门;

（四）民政部门应当自收到申请材料之日起 15 日内,就申请人的家庭收入是否符合规定条件提出审核意见,并反馈同级建设（住房保障）主管部门;

（五）经审核,家庭收入、家庭住房状况符合规定条件的,由建设（住房保障）主管部门予以公示,公示期限为 15 日;对经公示无异议或者异议不成立的,作为廉租住房保障对象予以登记,书面通知申请人,并向社会公开登记结果。

经审核,不符合规定条件的,建设（住房保障）主管部门应当书面通知申请人,说明理由。申请人对审核结果有异议的,可以向建设（住房保障）主管部门申诉。

第十八条　建设（住房保障）主管部门、民政等有关部门以及街道办事处、镇人民政府,可以通过入户调查、邻里访问以及信函索证等方式对申请人的家庭收入和住房状况等进行核实。申请人及有关单位和个人应当予以配合,如实提供有关情况。

第十九条　建设（住房保障）主管部门应当综合考虑登记的城市低收入住房困难家庭的收入水平、住房困难程度和申请顺序以及个人申请的保障方式等,确定相应的保障方式及轮候顺序,并向社会公开。

对已经登记为廉租住房保障对象的城市居民最低生活保障家庭,凡申请租赁住房货币补贴的,要优先安排发放补贴,基本做到应保尽保。

实物配租应当优先面向已经登记为廉租住房保障对象的孤、老、病、残等特殊困难家庭,城市居民最低生活保障家庭以及其他急需救助的家庭。

第二十条　对轮候到位的城市低收入住房困难家庭,建设（住房保障）主管部门或者具体实施机构应当按照已确定的保障方式,与其签订租赁住房补贴协议或者廉租住房租赁合同,予以发放租赁住房补贴或者配租廉租住房。

发放租赁住房补贴和配租廉租住房的结果,应当予以公布。

第二十一条　租赁住房补贴协议应当明确租赁住房补贴额度、停止发放租赁住房补贴的情形等内容。

廉租住房租赁合同应当明确下列内容:

（一）房屋的位置、朝向、面积、结构、附属设施和设备状况;

（二）租金及其支付方式;

（三）房屋用途和使用要求;

（四）租赁期限;

（五）房屋维修责任;

（六）停止实物配租的情形,包括承租人已不符合规定条件的,将所承租的廉租住房转借、转租或者改变用途,无正当理由连续 6 个月以上未在所承租的廉租住房居住或者未交纳廉租住房租金等;

（七）违约责任及争议解决办法,包括退回廉租住房、调整租金、依照有关法律法规规定处理等;

（八）其他约定。

第五章　监督管理

第二十二条　国务院建设主管部门、省级建设（住房保障）主管部门应当会同有关部门,加强对廉租住房保障工作的监督检查,并公布监督检查结果。

市、县人民政府应当定期向社会公布城市低收入住房困难家庭廉租住房保障情况。

第二十三条　市（区）、县人民政府建设（住房保障）主管部门应当按户建立廉租住房档案,并采取定期走访、抽查等方式,及时掌握城市低收入住房困难家庭的人口、收入及住房变动等有关情况。

第二十四条　已领取租赁住房补贴或者配租廉租住房的城市低收入住房困难家庭,应当按年度向所在地街道办事处或者镇人民政府如实申报家庭人口、收入及住房等变动情况。

街道办事处或者镇人民政府可以对申报情况进行核实、张榜公布,并将申报情况及核实结果报建设（住房保障）主管部门。

建设（住房保障）主管部门应当根据城市低收入住房困难家庭人口、收入、住房等变化情况,调整租赁住房补贴额度或实物配租面积、租金等;对不再符合规定条件的,应当停止发放租赁住房补贴,或者由承租人按照合同约定退回廉租住房。

第二十五条　城市低收入住房困难家庭不得将所承租的廉租住房转借、转租或者改变用途。

城市低收入住房困难家庭违反前款规定或者有下列

行为之一的,应当按照合同约定退回廉租住房:

(一)无正当理由连续 6 个月以上未在所承租的廉租住房居住的;

(二)无正当理由累计 6 个月以上未交纳廉租住房租金的。

第二十六条　城市低收入住房困难家庭未按照合同约定退回廉租住房的,建设(住房保障)主管部门应当责令其限期退回;逾期未退回的,可以按照合同约定,采取调整租金等方式处理。

城市低收入住房困难家庭拒绝接受前款规定的处理方式的,由建设(住房保障)主管部门或者具体实施机构依照有关法律法规规定处理。

第二十七条　城市低收入住房困难家庭的收入标准、住房困难标准等以及住房保障面积标准,实行动态管理,由市、县人民政府每年向社会公布一次。

第二十八条　任何单位和个人有权对违反本办法规定的行为进行检举和控告。

第六章　法律责任

第二十九条　城市低收入住房困难家庭隐瞒有关情况或者提供虚假材料申请廉租住房保障的,建设(住房保障)主管部门不予受理,并给予警告。

第三十条　对以欺骗等不正当手段,取得审核同意或者获得廉租住房保障的,由建设(住房保障)主管部门给予警告;对已经登记但尚未获得廉租住房保障的,取消其登记;对已经获得廉租住房保障的,责令其退还已领取的租赁住房补贴,或者退出实物配租的住房并按市场价格补交以前房租。

第三十一条　廉租住房保障实施机构违反本办法规定,不执行政府规定的廉租住房租金标准的,由价格主管部门依法查处。

第三十二条　违反本办法规定,建设(住房保障)主管部门及有关部门的工作人员或者市、县人民政府确定的实施机构的工作人员,在廉租住房保障工作中滥用职权、玩忽职守、徇私舞弊的,依法给予处分;构成犯罪的,依法追究刑事责任。

第七章　附　则

第三十三条　对承租直管公房的城市低收入家庭,可以参照本办法有关规定,对住房保障面积标准范围内的租金予以适当减免。

第三十四条　本办法自 2007 年 12 月 1 日起施行。2003 年 12 月 31 日发布的《城镇最低收入家庭廉租住房管理办法》(建设部、财政部、民政部、国土资源部、国家税务总局令第 120 号)同时废止。

最低生活保障审核确认办法

· 2021 年 6 月 11 日
· 民发〔2021〕57 号

第一章　总　则

第一条　为规范最低生活保障审核确认工作,根据《社会救助暂行办法》、《中共中央办公厅 国务院办公厅印发〈关于改革完善社会救助制度的意见〉的通知》及国家相关规定,制定本办法。

第二条　县级人民政府民政部门负责最低生活保障的审核确认工作,乡镇人民政府(街道办事处)负责最低生活保障的受理、初审工作。村(居)民委员会协助做好相关工作。

有条件的地方可按程序将最低生活保障审核确认权限下放至乡镇人民政府(街道办事处),县级民政部门加强监督指导。

第三条　县级以上地方人民政府民政部门应当加强本辖区内最低生活保障审核确认工作的规范管理和相关服务,促进最低生活保障工作公开、公平、公正。

第二章　申请和受理

第四条　申请最低生活保障以家庭为单位,由申请家庭确定一名共同生活的家庭成员作为申请人,向户籍所在地乡镇人民政府(街道办事处)提出书面申请;实施网上申请受理的地方,可以通过互联网提出申请。

第五条　共同生活的家庭成员户籍所在地不在同一省(自治区、直辖市)的,可以由其中一个户籍所在地与经常居住地一致的家庭成员向其户籍所在地提出申请;共同生活的家庭成员户籍所在地与经常居住地均不一致的,可由任一家庭成员向其户籍所在地提出申请。最低生活保障审核确认、资金发放等工作由申请受理地县级人民政府民政部门和乡镇人民政府(街道办事处)负责,其他有关县级人民政府民政部门和乡镇人民政府(街道办事处)应当配合做好相关工作。

共同生活的家庭成员户籍所在地在同一省(自治区、直辖市)但不在同一县(市、区、旗)的,最低生活保障的申请受理、审核确认等工作按照各省(自治区、直辖市)有关规定执行。

有条件的地区可以有序推进持有居住证人员在居住地申办最低生活保障。

第六条 共同生活的家庭成员申请有困难的,可以委托村(居)民委员会或者其他人代为提出申请。委托申请的,应当办理相应委托手续。

乡镇人民政府(街道办事处)、村(居)民委员会在工作中发现困难家庭可能符合条件,但是未申请最低生活保障的,应当主动告知其共同生活的家庭成员相关政策。

第七条 共同生活的家庭成员包括:

(一)配偶;

(二)未成年子女;

(三)已成年但不能独立生活的子女,包括在校接受全日制本科及以下学历教育的子女;

(四)其他具有法定赡养、扶养、抚养义务关系并长期共同居住的人员。

下列人员不计入共同生活的家庭成员:

(一)连续三年以上(含三年)脱离家庭独立生活的宗教教职人员;

(二)在监狱内服刑、在戒毒所强制隔离戒毒或者宣告失踪人员;

(三)省级人民政府民政部门根据本条原则和有关程序认定的其他人员。

第八条 符合下列情形之一的人员,可以单独提出申请:

(一)最低生活保障边缘家庭中持有中华人民共和国残疾人证的一级、二级重度残疾人和三级智力残疾人、三级精神残疾人;

(二)最低生活保障边缘家庭中患有当地有关部门认定的重特大疾病的人员;

(三)脱离家庭、在宗教场所居住三年以上(含三年)的生活困难的宗教教职人员;

(四)县级以上人民政府民政部门规定的其他特殊困难人员。

最低生活保障边缘家庭一般指不符合最低生活保障条件,家庭人均收入低于当地最低生活保障标准1.5倍,且财产状况符合相关规定的家庭。

第九条 申请最低生活保障,共同生活的家庭成员应当履行以下义务:

(一)按规定提交相关申请材料;

(二)承诺所提供的信息真实、完整;

(三)履行授权核对其家庭经济状况的相关手续;

(四)积极配合开展家庭经济状况调查。

第十条 乡镇人民政府(街道办事处)应当对提交的材料进行审查,材料齐备的,予以受理;材料不齐备的,应当一次性告知补齐所有规定材料;可以通过国家或地方政务服务平台查询获取的相关材料,不再要求重复提交。

第十一条 对于已经受理的最低生活保障家庭申请,共同生活家庭成员与最低生活保障经办人员或者村(居)民委员会成员有近亲属关系的,乡镇人民政府(街道办事处)应当单独登记备案。

第三章 家庭经济状况调查

第十二条 家庭经济状况指共同生活家庭成员拥有的全部家庭收入和家庭财产。

第十三条 家庭收入指共同生活的家庭成员在规定期限内获得的全部现金及实物收入。主要包括:

(一)工资性收入。工资性收入指就业人员通过各种途径得到的全部劳动报酬和各种福利并扣除必要的就业成本,包括因任职或者受雇而取得的工资、薪金、奖金、劳动分红、津贴、补贴以及与任职或者受雇有关的其他所得等。

(二)经营净收入。经营净收入指从事生产经营及有偿服务活动所获得全部经营收入扣除经营费用、生产性固定资产折旧和生产税之后得到的收入。包括从事种植、养殖、采集及加工等农林牧渔业的生产收入,从事工业、建筑业、手工业、交通运输业、批发和零售贸易业、餐饮业、文教卫生业和社会服务业等经营及有偿服务活动的收入等。

(三)财产净收入。财产净收入指出让动产和不动产,或将动产和不动产交由其他机构、单位或个人使用并扣除相关费用之后得到的收入,包括储蓄存款利息、有价证券红利、储蓄性保险投资以及其他股息和红利等收入,集体财产收入分红和其他动产收入,以及转租承包土地经营权、出租或者出让房产以及其他不动产收入等。

(四)转移净收入。转移净收入指转移性收入扣减转移性支出之后的收入。其中,转移性收入指国家、机关企事业单位、社会组织对居民的各种经常性转移支付和居民之间的经常性收入转移,包括赡养(抚养、扶养)费、离退休金、失业保险金、遗属补助金、赔偿收入、接受捐赠(赠送)收入等;转移性支出指居民对国家、企事业单位、社会组织、居民的经常性转移支出,包括缴纳的税款、各项社会保障支出、赡养支出以及其他经常性转移支出等。

(五)其他应当计入家庭收入的项目。

下列收入不计入家庭收入:

(一)国家规定的优待抚恤金、计划生育奖励与扶助金、奖学金、见义勇为等奖励性补助;

(二)政府发放的各类社会救助款物;

（三）"十四五"期间，中央确定的城乡居民基本养老保险基础养老金；

（四）设区的市级以上地方人民政府规定的其他收入。

对于共同生活的家庭成员因残疾、患重病等增加的刚性支出、必要的就业成本等，在核算家庭收入时可按规定适当扣减。

第十四条　家庭财产指共同生活的家庭成员拥有的全部动产和不动产。动产主要包括银行存款、证券、基金、商业保险、债权、互联网金融资产以及车辆等。不动产主要包括房屋、林木等定着物。对于维持家庭生产生活的必需财产，可以在认定家庭财产状况时予以豁免。

第十五条　乡镇人民政府（街道办事处）应当自受理最低生活保障申请之日起3个工作日内，启动家庭经济状况调查工作。调查可以通过入户调查、邻里访问、信函索证或者提请县级人民政府民政部门开展家庭经济状况信息核对等方式进行。

共同生活家庭成员经常居住地与户籍所在地不一致的，经常居住地县级人民政府民政部门和乡镇人民政府（街道办事处）应当配合开展家庭经济状况调查、动态管理等相关工作。

第十六条　乡镇人民政府（街道办事处）可以在村（居）民委员会协助下，通过下列方式对申请家庭的经济状况和实际生活情况予以调查核实。每组调查人员不得少于2人。

（一）入户调查。调查人员到申请家庭中了解家庭收入、财产情况和吃、穿、住、用等实际生活情况。入户调查结束后，调查人员应当填写入户调查表，并由调查人员和在场的共同生活家庭成员分别签字。

（二）邻里访问。调查人员到申请家庭所在村（居）民委员会和社区，走访了解其家庭收入、财产和实际生活状况。

（三）信函索证。调查人员以信函等方式向相关单位和部门索取有关佐证材料。

（四）其他调查方式。

发生重大突发事件时，前款规定的入户调查、邻里访问程序可以采取电话、视频等非接触方式进行。

第十七条　县级人民政府民政部门应当在收到乡镇人民政府（街道办事处）对家庭经济状况进行信息核对提请后3个工作日内，启动信息核对程序，根据工作需要，依法依规查询共同生活家庭成员的户籍、纳税记录、社会保险缴纳、不动产登记、市场主体登记、住房公积金缴纳、车船登记，以及银行存款、商业保险、证券、互联网金融资产等信息。

县级人民政府民政部门可以根据当地实际情况，通过家庭用水、用电、燃气、通讯等日常生活费用支出，以及是否存在高收费学校就读（含入托、出国留学）、出国旅游等情况，对家庭经济状况进行辅助评估。

第十八条　经家庭经济状况信息核对，不符合条件的最低生活保障申请，乡镇人民政府（街道办事处）应当及时告知申请人。

申请人有异议的，应当提供相关佐证材料；乡镇人民政府（街道办事处）应当组织开展复查。

第四章　审核确认

第十九条　乡镇人民政府（街道办事处）应当根据家庭经济状况调查核实情况，提出初审意见，并在申请家庭所在村、社区进行公示。公示期为7天。公示期满无异议的，乡镇人民政府（街道办事处）应当及时将申请材料、家庭经济状况调查核实结果、初审意见等相关材料报送县级人民政府民政部门。

公示有异议的，乡镇人民政府（街道办事处）应当对申请家庭的经济状况重新组织调查或者开展民主评议。调查或者民主评议结束后，乡镇人民政府（街道办事处）应当重新提出初审意见，连同申请材料、家庭经济状况调查核实结果等相关材料报送县级人民政府民政部门。

第二十条　县级人民政府民政部门应当自收到乡镇人民政府（街道办事处）上报的申请材料、家庭经济状况调查核实结果和初审意见等材料后10个工作日内，提出审核确认意见。

对单独登记备案或者在审核确认阶段接到投诉、举报的最低生活保障申请，县级人民政府民政部门应当入户调查。

第二十一条　县级人民政府民政部门经审核，对符合条件的申请予以确认同意，同时确定救助金额，发放最低生活保障证或确认通知书，并从作出确认同意决定之日下月起发放最低生活保障金。对不符合条件的申请不予确认同意，并应当在作出决定3个工作日内，通过乡镇人民政府（街道办事处）书面告知申请人并说明理由。

第二十二条　最低生活保障审核确认工作应当自受理之日30个工作日之内完成；特殊情况下，可以延长至45个工作日。

第二十三条　最低生活保障金可以按照审核确定的申请家庭人均收入与当地最低生活保障标准的实际差额计算；也可以根据申请家庭困难程度和人员情况，采取分档方式计算。

第二十四条 县级人民政府民政部门应当在最低生活保障家庭所在村、社区公布最低生活保障申请人姓名、家庭成员数量、保障金额等信息。

信息公布应当依法保护个人隐私，不得公开无关信息。

第二十五条 最低生活保障金原则上实行社会化发放，通过银行、信用社等代理金融机构，按月支付到最低生活保障家庭的账户。

第二十六条 乡镇人民政府(街道办事处)或者村(居)民委会相关工作人员代为保管用于领取最低生活保障金的银行存折或银行卡的，应当与最低生活保障家庭成员签订书面协议并报县级人民政府民政部门备案。

第二十七条 对获得最低生活保障后生活仍有困难的老年人、未成年人、重度残疾人和重病患者，县级以上地方人民政府应当采取必要措施给予生活保障。

第二十八条 未经申请受理、家庭经济状况调查、审核确认等程序，不得将任何家庭或者个人直接纳入最低生活保障范围。

第五章　管理和监督

第二十九条 共同生活的家庭成员无正当理由拒不配合最低生活保障审核确认工作的，县级人民政府民政部门和乡镇人民政府(街道办事处)可以终止审核确认程序。

第三十条 最低生活保障家庭的人口状况、收入状况和财产状况发生变化的，应当及时告知乡镇人民政府(街道办事处)。

第三十一条 乡镇人民政府(街道办事处)应当对最低生活保障家庭的经济状况定期核查，并根据核查情况及时报县级人民政府民政部门办理最低生活保障金增发、减发、停发手续。

对短期内经济状况变化不大的最低生活保障家庭，乡镇人民政府(街道办事处)每年核查一次；对收入来源不固定、家庭成员有劳动能力的最低生活保障家庭，每半年核查一次。核查期内最低生活保障家庭的经济状况没有明显变化的，不再调整最低生活保障金额度。

发生重大突发事件时，前款规定的核查期限可以适当延长。

第三十二条 县级人民政府民政部门作出增发、减发、停发最低生活保障金决定，应当符合法定事由和规定程序；决定减发、停发最低生活保障金的，应当告知最低生活保障家庭成员并说明理由。

第三十三条 鼓励具备就业能力的最低生活保障家庭成员积极就业。对就业后家庭人均收入超过当地最低生活保障标准的最低生活保障家庭，县级人民政府民政

部门可以给予一定时间的渐退期。

第三十四条 最低生活保障家庭中有就业能力但未就业的成员，应当接受人力资源社会保障等有关部门介绍的工作；无正当理由，连续3次拒绝接受介绍的与其健康状况、劳动能力等相适应的工作的，县级人民政府民政部门应当决定减发或者停发其本人的最低生活保障金。

第三十五条 县级以上人民政府民政部门应当加强对最低生活保障审核确认工作的监督检查，完善相关的监督检查制度。

第三十六条 县级以上地方人民政府民政部门和乡镇人民政府(街道办事处)应当公开社会救助服务热线，受理咨询、举报和投诉，接受社会和群众对最低生活保障审核确认工作的监督。

第三十七条 县级以上地方人民政府民政部门和乡镇人民政府(街道办事处)对接到的实名举报，应当逐一核查，并及时向举报人反馈核查处理结果。

第三十八条 申请或者已经获得最低生活保障的家庭成员对于民政部门作出的具体行政行为不服的，可以依法申请行政复议或者提起行政诉讼。

第三十九条 从事最低生活保障工作的人员存在滥用职权、玩忽职守、徇私舞弊、失职渎职等行为的，应当依法依规追究相关责任。对秉持公心、履职尽责但因客观原因出现失误偏差且能够及时纠正的，依法依规免于问责。

第六章　附　则

第四十条 省(自治区、直辖市)人民政府民政部门可以根据本办法，结合本地实际，制定实施细则，并报民政部备案。

第四十一条 本办法由民政部负责解释。

第四十二条 本办法自2021年7月1日起施行，2012年12月12日民政部印发的《最低生活保障审核审批办法(试行)》(民发〔2012〕220号)同时废止。

关于进一步做好最低生活保障标准确定调整工作的指导意见

·2024年3月21日
·民发〔2024〕16号

各省、自治区、直辖市民政厅(局)、发展改革委、财政厅(局)统计局，新疆生产建设兵团民政局、发展改革委、财政局、统计局，国家统计局各调查总队：

最低生活保障(以下简称低保)标准是低保制度的

基础和核心要素，是认定保障对象、确定保障范围、核定保障金额的重要依据，关系到低保制度公平实施和可持续发展。为规范低保标准确定调整工作，根据中共中央办公厅、国务院办公厅印发的《关于改革完善社会救助制度的意见》《社会救助暂行办法》等要求，提出以下意见。

一、总体要求

（一）指导思想。坚持以习近平新时代中国特色社会主义思想为指导，深入贯彻落实以人民为中心的发展思想，以兜住兜准兜牢基本民生底线为目标，建立科学合理的低保标准确定调整机制，促进低保制度健康可持续发展。

（二）基本原则。

坚持共享发展。低保标准体现"困难群众共享改革发展成果"理念，随着当地居民生活水平提高逐步提高。

坚持适度合理。低保标准确定调整与当地经济社会发展水平和财政负担能力相适应，尽力而为、量力而行，不脱离实际、不超越阶段。

坚持科学规范。低保标准确定调整以权威部门公布的统计数据为测算依据，做到依据客观、方法科学、程序严谨。

坚持公开透明。及时公布低保标准确定调整情况，自觉接受社会公众监督。

二、主要内容

（一）统一标准确定方法。低保标准根据上年度居民人均消费支出，区分城乡分别确定。计算公式为：低保标准＝当地上年度城镇（农村）居民人均消费支出×量化比例。省级平均低保标准计算应采取加权平均法。计算公式为：省级平均低保标准＝Σ（所辖各县区低保标准×各县区低保人数）÷辖区低保总人数。

（二）科学确定量化比例。低保标准与上年度居民人均消费支出挂钩的量化比例，由各地按照发展改革、统计部门提供的相关数据，综合当地居民基本生活费用支出（含必需食品消费支出和维持基本生活所必需的衣物、水电、燃气、公共交通、日用品等非食品类生活必需品支出）、人均可支配收入、经济社会发展水平、财力状况等因素合理确定。民政部、财政部每年将组织专家对各地量化比例的合理性进行评估，指导各地科学确定量化比例和低保标准。

（三）规范标准确定程序。低保标准由省级或者设区的市级人民政府民政部门会同财政部门研究提出方案，按程序报同级人民政府确定、公布，并于公布后次月

起执行。低保标准由设区的市级人民政府确定的，民政部门应当将公布的低保标准报省级民政部门、财政部门备案。各地民政部门应在上年度城镇（农村）居民人均消费支出等有关统计数据公布后，启动低保标准动态调整机制，会同财政部门进行测算，需要调整的，原则上应在当年6月底前调整完毕。

（四）加强相关标准衔接。各地要加强低保标准与最低工资标准的合理衔接。充分发挥低保标准的基础参照作用，加强低保标准与特困人员救助供养基本生活标准、孤儿基本生活保障标准、事实无人抚养儿童基本生活保障标准等各类保障标准统筹衔接。

三、保障措施

（一）加强组织领导。各地要充分认识低保标准确定调整工作对保障困难群众基本生活、促进社会公平正义、维护社会和谐稳定的重大意义。民政部门要切实发挥主管部门的职能作用，加强与发展改革、财政、统计等相关部门的协调配合，精心组织、周密安排，确保低保标准确定调整工作有序推进。要加强政策宣传，引导社会公众正确认知低保制度功能作用，倡导自强自立，鼓励有劳动能力和劳动条件的低保对象积极就业。

（二）强化工作落实。各地要立足现有工作基础，从实际出发，做好低保标准确定调整工作。防止和克服提前规定一定时期内低保标准的增长幅度，或在城乡发展水平差异较大的地区追求城乡低保标准一体化，避免盲目攀比。目前采取其他方法确定低保标准的，要抓紧开展测算调整工作，确保相关工作平稳有序过渡。

（三）加强督促指导。各省级民政部门、财政部门要加强工作指导，引导经济发展水平相近地区逐步缩小地区间低保标准差距。低保标准确定调整工作将纳入民政部、财政部困难群众基本生活救助工作绩效评价体系，并作为分配下达困难群众救助补助资金的重要参考因素。

本意见自发布之日起施行，《民政部 国家发展改革委员会 财政部 国家统计局关于进一步规范城乡居民最低生活保障标准制定和调整工作的指导意见》（民发〔2011〕80号）同时废止。

民政部关于落实孤老优抚对象农村
五保供养和城市最低生活保障待遇的通知

·2011年4月7日
·民发〔2011〕48号

各省、自治区、直辖市民政厅（局）：

孤老优抚对象是一个特殊群体，曾经为国家独立、民族解放和社会主义建设做出过特殊贡献。目前，他们大多已享受到国家的优抚待遇。同时，孤老优抚对象作为社会普通成员，也是一个需各方关注的困难群体，理应享受到各项社会保障政策的普惠待遇。为充分体现党和政府对他们的关心和照顾，进一步提高其生活保障水平，现将有关事项通知如下：

一、对符合农村五保供养和城市最低生活保障政策条件的孤老优抚对象全部优先纳入保障范围并落实相应待遇，切实做到应保尽保，及时入保。

二、各地要严格执行抚恤补助金不计入优抚对象家庭收入的规定。在孤老优抚对象申请享受农村五保供养和城市最低生活保障待遇，核算其家庭收入时，扣除其享受的抚恤补助金。

三、各地要加强组织领导，安排专门力量，对孤老优抚对象享受五保供养和最低生活保障政策情况进行一次调查摸底，对已享受五保供养和最低生活保障待遇的孤老优抚对象要登记造册，做到心中有数；对符合条件但未享受五保供养和最低生活保障待遇的孤老优抚对象要统计汇总，尽快办理相关手续，纳入保障范围。

四、各地要按照通知要求，尽快部署开展相关工作，于今年6月30日前将孤老优抚对象农村五保供养和城市最低生活保障待遇全部落实到位，并把工作进展情况按照附表要求以省（自治区、直辖市）民政厅（局）名义及时报民政部。

五、执行本通知所需五保供养和最低生活保障资金由原渠道解决。

附表：《落实孤老优抚对象农村五保供养和城市最低生活保障待遇工作进展情况表》（略）

民政部关于进一步加强城市低保对象认定工作的通知

· 2010年6月13日
· 民函〔2010〕140号

各省、自治区、直辖市民政厅（局），各计划单列市民政局，新疆生产建设兵团民政局：

近年来，我国政府在城市低保方面的财政投入越来越大，低保标准和低保对象的救助水平都有了较大幅度的提高，这对于保障困难群众的基本生活，维护社会稳定发挥了重要作用。但是，从最近的检查以及国家审计署对部分地区低保工作审计反馈的情况看，还存在低保对象认定不够准确问题，个别地方还相当突出。为进一步

规范城市低保管理工作，落实好"全国社会救助规范管理工作会议"精神，现就进一步做好城市低保对象认定工作通知如下：

一、进一步完善低保对象认定制度

低保对象认定是城市低保工作的核心环节。只有准确认定低保对象，才能确保这项民生实事真正落到实处，才能确保困难群众的基本生活真正得到保障，也才能确保"应保尽保"的制度目标顺利实现。针对近期一些地方暴露出的低保对象认定不准问题，各地要严肃查处，并举一反三，认真总结经验教训，切实加强制度建设，从根本上杜绝低保对象认定工作中的各种漏洞。

各地要按照党中央、国务院的新要求，根据我国经济社会形势的新变化，及时修订完善《城市居民最低生活保障条例》实施办法或实施细则，制定并实施城市低保操作规程，从资格条件、申请审批、收入核定、分类施保、动态管理、退出机制等各方面作出规定，努力做到制度完善、规定明确、有章可依、便于操作。

二、进一步规范低保对象认定条件

（一）规范户籍认定条件。根据《城市居民最低生活保障条例》的有关规定，享受城市低保待遇的必须是持有非农业户口的城市居民。在取消农业户口和非农业户口划分的地区，原则上可将户籍所在地为城镇行政区域且居住超过一定期限、不拥有承包土地、不参加农村集体经济收益分配等作为申请城市低保的户籍条件。对于户口不在一起的城市家庭，应首先将户口迁移到一起，然后再申请低保。因特殊原因无法将户口迁移到一起的，应由户主在其户籍所在地提出低保申请，其他家庭成员分别提供收入证明。原则上，户籍不在本地的家庭成员应申请享受其户籍所在地的低保待遇；特殊情况也可随户主一起申请享受居住地的低保待遇。申请享受居住地低保待遇的，应由其户籍所在地乡镇（街道）政府或村（居）民委员会出具未享受低保待遇的证明。家庭生活确有困难，且已丧失劳动能力的成年重度残疾人，应在单独立户后申请低保。

（二）规范家庭财产的类别和条件。家庭财产是指共同生活的家庭成员所拥有的有价证券、存款、房产、车辆等资产。各地应将家庭财产作为认定城市低保对象的重要依据。对于拥有大额存款、有价证券、多套房产、机动车、经营性资产等财产的家庭，各地应根据财产类型规定不同的条件，并依据这些条件来认定低保对象。

（三）规范家庭收入的类别和计算方法。家庭收入是指共同生活的家庭成员在规定期限内的全部可支配收入，包括扣除缴纳的个人所得税及个人按规定缴纳的社

会保障性支出后的工资性收入、经营性净收入、财产性收入和转移性收入等。家庭人均月收入是否低于当地低保标准,是能否享受低保待遇的基本条件。

(四)规范家庭收入的减免类型和金额。根据《城市居民最低生活保障条例》规定,优抚对象按照国家规定享受的抚恤金、补助金不计入家庭收入。其他可以减免的类型如独生子女费、孤残儿童基本生活费等,应由当地人民政府作出明确规定。

各地在认定城市低保对象时,要按照户籍条件、家庭财产条件、家庭收入条件,认真操作,严格把关。对破产改制企业下岗职工、城镇集体企业未参保退休人员以及失地农民等家庭申请低保的,应及时受理申请,符合条件的及时纳入城市低保救助范围;不符合低保救助条件,但生活确有困难的,应通过临时救助等方式保障其基本生活。

三、进一步改进低保对象认定方法

(一)由街道、乡镇低保经办机构直接受理低保申请。受街道或乡镇低保经办机构委托受理低保申请的社区居民委员会,要将申请人提交的所有材料以及家庭经济状况调查结果全部上交到街道或者乡镇低保经办机构,不得自行作出不予受理或不符合低保条件的决定。

(二)入户调查应存录原始资料。入户调查和邻里走访应由两人以上同行,并详细、真实记录低保申请人家庭生活情况,以备街道和区(县)级民政部门审核、审批时查验。

(三)民主评议应规范、简便,讲求实效。民主评议的参加人员应为社区居民委员会成员、街道及社区低保工作人员、居民代表以及驻社区人大代表、政协委员等,总人数不得少于7人,并定期轮换。评议时,应充分了解低保申请家庭的情况,必要时,可向低保申请人或者其代理人询问。民主评议应采取无记名的方式使与会人员充分表达意见,并当场公布评议结果。评议结果无论同意与否,都应上报街道、乡镇低保经办机构。

(四)张榜公示应限定范围和时间。一般情况下,公示的范围应限于低保申请人所居住的社区居委会,不提倡在互联网站上公示;公示的内容应仅限于拟批准享受低保的户主姓名、家庭人口数及享受金额,应注意保护其家庭特别是儿童的隐私;对于老年人家庭、残疾人家庭等家庭收入无变化或变化不大的,不宜实行常年公示。

(五)县级民政部门应建立随机抽查制度。要对低保家庭实行分类管理,对于家庭收入无变化或者变化不大的家庭,可每年复核一次;对于家庭收入处于经常变动状态的,至少每半年复核一次。县级民政部门要加强随机抽查力度,每年抽查数量应分别不少于新申请低保家庭总数和已有低保家庭总数的20%。

(六)加快推进居民家庭收入核对机制建设。要按照《城市低收入家庭认定办法》(民发〔2008〕156号)的有关要求,认真分析居民家庭收入核对涉及的部门和机构,精心研究各类居民家庭收入信息共享的办法和措施,根据居民家庭收入的不同类型,尽快与税务、房地产、社会保险、公积金、车辆、工商、金融等部门协商收入核对的具体程序和办法,建立分层次、多类别、高效率、运转灵活的居民家庭收入核对运行机制。

四、做好低保对象认定排查工作

从现在起到今年年底,各地要组织开展一次针对城市低保对象认定工作的排查。一是查制度规定。确保与低保对象认定有关的各项制度健全、翔实,符合国家有关法规政策和当地实际情况。二是查制度落实。通过排查,准确掌握低保对象的基本信息,进一步摸清他们的实际生活状况,对符合低保条件的要实现"应保尽保",对不符合低保条件的要"应退尽退"。三是查问题纠正。对有关部门反映的低保工作中存在的问题,以及群众举报、信访等个案,要认真核查,及时纠正。排查的具体形式由当地民政部门决定,并将有关情况及时报民政部。

城市低收入家庭认定办法

· 2008年10月22日
· 民发〔2008〕156号

为规范廉租住房、经济适用住房保障以及其他社会救助工作中的城市低收入家庭收入核定行为,根据《国务院关于解决城市低收入家庭住房困难的若干意见》(国发〔2007〕24号),制定以下办法。

一、本办法所称城市低收入家庭,是指家庭成员人均收入和家庭财产状况符合当地人民政府规定的低收入标准的城市居民家庭。家庭成员是指具有法定赡养、抚养或扶养关系并共同生活的人员。

二、民政部负责全国城市低收入家庭收入核定的管理工作。

县(市、区)以上地方人民政府民政部门负责本行政区域内城市低收入家庭收入核定的管理工作。

县(市、区)人民政府民政部门以及街道办事处或者乡镇人民政府负责城市低收入家庭收入核定的具体工作。

三、社区居民委员会根据街道办事处或者乡镇人民政府的委托,可以承担城市低收入家庭收入核定的日常服务工作。

四、县(市、区)以上人民政府发展改革、价格、公安、财政、人力资源社会保障、住房城乡建设(房地产)、金融、税务、工商、统计等部门在各自职责范围内做好城市低收入家庭收入核定的有关工作。

五、地方各级人民政府要加强城市低收入家庭收入核定工作机构能力建设,落实必要的工作人员和经费。街道办事处、乡镇人民政府要采取调配、招用等形式,配备必要工作人员。

六、城市低收入家庭收入标准实行动态管理,每年公布一次。直辖市、设区的市低收入家庭收入标准,由市人民政府制定;县(市)城市低收入家庭收入标准,由县(市)人民政府制定,并报上级人民政府备案。

七、城市低收入家庭收入标准主要包括家庭收入和家庭财产两项指标,应当根据当地经济和社会发展水平,统筹考虑居民人均可支配收入、最低生活保障标准、最低工资标准以及住房保障和其他社会救助的关系,以满足城市居民基本生活需求为原则,按照不同救助项目需求和家庭支付能力确定。

八、家庭收入是指家庭成员在一定期限内拥有的全部可支配收入,包括扣除缴纳的个人所得税以及个人缴纳的社会保障支出后的工薪收入、经营性净收入、财产性收入和转移性收入等。家庭财产是指家庭成员拥有的全部存款、房产、车辆、有价证券等财产。

九、家庭成员按照国家规定获得的优待抚恤金、计划生育奖励与扶助金、教育奖(助)学金、寄宿生生活费补助以及见义勇为等奖励性补助,不计入家庭收入。

十、城市居民家庭在申请廉租住房、经济适用住房保障或者其他社会救助时,应当提供家庭收入、家庭财产等状况的证明材料,并以书面形式一并向户籍所在地的街道办事处或者乡镇人民政府提出核定其家庭收入状况的申请。具体申请程序按照有关规定办理。

十一、县(市、区)人民政府民政部门以及街道办事处或者乡镇人民政府应当通过书面审查、入户调查、信息查证、邻里访问以及信函索证等方式,对申请低收入核定的家庭至少最近6个月的收入和财产状况进行调查核实。有关个人、单位、组织应当积极配合,并如实提供有关情况。

十二、经申请低收入核定的家庭授权,县(市、区)人民政府民政部门以及街道办事处或者乡镇人民政府,可以对家庭成员的收入和财产状况进行查询。公安(户籍和车辆管理)、人力资源社会保障(社会保险)、住房城乡建设(房地产)、金融、工商、税务、住房公积金等部门和机构应当予以配合。具体查询办法由民政部会同有关部门另行规定。

十三、县(市、区)人民政府民政部门应当为符合当地人民政府规定的低收入家庭收入标准的城市居民家庭出具家庭收入核定证明。

十四、县(市、区)人民政府民政部门以及街道办事处或者乡镇人民政府应当设立举报箱或举报电话,接受群众和社会监督。

十五、城市居民最低生活保障家庭可直接认定为城市低收入家庭,不再重复进行家庭收入核定。

十六、城市低收入家庭应当按年度向所在地街道办事处或者乡镇人民政府如实申报家庭人口、收入以及财产的变动情况。街道办事处或者乡镇人民政府应当对申报情况进行核实,并将申报及核实情况报送县(市、区)人民政府民政部门。

县(市、区)人民政府民政部门应当根据城市低收入家庭人口、收入以及财产的变动情况,重新出具家庭收入核定证明。

十七、县(市、区)人民政府民政部门应当按户建立收入审核档案,并将城市低收入家庭的人口、收入、财产等变动情况,以及享受廉租住房、经济适用住房保障或者其他社会救助的情况,及时登记归档。

十八、各地应当逐步建立城市家庭收入审核信息系统,有效利用公安(户籍和车辆管理)、人力资源社会保障(社会保险)、住房城乡建设、金融、工商、税务、住房公积金等政府部门及有关机构的数据,实现信息共享,方便信息比对和核查,建立科学、高效的收入审核信息平台。

十九、申请低收入核定的家庭不如实提供相关情况,隐瞒收入和财产,骗取城市低收入家庭待遇的,由县(市、区)人民政府民政部门取消已出具的家庭收入核定证明,并记入人民银行企业和个人信用信息基础数据库及有关部门建立的诚信体系。

国家机关、企事业单位、社会团体、村(居)民委员会以及其他社会组织,不如实提供申请低收入核定的家庭及家庭成员的有关情况,或者出具虚假证明的,由县(市、区)人民政府民政部门提请其上级主管机关或者有关部门依照法律法规和有关规定处理,并记入人民银行企业和个人信用信息基础数据库及有关部门建立的诚信体系。

二十、城市家庭收入审核工作人员玩忽职守、滥用职权、徇私舞弊的,依法给予行政处分;涉嫌犯罪的,依法移送司法机关处理。

二十一、各省、自治区、直辖市人民政府可以根据本办法制定具体的实施办法。

民政部关于积极开展城市低收入家庭认定工作的若干意见

· 2009 年 6 月 19 日
· 民发〔2009〕86 号

各省、自治区、直辖市民政厅(局),计划单列市民政局,新疆生产建设兵团民政局:

2008 年 10 月,经国务院同意,我部会同有关部委(局)联合下发《城市低收入家庭认定办法》(民发〔2008〕156 号,以下简称《办法》)。《办法》就城市低收入家庭的认定标准、认定程序、认定方法以及民政部门的职责任务等作出明确规定。《办法》下发后,各地民政部门积极行动,加强沟通协调,深入调查研究,相继启动城市低收入家庭认定的相关工作。为使城市低收入家庭认定工作落到实处,进一步健全完善城市社会救助体系,现就做好城市低收入家庭认定工作提出如下意见:

一、充分认识开展城市低收入家庭认定工作的重要意义

(一)城市低收入家庭是指家庭成员人均收入和家庭财产状况符合当地人民政府规定的低收入标准的城市居民家庭。认定城市低收入家庭是住房救助、医疗救助、教育救助等专项社会救助制度以及临时救助制度向低保对象以外的低收入家庭延伸的前提和基础,是进一步健全完善城市社会救助体系的重要举措。为应对金融危机,去年以来我国政府相继出台了一系列保民生、保发展、保稳定的政策。廉租住房等保障性住房建设是其中最为重要、最为突出,也是城市困难群众最为关注、最为期待的一项内容。党中央、国务院对廉租住房建设高度重视,李克强副总理明确要求"尽快对既买不起房、也租不起房的城市低收入住房困难家庭实施廉租住房保障"。城市低收入家庭认定是廉租住房救助的重要环节,是确保廉租住房公平分配的基础,各级民政部门一定要高度重视,切实承担责任,抓紧抓好这项工作。

二、开展城市低收入家庭认定的基本要求和总体目标

(二)基本要求。开展城市低收入家庭认定工作的基本要求是:明确政策,细化操作;突出重点,示范引路;部门配合,信息联动;强化基础,规范管理。

(三)总体目标。通过对社会救助申请人家庭收入和家庭财产状况的核对,逐步建立起相对完整的城市居民家庭经济状况审核信息系统,不断规范城市低收入家庭认定工作,推动廉租住房等专项社会救助制度覆盖所有城市低收入家庭。

三、进一步规范城市低收入家庭认定工作

(四)健全法规政策。各地要以《办法》为基础,抓紧制定具体的实施办法或实施细则,为城市低收入家庭认定工作的开展提供法规政策依据。制定实施办法或实施细则时,各地要注意强化办法的权威性和可操作性,尽量细化工作程序。条件成熟的,可通过制定配套政策的形式统一规范申请表格、收入类别、个人申报声明、证明文件等有关材料的样式或模板。

(五)合理确定低收入家庭的收入标准和财产状况标准。低收入家庭的收入标准可采取精确的货币单位进行量化,以一条收入水平线的形式对外发布,并应与当地城市低保标准保持内在关联性。低收入家庭财产状况标准可采取设定财产类型最高额度的方式发布;条件成熟的地方,也可以量化为货币单位,设定为财产标准线。低收入家庭的收入标准和财产状况标准也可以根据社会救助项目类型分别制定。

(六)规范工作流程。一是申请受理。只有当申请廉租住房、经济适用住房保障或者其他社会救助时,城市居民家庭才能提出低收入家庭认定申请。与社会救助无直接关系的低收入家庭认定申请,民政部门可不予受理。二是收入申报。街道办事处或乡镇人民政府应根据民政部门统一制定的格式,要求城市低收入家庭申请人逐项填写家庭收入、家庭人口和家庭财产情况,并签字确认提供虚假信息的,将承担相应法律责任。三是核定收入。对于廉租住房救助的申请,应先由住房保障部门核定其住房状况是否符合规定条件。民政部门接到住房保障部门转交的符合住房状况规定条件的廉租住房申请材料后,可相应开展收入核定工作。申请其他社会救助需要认定家庭收入的,按有关规定办理。四是出具证明。经核定符合低收入家庭收入标准和财产状况标准的,民政部门可出具家庭收入核定证明材料。该证明材料应注明核定的主要项目及核定结果,并及时反馈住房保障部门或其他社会救助管理部门。收入核定证明材料一般不宜直接交社会救助申请人本人。五是异议申诉。廉租住房申请人对收入认定结果有异议的,应根据《廉租住房保障办法》的规定,向住房保障部门提出申诉。民政部门应向住房保障部门作出说明,由住房保障部门统一答复申请人。其他社会救助方面的异议或申诉,按有关规定办理。

(七)探索建立居民家庭收入信息共享系统。核定社会救助申请人家庭收入和家庭财产的方法主要是书面审查、入户调查、信息查询、邻里访问以及信函索证。工作中,要注意建立完善的社区评议和社区公示制度,充分发挥广大群众的监督积极性。同时,要探索建立居民家庭收入信息共享系统,通过与税务、户籍、社会保险、公积金、金融等部门和机构共享居民收入信息,准确认定城市低收入家庭。

四、夯实城市低收入家庭认定工作基础

(八)认真研究政策。要认真研究城市低收入家庭认定工作的重点、难点和薄弱环节,找准工作的着力点;要把开展这项工作的重要性分析深、分析透,形成共识;要及时向主要领导汇报工作进展及存在问题,并提出有针对性的解决建议。

(九)注意抓好试点。城市低收入家庭认定是一项新工作,这些家庭的收入普遍高于低保家庭,其收入来源更为多样化,隐性就业和隐性收入较为普遍,家庭财产更不易掌握。依靠认定低保对象的传统方法难以准确认定低收入家庭。因此,各地要注意抓好试点,探索创新行之有效的家庭经济状况核查办法,在认真总结经验的基础上逐步推广。

(十)加强能力建设。城市低收入家庭认定是一项政策性、技术性都很强的工作,各地要按照《办法》要求,协调有关部门,加强城市低收入家庭收入核定工作机构能力建设,在落实必要的工作人员和经费基础上开展工作。街道办事处、乡镇人民政府要采取调配、招用等形式,配备必要工作人员。

(十一)做好部门间配合。城市低收入家庭认定虽然是一项配合性工作,具体救助行为由相关部门实施,但其基础性地位不容忽视。各地要注意加强与有关部门的沟通协调,积极主动做好配合服务工作,以获得有关部门的理解与支持,为城市低收入家庭认定工作的开展创造必要的条件。

3. 农村五保供养

农村五保供养工作条例

· 2006 年 1 月 21 日中华人民共和国国务院令第 456 号公布
· 自 2006 年 3 月 1 日起施行

第一章　总　则

第一条　为了做好农村五保供养工作,保障农村五保供养对象的正常生活,促进农村社会保障制度的发展,制定本条例。

第二条　本条例所称农村五保供养,是指依照本条例规定,在吃、穿、住、医、葬方面给予村民的生活照顾和物质帮助。

第三条　国务院民政部门主管全国的农村五保供养工作;县级以上地方各级人民政府民政部门主管本行政区域内的农村五保供养工作。

乡、民族乡、镇人民政府管理本行政区域内的农村五保供养工作。

村民委员会协助乡、民族乡、镇人民政府开展农村五保供养工作。

第四条　国家鼓励社会组织和个人为农村五保供养对象和农村五保供养工作提供捐助和服务。

第五条　国家对在农村五保供养工作中做出显著成绩的单位和个人,给予表彰和奖励。

第二章　供养对象

第六条　老年、残疾或者未满 16 周岁的村民,无劳动能力、无生活来源又无法定赡养、抚养、扶养义务人,或者其法定赡养、抚养、扶养义务人无赡养、抚养、扶养能力的,享受农村五保供养待遇。

第七条　享受农村五保供养待遇,应当由村民本人向村民委员会提出申请;因年幼或者智力残疾无法表达意愿的,由村民小组或者其他村民代为提出申请。经村民委员会民主评议,对符合本条例第六条规定条件的,在本村范围内公告;无重大异议的,由村民委员会将评议意见和有关材料报送乡、民族乡、镇人民政府审核。

乡、民族乡、镇人民政府应当自收到评议意见之日起 20 日内提出审核意见,并将审核意见和有关材料报送县级人民政府民政部门审批。县级人民政府民政部门应当自收到审核意见和有关材料之日起 20 日内作出审批决定。对批准给予农村五保供养待遇的,发给《农村五保供养证书》;对不符合条件不予批准的,应当书面说明理由。

乡、民族乡、镇人民政府应当对申请人的家庭状况和经济条件进行调查核实;必要时,县级人民政府民政部门可以进行复核。申请人、有关组织或者个人应当配合、接受调查,如实提供有关情况。

第八条　农村五保供养对象不再符合本条例第六条规定条件的,村民委员会或者敬老院等农村五保供养服务机构(以下简称农村五保供养服务机构)应当向乡、民族乡、镇人民政府报告,由乡、民族乡、镇人民政府审核并报县级人民政府民政部门核准后,核销其《农村五保供养证书》。

农村五保供养对象死亡,丧葬事宜办理完毕后,村民委员会或者农村五保供养服务机构应当向乡、民族乡、镇人民政府报告,由乡、民族乡、镇人民政府报县级人民政府民政部门核准后,核销其《农村五保供养证书》。

第三章　供养内容

第九条　农村五保供养包括下列供养内容：

（一）供给粮油、副食品和生活用燃料；

（二）供给服装、被褥等生活用品和零用钱；

（三）提供符合基本居住条件的住房；

（四）提供疾病治疗，对生活不能自理的给予照料；

（五）办理丧葬事宜。

农村五保供养对象未满16周岁或者已满16周岁仍在接受义务教育的，应当保障他们依法接受义务教育所需费用。

农村五保供养对象的疾病治疗，应当与当地农村合作医疗和农村医疗救助制度相衔接。

第十条　农村五保供养标准不得低于当地村民的平均生活水平，并根据当地村民平均生活水平的提高适时调整。

农村五保供养标准，可以由省、自治区、直辖市人民政府制定，在本行政区域内公布执行，也可以由设区的市级或者县级人民政府制定，报所在的省、自治区、直辖市人民政府备案后公布执行。

国务院民政部门、国务院财政部门应当加强对农村五保供养标准制定工作的指导。

第十一条　农村五保供养资金，在地方人民政府财政预算中安排。有农村集体经营等收入的地方，可以从农村集体经营等收入中安排资金，用于补助和改善农村五保供养对象的生活。农村五保供养对象将承包土地交由他人代耕的，其收益归该农村五保供养对象所有。具体办法由省、自治区、直辖市人民政府规定。

中央财政对财政困难地区的农村五保供养，在资金上给予适当补助。

农村五保供养资金，应当专门用于农村五保供养对象的生活，任何组织或者个人不得贪污、挪用、截留或者私分。

第四章　供养形式

第十二条　农村五保供养对象可以在当地的农村五保供养服务机构集中供养，也可以在家分散供养。农村五保供养对象可以自行选择供养形式。

第十三条　集中供养的农村五保供养对象，由农村五保供养服务机构提供供养服务；分散供养的农村五保供养对象，可以由村民委员会提供照料，也可以由农村五保供养服务机构提供有关供养服务。

第十四条　各级人民政府应当把农村五保供养服务机构建设纳入经济社会发展规划。

县级人民政府和乡、民族乡、镇人民政府应当为农村五保供养服务机构提供必要的设备、管理资金，并配备必要的工作人员。

第十五条　农村五保供养服务机构应当建立健全内部民主管理和服务管理制度。

农村五保供养服务机构工作人员应当经过必要的培训。

第十六条　农村五保供养服务机构可以开展以改善农村五保供养对象生活条件为目的的农副业生产。地方各级人民政府及其有关部门应当对农村五保供养服务机构开展农副业生产给予必要的扶持。

第十七条　乡、民族乡、镇人民政府应当与村民委员会或者农村五保供养服务机构签订供养服务协议，保证农村五保供养对象享受符合要求的供养。

村民委员会可以委托村民对分散供养的农村五保供养对象提供照料。

第五章　监督管理

第十八条　县级以上人民政府应当依法加强对农村五保供养工作的监督管理。县级以上地方各级人民政府民政部门和乡、民族乡、镇人民政府应当制定农村五保供养工作的管理制度，并负责督促实施。

第十九条　财政部门应当按时足额拨付农村五保供养资金，确保资金到位，并加强对资金使用情况的监督管理。

审计机关应当依法加强对农村五保供养资金使用情况的审计。

第二十条　农村五保供养待遇的申请条件、程序、民主评议情况以及农村五保供养的标准和资金使用情况等，应当向社会公告，接受社会监督。

第二十一条　农村五保供养服务机构应当遵守治安、消防、卫生、财务会计等方面的法律、法规和国家有关规定，向农村五保供养对象提供符合要求的供养服务，并接受地方人民政府及其有关部门的监督管理。

第六章　法律责任

第二十二条　违反本条例规定，有关行政机关及其工作人员有下列行为之一的，对直接负责的主管人员以及其他直接责任人员依法给予行政处分；构成犯罪的，依法追究刑事责任：

（一）对符合农村五保供养条件的村民不予批准享受农村五保供养待遇的，或者对不符合农村五保供养条件的村民批准其享受农村五保供养待遇的；

（二）贪污、挪用、截留、私分农村五保供养款物的；

（三）有其他滥用职权、玩忽职守、徇私舞弊行为的。

第二十三条　违反本条例规定，村民委员会组成人员贪污、挪用、截留农村五保供养款物的，依法予以罢免；构成犯罪的，依法追究刑事责任。

违反本条例规定，农村五保供养服务机构工作人员私分、挪用、截留农村五保供养款物的，予以辞退；构成犯罪的，依法追究刑事责任。

第二十四条　违反本条例规定，村民委员会或者农村五保供养服务机构对农村五保供养对象提供的供养服务不符合要求的，由乡、民族乡、镇人民政府责令限期改正；逾期不改正的，乡、民族乡、镇人民政府有权终止供养服务协议；造成损失的，依法承担赔偿责任。

第七章　附　则

第二十五条　《农村五保供养证书》由国务院民政部门规定式样，由省、自治区、直辖市人民政府民政部门监制。

第二十六条　本条例自 2006 年 3 月 1 日起施行。1994 年 1 月 23 日国务院发布的《农村五保供养工作条例》同时废止。

农村五保供养服务机构管理办法

· 2010 年 10 月 22 日民政部令第 37 号公布
· 自 2011 年 1 月 1 日起施行

第一章　总　则

第一条　为了加强农村五保供养服务机构管理，提高供养服务能力和水平，保障农村五保供养对象的正常生活，根据《农村五保供养工作条例》和国家有关规定，制定本办法。

第二条　本办法所称农村五保供养服务机构，是指县级人民政府民政部门或者乡、民族乡、镇人民政府（以下简称主办机关）举办的，为农村五保供养对象提供供养服务的公益性机构。

符合条件的农村五保供养服务机构，应当依法办理事业单位法人登记。

第三条　县级以上人民政府民政部门负责本行政区域内的农村五保供养服务机构管理工作。

乡、民族乡、镇人民政府管理其举办的农村五保供养服务机构，并接受县级人民政府民政部门的业务指导。

第四条　农村五保供养服务机构实行等级评定，具体评定办法另行规定。

第五条　县级以上人民政府民政部门对在农村五保供养服务机构建设、管理和服务工作中作出显著成绩的单位和个人，给予表彰和奖励。

第二章　规划与建设

第六条　县级以上人民政府民政部门应当根据本级人民政府经济社会发展规划，会同有关部门编制农村五保供养服务机构建设专项规划，并组织实施。

第七条　农村人口规模较大、农村五保供养对象较多的乡、民族乡、镇，应当建设能够满足当地农村五保供养对象集中供养需要的农村五保供养服务机构。

县级人民政府民政部门根据实际需要，可以建设能够满足若干乡、民族乡、镇农村五保供养对象集中供养需要的农村五保供养服务机构。

第八条　农村五保供养服务机构建设应当符合国家有关的建筑设计规范和标准，坚持改建、扩建、新建相结合，充分利用闲置的设施。

农村五保供养服务机构的建设规模原则上不少于40 张床位。

第九条　农村五保供养服务机构应当为每名农村五保供养对象提供使用面积不少于 6 平方米的居住用房。

农村五保供养服务机构应当建有厨房、餐厅、活动室、浴室、卫生间、办公室等辅助用房。

第十条　农村五保供养服务机构应当配置基本生活设施，配备必要的膳食制作、医疗保健、文体娱乐、供暖降温、办公管理等设备。

有条件的农村五保供养服务机构应当具备开展农副业生产所必需的场地和设施。

第三章　服务对象

第十一条　对自愿选择集中供养的农村五保供养对象，经县级人民政府民政部门安排，有供养能力的农村五保供养服务机构不得拒绝接收。

农村五保供养服务机构应当优先供养生活不能自理的农村五保供养对象。

第十二条　接收患有精神病、传染病农村五保供养对象的农村五保供养服务机构应当具备相应的治疗护理能力。

第十三条　乡、民族乡、镇人民政府应当与农村五保供养服务机构签订供养服务协议，委托其为农村五保供养对象提供供养服务。协议范本由县级人民政府民政部门制定，并报上一级民政部门备案。

第十四条　农村五保供养服务机构在满足当地农村

五保供养对象集中供养需要的基础上,可以开展社会养老服务。

开展社会养老服务的农村五保供养服务机构应当与服务对象或者其赡养人签订协议,约定双方的权利和义务。

农村五保供养服务机构不得因开展社会养老服务降低对农村五保供养对象的集中供养条件和服务水平。

第十五条　农村五保供养对象和社会养老服务对象应当遵守农村五保供养服务机构的规章制度,爱护公共财物,文明礼貌,团结互助。

第四章　供养内容

第十六条　农村五保供养服务机构应当向农村五保供养对象提供下列服务:

(一)提供符合食品卫生要求、适合农村五保供养对象需要的膳食;

(二)提供服装、被褥等生活用品和零用钱;

(三)提供符合居住条件的住房;

(四)提供日常诊疗服务,对生活不能自理的给予护理照料;

(五)妥善办理丧葬事宜。

集中供养的农村五保供养对象未满16周岁或者已满16周岁仍在接受义务教育的,农村五保供养服务机构应当依法保证其接受并完成义务教育,保障所需费用。

有条件的农村五保供养服务机构应当为集中供养的重度残疾五保供养对象适配基本型辅助器具。

第十七条　农村五保供养服务机构的实际供养水平不得低于当地公布的农村五保集中供养标准。

第十八条　农村五保供养服务机构提供的供养服务,应当符合有关法律法规和规章的规定,符合国家的标准规范,尊重少数民族习惯。

第十九条　农村五保供养服务机构应当协同驻地乡镇卫生院或者其他医疗机构为农村五保供养对象提供日常诊疗服务。

经卫生行政部门许可,有条件的农村五保供养服务机构可以设立医务室,为农村五保供养对象提供日常诊疗服务。

农村五保供养服务机构应当协助有关部门保障农村五保供养对象享受农村合作医疗和农村医疗救助待遇。

第二十条　农村五保供养服务机构应当提供亲情化服务,组织文化娱乐、体育健身等活动,丰富农村五保供养对象的精神生活。

第二十一条　农村五保供养服务机构可以向分散供养的农村五保供养对象提供服务,具体服务方式由县级人民政府民政部门规定。

第五章　内部管理

第二十二条　农村五保供养服务机构应当建立健全财务管理、档案管理、环境卫生、安全保卫等规章制度,并向农村五保供养对象公开。

第二十三条　农村五保供养服务机构实行院长负责制,主办机关应当定期对院长履行职责的情况进行考核。

农村五保供养服务机构应当根据实际需要科学设定岗位,明确岗位要求和工作流程,实行岗位责任制。

第二十四条　农村五保供养服务机构应当设立院务管理委员会,实行院务公开。院务管理委员会由主办机关代表、农村五保供养对象代表和工作人员代表组成,其中农村五保供养对象代表应当达到1/2以上。

院务管理委员会由农村五保供养服务机构全体人员民主选举产生,履行以下职责:

(一)监督本机构各项规章制度的执行情况;

(二)监督本机构财务收支和管理情况;

(三)监督院长和工作人员的工作;

(四)调解农村五保供养对象之间的矛盾纠纷;

(五)组织协调农村五保供养对象开展自我服务和自我管理;

(六)其他院务管理职责。

第二十五条　农村五保供养服务机构可以采取多种形式开展农副业生产,其收入应当用于改善农村五保供养对象的生活,任何单位和个人不得侵占、挪用。

农村五保供养服务机构可以鼓励农村五保供养对象参加有益身心健康和力所能及的生产活动,并给予适当报酬。

第二十六条　农村五保供养服务机构管理和使用的资产,任何单位和个人不得侵占,需要办理登记的应当依据有关规定办理登记手续。

第六章　工作人员

第二十七条　农村五保供养服务机构应当根据服务对象的数量和需求,配备工作人员。

有条件的农村五保供养服务机构应当配备专业社会工作者。

第二十八条　农村五保供养服务机构负责人由主办机关聘任,其他工作人员由农村五保供养服务机构聘用。

第二十九条　农村五保供养服务机构或者其主办机关应当与工作人员订立聘用合同或者劳动合同。

农村五保供养服务机构或者其主办机关应当保障工作人员的工资待遇不低于当地最低工资标准,并为其办理相应的养老、医疗、工伤等社会保险。

第三十条　县级人民政府民政部门应当对农村五保供养服务机构工作人员进行业务培训，考核合格的，准予上岗服务。

第七章　经费保障

第三十一条　农村五保供养服务机构的建设资金和管理资金应当按照财政预算管理程序申报，经审核后从财政预算中安排。

管理资金是指维持农村五保供养服务机构正常运转必需支出的各项费用，主要包括工作人员工资、办公经费、设备设施购置维护经费和水电燃料费等。

第三十二条　农村五保供养对象的集中供养资金应当按照当地人民政府公布的集中供养标准，纳入县乡财政专项保障，并按时拨付到农村五保供养服务机构。

农村五保供养服务机构应当将集中供养资金全部用于为农村五保供养对象提供供养服务，不得挪作他用。

第三十三条　县级以上人民政府民政部门应当每年从本级福利彩票公益金中安排一定数量，用于支持农村五保供养服务机构建设和维护。

第三十四条　鼓励机关、企业、事业单位、社会组织、个人向农村五保供养服务机构提供捐赠，帮助改善农村五保供养对象的生活条件。

第八章　法律责任

第三十五条　农村五保供养服务机构有下列行为之一的，由县级人民政府民政部门或者乡、民族乡、镇人民政府责令限期改正；逾期不改正的，县级人民政府民政部门或者乡、民族乡、镇人民政府应当终止供养服务协议；造成损失的，依法承担赔偿责任：

（一）歧视、虐待农村五保供养对象的；

（二）未尽到管理和服务义务致使农村五保供养对象合法权益遭受侵害的；

（三）侵占农村五保供养对象财产的；

（四）其他违反规定的行为。

第三十六条　农村五保供养服务机构工作人员有下列行为之一的，予以批评教育；情节严重的，予以辞退；造成损失的，依法承担赔偿责任；构成犯罪的，依法追究刑事责任：

（一）私分、挪用、截留农村五保供养款物的；

（二）私分、挪用农副业生产经营收入的；

（三）辱骂、殴打、虐待农村五保供养对象的；

（四）盗窃、侵占农村五保供养对象或者农村五保供养服务机构财产的；

（五）其他违反规定的行为。

第三十七条　农村五保供养对象有下列行为之一的，予以批评教育；情节严重的，停止集中供养；构成犯罪的，依法追究刑事责任：

（一）违反农村五保供养服务机构的规定，扰乱正常生活秩序的；

（二）打架、斗殴，造成他人身体伤害的；

（三）损毁、盗窃、侵占农村五保供养服务机构或者其他农村五保供养对象财产的；

（四）其他违反规定的行为。

第九章　附　则

第三十八条　鼓励其他社会福利机构为农村五保供养对象提供供养服务，相关管理和服务参照本办法执行。

第三十九条　本办法自2011年1月1日起施行。1997年3月18日民政部发布的《农村敬老院管理暂行办法》同时废止。

民政部关于公布农村五保供养标准的公告

·2006年12月25日
·民政部公告第77号

新修订的《农村五保供养工作条例》（以下简称《条例》）已经国务院颁布，自2006年3月1日起施行。《条例》规定，"农村五保供养标准不得低于当地村民的平均生活水平，并根据当地村民平均生活水平的提高适时调整"，"农村五保供养待遇的申请条件、程序、民主评议情况以及农村五保供养的标准和资金使用情况等，应当向社会公告，接受社会监督。"《条例》施行以来，有28个省（自治区、直辖市）结合实际，制定公布了新的农村五保供养标准，其余3个省正在制定方案。为了进一步贯彻落实《条例》，督促各地按照公布的标准为农村五保供养对象提供符合要求的供养服务，切实保障农村五保供养对象的合法权益，现将各省（自治区、直辖市）调整前后的农村五保供养标准向社会公布。各县（市、区）农村五保供养标准的详情可登录民政部网站查询（网址为：www.mca.gov.cn）。

特此公告。

附件 1：

全国各省(自治区、直辖市)农村五保供养标准

说明:本表统计的农村五保供养标准截止日期为 2006 年 11 月 30 日,除特别注明外,各省(自治区、直辖市)的农村五保供养标准均为本省(自治区、直辖市)内各县(市、区)农村五保供养标准的平均数。

序号	地 区	农村五保供养标准(元/年·人)				备 注
		调整后农村五保供养标		原农村五保供养标准		
		分散供养标准	集中供养标准	分散供养标准	集中供养标准	
1	北京市	3634	4193	3080	4232	根据上年度农民人均消费支出核定
2	天津市	2500	3846	2500	2500	
3	河北省	1439	1896	968	1470	
4	山西省	1475	1940	1125	1533	
5	内蒙古	961	1421	740	1216	自治区规定,分散供养不低于 800,集中供养不低于 1200
6	辽宁省	1513	2510	1367	2256	
7	吉林省	1238	2257	1133	2159	
8	黑龙江	1245	1668	1223	1597	
9	上海市	4320	4320	3063	4325	市调标文件待发
10	江苏省	2291	2851	1957	2461	
11	浙江省	3400	5005	3034	4262	
12	安徽省	1493	2039	1146	1659	
13	福建省	1578	1983	1372	1751	
14	江西省	1200	1800	800	1200	全省统一标准
15	山东省	1486	2408	1109	1943	
16	河南省	1110	1541	1042	1429	
17	湖北省	/	/	800	1200	未调整
18	湖南省	923	2008	731	1573	
19	广东省	/	/	2055	2856	未调整
20	广西区	1066	1503	835	1306	
21	海南省	1527	1544	875	1140	

续表

序号	地 区	农村五保供养标准(元/年·人)				备 注
		调整后农村五保供养标		原农村五保供养标准		
		分散供养标准	集中供养标准	分散供养标准	集中供养标准	
22	重庆市	1428	1543	1144	1256	
23	四川省	1260	1589	850	1275	
24	贵州省	1429	1834	807	1352	
25	云南省	814	1254	455	921	
26	西藏区	1300	1300	1200	1200	全区统一标准
27	陕西省	1433	1433	806	980	
28	甘肃省	1500	1747	813	1123	
29	青海省	/	/	1333	1333	未调整
30	宁夏区	2002	2782	1375	1731	
31	新疆区	1792	2187	1567	1935	
全国合计		1691	2229	1332	1844	

附件 2:全国各县(市、区)农村五保供养标准(略)

农村五保供养档案管理办法

· 2013 年 2 月 22 日
· 民发〔2013〕36 号

第一条 为了加强农村五保供养档案管理,维护档案真实、完整、安全,根据《中华人民共和国档案法》、《中华人民共和国档案法实施办法》和《农村五保供养工作条例》等有关规定,制定本办法。

第二条 本办法所称农村五保供养档案(以下简称五保档案)是指在农村五保供养待遇审核审批和供养服务工作中形成的具有保存价值的文字、图表、声像、电子等不同形式和载体的文件材料,分为审核审批类和供养服务类。

五保档案是农村五保供养工作的真实记录,是国家民生档案的重要组成部分。

第三条 县级人民政府民政部门、乡(民族乡、镇)人民政府、农村五保供养服务机构(以下统称五保档案保管单位)应当依照本办法,分工负责五保档案保管工作。

五保档案保管单位应当明确档案保管人员,保证管理必需的设施、场所和经费,确保档案安全,并适应档案管理现代化的要求,配备相应的技术设备。

县级以上各级人民政府民政部门、档案行政管理部门应当在各自职责权限范围内依法指导、监督五保档案管理工作。

第四条 县级人民政府民政部门负责保管审核审批类五保档案,归档范围包括:

(一)农村五保供养待遇审批文件材料;

(二)农村五保供养待遇申请材料;

(三)农村五保供养待遇申请人的居民身份证、户口簿等身份证明材料复印件;

(四)农村五保供养待遇申请人的家庭状况和经济条件证明材料;

(五)村民委员会对农村五保供养待遇申请的民主评议材料;

(六)乡(民族乡、镇)人民政府调查审核文件材料;

(七)农村五保供养对象集中供养审批文件材料;

(八)农村五保供养待遇复审、调整和停止的文件材料;

(九)农村五保供养对象去世后的火化证明或者死

亡证明材料;

(十)核销的《农村五保供养证书》;

(十一)其他需要归档的文件材料。

第五条　乡(民族乡、镇)人民政府应当保管五保供养对象供养服务协议、分散供养对象照料记录等供养服务类五保档案。

农村五保供养服务机构应当保管在院集中供养五保对象的供养服务协议以及供养待遇审批、调整和停止等文件材料的复本,并建立相关管理和服务工作档案。

第六条　属于归档范围的文件材料应当在办理完毕后30日内归档。

归档的文件材料应当真实完整、图文清晰。

电子数据、录音带、录像带、磁盘、照片等特殊载体材料,应当与纸质文件材料同时归档,确保可读可用。

第七条　整理归档文件材料应当遵守下列规定:

(一)以县级人民政府民政部门、乡(民族乡、镇)人民政府或者农村五保供养服务机构为立档单位;

(二)按照每名农村五保供养对象立卷;

(三)农村五保供养动态管理过程中形成的待遇复审、调整和停止等文件材料,随时整理归入相应案卷;

(四)按照乡(民族乡、镇)和行政村进行分类整理,并设置类别代码,类别代码以行政区划代码表示或者按照行政区划排列顺序编制;

(五)按照农村五保供养证书字号顺序排列案卷。

第八条　归档文件材料按照下列程序和方法进行立卷:

(一)每名五保供养对象的文件材料组成一卷;

(二)去掉文件材料上的金属物,过大或者过小的文件材料应当通过折叠或者粘贴使其整齐规范;

(三)卷内文件材料按照本办法第四条所列顺序排列,在有文字页面的正面右上角或者背面左上角用阿拉伯数字连续编写页号;

(四)填写卷内文件目录(见附件1:卷内文件目录式样),置于卷内首页之前;填写卷内备考表(见附件2:卷内备考表式样),置于卷末;

(五)不同类别的案卷按照农村五保供养证书字号的顺序排列,分别从"1"开始编制室编卷号;

(六)一份案卷装入一个五保档案袋,填写档案袋正面项目(见附件3:五保档案袋正面式样);

(七)按照室编卷号顺序将五保档案装入五保档案盒,填写档案盒正面和盒脊项目(见附件4:五保档案盒正面和盒脊式样);

(八)按照类别编制五保档案案卷目录(见附件5:五保档案案卷目录式样),加装封面和封底并装订,填写封面项目(见附件6:五保档案案卷目录封面式样)。

第九条　五保档案的保管期限从五保档案的形成年度起,到农村五保供养待遇停止后满5年为止。

保管期限截止时间确定后,应当在五保档案袋封面和五保档案案卷目录中填写相应的时间。

第十条　五保档案保管期满后,县级国家综合档案馆可以将五保档案抽样接收进馆。

第十一条　五保档案应当使用符合保管要求的档案装具进行保管,具备防盗、防光、防火、防虫、防鼠、防潮、防尘、防高温等条件,保证档案的安全。

有条件的单位应当设置专用的档案库房。

第十二条　积极推进使用计算机管理五保档案,有条件的单位应当按照相关要求建立五保电子档案。

第十三条　五保档案保管单位应当依法提供档案信息查询服务,依据档案出具相关证明材料。

五保档案的利用应当遵守下列规定,并办理登记手续:

(一)五保档案的形成、移交单位以及上级业务主管单位可以利用五保档案;

(二)各级人民法院、人民检察院、公安机关、国家安全机关、纪检监察机关、审计机关因公务需要可以凭单位介绍信利用五保档案;

(三)农村五保供养对象可以凭身份证件利用本人的五保档案;

(四)律师凭律师执业证书和律师事务所证明,可以利用与承办法律事务有关的五保档案;

(五)其他需要利用五保档案的,应当经五保档案保管单位同意。

第十四条　五保档案仅限于当场查阅、摘抄和复印,严禁对五保档案进行涂改、抽换、圈划、批注或者造成污染、损毁。

五保档案保管单位应当对归还的五保档案进行清点核对,对档案摘抄件或复印件加盖标有"五保档案摘抄件"或者"五保档案复印件"的印章。

第十五条　县级人民政府民政部门应当会同同级档案行政管理部门对保管期满的五保档案进行价值鉴定。有继续保存价值的,可以延长其保管期限。无保存价值的,编制销毁清册,履行审批手续予以销毁。销毁清册永久保存。

第十六条　各省(自治区、直辖市)、新疆生产建设兵团民政厅(局)和档案局可以结合本地区实际情况,共同制定实施办法。

第十七条　本办法自2013年4月1日起施行。

附件:(略)

农村五保供养服务机构等级评定暂行办法

· 2012年12月3日
· 民发〔2012〕210号

第一条　为推进农村五保供养服务机构管理规范化,不断提高供养服务水平,切实保障农村五保供养对象基本生活权益,根据《农村五保供养工作条例》和《农村五保供养服务机构管理办法》,制定本办法。

第二条　本办法所称农村五保供养服务机构,是指县级以上地方人民政府民政部门或者乡镇人民政府举办的,为农村五保供养对象提供集中供养服务的敬老院等公益性机构。

第三条　农村五保供养服务机构等级评定工作坚持建管并重、以评促管、统一标准、量化考核、动态管理、客观公正的原则。

第四条　民政部负责管理监督全国农村五保供养服务机构等级评定工作。

省级人民政府民政部门负责组织评定本行政区域内农村五保供养服务机构等级;省级以下人民政府民政部门负责本行政区域内农村五保供养服务机构等级评定相关审核工作。

有条件的地方,省级人民政府民政部门应当直接委托具备资质的事业单位或者社会组织承办农村五保供养服务机构等级评定审核工作。

第五条　根据供养服务质量、内部管理水平、基础设施条件和组织保障力度,农村五保供养服务机构等级评定由低到高分为一星级、二星级、三星级三个等级。

第六条　农村五保供养服务机构等级评定工作依照下列基本程序进行:

(一)省级人民政府民政部门发布等级评定通知;

(二)农村五保供养服务机构自愿申报;

(三)县级人民政府民政部门审核并提出初步评审意见;

(四)地市级人民政府民政部门复核;

(五)省级人民政府民政部门审定等级,经公示无异议后颁发牌匾。

省级人民政府民政部门可以委托地市级人民政府民政部门审定一星级农村五保供养服务机构,其牌匾由省级人民政府民政部门颁发。

第七条　农村五保供养服务机构等级审核、复核、审定工作应当综合采用实地检查、资料查验、问卷调查、重点抽查等多种方式开展。

第八条　农村五保供养服务机构等级评定工作每2年开展一次。

省级人民政府民政部门应当于每次农村五保供养服务机构等级评定工作完成后30日内,将评定为三星级的农村五保供养服务机构名单报民政部备案。

第九条　农村五保供养服务机构等级评定有效期为4年。

有效期内,条件改善的农村五保供养服务机构可以申报更高等级评定。

有效期满,农村五保供养服务机构应当重新申报等级评定。

第十条　县级以上人民政府民政部门应当对获得等级评定的农村五保供养服务机构给予奖励扶持。

第十一条　民政部每4年组织开展一次全国模范农村五保供养服务机构表彰活动。

全国模范农村五保供养服务机构原则上从三星级农村五保供养服务机构中择优确定,由民政部颁发牌匾,并给予一定物质奖励。

第十二条　获得等级评定的农村五保供养服务机构应当将等级牌匾悬挂在服务场所的明显位置,自觉接受五保供养对象和社会监督。

第十三条　省级人民政府民政部门应当通过重点抽查、定期检查、不定期暗访、受理投诉等方式,加强对获得等级评定农村五保供养服务机构的监督检查。监督检查中发现不符合等级评定标准的,应当要求其限期整改;限期未能整改的,应当降低或者撤销其评定等级。

第十四条　获得等级评定农村五保供养服务机构发生重大责任事故或者弄虚作假骗取等级评定的,应当撤销其评定等级,并且3年内不得申报等级评定。

第十五条　农村五保供养服务机构等级牌匾式样由民政部统一制定。

第十六条　本办法自发布之日起施行。省级人民政府民政部门可以依据本办法和本办法所附《农村五保供养服务机构等级评定参考指标》,制定本行政区域内的具体评定办法和评定标准。

附件:农村五保供养服务机构等级评定参考指标(略)

民政部办公厅关于印发《农村五保供养证书》式样的通知

· 1994 年 7 月 26 日
· 民办函〔1994〕143 号

各省、自治区、直辖市民政厅（局），各计划单列市民政局：

根据《农村五保供养工作条例》第二章第七条《农村五保供养证书》由国务院民政部门制定式样，省、自治区、直辖市人民政府民政部门统一印制的规定，现将民政部制定的《农村五保供养证书》式样发给你们，希望各地严格按照《证书》式样的规格、内容和封面颜色进行印制。

印发《农村五保供养证书》是一项政策性较强的工作，一定要与第二次五保普查工作结合起来进行。为此，现提出以下要求：

一、制定好普查方案。各省、自治区、直辖市要根据本地的实际情况，制定出操作性较强的五保普查实施方案。

二、加强组织领导。五保普查是关系到所有鳏寡孤独残疾人（未成年人）切身利益的大事，各级民政部门一定要加强组织领导，组织广大干部群众认真学习《农村五保供养工作条例》和五保普查实施方案，使他们了解五保供养工作的各项政策规定，准确掌握五保对象的条件、供养标准和开展普查的方式、方法、程序，做到心中有数。

三、坚持标准，严格审批。在五保普查工作中，确定五保对象一定要按照《农村五保供养工作条例》规定的条件和程序，由乡、民族乡、镇人民政府审批，发给《农村五保供养证书》，并报县民政局备案，不得遗漏。对于原已实行五保供养的对象，在这次普查中也要重新办理手续，一般不宜停止供养。普查工作要与检查五保供养的落实情况结合起来，不得走过场，不能流于形式。

四、五保普查和发证工作于 1995 年 6 月底以前结束，各地于 1995 年 12 月 31 日以前将五保普查情况报民政部救灾救济司。

另外，民政部准备在下半年召开五保、城乡救济工作座谈会，请各省、自治区、直辖市按照《关于做好召开五保、城乡社会救济工作座谈会准备工作的通知》（民救字〔1994〕第 5 号）精神，务必按时将有关材料报送我部救灾救济司。

附件：一、《农村五保供养证书》式样（略）
二、关于《农村五保供养证书》几个问题的说明

附件：

关于《农村五保供养证书》几个问题的说明

一、《农村五保供养证书》由民政部制定式样，各省、自治区、直辖市民政厅（局）统一印制。

1. 封面：人造革制作，底色为棕色，字烫金；
2. 规格：宽 9 厘米，高 13 厘米；
3. 证书首页和底页为硬板纸，插在封面内，使用规则印在底页；
4. 证书以乡（镇）为单位发放，由乡（镇）人民政府盖章；

二、内容填写：

1. 现居住地：填写所在县（市、区）、乡（镇）、村、组。
2. 供养形式：指敬老院集中供养和分散供养，分散供养填清是集体供养、亲属供养、代耕代养或其他供养；
3. 证书编号：由乡（镇）人民政府统一编写；
4. 合计栏：将粮食、食油、燃料和衣被折合成金额后与其他资金统一计算。

4. 流浪救助

城市生活无着的流浪乞讨人员救助管理办法

· 2003 年 6 月 20 日中华人民共和国国务院令第 381 号公布
· 自 2003 年 8 月 1 日起施行

第一条 为了对在城市生活无着的流浪、乞讨人员（以下简称流浪乞讨人员）实行救助，保障其基本生活权益，完善社会救助制度，制定本办法。

第二条 县级以上城市人民政府应当根据需要设立流浪乞讨人员救助站。救助站对流浪乞讨人员的救助是一项临时性社会救助措施。

第三条 县级以上城市人民政府应当采取积极措施及时救助流浪乞讨人员，并应当将救助工作所需经费列入财政预算，予以保障。

国家鼓励、支持社会组织和个人救助流浪乞讨人员。

第四条 县级以上人民政府民政部门负责流浪乞讨人员的救助工作，并对救助站进行指导、监督。

公安、卫生、交通、铁道、城管等部门应当在各自的职责范围内做好相关工作。

第五条 公安机关和其他有关行政机关的工作人员在执行职务时发现流浪乞讨人员的，应当告知其向救助

站求助;对其中的残疾人、未成年人、老年人和行动不便的其他人员,还应当引导、护送到救助站。

第六条　向救助站求助的流浪乞讨人员,应当如实提供本人的姓名等基本情况并将随身携带物品在救助站登记,向救助站提出求助需求。

救助站对属于救助对象的求助人员,应当及时提供救助,不得拒绝;对不属于救助对象的求助人员,应当说明不予救助的理由。

第七条　救助站应当根据受助人员的需要提供下列救助:

(一)提供符合食品卫生要求的食物;

(二)提供符合基本条件的住处;

(三)对在站内突发急病的,及时送医院救治;

(四)帮助与其亲属或者所在单位联系;

(五)对没有交通费返回其住所地或者所在单位的,提供乘车凭证。

第八条　救助站为受助人员提供的住处,应当按性别分室住宿,女性受助人员应当由女性工作人员管理。

第九条　救助站应当保障受助人员在站内的人身安全和随身携带物品的安全,维护站内秩序。

第十条　救助站不得向受助人员、其亲属或者所在单位收取费用,不得以任何借口组织受助人员从事生产劳动。

第十一条　救助站应当劝导受助人员返回其住所地或者所在单位,不得限制受助人员离开救助站。救助站对受助的残疾人、未成年人、老年人应当给予照顾;对查明住址的,及时通知其亲属或者所在单位领回;对无家可归的,由其户籍所在地人民政府妥善安置。

第十二条　受助人员住所地的县级人民政府应当采取措施,帮助受助人员解决生产、生活困难,教育遗弃残疾人、未成年人、老年人的近亲属或者其他监护人履行抚养、赡养义务。

第十三条　救助站应当建立、健全站内管理的各项制度,实行规范化管理。

第十四条　县级以上人民政府民政部门应当加强对救助站工作人员的教育、培训和监督。

救助站工作人员应当自觉遵守国家的法律法规、政策和有关规章制度,不准拘禁或者变相拘禁受助人员;不准打骂、体罚、虐待受助人员或者唆使他人打骂、体罚、虐待受助人员;不准敲诈、勒索、侵吞受助人员的财物;不准克扣受助人员的生活供应品;不准扣压受助人员的证件、申诉控告材料;不准任用受助人员担任管理工作;不准使

用受助人员为工作人员干私活;不准调戏妇女。

违反前款规定,构成犯罪的,依法追究刑事责任;尚不构成犯罪的,依法给予纪律处分。

第十五条　救助站不履行救助职责的,求助人员可以向当地民政部门举报;民政部门经查证属实的,应当责令救助站及时提供救助,并对直接责任人员依法给予纪律处分。

第十六条　受助人员应当遵守法律法规。受助人员违反法律法规的,应当依法处理。

受助人员应当遵守救助站的各项规章制度。

第十七条　本办法的实施细则由国务院民政部门制定。

第十八条　本办法自2003年8月1日起施行。1982年5月12日国务院发布的《城市流浪乞讨人员收容遣送办法》同时废止。

城市生活无着的流浪乞讨人员救助管理办法实施细则

·2003年7月21日民政部令第24号公布
·自2003年8月1日起施行

第一条　根据《城市生活无着的流浪乞讨人员救助管理办法》(以下简称《救助管理办法》)的规定,制定本实施细则。

第二条　《救助管理办法》规定的"城市生活无着的流浪乞讨人员"是指因自身无力解决食宿,无亲友投靠,又不享受城市最低生活保障或者农村五保供养,正在城市流浪乞讨度日的人员。

虽有流浪乞讨行为,但不具备前款规定情形的,不属于救助对象。

第三条　流浪乞讨人员向救助站求助时,应当如实提供本人的下列情况:

(一)姓名、年龄、性别、居民身份证或者能够证明身份的其他证件、本人户口所在地、住所地;

(二)是否享受城市最低生活保障或者农村五保供养;

(三)流浪乞讨的原因、时间、经过;

(四)近亲属和其他关系密切亲戚的姓名、住址、联系方式;

(五)随身物品的情况。

第四条　救助站应当向求助的流浪乞讨人员告知救助对象的范围和实施救助的内容,询问与求助需求有关

的情况,并对其个人情况予以登记。

第五条　救助站对属于救助对象的,应当及时安排救助;不属于救助对象的,不予救助并告知其理由。

对因年老、年幼、残疾等原因无法提供个人情况的,救助站应当先提供救助,再查明情况。

对拒不如实提供个人情况的,不予救助。

第六条　受助人员不得携带危险物品进入救助站,随身携带的物品,除生活必需品外,由救助站保管,待该受助人员离站时归还。

第七条　省、自治区、直辖市人民政府民政部门应当制定救助站受助人员的作息、卫生、学习等制度。受助人员应当遵守救助站的规章制度。

第八条　救助站为受助人员提供的食物和住处,应当能够满足受助人员的基本健康和安全需要。受助人员食宿定额定量的标准,由省级人民政府民政部门商财政部门具体规定。

第九条　受助人员在站内突发急病的,救助站应当及时送医疗机构治疗。救助站发现受助人员患传染病或者为疑似传染病病人的,应当送当地具有传染病收治条件的医疗机构治疗,并向当地疾病预防控制机构报告,采取必要的消毒隔离措施。

第十条　救助站应当根据受助人员提供的有关情况,及时与受助人员的家属以及受助人员常住户口所在地或者住所地的乡(镇)人民政府、城市街道办事处、该地的公安、民政部门取得联系,核实情况。

救助站发现受助人员故意提供虚假个人情况的,应当终止救助。

第十一条　受助人员返回常住户口所在地、住所地或者所在单位时没有交通费的,由救助站发给乘车(船)凭证,铁道、公路、水运等运输单位验证后准予搭乘相应的公共交通工具。救助站应当将有关情况通知受助人员的亲属及前往地的有关组织、所在单位。

第十二条　救助站应当根据受助人员的情况确定救助期限,一般不超过10天;因特殊情况需要延长的,报上级民政主管部门备案。

第十三条　对受助人员中的残疾人、未成年人或者其他行动不便的人,救助站应当通知其亲属或者所在单位接回;亲属或者所在单位拒不接回的,省内的由流入地人民政府民政部门通知流出地人民政府民政部门接回,送其亲属或者所在单位;跨省的由流入地省级人民政府民政部门通知流出地省级人民政府民政部门接回,送其亲属或者所在单位。

第十四条　对无法查明其亲属或者所在单位,但可以查明其户口所在地、住所地的受助残疾人、未成年人及其他行动不便的人,省内的由流入地人民政府民政部门通知流出地人民政府民政部门接回,送户口所在地、住所地安置;跨省的由流入地省级人民政府民政部门通知流出地省级人民政府民政部门接回,送户口所在地、住所地安置。

第十五条　对因年老、年幼或者残疾无法认知自己行为、无表达能力,因而无法查明其亲属或者所在单位,也无法查明其户口所在地或者住所地的,由救助站上级民政主管部门提出安置方案,报同级人民政府给予安置。

第十六条　受助人员自愿放弃救助离开救助站的,应当事先告知,救助站不得限制。未成年人及其他无民事行为能力人和限制民事行为能力人离开救助站,须经救助站同意。

受助人员擅自离开救助站的,视同放弃救助,救助站应当终止救助。

第十七条　救助站已经实施救助或者救助期满,受助人员应当离开救助站。对无正当理由不愿离站的受助人员,救助站应当终止救助。

第十八条　受助人员户口所在地、住所地的乡级、县级人民政府应当帮助返回的受助人员解决生产、生活困难,避免其再次外出流浪乞讨;对遗弃残疾人、未成年人、老年人的近亲属或者其他监护人,责令其履行抚养、赡养义务;对确实无家可归的残疾人、未成年人、老年人应当给予安置。

第十九条　受助人员在救助站期间应当遵纪守法,不得辱骂、殴打救助站工作人员或者其他受助人员,不得破坏救助设施,不得毁坏、盗窃公私财物,不得无理取闹、扰乱救助工作秩序。

对受助人员的违法违规行为,救助站工作人员应当及时制止;受助人员违规违纪情节严重的,或者发现受助人员有犯罪嫌疑的,应当及时报请公安机关依法处理。

第二十条　救助站应当建立健全岗位责任制、安全责任制、工作人员行为规范等规章制度,实行规范化管理。

救助站应当将受助人员入站、离站、获得救助等情况如实记载,制作档案妥善保管。

第二十一条　救助站及其工作人员应当严格遵守《救助管理办法》第十条、第十四条第二款规定。对违反规定的,由该救助站的上级民政主管部门责令改正;情节较重的,对直接负责的主管人员和其他直接责任人给予纪律处分;构成犯罪的,依法追究刑事责任。

第二十二条 县级以上地方人民政府民政部门应当加强对救助站的领导和监督管理,履行以下职责:

(一)监督救助站落实救助措施和规章制度;

(二)指导检查救助管理工作情况;

(三)对救助站工作人员进行教育、培训;

(四)调查、处理救助站及其工作人员违法违纪问题;

(五)帮助救助站解决困难,提供工作条件。

第二十三条 救助站的上级民政主管部门不及时受理救助对象举报,不及时责令救助站履行职责,或者对应当安置的受助人员不报请当地人民政府予以安置的,对直接负责的主管人员和其他直接责任人员依法给予行政处分。

第二十四条 本实施细则自 2003 年 8 月 1 日起施行。

生活无着的流浪乞讨人员救助管理机构工作规程

·2014 年 6 月 22 日
·民发〔2014〕132 号

第一章 总 则

第一条 为规范生活无着的流浪、乞讨人员救助管理工作,维护受助人员合法权益,保障生活无着的流浪、乞讨人员救助管理机构(以下简称救助管理机构)工作秩序,根据《城市生活无着的流浪乞讨人员救助管理办法》、《社会救助暂行办法》等规定,制定本规程。

第二条 本规程所称的生活无着的流浪、乞讨人员是指离家在外、自身无力解决食宿,正在或即将处于流浪或乞讨状态的人员,包括生活无着的流浪人员和生活无着的乞讨人员(以下简称流浪乞讨人员)。

第三条 本规程所称的救助管理机构包括县级以上人民政府设立的救助管理站、未成年人救助保护中心等专门机构。救助管理机构应当为流浪乞讨人员提供临时性救助服务。

第二章 接待服务
第一节 求助接待

第四条 救助管理机构实行 24 小时接待服务,工作人员应当言语文明,态度友善,并告知救助政策及入站须知。

第五条 救助管理机构应当开通救助热线,救助热线实行 24 小时服务,热线号码应当向社会公开并在当地

114 查询台登记。救助热线电话录音保存时间不少于 3 个月。

第六条 救助管理机构的引导标志应当醒目、容易识别,设置在人流量较大的交通要道、繁华地段。救助管理机构应当将机构名称牌匾等标志悬挂在楼院门外醒目位置。

第七条 救助管理机构应当对来站求助人员身体状况和精神状况进行初步检视。

第八条 求助人员为疑似精神障碍患者、疑似传染病人、危重病人或有明显外伤人员的,救助管理机构应当联系医疗急救机构或安排工作人员将其送医救治、诊断。

第九条 求助人员在醉酒状态中,对本人有危险或者对他人的人身、财产或者公共安全有威胁的,救助管理机构应当报警,由公安机关依法处置。

第十条 求助人员为疑似吸毒人员或疑似在逃人员的,救助管理机构应当报请公安机关处置。

第十一条 救助管理机构应当对公安机关护送来站的被拐卖受害人实施救助。

第二节 安检登记

第十二条 求助人员应当按照救助管理机构要求,接受安全检查。女性求助人员应当由女性工作人员检查。安全检查发现有异常的,求助人员应当出示随身物品或开包接受检查。

第十三条 动物或可能造成人员伤害或财产安全的物品不得被携带进入站内。对在安全检查中发现的易爆、腐蚀、管制刀具等危险物品,救助管理机构应当及时报请公安机关处置;对在安全检查中发现的锐(利)器、打火器具等物品,求助人员应当自行丢弃或交由救助管理机构代为保管。

第十四条 求助人员应当配合救助管理机构开展安全检查,并遵守物品管理规定。

第十五条 求助人员应当向救助管理机构说明求助原因和需求,出示本人身份证件;无法出示身份证件的,应当如实提供本人姓名、身份证件号、户籍地等基本信息。有条件的救助管理机构可以通过公安机关核实求助人员身份信息。

第十六条 求助人员因年老、年幼、残疾等原因不能提供个人信息的,救助管理机构应当先行救助。

第十七条 救助管理机构应当留存求助人员指纹和电子照片,将安全检查、证件材料、检视询问等情况录入全国救助管理信息系统,生成《求助登记表》(附件 1)。

第十八条 求助人员有携带未成年人流浪乞讨行

为,或疑似胁迫、诱骗、利用未成年人乞讨或者组织未成年人进行有害身心健康的表演等活动的,救助管理机构应当及时报请公安机关调查、甄别。

第十九条　求助人员为疑似境外人员的,救助管理机构应当及时报请公安机关确认求助人员身份。属于非法入境、居留的,应当将其交由公安机关处置。属于合法入境、居留的,应当及时向当地外办、港澳办或台办通报,并可受当地外办、港澳办或台办的委托提供临时服务。

第二十条　在安全检查登记中发现求助人员有以下情形之一的,救助管理机构应当向求助人员解释不予救助的原因,并出具《不予救助通知书》(附件2,一式两份):

(一)拒不配合安全检查;

(二)拒不遵守物品管理规定;

(三)自身有能力解决食宿;

(四)索要现金,拒不接受其他救助方式;

(五)拒不提供或拒不如实提供个人信息;

(六)其他不符合救助条件的情形。

第三章　在站服务
第一节　生活服务

第二十一条　求助人员应当将随身携带的物品进行寄存,救助管理机构应当妥善保管。

第二十二条　救助管理机构应当按照受助人员性别、年龄、身心状况安排分区居住、单人单床,并为受助人员发放必要的生活用品。

女性受助人员应当安排女性工作人员管理。

第二十三条　成年女性携带6周岁以下未成年人的,救助管理机构应当为其共同在成人区生活提供便利。

第二十四条　救助管理机构应当对受助人员进行安全教育,告知其生活起居、注意事项及站内管理要求。

第二十五条　救助管理机构应当及时清洗、消毒餐具、炊具,提供符合卫生要求的饮食并实行分餐制。对于未成年人、老年人、少数民族人员和患病人员,应当照顾其特殊饮食需求。

第二十六条　救助管理机构应当对受助人员居室及活动区域经常清理、消毒,对受助人员床上用品每周至少清洗、消毒一次。受助人员离站后,应当对其床上用品及时更换、清洗、消毒。

第二十七条　救助管理机构应当为生活不能自理的受助人员用餐、住宿、穿衣、如厕、洗浴等提供相应的生活照顾和便利条件。

第二十八条　受助人员应当遵守救助管理机构各项内部管理规定,配合救助管理机构保持环境卫生和个人卫生,参加有益于身心健康的文体活动和教育辅导等活动。救助管理机构可以视情为受助人员提供心理辅导、行为矫治等服务。

第二十九条　受助人员因年老、残疾等原因暂时无法查明家庭情况或暂时无法离站的,救助管理机构可以委托相关机构托养。办理机构托养服务手续,应当符合相关规定。

第二节　寻亲服务

第三十条　受助人员有疑似走失、被遗弃或被拐卖情形的,救助管理机构应当及时向公安机关报案。

第三十一条　受助人员因年老、年幼、残疾等原因不能提供个人信息的,救助管理机构应当及时报请公安机关协助核查求助人员身份,并在其入站后24小时内以适当形式发布寻亲公告。

第三十二条　救助管理机构应当充分利用现有工作信息和工作渠道,为前来寻亲人员提供便利和帮助。

第三节　医疗服务

第三十三条　救助管理机构应当做好卫生保健、防疫工作,配备体温计、血压计等基本设备。有条件的救助管理机构可以依法内设医务室或与专业医疗机构合作开展医疗服务。

第三十四条　救助管理机构应当严格按照医嘱,对患病受助人员按时按量发放药品,做好服药情况记录。

第三十五条　救助管理机构发现受助人员突发急病、精神异常或有疑似传染病的,应当及时送往医疗机构或联系医疗急救机构救治、诊断;对有疑似传染病的,还应当及时向疾病预防控制机构报告,建议采取必要的卫生处理措施;发现有疑似吸毒情形的,应当报请公安机关处置。

第三十六条　由公安、城管等单位公务人员直接护送疑似精神障碍患者、危重病人或有明显外伤人员到医疗机构救治的,救助管理机构应当在接到通知后及时到医疗机构甄别和确认病人身份。经甄别符合生活无着的流浪、乞讨人员救助条件的,救助管理机构应当及时为其办理救助登记手续。

第三十七条　因抢救生命垂危的受助人员等紧急情况,不能取得受助人员或者与其一同受助的近亲属意见,医疗机构征求救助管理机构意见的,救助管理机构应当建议医疗机构按照《中华人民共和国侵权责任法》规定处置。

需要对受助人员施行手术、特殊检查或者特殊治疗时,受助人员可以表达意见的,应当由受助人员自行决定;受助人员不同意的,救助管理机构可以做好记录并妥善保存。

在对受助未成年人实施医疗措施过程中,救助管理机构应当尊重医疗机构意见。

第三十八条 受助人员属于诊断结论表明需要住院治疗的精神障碍患者的,由送诊的有关部门办理住院治疗手续。

第三十九条 救助管理机构应当根据医疗机构出具的可以出院的证明材料为受助人员办理出院手续。受助人员无故拒不出院的,救助管理机构应当终止对其救助。

第四十条 救助管理机构应当按照当地物价和卫生计生部门制定的医疗服务收费标准、国家基本药物目录与医疗机构核定受助人员医疗收费和用药范围。受助人员需要超范围用药或进行大型器械检查的,须经救助管理机构审查同意后方可实施。

第四节 未成年人教育服务

第四十一条 救助管理机构应当为受助未成年人提供关爱型服务和保护性措施,及时与受助未成年人沟通,了解其思想状况和遇困原因,经常组织受助未成年人参加有益于身心健康的文体活动、公益活动和社会实践活动,帮助受助未成年人树立正确的价值观、人生观。

第四十二条 救助管理机构应当对受助未成年人开展心理咨询和需求评估。受助未成年人存在心理和行为偏差的,救助管理机构应当进行有针对性的心理辅导和行为矫治。对于重复流浪或经评估发现不宜返回家庭的受助未成年人,救助管理机构可以延长救助期限。

第四十三条 流出地救助管理机构应当对受助未成年人的家庭监护情况进行调查评估:对确无监护能力的,由救助管理机构协助监护人及时委托其他人员代为监护;对拒不履行监护责任、经反复教育不改的,由救助管理机构向人民法院提出申请撤销其监护人资格,依法另行指定监护人。

第四十四条 救助管理机构应当区分受助未成年人年龄、文化程度、身体、精神状况和智力发展水平、滞留时间等不同情况,协助提供义务教育、替代教育等服务。

第四十五条 救助管理机构应当主动联系当地人力资源和社会保障等部门,协助年满14周岁、不宜接受义务教育且有职业技能培训意愿的受助未成年人接受免费职业技能培训。

第四十六条 受助未成年人在机构内接受教育培训的,救助管理机构应当制定适宜的教学计划,并对日常教学培训做好监督、检查工作。

第四十七条 受助未成年人有严重不良行为的,救助管理机构可以依法送其到专门学校进行矫治和接受教育。

第四十八条 受助未成年人暂时无法查明家庭情况或暂时无法离站的,救助管理机构可以为其办理家庭寄养、类家庭养育、机构托养等服务。安排具有意思表达能力的受助未成年人寄养托养的,应当征得其本人同意。办理寄养托养手续,应当符合相关标准要求。

第四章 离站服务
第一节 离站准备

第四十九条 救助管理机构应当根据受助人员需求,帮助其联系亲友,并为受助人员提取亲友汇款提供帮助。

第五十条 对年满16周岁、无精神障碍或智力残疾迹象的受助人员,救助管理机构救助期限一般不超过10天。受助人员临时生活困难已经解决的,救助管理机构应当协助其做好离站前准备并适时安排离站。

第五十一条 受助人员在医疗机构接受救治的,救助管理机构应当根据医疗机构出具的出院证明适时安排离站。

第二节 自行离站

第五十二条 年满16周岁、无精神障碍或智力残疾迹象的受助人员主动要求自行离站的,应当填写《自行离站声明书》(附件3)。救助管理机构应当为其办理离站手续,清点交接寄存物品,完成《在站服务及离站登记表》(附件4)。

第五十三条 自行离站人员没有交通费的,救助管理机构应当根据其实际需求提供乘车凭证和必要的饮食。

第五十四条 救助管理机构应当与当地(火)车站、港口协商购买、印制、查验及退返乘车凭证的具体方式,加强对受助人员乘车凭证的管理。

乘车凭证应当方便受助人员到达目的地,流入地到流出地有直达车、船交通工具的,应当提供直达乘车凭证。确需中转的,应当告知受助人员中转地站名、中转地救助管理机构地址及联系方式。

第五十五条 救助管理机构原则上不得为受助人员提供现金。因特殊情况需要提供短途公共交通费的,一般不超过20元,救助管理机构应当留存受助人员签收字据。

　　第五十六条　受助人员未办理离站手续、擅自离开救助管理机构或医疗机构的，视为主动放弃救助，救助管理机构应当做好文字记录并保存相关资料。

第三节　接送返回

　　第五十七条　不满16周岁的未成年人、行动不便的残疾人和其他特殊困难受助人员（以下简称"特殊困难受助人员"），应当由其亲属接领返回。

　　第五十八条　救助管理机构应当查验接领人身份证件，保留其身份证件复印件及有关证明材料，同时清点交接寄存物品，完成《在站服务及离站登记表》，办理交接手续。接领人拒不提供身份证件、证明材料或拒不签字确认的，不得移交受助人员。受助人员患病的，救助管理机构应当将受助人员病情信息告知接领人。

　　第五十九条　亲属不能接领特殊困难受助人员返回的，救助管理机构应当在核实情况后安排接送返回。

　　第六十条　流入地救助管理机构应当向流出地救助管理机构通报特殊困难受助人员人数、健康状况、家庭信息等基本情况，就接送方式、交接时间和地点等具体事项进行协商，并在交接时办理交接手续。

　　第六十一条　由流入地救助管理机构乘坐公共交通工具护送特殊困难受助人员返回的，流出地救助管理机构应当安排车辆到（火）车站、码头等到达地点接应。

　　第六十二条　流入地、流出地救助管理机构就接送事项不能达成一致意见的，应当报上级民政部门协调解决。

　　第六十三条　救助管理机构应当根据接送特殊困难受助人员人数、健康状况、风险隐患等情况合理安排工作人员人数及交通方式，必要时应当安排医护人员随行。接送途中发生意外情况的，工作人员应当及时妥善处置并向救助管理机构报告。

　　第六十四条　护送特殊困难受助人员返家前，流出地救助管理机构应当告知受助人员亲属做好接收准备，并在交接时办理交接手续。

　　第六十五条　联系受助人员返家时，其家人明确表示不接收的，流出地救助管理机构应当提前联系当地乡镇政府（街道办事处）、公安机关和居（村）民委员会到场，请其依法维护返家人员权益。

　　第六十六条　受助人员确已无家可归的，其户籍所在地的救助管理机构应当接收受助人员，并协调当地人民政府予以妥善安置。受助人员因长期流浪被注销户籍的，其户籍注销地的救助管理机构应当接收受助人员，并协调公安机关办理恢复户籍手续。

　　第六十七条　省级民政部门应当加强对跨省接送返回工作的指导，根据各救助管理机构自身条件、地理位置等情况，确定跨省接送单位，及时更新、发布并上报本省具备跨省接送条件的救助管理机构名单。

第四节　终止救助

　　第六十八条　受助人员有以下情形之一的，救助管理机构可以终止救助：

　　（一）无正当理由拒不离站或出院；

　　（二）拒不提供或拒不如实提供家庭信息；

　　（三）违法违纪、扰乱救助管理秩序；

　　（四）其他不符合继续救助的情形。

　　第六十九条　救助管理机构应当向受助人员解释终止救助的原因，清点交接寄存物品，完成《在站服务及离站登记表》，并向受助人员出具《终止救助通知书》（附件5，一式两份）。

第五节　其他情形

　　第七十条　经当地人民政府或民政部门批准，受助人员移送至有关机构长期安置的，救助管理机构应当清点交接寄存物品，完成《在站服务及离站登记表》，与相关机构办理交接手续。

　　第七十一条　受助人员被司法机关带离的，救助管理机构应当查验司法机关工作人员身份证件或执法证件，保留司法机关出具的有关证明材料及工作人员身份证件或执法证件复印件，清点交接寄存物品，完成《在站服务及离站登记表》，办理交接手续。

　　第七十二条　受助人员在医疗机构内死亡的，救助管理机构应当取得医疗机构出具的死亡证明书。受助人员在救助管理机构内因突发急病等原因经急救机构确认死亡的，救助管理机构应当及时报请公安机关到场处置并出具死亡原因鉴定书。

　　第七十三条　救助管理机构应当协助死亡受助人员亲属处理好后事，清点交接寄存物品，完成《在站服务及离站登记表》。亲属不能前来的，应当取得其同意火化的书面证明材料或电话录音、视频录像等资料。亲属明确拒绝前来的，应当留存其电话录音、视频录像等资料，由救助管理机构妥善处理后事，办理火化手续，骨灰及相关物品留存三年。

　　第七十四条　无法查明死亡受助人员身份或无法联系到其亲属的，救助管理机构应当在市级以上报刊上刊登公告，公告期30天（当地对无主尸体处置有规定的，依照当地规定处置）。公告期满后仍无人认领的，由救助管理机构妥善处理后事,办理火化手续,骨灰及相关物品留存三年。

第五章　机构管理

第七十五条　救助管理机构应当严格遵守相关法律法规,建立健全内部管理制度,明确岗位职责,规范工作流程,完善绩效评价,实行规范化管理。

第七十六条　救助管理机构应当建立岗位培训制度,工作人员应当经培训合格后上岗。工作人员上岗应当统一着装并佩戴工作标识。

第七十七条　救助管理机构应当建立安全保卫制度,在接待大厅配备安全检查门或金属探测器等安全检查设备,在楼院门外、接待大厅、楼道、食堂等公共区域及观察室等特殊区域安装具有存储功能的视频监控系统。监控录像资料保存期不少于 3 个月,特殊、重要资料以实物方式交存档案室。

第七十八条　救助管理机构应当建立值班巡查制度,值班人员应当熟知机构内受助人员情况,加强夜班巡查并做好巡查记录。值班人员应当在交接班时对患病、情绪异常等特殊受助人员重点交接。

第七十九条　救助管理机构应当建立信息管理制度,配备必要的工作电脑及相关设备,通过全国救助管理信息系统及时办理入站、离站等手续,信息录入应当真实、完整。

第八十条　救助管理机构应当建立财务管理制度,规范流浪乞讨人员救助资金支出标准、报销凭证及审批程序,健全内部控制流程。

第八十一条　救助管理机构应当建立宣传、引导社会组织、社会公众、志愿者等社会力量参与救助服务的工作制度,委托具有相应从业资质的机构开展心理辅导、教育培训、监护评估、寄养托养等救助服务。

第八十二条　救助管理机构应当建立消防安全制度,配备必要的消防设施,定期开展消防演练。

第八十三条　救助管理机构应当建立突发事件处置制度,制订针对极端天气、自然灾害、群体性事件等突发事件的应急预案,发生突发事件时应当迅速启动预案,采取有效措施予以处置,并及时向上级民政部门报告。

第八十四条　救助管理机构应当建立救助管理工作档案管理制度,做好纸质材料、电子文件的收集、整理和存档保管工作。

第八十五条　救助管理机构应当依法落实工作人员休假制度,每年至少开展一次全面的身体检查,保障工作人员身心健康。

第六章　附　则

第八十六条　在极端天气或遭受自然灾害情况下,救助管理机构可以开设临时避寒、避暑或庇护场所,简化救助流程,为求助人员提供饭菜和住宿等基本服务。

第八十七条　求助人员或受助人员扰乱救助管理机构正常工作秩序的,救助管理机构应当报请公安机关到场处置。

第八十八条　没有设立救助管理机构的民政部门,可以参照本规程开展救助管理工作。

第八十九条　本规程由民政部负责解释,自 2014 年 8 月 1 日起实施。《民政部关于印发〈救助管理机构基本规范〉和〈流浪未成年人救助保护机构基本规范〉的通知》(民发〔2006〕118 号)自本规程实施之日起废止。

民政部、公安部关于加强生活无着流浪乞讨人员身份查询和照料安置工作的意见

· 2015 年 8 月 20 日
· 民发〔2015〕158 号

各省、自治区、直辖市民政厅(局)、公安厅(局),新疆生产建设兵团民政局、公安局:

自 2003 年实施救助管理制度以来,各地认真贯彻落实相关法律法规,有效维护了生活无着流浪、乞讨人员(以下简称"流浪乞讨人员")基本权益。为进一步加强流浪乞讨人员身份查询和照料安置工作,切实维护其合法权益,制定本意见。

一、加强流浪乞讨人员身份查询工作

各地民政部门和公安机关应当按照职责分工,建立流浪乞讨人员身份快速查询机制、寻亲服务机制和滞留人员身份查询长效机制,帮助其及时回归家庭。

(一)建立身份快速查询机制。公安机关发现流浪乞讨人员的,应当告知其向救助管理机构求助。对其中的残疾人、未成年人、老年人和行动不便的其他人员,应当引导、护送到救助管理机构;对突发疾病人员,应当立即通知急救机构进行救治;对疑似走失、被遗弃、被拐卖的流浪乞讨人员,应当及时通过调取监控录像、走访当地群众、比对公安机关走失人口库和人口信息管理系统、发布协查通报等方式,及时核查其身份信息。公安机关护送流浪乞讨人员来站求助的,应当配合救助管理机构办理交接手续,形成《公安机关护送流浪乞讨人员交接表》(见附件 1)。

对无法提供个人信息的受助人员，救助管理机构应当通过受助人员指纹、体貌特征等线索，及时查询比对全国救助管理信息系统中的救助信息和寻亲信息。受助人员在站期间被发现有疑似走失、被遗弃、被拐卖情形的，救助管理机构应当及时向公安机关报案，将受助人员体貌特征、发现经过等情况告知公安机关。救助管理机构报请当地公安机关协助核查受助人员身份信息的，公安机关应当及时受理、答复。

（二）建立寻亲服务机制。对经快速查询未能确认身份的受助人员，救助管理机构应当在其入站后24小时内通过广播、电视、报纸、全国救助管理信息系统、全国救助寻亲网站等适当形式发布寻亲公告，公布受助人员照片等基本信息，并在其入站后7个工作日内报请公安机关采集DNA数据。公安机关应当在收到报告后一个月内免费采集、录入全国打拐DNA信息库，并将比对结果反馈救助管理机构。对当前已经滞留在站的受助人员，救助管理机构应当尽快报请公安机关采集DNA数据，公安机关应当及时组织免费采集，录入全国打拐DNA信息库比对，并将比对结果反馈救助管理机构。

公安机关应当依法受理家人走失报案信息，及时发布内部协查通报，并通报救助管理机构，同时提示报案人可前往救助管理机构查找。救助管理机构应当将公安机关通报信息与站内受助人员信息进行查询比对，及时将查询结果反馈公安机关，同时为来站寻亲人员提供查询便利和帮助。

（三）建立身份查询长效机制。对经快速查询和寻亲服务后仍无法查明身份信息的滞留人员，救助管理机构应当经常与其接触、交流，采集其叙述内容，分析地名、人名、口音等关键信息并及时甄别核实。对交由托养机构照料或已纳入当地特困人员供养的滞留人员，救助管理机构应当继续开展或委托托养、供养机构协助开展身份查询工作。对有待核实的身份线索，救助管理机构可报请公安机关协助核查，公安机关应当及时核实确认。民政部门要建立滞留人员身份查询激励机制，对查询效果明显的人员或单位给予奖励。各地救助管理机构、公安机关应当加强沟通协作，共同做好滞留人员身份查询工作。

二、建立滞留人员多元化照料安置渠道

对于无法查明身份信息、在站救助时间超过10天的滞留人员，各地可根据当地救助管理工作实际情况，采取以下一种或多种方式予以妥善照料安置。

（一）开展站内照料服务。救助管理机构应当充分利用现有救助场所和设施设备，在站内开展照料服务。救助管理机构缺乏护理、康复等专业工作人员的，可以通过提供服务场所、开展项目合作、政府购买服务等方式引入专业护理机构，由其承担站内照料工作，形成救助管理机构负责提供工作场地、制定照料标准、规范服务程序、考核服务质量等监督、管理工作，专业护理机构负责提供生活照料、日常护理、康复训练等具体照料服务的运行机制。对精神障碍患者、传染病人、危重病人等受助人员，救助管理机构应当按规定将其送当地定点医院救治、康复。

（二）开展站外托养服务。因现有设施设备不足、无法提供站内照料服务的，各地可根据滞留人员的年龄、智力、心理、生理状况，实施站外分类托养。各地可通过政府购买服务方式，委托符合条件的公办、民办福利机构或其他社会组织，为滞留人员提供生活照料等具体服务。各地要按照公开、公平、公正的原则，向社会公布购买服务的内容、程序、方式和参与条件，明确生活照料、医疗救治、日常护理、寻亲服务、档案保管等基本托养服务要求，通过公开招标等方式，审慎选择在资格资质、人员配置和设施设备等方面能满足滞留人员服务需求的托养机构并签订托养协议。

（三）纳入特困人员供养。对超过三个月仍无法查明身份信息的滞留人员，救助管理机构应当及时向所属民政部门提出安置申请，由民政部门提出安置方案，报同级人民政府予以安置。对安置后公安机关已办理户口登记手续、符合特困人员供养条件的流浪乞讨人员，民政部门要及时将其纳入特困人员供养范围，落实社会救助政策，协助其办理社会保险，并转移至当地政府设立的福利院、养老院、敬老院、精神病院等公办福利机构供养。当地无公办福利机构或公办福利机构床位资源不足的，可以委托其他民办福利机构供养。纳入特困人员供养的滞留人员身份查询确认后，由原救助管理机构联系其亲属或者流出地救助管理机构，协调接送返乡工作。

（四）做好滞留未成年人救助保护工作。对于暂时无法查明家庭情况的流浪乞讨等生活无着的未成年人，未成年人救助保护机构应当从有利于未成年人健康成长的角度，认真履行临时监护职责，通过提供站内照料、委托儿童福利机构抚养等方式，为其提供符合身心、年龄等特点的生活照料、康复训练等服务，不得将其托养至养老院、敬老院等成年人社会福利机构。民政部门要加强区域联动，在更大范围内实现资源共享，县级民政部门未设立未成年人救助保护机构或儿童福利机构的，要及时报请上级民政部门指定具备条件的未成年人救助保护机构、儿童福利机构照料。各地要依托社会工作服务机构、公益慈善组织、法律服务机构和志愿者等社会力量，为受助未成年人提供心理辅导、行为矫治、文化教育、技能培训、就业帮扶等服务。

三、保障措施

各地要充分认识做好流浪乞讨人员身份查询和照料安置工作的重要意义，充分发挥流浪乞讨人员救助管理制度在保障和改善民生中的积极作用，强化部门协作与资源整合，本着因地制宜、多措并举的原则，切实保障流浪乞讨人员合法权益。

（一）加强组织协调。各地要依托救助管理工作领导小组或联席会议机制，加强民政、公安、新闻宣传等有关单位的工作联动和信息共享，做好流浪乞讨人员身份查询、寻亲公告、户籍登记、就业就学、医疗救治等工作，要指导、督促乡镇人民政府（街道办事处）做好返乡流浪乞讨人员回归稳固工作。民政部门、公安机关要建立与媒体的常态化寻亲合作机制，在更大范围内为受助人员寻找家人。

（二）加强经费保障。各级民政部门要协调同级财政部门，建立稳定的滞留人员救助工作经费保障机制，并根据《中央财政流浪乞讨人员救助补助资金管理办法》（财社〔2014〕71号），将滞留人员情况纳入中央财政流浪乞讨人员救助补助资金分配参考因素。

（三）整合各方资源。各级民政部门要统筹规划，充分利用现有福利院、养老院、敬老院、精神病院等社会福利资源，对符合条件的滞留人员予以供养或托养。有条件的地方，可推动建立或改扩建救助安置场所，集中照料滞留人员。各地可就甄别查询、回归稳固、委托代养、落户安置等工作开展跨区域合作。

（四）加强评估监督。各地民政部门和救助管理机构要强化责任意识，认真履行身份查询、寻亲服务等救助程序。采取站外托养方式照料滞留人员的，民政部门和救助管理机构要建立定期检查制度，明确检查周期和检查内容，通过明查暗访、听取各方评价等多种方式，对托养机构服务质量、安全管理等情况进行经常性检查。发现问题的，要及时警示；对不适宜继续开展托养服务的托养机构，要及时终止托养协议。

（五）推进通报制度。各级民政部门、公安机关要逐步建立流浪乞讨人员身份查询和照料安置工作通报制度。对寻亲服务不及时、回归稳固工作不力、流浪乞讨问题严重，特别是未按《国务院办公厅关于加强和改进流浪

未成年人救助保护工作的意见》（国办发〔2011〕39号）要求落实各项工作的地区予以通报批评；对积极开展寻亲救助服务、源头预防工作成效明显的地区予以通报表扬。

生活无着的流浪乞讨人员救助档案管理办法

· 2014年11月13日
· 民发〔2014〕228号

第一章 总 则

第一条 为规范生活无着的流浪、乞讨人员（以下简称流浪乞讨人员）救助档案管理，保障受助人员和救助管理机构的合法权益，根据《中华人民共和国档案法》、《城市生活无着的流浪乞讨人员救助管理办法》和《社会救助暂行办法》等规定，制定本办法。

第二条 本办法所称救助档案是指救助管理机构在对流浪乞讨求助人员进行甄别和实施救助服务过程中形成的具有保存价值的各种文字、图表、声像、电子文件等不同形式和载体的历史记录。

第三条 民政部门对救助档案工作实行统一领导，分级管理。档案行政管理部门对救助档案工作进行业务指导和监督。

第四条 救助管理机构应当建立并完善救助档案管理制度，对救助档案实行集中统一管理，指定专人负责救助档案工作，确保救助档案完整、准确、系统、安全和有效利用，并逐步实现救助档案工作信息化和规范化。

第二章 归档范围

第五条 救助管理工作中形成的下列材料应当归档：

（一）《求助登记表》；

（二）《不予救助通知书》；

（三）《自行离站声明书》；

（四）《在站服务及离站登记表》；

（五）《终止救助通知书》；

（六）其他应当归档的文件材料。

第六条 受助人员在站期间和离站过程中形成的下列材料，应当作为《在站服务及离站登记表》附件一并予以归档：

（一）寻亲服务相关材料；

（二）未成年人教育、评估、矫治等材料；

（三）住院救治或者门诊治疗中形成的交接手续和入院登记表、离院登记表、出院证明等医疗服务材料以及表达受助人员治疗意愿的材料；

（四）乘车凭证复印件和小额交通费现金签收字据；

（五）亲属接领人身份证件复印件，单位、村（居）民委员会接领人证明材料及单位、村（居）民委员会接领工作人员身份证件复印件；

（六）家庭寄养、类家庭养育、机构托养协议书及相关材料；

（七）司法机关出具的证明材料以及工作人员身份证件或者执法证件复印件；

（八）长期安置证明材料；

（九）医疗机构出具的死亡证明书、公安机关出具的死亡原因鉴定书、死亡公告材料以及亲属意见、火化证明等材料；

（十）其他应当归档的文件材料。

第七条 救助管理机构街头救助形成的照片、录音、录像材料，救助热线电话录音、监控录像材料和救助管理信息系统形成的电子文件应当按照国家有关规定整理归档。

第三章 归档要求、整理方法

第八条 属于归档范围的救助文件材料应当在救助工作完毕后 30 个工作日内归档。

归档的文件材料应当真实完整、图文清晰。

电子数据、录音带、录像带、磁盘、照片等特殊载体材料，应当与纸质文件材料一并归档，确保可读可用。

归档章、档案盒封面、盒脊、备考表等项目，使用蓝黑墨水或者碳素墨水钢笔填写；救助档案目录应当打印；备考表和档案目录一律使用 A4 规格纸张。

第九条 救助档案按照救助类别——年度——保管期限分类整理。

救助类别分为成年人救助、未成年人救助保护两类。

年度是指救助完毕的时间所属年度。

保管期限是指根据救助档案的使用价值所确定的保管年限。

第十条 救助文件材料的整理归档应当遵循下列原则与方法：

（一）救助文件材料按照年度归档。

（二）一个求（受）助人员的材料组成一件。成年人携带未成年人求助的，分别组件归类，并在各自《救助档案目录》"备注栏"中注明相关情况和档案号。

（三）根据求（受）助人员的个体差异，确定每件归档文件材料的具体范围，并按照文件材料形成的时间顺序排列。

（四）以有利于档案保管和利用的方法对件进行固定。

（五）按照本办法第九条的规定对救助档案进行分类，在最低一级类目内依据救助完毕的时间顺序排列，并从"1"开始编制室编件号。

（六）在件内文件首页上端的空白处加盖归档章（式样见附件1），并填写有关内容。归档章设置全宗号、类别、年度、保管期限、室编件号和馆编件号等项目。

（七）按照室编件号的顺序将救助档案装入档案盒，并填写档案盒封面、盒脊和备考表（式样见附件 2、3、4）的项目。

（八）按照类别分别编制救助档案目录（式样见附件5）。

（九）救助档案目录区分年度和保管期限，加封面后装订成册，一式三份，并编制目录号（式样见附件6）。

第十一条 照片、音像材料分别按照《照片档案管理规范》（GB/T11821-2002）和《磁性载体档案管理与保护规范》（DA/T15-1995）的要求整理；救助管理工作中形成的电子文件按照《电子文件归档与管理规范》（GB/T18894-2002）和《电子文件归档光盘技术要求和应用规范》（DA/T38-2008）的要求整理。

第四章 保管、统计和利用

第十二条 救助档案由救助管理机构设专门库房保管。档案库房应当坚固，并有防盗、防光、防高温、防火、防潮、防鼠、防虫等设施。

第十三条 档案管理人员应当按照年度及时对救助档案的接收、保管、利用和鉴定、销毁等情况进行统计。

第十四条 救助档案保管单位应当建立档案利用制度，明确办理程序，确保救助档案安全有效地利用。

救助档案的利用应当遵守下列规定，并办理登记手续：

（一）救助管理机构及其上级业务主管部门可以利用救助档案；

（二）各级人民法院、人民检察院、公安机关、国家安全机关、纪检监察机关、审计机关因公务需要，凭单位介绍信可以利用救助档案；

（三）救助对象及其亲属经救助档案保管单位主管领导批准，办理相关手续后，凭身份证件可以利用与救助对象相关的救助档案；

（四）律师凭律师执业证书和律师事务所证明，持受理案件法院出具的证明材料，可以利用与承办法律事务有关的救助档案；

（五）其他单位、组织和个人要求查阅救助档案的，救助档案保管单位在确认其利用目的合理的情况下可以同意。

第十五条　利用救助档案的单位、组织和个人,不得损害救助对象的合法权益,未经救助对象及其亲属的同意,不得公开救助档案的内容。

救助档案仅限于当场查阅、摘抄和复印,利用过程中注意保密,严禁对救助档案进行涂改、抽换、圈戈、批注或者造成污染、损毁。

救助档案保管单位应当对归还的救助档案进行清点核对,对档案摘抄件或者复印件加盖标有"救助档案摘抄件"或者"救助档案复印件"的印章。

第十六条　救助档案保管单位应当编制救助档案目录、人名索引等检索工具,提高利用工作效率。

第五章　保管期限、鉴定、销毁和移交

第十七条　救助档案的保管期限一般为40年。受助人员为未成年人、精神智力残疾人员、长期安置人员的,救助档案保管期限为30年;受助人员在救助期间死亡的,救助档案保管期限为永久。保管期限从救助完毕或者决定不予救助后的次年1月1日起开始计算。

照片、音像档案的保管期限与相应的纸质救助档案的保管期限相同。救助管理信息系统形成的电子档案保管期限为30年。

第十八条　救助管理机构救助热线录音电话、监控录像等工作资料保管期限不少于3个月,街头救助形成的照片、录音、录像等工作资料保管期限不少于6个月。以上资料存在争议的,应该保管2年以上,特殊、重要资料以实物方式交存档案室。

第十九条　救助档案保管单位应当成立鉴定小组,对保管期满的救助档案进行价值鉴定。对有继续保存价值的,可以延长其保管期限直至永久。无保存价值的,提出销毁意见,并建立销毁清册。

第二十条　销毁救助档案应当经主管领导批准,并派两个以上人员监销。监销人员应当对照销毁清册清点核对所要销毁的救助档案,并在销毁清册上签字。销毁清册永久保存。

第二十一条　救助档案在救助管理机构保存一定时间后,应当按照国家有关规定向相关国家综合档案馆移交。

第六章　附　则

第二十二条　救助管理机构按规定对不具有本地户籍且不持有当地居住证的流动人口实施临时救助的,档案工作参照本办法执行。

第二十三条　没有设立救助管理机构的民政部门应当参照本办法做好流浪乞讨人员救助档案管理工作。

第二十四条　各省(自治区、直辖市)、新疆生产建设兵团民政厅(局)和档案局可以结合本地区实际情况,共同制定本办法实施细则。

第二十五条　本办法自2015年1月1日起施行。

民政部关于促进社会力量参与流浪乞讨人员救助服务的指导意见

· 2012年12月22日
· 民发〔2012〕233号

各省、自治区、直辖市民政厅(局),新疆生产建设兵团民政局:

近年来,党中央、国务院高度重视流浪乞讨人员救助工作,形成了政府主导、民政牵头、部门负责、社会参与的良好局面。社会力量参与救助服务为维护流浪乞讨人员合法权益,促进社会和谐稳定作出了积极贡献。为了充分发挥社会力量在流浪乞讨人员救助服务中的积极作用,引导和支持社会力量参与救助服务,制定本意见。

一、充分认识社会力量参与流浪乞讨人员救助服务的重要意义

流浪乞讨人员居无定所、生活无着、身处困境,回归家庭融入社会存在不同程度的困难,需要全社会的关爱与帮扶。社会力量参与流浪乞讨人员救助服务是创新社会管理与公共服务体制的重要举措,是加强流浪乞讨人员救助管理工作的重要措施,是帮助流浪乞讨人员摆脱困境的重要力量。促进社会力量参与救助服务,有利于及时发现救助流浪乞讨人员,保障其基本生存权益;有利于为流浪乞讨人员提供个性化、多元化、专业化的救助服务,提高救助服务成效;有利于弘扬社会互助和志愿服务精神,促进社会成员团结友爱;有利于拓宽救助服务途径和方式,形成群防群助的工作局面。各地要进一步统一思想,充分认识社会力量参与救助服务的重要意义,引导和支持社会力量通过开展慈善捐助、实施公益项目、志愿服务、政府购买服务等多种方式,积极参与流浪乞讨人员救助服务。

二、总体要求和基本原则

(一)总体要求。

牢固树立以人为本、为民解困的理念,以邓小平理论、"三个代表"重要思想、科学发展观为指导,按照构建政府管理与社会自治相结合、政府主导与社会参与相结

合的社会管理和公共服务体制要求，健全机制，完善政策，落实责任，充分调动社会各方面的积极性，大力推进流浪乞讨人员救助服务社会化，确保流浪乞讨人员得到及时、有效、专业的救助服务，帮助其回归家庭，融入社会。

（二）基本原则。

坚持以人为本、服务社会。把保障和改善民生，维护流浪乞讨人员合法权益作为促进社会力量参与流浪乞讨人员救助服务的出发点和落脚点。在提供救助服务的过程中，秉持公益慈善理念，扶危济困，服务社会，共创和谐。

坚持引导培育、优势互补。通过政策指导、购买服务和能力建设等方式营造支持性环境，充分发挥社会力量的灵活性、专业性等优势，与政府机构形成优势互补、良性互动。

坚持依法救助、规范管理。开展救助服务应当严格遵守《中华人民共和国未成年人保护法》、《城市生活无着的流浪乞讨人员救助管理办法》等法律法规和救助管理政策，建立健全各项管理制度，规范服务流程，实行信息公开，接受政府监管和社会监督。

坚持统筹协调、分类指导。将促进社会力量参与救助服务纳入流浪乞讨人员救助管理工作规划和年度工作计划。坚持属地管理和分类指导，支持依法登记的社会组织在其业务和活动范围内开展流浪乞讨人员救助服务。

三、充分发挥社会力量在救助服务中的积极作用。

（一）开展主动救助服务。各地民政部门要将流浪乞讨人员救助服务纳入和谐社区建设和新农村建设的重要内容，积极引导支持村（居）委会等基层组织，社区社会组织和其他专业性社会组织开展主动救助服务，为其劝导流浪乞讨人员到救助管理机构求助提供便利。要充分调动社会力量参与主动救助服务的积极性，动员引导支持社会工作者、志愿者和社会热心人士及时报告流浪乞讨人员线索，为流浪乞讨人员提供必要的应急救助服务，引导企事业单位、工商业者为流浪乞讨人员救助提供资金、物品、设施设备和智力支持。

（二）提供专业救助服务。各地民政部门和救助管理机构可以通过购买服务、项目委托等方式，由爱心家庭和依法登记的福利机构、护理机构为特殊受助人员提供生活照料服务。可以通过与社会工作机构、心理咨询机构、康复治疗机构、教育培训机构和社会组织开展项目合作的方式为流浪乞讨人员提供心理疏导、教育矫治、行为

干预、康复训练和技能培训等专业救助服务。通过在救助管理机构设置志愿者活动基地、实习基地等形式，积极引导支持医生、教师、法律工作者、社会工作者、心理咨询师等专业人士为流浪乞讨人员提供专业志愿服务。

（三）做好预防帮扶服务。各地民政部门和救助管理机构要积极引导支持村（居）委会、社会组织、志愿服务团队等社会力量参与流浪乞讨人员源头预防工作，开展形式多样、内容丰富的政策法制宣传，弘扬社会公德，对流浪乞讨人员及其家庭进行疏导、帮扶，促使其家庭依法履行赡养、抚养责任和义务，使流浪乞讨人员融入正常社会生活。积极动员引导职业培训机构和爱心企业为劳动年龄内具备劳动能力的流浪乞讨人员提供技能培训和就业帮扶，使其自立、自强，摆脱流浪乞讨的困境。

四、加大对社会力量参与救助服务的支持力度。

（一）加大政策支持。各地要积极构建有利于社会力量参与救助服务的政策体系，采取切实可行的措施，着力解决社会力量参与救助服务中出现的新情况、新问题。要引导慈善捐赠面向流浪乞讨人员救助服务，并畅通慈善捐赠渠道，激发社会慈善捐赠热情。鼓励成立为流浪乞讨人员服务的社会组织，通过采取设立孵化基地、简化登记程序、探索直接登记等方式为成立以服务流浪乞讨人员为宗旨的社会组织提供便利。救助管理机构要因地制宜、整合资源，逐步引入社会力量承担事务性、专业性救助服务。有条件的救助管理机构可向开展救助服务的社会力量提供服务场所。

（二）加大资金支持。各地可根据实际情况，通过购买服务、项目合作、经费补贴、"以奖代补"等方式，解决流浪乞讨人员生活照料、医疗救治、教育矫治等服务需求。要按照《中央财政流浪乞讨人员救助补助资金管理办法》（财社〔2011〕190号）要求，明确社会力量参与救助服务项目的资金用途、受益对象、实施地域、进度安排、目标任务和考核指标，坚持权责明确、公开透明、节俭增效，严格资金管理，强化绩效评价。

（三）加大技术支持。各地民政部门和救助管理机构要加强对社会力量参与救助服务的技术支持，定期开展政策法规、行业标准、服务规范、操作技能等方面的培训，帮助其依法依规开展救助服务。要在管理规范、服务水平较高的救助管理机构建立教育培训、实习示范基地，为从事救助服务的社会机构培养骨干人才，提高从业人员的职业道德、专业技能和服务水平。要进一步加强理论研究，制定服务标准，编写专业教材，开发实用技术，为推动救助服务社会化打下坚实基础。

五、促进社会力量参与救助服务的健康发展

（一）加强组织领导。各地要将社会力量参与救助服务工作纳入重要议事日程，切实履行部门职责，认真落实相关政策措施，不断完善流浪乞讨人员救助管理体制和运行机制。要加强工作指导，科学制定发展规划和实施办法，稳步推进社会力量参与救助服务工作。要按照公开招标、公平竞争的原则，向社会公开购买社会力量参与救助服务项目的内容、程序、方式和参与条件，通过竞争性方式购买社会服务，实现"多中选好、好中选优"。

（二）加强能力建设。各地要支持和帮助参与救助服务的社会组织、服务机构加强能力建设，明确服务要求和工作准则，使其不断提高服务质量和水平，实现社会力量参与救助服务的专业化、规范化、精细化。参与救助服务的社会组织、服务机构应当根据服务对象需求加强护理、营养、心理和社会工作等专业技术人才的配置力度，完善服务设施和条件，在设施设备、工作团队、专业技能、管理制度、风险控制等方面，满足维护流浪乞讨人员合法权益的需要。

（三）加强评估监督。各地民政部门和救助管理机构要建立评估制度，直接或委托专业社会工作机构、评估机构对社会力量开展救助服务的方式、能力、水平和效果进行定期评估，对救助效果和社会影响好的社会组织、服务机构和项目要优先、重点扶持，对存在的困难和问题要予以协调解决。对不适宜继续开展救助服务的社会组织、服务机构和项目，要及时进行警示、终止和公布，做好项目终止等后续工作，妥善安置受助人员。发现有虐待、伤害流浪乞讨人员或非法用工嫌疑的，应当及时报告公安机关或劳动监察部门依法处理。

（四）加强引导推广。各地要密切关注本地区社会力量参与救助服务的现状和趋势，引导社会组织、服务机构加强自身建设，健全规章制度，规范工作程序，公开财务收支。要注重培育先进典型，对管理规范、服务优质、贡献突出的予以表彰、奖励，充分发挥社会声誉良好、管理服务规范、专业能力突出、工作效果显著的社会组织、服务机构和公益项目的引领作用。要通过交流、示范、激励等方式推广先进经验，引导和带动更多的社会组织和爱心人士参与流浪乞讨人员救助服务，促进社会力量参与救助服务工作的健康发展。

民政部、公安部、财政部、住房城乡建设部、卫生部关于进一步加强城市街头流浪乞讨人员救助管理和流浪未成年人解救保护工作的通知

· 2009 年 7 月 16 日
· 民发〔2009〕102 号

各省、自治区、直辖市民政厅（局）、公安厅（局）、财政厅（局）、住房和城乡建设厅（市政管委、市容委、建委）、卫生（厅）局，新疆生产建设兵团民政局、公安局、财务局、建设局、卫生局：

自 2003 年 8 月《城市生活无着的流浪乞讨人员救助管理办法》颁布实施以来，在各级政府高度重视、有关部门支持配合下，救助管理工作总体上进展顺利。但是，一些城市街头流浪乞讨人员增多，组织、胁迫、诱骗、利用未成年人流浪乞讨和组织未成年人违法犯罪等侵害未成年人权益的现象严重，严重侵害公民权利、扰乱公共秩序、危害社会稳定。为进一步做好城市街头流浪乞讨人员救助和管理工作，维护流浪乞讨未成年人的合法权益，现通知如下：

一、充分认识做好街头流浪乞讨人员救助管理和流浪未成年人解救保护工作的重要意义

当前，我国经济社会快速发展，人民生活不断改善，社会保障制度逐步完善，但由于人口流动、家庭困难、意外事件、个体选择等原因，流浪乞讨现象仍有发生，特别是流浪未成年人存在被拐卖、拐骗、胁迫、诱骗、利用乞讨或从事违法犯罪活动，遭受摧残和虐待的现象。流浪未成年人是特殊社会弱势群体，需要全社会的关心和帮助。各级民政、公安、城管、卫生、财政部门一定要从广大人民群众根本利益出发，切实增强责任感和紧迫感，积极主动，各尽其职，多管齐下，打击震慑违法犯罪、教育警醒群众、弘扬正气。要始终坚持以人为本，狠抓落实，将这项工作作为深入学习贯彻落实科学发展观的重要举措，进一步做好流浪未成年人解救保护工作。

二、认真履行部门职责，协调配合做好落实工作

街头流浪乞讨人员救助、管理和解救、保护流浪未成年人工作，事关权利保护和社会稳定，涉及多个部门，具有很强的政策性。各级政府、各个部门要依照有关法律法规，认真履行各自职责，协调配合，齐心协力做好这一工作。

（一）民政部门要加强街头救助，协助配合公安、城管、卫生等部门做好街头管理和打击解救工作。

一是组织、指导、监督救助管理机构做好街头救助。

劝导、引导街头流浪乞讨人员进入救助管理站接受救助，不愿入站的，根据其实际情况提供必要的饮食、衣被等服务；坚持"先救治、后救助"的原则，配合医疗机构做好街头流浪乞讨人员中的危重病人、精神病人、危险传染病人的救治工作。

二是坚持"先解救、后救助"的原则，配合公安机关做好被拐卖、拐骗、胁迫、诱骗、利用乞讨的残疾人、未成年人的调查、取证和解救工作。对于公安机关解救、护送来站的未成年人，救助管理站（流浪未成年人救助保护中心）要做好接收工作，福利机构做好婴幼儿临时代养工作。铁路公安机关解救的被拐卖未成年人，由乘车地救助管理站（流浪未成年人救助保护中心）接收，福利机构做好婴幼儿临时代养工作。对于受助未成年人，要利用指纹识别技术建立数字档案，配合公安机关做好救助管理机构、社会福利机构中未成年人的采血工作。

三是协助有关部门开展街头治理工作。民政部门在街头救助时，发现流浪乞讨人员滋扰他人、扰乱社会秩序，污损、占据公共设施妨害他人正常使用和破坏城市市容环境的，要向公安机关、城市管理部门提出执法建议。

四是强化站内服务和管理。要从维护受助人员权益出发，改善设施环境，实行人性化、亲情化服务，保障受助人员的基本生活。要把未成年人与其他救助对象分开，根据未成年人的特点，合理安排生活起居和文体娱乐、教育培训等活动。对残疾、智障、受到伤害或有心理问题的，积极进行医护和康复。加大站内人员和接领人的甄别、核查力度，防止未成年人被冒领冒认和犯罪分子藏匿其中。要做好站内安全防范工作，确保站内人员安全。

五是做好返乡、安置和流出地预防工作。要畅通受助人员返乡渠道，对父母或其他监护人无力接回的，经协商后可由救助管理机构接回或送回。对符合条件的安置对象，安置到社会福利机构，并积极探索社会代养、家庭寄养等社会安置模式。督促流出地人民政府将符合条件的返乡困难群众纳入社会保障范围，充分发挥村（居）委会等基层组织的作用，监督监护人履行监护义务，防范虐待、遗弃老年人、残疾人、未成年人，防范强迫其外出流浪。

六是鼓励和支持社会组织或个人为流浪乞讨人员提供庇护、饮食、衣被等帮助，探索开展社工干预、心理辅导、行为矫治、教育培训，帮助流浪乞讨人员回归家庭和社会。

（二）公安机关要强化街头管理和打击解救工作力度，协助民政、卫生部门做好街头救助和站内管理工作。

一是做好接、报警工作。接到群众举报线索，要快速出警，及时处理，做到件件有记录，件件有人管。坚持解救与打击并重的原则，及时开展调查工作，确保打击有力，解救到位。

二是强化立案工作。各级公安机关要本着对人民群众高度负责的态度，强化立案工作。凡是接到举报发现拐卖、拐骗、胁迫、诱骗、利用未成年人乞讨或组织未成年人违法犯罪的，接待民警要认真询问案情，及时出警，对涉嫌犯罪的分别按照拐卖儿童罪、拐骗儿童罪、组织儿童乞讨罪、组织未成年人进行违反治安管理活动罪立案侦查；构成违反治安管理行为的，依法给予治安管理处罚。

三是加强对街面等流浪乞讨人员主要活动场所的巡查。要加强对繁华街区、桥梁涵洞、地下通道、热力管线、废弃房屋、火车站、风景游览区等流浪乞讨人员集中活动和露宿区域的巡查。发现街头流浪乞讨人员中危重病人、精神病人的，要按照民政部、公安部、财政部《关于进一步做好城市流浪乞讨人员中危重病人、精神病人救治工作的指导意见》（民发〔2006〕6号）的要求，会同民政、卫生等部门救治。发现流浪未成年人的，护送到救助管理机构接受救助。发现利用婴幼儿或未成年人乞讨的，要现场取证，调查盘问。对无血缘关系、来历不明和疑似被拐卖、拐骗、组织、胁迫、诱骗、利用乞讨的，要控制犯罪嫌疑人，解救未成年人。对利用婴幼儿、未成年人乞讨的监护人，教育、警告后护送到救助管理站接受救助；构成犯罪的，依法追究刑事责任。

四是加强流浪乞讨儿童的采血和检验比对工作。对街头流浪乞讨和被组织从事违法犯罪活动的未成年人一律采血，经DNA检验后将数据录入全国打拐DNA数据库。各地在采血和检验比对工作中，不得以任何理由收取费用。

五是加大打击力度。要依法从重从快打击虐待和故意伤害流浪未成年人，以及拐卖、拐骗、组织、胁迫、诱骗、利用未成年人乞讨牟利或组织其进行违法犯罪活动的犯罪分子和团伙。认定是被拐卖、拐骗的未成年人，要立即解救，尽快送返其监护人身边。对暂时找不到其监护人的，护送到救助管理站接受救助，并继续查找其监护人。对亲生父母或其他监护人利用未成年人乞讨的，要予以批评教育，情节严重的，依照《治安管理处罚法》第四十一条，予以治安管理处罚；构成犯罪的，依法追究刑事责任。

六是做好有害乞讨行为的管理工作。协助民政部门开展街头救助，对流浪乞讨人员强讨恶要、滋扰他人、扰乱公共秩序、危害交通安全的行为依法处置。属于救助对象的,送救助管理机构救助。

七是协助救助管理站做好安全防范工作。有条件的地方可以结合社区警务布点,在救助管理站设立警务室或警务联络员。要依法严厉打击聚众闹事、结伙冲击、围攻救助管理站的违法犯罪活动,确保站内人员安全和工作秩序。

(三)城市管理部门要依法做好防范街头流浪乞讨人员影响市容环境卫生行为的管理工作,协助民政、卫生部门做好街头救助工作。

一是依法处置街头流浪乞讨人员占据、损毁公共设施妨碍他人正常使用的行为和随处涂画、制造噪音等破坏环境卫生等违反城市管理规定的行为。

二是协助民政部门做好街头救助工作。在街头执法发现流浪乞讨人员的,告知、引导、护送其到救助管理站接受救助。发现危重病人、精神病人的,联系医疗卫生部门救治。

(四)卫生部门负责流浪乞讨人员医疗救治工作。要按照《关于实施城市生活无着的流浪乞讨人员救助管理办法有关机构编制和经费问题的通知》(财社〔2003〕83号)和《关于进一步做好城市流浪乞讨人员中危重病人、精神病人救治工作的指导意见》(民发〔2006〕6号)规定,指定定点医疗机构,按照"先救治、后救助"的原则收治有关流浪乞讨人员。

(五)财政部门要做好对城市街头流浪乞讨人员救助、管理,以及对流浪未成年人解救保护的经费保障工作。要按照上述各部门职责任务和国家预算管理有关规定,将应由政府承担的救助、管理城市街头流浪乞讨人员,以及解救、保护流浪未成年人工作经费,分别列入有关部门预算给予保障。

三、健全机制,狠抓落实

(一)健全机制。各地要加强领导,统一认识,明确责任,协作配合,建立健全工作机制。要坚持"分级管理,条块结合"的原则,建立政府统一领导、部门分工负责、社会广泛参与的管理体制和运行机制,共同营造帮助街头流浪乞讨人员回归家庭、社会的良好氛围。

(二)狠抓落实。公安部决定将此项工作列入全国打击拐卖儿童妇女工作综治考核并列入刑侦工作绩效考核。民政部决定将此项工作列入全国民政系统社会治安综合治理工作考核内容,认真督查。对行动迟缓、工作不力,造成严重后果的单位和个人,将报请综治部门实行"一票否决制"并追究有关责任。

民政部、教育部、公安部等 19 部委关于加强流浪未成年人工作的意见

- 2006 年 1 月 18 日
- 民发〔2006〕11 号

各省、自治区、直辖市民政厅(局)、综治委预防青少年违法犯罪工作领导小组、综治办、文明办、编办、高级人民法院、高级人民检察院、发展改革委、教育厅(局)、公安厅(局)、司法厅(局)、财政厅(局)、劳动保障厅(局)、铁道厅(局)、交通厅(局)、卫生厅(局)、团委、妇联、残联;新疆生产建设兵团民政局、综治委预防青少年违法犯罪工作领导小组、综治办、文明办、编办、法院、检察院、发展改革委、教育局、公安局、司法局、财务局、劳动保障局、交通局、卫生局、团委、妇联、残联:

改革开放以来,在党和政府的关心和重视下,未成年人权益保护工作得到了健康发展。但是,伴随经济体制转轨和社会转型,出现了人口流动加速、贫富差距加大、家庭问题日益凸现,流浪未成年人数量逐年增加,犯罪率不断上升。为了贯彻落实《中共中央国务院关于进一步加强和改进未成年人思想道德建设的若干意见》,预防未成年人违法犯罪,保护未成年人合法权益,构建社会主义和谐社会,现就加强流浪未成年人工作提出如下意见:

一、充分认识做好流浪未成年人工作的重要意义

流浪未成年人是社会弱势群体,他们生活在街头,衣食无着,处境艰难,合法权益难以得到充分保障。他们容易被犯罪分子利诱和利用,误入歧途,走上违法犯罪道路,影响国家的长治久安。流浪未成年人工作是未成年人权益保护的重要组成部分,是构建和谐社会、落实科学发展观的重要内容,是预防未成年人违法犯罪的重要方面,各有关部门要从未成年人权益保护和预防未成年人犯罪工作的大局出发,从社会发展和稳定的大局出发,全面认识加强流浪未成年人工作的重大意义,认真贯彻落实《中华人民共和国未成年人保护法》和《中华人民共和国预防未成年人犯罪法》,注重解决流浪未成年人工作中存在的问题,加大政府投入,完善有关政策,健全工作机制,加强协调配合,强化家庭责任,创新工作方法,净化社会环境,切实保障流浪未成年人的健康成长。

二、指导思想和主要任务

流浪未成年人工作要以"三个代表"重要思想和科学发展观为指导,以构建和谐社会为目标,以"以人为本"为工作原则,以保障流浪未成年人合法权益为出发点,建立健全相关法律法规,完善齐抓共管的工作机制,

创造流浪未成年人回归社会的良好环境,为促进流浪未成年人的健康成长而努力。

流浪未成年人工作是一项兼具救助性、福利性和管理性的工作。在流浪未成年人工作中,预防是前提,救助是基础,管理是手段,教育是重点,保护是根本。一是注重流浪未成年人预防工作。贫困、教育不当、家庭暴力和社会不良因素影响等原因都有可能造成未成年人外出流浪。各地要采取切实有效措施,加强预防未成年人流浪和返乡未成年人的安置工作。二是保证流浪未成年人基本生活需要。流浪未成年人在社会上流浪,生存环境非常恶劣,基本生活权利无法得到保障,做好流浪未成年人工作,要优先满足他们的基本生活需求。三是强化对流浪未成年人的管理。流浪未成年人在流浪中沾染了许多不良习惯,甚至有相当多的流浪未成年人有轻微违法行为,对他们进行必要的行为约束和矫治,有利于他们的健康成长。四是注重流浪未成年人教育。流浪未成年人正处于身心发育成长时期,思想和行为上具有可塑性,要通过施行心理疏导和调适等干预措施,加强对他们的思想教育和正面引导,消除不良社会影响。五是努力促使流浪未成年人回归社会。对流浪未成年人提供的救助保护只是临时性措施,要通过采取积极有效的方法,为流浪未成年人回归主流社会创造条件。六是打击幕后操纵和利用未成年人进行违法活动的犯罪行为。七是加大投入,建立完善流浪未成年人救助保护机构。

三、部门职责分工

做好流浪未成年人工作,事关未成年人合法权益保护和社会稳定,涉及多个部门,具有很强的政策性。因此,各级政府、各个部门要以有关法律法规为依据,认真履行各自职责,协调配合、齐心协力做好这一工作。

(一)综治部门要切实履行组织、协调、指导的职能,积极协调有关部门开展流浪未成年人工作并检查落实;将流浪未成年人工作纳入社会治安综合治理工作的考核内容,对预防未成年人违法犯罪工作不力和街头流浪乞讨未成年人数量庞大,未成年人外出流浪乞讨现象严重的地区下达督查通知书,对造成严重后果的实施一票否决并追究有关领导的责任。

(二)各地文明办要把流浪未成年人工作作为加强和改进未成年人思想道德建设的重要内容,纳入精神文明建设和未成年人思想道德建设考核体系之中。

(三)民政部门是流浪未成年人工作的政府职能部门。各级民政部门要做好流浪未成年人工作的发展规划,研究制订流浪未成年人工作的政策法规和工作规范,

组织培训,指导各地开展流浪未成年人工作,加强对流浪未成年人救助保护机构的监督管理。

流浪未成年人救助保护机构要为流浪未成年人提供全面的服务,采取多种措施保障受助未成年人的生活、教育、管理、返乡和安置。组织适合未成年人需要的活动,通过文化知识教育、职业技能培训等帮助未成年人获得谋生技能,为回归社会、独立生活做好准备。与教育、公安和司法行政等部门一道对有不良行为的流浪未成年人进行法制教育、行为矫治和心理辅导。对监护人无法履行职责的服刑人员子女也可以由流浪未成年人救助保护机构提供生活照料。

(四)公安机关对于执行职务时发现的流浪、乞讨未成年人,打击犯罪行动中解救的未成年人,以及有轻微违法行为但根据有关规定不予处罚且暂时无法查明其父母或其他监护责任人的未成年人等,应当及时将他们护送到流浪未成年人救助保护机构接受救助。

公安机关要依法严厉打击诱骗、拐卖、残害流浪未成年人和组织、操纵、教唆未成年人特别是残疾未成年人流浪、乞讨等违法犯罪行为。协助流浪未成年人救助保护机构核实受助未成年人的真实身份。有条件的地方公安机关可在流浪未成年人救助保护机构内设立警务室,协助流浪未成年人救助保护机构进行管理。

(五)发展改革部门负责制定流浪未成年人救助保护设施发展规划,将之纳入国民经济和社会发展规划,并具体落实和监督评估规划的实施。对流浪未成年人救助保护设施的建设要统筹考虑,按照分级管理的原则予以支持。

(六)教育行政部门负责流浪未成年人的教育工作。对于返回原籍安置的适龄未成年人,要及时接收其入学,并按照有关规定给予教育资助和特别关怀。积极支持流浪未成年人救助保护机构内部对流浪未成年人的教育工作,加强监督与指导,逐步探索适合受助未成年人特点的特殊教育模式,探索符合受助未成年人身心发展规律的思想道德、文化知识教育以及必要的心理辅导和行为矫治。根据工作需要,将流浪未成年人救助保护机构专职教师的职称评定工作纳入教师职称评聘体系。

(七)卫生部门负责流浪未成年人医疗救治工作,要指定定点医疗机构对突发急病的受助未成年人及时进行治疗,所发生的救治费用按照《关于实施城市生活无着的流浪乞讨人员救助管理办法有关机构编制和经费问题的通知》(财社〔2003〕83号)和《关于进一步做好城市流浪乞讨人员中危重病人、精神病人救治工作的指导意见》

（民发〔2006〕6号）规定及时予以解决。加强对流浪未成年人救助保护机构内设医疗机构的业务指导。疾病预防控制机构应对流浪未成年人救助保护机构内的防疫工作加强指导和监督，及时处理社会上和机构内发生的流浪未成年人传染病疫情。

（八）地方财政部门要将流浪未成年人救助保护机构经费纳入流浪乞讨人员救助机构经费统筹考虑，切实保障未成年人的生活、教育、安置等工作的顺利开展。

（九）劳动保障部门负责将流浪未成年人救助保护机构内开展的流浪未成年人职业技能培训纳入管理，加强监督与指导，对年满16周岁有就业能力并登记失业的流浪未成年人提供免费的职业介绍和职业培训补贴，为流浪未成年人回归社会创造条件。

（十）司法部门要坚持未成年人利益优先原则，依法办理涉及流浪未成年人权益保护案件。

公安机关、人民检察院、人民法院要依法严厉打击诱骗、拐卖、残害未成年人特别是残疾未成年人的犯罪活动，对组织操纵和教唆未成年人特别是残疾未成年人流浪、乞讨，构成犯罪的，要依法追究刑事责任。人民法院还要及时受理并依法办理涉及流浪未成年人权益保护的案件。

司法行政部门要加强《中华人民共和国未成年人保护法》、《中华人民共和国预防未成年人犯罪法》、《中华人民共和国残疾人保障法》和《城市生活无着的流浪乞讨人员救助管理办法》等与流浪未成年人救助保护工作相关的法律法规宣传工作，及时化解矛盾纠纷，消除隐患，做好未成年人外出流浪的预防工作。积极引导法律服务人员为未成年当事人提供法律服务和法律援助，维护其合法权益。配合公安机关打击与流浪乞讨有关的违法犯罪行为。协助民政部门做好监护人无法履行职责的服刑人员子女帮扶工作。

（十一）铁道、交通等部门为流浪未成年人救助保护机构购买乘车凭证和接送流浪未成年人进出站等提供方便。

（十二）机构编制部门要根据各地的实际情况，按照精简效能的原则，研究做好流浪未成年人救助保护机构编制的审核工作，确保有关工作正常开展。

（十三）共青团和妇联组织要积极配合民政部门做好流浪未成年人工作，把流浪未成年人救助保护工作纳入"希望工程"、"春蕾计划"、"安康计划"和家庭教育工作的总体计划。各级共青团、妇联组织在有条件的流浪未成年人救助保护机构设立社工工作站，动员、组织青少年事务专职社会工作者、青年志愿者、巾帼志愿者和社会热心人士参与对流浪未成年人的劝导、服务、教育、救助等工作，深入开展志愿者"一助一"、"多助一"和"代理妈妈"等活动，倡导和推进社会热心人士支持、参与照顾和家庭寄养等安置工作，推动稳定、有效支持体系的建立和完善。

（十四）残联要配合民政部门做好流浪残疾未成年人的救助保护工作，帮助开展残疾未成年人的教育和就业安置等工作，将流浪残疾未成年人纳入"扶残助学项目"和"春雨行动"的资助范围，深入开展"红领巾助残"、"法律助残"等活动，依法保护未成年残疾人的权益。

四、主要措施

（一）统一认识，加强领导。各级政府要充分认识做好流浪未成年人工作的重要性和必要性，把这一工作纳入到社会发展总体规划中，切实加强领导，积极推进。各有关部门要明确责任，履行职责，加强协作。坚持"分级管理、条块结合"的原则，逐步建立起政府统一领导，部门各负其责，民政业务指导，社会广泛参与的管理体制和运行机制，共同营造流浪未成年人健康成长的社会环境。

（二）建立健全政策法规。尽快启动流浪未成年人工作专门行政法规的制订工作，完善有关政策，使这项工作有法可依、有章可循。

（三）建立流浪未成年人工作协调机制和工作体系。明确各部门职责，加强部门协调配合，做好流浪未成年人工作。政府有关部门都应切实承担起社会责任，在各自的职责范围内切实做好流浪未成年人救助保护工作。

（四）提高流浪未成年人救助保护工作的专业化、社会化水平。在现有工作体制和运行机制中，积极探索流浪未成年人工作专业化、社会化的发展道路，通过引入社会工作专业制度、聘用专业社会工作者、建立志愿者服务基地、引导培育民间力量参与流浪未成年人工作、开展国际合作交流、充分利用社会资源等，聚智聚力，共同做好流浪未成年人工作。

做好流浪未成年人工作，是贯彻"三个代表"重要思想的本质要求和具体体现，是践行"三个代表"重要思想的必然要求。各有关部门一定要高度重视流浪未成年人工作，同心协力，维护流浪未成年人的合法权益，促进社会的和谐发展。

六、殡葬管理

殡葬管理条例

· 1997 年 7 月 21 日中华人民共和国国务院令第 225 号发布
· 根据 2012 年 11 月 9 日《国务院关于修改和废止部分行政法规的决定》修订

第一章　总　则

第一条　为了加强殡葬管理,推进殡葬改革,促进社会主义精神文明建设,制定本条例。

第二条　殡葬管理的方针是:积极地、有步骤地实行火葬,改革土葬,节约殡葬用地,革除丧葬陋俗,提倡文明节俭办丧事。

第三条　国务院民政部门负责全国的殡葬管理工作。县级以上地方人民政府民政部门负责本行政区域内的殡葬管理工作。

第四条　人口稠密、耕地较少、交通方便的地区,应当实行火葬;暂不具备条件实行火葬的地区,允许土葬。

实行火葬和允许土葬的地区,由省、自治区、直辖市人民政府划定,并由本级人民政府民政部门报国务院民政部门备案。

第五条　在实行火葬的地区,国家提倡以骨灰寄存的方式以及其他不占或者少占土地的方式处理骨灰。县级人民政府和设区的市、自治州人民政府应当制定实行火葬的具体规划,将新建和改造殡仪馆、火葬场、骨灰堂纳入城乡建设规划和基本建设计划。

在允许土葬的地区,县级人民政府和设区的市、自治州人民政府应当将公墓建设纳入城乡建设规划。

第六条　尊重少数民族的丧葬习俗;自愿改革丧葬习俗的,他人不得干涉。

第二章　殡葬设施管理

第七条　省、自治区、直辖市人民政府民政部门应当根据本行政区域的殡葬工作规划和殡葬需要,提出殡仪馆、火葬场、骨灰堂、公墓、殡仪服务站等殡葬设施的数量、布局规划,报本级人民政府审批。

第八条　建设殡仪馆、火葬场,由县级人民政府和设区的市、自治州人民政府的民政部门提出方案,报本级人民政府审批;建设殡仪服务站、骨灰堂,由县级人民政府

和设区的市、自治州人民政府的民政部门审批;建设公墓,经县级人民政府和设区的市、自治州人民政府的民政部门审核同意后,报省、自治区、直辖市人民政府民政部门审批。

利用外资建设殡葬设施,经省、自治区、直辖市人民政府民政部门审核同意后,报国务院民政部门审批。

农村为村民设置公益性墓地,经乡级人民政府审核同意后,报县级人民政府民政部门审批。

第九条　任何单位和个人未经批准,不得擅自兴建殡葬设施。

农村的公益性墓地不得对村民以外的其他人员提供墓穴用地。

禁止建立或者恢复宗族墓地。

第十条　禁止在下列地区建造坟墓:

(一)耕地、林地;

(二)城市公园、风景名胜区和文物保护区;

(三)水库及河流堤坝附近和水源保护区;

(四)铁路、公路主干线两侧。

前款规定区域内现有的坟墓,除受国家保护的具有历史、艺术、科学价值的墓地予以保留外,应当限期迁移或者深埋,不留坟头。

第十一条　严格限制公墓墓穴占地面积和使用年限。按照规划允许土葬或者允许埋葬骨灰的,埋葬遗体或者埋葬骨灰的墓穴占地面积和使用年限,由省、自治区、直辖市人民政府按照节约土地、不占耕地的原则规定。

第十二条　殡葬服务单位应当加强对殡葬服务设施的管理,更新、改造陈旧的火化设备,防止污染环境。

殡仪服务人员应当遵守操作规程和职业道德,实行规范化的文明服务,不得利用工作之便索取财物。

第三章　遗体处理和丧事活动管理

第十三条　遗体处理必须遵守下列规定:

(一)运输遗体必须进行必要的技术处理,确保卫生,防止污染环境;

(二)火化遗体必须凭公安机关或者国务院卫生行

政部门规定的医疗机构出具的死亡证明。

第十四条　办理丧事活动,不得妨害公共秩序、危害公共安全,不得侵害他人的合法权益。

第十五条　在允许土葬的地区,禁止在公墓和农村的公益性墓地以外的其他任何地方埋葬遗体、建造坟墓。

第四章　殡葬设备和殡葬用品管理

第十六条　火化机、运尸车、尸体冷藏柜等殡葬设备,必须符合国家规定的技术标准。禁止制造、销售不符合国家技术标准的殡葬设备。

第十七条　禁止制造、销售封建迷信的丧葬用品。禁止在实行火葬的地区出售棺材等土葬用品。

第五章　罚　则

第十八条　未经批准,擅自兴建殡葬设施的,由民政部门会同建设、土地行政管理部门予以取缔,责令恢复原状,没收违法所得,可以并处违法所得1倍以上3倍以下的罚款。

第十九条　墓穴占地面积超过省、自治区、直辖市人民政府规定的标准的,由民政部门责令限期改正,没收违法所得,可以并处违法所得1倍以上3倍以下的罚款。

第二十条　将应当火化的遗体土葬,或者在公墓和农村的公益性墓地以外的其他地方埋葬遗体、建造坟墓的,由民政部门责令限期改正。

第二十一条　办理丧事活动妨害公共秩序、危害公共安全、侵害他人合法权益的,由民政部门予以制止;构成违反治安管理行为的,由公安机关依法给予治安管理处罚;构成犯罪的,依法追究刑事责任。

第二十二条　制造、销售不符合国家技术标准的殡葬设备的,由民政部门会同工商行政管理部门责令停止制造、销售,可以并处制造、销售金额1倍以上3倍以下的罚款。

制造、销售封建迷信殡葬用品的,由民政部门会同工商行政管理部门予以没收,可以并处制造、销售金额1倍以上3倍以下的罚款。

第二十三条　殡仪服务人员利用工作之便索取财物的,由民政部门责令退赔;构成犯罪的,依法追究刑事责任。

第六章　附　则

第二十四条　本条例自发布之日起施行。1985年2月8日国务院发布的《国务院关于殡葬管理的暂行规定》同时废止。

国务院办公厅转发民政部关于进一步加强公墓管理意见的通知

· 1998年5月19日
· 国办发〔1998〕25号

殡葬改革是一项移风易俗的社会改革,是社会主义精神文明建设的组成部分。公墓管理是殡葬改革的重要内容。建国40多年来,我国的殡葬改革取得了可喜的成绩,但在公墓建设和管理中也存在着一些不容忽视的问题,如:一些地方乱批乱建公墓、浪费土地资源、破坏生态环境和借办丧事之机大搞封建迷信活动;有的公墓(塔陵园)单位利用墓穴和骨灰存放格位进行传销和炒买炒卖等不正当营销活动,损害了群众的利益,引发出一些不安定因素。这些问题严重地影响了殡葬改革和社会主义两个文明建设。地方各级人民政府和有关单位要充分认识公墓建设和管理的重要性,切实加强领导,采取坚决有效措施,加大公墓管理的力度,抓好殡葬改革工作。

经国务院批准,现将民政部《关于进一步加强公墓管理的意见》转发给你们,请结合实际情况,认真贯彻执行。

关于进一步加强公墓管理的意见

近年来,地方各级民政部门根据国务院批转《民政部关于加强公墓管理的报告》和民政部《公墓管理暂行办法》,加强了对公墓(含塔陵园等骨灰存放设施,下同)的管理,取得了一定成效,对推进殡葬改革起到了积极作用。但是,当前公墓建设和管理中仍存在一些不容忽视的问题。有的部门、单位和个人无视国家对公墓管理的规定,乱批乱建公墓,浪费了土地资源,破坏了生态环境,同时引发出大量的封建迷信活动,滋长了丧事大操大办的陈规陋习;有的公墓单位为牟取暴利,把骨灰存放格位混同一般产品,以增值为诱饵,欺骗群众竞相购买,大肆进行传销和炒买炒卖等不正当营销活动,损害了群众的利益,引发出一些不安定因素。这些问题严重地影响了殡葬改革和社会主义两个文明建设。为认真贯彻落实国务院发布的《殡葬管理条例》,保护土地资源,促进两个文明建设和维护社会稳定,必须采取切实有效措施,进一步加强公墓管理工作。为此,特提出以下意见。

一、要认真开展清理整顿公墓的工作

各省、自治区、直辖市人民政府要组织民政、公安、土地、工商等有关部门,集中一段时间开展清理整顿公墓的工作。

（一）清理整顿的范围。

1. 未经省、自治区、直辖市民政厅（局）批准兴建的公墓和未经民政部或国家计委批准立项的吸收外资（含香港及澳门、台湾）合资合作兴建的公墓，即为非法公墓。

2. 虽经批准建立，但在公墓内修建封建迷信设施、搞违法营销活动或未经验收擅自经营的公墓单位。

3. 出售墓穴和骨灰存放格位，从事营销活动的公益性公墓。

（二）清理整顿的措施。

1. 对在国家禁止建墓区域内兴建的非法公墓，必须取缔，所占的土地由土地管理部门依法处理。地方人民政府要根据具体情况研究切实可行的措施，妥善解决有关问题。

2. 对建在荒山瘠地、埋葬数量少的非法公墓，由当地政府责令兴建公墓的单位负责将已葬墓穴迁葬至合法公墓内；对埋葬数量较大，一时难以迁葬的，要责令其停止出售墓穴，兴建公墓的单位要在限期内搞好绿化美化，接受政府殡葬管理部门管理或提供公墓养护费及绿化费，移交殡葬管理部门管理。待墓穴使用周期期满后，将墓穴迁出，恢复地貌。

对当地确实需要，又不违背公墓建设规划的非法公墓，兴建公墓的单位要按规定补办审批手续，接受政府殡葬管理部门的管理。

3. 对在公墓内构建封建迷信设施和搞封建迷信活动的，要责令其停止封建迷信活动，限期拆除封建迷信设施。对不听劝阻，扰乱社会秩序的，依照《中华人民共和国治安管理处罚条例》予以处罚。

4. 对利用墓穴和骨灰存放格位进行传销和炒买炒卖等不正当营销活动的，要采取措施坚决制止，同时要依据有关规定进行处罚。

5. 对违反规定对外出售墓穴和骨灰存放格位的公益性公墓单位，要责令其停止营销活动，出售墓穴和骨灰存放格位按非法转让行为处理。

6. 对《殡葬管理条例》发布以后未经批准建立的非法公墓，按《殡葬管理条例》第十八条规定处理。

二、要进一步加强对公墓的管理，严格控制公墓的发展

（一）严格控制公墓的发展。各省、自治区、直辖市民政部门要根据《殡葬管理条例》的规定，结合实际尽快制定公墓建设规划，由同级人民政府审批，报民政部备案。在民政部同意备案之前，暂停批建新公墓。要大力推行骨灰寄存、骨灰植树和撒骨灰等不占或少占土地的

骨灰处理方式，骨灰寄存设施的建设要根据当地的人口数量及分布情况，合理规划；在暂不具备火葬条件的地区，遗体公墓必须科学规划，选址在荒山瘠地，严禁占用耕地、林地，同时要大力倡导深埋不留坟头的葬法。火化区的公墓是现阶段处理骨灰的过渡形式，不是我国殡葬改革的方向，因此，要严格限制其发展。今后，各地民政部门必须严格按照《殡葬管理条例》的规定和公墓建设规划，从严审批兴建公墓。

（二）要严格限制墓穴占地面积和墓穴使用年限。今后埋葬骨灰的单人墓或者双人合葬墓占地面积不得超过 1 平方米，埋葬遗体的单人墓占地面积不得超过 4 平方米，双人合葬墓不得超过 6 平方米；今后墓地和骨灰存放格位的使用年限原则上以 20 年为一个周期。

（三）要切实加强公墓单位的内部管理。要搞好公墓的绿化美化，推行墓碑小型化、多样化，增加文化艺术含量；公墓单位要加强对公墓养护费、绿化费的提取和管理工作，单独建账、专款专用并接受上级民政部门的监督。在公墓内，严禁构建封建迷信设施和从事封建迷信活动；严禁修建宗族墓地和修建活人墓。

（四）各公墓单位原则上不得跨省设立销售机构。有特殊情况需设立的，要经公墓单位所在地和设立销售机构所在地省级民政部门批准。工商行政管理部门依据有关规定和两地省级民政部门批准文件予以登记注册。

（五）严禁传销和炒买炒卖墓穴和骨灰存放格位。要合理确定墓穴和骨灰存放格位的价格，明码标价；要凭用户出具的火化证明（火葬区）或死亡证明（土葬改革区），提供或出售墓穴和骨灰存放格位，使用规范的安葬、安放凭证，建立严格的销售、登记制度，严禁传销和炒买炒卖；要保护群众的正当权益。

（六）各省、自治区、直辖市民政部门要加强对辖区内公墓的管理。要建立健全公墓年度检查制度，要会同有关部门认真开展公墓（含吸收外资合资合作的公墓）年度检查工作。对年检合格的公墓准予继续开展业务；对年检不合格的公墓要限期改正，对逾期不改的，要会同有关部门责令其停业整顿。要将年检的结果公告社会，以便于监督。

三、地方各级人民政府要加强领导，有关部门要相互支持、密切配合

地方各级人民政府和各有关部门要从国家的整体利益出发，提高对加强公墓管理工作重要性的认识，切实加强领导，把清理整顿公墓工作摆上重要的议事日程。这项工作涉及面广，难度较大。因此，各省、自治区、直辖市

人民政府要结合当地实际，根据《殡葬管理条例》及有关规定，制订清理整顿公墓的具体办法；要做好协调工作，采取切实可行的措施加以落实。同时，要注重宣传教育，争取广大群众的理解和支持，积极而又稳妥地开展清理整顿工作，切实解决工作中遇到的阻力和问题，保证清理整顿工作的顺利开展。各级民政部门作为主管部门，要切实履行职责，积极向当地人民政府反映清理整顿中存在的问题，提出解决问题的意见和建议，当好参谋助手。要充分发挥基层民政部门和殡葬管理所的作用，促进清理整顿工作的顺利进行。公安、工商、土地管理等各有关部门要积极支持、密切配合，在当地政府的统一领导下，开展清理整顿公墓工作。以前越权批建公墓的基层人民政府或有关部门要积极主动地协助民政部门做好所批建公墓的清理工作。

各省、自治区、直辖市民政厅（局）要及时将清理整顿公墓的情况，报告当地人民政府和民政部。

关于进一步推动殡葬改革促进殡葬事业发展的指导意见

·2018 年 1 月 10 日
·民发〔2018〕5 号

殡葬改革工作事关人民群众切身利益，事关精神文明和生态文明建设。近年来特别是党的十八大以来，殡葬改革深入推进，殡葬公共服务能力明显增强，殡葬管理水平不断提升，殡葬事业取得较大发展。但要看到，殡葬改革工作是一项长期艰巨的任务，思想认识不统一、服务保障不到位、体制机制不健全、监督执法难跟进等问题还较为突出，殡葬改革发展水平与人民群众期待需求、与经济社会发展要求还有不小差距。为进一步增强殡葬改革动力，激发殡葬事业发展活力，更好满足人民群众殡葬服务需求，促进殡葬事业健康有序发展，现提出如下意见。

一、总体要求

（一）指导思想。全面贯彻党的十九大精神，以习近平新时代中国特色社会主义思想为指导，认真贯彻落实党中央、国务院决策部署，坚持以人民为中心的发展思想，践行新发展理念，围绕建设惠民、绿色、文明殡葬，以推动殡葬改革为牵引，以满足人民群众殡葬需求为导向，以提升殡葬服务能力和水平为保障，以创新殡葬管理体制机制为动力，整合资源、规范管理、优化服务、深化改革，推动殡葬改革和殡葬事业更好服务于保障和改善民生、促进精神文明和生态文明建设，为增进人民福祉、全面建成小康社会作出贡献。

（二）基本原则。

——公平可及，群众受益。把以人民为中心、满足群众殡葬需求作为出发点和落脚点，坚持推进殡葬改革与完善殡葬服务供给相结合，优化殡葬资源配置，完善殡葬服务网络，建立基本殡葬服务制度，确保实现人人享有公益性基本殡葬服务，让人民群众成为殡葬改革的最大受益者。

——坚持改革，移风易俗。坚定不移推行殡葬改革，把尊重生命、绿色文明的理念贯穿于殡葬改革全过程，大力弘扬社会主义核心价值观，把文明节俭治丧、节地生态安葬、文明低碳祭扫转化为人们的情感认同和行为习惯，传承发展优秀传统文化，破除丧葬陋俗，树立殡葬新风尚，促进人与自然和谐共生。

——政府主导，社会参与。正确处理政府与市场的关系，强化政府主体责任，建立健全基本殡葬公共服务体系，完善监管体制机制，全面加强殡葬行业监管。积极推进殡葬服务供给侧结构性改革，引导社会力量有序参与，满足群众多样化殡葬服务需求。

——因地制宜，分类指导。鼓励各地结合自身条件与特点，因地制宜大胆探索创新，不拘泥一种模式，不搞"一刀切"，在殡葬改革、殡葬服务、殡葬管理等方面，探索符合实际、行之有效的改革路径，形成各具特点的发展模式，培育健康发展的新样本、新机制。

——统筹协调，综合治理。坚持在各级党委和政府统一领导下开展工作，强化民政部门行业监管责任，完善部门协同监管机制，加强基层工作力量，建立健全组织有力、职责明确、协调顺畅的领导体制和工作机制。发挥基层群众自治、行业协会自律、社会监督等方面作用，创新监管手段和治理方式，实现政府、社会、市场优势互补、良性互动。

（三）目标任务。到 2020 年，实现火葬区殡仪馆县级行政区域全覆盖并达到国家环境保护标准要求，公益性节地生态安葬设施覆盖到乡镇，逐步建立基本殡葬服务制度和节地生态安葬奖补制度，覆盖城乡居民的殡葬公共服务体系基本建立，遗体火化率逐年提高，骨灰格位存放、树葬、海葬等节地生态安葬比例达到 50% 以上，党委领导、政府负责、部门协同、公众参与、法治保障的工作格局基本形成。

二、持续深入推进殡葬改革

（四）统筹推进火葬土葬改革。各地要根据国家"十三五"相关规划要求，结合实际加紧制定和完善本地区殡葬改革发展规划。进一步明确和细化火葬区与土葬改革区的划分标准、划分程序和调整周期，并按规定将划分情况报民政部备案。在实行火葬的地区，要坚持遗体火化与骨灰处理两手抓、两手都要硬，既要千方百计巩固和提升火化率，又要大力推进骨灰集中节地生态安葬。对火葬区遗体违规土葬、骨灰装棺再葬、散埋乱葬等问题，要坚持疏堵结合、依法治理，严禁以罚代管、放任不管。在土葬改革区，要按照规划引导群众实行集中安葬，倡导遗体深埋、不留坟头或以树代碑。

（五）大力推行节地生态安葬。深入贯彻落实民政部等九部门《关于推进节地生态安葬的指导意见》，大力推行不占或少占土地、少耗资源、少使用不可降解材料的节地生态安葬方式，加快建立节地生态安葬奖补制度。加大城乡公益性节地生态安葬设施建设力度，因地制宜，科学合理规划选址，提供树葬、撒散、骨灰存放等多样化节地生态安葬方式，提高建设管理和服务水平，提高群众认可度和满意度。加大公益性节地生态安葬设施用地保障，在符合土地利用总体规划的前提下，应在土地利用年度计划中优先安排新建项目用地，在用地取得、供地方式、土地价格等方面加快形成节约集约用地的激励机制。对于经营性公墓，要严格限制墓穴、墓位占地面积和墓碑高度，鼓励使用可降解材料，不断提高节地生态安葬比例，引导从依赖资源消耗，逐步向绿色生态可持续发展转型。

（六）积极推进殡葬移风易俗。深化丧葬习俗改革，把殡葬移风易俗纳入文明城市、文明村镇创建和美丽乡村建设之中，加大推进力度。根据需要，统筹规划和建设殡仪服务站等集中治丧场所，合理设置祭扫专门区域，引导群众文明治丧、低碳祭扫。开展农村散埋乱葬专项治理活动，把此项活动作为加强和完善社区治理、改善农村社区环境的重要举措进行统筹部署安排。充分发挥村（居）委会和红白理事会、老年人协会等基层组织作用，把治丧规范纳入村规民约、村民自治章程，培育和推广文明现代、简约环保的殡葬礼仪和治丧模式。深入挖掘阐释清明节等传统节日蕴含的教育资源，充分依托殡葬服务纪念设施，建设生命文化教育基地，打造优秀殡葬文化传承平台，弘扬尊重生命、孝老敬亲、厚养薄葬、慎终追远、天人合一等思想文化，崇尚社会公德、家庭美德，培育现代殡葬新理念新风尚。

三、建立健全殡葬公共服务体系

（七）优化殡葬服务资源布局。各地要立足当地群众殡葬服务需求，着眼长远发展，加紧制定和完善本区域殡仪馆、火葬场、骨灰堂、公墓、殡仪服务站等殡葬设施的数量、布局规划。规划时要严守生态保护红线，重点完善设施空白地区规划，调整优化基础薄弱或服务饱和地区殡葬资源结构，确保殡葬设施种类、数量、服务规模与当地群众殡葬服务需求相匹配、与殡葬改革推行相适应，并严格依照规划审批殡葬设施，做好殡葬项目"邻避"问题防范与化解工作。特别是实行火葬的地区，必须把建设火化设施和骨灰安葬设施作为首要条件纳入工作规划，明确推进的时间表和路线图。同时，根据需要，及时更新改造现有火化设施设备，重点对已达危房标准、设施陈旧的县（市、区）殡仪馆实施改扩建，对已达到强制报废年限或不符合国家环境保护标准的火化设备进行更新改造。

（八）建立基本殡葬服务制度。各地要制定基本殡葬服务清单，把遗体接运、暂存、火化、骨灰寄存等项目纳入清单范围，并根据当地经济社会发展水平和需求状况进行动态调整。要坚持基本殡葬服务公益性，强化政府责任和投入，依照国家有关规定加强基本殡葬服务收费管理，并为城乡困难群众以减免费用或补贴方式提供基本殡葬服务，有条件的地区可将政策惠及对象扩展到辖区所有居民，逐步实现基本殡葬服务的普惠性、均等化。对履行基本殡葬服务职能的殡仪馆、火葬场、公益性公墓等殡葬服务机构，要落实政府投入和税费减免配套优惠政策，确保持续稳定地提供基本殡葬服务。

（九）丰富和完善殡葬服务供给。妥善处理基本殡葬服务与非基本殡葬服务的关系，保障和改善基本殡葬服务，丰富和拓展非基本殡葬服务，满足群众多样化、多层次的殡葬服务需求。坚持殡葬服务事业单位提供基本殡葬服务的主导地位，改革体制机制，改善服务方式，丰富服务内容，提高服务质量，发挥示范引领作用。对于能由政府与社会资本合作或能由政府购买服务提供的，鼓励和引导社会力量有序参与，推动殡葬服务供给主体和供给方式多元化。依法完善遗体接运、遗体殓殡、遗体殡仪等直接接触遗体的殡仪服务事项管理制度和服务标准，完善市场准入条件，强化事中事后监管，引导各类主体规范提供服务。创新殡葬服务与"互联网+"融合发展的新途径、新模式、新业态，为群众提供更加方便、快捷、透明的殡葬服务。

四、规范殡葬服务机构管理

（十）推进殡葬服务机构管办分离改革。结合事业单位分类改革要求，理顺政府与市场的关系，推进殡葬行政管理职能与生产经营分开、监管执法与经营举办分离，探索多种有效的实现形式。各级民政部门要强化殡葬法规政策、行业规划、标准规范的制定和监督指导职责,从对殡葬服务单位的直接管理向行业管理转变。强化殡葬服务事业单位的公益属性,进一步落实法人自主权,规范内部管理,激发发展活力。对殡葬管理事业单位与殡仪馆、公墓等经营实体合一或举办经营实体的,要摸清底数,制定脱钩方案,提出加强殡葬管理力量的有效措施,提请当地党委和政府研究解决。

(十一)规范社会资本参与。鼓励社会资本以出资建设、参与改制、参与运营管理等多种形式投资殡葬服务行业,但对于具有遗体火化等基本殡葬服务功能的殡葬设施,要强化政府主体责任。对于公办殡葬服务机构与社会资本合作的,要坚持公共利益优先原则,从是否增加和改善基本殡葬服务供给、提高运营效率、促进创新和公平竞争等方面,充分做好评估论证,审慎确定合作模式,规范选择合作伙伴,细化和完善项目合同文本,并可通过派驻管理人员等方式,强化日常监管,确保合作期间国有资产不流失、公益属性不改变、服务水平有提高。对项目收入不能覆盖成本和收益、但社会效益较好的合作项目,政府可给予适当补助。对服务管理不规范、严重偏离公益方向、公众满意度差的合作方,要建立违约赔偿和退出机制。

(十二)加强重点事项管理。根据各类殡葬服务机构性质和特点,坚持问题导向,聚焦风险防范,分类施策,加强管理。殡葬服务机构要全面实行收费公示和明码标价制度,严格执行政府定价、政府指导价,与逝者家属签订服务合同,出具合法结算票据,保证中低价位殡葬服务和用品足量提供,严禁诱导、捆绑、强制消费。加强对遗体处置和相关证件出具审核的监管,避免接收来源不明遗体、轻率或错误火化遗体,严厉查处虚开、倒卖火化证明等违法违规行为,加强行风建设,全面推进反腐倡廉和廉洁从业。殡葬服务机构要全面加强安全管理,持续加强安全隐患排查整治,坚决防止发生安全责任事故,切实落实交通安全主体责任,加强配套停车场规划建设,强化对殡葬服务车辆及驾驶人员的安全管理。进一步规范和加强公墓管理,对未经批准建设的公墓依法予以取缔,对违规改扩建等行为予以纠正,禁止建造超规定面积墓穴、墓位,禁止非法出售(租)、转让(租)墓葬用地或骨灰存放格位,禁止农村公益性墓地违规对外销售。对经营性公墓价格,要加强经营者定价行为的指导规范,对价格明显偏高的,必要时依法进行干预和管理。加强殡葬用品市场、社会殡仪服务机构、殡葬服务中介机构及相关从业

人员管理,建立部门联合执法机制,查处虚假宣传、以次充好、强制消费、价格欺诈等侵害消费者权益行为。加强医院太平间管理,严禁在太平间开展营利性殡仪服务。制定完善无人认领遗体管理办法。查处借宗教名义违规建设、经营骨灰存放设施等行为。

(十三)创新管理手段。充分利用信息化手段,加强殡葬服务机构日常信息采集分析,并公示机构名录、审批、年度检查、日常抽查等信息,建立殡葬服务机构执业情况定期通报制度。加强部门信息交换共享和联动惩戒,建立失信黑名单制度,将失信黑名单信息纳入全国信用信息共享平台,强化对殡葬服务机构的信用监管。建立健全以群众满意度为导向的殡葬服务机构考核评价机制,制定和完善考核评估指标体系,侧重衡量功能定位、职责履行、服务流程、服务态度、服务质量、社会效益等内容,把社会评价与检查考核相结合,结果向社会公开,并与政府购买服务、财政补贴、表彰奖励等挂钩,建立激励约束机制。

五、强化组织保障

(十四)加强组织领导。推动各级党委和政府把推动殡葬改革发展作为增进人民福祉的重要内容、促进精神文明和生态文明建设的有力举措,摆上议事日程,建立健全党委领导、政府负责、部门协作、社会参与、法治保障的领导体制和工作机制,明确职责分工,完善政策措施,加强目标考核,强化责任落实。民政部门要发挥好牵头作用,主动协调有关部门,通过定期召开会议、通报工作情况、联合督查执法等方式,完善部门协作机制,有效解决殡葬领域重点难点问题,形成推动殡葬改革发展的合力。

(十五)落实部门职责。各有关部门要切实履行职责,加强联动互动。民政部门要牵头做好殡葬管理政策标准制定、殡葬改革工作组织实施、殡葬设施审批监管等工作。组织人事部门要及时掌握党员干部治丧情况,加强对党员干部的教育管理。宣传部、文明办要做好殡葬改革宣传引导工作,将殡葬移风易俗工作纳入文明创建活动内容。发展改革部门要加强对殡葬事业发展的规划,建立殡葬事业公共投入和稳定增长机制,加大对提供基本殡葬服务的殡葬设施建设支持力度。公安机关要加强对本部门出具的非正常死亡证明的管理,查处丧事活动中违反治安管理的行为和私自改装车辆运输遗体的行为,并积极商请民政部门共享殡葬信息,从中发现死亡人员未销户口线索,及时调查核对、注销户口。财政部门要保障落实惠民殡葬和节地生态安葬奖补政策所需的资金,合理核拨殡葬事业单位运营管理经费和殡葬事业发

展经费。人力资源社会保障部门要完善参加社会保险人员死亡后丧葬补助金、抚恤金等发放政策。国土资源、林业等部门要依法保障纳入规划的殡葬设施用地需求，纠正和查处违法占地建设殡葬设施、违法占用耕地林地建坟等行为。环境保护部门要依法指导支持火化机环保改造，强化殡葬活动的生态环境监管。住房城乡建设部门要依法加强殡葬设施规划建设管理。文化部门要加强对治丧活动中营利性演出活动的监管。卫生计生部门要加强对医疗机构出具死亡证明的管理和医疗机构太平间的管理，指导殡仪服务机构做好卫生防疫工作。工商部门要配合查处制造、销售不符合国家技术标准的殡葬设备、封建迷信殡葬用品等违法行为。财政、价格主管部门要依法制定殡葬服务收费标准，查处殡葬乱收费行为。宗教事务管理部门要依法规范寺庙等宗教活动场所建设骨灰存放设施等行为。人民法院要依法受理违法安葬行为申请强制执行案件。工会、共青团、妇联等人民团体和基层党组织、村（居）委会以及殡葬行业协会、红白理事会、老年人协会等基层组织要充分发挥作用，广泛动员群众积极参与殡葬改革。

（十六）强化党员干部模范带头作用。严格落实中央八项规定精神和党员干部带头推动殡葬改革的要求，增强党员干部从严律己意识，强化党纪法规的刚性约束。党员干部要做法规制度的遵守者，去世后依法实行火葬、骨灰集中规范安葬；要做文明风尚的引领者，带头文明节俭治丧、节地生态安葬、文明低碳祭扫，并加强对其直系亲属和身边工作人员办理丧葬事宜的教育和约束，以正确导向和行为示范带动广大群众革除丧葬陋俗，弘扬新风正气。对党员干部尤其是领导干部去世后违规土葬、散埋乱葬、超标准建墓立碑以及治丧活动中其他违法违纪行为的，要依法依纪严肃查处。

（十七）加强督查评估。民政等部门要加强对殡葬工作政策落实情况的督查评估，定期或不定期地检查是否存在对违规土葬、散埋乱葬行政不作为的问题，是否能够及时跟进对殡葬服务机构的事中事后监管，是否能够落实惠民扶持政策等，对发现的问题要逐项整改，加强跟踪分析和通报。要建立健全殡葬工作的考核评价机制，把火化率、节地生态安葬率、火化设施设备更新改造率、公益性安葬设施覆盖率等衡量改革发展成效的重要指标纳入考核范围，并争取纳入当地党委和政府目标考核，打通政策落实的"最后一公里"。

（十八）鼓励探索创新。要发扬基层首创精神，围绕殡葬领域体制机制、公共投入、监管执法、信息化建设等

重点难点问题，勇于攻坚，寻求解决对策，创造积累经验，不断丰富完善相关政策措施，有效破解改革发展难题。部署开展全国殡葬综合改革试点，鼓励和支持地方因地制宜大胆探索，并密切跟踪试点工作进展情况，及时总结经验做法，研究解决改革中出现的问题。对相对成熟的试点经验，加强推广应用，形成试点先行、重点突破、以点带面的良好态势。

（十九）加强宣传引导。以殡葬服务机构、城乡社区等为重要宣传平台，充分发挥新媒体传播优势，深入宣传殡葬法规政策，普及科学知识，传递文明理念，引导群众转变观念、理性消费、革除陋俗，树立厚养薄葬、文明节俭、生态环保的殡葬新风尚。大力宣传党员干部带头参与殡葬改革的典型事例及各地推动殡葬改革发展的成功经验，发挥先进典型的示范作用，树立殡葬为民的良好形象，把社会风气引导好，努力营造人人支持殡葬改革、全社会关心殡葬事业发展的良好氛围。

公墓管理暂行办法

·1992 年 8 月 25 日
·民事发〔1992〕24 号

第一章　总　则

第一条　为加强公墓管理，根据《国务院关于殡葬管理的暂行规定》和有关规定制定本办法。

第二条　在火葬区，要提倡骨灰深埋、撒放等一次性处理，也可经批准有计划地建立骨灰公墓。在土葬改革区，应有计划地建立遗体公墓或骨灰公墓。

第三条　公墓是为城乡居民提供安葬骨灰和遗体的公共设施。公墓分为公益性公墓和经营性公墓。公益性公墓是为农村村民提供遗体或骨灰安葬服务的公共墓地。经营性公墓是为城镇居民提供骨灰或遗体安葬实行有偿服务的公共墓地，属于第三产业。

第四条　建立公墓应当选用荒山瘠地，不得占用耕地，不得建在风景名胜区和水库、湖泊、河流的堤坝以及铁路、公路两侧。

第五条　公益性公墓由村民委员会建立。经营性公墓由殡葬事业单位建立。

第六条　民政部是全国公墓的主管部门，负责制定公墓建设的政策法规和总体规划，进行宏观指导。县级以上各级民政部门是本行政区域内的公墓主管部门，负责贯彻执行国家公墓政策法规，对本行政区域内的公墓建设和发展进行具体指导。

第二章　公墓的建立

第七条　建立公墓,需向公墓主管部门提出申请。

第八条　申请时,应向公墓主管部门提交下列材料:

(一)建立公墓的申请报告;

(二)城乡建设、土地管理部门的审查意见;

(三)建立公墓的可行性报告;

(四)其他有关材料。

第九条　建立公益性公墓,由村民委员会提出申请,报县级民政部门批准。

第十条　建立经营性公墓,由建墓单位向县级民政部门提出申请,经同级人民政府审核同意,报省、自治区、直辖市民政厅(局)批准。

第十一条　与外国、港澳台人士合作、合资或利用外资建立经营性公墓,经同级人民政府和省、自治区、直辖市民政厅(局)审核同意,报民政部批准。

第十二条　经营性公墓,由建墓单位持批准文件,向当地工商行政管理部门领取营业执照,方可正式营业。

第三章　公墓的管理

第十三条　公墓墓区土地所有权依法归国家或集体所有,丧主不得自行转让或买卖。

第十四条　公墓单位应视墓区范围的大小设置公墓管理机构或聘用专职管理人员,负责墓地的建设、管理和维护。墓地应当保持整洁、肃穆。

第十五条　公墓墓志要小型多样,墓区要合理规划,因地制宜进行绿化美化,逐步实行园林化。

第十六条　未经批准,公益性公墓不得对外经营殡仪业务。经营性公墓的墓穴管理费一次性收取最长不得超过二十年。墓穴用地要节约。

第十七条　凡在经营性公墓内安葬骨灰或遗体的,丧主应按规定交纳墓穴租用费、建墓工料费、安葬费和护墓管理费。

第十八条　严禁在公墓内建家族、宗族、活人坟和搞封建迷信活动。

第十九条　严禁在土葬改革区经营火化区死亡人员的遗体安葬业务。

第二十条　本办法实施后,凡违反本办法有关规定,由公墓主管部门区别情况,予以处罚,或没收其非法所得,或处以罚款。具体处罚办法,由各省、自治区、直辖市民政厅(局)制定。

第四章　附　则

第二十一条　本办法实施前建立的各类公墓,凡符合本办法有关规定但未办理审批手续的,应按本办法第二章的规定补办审批手续;不符合本办法规定的,由公墓单位报公墓主管部门,根据不同情况妥善处理;对城市现有的墓地、坟岗,除另有法律法规规定外,一律由当地殡葬事业单位负责接管和改造。

第二十二条　革命烈士公墓、知名人士墓、华侨祖墓、具有历史艺术科学价值的古墓和回民公墓以及外国人在华墓地的管理,按原有规定执行。

第二十三条　各省、自治区、直辖市可根据本办法制定本地区的实施细则。

第二十四条　本办法自发布之日起实行。原内务部、民政部过去有关公墓管理的规定,凡与本办法有抵触的,均按本办法执行。

民政部、公安部、外交部、铁道部、交通部、卫生部、海关总署、民航局关于尸体运输管理的若干规定

· 1993 年 3 月 30 日
· 民事发〔1993〕2 号

为完善殡葬法规,加强殡葬管理,现对尸体运输作如下规定:

一、对国际间运送尸体实行统一归口管理。今后凡由境内外运或由境外内运尸体和殡仪活动,统一由中国殡葬协会国际运尸网络服务中心和各地殡仪馆负责承办,其他任何部门(包括外国人在中国设立的保险或代理机构)都不得擅自承揽此项业务。

二、在火葬区或土葬改革区的死亡人员,其家属要及时与当地殡葬管理部门联系,由殡葬管理部门按照卫生部、公安部、民政部《关于使用〈出生医学证明书〉、〈死亡医学证明书〉和加强死因统计工作的通知》(卫统发〔1992〕第 1 号文件)精神,凭卫生、公安部门开具的《居民死亡殡葬证》办理运尸手续,并依据当地殡葬管理有关规定进行火化或土葬。尸体的运送,除特殊情况外,必须由殡仪馆承办,任何单位和个人不得擅自承办。

三、凡属异地死亡者,其尸体原则上就地、就近尽快处理。如有特殊情况确需运往其他地方的,死者家属要向县以上殡葬管理部门提出申请,经同意并出具证明后,由殡仪馆专用车辆运送。

四、各地卫生、公安、铁路、交通民航等有关部门,要协助民政部管好尸体运输工作。医疗机构要积极协助殡葬管理部门加强对医院太平间的尸体管理。严禁私自接

运尸体。对患有烈性传染病者的尸体要进行检疫，并督促死者家属在24小时内报告殡葬管理部门处理。凡无医院死亡证明、无公安派出所注销户口证明、无殡葬管理部门运尸证明，而将尸体运往异地的，铁路、交通和民航部门不予承运，公安部门有权禁止通行。

五、对外国人、海外华侨、港澳台同胞，要求将尸体或骨灰运出境外或运进中国境内安葬者，应由其亲属、所属驻华领馆或接待单位申报，经死亡当地或原籍或尸体安葬地的省（自治区、直辖市）民政、侨务和外事部门同意后，按卫生部《实施中华人民共和国国境卫生监督办法的若干规定》（〔1983〕卫防字第5号）和海关总署《关于对尸体、棺柩和骨灰进出境管理问题的通知》（〔84〕署行字第540号）办理尸体、骨灰进出境手续，由中国殡葬协会国际运尸网络服务中心或设在国内的地方机构承运尸体。

六、各省、自治区、直辖市民政、公安、卫生、交通厅（局）、外事办公室及铁路、海关、民航部门和中国殡葬协会国际运尸网络服务中心，可以根据本规定制定具体实施办法。

民政部关于全面推行惠民殡葬政策的指导意见

· 2012年12月3日
· 民发〔2012〕211号

各省、自治区、直辖市民政厅（局），新疆生产建设兵团民政局：

为切实保障群众基本殡葬需求，提升殡葬公共服务均等化水平，进一步深化殡葬改革和促进殡葬事业科学发展，根据《国家基本公共服务体系"十二五"规划》（国发〔2012〕29号）和《社会保障"十二五"规划纲要》（国发〔2012〕17号）要求，现就全面推行惠民殡葬政策提出如下意见：

一、充分认识全面推行惠民殡葬政策的重要意义

全面推行惠民殡葬政策，为城乡低收入群众乃至全体社会成员身故后提供遗体接运、存放、火化、骨灰存放等基本殡葬服务，是一项重要的基础性民生工程。近年来，在科学发展观指导下，各地陆续出台了一批以面向不同群众减免基本殡葬服务费用为主要内容的惠民殡葬政策，不同程度地减轻了群众丧葬负担，增强了群众参与殡葬改革的主动性和自觉性。但是，惠民殡葬政策还存在覆盖范围窄、保障水平低、分布不平衡、实施方式单一等问题，特别是城乡之间、不同群体之间殡葬服务救助保障水平差距较大，对于群众主动进行葬式葬法改革的鼓励性措施不足，在一定程度上影响了群众参与殡葬改革的积极性，制约了殡葬改革的顺利推行和殡葬事业的健康发展。

各地必须深刻认识到，全面推行惠民殡葬政策，着力保障群众基本殡葬需求是切实减轻群众殡葬支出负担、实现改革发展成果惠及全民的重要途径，是完善社会保障体系、促进社会稳定和谐的应有之义，是保护资源环境、促进生态文明建设的客观要求，是深化殡葬改革、推动殡葬事业科学发展的内在动力。要从落实科学发展观、构建和谐社会的高度，充分认识全面推行惠民殡葬政策的重要意义，进一步统一思想，提高认识，加强组织领导，明确职责分工，加大资金投入，把实施惠民殡葬政策作为保障和改善民生、加强和创新社会管理的重要举措，全面推进，抓实抓好。

二、全面推行惠民殡葬政策的总体要求

（一）指导思想。深入贯彻落实党的十八大精神，以邓小平理论、"三个代表"重要思想、科学发展观为指导，坚持以满足群众殡葬需求、维护群众殡葬权益为出发点和落脚点，将基本殡葬服务纳入政府公共服务保障范围，着力解决城乡居民基本殡葬需求，大力支持绿色环保、生态节地、文明节俭的殡葬方式，加快建立健全保障基本、覆盖城乡、持续发展的殡葬公共服务体系，逐步实现基本殡葬服务均等化。

（二）基本原则。

1. 政府主导，加大供给。充分发挥政府在推行惠民殡葬政策中的主导作用，在明确各级政府殡葬公共服务事权和支出责任的基础上，积极争取其加大殡葬公共服务供给和政策支持力度，按照统一与分级相结合的原则，统筹安排惠民殡葬政策配套资金，不断增强惠民殡葬公共财政保障能力。

2. 统筹城乡，明确重点。统筹城乡区域间殡葬公共服务供给，加大惠民殡葬政策向农村、贫困地区和城乡低收入群体倾斜力度，重点解决好重点优抚对象、城乡低保对象、农村五保供养对象、城市"三无"人员等特殊困难群体的基本殡葬需求问题，有效促进社会公平正义。

3. 保障基本，逐步增项。立足当地经济社会发展水平和殡葬工作实际，合理确定推行惠民殡葬政策的进度安排，优先保障遗体接运、存放、火化、骨灰存放等基本殡葬公共服务的供给，随着经济社会发展逐步增加服务项目，提高惠民标准，丰富惠民形式。

4. 提升服务，注重实效。要切实落实惠民殡葬政

措施,不断加强殡葬公共服务机构设施和能力建设,完善与基本殡葬服务相配套的设施设备,规范惠民相关程序和办理要求,不断提升服务水平,确保殡葬活动的全程救助落到实处。

(三)主要目标。保障群众基本殡葬需求,鼓励群众主动参与殡葬改革,有效提高遗体火化和骨灰生态安葬水平,力争到"十二五"末,在全国火葬区全面建立基本殡葬服务保障制度,基本实现殡葬基本公共服务均等化。

三、全面推行惠民殡葬政策的具体措施

(一)明确政策要求。各地要结合实际,科学制订推行惠民殡葬政策的工作方案和实施办法,积极争取以政府发文或协调相关部门联合发文形式发布实施。要明确惠民具体项目、政策覆盖人群、救助保障标准、资金来源渠道、申请条件程序等内容,尽可能简化操作程序,减少结算环节,推行惠民项目减免"一站式"结算服务,确保便民、快捷、高效。要加强与优抚褒扬、社会救助、养老保险等制度的衔接,通过多种方式,对享受国家定期抚恤补助的优抚对象、享受最低生活保障待遇的低保对象、因病或非因公死亡参保人员的基本殡葬需求给予保障;对于农村五保供养对象、城市"三无"人员、无名尸体的基本殡葬服务费用,可按照当地标准实报实销。

(二)坚持统筹推进。各地要遵循先易后难、先起步再提标的方法,有重点、有步骤、分层次地推动本地区惠民殡葬政策实施,逐步从重点救助对象扩大到户籍人口和常住人口,从减免基本殡葬服务费用延展到奖补生态安葬方式。未出台惠民殡葬政策的地区要争取于2012年年底之前将城乡困难群众基本殡葬需求纳入保障范围,列入地方财政预算。已经出台惠民殡葬政策的地区,要逐步扩大惠民范围,增加服务项目,提高保障标准。要坚持遗体火化和骨灰生态安置并重,积极推动将树葬、深埋、海撒等节地生态的骨灰安葬方式和土葬改革区群众自愿火化行为纳入惠民政策覆盖范围,给予奖励或补贴。要坚持统筹城乡发展,加快研究制订农村居民、流动人口、外来务工人员等群体的惠民殡葬政策,努力实现殡葬基本公共服务均等化。

(三)完善激励措施。各地要积极出台政策措施鼓励推行惠民殡葬政策,建立惠民殡葬政策出台情况定期通报制度,并将政策实施情况纳入当地殡葬改革目标责任考核,将考核情况与评选表彰、示范创建、等级评定等工作挂钩。同时,通过利用福利彩票公益金资助殡葬设施建设改造项目、殡葬相关规划立项等途径,优先扶持政策出台地区,鼓励省、自治区、直辖市统一出台惠民殡葬政策。

四、落实惠民殡葬政策的保障机制

(一)争取公共投入。各地民政部门要积极争取当地政府支持,将殡葬救助保障等公共服务支出列入本级政府财政预算,建立健全殡葬公共服务投入和稳定增长机制。要按照国家相关规划要求,将保障群众基本殡葬需求放在重要位置,争取政府重点安排预算为城乡基本生活困难家庭解决基本殡葬服务费用,并为采取骨灰撒散等生态安葬方式的身故者提供免费服务。要不断加大与基本殡葬服务相配套的设施设备的更新改造力度,健全以遗体火化、骨灰存放及生态安葬为主的殡葬公共服务网络,保障惠民殡葬政策顺利实施。

(二)明确职责分工。各地民政部门要在当地党委、政府领导下,明确职责分工,加强协同配合,建立政府主导、民政牵头、部门协作的惠民殡葬工作机制。要负责制订惠民殡葬政策具体实施办法,指导殡葬服务单位做好服务对象资格审查、费用结算、档案管理等工作,不断增强服务能力,提高服务水平。要加强与财政部门的协调,将实施惠民殡葬政策所需资金纳入年度预算,足额安排,定期结算,并随火化人员数量增减和物价部门收费标准调整做出相应调整。

(三)加强宣传引导。各地要着力抓好惠民殡葬政策的落实工作,切实加强惠民殡葬专项资金管理,确保专款专用,公开透明。要建立健全惠民殡葬政策公开公示制度,利用宣传单、服务卡、公示墙等多种形式,将惠民政策实施内容、惠及人群、减免报销方式等关系群众切身利益的问题,主动向社会公开,扩大政策知晓度,不断提高群众参与殡葬改革的主动性。要充分发挥惠民殡葬政策的综合社会效益,将其与实行火葬、推行生态殡葬、倡导移风易俗结合起来,加强政策宣传,强化舆论引导,形成以惠民政策带动遗体火化普及、节地生态安葬、丧事文明简办的效果,营造推动殡葬改革的良好氛围。

民政部办公厅关于进一步加强
遗体和骨灰规范处置工作的通知

· 2024 年 4 月 11 日
· 民办函〔2024〕27 号

各省、自治区、直辖市民政厅(局),各计划单列市民政局,新疆生产建设兵团民政局:

为强化殡葬服务保障,提升殡葬服务管理水平,推动殡葬事业健康有序发展,现就进一步加强遗体和骨灰规

范处置工作通知如下。

一、进一步规范遗体和骨灰处置服务

（一）规范遗体接运活动。殡仪馆、殡仪服务站接运遗体，要凭公安机关或者医疗卫生机构出具的死亡证明进行接运。允许土葬的遗体，要凭死亡证明办理遗体安葬手续或按照丧事承办人（丧属）意愿将遗体接运至殡仪馆、殡仪服务站存放；应当火化的遗体以及允许土葬但丧事承办人（丧属）同意火化的遗体，要签订遗体火化确认书，将遗体接运至殡仪馆、殡仪服务站存放、火化。

（二）规范遗体存放、告别活动。殡仪馆、殡仪服务站要安排符合相关标准的设施设备妥善保管遗体；要按照基本殡葬服务规范流程和标准提供告别服务；要对利用其场地设施举办的丧事活动承担管理责任。

（三）规范遗体火化、骨灰（遗体）安置。殡仪馆要建立统一规范的工作制度和服务流程。要认真核对死者身份信息、死亡证明、遗体火化确认书以及丧事承办人（丧属）的身份信息，确认无误后方可火化遗体；死亡证明、遗体火化确认书不齐全、内容不准确不完整的，不得火化遗体。要加强和规范火化证明的管理，建立严格的开具、领取、登记、核销、备查等管理制度，严厉打击虚开、伪造、买卖火化证明等行为。遗体火化后，殡仪馆要建立统一的骨灰领取处，与丧事承办人（丧属）签署骨灰移交确认书，及时将骨灰移交。针对特困人员遗体、无名遗体和丧事承办人（丧属）提出不保留骨灰并交由殡葬服务机构处置的相关遗体的火化工作，要由殡仪馆负责人和一名工作人员共同监督并签字确认完成，按相关规定处置骨灰，并留存视频等相关资料。

（四）规范骨灰安放（葬）管理服务。殡仪馆（骨灰堂、公墓）要规范骨灰安放（葬）管理服务流程，强化制度建设和岗位职责，建立骨灰可追溯的闭环管理机制。要加强现代信息技术应用，不断提高遗体火化、骨灰安放（葬）全流程、全周期管理的信息化水平。要与丧事承办人（丧属）签订骨灰安放（葬）协议。要建立骨灰安放（葬）档案，确保档案不发生遗失和损缺等情况。要定期核查骨灰安放（葬）情况，核实骨灰安放（葬）档案信息与实际是否相符，杜绝出现骨灰错放、遗失等问题。

二、压实各方责任

压实殡仪馆（骨灰堂、公墓）、殡仪服务站对遗体和骨灰处置工作的主体责任，建立健全责任追究机制，因失职渎职、滥用职权等导致产生严重后果的，除有关人员承担直接责任外，机构负责人也要承担领导责任，其他工作人员按照岗位职责承担相应责任。

市县两级民政部门对所属殡仪馆（骨灰堂、公墓）、殡仪服务站的遗体和骨灰处置工作承担监管责任，要依法履行行业监管职责；要针对本地区工作中存在的问题进行全面梳理，查漏补缺，着力完善制度措施，强化日常监管；对于发现的重大问题，要及时向当地党委、政府和上级民政部门报告，推动问题解决。

省级民政部门要结合实际制定完善相关法规政策和服务规范等配套措施，加强业务指导和人员培训；要及时向省级人民政府和民政部报告遗体和骨灰处置工作中发生的重大情况。

三、加强人员教育培训

进一步推进行风建设，督促指导殡仪馆（骨灰堂、公墓）、殡仪服务站开展廉政、法律、社会公德、职业道德等教育培训，推动广大干部职工养成廉洁、守法、诚信、自律的良好行为规范，自觉抵制各种风险诱惑，营造风清气正的工作氛围。要加强行业专业人才队伍建设，增强干部职工综合素质，提高殡葬服务管理水平。

国家发展改革委、民政部关于进一步加强殡葬服务收费管理有关问题的指导意见

· 2012 年 3 月 22 日
· 发改价格〔2012〕673 号

各省、自治区、直辖市发展改革委、物价局、民政厅（局）：

近年来，各地价格、民政部门不断加强殡葬服务收费管理，完善相关政策措施，积极利用收费政策，有力地促进了我国殡葬事业的发展。但是，一些地方仍存在殡葬服务收费不规范、殡葬用品和公墓价格虚高等问题，损害了群众的切身利益，不利于殡葬行业的健康发展。为进一步加强殡葬服务收费管理，减轻群众丧葬不合理负担，为殡葬事业改革和持续健康发展创造良好的环境，现就加强殡葬服务收费管理有关问题提出以下指导意见：

一、进一步明确殡葬服务收费有关政策

（一）合理区分殡葬服务性质。殡葬服务应区分为基本服务和延伸服务（选择性服务）。基本服务主要包括遗体接运（含抬尸、消毒）、存放（含冷藏）、火化、骨灰寄存等服务。各地可在此基础上根据本地区实际情况，合理确定基本服务范围，切实满足当地群众最基本需要。在保证基本服务的供给规模和质量的前提下，殡葬服务单位可以根据实际情况，适当开展延伸服务。延伸服务是指在基本服务以外，供群众选择的特殊服务项目，包括遗体整容、遗体防腐、吊唁设施及设备租赁等。

（二）强化殡葬服务收费管理。基本服务收费标准，由各地价格主管部门会同有关部门在成本监审或成本调查的基础上，按照非营利原则，根据财政补贴情况从严核定，并适时调整。与基本服务密切相关的延伸服务收费，可由各地根据本地市场情况依法纳入地方定价目录，实行政府指导价管理。

（三）加强殡葬用品价格指导。各地价格主管部门对殡仪馆销售的骨灰盒、寿衣、花圈等殡葬用品价格要进行必要的指导规范，可根据本地区情况依法纳入地方定价目录，实行政府指导价或其他必要的价格管理方式。

（四）规范公墓收费行为。公益性公墓收费标准，由各地价格主管部门会同有关部门在成本监审或成本调查的基础上，按照非营利并兼顾居民承受能力的原则核定。对其他公墓价格，要加强对经营者定价行为指导规范，对价格明显偏高的，必要时要依法进行干预和管理，切实遏制虚高定价行为。公墓墓穴使用合同期满，群众申请继续使用的，公墓经营单位收取的公墓维护管理费由各地价格主管部门依法纳入地方定价目录，收费标准按公墓维护管理的实际成本及合理利润核定，具体由各地确定。

二、强化对殡葬服务收费行为的监管

（一）完善价格和收费公示体系。各地民政部门要建立殡葬服务收费标准和殡葬用品价格公示体系，通过本部门网站或其他载体将本地区殡仪馆和公墓的收费项目、收费标准（价格）进行公示，为群众监督、选择提供方便。殡葬服务单位要认真执行收费公示制度，在服务场所显著位置公布服务项目、收费标准、文件依据、减免政策、举报电话、服务流程和服务规范等内容，广泛接受社会监督。

（二）规范殡葬服务收费行为。殡葬服务单位在提供服务过程中，应遵守国家有关政策规定，严格规范服务和收费行为。要引导群众理性消费和明白消费，不得违反公平自愿原则以任何形式捆绑、分拆或强制提供服务并收费，也不得限制或采取增收附加费等方式变相限制丧属使用自带骨灰盒等文明丧葬用品。除法律法规规定以及合同约定外，严禁公墓经营单位向公墓租赁人额外收取其他任何费用。在提供骨灰存放格位、殡葬用品时，要注重满足中低收入群众的需要。

（三）清理殡葬服务收费政策。各地价格主管部门要会同民政部门抓紧对本地区的殡葬服务收费政策进行全面清理，取消不合理的收费项目，降低偏高的收费标准，进一步规范殡葬服务和收费行为。各地清理后重新制定的殡葬服务收费政策，要向社会公布。

三、加大殡葬服务收费政策宣传和违法处罚力度

（一）广泛做好政策宣传工作。各地价格、民政部门要充分认识加强殡葬服务收费管理的重要意义，采取有力措施，加大殡葬服务收费政策宣传力度。要利用广播、电视、报刊、互联网等多种方式，宣传殡葬服务收费政策和救助保障措施，提倡移风易俗、厚养薄葬和节地环保的丧葬方式，充分发挥社会和新闻舆论监督的作用。

（二）切实加强监督检查。各地价格主管部门要畅通"12358"价格举报电话，认真受理群众对殡葬服务收费的投诉或举报，严肃查处殡葬服务单位擅自设立收费项目、提高收费标准、扩大收费范围及强制服务并收费等乱收费行为，对性质恶劣、情节严重的典型案件公开曝光，切实维护广大群众的合法权益。

四、完善促进殡葬事业发展配套政策

（一）加大政府扶持力度。殡葬服务是面向全社会的特殊公共服务，具有很强的社会公益性，政府应承担必要的投入责任。各地民政、发展改革部门要积极争取本级政府的支持，建立殡葬事业公共投入和稳定增长机制，在科学规划的基础上，不断加大殡葬服务设施设备公共投入力度，形成覆盖城乡居民的殡葬服务网络。加强政策指导和资金投入，积极扶持发展城乡公益性骨灰存放设施，推动将其纳入社会主义新农村建设和村级公益性事业建设相关规划。

（二）保障困难群众基本需求。各地价格主管部门在制定殡葬服务收费标准时，对享受民政部门各类救助的城乡困难群众、领取国家定期抚恤补助金的优抚对象、自然灾害导致的死亡人员以及经公安机关确认的无名尸体，要会同有关部门研究制定基本服务收费减免政策及政府补偿办法，报请本级政府批准后实施；鼓励有条件的地区在此基础上，研究制定面向辖区所有居民的基本殡葬服务费用免除标准及政府补偿办法，逐步建立起覆盖城乡居民的多层次殡葬救助保障体系。

（三）逐步理顺殡葬管理体制。各地民政部门要从有利于殡葬改革和政府有效监管出发，积极向有关部门申请推行政事分开、管办分离，在人、财、物等方面逐步与殡葬服务单位脱钩。各地民政行政机关不得从事任何殡葬经营活动，也不得向殡葬服务单位收取任何管理费用。有条件的地区，要探索将基本殡葬服务纳入政府基本公共服务范围，实现基本服务均等化。

上述规定自文件下发之日起执行。

民政部办公厅关于规范利用外资建设殡葬设施审批权限问题的通知

· 2010 年 9 月 6 日
· 民办函〔2010〕219 号

各省、自治区、直辖市民政厅（局），各计划单列市民政局，新疆生产建设兵团民政局：

1997 年国务院颁布的《殡葬管理条例》第八条第一款对殡仪馆、火葬场、殡仪服务站、骨灰堂、公墓等殡葬设施建设的审批权限做了一般性规定。为加强对利用外资建设殡葬设施的严格管理，第二款在前款基础上，对利用外资建设殡葬设施的审批权限做了特殊规定。2010 年 7 月 4 日，国务院下发的《关于第五批取消和下放管理层级行政审批项目的决定》（国发〔2010〕21 号），取消了包括利用外资建设殡葬设施等 113 项行政审批项目。因此，自 2010 年 7 月 4 日起，各地利用外资建设殡葬设施的审批权不再适用《殡葬管理条例》第八条第二款的特殊规定，而应当按照第八条第一款的一般性规定执行。

民政部关于实施惠民殡葬政策先行地区的通报

· 2010 年 3 月 2 日
· 民函〔2010〕45 号

各省、自治区、直辖市民政厅（局），各计划单列市民政局，新疆生产建设兵团民政局：

在《民政部关于进一步深化殡葬改革促进殡葬事业科学发展的指导意见》（民发〔2009〕170 号）的推动下，各地先后出台了一些惠民殡葬政策，不同程度地减轻了群众丧葬负担，增强了群众参与殡葬改革的主动性和自觉性。

惠民殡葬政策是由政府公共财政保障的殡葬救助保障制度。据各省（区、市）民政厅（局）上报材料显示，全国共有 9 个省（自治区、直辖市）、37 个地级市、120 个县（市、区）实施了不同内容的惠民殡葬政策。这些出台惠民殡葬政策的地区既有经济发达地区，也有经济欠发达地区；既有省级层面的，也有市县区层面的。由于领导重视，民政部门工作努力，这些地区都能结合实际需要和财政支付能力，积极地、有步骤地在本辖区内推行殡葬基本服务均等化。在具体内容上，有的采取对辖区所有居民或农村居民减免基本殡葬费用，有的对城乡困难群众免除基本殡葬费用，还有的对公益生态节地葬法实行补贴。

这些做法对于减轻群众负担、推动殡葬改革、加强生态文明建设均有十分重要的意义。特别是北京等 6 个省（自治区、直辖市）、山西省太原市等 14 个地级市、河北省迁安市等 65 个县（市、区）在减免基本殡葬服务费用、推行生态节地葬法方面，做了大量工作，取得了良好的社会反响，发挥了典型示范作用。为进一步推动各项惠民殡葬政策措施的落实，提高殡葬救助保障水平，切实减轻群众丧葬负担，实现殡葬服务均等化，民政部决定对北京等 85 个地区在惠民殡葬政策方面的先行做法予以通报。

各地要学习借鉴这些地区的先行做法，进一步树立和落实科学发展观，深入贯彻落实《指导意见》，将不断满足群众殡葬需求、保障群众殡葬权益作为殡葬工作的出发点和落脚点，创新工作思路，强化为民情怀，增强服务意识，积极推行更多惠民、便民殡葬政策措施，为促进殡葬事业又好又快发展作出新的贡献。

附件：

实施惠民殡葬政策先行地区名单

一、对辖区所有居民免除或补贴基本殡葬费用的地区（31 个）

北京市
浙江省嘉兴市
河北省迁安市
河北省武安市
河北省唐山市丰南区
黑龙江省萝北县
福建省晋江市
福建省龙海市
福建省福安市
福建省寿宁县
江西省会昌县
江西省赣县
江西省新干县
江西省遂川县
江西省万安县
山东省青岛市崂山区
河南省登封市
河南省巩义市
河南省中牟县
河南省荥阳市

河南省新郑市
河南省洛阳市吉利区
河南省栾川县
河南省永城市
河南省虞城县
河南省睢县
河南省民权县
云南省安宁市
云南省石林县
云南省富民县
云南省腾冲县

二、对农村居民免除或补贴基本殡葬费用的地区（16个）

湖南省长沙市
四川省眉山市
河北省涉县
黑龙江省塔河县
福建省古田县
山东省菏泽市牡丹区
河南省汝阳县
广西壮族自治区平果县
云南省昆明市东川区
云南省昆明市官渡区
云南省嵩明县
云南省晋宁县
云南省呈贡县
云南省寻甸县
云南省宜良县
陕西省安康市汉滨区

三、对城乡困难群众免除或补贴基本殡葬费用的地区（32个）

辽宁省
江西省
重庆市
云南省
宁夏回族自治区
山西省太原市
吉林省长春市
黑龙江省七台河市
黑龙江省大兴安岭地区
江苏省无锡市
江苏省苏州市

山东省济南市
湖北省武汉市
湖北省荆门市
湖南省张家界市
河北省成安县
江苏省姜堰市
江苏省泗洪县
浙江省宁波市鄞州区
福建省周宁县
福建省尤溪县
福建省建宁县
山东省成武县
山东省临邑县
湖北省郧县
湖北省监利县
湖北省仙桃市
广东省珠海市香洲区
广东省佛山市南海区
四川省金堂县
四川省江安县
陕西省三原县

四、对城乡公益性公墓建设或生态节地葬法实行补贴的地区（10个）

北京市
辽宁省大连市
浙江省上虞市
福建省福安市
福建省大田县
福建省清流县
江西省石城县
山东省临邑县
山东省日照市岚山区
云南省安宁市

民政部关于进一步深化殡葬改革促进殡葬事业科学发展的指导意见

· 2009 年 12 月 3 日
· 民发〔2009〕170 号

各省、自治区、直辖市民政厅（局），新疆生产建设兵团民政局：

殡葬改革关系人民群众切身利益，党中央、国务院对此高度重视。经过多年努力，我国殡葬改革不断深入，殡葬事业取得了长足进步。实行火葬、改革土葬、节约殡葬用地、文明节俭办丧事已成为社会共识。但随着改革开放和经济社会快速发展，我国殡葬事业总体水平与科学发展观要求不相适应的矛盾日益突出，在殡葬资源配置、殡葬服务质量、殡葬救助保障、殡葬管理体制和运行机制等方面，尚不能完全满足人民群众的丧葬需求。为进一步深化殡葬改革，不断满足人民群众在殡葬服务方面的需求，促进殡葬事业科学发展，提出如下意见：

一、充分认识深化殡葬改革的重要意义

以节约土地、保护环境、移风易俗、减轻群众负担为宗旨的殡葬改革，符合我国人多地少、资源紧缺的基本国情，符合全面建设小康社会、构建社会主义和谐社会的基本要求。实践证明，殡葬改革代表了人民群众根本利益，顺应了时代发展潮流，促进了经济社会发展。进一步深化殡葬改革，是建设资源节约型、环境友好型社会，实现人与自然和谐相处的客观需要；是坚持以人为本，着力保障和改善民生，建设服务型政府的应有之义；是树立文明节俭新风尚，构建社会主义核心价值体系的重要标志；是提升社会文明程度，推动社会主义新农村建设的重要保障。

各级民政部门要根据新形势，深刻理解殡葬改革的长期性、艰巨性、复杂性，充分认识殡葬改革对于促进我国经济、社会、文化、生态建设的重要性，进一步统一思想，坚定信心，锐意进取。要积极争取各级党委政府、相关部门、社会各界的支持，加大协调、宣传力度，始终坚持以实现群众殡葬改革愿望、满足群众丧葬需求、维护群众殡葬权益为出发点和落脚点，不断深化殡葬改革，提升为民服务能力，促进殡葬事业科学发展，实现殡葬改革上水平，人民群众得实惠。

二、深化殡葬改革的总体要求

（一）指导思想。以邓小平理论和"三个代表"重要思想为指导，认真落实科学发展观，强化政府责任和投入，坚定不移地推动殡葬改革，完善殡葬服务体系，建立殡葬救助保障制度，理顺殡葬管理体制，促进殡葬科技进步，树立殡葬改革新风，加强殡葬行业监管，发挥殡葬改革在促进我国经济社会全面协调可持续发展中的重要作用。

（二）基本原则。

1. 以人为本，科学发展。牢固树立以民为本、为民解困、为民服务的宗旨，把深化殡葬改革与维护人民群众基本殡葬权益结合起来，实现基本殡葬公共服务均等化。

推动殡葬事业科学发展，开展殡葬理论创新、制度创新和科技创新，把殡葬管理与服务、改革与发展有机结合起来，促进人与自然和谐相处。

2. 政府主导，市场参与。充分发挥政府在推动殡葬改革中的主导作用，进一步明确部门职责，理顺关系，提高政府殡葬管理、殡葬公共服务的能力和水平。对基本殡葬服务，政府要加大投入。对其他选择性殡葬服务，注重发挥市场调节作用，满足人民群众多层次需求。

3. 政事分开，管办分离。正确处理行政与事业、服务与经营的关系，充分发挥公益性殡葬事业单位在提供基本殡葬服务、保障群众殡葬权益方面的重要作用。切实转变政府职能，坚持管理与经营分开、监督与经办分离，实现殡葬服务经营的公平、诚信，殡葬管理监督的公开、公正。

4. 统筹兼顾，分类指导。注重统筹规划，因地制宜，促进人与自然和谐发展。坚持实事求是，一切从实际出发，根据自身条件和特点，不断完善殡葬改革政策措施，促进殡葬事业科学发展。

（三）主要目标。遏制一些地区火化率下滑和乱埋乱葬的问题。通过积极推动和倡导，节地葬法和不保留骨灰逐步被群众接受。建立起比较完善的殡葬服务网络、殡葬救助保障制度、殡葬管理体制和运行机制，基本实现殡葬服务优质化，殡葬管理规范化，殡葬改革有序化，骨灰处理生态化，殡葬习俗文明化，殡葬设施现代化。

（四）主要任务。

1. 坚持推行火葬，创新骨灰安葬方式。科学确定火葬区域和范围，根据人口密度、交通状况、设施配置和群众接受程度，逐步扩大火葬区。继续巩固提高火化率，推广节地葬法，着力治理"装棺二次葬"，倡导不保留骨灰，实现骨灰安葬多样化，降低占地安葬比例。

2. 积极改革土葬，依法管理殡葬活动。不具备火葬条件的地方，要加大宣传力度，引导群众转变观念，移风易俗，积极参与土葬改革，治理乱埋乱葬，逐步缩小土葬区。严格限制墓葬用地，尽可能选择荒山瘠地实行遗体相对集中安葬，推广不留坟头的遗体安葬方式。

3. 改善殡葬设施，提高公共服务能力。建立和强化政府对殡葬事业的投入机制，完善殡葬服务设施，形成覆盖城乡居民的殡葬服务网络。重点加强城乡公益性骨灰存放设施建设，更新改造落后火化设施设备。满足人民群众基本殡葬需求，节约殡葬用地，减少环境污染。不断创新服务模式，开展诚信、优质服务。

4. 规范公墓管理，保护生态环境。制定完善公墓建设规划,从严审批经营性公墓。积极协调有关部门,坚决取缔非法公墓,纠正违规建设公墓,加强对公墓经营行为的监管,防止炒买炒卖,加大对豪华墓地的治理力度。

5. 减轻群众负担,实现基本服务均等化。合理界定政府基本殡葬服务和市场选择性殡葬服务范围,严格执行政府定价、政府指导价和市场调节价,平抑殡葬服务和丧葬用品价格。大力推行惠民殡葬政策,逐步建立以重点救助对象基本殡葬服务减免为基础,其他多种形式殡葬救助为补充,基本殡葬服务均等化为目标的殡葬救助保障制度。

6. 树立文明新风,促进殡葬事业发展。大力倡导殡葬新观念、新风尚,弘扬先进殡葬文化,提倡文明节俭办丧事,引导群众破除丧葬陋俗,树立殡葬改革新风。加强殡葬理论和殡葬文化研究,推进殡葬科技创新和人才队伍建设,加强行风建设和纠风工作,促进殡葬事业健康发展。

三、采取有效措施,扎实推进殡葬改革

(一)制定完善殡葬事业发展规划。各地要结合本地区实际和国家、地方制定"十二五"规划的要求,制定完善殡葬事业发展规划,并纳入当地国民经济和社会发展总体规划,明确殡葬改革发展的具体目标和任务,采取切实可行的政策措施和方法步骤。根据人口、耕地、交通、生态等情况,科学划分火葬区和土葬改革区,合理确定殡葬设施数量、规模、布局和功能,统筹考虑殡葬设备配置标准,严格控制经营性公墓。

按照殡葬法规政策,综合运用法律、行政、经济等手段,严格依法行政,建立完善殡葬执法机构和执法机制。在火葬区坚持实行火化,确保火化率稳步上升;强化骨灰管理,推行骨灰安葬备案制;积极推广树葬、花葬、草坪葬等节地葬法,鼓励倡导深埋、撒散、海葬等不保留骨灰方式,推动绿色殡葬。在土葬区坚持因地制宜,逐步推进殡葬改革,教育引导群众摒弃水泥、石材建坟,保护生态环境;完善殡仪服务设施,加强农村公益性墓地建设,避免乱埋乱葬。新实行火葬的地区,要坚持循序渐进,加强政策宣传引导,做好群众思想工作,注意方式方法,积极、有步骤地实行火葬。

(二)提高殡葬服务水平。要进一步优化殡葬服务内容、程序和标准,完善便民惠民的殡葬服务网络,逐步形成基本殡葬服务为主体、选择性殡葬服务为补充的服务格局。遗体接运、存放、火化和骨灰寄存作为基本殡葬服务项目,由公益性殡葬服务单位提供,并可根据当地经济社会发展水平和需求状况,适当增加基本殡葬服务内容。对选择性殡葬服务,包括遗体整容、防腐、告别、骨灰安葬、丧葬用品及其他殡葬特需服务,建立行业规范,实行自愿选择、公平协商、市场运作、政府监管。有条件的地区,逐步实行遗体火化服务与其他殡葬服务分开。火葬场主要承担遗体火化服务,殡仪馆主要提供悼念、告别等服务。

政府举办的殡仪馆、火葬场、骨灰堂等殡葬服务事业单位,要牢固树立为民便民利民意识,大力开展"一站式"服务和便民服务。要严格执行政府定价、政府指导价,带头降低市场调节价,发挥平抑物价的作用,规范殡葬服务收费项目,保证同类殡葬用品价格不高于市场价,中低价位殡葬用品足量供应,不得捆绑、强迫或误导消费。要切实加强内部管理,提高服务质量,建立以岗位责任与绩效考核为基础的综合评价制度,实行服务问责制。

(三)加强公墓管理。按照相关要求,进一步强化公墓建设经营的审批管理,从严审批经营性公墓。未依法办理农用地转用和土地征收手续的,不得许可建设经营性公墓。公益性骨灰存放设施完善的地区,要认真研究经营性公墓控制机制,除纳入规划的外,原则上不再许可建设经营性公墓或扩大既有公墓占地面积。积极发展城乡公益性骨灰存放设施,加大投入和建设力度,满足群众骨灰安放需要。未经批准,任何形式的公益性公墓不得转为经营性公墓。

按照属地管理原则,切实加强对公墓的依法管理,重点强化年检制度和日常监管。严防炒买炒卖,除可向夫妻健在一方、高龄老人、危重病人预售(租)确保自用外,公墓经营者必须严格凭死亡证明或火化证明出售(租)墓穴或骨灰存放格位,不得出售(租)超面积、豪华墓穴,不得炒买炒卖墓穴或骨灰存放格位。要规范墓穴续租,研究公墓使用年限,提高公墓容积率,加大殡葬用地的循环利用。城乡骨灰堂必须坚持公益原则,按照政府定价或成本价收取骨灰存放费用。积极推广墓碑小型化、艺术化、多样化。

(四)推行惠民殡葬政策。各地要结合实际,积极争取政府出台惠民殡葬政策,加快建立和完善殡葬救助保障制度。对生前生活特别困难的人员,由政府免除遗体接运、存放、火化和骨灰寄存等基本殡葬服务费用。按照保基本、广覆盖、可持续的原则,有条件的地区,可从重点救助对象起步,逐步扩展到向辖区所有居民提供免费基本殡葬服务,实行政府埋单。对节地葬法或不保留骨灰的,以及土葬改革区自愿火化的,实行政府奖励、补贴,建立起覆盖城乡居民的多层次殡葬救助保障体系。

建立完善殡葬事业公共投入和稳定增长机制,加大基本殡葬服务设施设备,特别是火化设备的更新改造和城乡骨灰堂的公共投入力度。将殡葬事业经费纳入地方预算,不断增强政府提供基本殡葬服务的能力。将农村公益性骨灰存放设施纳入社会主义新农村建设规划和村级公益事业建设规划,给予必要的政策指导和资金支持。福利彩票公益金可用于支持经济欠发达地区、少数民族地区的殡葬救助保障和设施设备建设。

(五)理顺殡葬管理体制。进一步明确各相关部门在殡葬改革、殡葬管理、殡葬服务、殡葬价格和丧葬用品生产销售等方面的工作职责,形成政府领导、民政协调、各部门齐抓共管的管理体制。民政部门主要承担推进殡葬改革、加强殡葬管理、监督殡葬服务等方面的职能,协调配合有关部门制止乱埋乱葬,加强市场监管。从有利于殡葬改革和政府有效监管出发,积极推行政事分开、管办分离。各级民政行政机关要逐步与经营性公墓和其他殡葬服务企业脱钩。今后,民政行政机关不再作为发起人或投资人,参与经营性公墓和其他殡葬服务企业的建设经营,机关工作人员不得在经营性公墓和其他殡葬服务企业任职或兼职,不得以任何形式从中获取利益。

殡葬管理事业单位,要切实履行殡葬管理职能,认真开展殡葬执法,不得从事殡葬经营活动,不应向殡葬服务单位和企业收取任何管理费用,在人、财、物等方面逐步与殡葬服务单位和企业脱钩。殡葬服务事业单位要将基本殡葬服务和选择性殡葬服务项目逐步分离,选择性殡葬服务项目实行市场化运作。对社会资本建设的具有基本殡葬服务功能的殡仪馆,可以采取政府赎买方式,转为殡葬服务事业单位。

(六)树立移风易俗新风尚。要紧紧依靠群众,充分相信群众,广泛发动群众,认识和把握殡葬传统文化的历史意义和现实价值,积极探索和推广能够满足人民群众缅怀先人、慎终追远的愿望和需求,与当代社会相适应、与现代文明相协调的殡葬习俗和文化形式,充分培育、挖掘和保护群众中蕴藏的主动实行殡葬改革的愿望和要求,不断增强人民群众参与殡葬改革的自觉性。要充分发挥社会组织、行业协会、村(居)委会、红白理事会的作用,以清明节等传统节日为契机,向人民群众宣传实行殡葬改革的重要性和必要性,开展殡葬宣传进社区活动。要始终坚持正确的舆论导向,充分利用广播、电视、报刊、互联网等新闻媒体,积极宣传殡葬改革,倡导文明新风。

(七)促进殡葬改革创新。积极整合殡葬资源,促进殡葬改革理论创新、科技创新和机制创新,提高推进殡葬改革的能力,重点解决殡葬基础理论、技术进步和运行机制等方面的问题。要重视殡葬理论研究,加快研究步伐,以理论研究成果指导殡葬改革实践。实施殡葬科技攻关,推广环保殡葬产品,特别是节能减排殡葬设备和可降解骨灰盒、棺椁。加强对殡葬设施、产品、服务等技术标准的研究和制定,建立健全监督机制。加强环境监测、治理与评价,实行环境质量认证制度。开展殡葬从业人员职业培训、考核、鉴定,探索建立殡葬从业人员资格准入制度,加强殡葬人才队伍建设,提高殡葬职工整体素质和能力。总结经验,树立典型,大力开展殡葬改革示范活动,以点带面,努力形成各具特色的地方殡葬改革和发展模式。

(八)加强殡葬监管和行风建设。制定公平公正的行业政策,规范社会资本举办殡葬服务单位的准入条件,提高从业资质,探索建立殡葬行业准入制度。加强殡葬服务、骨灰安放、土葬改革、移风易俗、清明祭扫等工作的监督管理。民政部门要按照社会组织管理的要求,加强指导,切实发挥殡葬协会作用,支持殡葬协会等社会组织及其会员加强行业自律,提高自身素质,承担公益责任。要按照"管行业必须管行风"的要求,认真落实责任制,切实加强殡葬行风建设和纠风工作。坚持把以人为本、服务群众作为行风建设和纠风工作的主要内容,与殡葬工作统筹安排,共同推进。重点治理殡葬乱收费,坚决纠正利用行业特殊性损害群众利益的突出问题。积极开展民主评议行风和行风建设示范单位创建活动,教育殡葬系统干部职工增强宗旨意识、大局意识和服务意识,弘扬优良作风。对有令不行、有禁不止、顶风违纪的典型案件要严肃查处,公开曝光。

(九)加强组织领导。各级民政部门要进一步提高对殡葬改革重要性的认识,增强责任感和紧迫感,坚持推进殡葬改革不动摇,加快殡葬事业发展不停步,提高殡葬服务水平不松劲。要切实加强领导,摆上重要议事日程,纳入工作考评体系。主要领导要亲自抓,带头调查研究,定期听取工作汇报,作出部署,狠抓落实,重点解决殡葬难点、热点问题。要关心、支持殡葬工作和殡葬职工,充分调动各方面的积极性、主动性、创造性。

各地殡葬改革情况不同,发展各异。各级民政部门要敏于观察形势,善于把握重点,勤于积小成大。要勇于探索,敢于创新,以维护群众殡葬权益为宗旨,以推动殡葬设施建设为基础,以提高殡葬服务水平为抓手,以完善殡葬管理体制为保障,不断深化殡葬改革,促进殡葬事业科学发展。

民政部、国务院侨务办公室、国务院港澳办公室、国务院台湾事务办公室、国家民族事务委员会、国家文物局关于特殊坟墓处理问题的通知

· 2000 年 4 月 17 日
· 民发〔2000〕93 号

各省、自治区、直辖市民政厅（局）、侨办、港澳办、台办、民（宗）委（厅、局）、文物局：

经研究决定，现就有关特殊坟墓处理问题通知如下：

一、对国务院《殡葬管理条例》第十条第一款规定区域内现有的革命烈士墓、知名人士墓和古墓葬，凡是被列入国家级、省级、市（县）级重点烈士纪念建筑物保护单位和文物保护单位的，应就地做好原墓地的保护和管理工作。未被列入重点而散葬的烈士墓，经报请当地同级人民政府批准后，可将遗骨火化，将骨灰安放或安葬在当地的烈士陵园或公墓；未列入文物保护单位的知名人士墓迁入当地公墓；已普查登记的古墓葬应予保留并加以保护，平整坟墓过程中，如发现文物应立即报告当地文物行政管理部门，按照国家保护文物的有关法规妥善处理。

二、对国务院《殡葬管理条例》第十条第一款规定区域内散葬的回民墓地，原则上迁入当地的回民公墓。如没有回民公墓，当地民族工作部门要协调建立回民公墓，在回民公墓未建立前，按国务院《殡葬管理条例》第十条第二款规定办理。

三、对国务院《殡葬管理条例》第十条第一款规定区域内现有的华侨和港澳台同胞墓地，原则上迁入当地的公墓（包括华侨公墓）。对一些重要的知名爱国人士、台湾重要上层人士的坟墓以及重点侨务工作对象的祖墓，原则上予以保留，具体对象宜从严把握，必须由省侨办和主管港澳事务的部门（对华侨及港澳同胞）、省台办和统战部门（对台胞）提出名单，报省、自治区、直辖市人民政府批准。对被保留的坟墓，1985 年 2 月 8 日国务院《关于殡葬管理的暂行规定》发布后建造和修复的，超出面积、扩大规模的部分要予以清理。

四、华侨、外籍华人和港澳台同胞的范围要严格掌握，由省级有关主管部门负责认定。处理上述问题时，华侨、外籍华人、港澳台同胞的配偶、父母、祖父母等直系亲属可参照对华侨、外籍华人、港澳台同胞的政策处理。

七、区划地名管理

1. 行政区划管理

中华人民共和国宪法(节录)

- 1982 年 12 月 4 日第五届全国人民代表大会第五次会议通过
- 1982 年 12 月 4 日全国人民代表大会公告公布施行
- 根据 1988 年 4 月 12 日第七届全国人民代表大会第一次会议通过的《中华人民共和国宪法修正案》、1993 年 3 月 29 日第八届全国人民代表大会第一次会议通过的《中华人民共和国宪法修正案》、1999 年 3 月 15 日第九届全国人民代表大会第二次会议通过的《中华人民共和国宪法修正案》、2004 年 3 月 14 日第十届全国人民代表大会第二次会议通过的《中华人民共和国宪法修正案》和 2018 年 3 月 11 日第十三届全国人民代表大会第一次会议通过的《中华人民共和国宪法修正案》修正

......

第二十九条　中华人民共和国的武装力量属于人民。它的任务是巩固国防,抵抗侵略,保卫祖国,保卫人民的和平劳动,参加国家建设事业,努力为人民服务。

国家加强武装力量的革命化、现代化、正规化的建设,增强国防力量。

第三十条　中华人民共和国的行政区域划分如下:

(一)全国分为省、自治区、直辖市;

(二)省、自治区分为自治州、县、自治县、市;

(三)县、自治县分为乡、民族乡、镇。

直辖市和较大的市分为区、县。自治州分为县、自治县、市。

自治区、自治州、自治县都是民族自治地方。

......

第六十二条　全国人民代表大会行使下列职权:

(一)修改宪法;

(二)监督宪法的实施;

(三)制定和修改刑事、民事、国家机构的和其他的基本法律;

(四)选举中华人民共和国主席、副主席;

(五)根据中华人民共和国主席的提名,决定国务院总理的人选;根据国务院总理的提名,决定国务院副总理、国务委员、各部部长、各委员会主任、审计长、秘书长的人选;

(六)选举中央军事委员会主席;根据中央军事委员会主席的提名,决定中央军事委员会其他组成人员的人选;

(七)选举国家监察委员会主任;

(八)选举最高人民法院院长;

(九)选举最高人民检察院检察长;

(十)审查和批准国民经济和社会发展计划和计划执行情况的报告;

(十一)审查和批准国家的预算和预算执行情况的报告;

(十二)改变或者撤销全国人民代表大会常务委员会不适当的决定;

(十三)批准省、自治区和直辖市的建置;

(十四)决定特别行政区的设立及其制度;

(十五)决定战争和和平的问题;

(十六)应当由最高国家权力机关行使的其他职权。

......

第八十九条　国务院行使下列职权:

(一)根据宪法和法律,规定行政措施,制定行政法规,发布决定和命令;

(二)向全国人民代表大会或者全国人民代表大会常务委员会提出议案;

(三)规定各部和各委员会的任务和职责,统一领导各部和各委员会的工作,并且领导不属于各部和各委员会的全国性的行政工作;

(四)统一领导全国地方各级国家行政机关的工作,规定中央和省、自治区、直辖市的国家行政机关的职权的具体划分;

(五)编制和执行国民经济和社会发展计划和国家预算;

(六)领导和管理经济工作和城乡建设、生态文明建设;

(七)领导和管理教育、科学、文化、卫生、体育和计

划生育工作；

（八）领导和管理民政、公安、司法行政等工作；

（九）管理对外事务，同外国缔结条约和协定；

（十）领导和管理国防建设事业；

（十一）领导和管理民族事务，保障少数民族的平等权利和民族自治地方的自治权利；

（十二）保护华侨的正当的权利和利益，保护归侨和侨眷的合法的权利和利益；

（十三）改变或者撤销各部、各委员会发布的不适当的命令、指示和规章；

（十四）改变或者撤销地方各级国家行政机关的不适当的决定和命令；

（十五）批准省、自治区、直辖市的区域划分，批准自治州、县、自治县、市的建置和区域划分；

（十六）依照法律规定决定省、自治区、直辖市的范围内部分地区进入紧急状态；

（十七）审定行政机构的编制，依照法律规定任免、培训、考核和奖惩行政人员；

（十八）全国人民代表大会和全国人民代表大会常务委员会授予的其他职权。

......

行政区划管理条例

· 2017 年 11 月 22 日国务院第 193 次常务会议通过
· 2018 年 10 月 10 日中华人民共和国国务院令第 704 号公布
· 自 2019 年 1 月 1 日起施行

第一条　为了加强行政区划的管理，根据《中华人民共和国宪法》和《中华人民共和国地方各级人民代表大会和地方各级人民政府组织法》、《中华人民共和国民族区域自治法》的有关规定，制定本条例。

第二条　行政区划管理工作应当加强党的领导，加强顶层规划。行政区划应当保持总体稳定，必须变更时，应当本着有利于社会主义现代化建设、有利于推进国家治理体系和治理能力现代化、有利于行政管理、有利于民族团结、有利于巩固国防的原则，坚持与国家发展战略和经济社会发展水平相适应，注重城乡统筹和区域协调，推进城乡发展一体化、促进人与自然和谐发展的方针，制订变更方案，逐级上报审批。行政区划的重大调整应当及时报告党中央。

第三条　行政区划的设立、撤销以及变更隶属关系或者行政区域界线时，应当考虑经济发展、资源环境、人

文历史、地形地貌、治理能力等情况；变更人民政府驻地时，应当优化资源配置、便于提供公共服务；变更行政区划名称时，应当体现当地历史、文化和地理特征。

第四条　国务院民政部门负责全国行政区划的具体管理工作。国务院其他有关部门按照各自职责做好全国行政区划相关的管理工作。

县级以上地方人民政府民政部门负责本行政区域行政区划的具体管理工作。县级以上地方人民政府其他有关部门按照各自职责做好本行政区域行政区划相关的管理工作。

第五条　县级以上人民政府应当加强对行政区划管理工作的领导，将行政区划工作纳入国民经济和社会发展规划，将行政区划的管理工作经费纳入预算。

第六条　省、自治区、直辖市的设立、撤销、更名，报全国人民代表大会批准。

第七条　下列行政区划的变更由国务院审批：

（一）省、自治区、直辖市的行政区域界线的变更，人民政府驻地的迁移，简称、排列顺序的变更；

（二）自治州、县、自治县、市、市辖区的设立、撤销、更名和隶属关系的变更以及自治州、自治县、设区的市人民政府驻地的迁移；

（三）自治州、自治县的行政区域界线的变更，县、市、市辖区的行政区域界线的重大变更；

（四）凡涉及海岸线、海岛、边疆要地、湖泊、重要资源地区及特殊情况地区的隶属关系或者行政区域界线的变更。

第八条　县、市、市辖区的部分行政区域界线的变更，县、不设区的市、市辖区人民政府驻地的迁移，国务院授权省、自治区、直辖市人民政府审批；批准变更时，同时报送国务院备案。

第九条　乡、民族乡、镇的设立、撤销、更名，行政区域界线的变更，人民政府驻地的迁移，由省、自治区、直辖市人民政府审批。

第十条　依照法律、国家有关规定设立的地方人民政府的派出机关的撤销、更名、驻地迁移、管辖范围的确定和变更，由批准设立该派出机关的人民政府审批。

第十一条　市、市辖区的设立标准，由国务院民政部门会同国务院其他有关部门拟订，报国务院批准。

镇、街道的设立标准，由省、自治区、直辖市人民政府民政部门会同本级人民政府其他有关部门拟订，报省、自治区、直辖市人民政府批准；批准设立标准时，同时报送国务院备案。

第十二条　依照本条例报送国务院备案的事项,径送国务院民政部门。

第十三条　申请变更行政区划向上级人民政府提交的材料应当包括:

(一)申请书;

(二)与行政区划变更有关的历史、地理、民族、经济、人口、资源环境、行政区域面积和隶属关系的基本情况;

(三)风险评估报告;

(四)专家论证报告;

(五)征求社会公众等意见的情况;

(六)变更前的行政区划图和变更方案示意图;

(七)国务院民政部门规定应当提交的其他材料。

第十四条　县级以上人民政府民政部门在承办行政区划变更的工作时,应当根据情况分别征求有关机构编制部门和本级人民政府的外事、发展改革、民族、财政、自然资源、住房城乡建设、城乡规划等有关部门的意见;在承办民族自治地方的行政区划变更的工作时,应当同民族自治地方的自治机关和有关民族的代表充分协商。

第十五条　有关地方人民政府应当自审批机关批准行政区划变更之日起 12 个月内完成变更;情况复杂,12个月内不能完成变更的,经审批机关批准,可以延长 6 个月;完成变更时,同时向审批机关报告。

第十六条　行政区划变更后,应当依照法律、行政法规和国家有关规定勘定行政区域界线,并更新行政区划图。

第十七条　行政区划变更后,需要变更行政区划代码的,由民政部门于 1 个月内确定、公布其行政区划代码。

第十八条　行政区划变更后,有关地方人民政府应当向社会公告。

第十九条　国务院民政部门应当建立行政区划管理的信息系统。

省、自治区、直辖市人民政府应当及时向国务院民政部门报送本行政区域行政区划变更的信息。

第二十条　县级以上人民政府民政部门,应当加强对行政区划档案的管理。

行政区划管理中形成的请示、报告、图表、批准文件以及与行政区划管理工作有关的材料,应当依法整理归档,妥善保管。具体办法由国务院民政部门会同国家档案行政管理部门制定。

第二十一条　上级人民政府应当加强对下级人民政府行政区划管理工作的监督、指导。

第二十二条　违反本条例规定,未及时完成行政区划变更、备案、信息报送的,由上一级人民政府责令限期完成。

第二十三条　违反本条例规定,擅自变更行政区划的,由上一级人民政府责令改正;对直接负责的主管人员和其他直接责任人员,依法给予处分。

第二十四条　违反本条例规定,在行政区划变更过程中弄虚作假的,对直接负责的主管人员和其他直接责任人员,依法给予处分;构成犯罪的,依法追究刑事责任。

第二十五条　国家工作人员在行政区划的管理工作中,滥用职权、玩忽职守、徇私舞弊的,依法给予处分;构成犯罪的,依法追究刑事责任。

第二十六条　国务院民政部门可以依据本条例的规定,制定具体实施办法。

第二十七条　本条例自 2019 年 1 月 1 日起施行。1985 年 1 月 15 日国务院发布的《国务院关于行政区划管理的规定》同时废止。

行政区划管理条例实施办法

· 2019 年 12 月 11 日民政部令第 65 号公布
· 自 2020 年 1 月 1 日起施行

第一条　根据《行政区划管理条例》(以下简称条例),制定本办法。

第二条　条例所称行政区划的变更,包括行政区划的设立、撤销,行政区划隶属关系的变更,行政区域界线的变更,人民政府驻地的迁移和行政区划名称的变更。

行政区划隶属关系的变更,是指行政区划整建制由其原上级行政区划划归另一个上级行政区划管辖。在不改变行政区划隶属关系的情况下,将行政区划整建制委托另一行政区划代管或者变更代管关系,参照行政区划隶属关系的变更办理。

行政区域界线的变更,是指将一个行政区划的部分行政区域划归另一行政区划管辖。

人民政府(派出机关)驻地的迁移,是指县级以上地方人民政府(派出机关)驻地跨下一级行政区划(派出机关管辖范围)的变更和乡、民族乡、镇人民政府、街道办事处驻地跨村(居)民委员会管辖范围的变更。

行政区划名称的变更,是指改变行政区划专名。

第三条　行政区划的设立、撤销,由拟设立行政区划或者拟撤销行政区划的上一级地方人民政府制订变更方案。在撤销的同时设立新的行政区划且行政区域不变的，可以由拟撤销行政区划的地方人民政府制订变更方案。涉及设立行政区划的，应当在变更方案中明确拟设立行政区划的名称、建制类型、隶属关系（含代管关系）、行政区域界线和人民政府驻地。涉及撤销行政区划的，应当在变更方案中明确行政区划撤销后其所辖行政区域的归属。

变更行政区划隶属关系和变更行政区域界线，由有关地方人民政府先行协商并共同制订变更方案；如未能取得一致意见时，可以由单方、多方或者共同的上一级人民政府制订变更方案。

变更人民政府驻地和变更行政区划名称，由本级地方人民政府制订变更方案。

第四条　市、市辖区设立标准的内容应当包括：人口规模结构、经济社会发展水平、资源环境承载能力、国土空间开发利用状况、基础设施建设状况和基本公共服务能力等。

拟订镇、街道设立标准，应当充分考虑本省、自治区、直辖市经济社会和城镇化发展水平、城镇体系和乡镇布局、人口规模和资源环境等情况。

组织拟订市、市辖区设立标准和镇、街道设立标准的民政部门，应当会同有关部门对标准的实施情况进行评估，并根据评估情况按照规定的权限和程序调整标准。

第五条　省、自治区、直辖市人民政府批复县、市、市辖区部分行政区域界线变更或者县、不设区的市、市辖区人民政府驻地迁移时，应当将以下备案材料一式五份径送国务院民政部门：

（一）由省、自治区、直辖市人民政府出具的备案报告；

（二）行政区划变更批复文件；

（三）申请变更行政区划的地方人民政府根据条例第十三条规定提交的行政区划变更申请材料。

第六条　省、自治区、直辖市人民政府批准镇、街道设立标准时，应当将以下材料一式五份径送国务院民政部门：

（一）由省、自治区、直辖市人民政府出具的备案报告；

（二）省、自治区、直辖市印发标准的文件、标准文本和说明。

第七条　省、自治区、直辖市人民政府报送备案的行政区划变更事项和镇、街道设立标准材料不符合本办法第五条、第六条规定的，由国务院民政部门指导补正；材料齐备合规的即为备案。

报送备案的行政区划变更事项和镇、街道设立标准不符合条例规定的，由国务院民政部门建议省、自治区、直辖市人民政府自行纠正；或者由国务院民政部门提出处理建议，报国务院决定。

第八条　申请变更行政区划向上级人民政府提交的申请书内容应当包括：

（一）行政区划变更理由；

（二）行政区划变更方案；

（三）与行政区划变更有关的经济发展、资源环境、人文历史、地形地貌、人口、行政区域面积和隶属关系的简要情况；

（四）风险评估、专家论证、征求社会公众等意见的综合研判情况。

第九条　条例第十三条第（三）项规定的风险评估报告一般应当包括以下内容：

（一）行政区划变更的合法性、可行性、风险性和可控性；

（二）行政区划变更对当地及一定区域范围内的人口资源、经济发展、行政管理、国防安全、民族团结、文化传承、生活就业、社会保障、基层治理、公共安全、资源环境保护、实施国土空间规划、机构调整和干部职工安置等方面可能造成的影响，以及可能引发的问题；

（三）行政区划变更的主要风险源、风险点的排查情况及结果；

（四）拟采取的消除风险和应对风险的举措；

（五）风险评估结论；

（六）其他与风险评估相关的内容。

第十条　开展风险评估，可以通过舆情跟踪、重点走访、会商分析等方式，运用定性分析和定量分析等方法，对行政区划变更实施的风险进行科学预测、综合研判。

开展风险评估，可以委托专业机构、社会组织等第三方机构进行。

第十一条　条例第十三条第（四）项规定的专家论证报告一般应当包括以下内容：

（一）行政区划变更的必要性、科学性、合理性；

（二）行政区划变更的经济社会效益；

（三）行政区划变更的可行性及可能存在的风险；

（四）对行政区划变更方案及组织实施的意见建议；

（五）其他与专家论证相关的内容。

第十二条　组织专家论证，可以采取论证会、书面咨询、委托咨询论证等方式。选择专家、专业机构参与论证,应当坚持专业性、代表性和中立性,注重选择不同专业背景的专家、专业机构,不得选择与行政区划变更事项有直接利益关系的专家、专业机构参与专家论证。

县级以上地方人民政府民政部门应当根据需要建立行政区划咨询论证专家库。

第十三条　条例第十三条第(五)项规定的征求社会公众等意见报告的内容一般应当包括:

(一)征求社会公众等意见的过程和范围;

(二)社会公众等的主要意见和建议;

(三)对意见建议的处理情况;

(四)其他与征求社会公众等意见相关的内容。

第十四条　征求社会公众等意见可以采取座谈会、实地走访、书面征求意见、问卷调查等方式。

申请变更行政区划的地方人民政府应当对社会各方面提出的意见进行归纳整理、研究论证,充分采纳合理意见,完善行政区划变更方案及配套措施。

第十五条　提交条例第十三条第(六)项规定的变更前的行政区划图和变更方案示意图,应当符合下列要求:

(一)图件应为 A3 图幅彩色示意图;

(二)图件能够全面、真实、准确反映行政区划变更涉及的各主要因素,底图中应包括行政区划名称、人民政府驻地、行政区域界线、水系、公路、铁路等要素;

(三)行政区划轮廓线用加粗的红线表示,下级行政区划用对比明显的色块区别表示,下级行政区划间的界线用加粗的红色虚线表示,各级人民政府驻地根据级别高低采用不同大小的红色实五角星表示。

第十六条　申请变更行政区划应当拟订组织实施总体方案,与申请书一并上报审核。

组织实施总体方案一般应当包括行政区划变更的组织领导体系及责任分工,行政区划变更的实施步骤,行政区划变更的保障措施等内容。行政区划设立、撤销和变更隶属关系的,总体方案一般还应当包括行政区划变更后发展定位、目标、方向,相关地方党政群机构设置调整,国有资产、债权债务划转,历史文化传承保护,民生保障和公共服务等方面的内容。

上级人民政府民政部门应当加强对行政区划变更事项组织实施的监督指导。

第十七条　县级以上地方人民政府民政部门在审核下级人民政府上报的行政区划变更方案时,应当根据情况自行组织或者委托第三方机构开展实地调查。

开展实地调查,可以采取听取汇报、召开座谈会、查阅资料、个别访谈、随机访或者暗访等形式进行。

第十八条　地方人民政府应当在收到上级人民政府行政区划变更批复文件后及时向社会公告审批机关批准行政区划变更的信息。法律、行政法规和国家有关规定另有规定的除外。

第十九条　行政区划变更引起行政区域界线变化的,毗邻各方人民政府应当按照审批机关批准的行政区划变更方案,依照法律、行政法规和国家有关规定,在行政区划变更完成时限内完成行政区域界线的勘定工作。

第二十条　条例第十五条规定的完成变更情况报告一般应当包括以下内容:

(一)行政区划变更批复内容落实情况;

(二)人民群众反应和舆论反响情况;

(三)行政区划变更的影响和初步效果;

(四)风险控制和处置情况;

(五)行政区划变更后需要勘定行政区域界线的,还应当报告完成界线勘定情况;

(六)其他应当报告的情况。

第二十一条　行政区划变更完成情况报告上报审批机关后 3 个月内,有关地方人民政府民政部门应当将更新后的行政区划图标准样图报批准行政区划变更的人民政府民政部门审核。由组织更新行政区划图的地方人民政府民政部门按照地图管理有关规定送审并向社会公布。

第二十二条　国务院民政部门组织制定各级行政区划代码编码规则。

行政区划变更信息向社会公告之日起 1 个月内,国务院民政部门或者省、自治区、直辖市人民政府民政部门应当根据行政区划代码编码规则,确定、公布变更后的行政区划代码。

第二十三条　省、自治区、直辖市人民政府应当在每年 1 月 31 日前,将本级及下一级人民政府 1 年内批准的行政区划变更事项(含派出机关变更事项)相关信息集中报送国务院民政部门。

上报的行政区划变更信息应当包括行政区划变更事项列表及相关行政区划变更批复文件。

第二十四条　上级人民政府民政部门发现下级人民政府存在违反条例规定情形的,应当建议其及时纠正,或者提出建议报本级人民政府依法处理。

第二十五条　旗、特区、林区的行政区划管理参照县执行,自治旗的行政区划管理参照自治县执行,盟的行政区划管理参照地区执行。

第二十六条　本办法自 2020 年 1 月 1 日起施行。

国务院批转民政部关于调整设市标准
和市领导县条件报告的通知

· 1986 年 4 月 19 日
· 国发〔1986〕46 号

各省、自治区、直辖市人民政府，国务院各部委、各直属机构：

　　国务院同意民政部《关于调整设市标准和市领导县条件的报告》，现转发给你们试行。

　　各地要认真总结设市和市领导县工作的经验，搞好规划，合理布局，严格按条件办理。应成熟一个搞一个，有计划有步骤地发展中小城市，促进城乡经济的发展。

附

民政部关于调整设市标准和市领导县条件的报告

· 1986 年 2 月 3 日

国务院：

　　近年来，由于城乡经济的蓬勃发展，城镇的产业结构和人口结构发生了很大变化。现行的设市标准和市领导县条件，已不适应城乡变化了的新情况。为了适应城乡经济发展的需要，贯彻"控制大城市规模，合理发展中等城市，积极发展小城市"的方针，我部会同国家体改委、城乡建设环境保护部、劳动人事部、公安部、国家统计局等有关部门，进行了广泛的调查研究，并多次征求了各省、自治区、直辖市的意见，建议对 1983 年提出、内部掌握执行的设市标准和市领导县条件作如下调整：

　　一、非农业人口（含县属企事业单位聘用的农民合同工、长年临时工，经工商行政管理部门批准登记的有固定经营场所的镇、街、村和农民集资或独资兴办的第二、三产业从业人员，城镇中等以上学校招收的农村学生，以及驻镇部队等单位的人员，下同）6 万以上，年国民生产总值 2 亿元以上，已成为该地经济中心的镇，可以设置市的建制。少数民族地区和边远地区的重要城镇，重要工矿科研基地，著名风景名胜区，交通枢纽，边境口岸，虽然非农业人口不足 6 万、年国民生产总值不足 2 亿元，如确有必要，也可设置市的建制。

　　二、总人口 50 万以下的县，县人民政府驻地所在镇的非农业人口 10 万以上、常住人口中农业人口不超过 40%、年国民生产总值 3 亿元以上，可以设市撤县。设市

撤县后，原由县管辖的乡、镇由市管辖。

　　总人口 50 万以上的县，县人民政府驻地所在镇的非农业人口一般在 12 万以上、年国民生产总值 4 亿元以上，可以设市撤县。

　　自治州人民政府或地区（盟）行政公署驻地所在镇，非农业人口虽然不足 10 万、年国民生产总值不足 3 亿元，如确有必要，也可以设市撤县。

　　三、市区非农业人口 25 万以上、年国民生产总值 10 亿元以上的中等城市（即设区的市），已成为该地区政治、经济和科学、文化中心，并对周围各县有较强的辐射力和吸引力，可实行市领导县的体制。一个市领导多少县，要从实际出发，主要应根据城乡之间的经济联系状况，以及城市经济实力大小决定。

　　四、有关设市的审批手续，仍按《国务院关于行政区划管理的规定》（国发〔1985〕8 号）办理。

　　以上报告如无不妥，请批转各地试行。

国务院批转民政部关于调整设市标准报告的通知

· 1993 年 5 月 17 日
· 国发〔1993〕38 号

各省、自治区、直辖市人民政府，国务院各部委、各直属机构：

　　国务院同意民政部《关于调整设市标准的报告》，现转发给你们试行。

　　为了适应经济、社会发展和改革开放的新形势，适当调整设市标准，对合理发展中等城市和小城市，推进我国城市化进程，具有重要意义。各地要认真总结设市工作的经验，坚持实事求是的原则，搞好规划，合理布局，严格标准，有计划、有步骤地发展中小城市。已经设市和拟设市的地方，都要十分重视农村工作，十分重视农业生产，以使城乡经济协调发展。

　　新的设市标准由民政部负责解释。

附

民政部关于调整设市标准的报告

· 1993 年 2 月 8 日

国务院：

　　现行设市标准，是 1986 年经国务院批准试行的。从

试行的情况看,现行设市标准贯彻了改革精神,方向是正确的。执行这一标准,使设市工作走出了新的路子,基本适应了近年来城乡经济和社会发展的客观要求。6年多来,我部认真贯彻国务院关于城市发展的基本方针,按照现行设市标准,积极而稳妥地新设了一批市的建制,加快了这些地方的繁荣和发展,促进了具有中国特色的城市化进程,推动了我国城市总体布局逐步趋于合理。但是,在实施过程中,现行设市标准也反映出一些不足,主要是:有的指标统计难度较大,且难以核实;一些设市时需要考察的重要条件在现行标准中尚未体现;有些指标还不尽科学合理;分类指导的原则在标准中反映不充分;没有规定设置地级市的标准等。为了进一步适应经济、社会发展的需要,逐步完善设市标准,我部从1989年开始,即着手设市标准的调整和修改工作,在深入调查研究,形成修改稿的基础上,又征求了国务院有关部门,各省、自治区、直辖市以及有关科研单位的意见。"八五"计划公布后,又按"八五"计划中关于"城市发展要坚持实行严格控制大城市规模,合理发展中等城市和小城市的方针,有计划地推进我国城市化进程,并使之同国民经济协调发展"的精神,作了相应的修改。经过反复研究和论证,建议对1986年国务院批准试行的设市标准作以下调整:

一、设立县级市的标准

(一)每平方公里人口密度400人以上的县,达到下列指标,可设市撤县:

1. 县人民政府驻地所在镇从事非农产业的人口(含县属企事业单位聘用的农民合同工、长年临时工,经工商行政管理部门批准登记的有固定经营场所的镇、街、村和农民集资或独资兴办的第二、三产业从业人员,城镇中等以上学校招收的农村学生,以及驻镇部队等单位的人员,下同)不低于12万,其中具有非农业户口的从事非农产业的人口不低于8万。县总人口中从事非农产业的人口不低于30%,并不少于15万。

2. 全县乡镇以上工业产值在工农业总产值中不低于80%,并不低于15亿元(经济指标均以1990年不变价格为准,按年度计算,下同);国内生产总值不低于10亿元,第三产业产值在国内生产总值中的比例达到20%以上;地方本级预算内财政收入不低于人均100元,总收入不少于6000万元,并承担一定的上解支出任务。

3. 城区公共基础设施较为完善。其中自来水普及率不低于65%,道路铺装率不低于60%,有较好的排水系统。

(二)每平方公里人口密度100人至400人的县,达

到下列指标,可设市撤县:

1. 县人民政府驻地镇从事非农产业的人口不低于10万,其中具有非农业户口的从事非农产业的人口不低于7万。县总人口中从事非农产业的人口不低于25%,并不少于12万。

2. 全县乡镇以上工业产值在工农业总产值中不低于70%,并不低于12亿元;国内生产总值不低于8亿元,第三产业产值在国内生产总值中的比例达到20%以上;地方本级预算内财政收入不低于人均80元,总收入不少于5000万元,并承担一定的上解支出任务。

3. 城区公共基础设施较为完善。其中自来水普及率不低于60%,道路铺装率不低于55%,有较好的排水系统。

(三)每平方公里人口密度100人以下的县,达到下列指标,可设市撤县:

1. 县人民政府驻地镇从事非农产业的人口不低于8万,其中具有非农业户口的从事非农产业的人口不低于6万。县总人口中从事非农产业的人口不低于20%,并不少于10万。

2. 全县乡镇以上工业产值在工农业总产值中不低于60%,并不低于8亿元;国内生产总值不低于6亿元,第三产业产值在国内生产总值中的比例达到20%以上;地方本级预算内财政收入不低于人均60元,总收入不少于4000万元,并承担一定的上解支出任务。

3. 城区公共基础设施较为完善。其中自来水普及率不低于55%,道路铺装率不低于50%,有较好的排水系统。

(四)具备下列条件之一者,设市时条件可以适当放宽:

1. 自治州人民政府或地区(盟)行政公署驻地。

2. 乡、镇以上工业产值超过40亿元,国内生产总值不低于25亿元,地方本级预算内财政收入超过1亿元,上解支出超过50%,经济发达,布局合理的县。

3. 沿海、沿江、沿边境重要的港口和贸易口岸,以及国家重点骨干工程所在地。

4. 具有政治、军事、外交等特殊需要的地方。

具备上述条件之一的地方设市时,州(盟、县)驻地镇非农业人口不低于6万,其中具有非农业户口的从事非农产业的人口不低于4万。

(五)少数经济发达,已成为该地区经济中心的镇,如确有必要,可撤镇设市。设市时,非农业人口不低于10万,其中具有非农业户口的从事非农产业的人口不低

于 8 万。地方本级预算内财政收入不低于人均 500 元，上解支出不低于财政收入 60%，工农业总产值中工业产值高于 90%。

（六）国家和部委以及省、自治区确定予以重点扶持的贫困县和财政补贴县原则上不设市。

（七）设置市的建制，要符合城市体系和布局的要求，具有良好的地质、地理环境条件。

（八）县级市不设区和区公所，设市撤县后，原由县管辖的乡、镇，由市管辖。

二、设立地级市的标准

市区从事非农产业的人口 25 万人以上，其中市政府驻地具有非农业户口的从事非农产业的人口 20 万人以上；工农业总产值 30 亿元以上，其中工业产值占 80% 以上；国内生产总值在 25 亿元以上；第三产业发达，产值超过第一产业，在国内生产总值中的比例达 35% 以上；地方本级预算内财政收入 2 亿元以上，已成为若干市县范围内中心城市的县级市，方可升格为地级市。

设立县级市及地级市标准中的财政收入指标，将根据全国零售物价指数上涨情况，由民政部报经国务院批准适时调整。

以上报告如无不妥，请批转各地试行。

民政部关于调整地区建制有关问题的通知

·1999 年 11 月 22 日
·民发〔1999〕105 号

山西、黑龙江、浙江、安徽、福建、江西、山东、河南、广西、四川、贵州、云南、西藏、陕西、甘肃、青海、宁夏、新疆等省（自治区）人民政府：

《中共中央、国务院关于地方政府机构改革的意见》（中发〔1999〕2 号）指出："要调整地区建制，减少行政层次，避免重复设置。与地级市并存一地的地区，实行地市合并；与县级市并存一地的地区、所在市（县）达到设立地级市标准的，撤销地区建制，设立地级市，实行市领导县体制；其余地区建制也要逐步撤销，原地区所辖县改由附近地级市领导或由省直辖，县级市由省委托地级市代管。各自治区调整派出机构——地区的建制，要结合民族自治的特点区别对待。盟的建制原则上不动"。

为贯彻落实中央文件精神，经国务院同意，现就有关问题通知如下：

一、积极稳妥地做好地区建制调整工作

调整地区建制是党中央、国务院的一项重大决策，对

于理顺行政关系、精简机构具有重要意义。鉴于地区建制调整工作政策性强，涉及面广，情况比较复杂，因此各地在工作中即要积极，又要稳妥。要切实加强领导，从实际出发，从有利于行政管理，有利于经济发展、社会稳定和民族团结出发，深入调查，充分论证，广泛听取各方意见，研究制定科学合理、切实可行的调整方案，有计划、有步骤地做好地区建制调整工作。

二、适当调整地改市的标准

我国现行地改市标准是 1993 年经国务院批准试行的。近年来，随着经济和社会的发展，现行标准存在着指标体系不够合理、未充分体现分类指导原则等问题，难以适应当前地区建制调整工作，需作适当调整。

调整后的地改市标准为：地区所在的县级市从事非农产业的人口不低于 15 万人（人口密度 50 人/平方公里以下的不低于 12 万人），市政府驻地具有非农业户口的人口不低于 12 万人（人口密度 50 人/平方公里以下的不低于 10 万人）；国内生产总值不低于 25 亿元，其中第三产业产值在国内生产总值中的比重不低于 30%。财政总收入不低于 1.5 亿元。

上述标准只适用于地区建制调整工作。

三、地区建制调整实施方案及要求

（一）地区和地级市并存一地的，实行地市合并。请有关地方按此原则提出方案报批。

（二）对符合调整后地改市标准的地方，各地要严格按规定程序和标准办理审批手续。要以省（自治区）、地、市三级统计年鉴数据作为审核依据，严禁弄虚作假。

（三）对不符合调整后地改市标准的地区，要逐步撤销地区建制，将原地区所辖县划归相邻地级市管辖或由省直辖，县级市由省直辖或委托相邻地级市代管。但在调整过程中，要从实际出发，因地制宜，制定切实可行的调整方案；要做耐心细致的思想政治工作，妥善处理有关问题，不能因为行政区划调整影响社会稳定。

（四）广西、西藏、宁夏、新疆 4 个自治区的地区和贵州、云南、甘肃、青海 4 省的多民族聚居地区以及其他省集中连片贫困老区所在的地区，达到地改市标准的可以改市，达不到标准的可以继续保留地区建制，待条件成熟时，再逐步撤销。

四、适当调整地级行政区划单位的管辖幅度

我国地级行政区划单位规模有的过小，有的过大，不便于行政管理。各省（自治区）在地区建制调整中，对面积和经济规模过小、人口过少的地级行政区划单位，可将其与相邻地级行政区划单位合并或降低其行政区划等级；对

面积过大、人口过多、管理不便的地级行政区划单位，可适当调小其管辖幅度，但不能增加地级行政区划单位。

在地区建制调整过程中，机构和人员编制要按照中发〔1999〕2号文件要求和中央机构编制委员会办公室有关规定设置。

民政部关于对国发〔1993〕38号文件具体问题的解释

· 1993年8月8日
· 民行函〔1993〕205号

各省、自治区、直辖市民政厅（局）：

1993年5月17日，国务院批转了民政部关于调整设市标准的报告（国发〔1993〕38号）。设市标准是行政性法规，内容比较原则。为便于执行，现对设市标准中涉及的有关问题作出如下统一解释：

1. 县级市标准的适用范围。包括县、自治县、族、自治旗等县级行政区划单位。民族自治地方设市，需听取民政工作部门的意见。

2. 县人民政府驻地所在镇。指县人民政府所在建制镇的行政区划辖区范围。

3. 具有非农业户口的从事非农产业的人口。指具有非农业户口的常住人口。不包括暂住户口的人口。也就是有当地正式居民户口的城镇居民。

4. 县总人口。指该县范围内具有常住户口的人口。包括非农业人口和农业人口两部分常住人口，不包括暂住户口的人口。

5. 全县乡镇以上工业产值。指该县辖区范围内乡镇以上工业的产值。包括地市、省、中央及外地在该县境内企业的产值。

6. 国内生产总值。指全县（县级市）范围内，本国和外国居民在一定时期内所生产和提供最终使用的产品的劳务的价值。

7. 第三产业。指除一、二产业以外的其他各业，主要包括流通部门，为生产和生活服务的部门，为提高科学文化水平和居民素质服务的部门等。

8. 地方本级预算内财政收入。指预算内县级负责组织征收的收入。

9. 城区公共基础设施。城区指县政府驻地建制镇的行政区划范围。公共基础设施指供水、道路、市容市貌、园林绿化、医疗卫生、社会福利设施、环境卫生、文体设施、公共交通、地名标志、防火防灾等设施。排水系统指下水道系统。

10. 自治州人民政府或地区（盟）行政公署驻地。指自治州人民政府或地区（盟）行政公署驻地所在的县（自治县、旗）或镇。

11. 上解支出。指按财政体制计算向上一级缴纳的财政支出。

12. 经济发达、布局合理的县。经济发达，即指目前已达到第四款第二条所列的四个数据。布局合理，指经国家主管部门认定的设市预测与规划体系的要求。

13. 重要的港口和贸易口岸。重要的港口指年吞吐量200万吨以上的港口。贸易口岸指国家对外开放一类口岸。

14. 国家重大骨干工程。指列入全国国民经济和社会发展十年规划和五年计划发展任务的在建的重大骨干工程项目，主要指工业项目。

15. 贫困县。指由国家和省（自治区）确定的扶贫县。

16. 财政补贴县。指按财政体制不承担上解任务，同时吃补贴的县。

17. 全国零售物价指数。是反映城乡商品零售价格变动趋势的一种经济指数。零售物价指数采用加权算术平均公式计算。

18. 地质、地理环境条件。指地下岩层、地形地貌、地表水资源等条件。

19. 具有政治、军事等特殊需要的地方。这是极个别的特殊的地方，一般不由下面提出，而由国家有关部门共同认定。

20. 市区。指县级市的行政区域。

21. 市政府驻地。指县级市人民政府所在的街道办事处及与其连片的街道办事处所辖区域范围，或县级市人民政府所在建制镇所辖的行政区域范围。

22. 若干市县范围内中心城市的县级市。指具备区域性中心城市地位的县级市。新设的地级市必须体现合理布局的精神，符合整个国家城镇体系发展规划的要求。

2. 行政区域界线管理

行政区域界线管理条例

· 2002年5月13日中华人民共和国国务院令第353号公布
· 自2002年7月1日起施行

第一条 为了巩固行政区域界线勘定成果，加强行政区域界线管理，维护行政区域界线附近地区稳定，制定本条例。

第二条　本条例所称行政区域界线,是指国务院或者省、自治区、直辖市人民政府批准的行政区域毗邻的各有关人民政府行使行政区域管辖权的分界线。

地方各级人民政府必须严格执行行政区域界线批准文件和行政区域界线协议书的各项规定,维护行政区域界线的严肃性、稳定性。任何组织或者个人不得擅自变更行政区域界线。

第三条　国务院民政部门负责全国行政区域界线管理工作。县级以上地方各级人民政府民政部门负责本行政区域界线管理工作。

第四条　行政区域界线勘定后,应当以通告和行政区域界线详图予以公布。

省、自治区、直辖市之间的行政区域界线由国务院民政部门公布,由毗邻的省、自治区、直辖市人民政府共同管理。省、自治区、直辖市范围内的行政区域界线由省、自治区、直辖市人民政府公布,由毗邻的自治州、县(自治县)、市、市辖区人民政府共同管理。

第五条　行政区域界线的实地位置,以界柱以及作为行政区域界线标志的河流、沟渠、道路等线状地物和行政区域界线协议书中明确规定作为指示行政区域界线走向的其他标志物标定。

第六条　任何组织或者个人不得擅自移动或者损坏界桩。非法移动界桩的,其行为无效。

行政区域界线毗邻的各有关人民政府应当按照行政区域界线协议书的规定,对界桩进行分工管理。对损坏的界桩,由分工管理该界桩的一方在毗邻方在场的情况下修复。

因建设、开发等原因需要移动或者增设界桩的,行政区域界线毗邻的各有关人民政府应当协商一致,共同测绘,增补档案资料,并报该行政区域界线的批准机关备案。

第七条　行政区域界线毗邻的任何一方不得擅自改变作为行政区域界线标志的河流、沟渠、道路等线状地物;因自然原因或者其他原因改变的,应当保持行政区域界线协议书划定的界线位置不变,行政区域界线协议书中另有约定的除外。

第八条　行政区域界线协议书中明确规定作为指示行政区域界线走向的其他标志物,应当维持原貌。因自然原因或者其他原因使标志物发生变化的,有关县级以上人民政府民政部门应当组织修测,确定新的标志物,并报该行政区域界线的批准机关备案。

第九条　依照《国务院关于行政区划管理的规定》经批准变更行政区域界线的,毗邻的各有关人民政府应当按照勘界测绘技术规范进行测绘,埋设界桩,签订协议书,并将协议书报批准变更该行政区域界线的机关备案。

第十条　生产、建设用地需要横跨行政区域界线的,应当事先征得毗邻的各有关人民政府同意,分别办理审批手续,并报该行政区域界线的批准机关备案。

第十一条　行政区域界线勘定确认属于某一行政区域但不与该行政区域相连的地域或者由一方使用管理但位于毗邻行政区域内的地域,其使用管理按照各有关人民政府签订的行政区域界线协议书有关规定或者该行政区域界线的批准机关的决定执行。

第十二条　行政区域界线毗邻的县级以上地方各级人民政府应当建立行政区域界线联合检查制度,每5年联合检查一次。遇有影响行政区域界线实地走向的自然灾害、河流改道、道路变化等特殊情况,由行政区域界线毗邻的各有关人民政府共同对行政区域界线的特定地段随时安排联合检查。联合检查的结果,由参加检查的各地方人民政府共同报送该行政区域界线的批准机关备案。

第十三条　勘定行政区域界线以及行政区域界线管理中形成的协议书、工作图、界线标志记录、备案材料、批准文件以及其他与勘界记录有关的材料,应当按照有关档案管理的法律、行政法规的规定立卷归档,妥善保管。

第十四条　行政区域界线详图是反映县级以上行政区域界线标准画法的国家专题地图。任何涉及行政区域界线的地图,其行政区域界线画法一律以行政区域界线详图为准绘制。

国务院民政部门负责编制省、自治区、直辖市行政区域界线详图;省、自治区、直辖市人民政府民政部门负责编制本行政区域内的行政区域界线详图。

第十五条　因对行政区域界线实地位置认定不一致引发的争议,由该行政区域界线的批准机关依照该行政区域界线协议书的有关规定处理。

第十六条　违反本条例的规定,有关国家机关工作人员在行政区域界线管理中有下列行为之一的,根据不同情节,依法给予记大过、降级或者撤职的行政处分;致使公共财产、国家和人民利益遭受重大损失的,依照刑法关于滥用职权罪、玩忽职守罪的规定,依法追究刑事责任:

(一)不履行行政区域界线批准文件和行政区域界线协议书规定的义务,或者不执行行政区域界线的批准机关的决定的；

（二）不依法公布批准的行政区域界线的；

（三）擅自移动、改变行政区域界线标志，或者命令、指使他人擅自移动、改变行政区域界线标志，或者发现他人擅自移动、改变行政区域界线标志不予制止的；

（四）毗邻方未在场时，擅自维修行政区域界线标志的。

第十七条　违反本条例的规定，故意损毁或者擅自移动界桩或者其他行政区域界线标志物的，应当支付修复标志物的费用，并由所在地负责管理该行政区域界线标志的人民政府民政部门处 1000 元以下的罚款；构成违反治安管理行为的，并依法给予治安管理处罚。

第十八条　违反本条例的规定，擅自编制行政区域界线详图，或者绘制的地图的行政区域界线的画法与行政区域界线详图的画法不一致的，由有关人民政府民政部门责令停止违法行为，没收违法编制的行政区域界线详图和违法所得，并处 1 万元以下的罚款。

第十九条　乡、民族乡、镇行政区域界线的管理，参照本条例的有关规定执行。

第二十条　本条例自 2002 年 7 月 1 日起施行。

行政区域边界争议处理条例

·1989 年 2 月 3 日中华人民共和国国务院令第 26 号发布
·自发布之日起施行

第一章　总　则

第一条　为了妥善处理行政区域边界争议，以利于安定团结，保障社会主义现代化建设的顺利进行，制定本条例。

第二条　本条例所称的边界争议是指省、自治区、直辖市之间，自治州、县、自治县、市、市辖区之间，乡、民族乡、镇之间，双方人民政府对毗邻行政区域界线的争议。

第三条　处理因行政区域界线不明确而发生的边界争议，应当按照有利于各族人民的团结。有利于国家的统一管理，有利于保护、开发和利用自然资源的原则，由争议双方人民政府从实际情况出发，兼顾当地双方群众的生产和生活，实事求是，互谅互让地协商解决。经争议双方协商未达成协议的，由争议双方的上级人民政府决定。必要时，可以按照行政区划管理的权限，通过变更行政区域的方法解决。

解决边界争议，必须明确划定争议地区的行政区域界线。

第四条　下列已明确划定或者核定的行政区域界线，必须严格遵守：

（一）根据行政区划管理的权限，上级人民政府在确定行政区划时明确划定的界线；

（二）由双方人民政府或者双方的上级人民政府明确划定的争议地区的界限；

（三）发生边界争议之前，由双方人民政府核定一致的界线。

第五条　争议双方人民政府的负责人，必须对国家和人民负责，顾全大局，及时解决边界争议，不得推诿和拖延。

第六条　民政部是国务院处理边界争议的主管部门。

县级以上的地方各级人民政府的民政部门是本级人民政府处理边界争议的主管部门。

第二章　处理依据

第七条　下列文件和材料，作为处理边界争议的依据：

（一）国务院（含政务院及其授权的主管部门）批准的行政区划文件或者边界线地图；

（二）省、自治区、直辖市人民政府批准的不涉及毗邻省、自治区、直辖市的行政区划文件或者边界线地图；

（三）争议双方的上级人民政府（含军政委员会、人民行政公署）解决边界争议的文件和所附边界线地图；

（四）争议双方人民政府解决边界争议的协议和所附边界线地图；

（五）发生边界争议之前，经双方人民政府核定一致的边界线文件或者盖章的边界线地图。

第八条　解放以后直至发生边界争议之前的下列文件和材料，作为处理边界争议的参考：

（一）根据有关法律的规定，确定自然资源权属时核发的证书；

（二）有关人民政府在争议地区行使行政管辖的文件和材料；

（三）争议双方的上级人民政府及其所属部门，或者争议双方人民政府及其所属部门，开发争议地区自然资源的决定或者协议；

（四）根据有关政策的规定，确定土地权属的材料。

第九条　本条例第七、第八条规定以外的任何文件和材料，均不作为处理边界争议的依据和参考。

第三章　处理程序

第十条　边界争议发生后，争议双方人民政府必须采取有效措施防止事态扩大。任何一方都不得往争议地区迁移居民,不得在争议地区设置政权组织,不准破坏自然资源。

严禁聚众闹事、械斗伤人,严禁抢夺和破坏国家、集体和个人的财产。发生群众纠纷时,争议双方人民政府必须立即派人到现场调查处理,并报告争议双方的上一级人民政府。

第十一条　省、自治区、直辖市之间的边界争议,由有关省、自治区、直辖市人民政府协商解决;经协商未达成协议的,双方应当将各自的解决方案并附边界线地形图,报国务院处理。

国务院受理的省、自治区、直辖市之间的边界争议,由民政部会同国务院有关部门调解;经调解未达成协议的,由民政部会同国务院有关部门提出解决方案,报国务院决定。

第十二条　省、自治区、直辖市境内的边界争议,凡争议双方人民政府协商解决;经协商未达成协议的,双方应当将各自的解决方案并附边界线地形图,报双方的上一级人民政府处理。

争议双方的上一级人民政府受理的边界争议,由其民政部门会同有关部门调解;经调解未达成协议的,由民政部门会同有关部门提出解决方案,报本级人民政府决定。

第十三条　经双方人民政府协商解决的边界争议,由双方人民政府的代表在边界协议和所附边界线地形图上签字。

第十四条　争议双方人民政府达成的边界协议,或者争议双方的上级人民政府解决边界争议的决定,凡不涉及自然村隶属关系变更的,自边界协议签字或者上级人民政府解决边界争议的决定下达之日起生效。

争议双方人民政府达成的边界协议,或者上级人民政府解决边界争议的决定,凡涉及自然村隶属关系变更的,必须按照《国务院关于行政区划管理的规定》中有关行政区域界线变更的审批权限和程序办理。

第十五条　争议双方人民政府达成的边界协议,或者争议双方的上级人民政府解决边界争议的决定生效后,由争议双方人民政府联合实地勘测边界线,标绘大比例尺的边界线地形图。

实地勘测的边界线地形图,经双方人民政府盖章后,代替边界协议或者上级人民政府解决边界争议的决定所附的边界线地形图。

第十六条　地方人民政府处理的边界争议,必须履行备案手续。争议双方人民政府达成的边界协议,由双

方人民政府联合上报备案;争议双方的上级人民政府解决边界争议的决定,由作出决定的人民政府上报备案。上报备案时,应当附实地勘测的边界线地形图。

省、自治区、直辖市之间的边界协议,上报国务院备案。

自治州、自治县的边界协议或者上级人民政府解决边界争议的决定,逐级上报国务院备案。

县、市、市辖区的边界协议或者上级人民政府解决边界争议的决定,逐级上报民政部备案。

乡、民族乡、镇的边界协议或者上级人民政府解决边界争议的决定,逐级上报本省(自治区、直辖市)人民政府备案。

第十七条　边界争议解决后,争议双方人民政府必须认真执行边界协议或者上级人民政府解决边界争议的决定,向有关地区的群众公布正式划定的行政区域界线,教育当地干部和群众严格遵守。

第四章　罚　则

第十八条　争议双方人民政府的负责人,违反本条例的规定,玩忽职守,致使公共财产、国家和人民利益遭受较大损失的,应当给予行政处分;造成重大损失,构成犯罪的,依法追究刑事责任。

第十九条　违反本条例第十条的规定,情节较重的,对直接责任人员和其他肇事者,分别给予行政处分、治安管理处罚;情节严重,构成犯罪的,依法追究刑事责任。

第二十条　行政区域边界划定后,违反本条例的规定越界侵权造成损害的,当事一方可以向有管辖权的人民法院起诉。

第五章　附　则

第二十一条　本条例由民政部负责解释。

第二十二条　本条例自发布之日起施行。1981 年 5 月 30 日国务院发布的《行政区域边界争议处理办法》同时废止。

行政区域界线界桩管理办法

· 2008 年 8 月 22 日民政部令第 36 号公布
· 自 2008 年 9 月 1 日起施行

第一条　为了加强行政区域界线界桩的管理和保护,根据《行政区域界线管理条例》的规定,制定本办法。

第二条　行政区域界线界桩,是由行政区域毗邻各方人民政府共同埋设的,用于指示行政区域界线实地位

置的标志物。

第三条　县级以上各级人民政府民政部门根据职责分工分级负责各级行政区域界线界桩的管理工作。

行政区域毗邻的县级人民政府民政部门具体承担各级行政区域界线界桩(以下简称"界桩")的管理和保护工作。

第四条　行政区域界线协议书或者有关各方人民政府达成的其他协议中未明确界桩管理责任方的,有关各方人民政府民政部门应当签订协议予以明确,经有关各方人民政府批准后实施,并报该行政区域界线批准机关的民政部门备案。

第五条　界桩管理的依据:

(一)毗邻双方人民政府签订的行政区域界线勘界协议书及其附图、界桩成果表;

(二)毗邻双方人民政府民政部门签订的行政区域界线、界桩管理协议或者签发的行政区域界线、界桩管理文件;

(三)毗邻各方人民政府或者民政部门签订的行政区域界线交会点协议书及其附件;

(四)行政区域界线联合检查工作报告;

(五)有关界桩变动的协议书或者文件;

(六)界桩登记表。

第六条　县级以上各级人民政府民政部门在界桩管理工作中,应当明确职责分工,按照规定程序移动或者增设界桩、及时修复或者恢复损坏的界桩、查处损坏界桩的行为,确保界桩位置准确、埋设牢固、明显易见、注记清晰、档案完备。

第七条　界桩埋设后,任何组织和个人不得擅自移动或者损坏。

因建设、开发项目确需移动界桩的,建设、开发单位应当提出申请,由行政区域界线毗邻的任何一方人民政府民政部门报经各有关人民政府协商一致。

界桩移动、埋设和测绘的费用由建设、开发单位承担。

第八条　需要增设界桩时,毗邻双方人民政府民政部门应当协商一致,确定增设界桩的数量和埋设位置,明确界桩管理责任方,共同提出方案报该行政区域界线批准机关的民政部门批准后实施。

第九条　对主体完整、边角轻微损坏的界桩应当修复;对基座松动但主体完整的界桩应当在原地加固扶正。

第十条　对丢失或者严重损坏、修复困难的界桩,应当重新制作,并根据下列情形在原地恢复埋设或者移位埋设:

(一)双立、多立界桩和位于行政区域界线上的单立界桩,按照界桩成果表和登记表的记载在原地予以恢复;无法在原地恢复的,由双方就近选定适当位置移位埋设。

(二)不在行政区域界线上的单立界桩,由双方就近在行政区域界线上选定适当位置埋设或者改设为双立界桩埋设。

(三)行政区域界线交会点单立界桩无法在原地恢复的,可以改设为双立或者多立界桩埋设。

(四)重新制作、埋设的界桩,其标注年份为重新埋设时的年份。

第十一条　移动、增设、修复或者恢复界桩,应当在毗邻行政区域各方人民政府民政部门人员在场的情况下,由负责管理该界桩的一方组织实施。

第十二条　移动、增设或者恢复界桩,应当按照勘界测绘技术规定的有关要求,制作、埋设界桩,测定界桩坐标,填写界桩成果表和登记表,拍摄界桩照片。

第十三条　负责界桩管理工作的地方各级人民政府民政部门应当建立本级界桩日常管理档案,每年向毗邻行政区域人民政府民政部门通报界桩管理情况。

移动、增设或者恢复界桩后,由负责管理的一方将有关界桩变动的文件、资料整理归档,并送毗邻各方保存一套,同时报该行政区域界线批准机关及其民政部门备案。

第十四条　负责管理界桩的县级人民政府民政部门可以聘请当地居民为界桩维护员。

第十五条　界桩维护员应当适时检查所维护的界桩,清除界桩周围杂草、淤泥和遮挡物,刷新界桩注记,保持界桩整洁,明显易见,做好检查记录,制止损坏界桩的行为。

界桩维护员发现界桩松动、移动、丢失、损坏时,应当及时报告负责管理该界桩的县级人民政府民政部门。

第十六条　界桩管理经费由界桩管理责任方按照国家有关规定从同级行政区域界线管理经费中列支。

第十七条　故意损毁或者擅自移动、增设、修复、恢复界桩以及指使他人故意损毁或者擅自移动、增设、修复、恢复界桩的,按《行政区域界线管理条例》第十六条、第十七条的规定处罚。

因过失造成界桩损坏的,过失人应当及时报告界桩所在地任何一方县级人民政府民政部门。

第十八条　乡、民族乡、镇的行政区域界线界桩的管理和维护参照本办法执行。

第十九条　行政区域界线依法变更后,原行政区域界线上的界桩即行废止,由有关各方人民政府民政部门共同组织销毁。在变更后的行政区域界线上设立新界桩,应当按照勘界的有关规定进行。

第二十条　本办法自 2008 年 9 月 1 日起施行。

省级行政区域界线联合检查实施办法

·2005 年 6 月 28 日民政部令第 28 号公布
·自公布之日起施行

第一条　为了规范对省级行政区域界线联合检查的管理,根据国务院《行政区域界线管理条例》的有关规定,制定本办法。

第二条　本办法所称省级行政区域界线联合检查(以下简称"联检"),是指毗邻的省、自治区、直辖市人民政府联合组织对已勘定的省级行政区域界线管理情况进行检查,并对发现问题进行处理的一项法定工作制度。

第三条　联检实地检查的内容包括:

(一)已勘定行政区域界线的贯彻落实情况;

(二)界桩及其方位物变化和界桩的维护情况;

(三)指示行政区域界线走向的其他标志物及与行政区域界线实地位置有关的地物、地貌变化情况和组织修测情况;

(四)跨行政区域生产建设和管理及有关问题的处理情况;

(五)其他与行政区域界线管理有关的情况。

第四条　联检应当坚持有利于巩固勘界成果、保持行政区域界线走向明确,有利于维护行政区域界线附近地区的社会稳定和双方群众利益,有利于促进当地经济与社会发展的原则。

第五条　联检的依据:

(一)国务院批准的省、自治区、直辖市人民政府联合勘定的行政区域界线协议书(以下简称"协议书")及其附图、附表,界桩登记表;

(二)国务院和有关部门划定行政区域界线的批复、协调处理意见及其附图;

(三)历次联检报告。

第六条　同一条行政区域界线的联检每 5 年进行 1 次。遇有影响行政区域界线实地走向辨认的自然灾害、河流改道、道路变化等特殊情况,由毗邻的省、自治区、直辖市人民政府民政部门共同对行政区域界线或界线上需要检查的特定地段进行确认,报省、自治区、直辖市人民政府随时安排联检。

第七条　联检由国务院民政部门统一部署,在行政区域界线毗邻的省、自治区、直辖市人民政府的共同领导下,由有关的省、自治区、直辖市人民政府民政部门联合组织实施。

第八条　根据联检任务,毗邻的省、自治区、直辖市人民政府民政部门应当成立由负责同志任组长的联检工作领导小组,负责联检的组织实施和重大问题的协调处理。联检工作领导小组可以根据行政区域界线的实际情况吸收有关部门的同志参加。沿线毗邻地区的县级人民政府民政部门应当成立联检工作组,负责具体实地联检。

第九条　联检工作领导小组应当根据行政区域界线的实际情况,制定联检实施方案,报国务院民政部门备案。实施方案应当明确联检的组织领导、实施步骤、重大问题的处理原则、工作要求和时间安排。

实施方案确定后,由行政区域界线毗邻的省、自治区、直辖市人民政府民政部门向沿线双方下级人民政府民政部门通报联检实施方案,提出联检的具体要求,组织实施联检。

第十条　实施联检,应当向行政区域界线附近地区基层人民政府和干部群众明确已勘定行政区域界线的实地走向,宣传已勘定行政区域界线的法律地位及地方各级人民政府和有关部门的管理职责,了解已勘定行政区域界线的管理落实情况,发现问题应当及时处理。

第十一条　实地检查中,应当按照下列要求对界桩及其方位物进行维护:

(一)界桩完好无损或者轻度损坏可以修复的,应当清除界桩周围的遮挡物,修复界桩损坏部位,刷新界桩上的注记;

(二)界桩丢失或者严重损坏不能修复的,由负责管理该界桩的一方重新制作,并与毗邻方共同按照界桩登记表和界桩成果表记载的界桩位置,在原地重新设立;

(三)界桩因建设、开发等原因需要移动或者增设的,毗邻的各有关人民政府应当协商一致,可以在原界桩附近行政区域界线上选取适当位置重新埋设或者在协商一致的地方增设。

不在行政区域界线上的单立界桩,丢失或者严重损坏不能修复的,应当在原界桩附近行政区域界线上选取适当位置重新设立;因建设、开发等原因需要移动的,毗邻的各有关人民政府应当协商一致,移动并埋设在实地行政区域界线上。

行政区域界线交会点界桩的检查应当与联检同步进行。

原界桩方位物消失,但不影响界桩实地位置的确定,可以不再新设界桩方位物。

第十二条 重新设立、移动和增设界桩后,应当按照《省级行政区域界线勘界测绘技术规定》的有关要求,制作并埋设界桩,测定界桩坐标,填写界桩登记表,拍摄界桩照片。

重新设立和增设界桩上的时间注记,应当以启动联检的时间为准。

第十三条 单方设立的指示行政区域界线实地位置的标志物应当予以清除。确需设立的,经毗邻的有关人民政府协商一致后共同设立或者增设界桩。

第十四条 行政区域界线其他标志物及与行政区域界线相关的地物、地貌,应当按照协议书中行政区域界线走向说明及协议书附图进行实地检查。发生变化的地段,应当将变化情况详细记载,并组织行政区域界线地形图的修测,修测结果标绘在与原协议书附图比例尺相同的地形图上,变化较大时应当重新测制行政区域界线地形图。

第十五条 对联检中发现未依法办理审批手续,越界从事生产建设等活动的,联检工作领导小组应当及时通知有关人民政府责成业务主管部门予以处理。

第十六条 确因生产建设需要局部变更行政区域界线的,按照《国务院关于行政区划管理的规定》办理。

第十七条 联检实地检查结束后,由联检工作领导小组组织联检资料的检查验收、整理汇总、成果上报和立卷归档。

第十八条 对联检中重新设立、移动和增设的界桩,应当整理并填写界桩登记表和界桩成果表。图表项目填写应当清晰齐全,文字叙述简明准确。

第十九条 联检工作领导小组组织起草联检报告,通过毗邻的省、自治区、直辖市人民政府共同报送国务院备案,并抄送国务院民政部门。

联检报告应当包括以下内容:联检的基本情况、组织实施、实地检查、有关问题的处理结果和加强界线管理的措施等;有重新设立、移动和增设界桩情况的,应当报送界桩成果表。

第二十条 联检中形成的实施方案、会议纪要、检查及修测记录、联检报告以及界桩成果表、登记表、照片等与行政区域界线管理有关的资料,由有关的省、自治区、直辖市人民政府民政部门按照档案管理的规定立卷归档,同时将立卷归档的文件副本报送国务院民政部门。

第二十一条 本办法自公布之日起施行。

3. 地名管理

地名管理条例

·2021 年 9 月 1 日国务院第 147 次常务会议修订通过
·2022 年 3 月 30 日中华人民共和国国务院令第 753 号公布
·自 2022 年 5 月 1 日起施行

第一章 总 则

第一条 为了加强和规范地名管理,适应经济社会发展、人民生活和国际交往的需要,传承发展中华优秀文化,制定本条例。

第二条 中华人民共和国境内地名的命名、更名、使用、文化保护及其相关管理活动,适用本条例。

第三条 本条例所称地名包括:

(一)自然地理实体名称;

(二)行政区划名称;

(三)村民委员会、居民委员会所在地名称;

(四)城市公园、自然保护地名称;

(五)街路巷名称;

(六)具有重要地理方位意义的住宅区、楼宇名称;

(七)具有重要地理方位意义的交通运输、水利、电力、通信、气象等设施名称;

(八)具有重要地理方位意义的其他地理实体名称。

第四条 地名管理应当坚持和加强党的领导。县级以上行政区划命名、更名,以及地名的命名、更名、使用涉及国家领土主权、安全、外交、国防等重大事项的,应当按照有关规定报党中央。

地名管理应当有利于维护国家主权和民族团结,有利于弘扬社会主义核心价值观,有利于推进国家治理体系和治理能力现代化,有利于传承发展中华优秀文化。

地名应当保持相对稳定。未经批准,任何单位和个人不得擅自决定对地名进行命名、更名。

第五条 地名的命名、更名、使用、文化保护应当遵守法律、行政法规和国家有关规定,反映当地地理、历史和文化特征,尊重当地群众意愿,方便生产生活。

第六条 县级以上人民政府应当建立健全地名管理工作协调机制,指导、督促、监督地名管理工作。

第七条 国务院民政部门(以下称国务院地名行政主管部门)负责全国地名工作的统一监督管理。

国务院外交、公安、自然资源、住房和城乡建设、交通运输、水利、文化和旅游、市场监管、林业草原、语言文字工作、新闻出版等其他有关部门,在各自职责范围内负责相关的地名管理工作。

县级以上地方人民政府地名行政主管部门负责本行政区域的地名管理工作。县级以上地方人民政府其他有关部门按照本级人民政府规定的职责分工,负责本行政区域的相关地名管理工作。

第八条　县级以上地方人民政府地名行政主管部门会同有关部门编制本行政区域的地名方案,经本级人民政府批准后组织实施。

第二章　地名的命名、更名

第九条　地名由专名和通名两部分组成。地名的命名应当遵循下列规定:

(一)含义明确、健康,不违背公序良俗;

(二)符合地理实体的实际地域、规模、性质等特征;

(三)使用国家通用语言文字,避免使用生僻字;

(四)一般不以人名作地名,不以国家领导人的名字作地名;

(五)不以外国人名、地名作地名;

(六)不以企业名称或者商标名称作地名;

(七)国内著名的自然地理实体名称,全国范围内的县级以上行政区划名称,不应重名,并避免同音;

(八)同一个省级行政区域内的乡、镇名称,同一个县级行政区域内的村民委员会、居民委员会所在地名称,同一个建成区内的街路巷名称,同一个建成区内的具有重要地理方位意义的住宅区、楼宇名称,不应重名,并避免同音;

(九)不以国内著名的自然地理实体、历史文化遗产遗址、超出本行政区域范围的地理实体名称作行政区划专名;

(十)具有重要地理方位意义的交通运输、水利、电力、通信、气象等设施名称,一般应当与所在地名相统一。

法律、行政法规对地名命名规则另有规定的,从其规定。

第十条　地名依法命名后,因行政区划变更、城乡建设、自然变化等原因导致地名名实不符的,应当及时更名。地名更名应当符合本条例第九条的规定。

具有重要历史文化价值、体现中华历史文脉的地名,一般不得更名。

第十一条　机关、企业事业单位、基层群众性自治组织等申请地名命名、更名应当提交申请书。申请书应当包括下列材料:

(一)命名、更名的方案及理由;

(二)地理实体的位置、规模、性质等基本情况;

(三)国务院地名行政主管部门规定应当提交的其他材料。

行政区划的命名、更名,应当按照《行政区划管理条例》的规定,提交风险评估报告、专家论证报告、征求社会公众等意见报告。其他地名的命名、更名,应当综合考虑社会影响、专业性、技术性以及与群众生活的密切程度等因素,组织开展综合评估、专家论证、征求意见并提交相关报告。

第十二条　批准地名命名、更名应当遵循下列规定:

(一)具有重要历史文化价值、体现中华历史文脉以及有重大社会影响的国内著名自然地理实体或者涉及两个省、自治区、直辖市以上的自然地理实体的命名、更名,边境地区涉及国界线走向和海上涉及岛屿、岛礁归属界线以及载入边界条约和议定书中的自然地理实体和村民委员会、居民委员会所在地等居民点的命名、更名,由相关省、自治区、直辖市人民政府提出申请,报国务院批准;无居民海岛、海域、海底地理实体的命名、更名,由国务院自然资源主管部门会同有关部门批准;其他自然地理实体的命名、更名,按照省、自治区、直辖市人民政府的规定批准;

(二)行政区划的命名、更名,按照《行政区划管理条例》的规定批准;

(三)本条第一项规定以外的村民委员会、居民委员会所在地的命名、更名,按照省、自治区、直辖市人民政府的规定批准;

(四)城市公园、自然保护地的命名、更名,按照国家有关规定批准;

(五)街路巷的命名、更名,由直辖市、市、县人民政府批准;

(六)具有重要地理方位意义的住宅区、楼宇的命名、更名,由直辖市、市、县人民政府住房和城乡建设主管部门征求同级人民政府地名行政主管部门的意见后批准;

(七)具有重要地理方位意义的交通运输、水利、电力、通信、气象等设施的命名、更名,应当根据情况征求所在地相关县级以上地方人民政府的意见,由有关主管部门批准。

第十三条　地名命名、更名后,由批准机关自批准之日起15日内按照下列规定报送备案:

(一)国务院有关部门批准的地名报送国务院备案,备案材料径送国务院地名行政主管部门;

(二)县级以上地方人民政府批准的地名报送上一级人民政府备案,备案材料径送上一级人民政府地名行

政主管部门;

(三)县级以上地方人民政府地名行政主管部门批准的地名报送上一级人民政府地名行政主管部门备案;

(四)其他有关部门批准的地名报送同级人民政府地名行政主管部门备案。

第十四条　按照本条例规定,县级以上人民政府或者由县级以上地方人民政府地名行政主管部门批准的地名,自批准之日起 15 日内,由同级人民政府地名行政主管部门向社会公告;县级以上人民政府其他有关部门批准的地名,自按规定报送备案之日起 15 日内,由同级人民政府地名行政主管部门向社会公告。

第三章　地名使用

第十五条　地名的使用应当标准、规范。

地名的罗马字母拼写以《汉语拼音方案》作为统一规范,按照国务院地名行政主管部门会同国务院有关部门制定的规则拼写。

按照本条例规定批准的地名为标准地名。

标准地名应当符合地名的用字读音审定规范和少数民族语地名、外国语地名汉字译写等规范。

第十六条　国务院地名行政主管部门统一建立国家地名信息库,公布标准地名等信息,充分发挥国家地名信息库在服务群众生活、社会治理、科学研究、国防建设等方面的积极作用,提高服务信息化、智能化、便捷化水平,方便公众使用。

第十七条　县级以上地方人民政府地名行政主管部门和其他有关部门之间应当建立健全地名信息资源共建共享机制。

第十八条　下列范围内必须使用标准地名:

(一)地名标志、交通标志、广告牌匾等标识;

(二)通过报刊、广播、电视等新闻媒体和政府网站等公共平台发布的信息;

(三)法律文书、身份证明、商品房预售许可证明、不动产权属证书等各类公文、证件;

(四)辞书等工具类以及教材教辅等学习类公开出版物;

(五)向社会公开的地图;

(六)法律、行政法规规定应当使用标准地名的其他情形。

第十九条　标准地名及相关信息应当在地名标志上予以标示。任何单位和个人不得擅自设置、拆除、移动、涂改、遮挡、损毁地名标志。

第二十条　县级以上地方人民政府应当加强地名标志的设置和管理。

第二十一条　直辖市、市、县人民政府地名行政主管部门和其他有关部门应当在各自职责范围内,依据标准地名编制标准地址并设置标志。

第二十二条　标准地名出版物由地名机构负责汇集出版。其中行政区划名称,由负责行政区划具体管理工作的部门汇集出版。

第四章　地名文化保护

第二十三条　县级以上人民政府应当从我国地名的历史和实际出发,加强地名文化公益宣传,组织研究、传承地名文化。

第二十四条　县级以上人民政府应当加强地名文化遗产保护,并将符合条件的地名文化遗产依法列入非物质文化遗产保护范围。

第二十五条　县级以上地方人民政府地名行政主管部门应当对本行政区域内具有重要历史文化价值、体现中华历史文脉的地名进行普查,做好收集、记录、统计等工作,制定保护名录。列入保护名录的地名确需更名的,所在地县级以上地方人民政府应当预先制定相应的保护措施。

第二十六条　县级以上地方人民政府应当做好地名档案管理工作。地名档案管理的具体办法,由国务院地名行政主管部门会同国家档案行政管理部门制定。

第二十七条　国家鼓励公民、企业和社会组织参与地名文化保护活动。

第五章　监督检查

第二十八条　上级人民政府地名行政主管部门应当加强对下级人民政府地名行政主管部门地名管理工作的指导、监督。上级人民政府其他有关部门应当加强对下级人民政府相应部门地名管理工作的指导、监督。

第二十九条　县级以上人民政府地名行政主管部门和其他有关部门应当依法加强对地名的命名、更名、使用、文化保护的监督检查。

县级以上人民政府应当加强地名管理能力建设。

第三十条　县级以上人民政府地名行政主管部门和其他有关部门对地名管理工作进行监督检查时,有权采取下列措施:

(一)询问有关当事人,调查与地名管理有关的情况;

(二)查阅、复制有关资料;

(三)对涉嫌存在地名违法行为的场所实施现场检查;

（四）检查与涉嫌地名违法行为有关的物品；

（五）法律、行政法规规定的其他措施。

县级以上人民政府地名行政主管部门和其他有关部门依法行使前款规定的职权时，当事人应当予以协助、配合，不得拒绝、阻挠。

第三十一条　县级以上人民政府地名行政主管部门和其他有关部门在监督检查中发现地名的命名、更名、使用、文化保护存在问题的，应当及时提出整改建议，下达整改通知书，依法向有关部门提出处理建议；对涉嫌违反本条例规定的有关责任人员，必要时可以采取约谈措施，并向社会通报。

第三十二条　县级以上人民政府地名行政主管部门和其他有关部门可以委托第三方机构对地名的命名、更名、使用、文化保护等情况进行评估。

第三十三条　任何单位和个人发现违反本条例规定行为的，可以向县级以上地方人民政府地名行政主管部门或者其他有关部门举报。接到举报的部门应当依法处理。有关部门应当对举报人的相关信息予以保密。

第六章　法律责任

第三十四条　县级以上地方人民政府地名批准机关违反本条例规定进行地名命名、更名的，由其上一级行政机关责令改正，对该批准机关负有责任的领导人员和其他直接责任人员依法给予处分。

第三十五条　县级以上地方人民政府地名批准机关不报送备案或者未按时报送备案的，由国务院地名行政主管部门或者上一级人民政府地名行政主管部门通知该批准机关，限期报送；逾期仍未报送的，对直接责任人员依法给予处分。

第三十六条　违反本条例第四条、第九条、第十条、第十二条规定，擅自进行地名命名、更名的，由有审批权的行政机关责令限期改正；逾期不改正的，予以取缔，并对违法单位通报批评。

第三十七条　违反本条例第十八条规定，未使用或者未规范使用标准地名的，由县级以上地方人民政府地名行政主管部门或者其他有关部门责令限期改正；逾期不改正的，对违法单位通报批评，并通知有关主管部门依法处理；对违法单位的法定代表人或者主要负责人、直接负责的主管人员和其他直接责任人员，处 2000 元以上 1 万元以下罚款。

第三十八条　擅自设置、拆除、移动、涂改、遮挡、损毁地名标志的，由地名标志设置、维护和管理部门责令改正并对责任人员处 1000 元以上 5000 元以下罚款。

第三十九条　第三方机构对地名的命名、更名、使用、文化保护等情况出具虚假评估报告的，由县级以上地方人民政府地名行政主管部门给予警告，有违法所得的，没收违法所得；情节严重的，5 年内禁止从事地名相关评估工作。

第四十条　公职人员在地名管理工作中有滥用职权、玩忽职守、徇私舞弊行为的，依法给予处分。

第七章　附　则

第四十一条　各国管辖范围外区域的地理实体和天体地理实体命名、更名的规则和程序，由国务院地名行政主管部门会同有关部门制定。

第四十二条　纪念设施、遗址的命名、更名，按照国家有关规定办理。

第四十三条　国务院地名行政主管部门可以依据本条例的规定，制定具体实施办法。

第四十四条　本条例自 2022 年 5 月 1 日起施行。

地名管理条例实施办法

· 2024 年 3 月 1 日民政部令第 71 号公布
· 自 2024 年 5 月 1 日起施行

第一条　根据《地名管理条例》（以下简称条例），制定本办法。

第二条　条例第八条规定的地名方案应当以地名命名为重点，统筹规划地名标志设置、地名文化保护等内容。

经依法批准的地名方案由县级以上地方人民政府地名行政主管部门会同有关部门组织实施，不得擅自变更；确需变更的，应当按照规定的程序重新报送批准。

第三条　条例第九条第一款规定的人名应当包括：

（一）本名以及其别名、化名等；

（二）文艺作品中的人物角色名称。

但是地名命名所用的字、词与人名不存在特定联系的除外。

第四条　不以企业名称或者商标名称作地名，但是地名命名所用的字、词与企业名称或者商标名称不存在特定联系的除外。

第五条　条例第十一条第二款规定的综合评估报告应当包括地名命名、更名的合法性、可行性、可控性，可能产生的社会影响、风险以及应对措施等内容；专家论证报告应当包括地名命名、更名的必要性、科学性、合理性，可能存在的风险,对地名命名、更名方案以及组织实施的意见建议等内容;征求意见报告应当包括征求意见的过程和范围,主要意见建议及处理情况等内容。

地名命名、更名由地名批准机关在批准其他事项时一并批准的,相关事项申请材料应当包括条例第十一条规定的内容。

第六条　地名命名、更名备案应当通过国家地名信息库填写备案登记表,并提交下列材料的电子文本:

(一)备案报告;

(二)地名命名、更名批复文件;

(三)条例第十一条规定的申请书以及相关报告。

第七条　县级以上人民政府地名行政主管部门收到备案材料后,应当对备案主体和备案材料进行审查。备案主体不符合规定的,应当指导地名批准机关重新报送;备案材料不齐全或者不符合规定的,应当指导地名批准机关补正。

第八条　地名命名、更名后,县级以上人民政府地名行政主管部门应当按照条例第十四条规定向社会公告。

对于需要重新报送备案或者补正备案材料的,公告时限自收到重新报送备案或者补正备案材料之日起计算。

第九条　地名命名、更名公告应当包括标准地名及其罗马字母拼写、所属政区、位置描述、批准机关、批准时间等内容。

地名命名、更名公告通过政府网站、政务新媒体以及报刊、广播、电视等途径发布,并在国家地名信息库发布。

第十条　地名专名和通名的罗马字母拼写以《汉语拼音方案》作为统一规范。

第十一条　一地多名的地名应当确定一个标准地名,一名多写、一字多音的地名应当确定统一的用字和读音。

地名中的异读音和特殊字应当按照地名的用字读音审定规范审定。地名的用字读音审定规范由国务院地名行政主管部门会同国务院语言文字工作部门制定。

第十二条　少数民族语地名的汉字译名应当符合国务院有关部门制定的少数民族语地名汉字译写规范。

第十三条　外国语地名的汉字译名应当符合国务院地名行政主管部门制定的外国语地名汉字译写规范,由国务院地名行政主管部门会同有关部门审定。

不得直接引用或者擅自转译可能损害我国领土主张和主权权益的外国语地名。

第十四条　少数民族语地名、外国语地名的标准汉字译名的使用应当遵守标准地名使用的有关规定。

少数民族语地名、外国语地名的标准汉字译名通过地名公告、国家地名信息库、标准地名出版物等向社会公布。

第十五条　国务院地名行政主管部门应当加强国家地名信息管理,制定统一的地名信息数据和系统建设规范,推进各地区、各部门间地名信息数据整合、共享和运用,提升地名公共服务水平。

县级以上人民政府地名行政主管部门和其他有关部门应当按照职责权限,及时对国家地名信息库地名信息数据进行更新和维护,确保地名信息数据的完整性、准确性、规范性和现势性。

县级以上地方人民政府地名行政主管部门已有的本级国家地名信息库,应当与国家级国家地名信息库互联互通,实现地名信息及时汇集公布。

第十六条　县级以上地方人民政府地名行政主管部门应当建立健全地名信息资源共建共享机制,强化部门间信息共享和业务协同,依托国家地名信息库促进地名信息广泛应用。

第十七条　县级以上人民政府地名行政主管部门应当会同有关部门依法加强地名信息数据采集、存储、传输、应用等管理,确保地名信息数据安全。

第十八条　地名标志的设置应当布局合理、位置明显、安全可靠,标示的相关信息应当准确规范。

第十九条　地名标志有下列情形之一的,地名标志设置、维护和管理部门应当及时进行更正、维护:

(一)标示的标准地名或者其罗马字母拼写等信息错误的;

(二)安装位置、指位错误的;

(三)版面褪色、被涂改、遮挡,字迹模糊、残缺不全的;

(四)破损、污损、存在安全隐患的;

(五)其他应当予以更正、维护的情形。

第二十条　条例第二十五条规定的地名保护名录应当包括地名文化遗产、历史地名以及其他类别,同一地名可以列入不同类别。

列入地名保护名录的地名信息应当包括标准地名以及罗马字母拼写,含义、来历、沿革,历史文化价值等内容。

地名保护名录应当及时向社会公布,并抄送上一级人民政府地名行政主管部门。

第二十一条　县级以上地方人民政府地名行政主管

部门可以采取设立标志、派生命名、活化使用、制作文化产品、开展宣传活动等方式,优先对列入地名保护名录的地名进行保护和合理利用。

第二十二条 条例第二十九条第二款规定的地名管理能力包括制度体系、人才队伍、科技创新、工作条件等。

第二十三条 有权受理备案的地名行政主管部门发现地名批准机关未按时报送备案的,应当进行督促。经督促仍不报送备案的,由国务院地名行政主管部门或者地名批准机关的上一级人民政府地名行政主管部门通知该地名批准机关,限期报送。

地名批准机关为其他有关部门的,有权受理备案的地名行政主管部门应当及时报告上一级人民政府地名行政主管部门。

第二十四条 具有重要地理方位意义的住宅区、楼宇名称和交通运输、水利、电力、通信、气象等设施名称的范围,由有关主管部门结合实际根据职责权限确定。

第二十五条 条例所称的具有重要地理方位意义,是指在一定区域范围内同类地理实体中指位作用相对突出,其名称可供社会公众使用。

条例第九条第一款所称的专名是指地名中为个体地理实体所专有的语词部分,通名是指地名中为同类地理实体所通用的语词部分。

条例第二十四条所称的地名文化遗产,是指具有历史文化价值、体现中华历史文脉并传承使用至今的地名及其相关的文化表现形式。

本办法第二十条所称的历史地名,是指曾经使用但目前已不再使用的地名。

第二十六条 本办法自 2024 年 5 月 1 日起施行。1996 年 6 月 18 日民政部发布、2010 年 12 月 27 日民政部令第 38 号修订的《地名管理条例实施细则》同时废止。

民政部关于加强地名管理工作的通知

· 1999 年 5 月 4 日
· 民行函〔1999〕79 号

各省、自治区、直辖市民政厅(局),地名办公室:

近年来,全国各级地名管理部门认真落实 1991 年全国地名管理工作会议精神,不断强化地名工作的行政管理职能,积极做好地名命名更名、地名标志设置等地名行政管理工作,取得了较大成绩。在我国经济快速发展的新形势下,尤其是在城镇建设规模不断扩大,建设速度不断加快的今天,地名管理工作所面临的任务越来越重,全面加强地名行政管理显得尤其重要。为使地名工作能够适应形势发展的需要,进一步做好新时期地名管理工作,现就有关问题通知如下:

一、不断完善地名管理法规,努力做到依法行政

"实行依法治国,建设社会主义法制国家"已被明确地写进《中华人民共和国宪法》。因此,各级地名管理部门一定要高度重视加强地名管理法制建设的重要性和紧迫性,切实将地名管理法制建设摆上议事日程。目前,有些县级行政区至今仍未制定本辖区的地名管理法规,从而制约了本地地名管理工作的开展。各地要结合本地的实际情况,尽快制定(修订)有关地名管理工作的法规。在制定(修订)地名管理法规过程中,要依据《地名管理条例》、《地名管理条例实施细则》以及 1998 年《国务院办公厅关于印发民政部职能配置内设机构和人员编制规定的通知》(国办发〔1998〕60 号)中民政部负责"规范全国地名标志的设置和管理"的精神,进一步明确本辖区地名管理工作的职责与任务,理顺地名管理工作体制,为实现地名管理的依法行政打下坚实的基础。

二、加强城镇地名管理,做好地名命名更名工作

随着旧城改造、新区开发等城市建设的不断加快,地名管理工作在面临艰巨任务的同时,也面临着新的发展机遇。各级地名管理部门一定要抓住这一机遇,努力做好城市街、路、巷、楼、门牌、建筑物等名称的命名更名及其标志的设置与管理工作。设置地名标志,必须采用汉语拼音字母拼写,不得采用英文等其他外文拼写。地名命名更名工作要结合本地实际,建立严格的地名命名更名申报审批制度,并制定规范的申报审批程序,严禁不经地名主管部门批准随意进行命名更名或有偿命名更名的做法。在一定规模的改造与开发建设区中进行地名命名更名时,必须做好地名规划工作,同时要加强地名命名更名规范化,特别是地名通名规范化的理论研究,结合本地实际,制定出科学的地名通名规范化方案,避免随意性命名更名的现象,使地名工作更加科学、规范。

三、做好自然地理实体名称规范化工作,推进全国地名标准化的进程

在过去地名管理实践中,由于长期侧重于对人文地理实体名称的管理,疏于对自然地理实体名称必要的规范化管理,造成了目前自然地理实体仍存在着不少的"有地无名"、"一地多名"、"一名多地"等不规范的现象。各级地名管理部门在做好城镇地名管理工作的同时,要加强对自然地理实体名称的管理,重点是对风景区(包括正在开发和可能形成的风景区)中的自然地理实体名称的管理。在管理过程中,要严格按照《地名管理条例》、《地名管理条例实施细则》中有关地名命名更名的原则及审批权限和程序办理各种事宜,要科学地命名更名,尤其要做到地名通名的规范化,促进自然地理实体名称标准化水平的提高,推进全国地名标准化的进程,更好地为社会主义物质文明和社会主义精神文明建设服务。

民政部办公厅关于重申地名标志不得采用外文拼写的通知

· 1998 年 9 月 16 日
· 厅办函〔1998〕166 号

各省、自治区、直辖市民政厅(局)、地名办公室:

最近以来,各地地名管理部门不断来电来函反映国家有关部门在创建中国优秀旅游城市活动中,要求"城区主要道路有中英文对照的路牌"这一情况。我们认为:用汉语拼音方案作为我国地名的罗马字母拼写统一规范是经联合国第三届地名标准化大会通过的国际标准,也是经国务院批准的国家标准,为了很好地贯彻这一国际标准和国家标准,原中国地名委员会与国家有关部委曾于1987 年(中地发〔1987〕21 号)和 1992 年(中地发〔1992〕4 号)两次发文,要求地名标志上的罗马字母拼写必须采用汉语拼音字母拼写而不得采用英文等其他外文拼写。各地在地名标志的罗马字母拼写问题上,必须严格遵守国家的这一规定。

针对各地所反映的情况,经我们与创建中国优秀旅游城市的主办单位之一的国家旅游局协商之后,国家旅游局在刚刚下发的《关于印发〈对中国优秀旅游城市检查标准(试行)中有关问题的解答口径〉的通知》(旅办发〔1998〕139 号)中明确了"在开展创建中国优秀旅游城市活动中应遵守国家有关法律法规。按照国务院发布的《地名管理条例》第八条规定,中国地名的罗马字母拼写,以国家公布的'汉语拼音方案'作为统一规范。因此各城市设置地名性路牌应遵守此规定"。地名标志为国家法定的标志物,地名标志上的书写、拼写内容及形式具有严肃的政治性。为此,就我国地名标志上罗马字母拼写问题再次重申:各地在设立各类地名标志时,其罗马字母拼写一律采用汉语拼音字母拼写形式,不得采用英文等其他有损于民族尊严的外文拼写。

中国地名委员会、民政部关于重申地名标志上地名书写标准化的通知

· 1992 年 6 月 30 日
· 中地发〔1992〕4 号

各省、自治区、直辖市地名委员会:

1987 年中国地名委员会与国家有关部委就地名书写标准化问题,曾发出《关于地名标志不得采用"威妥玛式"等旧拼法和外文的通知》和《关于地名用字的若干规定》。几年来,各地在贯彻执行这两个文件精神方面,基本情况是好的。但是,近来发现在一些地方设置的村镇、街巷及道路、桥梁等地名标志上,地名书写仍存在不规范的现象。这对推行标准地名及逐步实现我国地名标准化不利。为适应对外开放,便于国际间的交往,充分发挥地名标志为社会主义建设和人们日常生活服务的作用,各级地名机构要把地名标志设置和管理作为加强地名管理工作的重要内容,严格做到地名标志书写的标准化。为此,现将有关规定重申如下:

一、地名标志上书写的地名,必须是经当地人民政府或地名管理部门批准的标准名称。

二、要按国家确定的规范汉字书写地名,不得使用繁体字、自造字。汉字书写要清晰,不得使用难以辨认的行书、草书书写。

三、地名的罗马字母拼音,要坚持国际标准化的原则。地名的专名和通名均应采用汉语拼音字母拼写,不得使用"威妥玛式"等旧拼法,也不得使用英文及其他外文译写。

各地接此通知后,要对本地区已设置的地名标志进行一次检查,对那些书写不标准的地名标志必须进行更换或改写。

八、社会工作与志愿服务

志愿服务条例

· 2017 年 6 月 7 日国务院第 175 次常务会议通过
· 2017 年 8 月 22 日中华人民共和国国务院令第 685 号公布
· 自 2017 年 12 月 1 日起施行

第一章　总　则

第一条　为了保障志愿者、志愿服务组织、志愿服务对象的合法权益,鼓励和规范志愿服务,发展志愿服务事业,培育和践行社会主义核心价值观,促进社会文明进步,制定本条例。

第二条　本条例适用于在中华人民共和国境内开展的志愿服务以及与志愿服务有关的活动。

本条例所称志愿服务,是指志愿者、志愿服务组织和其他组织自愿、无偿向社会或者他人提供的公益服务。

第三条　开展志愿服务,应当遵循自愿、无偿、平等、诚信、合法的原则,不得违背社会公德、损害社会公共利益和他人合法权益,不得危害国家安全。

第四条　县级以上人民政府应当将志愿服务事业纳入国民经济和社会发展规划,合理安排志愿服务所需资金,促进广覆盖、多层次、宽领域开展志愿服务。

第五条　国家和地方精神文明建设指导机构建立志愿服务工作协调机制,加强对志愿服务工作的统筹规划、协调指导、督促检查和经验推广。

国务院民政部门负责全国志愿服务行政管理工作;县级以上地方人民政府民政部门负责本行政区域内志愿服务行政管理工作。

县级以上人民政府有关部门按照各自职责,负责与志愿服务有关的工作。

工会、共产主义青年团、妇女联合会等有关人民团体和群众团体应当在各自的工作范围内做好相应的志愿服务工作。

第二章　志愿者和志愿服务组织

第六条　本条例所称志愿者,是指以自己的时间、知识、技能、体力等从事志愿服务的自然人。

本条例所称志愿服务组织,是指依法成立,以开展志愿服务为宗旨的非营利性组织。

第七条　志愿者可以将其身份信息、服务技能、服务时间、联系方式等个人基本信息,通过国务院民政部门指定的志愿服务信息系统自行注册,也可以通过志愿服务组织进行注册。

志愿者提供的个人基本信息应当真实、准确、完整。

第八条　志愿服务组织可以采取社会团体、社会服务机构、基金会等组织形式。志愿服务组织的登记管理按照有关法律、行政法规的规定执行。

第九条　志愿服务组织可以依法成立行业组织,反映行业诉求,推动行业交流,促进志愿服务事业发展。

第十条　在志愿服务组织中,根据中国共产党章程的规定,设立中国共产党的组织,开展党的活动。志愿服务组织应当为党组织的活动提供必要条件。

第三章　志愿服务活动

第十一条　志愿者可以参与志愿服务组织开展的志愿服务活动,也可以自行依法开展志愿服务活动。

第十二条　志愿服务组织可以招募志愿者开展志愿服务活动;招募时,应当说明与志愿服务有关的真实、准确、完整的信息以及在志愿服务过程中可能发生的风险。

第十三条　需要志愿服务的组织或者个人可以向志愿服务组织提出申请,并提供与志愿服务有关的真实、准确、完整的信息,说明在志愿服务过程中可能发生的风险。志愿服务组织应当对有关信息进行核实,并及时予以答复。

第十四条　志愿者、志愿服务组织、志愿服务对象可以根据需要签订协议,明确当事人的权利和义务,约定志愿服务的内容、方式、时间、地点、工作条件和安全保障措施等。

第十五条　志愿服务组织安排志愿者参与志愿服务活动,应当与志愿者的年龄、知识、技能和身体状况相适应,不得要求志愿者提供超出其能力的志愿服务。

第十六条　志愿服务组织安排志愿者参与的志愿服务活动需要专门知识、技能的,应当对志愿者开展相关培训。

开展专业志愿服务活动,应当执行国家或者行业组织制定的标准和规程。法律、行政法规对开展志愿服务活动有职业资格要求的,志愿者应当依法取得相应的资格。

第十七条　志愿服务组织应当为志愿者参与志愿服务活动提供必要条件,解决志愿者在志愿服务过程中遇到的困难,维护志愿者的合法权益。

志愿服务组织安排志愿者参与可能发生人身危险的志愿服务活动前,应当为志愿者购买相应的人身意外伤害保险。

第十八条　志愿服务组织开展志愿服务活动,可以使用志愿服务标志。

第十九条　志愿服务组织安排志愿者参与志愿服务活动,应当如实记录志愿者个人基本信息、志愿服务情况、培训情况、表彰奖励情况、评价情况等信息,按照统一的信息数据标准录入国务院民政部门指定的志愿服务信息系统,实现数据互联互通。

志愿者需要志愿服务记录证明的,志愿服务组织应当依据志愿服务记录无偿、如实出具。

记录志愿服务信息和出具志愿服务记录证明的办法,由国务院民政部门会同有关单位制定。

第二十条　志愿服务组织、志愿服务对象应当尊重志愿者的人格尊严;未经志愿者本人同意,不得公开或者泄露其有关信息。

第二十一条　志愿服务组织、志愿者应当尊重志愿服务对象人格尊严,不得侵害志愿服务对象个人隐私,不得向志愿服务对象收取或者变相收取报酬。

第二十二条　志愿者接受志愿服务组织安排参与志愿服务活动的,应当服从管理,接受必要的培训。

志愿者应当按照约定提供志愿服务。志愿者因故不能按照约定提供志愿服务的,应当及时告知志愿服务组织或者志愿服务对象。

第二十三条　国家鼓励和支持国家机关、企业事业单位、人民团体、社会组织等成立志愿服务队伍开展专业志愿服务活动,鼓励和支持具备专业知识、技能的志愿者提供专业志愿服务。

国家鼓励和支持公共服务机构招募志愿者提供志愿服务。

第二十四条　发生重大自然灾害、事故灾难和公共卫生事件等突发事件,需要迅速开展救助的,有关人民政府应当建立协调机制,提供需求信息,引导志愿服务组织和志愿者及时有序开展志愿服务活动。

志愿服务组织、志愿者开展应对突发事件的志愿服务活动,应当接受有关人民政府设立的应急指挥机构的统一指挥、协调。

第二十五条　任何组织和个人不得强行指派志愿者、志愿服务组织提供服务,不得以志愿服务名义进行营利性活动。

第二十六条　任何组织和个人发现志愿服务组织有违法行为,可以向民政部门、其他有关部门或者志愿服务行业组织投诉、举报。民政部门、其他有关部门或者志愿服务行业组织接到投诉、举报,应当及时调查处理;对无权处理的,应当告知投诉人、举报人向有权处理的部门或者行业组织投诉、举报。

第四章　促进措施

第二十七条　县级以上人民政府应当根据经济社会发展情况,制定促进志愿服务事业发展的政策和措施。

县级以上人民政府及其有关部门应当在各自职责范围内,为志愿服务提供指导和帮助。

第二十八条　国家鼓励企业事业单位、基层群众性自治组织和其他组织为开展志愿服务提供场所和其他便利条件。

第二十九条　学校、家庭和社会应当培养青少年的志愿服务意识和能力。

高等学校、中等职业学校可以将学生参与志愿服务活动纳入实践学分管理。

第三十条　各级人民政府及其有关部门可以依法通过购买服务等方式,支持志愿服务运营管理,并依照国家有关规定向社会公开购买服务的项目目录、服务标准、资金预算等相关情况。

第三十一条　自然人、法人和其他组织捐赠财产用于志愿服务的,依法享受税收优惠。

第三十二条　对在志愿服务事业发展中做出突出贡献的志愿者、志愿服务组织,由县级以上人民政府或者有关部门按照法律、法规和国家有关规定予以表彰、奖励。

国家鼓励企业和其他组织在同等条件下优先招用有良好志愿服务记录的志愿者。公务员考录、事业单位招聘可以将志愿服务情况纳入考察内容。

第三十三条　县级以上地方人民政府可以根据实际情况采取措施,鼓励公共服务机构等对有良好志愿服务记录的志愿者给予优待。

第三十四条　县级以上人民政府应当建立健全志愿服务统计和发布制度。

第三十五条　广播、电视、报刊、网络等媒体应当积极开展志愿服务宣传活动,传播志愿服务文化,弘扬志愿服务精神。

第五章　法律责任

第三十六条　志愿服务组织泄露志愿者有关信息、侵害志愿服务对象个人隐私的,由民政部门予以警告,责令限期改正;逾期不改正的,责令限期停止活动并进行整改;情节严重的,吊销登记证书并予以公告。

第三十七条　志愿服务组织、志愿者向志愿服务对象收取或者变相收取报酬的,由民政部门予以警告,责令退还收取的报酬;情节严重的,对有关组织或者个人并处所收取报酬一倍以上五倍以下的罚款。

第三十八条　志愿服务组织不依法记录志愿服务信息或者出具志愿服务记录证明的,由民政部门予以警告,责令限期改正;逾期不改正的,责令限期停止活动,并可以向社会和有关单位通报。

第三十九条　对以志愿服务名义进行营利性活动的组织和个人,由民政、工商等部门依法查处。

第四十条　县级以上人民政府民政部门和其他有关部门及其工作人员有下列情形之一的,由上级机关或者监察机关责令改正;依法应当给予处分的,由任免机关或者监察机关对直接负责的主管人员和其他直接责任人员给予处分:

(一)强行指派志愿者、志愿服务组织提供服务;

(二)未依法履行监督管理职责;

(三)其他滥用职权、玩忽职守、徇私舞弊的行为。

第六章　附　则

第四十一条　基层群众性自治组织、公益活动举办单位和公共服务机构开展公益活动,需要志愿者提供志愿服务的,可以与志愿服务组织合作,由志愿服务组织招募志愿者,也可以自行招募志愿者。自行招募志愿者提供志愿服务的,参照本条例关于志愿服务组织开展志愿服务活动的规定执行。

第四十二条　志愿服务组织以外的其他组织可以开展力所能及的志愿服务活动。

城乡社区、单位内部经基层群众性自治组织或者本单位同意成立的团体,可以在本社区、本单位内部开展志愿服务活动。

第四十三条　境外志愿服务组织和志愿者在境内开展志愿服务,应当遵守本条例和中华人民共和国有关法律、行政法规以及国家有关规定。

组织境内志愿者到境外开展志愿服务,在境内的有关事宜,适用本条例和中华人民共和国有关法律、行政法规以及国家有关规定;在境外开展志愿服务,应当遵守所在国家或者地区的法律。

第四十四条　本条例自 2017 年 12 月 1 日起施行。

志愿服务记录与证明出具办法(试行)

·2020 年 12 月 2 日民政部令第 67 号公布
·自 2021 年 2 月 1 日起施行

第一条　为了规范志愿服务记录和志愿服务记录证明出具工作,保障志愿者和志愿服务组织等志愿服务活动参与者的合法权益,促进志愿服务事业发展,根据《中华人民共和国慈善法》和《志愿服务条例》等法律法规,制定本办法。

第二条　本办法所称志愿服务记录,是指志愿服务组织和依法开展志愿服务活动的其他组织通过志愿服务信息系统或者纸质载体等形式,记录志愿者参与志愿服务活动的有关信息。

本办法所称志愿服务记录证明,是指志愿服务组织和依法开展志愿服务活动的其他组织依据志愿服务记录信息形成的、能够证明志愿者参加志愿服务有关情况的材料。

第三条　记录志愿服务信息、出具志愿服务记录证明,应当遵循真实、准确、完整、无偿、及时的原则。

第四条　志愿服务组织记录的志愿服务信息,包括志愿者的个人基本信息、志愿服务情况、培训情况、表彰奖励情况和评价情况。

根据工作需要,志愿服务组织还可以记录与志愿服务有关的其他信息。

志愿服务组织可以通过国务院民政部门指定的志愿服务信息系统记录志愿服务信息,也可以通过其他志愿服务信息系统或者纸质载体等形式记录。其他志愿服务信息系统或者纸质载体等形式记录的志愿者个人基本信息、志愿服务情况等信息,志愿服务组织应当按照统一的信息数据标准录入国务院民政部门指定的志愿服务信息系统,实现数据互联互通。

第五条　志愿者的个人基本信息,包括姓名、性别、出生日期、身份证件号码、居住区域、联系方式、专业技能和服务类别等。

第六条　志愿者的个人基本信息,可以由志愿者本人在志愿服务信息系统录入;经志愿者同意后,也可以由志愿服务组织录入。

志愿者提供的个人基本信息应当真实、准确、完整。

志愿服务组织发现志愿者的个人基本信息有明显错

误、缺漏，或者与实际情况不一致的，应当要求志愿者修改、补充。

第七条　志愿者的志愿服务情况，包括志愿者参加志愿服务活动的名称、日期、地点、服务内容、服务时间、活动组织单位和活动负责人。

前款的服务时间是指志愿者参与志愿服务实际付出的时间，以小时为计量单位。志愿服务组织应当根据志愿服务活动的实际情况，科学合理确定服务时间。

第八条　志愿者的培训情况，包括志愿者参加志愿服务有关培训的名称、主要内容、学习时长、培训举办单位和日期等信息。

志愿服务组织应当及时、如实记录志愿者的培训情况。

第九条　志愿者的表彰奖励情况，包括志愿者获得志愿服务表彰奖励的名称、日期和授予单位。

志愿服务组织应当及时记录志愿者在本组织获得表彰奖励的情况。志愿者获得县级以上人民政府或者有关部门给予志愿服务表彰奖励的，志愿服务组织应当在志愿者提供相关材料后及时、如实记录。

志愿者获得其他组织给予志愿服务表彰奖励的，可以凭相关材料申请志愿服务组织协助记录。志愿服务组织核实无误后应当协助记录。

第十条　志愿者的评价情况，包括对志愿者的服务质量评价以及评价日期。

志愿服务组织可以根据志愿服务完成情况、志愿服务对象反馈情况，对志愿者的服务质量进行评价。

志愿服务组织可以基于服务时间和服务质量等，对志愿者进行星级评价。

第十一条　志愿服务组织应当及时记录志愿服务信息。其中志愿服务情况和评价情况，应当在志愿服务活动结束后10个工作日内完成记录。

第十二条　志愿者可以在志愿服务信息系统中查询本人的志愿服务记录信息。

志愿者需要志愿服务组织协助查询的，志愿服务组织应当给予帮助。

第十三条　志愿者发现本人的志愿服务信息记录有错误、缺漏的，可以向相关志愿服务组织提出。志愿服务组织应当及时核实，确有错误、缺漏的，予以修改、补充。

第十四条　志愿服务组织应当根据志愿者的需要，以志愿服务记录信息为依据，为志愿者无偿、如实出具志愿服务记录证明。

志愿者可以在志愿服务信息系统中打印本人的志愿服务记录证明。

第十五条　志愿服务记录证明应当载明志愿者的志愿服务时间、服务内容和记录单位，也可以包含记录的其他信息。志愿服务记录证明的格式，可以参照国务院民政部门提供的规范样式。

根据志愿者的需要，志愿服务组织可以在志愿服务记录证明上加盖印章。

第十六条　志愿服务组织应当妥善管理志愿服务记录信息，不得将志愿服务记录信息用于商业目的。

未经志愿者本人同意，不得公开或者泄露其有关信息。

第十七条　志愿服务记录证明可以通过志愿服务信息系统查验。

任何单位和个人不得伪造、变造或者使用虚假志愿服务记录证明。

第十八条　志愿服务组织应当在年度工作报告中如实反映开展志愿服务记录和证明出具工作情况，并依法向社会公开。

第十九条　不属于志愿服务的活动，不得进行志愿服务信息记录、出具志愿服务记录证明。

第二十条　任何单位和个人发现志愿服务组织不依法记录志愿服务信息、出具志愿服务记录证明，或者发现单位和个人伪造、变造、使用虚假志愿服务记录证明的，可以向民政部门投诉、举报。

第二十一条　民政部门建立志愿服务信息记录和志愿服务记录证明抽查制度，重点检查志愿服务记录与证明的真实性、合法性，抽查结果向社会公开。

第二十二条　民政部门进行监督检查时，可以向志愿服务有关各方了解核实情况，有权要求志愿服务组织提供相关资料，志愿服务组织不得隐瞒、阻碍或者拒绝。

第二十三条　志愿服务组织泄露志愿者有关记录信息、侵害志愿服务对象个人隐私的，由民政部门依据《志愿服务条例》第三十六条的规定予以警告，责令限期改正；逾期不改正的，责令限期停止活动并进行整改；情节严重的，吊销登记证书并予以公告。

第二十四条　志愿服务组织不依法记录志愿服务信息或者出具志愿服务记录证明的，由民政部门依据《志愿服务条例》第三十八条的规定予以警告，责令限期改正；逾期不改正的，责令限期停止活动，并可以向社会和有关单位通报。

第二十五条　利用志愿服务记录或者志愿服务记录证明出具进行营利性活动的，民政部门可以给予警告。

第二十六条　慈善组织、基层群众性自治组织、公益活动举办单位、公共服务机构开展公益活动，依法与志愿服务组织合作，由志愿服务组织招募志愿者的，应当由志愿服务组织做好志愿服务记录与证明出具工作；依法自行招募志愿者的，参照本办法关于志愿服务组织的规定做好志愿服务记录与证明出具工作。

在城乡社区、单位内部成立的开展志愿服务活动的团体，应当在对其实施管理的基层群众性自治组织或者单位指导下，记录志愿者的志愿服务信息。

第二十七条　本办法自 2021 年 2 月 1 日起施行。

关于加强社会工作专业岗位
开发与人才激励保障的意见

·2016 年 10 月 14 日
·民发〔2016〕186 号

各省、自治区、直辖市民政厅（局）、综治办、教育厅（教委）、公安厅（局）、司法厅（局）、财政厅（局）、人力资源社会保障厅（局）、卫生计生委、总工会、团委、妇联、残联；新疆生产建设兵团民政局、综治办、教育局、公安局、司法局、财务局、人力资源社会保障局、卫生局、人口计生委、工会、团委、妇联、残联：

为加快推进社会工作专业人才队伍建设，不断提高社会工作专业化职业化水平，根据《国家中长期人才发展规划纲要（2010-2020 年）》（中发〔2010〕6 号）、《关于深化司法体制和社会体制改革的意见》（中办发〔2014〕24 号）和《关于加强社会工作专业人才队伍建设的意见》（中组发〔2011〕25 号）要求，现就加强社会工作专业岗位开发与人才激励保障提出如下意见：

一、加强社会工作专业岗位开发与人才激励保障的重要意义和总体要求

加强社会工作专业人才队伍建设，促进专业社会工作发展，是创新社会治理、激发社会活力的内在要求，是完善现代社会服务体系、满足人民群众个性化多样化服务需求的制度安排，是推进国家治理体系和治理能力现代化的重要内容。党的十六届六中全会提出建设宏大的社会工作人才队伍以来，我国专业社会工作得到快速发展，在服务人民群众、化解社会矛盾、融洽社会关系、促进社会和谐、巩固党的执政基础等方面发挥了重要作用。但总体看，我国专业社会工作仍处在起步阶段，基础还比较薄弱，专业化职业化水平还不高，尤其是专业岗位不规范、数量较少，社会工作专业人才薪酬待遇水平较低，成

为制约社会工作专业人才队伍壮大和专业社会工作发展的重要瓶颈。开发和规范社会工作专业岗位，提升社会工作专业人才薪酬待遇和激励保障水平，是发展专业社会工作的当务之急，是有效吸引和稳定广大社会工作专业人才长期投身专业化社会治理与服务的迫切需要。

今后一个时期，各地要从落实"四个全面"战略布局和创新社会治理、保障改善民生的战略高度，以社会需求为导向，扩大专业社会工作覆盖领域和服务范围，逐步加大社会工作专业岗位开发和规范力度，建立健全社会工作专业人才激励保障制度，切实保障社会工作专业人才薪酬待遇水平，拓宽职业发展空间。各地在推进社会工作专业岗位开发与人才激励保障工作中，要坚持按需设岗、以岗定薪。按照国家有关规定，根据现实发展需要，积极开发社会工作专业岗位，将符合条件的社会工作专业人才配置到相应社会工作专业岗位，落实相应的薪酬待遇。要坚持分类指导、有序推进。根据群团基层组织、城乡社区以及相关事业单位、社会组织的性质与特点，适应不同领域专业社会工作发展的实际需要开发社会工作专业岗位，完善社会工作专业人才薪酬待遇与激励保障措施。要坚持保障基层、稳定一线。充分发挥专业岗位的承载作用、薪酬待遇与激励保障政策的导向作用，切实解决广大社会工作专业人才的后顾之忧，积极引导、重点保障社会工作专业人才到基层一线和艰苦地区开展专业服务活动。

二、加快推进社会工作专业岗位开发

（一）明确社会工作职业任务。加快推进社会工作的职业化发展，根据不同领域社会工作服务需求与特点，逐步完善社会工作职业标准，明确社会工作职业任务。社会工作职业任务主要包括：运用社会工作专业理念、方法与技能，提供帮困扶弱、情绪疏导、心理抚慰、精神关爱、行为矫治、社会康复、权益维护、危机干预、关系调适、矛盾化解、能力建设、资源链接、社会融入等方面服务，帮助个人、家庭恢复和发展社会功能；帮助面临共同困境或需求的群体建立支持系统；培育社区社会组织、开展社区活动、参与社区协商、化解社区矛盾、促进社区发展；组织开展社会服务需求评估、方案设计、项目管理、绩效评价与行动研究；开展社会工作专业督导，帮助督导对象强化专业服务理念、提升专业服务能力、解决专业服务难题；协助做好志愿者招募、注册、培训与考核，引导和组织志愿者开展社会服务。用人单位应按照社会工作职业任务要求，结合自身需求与特点明确和规范社会工作专业岗位职责任务和任职条件。

（二）明确社会工作专业人才配备要求。老年人福利机构、残疾人福利和服务机构、儿童福利机构、收养服务机构、妇女儿童援助机构、困难职工帮扶机构、职工权益维护机构、婚姻家庭服务机构、青少年服务机构、社会救助服务机构、救助管理机构、未成年人保护机构、优抚安置服务保障机构等以社会工作服务为主的事业单位可根据工作需要将社会工作专业岗位明确为主体专业技术岗位；医院、学校、殡仪服务机构、人口计生服务机构等需要开展社会工作服务的单位，要将社会工作专业岗位纳入专业技术岗位管理范围。贯彻落实中央关于事业单位改革的精神，积极探索采取政府购买服务方式提供社会工作服务，逐步实现政府提供社会工作服务从"养人"向"办事"转变。支持引导相关事业单位在承接实施政府购买社会服务中吸纳和使用社会工作专业人才。

街道（乡镇）社区服务中心、城乡社区服务站、街道（乡镇）综治中心、社区综治中心、家庭综合服务中心、基层文化服务机构、群团组织服务阵地等基层公共服务平台以及基层人民调解组织、社区矫正机构、安置帮教机构、禁毒戒毒机构、灾害救援组织等根据需要配备社会工作专业人才。鼓励有条件的街道和乡镇依托现有资源支持发展民办社会工作服务机构，使用社会工作专业人才，通过政府购买服务等方式延伸基层社会治理与专业服务臂力。

（三）规范社会工作专业岗位聘用（任）。各地要支持引导城乡社区以及相关事业单位、社会组织明确社会工作专业岗位等级，建立相应的社会工作职级体系，不断拓宽和畅通社会工作专业人才的职业发展空间。实行国家社会工作者水平评价类职业资格与相应系列专业技术职务评聘相衔接，通过考试取得国家社会工作者职业资格证书人员，用人单位可根据工作需要，聘用（任）相应级别专业技术职务。聘用到高级专业技术岗位的，应具有高级社会工作师职业资格证书；聘用到中级专业技术岗位的，应具有社会工作师职业资格证书；聘用到初级专业技术岗位的，应具有助理社会工作师职业资格证书。

三、切实做好社会工作专业人才激励保障工作

（一）合理确定社会工作专业人才薪酬待遇。根据社会工作专业人才从业领域、工作岗位和职业水平等级，落实相应的薪酬保障政策。对聘用到事业单位的正式工作人员，按照国家有关规定确定工资待遇；对以其他形式就业于基层党政机关、群团组织、事业单位、城乡社区、社会组织和企业的社会工作专业人才，由用人单位综合职业水平等级、学历、资历、业绩、岗位等因素并参考同类人员合理确定薪酬标准，同时按照国家有关规定办理社会保险和公积金。各地要根据经济社会发展和整体工资水平，制定并适时调整城乡社区、社会组织和企业的社会工作专业人才薪酬指导标准。完善政府购买社会工作服务成本核算制度，编制预算时要将社会工作专业人才人力成本作为重要核算依据。承接政府购买服务的单位应参考当地薪酬指导标准支付社会工作专业人才薪酬。各地要将高层次社会工作专业人才纳入当地急需紧缺和重点人才引进范围，按照规定享受户籍落地、保障房申请等相关优惠政策；在选拔申报享受政府特殊津贴人员时要充分考虑符合条件的优秀社会工作专业人才。

（二）加大社会工作专业人才表彰奖励力度。将社会工作专业人才纳入国家现有表彰奖励范围，对政治坚定、业绩突出、能力卓著、群众认可的社会工作专业人才给予表彰奖励。开展全国专业社会工作领军人才选拔培养活动，将获选的专业社会工作领军人才纳入国家专业技术人才知识更新工程重点培养范围。各地各有关部门要按照国家有关规定，结合实际开展形式多样的社会工作专业人才表彰奖励活动。落实《边远贫困地区、边疆民族地区和革命老区人才支持计划实施方案》（中组发〔2012〕7号）要求，对表现优良、贡献突出的被选派社会工作专业人才由国家或地方按规定予以表彰奖励，执行"社会工作专业人才服务边远贫困地区、边疆民族地区和革命老区计划"成绩突出的单位，由国家或地方按照相关规定给予表彰。鼓励社会工作服务机构、社会工作教育研究机构等对单位内部优秀社会工作专业人才开展多种形式的表彰奖励。鼓励社会工作行业组织、有条件的企业、社会组织和个人依法设立社会工作专业人才奖励基金，对有突出贡献的社会工作专业人才进行奖励。

（三）努力提高社会工作专业人才职业地位。落实《关于加强社会工作专业人才队伍建设的意见》要求，注重把政治素质好、业务水平高的社会工作专业人才吸纳进党员干部队伍，选拔进基层领导班子，支持有突出贡献的社会工作专业人才进入人大、政协参政议政。承担社会服务职能的党政机关、群团组织和事业单位在招录（聘）社会服务相关职位工作人员和选拔干部时，同等条件下优先录（聘）用具有丰富基层实践经验、善于做群众工作的社会工作专业人才，逐步充实社会服务专业力量。鼓励符合条件的社会工作专业人才通过选举进入社区（村）党组织、居（村）民自治组织。引导社会工作专业人才通过优质的专业服务，赢得群众认可，提升专业形象。鼓励有条件的地区设立社会工作专业人才关爱基金。依托各类新闻媒体和活动载体，广泛宣传专业社会工作优

秀人物、先进事迹和典型经验,大力报道专业社会工作发展历程及最新成就,积极争取社会各界对专业社会工作发展的参与支持,大力营造关心、理解、尊重社会工作专业人才的浓厚社会氛围。

(四)关心艰苦地区社会工作专业人才成长发展。落实国家为推动西部大开发,促进边远贫困地区、边疆民族地区和革命老区发展的各项人才激励政策。对录(聘)用到艰苦地区工作的社会工作专业人才,同等条件下在提拔晋升、专业技术职务聘用(任)时优先予以考虑。对在艰苦地区服务满两年报考社会工作专业硕士、博士研究生的社会工作专业人才,同等条件下优先录取。对自愿长期留在艰苦地区工作的优秀社会工作专业人才,当地政府部门要根据有关政策协助解决其住房、子女就学、配偶就业等事宜。

四、进一步加强对社会工作专业岗位开发与人才激励保障工作的组织领导

(一)落实工作职责。各地要将发展专业社会工作纳入当地经济社会发展规划。各地综治、教育、公安、民政、司法行政、财政、人力资源社会保障、卫生计生等部门以及工会、共青团、妇联、残联等群团组织要高度重视社会工作专业岗位开发与人才激励保障工作,按照《关于加强社会工作专业人才队伍建设的意见》中确立的社会工作专业人才队伍建设工作机制要求,履行各自职责,相互支持配合。综治部门要注重发挥社会工作专业人才在促进基层社会治理、平安中国建设中的作用,协调推进综治领域社会工作专业岗位开发与人才激励保障工作。民政部门要发挥牵头引导作用,联合推进各领域社会工作专业岗位开发,加快建立健全社会工作专业人才激励保障制度。财政部门要加大社会工作专业岗位开发与人才激励保障的支持力度。人力资源社会保障部门要将取得国家社会工作者水平评价类职业资格证书的社会工作专业人才纳入专业技术人员管理范围,指导做好相关事业单位社会工作专业岗位开发、社会工作专业人才评价、薪酬待遇落实和激励保障工作。教育、公安、司法行政、卫生计生等部门以及工会、共青团、妇联、残联等群团组织要做好各自领域的社会工作专业岗位开发与人才激励保障工作。各地要抓紧研究制定具体实施办法,形成从中央到地方相互衔接的社会工作专业岗位开发与人才激励保障政策体系。

(二)加大资金支持。各地要将应由政府承担的社会工作专业人才薪酬待遇和激励保障经费纳入财政预算,加大财政投入,加强绩效评价,确保资金使用效益。

各有关部门和组织要重视解决本系统、本领域社会工作专业人才薪酬待遇问题。积极引导社会资金支持社会工作专业人才激励保障工作。符合国家支持大众创业、万众创新有关政策条件的社会工作服务机构可以按照规定享受有关优惠政策,促进社会工作服务人员就业。探索面向市场开展社会工作服务,通过合理收费解决专业人员薪酬保障和机构生存发展等问题。

(三)强化督查落实。民政部会同中央综治办、教育部、公安部、司法部、财政部、人力资源社会保障部、国家卫生计生委等部门以及全国总工会、共青团中央、全国妇联、中国残联等群团组织将联合组成督查组,对各地落实社会工作专业岗位开发与人才激励保障政策情况进行督促检查,研究解决政策实施中的突出问题。各地相关部门要对本地区贯彻落实社会工作专业岗位开发与人才激励保障政策的情况进行督查,确保各项政策要求落实到位,确保社会工作专业人才有广阔的职业发展空间,其薪酬待遇水平与职业地位得到明显提高。

关于支持和发展志愿服务组织的意见

·2016 年 7 月

志愿服务是现代社会文明进步的重要标志,是加强精神文明建设、培育和践行社会主义核心价值观的重要内容。志愿服务组织是以开展志愿服务为宗旨的非营利性社会组织,是汇聚社会资源、传递社会关爱、弘扬社会正气的重要载体,是形成向上向善、诚信互助社会风尚的重要力量。伴随着中国特色社会主义历史进程,我国志愿服务事业快速发展,志愿服务组织不断涌现,对促进志愿服务活动广泛开展,推进精神文明建设、推动社会治理创新、维护社会和谐稳定发挥了重要作用。同时,我国志愿服务组织在总体上还存在着数量不足、能力不强、发展环境有待优化等问题。现就支持和发展志愿服务组织,提出以下意见:

一、总体要求

(一)指导思想。全面贯彻落实党的十八大和十八届三中、四中、五中全会精神,以邓小平理论、"三个代表"重要思想、科学发展观为指导,深入贯彻习近平总书记系列重要讲话精神,紧紧围绕"五位一体"总体布局和"四个全面"战略布局,围绕树立和落实创新、协调、绿色、开放、共享的新发展理念,坚持以党的建设为正确引领,坚持以培育和践行社会主义核心价值观、满足人民群众日益增长的社会服务需求为出发点,以能力建设为基础，以建立健全政策制度、完善体制机制、增强法律保障为重点，积极扶持发展志愿服务组织，为加强和创新社会治理，为实现"两个一百年"奋斗目标、实现中华民族伟大复兴的中国梦凝聚力量。

（二）基本原则。

坚持服务大局、统筹发展。把支持和发展志愿服务组织纳入全面建成小康社会、全面深化改革、全面推进依法治国、全面从严治党大局，正确处理志愿服务组织与其他社会服务提供主体之间的关系，统筹不同区域、不同领域、不同类型的志愿服务组织发展。

坚持分类指导、突出特色。注重服务与管理并举，畅通联系渠道，有效发挥志愿服务组织作用。遵循志愿服务组织发展规律，根据志愿服务组织类别和规模，指导各类志愿服务组织明确定位、强化管理，提升能力、突出特色，创新方式、拓展领域，有效释放创造力和生产力，不断提高志愿服务专业化科学化水平。

坚持正确引导、依法自治。坚持党委领导、政府监管，充分发挥基层党组织的战斗堡垒作用，发挥共产党员先锋模范作用和骨干作用，确保志愿服务组织发展的正确方向。充分尊重志愿服务组织的社会性、志愿性、公益性、非营利性特点，引导志愿服务组织按照法律法规和章程开展活动，依法自治。

坚持创新发展、多方参与。着力推进志愿服务组织、志愿者与志愿服务活动共同发展，筑牢志愿服务组织基础。鼓励国家机关、群团组织、企事业单位、其他社会组织和基层群众性自治组织建立志愿服务队伍，引导民生和公共服务机构开门接纳志愿者，形成志愿服务工作合力，扩大志愿服务社会覆盖。

（三）主要目标。到2020年，基本建成与经济社会发展相适应，布局合理、管理规范、服务完善、充满活力的志愿服务组织体系。志愿服务组织发展环境得到优化，初步形成登记管理、资金支持、人才培育等配套政策。志愿服务组织服务范围不断扩大，基本覆盖社会治理各领域、群众生活各方面，涌现一批公信度高、带动力强的志愿服务组织。志愿服务组织功能有效发挥，成为推进人们相互关爱、传递文明的重要渠道，成为提升社会服务水平、改善民生福祉的有力助手，成为增进社会信任、维护社会稳定、促进社会和谐的有生力量。

二、加强志愿服务组织培育

（四）推进志愿服务组织依法登记。坚持积极引导发展、严格依法管理的原则，提供便捷高效的服务，引导符合登记条件的志愿服务组织依法登记。针对目前大部分志愿服务组织规模小、注册资金不足、缺乏相应专职人员和固定场所的实际，在不违背社会组织管理法律法规基本精神基础上，可以按照活动地域适当放宽成立志愿服务组织所需条件。各有关部门要在活动场地、活动资金、人才培养等方面提供优先支持，激发志愿服务组织依法登记的积极性与主动性。经单位领导机构或基层群众性自治组织同意成立的志愿服务组织，可以在本单位、本社区内部开展志愿服务活动。鼓励已经登记的志愿服务组织为其提供规范指导和工作支持。

（五）健全志愿服务组织孵化机制。社会组织孵化基地要吸纳志愿服务组织进驻，在项目开发、能力培养、合作交流、业务支持等方面提供有针对性的扶持。鼓励有条件的地区建立专门的志愿服务组织孵化基地，支持志愿服务组织的启动成立和初期运作，帮助提升服务能力。积极建立志愿服务组织与国家机关、群团组织、企事业单位、其他社会组织和基层群众性自治组织的沟通交流平台，鼓励银行、会计师事务所、律师事务所等专业机构为志愿服务组织提供免费的资金证明、审计、法律咨询等服务。

（六）积极推进志愿服务组织承接公共服务项目。各地各有关部门和符合条件的事业单位、群团组织要贯彻落实《国务院办公厅关于政府向社会力量购买服务的指导意见》（国办发〔2013〕96号）和《政府购买服务管理办法（暂行）》（财综〔2014〕96号）有关要求，充分发挥志愿服务成本低、效率高，志愿服务组织灵活度高、创新性强的特点，积极支持志愿服务组织承接扶贫、济困、扶老、救孤、恤病、助残、救灾、助医、助学等领域的志愿服务，加大财政资金对志愿服务运营管理的支持力度。充分利用志愿服务信息平台等载体，及时发布政府安排由社会力量承担的服务项目，为志愿服务组织获取相关信息提供便利。

（七）完善志愿服务组织监督管理。加强志愿服务组织日常监管，建立登记管理机关、业务主管单位、行业管理部门、行业组织和社会公众等多元主体参与，行政监管、行业自律和社会监督有机结合的监督管理机制。探索建立登记管理机关评估、资助方评估、服务对象评估和自评有机结合的志愿服务组织综合评价体系，逐步引入第三方评估机制，定期对志愿服务组织的基础条件、内部治理、工作绩效和社会评价等进行跟踪评估，将评估情况作为政府购买社会服务、社会各界资助以及落实相关优惠政策的重要依据。推进志愿服务组织诚信建设，将志愿服务组织守信情况纳入社会组织诚信指标体系。对业务活动与志愿服务宗旨、性质严重不符的志愿服务组织建立退出机制;志愿服务组织行为违反法律法规规定的,依法追究相关法律责任。

(八)强化志愿服务组织示范引领。通过政策引导、重点培育、项目资助等方式,建设一批活动规范有序、作用发挥明显、社会影响力强的示范性志愿服务组织。按照有关规定对作出突出贡献的志愿服务组织进行表彰奖励。通过推广志愿服务组织培育和管理经验、建设优秀志愿服务组织库和优秀志愿服务项目库等方式,引领带动其他志愿服务组织科学化规范化发展。

三、提升志愿服务组织能力

(九)完善组织内部治理。登记管理机关、业务主管单位和行业管理部门要指导已登记的志愿服务组织依据章程建立健全独立自主、权责明确、运转协调、制衡有效的内部治理结构。具备条件的志愿服务组织应设立党的组织,充分发挥党组织的政治核心作用,围绕党章赋予基层党组织的基本任务开展工作,团结凝聚志愿者,保证志愿服务组织的政治方向;暂不具备条件的,要明确责任单位指导志愿服务组织开展党建工作,条件成熟时及时建立党的组织。坚持党建带群建,充分发挥群团组织的积极作用。志愿服务组织应当为自身党群组织开展活动、发挥作用提供必要支持。重点完善组织决策、执行、监督制度和内部议事规则,建立健全人、财、物管理制度和内部信息披露制度,准确、完整、及时地向社会公开组织的名称、住所、负责人、机构设置等基本情况,公开年报公告、财务收支、捐资使用、服务内容、奖惩情况等重要信息,主动接受登记管理机关的监督管理和社会监督,努力提升志愿服务组织的社会公信力。有会员单位或分支机构的,应指导其加强内部管理。

(十)创新人才培养机制。国家层面建立志愿服务组织人才示范培训机制,有条件的地区可依托高等院校、党校、团校等教育培训机构建立志愿者培训基地,加快培养一批长期参与志愿服务、熟练掌握服务知识和岗位技能的志愿者骨干,着力培养一批富于社会责任感、熟悉现代管理知识、拥有丰富管理经验的志愿服务组织管理人才。国家机关、群团组织、企事业单位、其他社会组织和基层群众性自治组织要积极支持本单位、本社区的专业人才加入志愿服务组织,开展志愿服务活动,不断优化志愿者队伍结构。志愿服务组织要注重招募、使用专业志愿者,建立健全志愿者日常管理培训制度,对于专业性要求高的志愿服务项目,要强化专业知识和技能培训,不断提高志愿者能力素质。引导志愿服务组织通过规范招募、科学管理、创新服务,培养、吸引和留住优秀志愿者。

(十一)增强组织造血功能。积极探索通过志愿服务交流会、志愿服务项目大赛等有效举措,指导志愿服务组织牢固树立项目意识、品牌意识,不断提升战略谋划、项目运作和宣传推广能力,通过优秀的服务项目和服务品牌争取各方资源,吸引资助者。支持志愿服务组织通过承接公共服务项目、积极参加公益创业和公益创投、争取政府补贴与社会捐赠等多种途径,妥善解决志愿服务运营成本问题,为组织持续发展提供动力。

(十二)加强志愿服务行业自律。加大对志愿服务领域行业组织的扶持发展力度,充分发挥其在志愿服务组织管理中的先行规范和自我约束作用,引导行风建设,加强行业监督,为志愿服务组织监管提供有力辅助;充分发挥行业组织在志愿服务组织服务中的牵头和协调作用,促进行业沟通,反映行业诉求,推动行业创新,为志愿服务组织发展争取有力支持。各地要为志愿服务行业组织发挥行业监督约束作用、加强道德建设创造良好环境,逐步建立健全与行业发展相适应、覆盖全面、运行有效、作用明显的行业自律体系。

四、深化志愿服务组织服务

(十三)强化志愿服务供需对接。立足需求,着眼民生,有关单位和社区要积极向志愿服务组织开放更多公共资源,鼓励街道(乡镇)、城乡社区为志愿服务组织提供服务场所。充分运用社区综合服务设施,搭建社区志愿服务平台。支持和鼓励社会志愿服务组织走进社区,了解和征集群众需求,结合自身能力特点,有针对性地做好志愿服务规划,设计服务项目,开展服务活动,切实使服务对象受益。充分利用信息技术手段,及时有效匹配志愿服务供给与需求。推广"菜单式"志愿服务经验,鼓励引导志愿服务组织公开本组织志愿者技能、特长和提供服务时间等信息,与群众需求有机结合,逐步建立志愿服务供需有效对接机制和服务长效机制,全面提高志愿服务水平。

(十四)推广"社会工作者+志愿者"协作机制。鼓励志愿服务组织招募使用社会工作者,鼓励社会工作服务机构等社会组织在开展公益活动时招募志愿者。建立志愿服务组织与社会工作服务机构等社会组织常态化合作机制,充分发挥社会工作者在组织策划、项目运作、资源链接等方面的专业优势,发挥志愿者热情高、来源广、肯奉献的人力资源优势,形成社会工作者和志愿者协调配合、共同开展服务的格局,促进志愿服务专业化规范化。

(十五)全面推行志愿服务记录制度。依托和完善全国志愿服务信息系统,实施应用《志愿服务信息系统基本规范》(MZ/T061-2015),实现志愿服务信息的互联互通和数据的有效汇集,为志愿服务组织管理志愿者、开展志愿服务记录工作提供技术支撑。各地各有关部门要根据《志愿服务记录办法》(民函〔2012〕340号)和《关于规范志愿服务记录证明工作的指导意见》(民发〔2015〕149号)要求,指导志愿服务组织及时、完整、准确记录志愿者参加志愿服务的信息,保护志愿者个人隐私,规范开具志愿服务记录证明,科学开展志愿者星级认定,建立健全志愿服务时间储蓄制度,不断提高志愿服务组织的服务效能和管理水平。

(十六)创新志愿服务方式方法。指导志愿服务组织明确服务方向,紧紧围绕党和政府中心工作和群众所需所盼,持续推进扶贫、济困、扶老、救孤、恤病、助残、救灾、助医、助学和大型社会活动等重点领域的志愿服务。支持志愿服务组织发挥优势、各展所长,积极推进党员志愿服务、青年志愿服务、老年志愿服务、学生志愿服务、巾帼志愿服务等有序开展,打造项目精品,形成品牌效应。鼓励博物馆、图书馆、纪念馆、文化馆、文物保护单位等设立志愿服务站点,招募使用志愿者。积极探索"互联网+志愿服务",支持志愿服务组织安全合规利用互联网优化服务,创新服务方式,提高服务效能,加强对网络社团等新型组织的志愿服务规范管理。严格规范志愿服务组织涉外合作,确保遵守国家有关法律法规和政策。

五、加强对志愿服务组织发展的组织领导

(十七)健全工作机制。坚持党委政府领导,落实中央文明委工作部署,文明办要发挥好牵头作用,民政部门要切实履行行政管理工作职责,与相关部门、人民团体和群众团体共同推进志愿服务组织发展。各地各有关部门要注重研究、规划和推动志愿服务事业,细化政策措施,加大激励保障力度,建立健全支持和发展志愿服务组织的长效机制,推动形成志愿服务工作经常化制度化。各级党政领导干部要充分发挥示范带头作用,利用工作之余参与志愿服务活动。倡导鼓励广大公务员、专业技术人员、企事业单位干部职工、公众人物等积极加入志愿服务组织,参加志愿服务活动,共产党员、共青团员要作出表率。

(十八)加大经费支持和保险保障。各地要逐步扩大财政资金对志愿服务组织发展的支持规模和范围,加强对志愿服务组织的财税政策支持,落实各项财税优惠政策。积极推进政府购买服务,支持志愿服务组织立足自身优势,承接相关服务项目。单位领导机构和基层群众性自治组织对单位、社区内部志愿服务组织开展志愿服务活动,要给予经费支持。依法大力发展志愿服务基金,切实加强管理,积极搭建爱心企业、爱心人士与志愿服务组织之间的桥梁,引导社会资金参与支持志愿服务组织发展。鼓励多渠道筹资为志愿者购买保险,鼓励保险公司与志愿服务组织合作,设计开发符合志愿服务特点、适应志愿服务发展需要的险种,为志愿服务活动承保,为志愿服务组织健康持续发展提供有力保障。

(十九)营造良好环境。要在全社会大力弘扬雷锋精神,弘扬奉献、友爱、互助、进步的志愿精神,培育学雷锋志愿服务文化。坚持立足中国国情,体现中国特色,讲好中国故事,积极支持有利于志愿服务发展的研究、交流与合作。加强志愿服务经验总结和推广交流,广泛宣传志愿服务组织在提高国民素质和社会文明程度、加强社会治理创新、保障改善民生中的重要作用,为志愿服务组织发展营造良好氛围。

关于加快推进社会救助领域社会工作发展的意见

· 2015年5月4日
· 民发〔2015〕88号

各省、自治区、直辖市民政厅(局)、财政厅(局),各计划单列市民政局、财政局,新疆生产建设兵团民政局、财务局:

为贯彻落实《社会救助暂行办法》和《国务院办公厅关于政府向社会力量购买服务的指导意见》(国办发〔2013〕96号),促进构建现代社会救助体系,发展专业社会工作,现就加快推进社会救助领域社会工作发展提出如下意见:

一、加快推进社会救助领域社会工作发展的重要性与紧迫性

社会工作是一种遵循助人自助价值理念,运用专业知识与方法协助服务对象舒缓心理压力、提升发展能力、增强社会功能、建立支持网络、改善生活境况的专业性社会服务活动。社会救助领域是社会工作的重要服务领域,推进社会救助领域社会工作发展是构建现代社会救助体系的必然要求。随着改革发展的不断深入和经济社会结构的深刻调整,我国基本民生保障的形势与任务发生了新变化,单纯依靠政府提供物质资金的救助方式,已难以有效满足社会救助对象日益增长的社会需求,无法有效化解因社会救助对象心理行为偏差引发的个体和社会问题,迫切需要创新社会救助及其服务提供的内涵、理

念与方式,支持社会工作服务机构和社会工作者广泛参与社会救助,建立健全物质资金帮扶与心理社会支持相结合、基本救助服务与专业化个性化服务相补充、政府主导与社会参与相衔接的新型社会救助服务模式。近些年来,很多地方在发展社会救助领域社会工作方面进行了有益探索,取得了一定成效。但总体看,社会救助领域社会工作发展基础还比较薄弱,存在思想认识不够、人才队伍与服务机构数量与能力不足、可及范围和受益人群有限、支持保障不到位等问题,与构建现代社会救助体系的客观需要和社会救助对象的实际需求相比还有很大差距。各地要进一步增强责任感与紧迫感,解放思想、改革创新、深入探索,采取更加有力措施加快推进社会救助领域社会工作发展。

二、加快推进社会救助领域社会工作发展的总体要求

(一)指导思想。以邓小平理论、"三个代表"重要思想、科学发展观为指导,全面贯彻党的十八大和十八届三中、四中全会精神,贯彻落实习近平总书记系列重要讲话精神,按照"四个全面"战略布局,适应创新社会治理、转变政府职能、建立更加公平可持续社会保障制度的需要,以回应社会救助对象服务需求为根本,以深化社会救助领域社会工作服务为核心,以建立健全政策制度、完善体制机制、加强人才队伍与服务机构建设为基础,加快推进社会救助领域社会工作发展,为促进构建现代社会救助体系、保障和改善基本民生、维护社会和谐稳定提供有力支持。

(二)基本原则。坚持立足需求、务求实效,从社会救助对象服务需求出发构建社会救助领域社会工作制度,设计、组织和开展社会工作服务,确保社会救助对象服务需求得到及时回应与有效满足;坚持政府主导、社会参与,相关政府部门依法履行宏观规划、政策引导、资金投入、监督管理等职责,支持社会工作服务机构和社会工作者依法介入社会救助领域;坚持专业引领、创新发展,深入推动社会工作专业理念、知识与方法的普及应用,积极创造推进社会救助领域社会工作发展的有利条件,不断提升社会救助的专业化水平。

(三)主要目标。建立健全推进社会救助领域社会工作的政策制度,逐步形成协调有力的管理体制和规范高效的工作机制;根据社会救助领域的实际需要,培养一支结构合理、素质优良的社会工作者队伍,发展一批数量充足、服务专业、群众认可的社会工作服务机构,建立健全社会救助领域社会工作可持续发展的支持保障体系。

争取到2020年,社会工作服务机构和社会工作者广泛参与社会救助,社会救助工作人员普遍运用社会工作专业理念、知识与方法的局面初步形成,社会救助领域社会工作的可及范围和受益人群显著扩大,专业作用和服务效果不断增强。

三、加快推进社会救助领域社会工作发展的任务与路径

(一)明确社会救助领域社会工作服务内容。根据社会救助领域特点和社会救助对象需求,有针对性地开展社会工作服务:(1)开展社会融入服务,帮助救助对象调节家庭和社会关系,消除社会歧视,重构社会支持网络,更好地适应社区和社会环境;(2)开展能力提升服务,帮助救助对象及其家庭转变思想观念,发掘自身潜能,学习谋生技能,发展生计项目,消除救助依赖;(3)开展心理疏导服务,帮助救助对象抚慰消极和敌视情绪,缓解心理压力,矫正不良行为,改变负面看法,建立积极乐观上进的心态;(4)开展资源链接服务,帮助救助对象链接生活、就学、就业、医疗等方面的政府资源与社会资源,组织其他专业力量和志愿者为救助对象提供服务,最大限度地弥补政府资源的不足;(5)开展宣传倡导服务,帮助救助对象更加详细、全面地了解政府的社会救助政策,及时、有效地向政府反馈社会救助政策执行的成效与不足,建立健全上情下达、下情上达的信息沟通网络,推动完善社会救助政策。

(二)完善社会救助领域社会工作服务机制。建立健全社会工作服务需求发现报告机制。支持社会工作服务机构和社会工作者参与社会救助对象家庭状况调查评估、建档访视、服务需求分析等具体社会救助管理与服务事务,使社会救助对象的实际需求得到客观评估和及时响应,为有针对性地实施社会救助提供科学依据。建立健全社会工作服务承接机制。在乡镇(街道)社会事务办、民政所、社区服务中心和社区服务站等基层公共服务平台配备使用社会工作者,在社会救助管理与服务机构加强社会工作岗位开发设置,通过政府购买服务等方式扶持发展一批治理规范、服务专业、群众认可的社会工作服务机构,建立健全社会工作者与志愿者协作联动机制,不断夯实社会工作服务的承接平台,扩大社会工作服务的覆盖范围。建立健全社会工作服务转介机制。明确基层公共服务平台、社会救助管理与服务机构中有关经办人员参与社会工作服务的职责,对有社会工作服务需求的社会救助对象,依程序转介给社会工作服务机构和社会工作者,由社会工作服务机构和社会工作者根据社会救助对象实际情况分类提供综合性或专门化服务,使社会救助对象的需求得到全面有效回应。

(三)强化社会救助领域社会工作服务评估。构建政府部门、服务对象、专业机构等协同配合的服务评估模式,从行政监管、服务成效、项目管理、社会影响等多个方面对社会救助领域社会工作服务进行综合评估,保证社会救助领域社会工作服务的职业化、专业性、规范化发展方向。加强政府购买社会救助领域社会工作服务项目评估,规范立项评估和绩效评估程序,对申请承接政府购买社会救助领域社会工作服务的机构,从专业资质、内部治理、人才资源等维度进行第三方立项评估;建立社会救助领域社会工作服务绩效评估指标体系,对社会救助领域社会工作服务项目的综合成效进行客观评估,加强绩效评估结果的反馈应用。引导社会工作服务机构和社会工作者自觉做好自我评估,树立质量管理意识,建立专业督导机制,不断提升参与和承接社会救助领域社会工作服务的能力水平。

四、切实加强社会救助领域社会工作的支持保障

(一)加大社会救助领域社会工作投入力度。各地要贯彻落实《国务院办公厅关于政府向社会力量购买服务的指导意见》(国办发〔2013〕96号)和《民政部、财政部关于政府购买社会工作服务的指导意见》(民发〔2014〕196号),将社会救助领域社会工作纳入政府购买服务范围,逐步加大政府投入力度,鼓励和引导社会资金投向社会救助领域社会工作,构建多元化的经费保障机制。

(二)推进社会救助领域工作人员教育培训。依托各项社会工作专业人才培养和有关干部培训计划,发挥高校院所和社会工作专业人才培训基地的资源优势,对基层社区有关工作人员和社会救助管理与服务机构干部职工开展大规模、分层次、分类别的社会工作培训;鼓励基层社区有关工作人员和社会救助领域干部职工参加全国社会工作者职业水平考试和社会工作学历学位教育,提升运用社会工作专业理念、知识与方法开展社会救助管理与服务工作的实际能力;通过购买服务、公开招聘、挂职锻炼等方式,逐步扩大基层社区和社会救助管理与服务机构社会工作者的数量;加大社会救助政策、知识与方法在社会工作学历学位教育、在职在岗培训和职业水平评价中的内容比重。

(三)加强社会救助领域社会工作研究宣传。总结提炼社会救助领域社会工作的经验模式,学习借鉴其他国家和地区的先进做法,研究解决社会救助领域社会工作发展中的困难问题,逐步构建社会救助领域社会工作理论与实务体系。依托各类新闻媒体和社会救助宣传载体,对社会救助领域社会工作的政策制度、经验做法、优秀事迹开展持续深入的宣传,加大社会工作专业理念、知识与方法的宣传普及力度,积极营造关心、理解、支持社会救助领域社会工作发展的社会氛围。

(四)开展社会救助领域社会工作试点。按照试点先行、统筹推进的原则,选择一批社会工作发展基础条件好、社会救助对象多、服务需求急迫的地区和单位开展社会救助领域社会工作试点,积极总结经验、探索模式、创新方法,在试点基础上创建一批社会救助领域社会工作示范地区和单位,发挥其典型示范和引领带动作用,逐步推动社会救助领域社会工作由点及面深入发展。

民政部关于进一步加快推进民办社会工作服务机构发展的意见

· 2014年4月9日
· 民发〔2014〕80号

各省、自治区、直辖市民政厅(局),各计划单列市民政局,新疆生产建设兵团民政局:

为发挥民办社会工作服务机构在吸纳使用社会工作专业人才,提供专业化、个性化社会工作服务,创新社会治理方面的重要作用,根据《民办非企业单位登记管理暂行条例》和《关于加强社会工作专业人才队伍建设的意见》(中组发〔2011〕25号),现就进一步加快推进民办社会工作服务机构发展提出如下意见:

一、充分认识加快推进民办社会工作服务机构发展的重要性和紧迫性

民办社会工作服务机构是以社会工作专业人才为主体,坚持"助人自助"宗旨,遵循社会工作专业伦理规范,综合运用社会工作专业知识、方法和技能,开展困难救助、矛盾调处、权益维护、人文关怀、心理疏导、行为矫治、关系调适、资源链接等服务的民办非企业单位。民办社会工作服务机构是社会工作专业人才发挥作用的重要平台,是整合社会工作资源、提供社会工作服务的重要载体,是承接政府社会服务职能的重要依托。发展民办社会工作服务机构,对于加强现代社会组织建设、促进转变政府职能、引导社会力量有序参与社会治理、建立健全社会服务体系,具有十分重要意义。

《民政部关于促进民办社会工作服务机构发展的通知》(民发〔2009〕145号)发布以来,各级民政部门立足实际、积极探索、创新实践，扶持发展了一批管理规范、服务专业、作用明显、公信力强的民办社会工作服务机构，有力推动了社会工作事业发展，较好回应了人民群众服务需求，促进了社会主义和谐社会建设。但从总体看，民办社会工作服务机构发展依然存在规模较小、服务能力不足、扶持力度不大、规范管理不够等问题，与人民群众需求和社会发展要求相比还有很大差距。各级民政部门要进一步增强责任感和紧迫感，解放思想、更新观念、大胆探索，采取更加有力措施，加快推进民办社会工作服务机构发展。

二、加快推进民办社会工作服务机构发展的指导思想、基本原则和主要目标

（一）指导思想。以邓小平理论、"三个代表"重要思想、科学发展观为指导，深入贯彻党的十八大和十八届三中全会精神，适应转变政府职能、创新社会治理、推进社会参与要求，以满足人民群众社会工作服务需求为根本，以加强民办社会工作服务机构能力建设为重点，以建立健全政策制度、完善体制机制为保障，加快推进民办社会工作服务机构发展，为繁荣发展社会工作事业、提升社会治理与服务水平提供有力支撑。

（二）基本原则。坚持积极扶持、规范发展，将民办社会工作服务机构纳入社会组织建设管理之中，加快完善体制机制和政策措施，依法加强监督管理和业务指导，引导民办社会工作服务机构健康有序发展。坚持突出重点、统筹兼顾，优先扶持发展满足重点人群和重点领域服务需求的民办社会工作服务机构，以点带面逐步壮大民办社会工作服务机构发展规模、优化发展布局。坚持改革创新、整合资源，按照社会组织体制改革方向，着力破解制约民办社会工作服务机构发展的瓶颈问题，有效整合各方资源，鼓励和支持社会力量参与民办社会工作服务机构发展。

（三）主要目标。建立健全加快推进民办社会工作服务机构发展的政策制度，逐步形成协调有力的管理体制和规范高效的工作机制；进一步完善登记服务和监督管理措施，为民办社会工作服务机构登记成立和健康发展创造有利条件；加强民办社会工作服务机构能力建设，促进社会工作行业组织发展；加快推进政府购买社会工作服务，建立健全民办社会工作服务机构支持保障体系。到2020年，在全国发展8万家管理规范、服务专业、作用明显、公信力强的民办社会工作服务机构，有效承接政府社会服务职能，满足人民群众专业化、个性化的社会工作服务需求。

三、完善民办社会工作服务机构管理制度

（一）改进登记方式。成立民办社会工作服务机构，应当符合《民办非企业单位登记管理暂行条例》规定的条件，专职工作人员中应有三分之一以上取得社会工作者职业水平证书或社会工作专业本科及以上学历，章程中应明确社会工作服务宗旨、范围和方式。民办社会工作服务机构可直接向民政部门依法申请登记。鼓励有条件的民办社会工作服务机构规模化、综合化发展，面向城乡基层设立社会工作服务站点。

（二）强化监督管理。各级民政部门要坚持积极引导发展、严格依法管理的原则，进一步加强对民办社会工作服务机构履行章程、开展活动、使用资金的监督管理，综合运用年度检查、社会评估、绩效评价、信用建设等监督管理手段。对违反章程开展活动、骗取或违规使用政府购买服务与社会捐赠资金、公布虚假失实信息、侵害服务对象权益等行为要严肃依法惩处，建立健全责任追究和行业退出机制。深入做好民办社会工作服务机构评估工作，将评估结果作为政府购买服务和资源支持的重要依据，充分发挥评估工作的导向、激励和约束作用。

（三）推动信息公开。建立健全民办社会工作服务机构信息公开制度，督促民办社会工作服务机构真实、准确、完整、及时地向社会公开组织机构、年报公告、财务收支、捐资使用、服务内容、奖惩情况等重要信息，主动接受社会监督，努力树立良好社会公信力。依托各级社会组织管理服务信息平台，实现民办社会工作服务机构信息公开与注册登记、申请项目、吸引捐赠的有机衔接，广泛争取社会各界对民办社会工作服务机构的认可与支持。

四、加强民办社会工作服务机构能力建设

（一）进一步增强民办社会工作服务机构内部治理能力。督促民办社会工作服务机构建立健全以章程为核心的各项规章制度，健全理事会、监事会制度，完善法人治理结构，恪守民间性、公益性、非营利性原则。以政府购买社会工作服务为杠杆，发挥市场配置资源的决定性作用，促进民办社会工作服务机构提升战略谋划、项目运作、资源整合、创新发展和组织管理能力。指导民办社会工作服务机构建立健全财务管理制度，主动拓宽资金来源，积极争取企业、基金会和社会各界资助，增强自身造血功能，增强资金计划、分配与使用的规范性和透明度。加快培养一批具有社会使命感、掌握现代组织管理知识、拥有丰富管理经验的民办社会工作服务机构管理人才以及具有扎实理论知识和丰富实务经验、能够指导解决复杂专业问题、引导推动社会工作服务人才成长发展的专业督导人才。

（二）着力提升民办社会工作服务机构服务水平。加强对民办社会工作服务机构提供服务情况的指导、监督与反馈，逐步优化民办社会工作服务机构的区域布局、业务结构和服务功能。建立健全民办社会工作服务机构服务成效评估指标体系，为评价民办社会工作服务机构服务情况、提升服务水平提供科学依据。加强民办社会工作服务机构一线服务人员的教育培训，鼓励其参加社会工作者职业水平考试，不断提升综合素质和专业水平。指导民办社会工作服务机构结合群众需求和自身优势特点加强服务品牌建设，形成一批社会认可、特色鲜明、具有示范指导作用的优秀社会工作服务项目。支持符合条件的民办社会工作服务机构承接社会工作专业人才实习实训任务，积极引导高校社会工作专业毕业生到民办社会工作服务机构就业创业、建功立业。

（三）建立健全民办社会工作服务机构联系志愿者制度。以民办社会工作服务机构为平台，深入做好志愿者的招募注册、组织管理、培训指导和服务记录工作，鼓励志愿者长期参加民办社会工作服务机构有关活动，通过自学、考试等方式转化提升为社会工作专业人才。通过社会工作专业人才和志愿者（义工）的互动，引领提升志愿服务的专业化、组织化水平，丰富社会工作专业人才资源，拓展社会工作专业服务范围，增强社会工作专业服务效果。

（四）加强民办社会工作服务机构党群组织建设。按照现代社会组织党建工作要求，指导民办社会工作服务机构建立基层党组织，逐步实现民办社会工作服务机构党组织全覆盖，支持有条件的民办社会工作服务机构建立共青团、工会、妇女组织等群团组织，充分发挥党组织的领导核心作用、团组织的先锋模范作用以及工会、妇女组织的服务维权作用，确保民办社会工作服务机构的正确发展方向。

五、切实发挥社会工作行业组织促进民办社会工作服务机构发展的功能作用

（一）支持社会工作行业组织发展。各级民政部门要按照《国务院办公厅关于加快推进行业协会商会改革和发展的若干意见》（国办发〔2007〕36号）要求，加大社会工作行业组织扶持发展力度，将社会工作行业组织纳入政府购买社会工作服务对象范围。加强对社会工作行业组织的监督管理，促进行业管理与服务人才队伍建设，引导在行业中起骨干作用的民办社会工作服务机构参与组建、发展行业组织。积极探索在社会工作行业组织中

引入竞争机制，不断提升民办社会工作服务机构的服务水平。

（二）推进民办社会工作服务机构行业自律。指导社会工作行业组织建立健全各项行业自律制度，制定并实施行业职业道德准则，推动行业诚信体系建设，依法依规开展行业评比奖励和质量认证等活动，规范民办社会工作服务机构行为，增强民办社会工作服务机构公信力。有条件的地区要逐步将民办社会工作服务机构及其有关人员的资质核查、信息统计、教育培训等日常管理事务委托社会工作行业组织承担，充分发挥行业组织在民办社会工作服务机构管理中的前置和基础作用，推动政府监管与行业自律的有机结合。

（三）积极做好民办社会工作服务机构行业服务。社会工作行业组织要主动加强行业调查研究，积极参与相关法律法规、行业规划、行业标准的研究制定工作，及时向政府部门反映民办社会工作服务机构诉求，提出行业发展意见和建议。要积极为民办社会工作服务机构提供政策咨询、规划指导、项目推介、信息发布、权益维护、能力建设、合作交流等服务，增进民办社会工作服务机构之间以及民办社会工作服务机构与有关方面的沟通联系，为民办社会工作服务机构发展争取有力支持。

六、建立健全民办社会工作服务机构支持保障体系

（一）加快推进政府购买社会工作服务。积极推动政府职能转变，贯彻落实《国务院办公厅关于政府向社会力量购买服务的指导意见》（国办发〔2013〕96号）和《民政部、财政部关于政府购买社会工作服务的指导意见》（民发〔2012〕196号），将社会工作专业人才配备、社会工作岗位设置、机构管理服务能力与成效等情况作为政府购买民办社会工作服务机构服务的重要依据。规范政府购买社会工作服务程序，除技术复杂、性质特殊的社会工作服务项目和岗位，原则上均应通过公开招标方式竞争性购买，公平对待民办社会工作服务机构承接政府购买社会工作服务。严格民办社会工作服务机构承接政府购买社会工作服务的资质条件，加强对政府购买社会工作服务的监督管理和绩效评价，建立健全评价结果反馈应用与奖惩机制，确保民办社会工作服务机构依法依约提供服务。积极发展社会工作专业评估与咨询服务机构，为开展政府购买社会工作服务提供技术支持。

（二）加大对民办社会工作服务机构扶持力度。实施民办社会工作服务机构孵化基地建设工程，通过整合现有资源或新建等方式，到2020年建立50个国家级民办社会工作服务机构孵化基地。各地要积极推动本地区

民办社会工作服务机构孵化基地建设,优先孵化以老年人、残疾人、青少年、城市流动人口、农村留守人员、特殊困难人群、受灾群众等为重点服务对象和以婚姻家庭、教育辅导、就业援助、职工帮扶、犯罪预防、矫治帮教、卫生医疗、人口服务、应急处置等为重点服务领域的民办社会工作服务机构。鼓励有条件的地方设立扶持民办社会工作服务机构发展专项资金,通过公益创投、补贴奖励、提供场所、减免费用等多种方式,支持民办社会工作服务机构的启动成立和初期运作。采取公办民营、民办公助等方式,面向民办社会工作服务机构开放公共和社会资源,支持其以社区为平台开展社会工作服务。积极协调有关部门落实促进民办社会工作服务机构发展的各项财税优惠政策,降低其运行管理和提供服务成本。各地民政部门要会同有关部门研究制定民办社会工作服务机构有关人员引进落户、薪酬保障、职业发展、表彰奖励等方面的激励措施,充分调动民办社会工作服务机构开展专业服务的积极性、主动性和创造性。

(三)鼓励社会力量支持和参与民办社会工作服务机构发展。鼓励社会工作院校与民办社会工作服务机构开展产学研合作,鼓励社会工作专业教师创办民办社会工作服务机构。积极引导志愿者机构、公益慈善类社会组织和企事业单位按照注册登记条件成立民办社会工作服务机构。鼓励国(境)内外组织和个人依法通过捐资方式创办民办社会工作服务机构,通过设立基金、提供场所、项目合作、专业扶持等多种方式支持民办社会工作服务机构发展。

七、加强对民办社会工作服务机构发展的组织领导

(一)建立健全领导体制和工作机制。各级民政部门要将促进民办社会工作服务机构发展作为推动政府职能转变、完善社会服务体系的重要任务,纳入社会组织建设管理和社会工作专业人才队伍建设规划,积极争取党委政府和有关部门的重视与支持。要进一步加强调查研究、政策创制和统筹协调,制定本地区实施意见,出台落实措施,建立健全支持民办社会工作服务机构发展的长效机制。

(二)加大对民办社会工作服务机构发展的经费投入。要积极协调有关部门逐步扩大财政资金对民办社会工作服务机构发展的支持规模和范围。加大民政部门留用的福利彩票公益金对民办社会工作服务机构发展支持力度,扶持壮大群众急需、具有发展潜力的民办社会工作服务机构。支持、引导社会资金参与支持民办社会工作服务机构发展,逐步形成多元化、稳定化、制度化的经费

保障机制。

(三)营造民办社会工作服务机构发展的社会环境。要加强各类社会工作宣传载体建设,围绕民办社会工作服务机构发展的政策制度、优秀典型、先进事迹,开展深入持续的社会宣传,着力突出民办社会工作服务机构在保障改善民生、创新社会治理中的重要作用、专业功能和服务成效。积极开展民办社会工作服务机构发展的研究、交流与合作,及时总结推广经验做法,研究解决困难问题,促进理论与实践发展。严格按照国家规定,对优秀民办社会工作服务机构及有关专业人才进行多种形式的表彰奖励,大力营造关心、理解、支持民办社会工作服务机构发展的良好社会氛围。

社会工作者职业道德指引

· 2012 年 12 月 28 日
· 民发〔2012〕240 号

第一章 总 则

第一条 为加强社会工作者职业道德建设,保证社会工作者正确履行专业社会工作服务职责,根据国家有关规定,制定本指引。

第二条 本指引所指的社会工作者是指通过全国社会工作者职业水平评价,提供专业社会工作服务的人员。

第三条 社会工作者应热爱祖国、热爱人民、拥护中国共产党领导,遵守宪法和法律法规,贯彻落实党和国家有关方针政策。

第四条 社会工作者应践行社会主义核心价值观,遵循以人为本、助人自助专业理念,热爱本职工作,以高度的责任心,正确处理与服务对象、同事、机构、专业及社会的关系。

第二章 尊重服务对象 全心全意服务

第五条 社会工作者应以服务对象的正当需求为出发点,全心全意为服务对象提供专业服务,最大程度地维护服务对象的合法权益。

第六条 社会工作者应平等对待和接纳服务对象,不因民族、种族、性别、户籍、职业、宗教信仰、社会地位、教育程度、身体状况、财产状况、居住期限等因素而区别对待。

第七条 社会工作者应尊重服务对象知情权,确保服务对象在接受服务过程中,了解自身和机构的权利、责任和义务,以及获得服务的情况和可能由此产生的结果。

第八条 社会工作者应在不违反法律、不妨碍他人

正当权益的前提下,保护服务对象的隐私,对在服务过程中获取的信息资料予以保密。

第九条　社会工作者应培养服务对象自我决定的能力,尊重和保障服务对象对与自身利益相关的决定进行表达和选择的权利。

第十条　社会工作者不得利用与服务对象的专业关系,谋取私人利益或其他不当利益,损害服务对象的合法权益。

第三章　信任支持同事　促进共同成长

第十一条　社会工作者应与同事建立平等互信的工作关系。

第十二条　社会工作者应主动与同事分享知识、经验、技能,互相促进,共同成长。有责任在必要时协助同事为服务对象提供服务,接受转介的工作。

第十三条　社会工作者应尊重其他社会工作者、专业人士和志愿者不同的意见及工作方法。任何建议、批评及冲突都应以负责任、建设性的态度沟通和解决。

第十四条　社会工作者应相互督促支持,对同事违反专业要求的言行予以提醒,对同事受到与事实不符的投诉予以澄清。

第四章　践行专业使命　促进机构发展

第十五条　社会工作者应认同机构使命和发展目标,遵守机构规章制度,按照机构赋予的职责开展专业服务。

第十六条　社会工作者应积极维护机构的形象和声誉,在发表公开言论或进行公开活动时,应表明自己代表的是个人还是机构。

第十七条　社会工作者应致力于推动机构遵循社会工作专业使命和价值观,促进机构成长、参与机构管理,增强服务能力、提高服务质量。

第五章　提升专业能力　维护专业形象

第十八条　社会工作者在提供专业服务时,应诚实、守信、尽责,积极维护专业形象。

社会工作者应在自身专业能力和服务范围内提供服务。

第十九条　社会工作者应不断内化和践行专业理念,持续充实专业知识和技能,提升专业能力,促进专业功能的发挥和专业地位的提升。

第二十条　社会工作者应继承中华民族优良传统,借鉴国际社会工作发展优秀成果,总结中国社会工作经验,推动中国特色社会工作发展。

第六章　勇担社会责任　增进社会福祉

第二十一条　社会工作者应运用专业视角,发挥专业特长,参与相关政策法规的制定和完善,维护社会公平正义,增进社会福祉。

第二十二条　社会工作者应正确鼓励、引导社会大众参与社会公共事务,推动社会建设。

第二十三条　社会工作者应推广专业服务,促进社会资源合理分配,使社会服务惠及社会大众。

第七章　附　则

第二十四条　本指引自发布之日起施行。

社会工作者职业水平证书登记办法

·2009 年 4 月 8 日
·民发〔2009〕44 号

第一条　为规范社会工作者职业水平证书登记工作,加强社会工作人才队伍建设,根据国家有关规定,制定本办法。

第二条　本办法所称社会工作者,是指通过全国社会工作者职业水平评价取得《中华人民共和国社会工作者职业水平证书》的人员,包括助理社会工作师、社会工作师和高级社会工作师。

第三条　社会工作者职业水平证书实行登记服务制度。民政部负责全国社会工作者职业水平证书登记服务的管理工作。省、自治区、直辖市人民政府民政部门负责本行政区域内社会工作者职业水平证书的登记服务工作。

第四条　社会工作者职业水平证书登记分为首次登记和再登记。首次登记的受理期限为通过社会工作者职业水平评价后 1 年内,登记有效期为 3 年。首次登记后,每 3 年进行再登记。再登记的受理期限为上次登记有效期满前 3 个月。

第五条　申请首次登记的社会工作者,应当具备下列条件:

(一)具有完全民事行为能力;

(二)通过全国社会工作者职业水平评价取得职业水平证书并且在登记受理期限内;

(三)遵纪守法,恪守职业道德。

第六条　申请首次登记的社会工作者,应当将下列材料报送户籍或者工作所在地社会工作者职业水平证书登记机构:

（一）身份证明；

（二）《中华人民共和国社会工作者职业水平证书》；

（三）登记申请表。

第七条　受理首次登记申请的机构应当自受理申请之日起 30 个工作日内对申请人提交的材料进行审核。审核合格的，予以登记并根据所通过的职业水平评价级别相应发给民政部统一印制的助理社会工作师登记证书、社会工作师登记证书或者高级社会工作师登记证书。审核不合格的，应当通知申请人并说明理由。

第八条　申请再登记的社会工作者，应当具备下列条件：

（一）具有完全民事行为能力；

（二）持有登记证书并且在再登记受理期限内；

（三）接受社会工作者继续教育办法规定的继续教育；

（四）遵纪守法，恪守职业道德。

第九条　申请再登记的社会工作者，应当将下列材料报送户籍或者工作所在地社会工作者职业水平证书登记机构：

（一）身份证明；

（二）登记证书；

（三）再登记申请表；

（四）继续教育证明。

第十条　受理再登记申请的机构应当自受理申请之日起 30 个工作日内对申请人提交的材料进行审核。审核合格的，在其登记证书"再登记情况"栏目内加盖登记专用章。审核不合格的，应当通知申请人并说明理由。

第十一条　助理社会工作师登记证书、社会工作师登记证书、高级社会工作师登记证书应当妥善保管，不得涂改、出借、出租或转让。

第十二条　有下列情形之一的，经有关单位和个人提出，由登记机构调查核实后不予登记；已经登记的，注销登记：

（一）以不正当手段取得登记证书的；

（二）私自涂改、出借、出租和转让登记证书的；

（三）在社会工作活动中，违反有关法律、法规、规章制度或者职业道德，造成不良影响的。

被注销登记的，自登记注销之日起，其登记证书自动失效。

第十三条　省、自治区、直辖市人民政府民政部门应当及时将登记资料录入登记信息系统，并定期将本省、自治区、直辖市当年社会工作者职业水平证书登记情况报

民政部备案。

第十四条　民政部通过网络、公告等形式定期向社会公布已登记的社会工作者有关信息，供有关单位和社会公众查询。

第十五条　鼓励国家机关、企事业单位、公益类社会组织和社区根据工作需要，优先聘任获得登记证书的社会工作者。

第十六条　省、自治区、直辖市人民政府民政部门可以结合本行政区域的实际情况，制定当地社会工作者职业水平证书登记服务的具体规定，并报民政部备案。

附件：1. 社会工作者职业水平证书登记申请表（略）

2. 社会工作者职业水平证书再登记申请表（略）

社会工作者职业水平评价暂行规定

· 2006 年 7 月 20 日

· 国人部发〔2006〕71 号

第一章　总　则

第一条　为规范社会工作者职业行为，提高社会工作者专业能力，加强社会工作者队伍建设，根据国家职业资格证书制度的有关规定，制定本规定。

第二条　本规定适用于在社会福利、社会救助、社会慈善、残障康复、优抚安置、卫生服务、青少年服务、司法矫治等社会服务机构中，从事专门性社会服务工作的专业技术人员。

第三条　国家建立社会工作者职业水平评价制度，纳入全国专业技术人员职业资格证书制度统一规划。

第四条　社会工作者职业水平评价分为助理社会工作师、社会工作师和高级社会工作师三个级别。高级社会工作师职业水平评价办法另行制定。

助理社会工作师、社会工作师英文分别译为：

Junior Social Worker

Social Worker

第五条　通过职业水平评价，取得社会工作者职业水平证书的人员，表明其已具备相应专业技术岗位工作的水平和能力。

第六条　人事部、民政部共同负责社会工作者职业水平评价制度的组织实施工作，并按职责分工对该制度的实施进行指导、监督和检查。

第二章　考　试

第七条　助理社会工作师、社会工作师职业水平评价实行全国统一大纲、统一命题、统一时间、统一组织的

考试制度,原则上每年举行一次。

第八条　民政部负责组织专家拟定考试科目、考试大纲,组织命题,研究建立考试试题库,提出考试合格标准建议。

第九条　人事部负责组织专家审定考试科目、考试大纲和试题,会同民政部确定考试合格标准,并对考试实施等工作进行指导、监督和检查。

第十条　凡中华人民共和国公民,遵守国家法律、法规,恪守职业道德,并符合助理社会工作师或社会工作师报名条件的人员,均可申请参加相应级别的考试。

第十一条　助理社会工作师考试报名条件:

(一)取得高中或者中专学历,从事社会工作满4年;

(二)取得社会工作专业大专学历,从事社会工作满2年;

(三)社会工作专业本科应届毕业生;

(四)取得其他专业大专学历,从事社会工作满4年;

(五)取得其他专业本科及以上学历或学位,从事社会工作满2年。

第十二条　社会工作师考试报名条件:

(一)取得高中或者中专学历,并取得助理社会工作师职业水平证书后,从事社会工作满6年;

(二)取得社会工作专业大专学历,从事社会工作满4年;

(三)取得社会工作专业大学本科学历,从事社会工作满3年;

(四)取得社会工作专业硕士学位,从事社会工作满1年;

(五)取得社会工作专业博士学位;

(六)取得其他专业大专及以上学历或学位,其从事社会工作年限相应增加2年。

第十三条　助理社会工作师、社会工作师职业水平考试合格,颁发人事部统一印制、人事部和民政部共同用印的《中华人民共和国社会工作者职业水平证书》。该证书在全国范围有效。

第十四条　凡以不正当手段取得社会工作者职业水平证书的,由发证机关收回证书,2年内不得再次参加社会工作者职业水平考试。

第三章　义务与职业能力

第十五条　社会工作者应严格遵守国家法律法规和社会工作职业守则。

第十六条　社会工作者在社会服务工作中,应当与服务对象建立良好平等的沟通关系,维护服务对象权益,倾听服务对象诉求,尊重服务对象选择,保守服务对象隐私。

第十七条　助理社会工作师应具备以下职业能力:

(一)熟悉与社会工作业务相关的法律、法规、政策和行业管理规定,掌握基本的社会工作专业知识;

(二)能够与各类服务对象建立专业服务关系,对服务对象的问题做出预估,制定服务计划和服务协议,独立接案、结案并提供跟进服务;

(三)能够根据服务计划,运用专业方法和技术协助服务对象解决问题。

第十八条　社会工作师应具备以下职业能力:

(一)能够熟练运用社会工作业务相关的法律、法规、政策和行业管理规定,具备较丰富的社会工作专业经验;

(二)能够综合运用各种社会工作方法,为服务对象提供专业服务,处理各类复杂问题,并对所提供的专业服务质量与效果进行评估;

(三)能够指导助理社会工作师开展专业工作,帮助其提高专业工作水平和能力;

(四)能够制定科学合理的工作方案和发展规划,整合、运用相关社会服务资源,拓展服务领域,保证服务质量。

第十九条　取得社会工作者职业水平证书的人员,应当接受继续教育,更新知识,不断提高职业素质和本专业工作能力。

第四章　登　记

第二十条　社会工作者职业水平证书实行登记服务制度。具体工作由民政部或其委托的机构负责。

第二十一条　民政部或其委托的机构定期向社会公布社会工作者职业水平证书登记情况,并为用人单位提供查询取得社会工作者职业水平证书人员的信息服务。

第二十二条　在社会工作职业活动中,违反有关法律、法规、规章制度或职业道德,造成不良影响的,由登记机关取消登记,并由发证机关收回职业水平证书。

第五章　附　则

第二十三条　通过考试取得社会工作者职业水平证书的人员,用人单位可根据工作需要聘任相应级别专业技术职务。具体办法另行规定。

第二十四条　香港、澳门居民申请参加社会工作者职业水平考试的,报名时应提交本人身份证明、国务院教育行政部门认可的学历或学位证书、从事本专业工作实践证明。台湾地区的专业技术人员参加考试的办法另行规定。

外籍人员申请参加社会工作者职业水平考试的具体办法另行规定。

第二十五条　社会工作者职业水平评价有关机构,在开展社会工作者职业水平评价等工作中,因工作失误,使专业技术人员合法权益受到损害的,应依据国家有关规定给予相应赔偿,并向有关责任人追偿。

第二十六条　社会工作者职业水平评价有关机构的工作人员,不履行工作职责、监督不力、借机为自己或他人谋取利益,以及有其他违法违规行为的,由其主管部门责令改正,造成不良影响或者严重后果的,对直接负责的主管人员和直接责任人员给予相应处分;构成犯罪的,依法追究刑事责任。

第二十七条　本规定自 2006 年 9 月 1 日起施行。

助理社会工作师、社会工作师职业水平考试实施办法

· 2006 年 7 月 20 日
· 国人部发〔2006〕71 号

第一条　人事部、民政部共同成立“社会工作者职业水平评价办公室”,办公室设在民政部,负责研究社会工作者职业水平考试相关政策和考试日常管理工作。具体考试考务工作委托人事部人事考试中心组织实施。

各省、自治区、直辖市的考试工作,由当地人事部门会同民政部门共同负责,具体职责分工由各地协商确定。

第二条　民政部组织成立社会工作者职业水平评价专家委员会,负责编写考试大纲、命题,研究建立考试试题库。

第三条　助理社会工作师考试科目为《社会工作综合能力(初级)》、《社会工作实务(初级)》。社会工作师职业水平考试科目为《社会工作综合能力(中级)》、《社会工作实务(中级)》和《社会工作法规与政策》。

第四条　参加助理社会工作师考试的人员,应在一个考试年度内通过全部科目的考试。

社会工作师考试成绩实行两年为一个周期的滚动管理办法,参加考试的人员应在连续两个考试年度内通过全部科目的考试。

第五条　报名参加助理社会工作师、社会工作师职业水平考试的人员,应符合《社会工作者职业水平评价暂行规定》中规定的相应报名条件。由本人提出申请,按规定携带有关证明材料,到指定的考试管理机构报名。经考试管理机构审查合格后,向申请人核发准考证。申请人凭准考证及有关身份证明,在指定时间、地点参加考试。

第六条　参加助理社会工作师考试的本科应届毕业生,在报名时应提交能够证明其在考试年度可毕业的有效证件(如学生证等)和所在学校出具的应届毕业生证明。

第七条　助理社会工作师、社会工作师职业水平考试原则上每年举行一次。考点设在省会城市和直辖市的大、中专院校或高考定点学校。如确需在其他城市设置考点,应经人事部、民政部批准。

第八条　坚持考试与培训分开原则。凡参与考试工作(包括命题和组织管理等)的人员,不得参加考试和参与或举办与考试内容有关的培训工作。应考人员参加相关培训实行自愿原则。

第九条　助理社会工作师、社会工作师考试有关项目的收费标准,应经当地价格主管部门核准,并向社会公布,接受公众监督。

第十条　考试考务工作要严格执行考试工作的有关规章制度,切实做好试卷命制、印刷、发送过程中的保密工作,遵守保密制度,严防泄密。

第十一条　考试工作人员要严格遵守考试工作纪律,认真执行考试回避制度。对违反考试纪律和有关规定的,按照《专业技术人员资格考试违纪违规行为处理规定》处理。

高级社会工作师评价办法

· 2018 年 3 月 6 日
· 人社部规〔2018〕2 号

第一章　总　则

第一条　为完善社会工作专业人才职业水平评价制度,科学、客观、公正地评价社会工作者的职业能力,加强社会工作者职业化管理与激励保障,根据《关于分类推进人才评价机制改革的指导意见》(中办发〔2018〕6 号)和国家职业资格制度有关规定,制定本办法。

第二条　高级社会工作师是社会工作者职业水平评价的高级级别,英文译为 Senior Social Worker。

第三条　高级社会工作师实行考试和评审相结合的评价制度。参加考试合格并通过评审,方可取得高级社会工作师资格。

第四条　高级社会工作师评价工作在人力资源社会

保障部、民政部的统一领导下进行。人力资源社会保障部、民政部共同成立的"全国社会工作者职业水平评价办公室"（办公室设在民政部），负责研究高级社会工作师评价相关政策、评价标准，以及考试的日常管理和评审的组织实施，指导、监督和检查各地高级社会工作师的评价工作。

各省、自治区、直辖市的高级社会工作师评价工作，由当地人力资源社会保障部门和民政部门共同组织实施，具体职责分工由各地协商确定。

充分发挥社会组织的专业优势，逐步推动具备条件的行业协会、专业学会等社会组织和专业机构有序承接高级社会工作师评价工作。

第二章　职业素质与能力

第五条　高级社会工作师应坚定正确政治立场，拥护中国共产党领导，遵守宪法和各项法律法规，贯彻落实党和国家方针政策，践行社会主义核心价值观。

第六条　高级社会工作师应具有良好的社会责任感和职业使命感，秉承社会工作专业理念，遵守社会工作职业道德，积极维护职业形象。

第七条　高级社会工作师应具备的职业能力：

（一）能够熟练运用社会工作专业理论、方法、技巧和相关政策法规，提供高质量的专业服务，解决复杂疑难专业问题；

（二）能够发挥专业骨干作用，组织设计、实施和评估社会服务方案或项目，提升服务管理水平；

（三）能够对助理社会工作师、社会工作师等社会工作从业人员开展专业督导，帮助其解决专业难题，提高职业能力；

（四）能够开展社会工作政策、理论与实务研究，总结提炼社会工作实务经验，创新社会工作专业方法，针对具体社会问题的解决及有关政策的制定提出建设性意见建议。

第八条　取得高级社会工作师资格的人员，应当接受继续教育，定期更新知识，不断提高职业素质与能力。

第三章　考　试

第九条　高级社会工作师考试实行全国统一大纲、统一命题、统一组织，原则上每年举行一次。

第十条　民政部负责组织专家编写考试大纲，组织命题、审题、阅卷，提出考试合格标准建议。人力资源社会保障部负责组织专家审定考试大纲，会同民政部确定考试合格标准。高级社会工作师考试具体考务工作委托人力资源社会保障部人事考试中心组织实施。

第十一条　考试设《社会工作实务（高级）》科目。主要考察应试者运用社会工作专业理念、理论、方法、技巧及相关法规政策开展服务、管理、督导和研究的综合能力。

考试时间为180分钟，采取闭卷作答的方式进行。

第十二条　报名参加考试的人员，需同时具备以下条件：

（一）拥护中国共产党领导，遵守国家宪法、法律、法规，热爱社会工作事业，具有良好的职业道德；

（二）具有本科及以上学历（或学士及以上学位）；

（三）在通过全国社会工作者职业水平考试取得社会工作师（中级）资格后，从事社会工作满5年，截止日期为考试报名年度的当年年底。

第十三条　符合考试报名条件的人员，可按照有关规定完成报名。各地人力资源社会保障部门会同民政部门负责资格审核，审查合格后，由考试管理机构核发准考证。应试人员凭准考证及有关身份证明，在指定时间、地点参加考试。中央和国家机关各部门及其所属单位的人员参加考试，实行属地管理原则。

第十四条　高级社会工作师考试考点原则上设在省会城市和直辖市的大、中专院校或高考定点学校。

第十五条　对达到考试合格标准的人员，颁发高级社会工作师考试成绩合格证明。该证明自颁发之日起，在全国范围3年内有效。

第四章　评　审

第十六条　全国社会工作者职业水平评价办公室负责高级社会工作师评审的组织管理工作。各省、自治区、直辖市人力资源社会保障部门会同民政部门承担本地区高级社会工作师评审的具体组织管理工作。

第十七条　高级社会工作师评审工作由高级社会工作师评审委员会承担。全国社会工作者职业水平评价办公室组建全国高级社会工作师评审委员会。具备条件的省、自治区、直辖市由当地民政部门提出申请，经同级人力资源社会保障部门同意后也可组建高级社会工作师评审委员会。鼓励具备条件的行业协会、专业学会经授权后组建高级社会工作师评审委员会。

高级社会工作师评审委员会组建办法另行制定。

第十八条　各省、自治区、直辖市高级社会工作师评审委员会负责本地区人员的评审工作。中央和国家机关各部门及其所属的在京单位人员的评审工作，由全国高级社会工作师评审委员会负责，驻各地的中央和国家机关各部门及其所属单位人员的评审工作,原则上实行属地管理,亦可根据情况委托全国高级社会工作师评审委员会代为评审。

不具备组建高级社会工作师评审委员会条件的省、自治区、直辖市,可委托全国高级社会工作师评审委员会或其他省、自治区、直辖市高级社会工作师评审委员会代为评审。

第十九条　高级社会工作师评审委员会成员应坚定正确政治立场,拥护中国共产党领导,具有较高社会工作专业水平、作风正派、办事公道,且满足下列基本条件之一:

(一)具有高级社会工作师资格,且具有10年以上社会工作从业经历。

(二)具有正高级职称,且具有10年以上社会工作教学、科研或实务经历。

第二十条　高级社会工作师评审委员会应由25人以上组成,应统筹考虑评委的专业背景和工作领域。高级社会工作师评审委员会成员应适时调整,逐步实现以具有高级社会工作师资格的评委为主体。探索组建高级社会工作师评审委员会专家库。

第二十一条　评审工作原则上每年组织一次。

第二十二条　高级社会工作师评审工作按照个人申请、单位推荐、资格审核、专家评审的基本程序进行。

个人申请。申请参加高级社会工作师评审的人员,按照本办法第二十三条的规定准备申报材料.由本人向所在单位提出评审申请。

单位推荐。申报材料应当在申请人所在单位进行公示。经公示无异议后,由所在单位为申请人出具同意其参加高级社会工作师评审的推荐意见。

资格审核。全国社会工作者职业水平评价办公室负责审核中央和国家机关各部门及其所属的在京单位人员提交的申报材料。各省、自治区、直辖市民政部门负责审核本地区人员提交的申报材料。

专家评审。资格审核通过后,由全国高级社会工作师评审委员会和省、自治区、直辖市高级社会工作师评审委员会通过面试答辩等方式对申请人进行评审。

第二十三条　申请参加高级社会工作师评审的人员应同时符合以下基本条件:

(一)高级社会工作师考试合格证明在有效期内;

(二)所在单位出具了同意参加高级社会工作师评审的推荐意见;

(三)取得社会工作师资格后,近五年来社会工作从业经历符合以下条件之一:

1. 运用社会工作专业理念和方法,平均每年完成不少于20个直接服务案例,且平均每年从事社会工作专业督导时间不少于75小时。服务案例和专业督导情况应有完整记录。

2. 运用社会工作专业理念和方法,平均每年完成不少于10个直接服务案例,且平均每年从事社会工作专业督导时间不少于150小时。服务案例和专业督导情况应有完整记录。

(四)取得社会工作师资格后,其社会工作业绩和贡献符合以下条件之一:

1. 主持或作为主要参加者,完成3个社会工作服务项目,第三方绩效评价均为优秀。

2. 主持或作为主要参加者完成1项省级及以上或2项地市级社会工作研究课题。

3. 作为主要起草人参与1个省级及以上或2个地市级社会工作政策、标准、工作方案的制定工作,所提出的意见建议被主管部门采纳。

4. 在实践过程中探索形成的社会工作专业方法、模式或案例等,在行业内有较大影响,获得同行广泛认可,具有重要推广使用价值。

第二十四条　高级社会工作师评审结果应进行公示,公示期不少于5个工作日。全国高级社会工作师评审委员会的评审结果,由全国社会工作者职业水平评价办公室组织公示。省、自治区、直辖市高级社会工作师评审委员会的评审结果,由省、自治区、直辖市民政部门会同人力资源社会保障部门组织公示。

经公示无异议后,颁发由人力资源社会保障部统一印制、人力资源社会保障部和民政部共同用印的《中华人民共和国社会工作者职业水平证书(高级社会工作师)》。该证书在全国范围内有效。

第五章　评价工作纪律要求

第二十五条　各省、自治区、直辖市人力资源社会保障部门会同民政部门加强对高级社会工作师评审委员会评审工作的监督管理。各地区应不断完善高级社会工作师评价工作规章制度,确保评价结果的科学、客观、公正。

第二十六条　坚持考试、评审与培训分开的原则。凡参与考试、评审工作的机构和人员,在保密期内不得参加高级社会工作师评价,也不得举办或者参与和考试、评审相关的培训,不得强迫申请人参加与考试、评审相关的培训。

第二十七条　高级社会工作师评价有关机构及其工

作人员,应当严格遵守考试、评审工作纪律。对违反考试、评审工作纪律的机构及相关工作人员,按照国家有关规定严肃处理并追究责任。

第二十八条　高级社会工作师评价,按发展改革委、财政部有关规定确定收费标准,并向社会公布,接受群众监督。

第二十九条　申请参加高级社会工作师评价人员,有违反评价纪律的,按照《专业技术人员资格考试违纪违规行为处理规定》(人力资源社会保障部第 31 号令)和其他有关规定处理,考试违纪违规的记入专业技术人员资格考试诚信档案库、纳入信用信息共享平台。

第六章　附　则

第三十条　按照本办法取得高级社会工作师资格的人员,用人单位可根据工作需要聘任相应级别专业技术职务。

第三十一条　本办法由人力资源社会保障部、民政部负责解释。

第三十二条　本办法自 2018 年 4 月 1 日开始施行。

民政部关于进一步加强和改进社会服务机构登记管理工作的实施意见

·2018 年 10 月 16 日
·民发〔2018〕129 号

各省、自治区、直辖市民政厅(局),新疆生产建设兵团民政局:

为全面贯彻落实党的十九大和十九届二中、三中全会精神,进一步加强和改进社会服务机构登记管理工作,切实提升社会服务机构登记管理质量,引导促进社会服务机构健康有序发展,按照党中央关于社会组织工作的有关精神和要求以及社会组织登记管理有关政策法规,现提出如下实施意见。

一、重要意义

近年来,我国社会服务机构发展迅速,各类社会服务机构广泛活跃在教育、卫生、科技、文化、体育、社会福利、社会工作等领域,在促进经济发展、繁荣社会事业、创新社会治理、提供公共服务等方面发挥了重要作用,已经成为中国特色社会主义现代化建设不可或缺的重要力量。但随着社会服务机构登记数量的快速增长和登记管理压力的不断加大,一些地方出现了登记审批不严格、日常管理不规范、执法监察不落实、与业务主管单位联动不到位

等问题,导致社会服务机构问题隐患日益增多,安全风险逐步显现,有的甚至严重侵害服务对象生命财产权益,造成恶劣社会影响。面对这种新形势,通过加强和改进社会服务机构登记管理工作,推动各级民政部门严格依法履行登记管理职责、配合业务主管单位等部门加强日常管理,有利于有效防控各级民政部门履责风险,有利于引导和促进社会服务机构健康有序发展,有利于切实维护广大人民群众的生命财产安全,对于充分发挥广大社会服务机构在我国社会主义现代化建设中的积极作用具有重要意义。

二、强化登记审查

(一)明确社会服务机构登记审查重点。各级民政部门要依照中共中央办公厅、国务院办公厅《关于改革社会组织管理制度促进社会组织健康有序发展的意见》(以下简称《意见》)和《民办非企业单位登记管理暂行条例》(以下简称《暂行条例》)要求,健全登记工作程序,完善登记审查标准,切实加强社会服务机构名称、宗旨、业务范围、注册资金、活动场所、举办者和拟任负责人的审核把关,严格按照《民办非企业单位(法人)章程示范文本》要求核准社会服务机构章程。对于跨领域、跨行业以及业务范围宽泛、存在争议、不易界定的社会服务机构,要通过听取利益相关方、有关专家和管理部门意见等方式加强科学论证,从严审核把关。对于依照法律、行政法规规定,申请登记前须经有关部门审批取得执业许可证书的学校、医疗机构、博物馆等社会服务机构,要注重加强与前置审批部门的信息沟通与工作衔接,确保设立登记、变更登记、注销登记等工作与前置审批事项变更实现同步联动、一体推进。对于传统民政业务领域的社会服务机构,要以更高的标准和更严的要求履行登记审查职责,切实防止民政部门业务主管社会服务机构登记审查"灯下黑"问题。

(二)稳妥探索社会服务机构直接登记改革。在《社会组织登记管理条例》出台以及民政部关于直接登记社会组织分类标准和具体办法下发之前,各地要从严从紧把握社会服务机构直接登记申请,稳妥审慎探索。对于已经制定直接登记专门文件但决定暂时停止实施直接登记的地区,要注意做好改革衔接和说明解释工作,确保社会服务机构登记审查工作平稳推进;对于已经制定直接登记专门文件并决定继续探索直接登记的地区,要严格按照《意见》关于社会服务机构直接登记范围要求,从严审慎受理直接登记申请,不得随意扩大社会服务机构直接登记范围;对于尚未制定直接登记专门文件的地区,可

以暂时停止受理社会服务机构直接登记申请。各地在审查直接登记申请过程中，要注意广泛听取意见，根据需要征求有关部门意见或组织专家进行评估，配合党建工作机构加强对发起人和拟任负责人的资格审查和背景核查，确保直接登记社会服务机构实现科学设置和有序发展。对于直接登记范围之外的社会服务机构，要严格按照《暂行条例》要求，继续实行登记管理机关和业务主管单位双重负责的登记管理体制，推动各业务主管单位认真落实《意见》和《暂行条例》规定的业务主管职责。

（三）抓好重点领域社会服务机构登记改革。对于非营利性（公益性）民办养老机构，各级民政部门要按照国务院常务会关于取消养老机构设立许可决定的精神，提前研究，认真准备，周密部署，确保在相关法律法规修改后，登记审批工作能够实现同步平稳顺利过渡。对于非营利性民办医疗机构，各省级民政部门要按照国家发展改革委、民政部等9部委《关于优化社会办医疗机构跨部门审批工作的通知》（发改社会〔2018〕1147号）要求，积极配合发展改革等部门制定准入跨部门审批流程和事项清单，督促和指导地方依据审批流程和事项清单，进一步规范登记工作程序，加强部门工作衔接，持续优化登记审批工作。对于非营利性民办学校，各级民政部门要认真落实党中央、国务院关于民办学校分类登记改革的精神，按照《民办学校分类登记实施细则》以及各省级人民政府制定的民办学校变更登记类型的具体办法，配合当地教育部门积极推进现有民办学校分类登记改革工作。继续选择登记为非营利性民办学校的，要指导其依法修改章程，明确公益目的和非营利属性，加强非营利监管；选择登记为营利性学校的，要积极推动其依法办理注销和重新登记手续。对于《中华人民共和国民办教育促进法》施行后新设立的民办学校，各级民政部门要关口前移，加强部门沟通和工作衔接，在设立审批阶段落实分类管理的改革精神，推动具有营利倾向的民办学校到市场监管部门进行企业登记，切实维护民政部门新登记民办学校的非营利属性。非营利性民办学校取得办学许可证后到民政部门申请法人登记时，要按照《暂行条例》和《意见》精神，加强登记审查和管理，推动教育部门认真落实业务主管单位职责，不能简单地以前置审批职能取代业务主管单位职责。

三、严格管理和监督

（一）落实双重管理，强化综合监管。各级民政部门要严格依照《暂行条例》和中央关于社会组织工作有关文件精神，进一步明晰自身权力清单和监管职责边界，做到"不失位"、"不越位"、"补好位"。对于双重管理的社会服务机构，要切实将业务主管单位思想政治工作、党的建设、财务和人事管理、研讨活动、对外交往、接收境外捐赠资助、按章程开展活动等管理职责压实、压紧，确保社会服务机构登记管理和业务主管职责的有序衔接和有效落实。对于直接登记的社会服务机构，要抓紧参照行业协会商会与行政机关脱钩改革有关政策要求，在成立登记的同时，同步建立各部门各司其职、协调配合的综合管理体制，强化部门联动，加强综合监管。对于符合直接登记条件但仍然依照双重管理登记的社会服务机构，在未按照中央统一部署进行脱钩改革前，要继续按照原管理体制和管理方式实施管理，不得擅自改变双重管理体制。

（二）依法加强规范管理和监督检查。各级民政部门要严格按照《民办非企业单位年度检查办法》、《社会组织抽查暂行办法》、《社会组织信用信息管理办法》、《社会组织评估管理办法》等法规文件要求，通过年度检查、年度报告、随机抽查、财务审计、专项检查、信息公开、信用管理、等级评估等方式，加大对社会服务机构遵守社会组织登记管理法规规定等情况的监督检查力度。要积极引导和督促社会服务机构建立健全法人治理结构和运行机制，完善以章程为核心的内部管理制度，健全内部监督机制，切实加强社会服务机构诚信自律建设。对于在登记审查、日常管理以及受理社会举报中发现的社会服务机构安全运营、业务活动等方面的违规问题线索，要及时与业务主管单位、行业管理部门和公安、安全、卫生、消防等相关职能部门通报，并协助配合做好相关整改和查处工作。

（三）加强社会服务机构执法监察工作。各级民政部门要按照《社会组织登记管理机关受理投诉举报办法（试行）》要求，完善社会服务机构举报投诉受理机制，对受理的投诉举报分门别类予以调查和处理。对于涉嫌违反社会组织登记管理法规的问题线索，各级民政部门要依法予以调查核实，经调查属实的，依据《暂行条例》以及《社会组织登记管理机关行政处罚程序规定》要求，及时予以依法查处。对于未经登记的各类非法社会服务机构，要按照《取缔非法民间组织暂行办法》要求，及时予以依法取缔。各级民政部门要高度重视社会服务机构执法监察工作，推动建立联合执法机制，配备专职执法人员，完善执法程序，加强执法培训，不断提升执法工作人员的执法能力。

（四）切实履行好党建工作职责。各级民政部门要坚决落实中共中央办公厅《关于加强社会组织党的建设工作的意见(试行)》和《意见》精神,按照"应建必建"的原则,切实推动社会服务机构党的组织和工作实现有形覆盖和有效覆盖。在成立登记环节,要依照《民政部关于社会组织成立登记时同步开展党建工作有关问题的通知》(民函〔2016〕257号)要求,督促推动新成立的社会服务机构及时建立党的组织,明确党组织隶属关系,开展党的工作,落实党建责任;在章程核准环节,要按照《民政部关于在社会组织章程中增加党的建设和社会主义核心价值观有关内容的通知》要求,切实指导广大社会服务机构在章程中增加党的建设相关内容,并在成立登记和章程核准时加强审查;在年检、评估等日常管理环节,督促社会服务机构加强党的建设、开展党的活动,指导社会服务机构将党建工作与业务活动同步谋划开展,切实发挥社会服务机构党组织的政治核心作用。

四、提升登记管理质量

(一)开展登记管理自查自纠工作。各级民政部门要本着依法履责、全面覆盖的原则,对照相关法规、规章和规范性文件要求,参照《社会服务机构登记管理工作自查自纠指南》(见附件),围绕社会服务机构登记、管理、执法等各个工作环节,逐家排查民政部门登记管理工作中存在的问题和风险隐患。各级民政部门要在"一机构一台账"的基础上,汇总建立本级社会服务机构登记管理工作问题总账。对发现的社会服务机构登记管理工作问题和风险隐患,逐一分析成因,研究确定整改方案,逐条销号解决。问题整改过程中需要当地党委政府支持和协调的,应当积极报告;涉及其他部门职能的,要及时通报情况,加强沟通协作;需要进一步明确法规政策适用的,应当逐级上报由省级民政部门汇总并统一向民政部书面请示。在自查自纠过程中,要重点关注民政部门业务主管的民办养老机构、民办托养机构等涉及服务对象生命安全的社会福利机构,通过登记管理自查自纠工作的开展,推动思想政治工作、党的建设、财务和人事管理、研讨活动、对外交往、接收境外捐赠资助、按章程开展活动等业务主管单位管理职责在民政部门内部落实到岗、明确到人。

(二)加强登记管理制度建设。民政部要在深入分析各地社会服务机构登记管理工作重点难点问题基础上,结合《社会组织登记管理条例》制定工作,积极推动完善社会服务机构登记管理各项制度规范,为地方民政部门登记管理工作开展提供指导和依据。各级民政部门要在加强和改进社会服务机构登记管理工作过程中,进一步压实登记管理工作主体责任,按照社会服务机构登记管理各项权责清单,细化岗位职责,明确工作要求,确保将依法履行登记、管理、执法等职责落实到每个环节、每个岗位、每个工作人员。各级民政部门要通过总结自查自纠工作的开展,进一步细化登记管理工作制度安排,完善业务流程,强化责任追究,建立依法履责的长效机制,确保本级社会服务机构登记管理工作高效、规范、有序运行。

(三)提升登记管理信息化水平。各级民政部门要结合自查自纠工作的开展,对照登记管理相关档案,配合"社会组织法人库"、"社会组织信用信息平台"等信息化建设进程安排,及时通过信息系统核对,完善社会服务机构登记、管理、执法等工作信息,为加强社会服务机构大数据管理夯实基础。要按照"社会组织法人库"建设相关要求,及时、准确、全面地填报和更新社会服务机构法人信息,做到情况明、数据准。要严格按照社会组织信用信息管理相关规定,采集、记录和运用社会服务机构信用信息,对社会服务机构实施信用管理,落实"活动异常名录"、"严重违法失信名单"等管理制度要求。

(四)优化登记管理工作环境。民政部和各省级民政部门要加强业务培训和专项指导,推动社会服务机构登记管理工作人员业务素质和能力水平全面提升;要加强对各地自查自纠工作开展情况的督促指导和监督检查,推动各地切实提高对社会服务机构登记管理工作的重视程度。各级民政部门要结合本次加强和改进社会服务机构登记管理工作的开展,认真总结和分析影响登记管理工作质量提升的各项因素,系统梳理登记管理工作面临的困难和问题,形成改进和提升本地区社会服务机构登记管理工作质量的有效措施,不断优化社会服务机构登记管理工作环境。

五、抓好组织实施

(一)提高思想认识。加强和改进社会服务机构登记管理工作,是提升社会服务机构登记管理质量的重要举措,是加强基层民政部门工作能力的重要方面。各级民政部门要切实提高政治站位和思想认识,增强责任感、紧迫感和使命感,将社会服务机构登记管理质量提升,作为加强社会组织登记管理的一项重要基础性工作来抓,主动适应新形势新任务新要求,扎扎实实做好各项工作。

(二)抓好具体落实。各级民政部门要强化组织领导,明确责任任务,结合自身实际制定工作方案,扎实推动加强和改进社会服务机构登记管理工作各项任务的开展。各省级民政部门要及时做好本意见传达、动员和部署,牵头组织和指导本辖区内相关工作开展。对于因机构改革导致社会服务机构登记、管理、执法职能由不同部门负责的地区,民政部门要在履行好本部门职责基础上,积极协调各相关部门共同抓好具体落实工作。

(三)强化督导检查。民政部和各省级民政部门要通过书面检查、实地督查、重点抽查、异地互查等方式,定期对各地加强和改进社会服务机构登记管理工作进行跟踪指导和督促检查,对问题集中、整改不力的地方予以通报批评,对工作规范、成效显著的地方予以通报表扬。对各地在实施过程中好的做法和经验,要及时总结推广。

(四)营造良好氛围。在加强和改进社会服务机构登记管理工作开展过程中,民政部和各省级民政部门要加强社会服务机构政策法规的宣传培训,加强对地方的工作指导,加强各地的相互交流,广泛宣传地方民政部门在加强和改进社会服务机构登记管理工作中的先进经验、典型案例、具体做法和工作成效,努力营造有利于工作开展的良好氛围。

各地贯彻落实本意见的有关进展情况、遇到的问题困难、出台的政策文件以及重要工作信息等,请及时报民政部社会组织管理局。

附件:社会服务机构登记管理工作自查自纠指南(略)

九、人大代表建议、政协委员提案答复

民政部对"关于解决华侨权益保护有关问题的建议"的答复

· 2019 年 7 月 18 日
· 民函〔2019〕632 号

您提出的"关于解决华侨权益保护有关问题的建议"收悉。现就涉及我部职能的有关问题答复如下：

关于华侨以捐建祠堂、道路等名义向乡镇、村委会、居委会进行的捐赠无法享受到税收优惠的问题，经研究，主要是因为根据财政部、税务总局、民政部联合下发的《关于公益性捐赠税前扣除有关问题的通知》（财税〔2008〕160 号）规定，企业和个人只有通过具有公益性捐赠税前扣除资格的公益性社会团体或县级以上人民政府及其部门，用于公益事业的捐赠支出，才准予在计算应纳税所得额时扣除。为此，建议华侨今后捐赠时通过具有公益性捐赠税前扣除资格的公益性社会团体或县级以上人民政府及其部门进行。

感谢对民政工作的关心和支持。

民政部关于推动我国科技捐赠发展的提案答复的函

· 2019 年 7 月 24 日
· 民函〔2019〕670 号

您提出的《关于推动我国科技捐赠发展的提案》收悉，现就涉及我部职能的有关问题答复如下：

一、根据《中华人民共和国慈善法》的规定，促进科学事业发展属于慈善活动范畴，用于科技领域的捐赠与其他领域的捐赠一样，可以享受国家给予的税收优惠等扶持鼓励政策。近年来，民政部会同发改委、财政部、人民银行等部门，出台了一系列促进慈善事业发展、鼓励慈善捐赠的政策措施，有力推动了包括科技捐赠在内的社会捐赠的增长。

二、科技类社会组织是接收和使用科技捐赠的重要载体之一。近年来，为培育扶持科技类社会组织的发展，

民政部配合有关部门开展了一系列工作。2015 年，中共中央办公厅、国务院办公厅印发《中国科协所属学会有序承接政府转移职能扩大试点工作实施方案》，将科技评估、工程技术领域职业资格认定、技术标准研制、国家科技奖励推荐等工作，适合由学会承担的，将可整体或部分交由学会承担。2016 年，中共中央办公厅、国务院办公厅印发《关于改革社会组织管理制度促进社会组织健康有序发展的意见》，明确指出优先发展科技类社会组织。下一步，民政部将按照党中央、国务院的要求，进一步优化科技类社会组织的发展环境，为推动科技捐赠发展提供必要的组织基础。

三、"中华慈善奖"是我国慈善领域政府最高奖，旨在表彰我国慈善活动中事迹突出、影响广泛的个人、单位、慈善项目、慈善信托等，由民政部负责实施。在往届获奖者中，有一些在科技捐赠领域作出过突出贡献的个人和单位。今后，民政部将继续通过"中华慈善奖"对在科技捐赠领域作出过突出贡献的个人和单位进行表彰。

根据您所提意见建议，我部将在今后的工作中积极配合科技部、财政部等有关部门，进一步研究完善推动科技捐赠发展的专项税收优惠政策和行业扶持政策，进一步提升企业和个人科技捐赠的积极性。

民政部对"将有一定收入的刚性支出导致的贫困家庭纳入低保范围的建议"的答复

· 2020 年 9 月 11 日
· 民函〔2020〕678 号

您提出的关于"将有一定收入的刚性支出导致的贫困家庭纳入低保范围的建议"收悉。您所提建议立足实际，具有一定前瞻性和建设性，民政部将在下步工作中认真研究。现答复如下：

"支出型"贫困问题是社会救助工作的难点和热点，近年来，民政部就解决"支出型"贫困问题进行了探索，主要做了以下工作：

一是在低保对象认定中统筹考虑刚性支出因素。

2016年9月，民政部等6部门报请国务院办公厅转发了《关于做好农村最低生活保障制度与扶贫开发政策有效衔接的指导意见》（国办发〔2016〕70号），要求各地完善农村低保家庭贫困状况评估指标体系，以家庭收入、财产作为主要指标，根据地方实际情况适当考虑家庭成员因残疾、患重病等增加的刚性支出因素，综合评估家庭贫困程度。2019年，民政部会同统计局印发《关于在脱贫攻坚中切实加强农村最低生活保障家庭经济状况评估认定工作的指导意见》（民发〔2019〕125号），要求地方认定低保对象时，要根据家庭实际生活状况，坚持定性定量相结合，统筹考虑家庭成员收入、财产、刚性支出等情况，综合评估认定家庭实际贫困状况。今年6月，民政部会同财政部出台《关于进一步做好困难群众基本生活保障工作的通知》（民发〔2020〕69号），将低收入家庭中的重度残疾人、重病患者参照单人户纳入低保范围，有效缓解了重病、重残等支出较大的低收入家庭的基本生活困难。目前，各地正在研究制定配套政策措施。

二是进一步加强和改进临时救助工作。2014年10月，国务院印发《关于全面建立临时救助制度的通知》（国发〔2014〕47号），全面建立临时救助制度。2018年1月，民政部会同财政部印发《关于进一步加强和改进临时救助工作的意见》（民发〔2018〕23号），进一步细化明确对象范围类别、优化审核审批程序、科学制定救助标准、拓展完善救助方式，不断提高临时救助制度的可及性和救助的时效性。2019年9月，民政部会同财政部、国务院扶贫办印发《关于在脱贫攻坚兜底保障中充分发挥临时救助作用的意见》（民发〔2019〕87号），指导各地进一步发挥临时救助在解决"两不愁、三保障"方面的兜底作用和支持作用，切实解决困难群众遭遇的突发性、紧迫性、临时性基本生活困难。2020年上半年，全国共实施临时救助501.9万人次。

三是加大对支出型贫困家庭的专项救助力度。近年来，民政部指导地方探索社会救助改革，积极构建多层次救助体系，缓解低保制度的"悬崖效应"。今年8月，中共中央办公厅、国务院办公厅出台《关于改革完善社会救助制度的意见》，要求各地进一步完善社会救助体系，加大对支出型贫困家庭的救助力度，对不符合低保或特困救助供养条件的低收入家庭和刚性支出较大导致基本生活出现严重困难的家庭，根据实际需要给予相应的医疗、住房、教育、就业等专项社会救助或实施其他必要救助措施。

下一步，民政部将会同相关部门完善政策措施，兜牢兜实基本民生保障底线，加大对支出型贫困家庭的救助力度。一是指导地方贯彻落实《关于进一步做好困难群众基本生活保障工作的通知》，将低收入家庭中符合条件的重度残疾人、重病患者参照单人户纳入低保范围。二是指导各地加大临时救助政策落实力度，优化审核审批程序，增强救助时效性，拓展救助方式，提高救助水平，不断增强临时救助制度效能。三是指导各地加强部门协作，推动社会救助改革落实，及时给予支出型贫困家庭专项救助。

感谢您对民政工作的关心和支持。

民政部关于完善社会组织法律体系的提案答复的函

· 2020年8月25日
· 民函〔2020〕615号

您提出的《关于完善社会组织法律体系的提案》收悉。提案对目前我国社会组织法律体系现状进行了认真分析，指出了现阶段社会组织法律体系存在立法层级偏低、法律法规滞后、存在缺位和空白等问题。提案结合新时代社会组织发展新形势新变化新要求，针对存在的问题提出了很好的意见和建议，民政部将在下一步工作中充分加以研究和吸收。现答复如下：

我国尚未制定一部社会组织基本法律，现行的《社会团体登记管理条例》（2016年修订）、《民办非企业单位登记管理条例》（1998年制定）、《基金会管理条例》（2004年制定）立法层级偏低且较为滞后，与新时代社会组织高质量发展要求不相适应。随着离岸社团、网络社团的大量涌现，以及行业协会商会与行政机关脱钩改革的全面推开，现行法规制度缺位和空白问题更为突出。

党中央、国务院高度重视社会组织立法工作。2015年党的十八届四中全会通过的《中共中央关于全面推进依法治国若干重大问题的决定》明确提出："加强社会组织立法，规范和引导各类社会组织健康发展。"近年来社会组织立法工作取得了较大进展。一是2016年3月，《中华人民共和国慈善法》由十二届全国人民代表大会第四次会议通过，该法明确了慈善组织的概念、范围、权利、义务，明确了慈善组织可以采取基金会、社会团体、社会服务机构等组织形式，规范了慈善组织财产使用管理，完善了慈善活动税收优惠政策等促进措施，对规范和引导慈善组织健康发展，发挥慈善组织在社会治理中的积极作用具有重要意义。二是2016年4月，《中华人民共和国境外非政府组织境内活动管理法》由十二届全国人大常委会第二十次会议通过，该法明确了境外非政府组织在我国境内的活动方式和规则,对规范和引导境外非政府组织在我国境内的活动,保障境外非政府组织的合法权益,促进交流合作发挥了重要作用。三是 2016 年 11 月,《中华人民共和国民办教育促进法》由十二届全国人大常委会第二十四次会议修订通过,将民办学校区分为非营利性和营利性,民办学校的举办者可以自主选择设立非营利性或者营利性民办学校,理顺了相关制度之间的关系。四是 2017 年 2 月,《中华人民共和国红十字会法》由十二届全国人大常委会第二十六次会议修订通过,进一步完善了红十字会的职责,强化了对红十字会的监督,为保障红十字会依法履职、提升红十字会公信力、推动红十字事业继续健康发展,创造了良好法律环境。五是 2017 年 3 月,十二届全国人大五次会议表决通过了《中华人民共和国民法总则》,该法明确了事业单位、社会团体、基金会、社会服务机构等非营利组织的基本内涵,在民事基本法律中进一步完善了我国非营利组织(或者社会组织)的法律体系。六是 2018 年十三届全国人大常委会立法规划,将"行业协会商会"等立法项目列入"第三类项目",即立法条件尚不完全具备、需要继续研究论证的立法项目;经研究论证,条件成熟时,可以安排审议。七是 2020 年 5 月 28 日,十三届全国人大三次会议表决通过了《中华人民共和国民法典》,自 2021 年 1 月 1 日起施行。其中每一编都有与社会组织相关的规定,直接或间接涵盖了社会组织法人类型、财产属性、内部治理、活动准则以及作用发挥等多个方面。直接规定"社会团体"的法条有 4 条,直接规定"基金会、社会服务机构"的法条有 2 条,直接规定非营利法人的法条有 11 条,与非营利法人相关的法条有 80 多条,关于社会组织的相关条款多达 83 条。

在行政法规层面,《社会组织登记管理条例》的制定列入了国务院立法工作计划。2018 年 8 月,民政部门户网站公布了《社会组织登记管理条例(草案征求意见稿)》,在征求意见稿中,第一章总则明确了社会组织的类型、性质、法律地位、扶持政策;第二章明确了社会组织的设立、变更和注销;第三章明确了社会组织的组织机构,规范了社会组织的内部治理;第四章明确了社会组织的活动准则,明确了社会组织的运行规则;第五章明确了登记管理机关和社会组织的信息公开义务;第六章明确了社会组织的监督管理,特别是登记管理机关、业务主管单位、行业管理部门、相关职能部门在社会组织监督管理方面的职责;第七章明确了社会组织的法律责任;第八章授权民政部门制定配套政策。目前《社会组织登记管理

条例(草案)》正在履行相关审议程序。

下一步,民政部将继续积极配合司法部,尽快制定出台《社会组织登记管理条例》,推动社会团体、基金会、社会服务机构等各类社会组织的名称管理规定,章程示范文本,社会组织分支机构、代表机构管理办法,行业协会商会类、科技类、公益慈善类、城乡社区服务类社会组织直接登记办法等配套政策制定。同时,做好社会组织法的立法研究论证,为全国人大启动相关立法打好基础。

感谢您对民政工作的关心和支持。

民政部对"关于进一步提高残疾人福利水平的建议"的答复

· 2019 年 7 月 30 日
· 民函〔2019〕724 号

您提出的"关于进一步提高残疾人福利水平的建议"收悉。建议反映了目前残疾人生活中存在的实际问题和困难,对于推进残疾人事业的发展具有重要参考价值,我们将在今后的工作中认真研究。经商财政部、人力资源社会保障部、中国残联,现答复如下:

一、关于扩大残疾人两项补贴范围,提高补贴标准

2015 年 9 月,为解决残疾人特殊生活困难和长期照护困难,国务院印发了《关于全面建立困难残疾人生活补贴和重度残疾人护理补贴制度的意见》(国发〔2015〕52 号,以下简称《意见》),规定自 2016 年 1 月 1 日起全面实施困难残疾人生活补贴和重度残疾人护理补贴制度,这是第一个在国家层面建立的残疾人专项福利制度,对改善和提高残疾人生活质量具有重要意义。《意见》印发后,民政部会同相关部门大力推动贯彻落实,制度建设创新发展,补贴发放稳步推进,受益规模快速增长,社会效益显著发挥。目前,两项补贴制度已惠及 1000 余万困难残疾人和 1100 余万重度残疾人,年发放资金约 250 亿元,为兜底保障残疾人基本民生、助力打赢脱贫攻坚战、推动全面小康社会建设发挥了重要作用。

关于建议中提到的扩大补贴范围,将低收入家庭重度残疾人纳入生活补贴必须补助对象,加大补贴力度,提高两项补贴的最低国家标准,进一步改善残疾人生活状况的建议,我们认为具有合理性。近年来,民政部和中国残联鼓励有条件的地区适当扩大补贴范围,提高补助标准。目前,北京、天津、辽宁、上海、江苏、浙江、安徽、福建、西藏、陕西、青海、宁夏等省(区、市)将生活补贴对象扩大到无固定收入残疾人、建档立卡贫困户、低

保边缘户、低收入家庭、重残无业、一户多残、老残一体、依老养残等困难群体。北京、天津、河北、内蒙古、福建、江西、山东、湖南、广东、广西、海南、西藏等12个省（区、市）补贴标准在两年内（2018－2019年）都有所提高。财政部认为，中央支持各地结合当地实际，合理确定两项补贴对象范围及补贴标准，推进落实相关工作。但由于各地经济发展水平存在差异，相关事宜暂不宜由中央作出硬性要求，应当由各地根据当地财力状况、按照"雪中送炭"的原则统筹研究。地方各级政府和有关部门应充分考虑自身实际情况，积极发挥政策主动性和灵活性，合理明确和扩大补贴范围，加强监督检查，确保有条件的地方严格落实扩大补贴范围和提高补贴标准的政策规定。

下一步，我部将会同有关部门继续加强对各地建立残疾人两项补贴制度的指导，鼓励有条件的地区出台相关政策，扩大补贴覆盖面，同时研究建立残疾人两项补贴标准动态调整机制，保障残疾人真正得到实惠。

二、关于尽快出台相关政策，让残疾人享受提前退休的国家福利

人力资源社会保障部认为，国家关于包括残疾职工在内的企业职工养老保险政策是明确的。根据1953年修订的《中华人民共和国劳动保险条例》和1978年全国人大常委会批准通过的《国务院关于颁发〈国务院关于安置老弱病残干部暂行办法〉和〈国务院关于工人退休、退职的暂行办法〉的通知》（国发〔1978〕104号），企业职工男60周岁、女干部55周岁、女工人50周岁应当退休；同时，因病或非因公致残、由医院证明并经劳动鉴定委员会确认完全丧失劳动能力的，退休年龄为男满50周岁、女满45周岁。2010年颁布的《中华人民共和国社会保险法》规定，参保人员达到法定退休年龄时累计缴费满15年的，按月领取基本养老金。参加职工基本养老保险的重度残疾人，符合病退条件的可以办理病退，按月领取基本养老金。

人力资源社会保障部认为，我国企业职工基本养老保险制度遵循权利与义务相对应的原则，参保人员在职时履行缴费义务，缴费年限越长，缴费工资水平越高，其退休时基本养老金水平相对就会较高。此外，国家在调整退休人员基本养老金时，调整办法兼顾公平和激励的原则，调整水平与缴费年限、基本养老金水平等挂钩。提前退休对参保人员退休后的养老待遇水平影响较大，从较好保障退休人员基本生活角度，不宜再新开提前退休的政策口子。考虑到残疾职工作为特殊群体，为切实保

护残疾职工权益，残疾职工所在单位应为残疾职工安排合适的工作岗位，并通过改善劳动条件、降低劳动强度、加强劳动保护等措施改善工作环境，减少对职工身体的伤害程度。同时，可以通过调整劳动时间（如实行定期轮岗）等措施，保护他们的身体健康。下一步，人力资源社会保障部将兼顾养老保险制度改革发展和政策延续性，会同相关部门深入研究，不断完善政策，切实保障包括残疾职工在内的参保人员的养老保险权益。

感谢您对民政工作的关心和支持。

民政部"关于维护地方公益志愿者组织协会活动开展的建议"的答复

· 2019年7月30日
· 民函〔2019〕725号

您提出的"关于维护地方公益志愿者组织协会活动开展的建议"收悉，经商中央组织部、教育部、财政部、人力资源社会保障部，现答复如下：

一、对于建议中所提汉中市希望公益志愿者协会在公开募捐方面遇到的问题，经我部向汉中市民政局了解，该组织已经认定为慈善组织并获得公开募捐资格，但因未拿到慈善组织证书，故无法使用全国慈善信息公开平台。经协调，该组织已拿到慈善组织证书，并可正常在全国慈善信息公开平台上备案募捐方案，在民政部指定的互联网募捐信息平台上发布募捐信息。

二、根据《中华人民共和国慈善法》的规定，不具有公开募捐资格的组织或者个人基于慈善目的，可以与具有公开募捐资格的慈善组织合作，由该慈善组织开展公开募捐并管理募得款物。因此，地方公益志愿者组织与具备公开募捐资格的慈善组织合作开展募捐活动不存在法律方面的障碍。

三、近年来，特别是《中华人民共和国慈善法》颁布施行以来，各级民政部门加快健全完善联合执法、投诉举报、公开曝光等制度，为慈善事业发展创造更加风清气正的良好环境。民政部建设了全国慈善信息统一平台"慈善中国"，指定了20家互联网公开募捐信息平台，持续展示慈善组织的最新信息，动态公开慈善募捐和慈善活动进展情况。民政部大力推进将慈善事业纳入社会信用体系建设，建立慈善捐赠与国民经济、市场监管等领域的信用信息共享，推进实施联合激励和惩戒。下一步，民政部将继续积极防范和化解慈善领域中的风险，依法查处慈善组织违法行为和假借慈善名义开展的非法活动。

四、为鼓励社会各方参与志愿服务,《志愿服务记录办法》提出,鼓励有关单位在同等条件下优先录用、聘用有良好志愿服务记录的志愿者。同时,符合条件的志愿者在就业创业过程中,也可以享受社保补贴、就业见习补贴、税费减免、创业担保贷款及贴息等扶持政策。新修订的公务员法规定,公务员应当具有良好的政治素质和道德品行,带头践行社会主义核心价值观,模范遵守社会公德。志愿者在进入录用考察环节以后,其工作经历还将使其在招录机关择优确定录用人员时具有一定优势。2003 年《共青团中央 教育部 财政部 人事部关于实施大学生志愿服务西部计划的通知》以及 2018 年教育部印发的《2019 年全国硕士研究生招生工作管理规定》中,都明确规定了参加大学生志愿服务西部计划的志愿者可以享受报考研究生加分、同等条件下优先录取等政策支持。

五、近年来,各级财政积极支持志愿服务发展,如中央财政每年分配给地方的彩票公益金项目,资金使用方向就包括社会工作和志愿服务方面的支出。此外,地方政府也通过购买服务的方式积极支持志愿服务的发展。下一步,民政部、财政部等部门将进一步落实和完善现行相关政策,支持志愿者队伍建设,提高志愿者服务水平,推动志愿服务体系建设。

感谢对民政工作的关心和支持。

民政部对"关于基层民办养老机构可持续发展的建议"的答复

·2019 年 7 月 24 日
·民函〔2019〕667 号

您提出的"关于基层民办养老机构可持续发展的建议"收悉。您的建议对于积极应对我国人口老龄化,完善我国养老服务体系具有借鉴意义,我们将认真研究吸纳。经商教育部、财政部、自然资源部、生态环境部、住房城乡建设部、卫生健康委、应急部,现答复如下:

推进民办养老机构可持续发展,是建立以居家为基础、社区为依托、机构为补充、医养相结合的养老服务体系的重要内容。近年来,各地加大投入、扎实行动,积极推动养老服务业发展,取得了显著成效,重点做了以下工作:

一是深化养老服务"放管服"改革。支持包括民办养老机构在内的养老服务业发展,在该领域不断简政放权,推动项目落地。2018 年 7 月 18 日,国务院常务会议研究决定取消养老机构设立许可。2018 年 7 月 25 日,民政部发出通知,要求各地落实国务院决策部署,做好取消养老机构设立许可有关衔接工作。2018 年 12 月 29 日,第十三届全国人民代表大会常务委员会第七次会议审议通过修改《中华人民共和国老年人权益保障法》。2019 年 1 月 2 日,民政部发布《关于贯彻落实新修改的〈中华人民共和国老年人权益保障法〉的通知》(民函〔2019〕1 号),要求各级民政部门不再实施养老机构设立许可,依法做好登记和备案管理,加强养老机构事中事后监管,做好法规政策修改和宣传引导,进一步深化养老服务"放管服"改革,大力支持调动社会力量参与养老工作。

二是持续推动养老建筑消防审批制度改革。应急部会同我部、住房城乡建设部修订完善了《建筑设计防火规范》中有关老年人建筑消防技术要求。我部会同相关部门印发《关于加快推进养老服务业放管服改革的通知》(民发〔2017〕25 号),明确 1998 年 9 月以前建成使用,且未发生改、扩建(含室内外装修、建筑保温、用途变更)的养老建筑,不需要办理消防设计审核、消防验收或备案手续。同时,针对利用闲置的办公场所、厂房、学校等资源整合改造而成的养老机构,因规划许可前置条件所限,无法申报消防手续的问题,《国务院办公厅关于推进养老服务发展的意见》(国办发〔2019〕5 号)明确:"农村敬老院及利用学校、厂房、商业场所等举办的符合消防安全要求的养老机构,因未办理不动产登记、土地规划等手续问题未能通过消防审验的,2019 年 12 月底前,由省级民政部门提请省级人民政府组织有关部门集中研究处置。具备消防安全技术条件的,由相关主管部门出具意见,享受相应扶持政策。"

三是加大政府政策扶持力度。《国务院办公厅关于推进养老服务发展的意见》(国办发〔2019〕5 号)鼓励商业银行探索向产权明晰的民办养老机构发放资产(设施)抵押贷款和应收账款质押贷款,以解决民办养老机构融资难的问题。我部配合财政部、税务总局研究制定社区养老服务机构享受企业所得税、增值税和行政事业性收费减免的扶持政策。2014 年,财政部、民政部、全国老龄办下发《关于建立健全经济困难的高龄 失能等老年人补贴制度的通知》(财社〔2014〕113 号),提出在全国范围内基本建立覆盖广泛、内涵丰富、衔接紧密的经济困难的高龄、失能等老年人补贴制度,提高保障水平,丰富服务类型,推动实现基本养老服务均等化。

四是加强养老机构人才队伍建设。自 2016 年开始,民政部本级彩票公益金开始实施"社会福利和社会工作人才培训"项目,累计投入 992 万元,开展 13 期养老服务与管理人员培训项目，培训 1619 人，为养老服务人才提供了持续性、针对性和示范性的职业培训，帮助养老工作人员熟悉养老事业发展规划、掌握机构运行和服务技巧、增加政策和知识储备，提高了现有养老服务人才的综合能力和业务素质。2017 年，我部联合相关部门印发《关于开展养老院服务质量建设专项行动的通知》（民发〔2017〕51 号），明确"支持养老院不断提高持有国家养老护理员职业证书的养老护理员比例"。据全国养老院服务质量建设专项行动统计，截至 2018 年底，全国高职院校共开设老年服务与管理等相关专业点数 805 个，各类养老机构共有从业人员 58.3 万人。关于您提出的积极推行政府购买养老服务及志愿服务，鼓励相关专业大学生或社会工作者到基层养老机构做志愿工作的建议，对于提升养老机构专业化服务水平有很强针对性。《国务院办公厅关于推进养老服务发展的意见》（国办发〔2019〕5 号）对此明确提出，打造"三社联动"机制，以社区为平台、养老服务类社会组织为载体、社会工作者为支撑，大力支持志愿养老服务，积极探索互助养老服务。大力培养养老志愿者队伍，加快建立志愿服务记录制度，积极探索"学生社区志愿服务计学分"、"时间银行"等做法，保护志愿者合法权益。

下一步，我们将会同有关部门认真贯彻习近平总书记对老龄工作和养老服务工作的重要指示批示精神，坚决落实党中央、国务院对养老工作的决策部署。加大财政投入力度，研究完善养老服务业税收优惠政策；做好养老机构消防审批审验工作，主动提供服务支持，推行消防安全标准化管理，实施民办养老机构消防安全达标工程，切实改善消防安全条件，提升单位自我管理能力；完善民办养老机构入住评估制度，重点保障特困供养老年人、经济困难老年人、失独家庭老年人和做出特殊贡献的老年人等养老需求；鼓励民办养老机构延伸服务，为社会办养老机构和周边社区、农村提供养老服务人员和项目支持；鼓励社会力量通过独资、合资、合作、联营、参股、租赁等方式，推动基层民办养老机构持续健康发展。

感谢您对民政工作的关心和支持。

民政部对"将城镇非低保但相对贫困家庭中的重病重残人员单人户纳入低保范畴的建议"的答复

· 2020 年 9 月 14 日
· 民函〔2020〕702 号

您提出的关于"将城镇非低保但相对贫困家庭中的

重病重残人员单人户纳入低保范畴的建议"收悉。您所提建议切合实际，民政部已出台相关政策措施予以支持。经商中国残联、财政部，现答复如下：

……

长期以来，各级民政部门高度重视并积极协调有关部门研究解决非低保但相对贫困家庭中的重病重残人员基本生活问题。目前您所提的政策建议已在《关于进一步做好困难群众基本生活保障工作的通知》中做出了明确规定，城乡低收入家庭中的重度残疾人、重病患者可参照单人户纳入低保范围。下一步，各级民政部门将积极协同相关部门，指导地方进一步加大工作力度，加强资金保障，落实相关政策，保障重病患者、重度残疾人等特殊困难群众的基本生活。

感谢您对民政工作的关心和支持。

民政部对"关于在《国务院关于全面建立困难残疾人生活补贴和重度残疾人护理补贴制度的意见》中增加三级下肢残疾人群体并提高补贴标准的建议"的答复

· 2019 年 7 月 9 日
· 民函〔2019〕606 号

你们提出的"关于在《国务院关于全面建立困难残疾人生活补贴和重度残疾人护理补贴制度的意见》中增加三级下肢残疾人群体并提高补贴标准的建议"收悉。建议具有很强的针对性，对于进一步做好残疾人相关工作具有借鉴意义，我们将在今后的工作中充分研究吸收。经商财政部、中国残联，现答复如下：

2015 年 9 月，为解决残疾人特殊生活困难和长期照护困难，国务院印发了《关于全面建立困难残疾人生活补贴和重度残疾人护理补贴制度的意见》（国发〔2015〕52 号，以下简称《意见》），规定自 2016 年 1 月 1 日起全面实施困难残疾人生活补贴和重度残疾人护理补贴制度，这是第一个在国家层面建立的残疾人专项福利制度，对改善和提高残疾人生活质量具有重要意义。《意见》印发后，民政部会同相关部门大力推动贯彻落实，制度建设创新发展，补贴发放稳步推进，受益规模快速增长，社会效益显著发挥。目前，两项补贴制度已惠及 1000 余万困难残疾人和 1100 余万重度残疾人，年发放资金约 250 亿元，为兜底保障残疾人基本民生、助力打赢脱贫攻坚战、推动全面小康社会建设发挥了重要作用。

残疾人两项补贴制度具有保障对象只增不减、保障内容只扩不缩、保障标准只升不降的特点，一项好的福利政策要健康开展起来、持久下去,最终形成更加科学可持续发展的专项残疾人福利制度安排,界定好对象范围,合理确定补贴标准至关重要。这就要求各地依据残疾人的实际情况和本省经济社会发展水平,坚持量力而行、量财而为。

建议中提到的关于扩大补贴涵盖群体的范围,明确在残疾人两项补贴制度中增加三级下肢残疾人群,同时适当提高补贴标准。近年来,我部和中国残联积极鼓励有条件的地区适当扩大补贴范围,提高补助标准。目前,北京、天津、辽宁、上海、江苏、浙江、安徽、福建、西藏、陕西、青海、宁夏等省(区、市)已将生活补贴对象扩大到无固定收入残疾人、建档立卡贫困户、低保边缘户、低收入家庭、重残无业、一户多残、老残一体、依老养残等困难群体;北京、天津、河北、内蒙古、福建、江西、山东、湖南、广东、广西、海南、西藏等12个省(区、市)补贴标准在两年内(2018-2019年)都有所提高。财政部认为,中央支持各地结合当地实际,合理确定两项补贴对象范围及补贴标准,推进落实相关工作。但由于各地经济发展水平存在差异,相关事宜不宜由中央作出硬性要求,应当由各地根据当地财力状况,按照"雪中送炭"的原则统筹研究。地方各级政府和有关部门应充分考虑自身实际情况,积极发挥政策主动性和灵活性,合理明确和扩大补贴范围,加强监督检查,确保有条件的地方严格落实扩大补贴范围和提高补贴标准的政策规定。

下一步,我部将会同有关部门继续加强对各地建立残疾人两项补贴制度的指导,鼓励有条件的地区出台相关政策,扩大补贴覆盖面,同时研究建立残疾人两项补贴标准动态调整机制,保障残疾人真正得到实惠。

感谢你们对民政工作的关心和支持。

民政部对"关于发展普惠性养老服务和互助性养老,健全基本养老服务体系的建议"的答复

· 2021 年 7 月 12 日
· 民函〔2021〕733 号

您提出的"关于发展普惠性养老服务和互助性养老,健全基本养老服务体系的建议"收悉。您立足上海和黄浦区养老服务发展实践,提出的关于构建"三养融合"养老服务体系、加强养老服务专业人才队伍建设等建议针对性强,对于构建居家社区机构相协调、医养康养相结合的养老服务体系具有重要参考意义,民政部将认真研究吸纳。经商财政部、教育部、卫生健康委、人力资源社会保障部、医保局,现答复如下:

一、关于构建居家、社区、机构养老"三养融合"养老服务体系的建议

(一)居家养老服务发展方面。一是制度体系基本建成。在修订法律、完善法规基础上,经国务院同意,民政部印发《关于进一步扩大养老服务供给促进养老服务消费的实施意见》,要求全面建立居家探访制度,通过购买服务等方式,支持和引导基层组织、社会组织等重点面向独居、空巢、留守、失能、计划生育特殊家庭等特殊困难老年人开展探访与帮扶服务。有条件的地方可通过购买服务等方式,开展失能老年人家庭照护者技能培训,普及居家护理知识,增强家庭照护能力。推动养老机构进家庭和社区,将专业服务延伸到家庭,为居家养老提供支撑。二是探索家庭养老床位建设。家庭养老在我国养老体系中起着基础性作用,对于促进家庭和睦、弘扬传统美德、推动代际融合、维护社会和谐具有不可替代的作用。2020 年,国务院常务会议提出积极培育居家养老服务,探索设立家庭养老床位。2021 年,民政部联合财政部组织实施居家和社区基本养老服务提升行动,支持项目地区为符合条件的经济困难失能、部分失能老年人建设家庭养老床位、提供居家养老上门服务,满足老年人就近就便养老服务需求。目前,南京、上海、苏州、成都等地正在有序推进家庭养老床位建设,取得了一定成效。

(二)社区养老服务发展方面。近年来,我国社区养老服务机构和设施数量不断增加,为老年人就近就便获得居家社区养老服务打下坚实基础。一是加大社区养老服务供给。当前,我国居家社区养老服务不断探索,初步形成了以助餐、助洁、助医、助急、助浴、助行为主体的社区养老服务。"十三五"期间,民政部会同财政部开展全国居家和社区养老服务改革试点,共投入中央财政资金 50 亿元,确定了 5 批 203 个试点地区,加强了居家社区养老服务的有效供给,探索了居家社区养老服务在养老服务体系建设中的基础性作用。二是开展老年人需求评估。《中华人民共和国老年人权益保障法》明确提出,要建立健全养老服务评估制度。《国务院办公厅关于推进养老服务发展的意见》(国办发〔2019〕5 号)要求,完善全国统一的老年人能力评估标准,通过政府购买服务等方式,统一开展老年人能力综合评估。近年来,民政部会同有关部门,积极推进养老服务评估工作,印发《民政部关于推进养老服务评估工作的指导意见》(民发〔2013〕127 号),并组织制定《老年人能力评估》行业标准,推动相关国家标准的立项和制定工作,初步建立了老年人能力评估政策和标准体系。上海市制定印发《关于全面推进老

年照护统一需求评估体系建设意见的通知》（沪府办〔2016〕104 号）和《老年照护统一需求评估标准（试行）》，整合原有老年照护等级评估、高龄老人医疗护理服务需求评估以及老年护理医院出入院标准等，建立统一的需求评估信息管理系统，形成统一的需求数据库，为失能老年人提供更加规范、精准的长期照护服务奠定基础。同时，结合老年照护统一需求评估，明晰评估等级所对应的服务清单，整合现有支付渠道，建立健全与评估等级相衔接的老年照护支付制度。三是加快社区信息平台建设。在社区层面，依托"金民工程"，结合全国养老服务信息系统的推广应用，充分考虑老年人需求和使用习惯，及时采集老年人信息，推动技术对接、数据汇聚和多场景使用，让老年人少跑腿，让信息多跑路。卫生健康委建立了完善全国医养结合管理信息平台，及时掌握、深入分析各地医养结合机构及提供服务、医养签约服务、居家社区医养结合服务的情况。鼓励地方打造覆盖家庭、社区和机构的医养结合信息服务网络，推动老年人健康和养老信息共享。

（三）提高养老机构标准化水平方面。把养老服务标准化工作纳入《中华人民共和国老年人权益保障法》、《养老机构管理办法》、《国务院办公厅关于建立健全养老服务综合监管制度 促进养老服务高质量发展的意见》等法律法规政策中；强化部署落实，把养老服务标准化纳入发展规划、"放管服"改革等重要任务中；强化动态监控，把养老服务纳入地方公共服务质量监测重点。当前，我国养老服务标准体系初步形成。截至目前，已发布《养老机构服务安全基本规范》、《养老机构服务质量基本规范》、《养老机构等级划分与评定》等 51 项国家或行业标准，正在制定 31 项行业标准、《老年人能力评估规范》等 2 项国家标准。截至目前，各地发布了养老服务地方标准 200 余项。民政部印发了《关于加快建立全国统一养老机构等级评定体系的指导意见》，发布了养老机构等级评定实施细则。联合国家标准委发布了《养老服务标准体系建设指南》，确立了养老服务标准体系框架，将基础通用、行业急需、支撑保障类标准纳入优先制定范围。

二、关于加强养老服务专业人才队伍建设的建议

（一）引导院校增设养老服务相关学科。会同教育部鼓励技工院校开设老年服务与管理、健康服务与管理、家政服务、护理等养老服务相关专业，指导技工院校加强学科建设，培养更多养老护理专业人才和实用人才。在本科教育层面，教育部在《普通高等学校本科专业目录（2012年）》设置了护理学、康复治疗学等养老服务相关专业。

2016 年以来，又增设了老年学、养老服务管理、中医养生学、中医康复学等相关专业。2019 年以来，依托一流专业建设"双万计划"，认定了一批养老护理相关的国际一级专业和省级一流专业。在研究生教育层面，支持有关高校根据《学位授予和人才培养学科目录设置与管理办法》，在有关一级学科下自主设置"养老服务"相关二级学科或交叉学科。同时，支持高等院校开展涉老、养老服务相关的专业学位研究生教育。在资金支持层面，财政部优化支出结构，积极支持高校加强养老服务相关学科专业建设。对中央高校，中央财政通过中央预算拨款体系予以统筹支持，并赋予高校较大的经费使用自主权，高校可结合实际统筹支持养老服务相关学科专业建设。对于地方高校，中央财政主要通过支持地方高校改革发展资金予以统筹支持，并赋予地方高校较大的经费使用自主权，各地可结合实际统筹支持养老服务相关学科专业建设。

（二）加大养老护理员培训培养力度。2019 年，人力资源社会保障部、民政部发布《养老护理员国家职业技能标准（2019 年版）》，在增加职业技能、放宽入职条件、拓宽职业空间、缩短晋级时间等方面实现较大突破。同年，人力资源社会保障部印发《关于改革完善技能人才评价制度的意见》（人社部发〔2019〕90 号），明确养老护理员可参加职业技能等级认定，实现技能提升。2020 年，人力资源社会保障部、民政部联合实施包括养老护理员在内的康养职业技能提升行动，面向有意愿从事养老照护工作的劳动者开展培训，截至 2020 年底，已累计培训 80万人次。教育部开展"学历证书+若干职业技能等级证书"（简称 1+X 证书）制度试点，创新职业技能人才培养培训模式和评价模式，重点支持有条件的培训评价组织发放老年照护、失智老年人照护、老年护理服务需求评估等老年照护服务与管理领域相关的职业技能等级证书。指导各地将养老护理员培训作为《职业技能提升行动方案（2019-2021 年）》重要内容，所需资金按规定从失业保险基金支持职业技能提升行动资金中列支。支持地方调整完善职业培训补贴政策。

（三）建立鼓励养老护理员从业机制。鼓励养老服务机构深化工资收入分配制度改革，建立职业技能等级与养老护理员薪酬待遇挂钩机制，促进养老护理员的技能等级和收入水平同步提升。逐步建立依据职业技能等级和工作年限确定护理价格的制度，增强养老护理员的职业吸引力。指导各地建立养老护理员入职补贴和岗位津贴制度。据不完全统计，截至 2020 年底，北京、河北、辽宁、江苏、山东、贵州等 6 省（市）建立了养老护理员省级入职补贴制度,太原、沈阳、大连等34个城市建立了市级入职补贴制度;内蒙古、江苏、山东、广西、陕西、贵州等6省(区)建立了养老护理员省级岗位补贴制度,太原、丹东、吉安等26个城市建立了市级岗位补贴制度。

(四)建立健全职业技能认定补贴制度。财政部、人力资源社会保障部联合印发《就业补助资金管理办法》(财社〔2017〕164号),规定贫困家庭子女、毕业年度高校毕业生、城乡未继续升学的应届初高中毕业生、农村转移就业劳动者、城镇登记失业人员等五类人员,初次通过养老护理员职业技能鉴定并取得职业资格证书(或职业技能等级证书、专项职业能力证书)的,可领取职业技能鉴定补贴。

三、关于推进"时间银行"互助养老体系建设的建议

(一)探索"时间银行"互助养老模式。"时间银行"概念引入国内后,上海、株洲、郑州、南京、连云港等地进行了探索,衍生出社区服务、助老、助残、助患等志愿服务运行模式。主要做法是参与者向特定群体提供服务和帮助,管理系统存储记录服务时长,参与者在需要帮助时,提取服务时长以获取他人相应时长的帮助或服务。"时间银行"要取得长足发展,必须从初心使命、宗旨根源上贯穿和落实志愿服务的"无偿"、"自愿"精神,并在体制机制上解决下列问题:一是明确服务时长的标准兑换,优化简单服务与专业服务的兑换比例。二是提升兑换的及时性、有效性,在参与者有需求时可随时享受相应服务。三是提升兑换的地域范围和享受人群。例如,在北京参加志愿服务后,可在河南享受相应服务;孩子参加志愿服务后,父母可享受兑换服务。民政部将持续关注"时间银行"模式实践。

(二)加强养老服务相关志愿者队伍建设。国务院制定实施《志愿服务条例》,民政部发布《志愿服务记录与证明出具办法(试行)》,研究编制《志愿服务基本术语》、《志愿服务组织基本规范》等标准,加强全国志愿服务信息系统建设应用,为社会各界开展为老助老志愿服务提供政策支持、技术保障和平台支撑,支持养老服务机构、城乡社区设立志愿服务站或志愿服务岗位,主动招募接纳志愿者开展常态化、经常化的为老助老志愿服务。

四、关于推进长三角区域养老服务协调发展的建议

民政部积极指导支持长三角地区三省一市落实《长江三角洲区域一体化发展规划纲要》,推动长三角养老一体化,促进三省一市之间工作交流与对接,发布政策汇编实现四地政策透明共享,建立养老服务协会联合体和专家库,推进品牌企业跨地区经营,共建共享养老市场,共

同努力提升养老服务质量,取得积极成效。一是协调推进长三角区域城市合作试点。经三省一市协商,2019年确定江苏省苏州市、南通市,浙江省嘉兴市等11个地区开展区域养老一体化首批试点。上海市推动13个区和江苏6个、浙江11个、安徽7个市/县签署了双边和多边养老服务合作协议。2021年4月,安徽省与浙江省签署《推进皖浙养老服务合作框架协议》。二是发布首批长三角异地养老机构名单。三省一市民政部门积极联动,统筹规划,于2020年10月联合发布了首批长三角异地养老机构名单。浙江嘉兴、江苏张家港、安徽池州等20个城市,共57家养老机构被列入推荐名单,核定床位共计25698张。养老机构跨区域开放,将进一步满足长三角地区老年群体多元化的养老需求,提升跨区域养老的便捷度,推进长三角区域整体养老服务质量的提升。三是搭建信息共享平台。医保局正在加快推进全国统一的医保信息平台建设,并设计了与民政、人力资源社会保障、卫生健康等机构的接口。民政部依托"金民工程",结合全国养老服务信息系统的推广应用,及时采集各地老年人津补贴相关数据信息,形成基本数据集。指导各地民政部门与人力资源社会保障、卫生健康等部门的相关数据信息互联互通,推进基本数据共享,推动技术对接、数据汇聚和多场景使用,让老年人少跑腿、信息多跑路。

下一步,民政部将认真贯彻习近平总书记关于养老服务的重要指示批示精神和党中央、国务院决策部署,推动养老服务高质量发展,进一步满足老年人养老服务需求。一是着力抓好设施补短板。指导和推动各地到2022年底前力争所有街道至少建有一个综合功能的养老服务机构,在社区广泛发展嵌入式、小型化养老服务机构,开展全托、日托、上门服务、运营家庭养老床位等服务,基本实现社区养老服务全覆盖。支持有条件的地区探索建设家庭养老床位。推动养老机构进家庭和社区,将专业服务延伸到家庭,为居家养老提供支撑。持续组织实施"十四五"居家和社区基本养老服务提升工程,满足老年人就近就便养老服务需求。二是有序发展家庭养老床位。在各地探索基础上,把握好家庭养老床位发展的方向和目标,制定家庭养老床位建设和服务标准规范,把养老床位建在家庭,对失能失智高龄老年人家庭进行居家适老化改造,由养老机构运营家庭养老床位并提供服务,让老年人居家就能获得连续、稳定、专业的养老服务。三是加快养老服务人才队伍建设。联合人力资源社会保障部研究制定《养老护理员培训包》,提升培训的科学性、系统性和实用性,确保到2022年底前培养培训200万名养老护

理员。会同教育部继续鼓励并支持有条件的高等医学院校设置老年医学系或老年医学教研室,加快形成多学科交叉融合的康养人才培养体系,在相关专业开设老年医学相关课程,加强老年医学相关知识和能力的教育培养。四是推动完善区域养老服务供给体系和行业综合监管机制。提高区域内各类养老服务设施覆盖率,指导长三角三省一市推进区域养老服务资源共享,优化养老产业布局,持续扩大异地养老机构名单。指导长三角三省一市建立养老服务机构异地处罚及时通报机制,推进实现区域养老服务机构失信行为标准互认、信息资源共享互动、惩戒措施路径互通的跨区域信用联合惩戒制度。指导长三角三省一市推进区域养老机构登记备案流程互认、养老护理员职业技能等级互通,推进区域老年人能力评估、护理需求评估、医养结合服务等标准规范逐步趋同,探索市民卡及老人卡互用。

感谢您对民政工作的关心和支持。

民政部对"关于加强社区养老服务设施建设的建议"的答复

·2021 年 7 月 6 日
·民函〔2021〕641 号

您提出的关于"关于加强社区养老服务设施建设的建议"收悉。其中,合理规划布局、推动适老化改造、加大政策落实力度等建议针对性强,对于加强社区养老服务设施建设、高质量发展养老服务具有参考作用,民政部将认真研究吸纳。经商住房城乡建设部、财政部、卫生健康委、自然资源部,现答复如下:

一、关于加强社区养老服务设施政策措施

(一)加大财政投入。"十三五"期间,中央财政安排专项彩票公益金 50 亿元,支持 203 个地区开展居家和社区养老服务改革试点,支持老城区和已建成居住(小)区通过购置、置换、租赁等方式增设社区养老服务设施,支持依托农村敬老院、互助幸福院、托老所、老年活动站等,改造提升农村养老服务设施;下拨 100 多亿元中央集中彩票公益金支持社会福利事业专项资金,支持新建改扩建以服务生活困难和失能失智老年人为主的城镇老年社会福利机构、社区养老服务设施、特困人员供养服务设施,实施特殊困难老年人居家适老化改造,培育居家和社区养老服务机构。

(二)明确政策措施。《国务院关于加快发展养老服务业的若干意见》(国发〔2013〕35 号)明确要求,各地在

制定城市总体规划、控制性详细规划时,必须按照人均用地不少于 0.1 平方米的标准,分区分级规划设置养老服务设施。凡新建城区和新建居住(小)区,要按标准要求配套建设养老服务设施,并与住宅同步规划、同步建设、同步验收、同步交付使用;凡老城区和已建成居住(小)区无养老服务设施或现有设施没有达到规划和建设指标要求的,要限期通过购置、置换、租赁等方式开辟养老服务设施,不得挪作他用。

二、关于合理规划社区养老服务设施建设

(一)加强养老服务规划。住房城乡建设部发布《城镇老年人设施规划规范》,提出养老院、老年养护院、老年服务中心、老年人日间照料中心配建、选址、布局、场地规划、室外设施等相关要求;发布工程建设国家标准《城市居住区规划设计标准》,对新建居住区和老旧小区配套建设老年人设施提出明确要求。2019 年,自然资源部印发《关于全面开展国土空间规划工作的通知》(自然资发〔2019〕87 号),明确将城乡公共养老服务设施纳入国土空间规划;印发《关于加强规划和用地保障 支持养老服务发展的指导意见》(自然资规〔2019〕3 号),要求各地在编制市、县国土空间总体规划时,因地制宜提出养老服务设施用地的规模、标准和布局原则;在编制详细规划时,明确独立占地的养老服务设施的位置、指标等,明确非独立占地的养老服务设施的内容、规模等要求,为项目建设提供审核依据。2020 年,自然资源部印发《市级国土空间总体规划编制指南(试行)》(自然资办发〔2020〕46 号),指导各地以社区生活圈为单元补齐公共服务短板,提出社区康养服务设施的配置标准和布局要求。今年,自然资源部即将印发《社区生活圈规划技术指南》,进一步指导各地按照城乡15 分钟社区生活圈要求同步配套建设养老服务设施。

(二)依托社区现有资源,提升养老服务能力。卫生健康委、民政部等部门印发《关于深入推进医养结合发展的若干意见》(国卫老龄发〔2019〕60 号),提出实施社区医养结合能力提升工程,社区卫生服务机构、乡镇卫生院或社区养老机构、敬老院利用现有资源,内部改扩建一批社区(乡镇)医养结合服务设施,重点为社区(乡镇)失能老年人提供集中或居家医养结合服务。

(三)整合存量资源,完善社区养老服务设施。针对已建成城区养老服务设施不足的情况,自然资源部印发《关于加强规划和用地保障 支持养老服务发展的指导意见》(自然资规〔2019〕3 号),要求各地结合城市功能优化和有机更新等统筹规划,支持盘活利用存量资源改造为养老服务设施,鼓励利用商业、办公、工业、仓储存量房屋

以及社区用房等举办养老机构,所使用存量房屋在符合详细规划且不改变用地主体的条件下,可在五年内实行继续按土地原用途和权利类型适用过渡期政策,同时鼓励盘活利用乡村闲置校舍、厂房等建设敬老院、老年活动中心等乡村养老服务设施。

(四)加强社区养老服务设施的智能化建设。住房城乡建设部发布工程建设行业标准《老年人照料设施建筑设计标准》和《养老服务智能化系统技术标准》,对老年人照料设施的各类用房、交通空间、建筑设备以及无障碍、紧急疏散和养老服务智能化系统工程的设计、施工、检测与验收、运行维护、评估,提出了技术要求。

三、关于推动建筑适老化建设改造

(一)将适老化改造纳入城镇老旧小区改造。《国务院办公厅关于全面推进城镇老旧小区改造工作的指导意见》(国办发〔2020〕23 号)将小区及周边适老设施、无障碍设施、加装电梯、新建或改造建设养老和助餐设施等内容纳入城镇老旧小区改造范围。2019、2020 年共安排中央补助资金 1400 多亿元,支持各地改造城镇老旧小区 5.9 万个,惠及居民约 1100 万户。

(二)实施老年人居家适老化改造工程。民政部、发展改革委等部门联合印发《关于加快实施老年人居家适老化改造工程的指导意见》(民发〔2020〕86 号),指导各地适当扩大改造对象范围,制定老年人居家适老化改造项目和老年用品配置指导清单,明确改造工作程序和指导发展措施,引导有需要的老年人家庭开展居家适老化改造,有效满足地方老年人家庭居家养老需求。

(三)制定养老服务设施国家标准。住房城乡建设部发布《城镇老年人设施规划规范》,提出养老院、老年养护院、老年服务中心、老年人日间照料中心配建、选址、布局、场地规划、室外设施等相关要求;发布工程建设国家标准《城市居住区规划设计标准》,对新建居住区和老旧小区配建老年人设施提出明确要求;联合发展改革委印发《社区老年人日间照料中心建设标准》,对社区日间照料中心建设提出有关要求。

四、关于丰富社区养老服务内容

(一)在加大政府资金投入基础上,引导多元主体投入社区养老服务。民政部积极引导社会力量投入养老服务,截至 2020 年底,全国养老机构和设施总数为 31.9 万个,床位 823.8 万张;民办养老机构占到养老机构总数的 54.5%,床位数占到总数的 55.8%。民政部会同有关部门实施"养老服务+行业"行动,促进养老服务与文化、旅游、餐饮、体育、家政、教育、养生、健康、金融、地产等行业

融合发展。住房城乡建设部、民政部、卫生健康委等 5 部门联合印发《关于推动物业服务企业发展居家社区养老服务的意见》(建房〔2020〕92 号),支持物业服务企业探索"物业服务+养老服务"模式,更好满足广大老年人多样化多层次的养老服务需求。目前,政府为主导、市场为主体的养老服务发展格局基本形成。

(二)进一步加强养老服务队伍建设。一是加强养老护理员队伍建设。2019 年,人力资源社会保障部、民政部颁布《养老护理员国家职业技能标准(2019 年版)》,在增加职业技能、放宽入职条件、拓宽职业空间、缩短晋级时间等方面实现较大突破;人力资源社会保障部印发《关于改革完善技能人才评价制度的意见》(人社部发〔2019〕90 号),明确养老护理员可参加职业技能等级认定,实现技能提升。2020 年,人力资源社会保障部、民政部联合实施包括养老护理员在内的康养职业技能提升行动,面向有意愿从事养老照护工作的劳动者开展培训。截至 2020 年底,已累计培训 80 万人次。2021 年,民政部、人力资源社会保障部联合举办全国养老护理职业技能大赛,这是养老服务领域竞赛规格最高、参与人数最多、技能水平最高、影响力最大的职业技能大赛。养老护理队伍正逐步形成"不拘一格降人才"、"不看学历看能力"的良好氛围。二是加强养老服务相关志愿者队伍建设。民政部推动制定实施《志愿服务条例》,发布《志愿服务记录与证明出具办法(试行)》,研究编制《志愿服务基本术语》、《志愿服务组织基本规范》等标准,加强全国志愿服务信息系统建设应用,为社会各界开展为老助老志愿服务提供政策支持、技术保障和平台支撑,支持养老服务机构、城乡社区设立志愿服务站或志愿服务岗位,主动招募接纳志愿者开展常态化、经常化的为老助老志愿服务。三是加强老年社会工作者队伍建设。经国务院同意印发的《民政部关于进一步扩大养老服务供给 促进养老服务消费的实施意见》(民发〔2019〕88 号)提出开展养老服务人才培训提升行动,确保到 2022 年底前培养培训 10 万名专兼职老年社会工作者,切实提升养老服务持续发展能力。为提升培训质量,民政部办公厅印发了《老年社会工作者培训大纲(试行)》,供各地参考使用。民政部还研究制定《老年社会工作服务指南》,为老年社会工作的发展提供了政策保障和标准指引。目前,我国有近 4 万名持有社会工作职业资格证书的专职养老社会工作者,成为养老服务体系中一支重要的专业力量。

下一步,民政部将深入学习贯彻习近平总书记关于养老服务的重要指示批示精神,全面落实党中央、国务院

关于养老服务的各项决策部署，会同有关部门认真研究吸纳您提出的意见建议，加快完善相关政策措施，推动养老服务高质量发展。一是指导有关地区实施好 2021 年居家和社区基本养老服务提升行动项目，通过中央财政的示范引领作用，引导地方政府、社会力量更多投入养老服务。二是指导各地在国土空间规划编制实施工作中融入社区生活圈理念，通过配套建设、复合利用、整合存量资源等方式，为养老服务设施建设提供规划和用地保障。三是指导各地结合城镇老旧小区改造等工作，推进居家社区适老化改造和无障碍环境建设。四是鼓励物业服务企业探索开展供餐、家政、定期巡访等居家社区养老服务。五是组织实施好全国养老护理职业技能大赛，持续开展养老服务人才培训工作，引导志愿者、社会工作者等更多力量积极参与养老服务。

感谢您对民政工作的关心和支持。

民政部对"关于关心关注农村留守老人，让老年人过上幸福生活的建议"的答复

· 2024 年 6 月 27 日
· 民函〔2024〕654 号

您提出的"关于关心关注农村留守老人，让老年人过上幸福生活的建议"收悉。您的建议基于走访调查，提出农村养老服务存在的问题和完善建议，对推进农村养老服务体系的建设具有重要借鉴意义。经商国家卫生健康委、工业和信息化部、农业农村部，现答复如下：

习近平总书记高度重视农村养老服务工作，在中央农村工作会议、中央政治局集体学习等重要会议和调研讲话中作出一系列重要指示，为推进农村养老服务工作、补齐农村养老服务短板提供了根本遵循。《中共中央 国务院关于实施乡村振兴战略的意见》《中共中央 国务院关于学习运用"千村示范、万村整治"工程经验有力有效推进乡村全面振兴的意见》《中共中央办公厅 国务院办公厅关于推进以县城为重要载体的城镇化建设的意见》《"十四五"国家老龄事业发展和养老服务体系规划》等都对发展农村养老服务作出了重要部署。近年来，民政部将发展农村养老服务作为落实乡村振兴战略、推进基本养老服务体系建设的重点，联合中央精神文明建设办公室、农业农村部等 22 部门印发《关于加快发展农村养老服务的指导意见》，完善制度设计，整合政策资源，加快发展农村养老服务，取得较好成效。

一是加大投入，支持农村养老服务设施建设。"十四五"以来，民政部联合国家发展改革委利用中央预算内投资实施"十四五"积极应对人口老龄化工程，重点支持农村公办养老服务机构建设改造和护理能力提升，初步形成了互助养老设施、乡镇敬老院、民办养老机构为主体的农村养老服务供给格局。财政部持续加大财政投入力度，2018-2023 年，全国一般公共预算直接安排用于养老服务的资金达 2871 亿元，主要用于保障养老机构运转、推进养老床位建设、促进居家和社区养老服务发展、培育养老服务人才队伍等。2024 年，中央财政通过一般公共预算资金和彩票公益金，安排 54.8 亿元用于支持发展养老服务，较 2023 年增加 5.4 亿元。截至 2024 年第一季度，全国共有农村特困人员供养服务设施（敬老院）1.6 万个，床位 168.1 万张；农村互助养老服务设施约 14.5 万个。

二是扶持引导，支持农村养老服务机构发展。民政部会同有关部门从完善投融资政策、给予税费优惠政策、加强人才保障、加大用地供应、强化综合监管等方面，为养老服务机构发展提供了政策支持和保障。民政部与财政部、税务总局等 6 部门联合印发《关于养老、托育、家政等社区家庭服务业税费优惠政策的公告》，明确对提供社区养老服务的，其收入免征增值税，并减按 90%计入所得税应纳税所得额，免征 6 项行政事业性收费。农业农村部出台《社会资本投资农业农村指引》，明确鼓励社会资本积极发展养老托幼等生活性服务业，为乡村居民提供便捷周到的服务。经国务院同意，民政部印发的《关于进一步扩大养老服务供给 促进养老服务消费的实施意见》提出，要优化养老服务营商环境，全面建立开放、竞争、公平、有序的养老服务市场，放宽养老服务市场准入，支持社会力量参与提供农村养老服务。同时，国家实施了一系列支持农村养老服务机构发展的税收优惠政策，进一步确定了养老机构免征增值税、房产税，适用相关税收优惠政策等。

三是加大培训，推进农村养老服务专业人才队伍建设。民政部、人力资源社会保障部、国家发展改革委、教育部等 12 部门联合印发了《关于加强养老服务人才队伍建设的意见》，从拓宽来源渠道、提升素质能力、健全评价机制、重视使用管理、完善保障激励、强化组织保障等方面促进养老服务人才队伍建设，对养老服务人才培养、使用、评价、激励制度提出了具体要求；依托农民工技能培训等，探索对村级睦邻互助点、农村幸福院的养老服务从业人员开展职业技能培训。2024 年，民政部会同人力资源社会保障部、中华全国总工会联合举办国家级一类职

业技能大赛——全国民政行业职业技能大赛，内设养老护理员竞赛项目，有效提升养老护理员职业技能、职业荣誉感、社会认同度。

四是加强宣传，弘扬孝亲敬老传统美德。《中华人民共和国老年人权益保障法》明确规定，"全社会应当广泛开展敬老、养老、助老宣传教育活动，树立尊重、关心、帮助老年人的社会风尚"，并设立"家庭赡养与扶养"专章。《中共中央 国务院关于加强新时代老龄工作的意见》、《"十四五"国家老龄事业发展和养老服务体系规划》等文件，都对弘扬孝亲敬老传统美德提出明确要求。全国老龄办高度重视，会同中国老龄协会等部门积极开展系列敬老助老活动，大力弘扬孝亲敬老传统美德。开展孝亲敬老文化教育，引导人们自觉承担家庭责任、树立良好家风，实现家庭和睦、代际和谐。全国老龄委连续14年、每年在"重阳节"期间开展全国"敬老月"活动，组织各地各部门广泛开展走访慰问、关爱帮扶、志愿服务、科普宣传等活动。连续多年组织开展养老助老公益广告征集展播活动，2022年以来，相关卫视频道累计播出老龄主题公益广告4.57万余条次。组织开展全国"敬老文明号"创建和全国敬老爱老助老模范人物评选表彰，评选表彰一批基层为老服务单位和个人。

五是医养结合，强化农村养老服务与医疗卫生衔接。《中共中央 国务院关于加强新时代老龄工作的意见》、《"健康中国2030"规划纲要》、《国家积极应对人口老龄化中长期规划》、《"十四五"国民健康规划》、《"十四五"国家老龄事业发展和养老服务体系规划》、《"十四五"健康老龄化规划》等文件和规划均将医养结合作为落实健康中国战略、积极应对人口老龄化国家战略的重要任务予以推进。国家卫生健康委、民政部等部门印发《关于进一步推进医养结合发展的指导意见》明确，采取推进乡镇卫生院与特困人员供养服务机构（敬老院）、村卫生室与农村幸福院、残疾人照护机构统筹规划、毗邻建设等方式，实现资源共享、服务衔接。修订完善乡镇卫生院等3项服务能力标准，将"康复医疗服务"、"老年人卫生服务"、"老年人健康管理"和"护理管理"作为重要评价指标。指导各地依托符合条件的医疗卫生、养老等乡镇服务机构，提升居家社区医养结合服务能力。

六是科技赋能，切实增强农村养老服务供给。《"十四五"国家老龄事业发展和养老服务体系规划》对利用互联网、大数据、人工智能等技术创新养老服务模式作出部署。民政部会同国家数据局组织开展基本养老服务综合平台试点工作，指导试点地区应用统一的标准规范开

展相关工作，积极探索"互联网+"在养老服务中的应用，推动建立部门互联、上下互通的信息平台，实现大数据管理，运用信息化、标准化管理提升养老服务质量。工业和信息化部会同民政部等部门印发《智慧健康养老产业发展行动计划（2021-2025年）》，提出拓展智慧养老场景、推动智能产品适老化设计、做强相关系统平台等重点任务，并明确开展智慧健康养老产品供给及服务推广工程。截至目前，工业和信息化部已迭代发布3版智慧健康养老产品和服务推广目录，最新2022年版本遴选了79项典型产品和服务，包含健康管理、老年辅助器具、养老监护、家庭服务机器人、适老化改造智能产品、场景化解决方案6大类产品和智慧养老、智慧健康2大类服务。支持开展2届全国轻工适老创新产品及智能健康解决方案大赛，围绕日用家居、智能家电、安全监测、康复训练、智慧解决方案等领域评选出131项优秀产品和服务。

下一步，民政部将深入贯彻习近平总书记关于实施积极应对人口老龄化国家战略和乡村振兴战略的重要指示批示精神，切实落实党中央、国务院关于发展养老服务和全面推进乡村振兴的部署要求，会同有关部门持续推动农村养老服务体系建设，加快发展农村养老服务。一是加快推进农村养老服务设施建设，持续健全县乡村相衔接的三级养老服务网络，鼓励地方加大财政投入，逐步提高农村养老服务设施的建设补贴、运营补贴水平，建立健全与服务保障水平相挂钩的奖补机制，推动实现县域统筹、城乡协调、符合乡情的农村养老服务体系更加完善，不断提升农村老年人的获得感、幸福感、安全感。二是支持各类社会力量投资发展农村养老，优先提供便捷可及、价格可承受、质量有保障的普惠养老服务。有条件的地区可按规定开发设置农村助老岗位，招聘村民开展探访助老服务，人力资源社会保障部门负责提供相关招聘服务。统筹基层党组织和群团组织资源配置，培育扶持以农村养老服务为主的基层公益性、服务性、互助性社会组织。三是加强养老服务人才培养培训。推动建立养老服务人才特别是养老护理员的培养、评价、使用、激励制度机制，拓宽养老服务人才培养渠道，形成有利于养老服务人才发展的政策环境和社会氛围，提升养老服务人才素质，提高养老服务供给水平。四是深入开展敬老孝亲文化宣传。加强老年人优待工作，培育敬老爱老助老社会风尚。进一步深入开展人口老龄化国情教育，强化孝亲敬老文化教育。持续组织开展全国"敬老月"等系列敬老助老活动，充分发挥各级法律援助机构和基层法律援助工作站点以及"老年维权示范岗"、"老年优待服

务窗口"作用,积极开展农村老年人法治宣传教育、法律援助服务及志愿者活动,营造良好社会氛围。五是加大智慧养老服务支持力度。重点围绕音视频及多媒体产品、移动通信设备、智慧家庭产品、健康管理和生活辅助产品等生活中高频使用的产品,加快智能终端适老化改造步伐。

感谢您对民政工作的关心和支持。

民政部对"关于重视农村养老问题的建议'的答复

· 2024 年 6 月 27 日
· 民函〔2024〕656 号

您提出的"关于重视农村养老问题的建议"收悉。您的建议聚焦农村养老问题,对健全农村养老服务体系具有重要借鉴意义。经商财政部、司法部,现答复如下:

习近平总书记高度重视农村养老服务工作,在中央农村工作会议、政治局集体学习等重要会议和调研讲话中作出一系列重要指示,为推进农村养老服务工作、补齐农村养老服务短板提供了根本遵循。《中共中央 国务院关于实施乡村振兴战略的意见》《中共中央 国务院关于学习运用"千村示范、万村整治"工程经验有力有效推进乡村全面振兴的意见》《中共中央办公厅 国务院办公厅关于推进以县城为重要载体的城镇化建设的意见》《"十四五"国家老龄事业发展和养老服务体系规划》等都对发展农村养老服务作出了重要部署。

一、关于提高农村老年人养老金标准的建议

2018 年,人力资源社会保障部、财政部联合印发的《关于建立城乡居民基本养老保险待遇确定和基础养老金正常调整机制的指导意见》提出,建立激励约束有效、筹资权责清晰、保障水平适度的城乡居民基本养老保险待遇确定和基础养老金正常调整机制。自 2014 年建立统一的城乡居民基本养老保险制度以来,中央 5 次提高国家财政承担的全国基础养老金最低标准,目前全国城乡居民基础养老金最低标准为每人每月 103 元,2023 年全国城乡居民基本养老保险月人均待遇水平达到 214 元。按照中央经济工作会议精神和今年政府工作报告任务部署,今年城乡居民基本养老保险全国基础养老金月最低标准将提高 20 元。

二、关于加强农村老有所养服务体系建设的建议

近年来,民政部将发展农村养老服务作为落实乡村振兴战略、推进基本养老服务体系建设的重点,联合中央精神文明建设办公室、农业农村部等 22 部门印发《关于加快发展农村养老服务的指导意见》,完善制度设计,整合政策资源,加快发展农村养老服务,取得一定成效。一是支持农村养老服务设施建设。"十四五"以来,民政部联合国家发展改革委利用中央预算内投资实施"十四五"积极应对人口老龄化工程,重点支持农村公办养老服务机构建设改造和护理能力提升,初步形成了互助养老设施、乡镇敬老院、民办养老机构为主体的农村养老服务供给格局。二是兜好农村困难老年人保障底线。健全完善经济困难的高龄、失能老年人补贴制度,有效缓解农村老年人生活困难。截至目前,符合条件的特困老年人全部纳入救助供养范围,基本生活得到有效保障。截至2024 年第一季度,全国共有已进行法人登记的农村特困人员供养服务设施(敬老院)1.6 万个,床位 168.1 万张。农村互助养老服务设施约 14.5 万个。三是组织开展农村留守老年人探访关爱服务工作。制定《关于加强农村留守老年人关爱服务工作的意见》《关于进一步做好贫困地区农村留守老年人关爱服务工作的通知》《关于开展特殊困难老年人探访关爱服务的指导意见》,推动建立家庭尽责、基层主导、社会协同、全民行动、政府支持保障的农村留守老年人关爱服务机制,支持农村老年人家庭养老,帮助解决居家养老困难,预防和减少居家养老安全风险。目前,农村留守老年人关爱服务制度已实现省级全覆盖。四是加强农村养老党建引领。民政部推动农村养老服务纳入"三农"工作和乡村振兴战略重点推进范围,指导地方以党建引领,推动农村养老服务发展,逐步构建系统化、多层次、能落地的农村养老服务体系。

三、关于健全老年人司法援助机制和加强普法力度的建议

2024 年,民政部联合司法部等部门印发《关于开展"法律服务 助老护老"行动的通知》,在全国部署开展"法律服务 助老护老"行动。行动聚焦老年人群体公共法律服务需求,重点关注高龄、失能、困难、残疾等老年人"急难愁盼"的法律问题,积极为老年人提供更加"可感、可知、可及"的公共法律服务。一是平台服务便老。引导公共法律服务向各类养老服务机构等延伸;公共法律服务实体平台普遍提供适老、助老设施和服务;鼓励有条件的地方开设 12348 公共法律服务热线老年人座席;完善法律服务网无障碍功能;推广应用符合老年人需求特点的小程序界面等智能信息服务。二是优质服务援老。对遭受虐待、遗弃或者家庭暴力的老年人申请法律援助,不受经济困难条件限制;对无固定生活来源、接受社会救助、司法救助的老年人申请法律援助,免予核查经济困难

状况;支持有条件的地方在养老机构设立法律援助工作站或联络点;对老年人法律援助案件优先受理、优先审查、优先指派;对行动不便的老年人提供预约办、上门办、一次办服务。三是公证服务惠老。缩短老年人办理委托、遗嘱等公证事项的期限,支持对老年人申办法律关系简单、事实清楚、证明材料充分的公证事项,做到当日出证;积极为老年人开通办证"绿色通道";对80岁及以上老人首次办理遗嘱公证免收公证费;优化老年人意定监护公证服务程序;指导公证机构与养老机构共同打造"公证+养老"服务模式。四是调解服务助老。将涉老年人婚姻家庭、投资消费、侵权、赡养、监护等矛盾纠纷作为重点,组织动员广大调解组织和调解员做好涉老年人矛盾纠纷排查化解工作;鼓励支持具备条件的地区设立养老服务纠纷人民调解委员会。五是公益服务爱老。指导律师行业把老年人作为公益法律服务的重点服务对象,组织引导广大律师特别是青年律师积极参与老年人法律服务活动;发挥律师协会老年人权益保障委员会等专业委员会作用,提升老年人法律服务质效。六是普法服务护老。指导各地各有关部门结合重阳节等重要时间节点,积极开展老年人权益保障普法宣传活动;推动老年人权益保障相关法治宣传进村、入户、到人,提高全社会敬老、爱老、护老的法治意识。

正如您在建议中提到的,我国农村人口老龄化程度高于城市,使农村老年人安度晚年是健全养老服务体系、积极应对人口老龄化的应有之义。下一步,民政部将紧紧围绕实施积极应对老龄化国家战略和乡村振兴战略,加快补齐农村养老短板,持续加大工作力度,努力提升养老服务保障能力。一是强化农村老年人养老保障能力。协调相关部门健全城乡居民基本养老保险筹资和待遇调整机制,推动参保人通过多缴费、长缴费提高养老待遇水平;继续推进全国统筹制度平稳运行,抓好全国统筹调剂资金调拨工作,督促各省落实地方财政补助责任,更好确保养老金按时足额发放,切实发挥好社会保障的人民生活安全网和社会运行稳定器作用。二是健全农村养老服务网络。指导各地贯彻落实《关于加快发展农村养老服务的指导意见》,持续优化县乡村衔接的三级养老服务网络,结合实际统筹发展城乡养老服务设施,科学规划、均衡配置、有序建设,充分发挥养老服务设施功能。整合各方面资源资金,继续对农村敬老院、互助养老设施等开展改造提升,拓展服务功能,更好满足农村老年人养老需求。三是进一步加强司法援助和普法力度。以"敬老月"活动和"敬老文明号"创建活动为抓手,开展法治宣

传日、宣传周、宣传月活动;把法治宣传与落实老年人权益保障具体政策相结合,尽可能让宣传内容看得见摸得着;把普法宣传与严厉查处侵权案件相结合,用法理来剖析案例,用案例来教育群众;把法治宣传与提升老年人自我保护意识相结合,提升老年人依法维护自身合法权益能力;把法治宣传与公益性法律服务相结合,积极倡导为特殊老年群体提供公益性法律服务,积极利用新媒体开展老年法律法规教育宣传,特别是在涉及老年人医疗、保险、救助、赡养、住房、婚姻等方面,为高龄、困难、失能老年人提供及时、便利、高效、优质的法律服务。

感谢您对民政工作的关心和支持。

民政部对"关于加强对银发群体网民的网络安全和内容识别的素养宣教的建议"的答复

·2024 年 7 月 3 日
·民函〔2024〕748 号

您提出的"关于加强对银发群体网民的网络安全和内容识别的素养宣教的建议"收悉。您对银发群体网民的现状进行了深入调研,体现出高度的社会责任感,所提建议针对性强,对做好老龄工作具有重要参考意义,民政部将认真研究吸纳。经商中央网信办、工业和信息化部,现答复如下:

党的十八大以来,习近平总书记多次对老龄工作作出重要指示批示,强调各级党委和政府要高度重视并切实做好老龄工作。党的十九届五中全会将积极应对人口老龄化确定为国家战略,为老龄事业发展提供了坚强保障。近年来,我国互联网领域高速发展,对提升银发群体网络素养工作提出了新要求、新挑战。民政部、全国老龄办会同有关部门和单位认真贯彻落实党中央、国务院决策部署,积极推进老龄法治宣传,不断完善政策法规,持续加强老年人权益保障。

一、关于强化对银发群体的宣教的建议

近年来,有关部门和单位积极推动互联网应用适老化及无障碍改造,组织开展 2024 年"数字适老中国行"行动,指导 2660 家网站和手机 APP 完成适老化改造。加大宣传引导力度,引导内容优质、影响力强的公众账号,充分发挥其在重大主题教育活动中的示范引领作用、在重大事件上的舆论导向作用、在教育思政工作上的促进作用,弘扬网络正能量。探索创新工作方式方法,指导平台通过算法推荐、流量扶持等方式,向用户分发积极健康、向上向善的优质信息内容,营造更加清朗、更加良好

的网络生态。组织开展线下座谈会、宣讲会、培训班和知识竞赛等进社区、进农村、进家庭，加大银发专题宣传力度。加强对老年人诈骗预警提醒，针对新型诈骗手法等发送公益提醒短信超 200 亿条，持续用好 12381"亲情联防预警"功能，不断提高老年人防骗意识和识诈能力。指导基础电信企业在营业厅专设"爱心通道"、"老人坐席"，推出"一键呼入人工客服"专线，累计服务老年用户超 4.4 亿人次，帮助老年人更便利地享受电信服务。依法严厉打击电信网络诈骗等违法犯罪行为。2019 年，多部门联合开展整治侵害老年人权益，保健市场乱象"百日行动"，立案 21152 件。2022 年，多部门联合开展为期半年的打击整治养老诈骗专项行动，破获涉养老诈骗案件 3.9 万余起，抓获嫌疑人 6.6 万余名，打掉养老诈骗团伙 4735 个，追赃挽损 308 亿元。

下一步，老龄宣传教育将坚持线上线下同步推进。一是以今年"数字适老中国行"活动开展为契机，指导各地因地制宜选取一批群众生活必备、具有属地特色的网站和 APP 加强改造，加大针对老年群体的反诈技术防范、预警预防、防诈知识宣传等工作力度，增强适老化及无障碍服务的可及性，帮助老年人更好地共享信息化发展成果。二是以"敬老月"活动和"敬老文明号"创建活动为抓手，开展宣传日、宣传周、宣传月活动。把法治宣传与落实老年人权益保障具体政策相结合，尽可能让宣传内容看得见摸得着。把普法宣传与严厉查处侵权案件相结合，用法理来剖析案例、教育群众。把法治宣传与提升老年人自我保护意识相结合，让老年人懂得《中华人民共和国老年人权益保障法》，依法维护自身合法权益。积极倡导为特殊老年群体提供公益性法律服务，为老年人提供及时、便利、高效、优质的法律服务。

二、关于做优平台管理和推送制度的建议

近年来，有关部门和单位针对平台监管、维护老年人权益等内容开展了大量工作。部署网络内容平台严格落实《互联网用户公众账号信息服务管理规定》、《生成式人工智能服务管理暂行办法》、《关于加强"自媒体"管理的通知》等相关要求，完善涉社会时事等内容的信息来源标注、使用 AI 技术创作内容的 AI 信息内容标注、虚构演绎内容的虚构标签等标注提示功能，加强用户引导，规范内容传播。推进问题专项整治。2023 年 3 月，中央网信办开展"清朗·从严整治'自媒体'乱象"专项行动，坚决打击"自媒体"发布传播谣言信息、有害信息和虚假信息，坚决取缔假冒仿冒官方机构、新闻媒体和特定人员的"自媒体"，全面整治"自媒体"违规营利行为。指导重点

平台处置造谣传谣账号 3.43 万余个，假冒仿冒账号 82.77 万余个，蹭炒热点、博取流量的账号 6.56 万余个；2024 年，开展"清朗·整治'自媒体'无底线博流量"专项行动，加强自导自演式造假、不择手段蹭炒社会热点、滥发"新黄色新闻"等五类重点问题整治，抓好信息来源标注展示、完善流量管理措施等四项主要任务落实，持续针对编造虚假新闻，劣质内容等问题压实平台主体责任，推进工作落细落实。

下一步，有关部门和单位将针对平台管理和推送制度，进一步压实网络内容平台主体责任，督促平台加强自身管理，优化推荐机制，强化信息内容审核，支持优质内容传播。加大执法力度，通过日常巡查、专项行动等方式从严惩治违法违规情节严重的"自媒体"账号和相关平台，曝光典型案例，增强监管震慑力。

三、关于加强监管和完善政策、法律的建议

随着老年人口不断增多，针对银发族群网民的侵权案件时有发生。近年来，有关部门和单位不断加强各类网站平台的内容管理工作力度，针对平台上的内容质量及真实性等问题，先后出台了《网络信息内容生态治理规定》、《生成式人工智能服务管理暂行办法》、《关于进一步压实网站平台信息内容管理主体责任的意见》、《关于加强"自媒体"管理的通知》等政策法规文件，为进一步压实网站平台信息内容管理主体责任、加强内容创作引导、做好平台优质内容传播提供了依据。持续监督网站平台切实履行主体责任，强化合规意识、完善制度建设、加强内容管理，坚决打击发布虚假信息、诈骗信息等违法不良信息的行为。全面开展日常网上信息内容巡查监看，防范虚假新闻、劣质内容在重点环节呈现，及时发现违法违规问题，依法开展执法处罚工作。畅通违法和不良信息举报中心官网、客户端、微博、微信等网络举报渠道，依托全国网络举报技术系统平台自动受理功能，做好违法违规账号和平台的举报受理工作。充分发挥 12377 举报热线、举报邮箱的人工辅助受理功能，提高举报受理工作效率，及时阻断网络谣言等不实信息传播，保障用户合法权益。加强对各地各网站举报处置工作的督导检查，督促各地各网站及时研处相关举报，进一步提升举报处置率，推动网络生态持续向好。

下一步，民政部、中央网信办、工业和信息化部将会同有关部门和单位积极做好以下几方面工作。一是加强举报受理。加强老年维权服务组织机构统筹协调，将法律维权专门服务组织作为老年人维权统一接口，统筹老年维权协调组织、老年法律援助中心、老年人维权合议

庭、老年消费维权指导中心等老年维权相关机构,结合老年人权益保障工作,多措并举畅通老年人维权渠道。二是开展老年维权监测预警服务。积极发挥大数据技术优势,开展老年维权监测预警服务;打通部门壁垒实现信息共享,设置老年维权监测指标体系,通过新闻、论坛、微博、微信、企业信用信息网、裁判文书网等多渠道来源,采集整理老年维权数据。三是定期发布老年人维权典型案例。在重阳节前后,结合"敬老月"等活动,发布老年人维权典型案例,引导全社会关注和重视老年维权工作,营造全社会共同维护老年人合法权益的良好社会氛围,提高群众的防范意识和识别能力。

感谢您对民政工作的关心和支持。

民政部对"关于积极应对农村留守老年群体心理问题的建议"的答复

· 2024 年 7 月 3 日
· 民函〔2024〕749 号

您提出的《关于积极应对农村留守老年群体心理问题的建议》收悉。建议坚持以人民为中心的发展思想,从补齐农村养老"短板"、加强农村留守老年人探访关爱等角度出发,提出了一系列有针对性的解决措施和建议,民政部将认真研究采纳。经商农业农村部、国家卫生健康委、国家医保局,现答复如下:

习近平总书记高度重视农村养老服务工作和特殊困难老年人关爱服务工作,在中央农村工作会议、扶贫开发工作会议、政治局集体学习等重要会议和讲话中作出一系列重要指示,为推进农村养老服务、加强特殊困难老年人关爱服务等工作提供了根本遵循。近年来,民政部、全国老龄办会同有关部门和单位深入贯彻落实党中央、国务院重大决策部署,注重综合施策,推动农村养老服务纳入"三农"工作和乡村振兴战略重点推进范围,加快补齐农村养老"短板",全力推进特殊困难老年人关爱服务体系建设。

一、工作开展情况

一是健全完善政策体系。中共中央、国务院先后印发了《关于推进基本养老服务体系建设的意见》、《"十四五"国家老龄事业发展和养老服务体系规划》、《关于实施乡村振兴战略的意见》、《关于学习运用"千村示范、万村整治"工程经验有力有效推进乡村全面振兴的意见》、《关于推进以县城为重要载体的城镇化建设的意见》、《"十四五"推进农业农村现代化规划》等政策文件,对发

展农村养老服务作出了全面部署。民政部、全国老龄办会同有关部门和单位先后印发了《关于加快发展农村养老服务的指导意见》、《积极发展老年助餐服务行动方案》、《"十四五"健康老龄化规划》、《关于加强农村留守老年人关爱服务工作的意见》、《关于开展特殊困难老年人探访关爱服务的指导意见》、《关于进一步做好贫困地区农村留守老年人关爱服务工作的通知》等政策文件,推动建立健全家庭尽责、基层主导、社会协同、全民行动、政府支持保障的农村留守老年人关爱服务机制。

二是加快推动农村养老服务发展。"十四五"以来,民政部联合国家发展改革委利用中央预算内投资实施"十四五"积极应对人口老龄化工程,重点支持农村公办养老服务机构建设改造和护理能力提升,初步形成了互助养老设施、乡镇敬老院、民办养老机构为主体的农村养老服务供给格局。截至 2024 年第 1 季度,全国共有已进行法人登记的农村特困人员供养服务设施(敬老院)1.6万个,床位 168.1 万张,农村互助养老服务设施约 14.5万个。健全完善经济困难的高龄、失能老年人补贴制度,有效缓解农村老年人生活困难。会同农业农村部等相关部门指导各地发展壮大村级集体经济、统筹布局农村人才队伍建设,不断夯实农村养老经济基础和人才基础。加大典型推介,相关部门遴选推出 5 批 101 个包括加强农村养老服务在内的农村公共服务建设典型案例,组织开展全国村级"乡村文明建设"优秀典型案例征集推介工作,总结推广了一批弘扬农村孝老敬老文明乡风的经验做法。

三是加强特殊困难老年人关爱服务。民政部会同相关部门推动落实《国家基本养老服务清单》,为特困老年人、低保老年人、计划生育特殊家庭老年人、残疾老年人、生活无着的流浪乞讨老年人等提供物质帮助、照护服务、关爱服务等三大类多项基本养老服务。面向独居、空巢、留守、失能、重残、计划生育特殊家庭等老年人开展探访关爱服务,支持家庭养老,帮助解决居家养老困难,预防和减少老年人居家养老安全风险。指导相关单位编制《特殊困难老年人探访关爱服务规范》行业标准。国家卫生健康委会同有关部门和单位扩大老年人心理关爱项目覆盖范围,针对抑郁、焦虑等老年人常见精神障碍和心理行为问题,开展心理健康状况评估、早期识别和随访管理,为老年人特别是有特殊困难的老年人提供心理辅导、情绪纾解、悲伤抚慰等心理关怀服务。2023 年,组织开展"服务百姓健康行动"全国大型义诊活动周,将心理健康、精神卫生防治等纳入其中,派出精神(心理)等领域

专家到基层医疗卫生机构开展义诊活动。截至 2023 年底，全国 2762 个社区(村)开展了老年心理关爱行动，面向包括农村留守老年人在内的老年群体开展心理与认知状况评估和随访干预，惠及近百万老年人。计划于"十四五"期末，实现全国所有县(市、区)都至少有一个老年心理关爱点目标。各级医疗保障部门积极推动将部分心理治疗项目纳入医保支付范围，目前国家层面已将孤独症诊断访谈量表(ADI)测评项目、精神障碍作业疗法训练等纳入基本医疗保险支付范围，各省医疗保障部门也结合地区实际开展了一些有效探索。

二、下步计划

当前，农村养老服务体系仍不完善，部分地区养老服务设施布局不合理、入住率较低、服务能力较弱、可持续经营压力较大；农村特殊困难老年人关爱服务机制还需进一步健全，探访关爱服务手段还不够丰富，探访关爱服务的精准度和有效性有待进一步提升。下一步，民政部、全国老龄办将以习近平新时代中国特色社会主义思想为指导，认真履行综合协调、督促指导、组织推进老龄事业发展职能，全面贯彻落实党中央、国务院决策部署，会同有关部门和单位着力解决包括农村留守老年群体心理问题在内的农村养老服务难题。

一是完善整体制度设计。将农村养老服务发展纳入乡村振兴战略大局，推动更多政策、资金和项目投向农村养老服务，建立根植乡土、符合乡情、福泽乡亲的农村养老服务体系。认真贯彻落实《关于加快发展农村养老服务的指导意见》，指导各地结合本地实际，找准痛点难点，积极探索创新，依托县级养老服务机构、区域养老中心、互助养老设施等农村养老服务设施，全面提升基本养老服务的覆盖面和可及性。持续优化医疗保险服务水平，根据临床实际需要和基金承受能力，按程序逐步将以治疗心理疾病为目的的心理治疗费用纳入医保支付范围，切实减轻广大参保群众医疗负担。

二是健全农村养老服务网络。持续优化县、乡、村衔接的三级养老服务网络，指导各地结合实际统筹发展城乡养老服务设施，科学规划、均衡配置、有序建设，充分发挥养老服务设施功能。整合各方面资源资金，继续对农村敬老院、互助养老设施等开展改造提升，拓展服务功能，更好满足农村老年人养老需求。

三是深入开展探访关爱服务。持续加强《老年人权益保障法》的宣传，督促引导老年人家庭成员强化主体责任和守法意识，履行好赡养义务，做好老年人生活照料和精神关爱。指导各地围绕乡村振兴战略的实施，发挥基层党建的引领作用，整合各种公共服务、示范试点、志愿服务，进一步开展好农村特殊困难老年人探访关爱服务。鼓励城乡社区加强基层老年协会建设，坚持老有所养和老有所为相结合，支持基层老年协会参与特殊困难老年人探访关爱工作。持续开展老年心理关爱行动，向农村留守老年人宣传普及心理健康知识，进一步做好老年人心理健康服务工作。

感谢您对民政工作的关心和支持。

民政部对"关于推进'银发经济'高质量发展的建议"的答复

· 2024 年 7 月 3 日
· 民函〔2024〕754 号

您提出的《关于推进"银发经济"高质量发展的建议》收悉。您对银发经济的发展现状进行了深入调研，所提建议针对性强，对促进银发经济发展具有重要参考意义，民政部将认真研究吸纳。经商国家发展改革委、工业和信息化部、市场监管总局，现答复如下：

一、主要开展工作情况

大力发展银发经济是增进老年人福祉、积极应对人口老龄化的重要举措。习近平总书记多次对大力发展银发经济提出明确要求、作出系统部署。民政部、全国老龄办会同有关部门和单位，认真贯彻落实党中央、国务院决策部署，坚持老龄事业和老龄产业协同发展，大力发展银发经济。

(一)完善银发经济顶层设计。民政部会同国家发展改革委、国家卫生健康委等部门报请中共中央、国务院印发《国家积极应对人口老龄化中长期规划》，提出发展银发经济、推动老年产品市场提质扩容、推动养老服务业融合发展等举措。2021 年，"十四五"规划《纲要》提出，要发展银发经济，开发适老化技术和产品，培育智慧养老等新业态。中共中央、国务院印发《关于加强新时代老龄工作的意见》，进一步提出加强规划引导、发展适老产业等积极培育银发经济的任务部署。《"十四五"国家老龄事业发展和养老服务体系规划》，对完善养老服务体系、老年健康支撑体系，大力发展银发经济等进一步作出系统部署，为养老产业发展提供规划指引。加强产业引导，印发《关于发展银发经济 增进老年人福祉的意见》，提出聚焦多样化需求，培育智慧健康养老等七大产业。

(二)增加优质产品服务供给。持续推动老年用品产业发展，丰富产品服务供给体系。一是会同工业和信息化部等部门印发并落实《关于促进老年用品产业发展的指导意见》，充分发挥部门、地方、企业积极性，加快构建老年用品产业体系，共有 16 个省市在"十四五"发展纲要中提出发展老年用品产业相关任务。二是加强优质产品宣传推广。连续编制发布两批《老年用品产品推广目录》，累计推广宣传 600 余项优质产品，帮助扩大老年人消费选择。发布 10 批《升级和创新消费品指南》，推广一批智能坐便器、自动控温灶具等适老产品。支持开展两届全国轻工适老创新产品及智能健康解决方案大赛，围绕日用家居、智能家电、安全监测、康复训练、智慧解决方案等领域评选出 131 项优秀产品和服务。三是持续提升老年用品标准化水平，加快老年用品标准研制，促进老年用品质量提档升级，提升现有产品的通用性、兼容性水平。

（三）全面强化科研攻关支撑。推进新一代信息技术以及移动终端、可穿戴设备、服务机器人等智能设备在养老场景集成应用，发展健康管理类、养老监护类、心理慰藉类智能产品，推广应用智能护理机器人、家庭服务机器人、智能防走失终端等智能设备。围绕康复辅助器具、智慧健康养老等重点领域，谋划一批前瞻性、战略性科技攻关项目。通过中央财政科技计划（专项、基金等）支持银发经济领域科研活动，提高自主研发水平。

（四）促进养老服务产业发展。在养老服务发展方面，以失能失智老年人长期护理为核心的养老服务行业发展迅速。社会资本逐步从机构养老服务向居家社区养老服务转移，并在健康养老、旅居养老等领域投资持续升温，逐步呈现养老与健康、养生、地产、旅游等跨界融合的趋势。在养老设施建设方面，养老机构和城乡社区适老化改造、无障碍公共设施改造等稳步推进，在养老机构、城乡社区设立康复辅助器具配置服务（租赁）站点等创新服务模式不断涌现。多地依托信息平台、物联网和远程智能安防监控等技术，建设一批智慧养老院。在智慧健康养老方面，实施智慧健康养老产业发展行动计划，开展智慧健康养老应用试点工作，发布产品及服务推广目录，打造"互联网+养老"服务新模式，拓展应用场景、丰富服务内容，培育服务新业态。在养老服务人才方面，推动专业学科设置，修订完善职业标准，开展职业技能培训，举办职业技能竞赛，多措并举创新引才育才留才机制，加快推进以养老护理员为重点的养老服务人才队伍建设，为养老服务业发展提供人才支撑。

（五）培育成熟消费市场。加强老年人消费教育和宣传，倡导健康、科学的消费观念。保障老年人消费权益，依法维护公平竞争市场秩序，重点查处养老服务、健康产品等领域虚假宣传行为。加大对网络市场的监管力度，开展 2024 网络市场监管促发展保安全专项行动，对养生保健领域开展重点整治。加强广告监管执法，重点整治食品、药品、保健食品等领域广告违法乱象。加大老年用品质量安全监管力度，持续开展民生领域"铁拳"专项执法行动，将老年用品等纳入执法检查重点。完善涉老食品安全监管体系，从严把好保健食品注册备案准入关口。

二、下一步工作打算

民政部、全国老龄办将继续认真贯彻落实党中央、国务院有关决策部署，会同有关部门和单位出台完善相关政策举措，持续推进银发经济高质量发展。

（一）进一步完善相关政策支持力度。一是发挥全国老龄办议事协调机制作用，加大部门协作力度，持续完善规划、土地、财税、金融、人才等支持政策，破除关键生产要素制约，激发市场主体活力，优化养老服务营商环境，以养老服务供给能力提升促进老年消费增长。二是破除养老服务行业关键生产要素制约。延续实施普惠养老专项再贷款，配合金融监管总局等部门研究制定养老金融政策文件，着力打通金融支持养老服务业发展和增强居民养老保障堵点难点问题。加大养老护理员等养老服务人才队伍建设力度，指导推动各地通过提升薪酬待遇、优化环境等方式，让养老护理员留得住、用得好。

（二）持续优化养老服务有效供给。一是立足大多数老年人居家或依托社区养老的实际需求，以打造示范性居家社区养老服务网络为抓手，以发展老年助餐等服务为突破，配合开展消费品以旧换新行动，参与完善打造消费新场景培育消费新增长点措施，推广面向老年人的新服务、新技术，培育品牌化、连锁化经营主体，建立具有规模效应的可持续发展机制。二是大力发展社区养老服务，加大社区养老服务设施供给，满足大多数老年人就近就便养老服务需求。三是提升养老机构护理能力，满足失能（失智）老年人机构照护需求。四是加强养老服务人才队伍建设。指导各地落实民政部等 12 部门印发的《关于加强养老服务人才队伍建设的意见》，推动健全养老服务人才培养、评价、使用、激励等制度机制，吸引、用好、留住养老服务人才。

（三）科技助力促进老年产业发展。加强科技创新应用，围绕智慧健康养老等重点领域，谋划一批前瞻性、战略性科技攻关项目。编制老年用品产品推广目录、智慧健康养老产品和服务推广目录，推进新一代信息技术以及智能设备在居家、社区、机构等养老场景集成应用。加大现阶段亟需的行为监测、生理检测、室内外高精度定位等关键技术、核心器件、重点产品研发创新，提升满足老年人特殊需求的智能产品设计和生产制造能力。工业和信息化部会同相关部门从产业规划、产业基金、税费优惠等方面引导国内企业加大研发和生产力度，开展老年购物节活动，推动老年用品进家庭、社区和机构，以消费券、租赁、体验等形式培养消费习惯和市场。大力发展老年用品产业，引导和支持文化、旅游、餐饮、体育、家政、教育、养生、健康、金融、地产行业结合老年人需求，开发"银发经济"，创新和丰富养老服务产业新模式与新业态。

（四）推动社会资本参与养老产业发展。持续深化养老服务领域"放管服"改革，加强供给侧结构性改革，推动形成有效培育模式和健康可持续运作机制。一方面，推动完善落实支持政策，激发市场主体参与积极性。推动有关部门完善并落实降低土地场所获取成本、提供中长期低成本融资、畅通医养结合服务渠道、强化从业人员保障激励等政策措施，加强部门间政策协同和资源整合，进一步激发市场主体活力。另一方面，引导机构拓宽发展思路，提升生存发展能力。引导社会资本科学研判行业发展趋势，确立目标定位，既要关注低龄老年阶段康养服务发展，更要注重参与高龄失能老年人的失能照护、医养结合等服务供给，在创新养老服务模式、整合共享居家社区机构资源、研发推广智慧助老产品等方面发挥更大作用。

（五）为银发经济提供良好法治环境。加强老年人权益保障，认真贯彻落实老年人权益保障法、无障碍环境建设法和民法典等相关法律，加强老年人权益保障法配套法规建设，加强老年人权益保障法律援助工作力度。开展老年人权益保障法修订研究，加强老年人权益保障普法宣传，提升老年人识骗防骗能力，严厉打击侵害老年人合法权益的违法犯罪活动。

感谢您对民政工作的关心和支持。

图书在版编目（CIP）数据

中华人民共和国民政法律法规全书 ：含相关政策 ：
2025 年版／中国法治出版社编. -- 北京 ：中国法治出
版社，2025. 1. --（法律法规全书）. -- ISBN 978-7
-5216-4875-1

Ⅰ. D922. 182. 19

中国国家版本馆 CIP 数据核字第 2024R53L98 号

策划编辑：袁笋冰　　　　　　　责任编辑：张　僚　　　　　　　封面设计：李　宁

中华人民共和国民政法律法规全书：含相关政策：2025 年版
ZHONGHUA RENMIN GONGHEGUO MINZHENG FALÜ FAGUI QUANSHU：HAN XIANGGUAN ZHENGCE：
2025 NIAN BAN

经销/新华书店
印刷/三河市国英印务有限公司
开本/787 毫米×960 毫米　16 开　　　　　　　印张/ 38. 25　字数/ 1095 千
版次/2025 年 1 月第 1 版　　　　　　　　　　2025 年 1 月第 1 次印刷

中国法治出版社出版
书号 ISBN 978-7-5216-4875-1　　　　　　　　　　　　　定价：82.00 元

北京市西城区西便门西里甲 16 号西便门办公区
邮政编码：100053　　　　　　　　　　　　　传真：010-63141600
网址：http：//www.zgfzs.com　　　　　　　　编辑部电话：010-63141663
市场营销部电话：010-63141612　　　　　　　印务部电话：010-63141606

（如有印装质量问题，请与本社印务部联系。）